Peter Sprengel

Geschichte der deutschsprachigen Literatur
1900–1918

Geschichte der deutschsprachigen Literatur 1900–1918

Von der Jahrhundertwende bis zum Ende des Ersten Weltkriegs

von

Peter Sprengel

Verlag C.H.Beck München

Dieser Band ist zugleich Band IX, 2 der
Geschichte der deutschen Literatur
von den Anfängen bis zur Gegenwart
begründet von
Helmut de Boor †
und Richard Newald †

© Verlag C. H. Beck oHG, München 2004
Satz: Fotosatz Otto Gutfreund GmbH, Darmstadt
Druck und Bindung: Druckerei C. H. Beck, Nördlingen
Gedruckt auf säurefreiem, alterungsbeständigem Papier
(hergestellt aus chlorfrei gebleichtem Zellstoff)
Printed in Germany
ISBN 3 406 52178 9

www.beck.de

INHALTSVERZEICHNIS

ERZÄHLPROSA

LITERATUR IM WELTKRIEG

ANHANG

VORWORT

Die ersten anderthalb Jahrzehnte des 20. Jahrhunderts bilden eine der fruchtbarsten Phasen, die die Geschichte der deutschsprachigen Literatur überhaupt aufzuweisen hat. Von Thomas Manns *Buddenbrooks* bis zu Kafkas *Der Proceß* reicht eine lange Reihe auch im Jahrhundertabstand als aktuell oder kanonisch angesehener Meisterwerke. Ein guter Teil der Titel, die Autoren deutscher Sprache zur Weltliteratur beigetragen haben, ist in der Zeit zwischen der Jahrhundertwende und dem Ersten Weltkrieg entstanden.

Beim Versuch einer Bilanz stellen sich allerdings zuerst mehrere große Namen ein – neben den Genannten etwa Rilke, Trakl und Lasker-Schüler, Hofmannsthal, Sternheim und Kaiser, Schnitzler, Heinrich Mann und Robert Walser, vielleicht auch Hesse – und daneben ein Epochenbegriff (Expressionismus), mit dem die meisten von ihnen nichts oder nichts Entscheidendes zu tun haben. Das Aufkommen der expressionistischen Bewegung prägt seit etwa 1910 beträchtliche Teile des literarischen Lebens; die wichtigsten Werke derselben Zeit lassen sich jedoch nur unter großen Schwierigkeiten einer klar umrissenen Richtung zuordnen. Denn auch der «Stilpluralismus», der vielfach für die Jahrhundertwende und die Zeit danach in Anschlag gebracht wird, ist ja nicht mehr als der durchsichtige Notbehelf eines literaturgeschichtlichen Denkens, das an seine Grenzen stößt.

Der Verfasser der vorliegenden Literaturgeschichte – der ausführlichsten, die diesem Zeitraum seit Albert Soergels noch halbwegs zeitgenössischer Darstellung (1911, 1925) je gewidmet wurde – hat es daher als große Erleichterung empfunden, daß er schon im vorausgehenden, den Jahren 1870–1900 gewidmeten Band auf eine Gliederung seiner Arbeit nach einander ablösenden Richtungen oder Stilen verzichtet und sich statt dessen für eine Organisation des Materials nach den traditionellen Großgattungen Erzählprosa, Dramatik, Lyrik und Nichtfiktionale Prosa entschieden hat. Diese Einteilung wird hier fortgeführt, natürlich im Bewußtsein der Tendenz zur Grenzüberschreitung, die aller innovativen Literatur und der Moderne generell innewohnt: Da gibt es bei Hofmannsthal den fiktiven Brief, der zur Erzählung tendiert, bei Kafka die Erzählung, die den Charakter einer Parabel annimmt, und bei Walser Dramolette, die wie die Neuerzählung eines Märchens wirken.

Fortgeführt wurde auch der Versuch, innerhalb der umfangreichen Gattungskapitel Netzwerke zu installieren, die aktuelle Entwicklungen

und regionale Zusammengehörigkeiten deutlich machen. So wurden
die Porträts der einzelnen Erzähler, Dramatiker und Lyriker nach ihrer
Zugehörigkeit zur Schweiz, zu Österreich-Ungarn oder zum Deutschen
Reich angeordnet, wobei sich ein erstaunliches Übergewicht der Wiener
und Prager Autoren über die helvetischen Kollegen abzeichnet, die in
den hier dokumentierten Jahren eigentlich nur auf dem Gebiet der
Erzählprosa mitzuhalten vermögen.

Besondere Aufmerksamkeit wurde der Beschreibung einzelner Genres
im vorderen Bereich der Gattungskapitel geschenkt. Die Nutzung dieser
Gattungsgeschichten en miniature setzt freilich eine gewisse Flexibilität
des Lesers voraus, dem dabei das differenzierte Register zu Hilfe
kommt. So ist das Referat über Döblins Roman *Wallenstein* im Abschnitt
«Historischer Roman» enthalten; im späteren Abschnitt über den Erzähler Döblin wird man lediglich einen entsprechenden Hinweis finden.
Gerade bei der Herausarbeitung der epochentypischen Genre-Entwick-
lungen sind dem Verfasser selbst manche Zusammenhänge deutlich
geworden, die einen Schlüssel für die geistige Einheit der Jahre 1900–
1918 liefern; das gilt vor allem für die Darstellung der phantastischen
Erzählliteratur, des Übergangs vom Mysterienspiel zum Stationendrama
und der hymnischen Lyrik. In diesem vorderen Bereich der Gattungskapitel sind auch Informationen zur Sozial- oder Mediengeschichte der
Literatur angesiedelt: über den Markt für Unterhaltungsromane etwa,
über die Entwicklung der Stilbühne und des expressionistischen Theaters oder über den Lyrikbedarf der ersten deutschsprachigen Kabaretts
und die Lyrik-Rezitationen im dadaistischen Cabaret Voltaire.

Einer weitergehenden sozial- und kulturgeschichtlichen Verankerung
der literarischen Entwicklung dient das vorgeschaltete «Porträt einer
Epoche», wie im Vorgängerband «Tendenzen der Zeit», «Geistige Grundlagen», «Stile und Richtungen» sowie «Institutionen des literarischen
Lebens» bündelnd. Es findet seine Fortsetzung und Ergänzung im
abschließenden Kapitel «Literatur und Weltkrieg», mit dem bewußt die
Systematik dieses und des vorangehenden Bandes durchbrochen wird,
um die historisch wohl einmalige Verwicklung der Literatur in das Welt-
kriegsgeschehen aufzuzeigen. Trotz des Gewichts, das dieser Teil seinen
Proportionen und seinem Anspruch nach – als erste Gesamtdarstellung
aller bisher erschlossenen einschlägigen Aspekte seitens der Germanistik – gewonnen hat, muß der Leser auch hier um Verständnis für Ver-
weisungen gebeten werden. So werden zwei Hauptwerke der Kriegsliteratur, Thomas Manns *Betrachtungen eines Unpolitischen* und Karl Kraus'
Drama *Die letzten Tage der Menschheit*, schon an früherer Stelle behandelt. Ernst Jüngers Kriegstagebuch *In Stahlgewittern* andererseits, das
hier kurz gestreift wird, gehört schon zur Literatur der Weimarer Republik.

Mit dem Ausblick, den dasselbe Kapitel am Ende auf die fortwirkende Rolle des Kriegs-Traumas in mehreren Werken der Folgejahre gibt, schließt sich in gewisser Weise der Kreis zum Anfang der hier unternommenen Gesamtdarstellung der deutschsprachigen Literatur zur Zeit des letzten deutschen Kaiserreichs. Denn der vorhergehende Band handelte ebenfalls, und zwar gleich zu Eingang, von einem Krieg (und seiner Wirkung auf die deutsche Literatur), nämlich dem Feldzug gegen Frankreich (1870/71). Und Gabriele Reuters dort als erstes Textbeispiel herangezogener Roman *Aus guter Familie* stellte bereits die seelischen Folgeschäden der äußerlich erfolgreichen Kampagne – auch für die scheinbar nicht direkt betroffenen Frauen – heraus. Das aus «Blut und Eisen» errichtete Staatsgebilde, dessen knapp ein halbes Jahrhundert währender Bestand die äußere Klammer dieser Literaturgeschichte bildet, reicht die traumatischen Beschädigungen, mit denen seine Entstehung erkauft wurde, in einem bedrohlich gesteigerten Ausmaß an die nachfolgende Generation weiter.

Zu erinnern ist noch, daß die in Klammern angegebenen Jahreszahlen ebenso wie im Vorgängerband das Datum der ersten Veröffentlichung angeben, soweit sie der Verfasser ermitteln konnte. Bei Dramen ist das vielfach die Uraufführung, bei Erzählwerken ein Vorabdruck in Zeitungen oder Zeitschriften; auch aufgrund der damals üblichen Vordatierung des Erscheinungsjahrs kann es verschiedentlich zu Abweichungen von den Angaben in der ersten Buchausgabe kommen.

Der Verfasser dankt allen, die ihm bei der Entstehung und Korrektur dieses Buchs geholfen haben: neben Roberto Džugan, der große Teile der Bibliographie und des Registers erstellt hat, vor allem Astrid Herzog, Viktor Otto, Hildegard Piegeler, Gregor Streim und Bernhard Tempel.

Berlin, im März 2004   Peter Sprengel

PORTRÄT EINER EPOCHE

I. TENDENZEN DER ZEIT

1. Krise der Autorität

Selbstmord der Jugend

Die Statistik des Königreichs Preußen verzeichnet um die Jahrhundertwende im Durchschnitt wöchentlich einen Schülerselbstmord. Mehr als ein Drittel der Fälle geht den Akten zufolge auf «Furcht vor Bestrafung wegen Schulvergehen oder wegen mangelnden Schulerfolges» zurück. Zumindest in der öffentlichen Wahrnehmung kulminiert diese Problematik in den Jahren vor dem Ersten Weltkrieg. In seinem Artikel *Selbstmord der Jugend* (1911) beklagt Gustav Landauer die zunehmende Zahl von Gymnasiasten, die den Freitod suchten – und zwar nicht so sehr aus Mangel an Begabung, sondern eher deshalb, weil sie «zu persönlich» und «zu eigen» seien, um den schematischen Anforderungen «dummgrausamer Schulmeister im Zuchthaus der Schule» zu entsprechen. Mit dieser Deutung sind wir freilich schon mitten im literarischen Diskurs des frühen 20. Jahrhunderts, der von einem vehementen schulkritischen Impuls bestimmt wird.

Es spricht auch einiges dafür, daß bestimmte Formen der literarisch-künstlerischen Sozialisation die Entfremdung damaliger Oberschüler vom herrschenden Schulbetrieb – und damit indirekt auch die Bereitschaft zur symbolischen Protestgebärde des Freitods – gefördert haben. Als 1910–1912 kurz nacheinander drei der begabtesten Oberprimaner des renommierten Königin-Carola-Gymnasiums in Leipzig Suizid begingen, publizierte der Reformpädagoge Ludwig Gurlitt, ein regelmäßiger Beiträger von Pfemferts *Aktion* im ersten Jahr ihres Bestehens, im *Berliner Tageblatt* Briefe von Freunden der Toten. Aus ihnen werden das musische Interesse und das oppositionelle Denken der jugendlichen Selbstmörder deutlich, die ihre leitenden Wertvorstellungen offenbar aus intensiver Privatlektüre bezogen. Die zeittypische Kluft zwischen schulischem Lehrstoff und individuellem Lese-Erlebnis wird übrigens auch durch die Jugenderinnerungen Alfred Döblins und Stefan Zweigs bezeugt. In zwei fast zeitgleichen Schüler-Selbstmordversuchen, ohne deren Scheitern die deutsche Literatur um zwei prominente Namen ärmer wäre, tritt die Verknüpfung von literarischer Ambition und Freitodwunsch bei der damaligen Gymnasiastengeneration in spektakulärer Weise zutage.

Rudolf Ditzen, der sich später Hans Fallada nennen wird, war als Schüler des Königin-Carola-Gymnasiums direkt mit der Leipziger Selbstmordserie konfrontiert. Nach seinem durch disziplinarische Konflikte erzwungenen Wechsel nach Rudolstadt faßte er 1911 zusammen mit einem Schulfreund einen Plan zum Doppelselbstmord, der aus einem privaten Dramenwettbewerb hervorging; ursprünglich sollte nämlich nur derjenige von ihnen sterben, der das schlechtere Drama verfaßt hätte (und der Überlebende für dessen Veröffentlichung sorgen) – es sieht fast so aus, als wären beide Dramen gleich schlecht gewesen. Wie Ditzen-Fallada als einziger den Selbstmordpakt überlebt, so der neunzehnjährige Johannes R. Becher im April 1910 den frei nach Kleist inszenierten gemeinsamen Liebestod mit der Inhaberin eines Zigarrenladens. Die Frau stirbt am nächsten Tag; ihr Töter auf Verlangen wird gerettet und falsifiziert somit das Pathos des schon abgesandten Abschiedsbriefs an die *Münchner Neusten Nachrichten* wie auch verschiedener Jugenddichtungen, in denen das Motiv des Selbstmords eine zentrale Rolle spielt. Im autobiographischen Roman *Abschied. Einer deutschen Tragödie erster Teil* (1940) wird Becher das peinliche Ereignis nur verdeckt zur Sprache bringen; Fallada wagt sich mit seinem Erstling *Der junge Goedeschal. Leiden eines jungen Mannes in der Pubertät* (1920) wesentlich näher an die Misere seiner Schulzeit heran.

Auch der Gymnasiast Georg Heym verfaßt 1906 einen Abschiedsbrief, und zwar sozusagen auf Vorrat. In dem Anklagebrief an das Provinzialschulkollegium in Berlin sind Tag und Ort des Selbstmords durch Leerstellen markiert – zum späteren Nachtragen; dem aus Berlin verbannten achtzehnjährigen Primaner erschienen die Verhältnisse am Neuruppiner Gymnasium und insbesondere die Tyrannei des dortigen «Schulmonarchen» (von den Schülern «Bluthund» genannt) als auf die Dauer unerträglich. Schon im Vorjahr hatte Heym ein Gedicht auf den Selbstmord eines Berliner Schülers verfaßt, das sein Freund Ernst Balcke, ein Vertrauter des Toten, in einer Brandenburger Schülerzeitschrift veröffentlichte (*Einem toten Freunde*, 1905). Der heroischen Pose, mit der hier der Freitod verherrlicht wird, steht die groteske Verfremdung in späteren Gestaltungen desselben Motivs gegenüber, das den Lyriker Heym nicht losgelassen hat (*Morituri*, 1908; *Die Menschen stehen vorwärts in den Straßen*, 1911; *Die Selbstmörder*, 1911).

Natürlich gab es Schülerselbstmorde auch zu anderen Zeiten. Frank Wedekind hat den Freitod eines Mitschülers aus der Kantonsschule im schweizerischen Lenzburg in zehnjährigem Abstand 1891 zur Grundlage seiner «Kindertragödie» *Frühlings Erwachen* genommen. Deren Uraufführung (1906) und anschließende Breitenwirkung sind dann allerdings schon Ereignisse des frühen 20. Jahrhunderts und schließen nahtlos an zwei Bucherfolge an, mit denen sich der S. Fischer Verlag seinerzeit als Forum zur Verhandlung von Schul- und Jugendproblemen empfahl: *Freund Hein. Eine Lebensgeschichte* (1902) von Emil Strauß und Hermann Hesses *Unterm Rad*. Für die Buchausgabe (erschienen im Herbst 1905) hat Hesse den im Frühjahr 1904 in der *Neuen Zürcher Zeitung* vorabgedruckten Text um ein «paar salzige Stellen» gekürzt. Als er seinem Halbbruder Karl Isenberg, einem Lehrer, die erste Fassung zu lesen gibt, entschuldigt er sich in einem Brief vom November 1904 für deren Deutlichkeit: «Die Schule ist die einzige moderne Kulturfrage, die ich ernst nehme und die mich gelegentlich aufregt.» Sie habe an ihm selbst «viel kaputt gemacht» und seinem jüngeren Bruder Johannes «das Rückgrat gebrochen», so daß dieser «immer unterm Rad» geblieben sei.

Unterm Rad verarbeitet Erlebnisse aus Hesses Landexamens- und Maulbronner Seminaristenzeit (1891/92). Vor allem der erste Teil, der die gewaltsame Beendigung der Kindheit und die emotionale Überforderung des jungen Hans Giebenrath durch das sogenannte Landexamen (eine externe Prüfung für begabte Schüler aus ganz Württemberg in der Landeshauptstadt Stuttgart) schildert, knüpft eng an die Realität von Hesses eigener Jugend an. Mit der Einführung des Maulbronner Mitschülers und Freundes Hermann Heilner setzt eine stärkere Distanzierung ein. Der unangepaßte Knabe mit dem Vornamen und den Initialen des Autors (und dem verheißungsvollen «Heil» im Namen) dient fortan als Projektionsfigur für den Freiheits- und Selbstbehauptungswillen des angehenden Dichters. Sein Fluchtversuch aus dem Kloster findet ohne den Revolver statt, den sich der junge Hesse verschaffte, als er 1892 dem Zwangsaufenthalt in Bad Boll entfliehen wollte – noch im Jahr darauf sollte er sich wiederum mit einem Revolver versehen und Selbstmorddrohungen ausstoßen. Giebenrath hingegen trägt nunmehr die ganze Last des Versagens: als Maulbronner Seminarschüler wie als «Landexamensschlosser» in der Heimatstadt. Daß man eines Tages seine Leiche im Wasser findet, erscheint da nur konsequent. Obwohl der eigentliche Vorgang vom Erzähler ausgespart und die Frage der Kausalität bzw. Intentionalität ausdrücklich offengehalten wird, sprechen viele Interpreten vom Selbstmord des Helden. Eigentlich war sein ganzes Leben ein solcher, oder vielmehr: ein von der ganzen Gesellschaft an seinen natürlichen Kräften begangener Mord.

Noch entschiedener rousseauistisch argumentiert Emil Strauß' *Freund Hein*. Heiner Lindner ist ein Naturkind, wie uns schon die ausführliche Schilderung seiner kindlichen Spiele im Garten lehrt; in seinem Selbstmord draußen im Wald feiert er, Hölderlin rezitierend, die Wiedervereinigung mit Mutter Natur. Derweil geht sein Freund Notwang mit Vater Lindner ins Gericht: «Was soll das überhaupt! Den Heiner auf diese fürchterliche Gymnasialfolter zu spannen!» Dennoch werden in diesem Roman weder Schule noch Elternhaus einseitig negativ gezeichnet. Es ist die abstrakte Mathematik, die der anschaulichen Phantasie des Knaben widerstrebt und ihm den Schulbesuch zunehmend zur Qual macht; die demütigende Maßregelung durch einen Lehrer kommt eher akzidentell hinzu.

Die eigentliche Verantwortung dafür, daß Heinrich Lindner auf einen seiner individuellen Begabung so wenig entsprechenden Weg gezwungen wird, weist Strauß' Buch dem Vater zu, einem ehrenwerten und von großer Liebe zum Sohn erfüllten Anwalt, der seinen Erziehungsauftrag jedoch gerade in der Unterdrückung der musisch-träumerischen Neigungen sieht. Wie er selbst sich seinerzeit die Musik verboten hat, weil die Lust zu ihr sich nicht disziplinieren ließ und seinen bürgerlichen Lebensgang gefährdete, erwartet er von Heiner ähnliche Askese, ohne zu realisieren, daß für diesen die Musik das Zentrum der

Lebenserfahrung ist. Die vitalistische Auffassung der Musik als unmittelbarer Repräsentantin des Lebens (und damit auch des Todes) gipfelt in dem dionysischen Traum, in dem Heiner kurz vor seinem Selbstmord ideelle Erfüllung findet: Mit einem Thyrsos, dem dionysischen Phallussymbol, sieht er sich selbst darin «den Takt schlagen und zugleich ohne Instrument, ohne den Mund aufzuthun, die Musik ausströmen, nach der auf dem Rasen Mädchen in weißen und Jünglinge in rubinroten Gewändern den Reigen tanzten.» Es ist dieser Einklang mit dem − hier ganz im Geschmack der Bilder Ludwig von Hofmanns vorgestellten − Mysterium des Lebens, den der Held kurz darauf mit dem Schuß in sein Herz zu besiegeln versucht.

Die Verbindung von Schul-Leid und Musikalität erinnert an das satirische Schulkapitel in Thomas Manns − ein Jahr vor *Freund Hein* erschienenem − Roman *Buddenbrooks* (1901). Auch Hanno Buddenbrook stirbt ja einen nicht ganz unfreiwilligen Tod, insofern er der Typhusinfektion, die ihn befällt, keinen inneren Widerstand entgegensetzt; freilich hat sein schulisches Unglück hieran nicht den entscheidenden Anteil. Eher dient es zur Demonstration des unüberbrückbaren Abstands, der sich zwischen der hochsensiblen Innerlichkeit dieses Spätlings und der prosaischen Realität einer Gesellschaft auftut, in der nur gröber gestrickte Naturen reüssieren. Dieser Abstand läßt sich übrigens auch soziologisch fassen, als die Kluft nämlich zwischen dem Patrizierkind und einer schlecht besoldeten Lehrerschaft (mit zu kurzen Beinkleidern und unsauberen Manschetten) einerseits und dem «ungehobelten Geschlecht» der Mitschüler andererseits, die sich − «herangewachsen in der Luft eines kriegerisch siegreichen und verjüngten Vaterlandes» − nur für Technik und Turnen interessieren. Auf aktuelle Auswüchse des preußischen Militarismus spielt Thomas Mann mit der Figur des Oberlehrers und Reserveoffiziers Marotzke an, der «am meisten auf Disziplin» hält und «die Front der strammstehenden Schüler mit kritischem Blick» mustert. Gemeinsamer Fluchtpunkt der satirischen Facetten aus dem Schulalltag Hanno Buddenbrooks ist die Zerstörung der Persönlichkeit − Konsequenz eines Systems, in dem die lebendige Auseinandersetzung mit der Sache längst einer starren Leistungskontrolle und Disziplinierung gewichen ist. Die Schüler versuchen, dieses System mit den üblichen Pennälertricks zu überlisten, und können sich doch, wie der Fall eines überführten Schummlers bezeugt, dem entwürdigenden und desolidarisierenden Einfluß seiner Normen nicht entziehen:

«Adolf Todtenhaupt brachte dienstbeflissen das Klassenbuch herbei, und Petersen erhielt einen Tadel wegen versuchten Betruges, was ihn auf lange Zeit hinaus vernichtete und die Unmöglichkeit seiner Versetzung zu Ostern besiegelte. ‹Sie sind der Schandfleck der Klasse›, sagte Doktor Mantelsack noch und kehrte dann zum Katheder zurück.

Petersen setzte sich und war gerichtet. Man sah deutlich, wie sein Nebenmann ein Stück von ihm wegrückte. Alle betrachteten ihn mit einem Gemisch von Ekel, Mitleid und Grauen. Er war gestürzt, einsam und vollkommen verlassen, darum, daß er ertappt worden war.»

Die Unmenschlichkeit des Erziehungsstils entwertet in den Augen der damals über Schulerfahrung schreibenden deutsch(sprachig)en Autoren das hohe fachliche Niveau des Unterrichts durch wissenschaftlich, nicht pädagogisch gebildete «Studienräte» bzw. «Professoren», das dem deutschen und österreichischen Gymnasium des 19. und frühen 20. Jahrhunderts seinerzeit im Ausland große Anerkennung eintrug. Noch in anderer Hinsicht unterschied sich das deutsche Schulsystem von anderen Formen der Elite-Rekrutierung, etwa im angelsächsischen Raum. Durch die Öffentlichkeit des Bildungswesens war eine stärkere (verglichen mit heutigen Verhältnissen freilich sehr beschränkte) Durchmischung der sozialen Schichten auch auf den höheren Schulen gewährleistet. Wie schon das Beispiel der *Buddenbrooks* zeigte, konnte auch diese grundsätzlich bejahenswerte Errungenschaft in der literarischen Gestaltung von Schülerschicksalen – und wohl nicht nur hier – bedrohliche Züge annehmen.

Friedrich Huchs autobiographisch eingefärbter Roman *Mao* (1907) und Martin Beradts in der Gestaltung der Dekadenzthematik durch Eduard von Keyserling inspirierte Pubertätsgeschichte *Go* (1909) enden übereinstimmend mit dem Selbstmord des Protagonisten. Die seelische Gefährdung des Helden wird in beiden Fällen durch seine Isolation gegenüber den Mitschülern gefördert, und hierbei spielt jeweils seine Herkunft aus der Oberschicht eine wichtige Rolle – am deutlichsten sicher in Huchs *Mao*-Roman, der vom Symbol des (im Laufe der Handlung von der Familie aufgegebenen) Stadtpalastes und des zugehörigen verwunschenen Gartens beherrscht wird. Der erste Tag in der Volksschule ist für Huchs Protagonisten, den jungen Thomas, ein Schock:

«Nun sah er sie in Wirklichkeit, seine Kameraden, die Schüler der Volksschule mit ihren blassen Gesichtern und dem von Pomade glänzenden Haar, und er stand da in einem bösen Traum. Sein Lehrer war ein untersetzter, breitbärtiger blonder Mann mit einer Brille; er hieß Herr Matthes. Er führte ihn hinein ins Schulzimmer; während der Stunde hielt sich Thomas oft heimlich die Nase zu.»

Von einer dieser blassen Gestalten wird Thomas später hartnäckig erpreßt. Ein ähnliches Motiv spielt noch in Hesses *Demian* eine Rolle (der Arbeiterjunge als Vertreter einer dunklen, verbotenen Welt); auch die Faszination des jugendlichen Helden durch ein schwer deutbares Wappenbild (Mao bzw. Abraxas) ist den Romanen Huchs und Hesses in auffälliger Weise gemeinsam. Als Gymnasiast verfolgt Thomas die allwöchentlichen Schlägereien zwischen den Anführern der Ober- und der Volksschule mit frenetischer Hingabe: «etwas Unerhörtes brach in ihm hervor, taumelnd, schwindelnd.»

Die Analyse der Schule bzw. der Schülergruppe als Machtphänomen und das Interesse für die Abgründe der Seele, die sich hierbei auftun, bilden das zweite und – verglichen mit der schematischen Entgegensetzung von Natur und Schule bei Hesse oder Strauß – komplexere und zukunftsträchtigere Zentrum des Schul-Diskurses in der Literatur des frühen 20. Jahrhunderts.

Heinrich Manns Roman *Professor Unrat oder das Ende eines Tyrannen* (1905) ist zweifellos der Klassiker dieses Genres – nicht zuletzt aufgrund der irritierenden Spannung zwischen Tyrannei und Anarchie, die er der Gestalt des von seinem Spitznamen verfolgten Lehrers Raat verleiht, und in der Überschneidung zwischen bürgerlicher und Kunstsphäre, die sich aus Unrats Bekanntschaft mit der «Künstlerin Fröhlich» ergibt. In Unrat kristallisiert und potenziert sich der Autoritätsanspruch des Systems in einer Weise, die ihn selbst zum Außenseiter macht – aus dem lächerlichen Anwalt der bürgerlichen Prinzipien wird ihr Opfer und Gegner, den die Zerstörung der Ordnung mit einer dämonischen Lust erfüllt.

Gleichfalls im Lübecker Kindheitsmilieu Heinrich Manns ist die Novelle *Abdankung* (1906) angesiedelt, eine Studie über das Umschlagen von Sadismus in Masochismus, festgemacht an der Figur eines tyrannischen Schülers, der die Kunst des Beherrschens (und schließlich: Sich-Beherrschen-Lassens) zur Perfektion treibt – bis hin zum Freitod auf Kommando. Sie wird an psychologischer Eindringlichkeit nur durch Robert Musils Erstling *Die Verwirrungen des Zöglings Törleß* (s. u. S. 279–281) übertroffen, der bei vordergründiger Betrachtung als Kritik am Internatswesen der österreichischen Militärausbildung aufgefaßt werden kann. In diesem Sinne greift Freiherr Hans-Joachim von Reitzenstein in einem Artikel der Zeitschrift *Pan* vom Mai 1912 (*Ein Schülerselbstmord*) auf den Roman zurück: als Beleg für die Förderung der Homosexualität durch die Kasernen-Erziehung. Gewiß geben bei Musil die äußeren Gegebenheiten des Internatsbetriebs den notwendigen Rahmen für die sadistischen und sexuellen Praktiken ab, denen der Dieb Basini unterworfen wird. Der eigentliche Brennpunkt ist jedoch die Faszination, die von diesen Vorgängen für den – seinem Selbstverständnis nach – zunächst unbeteiligten Protagonisten ausgeht und sich in eigentümlicher Weise mit anderen Erfahrungen des Irrationalen verbindet.

Im gleichen Milieu ist eine kurze Erzählung Rilkes beheimatet (*Die Turnstunde*), die 1901 in Maximilian Hardens gesellschaftskritischer Zeitschrift *Die Zukunft* erschien; sie scheint noch den alten Ernst von Wildenbruch zu seiner für Kinder bestimmten Schulgeschichte *Das Orakel* (1903) inspiriert zu haben. In knapper, betont sachlicher Schilderung führt Rilke das scharfe Reglement des Sportunterrichts in einer österreichischen Militärschule vor und konfrontiert es mit einem einsamen Ausbruchsversuch: Ein sonst als schwächlich bekannter Schüler klettert unaufgefordert, ja gegen die ausdrückliche Anweisung des Unteroffiziers an der Kletterstange hinauf – bis zu einer Höhe, die ihm niemand zugetraut hätte und die ihm nur erreichbar ist, weil er offenbar alle in ihm vorhandene Kraft an diesen Akt eines Emporstrebens zur Freiheit wendet. Oben an der Hallendecke macht er eine Bewegung, als wolle er auch diese letzte Barriere durchbrechen – danach gibt es für ihn nur das jähe Hinabgleiten und den Herztod. Einer rationalistischen Lektüre stellt sich dieser als natürliche Folge der Überanstrengung dar, die der sinnlose Ausbruchsversuch für den ungeübten Körper bedeutete; in der Symbolsprache der Erzählung dagegen ist eben dieser Tod die Erfüllung des Ausbruchsbegehrens, die radikalste und elementarste Form der Befreiung.

Grundsätzlich wäre auch eine andere Form der Befreiung denkbar als die Selbstzerstörung im Schülertod: der aktive Protest, die Revolte. Erst im Zeichen des expressionistischen Aktivismus findet sie literarische Gestalt: in Leonhard Franks Erzählung *Die Ursache* (1915). Ein Dichter erwürgt dort noch als Erwachsener den Lehrer, der ihn einst malträtiert hat (und der auch heute noch Kinder mißhandelt), und wird dafür einstimmig zum Tode verurteilt. Einer der Geschworenen begeht danach in später Erkenntnis der Wahrheit Selbstmord – aus Einsicht in die Inhumanität der Todesstrafe und die Verursachung des Menschheitselends durch dasselbe System autoritärer Strenge, das von der rigiden Erziehung der Kinder in Familie und Schule bis zur Gnadenlosigkeit des Gerichts reicht.

Väter und Söhne

Die Entdeckung der Familie als Macht- und Autoritätsagentur ist ein Schlüssel des expressionistischen Selbstverständnisses. Sie geht Hand in Hand mit der Rezeption der Grundlagen der Psychoanalyse, insbesondere der in *Totem und Tabu* (1912/13) entwickelten Lehre Freuds vom vorgeschichtlichen «Kampf zwischen den Darwin'schen Bruderhorden und ihren väterlichen Häuptlingen». Die Formulierung entstammt einem Artikel Paul Federns mit dem Titel *Zur Psychologie der Revolution: Die vaterlose Gesellschaft*, erschienen im Mai 1919 in der Zeitschrift *Der österreichische Volkswirt*. Darin wird der Rücktritt des Kaisers in Deutschland wie Österreich als Chance zu einer Überwindung des Patriarchats im umfassenden Sinne begriffen; nach dem Sturz des monarchischen Übervaters wäre der Weg zum Aufbau brüderlich oder bruderschaftlich organisierter Strukturen frei. Die kaiserzeitliche Gesellschaft erscheint hier im Rückblick als Hochburg der Vater-Herrschaft, und eben vor dieser gesamtgesellschaftlichen Perspektive ist auch die Auseinandersetzung mit der Vater-Rolle und der väterlichen Autorität zu sehen, die die expressionistische Literatur schon vor Beginn des Ersten Weltkriegs beherrschte.

Wichtigster Vermittler einer solchen gesellschaftskritisch gewendeten Psychoanalyse in der literarischen Szene jener Jahre war der Psychiater Otto Gross. «Die Psychologie des Unbewußten ist die Philosophie der Revolution», beginnt beispielsweise einer seiner Artikel in der Berliner

Aktion (Zur Überwindung der kulturellen Krise, 1913). Er läuft auf die
These zu, «daß in der Familie der Herd aller Autorität liegt, daß die
Verbindung von Sexualität und Autorität, wie sie sich in der Familie
mit dem noch geltenden Vaterrecht zeigt, jede Individualität in Ketten
schlägt.» Der Vordenker der expressionistischen Anti-Väter-Revolte ist
als kokainsüchtiger Bohemien in zahlreiche Romane und Erinnerungs-
werke eingegangen: als Dr. Gebhart in Franz Werfels *Barbara oder die
Frömmigkeit* (1929) – als Dr. Ottokar Grund übrigens auch in Werfels
Drama *Schweiger* (1922) –, als Dr. Kreuz in Leonhard Franks *Links wo
das Herz ist* (1952), als Dr. Hoch in Bechers schon erwähnten *Abschied*,
als Dr. Othmar in Karl Ottens *Wurzeln* (1963) und unter seinem eigentlichen Namen in Franz Jungs Roman *Sophie* (1915) und Jungs Autobiographie *Der Weg nach unten* (1961). Die Wirkung von Gross' Lehre wäre
freilich bei weitem nicht so durchschlagend gewesen, wenn nicht sein
eigenes Schicksal das anschaulichste Exempel ihrer Richtigkeit und
Aktualität – jedenfalls in einem vordergründig-handgreiflichen Sinne –
geliefert hätte. Denn im November 1913 wurde Gross in einer juristisch
fragwürdigen Polizeiaktion aus Berlin abgeschoben und nach Österreich
verbracht, wo sein Vater, ein einflußreicher Strafrechtslehrer, für seine
Unterbringung in einer geschlossenen Anstalt sorgte. Eine breitange-
legte Protestkampagne verschiedener Organe der literarischen Moderne
– darunter die Zeitschriften *Die Aktion* und *Revolution* mit Sondernum-
mern – bewirkte seine baldige Entlassung; als symbolisches Ereignis
aber prägte sich der ‹Fall Gross› um so tiefer dem kulturellen Gedächtnis ein, als er präzise den literarischen Phantasien der expressionistischen Generation entsprach.

Etwa gleichzeitig mit der Verschleppung von Gross jun. entstand im Herbst
1913 Walter Hasenclevers Drama *Der Sohn* (1914). Die Entwicklung der ersten
beiden Akte ist stark durch Hasenclevers persönliches Erleben bedingt: Der
mutterlos aufgewachsene – aufgrund intellektueller Verweigerung soeben
durchs Abitur gefallene – Sohn sucht sich aus der Abhängigkeit von Hauslehrer
und Gouvernante zu befreien und gerät damit als neuer Marquis Posa in eine
Konfrontation mit dem autoritären Vater, der ihn – um ihn vor dem «Gift der
Zeit» zu schützen – wie einen Gefangenen hält: «Gib mir die Freiheit, um die
ich dich grenzenlos bitte.» Vom Vater geschlagen, kündigt der Sohn jede Bindung auf: «Also Haß bis ins Grab!» Mit dem zweiten Auftritt des ominösen
Freundes, der sich wie Goethes Mephistopheles zur Faust-Figur des Sohnes verhält und als Alter ego des Helden interpretiert werden kann, weitet sich die private Problematik ins Öffentlich-Politische. Vor einer Geheimgesellschaft, die
wie eine Reminiszenz an das 18. Jahrhundert anmutet (es erklingen Beethovens
Neunte Sinfonie und die Marseillaise), hält der Sohn eine visionäre Rede. Dabei
steht er anscheinend – wie später offengelegt wird – unter dem suggestiven
Einfluß des Freundes, der die Revolte gegen die Väter zum politischen Programm erhebt:

«Die Tyrannei der Familie zerstören, dies mittelalterliche Blutgeschwür; diesen Hexensabbath und die Folterkammer mit Schwefel! Aufheben die Gesetze – wiederherstellen die Freiheit, der Menschen höchstes Gut! [...] bedenke, daß der Kampf gegen den Vater das gleiche ist, was vor hundert Jahren die Rache an den Fürsten war. Heute sind wir im Recht! [...] Heute singen wir die Marseillaise! [...] Auf, die Fahnen und Schafotte der Revolution!»

Die letzte Konsequenz dieses Programms heißt – als konkreter Auftrag an den Sohn – : «Vatermord!!!» Ein wenig später entstandenes Drama Arnolt Bronnens trägt diesen Titel, gipfelt in dieser Handlung (s. u. S. 513 f.). Hasenclever hat jedoch Mitleid mit seinem Protagonisten und erspart ihm die eigentliche Tat: Der Vater stirbt an einem Herzschlag, als ihn der Sohn mit dem Revolver bedroht. Die Schuldfrage wird nicht diskutiert; das Stück endet – wie schon mehrfach zuvor von realistischer Darstellung zu lyrischem Pathos wechselnd – mit einem visionären Monolog des Sohnes:

> Denn dem Lebendigen mich zu verbünden,
> Hab ich die Macht des Todes nicht gescheut.
> Jetzt höchste Kraft in Menschen zu verkünden,
> Zur höchsten Freiheit, ist mein Herz erneut!

In einer subtilen Besprechung des Dramas in *Imago* (Untertitel: «Zeitschrift für Anwendung der Psychoanalyse auf die Geisteswissenschaften») erklärt Hanns Sachs 1917: «Bei Hasenclever gilt der Haß des Sohnes nicht einem Unterdrücker, obgleich es die Vater ist, sondern dem Vater als dem ersten und eigentlichen Unterdrücker.» Mit einigem Scharfsinn wird die Konkurrenz um die Mutter-Frau (im Drama vertreten durch die Gouvernante) als eigentlicher Motor des Vater-Sohn-Konflikts herausgearbeitet und der schließliche Verzicht des siegreichen Sohns auf diese Frau als Tribut an die Regeln des in Freuds *Totem und Tabu* beschriebenen Generationenkampfes gedeutet. Gewiß erleichtert der demonstrative erotische Verzicht in der Schlußszene (Sohn und Gouvernante gehen nach verschiedenen Seiten ab) als symbolische Form der Buße dem Leser oder Zuschauer die Akzeptanz der vorangegangenen Fast-Hinrichtung.

Im Zuge der von Nietzsche eingeleiteten Autonom-Setzung des Individuums kann man darüber hinaus manchen Texten des Expressionismus eine Lockerung grundlegender moralischer Normen bzw. eine Entschärfung substantieller Tabus attestieren. Man vergleiche etwa Reinhard Sorges Drama *Der Bettler* (1912), in dem der Sohn in einem Akt bewußter Euthanasie seinen wahnsinnigen Vater tötet und die dabei wohl unterlaufende Vergiftung der Mutter reuelos akzeptiert (s. u. S. 567).

Ausdrücklich an die Adresse eines späteren Literarhistorikers gewendet, schreibt Georg Heym in seinem Tagebuch (November 1911): «Ich wäre einer der größten Dichter geworden, wenn ich nicht einen solchen schweinernen Vater gehabt hätte.» Der Persönlichkeit seines Vaters, eines konservativ geprägten Staatsanwalts am Militärgericht, kommt wohl eine Eintragung Heyms vom Mai 1906 näher: «Wie gern würde ich mit meinem Vater besser stehen, sehe ich doch, wie er um mich leidet, aber er kann nicht verstehen, daß ich, wenn ich mir nicht meinen Trotz gegen diese Kleinlichkeiten bewahre, zu Grunde gehen muß.» Es ist die vom Nachkommen verweigerte gesellschaftliche Anpassung, die dem Konflikt zwischen Sohn und Vater so hohe Repräsentanz verleiht. Der Vater erscheint als leibhafte Inkarnation des sozialen Systems, die entthront werden muß, soll der Weg zu individueller Emanzipation oder allgemeiner gesellschaftlicher Veränderug frei werden. In diesem Sinne zeichnet noch Bechers autobiographischer Roman *Abschied* – in vergröbernder Fortführung expressionistischer und psychoanalytischer Gemeinplätze – den Vater des Helden als staatstreuen Familientyrannen, bei dessen Anblick – etwa auf einer gemeinsamen Bergtour – im Sohn unverhüllte ödipale Mordgelüste aufsteigen. Hans Gastl beschriftet im Geiste schon das Marterl, das künftig an den Tod seines Vaters erinnern würde, wenn er jetzt ein Felsstück auf ihn herabwälzte: «Auf Bergen wird man oft nicht alt, / Hier stürzte ab ein Staatsanwalt.»

Die komplexesten Zeugnisse der generationstypischen – und doch auch je individuellen – Auseinandersetzung mit dem Vater stammen von Franz Kafka. Wenn man darunter nicht sein ganzes Werk subsumieren will, so sind jedenfalls zwei Texte hervorzuheben: *Das Urteil* (1913) als die erste von Kafka selbst für gültig befundene Erzählung und der im November 1919 entstandene – nie abgeschickte und von Max Brod mit diesem Titel versehene – *Brief an den Vater*. Die ödipale Motivation ist hier wie dort unübersehbar, ist die Entstehung doch jeweils eng mit einem (gerade eingeleiteten oder vor kurzem vereitelten) Heiratsversuch Kafkas verknüpft. Die Intention des Sohnes zur dauerhaften Verbindung mit einer Frau könnte unter anderen Voraussetzungen wohl als Ansatz zu bürgerlicher Integration gewertet werden und väterliche Billigung finden – nicht so bei Kafka. Georg Bendemanns Vater macht sich vielmehr, als der Sohn mit der brieflichen Mitteilung seines Verlobungsprojekts vor ihn tritt, überraschend zum Anwalt des Adressaten: des einsamen Junggesellen in Sankt Petersburg, einer Symbolisierung von Kafkas eigener Schriftstellerexistenz, und verurteilt den untreuen Sohn umgehend zum Tod durch Ertrinken.

In der langen Liste der Vorwürfe, die der *Brief an den Vater* auf über hundert Manuskriptseiten an Hermann Kafka richtet, bildet dessen ablehnende Reaktion auf Kafkas Verlobung mit Julie Wohryzek den Endpunkt und Gipfel. Aber schon vorher hat sich der Text aus einer persönlichen Abrechnung zur inspirierten Gesamtschau des eigenen Werdegangs entwickelt: zu einer dichterischen Autobiographie mithin, die freilich unter einer einheitlichen Fragestellung steht – eben derjenigen, die der erste Satz präzis vorgibt: «warum ich behaupte, ich hätte Furcht vor Dir.» Das Leben im Zeichen der Furcht vor dem Vater hat seine traumatische Urszene im «Pawlatschen»-Erlebnis (der unaufhörlich nach Wasser verlangende Knabe wird vom Vater nachts auf den umlaufenden

Balkon eines typischen Prager Innenhofs gestellt) und findet in der Einübung von Tischsitten – die nur das Kind betreffen, denn der Vater setzt
sich über die von ihm selbst verkündeten Regeln hinweg – seine konsequente Fortsetzung:

«Dadurch wurde die Welt für mich in drei Teile geteilt, in einen,
wo ich, der Sklave lebte, unter Gesetzen, die nur für mich erfunden
waren und denen ich über dies, ich wusste nicht warum, niemals
völlig entsprechen konnte, dann in eine zweite Welt, die unendlich
von meiner entfernt war, in der Du lebtest, beschäftigt mit der
Regierung, dem Ausgeben der Befehle und mit dem Ärger wegen
deren Nichtbefolgung, und schliesslich in eine dritte Welt, wo die
übrigen Leute glücklich und frei von Befehlen und Gehorchen leb-
ten.»

Deutlich wird in diesem Gleichnis die enge Analogie zwischen der
Motivik von Kafkas literarischen Hauptwerken und seinem autobiographischen Brief. Hier wie dort geht es um Gesetze und ihre Befolgung,
hier wie dort wird ein Prozeß veranstaltet. Kafkas «Riesenbrief» nimmt
selbst einen solchen Charakter an, wenn nach dem langen Plädoyer des
Sohnes, dessen rhetorische Struktur der Autor einmal als «advokatori-
sche Kniffe» charakterisierte, auch der Vater in imaginärer Rede zum
Zug kommt – mit einem für den Sohn stark verunsichernden, wenn
nicht vernichtenden Ergebnis. Noch die Abfassung des Briefs selbst wird
als Beweis parasitären Schmarotzertums abgewertet; der Sohn bringt
den Vater nicht zum Schweigen, auch wenn er unentwegt gegen ihn
anschreibt.

Herrscher und Untertan

Hans Grimm, der mit seinem Roman *Volk ohne Raum* (1926) zu einem
der wirkungsreichsten Propagandisten «völkischen» Expansionsstrebens
werden sollte, erschloß sich die Thematik der deutschen Kolonialpolitik
erstmals in den *Südafrikanischen Novellen* (1913). Deren Ouvertüre
(*Dina*) schildert die innere Tragödie eines deutschen Wachtmeisters, der
unter den Einfluß eines Hottentottenmädchens, ja in innere Abhängigkeit von ihm gerät; das Mädchen verläßt sein Haus freilich in dem
Moment, wo der Wachtmeister mit der Amputation seiner rechten Hand
den Respekt einer bewaffneten und kampffähigen Autoritätsperson einbüßt. Bereits die erste Begegnung des Wachtmeisters mit Dina steht im
Zeichen von Machtstrukturen, macht den Stellvertreter-Status sichtbar,
der ihm zunächst die Unterwerfung der jungen Hottentottin einträgt. Er
läßt sie nämlich nach ihrem «Kapitän» fragen und korrigiert ihre
ursprüngliche Antwort, indem er erklärt:

«Der größte Kapitän ist der Kaiser in Deutschland. Dann kommt der Guvernör in Windhuk. Und dann der Bezirksamtmann in Lüderitzbucht. Und hier –, na, hier bin ich jetzt der Baas.» Worauf das Nama-Mädchen auf ihn weist und dreimal «Baas» sagt, «als gäbe sie gern eine ihr abverlangte Zustimmung.» Es ist die Zustimmung zu einer kolonialistischen Weltordnung, die auf der Delegation von Macht und Unterdrückung beruhte und im letzten deutschen Kaiser einen ihrer ranghöchsten und beflissensten Exponenten besaß. Das Recht seines Landes auf einen «Platz an der Sonne» im Konzert der Kolonialmächte war ein Lieblingsanliegen Wilhelms II. und eines der Hauptargumente für den von ihm vorangetriebenen Ausbau der deutschen Kriegsflotte. Dem Engagement in Süd- und Südwestafrika kam dabei besondere politische Bedeutung zu. Mit seinem Glückwunschtelegramm an den Burenpräsidenten Ohm Krüger hatte Wilhelm II. schon 1896 die Ansprüche der führenden Kolonialmacht England auf diesen Teil Afrikas in provozierender Form in Frage gestellt. Die Burenkriege der Jahre 1899–1902 fanden in der deutschen Öffentlichkeit große Aufmerksamkeit; zahlreiche Schriftsteller griffen energisch – ganz in Übereinstimmung mit ihrem höchsten Landesherrn – für die Sache der in ihrem Freiheitsanspruch bedrängten Siedler (überwiegend holländischer Abstammung) Partei. Friedrich Lienhard publizierte *Burenlieder* (1900), Fritz Bley einen Vortrag mit dem Titel *Die Buren im Dienste der Menschheit* (1900), Felix Dahn und Ernst von Wildenbruch betätigten sich für den Burenhilfsfonds, und Ludwig Thoma gab als Anthologie im *Simplicissimus*-Format das illustrierte Album *Der Burenkrieg* heraus.

Die ideologische Frontlinie, die damals aufgebaut wurde – und im Ersten Weltkrieg erfolgreich reaktiviert werden konnte –, war der Gegensatz zwischen der kapitalistischen Großmacht England und einem bodenständigen (Nieder-)Deutschtum. Auf den Aufstand der Hereros und Nama im benachbarten «Schutzgebiet» Deutsch-Südwest (ab 1904) reagierte das Deutsche Reich gleichwohl selbst im Stil einer imperialistischen Großmacht. Die Verfolgung der Aufständischen wurde als Vernichtungsfeldzug betrieben, dessen brutale Konsequenzen noch in affirmativen Darstellungen aus dem Lager der Heimatliteratur reflektiert und mit einiger Mühe bewältigt werden. So schildert Gustav Frenssen in seinem «Feldzugsbericht» *Peter Moors Fahrt nach Südwest* (1906) einigermaßen offen die systematische Abdrängung Zehntausender von Herero-Familien in das wasserlose Wüstengebiet. Die Grausamkeit dieser Strategie auch gegen Frauen und Kinder ließ sich nur rechtfertigen mit einer Ideologie des progressiven Imperialismus. Nach der Erschießung eines Schwarzen setzt der Oberleutnant dem verunsicherten Helden entscheidende Lichter auf:

«Diese Schwarzen haben vor Gott und Menschen den Tod verdient, nicht weil sie die zweihundert Farmer ermordet haben und gegen uns aufgestanden sind, sondern weil sie keine Häuser gebaut und keine Brunnen gegraben haben. [...] Gott hat uns hier siegen lassen, weil wir die Edleren und Vorwärtsstrebenden sind. Das will aber nicht viel sagen gegenüber diesem schwarzen Volk; sondern wir müssen sorgen, daß wir vor allen Völkern der Erde die Besseren und Wacheren werden.»

Der Eindruck solcher Lehren auf den Helden läßt nicht zu wünschen übrig: «[...] nun hörte ich ein großes Lied, das klang über ganz Südafrika und über die ganze Welt und gab mir einen Verstand von der Sache.» Weitere Aufrüstung konnte der skeptische Zeitgenosse den *Kriegsklängen* (1905) der Freifrau Adda von Liliencron entnehmen, einer Hauptvertreterin der Koloniallyrik mit besonderer Aufmerksamkeit für die südwestafrikanischen Belange. Mit Berufung auf ein Kaiserwort («Eures Kaisers mächtig Wort / Schlingt die festen Bande») münzt sie die deutschen Verluste im Herero-Krieg zu einem Argument für den Herrschaftsanspruch Deutschlands um – in heroischem Imponiergestus und dezidiert männlicher Symbolsprache:

Wo die Fäng' der deutsche Aar
In ein Land geschlagen,
Wo ein Mann der Heldenschar
Fiel in kühnem Wagen,
Wo er ruht, das Land bleibt deutsch, hat er doch sein Leben
Für die deutsche Ehre freudig hergegeben.

Die Phraseologie dieser Lyrik erinnert an die Sprüche auf der Toilettenpapiermarke «Weltmacht», mit der der Fabrikbesitzer Diederich Heßling in Heinrich Manns 1914 beendetem Roman *Der Untertan* zuerst seine Arbeiter diszipliniert und dann, «wie eine großzügige Reklame es verkündete, deutschen Geist, gestützt auf deutsche Technik, siegreich durch die Welt» trägt. Manns Satire ist das schärfste Spiegelbild der fragwürdigen Rolle, die der dritte Hohenzollern-Kaiser im öffentlichen Bewußtsein und Seelenhaushalt seiner Nation gespielt hat. Dabei sind die persönlichen Auftritte des Monarchen im Roman an den Fingern einer Hand aufzuzählen; um so präsenter ist er in der Mentalität des (innerlich schwachen und feigen) Helden, der sich die Herrschaftsattitüde des Kaisers physiognomisch und rhetorisch zu eigen macht. Der wahre Untertan versteht sich als Teil eines Herrschaftssystems, das Unterwerfung nach oben mit Macht über Abhängige honoriert, das dem blind Gehorchenden masochistische Lust durch Identifikation mit dem Stärkeren gewährt. So imitiert Diederich Heßling nicht nur die katerartige

Miene Wilhelms II. mit aufgebogenen Schnurrbartspitzen und «blitzen-
den» Augen, sondern redet auch in seinen Phrasen – die Heinrich
Mann wortgetreu aus einer zeitgenössischen Dokumentation zitiert –,
ja er versteigt sich in seiner Identifikation mit dem kaiserlichen Über-
Ich so weit, daß er in seinem Namen ein antisozialistisches Telegramm
aufgibt, das übrigens nicht dementiert wird.

«Einer nur ist Herr im Reich, keinen anderen dulde ich», «herrlichen
Tagen führe ich euch entgegen» – mit der wörtlichen Integration dieser
und anderer Kaiser-Sprüche und ihrer ironischen Umsetzung im Mikrokosmos des Romans erreicht Heinrich Manns *Untertan* eine dokumenta-
rische Präzision, die das Buch zum Zeitpunkt seines Erscheinens – nach
dem Zusammenbruch der kaiserlichen Herrschaft im Weltkrieg – als
hellsichtige Analyse einer verfehlten Politik erscheinen ließ, die nach
innen durch ein autoritäres Regime, nach außen durch imperialistisches
Weltmachtstreben gekennzeichnet war. Der Autor mochte sich diese
Rezeption um so eher gefallen lassen, als sie seiner eigenen zunehmenden Politisierung entsprach; dabei war die ursprüngliche Konzeption
des Romans, wie man noch an der Gewichtung des Majestätsbeleidi-
gungs-Prozesses und des Schauspieler-Motivs erkennen kann, weit stärker durch den Protest gegen den Ungeist des Wilhelminismus geprägt
und setzte in erster Linie die Kritik am schlechten Geschmack des Kaisers und seiner Kunstpolitik fort, die seit den neunziger Jahren die Auseinandersetzung der Literaten mit Wilhelm II. bestimmt hatte.

Als vorgeschobene Bastion der offensiv betriebenen kaiserlichen Kunstpolitik und ihrer Unkultur galt schon den Zeitgenossen die sogenannte Siegesallee,
eine ab 1895 geplante – längst vom Erdboden verschwundene – Promenade
im Berliner Tiergarten, beidseits mit insgesamt dreißig Gruppen von (heute
eingelagerten) Marmorstatuen geschmückt, die die brandenburgisch-preußische
Geschichte von den Anfängen bis zu Kaiser Wilhelm I. verherrlichten, und
zwar derart, daß jeweils das Standbild eines Herrschers mit zwei hervorragenden Repräsentanten seiner Epoche kombiniert war, die sich allerdings bescheiden im Hintergrund hielten und nur als Büsten ausgeführt waren. Allein schon
diese Konzeption stellte eine Zumutung für jedes moderne Bewußtsein dar:
Preußens Geschichte als Familiengalerie der Askanier und Hohenzollern, alles
gipfelnd in der Reichsgründung, der Rest der Nation als schmückendes Bei-
werk – damit verglichen war die Walhalla König Ludwigs I. ein Ausbund an
Demokratie!
    Zu einer Provokation für die moderne Kunst wurde die Siegesallee erst recht
durch die mäzenatische Initiative des Kaisers, der die ganze Anlage aus seiner
«Privatschatulle» finanzierte und sowohl die Auswahl der Künstler als auch die
Gestaltung der Denkmäler kontrollierte, und schließlich durch die vielbeachtete
Rede, die Wilhelm II. bei einem Bankett im Schloß aus Anlaß der Enthüllung
der letzten Statuengruppe im Dezember 1901 hielt. Sie ist als die «Kunstrede»
des Kaisers in die Geschichte eingegangen, allerdings im Gedächtnis der Nachwelt auf einen einzigen Satz zusammengeschrumpft – den berühmten, der da

heißt: «Eine Kunst, die sich über die von Mir bezeichneten Gesetze und Schranken hinwegsetzt, ist keine Kunst mehr, sie ist Fabrikarbeit, ist Gewerbe [...].» Wollte sich der säbelrasselnde Monarch damit auch noch zum Gesetzgeber im Reich der Kunst aufschwingen?

Wer die Kunstrede des Kaisers als ganze betrachtet, wird schnell feststellen, daß er sich keineswegs anmaßte, der Kunst selbst Gesetze und Schranken zu setzen; mit den «von Mir bezeichneten Gesetzen» sind vielmehr im Sinne eines Rückverweises die Gesetze der «Schönheit» und der «Harmonie» gemeint, die Wilhelm in einem vorangegangenen Abschnitt an der Antike abliest – als «ewige Gesetze», die für jede andere Epoche Verbindlichkeit besäßen, so daß auch heute kein höheres Lob für ein Kunstwerk denkbar sei, als wenn man sagen könne: «Das ist beinahe so gut, wie es vor 1900 Jahren gemacht worden ist.» Wilhelm II. spricht nicht als Kenner oder Gelehrter, sondern als enthusiastischer Dilettant – als ein Dilettant allerdings mit Prinzipien, und zwar denen eines historistisch eingefärbten Klassizismus mit volkserzieherischer Tendenz.

Die Siegesallee löste eine Flut zeitgenössischer Karikaturen und Witze und die Kunstrede eine Vielzahl kritischer Entgegnungen aus. Letztere ließen sich selten die Möglichkeit entgehen, die vom Kaiser verkündeten Grundsätze an der Verwirklichung zu überprüfen, die sie in der Siegesallee gefunden hatten. Der frühverstorbene hessische Lyriker und Erzähler Wilhelm Holzamer zum Beispiel weist mit Recht darauf hin, daß die vom Kaiser verpönte «Fabrikarbeit» gerade in den Statuen der Siegesallee Einzug gehalten habe, da die lineare Reihung dynastischer Figuren, mit denen sich kaum je ein lebendiger Begriff verknüpft, einem monotonen Schematismus gehorche (*Die Siegesallee. Kunstbriefe an den deutschen Michel*, 1902). Im Sinne des Darmstädter Jugendstils plädiert Holzamer für einen «modernen» Umgang mit der Antike und die Freiheit des Künstlers vom Diktat einer «Hofkunst». – Unter der Überschrift *Reaktion und Mode* gelangt dagegen Oscar Bie in der von ihm herausgegebenen *Neuen Rundschau* (1902) zu einer (nur halb ironisch) positiven Einschätzung der Siegesallee. Deren absolutistische Ästhetik sei so eindeutig reaktionär, daß eine moderne Kunst, die sich in Opposition zu ihr entfalten und gegen ihren Widerstand durchsetzen muß, davon nur profitieren könne.

Auch Thomas Mann weiß das absolutistische Erbe zu schätzen, wenn er in seinem Roman *Königliche Hoheit* (1909) die repräsentative Lebensform eines Fürsten zum allegorischen Gleichnis der Künstlerexistenz erhebt und dabei diverse gezielte – in ihrer Direktheit zum Teil erstaunliche – Anspielungen auf den regierenden Monarchen einbaut. So bricht Thomas Mann mit einem selbst von der oppositionellen und ausländischen Presse respektierten Tabu, indem er die Verkrüppelung des linken Arms, unter der Wilhelm II. von Geburt an litt, zu einem zentralen Motiv seines Fürstenromans erhebt. Auch sonst gleicht Klaus Heinrichs Erscheinungsbild demjenigen des Kaisers, wie es uns u. a. das Gemälde Hanns Fechners überliefert – von den «stahlblauen Augen» über den «bogenförmigen Schnurrbart», das «seitwärts glatt gescheitelte» Haar und die «breiten Wangenknochen» bis hin zur unverzichtbaren Uniform, «mit Orden bedeckt bis zu den Hüften».

Schon Otto Julius Bierbaum läßt den Helden seines Romans *Prinz Kuckuck* (1906/07) eine Phase der Angleichung an Wilhelm II. durchlaufen; sie dauert so lange, bis er sich auf den Glauben an seine Abstammung vom Hause Habsburg fixiert. Das heuchlerische Denkmal, das Henry Hauart seinem ermordeten Halbbruder errichtet, ähnelt den Monumenten der Siegesallee in solchem Maße, daß es bei den Betrachtern «direkt kaiserliche Anwandlungen» hervorruft. Henry, der nach einer – aus der *Atreus*-Tragödie des Lucius Accius stammenden – Sentenz ausgebildet wurde, die Kaiser Wilhelm unter seine Porträts zu setzen pflegte («Oderint dum metuant» – Mögen sie mich hassen, wenn sie mich nur fürchten), vergleicht sich mehrfach mit seinem illustren Generationsgenossen, und sei es in grotesker Verkehrung. So heißt es von ihm in unüberhörbarer Anspielung auf das von Wilhelm II. beanspruchte Gottesgnadentum: «er [sc. Henry] nannte sich, da er nicht Kronenträger sein konnte, einen Phallusträger von Gottes Gnaden.» Die Orientierung des «Untertans» Diederich Heßling an seinem obersten Herrn wird also in Bierbaums Roman ansatzweise vorweggenommen, allerdings ohne die von Heinrich Mann intendierte politische Funktion. Der Gleichklang von Romanheld und Kaiser unterstreicht vielmehr den Anspruch des Autors, mit dem in *Prinz Kuckuck* gezeichneten Porträt eines Dilettanten (s. u. S. 39) das Gesicht der Epoche getroffen zu haben.

Das parodistisch-satirische Zwielicht, das die Romane Heinrich und Thomas Manns wie auch Bierbaums auf die Figur des Kaisers werfen, repräsentiert nicht die Gesamtheit der schreibenden Zeitgenossen. Zumal im Bereich der Publizistik hat Wilhelm II. als Person wie als Instanz der Monarchie auch positiven Zuspruch erfahren, wobei das Lob allerdings nicht immer klar von der Aufforderung zu trennen ist, so zu werden, wie es im Lob idealerweise schon vorausgesetzt wird. Georg Fuchs legte 1904 – zunächst anonym – eine schroff imperialistische Flugschrift vor (*Der Kaiser, die Kultur und die Kunst*), in der etwa die deutsche Kriegsflotte als die «einzige moderne Kulturform» gefeiert wird, die das deutsche Volk bisher «aus seiner Rhythmik» geschaffen habe. Auch Rudolf Borchardts Essay *Der Kaiser* (*Süddeutsche Monatshefte*, 1908) geht vom Primat der Politik aus und wird von Ressentiments gegen die moderne Berliner Kulturszene getragen. Für Borchardts legitimistisches Empfinden repräsentiert der Monarch immer auch das ganze deutsche Volk; schon von daher sind ihm die Kaiser-Karikaturen des *Simplicissimus* – und erst recht ihr Export ins Ausland – unerträglich. Der gleichnamige Essay in den *Süddeutschen Monatsheften* (1908) spricht in diesem Sinne von «Renegatenstreichen».

Karl Lamprecht, als Historiker aufgrund seiner kulturwissenschaftlichen Ausrichtung unter den Fachkollegen nicht unumstritten, liefert zum 25. Regierungsjubiläum des Kaisers eine sympathisierende Biographie (*Der Kaiser. Versuch einer Charakteristik*, 1913), und der junge Alfons Paquet — später durch seine Zusammenarbeit mit Piscator bekannt — widmet sich in einem Beitrag zum *Neuen Merkur* 1914 dem *Kaisergedanken*. Darunter versteht er eine Zentralisierung des europäischen Imperialismus im Sinne der mittelalterlichen Reichsidee und eine Erneuerung des Kaisertums, die dem weltlichen Herrscher zugleich religiöse Würde verleiht. Gemessen an diesem Ideal, erscheint Wilhelm II. natürlich nur als sehr unvollkommener Vertreter seines Standes; immerhin wird er — und zwar nicht zuletzt aufgrund seiner «Überzeugung von der Göttlichkeit des Königtums» — «als einer der sichtbarsten Anwärter des wahren Kaisertums» gewürdigt.

Von Paquets Bekenntnis zu einem romantischen Imperialismus am Vorabend des Ersten Weltkriegs ist es nicht weit zu annexionistischen Positionen, wie sie der Nationalökonom und Publizist Arthur Dix vertrat (*Deutscher Imperialismus*, 1912), oder der Vision eines neuen Imperialismus, mit der gegen Ende desselben Krieges Oswald Spenglers Hauptwerk *Der Untergang des Abendlandes* überraschte: «Ich lehre hier den Imperialismus [...] als das typische Symbol des Ausgangs begreifen. Imperialismus ist reine Zivilisation. In dieser Erscheinungsform liegt unwiderruflich das Schicksal des Abendlandes.» Seine persönliche Verkörperung stellt sich Spengler eher als die eines traditionslosen Tatsachenmenschen vor, der mit rhetorischem Talent über fellachenähnliche Hörige am Boden der Gesellschafts-Pyramide herrscht. In derartigen Zukunftsperspektiven, in denen bereits Strukturen des Faschismus und Stalinismus durchschimmern, sind das System des Wilhelminismus und sein persönlicher Repräsentant ebenso überwunden wie in einem eigenartigen Text Kafkas, der sich politischer Metaphern bedient, um letztlich eine geistige Problematik zu bezeichnen.

Eine kaiserliche Botschaft (1917) überdehnt den Abstand zwischen Kaiser und Untertan ins Unendliche. Die Botschaft, die der sterbende Kaiser seinem «jämmerlichen Untertanen» ausrichten läßt, wird nie ankommen; zu groß ist der Abstand, zu mächtig die Hindernisse, zu undurchdringlich schon die Wände des Palastes für den ermüdenden Boten. Ein (eingebildetes) Nahverhältnis wie zwischen Heßling und seinem kaiserlichen Herrn ist in dem eigenartigen Reich, das Kafka im erzählerischen Kontext der Parabel entwirft (posthum veröffentlicht unter dem Titel *Beim Bau der chinesischen Mauer*), undenkbar. Das unüberschaubare und letztlich unregierbare China Kafkas läßt sich als Gegenbild zu den imperialistischen Strukturen lesen, die das Leben deutscher Untertanen zwischen Netzig und Südwest-Afrika bestimmten. Wenn es überhaupt eine Entsprechung in der Wirklichkeit findet, dann allenfalls in den bürokratischen Strukturen der zerfallenden österreichisch-ungarischen Doppelmonarchie.

Bürgerliches Heldenleben und Geschlechterkampf

Carl Sternheims Dramenzyklus *Aus dem bürgerlichen Heldenleben* stellt
verblüffend direkte Überblendungen von sozialer und sexueller Macht, ja
Gewalt her. In der Komödie *Die Kassette* (1912) fordert Krulls zweite
Frau Fanny ihren Mann zu einem entschlossenen Vorgehen gegen die
Erbtante mit den Worten auf: «Sei Held, wie du in unseren Nächten
erscheinst. Ich leide. Befreie mich – Starker, Königlicher!» Krull, der im
Gespräch mit der Erbtante sogleich klein beigeben wird, verspricht martialisch: «Ich frikassiere sie – süße Puppe.» Der Kampf um soziale Anerkennung, den Theobald Maske im Lustspiel *Die Hose* (1911) eröffnet
und seine Nachfahren in den folgenden Stücken der Maske-Tetralogie
fortsetzen, ist nicht weniger deutlich als Geschlechterkampf markiert.
Theobald nimmt ein harmloses Mißgeschick seiner Frau, der auf der
Straße die Unterhose heruntergerutscht ist, zum Anlaß schwerer moralischer Vorwürfe und profitiert zugleich als Zimmervermieter, Ehemann
und Liebhaber vom selben Vorfall. Sein Sohn Christian Maske opfert die
Ehre seiner Mutter, um sich die adlige Braut endgültig zu unterwerfen.
«An Christian niedergleitend», stammelt sie zum Schluß des Dramas
Der Snob (1914): «Mein lieber Mann und Herr!»
    Die epochale Repräsentanz des Sternheimschen Komödienmodells
kam schon bei den Proben zum Vorschein. Denn eine ganz ähnliche Verflechtung von autoritären und sexuellen Strukturen, wie sie auf der
Bühne exerziert wurde, liegt dem Skandal zugrunde, der sich mit der
Uraufführung der *Hose* (unter dem Titel *Der Riese*) verband. Der Berliner
Polizeipräsident von Jagow, der die sittliche Unbedenklichkeit der Aufführung zu begutachten hatte, fand Interesse an Tilla Durieux, die man
wohl eher zu Zwecken der Ablenkung neben ihn gesetzt hatte. Sein Bil-
letdoux an die Schauspielerin, die im bürgerlichen Leben mit dem Verleger Paul Cassirer verheiratet war, kam diesem unter die Augen, provo-
zierte dessen Duellforderung und wurde in Cassirers Zeitschrift *Pan*
von Alfred Kerr veröffentlicht: als Beleg für die Ruchlosigkeit einer
selbstherrlichen Polizei, die sich den Normen, die sie zu schützen vorgibt, selbst nicht unterworfen sieht.
    Erinnerungen an diesen Skandal bilden den Hintergrund für Stern-
heims Novelle *Busekow* (1915), den Auftakt seiner Prosasammlung *Chronik von des zwanzigsten Jahrhunderts Beginn* (1918) seit deren Neuordnung
von 1923: Ein kurzsichtiger, in unerfüllter Ehe gedemütigter Schutzmann
findet zu neuer Vitalität und männlichem Selbstbewußtsein in der Beziehung zur Prostituierten Gesine. Das neue Gefühl von «seines Amtes Wich-
tigkeit», das ihm Gesine mit ihren Fragen nach seinem Dienst erweckt –
Busekow bringt Säbel und Revolver in ihre Wohnung und schlägt in fiktiver Parade «zwei Angreifer in die Schrankecke» –, verhilft ihm zu nicht

mehr erhofftem beruflichen Erfolg, der merkwürdig mit seiner erotischen Renaissance koinzidiert; am gleichen Tag (Kaisers Geburtstag) erfährt Busekow von seiner Beförderung zum Wachtmeister und seiner Vaterschaft. «Heil dir im Siegerkranz» spielt er seiner Geliebten auf dem Klavier, und noch am selben Abend wird er, von innerer Begeisterung gegen die Wahrnehmung der Außenwelt abgeschirmt, in Ausübung seines Dienstes vor dem königlichen Theater von einem Auto überfahren.

Wie satirisch ist dieses Ende, wie ernst oder positiv dürfen wir Busekows späte Selbstverwirklichung nehmen? Die Identifizierung von Sexualität und Polizeidienst, die ihr zugrunde liegt, findet eine ironische Parallele in Mynonas, also eigentlich Salomo Friedlaenders, Prosagroteske *Rosa, die schöne Schutzmannsfrau* (1913). Deren Titelfigur erweist sich als völlig immun gegen außereheliche Avancen, weil sie – eine «Sphinx aller Gendarmerie» – ganz dem Reiz der Uniform verfallen ist, was den Erzähler zu Anspielungen auf Nietzsche («die Geburt der Uniform aus dem Geiste der Erotik») und Freud («Das ist ja irgend was psychoanalytisch ganz leicht zu ErmitteIndes») veranlaßt. Häufiger begegnen wir natürlich der offenen Antithese zwischen staatlicher Autorität und anarchischer Erotik oder Weiblichkeit; ein markantes Beispiel für diese damals virulente Thematik haben wir bereits in Hans Grimms Darstellung der heimlichen Abhängigkeit eines deutschen Wachtmeisters von einer jungen Hottentottin kennengelernt (*Dina*, 1913).

Schon Gerhart Hauptmanns Dramen *Der Biberpelz* (1893) und *Der rote Hahn* (1901) zeigen die Hilflosigkeit männlicher Autoritätspersonen gegenüber weiblicher – von mütterlichen Instinkten gesteuerter – List. In ungleich krasserer Form inszeniert Fritz von Unruhs Kriegsdrama *Ein Geschlecht* (1917) die Infragestellung staatlicher Macht durch weibliche Triebe. Der Protest der Mutter gegen die Hinrichtung ihrer Söhne und die Zerstörung des Lebens durch den Krieg überhaupt gipfelt hier in einer absurden Aktion. Sie entreißt dem Soldatenführer den «Führerstab» und praktiziert mit dem phallischen Symbol männlicher Herrschaft einen provozierenden Geschlechtsakt:

MUTTER *(in seinem Besitz)*:
Bei mir! Bei mir die Macht der Welt!
O heilger Träger ungezählter Samen!
O Himmelssäule! Du verwirrst mein Hirn!
Aufbrechend lecken rote Flammen Dir
wie Zungenlust entgegen!
Es wirft mich um! Es reißt mich auf und bringt
mir aller Mütter heißes Hoffen wieder!
Von Dir berührt, erbrennt die erdge Haut!
In alle Zellen meines Fleischs fällt Feuer!

DER ANDRE SOLDATENFÜHRER:
Daß Deine Hand verdorre, die den Stab
urheilger Macht so wahnsinnstoll umfängt!
MUTTER *(mit dem Stabe)*:
Ich halte Dich und taumle unter Dir!
Lebendig Leben durch das All ergossen,
Du wirbelst Sonnen wie aus Übermut –
und stößt auf uns auch wieder brandend ein!

Der kosmische Naturmythos, zu dem sich hier das Bild der gegen den
Staat aufbegehrenden Mutter-Frau steigert, liegt in der Konsequenz des
bipolaren Geschlechterdiskurses der Jahrhundertwende. Schon die Dramatik Strindbergs (u. a. *Der Vater*, 1888) und Wedekinds (u. a. die «Mon-
stretragoedie» *Die Büchse der Pandora*, entst. 1894) hatte die Vorstellung
von einem antagonistischen Verhältnis der Geschlechter zu derjenigen
eines regelrechten «Geschlechterkampfs» zugespitzt. In der pseudoge-
lehrten Abhandlung eines Wiener Philosophiestudenten, der im Jahr
ihres Erscheinens durch Selbstmord aus dem Leben schied, sollte diese
Anschauung ihre wirkungsreichste theoretische Verfestigung erhalten. In
Geschlecht und Charakter (1903) unterscheidet Otto Weininger zwischen
den diametral verschiedenen Entitäten M(ann) und W(eib), die freilich
kaum je in einem konkreten Individuum vollständig verwirklicht sind.
Das weibliche Prinzip wird dabei ausschließlich auf die Geschlechtlichkeit festgelegt, die sich in den gegensätzlichen Typen der Mutter und der
Hure kristallisiert, dem männlichen Wesen hingegen ist das Streben
nach geistiger Erkenntnis vorbehalten – ein Ziel, das letztlich nur auf
dem Weg sexueller Askese zu erreichen ist, wie sie Weininger denn auch,
selbst das Aussterben der Menschheit in Kauf nehmend, seinen Lesern
nahelegt. Zu diesen zählten allein im österreichischen Bereich Karl
Kraus, Adolf Loos, Arnold Schönberg, Alban Berg, Oskar Kokoschka,
Franz Kafka, Georg Trakl, Ludwig Wittgenstein, Robert Musil und Josef
Weinheber, in späterer Zeit auch Elias Canetti, Heimito von Doderer
und Thomas Bernhard.

Eine der einprägsamsten Verbildlichungen des Weiningerschen
Geschlechterkampfs findet sich in Kokoschkas frühem Einakter *Mörder
Hoffnung der Frauen* (1910). In einer urweltlichen Szenerie, die von pri-
mitiven Leidenschaften beherrscht ist, richtet sich der Mann in dem
Käfig (der Sinnlichkeit?) empor, in den er nach der Verletzung durch
den Messerstich der Frau gesperrt wurde. Durch «Einsamkeit, Ruhe
und Hunger» ist der scheinbar Todgeweihte erstarkt, während die Frau,
wie eine Äffin an die Stäbe des Käfigs gepreßt, langsam verendet. Den
Schluß bildet der Ausbruch des Mannes aus dem Käfig, die Erkenntnis
des Todes der Frau und die Ermordung der ihm in den Weg laufenden –

und ihn als Teufel verkennenden – Männer- und Weiberhorden. Dem großen Einzelnen gehört die Zukunft, aber nur wenn er – entsprechend Weiningers Prinzip M – die Sinnlichkeit überwindet, in der die Frau ganz aufgeht.

Den markantesten Niederschlag in der Erzählprosa fand die Thematik des Geschlechterkampfs wohl im Frühwerk Franz Jungs. In der Erzählung *Emma Schnalke* (dem Kern des *Trottelbuchs*, 1912) wie auch in den Romanen *Kameraden ...!* (1913), *Sophie* (1915), *Opferung* (1916) und *Der Sprung aus der Welt* (1918) häufen sich die Schilderungen der wechselseitigen Selbstzerfleischung eines bohemehaften Paars. Jungs Liebesbeziehung zu Margot Hader gab dafür den Anlaß, hinzu traten aber theoretische Anregungen von Otto Gross und Charles Fourier (weniger wohl von Weininger selbst), die Jung schon bald das Modell des Geschlechterkampfs zum Klassenkampf erweitern ließen. *Zweck und Mittel im Klassenkampf* ist eine vierteilige Artikelserie Jungs im ersten Jahrgang der Zeitschrift *Die Erde* (1919) überschrieben. Darin heißt es kategorisch:

«Es gibt in der gegenwärtigen Atmosphäre der Gesellschaftsschichtung eine ganze Anzahl Vorgänge, die durchaus den Charakter des Klassenkampfes tragen, ohne daß sie von der üblichen Beurteilungsweise her die Bezeichnung eines Klassenkampfes erhalten haben. Der wichtigste Kampf dieser Art ist der Kampf der Geschlechter, der Kampf, den die Frau gegen den Mann führt.»

Mit der Erweiterung des Geschlechterkampfs zum Klassenkampf ist aber auch schon die Perspektive des Kaiserreichs aufgebrochen und der Horizont der Weimarer Republik eröffnet.

2. Beschleunigung und Nervosität

Neue Mobilität

«Die Zuschauer erstarren, wenn der Zug vorbeifährt.» Mit dieser Eintragung beginnt Franz Kafkas Tagebuch (1910). Die Beschleunigung als Grunderfahrung der Moderne machte sich zu Beginn des 20. Jahrhunderts nicht nur an der Eisenbahn fest. Als Paradigma maschinell beschleunigter Fortbewegung und einer dadurch bedingten neuen Form der Weltwahrnehmung war sie bis zum Ende des 19. Jahrhunderts außer Konkurrenz. Auch danach stellte die Bahn noch lange das schnellste und populärste Verkehrsmittel dar; in den Aufmarschplänen des Ersten Weltkriegs spielte sie eine entscheidende Rolle. Als integraler Bestandteil des hochindustrialisierten Alltags ist die Eisenbahn der neuen Dichtergeneration jedoch schon zu selbstverständlich, als daß von ihr als Motiv oder Thema fundamental neue Anregungen ausgehen könnten. Gewiß, mehrere Sonette aus Georg Heyms Zyklus *Berlin* thematisieren Züge und Bahnhöfe. Ernst Stadler erhebt in seinem gleichnamigen Gedicht eine «Fahrt über die Kölner Rheinbrücke bei Nacht» zum vitalistischen Aufbruchssymbol schlechthin: «Dann dröhnt der Boden plötzlich wie ein Meer: / Wir fliegen, aufgehoben, königlich durch nachtentrissne Luft, hoch übern Strom.» In Jakob van Hoddis' Gedicht *Weltende* heißt es lapidar: «Die Eisenbahnen fallen von den Brücken.» Von einem (unspektakulären) «Eisenbahnunglück» erzählt Thomas Mann in der gleichnamigen Novelle. Der glimpflich verlaufende Zwischenfall wird zum Symbol für die begrenzte Reichweite bürgerlicher Ordnung und Sicherheit; mit fast anarchistischer Schadenfreude erlebt der staatstragende Poet die Infragestellung des Fahrplans und seiner eigenen Arbeitsbedingungen (das Manuskript im Gepäckwagen!). Es leuchtet ein, daß von einem Verkehrsmittel, das in so hohem Grade zum Symbol öffentlicher Ordnung geworden war, kaum umwälzende Impulse ausgehen konnten.

Anders beim Auto. Die erst anderthalb Jahrzehnte alte Erfindung war zu Jahrhundertbeginn noch alles andere als schnell oder komfortabel und überdies so teuer (man sprach vom Preis einer halben Villa), daß der Besitzerkreis auf eine kleine wirtschaftliche Elite begrenzt war. Die für den Siegeszug des Autos im Fortgang des Jahrhunderts entscheidende symbolische Identifikation mit persönlicher Freiheit war jedoch damals schon voll ausgebildet. Ihren Einzug in die Literatur hielt sie mit Otto Julius Bierbaums Buch *Eine empfindsame Reise im Automobil. Von Berlin nach Sorrent und zurück an den Rhein, in Briefen an Freunde geschildert* (1903). Der veränderte Titel der Neuauflage von 1906 (*Mit der Kraft – Automobilia*) signalisiert, daß der nostalgische Rückbezug auf den Brief- und Reiseroman des 18. Jahrhunderts schon bald darauf überholt war. Zunächst ist für Bierbaums Loblied auf die neue Technik eben die Ähnlichkeit zur Reisekultur von vorgestern entscheidend: Das Auto erscheint als verbesserte Neuauflage der Postkutsche, die eine individuelle intime Aneignung von Land und Leuten jenseits der Vergesellschaftungs- und Unterordnungszwänge der Bahnreise ermöglicht. «Lerne zu reisen, ohne zu rasen», lautet Bierbaums Motto, der das Ideal des «Laufwagens» (statt Rennwagens) proklamiert und sich nicht ohne Snobismus zur altmodischen Qualität der von ihm propagierten Reisekultur bekennt. Der Wagen für die von ihm beschriebene Italienreise von 1902 wurde Bierbaum übrigens von der Scherl AG zur Verfügung gestellt – in der Bedienung der Medieninteressen erweist sich unser Autor, der sich noch mit dem phantastischen Märchen *Das höllische Automobil* (1905) als erster deutscher Auto-Dichter zu profilieren sucht, doch erstaunlich modern!

In Bierbaums individualistischem und naturbezogenem Reisekonzept, das gleichzeitig therapeutische Vorteile des Autos reklamiert (die heilsame Wirkung des Rüttelns nämlich), klingt einiges von den Werten an, die seit den 1890er Jahren die neue Technik des Radfahrens so außerordentlich populär gemacht haben. Wie das Auto in seinen Anfängen war auch die Einführung des «Bicycles» oder «Velozipeds» mit speziellen Clubs, Lektionen und Kleidungstrachten verbunden, wovon insbesondere Arthur Schnitzlers Tagebücher im Detail zeugen; dieser unternimmt übrigens im Sommer 1898 zusammen mit Hugo von Hofmannsthal eine kombinierte Bahn- und Radreise, die tief in die Schweiz hineinführt. Eduard Bertz legt 1900 geradezu eine *Philosophie des Fahrrads* vor. Von der lebensreformerischen Begeisterung, mit der man damals sein Rad «herumtummelte» (Schnitzler an Marie Reinhard, Juli 1895), zeugt neben Richard Dehmels Gedicht *Radlers Seligkeit* und Thomas Manns Erzählung *Der Weg zum Friedhof* (1900) vor allem das dritte Kapitel von Schnitzlers Roman *Der Weg ins Freie* (1908). Es dürfte kein Zufall sein, daß die zukunftsweisenden Gespräche über Zionismus und Antisemitismus just auf einer Radtour durch den Wienerwald geführt werden – Steigungen und holprige Wege geben Gelegenheit zum Schieben und Sprechen.

In Heinrich Manns *Jagd nach Liebe* (1903) wird zeitgleich mit Bierbaums «Laufwagen»-Konzept die Raserei mit dem Auto thematisch – als Symbol der sinnlosen Sehnsuchtsbewegung, von der schon der Titel des Romans kündet: «Von Eisenmann wurde von der Sucht gepackt, die Welt zu durchrasen. Wenn er lenkte, saß er den Hals vorgestreckt, gelb und wild unter der barbarischen Ledermütze, ein Fresser von blauen Fernen.» Nach hastiger Fahrt über Landstraßen, mit der man Panik unter Soldaten und Offizierspferden verursacht, sitzt man gelangweilt am Ausflugsziel; der Unfall, auf den man innerlich vorbereitet war, ist nicht eingetreten. In Hanns Heinz Ewers' Trivialroman *Alraune* ist dieser Unfall dagegen Zweck und Absicht; die mythische Heldin, die den ihr hörigen Chauffeur zu den gewagtesten Manövern zwingt, verschafft sich erotische Genugtuung, indem sie ihn in den Tod fahren läßt. Das aggressive Potential der neuen Technik scheint in mehreren Werken und Entwürfen der Zeit auf. In Heinrich Manns Roman *Der Untertan* (Privatdruck 1916) sollte der Protagonist den Arbeiterführer ursprünglich vorsätzlich mit dem Auto überfahren; in Manns Novelle *Der Verrat* (1911, in späterer Fassung: *Die Verräter*) klingt dasselbe Motiv jedenfalls gesprächsweise an. Der Titelheld von Bierbaums Roman *Prinz Kuckuck* fährt bewußt in den Tod, indem er mit dem schon halb brennenden Automobil gegen das Portal seines Schlosses steuert. Einiges von der Wildheit, die die italienischen Futuristen – mit Marinetti als Wortführer – am Auto feierten, ist also auch in der deutschen Literatur angelegt. Allerdings fehlt gerade in den angeführten Katastrophen-Phantasien die selbstbewußte Zukunftsperspektive, die sich im *Manifest des Futurismus* mit der Schilderung eines Autounfalls verbindet.

Der futuristischen Sicht auf die Technik als Hoffnungsträger entspricht im deutschen Bereich am ehesten Marie Holzers hymnisches
Lob *Das Automobil* (*Die Aktion*, August 1912). Darin wird das Auto als
«Anarchist unter den Gefährten» gepriesen: «es rast, Schrecken verbrei-
tend, durch die Welt, losgelöst von althergebrachten Gesetzen.» Seine
anarchische Dynamik gipfele in der Überwindung der Zeiteinteilung,
«unseres Lebens grausamster Uhr». Sofern das Auto in der damaligen
deutschsprachigen Literatur sonst in den Diskurszusammenhang von
Fort- oder Rückschrittlichkeit, Zukunft und Vergangenheit einbezogen
wird, geschieht das wesentlich vorsichtiger.

Ein beliebter Bezugspunkt dabei ist Amerika. In Thomas Manns allegori-
schem Roman *Königliche Hoheit* (1909) symbolisieren die Luxuskarossen des
amerikanischen Eisenbahnkönigs Spoelmann die Überlegenheit des Kapitalismus; in der Geschichte, die seine Tochter Imma dem Prinzen Klaus Heinrich
von ihrem Leibchauffeur erzählt, klingen bedenkliche Überspitzungen der
modernen Lebens- und Arbeitswelt an, aus denen sich überraschende Parallelen
zur angestrengt-repräsentativen Existenz des Adligen ergeben:

> «Herr Spoelmann aber habe auf außerordentliche Fahrgeschwindigkeit,
> die fast der eines Eilzuges gleichgekommen sei, gehalten, und der unge-
> heueren Anspannung, die solcherweise bei dem Getümmel von Neuyork
> von dem Wagenlenker gefordert worden, sei dieser auf die Dauer nicht
> gewachsen gewesen. Zwar habe sich niemals ein Unfall ereignet; der junge
> Mann habe durchgehalten und mit gewaltiger Aufmerksamkeit seine todes-
> gefährliche Pflicht getan. Endlich aber sei es wiederholt geschehen, daß
> man ihn am Ziele der Fahrt ohnmächtig vom Sitz habe heben müssen, und
> da habe sich gezeigt, in welcher übermäßigen Anstrengung er täglich gelebt
> habe.»

Auch Kafkas Amerika wird vom Auto beherrscht; dabei kommt es zu
auffälligen Helldunkel-Effekten, die das Kino als mögliche Quelle dieser
Ansicht des ‹Landes von morgen› verraten. Im 4. Kapitel seines fragmentarischen Amerika-Romans *Der Verschollene* (entst. 1913/14), der von
Max Brod 1927 unter dem Titel *Amerika* veröffentlicht wurde, heißt es:

> «Noch immer fuhren draußen wenn auch schon in unterbrochener
> Folge Automobile, rascher aus der Ferne her anwachsend als bei
> Tag, tasteten mit den weißen Strahlen ihrer Laternen den Boden
> der Straße ab, kreuzten mit erblassenden Lichtern die Lichtzone
> des Hotels und eilten aufleuchtend in das weitere Dunkel.»

Schon das erste Kapitel *Der Heizer*, von Kafka 1913 separat veröffentlicht, führt
Amerika als obligatorische Station eines Erziehungsprozesses ein: Wegen seiner
Affäre mit einem Dienstmädchen ist Karl Roßmann von den Eltern nach Amerika verbannt worden, und auch das wohlmeinende Eingreifen des schwerrei-
chen Onkels in seine ungeschickten Bemühungen zugunsten des Schiffsheizers
wird von einer pädagogischen Strenge bestimmt, deren volle Härte sich alsbald

in einem neuerlichen Akt der Verstoßung niederschlägt. Was folgt, ist eine Schule des Lebens, bei der Karl in zwei Vagabunden zweifelhafte Lehrmeister findet; nur kurzzeitig kann er sich als Liftjunge dem Einfluß der beiden entziehen. Er lernt die strenge Hierarchie der Arbeitsorganisation im Hotel Continental kennen, in der scheinbar geringfügige Verstöße unverhältnismäßig schwere Sanktionen nach sich ziehen.

Die fortgeschrittenste Station dieses negativen Lernprozesses, die Kafkas Manuskripte bezeugen, bildet das (buchstäblich so genannte) «Teater von Oklahama», in dessen unorthographischer Schreibung noch ein Druckfehler aus dem von Kafka benutzten Reisebericht Holitschers (s. u. S. 711) weiterlebt. «Idyll von Oklahama» steht dort ironisch unter einem Foto, das einen gelynchten Schwarzen inmitten seiner weißen Mörder zeigt; übereinstimmend damit gibt sich Kafkas Held in diesem Paralipomenon von 1914 gegenüber seinen prospektiven Arbeitgebern als «Negro» aus. Seiner Aufnahme in die eigenartige Großorganisation des Theaters haftet also etwas zutiefst Fragwürdiges, wenn nicht Bedrohliches an. Die Trompete blasenden Engel vor dem Eingang wecken Assoziationen an die Apokalypse oder das Jenseits und können zugleich als satirische Verlängerung des Reklamethemas gelten, das einen Generalnenner der damaligen deutschen Amerika-Bilder darstellt. «Es gab so viele Plakate», heißt es im selben Kapitel.

Die Freiheitsstatue, die Kafkas «Verschollener» bei der Einfahrt in den Hafen von New York sieht, trägt statt der Fackel ein Schwert in der Hand. Trotz solcher gezielter Verstöße gegen die Realität erhob Kafka den Anspruch, in seinem Romanfragment das «allermodernste New York» zu schildern (an Kurt Wolff, Mai 1913). Signifikant für das Verhältnis dieses Amerika-Romans zur Moderne sind nicht nur einzelne Motive wie der imposante «Saal der Telephone», die Hochhausschluchten New Yorks etc., sondern auch die episodische Erzählstruktur in Verbindung mit dem aus vielen Amerika-Texten und -Filmen bekannten Motiv des Aufbruchs in den Westen. Karl Roßmann ist «on the road» wie so mancher Kinoheld vor und nach ihm. Schon Max Brod hat den Vergleich mit Charlie Chaplin gezogen; in der Konzentration auf die Gebärdensprache und den Wechsel der Lichteffekte erreicht Kafkas früher Romantext eine bemerkenswerte Nähe zur Ästhetik des Stummfilms.

Es fehlt auch nicht an Gegenstimmen gegen die Automobilisierung in der Literatur. Gustav Meyrinks satirische Kurzgeschichte *Das Automobil* (1907) stellt die Möglichkeit der neuen Technik überhaupt in Frage. Der weltfremde Gelehrte, der einem Autofahrer und -konstrukteur die Existenzmöglichkeit des Autos ins Gesicht bestreitet, erhält durch die (von ihm magisch ausgelöste?) Explosion der Zündzylinder überraschend recht. Und der bekennende Fußgänger Robert Walser erklärt (in *Der Spaziergang*, 1917): «Leuten, die in einem sausenden, staubaufwerfenden Automobil sitzen, zeige ich immer mein böses und hartes Gesicht, und sie verdienen auch kein besseres.»

1908 hatten die Brüder Wright in Paris und Amerika erstmals in Schauflügen ihre motorisierten Doppeldecker der Öffentlichkeit vorgestellt; mit der Überquerung des Ärmelkanals durch Louis Blériot gelang der Flugtechnik dann der entscheidende Durchbruch. Aufgrund der Exklusivität der neuen Technik und der herausragenden Rolle heldenhafter Einzelpersönlichkeiten in ihrer Frühphase ist die europäische Flugdichtung bis in die zwanziger Jahre hinein von einem heroischen Pathos geprägt, das eher die Übereinstimmung mit alten Menschheitsträumen und poetischen Idealen betont als die praktische Bedeutung des Flugzeugs als künftiges Massenverkehrs- und Kriegsmittel. Paul Scheerbart, dessen literarisches Werk ja von zahlreichen Flugvisionen durchzogen wird, erhofft sich von der neuen Technik geradezu die Erlösung der Menschheit von der Geißel des Kriegs nach der Logik der Abschreckung – weil eine Bombardierung aus der Luft einfach zu furchtbar wäre (*Die Entwicklung des Luftmilitarismus*, 1910). Theodor Däublers mysteriöser Prosahymnus *Die Schraube* (1916) verherrlicht den Flugzeugpropeller als Mittel und Ausdruck der Stern-Werdung des Menschen. Auch Klabunds Kurzgeschichte *Der Flieger* (1916) ist ganz von der Idee der Erhebung bestimmt, die am Schluß unversehens phantastische Wirklichkeit wird.

Erfahrungsgesättigter äußert sich Hermann Hesse. Er unternimmt 1911 in Friedrichshafen am Bodensee mit dem Luftschiff des Grafen Zeppelin eine erste «Spazierfahrt in der Luft» (davon berichtet ein gleichnamiges Feuilleton, in seiner poetischen Beschaulichkeit vergleichbar mit Robert Walsers *Ballonfahrt* von 1908) und besteigt 1913 in Bern das erste Flugzeug seines Lebens:

> «Aber das war etwas anderes! Dort war es ein behagliches Zuschauen wie aus einer Loge gewesen. Hier waren die Blicke auf Stadt und Felder, die ganze verkürzte und flächenhaft gewordene Welt durchaus nur zufällige Beigaben. Die Hauptsache war: Wir flogen. Und wie wir flogen!» (*Im Flugzeug*, 1913)

«Volare necesse est» – Luftfahrt tut not –, erklärt der Sportflieger und Flugzeugkonstrukteur Karl Gustav Vollmoeller in der Doppel-Ode *Lob der Zeit* (entst. ca. 1911). Sein satirisches Flugdrama *Wieland der Schmied* verlegt den alten Sagenstoff kurzerhand ins moderne London. Mythische Vorbilder beschwören Walter Hasenclevers Gedicht *Erster Flug* (1911), Stefan Zweigs Langgedicht *Der Flieger* (entst. vor 1915) sowie Hofmannsthals unvollendete *Verse auf den Tod des Fliegers Geo Chavez* (entst. 1910). Einen ganz anderen Zugang zur neuen Technik zeigt die frühe – im spielerischen Wettstreit mit Max Brod entstandene – Reportage Franz Kafkas: *Die Aeroplane in Brescia* (1910). Sie schildert die internationale Luftschau in der norditalienischen Stadt in einer sehr persönlichen, durchaus unheroischen Perspektive; in der Einsamkeit der Piloten und ihrem zu kleinen Punkten geronnenen Erscheinungsbild kündigen sich schon Grundzüge von Kafkas dichterischem Weltbild an.

Mensch und Technik

In Alfred Döblins 1914 entstandenem Roman *Wadzeks Kampf mit der Dampfturbine* (1918) räsoniert der im Kampf um den technischen Vorsprung gescheiterte Fabrikant über das Verhältnis von Moral und Technik: «Die Technik ist frech und toll geworden. [...] Man muß sie zugeben, zähmen, in unsere Bahnen lenken.» Wenn er am Schluß mit der Geliebten seines wichtigsten Konkurrenten nach Amerika auswandert, hat er diese Hoffnung wohl schon aufgegeben. In Wadzeks ambivalenter Einstellung zur Technik spiegelt sich die widersprüchliche Haltung des Autors, der das erste Auftreten der italienischen Futuristen in Berlin nachhaltig begrüßte und als Kritiker gern technizistische Metaphern verwandte (Strindberg zum Beispiel nehme es ohne weiteres mit einer Sechzig-Zentimeter-Panzerplatte auf), andererseits gegenüber den konkreten Konsequenzen des Futurismus alsbald auf Distanz ging und die seelische Freiheit des einzelnen betonte.

Die Verteidigung der Seele gegenüber der Vorherrschaft der Technik wird zu einem zentralen Argument expressionistischer Programmschriften. Sie steht im Mittelpunkt von Karl Ottens Gedicht *Die Thronerhebung des Herzens* (1918), einem Haßgesang auf den technischen Fortschritt und die «kalte Eisenmordschnauze» der Maschine:

> Nieder mit der Technik, nieder mit der Maschine!
> Wir wollen nichts mehr wissen von euren verdammten höllischen
> Erfindungen,
> Euren Strömen, Gasen, Säuren, Pulvern, Rädern und Batterien!
> Fluch auf euch ihr Erfinder, ihr eitlen, kindisch mordgierigen
> Konstrukteure!
> Fluch dir, Zeitalter, glorreich lächerliches, der Maschine – alles
> Fabrik, alles Maschine.

Es war nicht zuletzt die Erfahrung des industrialisierten Massenmords an den Weltkriegsfronten, die die Expressionisten in ihrer Skepsis gegenüber der Maschine bestärkte. In Gottfried Benns Novelle *Diesterweg* (1918) bilanziert der Protagonist die zurückliegenden Kriegsereignisse. Er realisiert dabei sehr genau den Widerspruch zwischen dem heroischen Selbstgefühl, mit dem «Knaben und Alternde» 1914 in den Krieg zogen, und dem Mechanismus der sie niedermähenden Maschinen, und gelangt zum Schluß: «Zermatscht, verschmiert muß eine Menschheit werden, die in Maschinen denkt.» Eine solche Bedrohung des Menschlichen durch das Maschinenwesen erkennt auch Hugo Ball in seinem Züricher Kandinsky-Vortrag vom April 1917: «Maschinen entstanden und traten anstelle der Individuen. Komplexe und Wesen entstanden von übermenschlicher, überindividueller Furchtbarkeit.»

Mit der Antithese von Mensch und Maschine führt der Expressionismus eine Denktradition fort, die zum eisernen Bestand der konservativen Kulturkritik gehört. Walther Rathenaus vielgelesene Schrift *Zur Kritik der Zeit* (1912) warnt vor der allgemeinen Mechanisierung ebenso wie das *Jahrbuch für die geistige Bewegung* von Friedrich Gundolf und Friedrich Wolters (1910) vor der zunehmenden Herrschaft der Maschinen: «Nicht mehr neue siege der technik über die natur ersehnt der einsichtige, sondern siege der natur, vor allem der im menschen verkörperten natur, über die technik.»

Als Menetekel für die Fragwürdigkeit technischer Errungenschaften wurde allgemein der Untergang des englischen Schnelldampfers Titanic mit über 1500 Toten im April 1912 gewertet. Die bis dahin größte Schiffskatastrophe zu Friedenszeiten in der Geschichte der Menschheit verhalf der Schilderung eines Schiffsuntergangs in Gerhart Hauptmanns Roman *Atlantis* noch während des Zeitungsvorabdrucks zu unverhoffter Aktualität. Gemessen an den Langzeitfolgen – man denke an Robert Friedlaenders Roman *Titanensturz* (1937) und Hans Magnus Enzensbergers Großgedicht *Der Untergang der Titanic* (1978), von den Spielfilmen zu schweigen –, fällt der unmittelbare literarische Niederschlag des spektakulären Schiffsunglücks eher bescheiden aus: Neben einem Artikel Gustav Landauers, einem Gedenktext Max Dauthendeys (*Die Untergangsstunde der «Titanic»*, 1913) und Karl Gustav Vollmoellers Gedicht *Die Riesin* ist vor allem ein Gespräch in Friedrich Lienhards Roman *Der Spielmann* (1913) zu erwähnen. Darin wird die Katastrophe der Titanic als letzte Warnung einer selbstverliebten, sich titanenhaft überhebenden Gesellschaft gedeutet: «Die modernen Menschen waren berauscht von den unvergleichlichen technischen Errungenschaften der Gegenwart ...».

Eine literarische Reaktion größeren Formats liefert allenfalls Bernhard Kellermanns Roman *Der Tunnel* (1913) mit der Schilderung einer Brandkatastrophe, die hier allerdings nicht auf, sondern unter dem Atlantik stattfindet: beim Bau eines gigantischen Eisenbahntunnels, der Amerika mit Europa verbindet und im Laufe des Romans ungeachtet aller Schwierigkeiten auch fertiggestellt wird. Das utopische Projekt der Untertunnelung des Ozeans wird ermöglicht durch die Finanzpraktiken einer neuen Medienindustrie und die unbändige Arbeitsenergie des Ingenieurs Mac Allan, der als Inkarnation des neuen Amerika erscheint: «breit und stark gebaut wie ein Boxer.» Die Apokalypse bleibt hier Episode und ist ohnehin eher lokaler Natur.

Eine Ausnahme machte die konservative Technikkritik dort, wo die herrschende soziale Ordnung und (im Weltkrieg) nationale Interessen betroffen waren. In den Industrieromanen Rudolf Herzogs begegnet dem Leser – und nicht zuletzt der Leserin – ein kraftvoller Unternehmertyp, der zusammen mit dem eigenen auch das allgemeine Wohl befördert. Besonders plakativ geschieht das in *Die Stoltenkamps* (1917), einem Schlüsselroman über die Geschichte der Krupp-Dynastie, der zielsicher und zeitgemäß auf das militärische Engagement der rheinischen Schwerindustrie abhebt. Da wird die durchschlagende Wirkung einer neuen Stahlgranate ebenso gefeiert wie Geschwindigkeitssteigerungen bei der Torpedobootflotte. Herzogs Roman endet mit einem Blick auf den unermüdlichen Einsatz von Munitionsarbeiterinnen, die sich «die glühenden Granaten [...] zuschleudern aus der Weißhitze der Öfen zu den Stanzen und Pressen und wieder wie aus Stahl gegossen stehen, unbeweglich und fangbereit.» Auch die Frauen sind hier hart wie Krupp-Stahl.

Eine weitere Ausnahme von allerdings begrenzter Außenwirkung bildet die Industriedichtung der «Werkleute auf Haus Nyland», so mit symbolischem Nebensinn benannt nach dem ererbten Haus bei Hopster/Westfalen, das das Gründungsmitglied Josef Winckler für Gesprächsrunden und Gastaufenthalte zur Verfügung stellte. Auch die beiden anderen Gründer Jakob Kneip und Wilhelm Vershofen sind bürgerlicher Herkunft und haben mit Winckler zusammen in Bonn studiert; später hinzutretende Mitglieder des Kreises wie Heinrich Lersch und Gerrit Engelke stehen der Arbeiterschaft nahe. Ihr Ideal einer Aussöhnung von Natur und Technik formulieren die Werkleute anonym bzw. kollektiv in den Zeitschriften *Quadriga* (1912–14) und *Nyland* (1918–21).

Eine erste Grenze findet die expressionistische Ablehnung der Technik in der Auseinandersetzung mit der Großstadt, die von den Autoren derselben Bewegung ja keineswegs generell negiert, sondern vielfach als Steigerung des Lebens oder als Anreiz zu neuer Intellektualität bejaht wird. René Schickeles Paris-Feuilletons *Schreie auf dem Boulevard* (1912) entfalten eine beschleunigte Form der Urbanität, deren Symbol das oft und temperamentvoll benutzte Automobil ist. Paul Boldts Gedicht *Auf der Terrasse des Café Josty* aus dem gleichen Jahr schildert das Verkehrsgedränge am Potsdamer Platz als – zwar bedrohliches, ja krankhaftes – ästhetisches Faszinosum. Übereinstimmend erklärt Kurt Hiller 1911 in Anspielung auf Hermann Hesses romantisierenden – vom Dorf zur Stadt und wieder zurück in die Berge führenden – Roman *Peter Camenzind* (1904): «Wir behaupten (beispielsweise), daß der Potsdamerplatz uns schlechthin mit gleich starker Innigkeit zu erfüllen vermag, wie das Dörfli im Tal den Herrn Hesse.» In der Akzentuierung des städtischen Verkehrsknotens zeichnet sich schon die epochale Faszination für neue Formen der Mobilität und einen neuen – beschleunigten – Rhythmus der Weltwahrnehmung ab, die im nächsten Abschnitt zu schildern ist.

Die zweite Begrenzung der vermeintlichen Technik-Feindschaft des Expressionismus ergibt sich aus den dichterischen Verfahren in den Texten seiner Autoren, die ja unübersehbar durch industrielle Arbeitsformen und Vorbilder geprägt sind, ob sie sich nun der Fragmentarisierung oder der seriellen Reihung, der abstrahierenden Reduktion, der Montage oder Collage bedienen. Ein Gedicht von Franz Richard Behrens beispielsweise mit dem programmatischen Titel *Expressionist*

Artillerist (1916) wird durch die Zahlen (ab «Ein-und-zwanzig») strukturiert, die ein Artillerist des Ersten Weltkriegs gewohnheitsmäßig vor
sich hinspricht, um die Flugzeit der feindlichen Geschosse und daraus
die Entfernung der gegnerischen Stellung zu berechnen. Behrens'
Gedicht thematisiert somit das Fortschreiten der Zeit, sein eigenes
Fortschreiten in der Zeit einerseits sowie die eigene regelmäßige Struktur – das ist der konstruktivistische Aspekt – und andererseits die
gespannte Erwartung, mit der das lyrische Ich den Flug des Geschosses
verfolgt, dessen Aufprall möglicherweise, und der Schluß des Gedichts
(«Fetzen Fratzen Platzen») scheint das zu bestätigen, seine eigene Vernichtung bewirkt.

In Georg Kaisers *Gas*-Dramen kommt es zu einer ähnlichen Vermittlung von apokalyptischer Technik-Sicht und technizistischer Formge-
bung. Während der Zweite Teil mit der Selbstvernichtung der Menschheit
durch Zündung von Giftgas und Beschuß von außen endet, bildet die
Gasexplosion im Ersten Teil die Voraussetzung des dramatischen Konflikts, der Kontroverse nämlich, ob dem utopischen Sozialismus des Milliardärsohns zu folgen sei, der nach diesem größten anzunehmenden
Unfall eine ländliche Siedlung für Arbeiter vorschlägt, oder den Interessen des Großkapitals. Das utopische Szenario aus einer nahen Zukunft
ereignet sich in einem Raum, der selbst durch und durch technisch
geprägt ist: «Betonhalle. Stäubendes Bogenlampenlicht. Von dunsthoher
Kuppel Drähte dicht senkrecht nach der eisernen Tribüne [...]». In der
Anonymität der Spieler, die in *Gas II* mit Ausnahme der Hauptkontra-
henten «Milliardärarbeiter» und «Großingenieur» nur durch ihre Uniform gekennzeichnet sind (Erste Blaufigur, Zweite Blaufigur usw., entsprechend Erste Gelbfigur, Zweite Gelbfigur usw.), macht sich die
Reduktion des Menschlichen oder Individuellen aufs Mechanische fast
handgreiflich bemerkbar. Indem Kaiser auch im Aufbau der beiden
Stücke eine auffällige Symmetrie der Szenen walten läßt, greift die Neigung zum Konstruktivismus auch auf die Dramaturgie über, prägt die
Technik noch das Schauspiel ihrer Selbstzerstörung.

Der Streit um das Kino

Bei einem München-Besuch im September 1911 erlebt Kafka die Taxi-
fahrt geradezu als Filmvorführung: «Die Pneumatiks rauschen auf dem
nassen Asphalt wie der Apparat im Kinematographen.» Mit den Autorei-
fen, dem großstädtischen Asphalt und dem Kino sind in dieser Tage-
buchnotiz gleich drei Schlüsselsymbole der Moderne vereinigt. Dabei
verdient besonders die Verbindung zwischen der realen Beschleunigung
und der medial beschleunigten Wahrnehmung des Films Beachtung. Für
Hermann Kienzl, der in der Zeitschrift *Der Strom* 1911/12 einen Ver-

gleich zwischen Theater und Kinematograph anstellt, ist die «von flüchtigem Eindruck zu flüchtigem Eindruck taumelnde, neugierige und unergründliche Seele» des Großstädters so recht zu einer «Kinematographenseele» bestimmt: «Die Psychologie des kinematographischen Triumphes ist Großstadt-Psychologie.»

Dennoch fällt es den Vertretern der literarischen Moderne zunächst schwer, in der Sensationshascherei und kurzatmigen Dramaturgie des frühen Kinos, das noch viel von einer Jahrmarktunterhaltung an sich hatte, einen potentiellen Bundesgenossen, ja ein Medium eigener Gestaltungsmöglichkeiten zu erkennen. Arrivierte Schriftsteller der älteren Generation, denen der um 1910 aufkommende Autorenfilm ungeahnte neue Verdienstmöglichkeiten bescherte – man denke an die mit großem Aufwand betriebene Verfilmung von Gerhart Hauptmanns Roman *Atlantis* durch die Nordisk Films Compagni (1913) –, zeigten sich oft toleranter gegenüber den Gegebenheiten des jungen Massenmediums als die Wortführer der Avantgarde. Franz Pfemfert etwa vernahm in seinem Essay *Kino als Erzieher* (*Die Aktion*, Juni 1911) den «Schlächterruf einer kulturmordenden Epoche», das «Feldgeschrei der Unkultur». Und selbst Alfred Döblin, der 1909 das Kino als «das Theater der kleinen Leute» würdigt und zum Gegenstand eines quasi ethnologischen Interesses nimmt (wie er sich auch als Romancier intensiv filmischer Mittel bedienen wird), erklärt sich beim Verlassen des kaschemmenartigen Etablissements froh darüber, «daß das Kinema – schweigt.»

Die Reduktion des Stummfilms auf das Visuelle, auf die Ausdruckskraft von Miene und Gebärde, bildete die zentrale Provokation für die sprachgebundene Semiotik der Literaten. Vor dem Hintergrund des damaligen Interesses an Tanz und Pantomime konnte sich die Provokation allerdings auch als Faszinosum erweisen. Den entschiedensten Vorstoß der jungen Literatur auf das Gebiet der Filmkunst dokumentiert das von Kurt Pinthus herausgegebene *Kinobuch* (1913), eine Sammlung mehr oder weniger dilettantischer und wohl nur halb ernstgemeinter Drehbuchentwürfe vierzehn verschiedener Autoren, darunter namhafter Expressionisten (Ehrenstein, Hasenclever, Rubiner). Verfilmt wurde von all diesen «Kinodramen» nur ein einziges: Heinrich Lautensacks «kinematographisches Schauspiel in drei Akten» *Zwischen Himmel und Erde* (1913). Der Dramatiker und frühere Kabarettist Lautensack verfügte als Dramaturg der Deutschen Bioscop-Filmgesellschaft auch über einschlägige Berufserfahrung. Noch die Beerdigung seines großen Vorbilds Wedekind sollte er 1918 filmen; dabei mußte der Regisseur gewaltsam daran gehindert werden, dem toten Dichter in das Grab nachzuspringen.

Nervenschwäche

Auf die Reizüberflutung durch technische Beschleunigung und neue Medien reagierte der Mensch der frühen Moderne mit einem spezifischen Krankheitsbild. Im Unterschied zur Hysterie, die das 19. Jahrhundert den Frauen zuschrieb, bildete sich im Bewußtsein der Jahrhundertwende ein neuer Befund: die Nervosität als eine Zeitkrankheit, die Männer wie Frauen befiel und eine Angleichung der sexuellen Muster im Zeichen der Schwächung bewirkte. «Neurasthenie» oder Nervenschwäche wurde zum Modewort der Epoche, seit der New Yorker Neurologe George M. Beard 1880 ein ganzes Buch über «American Nervousness» publizierte. Die deutsche Übersetzung unter dem Titel *Die Nervenschwäche (Neurasthenia)* von 1881 verdankte ihr enormes Echo nicht zuletzt den fortschritts- und zivilisationskritischen Untertönen des von Beard entworfenen Krankheitsbilds. Sie finden ihren direkten Niederschlag in der Schrift *Nervosität und neurasthenische Zustände* (1895) des führenden Psychiaters Richard von Krafft-Ebing: «Die Lebensweise unzähliger Culturmenschen weist heutzutage eine Fülle von antihygienischen Momenten auf, die es ohne Weiteres begreifen lassen, dass die Nervosität in fataler Weise um sich greift.» Dazu gehören für Krafft-Ebing der moderne «Kampf ums Dasein» und die Landflucht bzw. Urbanisierung; schon der Kulturkritiker Max Nordau (*Entartung*, 1892/93) wünschte angesichts der rapide zunehmenden Reizüberflutung, nicht zuletzt durch moderne Kommunikationstechnologie, der Nachwelt «riesenstarke Nerven». Natürlich fehlte es auch nicht an Stimmen, die denselben Zusammenhang ins Positive wandten. Georg Simmel bescheinigt der Großstadt dankbar eine «Steigerung des Nervenlebens» (*Die Großstädte und das Geistesleben*, 1903). Und Richard Dehmel schrieb bereits im August 1894 an Hedwig Lachmann: «Ein wahrer Segen unsre Nervosität, die von den Thoren bewehklagt wird.»

Poetologisch produktiv wird das Konzept einer modernen «Nervenkunst» erstmals bei Hermann Bahr. Die Koalition von Nerven(krankheit) und Moderne erneuert sich im Zeichen des Expressionismus – und zwar sowohl in der Außensicht als auch im Selbstverständnis der Beteiligten. Johanna Freiin von Claudern sieht in der expressionistischen Malerei ein typisches Produkt städtischer Zerrüttung und bedauert die Künstler: «Ihre Nerven arbeiten anders als die des natürlichen Menschen in freier Luft und Sonne. Dazu kommt: der Großstadtmensch ist veralkoholisiert, vernikotinisiert, degeneriert. [...] Es ist ein Ringen der Großstadtpsyche mit ihren eigenen Halluzinationen» (*Die neue Kunst*, 1913). Dagegen identifiziert sich der expressionistische Lyriker Ernst Blass programmatisch mit der Figur des «Nervenschwachen» (im gleichnamigen Gedicht von 1911):

Mit einer Stirn, die Traum und Angst zerfraßen,
Mit einem Körper, der verzweifelt hängt
An einem Seile, das ein Teufel schwenkt,
– So läuft er durch die langen Großstadtstraßen.

«Ich bin hier ein wenig nervös geworden», schreibt Robert Walsers Romanfigur Jakob von Gunten in der (ungenannten) Großstadt Berlin. «‹Ich bin nervös›, ist heuzutage die allgemeine Klage», beginnt eine Werbeanzeige in der *Neuen Zürcher Zeitung* vom Juni 1916. Theoretische Arbeiten von Sigmund Freud (*Die ‹kulturelle› Sexualmoral und die moderne Nervosität*, 1908) und Alfred Adler (*Über den nervösen Charakter*, 1912), aber auch ein populärwissenschaftlicher Artikel Alfred Döblins (*Die Nerven*, 1914) belegen das anhaltende Interesse der Epoche am Nerven-Diskurs. In der therapeutischen Behandlung wird das Reizreduzierungs-Konzept größtmöglicher Ruhe alsbald durch spezifische Formen des Willens- und Energie-Trainings ergänzt. Man errichtet umfangreiche Sanatorien in der grünen Natur – so die «Volksnervenheilstätte» Roderbirken bei Solingen –, fördert sportliche Aktivitäten und sucht der Überbürdung der Schüler durch den Gymnasialunterricht entgegenzuwirken; das Interesse an der Nervosität verbindet sich hier nahtlos mit Lebensreform und Schulkritik als typischen Bestrebungen der Zeit.

Es gab jedoch noch eine andere Nervosität, die mit Sanatoriumsaufenthalten nicht zu heilen war. Die Aufgeregtheiten und Irrationalismen der internationalen Politik, die Europa 1914 in den Weltkrieg steuerten, legen den Verdacht einer kollektiven ‹Nervosität› nahe. Für kein Land gilt das wohl mehr als für die ehrgeizige neue Großmacht Deutschland mit einem Kaiser an der Spitze, der die nationale Mischung von Angst und Begierde, existentieller Verunsicherung und Überlegenheitsgebärde in symbolischer Konsequenz verkörperte. Schon in der politischen Rhetorik der Vorkriegszeit wurden die «Nerven» zum Synonym für Kriegsgefahr. Gustav Wyneken forderte 1913 auf dem Hohen Meißner «eiserne Festigkeit der Nerven» und meinte damit Immunität gegen Kriegstreiberei; die *Kölnische Volkszeitung* kritisierte im November 1913 die «überflüssige Nervosität», mit der die Alldeutschen ihren Patriotismus artikulierten. Der Staatssekretär des Äußeren nannte im Mai 1914 «die Erregung der Volksleidenschaften in unserer übernervösen Zeit ein Spiel mit dem Feuer». Der Ausbruch des Ersten Weltkriegs – eine Nervenkrise?

Eines wurde der Weltkrieg jedenfalls nicht, obwohl manche Kulturkritiker und Mediziner dergleichen erwarteten: eine kollektive Nervenkur, ein stärkendes Stahlbad. Vielmehr entwickelte sich umgekehrt die enorme Zahl nervlich bedingter Zusammenbrüche, insbesondere unter den Bedingungen der Materialschlachten, zu einem gravierenden Problem der deutschen Kriegsführung. *Nervös*, ein scheinbar zeitfernes, selbstverliebt-sprachspielerisches Prosastück Robert Walsers, das im Juni 1916 in der *Neuen Zürcher Zeitung* erschien, bringt diesen Zusammenhang auf den Punkt. Darin spricht jemand von seiner Nervosität und bezeugt sie gerade durch die redundant-widersprüchliche Weise, mit der er sie leugnet oder relativiert. «Nervös», so der Sprecher anfangs, sei er kaum – immerhin: «Ich bin schon ein wenig zermürbt, zerstochen, zerdrückt, zerstampft, durchlöchert. Mörser haben mich zermörsert.» Nervosität als Kriegszustand!

3. *Alternative Lebensformen und soziale Bewegungen*

Boheme und Dandytum

Im frühen 20. Jahrhundert tritt die deutsche Boheme in das Stadium ihrer Selbstreflexion ein. Die Bohemekultur, die sich seit den achtziger Jahren vor allem in Berliner und Münchner Zirkeln entwickelte (vgl. Band IX, 1, S. 128 f. u. 172 f.), wird zum Gegenstand theoretischer Abhandlungen. Julius Bab verfaßt eine Geschichte der Berliner Boheme (*Die Berliner Bohème*, 1904), und Erich Mühsam, in seinen Auftritten bei den Elf Scharfrichtern vom radebrechenden Conférencier als «das Prototypus von eine Bohémien» angekündigt, legt in Kraus' *Fackel* 1906 eine anarchistische Interpretation der Subkultur vor (*Die Bohème*). Demnach steht der echte Bohemien, wesensverwandt mit dem echten Künstler, in einem prinzipiellen Gegensatz zur bürgerlichen Gesellschaft, der die Verbrecher, Landstreicher und Huren zu seinen natürlichen Verbündeten macht.

Peter Hille, in seiner vagabundischen Apostelgestalt von Lovis Corinth 1902 porträtiert, kontrastiert in der satirischen Erzählung *Mein heiliger Abend* die soziale Karriere seines Konterfeis mit der eigenen Mittellosigkeit und Deklassiertheit. Die sozialen Gefahren der Boheme verdeutlicht das Schicksal Otfried Krzyzanowskis, der in Wiener Kaffeehäusern das Leben eines Bettlers führte und im Alter von 32 Jahren 1918 an Unterernährung starb. Sein posthum in der Reihe «Der Jüngste Tag» erschienener Gedichtband *Unser täglich Gift* (1919) bezeugt – neben einem Talent zum Absurden (in den Gedichten *Melancholie* und *Phantasia desperans*) – die fortgeschrittene Verbitterung des Autors und seine Entfremdung von der Gesellschaft. Peter Altenberg dagegen, ebenfalls in Wien, gelang das Kunststück, für die Eigenwilligkeiten seiner flaneurhaften Boheme-Existenz die Aufmerksamkeit und Unterstützung einer überregionalen Leser- und Verehrergemeinde zu finden; indem er sich in seinen Prosaskizzen selbst als den brotlosen

«Dichter» einführt, schreibt er erfolgreich das romantische Stereotyp des Taugenichts fort.

Als zentrale Kommunikations- und Deutungsinstanz der Münchner Boheme trat zunehmend Franziska zu Reventlow hervor, die das von ihr programmatisch vertretene «moderne Hetärentum» konsequent in die Tat umsetzte. Zusammen mit Franz Hessel, dem sie im «Lebenskommunismus» einer Wohngemeinschaft zeitweise verbunden war (Spuren davon finden sich in Hessels Roman *Der Kramladen des Glücks*, 1913), gab Franziska zu Reventlow 1903/04 den maschinenschriftlich vervielfältigten, in nächtlichen Briefkastenaktionen verteilten *Schwabinger Beobachter* heraus. Die darin unternommene satirisch-parodistische Thematisierung der Boheme-Kultur wird in den autobiographischen oder eher autofiktiven Romanen der Autorin weiter entfaltet. *Ellen Olestjerne* (1903) reflektiert ihre Entwicklung von der Tochter aus adligem Hause zur Bohemienne – mit der unehelichen Mutterschaft als Schlußpunkt. Der Briefroman *Von Paul zu Pedro. Amouresken* (1911) entwirft ein Panorama unterschiedlicher Liebhabertypen, offensichtlich aus eigener Erfahrung gespeist. Der Schlüsselroman *Herrn Dames Aufzeichnungen oder Begebenheiten aus einem merkwürdigen Stadtteil* (1913) fokussiert die irrationalistischen Bestrebungen des Kosmiker-Kreises um Ludwig Klages (Hallwig), Alfred Schuler (Delius) und Karl Wolfskehl (Professor Hofmann). Schon die Bezeichnung «Wahnmoching» für Schwabing deutet die skeptische Distanz der Verfasserin an, die sich hier selbst als Susanna und Maria ins Spiel bringt.

Noch direkter verfährt – und noch deutlicher identifiziert sich mit seinem Gegenstand – Klabunds schon im Mai 1914 entstandener kleinformatiger Boheme-Roman *Marietta* (1920). Im Klappentext werden die Personen namentlich genannt, die in die Handlung dieses «Liebesromans aus Schwabing» verwickelt sind: «Marietta, Klabund, J. R. Becher, Emmy Hennings [...] und der Verlag Heinrich F. S. Bachmair. Dazu der ganze Betrieb der Künstlerkneipe ‹Simplicissimus›. Und München.» Dagegen bleibt der Erzähler in Thomas Manns novellistischer Studie über den Schwabinger ‹Propheten› Ludwig Derleth ganz außerhalb der Boheme-Kreise (s. u. S. 348 zu *Beim Propheten*).

Selbstinszenierung libertärer Erotik aus weiblicher Perspektive charakterisiert auch das öffentliche Auftreten Else Lasker-Schülers, deren *Briefe nach Norwegen*, 1912 im *Sturm* fortlaufend publiziert (und noch im gleichen Jahr zum Briefroman *Mein Herz* zusammengefaßt), eine ähnlich differenzierte Porträtgalerie der Berliner Boheme entwerfen, wie es in *Herrn Dames Aufzeichnungen* für die Münchner Szene geschieht. Die poetischen Rollenspiele der Dichterin, die sich damals von der Prinzessin Tino von Bagdad in den Prinzen Josef oder Jussuf von Theben verwandelt, finden in der romanhaften Verwertung ihres Boheme-Alltags ihre natürliche Fortsetzung.

Wichtigster Schauplatz auch dieser Boheme-Existenz ist das Café: das Café am Kurfürstendamm, dem Else Lasker-Schüler eine regelrechte Liebeserklärung widmet, ebenso wie das als Café Größenwahn verrufene Café des Westens zum Gegenstand des «Romans aus der Künstlerwelt» von Rose Austerlitz (*Café Größenwahn*, 1906) wird, die schon 1903 mit einem «Roman aus der Berliner Bohème» hervorgetreten war (*Cabaret Sphinx*). Wie man sieht, hatte das Thema Konjunktur! Darauf bezieht sich auch Herwarth Walden, wenn er im *Sturm* 1911 unter dem Titel *Der Sumpf von Berlin* einen fiktiven «Bericht unseres eigens entsandten xw-Spezialberichterstatters» über das Café Größenwahn abdruckt. Die an bizarren Erfindungen überreiche Reportage ist ein Zeichen dafür, wie hochgradig sich die Boheme jener Jahre ihrer selbst bewußt war: Die selbstironische Distanz zum eigenen Treiben schließt die Auseinandersetzung mit der Außensicht der bürgerlichen Öffentlichkeit ein.

Der Dandy ist der Antipode des Bohemiens. In der übertriebenen Erfüllung der gesellschaftlichen Erwartungen drückt er seine innere Überlegenheit über die Gesellschaft aus. «Der Dandy stilisiert (geschmackvoll, leicht) seine bewußte Korrektheit und – ironisiert sein Bewußtsein.» So heißt es in Richard Schaukals *Leben und Meinungen des Herrn Andreas von Balthesser, eines Dandy und Dilettanten* (1907). Schaukal, der zwei Jahre darauf einen klassischen Text der französischen Literatur zum Dandytum übersetzt (Barbey d'Aurevillys *Vom Dandytum und von G. Brummel*), findet in der kultivierten Gebärde des selbsternannten Aristokraten offenbar ein Symbol der ästhetischen Stilisierung und der Distanzierung von der eigenen bürgerlichen Klassenzugehörigkeit:

> «Andreas von Balthesser änderte gelassen die Stellung seiner Beine, strich sich mit der Linken leise, fast zärtlich über das sorgfältig geglättete Haar seines Hinterhauptes, bat plötzlich mit einem höflichen Lächeln [...] den Vorsitzenden um die Erlaubnis, sich eine Zigarette anzünden zu dürfen, erhielt die Erlaubnis, kam ihr nach, wobei aller Blicke auf die schmale, flache, glatte silberne Zigarettenbüchse mit dem aufgesetzten Doppelwappen gerichtet waren, und fuhr, sich zurücklehnend und nur von Zeit zu Zeit der über den langgeschlitzten beweglichen Flügeln leicht gebogenen Nase duftige Rauchschleier entlassend, [...] in seinen halblauten, an Worten kaum verweilenden Erörterungen fort.»

Der Dandy ist eine Erscheinungsform der englischen und französischen Gesellschaft des 19. Jahrhunderts; über eine deutsche Tradition verfügt der Typus nicht. Das Auftreten hochgebildeter Mäzene wie Harry Graf Kessler und Alfred Walter Heymel im literarischen Leben der Jahrhundertwende mochte Erinnerungen an die Kultur des Dandyismus wecken. Otto Julius Bierbaum dürfte in diesem Sinn für seinen Roman *Prinz Kuckuck* (1907) auf manches Detail aus Heymels Biographie zurückgegriffen haben. Er verbindet es mit dem Problem des Dilettantismus, auf das sich Schaukal (wie etwa zeitgleich Carl Einstein) schon im Romantitel bezieht und das Max Brod damals in der Variante des Indifferentismus beschäftigt: der Entfremdung des in der Reflexion befangenen Subjekts von der Unmittelbarkeit des Lebens (vgl. Band IX, 1, S. 478).

Eine eigentliche Nachfolge der Dandy-Tradition läßt sich bei Franz Hessel und übrigens auch bei Walter Serner feststellen, der noch im Kreise der Zürcher Dadaisten sein Monokel trug. Die *Letzte Lockerung*, wie sein dadaistisches Manifest überschrieben ist, war nur seine vorletzte; die Maske des Gentlemans legte dieser melancholische Bürger nicht ab. Hier ging ihm Hugo Ball voraus mit seinem autobiographisch unterlegten Roman *Flametti oder vom Dandysmus der Armen* (1918) – einer Zusammenführung der Problematik der Boheme und der des Dandys.

Lebensreform

In der Lebensreformbewegung der Jahrhundertwende vereinigen sich antimoderne Impulse, vor allem die Abwendung von der Industrialisierung, der Großstadt und vom um sich greifenden Kapitalismus, mit planerischen Energien und neuen Gemeinschafts- wie Selbstfindungsidealen, die deutlich vom Geist der Moderne geprägt sind. Die Palette lebensreformerischer Aktivitäten ist breit: Sie reicht von der Naturheilbewegung und der Freikörperkultur über die Kleidungs- und Ernährungsreform zum Vegetarismus und zur Antialkoholbewegung. Sie strahlt in die Frauen- und Jugendbewegung ebenso aus wie in die sogenannte Rassenhygiene und Sexualreform und hat einen weiteren Schwerpunkt in der Siedlungs-, Landkommune- und Gartenstadtbewegung. Enge Verbindungen bestehen zur Reformpädagogik in ihren vielfältigen Ausprägungen, zu den Reformansätzen in Kunst und Kultur (von der Theaterreform über *Kunstwart* und Dürerbund bis zum Ausdruckstanz) und der für die Jahrhundertwende so typischen Suche nach einer neuen Religiosität jenseits des institutionalisierten Christentums und anderer dogmatischer Vorgaben.

Zu direkten Kontakten zwischen Lebensreform und Literatur kommt es schon beim frühen Hauptmann und Wedekind. Das Ideal einer verbesserten Sexualaufklärung in Wedekinds «Kindertragödie» *Frühlings Erwachen* (1891) ist ebenso vom Geist der Lebensreform geprägt wie das Eintreten des Reformers Loth gegen Alkoholismus und die Weitergabe von Erbschäden in *Vor Sonnenaufgang* (1889), dem ersten naturalistischen Drama Hauptmanns; mit der nach dem Vorbild Johannes Guttzeits gezeichneten Titelfigur seiner Novelle *Der Apostel* (1890) hat

Hauptmann überdies ein erstes Porträt jener Weltverbesserer im Jesus-
gewand geliefert, die zumal für Hesse Bedeutung gewinnen sollten.

Mehr als zweieinhalb Jahrzehnte später stellt Alfred Brust die Figur eines
litauischen Reformers ins Zentrum seines in unbestimmter Zukunft spielenden
«Zeitwendespiels» *Heiligung* (1920, entst. um 1916), der sich von der Zivilisation
der großen Städte abwendet, um auf dem Acker seines Vaters eine autarke Landwirtschaft zu betreiben und in freier Ehe (am Schluß zu dritt) Kinder zu zeugen.
Größten Wert legt Brusts Reformer auf ein geschlechtsneutrales «Einheitsge-
wand», das zu geradem Wuchs und zur starken Persönlichkeit erzieht und damit
eine wichtige Voraussetzung der «Heiligung» darstellt, die hier in deutlichem
Gegensatz zum Christentum erstrebt wird (die Reform selbst ist offenbar ihre
eigene Religion). Das Schlußbild zeigt die Menschen der großen Städte auf der
Suche nach einer neuen Heimat:

> «Es gibt noch viel unbebautes Land. Und die Erde vermag alle Menschen
> zu ernähren. Nur sind sie ungleichmäßig verteilt. Aber nicht die Nah-
> rungsmittel sollen wandern, sondern der Mensch. Denn zum Wandern ist
> er geboren. Gerade weil er die Nahrungsmittel zu sich wandern ließ, bekam
> er Zeit für seine ungesunden Gedanken.»

Die Idee einer alternativen Landwirtschaft treibt bereits Anfang der
neunziger Jahre Emil Gött und Emil Strauß um. Auf dem elsässischen
Gut Buck erproben sie gemeinsam die sogenannte Spatenkultur, eine
viehlose Intensivnutzung auf kleinstem Raum, nachdem das Projekt
einer vegetarischen Landkommune auf der Rheinburg bei Schaffhausen
1891 gescheitert war. Im Altersroman *Das Riesenspielzeug* gibt Strauß
noch 1934 ein humoristisches Bild ihrer damaligen Bemühungen; schon
sein Roman *Kreuzungen* (1904) führt einen städtischen Helden auf den
Weg zu einer reformierten Landwirtschaft. Gött seinerseits macht mit
dem Erwerb der Leihalde oberhalb Freiburgs (1894) dauerhaft Ernst
mit dem Selbstentwurf als «Dichter und Bauer in einer durchaus einheitlichen Person»; die rituelle Erwartung des Sonnenaufgangs auf
einem Schwarzwaldgipfel, im (1914 posthum veröffentlichten) Tagebuch
von 1897 ausführlich geschildert, zeigt seine geistige Nähe zur Lebensreform auch in religiöser Hinsicht.

Aus dem spirituellen Haushalt der Lebensreformer ist das «Lichtgebet» nicht wegzudenken: die vom Jugendstil-Maler und -Illustrator Fidus
(eig. Hugo Höppener) stammende Ansicht einer androgynen Nacktheit,
die sich keusch der Sonne entgegenreckt. Die Villa des Malers in Woltersdorf bei Berlin wurde spätestens mit der Ausrufung des St. Georgs-
Bundes zu einer Kultstätte aller derjenigen, die mit Fidus, der über dieses Thema mehrere Vorträge hielt, «das Leben als Tempeldienst» ansahen.
Seine Mitbewohnerin Gertrud Prellwitz, eine frühere Lehrerin, schuf
mit der *Legende vom Drachenkämpfer* (1912) die ideelle Gründungsur-
kunde; der Fastentod Georg Bauernfeinds (1911) im Fidushaus wurde

darin als symbolischer Sieg des Geistes über die Materie verklärt. Als noch erfolgreicher erwies sich die literarische Ausbeutung des Tagebuchs der frühverstorbenen Fidus-Tochter Drude in Prellwitz' gleichnamiger dreibändiger Mädchenroman-Trilogie (1920–1925); die darin geschilderte «Waldschule» ist die reformerisch bedeutsame Odenwaldschule Paul Geheebs.

Von Woltersdorf ist es nicht weit nach Friedrichshagen. Das gilt auch für die geistige Beziehung zwischen Fidus und dem Friedrichshagener Kreis um Heinrich und Julius Hart, Wilhelm Bölsche und Bruno Wille, aus dessen Mitte gegen Ende der neunziger Jahre die Gründung der Neuen Gemeinschaft erfolgte. In ihr vereinigte sich ein pantheistisch-monistisches Anliegen, das in zahlreichen Feiern neuheidnisch-naturreligiösen Charakters zum Ausdruck kam, mit sozialutopischen Zielen, die allerdings nur eingeschränkte Verwirklichung fanden: durch Ankauf eines ehemaligen Säuglingsheims mit Seegrundstück am Schlachtensee südwestlich von Berlin nämlich, wo die Mitglieder «in Garten- und Feldarbeit Kräftigung ihrer Gesundheit und Erholung von dem Leben der Großstadt» suchten und – wie es Erich Mühsam später ironisch glossierte – «die Überwindung der Gegensätze durch Benutzung einer gemeinsamen Küche vorleben» konnten. Als Zweiundzwanzigjähriger hatte sich Mühsam von der Vereinsgründung der Brüder Heinrich und Julius Hart noch die Befreiung «aus ödem Alltag» versprochen. Sein gleichnamiges Gedicht, auf einer Veranstaltung der Neuen Gemeinschaft im November 1900 unter dem Titel *Berglied* vorgetragen, beginnt mit den Worten «Aufwärts zu den Sonnen» und gipfelt in der Vision: «Auf hohem Gipfel / Reichen wir die Hand uns / Liebesdurchglühet / In neuer Gemeinschaft.» Der junge Mühsam teilte diese Hoffnung mit Gustav Landauer, der im Juni 1900 vor der Neuen Gemeinschaft seinen Vortrag *Durch Absonderung zur Gemeinschaft* gehalten hatte; der mystisch-sprachskeptische Impetus dieses Bekenntnisses zu einem elitärgeistigen Anarchismus sollte bald darauf zum Bruch Landauers mit den Brüdern Hart und seinem Auszug aus der von ihnen geleiteten Vereinigung führen.

Ähnlich umfangreich und prominent wie die Liste der Schriftsteller, Künstler und Intellektuellen, die zumindest einzelne der Veranstaltungen der Neuen Gemeinschaft besuchten, ist die Liste der Besucher des Monte Verità bei Ascona (am Schweizer Teil des Lago Maggiore). Das dort von Ida Hofmann und Henri Oedenkoven ab 1902 betriebene Sanatorium machte vor allem durch seine – von den männlichen Gästen meist nackt genommenen – Luftbäder von sich reden. Die dazu verabreichte Diät wurde von Erich Mühsam, einem der ersten Besucher, im *Gesang der Vegetarier* verspottet. Das «alkoholfreie Trinklied», Bestandteil seiner insgesamt kritischen Broschüre *Ascona* (1905), beginnt mit

den Versen: «Wir essen Salat, ja wir essen Salat / Und essen Gemüse
früh und spat.» An die antibürgerlichen Anfänge der Landkommune,
aus der nach Mühsams Darstellung die Tessiner Siedlung hervorgegangen war, erinnerte in der Folgezeit hauptsächlich die pittoreske Figur
des Mitbegründers Gusto Gräser. Hermann Hesse, der sich 1907 einer
Kur auf dem Monte Verità unterzog und darüber unter dem Titel *In den
Felsen. Notizen eines «Naturmenschen»* (1908) berichtet, hat den Bar-
fußpropheten, der seine Verse als Flugblätter verteilte, in der Erzählung
Der Weltverbesserer (1911) in der schillernden Gestalt des Lebensreform-
Missionars Eduard van Vlissen porträtiert. – Größere Probleme mit
einem verordneten nudistischen ‹Naturmenschentum› hat Kafka bei seinem Aufenthalt in der von Adolf Just begründeten Naturheilanstalt
Jungborn im Harz im Juli 1912: «Auch alte Herren, die nackt über Heu-
haufen springen, gefallen mir nicht.»

Wesentlich näher an der gesellschaftlichen Normalität befand sich
die um einen industriellen Kern – nämlich die Deutschen Werkstätten
des Möbelproduzenten Karl Schmidt – angelegte Gartenstadt Hellerau
bei Dresden. Durch die Aufführungen der Bildungsanstalt Jaques-Dalcroze in dem von Heinrich Tessenow errichteten Festspielhaus wurde sie
in den Jahren 1910–1912 zu einem wichtigen Standort der internationalen Theatermoderne (s. u. S. 440). Der Expressionist Max Adler, der sich
damals in der Gartenstadt ansiedelte, sprach in einem Beitrag gleichen
Titels für die Zeitschrift *März* von einem «Kulturfrühling in Hellerau»
(1912). Kafka allerdings erlebte dort – bei seinem Besuch im Juni 1914
– nur «Schrecken über Schrecken.»

Jugendbewegung

Die Jugendbewegung ist der wahrscheinlich besonders zukunftswei-
sende Ausläufer der Lebensreform-Bestrebungen der Jahrhundertwende.
Sie rekrutierte sich in erster Linie aus zwei Lagern. Das eine war die
Wandervogelbewegung, ein naturromantisch inspirierter Zusammenschluß von Jugendlichen, vor allem Oberschülern, der vom damaligen
Berliner Vorort Steglitz seinen Ausgang nahm und seinen ersten Historiker und Theoretiker in Hans Blüher fand (*Der Wandervogel. Geschichte
einer Bewegung*, 1911; *Der Wandervogel als erotisches Phänomen*, 1911).
Das Liedgut, das auf den kollektiven «Fahrten» und an den Lagerfeuern
der Wandervögel gesungen wurde (s. u. S. 597), hat Hans Breuer 1909
im *Zupfgeigenhansl* gesammelt. Als Denkmal der Wandervogel-Mentali-
tät und ihres idealistischen Selbstverständnisses ist die Gestalt Ernst
Wurches in Walter Flex' Kriegsroman *Der Wanderer zwischen beiden Welten* (1918) aufzufassen sowie sein Leitspruch «Rein bleiben und reif
werden.»

Das andere Lager der Jugendbewegung bildete der reformpädagogische Flügel, angeführt von Gustav Wyneken, dem Mitbegründer der Freien Schulgemeinde Wickersdorf, eines Landerziehungsheims in der Nähe des thüringischen Saalfeld. Ihm sind auch die Wickersdorfer Lehrer Martin Luserke, der Propagator des Laienspiels, und Carl Maria Weber zuzurechnen, ein mit Kurt Hiller befreundeter pazifistischer Lyriker; sein Gedichtband *Erwachen und Bestimmung* (1919) entstand 1915–1918. Die von Wyneken proklamierte autonome «Jugendkultur» versuchte eine letztlich scheiternde Vereinigung mit der Wandervogelbewegung beim Treffen der Freideutschen Jugend im Oktober 1913 auf dem Hohen Meißner bei Kassel. Die später gelegentlich als deutsches Woodstock bezeichnete Zusammenkunft von zweitausend Jugendlichen, auf der neben Wyneken auch Ferdinand Avenarius als Redner auftrat, übte weithin Signalwirkung aus. In einem Leitartikel der *Aktion* rief Franz Pfemfert damals den «Kämpfern auf dem Hohen Meißner» zu: «Befreit euch! Wir kämpfen mit euch für eure Freiheit!»

Schon in der nächsten Nummer der *Aktion* bremste ein Teilnehmer des Meißner-Treffens Pfemferts Enthusiasmus. Es war der junge Walter Benjamin, der sich hinter dem Pseudonym Ador verbarg. Unter der Überschrift *Die Jugend schwieg* betonte er die Grenzen des freideutschen Protestes: «Wanderungen, Festgewänder, Volkstänze sind nichts Letztes und – im Jahre 1913 – noch nichts Geistiges. [...] Diese Jugend hat den Feind, den geborenen, den sie hassen muss, noch nicht gefunden.» Benjamin beteiligte sich seit 1909 an der Redaktion der für Schüler bestimmten, ab 1913 von Wyneken geleiteten Zeitschrift *Der Anfang*, die mit mehreren Zensurverboten belegt wurde und 1913/14 im Verlag der *Aktion* Zuflucht fand. Unter den Mitherausgebern waren der Berliner Georg Gretor (Pseud. George Barbizon), der noch 1918 in der *Aktion* über «die entschiedene Jugendbewegung» publizierte, und Siegfried Bernfeld in Wien, der Gründer der Schüler-Sprechhallen-Bewegung.

Was Benjamin auf dem Hohen Meißner vermißte: die Empörung gegen Elternhaus und Schule, das fand er wenige Monate später in gesteigerter Form im Manuskript eines Dramas wieder, dessen jugendlicher Verfasser auch zu Wyneken und Bernfeld persönlichen Kontakt suchte, die ihm angebotene Aufführung dann aber aus Angst vor dem Vater ablehnte: Arnolt Bronnen hat in seinem Erstling *Das Recht der Jugend* (entst. 1913) die Revolte gegen Schule und Elternhaus bis zur mörderischen Konsequenz weiterentwickelt, seinen Helden Hans Harder dabei allerdings auch moralisch schwer belastet. Im Nachfolgedrama *Die Geburt der Jugend* (1920, entst. 1914) bringt Bronnen die Tendenz zur utopischen Vereinigung des revoltierenden Einzelnen mit der Jugendmasse mit Hilfe einer chorischen Dramaturgie gesteigert zum Ausdruck. Bei der Erstveröffentlichung in Alfred Wolfensteins Jahrbuch

Die Erhebung trug das Stück den Zusatztitel *Inkarnation*. Wolfenstein selbst hat übrigens schon 1915, in seinem Ernst Joel (dem Herausgeber des *Aufbruchs*) gewidmeten Gedicht *Kameraden!*, ein Bekenntnis zur Jugendbewegung abgelegt. Die darin besungene «süße nahe weite Kameraderie» gehört zu den entscheidenden Jugendeindrücken mancher Autoren der nächsten Generation, u. a. Carl Zuckmayers und Friedrich Wolfs.

Anarchismus

Unter Anarchismus lassen sich um 1900 zwei verschiedene Phänomene verstehen. Auf der einen Seite gab es als radikalen Flügel der sozialistischen Arbeiterbewegung einen proletarischen Anarchismus, der von Handwerkern und Industriearbeitern, in Süd- und Osteuropa vor allem von Landarbeitern, getragen wurde; im Vergleich zu anderen Staaten wie zum Beispiel Frankreich oder Spanien war diese handfeste politische Variante des Anarchismus, die durch verschiedene Bombenattentate international auf sich aufmerksam machte, in den deutschsprachigen Ländern vergleichsweise schwach entwickelt. Sie beschäftigte allerdings auch hier die Phantasie, wie u. a. Ricarda Huchs Brieferzählung *Der letzte Sommer* (1910) über das Attentat eines russischen Anarchisten bezeugt. Dem gegenüber stand ein Intellektuellen-Anarchismus, dessen Träger zumeist bürgerlicher Herkunft waren und der seine eigentliche Basis in der Boheme besaß.

Der wachsenden Kluft zwischen beiden Erscheinungsformen des Anarchismus waren die Auseinandersetzungen um die Leitung des (ersten) *Sozialist* geschuldet, die 1897 mit Landauers Rücktritt endeten. Als Herausgeber des (dritten) *Sozialist* 1909–1915 hat sich Landauer demonstrativ zu einem geistigen, wesentlich religiös vermittelten Anarchismus bekannt: unter Berufung auf seinen Mentor Moritz von Egidy und unter dem Einfluß Mauthners und Tolstois. Die zweite oder Revolutionsausgabe seines – dem gleichen Spiritualismus verpflichteten – *Aufrufs zum Sozialismus* (1911) versieht er am 3. Januar 1919 mit einem neuen Vorwort, das wie eine Vorahnung seiner nahen Ermordung wirkt: «Möge uns aus der Revolution Religion kommen, Religion des Tuns, des Lebens, der Liebe, die beseligt, die erlöst, die überwindet. Was liegt am Leben? Wir sterben bald [...].»

Mit dem Leben bezahlte auch Johannes Holzmann, den Else Lasker-Schüler als «Senna Hoy» verklärte, sein politisches Engagement. Nach seiner Tätigkeit als Herausgeber der Zeitschrift *Der Kampf* (1904/05) ging Holzmann nach Rußland, wo er inhaftiert wurde und in einem Arbeitslager starb. Solcher Aufopferung im Dienste des Sozialismus steht die individualistische Variante des Anarchismus gegenüber; sie fand ihr Sprachrohr im deutsch-schottischen Schriftsteller John Henry Mackay, Verfasser des Romans *Die Anarchisten* (1891) und unermüdlicher Propagator Max Stirners, dessen Hauptwerk *Der Einzige und sein Eigentum* (1845) die unbeschränkte Entfaltung des Individuums postuliert.

Theorie und Praxis des Anarchismus verbanden sich in besonderer Weise bei Erich Mühsam. Pointiert ausgedrückt, könnte man sagen: Er war sein eigenes Programm. Die freie Entfaltung der Sexualität, die Mühsams Boheme-Existenz kennzeichnete, war auch der zentrale Punkt seines politischen Engagements, das auf die Politisierung der Boheme oder die Anarchisierung der Gesellschaft im Sinne der Boheme gerichtet war. Hier liegt eine wesentliche Gemeinsamkeit zwischen Mühsam und dem gerade in Boheme-Kreisen einflußreichen anarchistischen Psychiater Otto Gross (s. o. S. 10). Die Enttabuisierung der Sexualität in allen ihren Formen – Mühsams erste selbständige Veröffentlichung war eine Broschüre über Homosexualität – markierte einen deutlichen Gegensatz zu Landauers Festhalten an Ehe und familiären Verbänden als Keimzellen einer vom Staat befreiten Gesellschaft. Trotzdem bestanden enge freundschaftliche und organisatorische Verbindungen; die von Mühsam geleitete Tat-Gruppe sowie die von ihm herausgegebene Zeitschrift *Kain* (1911–1914) waren Landauers Sozialistischem Bund angegliedert.

Gleichwohl betont Mühsam schon in der ersten Nummer, «daß *Kain* weder als anarchistische Zeitschrift bewertet werden will, noch etwa ein Organ des ‹Sozialistischen Bundes› darstellt.» Dieser Vorbehalt gegenüber jeder Form von Gruppendisziplin oder Dogmenbildung ist typisch für den intellektuellen Anarchismus; er bedingt freilich auch eine gewisse Unernsthaftigkeit der Rede, eine Tendenz zum Metaphorischen oder Symbolischen, die insbesondere das Verhältnis der Expressionisten zum Anarchismus bestimmt.

Ein Beispiel gibt die kurzlebige Zeitschrift *Revolution*, die im Herbst/Winter 1913 von Hans Leybold und Franz Jung in München herausgegeben wurde. Als Auftakt zum ersten Heft erschien eine programmatische Auslegung des Titels aus der Feder Mühsams: «Revolution» wird zunächst metaphorisch eingekreist – mit den Bildern «eines ausbrechenden Vulkans, einer explodierenden Bombe oder auch einer sich entkleidenden Nonne.» Die abschließenden begrifflichen Bestimmungen stellen kaum größere politische Verbindlichkeit her:

> «Einige Formen der Revolution: Tyrannenmord, Absetzung einer Herrschergewalt, Etablierung einer Religion, Zerbrechen alter Tafeln (in Konvention und Kunst), Schaffen eines Kunstwerks; der Geschlechtsakt.
> Einige Synonyma für Revolution: Gott, Leben, Brunst, Rausch, Chaos.
> Laßt uns chaotisch sein!»

Man erkennt Mühsams Eintreten für sexuelle Befreiung als Kern einer anarchistischen Umformung der Gesellschaft wieder. Durch alternative Deutungsangebote, die in Richtung (klassische) Politik, Religion und Kunst zielen, wird diese Botschaft jedoch stark relativiert. Ebensowenig Klarheit bringt der unmittelbar anschließende Beitrag von Johannes R. Becher, so deutlich er sich auf den Anarchismus bezieht. In diesem *Freiheitslied* ruft eine in warme Sonnenländer geflüchtete Ich-Figur den «Lumpenhunden», «Onanisten», «Kaufleuten» usw. zu: «Ich rufe euch zum hitzigsten Aufruhr, zur brennendsten Anarchie, zum bösesten Widerstreit begeistere, reize ich euch! Revolution! Revolutionäre! Anarchisten! Gegen den Tod!» Der Adressat des Aufrufs ist so allgemein und unbestimmt wie der zu bekämpfende Gegner. Ist sein Sinn vielleicht einfach nur – ein Bekenntnis zum Leben?

Mehrere führende Expressionisten haben jedenfalls zeitweise mit dem Anarchismus sympathisiert oder sind ihm zugerechnet worden. Rubiner hat sein Drama *Die Gewaltlosen* (1919, entst. 1917/18) sogar im gleichnisartigen Selbstopfer der Führer gipfeln lassen, durch das erst der wahre herrschaftsfreie Kommunismus möglich werde. Daß sich sowohl Rubiner wie Pfemfert und ebenso Carl Einstein, Max Herrmann-Neisse und Franz Jung später vom Anarchismus ab- und dem marxistischen Sozialismus zuwenden konnten, verrät einiges über die Natur ihres Interesses am Anarchismus, das wesentlich im antibürgerlichen Protest verwurzelt war, der staatlichen Ordnung als solcher aber nicht kritisch gegenüberstand.

Anders scheint es sich, jedenfalls der Tendenz nach, bei mehreren Vertretern des Dadaismus zu verhalten. Nicht daß diesen eine eindeutigere politische Stellungnahme attestiert werden könnte – weit gefehlt! Als entschiedene Gegner jeder Art von (logischer, wissenschaftlicher, künstlerischer) Ordnung scheinen sie aber eine natürliche Nähe zum Anarchismus zu besitzen, die sich auch über die politische Wende von 1918/19 hinaus behauptet.

Im Tagebuch vom Januar 1913 klagt Richard Huelsenbeck noch über seine weltanschaulich-politische Orientierungslosigkeit: «Heute Socialist, morgen Egoist, heute Catolik, morgen Anarchist.» Daß sich die letzteren Bestimmungen nicht ausschließen, lehrt die Biographie Hugo Balls. Dieser schreibt im Dezember 1914 an seinen Freund August Hofmann, daß «ein neues Leben» losgehe: «anarcho-revolutionär». Er liest damals Kropotkin, Bakunin, Landauer und Max Nettlau. Im Sommer 1915 fertigt er umfängliche Notizen zum Vergleich zwischen Anarchismus und Sozialismus an; letzterem fühlt er sich jetzt näher: «Konsequente Anarchisten sind sehr selten oder gar überhaupt nicht möglich.» Zu den konsequenteren Dadaisten gehört wohl der unstet zwischen Ungarn, Berlin, Paris und der Schweiz vagabundierende Emil Szittya. In der zweiten Nummer seiner zusammen mit Hugo Kersten in Zürich herausgegebenen «Literarischen Kriegszeitung» *Der Mistral* formuliert er 1915: «Der Bürger hat mit seinem Krieg die Grammatik des staatlichen Ereignisses geschaffen.» Wie genau auch Dadaisten über den Wortlaut ihrer Texte wachten, zeigt Hausmanns Protest gegen einen Zusatz, den der Herausgeber der Zeitschrift *Der Ein-*

zige beim Abdruck seines *Pamphletes gegen die weimarische Lebensauffassung* 1919 vorgenommen hat. Durch die Hinzufügung der Worte «wie Jeder Einzige» an sensibler Stelle hätte Ruest, der übrigens ein Schwager des von den Dadaisten geschätzten Friedlaender/Mynona war und mit seinen Zeitschriften *Der Einzige* sowie *Maiandros* seinerseits anarchistische Ambitionen verfolgte, «den Eindruck erweckt, ich sei Stirnerianer, obwohl mein Standpunkt als Anarcho-Kommunist genau bekannt ist.» Hausmann rächt sich mit einer Bildlegende im ersten Heft der Zeitschrift *Der Dada*, die Ruests Stirner-Rezeption als museal-pedantisch denunziert. Unter der Abbildung eines einfachen Küchenstuhls steht dort: «Diesen drückte Stirners Hintern zum letztenmal (Auskunft gegen Honorar erteilt Dr. Max Ruest).»

Zionismus und Kulturzionismus

«Der Zionismus erstrebt für das jüdische Volk die Schaffung einer öffentlich-rechtlich gesicherten Heimstätte in Palästina.» So lautet der Kernsatz des Basler Programms, verabschiedet auf dem Ersten Zionistischen Weltkongreß 1897. Theodor Herzl, der mit seiner Broschüre *Der Judenstaat* (1896) der Diskussion um eine Beendigung des Golud, der Verstreuung der Judenschaft über die Welt, entscheidende Schubkraft verliehen hatte, führte bis zu seinem frühen Tod (1904) mit maßgeblicher Unterstützung Max Nordaus die internationale Bewegung des Zionismus an, die beim überwiegend assimilierten deutschsprachigen Judentum zunächst ein äußerst zwiespältiges Echo auslöste.

Karl Kraus' Satire *Eine Krone für Zion* (1899) ließ die Planungen Herzls allenfalls für die verfolgten Juden Osteuropas gelten; Samuel Lublinski trat auf dem Basler Kongreß von 1897 als Diskussionsredner auf und publizierte in den zionistischen Zeitschriften *Zion* und *Die Welt*, bis er 1901 eine Kehrtwende vollzog und sich demonstrativ zur Assimilation und zur deutschen Kultur bekannte. Karl Wolfskehl berichtete 1903 für die *Münchner Allgemeine Zeitung* über den VI. Zionistenkongreß in Basel und steuerte schon 1902 zu einem jüdischen Almanach das Davidstern-Gedicht *Das Zeichen* bei. Die zweite Auflage desselben Almanachs druckt unter der Überschrift *Vom Nebo* ein Gedicht Wolfskehls nach, das 1901 noch titellos in den *Blättern für die Kunst* erschienen war. Vom Berge Nebo im Ostjordanland warf Mose den ersten Blick auf das verheißene Land; entsprechend beginnt das Gedicht mit den Versen:

> Leises geräusch dringt bis zu mir herauf:
> Ein lufthauch bringt die düfte der verheissung
> Von neuem land dahin ich euch geleitet
> Dahin ich selber nie gelangen soll.

Albert Ehrenstein dagegen trennt noch 1917 strikt zwischen der messianischen Hoffnung auf das Gottesreich und dem «überwundenen Zustand» der geschlossenen Ansiedlung der Juden in Palästina; seine Wiederherstellung im Sinne eines «jüdischen Nationalparks» ist für ihn verfehlter «Historizismus» (*Zionismus und Menschlichkeit*). In Schnitzlers Roman *Der Weg ins Freie* (1906) prallen die gegensätzlichen Bewertungen aufeinander. Während eines Ausflugs in den

Wienerwald erzählt dort der Zionist Leo Golowski empathisch von den weinenden Juden auf dem (VI.) Basler Zionistenkongreß, auf dem Herzl gegen große Widerstände ein ostafrikanisches Siedlungsprojekt durchsetzte. Der Schriftsteller Heinrich Bermann jedoch als Protagonist des Romans will von der «Errichtung des Judenstaates auf religiöser und nationaler Grundlage» nichts wissen: «Was ist Ihnen Ihr ‹Heimatland› Palästina? Ein geographischer Begriff. Was bedeutet Ihnen ‹der Glaube Ihrer Väter›? Eine Sammlung von Gebräuchen [...].»

Mit den technokratischen Visionen seines utopischen Romans *Altneuland* (1902) forderte Herzl den Widerspruch einer nationaljüdischen Opposition heraus. Schon auf dem V. Zionistenkongreß 1901 hatte sich eine «demokratisch-zionistische Fraktion» formiert, die eine stärkere Berücksichtigung kultureller Gesichtspunkte einforderte und gezielt auf eine Regeneration des jüdischen Volkes hinarbeitete. Dabei berief sie sich auch auf wertkonservative Vorstellungen, wie man sie eher bei den völkischen Kritikern des jüdischen Einflusses vermuten würde. So hatte schon 1893 Nathan Birnbaum die Hoffnung geäußert, durch den Ackerbau in Palästina würden die Juden «jene Liebe zur Scholle gewinnen, welche einem Volk ein Land erhält, und jene körperliche und sittliche Gesundung finden, welche das eigentliche Ziel aller jüdischen Bestrebungen sein muß» (*Die Nationale Wiedergeburt des jüdischen Volkes*). Dasselbe restaurative Ideal liegt Heinrich York-Steiners Erzählung *Der Talmudbauer* (1904) zugrunde wie auch den Bildmotiven auf den Teilnahmekarten der Zionisten-Kongresse; sie stammten von Ephraim Lilien, dem einfühlsamen Illustrator von Münchhausens Gedichtband *Juda. Gesänge* (1900). Das Werk des konservativen nichtjüdischen Dichters erfreute sich im Zuge der Hinwendung zur nationalen Vergangenheit des Judentums breiter Beliebtheit.

Die vom Zionismus – und besonders dem kulturzionistischen Flügel – geforderte Rückkehr zum Judentum vor der Rückkehr ins Judenland erwies sich freilich für die in der deutschsprachigen Kultur sozialisierten Juden der Jahrhundertwende als keineswegs einfach. Romane von Robert Jaffé (*Ahasver*, 1900), Ernst Sommer (*Gideons Auszug*, 1912) und Jakob Loewenberg (*Aus zwei Quellen*, 1914) führen unterschiedliche Formen des Scheiterns bei der Ablösung von der dominierenden Kultur des Gastlandes vor. Zumal Loewenberg, in dessen Gedichtsammlung *Aus jüdischer Seele* (1901, 3. Aufl. 1912) ein Rezensent der *Welt* «Centralvereinsgefühle» ausgedrückt fand (in Anspielung auf den assimilatorisch orientierten Centralverein deutscher Staatsbürger jüdischen Glaubens), hatte sich harsche Kritik von zionistischer Seite anzuhören. Mit Bezug auf den Helden seines Romans *Aus zwei Quellen*, der am Schluß an Cholera stirbt, heißt es in der *Jüdischen Rundschau* 1914:

«Dem Dichter dürfen wir bemerken, daß er in Dr. Lennhausen
eine Gestalt geschaffen hat, durch die seine im ‹Kunstwart› nieder-
gelegte Auffassung wesentlich vertieft wird. Denn einem, [...] der
nicht auf die Ehre verzichten kann, ein deutscher Lehrer zu heißen und deutsche Kultur zu machen, der aber auch als Jude seiner
Menschenwürde nichts vergeben will; bei dem es so stark aus beiden Quellen strömt, dem kann sich das Leben nicht voll erschließen, er geht in jenen Wellen unter, wenn er nicht hüben oder drüben verzichten kann.»

Die Problematik der doppelten Loyalität ist u. a. aus dem Schicksal des
Protagonisten Friedrich in Ernst Tollers Drama *Die Wandlung* (1918)
und aus der Autobiographie Jakob Wassermanns (*Mein Weg als Deutscher
und Jude*, 1921) bekannt. Der Hinweis des Rezensenten auf Avenarius'
Zeitschrift *Der Kunstwart* bezieht sich auf die Debatte, die Moritz Gold-
stein dort 1912 durch seinen Beitrag *Deutsch-jüdischer Parnaß* ausgelöst
hat. Darin wird die überproportionale Teilnahme der Juden am deutschen Kulturleben als Hingabe an fremdes Eigentum problematisiert:
«Wir Juden verwalten den geistigen Besitz eines Volkes, das uns die
Berechtigung und die Fähigkeit dazu abspricht.»
  Die vielberufene deutsch-jüdische Symbiose wird damals allenthalben
in Frage gestellt. Theodor Lessing veröffentlicht 1910 in der *Schaubühne*
eine Satire gegen Samuel Lublinski (*Samuel zieht die Bilanz*), in der die
Rolle des ‹Literaturjuden› grundsätzlich zur Disposition gestellt wird.
Dabei greift er in so erheblichem Maße auf antisemitische Klischees
zurück, daß sich 33 Schriftsteller in derselben Zeitschrift öffentlich von
seinem Vorgehen distanzieren und der heutige Leser kaum Assoziationen
an sein späteres Buch *Der jüdische Selbsthaß* (1930) unterdrücken kann.
Dagegen definiert – und fordert – Cheskel Zwi Klötzel den Haß auf
Nichtjüdisches als Bedingung der jüdischen Identität in einem Beitrag
zur Münchner Zeitschrift *Janus* (*Das große Hassen*, 1912/13). Ihm wurde
damals von allen Seiten widersprochen. Der zionistische Impetus seines
Aufrufs zum Juden-Sein in der *Aktion* 1911 dürfte eher den Ton der Zeit
getroffen haben (*Wir jungen Juden!*).
  Eine wesentliche Rolle in der jüdischen Renaissance des frühen 20.
Jahrhunderts spielte die Besinnung auf ostjüdische Kultur und Religiosi-
tät. Sie erhielt eine erste Plattform in der 1901 gegründeten «Illustrierten
Monatsschrift für Modernes Judentum» mit dem programmatischen
Titel *Ost und West*. Hier wurden zwei frühe Gedichte Else Lasker-Schü-
lers abgedruckt, die die Welt des Alten Testaments beschwören (*Das Lied
des Gesalbten*, *Sulamith*). Zum führenden Vermittler der chassidischen
Tradition wurde in den nächsten Jahren Martin Buber, u. a. mit seinen
Erzählbänden *Die Geschichten des Rabbi Nachman* (1906) und *Die*

Legende des Baalschem (1908). In seiner Folge kam es zu einer breiten Rezeption hebräischer und jiddischer Literatur aus Osteuropa im deutschen Sprachraum. Bemerkenswert ist vor allem der tiefe Eindruck, den Kafka 1911/12 von den jiddischen Aufführungen der Schauspieltruppe Jizchak Löwys empfing; anläßlich einer Lesung Löwys hielt Kafka eine Rede über die jiddische Sprache, die der bisher verbreiteten Geringschätzung dieses «Jargons» entgegentrat. Seine eigenwillige Anverwandlung des jüdischen Erbes und sein ausgeprägtes Bewußtsein von der Problematik der Assimilation zeigt sich auch in Kafkas Beiträgen zu der von Martin Buber herausgegebenen Zeitschrift *Der Jude* (s. u. S. 315 f. zu den Erzählungen *Schakale und Araber* und *Bericht für eine Akademie*).

Max Brod berichtet im ersten Heft derselben Zeitschrift 1916 über seine *Erfahrungen im ostjüdischen Schulwerk*. Der Unterricht an der Notschule für ostjüdische Kriegsflüchtlinge in Prag ist nur eine von vielen Facetten der Begegnung mit dem Ostjudentum, die vielen mitteleuropäischen Juden erstmals in dieser Direktheit im Zuge des Ersten Weltkriegs zuteil wurde und höchst unterschiedliche Reaktionen auslöste – von Abwehr und Berührungsangst bis hin zu Faszination und Umorientierung. In der Gemeinschaftsarbeit *Das ostjüdische Antlitz* (1920) werden der Schriftsteller Arnold Zweig und der Graphiker Hermann Struck die Eindrücke verarbeiten, die sie als Soldaten in den besetzten Ostgebieten von der Welt des «Shtetl» empfangen haben. Generell ist der Einfluß des Ersten Weltkriegs auf die Bewußtwerdung des deutschen Judentums kaum zu überschätzen. Die hohe Zahl jüdischer Kriegsfreiwilliger und gefallener Frontsoldaten dokumentiert den Anpassungsschub, den der Kriegsbeginn zunächst auslöste. Die Judenzählung im deutschen Heer (1916) und die desintegrierenden Effekte des Kriegsendes trugen in der Folge aber zu einer verstärkten Abgrenzung des jüdischen Bevölkerungsteils bei.

4. Kollektivphantasien Tanz/Opfer/Untergang

Tanz

Tanz um 1900 ist weit mehr und anderes als ein Kollektivsymbol. Er stellt eine repräsentative Kulturäußerung der Epoche dar, eine aufblühende, im Umbruch befindliche Kunstrichtung, die wachsendes öffentliches Interesse findet und neuartige Verbindungen mit Drama, Theater und Literatur eingeht. Daß es sich um eine Körperkunst handelt, der das eigentlich literarische Element – das Wort – fehlt, scheint die Aufmerksamkeit einer Autorengeneration eher geschürt zu haben, die von der Erfahrung der Sprachkrise geprägt war und in der Hinwendung zu unmittelbarer Vitalität neue Orientierung suchte. Fasziniert verfolgte man die Gastspiele amerikanischer Tänzerinnen wie Loïe Fuller, die mit wallenden Schleiern bei farbiger elektrischer Beleuchtung experimentierte, Isadora Duncan, die sich am Vorbild der griechischen Tanz- und Körperkultur orientierte, oder Ruth St. Denis, die das Vorbild fernöstlicher Tempeltänze zitierte.

Hugo von Hofmannsthal, der Ruth St. Denis im gleichnamigen Essay von 1906 als «unvergleichliche Tänzerin» preist, fand sich gern bereit, ihre Präsentation sogenannter «Knossos-Schals» (entworfen von Mariano Fortuny) im Berliner Kaufhaus Wertheim 1907 mit einer kleinen Conférence einzuleiten. Der nächste große Impuls zur Revolutionierung des Tanz-Verständnisses war west-östlicher Natur: Sergej Diaghilews Gründung des Russischen Balletts 1907 in Paris. Bei seinem Berliner Gastspiel 1912 beeindruckte vor allem der – von Ludwig Rubiner in einem Gedicht verherrlichte – Tänzer Waclaw Nijinsky in *Der Nachmittag eines Fauns* (nach Debussy); Hofmannsthals Besprechung im *Berliner Tageblatt* konstatierte ein «Äußerstes an Konzentration» und die Wiederkehr einer frühklassisch-archaischen – dezidiert nichtklassizistischen – Antike. Den «Willen zum Klassischen» erkennt auch Carl Einsteins *Brief an die Tänzerin Napierkowska* in ihrem Berliner Solo-Auftritt (*Die Gegenwart*, 1911). Einstein schreibt für sie – wie Hofmannsthal es wiederholt für Ruth St. Denis beabsichtigte – eine ganze Tanzpantomime: ein farbiges orientalisches Spektakel mit dem Titel *Nuronihar*, an dessen Ende die Tänzerin «unter gänzlich ekstatischen qualvollen Tänzen» prasselnd verbrennt.

Daß es sich bei der Tanzbegeisterung jener Jahre um mehr handelt als um die Hinwendung zu einer neuen künstlerischen Richtung – nämlich um eine epochale Mentalität und eine kollektive Sehnsucht –, macht Otto Flakes Novelle *Holm* (1915) deutlich. Darin wird der Ausbruch des Tangofiebers in Berlin während des letzten Vorkriegswinters wie eine Einstimmung auf den Totentanz des Weltkriegs geschildert. Die preußische Metropole, so Flake in offensichtlicher poetischer Übertreibung, wurde «mystisch», nämlich zur «Weltstadt auf einem gewölbten Kontinent, die vom Fieber zu tanzen ergriffen war.» Die Tangotänzerinnen der großen Ballhäuser erscheinen als besondere Kaste; wie Tempeltänzerinnen stehen sie im Dienste einer «heidnisch-religiösen Handlung».

Die Verbindung zwischen Tanz und Kultus steht auch im Zentrum von Hofmannsthals Dialog *Furcht* (1907), einer Unterhaltung zweier Tänzerinnen in einer altgriechischen Hafenstadt in der Tradition der Lukianschen *Hetärengespräche*. Laidion ist beeindruckt durch die Erzählung eines Matrosen von den rituellen Frühjahrstänzen eines Barbarenvolks; sie sieht in ihnen eine Überwindung der existentiellen Furcht, die ihr eigenes Dasein als Prostituierte und sich prostituierende Tänzerin überschattet:

«Sie tanzen und kreisen, und es dämmert schon: von den Bäumen
lösen sich Schatten und sinken hinein in das Gewühl der Tanzenden, und aus den Wipfeln heben sich die großen Vögel, in denen
Verstorbene wohnen [...]. Und nichts auf der Insel entzieht sich der
Gewalt der Tanzenden; diese sind in diesem Augenblick so stark
wie die Götter; [...] sie sind die Trägerinnen des Todes und des
Lebens.»

Als Symbol des Willens zum Leben und einer neuen körperbewußten
Philosophie hat zunächst Friedrich Nietzsche die Idee des Tanzes im
Kulturdiskurs seiner Zeit etabliert. «Nur im Tanze weiß ich der höchsten
Dinge Gleichnis zu reden», heißt es im *Zarathustra*. Von Nietzsche aus
versteht sich Frank Wedekinds Konzeption seiner Lulu-Figur als Tänzerin, die dem Zuschauer seines Stücks übrigens nie ihre Künste zeigt; das
gilt für die Urfassung der *Büchse der Pandora* (entst. 1894) ebenso wie
für den um einen zusätzlichen Tanzakt erweiterten *Erdgeist* (1895). Hen-
rik Ibsen dagegen setzte auf sinnfällige szenische Symbolik; Noras leidenschaftlich gestampfte Tarantella verrät dem Zuschauer schon früh,
daß diese Protagonistin es in der Enge ihres bürgerlichen «Puppen-
heims» nicht aushalten wird (*Ein Puppenheim*, 1879). Oscar Wildes
Salome (1893) bildet den nächsten Höhepunkt in der internationalen
theatralischen Funktionalisierung des Tanzes als Inbild aufbegehrender
weiblicher Sexualität – mit weitreichenden Ausstrahlungen in die bildende Kunst, aber auch in die deutschsprachige Dramatik des frühen
20. Jahrhunderts.

Eine naturalistische Salome präsentiert Karl Schönherr in seinem
Drama *Der Weibsteufel* (1914): Die schöne Frau des Schmugglers provo-
ziert durch ihren Tanz den ihr verfallenen Jäger zum Mord an ihrem
schwächlichen Mann – und läßt ihn allein mit der Schuld. Hofmannsthals
Rachedrama *Elektra* (1903) dagegen gipfelt in einem «namenlosen» Tanz
(in der Tradition des leidenschaftsbetonten Feuertanzes), der ebensosehr
Selbstausdruck wie Selbstzerstörung ist; die angestauten aggressiven
Energien der Heldin suchen einen Ausweg, nachdem der Lebenszweck,
für den sich diese Rächerin aufgespart hat, erfüllt oder vielmehr vom
Bruder erledigt wurde – und dieser Ausweg bedeutet den Tod Elektras.

In seinem Projekt einer Bearbeitung der *Bakchen* des Euripides verfolgt Hofmannsthal die sinnliche Version des weiblichen Tanzes – unter Rekurs auf das
überlieferte Muster des Bienentanzes – weiter. Walter Paters *Greek Studies*
(deutsch 1904), die wichtigste Quelle dieser Neudeutung des Dionysos-Mythos,
regen noch im Erscheinungsjahr der Übersetzung Gerhart Hauptmann zur
ersten Niederschrift eines autobiographischen Lustspiels an, das allerdings erst
drei Jahre später in wesentlich entschärfter – nämlich seiner mythologischen
Grundlage beraubter – Form auf die Bühne gelangt und zu einer der peinlich-
sten Niederlagen des Theaterdichters Hauptmann wird: *Die Jungfern vom*

Bischofsberg. Nur in der unveröffentlichten Erstfassung ist der integrale Zusammenhang von Tanz, Weinbau, Totenkult, Lebensdurst und Kulturkritik erkennbar. Das dionysische Mysterium erfährt geradezu eine tiefenpsychologische Vertiefung, wenn die Braut Adele die sinnliche Wirkung eines karnevalistischen Thiasos-Zuges auf sich bekennt und die Zustimmung einer Kommentatorfigur erhält: «Nicht wahr? es zuckt! es zuckt! es zuckt! es will irgendetwas in uns sich frei machen!»

Bereits ein Jahr nach seinem ersten dionysischen Experiment hat Hauptmann die tragischen Konsequenzen dieser Dynamik zum Kern seines schlesischen Glashütten-Märchens *Und Pippa tanzt!* (1906) genommen. Es wird zusammengehalten durch zwei Tanzszenen; der Pantomime im I. Akt, in der die junge Pippa die dämonische Tiergestalt Huhns umkreist wie ein Schmetterling, der einen Bären umgaukelt, korrespondiert die Szene im IV. Akt, in der das Mädchen dem dionysischen Tanzrhythmus zuckend erliegt, den der alte Huhn – gleichfalls sterbend – mit den Fäusten auf seinem Brustkorb erzeugt.

Die Erzählliteratur des frühen 20. Jahrhunderts bevorzugt Tanzbeschreibungen zur symbolischen Evokation vitaler Erfüllung, insbesondere des erotischen Glücks und sexueller Instinkte. Es ist nicht zufällig eine Tanzveranstaltung in seinem dänischen Ferienort, die Tonio Kröger in Thomas Manns gleichnamiger Novelle (1903) seine Jugendlieben Hans und Ingeborg (dem Typus nach) wieder vor Augen führt; Krögers eigene Lebensfremdheit – und damit letztlich auch Unfähigkeit zu lieben – war einst ja gerade beim Tanzunterricht zutage getreten. Umgekehrt verkörpert der Tanz am Schluß von Kurt Tucholskys Liebes- und Reiseerzählung *Rheinsberg* (1912) den Höhe- und Schlußpunkt des hier geschilderten Glücks auf Zeit. Die beiden Verliebten werden auf ihrem letzten Ausflug von den Walzerklängen eines ländlichen Balls überrascht: «Und da packte es die zwei, und sie drehten sich langsam, schwebend, und sie tanzten auf dem struppigen Rasen, schweigend, ruhig anfangs, dann schneller und schneller ...»

Sexualsymbolische Funktion hat die Tanzpantomime in Gerhart Hauptmanns Roman *Atlantis* (1912). «Mara oder das Opfer der Spinne» heißt das choreographische Szenario, in dem sich die persönliche Lebensproblematik der Tänzerin Ingigerd spiegeln soll; die riesige Kreuzspinne, vor der sie in der Maske der Biene erschrickt und der sie doch wie gebannt ins Netz geht, verkörpert die Macht einer triebhaften Sexualität. Das 16. Kapitel von Robert Müllers Roman *Tropen* (1915) ist ganz der Schilderung der pantomimischen Tänze der Indianerin Zana gewidmet, die einen Puma, eine Mücke und eine Grille darstellt, um schließlich in einem vierten Tanz öffentlich die inzestuöse Hingabe an ihren Bruder zu feiern. In Ernst Hardts Reiseerzählung *Fatema* (1909) geht der orientalische Bauchtanz direkt in eine leidenschaftliche Vereinigung über, die erst nachträglich durch das Geschenk des Rings ins Seelische erweitert wird.

Wildheit und animalische Qualitäten werden auch der Tänzerin Ij
zugeschrieben, der Geliebten des Titelhelden in René Schickeles Roman
Benkal der Frauentröster (1913). In ihrer «kalten Wildheit» gibt dieses
«weiße Tier mit einer Feuermähne» das ideale Modell für die Statue der
tanzenden Mänade ab, die der Bildhauer Benkal später wie auch seine
übrigen Werke zerstört. Auffälligerweise verzichtet Schickele, der in der
Aktion 1911 *Worte zu einem Tanz* publizierte, auf eine nähere Darstellung
von Ijs Tanz; stellvertretend für dessen Wildheit stehen die Begleitum-
stände, so die rasenden nächtlichen Autofahrten, mit denen Benkal die
Geliebte zu ihren Auftritten vor den Truppen der Grenzfestungen befördert. Die Sinnlichkeit der Frau erhält eine politische Funktion: «Sie
tanzte, eine Menschenfackel, rot, rot, aus der Nacht und Menge hervor,
und er nahm sie und trug sie, dunkel, durch die Nacht zurück ...»
   Die Lyrik, zumal des Expressionismus, öffnet sich der Tanz-Thematik
um so bereitwilliger, als ihre rhythmische Strukturierung ein weites
Feld mimetischer und autopoetischer Bezüge eröffnet. Die inhaltlichen
Akzente decken sich nur zum Teil mit den Verhältnissen in Drama und
Prosa. Übereinstimmung besteht zunächst in der Verweisfunktion auf
Sexualität – so in Arthur Dreys zwei Vierzeilern *Die Tänzerin* (1912),
August Stramms experimentellem Langgedicht *Tanz* (1914) und ver-
schiedenen Gedichten Rudolf Leonhards (u. a. *Tanz im türkischen Zelt*,
Tango Argentino). Auffällig ist die Übereinstimmung im Kontrast zwi-
schen statuarischer Starre und dionysischer Bewegtheit, frigider Ver-
schlossenheit und tänzerischer Befreiung in Gottfried Benns Gedicht
Karyatide (1916) und Ernst Stadlers *Linda*. Hier wie dort geht es um die
Erlösung einer weiblichen Figur durch dionysischen ‹Aufbruch› im Tanz
– in Stadlers Worten:

> Tanz bäumt sich in deinen Gliedern
>   und wartet, aufgereckt,
> Daß deines Herzens Cymbelschlagen
>   seine Lust erweckt.

Stärker als in anderen Gattungen verbindet sich das Bildfeld des Tanzes
in der Lyrik mit weltanschaulich-religiösen Aussagen. Als Ausdruck
eines monistischen Weltgefühls läßt sich Else Lasker-Schülers kosmogonische Tanz-Phantasie *Der letzte Stern* (entst. 1906/07) mit August
Stramms Gedicht *Dämmerung* (1914) vergleichen: Die Seele schwingt
frei im Weltraum. Ähnliche Heilsgewißheit strömt Walter Rheiners
Sonett *Tänzerin* (1919) aus, das mit dem Imperativ endet: «Tanze dein
Träumen weiter! Sei entblüht / dem Ewigen [...].» Rheiners Verse *Die
Tänzerin verneigt sich* (1919) bemühen das gleiche exotische Verb mit
demselben religiösen Gewicht: «Sieh: Gott entblühte dem Saal, sprüht
auf die Bühne schwer!»

In Ernst Wilhelm Lotz' Gedichten *Der Tänzer* und *Gebt mir Parkett. Ich will den Ganges tanzen* (beide entst. 1913/14) verbindet sich das monistische All-Gefühl mit einer artistischen Kraftgebärde, die überdeutlich auf das Selbstverständnis des jungen Lyrikers hinweist: «Ich weiß, ich banne hundert von Geschicken / In meines Leibes weißen Wellensprung.» Alfred Wolfensteins Triptychon *Tanz* (*Die Aktion*, 1916) fokussiert dagegen eher die Spannung zwischen dem sinnlichen Publikumsinteresse einerseits und dem künstlerischen Autonomieanspruch der Tänzerin andererseits.

In der Thematisierung des künstlerischen Prozesses in Gestalt einer Tanz-Imagination geht Rilkes *Spanische Tänzerin* den Gedichten von Lotz wie Wolfenstein entscheidende Schritte voraus. Das Gedicht entstand in Paris im Juni 1906 und verbindet Eindrücke vom Auftritt einer Flamencotänzerin mit Erinnerungen an Goyas Bild «La ballerina Carmen la gitana». «Und plötzlich ist er Flamme, ganz und gar» – diese poetische Vision des Flamenco nimmt den Namen des Feuertanzes beim Wort, erreicht ihren Höhepunkt jedoch nicht in der ekstatischen «Feuersbrunst», aus der sich die Kastagnetten schlagenden Arme wie Klapperschlangen hervorstrecken, sondern in der Bändigung und schließlichen Auslöschung des Brandes, den die Tänzerin gleichsam von sich wegschleudert und «mit kleinen festen Füßen» auf dem Boden ausstampft. Die innere Spannung des künstlerischen Schaffensprozesses, das Wechselspiel von dionysischer Hingabe und apollinischer Kontrolle, ist hier ganz im Sinne Nietzsches gestaltet.

Das dionysische Element, das ja auch die Rolle des Tanzes im Drama und Theater prägte, dominiert in Georg Heyms Gedichten *Die Somnambulen* (aus dem Zyklus *Die Irren*) und *Barra Hei* (beide entst. 1911). Wie Nachtgespenster schweben Heyms Schlafwandler durch die Luft, unangefochten von Rationalität und Bewußtsein: «Sie tanzen auf der Wetterfahnen Knauf / Mit irren Lächelns fröhlichem Triumph.» Die Derwische des Gedichtentwurfs *Barra Hei* geben sich dem Drehtaumel ihres kultischen Tanzes hin – bis zur Selbstaufgabe im (tödlichen?) Kollaps: «Und plötzlich zerschellt / Stürzt [einer] und fällt. Der Gott hat ihn erfaßt.» Auch Johannes R. Bechers Sonett *Die Geißler* (1914) demonstriert das Interesse der Expressionisten am Zusammenhang von Tanz und Ritual, Kultus und Selbstaufgabe.

Opfer

Einer der größten internationalen Theaterskandale seiner Zeit war die Pariser Uraufführung von Strawinskys *Le Sacre du Printemps* in der Choreographie von Nijinsky mit den Tänzern von Diaghilews Russischem Ballett im Mai 1913. Der Inhalt entsprach dem lapidaren Titel:

Eine Gruppe alter Männer und junger Mädchen begeht den Frühlings-
ausbruch mit einer heidnischen Feier, an deren Ende ein Jungfrauenop-
fer steht. Eines der jungen Mädchen gibt sein Leben hin in, wie es im
Libretto heißt, «einem grandiosen sakralen Tanz, dem großen Opfer.»

Die Ähnlichkeit dieser Konzeption mit Wedekinds dramatisch-epi-
schem Projekt *Die große Liebe* aus den neunziger Jahren ist unübersehbar, und selbstverständlich ist das Interesse für Opferrituale nicht auf
den Vorabend des Ersten Weltkriegs beschränkt. Die Zuspitzung der einschlägigen Diskurse und die Häufung der Belege aus dem frühen 20.
Jahrhundert, zumal aus dem letzten Jahr vor Ausbruch des Krieges, sind
gleichwohl auffällig. Fast zeitgleich mit Strawinskys Ballett gelangte in
einem vielbeachteten Spektakel Gerhart Hauptmanns *Festspiel in deutschen Reimen* zum Hundertjahresjubiläum der Befreiungskriege in Breslau zur Aufführung. Darin spricht «Deutschland-Athene», eine ins Frie-
dens- und Kulturliebende umgedeutete Variante der Germania, zu den
deutschen Jünglingen, während sie zweien von ihnen «in das lange
blonde Haar» faßt und «ihre Köpfe wie zum Opfer über den Altar»
biegt:

> Tretet heran, Jungmann an Jungmann,
> daß ich einen jeden von euch zu Sieg oder Tod weihen kann.
> Euren lorbeerumrauschten Gedanken entstiegen,
> muß ich eure Nacken zum Opfer umbiegen.
> Ihr habt mir gegeben das neue Leben:
> ich muß euch dafür dem Tode hingeben.

Im selben Jahr 1913 entsteht Georg Kaisers «Bühnenspiel» *Die Bürger
von Calais* (1914), dessen Handlung aus nichts anderem besteht als der
Nominierung der sechs Abgesandten, die sich einem Ultimatum des
englischen Königs entsprechend für die Stadt opfern sollen. Kaiser
weicht von der historischen Vorlage in einem entscheidenden Punkt ab:
In seinem Stück sind es gleich sieben Freiwillige, die sich zum Todes-
gang bereit erklären, und die gesamte dramatische Spannung konzentriert sich fortan auf die Frage, wer von ihnen von sich aus zurücktritt
oder (nachdem diese Möglichkeit ausgeschlossen ist) durch welches allseits akzeptierte Verfahren die Zahl der Abgeordneten auf sechs reduziert werden kann.

Vom Ergebnis aus gesehen eigentlich eine überflüssige Frage, denn entsprechend
der Überlieferung, der sich Kaiser am Schluß wieder annähert, verzichtet der
englische König, dem gerade ein Kind geboren wurde, im letzten Augenblick
auf das Blutopfer der Freiwilligen. Die Aufregung, mit der im letzten Akt des
Dramas das Eintreffen der Todeskandidaten auf dem Marktplatz wie eine Art
Wettrennen verfolgt wird (ihre Reihenfolge soll nämlich darüber entscheiden,
wer ausscheidet), erweist sich aber schon aus einem anderen Grund als überflüs-

sig: Eustache de Saint-Pierre, der führende Vertreter des Opfergedankens und die treibende Kraft bei seiner Verwirklichung, hat sich in der Nacht zuvor das Leben genommen. Als erster «neuer Mensch» im Sinne der expressionischen Wandlungslehre ist er seinen Mitbürgern auf dem Weg der Aufopferung vorausgegangen und hat dadurch den übrigen Kandidaten eine weitere Selektion erspart. Denn das ist das verblüffende Ergebnis des Läuterungsprozesses, dem die Freiwilligen in Kaisers Drama unterworfen werden (und mit ihnen der gutwillige Zuschauer oder Leser): Die ethische Idee des Selbst-Opfers erfährt eine solche Aufwertung, daß die Alternative des Weiterlebens von den Betroffenen, zum Teil sogar von ihren Verwandten als Schmach oder Strafe angesehen wird. Niemand fragt mehr danach, ob es sechs oder sieben Menschenleben sind, die als Preis für den Fortbestand der Stadt gezahlt werden; Eustaches eigenmächtige Entscheidung für den Freitod, die die Hinrichtung aller übrigen Kandidaten notwendig macht (jedenfalls nach der ursprünglichen Lage der Dinge), wird als ethischer Befreiungsschlag, als Modell der Erlösung der Menschheit gefeiert und nicht einmal andeutungsweise als das unnötige Blutvergießen problematisiert, das sie, bei Lichte besehen, doch in jedem Fall bedeutet. Dem alten Vater Eustaches, der statt des Erwarteten mit dessen Bahre auf dem Marktplatz erscheint, ist es vorbehalten, in einer langen Litanei bildlicher, zunehmend Eindeutigkeit gewinnender Wendungen das Geheimnis der «Tat» zu enthüllen und damit zugleich die Botschaft des Dramas zu verkünden:

> «Nun stieß er das letzte Tor vor euch auf. Nun hat er den Schatten von Grauen gelichtet, ihr wallt hindurch – stutzig mit keinem Schritt – tastend mit keinem Fuß. Mit reiner Flamme brennt um euch eure Tat. Kein Rauch verdüstert – keine Glut schwelt. [...] Sucht eure Tat – die Tat sucht euch: ihr seid berufen! – Das Tor ist offen – nun rollt die Woge eurer Tat hinaus.»

1913 erscheint zudem René Schickeles bereits im Zusammenhang der Tanzsymbolik angeführter Roman *Benkal der Frauentröster*, dessen Schluß einen erstaunlich direkten Anschluß an die Blutmystik der Katharina von Siena sucht, der über frühere Tribute des Verfassers an den Opferdiskurs der Jahrhundertwende – im Gedicht *Priesterin* (1901) oder im Lyrikband *Pan. Sonnenopfer der Jugend* (1902) – noch deutlich hinausgeht. Der Bildhauer Benkal zeigt sich hier wegen Zerstörung seiner Skulpturen selbst bei der Polizei an und beruft sich zur Erklärung auf den Bericht der Heiligen über die Hinrichtung Nikola Tuldos durch Anhänger der Reformation. Demnach erleichterte sie dem jungen Ritter die Bereitschaft zum Märtyrertod, indem sie ihren Hals zuvor auf den Richtblock legte und ihm die ewige Hochzeit «getaucht im Blute des göttlichen Sohnes» versprach. Wörtlich zitiert Benkal aus Katharinas Briefen:

> «Er [sc. Nikola Tuldo] kniete nieder, und ich entblößte ihm den Hals und beugte mich zu ihm und erinnerte ihn an das Blut des Lammes. [...] Da sah ich, klar wie das Licht des Tages, den Gottmenschen, dessen geöffnete Seite das Blut aufnahm. [...] Und wie

er dahingeschieden war, ruhte meine Seele in so großem Frieden aus und in solchem Dufte des Blutes, daß ich mich nicht entschließen konnte, das Blut wegzuwaschen, das von ihm auf mein Gewand gekommen war.»

So befremdlich und anachronistisch diese Beschwörung eines frommen Blutrauschs anmutet, sie ist doch keineswegs ohne Parallele in der damaligen Literaturmoderne, auch jenseits der katholischen Überlieferung. Als Else Lasker-Schüler im Dezember 1909 ihre Erzählung *Der Amokläufer* (später: *Tschandragupta*) vor Studenten las, bescheinigt ihr der Vorsitzende: «Der ganze Saal war heiß wie Blut.» Kein unpassender Ausdruck, denn mit einem wahren Blutbad endet dieser Text, der zunächst die vergebliche Bemühung Tschandraguptas beschreibt, des Sohnes einer jüdischen Mutter und eines Kannibalenhäuptlings, in der Heimat seiner Mutter die Anerkennung der Juden zu finden. Die Enttäuschung des Außenseiters entlädt sich in einem Amoklauf oder Massenmord, der erst Einhalt findet, als sich Schlôme, die von Liebe zum Fremdling erfüllte Tochter des Oberpriesters, lächelnd dem «tödlichen Kuß» des Werwolfs überläßt: «Zwischen seinen Zähnen trägt er verzückt sein letztes Opfer, ihren Leib hin über Jericho.» Nur durch ein Selbstopfer, das hier als Bluthochzeit verklärt wird, kann offenbar dem Fortgang der Gewalt Einhalt geboten werden; als rituell sanktionierte Balance von Leben und Tod entspricht das Ende der Erzählung somit ihrem Anfang, der von den archaischen Ritualen in Tschandraguptas Stamm berichtet (der vorgeschriebenen Tötung des alten Häuptlings durch den Sohn).

Von der Akzeptanz des Opferdenkens im literarischen Diskurs jener Jahre zeugt auch ein Dialog des jungen Georg Lukács (*Von der Armut am Geiste*, 1912). Wie übrigens noch Kaisers historisches Schauspiel *Das Frauenopfer* (1918), belegt er zugleich die Beliebtheit solcher latent erotischen Phantasien, die ein weibliches Opfer vorsehen, das einer männlichen Instanz dargebracht wird: «Sie mußte sterben, damit mein Werk vollendet werde», sagt der Protagonist nicht ohne autobiographischen Unterton (man darf dabei an Lukács' Trennung von Irma Seidler und ihren Freitod 1911 denken): «Der Kitt, der das Werk mit dem gebärenden Leben verbindet, trennt es für alle Ewigkeit von ihm: er ist aus Menschenblut.» Der Gedanke des Blutopfers nimmt eine prominente Rolle in repräsentativen literaturtheoretischen Texten des frühen 20. Jahrhunderts ein.

Im *Gespräch über Gedichte* (1904) erläutert Hugo von Hofmannsthal den symbolischen Wesenszug aller Poesie am Gedanken des Opfers, genauer: der subjektiv-identifikatorischen Teilhabe des Opfernden am Getöteten. In einer genetischen Phantasie imaginiert Gabriel, dem der führende Part in diesem Dialog zukommt, «den ersten, der opferte,» und den Moment der illusionären

Verwechslung, die fortan die Magie des Opfers begründen wird. Der Opfernde, so Gabriels (und Hofmannsthals) These, wollte eigentlich sich selbst umbringen und wühlte gleichsam zum Abschied «noch einmal im wolligen warmen Vließ des Widders». Wie aus Versehen zuckt dann sein Messer in die Kehle des Tiers: «und einen Augenblick lang muß er geglaubt haben, es sei sein eigenes Blut; [...] er muß, einen Augenblick lang, in dem Tier gestorben sein, nur so konnte das Tier für ihn sterben.» Von einer analogen Verwechslung leben demnach heute noch Kunstproduktion und -rezeption: Der Schaffende wie der Aufnehmende wird von einem Impuls zur Identifikation, zur symbolischen Partizipation angetrieben, über den er sich kaum vollständig rationale Rechenschaft liefert.

Vier Jahre danach erscheinen am gleichen Ort (*Neue deutsche Rundschau*) Gerhart Hauptmanns Eindrücke *Aus einer griechischen Reise*, die er noch im selben Jahr zum Buch *Griechischer Frühling* (1908) zusammenfaßt. Ihren gedanklichen Höhepunkt findet diese Reisebeschreibung in den Überlegungen, die der Griechenlandbesucher im antiken Theater von Delphi oberhalb des berühmten Apollon-Heiligtums anstellt. Danach begründet sich das Wesen der Tragödie aus dem Menschenopfer, das am Anfang ihrer Entwicklung stand; «Schlachthausromantik» ist ein zentrales Stichwort des Textes, das man auch gegen ihn wenden könnte. Denn wie anders wären Sätze wie der folgende einzustufen: «Auch aus der Tiefe des Blutbrunnens unter mir stieg dumpfer, betäubender Wahnsinn auf.» Nietzsches Theorie vom dionysischen Untergrund der griechischen Kultur erhält hier eine recht vordergründige, in ihren Konsequenzen aber weitreichende Auslegung: «Tragödie heißt: Feindschaft, Verfolgung, Haß und Liebe als Lebenswut.»

So gegensätzlich Hofmannsthal und Hauptmann als führende Vertreter des deutschsprachigen Dramas zu Beginn des 20. Jahrhunderts auftraten – in ihrer Auffassung von der fundamentalen Bedeutung des Blut- oder eigentlich Menschenopfers für die antike und abendländische Kultur stehen sie doch nahe beieinander. Auch haben sich beide sichtlich von dieser Anschauung in ihrem dramatischen Schaffen beeinflussen lassen und zumindest punktuell den Versuch unternommen, ihr in einer Art Musterdrama prototypisch Geltung zu verschaffen. «Er [sc. Ödipus] läßt sich vor Kreon nieder in der Haltung dessen, der sich opfert», heißt es im letzten Akt von Hofmannsthals *Ödipus und die Sphinx* (1906): Der Befreier Thebens, vor dem die Sphinx in die Tiefe gesprungen ist, hat den Abgrund seines eigenen schuldhaften Begehrens ermessen und bietet sich – vergeblich – als Opfer an: «Das Messer nimm und opfre mich, solang ich selbst mich feßle.»

In Hofmannsthals *Elektra* (1903) stehen gleich zwei Opfertypen in Konkurrenz miteinander: die in den Rang eines Kultopfers gehobene Vergeltungspraxis (die von der Titelheldin ersehnte Tötung ihrer Mutter Klytämnestra, der Gattenmörderin) und eine von christlichen Vorstellungen inspirierte Vorstellung des Selbstopfers. Im letzteren Sinne bezeichnet sich Elektra als «Prophetin»: «und habe nichts hervorgeholt

aus mir / und meinem Leib wie Flüche und Verzweiflung.» Das Übermaß ihres Leidens kompensiert sie mit ausschweifenden Rachephan-
tasien, in denen sich die erhoffte Vergeltung zu einer kolossalen rituellen
Schlachtung mit Anklängen an die Apokalypse und eine chthonische
Blutmystik ausweitet:

> Vater! dein Tag wird kommen! Von den Sternen
> stürzt alle Zeit herab, so wird das Blut
> aus hundert Kehlen stürzen auf dein Grab!
> [...]
> dann tanzen wir, dein Blut, rings um das Grab:
> und über Leichen hin werd ich das Knie
> hochheben [...].

Schon 1894 hat Hofmannsthal eine Tragödie des Euripides bearbeitet,
in der das Thema des Selbstopfers zentral ist. Es handelt sich dabei um
die *Alkestis*, so benannt nach der Frau des thessalischen Königs Admet,
die für ihren Mann einen frühen Stellvertreter-Tod stirbt, durch Eingreifen des Herakles schließlich aber wieder ins Leben zurückgeholt wird.
Während Euripides bereits die Zumutungen unterstreicht, die der überlieferte Mythos für ein psychologisches und rationales Verständnis
bereithält, überdeckt Hofmannsthals Frühwerk diese Brüche durch die
lebensmystische Magie eines Traumspiels. Zusätzlich rechtfertigt es das
Opfer der Frau durch die soziale Stellung des Herrschers Admet.

Dieser letzte Punkt hat die besondere Aufmerksamkeit Rudolf Borchardts
gefunden, der dem Drama Hofmannsthals anläßlich des Zeitschriftenabdrucks
(*Hesperus*, 1909) einen umfangreichen Essay widmet (*Über Alkestis*, entstanden
1910 für die *Süddeutschen Monatshefte*, jedoch erst 1920 erschienen). Darin feiert
er Hofmannsthals Bearbeitung als instinktive Korrektur der antiken Vorlage,
die allerdings auf halbem Wege stehenbleibe. Der ursprüngliche Alkestis-
Mythos, wie ihn Borchardt in freier poetischer Spekulation rekonstruiert, habe
ein rituelles Menschenopfer im Dienste einer männerbündischen Adelsgesellschaft vorgesehen: keinen Liebestod, sondern eine «einmalige Hingebungstat
äußerster Selbstweihe an die Gemeinschaft, Alles um Alles». Borchardts
Beschwörung dieser Gemeinschaftsgesinnung ist sichtbar von einem schroff
antimodernen Impuls bestimmt, der weder ideologisch noch sprachlich – da ist
etwa vom «Schwertarm» «goldhaariger Rittervölker» die Rede – die Nähe zu
fragwürdigen Allianzen scheut.
    Eine völlig gegensätzliche Aneignung erfährt der überlieferte Mythos in Ril-
kes Gedicht *Alkestis* (1907). Dieses akzentuiert nämlich gerade die innere Disposition des Mädchens, das in der ehelichen Vereinigung zu einer Art Tod (nämlich
zum Verlust der Jungfernschaft) verurteilt ist. «Was bleibt mir denn von dem /
was ich hier war? Das ists ja, daß ich sterbe» – so begründet die Braut Alkestis,
die sich darin der Totengöttin Persephone verwandt weiß, ihren für alle überraschenden Entschluß. Rilkes lyrische Nacherzählung der griechischen Sage ist
freilich weniger von einem feministischen Impuls als von der Idee jener «intran-

sitiven Liebe» inspiriert, die im *Malte*-Roman näher entfaltet wird und als Modell seiner eigenen Poetik aufgefaßt werden kann.

Untergang

«Ist morgen Weltuntergang und will uns der Herrgott noch einmal gründlich aufatmen lassen?» Jakob Wassermanns rhetorische Frage in einem Urlaubsbrief an seine Frau Julie vom Juni 1904 ist nur vordergründig vom schönen Wetter in Alt-Aussee veranlaßt. Sie ist zugleich symptomatisch für eine spezifische Befindlichkeit der Epoche: für die Spannung zwischen wirtschaftlicher Prosperität und relativer Stabilität der sozialen Verhältnisse (jedenfalls aus der Sicht des mitteleuropäischen Bürgertums) einerseits und dem weitverbreiteten Gefühl andererseits, daß sich hinter dieser ruhigen Fassade eine Katastrophe ultimativer Natur vorbereite. Die militärischen Krisensituationen im Vorfeld des Ersten Weltkriegs gaben den Zeitgenossen mehrfach Gelegenheit, dieses vage Angstgefühl zu konkretisieren. So schreibt Wassermann angesichts der Marokko-Krise vom September 1911, die Georg Heym zu seinem Gedicht *Der Krieg I* inspirierte und auf der ersten Seite von Thomas Manns Novelle *Der Tod in Venedig* verschlüsselte Erwähnung findet:

«Ich bin mir darüber klar, dass die Welt grossen und im Verlauf der nächsten zwanzig Jahre entscheidenden Ereignissen entgegensteuert; dass die sozialen Gegensätze sich in einer unheilvollen Weise zugespitzt haben, dass die Menschheit in einer hohen, ja fieberhaften Spannung lebt. Krieg? Mag sein. Obwohl mir keine Art von Krieg erlösend scheint für diese Spannungen.»

Man hat solche Äußerungen und die aus ihnen hervorgegangenen künstlerischen Gestaltungen oft als ‹prophetisch› bewertet und die in ihnen enthaltene ‹Vorahnung› des Weltkriegs gewürdigt; angesichts der Leichenberge des Ersten Weltkriegs und der politischen Entwicklungen in seiner Folge (bis hin zum Faschismus) enthalten die damaligen Prognosen vom Untergang der Menschheit ja eine unbestreitbare Wahrheit. Bei nüchterner Betrachtung wird man sich allerdings der Frage nicht verschließen können, warum die Völker Europas, wenn sie die drohende Katastrophe so genau spürten und in der Einschätzung ihrer Dimensionen sogar noch zu Übertreibungen neigten, dennoch so zielgenau in den vorhergesagten Untergang hineinliefen. Möglicherweise ist hier gar kein «Dennoch» am Platz; vielleicht war es gerade die Existenz der Apokalypse im Kopf, die ihre umgehende politisch-militärische Verwirklichung begünstigte. Der Weltuntergang 1914 – eine self-fulfilling prophecy?

Spöttische Geister wie Gustav Meyrink haben jedenfalls schon früh den Zusammenhang zwischen dem Reden von der Katastrophe und ihrem realen Eintreffen reflektiert und parodiert. In seiner Kurzerzählung *Der violette Tod* (1902) kommt es zum Aussterben der halben Menschheit durch die öffentliche Mitteilung eines Kampfrufs der Tibetaner, der bei seinem lauten Nachsprechen den Tod aller Hörer auslöst. Eine weitere Erzählung, die Aufnahme in Meyrinks Sammlung *Des deutschen Spießers Wunderhorn* (1913) fand, trägt den Titel *Der Untergang* (1904). Sie berichtet von der seelischen Verstörung eines Mannes durch das Wissen um eine drohende Katastrophe und die Beteiligung an Maßnahmen zu ihrer Vermeidung. Chlodwig Dohna erfährt von einem indischen Brahminen den bevorstehenden Erstickungstod der Menschheit im Jahre 1914 (!) infolge eines gigantischen Erdbebens; die entscheidende Erschütterung seines Innern bewirken jedoch die Experimente eines Prager Propheten, der den Erstickungstod mit seinen Anhängern – offenbar in prophylaktischer Absicht – vorexerziert. Wahrscheinlich bezieht sich Meyrink bewußt auf Karl Heinz Strobls Science-Fiction-Roman *Eleagabal Kuperus* (1910). Darin soll der Menschheit der Sauerstoff entzogen werden; der angeblich bevorstehende Untergang der Erde durch Kollision mit dem Planeten «Terror» wird von einem bösen Spekulanten zur Erzeugung einer allgemeinen Massenhysterie genutzt.

Vergleichsweise harmlos muten demgegenüber jene Texte aus dem Anfang des 20. Jahrhunderts an, die das Motiv des Untergangs an einem individuellen Schicksal oder einer subjektiven Empfindung – insbesondere der Liebe – festmachen. In Else Lasker-Schülers Erzählung *Der Fakir* (1908) gehen die vornehmen Emirstöchter an erotischen Träumen zugrunde, die von der dunklen Magiergestalt des Oheims in Verbindung mit der schadenfrohen Ich-Erzählerin erzeugt werden; am Schluß ist das Leben im Palast verstummt, alle Wälle der Stadt sind aufgegraben, und die exhumierten Leichen liegen – wie am Jüngsten Tag – auf den Steinen des Friedhofs umher. Hermann Hesses Kurzgeschichte *Ein Untergang* (1903, später: *Der Wolf*) schildert im Gewand einer Tiergeschichte das außenseiterhafte Leben und gesellschaftliche Scheitern des Künstlers; in der Identifikation mit dem Raubtier ist sie – nach Hesses eigenem Verständnis – eine früheste Vorstufe des *Steppenwolfs*. Autobiographisch gibt sich auch seine Novelle *Der Zyklon* (1913): Die Zerstörung der Kindheitsidylle durch die Naturgewalt wird in aufdringlicher Symbolik mit dem Erwachen der Sexualität verbunden, an dem der Ich-Erzähler allerdings nur passiv, im Wege des Begehrt-Werdens, teilhat. Der Sturm der Leidenschaften kommt gleichsam von außen, entfesselt das ihn liebende Mädchen: «‹Ich glaube, die Welt geht unter›, sagte sie leise, und der dröhnende Wetterlärm verschlang ihre Worte.»

In Gottfried Benns Gedicht *Curettage* (1921) wird das medizinische Geschehen der Abtreibung mit den erotischen Phantasien der narkotisierten Frau kontrastiert, in denen sich die Empfängnis wiederholt:

«nach uns die Sintflut», heißt es darin, und das letzte Wort lautet beziehungsvoll: «Untergang». In Benns frühester Erzählung *Nocturno* (1913) begegnet, und zwar gleichfalls in erotischem Kontext, der merkwürdige Satz: «Ein Röcheln war es wie aus einem fernen Untergang.» Damit wird in der Mitte des kurzen Textes schon sein Ende, der Selbstmord des unglücklich Liebenden, vorweggenommen.

Von einer einseitig-unerfüllten Liebe handelt ja auch Thomas Manns Novelle *Der Tod in Venedig* (1912). Ihr künstlerischer Rang begründet sich weniger aus der Deutlichkeit, mit der hier das Tabu-Thema Homosexualität aufgegriffen wird, als aus der Konsequenz, mit der Aschenbachs individueller Untergang zur Signatur der Epoche erhoben wird. Dabei fällt die einleitende Verknüpfung mit dem tagespolitischen Geschehen weniger ins Gewicht als die erzieherisch-staatstragende Repräsentanz, die der Protagonist als Lesebuchautor bis zum Antritt seiner Reise behauptet. Daß diese ihn dann nach Venedig, dieser symbolischen Hauptstadt der Décadence, entführt, ist natürlich kein Zufall – am wenigsten für Thomas Mann, dem Richard Wagners Tod im Palazzo Vendramin am Canal Grande ebenso gegenwärtig war wie Nietzsches Kritik an den dekadenten Zügen der Wagnerschen Musik. Die Skulpturen der «apokalyptischen Tiere», die Aschenbach am Rand des Münchner Nordfriedhofs erblickt (gleichzeitig mit der Erscheinung des rätselhaften Fremden, der im selben Satz erstmals erwähnt wird), finden in den orgiastischen Visionen seines venezianischen Traums ihre logische Weiterentwicklung.

Als Parabel auf die Hinfälligkeit des Fortschrittdenkens ist Hermann Hesses *Die Stadt* (1910) angelegt. Darin wird lapidar das Schicksal einer namenlosen und auch geographisch nicht näher fixierten Stadt erzählt: von ihrer Gründung bis zu ihrem Erlöschen. «Es geht vorwärts!» lautet der erste Satz. Es handelt sich um den Ausruf eines Ingenieurs nach der Ankunft des zweiten Eisenbahnzuges in der «Prärie». Man ist also zunächst geneigt, sich die junge Stadt irgendwo in Nordamerika vorzustellen – bis hin zur großen Krise in ihrer Entwicklung, als der «Pöbel», wie es heißt, einige der großen Erdölwerke in der Nähe in Brand setzt und gleichzeitig in einem anderen Erdteil neue Bodenschätze erschlossen werden, die Maschinen und Menschen anlocken. Die Stadt erlebt noch eine Nachblüte als Kultur- und Kunstzentrum, um schließlich in Erfüllung eines mythischen Kreislaufs wieder der Natur anheimzufallen, zum Gegenstand poetischer Phantasien und heimlichen Spottes zu werden, wobei sich der Autor hinter einem harmlosen Specht versteckt:

> «Über einem der gestürzten Paläste, von dem kein Stein mehr am Tage lag, stand eine junge Kiefer, die war vor einem Jahre noch der vorderste Bote und Vorläufer des heranwachsenden Waldes gewesen. Nun aber schaute auch sie schon wieder weit auf jungen Wuchs hinaus.
> ‹Es geht vorwärts!› rief ein Specht, der am Stamme hämmerte, und sah den wachsenden Wald und den herrlichen, grünenden Fortschritt auf Erden zufrieden an.»

Die Zivilisationskritik als Träger und Motor der Untergangssymbolik verbindet sich mit moralischer Kritik, ja entwickelt sich zu einem apokalyptischen Weltgericht im Werk so unterschiedlicher (jedoch in ihrem Kulturkonservatismus geeinter) Autoren wie Karl Kraus und Stefan George. Kraus' Zeitschrift *Die Fackel* bot den Raum für die erste Veröffentlichung von Albert Ehrensteins Erzählung *Saccumum* (1911), die mit Hesses Parabel manche Ähnlichkeit aufweist: Auch hier geht es um den Untergang einer Stadt – er vollzieht sich am Schluß ganz wörtlich in Form einer Öffnung der Erdkruste –, der offenbar schon länger zurückliegt. Ehrenstein greift sogar auf die Antike zurück, indem er vorgibt, das Schicksal einer alten Etruskerstadt zu beschreiben. Die sittliche Verwahrlosung der Bewohner von Saccumum und der zynische Gleichmut des von ihnen bewunderten Philosophen haben aber mehr mit der Mentalität des Fin-de-siècle-Wien zu tun, wie Ehrenstein sie an sich und anderen beobachtete, als mit irgendeinem historischen Vorbild. Daß es prinzipiell möglich war, antike Quellen (so das *Satyricon* des Petronius) mit Erscheinungsformen der modernen Dekadenz (etwa Huysmans' Roman *Là-bas*) zu verbinden, hatte schon im Juli 1906 Karl Hauer im *Fackel*-Essay *Sterbende Welten* vorgeführt.

Karl Kraus' höchst eigenwillige Adaption des Apokalypse-Gedankens spricht sich erstmals im Eröffnungsbeitrag der Doppelnummer 261/62 seiner Zeitschrift vom Oktober 1908 aus. Unter dem Titel *Apokalypse* erklärt Kraus schlankweg: «Der wahre Weltuntergang ist die Vernichtung des Geistes, der andere hängt von dem gleichgültigen Versuch ab, ob nach Vernichtung des Geistes noch eine Welt bestehen kann.» An der Vernichtung des Geistes aber ist – wie sollte es bei diesem unerbittlichen Kritiker des modernen Zeitungswesens anders sein – in erster Linie der liberale Journalismus schuld. Die Druckerschwärze des allgegenwärtigen Feuilletons ist recht eigentlich die «schwarze Magie», von der der Titel eines *Fackel*-Essays (1912) spricht, der 1922 einem ganzen Band von Kraus den Namen geben sollte: *Untergang der Welt durch schwarze Magie.*

Was hier noch halbwegs spielerisch, wie eine provokative Großmetapher im Dienste des Polemikers, aussieht, verschärft sich zu Kriegszeiten. Kraus nimmt den Grundgedanken der biblischen *Apokalypse*, die Vernichtung als Akt göttlicher Gerechtigkeit, zunehmend ernst; der radikale Moralismus seiner Satire erhält jetzt auch erst einen vollwertigen Gegenstand. Auf seiner ersten Lesung zu Kriegszeiten trägt Kraus größere Teile der *Offenbarung* des Johannes vor. In dem umfangreichen Gedicht *Gebet an die Sonne von Gibeon* – das Schlußstück des *Fackel*-Hefts 423–425 (Mai 1916) korrespondiert der vorn abgebildeten Ansichtskarte einer Kruzifixfigur, deren zugehöriges Kreuz in der Schlacht bei Saarburg zerstört wurde – greift er den alttestamentarischen Bericht vom Stillstand der Sonne auf, der die Schlacht bei Gideon (sic) bis zur vollständigen Tötung der Feinde des Volkes Israel verlängerte. Auch heute möge die Sonne stillstehen, so die Bitte des lyrischen Sprechers, bis das verbrecherische Geschlecht der Menschen vernichtet sei:

> Richte dich auf zum Gericht! Eile nicht unterzugehn,
> bis sich das Licht gerächt an dem dunkeln Geschlecht,
> und deine blutige Pracht trockne sein elendes Blut
> gottverschworener Rache gemäß!
>
> Keiner von ihnen soll vor dir bestehn, und du
> auf ihre Höhen tritt, zum dunkeln Untergang
> brenne, leuchte herab, lache Sonne, daß du
> es nun doch an den Tag gebracht!

Die Paradoxie einer Sonne, die zum dunklen Untergang leuchtet, findet ihre Entsprechung in einem gleichzeitig begonnenen Gemälde Max Beckmanns. In dessen unvollendeter «Auferstehung» erhebt sich eine apokalyptisch verfinsterte Sonne über einer vom Krieg verwüsteten Welt, die ein fahles Licht unbekannter Herkunft erhellt. Kraus variiert die Untergangsmythen, wenn er sich im Brief an Sidonie Nádherný vom 8. September 1918 zusammen mit der Freundin – wie Deukalion, der mythische Stammvater der Griechen, und seine Gemahlin Pyrrha – «allein im weiten Einerlei» der Sintflut entkommen sieht, die der Zorn des Göttervaters über die Menschen sandte. Im zuerst – nämlich im November 1918 – erschienenen Epilog *Die letzte Nacht* zu seiner Tragödie *Die letzten Tage der Menschheit* entwirft Kraus einen neuen Mythos: Ein Blut-, Aschen-, Stein- und Funkenregen setzt dem unwürdigen Treiben der kriegführenden und darüber fleißig Bericht erstattenden Menschheit ein Ende. Im Namen des Mars erklärt eine «Stimme von oben»: «Wir sind denn entschlossen, euern Planeten / mit sämtlichen Fronten auszujäten.»

Eliminationsphantasien vergleichbarer Radikalität und Unbarmherzigkeit finden sich schon in der Vorkriegslyrik Stefan Georges. Die «tote Stadt», die das gleichnamige «Zeitgedicht» des *Siebenten Rings* (1907) beschwört, verweigert sich der Profitgier des neuen Hafens zu ihren Füßen und wird die späte Reue der Unterstädter abweisen, die eines Tages am Reichtum ihres Handels ersticken müssen: «Schon eure Zahl ist Frevel.» Ein Zyklus der nächsten Gedichtsammlung Georges (*Der Stern des Bundes*, 1914) steht unter der programmatischen Eingangszeile: «Aus Purpurgluten sprach des Himmels Zorn». Die Verirrungen einer materialistischen und fortschrittsgläubigen Gesellschaft werden mit apokalyptischen Bildern konfrontiert. «Auf stiller stadt lag fern ein blutiger streif» – so der erste Vers eines Gedichts, das die Erschütterungen des

Gewitters als göttliches Strafgericht erlebt und mit der Frage endet: «Ist das der letzte / Aufruhr der götter über diesem land?» Ein anderes führt die christusartige Gestalt des «Herrn» ein, in der man eine Wunsch-Identifikation des prophetischen Dichters selbst erkennen darf:

> Weltabend lohte ... wieder ging der Herr
> Hinein zur reichen stadt mit tor und tempel
> Er arm verlacht der all dies stürzen wird.
> Er wusste: kein gefügter stein darf stehn
> Wenn nicht der grund · das ganze · sinken soll.

Erinnerungen an den Turmbau zu Babel vermengen sich mit Anspielungen auf die Fortschritte der Bautechnik im Gedicht «Ihr baut verbrechende an maass und grenze». Der verzweifelten Frage nach Rettung antwortet dort hohnlachend der «Weltgeist»: Erlösung ist nur auf dem Weg der Katastrophe zu hoffen –

> Zehntausend muss der heilige wahnsinn schlagen
> Zehntausend muss die heilige seuche raffen
> Zehntausende der heilige krieg.

So vorbereitet, mochte George den ein Jahr nach der Veröffentlichung seines Gedichtbandes ausbrechenden Krieg gelassen betrachten. Anders Klabund, dessen *Bußpredigt* (*Die weißen Blätter,* 1918) eher im Sinne von Kraus eine direkte Brücke vom Weltkrieg zum Weltgericht herstellt. Ihr Verfasser, ursprünglich lautstark auf der Seite der Kriegspropagandisten engagiert, schwelgt in Bildern vom Ende der Welt, um die Dringlichkeit einer allgemeinen Buße im theologischen Sinne der Umkehr zu vermitteln: «Kometen schleifen feurige Schwänze wie Trauerschleppen durch die Straßen: und die Stadt steht steil in Brand.» In die Vision der Zerstörung einer Stadt mündet auch Meyrinks Roman *Das grüne Gesicht* (1917). Es ist das Amsterdam einer nicht genauer datierten Nachkriegszeit, das hier – in deutlicher Parallele zu biblischen Vorbildern («Mauern von Jericho») – sein Armageddon erlebt. Der Zerstörung von Stein und Stahl steht die autonome Kraft der mystischen Versenkung gegenüber, die Meyrink wie schon in seinem ersten Roman *Der Golem* einer jüdischen Figur (Cidher Grün) zuordnet.

Der Untergang der Stadt ist in Meyrinks Roman nur noch vage durch zivilisationskritische und/oder moralisch-richtende Motive begründet. Man wird eher eine eigene Ästhetik der Apokalypse und das Vorbild eines guten Freundes von Meyrink voraussetzen dürfen, der schon acht Jahre zuvor die unerreichte Schilderung eines umfassenden Auflösungsvorgangs geliefert hatte: Alfred Kubin nämlich in seinem phantastischen Roman *Die andere Seite* (1909). Im Vergleich mit anderen Stadt-Untergangs-Darstellungen ist freilich zu berücksichtigen, daß es sich bei Perle,

der Hauptstadt des von Kubin beschriebenen Traumreichs, von Anfang
an nicht um eine ‹normale› Stadt, sondern um die Schöpfung der mysteriösen Figur Patera handelt, bewohnt von ausgewählten Menschen, die
offenbar eine besondere Beziehung zum Irrationalen haben, und
bestückt mit Häusern und sonstigen Requisiten, die nach geheimnisvollen Kriterien aus der ganzen Welt zusammengesucht sind. Der Traum-
reich-Kritiker Bell behauptet einmal, in jedem Haus, das Patera aufkaufe,
sei schon einmal ein Mord passiert. Dieser subversive, letztlich anarchische Charakter Perles tritt nirgends deutlicher als im Prozeß des Zerfalls
zutage, der übrigens – das erinnert an Hesses Parabel – durch ein
merkwürdiges Überhandnehmen der wilden Natur, der Tiere insbesondere, eingeleitet wird.

Daß es eine eigene Ästhetik des Grauens, eine Faszination der Vernichtung gibt, hat kein Autor des frühen 20. Jahrhunderts deutlicher artikuliert als Robert Walser, der diesem Thema 1907/1908 gleich drei Prosastücke widmet: das Reportage-ähnliche Feuilleton *Feuer*, das im *Berliner
Tageblatt* erschien, und zwei in den gleichnamigen Sammelband (1914)
aufgenommene, ursprünglich im *Blaubuch* und in der *Schaubühne* publizierte «Geschichten» (*Waldbrand, Theaterbrand*). Wie schon die Titel zeigen, geht es jeweils um eine Brandkatastrophe; freilich spielt die Frage
des Feuerschutzes für Walser allenfalls eine untergeordnete Rolle. So
dient der Brand eines Bergwaldes oder eines großstädtischen Wohnhauses
primär als Gegenstand der Schaulust und der künstlerischen Verarbeitung
bzw. zu Vergleichen mit Kunstprodukten, einer Theaterinszenierung etwa
oder den Märchen aus *Tausendundeiner Nacht*. Dieses Element ist auch
in *Theaterbrand* enthalten, insofern die Zuschauer erst verspätet merken,
daß das «Ungeheuer» der Flammen nicht der Aufführung, sondern der
Wirklichkeit angehört. Indem die letztgenannte Erzählung die Mentalität
einer egoistischen, gleichwohl kunstfreudigen Epoche zu schildern vorgibt, gewinnt sie zusätzlich einen kulturkritischen Anspruch. Der Retter
Wirsich, als einzige Figur namentlich genannt, zeichnet sich durch eine
innere Ruhe aus, die schon an Gleichgültigkeit oder Zynismus grenzt.
Repräsentiert er die Haltung des Autors?

Im Unterschied zu Walser oder Kubin haben sich die Expressionisten
vorgenommen, dem Untergang der bürgerlichen Welt nicht nur
geschmäcklerisch zuzuschauen, sondern aktiv nachzuhelfen: durch satirische Kritik etwa oder gezielte künstlerische Provokation. «Man [...]
hört die apokalyptischen Reiter in den Lüften», heißt es im Subskripti-
onsprospekt des *Blauen Reiter*, von Franz Marc Anfang 1912 verfaßt. Die
Apokalypse im Doppelsinn von Zerstörung und Neubeginn wird zum
künstlerischen Programm, wie schon charakteristische Titel zeigen:
*Heinrich Mann. Ein Untergang, Verfall und Triumph, Tod und Auferste-
hung, Umsturz und Aufbau, Der Jüngste Tag* oder *Menschheitsdämmerung*

nennen sich expressionistische Erzählungen (von Benn), Gedichtbände (von Becher und Hasenclever), Publikationsreihen wichtiger Verlage (Rowohlt, Kurt Wolff) und Anthologien (Pinthus). Im Bereich der bildenden Kunst wäre vor allem Ludwig Meidner zu nennen, der 1913 Bilder wie «Apokalyptische Landschaft (Spreehafen Berlin)», «Apokalyptische Vision» oder «Ich und die Stadt» malt. Über das grundlegende Verhältnis zur Großstadt, das alle diese Werke – wie einen beträchtlichen Teil der expressionistischen Dichtung – bestimmt, hat Meidner sich 1918 in literarischer Form geäußert (*Im Nacken das Sternemeer*):

> «Es naht die Stadt. Sie knistert schon an meinem Leibe. Auf meiner Haut brennt ihr Gekicher. Ich höre ihre Eruptionen in meinem Hinterkopf echoen. Die Häuser nahen. Ihre Katastrophen explodieren aus den Fenstern heraus. Treppenhäuser krachen lautlos zusammen. Menschen lachen unter den Trümmern.»

Dies Lachen unter Trümmern, will sagen: die befreiende Dimension des Untergangs, ist zu bedenken, wenn man sich dem Stellenwert der Apokalypse in der expressionistischen Lyrik zuwendet. Alfred Lichtensteins *Prophezeiung* sagt sie voraus: vom «Sterbesturm» aus dem Norden über das «große Morden» bis zum Umkippen der Omnibusse. Wir haben es mit einem späten Echo auf Jakob van Hoddis' Gedicht *Weltende* zu tun, dessen Erscheinen in Pfemferts Zeitschrift *Der Demokrat* im Januar 1911 auf die Generationsgenossen wie ein Fanfarenstoß gewirkt hat:

> Dem Bürger fliegt vom spitzen Kopf der Hut,
> In allen Lüften hallt es wie Geschrei.
> Dachdecker stürzen ab und gehn entzwei
> Und an den Küsten – liest man – steigt die Flut.
>
> Der Sturm ist da, die wilden Meere hupfen
> An Land, um dicke Dämme zu zerdrücken.
> Die meisten Menschen haben einen Schnupfen.
> Die Eisenbahnen fallen von den Brücken.

Es ist die Welt des Bürgers, die hier kaputtgeht – der laxe Ausdruck scheint durch die Ästhetik der Verse gerechtfertigt, die bewußt Triviales (Schnupfen) mit Mythischem (Sintflut) mischen und tragische Vorfälle zu Sachschäden verharmlosen, ins Groteske verzerren oder auf die Belanglosigkeit einer Zeitungsmeldung reduzieren. Ein Weltende en miniature, das gewissermaßen der Beschränktheit der bürgerlichen Weltsicht entspricht und für einen fortgeschrittenen Geist keinen Schrecken birgt!

Ganz anders stellt sich die Rolle der apokalyptischen Symbolik in der Dichtung Georg Heyms dar, die in der Beschwörung von Endzeitzuständen oder Untergängen, auch und gerade von Städten, ein inneres Zentrum findet und dabei wiederholt auf biblische Vorlagen rekurriert. Das gilt etwa für die Novelle *Der Dieb* (1912) oder das gleichfalls 1911 entstandene Gedicht *Die Menschen stehen vorwärts in den Straßen*, das den Nachlaßband *Umbra vitae* eröffnen wird. Das unvollendete Gedicht ruft zunächst die Sterndeuter – in Anspielung auf den Halleyschen Kometen von 1911 – und die schon auf dem Weg in den Tod zerfallenden Selbstmörder auf, um in seinem letzten Drittel ein Gegenbild zur «hupfenden» Bewegtheit der van-Hoddisschen Sintflut-Variante zu geben:

> Die Meere aber stocken. In den Wogen
> Die Schiffe hängen modernd und verdrossen,
> Zerstreut, und keine Strömung wird gezogen,
> Und aller Himmel Höfe sind verschlossen.
>
> Die Bäume wechseln nicht die Zeiten
> Und bleiben ewig tot in ihrem Ende,
> Und über die verfallnen Wege spreiten
> Sie hölzern ihre langen Finger-Hände.

Weltende in Permanenz, ewiger Tod? Auch in seinen Naturgedichten deutet Heym den zyklischen Wechsel in die Endgültigkeit des Todes um; sogar solche Zeiten des Jahres, die gemeinhin als Sinnbild der Lebensfülle gelten, geraten ihm – im Gedicht *Frühjahr* (entstanden im Oktober 1911) – zu Bildern der Statik und des Verlustes. Im Manifest *Die Fratze* (*Die Aktion*, 1911) erklärt der Autor: «Unsere Krankheit ist, in dem Ende eines Welttages zu leben, in einem Abend, der so stickig ward, daß man den Dunst seiner Fäulnis kaum noch ertragen kann.»

Wenn Heym jedoch die Schrecken der Städte beschreibt – in den krassen Bildern der Gewalt und der Häßlichkeit, für die sein lyrischer Stil berühmt ist –, macht sich eine eigentümliche Dialektik bemerkbar. Je gewalttätiger, blutiger oder dämonischer das Bild der Stadt ausfällt (zum Beispiel in *Der Gott der Stadt,* entst. 1910), desto mehr Lebensenergie spricht aus ihm; die Verherrlichung des Untergangs wird von einem Ja zum Leben getragen, das offenbar gerade auf dem Höhepunkt der Katastrophe faßbar wird. Symptomatisch hierfür ist das Vordringen der vitalen Farbe Rot anstelle der bleichen oder düsteren Farbwerte, die sonst bei Heym das Gesicht der Städte bestimmen, besonders eindringlich in der Schlußstrophe des Gedichts *Verfluchung der Städte* (entst. 1911): «Und wie ein Meer von Flammen ragt die Stadt.»

Die apokalyptisch-eschatologischen Bildelemente treten bei Heym offenbar in den Dienst einer vitalistischen Konzeption, die Idee der Vernichtung erhält – insofern ähnlich wie bei van Hoddis – eine befreiende Perspektive. Das letzte der acht Sonette seines Zyklus *Berlin* (entst.

1910) endet mit einer befremdlichen Vision: Die Toten auf dem Armen-
friedhof vor der Stadt «schaun den roten Untergang» und stricken Müt-
zen aus Ruß «zur Marseillaise, dem alten Sturmgesang». So schlägt die
Vergegenwärtigung des Endes bei Heym in eine − freilich ambivalente,
grotesk entstellte − Hoffnung auf Revolution um.

«Untergang» ist auch ein zentrales Stichwort der Lyrik Georg Trakls. Es
begegnet als Titel eines in fünf Fassungen überlieferten Gedichts, es eröffnet den
Mittelteil des Großgedichts *Helian* (1913) («Erschütternd ist der Untergang des
Geschlechts»), und es gewinnt tragende Funktion im nachgelassenen Elis-
Zyklus. Dessen erstes Gedicht *An den Knaben Elis* (entst. 1913), eine Art Toten-
beschwörung, wird im Zeichen des Untergangs eröffnet:

> Elis, wenn die Amsel im schwarzen Wald ruft,
> Dieses ist dein Untergang.
> Deine Lippen trinken die Kühle des blauen Felsenquells.

Als letztes Elis-Gedicht entsteht im Frühjahr 1914 das gleichfalls in mehreren
Fassungen überlieferte *Abendland*, vom poetischen Hain des Knaben über die
«grünen Wälder / Unsrer Heimat» bis zur Apostrophe an die «großen Städte»
und «schimmernden Ströme» überleitend. Die letzte Anrede der vierten Fassung
gilt den «sterbenden Völkern»: «Bleiche Woge / Zerschellend am Strande der
Nacht, / Fallende Sterne.»

Der Begriff des Abendlandes, bei Trakl sichtlich aus der Vorstellung
des Vergehens heraus entwickelt, verbindet sich für ein großes Publikum
ab 1918 untrennbar mit dem Begriff des Untergangs. Oswald Spenglers
zweibändiges Werk *Der Untergang des Abendlandes*, dessen erster Teil
1918 in erster Fassung erschien (der zweite und die überarbeitete Fassung des ersten 1922), wurde zum Leib- und Magenbuch des konservativen Bürgertums der Zwischenkriegszeit, weil es für die fundamentale
Verunsicherung des verlorenen Krieges und der Revolutionszeit eine so
einfache wie scheinbar zwingende Erklärung anbot: nämlich den gesetzlichen Ablauf geschichtlicher Zyklen innerhalb der verschiedenen Kulturkreise, dem zufolge für die europäische Staatenwelt mittlerweile die
Stunde des Abschwungs angesagt war:

> «Dies ist der Sinn aller Untergänge in der Geschichte, von denen
> der in seinen Umrissen deutlichste als ‹Untergang der Antike› vor
> uns steht, während wir die frühesten Anzeichen des eignen, eines
> nach Verlauf und Dauer jenem völlig kongruenten Ereignisses, das
> den ersten Jahrhunderten des nächsten Jahrtausends angehört, den
> ‹Untergang des Abendlandes›, heute schon deutlich in und um uns
> spüren.»

Mit Ernst Blochs *Geist der Utopie* erschien 1918 − gleichfalls in erster
Fassung − so etwas wie ein philosophisches Gegenstück zu Spenglers
geschichtspessimistischem Abgesang. Freilich war gerade diese erste Fas-

sung in hohem Maße durch religiös-visionäre Elemente und eine kathartische Vernichtungs-, Rache- und Endzeitvorstellung geprägt. Wenn Bloch damals die Apokalypse zum «Apriori aller Politik und Kultur» erklärt, «die sich lohnt so zu heißen», zollt auch er der untergangssüchtigen Epoche seinen Tribut.

II. GEISTIGE GRUNDLAGEN

1. Lebensphilosophie und Nietzsches Antike

«Leben» wurde um 1900 zu einem Richtungs- und Kampfbegriff, zur Parole eines umfassenden Protests oder jedenfalls Mißtrauens gegen gesellschaftliche Konventionen, die Äußerlichkeit und Naturferne der Zivilisation und eines nüchternen Rationalismus. «Leben» avancierte zum Siegel für das Echte, Authentische, Umfassende, für Dynamik, Kreativität, Totalität. Philosophiegeschichtlich bedeutete diese Wendung nichts Neues: Schon die Auseinandersetzung mit dem Vernunftbegriff der Aufklärung in der Goethezeit gestaltete sich als Aufstand des Dynamischen gegen das Statische, des Lebendigen gegen das Tote, des Organischen gegen das Mechanische, des Konkreten gegen das Abstrakte. In der Nachfolge Nietzsches und der Zeitgenossenschaft Henri Bergsons, der 1907 den Begriff des «élan vital» prägt (*L'évolution créatrice*; dt. 1911: *Schöpferische Entwicklung*) und schon mit seinem *Essai sur les données immédiates de la conscience* (1889, dt. 1911: *Zeit und Freiheit*) Grundzüge der Lebensphilosophie entwickelt hat, gewinnen diese Oppositionen neue ontologische, ja normative Dignität. Für Wilhelm Dilthey, vor und neben Georg Simmel akademischer Hauptvertreter der vitalistischen Weltanschauung, ist «Leben [...] die Grundtatsache, die den Ausgangspunkt der Philosophie bilden muß. Es ist das von innen Bekannte, es ist dasjenige, hinter welches nicht zurückgegangen werden kann. Leben kann nicht vor den Richterstuhl der Vernunft gebracht werden.»

Die vernunftfeindlichen Tendenzen der Lebensphilosophie werden in Ludwig Klages' ausferndem Hauptwerk *Der Geist als Widersacher der Seele* (1929–1931) ihren krassesten Ausdruck erreichen. Schon in *Mensch und Erde* (1913), seinem Beitrag zur Festschrift für die Jahrhundertfeier der Freideutschen Jugend auf dem Hohen Meißner, polarisiert Klages Geist und Natur, den ersteren für die Zerstörung der letzteren verantwortlich machend. «Der Geist urteilt; das Leben erlebt» – Klages' Parteinahme für Seele/Leben/Erde und gegen Geist/Fortschritt nimmt wesentliche Momente der dionysischen Programmatik Nietzsches und seiner Kritik an den Folgen der sokratischen Philosophie auf.

Nietzsches Modell der griechischen Tragödie mit seiner fundamentalen Polarität des Dionysischen und des Apollinischen steht auch im Hintergrund des philosophischen Hauptwerks von Salomo Friedlaender, der unter dem Pseudonym Mynona groteske Kurzprosa in expressionistischen Zeitschriften veröffentlichte. Als Konsequenz aus dem visionären Erlebnis der Unendlichkeit, das ihm in einer existentiellen Krise 1896 zuteil wurde, entwickelt Friedlaender die Lehre der Weltpolarität und der notwendigen Balance der Gegensätze: «Gleichgewicht ist Alles!» Die 1913–15 entstandene Schrift *Schöpferische Indifferenz* (1918) setzt sich intensiv mit Bergson auseinander und gibt die Abhängigkeit von Nietzsche, dem Friedlaender 1911 eine «intellektuale Biographie» gewidmet hat, schon in der Skizze «Dionysismus» zu erkennen, die 1913 unter dem Titel *Dionysisches Christentum* in den *Weißen Blättern* erschienen war. Die Paradoxie ist das Grundprinzip dieser Philosophie, die keine höhere Instanz anerkennt als das widerspruchsvolle Leben. «Leben heißt, Gott sein», lautet in diesem Sinn schon 1907 Friedlaenders Credo.

Die Zeugnisse für Nietzsches Wirkung zu Beginn des 20. Jahrhunderts sind unübersehbar. In einer Notiz von 1910 zum geplanten Essay *Geist und Kunst* unterscheidet Thomas Mann zwischen zwei verschiedenen Perspektiven auf Nietzsche, die er unterschiedlichen Generationen zuweist – das Bild des «Nietzsche militans», das er für sich selbst und seine Altersgenossen in Anspruch nimmt (nämlich die Prägung durch den Psychologen, Kulturkritiker, Wagner-Verehrer und Wagner-Kritiker), und den «Nietzsche triumphans» einer jüngeren Generation, die vor allem von den dithyrambischen Spätwerken und *Also sprach Zarathustra* beeindruckt sei: «Sie haben von ihm die Bejahung der Erde, die Bejahung des Leibes, den antichristlichen und antispirituellen Begriff der Vornehmheit, der Gesundheit und Heiterkeit, Schönheit in sich schließt ...»

Tatsächlich sind die Expressionisten, mit denen die Nietzsche-Rezeption in Deutschland einen neuen Höhepunkt erreicht, wesentlich vom Immoralismus Nietzsches und seiner Utopie des Übermenschen beeindruckt. Der junge Reinhard Sorge (vor seiner Konversion zum Katholizismus) und Gottfried Benn bieten zwei markante individuelle Beispiele; die Diskussionen des frühexpressionistischen Neuen Clubs in Berlin finden in Theoremen und Formulierungen Nietzsches den wahrscheinlich wichtigsten gemeinsamen Fluchtpunkt. «Wir rufen Dionysos und Ithaka», heißt es am Schluß von Benns Einakter *Ithaka* (1913), und Kurt Hiller begründet das «neue Pathos» des Neopathetischen Cabarets Gnu unter Rekurs auf Nietzsches Diktum in *Ecce Homo*: «Ich schätze den Wert von Menschen [...] danach ab, wie notwendig sie den Gott nicht abgetrennt vom Satyr zu verstehen wissen.» Erstrebt ist ein «panisches Lachen» der Kabarettisten und ihres Publikums.

Dionysos, Satyr, Pan – in der vitalistisch inspirierten Literatur des Jahrhundertbeginns wimmelt es, wie auf Böcklins Gemälden, von Figuren «aus des Dionysos, der Venus Sippe» (um ein Zitat aus Hofmannsthals Drama *Der Tor und der Tod* zu gebrauchen, das allerdings schon ein knappes Jahrzehnt älter ist). Plutarchs Schiffermärchen vom Tod des großen Pan hatte durch die Nacherzählung in Nietzsches Frühschrift *Die Geburt der Tragödie aus dem Geiste der Musik* unvermutete Aktualität erhalten. Peter Hilles Prosagedicht *Der große Pan ist tot*

und Otto Julius Bierbaums *Faunsflötenlied* setzen sich mit der Botschaft vom
Ende der heidnischen Naturgöttlichkeit auseinander; so unterschiedlich die Stil-
ebene ausfällt, so ähnlich ist die Botschaft im gemeinsamen Bekenntnis zum
Leben, das jeweils in der letzten Zeile beschworen wird.

Mit Tizians Ausruf «Es lebt der große Pan» charakterisiert schon Hofmannsthals lyrisches Drama *Der Tod des Tizian* die ungebrochene, ja im Sterben gesteigerte Schaffenskraft des Titelhelden. In Gedichten Trakls (*Leuchtende Stunde*),
Stadlers (*Pans Trauer*) und Loerkes (*Pansmusik*) wird das Flötenspiel Pans oder
der Faune zum kosmischen Modell lyrischen Gesanges, ja der Kunst schlechthin. Wesentlich handgreiflicher nehmen Dauthendey und Heym in den Gedichten *Faun* und *Herbst* das mythologische Motiv auf: Dort erscheint das Fabelwe-
sen quasi darwinistisch mit einer «Affenstirn», hier mit braunem Rücken und,
ganz antikisch, erigiertem Glied. René Schickele leiht den Titel *Pan*, der seit
Knut Hamsuns gleichnamigem Roman (1894) in der Luft lag, seiner ersten
Gedichtsammlung (1902); das «Sonnenopfer der Jugend», wie der Untertitel lautet, arbeitet mit wörtlichen Anklängen an Nietzsches *Zarathustra*.

Einen programmatischen Beitrag zur ‹dionysischen Wende› der Literatur des frühen 20. Jahrhunderts leistet Rudolf Pannwitz mit den *Dionysischen Tragödien* (1913). Von den fünf Stücken, die in diesem Band zusammengefaßt sind, verdient *Die Befreiung des Oidipus* (entst. 1908) besonderes Interesse, weil sich im Vergleich mit der Vorlage dieses «dionysischen Bilds» (Sophokles' letzter Tragödie *Ödipus auf Kolonos*) die Intentionen der Nietzsche gewidmeten Pentalogie am deutlichsten fassen lassen. Pannwitz reduziert Dialog und Handlung, indem er die bei
Sophokles entfalteten politischen und menschlichen Konflikte ausspart
oder aus philosophischer Perspektive entschärft. So enthält zum Beispiel
die Voraussage seines Todes durch die Hand des Bruders Eteokles für
den von dionysischer Todessehnsucht erfüllten Ödipus-Sohn Polyneikes
bei Pannwitz keinerlei Schrecken. Die Chorpartien werden dagegen
wesentlich ausgeweitet und zur Artikulation von Anschauungen
genutzt, die für Nietzsches Auffassung des dionysischen Griechentums
charakteristisch sind. Die archaisierende oder remythisierende Tendenz
von Pannwitz' Bearbeitung artikuliert sich am unmißverständlichsten in
den Anfangs- und Schlußteilen, die in zyklischer Wiederkehr als mäna-
disches Treiben gestaltet sind.

Pannwitz stand zeitweise dem George-Kreis nahe; sein dionysisches
Tragödien-Experiment findet denn auch manche Parallele in der Antike-
Rezeption von Georges Schülern und Freunden, vor allem Wolfskehls
und Schulers, den führenden Mitgliedern des 1904 auseinanderbrechen-
den Kosmiker-Kreises. Karl Wolfskehls Mysterien-Dramen (s. u. S. 483)
sind gleichfalls um eine Rückführung der Tragödie auf ihre Ursprünge
bemüht; er beschwört den Dionysos-Mythos in einem 1904 (mit Wolfskehl selbst als Dionysos) aufgeführten *Maskenzug* und einem romantisch
inspirierten Gedicht wie *Eleusisch*, das gleichwohl den ‹apollinischen›

Formwillen des «Meisters» George respektiert. Unbekümmert um überlieferte Formgesetze und die Normen der (heterosexuell geprägten) Gesellschaft gibt sich dagegen Alfred Schuler in seinen nachgelassenen Entwürfen dem Traum von einer Wiederkehr des neronischen Zeitalters hin.

In den Fragmenten von Schulers Prosa-Zyklen *Cosmogonia*, *Domus Aurea* und *Cella Vulgivaga* (entst. um 1900) mischen sich höchst persönliche homosexuelle Erfahrungen und Wunschphantasien sadomasochistischer Prägung mit geschichts- und religionsphilosophischen Spekulationen. Dabei spielt der okkultistische Begriff der «Blutleuchte» eine zentrale Rolle, durch die nach Schulers Verständnis hervorragende einzelne Persönlichkeiten der Gegenwart (wie Nietzsche) mit dem archaischen Griechenland und der römischen Kaiserzeit verbunden sind. Insofern zeigt sich eine gewisse Logik in seinem Plan, den wahnsinnigen Philosophen durch den Korybantentanz von Jünglingen zu heilen, die als spartanische Kureten (das heißt Jungkrieger/Kulttänzer) auftreten sollten. Das Projekt, das Schuler zwei Jahre lang beschäftigte, scheiterte am Mangel geeigneter Jünglinge und des Gelds für ihre Ausstattung u. a. mit Bronzeschilden. Die 1902 im Rückblick verfaßte Aufzeichnung *Inter lucentes. Nietzsches Heilung durch Kureten. De reditu kuretarchi* überblendet die Epiphanie eines antiken Kuretenführers mit pornographischen Reminiszenzen aus dem Strichjungenmilieu des Münchner Hauptbahnhofs.

2. Neukantianismus

Die ersten beiden Jahrzehnte des 20. Jahrhunderts sind die Geburtszeit der Phänomenologie. Edmund Husserl, aufgrund seiner *Logischen Untersuchungen* (1900/01) 1906 nach Göttingen berufen, erprobt dort mit seinen Studenten eine Hinwendung «Zu den Sachen selbst!», die aus literarhistorischer Perspektive in verblüffender Parallele zur gleichzeitigen Hinwendung Rilkes zu den «Dingen», zu einem «neuen Sehen» und einem «sachlichen Sagen» steht. Auch für Husserls phänomenologische Methode gilt, daß eine Aufspaltung der Welt in «Subjekte» und «Objekte» von vornherein verfehlt ist. Aus der von Husserl unterstellten Bindung des bewußten Lebens an objekive Strukturen ergibt sich seine Ablehnung der Kantschen Unterscheidung zwischen einem gegenstandslosen Bewußtsein und dem «Ding an sich».

Damit zeigt sich die phänomenologische Schule, zu deren Begründung auch Max Scheler mit seiner Schrift *Der Formalismus in der Ethik und die materiale Wertethik* (1913–16) beitrug, noch im Widerspruch der herrschenden Richtung der deutschen akademischen Philosophie um 1900 verpflichtet: dem ganz auf Probleme der Erkenntnistheorie und der Ableitung von Wertbegriffen konzentrierten Neukantianismus. Von Hermann Cohen, der bis 1912 in Marburg neben Paul Natorp die neukantianische Philosophie vertrat und danach als Siebzigjähriger an der neueröffneten Berliner Lehranstalt für die Wissenschaft des Judentums lehrte, führt sogar eine direkte Verbindungslinie zum jungen Walter Benjamin. *Kants Theorie der Erfahrung* (1871), Cohens erstes Kant-Buch, diente im Sommer 1918 Benjamin und Gerschom Scholem zu mehrwöchiger intensiver Lektüre. Trotz der Enttäuschung, mit der Scholem diesen neukantianischen Intensivkurs abbrach, blieb Cohens Suche nach einer Vermittlung zwischen Kritischer Philosophie und jüdischer Religion für beide Leser bedeutsam. Auch Benjamins *Versuch über die kommende Philosophie* (entst. 1918) geht von – der Beschäftigung mit Cohen entnommenen – Fragestellungen der Kantschen Erkenntniskritik aus, setzt ihnen aber letztlich einen andersartigen, nämlich metaphysisch begründeten, Erfahrungsbegriff entgegen.

«Kant wird gewiß eine große Rolle spielen», heißt es in Carl Einsteins Romanfragment *Bebuquin oder die Dilettanten des Wunders* (1912, entst. 1906–1909): «Seine verführerische Bedeutung liegt darin, daß er Gleichgewicht zustande brachte zwischen Objekt und Subjekt. Aber eines, die Hauptsache, vergaß er: was wohl das Erkenntnistheorie treibende Subjekt macht, das eben Objekt und Subjekt konstatiert.» Einsteins Figuren sind Kopfgeburten, die sich noch im schlampigsten Bohememilieu unentwegt über Fragen der philosophischen Logik unterhalten; dabei sind die Aporien der rationalen Systeme werden dabei als Ermutigung zu einer Phantastik bewertet, der Einsteins quasi-surreales Erzählen in hohem Grade selbst entspricht. Nebukadnezar Böhm, in dessen silberne Hirnschale glitzernde Edelsteinplatten eingelassen sind, versinnbildlicht nicht nur die Problematik des Ästhetizismus; sein Scheitern bei der Umarmung Euphemias verweist zugleich auf die Unzugänglichkeit des Kantschen Dings an sich: «Er erinnerte sich der Frau und merkte etwas beklemmt, daß er nicht mehr zu ihr dringen könne durch das Blitzen der Edelsteine […].» Bebuquin tröstet ihn: «[…] regen Sie sich nicht so an den Gegenständen auf. […] die Dinge bringen uns auch nicht weiter.»

Im Schaffen Heinrich Rickerts, der zusammen mit Wilhelm Windelband und Alois Riehl die Freiburger Schule des Neukantianismus vertritt, steht die Verbindung von Erkenntniskritik und Wertphilosophie im Vordergrund. Seine großangelegte Studie *Die Grenzen der naturwissenschaftlichen Begriffsbildung* (1896–1902) behauptet die prinzipielle Unabhängigkeit der Methoden von den Gegenstandsgebieten. Die am Kriterium der bedeutsamen Einzigartigkeit orientierte Geschichtswissenschaft etwa «erzeugt» ihren Gegenstand allererst durch die methodisch kontrollierte Beziehung des Forschers auf Kulturwerte, die das historisch «Bedeutsame» inmitten der «Mannigfaltigkeit» der Phänomene konturiert hervortreten lassen. Carl Sternheim, der im November 1906 einen umfangreichen Brief an Rickert entwirft, gewinnt hier die Grundlage seiner im Essay *Vincent van Gogh* (1910) niedergelegten Kunstauffassung, der zufolge Kunst nichts anderes ist als «Mannigfaltigkeitsüberwindung im Hinblick auf schließlich zu gewinnende gültige

Begriffe.» In den Entwürfen zu Sternheims Komödie *Der Snob* (1914) wird der Held Christian Maske durch Rickert-Lektüre charakterisiert. Das fertige Drama begnügt sich damit, ihn von der «Mannigfaltigkeit seiner Geschäfte» sprechen und in der Hochzeitsnacht beim Entkleiden der Braut über Erkenntnistheorie philosophieren zu lassen. Denn in der «Fähigkeit der Begriffsbildung» liegt offenbar das Geheimnis von Maskes Erfolg:

> CHRISTIAN: Die reine Vernunft reißt Gruppen gleichartiger Gebilde der Erscheinungs- oder Willenswelt in einen Ausdruck hinein, der den Komplex in seinem Wesentlichen festlegt, und der Begriff heißt.
> MARIANNE *gähnt*: Aha!
> CHRISTIAN *knöpft*: Überwindung von Mannigfaltigkeit ist das. Das Unterhemdchen auch?
> MARIANNE: Bitte.
> CHRISTIAN: Überhaupt, Marianne, und jetzt höre ernsthaft zu: Alle Tat, die der Menschengeist verrichtet, will schließlich nur das eine: sie orientiert über das ungeheure Gebiet umgebender Welt, indem sie Mannigfaltigkeit überwindet.

Der Neukantianismus – und der komische Effekt der zitierten Szene bestätigt das Vorurteil – stand im Rufe einer ‹Professorenphilosophie›. Übergänge zu gesellschaftlicher Praxis suchten Emil Lask und Leonard Nelson. Lask, Bruder der sozialistischen Dramatikerin Berta Lask, gehörte dem Heidelberger Kreis um Max Weber an und fiel 1915 als Kriegsfreiwilliger. Seine von neukantianischen Fragestellungen ausgehenden Arbeiten formulieren Ansätze zur Entwicklung einer soziologischen Methodik, existentialistischer und materialistischer Denkweisen; auf Ernst Bloch wirkten sie daher wie «die lautlose Explosion des Kantianismus.»

Der Göttinger Philosoph und Mathematiker Nelson gründete im April 1917 den Internationalen Jugendbund und sollte später noch eine eigene Reformschule, ja eine eigene sozialistische Partei (den Internationalen Sozialistischen Kampfbund) ins Leben rufen. Der Verfasser einer neuen *Kritik der praktischen Vernunft* (1917) stellte sich demonstrativ in die Nachfolge des Kant-Schülers und Rechtsphilosophen Jakob Friedrich Fries, an den er durch eine nach diesem benannte Gesellschaft und durch die Herausgabe von «Abhandlungen der Friesschen Schule» erinnerte. Das Echo dieser bewußten Erneuerung der Aufklärungstradition reicht weit in den Expressionismus und Aktivismus hinein. Kurt Hiller, der 1907 über *Die kriminalistische Bedeutung des Selbstmords* promovierte – die erweiterte Druckfassung *Das Recht über sich selbst* (1908) bezieht noch andere Tabuthemen wie Inzest und Homosexualität mit ein –, nimmt schon in einem Brief an Erwin Loewenson vom Oktober 1908 auf Nelson und den «Neofriesianismus» Bezug, der ihm durch seinen Freund Arthur Kronfeld nahegebracht wurde. Dabei stellt er diese seine neue weltanschauliche Orientierung allerdings ganz als Ergebnis eigenen Nachdenkens dar: «War längst auf der Suche nach Neuem; nämlich nach dem allgemein-verbindlichen obersten Prinzip des sittlichen Sollens. [...] War längst mit zwei Zehen des einen Fußes auf der Fläche des ‹Ethos›.» In einem Beitrag zum *Archiv für Geschichte der Philosophie* versucht Hiller 1917, «die Rechtsphilosophie des Jakob Friedrich Fries» der Vergessenheit zu entreißen; schon im Vorjahr nimmt er Nelsons Essay *Vom Beruf des Philosophen unserer Zeit für die Erneuerung des öffentlichen Lebens* in das erste seiner *Ziel*-Jahrbücher auf.

Hillers Hinwendung zur Kantischen bzw. neukantianischen Ethik verdient um so mehr Interesse, als er in seinen frühen Schriften verschiedentlich die Begriffsakrobatik der Neukantianer verspottet und sich unter Berufung auf seinen Freund, den 1910 durch Selbstmord aus dem Leben geschiedenen Philosophen Max Steiner, zu einem elitären Selbstverständnis in der Nachfolge Nietzsches bekannt hat. Der Krebsgang von Nietzsche zu Kant wiederholt sich bei Friedlaender/Mynona, der der zweiten Auflage (1926) seines oben genannten philosophischen Hauptwerks *Schöpferische Indifferenz* ein distanzierendes Vorwort voranstellt: «In den dazwischenliegenden sieben Jahren ist der Verfasser zu der Einsicht gelangt, daß Immanuel Kant allein die Grundlage zur echten Philosophie gelegt hat. Diese Einsicht verdankt der Verfasser besonders den Werken von Ernst Marcus.» Der Essener Jurist und Philosoph Marcus gehört mit seinen Studien zur «exzentrischen Empfindung» (1918) und zur «natürlichen Magie» (1924) allerdings eher in die Randzone der modernen Kant-Rezeption. Die Bedeutung eines Denkers in der Geschichte der Philosophie korreliert eben nicht unbedingt mit seiner Bedeutung für die Literaturgeschichte, und im übrigen hat sich Mynona auch bewußt in einer Nische derselben eingerichtet.

3. Wahrnehmungstheorie und Kunstgeschichte

Von Hans von Marées, dem 1887 in Rom verstorbenen Maler, wird der Leitspruch «Sehen ist Alles» überliefert. Er gilt nicht minder für das kunsttheoretische Schaffen seines Freundes und Förderers Conrad Fiedler. In zwei schmalen Büchern (*Über die Beurtheilung von Werken der bildenden Kunst*, 1876; *Der Ursprung der künstlerischen Thätigkeit*, 1887) legt Fiedler den Grundstein für eine – von Riegl und Wölfflin maßgeblich weitergeführte – Kunstgeschichte als Formgeschichte. In direkter Auseinandersetzung mit Kants *Kritik der reinen Vernunft* interpretiert

Fiedler das künstlerische Sehen als eine Erkenntnisweise, die sich selbst zum Gegenstande hat und frei vom Bedürfnis des Ausdrucks oder der Nachahmung ist. Wenn Kant davon spricht, daß sich unser Erkennen nicht nach den Dingen richtet (vielmehr diese nach den Kategorien unserer Erkenntnis), so zeigt Fiedler, daß sich die Kunst nicht nach der Natur richten kann, weil sie selbst überhaupt erst die Anschauungsweise bereitstellt, die deren Wahrnehmung ermöglicht.

Übereinstimmend erklärt Carl Einstein zu Beginn seiner *Anmerkungen* (später: *Totalität*) in der *Aktion* 1914: «Über die spezifisch gesonderte Stellung hinaus bestimmt Kunst das Sehen überhaupt.» Im Einleitungsessay seines Bildbands *Negerplastik* (1915) arbeitet er selbst den Zusammenhang zwischen religiösem Weltbild und «kubischer Raumanschauung» heraus. In den «Sehformen» oder «Anschauungsformen», auf die sich Heinrich Wölfflins Hauptwerk *Kunstgeschichtliche Grundbegriffe* (1915) bezieht, klingen gleichfalls die Prämissen von Fiedlers formalistischer Kunstwissenschaft nach.

In Fiedlers Spuren bewegt sich auch der außerordentlich produktive Kunstschriftsteller Julius Meier-Graefe, der mit seiner *Entwickelungsgeschichte der modernen Kunst* (1904) und seinen Monographien über Manet (1902), Cézanne (1910) und van Gogh (1910) Entscheidendes zur Durchsetzung der impressionistischen und nachimpressionistischen Moderne in Deutschland beigetragen und sein akribischstes Werk, einen dreibändigen Œuvre-Katalog (1909/10), gerade dem Fiedler-Schützling Marées gewidmet hat. Neben der Sinnlichkeit der Darstellung verdanken die Schriften Meier-Graefes ihre große Popularität den weiträumigen Horizonten, in die sie die Werke und Tendenzen der modernen Malerei einordnen. Schon 1898 stellt Meier-Graefe die These auf, daß sich «die Geschichte der ganzen Kunst» auf eine «Zersetzungsgeschichte der Linie» zurückführen lasse; seine *Beiträge zu einer neuen Ästhetik* (in: *Die Insel*, 1899/1900) sprechen vom «siegreichen Kampf der Fläche gegen die Linie» und bewerten von hier aus den französischen Impressionismus als Endpunkt einer historischen Entwicklung, die sich über Delacroix und Rubens bis zu van Eycks Erfindung der Ölmalerei zurückverfolgen läßt.

Einen diametral entgegengesetzten Blick auf die Kunstgeschichte wirft wenige Jahre später Wilhelm Worringer. In seiner Berner Dissertation *Abstraktion und Einfühlung* (1907) stellt er der Psychologie der Einfühlung und der ihr entsprechenden realistischen Kunstpraxis ein in der Weltangst primitiver Kulturen begründetes primäres Bedürfnis nach abstrakt-ornamentaler Gestaltung gegenüber, das sich offenbar auch der weltanschaulich verunsicherten Generation des frühen 20. Jahrhunderts als künstlerische Orientierung anbot. Mit diesen in der Habilitationsschrift *Formprobleme der Gotik* (1909) konkretisierten Thesen, die ausdrücklich an die Ornament-Ästhetik Alois Riegls und dessen Annahme eines allgemeinen «Kunstwollens» anknüpften, fand Worringer größten Anklang in der expressionistischen Bewegung, die er selbst allerdings aus kritischer Distanz betrachtete. Zu den bemerkenswertesten Zeugnissen der damaligen Worringer-Rezeption gehört Hermann Bahrs Buch *Expressionismus* (1916), in dem der einstige Gründervater der ‹impressionistischen› Schule einen Zugang zur neuen Richtung sucht, der nun wiederum wahrnehmungstheoretisch − nämlich auf den Begriff des «inneren Sehens» − ausgerichtet ist. «Alle Geschichte der Malerei ist immer Geschichte des Sehens», heißt es bei Bahr.

Wie eng die Literatur jener Jahre an diesen Diskursen partizipiert, zeigen u. a. Hofmannsthals Notizen (ab 1903) zur nicht ausgeführten Monologerzählung *Eines alten Malers schlaflose Nacht*, in denen die visionäre Kraft des Helldunkel und die fließenden Übergänge zwischen Traum und Bewußtsein ganz im Sinne des zeitlich benachbarten Essays *Die Bühne als Traumbild* betont werden, vor allem aber die letzten beiden Stücke der *Briefe des Zurückgekehrten*, die Hofmannsthal 1908 in der Zeitschrift *Kunst und Künstler* unter dem Titel *Das Erlebnis des Sehens* veröffentlichte und später in seine Schriften unter dem Titel *Die Farben* aufnahm. Darin wird das visionäre Erweckungserlebnis geschildert, das dem Ich-Erzähler bei der zufälligen Begegnung mit der Malerei van Goghs zuteil wird. In der Auswahl und Beschreibung von dessen Bildern, etwa in der Darstellung der Emanzipation der Farben Preußischblau und Orange, ist deutlich der Einfluß von Meier-Graefes Büchern zu spüren.

Ein vergleichbares religiöses Pathos charakterisiert auch Sternheims frühen Essay *Vincent van Gogh* (1910). Sternheim, der eine bedeutende van-Gogh-Sammlung besaß (während sich das angeblich von van Gogh stammende Blumen-Stilleben, das Hofmannsthal 1916 erwarb, nach seinem Tod als Fälschung herausstellte), hat die letzte Lebenszeit des Malers zur Grundlage einer identifikatorischen Erzählung genommen, deren Anfang er 1916 in der *Aktion* publizierte (*Legende. Ein Fragment*) und die er schließlich 1923 zum «Roman» *Gauguin und van Gogh* (1924) erweiterte.

Rilkes Hinwendung zur bildenden Kunst ist zunächst in ähnlicher Weise durch die Identifikation mit dem Maler oder Bildhauer als schöpferischem Subjekt geprägt. Seine Monographien über die Künstlerkolonie Worpswede (1903) und den Bildhauer Auguste Rodin (1903) signalisieren einerseits die Nähe des Autors zum kreativen Prozeß und bewahren andererseits die Distanz des Berichterstatters − also eine Haltung, der auch der damals gelegentlich geäußerte Wunsch Rilkes entsprach, beim Kunsthistoriker Richard Muther in Breslau zu promovieren, dem Verfasser einer vielbeachteten *Geschichte der Malerei im XIX. Jahrhundert* (1893/94).

Noch die Briefe über Cézanne, die Rilke 1907 aus Anlaß der Pariser Gedenkausstellung an seine Frau Clara richtet, schwanken zwischen empathischer Parteinahme für den im Vorjahr verstorbenen Maler und sprachlicher Annäherung an dessen Ästhetik der «réalisation», die sich ja gerade durch Zurücknahme des Subjektiven und jenes Momentcharakters der künstlerischen Darstellung auszeichnete, der ursprünglich für die impressionistische Malerei bestimmend war; dagegen dominieren beim späten Cézanne bekanntlich das Material der Farbe und die statische Ordnung der von ihr bedeckten Flächen.

Rilkes an Cézanne angelehnte Schule des Sehens dokumentiert sich im Zweiten Teil der *Neuen Gedichte* (1908) ebenso wie im Roman *Die Aufzeichnungen des Malte Laurids Brigge* (1910). Seine intensiven Bemühungen um ein «reines Sehen» (Fiedler) und ein «sachliches Sagen» stießen gleichwohl an Grenzen. Schon die Briefe von der Spanienreise 1911/12 bezeugen ein Umdenken, ein neues Raumgefühl und eine Dynamisierung der Außenwahrnehmung entsprechend der manieristischen Ästhetik El Grecos, dessen Bilder das eigentliche Ziel der Reise bildeten. Noch hierin ist ihm Meier-Graefe vorausgegangen, dessen *Spanische Reise* (1910) die Neuorientierung des Kunsthistorikers, seine Hinwendung zu El Greco (statt Velazquez) thematisierte.

4. *Sprachkritik, Mystik, Esoterik*

In Robert Musils Roman *Die Verwirrungen des Zöglings Törleß* (1906) besorgt sich der jugendliche Held, durch das Problem der irrationalen Zahlen beunruhigt, Kants *Kritik der reinen Vernunft*. In der Nacht darauf erscheint ihm der Philosoph im Traum als «wutzliges kleines Männchen» an der Seite seines Mathematiklehrers. In der Selbsterfahrung der eigenen Sinnlichkeit hat Törleß, so spürt er es, diesen Vertretern eines einseitigen Rationalismus etwas Uneinholbares voraus. Musils ganzes weiteres Schaffen arbeitet sich an der Spannung zwischen Ratioidem und Nicht-Ratioidem, Vernunft und «anderem Zustand» ab. 1920 notiert er im Tagebuch: «Rationalität u. Mystik, das sind die Pole der Zeit.»

Angesichts der Mystik-Renaissance des frühen 20. Jahrhunderts könnte man zunächst von einer Dominanz des zweiten Pols sprechen. Heinrich Seuses Schriften und die Predigten Johannes Taulers erscheinen in neuen Editionen, vor allem aber werden die mittelhochdeutschen Texte Meister Eckharts in zahlreichen Ausgabe und neuhochdeutschen Übersetzungen einem großen Publikum nahegebracht. Besondere Popularität errang die neuhochdeutsche Übertragung Hermann Büttners (1903), nicht zuletzt dank der nationalkonservativen Töne, die das Vorwort anschlug und die wohl mitverantwortlich dafür sind, daß noch ein Hauptwerk der nationalsozialistischen Ideologie wie Alfred Rosenbergs *Mythus des 20. Jahrhunderts* (1930) mit einem Motto Meister Eckharts eröffnet werden sollte. Büttners Übersetzung steht in einer langen Reihe ähnlich ausgerichteter Titel des Eugen Diederichs Verlags in Jena, der in den Jahren vor dem Ersten Weltkrieg zum Hauptlieferanten religiösen Gedankenguts für ein zuneh-

mend kirchenfremdes – zum Teil geradezu «germanisch» orientiertes – kultur-
protestantisches Publikum aufstieg.

Am Anfang der Mystik-Renaissance um 1900 steht gleichwohl ein
hochgradig rationalistisches Unterfangen: Fritz Mauthners skeptische
Prüfung der Sprache auf ihren Wahrheitsgehalt, niedergelegt in drei stattlichen Bänden (*Beiträge zu einer Kritik der Sprache*, 1901/02). In ihrer
Verlängerung steht noch Ludwig Wittgensteins 1918 abgeschlossener
Tractatus logico-philosophicus (1922), der die logische Welterkenntnis auf
den Bereich der Sprache beschränkt: «Es gibt allerdings Unaussprechli-
ches. Dies zeigt sich, es ist das Mystische.» Für den Nominalisten
Mauthner bedeutet die «Tyrannei der Sprache» geradezu Verhinderung
eigentlicher Erkenntnis. In seiner Darstellung der «gottlosen Mystik» im
vierten Band seines Werks *Der Atheismus und seine Geschichte im Abend-
lande* (1922) gibt er die Richtung vor: «vom Markttreiben der Wort-
wechsler in die Geborgenheit und Verborgenheit der Mystiker». Am
Schluß steht die Hoffnung auf eine quasireligiöse Erlösung im Jenseits
der Worte: «Nach rückwärts blickend ist Sprachkritik alles zermalmende
Skepsis, nach vorwärts blickend, mit Illusionen spielend, ist sie eine
Sehnsucht nach Einheit, ist sie Mystik.»

Unmittelbare Wirkung im Widerspruch findet Mauthner beim expressionistischen Romancier Gustav Sack. Dessen Essay *Moderne Mystik*
(entst. 1913/14) beruft sich auf Mauthners *Wörterbuch der Philosophie*
(1910/11), freilich nur um die Tendenz des Verfassers und seiner Zeitgenossen zur «Flucht» in die Mystik zu kritisieren und ihr ein vitalisti-
sches Lebenspathos entgegenzusetzen. Christian Morgenstern hat sich
einen Winter lang (1906/07) intensiv mit Mauthners *Beiträgen zu einer
Kritik der Sprache* beschäftigt; der ironische Umgang mit sprachlichem
Material und die Neigung zu absurden Sprachspielen ist in seiner Lyrik
jedoch schon vorher ausgebildet. Ähnlich scheinen die Dinge bei Hofmannsthal zu liegen, jedenfalls der Auskunft zufolge, die Mauthner
erhält, als er sich nach Erscheinen von Hofmannsthals *Ein Brief* (1902)
bei jenem erkundigt, ob dieser sogenannte Chandos-Brief als frühes
Echo seiner sprachkritischen Arbeiten aufzufassen sei. Hofmannsthal
konzediert die Kenntnis des ersten Bands der *Beiträge*, betont aber den
langjährigen Vorlauf seiner eigenen Auseinandersetzung mit dem
Sprachproblem.

Der fiktive Brief des Lord Chandos aus dem Jahr 1602 ist ein herausragendes
Zeugnis des sprachkritischen Bewußtseins der Jahrhundertwende. Als (ver-
meintlich) unmittelbares Selbstbekenntnis des Dichters Hofmannsthal oder als
Manifest einer totalen Sprachkrise der Moderne wurde er freilich auch überbe-
wertet. Dabei hat man den Rollencharakter dieser Prosa übersehen, die ja als
Figurenrede organisiert ist und einen historischen Adressaten hat: Francis
Bacon als Hauptvertreter des neuzeitlichen Rationalismus. Wenn der Briefschrei-

ber gerade diesem Exponenten einer abstrakten Rationalität seinen Ekel vor den «abstrakten Worten» bekennt, die ihm «im Munde wie modrige Pilze» zerfallen, so ist dies ein Geständnis durchaus kulturkritischer Tendenz, das aber nicht mit einer Absage an die Kunst schlechthin gleichgesetzt werden kann. Vielmehr eröffnen ja gerade die mystischen Augenblickserlebnisse, in denen sich gegenwärtig für Chandos der Sinn des Lebens offenbart, die Perspektive einer künftigen symbolischen Gestaltung. Auch die scheinbare Paradoxie, die man immer wieder darin gesehen hat, daß Chandos die Unmöglichkeit betont, über irgend etwas «zusammenhängend zu denken oder zu sprechen», und gleichzeitig einen so wortreichen und rhetorisch eindrucksvollen Brief verfaßt, reduziert sich unter dem angegebenen Gesichtspunkt der Vernunft- bzw. Wissenschaftskritik.

Damit gewinnt zugleich eine andere Anregung Bedeutung: Rudolf Kassners von Hofmannsthal hochgeschätzter Buchessay *Die Mystik, die Künstler und das Leben*, 1900 bei Diederichs erschienen. Abgesehen von der dezidiert unwissenschaftlichen Diktion und Methode, in der sich schon die später programmatisch vertretene ‹Physiognomik› Kassners ankündigt, dürften Hofmannsthal gerade die Opposition von «Platoniker» und Künstler und die Gleichsetzung des letzteren mit dem Mystiker beeindruckt haben, die im zweiten Abschnitt an William Blake explizit wird: «Der mystische Mensch drückt nothwendig sein ganzes Wesen in jeder That aus, wie die Seele des Kunstwerkes ganz in der Form sich ausdrücken muss.»

Zu den enthusiastischsten Lesern des Chandos-Briefs gehörte Gustav Landauer, der entscheidend von Mauthners Sprachkritik geprägt war, ja geradezu an ihr mitgearbeitet hat: als erster Leser und Korrektor des Manuskripts während einer sechsmonatigen Haftstrafe (1899/1900), die ihm auch Gelegenheit zur – durch Mauthner angeregten – Übertragung von Schriften Meister Eckharts gab. Schon in seinem Vortrag *Durch Absonderung zur Gemeinschaft* (s. o. S. 41) rekurriert er auf das Modell der Mystik als Überwindung des bürgerlichen Individualitätsbegriffs: Erst «das unendliche All, die naturende Natur, der Gott der Mystiker» können nach Landauer ein wahres Ich begründen, wie es am ehesten in der Liebesvereinigung erfahrbar sei. In seinem Buch *Skepsis und Mystik* (1903), das die Thesen des Vortrags unter Rückgriff auf Mauthners *Beiträge* systematisiert und ausbaut, diskutiert Landauer auch die Möglichkeit einer künstlerischen Gestaltung des mystischen Weltverhältnisses – vor allem in der Musik, aber auch in der romantischen und modernen Dichtung, namentlich bei George, Hofmannsthal, Dehmel und Mombert. Landauer sieht im Chandos-Brief, der hier erstmals als «Manifest» aufgefaßt wird, eine grundsätzliche Abkehr von der rhetorischen Poesie ausgesprochen – um fünfzehn Jahre später (im Essay *Zu Tolstois Tagebuch*) zu bekennen, daß er auf ihn «glänzend hereingefallen» sei.

Im Gegensatz zur säkularen Mystik des Anarchisten Landauer ist Martin Bubers Rückgriff auf mystische Denkmodelle des Judentums und anderer Weltreligionen zunehmend religiös motiviert. Die anfängliche Nietzsche-Verehrung wird von einer Rückbesinnung auf die Traditionen ostjüdischer Frömmigkeit, insbesondere des Chassidismus, abgelöst, von denen sich Buber eine «Erneuerung des Judentums» im Sinne des Kulturzionismus verspricht. Ähnlich wie für den Hegelianer (und späteren jüdischen Religionsphilosophen) Franz Rosenzweig wird das Judentum für Buber zu der paradigmatischen Religion schlechthin, jedenfalls was die Verankerung der Mystik angeht: «Kein Mensch kennt den Abgrund der inneren Zweiheit wie der Jude, aber keiner wie er das Wunder der Einung.» So heißt es in der Rede *Jüdische Religiosität* von 1912 (gedruckt 1916). Gleichwohl trifft Buber mit seinen Gestaltungen mystischen Erlebens den Nerv der Zeit, weit über die Grenzen der jüdischen Konfession hinaus. So eröffnet er sein Insel-Bändchen *Daniel. Gespräche von der Verwirklichung* (1913) mit einer Episode, die aufs engste einem gleichzeitig, und zwar völlig unabhängig, entstandenen Prosatext Rilkes (*Erlebnis I*) entspricht. Hier wie dort verbindet sich der nachdenkliche Mensch mit einem Baum, der ihm seelisch zu antworten, sich mit ihm rhythmisch zu verbinden scheint.

Erhebliche Bedeutung für die Verbreitung fernöstlicher Philosophie im deutschen Sprachraum erlangte Bubers Sammlung *Reden und Gleichnisse des Tschuang-Tse* (1910). Mauthners Buch *Der letzte Tod des Gautama Buddha* (1913) steht ihr gewissermaßen zur Seite. Die führenden Vertreter der Mystik-Renaissance beteiligen sich damit an einem übergreifenden Trend der Epoche: der Hinwendung zu asiatischer Philosophie und Religiosität, in der sich exotische Faszination, unterschwellige koloniale Motive und das Erbe der Schopenhauer-Rezeption miteinander verbanden. Sie fand ab 1907 im Erscheinen einer umfangreichen deutschen Ausgabe der verschiedenen Sammlungen von Buddhas Reden im Piper Verlag (in der Übersetzung Karl Eugen Neumanns) ihren vielleicht repräsentativsten Ausdruck und hat bekanntlich auch bei Hermann Hesse − im *Demian* (1919) und verstärkt in *Siddharta* (1922) − markante Spuren hinterlassen.

Die intensivste Wirkung auf seine Hauptzielgruppe, den jüdischen Teil des Publikums, erreichte Buber mit seinen Nacherzählungen chassidischer Volkssagen wie der *Legende des Baalschem* (1908). Ihrem Echo ist es zuzurechnen, daß sich der junge Gerschom Scholem im Tagebuch von 1915/16 mit Fragen nach dem Wesen der Mystik und ihrer Tradition bis zu Buber beschäftigt. Auch Kafkas Interesse an der Welt des Ostjudentums ist mit Bubers vielfältigen Aktivitäten verknüpft. Anderen Versuchen, der Rationalität einer ‹westjüdischen› (das heißt assimilierten) Existenz in Richtung einer irrationalen Fundierung zu entkommen, hat Kafka dagegen stets das skeptische Lächeln des Ungläubigen entgegengesetzt. Das gilt etwa für das Interesse seines Schulfreundes, des zionistisch engagierten Mathematikers und Philosophen Hugo Bergmann, an Parapsychologie und Theosophie.

Rudolf Steiner, seit 1902 Generalsekretär der Deutschen Sektion der Theosophischen Gesellschaft, hielt 1911 einen Vortragszyklus über «okkulte Physiologie» in Prag, den auch Kafka und Max Brod besuchten. Kafka erbat sich sogar eine Privataudienz in Steiners Prager Hotel, bei der er ihm seine verzweifelte Lage als Schriftsteller eröffnete. Offenkundig sah er in den Erleuchtungsmomenten seiner kreativen Schübe ein Pendant zu den von Steiner beschriebenen hellseherischen Zuständen. Kafkas Tagebuch dokumentiert die Enttäuschung über Steiners Reaktion, indem es lediglich sein Naseputzen festhält («einen Finger an jedem Nasenloch»).

Die Ausrichtung der Steinerschen Anthroposophie ist insofern mit der Mystik-Renaissance vermittelt, als es auch Steiner um «übersinnliche Welterkenntnis» geht, wie er im Untertitel seines Buchs *Theosophie* (1904) formuliert. Im Versuch der Überwindung des Positivismus der modernen Naturwissenschaft greift Steiner auf Goethes Weltanschauung und darüber hinaus auf die frühneuzeitliche Naturforschung des 13.-17. Jahrhunderts zurück. Über die damit gegebene Berührung mit Positionen der mystischen Tradition hinaus erzeugt der Gestus des Verstummens weitere Affinität, zu dem sich der einzuweihende Adept im «Mysteriendrama» *Der Hüter der Schwelle* (1912) bekennt:

> Ich weiß, daß man in diesen Geistesreichen
> Durch Worte nichts, daß man durch Schauen lernt.

Vom geistigen Lichtreich, das Christian Morgenstern seit 1909 durch Steiners Vorträge erschlossen wurde, legen die hilflosen Verse seines Steiner gewidmeten Gedichtbandes *Wir fanden einen Pfad* (1914) ein ehrlich gemeintes Zeugnis ab. «Und zu der – Geister Lichtgeschlecht / erhebt ein – Blinder seine Hände ...», heißt es im Gedicht *Erblinden mag ich*. Morgenstern, dessen Lyrik sich schon in den Jahren zuvor mit geistigen Phänomenen beschäftigt, ja der Geistversunkenheit Gestalt verliehen hat («Ginganz» als Verkörperung von «Ging ganz in Gedanken»), findet durch die Lehren der Steinerschen Anthroposophie Zugang zu einem – jedenfalls nach seinem Glauben – veritablen Geisterreich. Nur in Kenntnis dieser Lehren lassen sich die zugehörigen Gedichte erschließen, so das durch die Buchstaben «R» und «K» (Hinweis auf die Rosenkreuzer) eingerahmte Gedicht *Die Sonne will sich sieben Male spiegeln*.

Ein weitergehendes Interesse an Phänomenen der Parapsychologie und zumal des Spiritismus dokumentiert sich in einzelnen Erzählungen Schnitzlers (*Das Schicksal des Freiherrn von Leisenbohg*, 1904; *Die Weissagung*, 1905) sowie in den zahlreichen Gespensterepisoden von Rilkes *Aufzeichnungen des Malte Laurids Brigge* (1910). In der Kindheitserinnerung von der selbständigen Hand, die aus der Wand unter dem Tisch herauskommt, klingt die Funktionalisierung des Künstlers als Medium an, die eine frühere Aufzeichnung mit apokalyptischem Ton verkündet: «Aber es wird ein Tag kommen, da meine Hand weit von mir sein wird, und wenn ich sie schreiben heißen werde, wird sie Worte schreiben, die ich nicht meine.»

Zu einer solchen Entmächtigung des Autors kommt es in Rilkes Roman dann aber doch nicht. Und so weit geht selbst Gustav Meyrink nicht als derjenige deutschsprachige Schriftsteller, der sich in den ersten beiden Jahrzehnten des 20. Jahrhunderts am eindeutigsten zu spiritistischen und okkultistischen Vorbildern bekannt hat – in seiner Verehrung des rosenkreuzerischen Mystikers Johannes, das ist Alois Mailänder, und der Aneignung der okkultistischen Lehre vom «Scheintod», die noch seinem Roman-Bestseller *Der Golem* (1913/14) zugrunde liegt.

5. Soziologie

«Die Wissenschaft vom Menschen ist Wissenschaft von der menschlichen Gesellschaft geworden», heißt es fast diktatorisch in Georg Simmels Essay *Das Problem der Sociologie* (1894). Darin drückt sich laut Simmels *Soziologie* (1908) die «praktische Macht» aus, die im 19. Jahrhundert «die Massen gegenüber den Interessen des Individuums erlangt haben.» Als wissenschaftliche Disziplin konstituiert sich die deutsche Soziologie im letzten Jahrzehnt des 19. Jahrhunderts. Auf dem ersten deutschen Soziologentag in Frankfurt am Main 1910 ist jedoch keineswegs nur von Problemen der Massengesellschaft, sondern auch von diffizilen künstlerischen Phänomenen die Rede. In seiner Antwort auf Werner Sombarts Vortrag zum Thema «Technik und Kultur» wendet Max Weber den Technik-Begriff ins Ästhetische, um zugleich die Auswirkungen der industriellen Technisierung noch in den abstraktesten Bereichen der ästhetizistischen Lyrik zu statuieren: bei Baudelaire, Mallarmé oder George. Diese hätten die «Festungen rein künstlerischen Formgehalts» nur erringen können, indem sie die «Eindrücke der modernen Großstadt» ungehemmt durch sich «hindurchgehen» ließen.

Eine gewisse Tendenz zur Vergeistigung ist nicht untypisch für die Interessen der frühen deutschen Soziologie. Ihre Hauptvertreter gingen von Befunden der Nationalökonomie und der marxistischen Gesellschaftsanalyse aus, um nach den mentalen Begleiterscheinungen, Voraussetzungen oder Folgen ökonomischer Prozesse zu fragen. Das gilt selbst noch für ein so fragwürdiges Unterfangen wie Sombarts Beschreibung des englischen Kaufmannsgeistes in seinem kriegshetzerischen Buch *Händler und Helden* (1915). Mit ungleich ernsterem Anspruch bemüht sich Max Webers Konzept der fortschreitenden Rationalisierung um eine umfassende Erklärung der Moderne als einer entzauberten, ja bürokratisierten Welt, in der die Verantwortlichkeit des einzelnen zunehmend in den Vordergrund seines eigenen Bewußtseins tritt. In diesem Sinne gebraucht Webers epochemachende Schrift *Die protestantische Ethik und der Geist des Kapitalismus* (1904/05) das Gleichnis vom «stahlharten

Gehäuse», in das sich die Sorge um die äußeren Güter – die ursprünglich nur wie ein dünner Mantel um die Schultern der Gläubigen liegen sollte – für das protestantische Bürgertum verwandelt habe.

Dem tragischen Heroismus Webers steht der impressionistische Relativismus Georg Simmels gegenüber. Sein oben erwähnter Essay *Die Großstädte und das Geistesleben* (1903) wertet die Reizfülle der modernen Großstadt als Chance zu einem gesteigerten «Nervenleben». Schon Simmels *Philosophie des Geldes* (1900) mündete in eine eindringliche Darstellung des beschleunigten Lebenstempos einer geldwirtschaftlich organisierten Gesellschaft; das Symbol der Entfremdung wird hier zum Hoffnungsträger einer grenzenlosen Individualisierung. Simmel, der schon früh mit einer «soziologischen Studie» *Zur Psychologie der Mode* (1895) hervorgetreten war, hat der *Philosophie des Geldes* weitere Studien zur «Psychologie» der Scham (1901), der Diskretion (1906) und des Schmucks (1908) folgen lassen und damit insgesamt so etwas wie ein sozialpsychologisches Panorama des modernen Lebens verfaßt.

Die Repräsentanten der frühen Soziologie standen in engen Beziehungen zum literarischen Leben. Sombart korrespondierte mit Hofmannsthal und war seinem Nachbarn in Schreiberhau Carl Hauptmann, indirekt damit auch dessen Bruder Gerhart, in freundschaftlicher Beziehung verbunden. Bei einer zusammen mit Sombart und Weber unternommenen Segelfahrt auf der stürmischen Nordsee stellt Carl Hauptmann 1903 befremdet fest, daß «Gelehrte» auch noch in Teerjacken wissenschaftliche Dispute führen können (*Aus meinem Tagebuch*, 2. Auflage 1910). – Weber und Simmel waren dem George-Kreis vielfältig verbunden. Simmel gehörte seit den neunziger Jahren zu den wichtigsten Bezugspersonen Georges in Berlin. Webers persönlicher Kontakt zum «Meister» beschränkte sich dagegen auf den Zeitraum 1910–1912; die charismatische Persönlichkeit des Soziologen hat gleichwohl noch über seinen frühen Tod (1920) hinaus die akademischen Schüler Georges beschäftigt.

Ein anschauliches Bild des Heidelberger Kreises um Weber, dem auch Georg Lukács angehörte, liefert Berta Lask im ersten Teil ihres autobiographischen Romans *Stille und Sturm* (1955). Dort tritt Weber als Wohrmann auf, Simmel als Simson, Lukács als Fugrin und Emil Lask, der Bruder der Verfasserin (s. o. S. 77), als Egon. Insbesondere werden die Konflikte geschildert, in die Weber durch seine loyale Haltung im Weltkrieg geriet – bei heftigster (im Privatkreis geäußerter) Ablehnung des Kaisers sowie der deutschen Politik und Kriegsstrategie nach 1914.

Einen Schritt heraus aus der Werturteils-Enthaltsamkeit, zu der sich der Rickert-Schüler Weber als Wissenschaftler verpflichtet sah, unternahm er mit seiner Teilnahme an den vom Verleger Diederichs organisierten Lauensteiner Kulturtagungen 1917/18. Mit seinem zweiten (und letzten) Lauensteiner Auftritt im September 1917 beeindruckte er den jungen Ernst Toller so stark, daß dieser ihm zum Wintersemester nach Heidelberg folgte. Noch Tollers nachrevolutionäres Drama *Masse Mensch* (1921) baut auf dem Weberschen Gegensatz von Verantwortungsethik und Gesinnungsethik auf.

Die Frage der Wirkung der Soziologie auf die zeitgenössische Literatur ist schwer zu beantworten, denn selbstverständlich gehören die von ihr analysierten gesellschaftlichen Tatbestände zum unmittelbaren Erfahrungswissen der Autoren, die sich nicht unbedingt bei Simmel oder Weber sachkundig gemacht haben müssen, wenn sie über Geld, Bürokratie oder Leistungsethik schreiben. Übereinstimmungen in der Darstellung können sich auch über die Sache oder einen gemeinsamen Blickwinkel ergeben, der vielleicht auf die zeittypische Nietzsche-Lektüre zurückgeht. Das ist jedenfalls die Pointe, mit der Thomas Mann in den *Betrachtungen eines Unpolitischen* (1918) die Analogien zwischen seiner eigenen Gestaltung des bürgerlichen Leistungsethikers in der Figur des Senators Thomas in den *Buddenbrooks* (1900) und den um Jahre späteren wissenschaftlichen Diagnosen Webers, Ernst Troeltschs und Sombarts kommentiert. Eine Pointe, die nichts von ihrer Berechtigung verliert, wenn man weiß, daß Thomas Mann die von ihm genannten soziologischen Werke ohnehin wohl nur aus zweiter Hand kannte – den Typus Thomas Buddenbrook oder Gustav Aschenbach (aus *Der Tod in Venedig*, 1912) kannte er dafür um so besser, nämlich aus eigenstem Erleben.

Unmittelbare Reflexe von Webers Wirken finden sich hauptsächlich in der Literatur der Weimarer Republik. Hermann Brochs Roman-Trilogie *Die Schlafwandler* (1931/32), eine poetische Rekapitulation der Entwicklung der Moderne seit 1890, bezieht sich ganz wesentlich auf Webers Entzauberungsthese und seine Beiträge zur Wertdebatte. In Brochs Exkursen über den «Zerfall der Werte» treten die Parallelen am deutlichsten hervor, besonders im sechsten Exkurs, dessen Ende stark an die Schlußvision der *Protestantischen Ethik* von den «letzten Menschen» dieser Kulturentwicklung» – «Fachmenschen ohne Geist, Berufsmenschen ohne Herz» – erinnert. Auch Kafkas nachgelassene Erzählung *Forschungen eines Hundes* (entst. 1922) rekurriert, und zwar vielfach wörtlich, auf eine Vorlage Webers, nämlich die Münchner Vorlesung *Wissenschaft als Beruf* (1917).

Die Darstellung einer undurchdringlichen Bürokratie in Kafkas Romanen ist öfter in Parallele zu Webers Darstellung der Bürokratisierung als Grundtendenz der Moderne gebracht worden. Allerdings zeigt sich bei näherem Hinsehen, daß der fiktionalen Bürokratie Kafkas gerade jene Züge der Sachlichkeit und Effizienz fehlen, die für Webers soziologische Analyse entscheidend sind. Auch läßt sich keine Rezeption seiner einschlägigen Schriften durch Kafka nachweisen. Als ‹missing link› bietet sich allerdings Max Webers Bruder Alfred an, der 1904 an die juristische Fakultät der Prager deutschen Universität berufen wurde und in der formalen Funktion eines «Promotors» an Kafkas Dissertation mitwirkte. Er teilte das Interesse Max Webers für den Problemkreis der Bürokratie. Alfred Webers kritischer Artikel *Der Beamte* (*Neue Rundschau*, 1910) könnte entscheidende Anregungen für die Gestaltung des mörderischen «Apparats» in Kafkas Erzählung *In der Strafkolonie* (1919, entst. 1914) gegeben haben.

Simmels *Philosophie des Geldes* hat kaum einen aufmerksameren Leser gefunden als Hofmannsthal. Unter dem unmittelbaren Eindruck der Lektüre konzipiert er das Dramenprojekt *Dominic Heintls letzte Nacht* (eine Vorstufe zum *Jedermann*). Zustimmend nimmt er im Oktober 1906 die Äußerung eines Bekannten auf, er (Hofmannsthal) «dramatisiere Simmels Philosophie des Geldes». Trotzdem ist Hofmannsthals Tendenz hier und an anderen Stellen einer direkten Bezugnahme auf Simmel (so im *Balzac*-Essay von 1908 und den Vortragsnotizen *Die Idee Europa* von 1917) alles andere als Zustimmung. Gegen die soziologische Perspektive setzt er die religiöse, den Bezug auf Gott – am deutlichsten im *Jedermann* (1911), wo dem «Dämon» des Geldes der Glaube entgegentritt.

Das Beispiel einer verdeckten Simmel-Rezeption, bei der geradezu die Vorzeichen ausgetauscht werden, bietet Rilkes Roman *Die Aufzeichnungen des Malte Laurids Brigge* (1910). Rilke, der Simmel persönlich kannte und im Sommer 1905 für mehrere Wochen, wie gelegentlich schon 1898–1901, seine Lehrveranstaltungen besuchte, läßt seinen Ich-Erzähler im Pariser Exil unter eben jenen Symptomen der großstädtischen Moderne leiden, die der Berliner Soziologe im Zeichen fortschreitender Ausdifferenzierung beschrieben, ja begrüßt hat. Gegen die entsubstantialisierende Abstraktionskraft des Geldes und die Reize einer Oberflächenkultur setzt der Dichter der Dinge die Sehnsucht nach Identität, Dauer, Zusichkommen – und sei es im «eigenen» Tod. Die Symptome der Entfremdung übernimmt er dabei weitgehend aus Simmels Diagnose – so in der eingelegten satirischen Geschichte vom Zeitsparer Nikolaj Kusmitsch aus Petersburg, der die Gleichung von Zeit und Geld beim Wort nimmt und schon bald bis hin zum Schwindelanfall das Verströmen der ersteren (und damit zugleich des letzteren) am eigenen Leibe verspürt. «Für den absoluten Bewegungscharakter der Welt nun gibt es sicher kein deutlicheres Symbol als das Geld», ist in Simmels *Philosophie des Geldes* zu lesen.

6. Psychoanalyse, Medizin, Naturwissenschaften

Gegen Ende des ersten Jahrzehnts des 20. Jahrhunderts konsolidierte sich die Freudsche Psychoanalyse auch auf organisatorischer Ebene. 1908 entstand aus den Mittwochabenden in Freuds Praxis die «Wiener Psychoanalytische Vereinigung», und der erste «Internationale Psychoanalytische Kongreß» wurde in Salzburg abgehalten. 1909 erschien die erste Nummer des *Jahrbuchs für psychoanalytische und psychopathologische Forschungen*, dem in den nächsten Jahren weitere einschlägige Zeitschriften folgen sollten, darunter 1912 *Imago. Zeitschrift für die Anwendung der Psychoanalyse auf die Geisteswissenschaften* – ein Organ, das insbesondere literarischen Studien offenstand.

Freuds eigene Arbeiten zeigten von Anfang an eine bemerkenswerte
Neigung zur Bezugnahme auf die Literatur; schon mit der Beschreibung
des «Ödipus-Komplexes» in der *Traumdeutung* von 1899 (vgl. Band IX,
1, S. 94) waren die Weichen für Untersuchungen von Literatur, Kunst
und Mythos gestellt. Lediglich zur zeitgenössischen modernen Literatur
hielt Freud bemerkenswerte Distanz. Hofmannsthals *Elektra*, die doch
so deutlich von seiner eigenen Hysterie-Forschung geprägt war, lehnte
er ab. An Schnitzler schrieb er in großen Abständen anerkennende
Briefe, und doch hat er eine persönliche Begegnung mit seinem Wiener
Landsmann konsequent vermieden – wahrscheinlich nicht nur aus der
«Doppelgängerscheu» heraus, von der sein Geburtstagsbrief von 1922
spricht. Das einzige Werk der aktuellen deutschsprachigen Literatur, mit
dem sich Freud näher auseinandersetzte, war Wilhelm Jensens Erzählung *Gradiva* (1903). Die realistische oder – wie sich Freud 1912 im
Nachwort zur zweiten Auflage seiner Schrift *Der Wahn und die Träume
in W. Jensens «Gradiva»* (1907) ausdrückt – «naive» Erzählkunst des
Raabe-Freundes ermöglicht es dem Psychoanalytiker, die Hauptfigur
dieses «pompejanischen Phantasiestücks» quasi auf die Couch zu legen
und wie eine lebende Person zu analysieren. Man muß allerdings wohl
sagen, daß ein Teil dieser ‹Naivität› auf den Autor der Interpretation
zurückfällt.

Immerhin hat Freud damit möglicherweise eine wesentliche Anregung für Thomas Manns Novelle *Der Tod in Venedig* (1912) geliefert.
Hier wie dort (das heißt in Jensens Erzählung bzw. Freuds Deutung)
geht es um die Wiederkehr der verdrängten Sexualität, die einem deutschen Intellektuellen auf einer Italienreise widerfährt, und hier wie dort
spielen Beziehungen zur Antike dabei eine dominierende Rolle. Der Einfluß der Freud-Lektüre auf Thomas Manns Novelle steht grundsätzlich
jedenfalls außer Frage. Sie ordnet sich damit in eine illustre Gruppe von
Pionierwerken des frühen 20. Jahrhunderts ein; zu ihr gehören Hofmannsthals Dramen *Elektra* (1903) sowie *Ödipus und die Sphinx* (1906),
Schnitzlers Erzählung *Frau Berta Garlan* (1901), Kafkas Erzählung *Das
Urteil* (1912), Hesses *Demian* (1919) und Rilkes *Vierte Duineser Elegie*
(entst. 1913).

Hofmannsthal ließ sich zeitweilig von Freuds langjährigem Freund Wilhelm
Fließ behandeln; Hesse unterzog sich 1916 einer Analyse beim Jung-Schüler
Josef B. Lang (und nach 1920 bei C. G. Jung selbst). Auch Erich Mühsam (1907
bei Otto Gross), Richard Huelsenbeck, Arnold Zweig, Hermann Broch, ja selbst
der Freud-Kritiker Musil begaben sich in psychoanalytische Behandlung. Rilke
freilich, der im September 1913 die Münchner Tagung der Psychoanalytischen
Vereinigung besucht und ernsthaft eine Analyse erwogen hatte, nahm nach
Rücksprache mit Lou Andreas-Salomé Abstand von diesem Vorhaben, weil er
dadurch die Quellen seiner dichterischen Kreativität gefährdet sah.

Die öffentliche Diskussion um die Psychoanalyse blieb gleichwohl kontrovers. Karl Kraus, dessen *Fackel* zunächst die *Drei Abhandlungen zur Sexualtheorie* (1905) von Freud positiv besprochen und mehrere Artikel des Freud-Anhängers Fritz Wittels abgedruckt hatte, wandte sich gegen die Psychoanalyse, sobald er die Autonomie des Künstlers durch die neue Lehre in Frage gestellt sah: «Nervenärzten, die uns das Genie verpathologisieren, soll man mit dessen gesammelten Werken die Schädeldecke einschlagen» (*Die Fackel*, Juni 1908). Der gleiche Vorbehalt wird in Waldens Zeitschrift *Der Sturm* geäußert, die im übrigen von der Psychoanalyse wenig Kenntnis nimmt. Pfemferts *Aktion* ließ neben Otto Gross auch seine Kritiker zu Wort kommen. Um so größeres Gewicht für die Verbreitung der psychoanalytischen Lehre gewann die Berliner Zeitschrift *Pan* unter Kerrs Herausgeberschaft 1911/12: durch theoretische Beiträge von Freud, Theodor Reik und Otto Rank ebenso wie durch psychoanalytisch inspirierte Traumerzählungen von Annette Kispert und Grete Meisel-Heß.

Im Expressionismus verbindet sich ein obsessives Interesse an allen möglichen Erscheinungsformen des Wahnsinns mit einem weitreichenden Mißtrauen gegenüber der Psychiatrie. «Schutz vor Psychiatrie» ist eine der Forderungen, die Kurt Hillers *Philosophie des Ziels* (1916) aufstellt. In seinem Essay *Die Ethik der Geisteskranken* (*Die Aktion*, 1914) stellt sich Wieland Herzfelde ganz auf die Seite der von der Wissenschaft für krank Erklärten. Alfred Döblin dagegen beruft sich in seinem «an Romanautoren und ihre Kritiker» gerichteten *Berliner Programm* (*Der Sturm*, Mai 1913) auf das Vorbild der Psychiatrie als der «einzigen Wissenschaft, die sich mit dem seelischen ganzen Menschen befaßt,» und spielt die Objektivität ihrer auf Abläufe und Bewegungen reduzierten Beschreibungsverfahren gegen die herkömmliche Romanpsychologie mit ihren dilettantischen Konstruktionen subjektiver Motivlagen aus: «Der Psychologismus, der Erotismus muß fortgeschwemmt werden; Entselbstung, Entäußerung des Autors, Depersonation.»

Damit greift Döblin im Kontext seiner «depersonalen Poetik» einen psychiatrischen Fachbegriff auf, der bereits in seiner medizinischen Dissertation *Gedächtnisstörungen bei der Korsakoffschen Psychose* (1905) eine Rolle gespielt hat. Als «dépersonnalisation» hatte Ludovic Dugas 1898 erstmals Zustände beschrieben, in denen die Wirklichkeit in der Distanz oder als Halluzination wahrgenommen wird. Unter der Bezeichnung «Fremdheitsgefühl» greift Döblins ehemaliger Lehrer Max Dessoir in Zeitschriftenbeiträgen von 1909/10 dasselbe Phänomen auf – als Grundlage für einen «ästhetischen Objektivismus», der dem von Döblin geforderten «steinernen Stil» recht nahe kommt:

«Das Fremdheitsgefühl, den meisten Menschen aus gelegentlichen Erfahrungen bekannt, gipfelt darin, daß das eigene redende und sich bewegende Ich als in einem Gegenüber oder in einer Entfernung empfunden wird.

Nicht nur die Umgebungsbestandteile erscheinen als objektiv, fremd und fern, sondern auch das Subjekt nebst allen seinen Äußerungen erhält denselben Charakter.»

Die Symptome der Depersonalisation werden auch in Karl Jaspers' *Allgemeiner Psychopathologie* (1913) beschrieben: «Das eine Ich erlebt sich doppelt und ist doch eines, es lebt in beiden Gefühlszusammenhängen, die getrennt bleiben, und doch weiß es von beiden.» Jaspers stellt zugleich einen Zusammenhang zum Krankheitsbild der Schizophrenie her, das Eugen Bleuler mit seinem Buch *Dementia praecox oder Gruppe der Schizophrenien* (1911) entscheidend erweitert hatte. Demnach unterscheidet sich die schizophrene Störung von ‹normalen› Denk- und Erfahrungsweisen eher graduell und im Hinblick auf die Gesamtkonstellation. Auch von hier aus also scheint Döblins Forderung nach einer Orientierung der Narration an der Psychiatrie verständlich; in seiner frühen Erzählung *Die Ermordung einer Butterblume* (1910, entst. 1905), die Züge einer Schizophrenie-Studie trägt, war er wegweisend vorangegangen.

Gottfried Benn, der andere große Arzt-Dichter des Expressionismus, teilt Döblins Vertrauen in die Kategorien der medizinischen Wissenschaft nicht. In der Gestalt des Assistenzarztes Rönne hat er seinen Zweifel an den Grundlagen des eigenen Brotberufs gestaltet. Im Einakter *Ithaka* (1914) ermordet Rönne zusammen mit zwei Studenten einen Pathologieprofessor, dessen Beschränkung auf die Rationalität positivistischer Forschung der jüngeren Generation den Zugang zu «Seele», «Traum» und «Rausch» versperrt. «Ich lege auf die ganze Entwicklungsgeschichte keinen Wert. Das Gehirn ist ein Irrweg», erklärt Rönne in weitgehender Übereinstimmung mit Benns Gedicht *Untergrundbahn* (1913) und mehreren Gedichten seines *Alaska*-Zyklus (1913). Wenn derselbe Rönne in der Erzählung *Gehirne* (1915) zwanghaft die Handbewegung wiederholt, mit der er früher im Sektionssaal die Hirnhälften der Obduzierten auseinandergebogen hat, wird uns dieselbe Skepsis vermittelt: «Was ist es denn mit den Gehirnen?»

Erst spätere Rönne-Novellen kennen eine positive Antwort. In *Die Insel* (1916) stößt Rönne auf das «Werk eines unbekannten jüdischen Arztes, der wörtlich über die Gefühle aussagte, daß sie tiefer reichten als die geistige Funktion.» Es war Semi Meyers Buch *Probleme der Entwicklung des Geistes* (Band 1, 1913), das Benn als Anfang einer neuen Wissenschaft erschien, die den Entwicklungsgedanken aus dem Kausalen ins Intuitive überträgt und so eine Wiedergeburt des «schöpferischen Menschen» ermöglicht. In seiner Rede *Das moderne Ich* (1919) sollte Benn die Berufung auf Meyer erneuern und um mehrere darwinismuskritische Veröffentlichungen (u. a. von Oscar Hertwig) ergänzen.

Im autobiographischen Rückblick wird sich Benn dankbar auf seine anfängliche «Wendung zur Medizin und Biologie» besinnen. Tatsächlich steht am Beginn seiner schriftstellerischen Laufbahn ein Bekenntnis zu

Jacobsen und dem von ihm vertretenen – vom frühen Benn monistisch anverwandelten – Darwinismus: der Dialog *Gespräch* (erschienen 1910 in der Zeitschrift *Die Gegenwart*). Für das Selbstverständnis der Expressionisten ist dagegen – wie ja auch für Benn in den Folgejahren – weithin die Abgrenzung vom Haeckelschen Monismus und der Darwinschen Evolutionslehre kennzeichnend.

In Werfels Dialog *Die Versuchung* (1913) redet der Dichter die Menschheit an: «Kennt ihr euch denn, ihr [...] Armen, einfältig Schlauen! Und du, überlegener Herr Professor, wackerer Monist, was weißt du denn von dir und der Welt?» Übereinstimmend erteilt Carl Einstein in *Bebuquin oder die Dilettanten des Wunders* (1912) die Warnung: «Lassen Sie sich nicht von einigen mangelhaften Philosophen täuschen, die fortwährend von der Einheit schwatzen und den Beziehungen aller Teile aufeinander, ihrem Verknüpftsein zu einem Ganzen.» Carl Sternheims Dramen schließlich stecken voller ironischer Anspielungen auf die Entwicklungslehre. Am auffälligsten ist die Bezugnahme auf Bölsches *Liebesleben in der Natur* (vgl. Band IX, 1, S. 83) in Sternheims Komödie *Tabula rasa* (1916) geraten, übrigens zusätzlich motiviert durch den Kontext der Satire auf den Evolutionismus der Arbeiterbewegung. Gerhart Hauptmann nahm die Parodie zu Unrecht persönlich, als er im Anschluß an eine Lesung des Stücks im Berliner Hotel Kaiserhof dem Autor mit einer Beleidigungsklage seines Freundes Bölsche drohte.

Eine Sonderstellung nimmt der Wiener Expressionist Robert Müller ein mit seinem markanten Rückgriff auf darwinistische Muster, u. a. im Roman *Tropen* (1915). Allerdings ist die metaphorische Qualität des evolutionsgeschichtlichen Modells, nämlich sein Bezug auf einen psychischen Prozeß, dabei nicht zu übersehen. «Was war meine ganze Reise bisher [...] anderes gewesen als ein kurzer Abriß gattungshafter Erfahrungen?» fragt im 18. Kapitel der Ich-Erzähler, und bilanziert: «Von der Zelle bis zur Selbstbespiegelung: dies ist ein langer Weg, ist der Amazonasstrom der Menschenseele, ist ein brasilianisches Urwald- und Flußsystem des Gemütes!» Übereinstimmend heißt es in Müllers *Conférence Die Zeitrasse*, gesprochen auf einer Matinee-Veranstaltung der Neuen Wiener Bühne im November 1917: «Die Evolution der Menschheit ist das Emportauchen neuer Ich-Schichten.» Die Kühnheit, mit der dieser Autor mit wissenschaftlichen Modellen jongliert, zeigt sich nicht zuletzt darin, daß sich Müller im gleichen Atemzug auf die Relativitätstheorie Einsteins beruft!

Der frühe Ruhm des Lyrikers Benn beruhte auf dem *Morgue*-Zyklus, der mit unerhörtem Zynismus die Perspektive des anatomischen Sektionssaals zur Geltung brachte und so zugleich Fragen nach dem Ethos der Medizin evozierte. Er löste eine ganze Welle von Nachahmungen aus. Zwischen Juni 1912 und Januar 1913 erschienen im *Pan* nicht weniger als drei Prosastücke, die chirurgische Operationen oder den anatomischen Unterricht an Leichen schildern. Sie werden im voraus überboten durch Lichtensteins Gedicht *Die Operation*:

> Im Sonnenlicht zerreißen Ärzte eine Frau.
> Hier klafft der offne rote Leib. Und schweres Blut

Fließt, dunkler Wein, in einen weißen Napf. Recht gut
Sieht man die rosarote Cyste. Bleiern grau

Hängt tief herab der schlaffe Kopf. Der hohle Mund
Wirft Röcheln aus. Hoch ragt das gelblich spitze Kinn.
Der Saal glänzt kühl und freundlich. Eine Pflegerin
Genießt sehr innig sehr viel Wurst im Hintergrund.

Schon Rilkes *Aufzeichnungen des Malte Laurids Brigge* hatten mit der
Thematisierung des «fabrikmäßigen» Sterbens in den großstädtischen
Krankenhäusern die Anonymität und menschenverachtende Gleichgültigkeit des modernen medizinischen Betriebs angeklagt. Die Häufigkeit,
mit der Autoren des frühen 20. Jahrhunderts ärztliche Tätigkeiten thematisieren oder Ärzte in ihren Texten auftreten lassen, zeigt die Verunsicherung, die im Verhältnis zur Medizin eingetreten ist. Schnitzler, der
ja selbst eine ärztliche Ausbildung durchlaufen und lange als Arzt praktiziert hat, zeichnet mit der Titelfigur seiner umfangreichen Erzählung
Doktor Gräsler, Badearzt (1917) einen regelrechten menschlichen Versa-
ger. Fragwürdig sind auch die beruflichen Maximen, zu denen sich der
junge Arzt Berthold Strauber in Schnitzlers Roman *Der Weg ins Freie*
(1907) bekennt: «Und gerade, wenn man ganzen Menschengruppen helfen will, muß man gelegentlich hart sein können gegen den einzelnen, ja
muß imstande sein ihn zu opfern, wenn's das allgemeine Wohl verlangt.»
Ist es womöglich die Unfähigkeit zu solchem Opfer, die das ehrenwerte
Scheitern Professor Bernhardis im gleichnamigen Drama (1911) bedingt?
Hans Carossa schildert in seinem Tagebuchroman *Doktor Bürgers Ende*
(1913) die Ohnmacht und den inneren Verfall eines jungen Arztes angesichts der Hilfsbedürftigkeit seiner Patienten, die seine Liebe einfordern,
ohne sie erwidern zu können. In Kafkas enigmatischer Erzählung *Ein
Landarzt* (1920) ist der Mediziner schon zur Chiffre für die heillose Verlassenheit des modernen Subjekts geworden.

Man möchte auch Erik Gyldendal in diese Reihe stellen: jenen Röntgenforscher aus dem ersten Roman des Arztes Ernst Weiß (*Die Galeere*,
1913), der an den Folgen seiner eigenen Experimente zugrunde geht.
Damit ist zugleich der Übergang zur modernen Physik als derjenigen
Naturwissenschaft hergestellt, die zu Beginn des 20. Jahrhunderts die
bedeutendsten Fortschritte und zugleich die schwersten Erschütterungen ihrer methodischen Voraussetzungen erlebt, wofür hier nur der
stichwortartige Hinweis auf Max Plancks Strahlungsformel (1900),
Albert Einsteins spezielle Relativitätstheorie (1905) und das Atommo-
dell von Niels Bohr (1913) stehen möge. «Das Zerfallen des Atoms war
in meiner Seele dem Zerfall der ganzen Welt gleich. Plötzlich fielen die
dicksten Mauern», erklärt Kandinsky 1913 in einer Publikation des Verlags Der Sturm, und Hugo Balls Kandinsky-Vortrag in der Zürcher Gale-

rie Dada (1917) nimmt bewußt diese Selbstaussage des Malers und Schriftstellers auf, dessen vielfältige Beschäftigung mit okkulten Phänomenen (wie zum Beispiel der Gedanken-Photographie) schon früh sein Unbehagen an der herkömmlichen Physik signalisierte. Die Fortschritte der Physik werden zur Legitimation einer radikalen künstlerischen Erneuerung, ja Subjektivierung – so auch in Paul Hatvanis *Versuch über den Expressionismus* (*Die Aktion*, 1917):

«[...] die Relativitätstheorie hebt jedes Ding und jedes Ereignis aus der Starrheit der Statik und löst es in eine kosmische Dynamik auf. Alles ist Bewegung.

[...] sie hebt alle Voraussetzungen der ultra- und intraphysikalischen Trägheit des Denkens auf und löst das denkende Ich selbst in den Bewußtseinsinhalt ‹Gravitation› auf.

... Und tut dies nicht auch jedes expressionistische Kunstwerk?»

III. STILE UND RICHTUNGEN

1. Jugendstil

«Ein allgemeines Bedürfnis nach Stil geht durch die Welt. Es soll wieder Geist in alle Materie hinein», erklärt der Wiener Kunstkritiker Ludwig Hevesi 1906 anläßlich einer Klimt-Ausstellung. Jugendstil und Art Nouveau (als internationaler Kontext des ersteren) entspringen dem Aufstand der geschwungenen Linie gegen das kantige Profil der vordringenden Technik. So ist die damals verkündete «Stilwende» eng mit dem Versuch einer Reform der Lebensverhältnisse (in Abwehr der Bedrohungen der Industriegesellschaft) und einer Wiederbelebung handwerklicher Qualitäten verbunden. Es geht um eine Synthese unterschiedlicher Teilkünste − von der Architektur über Malerei und Skulptur bis zur Möbelkunst etc. −, die sich im Primat des Ornaments und der Flächigkeit verbinden. Dabei kann entweder das Ideal eines neuen Gesamtkunstwerks dominieren, wie in den Wiener Werkstätten oder auf der Darmstädter Mathildenhöhe, oder eine pragmatische Zielsetzung im Sinne von «Sachlichkeit», Materialgerechtheit und Funktionalismus. Die zweite Position, von der eine direkte Linie zur Ästhetik des Bauhauses führt, vertrat in Wien schon früh der Architekt Adolf Loos, als Zeitschriftenherausgeber (*Das Andere*, 1903) und Vortragsredner (*Ornament und Verbrechen*, entst. 1908) einer der maßgeblichen Kritiker des Jugendstils, der doch seinem Reform-Impuls grundsätzlich nahestand.

Im Bewußtsein der Zeitgenossen war der Jugendstil eine Sache der bildenden Kunst oder der angewandten Künste; keiner von ihnen kam auf die Idee, den Jugendstil in der Literatur zu suchen oder zu propagieren. Diese Tendenz, erstmals in den frühen dreißiger Jahren erprobt, bürgerte sich erst im Zuge der Wiederentdeckung des Jugendstils in der zweiten Hälfte des 20. Jahrhunderts ein und hat doch nie zu einem Konsens in dem Sinne geführt, daß diese oder jene Werke oder Autoren eindeutig dem Jugendstil zuzuordnen oder eine bestimmte Phase der literarischen Entwicklung so stark von ihm dominiert sei, daß konkurrierende Stil- bzw. Epochenbegriffe wie Symbolismus/Ästhetizismus, Décadence/Fin de siècle, Neuromantik etc. zurücktreten müßten. Mittlerweile hat sich einerseits das Bewußtsein von der Problematik verschärft, die mit der Übertragung bildkünstlerischer Begriffe wie «Linie» oder «Flächigkeit» auf literarische Texte verbunden ist, andererseits ist die Absicht erkennbar, bei einer derartigen Vermittlung von Kunst und

Literatur möglichst konkret an demjenigen Punkt anzusetzen, der für den Jugendstil zentral ist, nämlich der Emanzipation des Ornaments.

Der Einzug des Ornaments in die Literatur findet zunächst einmal durch die Buchkunst statt, die in der Zeit um 1900 einen spektakulären Gipfel erreicht. Dabei ist anzuerkennen, daß die typographische, dekorative oder illustrierende Ausstattung der Bücher und Zeitschriften von Graphikern vorgenommen wurde, auf deren Arbeit die Autoren zumeist keinen oder nur einen sehr geringen Einfluß hatten – insoweit bewegen wir uns weiterhin im Bereich der bildenden Kunst. Dennoch prägt eine kostbare graphische Ausstattung die Wirkung des Textes auf den Leser, und eine solche Wirkung wurde grundsätzlich auch von den Schriftstellern angestrebt, die sich überdies als Herausgeber oder Redakteure einschlägiger Zeitschriften intensiv für eine Bild-Text-Synthese einsetzten. Die führenden Organe dieser Zusammenführung von Buchkunst und Dichtung waren die Zeitschriften *Pan* (die erste Zeitschrift dieses Namens), *Jugend* und *Simplicissimus* (vgl. Band IX, 1, S. 137), weiterhin *Ver sacrum* und *Die Insel*.

Ver Sacrum, das heißt heiliger Frühling, nannte sich das preziöse Organ der Wiener Sezession, das 1898–1903 erschien und von den Mitgliedern der Vereinigung bildender Künstler Österreichs unentgeltlich beliefert wurde. Wiederholt wurden hier auch musikalische Kompositionen in dekorativen Einrahmungen abgedruckt, das Ideal der Künste-Synthese also auf die Musik ausgedehnt. Die Üppigkeit, mit der sich etwa Koloman Moser als Illustrator von Rilkes Dramolett *Vorfrühling* zur Geltung brachte, fand allerdings keineswegs die Zustimmung des Dichters, der von Auswüchsen, Rücksichtslosigkeit und einem «versalzenen Brei» sprach (an Axel Juncker Weihnachten 1901).

Als noch kurzlebiger erwies sich der Versuch einer ambitionierten Literaturzeitschrift bibliophilen Gepräges, den die Vettern Rudolf Alexander Schröder, der selbst als Innenarchitekt Berührung mit dem Jugendstil hatte, und Alfred Walter Heymel mit der *Insel* unternahmen. Als dritter im Bunde wirkte Otto Julius Bierbaum mit, der frühzeitig aus dem Herausgebergremium des (ersten) *Pan* ausgeschieden war und seine dort erworbenen Kontakte, insbesondere zu Hofmannsthal, in die *Insel* einbrachte. Jedes Quartalsheft des ersten Jahrgangs (1899/1900) der in München redigierten Zeitschrift wurde von einem anderen Künstler exklusiv gestaltet; verantwortlich zeichneten nacheinander Georges Lemmen, Heinrich Vogeler, Thomas Theodor Heine und Emil Rudolf Weiss. Nach dem Ende des zweiten Jahrgangs zogen sich Schröder und Heymel aus der Redaktion zurück; mit dem Bruch zwischen Bierbaum und (dem Geldgeber) Heymel stand das Ende der Zeitschrift nach dem dritten Jahrgang (1901/02) fest.

Rudolf Borchardt, dessen Gedichte neben den Dramoletten Walsers zu den
großen literarischen Überraschungen der Zeitschrift gehörten, die im übrigen
wichtige Erstveröffentlichungen von Dehmel, Hofmannsthal, Wedekind u. a.
brachte, sollte im *Epilog zur «Insel»* (entst. 1902) das Fehlen einer höheren Stil-
Einheit beklagen. Mit dem kulturpolitisch angelegten *Hesperus*-Jahrbuch, das er
1909 zusammen mit Hofmannsthal und Schröder herausgibt, wird er dieses –
in seiner *Ankündigung* verschärft formulierte – Defizit auszugleichen versuchen.

Auch die Zeitschriften, die Franz Blei in der Folge herausgab – die bedeutendste, bald auch von Heymel mitherausgegeben und finanziert, war *Hyperion*
(1908–1910) – sind letztlich durch das Modell der *Insel* angeregt und ihm auch
in der bibliophilen Aufmachung verpflichtet. Wenige Autoren waren mit so vielen Beiträgen in der *Insel* vertreten wie Blei, der ihre letzten Hefte allein redigierte und um das Überleben der Zeitschrift wie kein anderer kämpfte. In der
Gestalt des Prinzen Hypolit in der gleichnamigen Prosa-Groteske (1901) hat er
das Bild einer (seiner) geistigen Existenz gezeichnet, der ein «Erbe menschlicher
Kultur im Blute» steckt, aber «das Göttliche», das heißt die eigentliche künstlerische Produktivität, versagt ist. (Die eigenwillige Schreibung des Namens wurde
in späteren Drucken zu «Hippolyt» korrigiert.)

Obwohl die genannten Zeitschriften verschiedene Textsorten pflegten,
war es vor allem die Lyrik, die von den neuen Möglichkeiten typogra-
phischer Gestaltung und Ornamentierung profitierte. Es ist denn auch
sicher kein Zufall, daß – neben dem Dramatiker Ernst Hardt, der eng
mit dem Illustrator Marcus Behmer zusammenarbeitete – gerade zwei
Lyriker persönliche Kooperationen mit Buchkünstlern des Jugendstils
eingingen: Rilke hat sich um die Jahrhundertwende dankbar der künstlerischen Unterstützung Heinrich Vogelers versichert, der die Gedichtbände *Mir zur Feier* (1899) und die Erstausgabe des *Buchs der Bilder*
(1902) ausstattete; bei der Vollendung des durch Vogeler angeregten
Marien-Lebens (1913) ein rundes Jahrzehnt später wird allerdings eine
erhebliche Distanz zwischen der gewandelten ästhetischen Position des
Dichters und den Vorgaben des dem Jugendstil treu gebliebenen Graphi-
kers sichtbar. George fand den geeigneten Partner in Melchior Lechter,
der im Zeitraum 1897–1907 fast alle seine Drucke gestaltete und den
hieratischen Anspruch dieser Verskunst in einer nahezu beklemmenden
Weise zum Ausdruck brachte.

Einen Höhepunkt erreichte das Zusammenspiel von Bild und Text überall
dort, wo Lyriker ihre eigenen Gedichte graphisch gestalteten, so in den Gedichtbänden von Vogeler (*Dir*, 1899) und Weiss (*Der Wanderer*, 1900), in den –
1900 unter dem Titel *Märchen* zu einem Buch zusammengefaßten – *Simplicissimus*-Blättern von Wilhelm Schulz und in Oskar Kokoschkas in den Wiener Werkstätten gedrucktem Gedicht-Zyklus *Die träumenden Knaben* (1908), freilich
schon einem Beispiel für den Übergang vom Jugendstil zum Expressionismus.

Wenn man das Eindringen des Ornaments weiterverfolgt in den engeren Bereich der literarischen Ausdrucksmittel, so ist es wiederum die

Lyrik, die sich mit den für sie charakteristischen Verfahren der Rhythmisierung, Stilisierung, Entsemantisierung am ehesten für eine Umsetzung der Jugendstil-Ästhetik anbietet. Noch im Grenzbereich von Typographie und dichterischer Form bewegt sich die Mittelachsenlyrik des neugefaßten *Phantasus* (1897/98) von Arno Holz und des Insel-Drucks von Dehmels *Zwei Menschen*. Die besondere Aufmerksamkeit, die gerade Holz' *Phantasus* bei den Graphikern der Jugendstil-Zeitschriften weckte (darunter Koloman Moser, der dem Eingangsgedicht in *Ver Sacrum* eine fulminante Rahmenkomposition widmet), deutet darauf hin, daß hier eine spezifische Affinität verspürt wurde. Auch die zyklische Anlage der *Phantasus*-Dichtung stellt wohl ein solches Entgegenkommen dar, denn das Verweben von Einzelgedichten zu einem einheitlichen Text-Teppich entsprach der Tendenz des Jugendstils zu großflächigen Arrangements. Die Gedichtbände Georges mit ihrer strengen Gesamtkomposition und dem weitgehenden Verzicht auf Gedichtüberschriften erfüllen diesen Anspruch ebenso wie Rilkes *Stunden-Buch*. Es kann daher nicht überraschen, die Namen dieser beiden Dichter in den bisherigen Studien zum literarischen Jugendstil am häufigsten genannt zu finden. Auch die nähere Betrachtung der von George und dem frühen Rilke bevorzugten sprachlichen Techniken hat manche Parallele zum ornamentalen Duktus des Jugendstils in der bildenden Kunst ergeben.

Problematisch dagegen sind alle Versuche geblieben, einen Motiv-Kanon aufzustellen, der es erlauben würde, die Nähe eines Textes zum Jugendstil zu bestimmen. Gewiß sind schlanke Frauen mit langen Haaren – insbesondere Serpentintänzerinnen – sowie Frühlingspflanzen, Schwäne und Fontänen dankbare Sujets der neuen Linienkunst; ihr Auftreten in einem literarischen Text besagt aber herzlich wenig über dessen ästhetische Eigenart. Rilkes Gedicht *Von den Fontänen* etwa, durch Vogelers Titelvignette zum *Buch der Bilder* hervorgehoben, bietet sich einer poetologischen Lektüre an und entzieht sich schon dadurch einer Abbild-Beziehung auf Jugendstil-Objekte. Noch weniger ist der Erwähnung des Springbrunnens in Thomas Manns Novelle *Tristan* zu trauen, die ja im Rahmen einer ironisch gebrochenen Binnenerzählung erfolgt und uns die ästhetizistische Haltung des Literaten Spinell deutlich machen soll. Ein direkter Rückschluß vom Auftauchen eines Motivs auf die Zugehörigkeit des betreffenden Textes zum Jugendstil ist daher kaum möglich.

Eine andere Vermittlung zwischen Jugendstil-Ästhetik und Literatur ist im Begriff der «angewandten Lyrik» enthalten, den Bierbaum 1900 in der Einleitung einer Chanson-Sammlung (s. u. S. 581) unter Berufung auf das Vorbild der bildenden Kunst entwickelt. «Wir haben nun einmal die fixe Idee, es müßte jetzt das ganze Leben mit Kunst durchsetzt werden.» Wie die Maler gegenwärtig ihren Ehrgeiz statt in Museumskunst

in die Erzeugung brauchbarer Stühle setzten, sollten die Lyriker die einsame Klause verlassen und ihre Verskunst in den Dienst einer erheite-
rungslustigen Menge stellen. Zusammen mit Wolzogen, dem Propagator
des deutschen Kabaretts, ist Bierbaum auf diesem Weg mit gutem Beispiel vorangegangen. Stellt der von ihm entwickelte Typ einer unterhaltsamen Lyrik mit reduziertem Kunstanspruch, aber demonstrativem Einsatz formaler Mittel womöglich den eindeutigsten Tribut der Literatur an
den Geist des Jugendstils dar? Ob man an Bierbaums *Gebet zwischen
blühenden Kastanien* denkt, das von Thomas Theodor Heine in der *Insel*
(1900) kongenial illustriert, nämlich als Ulk dekuvriert wurde, oder an
«Ringelringelrosenkranz» und «Klingklanggloribusch», die Refrainzei-
len seines populären *Ehetanzlieds* (vgl. Band IX, 1, S. 668) – ein literarischer Adolf Loos müßte hier den Straftatbestand des Ornaments in
hohem Grade erfüllt sehen.

2. *Neuromantik und Neuklassik*

Während der Begriff des Jugendstils erst im Abstand einer Generation
auf die Literatur der Jahrhundertwende angewandt wurde und wiederum
eine Generation später in dieser Funktion zu größerer Verbreitung
gelangte, verhält es sich mit dem Schlagwort der Neuromantik genau
umgekehrt. Zur Bezeichnung gegennaturalistischer Tendenzen in der
Literatur der Jahrhundertwende erfreute sich der Begriff, der seit den
dreißiger Jahren zunehmend in Mißkredit geraten sollte, bei den Zeitgenossen selbst erheblicher Beliebtheit. Samuel Lublinski beispielsweise,
der erste Historiograph dieser Epoche, verwendet ihn in seinen Büchern
Die Bilanz der Moderne (1904) und *Der Ausgang der Moderne* (1909),
um einen Grundzug und zugleich die entscheidende Schwäche der
modernen Literaturbewegung zu charakterisieren, nämlich ihre – letztlich schon bei Nietzsche angelegte – weltflüchtige und mystische Tendenz. Etwa zeitgleich widmet Kurt Walter Goldschmidt den zeitgenössischen *Romantik-Epigonen* eine skeptische Betrachtung (1907/08).

Der Bezug auf die Romantik gehört nicht erst dem kritischen Abgesang auf
die Moderne an, sondern ist schon in ihrer Gründungsphase verwurzelt. Hermann Bahr bezeichnet die von ihm proklamierte «Überwindung des
Naturalismus» 1891 als «jähen Kopfsprung in die neue Romantik», die er als
«nervöse Romantik» bzw. «Mystik der Nerven» von der älteren Romantik
abhebt. In seinem gleichzeitigen Artikel *Die Romantik der Moderne* spricht Leo
Berg eben dieser ganz im Sinne der Décadence aufgefaßten gegennaturalisti-
schen Moderne epochale Bedeutung zu.

In der historischen Perspektive dieses poetologischen Horizonts wird man
den Begriff der Neuromantik zunächst mit solchen Phänomenen verbinden, die
eine qualitative Veränderung oder «Überwindung» des naturalistischen Paradig-

mas bewirkten – also etwa Gerhart Hauptmanns Traumdrama *Hanneles Himmelfahrt* (1893) oder sein vielgefeiertes Märchen- und allegorisches Künstlerdrama *Die versunkene Glocke* (1896). Zumal das letztere Stück im Rekurs auf Fouqués *Undine* und das romantische Interesse am Volksmärchen auch tatsächlich eine Erinnerung an die Romantik enthält, wie übrigens auch Holz' kurz darauf in Buchform erschienene neugefaßte Traumdichtung *Phantasus*, deren Titel Ludwig Tiecks erster Sammelausgabe (1812–1816) entlehnt ist. Der Bezug auf die Romantik verstärkt und vertieft sich in Hofmannsthals unvollendetem Drama *Das Bergwerk zu Falun* (entst. 1899), das sich in stofflicher Hinsicht an E. T. A. Hoffmann, in der Auffassung des hier thematisierten «Wegs nach innen» aber entscheidend an Novalis orientiert, der auch für spätere Werke Hofmannsthals – u. a. den Chandos-Brief und das fragmentarische *Märchen von der verschleierten Frau* (entst. 1900) – wesentliche Anregungen gab.

Unmittelbar vor und nach der Schwelle zum neuen Jahrhundert kommt es auf breiter Front zu einem identifikatorischen Rückbezug auf die historische Romantik. Als Spezialist für Neuromantik verstand sich der Verlag von Eugen Diederichs (s. u. S. 127), der 1899 eine Anthologie romantischer Lyrik unter dem Titel *Die blaue Blume* und 1902 eine von Bruno Wille betreute Sammlung romantischer Märchen herausbrachte. Zu gleicher Zeit veröffentlichte Ricarda Huch in zwei Bänden ihre großangelegte Epochendarstellung der deutschen Romantik, zunächst unter den Einzeltiteln *Blütezeit der Romantik* (1899) und *Ausbreitung und Verfall der Romantik* (1902). Gerade dadurch, daß sich Ricarda Huch nicht mit Dichterbiographien und Textreferaten begnügt, sondern die Fülle des geistigen Lebens, etwa auch die Entwicklung der romantischen Naturwissenschaft, wiederzugeben sucht, gerät die frühere Epoche in ihrer Sicht zu einem genuinen Spiegel der vielfältigen irrationalistischen Tendenzen um 1900.

Romantik-Rezeption heißt selten Rückgriff auf die Originaltexte. Manches genuin romantische Motiv wurde auf dem Umweg über die Aneignung Baudelaires, Rimbauds und Verlaines, Stationen also der Nachwirkung der deutschen Romantik in der französischen Literatur, sozusagen re-importiert. Für Thomas Mann bildeten auch nach Erscheinen von Ricarda Huchs Buch die *Hauptströmungen der Literatur des neunzehnten Jahrhunderts* (dt. 1872–1876) des Dänen Georg Brandes die wichtigste Informationsquelle über das Ideengut der Romantik. Wenn man nicht noch davor Richard Wagner und Nietzsches Wagner-Kritik stellen will, die Thomas Manns Faszination für die Romantik und sein Bewußtsein von der Problematik eines (neu)romantischen Künstlertums in allererster Linie geprägt haben.

Im Bereich des Dramas verstärkt sich nach der Jahrhundertwende die Suche nach Alternativen zum Gegenwartsstück. Im Anschluß an Wagners Vorbild erproben verschiedene Autoren den Rückgriff auf Stoffe der germanischen Sage oder des deutschen Mittelalters. Gerhart Hauptmann, der schon 1898 ein Drama über Wieland den Schmied begonnen hatte (*Veland*, 1925), und sich seit 1899 mit Plänen zu einer *Nibelungen*-Trilogie und einem *Gudrun*-Drama trug, bahnte mit seinem Versdrama *Der arme Heinrich* (1902, nach der gleichnamigen Legende Hartmanns von Aue) den Weg für eine Reihe von Mittelalter-Dramen auf der damaligen Bühne. Erfolg hatte vor allem Ernst Hardt mit dem Tristan-Drama *Tantris der Narr* (1908) und *Gudrun* (1911). Eduard Stukken legte einen ganzen Grals-Zyklus vor, der von *Gawân* (1901) über *Lanvâl* (1903) und *Lanzelot* (1909) zu *Merlins Geburt* (1913) reicht und sich am Modell des Mysterienspiels orientiert. – In den weiteren Zusammenhang gehören die auf Sage und Märchen ausgreifenden Theaterstücke Herbert Eulenbergs, der sich auch publizistisch mit der Kultur der Romantik auseinandergesetzt, ja das Prädikat des «Romantikers» ausdrücklich auf sich bezogen hat – allerdings in einem so allgemeinen Sinne, daß dabei auch sein Vorbild Shakespeare miteingeschlossen war.

Dennoch sind neuromantische Tendenzen nicht auf das Drama beschränkt. Auch in Prosa und Lyrik des frühen 20. Jahrhunderts finden sich vermehrt Anknüpfungen an romantische Vorbilder. Die Ästhetisierung von Tod und Verfall bei Heym oder Trakl ist freilich – ebenso wie die Absolutsetzung der Kunst bei George – eher der Rezeption der französischen Moderne geschuldet (s. o.). Mit größerem Recht wird man in Gedichten Else Lasker-Schülers wie *Heimweh* oder *Weltflucht* und einem erheblichen Teil ihrer religiös inspirierten Liebeslyrik romantische Reminiszenzen erkennen. Ganz evident und in einem epigonalen Sinne frappant ist schließlich, und zwar auch in Sprache und formaler Gestaltung, die Anlehnung an die Romantik in der Lyrik Hermann Hesses, dessen erste selbständige Publikation nicht umsonst den Titel *Romantische Lieder* (1899) trug.

Als Erzähler ist Hesse mitverantwortlich für die Konjunktur einer Gestalt, die man treffend als «romantischen Seelenvagabunden» bezeichnet hat. Der Held seines ersten Romans *Peter Camenzind* (1904) ist ebenso diesem Typus zuzurechnen wie der Landstreicher Knulp des gleichnamigen Erzählbandes (1915). Aus dem gleichen Holz geschnitzt sind die Protagonisten in den Romanen *Jost Seyfried* (1905) von Cäsar Flaischlen und *Einhart der Lächler* (1907) von Carl Hauptmann. Das historische Modell, das hinter all diesen ‹Wandervögeln› und Kunst-Zigeunern durchschimmert, ist zweifellos Eichendorffs Roman *Aus dem Leben eines Taugenichts*. Thomas Manns durch eine bibliophile Neuausgabe angeregter *Rundschau*-Essay *Der Taugenichts* (1916) deutet die Gestalt des romantischen Künstler-Helden unversehens in eine Verkörperung des deutschen Wesens um.

Diese politische Interpretation, die unmißverständlich gegen das demokratische Engagement Heinrich Manns gerichtet war, hat denn auch prompt den Widerspruch Kurt Hillers hervorgerufen (*Vom Aktivismus*, 1917). Hiller wiederum wird zur Zielscheibe von Thomas Manns Polemik in demjenigen Werk, das fraglos als Höhepunkt und Summe der Romantik-Rezeption des frühen 20. Jahrhunderts bezeichnet werden könnte, wenn nicht der Fluchtpunkt dieser Aneignung so eindeutig politisch, und zwar im Sinne des Konservatismus, fixiert wäre: den *Betrachtungen eines Unpolitischen* (1918). Einen Vorgeschmack auf die konservative, ja «völkische» Dimension der Romantik-Rezeption gibt schon Hermann Friedemann in der Zeitschrift *März* mit seinem Essay *Die dritte Romantik* (1912). Er fordert als Verlängerung der «ziemlich abgewirtschafteten» literarischen Neuromantik die Bekämpfung des Sozialismus im Zeichen Stirners und Nietzsches – mit dem Ziel einer Rückbindung des «rasselos, volklos, bestimmungslos gewordenen Allerweltsmenschen an ursprüngliche, klarumgrenzte Gebilde.»

Im Gegensatz zum dehnbaren Begriff der Neuromantik handelt es sich bei «Neuklassik» um die Bezeichnung für eine eng umrissene literarische Gruppierung mit festgelegten Zielen. Gemeint sind im wesentlichen drei Autoren (Paul Ernst, Wilhelm Scholz, Samuel Lublinski), die ab etwa 1903 – zum Teil von Weimar aus – eine Erneuerung der ‹klassischen› Tragödie in Anlehnung an Hebbel, Schiller und das Modell der griechischen Tragödie betrieben. Da sich die gemeinsamen Bestrebungen der Neuklassiker weitgehend auf den Bereich der Dramatik beschränkten, werden sie auch erst im entsprechenden Kapitel näher vorgestellt (s. u. S. 457 f., 531–537).

3. Heimatkunst und katholische Bewegung

Die Anfänge der Heimatkunst liegen in der Mitte des 19. Jahrhunderts. Gleichzeitig mit der Gefährdung dörflicher und kleinstädtischer Lebensverhältnisse infolge der industriellen Revolution bildet sich, angeführt von der Dorfgeschichte, eine regionalistische Literatur heraus, die die verlorene Stabilität einer ursprünglichen Gemeinschaft fiktional kompensiert oder ihren Verlust thematisiert. Im letzten Drittel des Jahrhunderts wird eine solche Literatur, jedenfalls bis in die Mitte der 90er Jahre hinein, dominant von österreichischen und süddeutschen ‹Volksschriftstellern› wie Anzengruber, Rosegger und Ganghofer vertreten. Aus dieser Nischenexistenz tritt die Heimatliteratur um die Jahrhundertwende für eine kurze Zeitspanne (etwa 1897–1904) heraus; das Aschenputtel des kulturellen Lebens erscheint mit einem Mal als Prinzessin, nämlich als neues Paradigma, an dem sich die Literatur nach der ersten (naturalistischen) Phase der Moderne neu orientieren, ja an dem sie «gesunden» könne.

«Was verlangen wir nun?», fragt Ernst Wachler in seiner Streitschrift *Die Läuterung deutscher Dichtkunst im Volksgeiste* (1897) und gibt selbst die Antwort: «Nichts anderes als eine volkstümliche Poesie: eine sol-

che, die in der Art, Eigenheit und Geschichte unsres Landes und
Stammes wurzelt, die dem Geist und der Größe der geeinten
deutschen Nation entspricht.» Zentrale Ideen der Heimatkunst-Pro-
grammatik sind vorgebildet in Julius Langbehns weitverbreitetem Buch
Rembrandt als Erzieher (1890); dort wird bereits die Neuausrichtung
der deutschen Kunst auf den «heimathlichen Boden» und den Bauern
gefordert. Seit der Gründung des Bunds der Landwirte (1893) haben solche Schlagworte an ideologischem Gewicht gewonnen; zumal die Volks-
schullehrerschaft, die unter den Autoren der Heimatliteratur überproportional vertreten ist, scheint für den Einfluß der agrarischen Mittel-
stands-Agitation empfänglich gewesen zu sein.

Sie geht einher mit antisemitischen Tönen, auf die sich besonders
Adolf Bartels verlegt, der Verfasser einer einschlägig berüchtigten
Geschichte der deutschen Literatur (1901). Bartels – aus Schleswig-Hol-
stein gebürtig wie Langbehn und noch andere Autoren der neuen Heimatliteratur, deren Schwerpunkt insgesamt stark nach Norden verlagert
ist – tritt nach anfänglichen Kontakten zum Naturalismus (vermittelt
durch die Freundschaft mit Hermann Conradi) 1898 mit dem zweibändigen historischen Heimatroman *Die Dithmarscher* hervor, betreut bis
1902 die Sparte Dichtung in der von Ferdinand Avenarius herausgegebenen Zeitschrift *Der Kunstwart* und wird einer der wichtigsten Mitarbeiter der Zeitschrift *Heimat* (1900–1904, ab Ende 1900: *Deutsche Heimat*,
begründet 1897 unter dem Titel: *Bote für die deutsche Literatur*). Noch
in einer Programmschrift von 1923 (*Der völkische Gedanke*) wird er
«Heimat, Stammestum, Volkstum, Rasse» als die «vier großen natürlichen Formen» bezeichnen, die er durchsetzen will. Damit verkörpert
Bartels in seiner eigenen Person den Übergang von einer genuinen Heimatliteratur zur «völkischen» oder Blut-und-Boden-Literatur, der für die
Entwicklung der regionalistischen Literatur in der Anfangsphase des
20. Jahrhunderts insgesamt charakteristisch ist.

Die grundsätzlich positive Einschätzung des naturalistischen Aufbruchs in
Bartels' erster literaturgeschichtlicher Schrift *Die Alten und die Jungen* (1896)
verdient Beachtung, weil sie den Blick für das ambivalente Verhältnis zwischen
Naturalismus und Heimatliteratur schärft. Letztere lehnt zwar den pessimistischen Grundzug naturalistischer Milieu-Darstellung und die Dominanz städtischer Sujets ab, ist in ihrer Hinwendung zum einfachen Leben in seiner regiona-
len Besonderheit aber sichtlich durch das Wirklichkeitsverhältnis des Naturalismus und seine formalen Mittel – etwa im Einsatz des Dialekts – geprägt. Nicht
umsonst charakterisiert Samuel Lublinski die Heimatkunst 1899 als einen «vielleicht verbesserten und vertieften, freilich auch gewaltsam verengerten [sic]
Naturalismus.» Bartels selbst bezeichnet den «intimen Naturalismus» als
«Übergang zur Heimatkunst» und den von ihm verehrten Jeremias Gotthelf
zugleich als «Vater des deutschen Naturalismus» und der Heimatkunst (*Heimatkunst*, 1900). Verschiedene Exponenten der Heimatliteratur sind oder waren in

ihren Anfängen deutlich vom Naturalismus beeinflußt: Anna Croissant-Rust, Wilhelm von Polenz, Hermann Sudermann, Hermann Stehr, Clara Viebig.

Auch der zweite wichtige Exponent der Heimatkunstbewegung, Friedrich Lienhard, ist als Grenzlanddeutscher (im Elsaß) aufgewachsen und hat vielleicht daher einen übersteigerten Nationalismus entwickelt. Lienhards zweites Trauma war die Großstadt, gegen deren kulturelle Tyrannei er mit Schriften wie *Los von Berlin* und *Die Vorherrschaft Berlins* (1900) Sturm läuft. Freilich sieht er die Alternative nicht in einem engstirnigen Provinzialismus. Schon beim Wort «Heimatkunst» verspürt er ein «bedenkliches Philistertum» (*Heimatkunst?*, 1900), weshalb er sich auch von der Leitung der Zeitschrift *Heimat* gleich nach dem ersten Heft zurückzieht. Sein Ideal von «Heimatkunst» bestimmt sich durch die «landschaftliche Frische» eines Lope de Vega oder Shakespeare, ja aller «echten Volkspoesie» von Homer bis zum Nibelungenlied (*Die Vorherrschaft Berlins*, 1900). In diesem Sinne wollte er seine Zeitschrift statt «Heimat» lieber «Hochland» nennen, denn um ein «Hochland des Geistes und des Herzens» geht es ihm eigentlich. Carl Muth wird den Titel dankbar aufgreifen.

Der verblasene Idealismus Lienhards ist auch an seiner ersten Essaysammlung (*Neue Ideale*, 1901) und dem literaturgeschichtlichen Grundriß ablesbar, den er 1905–1908 heftweise publizierte: *Wege nach Weimar*. Er liegt ebenso seinen Romanen und Dramen zugrunde, die vielfach die landschaftliche Kulisse des Wasgaus beschwören (alle seine Romane spielen im Elsaß), in erster Linie aber auf ethische Vorgänge bezogen sind, die sich als Vergeistigung oder (religiöse) Erhebung beschreiben lassen. Gottfried von Straßburg, der Held des gleichnamigen Schauspiels von 1897, muß erkennen, daß sein Weg nicht irdische Leidenschaft, sondern kämpferische Teilnahme am Kreuzzug ist. Vor der Heiligen Odilia, dem Inbegriff geistiger Liebe und Keuschheit, sinkt im gleichnamigen Legendenspiel (1898) die gallische «Hexe» Mechthild anbetend in die Knie. Auch *Wieland der Schmied* (1905) zeigt einen Prozeß der Sublimierung: Der germanische Kraftmensch verwandelt sein Leid zu Flügeln, um in die Lichtheimat Odins zu fliegen.

Die Uraufführung erfolgte im Harzer Bergtheater bei Thale (s. u. S. 439). Ernst Wachlers Naturbühne wurde zum wichtigsten Aufführungsort für den Dramatiker Lienhard, der das Desinteresse der Berliner Bühnen an seinen Stücken mit zunehmender Verbitterung aufnahm. An Wachlers Experimenten mit neuheidnischen Jahreszeit- und Weihespielen beteiligte er sich freilich ebensowenig wie an der Renaissance des Mundarttheaters zwischen Hamburg (Gorch Fock, Fritz Stavenhagen), München (Ludwig Thoma) und Wien (Karl Schönherr).

In kritischen Essays von 1900 und 1901 intonieren Ludwig Jacobowski und Ferdinand Gruner schon so etwas wie einen Abgesang auf die Heimatkunst. Wo bleibt, fragen sie übereinstimmend, die Heimatkunst für die städtische Bevölkerung? Vielleicht hat Georg Hermann dasselbe Desiderat gespürt; seine deutsch-jüdischen Berlin-Romane füllen einen

Teil dieser Lücke und verdanken vielleicht diesem Umstand ihre damalige Beliebtheit. Während das programmatische Ideal der Heimatkunst
schon bald wieder aus dem Lichtkegel der öffentlichen Diskussion entschwindet, existiert die regionalistische Publikumsliteratur in ungebro-
chenem Umfang weiter, allerdings zunehmend überlagert vom neu aufkommenden Paradigma einer «völkischen» Literatur, die dem sich verschärfenden Klima des Imperialismus und der fortschreitenden Akzeptanz rassistischer Weltanschauungen Rechnung trägt.

Die Bestseller-Romane von Gustav Frenssen (*Jörn Uhl*, 1901) und Hermann Löns (*Der Wehrwolf*, 1910) sind Beispiele solcher Überschneidung, insofern sie einerseits die Heimat verklären, andererseits den
Kampf um sie mit solcher Brutalität schildern, daß er zur hauptsäch-
lichen Botschaft des Textes gerät. Andere Erscheinungsformen der «völkischen» Literatur lösen sich eindeutig von der Heimatliteratur ab,
indem sie städtische oder koloniale Schauplätze wählen oder ins Visionäre ausgreifen. Beispiele für die beiden letzten Möglichkeiten bieten
Frenssens Erfolgsbuch *Peter Moors Fahrt nach Südwest* (1906) und der
technikkritische Zukunftsroman *Der Golfstrom* (1913) von Hans Ludwig
Rosegger, dem Sohn des bekannten Heimatdichters. Bei genauerem Hinsehen zeigt sich allerdings, daß selbst noch im Kolonialroman die Hei-
matkategorie enthalten ist, etwa in Frenssens Schilderung des Lebens
der deutschen Siedler in Südwest-Afrika.

Unbelastet durch «völkische» Implikationen, findet die Heimatliteratur bei
Hermann Hesse und Robert Walser eine interessante und selten in diesem
Zusammenhang gesehene Fortsetzung. Hesses erster Roman *Peter Camenzind*
(1904) endet mit dem demonstrativen Rückzug des Helden aus der Welt der
Stadt ins Dorf seines Vaters. Dieser Rückzug ist nicht zuletzt eine Absage an die
Moderne, mit deren widersprüchlichen und unehrlichen Tendenzen Peter in
den beiden großen Stadt-Episoden des Romans, die offenbar in Zürich und Basel
angesiedelt sind, hinreichend vertraut geworden ist. (Ein weiteres städtisches
Intermezzo, das in Deutschland und Paris spielt, wird dabei als allzu unappetit-
lich ausgespart.)

Robert Walser geht in seiner persönlichen Entwicklung einen ganz ähnlichen
Weg – aus der Großstadt Berlin, der er seine frühen Erfolge verdankt, zurück
in die Schweizer Heimat, die in den Texten seiner Bieler und Berner Zeit ausgiebig gewürdigt wird. In der Phase seiner Umorientierung 1912/13 veröffentlicht Walser zahlreiche Prosastücke in der Zeitschrift *Die Rheinlande*, deren
Herausgeber Wilhelm Schäfer ein Sympathisant der Heimatkunstbewegung war,
und diese Texte nehmen vielfach negativ auf die Großstadt und positiv auf die
ländliche Heimat Bezug. *Einfahrt* und andere Prosastücke, die seine Rückkehr
in die Schweiz schildern, publiziert Walser übrigens zunächst unter dem Sam-
meltitel *Heimkehr* in der Zeitschrift *März*, die bis 1912 von Hesse mitherausgegeben wurde (ihr ursprünglicher Titel sollte «Süddeutschland» lauten). – Welchen Stellenwert das Thema «Heimat» in der damaligen Schweizer Literatur ein-
nahm, mag zusätzlich der Hinweis auf die Romane Ernst Zahns und Jakob Boß-

harts Erzählung *Heimat* im Sammelband *Erdschollen* von 1912 verdeutlichen (s. u. S. 224).

Unter Lienhards Lieblingstitel *Hochland* gründete Carl Muth 1903 eine Literaturzeitschrift für das katholische Bürgertum, deren reformistischer Kurs sogleich den Widerspruch des orthodoxen und ultramontanen Flügels hervorrief. Der wichtigste Wortführer dieses Widerspruchs, der sich vor allem in den Zeitschriften *Gottesminne* und *Der Gral* artikulierte, war Richard Kralik, Verfasser mehrerer Mysterienspiele, die sich am Modell des (mit Wagners Augen gesehenen) griechischen Theaters orientierten, und erster Historiograph der katholischen Literaturbewegung (*Die katholische Literaturbewegung der Gegenwart*, 1909). Das Hauptproblem von Muths Zeitschriftengründung war freilich nicht die ihm von seinen Kritikern angelastete Mitarbeit des Protestanten Lienhard, sondern die literarische Mediokrität der katholischen Autoren, denen sich das *Hochland* öffnete: Peter Dörfler, Ludwig Finckh, Enrica von Handel-Mazzetti, Lulu von Strauß und Torney.

Auch im religiösen Sektor läßt sich das Vordringen «völkischer» Tendenzen feststellen. Beispielhaft ist die von Ernst Thrasolt ab 1913 herausgebene Zeitschrift *Das Heilige Feuer*, die sich seit 1914 «Monatsschrift für naturgemäße, deutsch-völkische und christliche Kultur und Volkspflege» nannte und so etwas wie eine Synthese von Lebensreform und Katholizismus anstrebte. Ihr standen auf protestantischer Seite die ab 1903 von Hans Buhmann herausgegebenen *Wartburgstimmen* gegenüber, die sich als «Monatsschrift für das religiöse, künstlerische und philosophische Leben des deutschen Volkstums und die staatspädagogische Kultur der germanischen Völker» verstanden. Das Ankündigungsschreiben bekennt sich zu «Rassedenkformen» und der Praxis eines «biologischen Auslesemechanismus.»

4. Expressionismus, Futurismus, Aktivismus

Der Begriff «Expressionismus» taucht zuerst 1911, und zwar zunächst in Anwendung auf die moderne französische Malerei auf. Für seine definitive Durchsetzung im Bereich der Literatur war nicht zuletzt ein Vortrag Kasimir Edschmids vom Dezember 1917 von Bedeutung, der im März 1918 in der *Neuen Rundschau* nachgedruckt wurde. Unter dem Titel *Expressionismus in der Dichtung* legt Edschmid ein leidenschaftliches Bekenntnis zum Expressionismus als einer intuitiv-ganzheitlichen visionären Kunst, als Neuschaffung der Welt – und vor allem des Menschen – aus dem eigentlichsten Kern ab. Er erklärt den Expressionismus für eine zeitlose Möglichkeit der Kunst und gibt zugleich eine Übersicht derjenigen Generation, die ihn aktuell im deutschsprachigen Raum ver-

körpert. Diese Übersicht ist angelegt wie eine Heerschau, in der die
einzelnen Helden als Kämpfer auf dem Weg zur Schlacht auftreten:
«Quadratisch steht Döblin da. [...] Es kommt die ungeheure Wucht der
Überzeugung des Leonhard Frank.»

Mit einiger Überraschung stellt man fest, daß Edschmids nach Gattungen
geordneter Katalog weitgehend mit den Vorstellungen der heutigen Literaturwissenschaft von der Zusammensetzung der Expressionisten-Riege übereinstimmt.
Er nennt als Lyriker Franz Werfel, Else Lasker-Schüler, Georg Heym, Georg
Trakl, Johannes R. Becher, August Stramm, Theodor Däubler, Alfred Wolfenstein, Ernst Blass, Ludwig Rubiner, Oskar Loerke und Ernst Stadler. Bis auf
Blass finden sich alle diese Dichter in Pinthus' Anthologie *Menschheitsdämme-*
rung wieder. Aus heutiger Sicht fällt hauptsächlich das Fehlen von Benn, van
Hoddis und Lichtenstein auf – alle drei schreiben aus Edschmids Sicht wohl
nicht ‹visionär› genug. Recht kanonisch gerät auch die Auswahl der Dramatiker,
wobei man bedenken muß, daß bis 1917 nur wenige expressionistische Stücke
auf die Bühne gelangten und Tollers *Die Wandlung* noch nicht beendet war:
Edschmid nennt nach dem Vorläufer Wedekind Georg Kaiser, Paul Kornfeld,
Walter Hasenclever, Fritz von Unruh, Reinhard Sorge und Carl Sternheim.
Unvermutetes begegnet am ehesten in Edschmids Liste der expressionistischen Prosa-Autoren. Neben Döblin und Frank werden hier Heinrich Mann (als
Vorläufer), René Schickele, Paul Adler, Albert Ehrenstein, Robert Walser, Franz
Kafka, Carl Sternheim und Martin Buber genannt (den Verfasser selbst wird
man im Geiste hinzurechnen können). Aus heutiger Sicht würde man wohl
zögern, Buber in diese Gruppe aufzunehmen, und Walser sicher weglassen –
obwohl gerade die Zusammenstellung Walser/Kafka auch eine richtige Erkenntnis birgt. Selbstverständlich gäbe es auch weitere Kandidaten (Benn, Einstein,
Jung, Robert Müller), aber die Kanonisierung ist auf dem Gebiet der Prosa wohl
am wenigsten abgeschlossen.

Aus den zahlreichen Reaktionen, die Edschmids Vortrag auslöste,
ragen die Repliken von Döblin und Hesse heraus, die die *Neue Rund-*
schau drei Monate später abdruckte. *Von der Freiheit eines Dichtermen-*
schen überschreibt Döblin seinen Beitrag, auf eine Schrift Martin
Luthers (*Von der Freyheyt eynisz Christen Menschen*, 1520) anspielend.
Es ist der protestantische Freiheitsbegriff, den Döblin für seine Unabhängigkeit von der expressionistischen Bewegung in Anspruch nimmt.
Den heutigen Historiker des Expresssionismus wird dabei weniger das
Beharren dieses Autors auf persönlicher Autonomie interessieren – ähnliche Reaktionen begegnen häufig bei bedeutenderen Autoren, und
zumal Döblin hat das Nichtdazugehören in mancher Hinsicht zu seinem persönlichen Prinzip gemacht – als die intensive Schilderung des
Expressionismus eben als einer «Bewegung», durch die sich dieser Essay
auszeichnet. Gleich sein erster Satz lautet: «Die Tatsache dieser Bewegung, die man ruhig Expressionismus nennen kann, ist nicht zu bezweifeln.» Zahlreiche weitere ähnliche, vielfach metaphorisch gebrochene
Aussagen folgen, darunter der Vergleich mit einem Flächenbrand und

einer Lokomotive: «Eine Bewegung ist keine Mache oder das Arrangement einer Gruppe Interessenten. Vielmehr, aus zahlreichen zunächst dunklen Ursachen sozialer politischer menschlicher Art wächst sie, hier flammt es, dort flammt es bei Feinfühligen, Scharfhörigen, Hellsichtigen auf, durch sie kommt die Maschine zu ihren ersten Kolbenstößen und Umdrehungen.»

Die Expressionismus-Forschung hat diese Perspektive aufgegriffen und zahlreiche Argumente dafür bereitgestellt, daß der Expressionismus als eine Art Generationenprotest aufzufassen ist, getragen vor allem von um 1890 geborenen, überwiegend akademisch gebildeten Söhnen aus bürgerlichem Haus, die sich im Unbehagen an der gesamtgesellschaftlichen, insbesondere kulturellen Situation zusammenfinden. Daher die zentrale Bedeutung des Generationenkonflikts in der expressionistischen Dichtung und Publizistik, in der sich natürlich auch objektive Strukturen einer patriarchalisch verfaßten Gesellschaft spiegeln (s. o. S. 9–19); daher die allgemeine Ablehnung des Bürgertums, die Kritik an einer entfremdeten bzw. «entseelten» Existenz und die Sehnsucht nach Aufbruch, Vitalität und Erneuerung. So einig sich die meisten Vertreter der expressionistischen Generation – ein neueres Handbuch zählt 347 deutschsprachige Autoren – in diesen Anklagepunkten sind, so gravierend unterscheiden sich die Formen ihrer Äußerung. Von einem einheitlichen Stilwillen, in dem sich Stramm und Werfel, Sternheim und Sorge, Kafka und Edschmid treffen würden, kann man keinesfalls sprechen.

Damit ist indirekt das Verhältnis zu anderen Literaturströmungen angesprochen, auf das sich Hesse in seiner Replik bezieht – als Vertreter des von Edschmid mit Geringschätzung übergangenen «Impressionismus» (die Opposition Expressionismus/Impressionismus begegnet in vielen Manifesten der neuen Richtung; man hat geradezu den Eindruck, daß das Aufkommen der jüngeren Bezeichnung im nachhinein die Verwendung von «Impressionismus» als Epochenbegriff für die Zeit um 1900 stützt). Es fällt Hesse leicht, auf manche Verbindungen hinzuweisen, die zwischen der expressionistischen Literatur und ihren Vorgängern bestehen. Tatsächlich ist unübersehbar, daß sich etwa Stadler eine Zeitlang eng an George angeschlossen hat und noch das «neue Pathos» der Berliner Neopathetiker diesem entscheidende Anregungen verdankt. Auch die Beziehung zwischen den ersten Einaktern Döblins und Kokoschkas und der Kabarettkultur der Jahrhundertwende drängt sich auf. Die frühe Entstehung von *Lydia und Mäxchen* ebenso wie die der stets als ‹typisch expressionistisch› bewerteten Erzählung *Die Ermordung einer Butterblume* stellt freilich, ebenso wie die Lyrik Else Lasker-Schülers im Zeitraum 1900–1910, ein Problem dar für das oben referierte Erklärungsmodell des Expressionismus als mehr oder weniger simultaner «Bewegung».

Offenbar muß beides zusammen gesehen und bedacht werden: die Existenz einer längeren Vorlaufphase, in der sich bestimmte antinaturalistische Schreibweisen und Kernpunkte der Kulturkritik vorbereiten, und die Simultaneität, mit der sich um 1910 – geballt in der Hauptstadt Berlin – eine expressionistische Aufbruchstimmung organisiert: vor allem im Neuen Club und den fast gleichzeitig gegründeten Hauptzeitschriften des Expressionismus *Der Sturm* und *Die Aktion*. In dieser Kristallisationsphase der Bewegung gewinnt der Kontakt zur Malerei stimulierende Bedeutung, in der sich ja schon ein halbes Jahrzehnt zuvor – bei den Künstlern der Dresdner «Brücke» – ein expressionistischer Stilwille avant la lettre ausgebildet hat. Freilich sind es jetzt Bilder der jüngsten französischen Schule (u. a. von Braque und Picasso), für die im Katalog der 22. Ausstellung der Berliner Sezession die Bezeichnung «Expressionisten» gebraucht wird.

Herwarth Walden setzt gezielt nach, wenn er die vierte Ausstellung der Sturm-Galerie ein Jahr später (mit zurückgestellten Bildern des Sonderbundes Köln, darunter auch solchen von Franz Marc) unter den Titel «Deutsche Expressionisten» stellt. Nicht ganz zu Unrecht beansprucht die Zeitschrift *Der Sturm* 1918 so etwas wie die Alleinvertretung des «wahren» Expressionismus; sie ist das einzige Forum innerhalb der damaligen Szene, das die neue Titulatur sogleich aufgreift, bedingungslos akzeptiert und die Zusammenführung der Literatur mit der expressionistischen (oder jedenfalls so genannten) Malerei betreibt. Signifikant in diesem Zusammenhang ist der Nachdruck programmatischer Artikel aus dem *Blauen Reiter* von Kandinsky und Marc; das darin vertretene Prinzip der Abstraktion gewinnt für die Dichtung des *Sturm* – von Stramm über Rudolf Blümner bis zu Lothar Schreyer und weiter bis zu Franz Richard Behrens und Otto Nebel – konstitutive Bedeutung.

Der Sturm wird 1912 auch zum wichtigsten Forum für die Verbreitung des italienischen Futurismus in Deutschland: durch die Übernahme einer zuvor in Paris gezeigten Wanderausstellung von Bildern der Maler Umberto Boccioni, Carlo D. Carrà, Luigi Russolo und Gino Severini im April/Mai und – als Einstimmung darauf – den Abdruck mehrerer futuristischer Manifeste in den Wochen zuvor; das *Technische Manifest* Marinettis folgt ein halbes Jahr später, das Supplement dazu im März 1913. Döblin, der sich – abgestoßen durch die darin erteilten Ratschläge zur Zerschlagung der Sprache – noch in derselben Nummer des *Sturm* demonstrativ von Marinetti lossagen wird (*Futuristische Worttechnik. Offener Brief an F. T. Marinetti*), hat doch zunächst einen Ausstellungsbericht für den *Sturm* verfaßt (*Bilder der Futuristen*), in dem er den Futurismus – übrigens gerade als «Bewegung», als «Bewegung des Künstlers nach vorwärts» – «mit vollem Namen» unterschreibt. Seine Auseinandersetzung mit der Provokation des Futurismus setzt sich fort in einem nachgelassenen Text (*Das zerschmetterte Maul, das isolierte Bein, die Quadratur der Atmosphäre*), der wahrscheinlich durch die Severini-Ausstellung der Sturm-Galerie im Sommer 1913 angeregt ist. Darin wird versucht, die parakubistische Deformation der Figuren auf Severinis Bildern in Sprache zu übertragen — in offensichtlich parodistischer Befolgung von Marinettis «technischen» Maximen.

Wer aus heutiger Sicht nach der Aufnahme futuristischer Impulse im Expressionismus fragt, wird hier — und in der weiteren Entwicklung Döblins bis hin zu *Berlin Alexanderplatz* — fündig. Als weitere Zeugen bieten sich die experimentierende Wortkunst eines August Stramm oder die Wortkaskaden in Bechers früher Lyrik an. Das zeitgenössische Verständnis von futuristischer Literatur ist davon strikt abzutrennen. Bald setzte man den Futurismus mit dem gesamten Expressionismus gleich, bald erklärte man (wie Edschmid im genannten Vortrag) beide Kunstrichtungen für völlig inkompatibel. Symptomatisch für die Schwierigkeiten, die nun gar die älteren Zeitgenossen mit den Binnendifferenzierungen der Avantgarde hatten, ist das Geständnis von Hofmannsthals Freund, dem Krupp-Direktor Eberhard von Bodenhausen, er habe kein «Verhältnis zu Becher» und «zu den sogenannten Expressionisten, Kubisten, Futuristen etc.» Er kann sich des Trostes von seinem Briefpartner sicher sein: «Wozu denn auch von einem Phänomen zum andern jagen?» (Hofmannsthal an Bodenhausen 28. 4. 1916)

Pfemferts *Aktion* verfolgt von Anfang an einen wesentlich politischeren Kurs. Allerdings bedarf der Begriff des Politischen, von dem die wichtigsten Mitarbeiter seiner Zeitschrift ausgehen, sogleich der Einschränkung und Präzisierung. Es handelt sich nicht um Tages-, Partei- oder «Realpolitik», wie man hier mit abfälligem Beiklang sagt. Wenn Ludwig Rubiner in einem vielzitierten (gleichlautend betitelten) Beitrag von 1912 fordert: «Der Dichter greift in die Politik», so meint er die Infragestellung des herrschenden «Zivilisationsmaterialismus» durch den rebellierenden Geist. Da sich laut Rubiner auch der Marxismus einer Überschätzung der Zivilisation schuldig macht, kommt als Bündnispartner des anarchistischen Poeten allenfalls das Lumpenproletariat in Betracht. Noch das scheiternde politische Engagement von Landauer, Mühsam und Toller in der Münchner Räterepublik 1919 wird durch das Fehlen einer festen gesellschaftlichen Basis bedingt sein.

Die von Kurt Hiller schon 1911 in der *Aktion* proklamierte «Litteraturpolitik» zielt auf eine Synthese von «Geist und Tat» im Sinne von Heinrich Manns gleichnamigem Essay (*Pan*, 1911), den Hiller noch fünf Jahre später seinem ersten *Ziel*-Jahrbuch programmatisch voranstellt. Der harmonische Zusammenklang zwischen Philosophie und Literatur einerseits, praktischer Politik und breiter Bevölkerung andererseits, den Heinrich Mann in idealischer Verklärung in der Geschichte Frankreichs wahrnimmt (um die völlig andersgeartete Situation in Deutschland und die hier herrschende Unversöhnlichkeit von Geist und Macht zu bekla-

gen), steht Modell für Hillers Konzept eines «Tätigen Geistes», das er
ab 1916 unter dem Namen «Aktivismus» vertritt. Im Essay *Vom Aktivismus* (1917), seiner schon erwähnten Kritik am «unpolitischen» Konservatismus Thomas Manns (s. o. S. 102), spricht Hiller vom «Voluntarismus, Politizismus oder Aktivismus», dessen oberste Norm die «Umgestaltung der Welt nach dem Befehl der Idee» sei. Hillers Aktivismus ist übrigens nicht frei von geistesaristokratischen Zügen, die ihn fast in die Nähe Thomas Manns rücken und schon 1913 den Bruch mit Pfemfert veranlaßten.

Der Aktivismus war nur eine Teilströmung des Expressionismus. Sie trat jedoch in der letzten Kriegsphase so stark in den Vordergrund, daß sich ein dem Expressionismus grundsätzlich nahestehender – von Edschmid, wie wir gesehen haben, und einem großen Teil der Expressionismus-Forschung ihm geradezu zugerechneter – Autor wie Sternheim zu einer polemischen Distanzierung genötigt sah. Sein Artikel *Kampf der Metapher!* (*Berliner Tageblatt*, Juli 1917) geht vom Gerücht einer expressionistischen «Empörergeste» aus, zu dessen Überprüfung der Verfasser einen ganzen «Berg bei S. Fischer und Kurt Wolff erschienener Dramen, Gedichte und Romane» durchstudiert, um schließlich festzustellen, daß es unter den lebenden Expressionisten nur eine einzige «große, einzelne Person» gibt (nämlich Benn) und alle anderen sich in unverbindlicher Rhetorik ergehen. Dichtung soll jedoch nach Sternheims Verständnis, wie er in einer späteren Ergänzung (1918) hinzufügt, auf die Wirklichkeit bezogen bleiben: «Anstelle der uns angewiesenen Erde soll kein Paradies sie ‹dichten›.» Und erst recht nicht «mit seit ewigen Zeiten klischierten Melodien [...] ‹höhere Menschheit› vorharfen.»

Sternheims Polemik ist nicht nur gegen den Aktivismus, sondern gegen den ganzen – um einen germanistischen Begriff aus den letzten Jahrzehnten aufzugreifen – ‹messianischen Expressionismus› gerichtet. Tatsächlich läßt sich innerhalb der expressionistischen Dichtung und Theoriebildung von Anfang an eine Spannung zwischen einer eher analytischen und einer eher visionär-utopischen Richtung feststellen. Erstere, die vor allem in der frühexpressionistischen Phase (bis 1914) Gewicht hat und zum Beispiel die Lyrik von Blass, van Hoddis und Lichtenstein bestimmt, stand lange Zeit im Schatten der letzteren Richtung, des von seinen Kritikern sogenannten «O-Mensch-Pathos». Letzten Endes sind beide nicht ohne einander zu denken: Analyse der Ich-Spaltung und Wunsch nach ihrer Aufhebung, Klage um die Zerstörung des Menschlichen und Sehnsucht nach seiner Wiederherstellung bedingen einander und sind auch in vielen Werken des Expressionismus – nicht zuletzt in den Dichtungen Benns nach dem *Morgue*-Zyklus – direkt miteinander verbunden.

5. Dadaismus und andere Ismen

«Dada ist eine neue Kunstrichtung», erklärt Hugo Ball gleich im ersten Satz des Eröffnungs-Manifests zum Ersten Dada-Abend in Zürich im Juli 1916 und setzt hinzu: «Das kann man daran erkennen, dass bisher niemand etwas davon wusste und morgen ganz Zuerich davon reden wird.» Dada war oder ist keineswegs nur eine neue Kunstrichtung; die grundsätzliche Infragestellung des Status von Kunst – der «Institution Kunst», wie man später sagen wird –, mit der die Dadaisten in Zürich und Berlin das Publikum schockierten, verbietet eigentlich seine Einreihung in eine historische Stilbetrachtung (wie sie unumgänglicherweise auch im vorliegenden Buch vorgenommen wird). Der Dadaismus will etwas substantiell anderes sein als die kommenden und gehenden Tagesmoden der Kunst und Literatur; daher kann Ball nur ironisch auf das Echo anspielen, das die mit seinem Manifest eingeleitete Veranstaltung in der gerade an solchen ephemeren Konjunkturen interessierten Öffentlichkeit haben werde – eine Ironie, die um so mehr am Platz war, wenn man die schlichte Räumlichkeit des Cabaret Voltaire und seine randständige Stellung im Kulturbetrieb der Schweizer Metropole bedenkt.

Ironie im Umgang mit Manifesten war damals schon deshalb angesagt, weil die nahezu inflationäre Verlautbarung neuer künstlerischer Absichten im Zuge der sich entwickelnden Moderne, zumal seit dem Auftreten der Futuristen, ein gewisses Mißtrauen in das Phänomen des «Manifestantismus» erzeugt hatte. Franz Pfemfert artikuliert dieses Mißtrauen, wenn er unter dem Pseudonym August Stech in der *Aktion* vom Oktober 1913 einen *Aufruf zum Manifestantismus* ergehen läßt. Es handelt sich um eine Finte, die einige Wochen später als Falle enttarnt wird, in die angeblich der jederzeit zum Manifest-Verfassen bereite Kurt Hiller hineingetappt sei (*Die Einscharrung erfolgte: «Ein manifestantistisches Manifest»*).
Die «Erste Proklamation des Äternismus», die Ferdinand Hardekopf unter dem Pseudonym Stefan Wronski im April 1916 in einem Prospekt des Aktions-Verlags herausgibt (*Die Äternisten*), ist eine Parodie der Textsorte Manifest, mit der zugleich typische Tendenzen des Expressionismus und Futurismus getroffen werden sollen. Als gezielte – mit Pfemfert abgesprochene – Irreführung des Publikums nähert sich diese Inanspruchnahme ewiger Geltung schon der Desorientierungs-Strategie des Dadaismus. Diesem wird direkt vorgearbeitet in dem Manifest *Der Impertinentismus*, das unter dem Pseudonym A. Undo (Pfemfert? Kersten?) im September 1915 in der *Aktion* erscheint: «Wir wollen nichts als frech bei jeder Gelegenheit sein! [...] Wir können bluffen wie die abgesottensten Pokerspieler. Wir tun so, als ob wir Maler, Dichter oder sonst was wären, aber wir sind nur und nichts als mit Wollust frech.»

Hugo Ball hat schon früher ein Manifest herausgegeben. Aus Anlaß der von ihm und Richard Huelsenbeck im Februar 1915 veranstalteten

Berliner «Gedächtnisfeier für gefallene Dichter» – diese widersprach patriotischen Erwartungen schon dadurch, daß auch des Franzosen Charles Péguy gedacht wurde – erschien ein *Literarisches Manifest*, in dem zunächst die Tendenz der «‹jüngsten› Literatur» positiv durch Schlagworte wie «Expressionismus, Buntheit, Abenteuerlichkeit, Futurismus» umrissen wurde. Im Anschluß daran wird die Intention der Verfasser als eine spielerische und doch fundamental negative, fast nihilistische ausgegeben: «Wir wollen: Aufreizen, umwerfen, bluffen, triezen, zu Tode kitzeln, wirr, ohne Zusammenhang, Draufgänger und Negationisten sein.» Dies ist im Kern schon das Programm des Dadaismus, antizipiert von zweien seiner wichtigsten Protagonisten. Sie setzen auf Schweizer Boden offenbar eine Strategie fort, die im Berliner Aktions-Kreis angelegt ist. Eine andere Kontinuität besteht zur Münchner Boheme-Szene und den früheren Kabarett-Aktivitäten von Emmy Hennings.

Solche Beobachtungen stützen die These vom Dadaismus als radikalisierter Form des Expressionismus, als dessen Weiterentwicklung unter Zurücknahme seiner positiven, ja überhaupt jeder Form von Botschaft und unter verstärktem Rückgriff auf das Vorbild des italienischen Futurismus (Simultaneität, Bruitismus, Publikumsbeschimpfung). In diesem Zusammenhang sind die beiden Hefte des *Mistral* aufschlußreich, die Hugo Kersten und Emil Szittya im März 1915 in Zürich herausgaben. Die kurzlebige internationale Revue vereinigte deutsche, französische und italienische Beiträge. Letztere vertraten den Futurismus, und zwar auch seine bellizistische Variante. Das könnte verwundern angesichts der pazifistischen Haltung der nach Zürich emigrierten deutschen Autoren. Der Herausgeber Kersten stellt sich jedoch auf den Standpunkt der Gleichgültigkeit der Botschaft; Kunst ist für ihn ohnehin nur ein «Ornament um unsere Zeit, in der es schön ist und wichtig, daß man mit Kanonen in die Kirchen schießt» (eine Anspielung auf die Beschießung von Reims). Grundsätzlich erklärt Kersten:

> «Es kommt nicht darauf an, Gesinnung zu haben, sondern es kommt darauf an, Temperament zu haben, sprungbereit und sehr jugendlich. Unwesentlich ist die Art der Tendenz. [...] Für und wider ist von einander nicht gerade sehr unterschieden, und eine Barrikade ist ebenso gut wie ein Schützengraben.»

Mit der sinnlos-vieldeutigen Parole Dada haben Ball und Huelsenbeck ein Jahr später diesem Prinzip der Beliebigkeit zu prinzipieller Konsequenz verholfen. In den Lautgedichten Hugo Balls und im anarchischen Aktionismus des Cabaret Voltaire (s. u. S. 433 f., 583) dokumentiert sich eine fundamentale Absage an jede Funktionalisierung der Kunst ebenso wie ihre Sonderbehandlung im Zeichen der Kunst-Autonomie. Statt eines vernünftigen Sinns herrscht barer Zufall – so soll ja angeblich das Wort «Dada» durch willkürliches Nachschlagen im Wörterbuch gefunden worden sein. Allerdings fehlt es auch nicht an einer Unterströmung, die dem Zufall tiefere Bedeutung zutraut; neben Hans Arp gehört ihr wohl auch der zunehmend religiös orientierte Ball an.

Zu den verschiedenen Bedeutungen des Wortes «Dada» in mehreren Sprachen, auf die sich die Dadaisten gern beriefen, gehört auch die französische Bedeutung «Steckenpferd». Sie liegt Balls kurzer Erzählung *Das Carousselpferd Johann* (1916, entst. 1915) zugrunde, einer Episode seines nachgelassenen Romans *Tenderenda der Phantast* (1967). Denn das Karussellpferd als vergrößertes Steckenpferd ist offenbar eine Chiffre für das dadaistische Projekt, seine Rettung vor dem Mob gemäß einem späteren Zusatz Balls ein Hinweis auf die Drohkulisse des Ersten Weltkriegs.

Vor dem Hintergrund des Weltkriegs wächst schon der Sinnverweigerung ein erhebliches gesellschaftskritisches Potential zu. Mit dem Sprung von Zürich nach Berlin, wo Huelsenbeck am 22. Januar 1918 in der Galerie Neumann die Erste Dadarede in Deutschland hält, war eine wesentliche Verstärkung des provokativen Elements und eine Zuspitzung der sozialkritischen Dynamik verbunden (soweit derlei ohne ein positives Programm möglich ist). Ende Januar wird der Club Dada gegründet, dem u. a. Franz Jung, George Grosz und John Heartfield angehören. Er veranstaltet im April 1918 einen «Vortragsabend», auf dem Huelsenbeck «die erste theoretische Betrachtung des dadaistischen Prinzips» vorstellt. In Wahrheit ist das *Dadaistische Manifest*, wie viele andere Manifeste jener Zeit (nicht zuletzt diejenigen Marinettis) in erheblichem Maße dichterisch strukturiert; das Manifest selbst steht für die Literatur, die es fordert. Der in der Druckfassung kollektiv verantwortete Text setzt mit heftigen Attacken gegen den Expressionismus ein und endet mit den – auch gegen den Aktivismus gerichteten – Parolen: «Gegen die ästhetisch-ethische Einstellung! Gegen die blutleere Abstraktion des Expressionismus! Gegen die weltverbessernden Theorien literarischer Hohlköpfe!»

Der letzte Satz lautet freilich, typisch dadaistisch: «Gegen dies Manifest sein heißt, Dadaist sein!» Anders sah das die Berliner Polizei, die das Manifest beschlagnahmte und den Berliner Dada-Aktivitäten zunächst ein Ende setzte. Raoul Hausmann und der selbsternannte «Oberdada» Johannes Baader führen das Projekt fort mit einer Dada-Ausgabe der Zeitschrift *Freie Straße*, die im Dezember 1918 erscheint, und mehreren Soireen ab Februar 1919. Anläßlich der ersten Veranstaltung, auf der der Oberdada Baader zum Präsidenten des Erdballs ausgerufen wird, erscheint ein vom «Dadaistischen Zentralrat der Weltrevolution» unterzeichnetes Pamphlet *Dadaisten gegen Weimar*.

IV. INSTITUTIONEN DES LITERARISCHEN LEBENS

1. Zentren, Gruppen, Vereine

Eine Besonderheit des frühen 20. Jahrhunderts ist das Aufblühen von Künstlerkolonien jenseits der großen Städte und traditionellen kulturellen Zentren. Freilich werden die meisten dieser Kolonien von bildenden Künstlern dominiert und geprägt; die Vertreter der Literatur zeigen erhebliches Interesse an diesen Versuchen einer gemeinschaftlichen Verbindung von Kunst- und Lebenspraxis, verbleiben aber zumeist in der Rolle von Prologsprechern oder Gastspielern. So geht es Hermann Bahr mit seinen weitreichenden Plänen für ein Theater auf der Darmstädter Mathildenhöhe, der von Großherzog Ernst Ludwig von Hessen geförderten Modellsiedlung des Jugendstils; auf die Darmstädter Spiele 1901 mit Joseph Maria Olbrichs Spielhaus und Georg Fuchs' Festspiel *Das Zeichen* (s. u. S. 439) haben sie allenfalls indirekten Einfluß.

Rilke besucht die Malerkolonie Worpswede bei Bremen zunächst 1900 auf Einladung von Heinrich Vogeler und wohnt nach seiner Heirat mit der Bildhauerin Clara Westhoff − bis zur frühen Auflösung der ehelichen Gemeinschaft − 1901/02 im Nachbardorf Westerwede. Als Brotarbeit zur Finanzierung der jungen Familie entsteht dort seine Vogeler, Fritz Mackensen, Otto Modersohn und anderen gewidmete «Künstler-Monographie» *Worpswede* (1903). Häufiger Gast in Worpswede ist übrigens auch Carl Hauptmann, dessen schlesischer Wohnsitz Schreiberhau − unweit von Agnetendorf im Riesengebirge, wo Bruder Gerhart 1901 eine feudale Villa bezieht − gleichfalls Ansätze zu einer nun allerdings primär literarisch-intellektuell geprägten Kolonie entwickelt.

Zu einem bemerkenswerten Zusammenspiel von Kolonie und Großstadt kommt es im Falle der Gartenstadt Hellerau bei Dresden. Die erstaunliche kulturelle Bilanz dieser Mustersiedlung − mit den Deutschen Werkstätten, Tessenows Festspielhaus und dem kleinen, aber anspruchsvollen Verlag Jakob Hegner als wichtigsten Aktiva − ist nicht ohne die Nähe der Residenz- und Kunststadt zu verstehen, die durch die Künstlergruppe «Die Brücke» zu einer Geburtsstadt des (malerischen) Expressionismus wird und der neuen Bewegung auch weiterhin als wichtiges (Sub-)Zentrum dient: durch Erstaufführungen expressionistischer Stücke am Hoftheater (unter der Leitung des liberalen Intendanten Graf Seebach) und am Albert-Theater, durch das Feuilleton der *Dresdner Neuesten Nachrichten*, an dem mit Camill Hoffmann, Alfred Günther und dem in Hellerau ansässigen, von Hegner verlegten Paul Adler im Zeitraum 1911–1913 gleich drei expressionistische oder dem Expressionismus nahestehende Autoren

zusammen wirken, und nicht zuletzt durch die Gründung der Expressionistischen Arbeitsgemeinschaft im Oktober 1917 unter maßgeblicher Beteiligung des
Malers Conrad Felixmüller und Raoul Hausmanns, des späteren Berliner Dadaisten – mit einem eigenen Verlag, der Zeitschrift *Menschen* und den beiden
Schriftenreihen *Dichtung der Jüngsten* und *Das neuste Gedicht*. Der formal gemä-
ßigte Expressionismus der hier erscheinenden Werke von Heinar Schilling, Walter Rheiner und dem (aus Kiel zugewanderten) Gerhard Ausleger fand in der
Dresdner Öffentlichkeit eine bemerkenswerte Akzeptanz.

Im Grenzbereich von Literatur und bildender Kunst bewegen sich
auch die Bemühungen um ein ‹Neues› oder ‹Drittes Weimar›. Sie finden
ihren wichtigsten Motor in Harry Graf Kessler, der erfolgreich die Berufung des Jugendstilarchitekten Henry van de Velde zum Leiter (1902–
1914) der neugegründeten Kunstgewerbeschule betreibt und – nach der
Gestaltung des Nietzsche-Archivs durch den Belgier (1903) – Pläne für
ein monumentales Nietzsche-Denkmal in Weimar in Form eines griechischen Stadions verfolgt. Eine bemerkenswerte Zahl von Schriftstellern
zieht in jenen Jahren in die Stadt sowohl Nietzsches wie Goethes und
Schillers. Die Zahl der einschlägigen Meldungen in Kürschners Litera-
tur-Kalender steigt von 62 (1905) auf 85 (1915). Literaturgeschichtlich
von Belang sind darunter Johannes Schlaf, Wilhelm Hegeler, Paul Ernst,
Samuel Lublinski, Wilhelm von Scholz, Ernst Hardt, Carl Sternheim
(dessen Weimarer Zeit freilich lange vor seinem Durchbruch lag), Friedrich Lienhard, Adolf Bartels und Ernst Wachler.

Während die ersten drei in den neunziger Jahren als Naturalisten hervorgetreten sind, stehen die Letztgenannten – mit jedenfalls partieller Zugehörigkeit
Lienhards – für das Streben nach einer neuen ‹Heimatkunst› als Alternative zur
großstädtischen Moderne. Sie sind es auch, die das Schlagwort «Weimar» am
entschiedensten programmatisch aufwerten. Lienhard läßt 1905–1908 als Periodikum seine später in Buchform zusammengefaßten *Wege nach Weimar* erscheinen; Ernst Wachler veranstaltet 1903 eine Umfrage zum Thema «Wie kann Weimar zu einer neuen literarischen Blüthe gelangen?». Ein engerer Rückbezug auf
die deutsche Klassik ist aber selbst beim Neoidealisten Lienhard kaum gegeben.
Auch die Weimarer Neuklassiker Ernst, Lublinski und Scholz sehen sich eher in
Parallele zu dem für Goethe und Schiller charakteristischen Streben nach antikisch inspirierter Formstrenge als in Abhängigkeit von den alten Weimaranern.
Ihren Hoffnungen auf eine Erneuerung der dramatischen Kultur blieb freilich
die symbolische Erfüllung versagt, die 1902/03 das (frühzeitig gescheiterte) Projekt Louise Dumonts zu versprechen schien, in Weimar nach Plänen van de Vel-
des ein Festspieltheater von nationaler Geltung zu errichten. Statt dessen gab es
ab 1912 die «Weimarer Nationalfestspiele für die deutsche Jugend» unter maßgeblicher Mitwirkung von Adolf Bartels.

Soll man von einem Aufstand der Peripherie reden? Immerhin fällt
auf, daß gerade von den Rändern des deutschen Sprachraums um 1900
neue Impulse ausgehen und daß dort Subzentren literarischer Aktivität

entstehen. Im 1871 annektierten Reichsland Elsaß-Lothringen, wo das Hochdeutsche das Französische als Amtssprache verdrängt hatte und gleichzeitig mit dem Alemannisch der eingesessenen Bevölkerung konkurrierte, gründeten Straßburger Maler und Studenten den sogenannten Stürmerkreis, dessen kurzlebige gleichnamige Zeitschrift (Januar – November 1902) nichts weniger prätendierte, als vom Elsaß aus die nationale Kulturlandschaft zu revolutionieren. Die genialische Attitüde, die zunächst wie eine verspätete Nietzsche-Rezeption und nachgeholter Naturalismus wirkt, weist zugleich auf den Expressionismus – wenn nicht noch weiter – voraus. Denn zu den Mitgliedern des Stürmerkreises, der auch als «Jüngstes Elsaß» firmierte und gewissermaßen die Alternative zum konservativ-nationalen Alsa-Bund (mit seiner Zeitschrift *Erwinia*) darstellte, gehörten sowohl Ernst Stadler als auch René Schickele und neben dem eher konventionellen Romancier Otto Flake der spätere Dadaist Hans Arp.

Auch das Sprach-Grenzland Tirol erwacht zu neuer Aktivität. In Innsbruck gibt der einer norddeutschen Gelehrtenfamilie entstammende Ludwig von Ficker in enger Zusammenarbeit mit dem Südtiroler Kulturkritiker und Philosophen Carl Dallago die Zeitschrift *Der Brenner* (1910–1954) heraus, deren Titel allerdings nicht nur geographisch, sondern auch als Hommage an Karl Kraus zu verstehen ist. Das Innsbrucker Pendant zur Wiener *Fackel* ist gleichfalls durch eine Mischung von wertkonservativer (später zunehmend kirchlich-katholischer) Orientierung und jedenfalls partieller Aufgeschlossenheit gegenüber der expressionistischen Moderne geprägt. Ein damals noch fast gänzlich unbekannter Lyriker, den es 1912 aus beruflichen Gründen nach Innsbruck verschlug, erfuhr im Brenner-Kreis entscheidende Unterstützung und Ermutigung: Georg Trakl. Auch Theodor Däubler, als gebürtiger Triestiner in besonderer Weise der sprachlichen Grenzland-Erfahrung ausgesetzt, besaß im *Brenner* bis 1913 ein wichtiges Forum. Die Entgrenzungstendenz seiner kosmischen Dichtung fand in den Gedichten des Tirolers Hugo Neugebauer – des repräsentativsten *Brenner*-Lyrikers neben Trakl – gewissermaßen ihre bodenständige Ergänzung.

Am Ostrand des deutschen Sprachgebiets steigt seit der Jahrhundertwende Prag, Hauptstadt des bis 1918 zu Österreich-Ungarn gehörenden Böhmens, zu unerwarteter kultureller Geltung auf. Die Geburtsstadt Rilkes, Kafkas und Werfels verdankt ihre außerordentliche Bedeutung für die deutschsprachige Literatur nicht zuletzt der krisenhaften Zuspitzung des Nationalitätengegensatzes. Das zunehmend tschechisch geprägte Gemeinwesen (die deutschen Straßenschilder wurden 1893 demontiert) verwies die deutschsprechende Minderheit – unter ihr ein sehr hoher Anteil von Juden – offenbar in spezifischer Weise auf einen kreativen Umgang mit der in ihrer öffentlichen Geltung bedrohten Spra-

che. Man rückte gleichsam zusammen, und diese Nähe des Zusammen-
lebens förderte die Kreis-Bildung, wie sie andererseits bei vielen Pragern
wohl auch das Bedürfnis nach Flucht und Ausbruch erzeugte. Dabei
wandten sich viele Autoren nach Berlin, wie sich überhaupt die literarischen Kontakte der Moldaustadt, zumal in der Zeit des Expressionismus, primär nach Leipzig und Berlin richteten und die österreichische
Kapitale Wien, sicher auch aufgrund deren andauernder Schwäche als
Verlagsstandort, weitgehend vernachlässigten.

Von einem einheitlichen Prager Kreis läßt sich kaum sprechen. Für den Zeitraum 1898–1918 sind mindestens zwei verschiedene Konstellationen zu unterscheiden. Da ist zunächst die Gruppe Jung-Prag um Oskar Wiener und Paul
Leppin, die sich von der epigonalen Attitüde der älteren Prager Autorengeneration (mit den Lyrikern Friedrich Adler und Hugo Salus als Anführern) abzusetzen versucht. Ihr sind zumindest anfänglich Viktor Hadwiger, Camill Hoffmann
sowie – für die Dauer seines Prag-Intermezzos – Gustav Meyrink zuzurechnen.
Die Orientierung der Jung-Prager an der Dekadenz und ihre Vorliebe für die
mittelalterliche Kulisse der Goldenen Stadt sind maßgeblich beteiligt an der
Durchsetzung des Klischees von Prag als einem paradigmatischen Ort des
Unheimlichen, Grotesken, Phantastischen.

Der durch Max Brods Erinnerungsbuch (1966) bekannte ‹Prager Kreis› geht
etwa zehn Jahre später (1908) aus den Gesprächen junger Literaten im Café Arco
am Moldaukai hervor. Es handelt sich anfangs im wesentlichen um einen Kreis
von Freunden und Bewunderern des jungen Franz Werfel; zu seinen Mitgliedern
zählen Willy Haas, Paul Kornfeld, die Brüder Hans und Franz Janowitz, Otto
Pick und – als künftiger Mittelpunkt nach Werfels Weggang – Ernst Polak, später auch Karl Brand und Johannes Urzidil. Brod und seine Freunde Franz Kafka
und Oskar Baum gehörten im Café Arco zu den eher sporadischen Gästen;
man kann insofern in der Gruppe um ihn auch eine weitere Keimzelle des Prager Kreises sehen. Die ersten kollektiven Publikationen, in denen sich die neue
Prager Autorengeneration der Öffentlichkeit vorstellt – die *Herder-Blätter* (1911/
12) und das von Brod betreute Jahrbuch *Arkadia* (1913) –, vereinigen jedoch
die beiden Untergruppen, zeigen Kafka und Werfel nebeneinander.

Mit den Genannten ist der Beitrag Prags zur deutschsprachigen Literatur jener
Jahre keineswegs erschöpft. Zu bedenken sind auch jene Autoren, die Prag frühzeitig verließen, wie Rilke 1896 im Alter von 21 Jahren oder – schon 1876 mit
27 Jahren – Fritz Mauthner. Dessen Cousine Auguste Hauschner, die nach
ihrer Heirat 1871 gleichfalls nach Berlin zog, hat wie Mauthner selbst die Erinnerung an die böhmische Heimat und die besonderen Bedingungen einer
deutsch-jüdischen Sozialisation in Prag wachgehalten. Sie bilden den Inhalt ihres
im Prag der 1870er und 1880er Jahre spielenden Romans *Die Familie Lowositz*
(1908).

Als führende Zentren des literarischen Lebens behaupten sich auch
nach 1900 Berlin, München und Wien. Zweifellos verfügt die deutsche
Reichshauptstadt über die größte Vielfalt institutionalisierter kultureller
und literarischer Aktivitäten. Als Sammelbecken fruchtbarer geistiger
Impulse und weiterwirkender persönlicher Kontakte verdient besondere

Hervorhebung die schon oben (S. 41) unter dem Aspekt der Lebensreform beschriebene Neue Gemeinschaft. Die Gründung der Brüder
Hart stand in latenter Konkurrenz zu einer anderen Unternehmung ehemaliger Friedrichshagener: dem im Mai 1900 gegründeten, maßgeblich
von Bruno Wille und Wilhelm Bölsche bestimmten Giordano-Bruno-
Bund; auf seinen zahlreichen Vortragsveranstaltungen und Feiern wurde
ein darwinistisch inspirierter Monismus mit religiösem Pathos zelebriert.

Im gleichen Monat rief Ludwig Jacobowski – in Anspielung auf sein
Gedicht *Der Kommende* – in Berlin den Verein «Die Kommenden» ins
Leben, der im wesentlichen die gleiche, vielfach vom Friedrichshagener
Kreis überkommene, Klientel ansprach und sich schon nach wenigen
Monaten – nach einer Auseinandersetzung zwischen Else Lasker-Schü-
ler und dem Vorstandsmitglied Heinrich Houben – spaltete. Das von
Rudolf Steiner geführte Gästebuch bricht mit dem 102. Abend im
Herbst 1902 unvermittelt ab; der Verein hat den frühen Tod seines
Gründers und geistigen Mittelpunkts Jacobowski (noch im Dezember
1900) nicht lange überlebt.

In gleicher Weise auf die Gründerpersönlichkeit fixiert erweist sich
die 1903 ebenfalls in Berlin gegründete «Gemeinschaft der Eigenen».
Der Spiritus rector Adolf Brand gab 1896–1932 mit Unterbrechungen
und wechselnden Untertiteln die Zeitschrift *Der Eigene* heraus, die sich
von einem anarchistischen Blatt zur Verbreitung Stirnerschen Gedankenguts schon bald zur ersten Homosexuellenzeitschrift der Welt entwickelte. Entsprechend kann der Begriff des «Eigenen», den sich Brands
Gemeinschaft auf die Fahne geschrieben hat, zunehmend als Chiffre für
– von der Gesellschaft sittlich anzuerkennende – sexuelle Devianz ent-
schlüsselt werden. Im Gegensatz zu der medizinisch-psychiatrischen
Perspektivierung der Homosexualität, die der Sexualforscher Magnus
Hirschfeld und das von ihm gegründete Komitee zur Aufhebung des
Homosexuellen-Paragraphen vertraten, bevorzugten Brand und seine
Mitstreiter eine elitär-ästhetische Nobilitierung der «Freundesliebe»
oder «Lieblingminne» unter Berufung u. a. auf antike Vorbilder. Zu den
Gründungsmitgliedern gehörten Peter Hille und Hanns Fuchs (Verfasser «masochistischer» Romane), zu den Mitarbeitern der Zeitschrift (bis
1918) außerdem Hanns Heinz Ewers, John Henry Mackay, Erich Mühsam, Emil Szittya und Bruno Wille.

Aus dem Dunstkreis der Neuen Gemeinschaft geht schließlich auch
Herwarth Walden hervor, ein Pianist und Komponist, später hauptsächlich Publizist und Schriftsteller von immenser organisatorischer Begabung und Energie. Der 1904 von ihm gegründete Verein für Kunst
erweist sich im Rückblick als Keimzelle des expressionistischen Sturm-
Kreises (s. u. S. 130 f., 688 f.). Auch der Berliner Charon-Kreis Otto zur

Lindes gewinnt vor allem in Verbindung mit einer bestimmten Lyrik-Konzeption Bedeutung (s. u. S. 588–590). Ähnliches gilt für die früh-expressionistischen Kabarett-Veranstaltungen (s. u. S. 435) in Berlin, die Ausdruck und zentraler Gegenstand intensiver Vereinsaktivitäten sind.

Der Neue Club, der 1910 das Neopathetische Cabaret hervorbrachte, ging 1909 als Abspaltung aus der Freien Wissenschaftlichen Vereinigung hervor, einer nichtschlagenden Studentenverbindung an der Berliner Universität, in der zahl-reiche jüdische Studenten organisiert waren. Ihr hatte bis zu seiner Desertion vom Wehrdienst im Herbst 1908 auch Kurt Hiller angehört; als diesem nach sei-ner (auf ein psychiatrisches Gutachten gestützten) Rehabilitation die Wiederauf-nahme in die Freie Wissenschaftliche Vereinigung verweigert wurde, erklärten mehrere Mitglieder ihren Austritt. Hans Davidsohn (der spätere Jakob van Hod-dis), Franz Grüner, Kurt Hiller, Kurt Levy, Erwin Loewenson, Erich Unger, John Wolfsohn und Edgar Zacharias schlossen sich im März 1909 zum Neuen Club zusammen, dessen Ziele satzungsgemäß der regelmäßige Gedankenaus-tausch und die Veröffentlichung eigener Arbeiten waren, von dem sie sich aber auch eine «Steigerung der Lebensintensität» versprachen.

Letztere wurde nicht zuletzt durch die Darbietungen des Neopathetischen Cabarets verfolgt, einer ungewöhnlichen Synthese von Publizität und intellek-tuellem Niveau, Urbanität und Kunst-Pathos. Dabei war die Spannung zwi-schen dem «soziologischen Ethos» Hillers und der eher ästhetizistischen Posi-tion Erwin Loewensons nicht zu übersehen; sie verstärkte sich anhand der Auseinandersetzung über eine vom Neuen Club zu unterstützende Aufführung von Georg Heyms Drama *Atalanta*. Hiller, der im Februar 1911 mehrheitlich zum Rücktritt als Präsident aufgefordert, ja aus dem Club ausgeschlossen wurde, gründete im November desselben Jahres als Gegenprojekt das Cabaret Gnu. Nach dem Tode Heyms und dem Rückzug des seelisch erkrankten van Hoddis (1912) ebbten die Aktivitäten des Neuen Clubs ab; die letzten öffentli-chen Veranstaltungen datieren – wie beim Cabaret Gnu – von 1914. Im «Club Clou» (Leitung: Dr. Bryller) in Alfred Lichtensteins parodistischer Skizze *Der Sieger* (1912) fließen gewissermaßen beide Unternehmungen zusammen.

Neben Berlin behauptete sich München als zweites literarisches Zen-trum von nationaler Bedeutung. Sein zunehmendes Gewicht resultierte einerseits aus der bemerkenswerten Zahl hochrangiger Dichterpersön-lichkeiten, die hier ihren festen Wohnsitz nahmen oder eine privilegierte Station ihres Wanderlebens einrichteten. Ersteres galt für die Erzähler Eduard von Keyserling (einen baltischen Aristokraten), Heinrich und Thomas Mann (die Lübecker Patriziersöhne) und den Dramatiker Frank Wedekind, letzteres für die Lyriker George und Rilke. Der andere Fak-tor, der Münchens Attraktivität für die Literatur ausmachte, war der Gemeinschaftsgeist der Boheme, wie sie sich im Schwabinger Künstler-viertel ausgebildet hatte – mit dem Café Stefanie, das ebenso wie das Berliner Café des Westens auch als «Café Größenwahn» tituliert wurde, und der Künstlerkneipe «Simplicissmus» als Brennpunkten.

Jahrzehnte später erinnert sich Becher in seinem Gedicht *Café Stefanie*:

> Am Tisch daneben spielte Mühsam Schach,
> Und Frank saß einem Geldmann auf der Lauer.
> (Vielleicht saß der indes im Café Bauer?)
> Ein Denker hielt mit Kokain sich wach.
>
> Franz Jung erschien mit seiner Tänzerin,
> [...].

Zog das Café Stefanie besonders die expressionistische Avantgarde an, so versammelte die Künstlerkneipe der Kathi Kobus, die 1903 aus «Dichtelei» in «Simplicissimus» umbenannt wurde, vor allem die Künstler des gleichnamigen satirischen Blattes (gegründet 1896). Die Respektlosigkeit ihres Witzes und die Mitwirkung Wedekinds verband sie mit den «Elf Scharfrichtern», die in einem anderen Gasthof der Türkenstraße ihr anrüchiges kabarettistisches Gewerbe trieben (s. u. S. 432 f.).

Erotische Freiheit, Befreiung von den Prüderien der wilhelminischen Moral – das war sicher der eine Pol, der die Besonderheit der Schwabinger Boheme ausmachte, und für Franziska zu Reventlow oder Emmy Hennings (die auch die Neige dieser Freiheit in Form von Gelegenheitsprostitution kennenlernten), Erich Mühsam oder Otto Gross sicher der wichtigste. Zugleich definierte sich der Genius loci jedoch durch eine hartnäckige Affinität zu Mystizismus, Spiritismus und Okkultismus. Schon in den achtziger Jahren hatte hier die sogenannte «wissenschaftliche Psychologie» Carl du Prels ein erstes Forum gefunden; Hanns von Gumppenbergs *Drittes Testament* war ihr ebenso verpflichtet wie die Psychodiagnostik des Graphologen Klages. Mit Kubin, Meyrink (seit 1904) und Alexander Moritz Frey wird München zu einem der wichtigsten Entstehungsorte einer phantastischen Literatur, die den «dunklen Gängen» (so der Titel von Freys erstem Geschichtenband, 1913) der menschlichen Psyche nachspürt und Anregungen des Okkultismus aufnimmt. In enthemmter, religiösübersteigerter Form begegnet der Irrationalismus Schwabings in den *Proklamationen* (1904) Ludwig Derleths, eines ehemaligen Lehrers, der 1897 Pläne zur Gründung eines Laienordens entwickelte und immerhin Beiträge zu Georges *Blättern für die Kunst* lieferte. Derleth «proklamierte»:

Jesus Maria.

Ich erwachte und erschienen mir drei Zeichen: der Blitz, der Adler und der Stern.

Ich, Ludwig Derleth, bin allein und habe alle verbündet gegen mich und erkläre im Namen Jesu von Nazareth den Krieg.

Im Münchner Kosmiker-Kreis um Ludwig Klages und Alfred Schuler gewann der orts- und zugleich epochentypische Irrationalismus seine bedeutendste Ausprägung. Der esoterische Zirkel, dem bis 1901 auch Derleth zuzurechnen ist, ging aus der Begegnung von Ludwig Klages und Alfred Schuler mit Stefan George im Frühjahr 1897 hervor und zerbrach im Winter 1903/04 an den antisemitischen Vorbehalten, mit denen die ersteren auf das zionistische Engagement Karl Wolfskehls reagierten, der 1898/99 hinzugekommen war und mit seinen ausgebreiteten mythologischen Kenntnissen (nicht zuletzt von Bachofens *Mutterrecht*) die an Nietzsche orientierte Antike-Rezeption des Kreises (s. o. S. 74 f.) entscheidend bereichert hatte.

Stefan George, der bei seinen München-Aufenthalten im Hause Wolfskehls wohnte und die Stadt als «Hauptquartier» seiner Aktivitäten nutzte (Brief Gundolfs an George, Februar 1903), gab dem zuvor primär auf literarischer Ebene bestehenden Kreis um die *Blätter für die Kunst* mit dem Kult um den 1904 verstorbenen Münchner Gymnasiasten Maximilian Kronberger (Maximin) eine neue lebensgeschichtliche – und zwar konkret auf die bayerische Hauptstadt bezogene – Grundlage. *Gefolgschaft und Jüngertum, Herrschaft und Dienst* – mit ihren so betitelten Beiträgen zur VIII. Folge der *Blätter für die Kunst* (1909) instrumentieren Gundolf und Friedrich Wolters die Metamorphose des George-Kreises von einer Dichtergruppe zu einem hieratischen Zusammenschluß von Intellektuellen und Gelehrten (darunter zahlreichen führenden Universitätsprofessoren), der sich bald als «geheimes Deutschland» (Wolfskehl) definieren sollte.

Ein latentes Politikum wohnte vielen Aktivitäten der Münchner Kulturszene ohnehin dadurch inne, daß sie sich als regional(istisch)er Gegenentwurf zum Übergewicht der Reichshauptstadt verstanden. Von den antiwilhelminischen Satiren eines Wedekind und Ludwig Thoma im *Simplicissimus* führt eine direkte Linie zur Essayistik der *Süddeutschen Monatshefte* (1904–1936) unter der Verantwortung Josef Hofmillers oder zum Profil von Langens Zeitschrift *März* (1907–1917), die Hermann Hesse – als Mitherausgeber der ersten fünfeinhalb Jahrgänge – bewußt zur Pflege einer süd- oder südwestdeutschen Literaturtradition einsetzte.

Ab Sommer 1903 wird München zur neuen Heimat des Straßburger Stürmer-Kreises. Zwei seiner Mitglieder (Hans Brandenburg, Bernd Isemann) finden Zugang zum Romancier Waldemar Bonsels, der seit 1904 einen eigenen Verlag betreibt, den er primär den Werken seiner Freunde öffnet. Im Bonsels-Kreis begegnet der junge Johannes R. Becher seinem künftigen Verleger Heinrich Bachmair. Beide entwickeln sich zu Zentralfiguren der zweiten expressionistisch-anarchistisch orientierten Phase der Münchner Moderne. Bei Bachmair erscheint 1913 die Zeitschrift *Revolution*, deren von Mühsam verfaßtes Vorwort schon oben vorgestellt wurde (S. 45 f.). Mühsams Name wiederum ist gleich mit zwei Gruppenbildungen der Münchner Vorkriegsboheme verbunden: Er ruft 1909 die «Tat»-Gruppe ins Leben, die auf die Organisation des sogenannten Lumpenproletariats zielt und sich nach einem Gerichtsprozeß 1910 neu konstituieren muß (mit den Schriftstellern Karl Otten, Ferdinand Hardekopf, Franz Jung, Oskar Maria Graf sowie dem Maler Georg Schrimpf als Mitgliedern), und ist außerdem – neben Joachim Ringelnatz – 1914 an der von Carl Georg von Maaßen gegründeten Hermetischen Gesellschaft beteiligt, einer Parodie auf die mystizistischen Tendenzen der München Moderne von du Prel bis zu Klages und Schuler.

Auch in Wien, dem dritten großen Zentrum der deutschsprachigen Literatur um 1900, läßt sich eine Binnendifferenzierung der Moderne beobachten, eine Spaltung in eine ältere Generation arrivierter Autoren mit überregionaler Ausstrahlung (Hofmannsthal, Schnitzler, Beer-Hofmann) und eine neue Klasse jüngerer Schriftsteller, die zu ersteren teils die Haltung von Schülern oder Jüngern (so Jakob Wassermann, Stefan Zweig, Ernst Weiß), teils eine kritische Position einnehmen, wie – mit einigen Selbstfindungsschwierigkeiten – Albert Ehrenstein. Für ihn und andere Aufmüpfige der Wiener Szene bot sich Kraus' *Fackel* als Publikationsort und Kristallisationspunkt oppositioneller Bestrebungen an. Denn auf die Gegnerschaft von Kraus gegen die Hauptvertreter und Tendenzen der Wiener Moderne (mit der einen Ausnahme seines Freundes Peter Altenberg) war seit seiner Satire *Die demolirte Litteratur* (1896/97) Verlaß. Allenfalls gegenüber Schnitzler fand sich Kraus zu Abschwächungen seiner Kritik bereit.

Zum Kreis der *Fackel*-Mitarbeiter und Kraus-Schützlinge gehörten neben Ehrenstein Otto Stoessl, Berthold Viertel, Karl Hauer und anfangs auch Fritz Wittels, der sich allerdings bald von seinem literarischen Ziehvater abwandte, um ihn mit einem Vortrag vor der Wiener Psychoanalytischen Gesellschaft (*Die «Fackel»-Neurose*, 1910) und im Schlüsselroman *Ezechiel der Zugereiste* (1910) anzugreifen. In diesem Roman, gegen dessen Veröffentlichung Kraus vergeblich juristisch vorzugehen versuchte, firmiert letzterer als Aphoristiker Benjamin Eckelhaft, der zur Befriedigung seiner Eitelkeit die Zeitschrift «Das Riesenmaul» herausgibt.

Die Kette der Kraus-Karikaturen in Bild und Text ist lang. Die literarische Serie reicht vom Schüler Alfred Ackermann in C. Karlweis' Komödie *Der neue Simson* (1901) über den Kritiker Rapp in Schnitzlers Roman *Der Weg ins Freie* (1908) und die Gestalt des Lutz Laus («Dackel-Laus») in Alfred Lichtensteins Prosastück *Café Klößchen* bis zur mephistophelischen Teil-Persönlichkeit des Karl Kalans in Werfels Drama *Der Spiegelmensch* (1920). Im Hinblick auf das Aufkommen einer neuen Autorengeneration in Wien verdient das Bild des «berüchtigten Publizisten» Ekkehard Meyer in Robert Müllers Drama *Die Politiker des Geistes* (1917) besonderes Interesse. Denn mit dieser Figur kritisiert Robert Müller offenbar, wie schon in seiner Broschüre *Karl Kraus oder Dalai Lama, der dunkle Priester* (1914, auch erschienen als einziges Heft der Zeitschrift *Torpedo*), Kraus' Wirken als Beispiel einer in sich selbst kreisenden Geistigkeit und damit als Gegenpol zu den Forderungen des Aktivismus, die in diesem Drama von seinem Antipoden Gerhard Werner – einer durchsichtigen Ich-Projektion Müllers – verkörpert werden.

Die Plattform der Wiener Avantgarde an der Schwelle des Expressionismus bildete der überwiegend von Studenten geführte Akademische Verband für Literatur und Musik; seit Robert Müllers Eintritt und seiner Übernahme der Literaturabteilung im Herbst 1912 kam es zu einer merklichen Radikalisierung. Müller organisierte Lesungen Däublers wie Karl Mays und war verantwortlich für die futuristische Bejahung des Kriegs im einschlägigen Themenheft der Verbandszeitschrift *Der Ruf* vom Oktober 1912. Ein Jahr später erscheint das fünfte und letzte Heft der Zeitschrift mit Ovationen zu Hermann Bahrs 50. Geburtstag; der Initiator des Jungen Wien wird von Müller als «Geologe» seelischer Schichtungen gefeiert, vor dem die Jugend zu «salutieren» habe – ein Brückenschlag von der zweiten zur ersten Generation der Wiener Moderne, der nur durch Bahrs *Expressionismus*-Buch (1916) überboten wird.

Mit dem Aufkommen des Expressionismus verschiebt sich die Balance zwischen den konkurrierenden Moderne-Zentren Wien und Berlin deutlich zugunsten der deutschen Reichshauptstadt. Die österreichischen Autoren, die an der neuen Bewegung durchaus – und zwar in einem größeren Maße, als gemeinhin angenommen – beteiligt sind, finden in Wien zumeist kein adäquates Forum und orientieren sich verstärkt nach Berlin. Dabei spielt die Mitarbeit an den expressionistischen Zeitschriften *Der Sturm* und *Die Aktion* eine besondere Rolle. Junge Talente wie Oskar Kokoschka und Albert Ehrenstein brechen nach Berlin auf und kehren zum Teil enttäuscht zurück, wie auf seine Weise auch Ehrensteins Entdecker Kraus, der die enge Zusammenarbeit mit Herwarth Walden und dessen *Sturm*-Redaktion 1912 abrupt aufkündigt.

Eine Kontinuität eigener Art läßt sich für Zürich reklamieren, das zweieinhalb Jahrzehnte nach Auslaufen des deutschen Sozialistengesetzes, während dessen Geltungszeit sich die Stadt an der Limmat schon zu einem Treffpunkt oppositioneller Geister entwickelt hatte, eine überraschende Renaissance erlebt. Während des Ersten Weltkriegs wird Zürich zum wichtigsten Sammelplatz deutscher und österreichischer Kriegskritiker, ja -flüchtlinge (u. a. Leonhard Frank und Walter Serner). Die deutschen Emigranten Hugo Ball und Richard Huelsenbeck begründen zusammen mit zwei Rumänen (Marcel Janco, Tristan Tzara) und dem elsässischen Wahlschweizer Hans Arp in der Zürcher Spiegelgasse das Cabaret Voltaire, die Wiege des internationalen Dadaismus. Am anderen Ende derselben Straße befand sich die Exilunterkunft, von der Lenin 1917 aufbrach, um Rußland zu revolutionieren.

Die von Intellektuellen aus ganz Europa besuchte Lebensreform-Kolonie auf dem Monte Verità bei Ascona im Schweizer Tessin (s. o. S. 41 f.) diente als wichtiges Forum zur Vermittlung anarchistischen und okkultistischen Gedankenguts und gewann dadurch vor allem für Hermann Hesse, Erich Mühsam und Emil Szittya Bedeutung. Als Gegenstück zu ihr hätte der italienische Badeort Forte dei Marmi historische Bedeutung erlangt, wenn es im September 1914 zu dem geplanten zwölftägigen Treffen des im Vorgriff so benannten Forte-Kreises gekommen wäre, einer geistesaristokratischen Vereinigung, zu der sich auf Anregung des Berliner Privatgelehrten Erich Gutkind und des holländischen Dichters und Lebensreformers Frederik van Eeden Autoren und Intellektuelle aus mehreren Ländern zusammengeschlossen hatten. Zum engeren Kreis der Gruppe, deren erstes und einziges Treffen im Juni 1914 in Potsdam stattfand, gehörten Martin Buber, Theodor Däubler, Wassily Kandinsky, Gustav Landauer und Florens Christian Rang.

Der Ausbruch des Ersten Weltkriegs vereitelte auch diesen Versuch einer grenzüberschreitenden Verständigung. Als Produkt des Kriegs hingegen ist die Brüsseler Künstlerkolonie anzusehen, der die Schriftsteller Gottfried Benn, Carl Einstein und Otto Flake, der Kunsthistoriker Wilhelm Hausenstein, der Verleger Hans von Wedderkop und der Kunsthändler Alfred Flechtheim angehörten. Während die Genannten erst infolge des Kriegs in die besetzte belgische Hauptstadt kamen, hatte sich Carl Sternheim schon 1912 auf dem nahegelegenen Landsitz La Hulpe angesiedelt.

2. Verlage und Zeitschriften

Vor einem Überblick über die wichtigsten literarischen Verlage und Zeitschriften sind zwei eigenartige Unternehmungen gesondert zu erwähnen, die sich keineswegs in erster Linie auf die aktuelle Literatur oder auf die Belletristik im allgemeinen beziehen und doch in charakteristischer Weise den Geist der Jahrhundertwende repräsentieren, zugleich aber auch neue Formen des Umgangs mit der Öffentlichkeit erkennen lassen. Es handelt sich um eine Zeitschrift und einen Verlag.

Der schon 1887 gegründete *Kunstwart* stieg erst in den späten neunziger Jahren zu größerer Bedeutung auf, nachdem der Herausgeber Ferdinand Avenarius durch die Partnerschaft mit dem Münchner Verleger Georg Callwey eine sichere ökonomische Basis gewonnen und seiner «Rundschau über alle Gebiete des Schönen» (das Ressort für Literatur betreute bis 1901 Adolf Bartels) durch den Anschluß an die Lebensreform ein klares programmatisches Profil gegeben hatte. Dabei beschränkte sich Avenarius nicht auf das publizistische Potential einer klassischen Zeitschrift, sondern erschloß sich durch den Aufbau eines umfangreichen organisatorischen Netzes neue Publikumsschichten und Wirkungsmöglichkeiten.

Als nationales Pendant zur liberalen Goethebund-Bewegung des Vorjahrs (s. u. S. 135) rief Avenarius 1901 zur Gründung des Dürerbunds auf, der sich 1902 konstituierte – mit Avenarius und seiner *Kunstwart*-Mannschaft an den wichtigsten Leitungspositionen. Zweck des Bundes, dem zur Hälfte Geistliche und Lehrer angehörten, war die «Pflege des ästhetischen Lebens» (später: Förderung der ethischen Kultur bzw. «Ausdruckskultur»). Es geht um eine deutsche Wiedergeburt auf dem Wege reformierter Volksbildung, in bewußter Abgrenzung von der Kommerzialisierung der modernen Warenwelt ebenso wie von den chauvinistischen

Parolen des wilhelminischen Obrigkeitsstaats. *Kunstwart und Kulturwart* lautete ab 1907 der Titel der Halbmonatsschrift, die sich nunmehr – mit 70 Seiten Heftumfang – «für Ausdruckskultur auf allen Lebensgebieten» zuständig erklärte; die Zahl der Leser stieg auf 23 000.

Ein Kulturphänomen von ähnlicher Signifikanz für die Epoche ist der Eugen Diederichs Verlag in Jena, 1896 mit Doppelsitz in Leipzig und Florenz gegründet. «Ich möchte einen Versammlungsort moderner Geister haben», schreibt der knapp dreißigjährige Jungverleger im September 1896 an Avenarius, indem er ihn zugleich um Mitarbeit bittet: «Parole: Entwicklungsethik, Sozialaristokratie, gegen den Materialismus zur Romantik und zu neuer Renaissance. Auch für Mystik habe ich sehr viel übrig.» Eugen Diederichs, der sich als «Kulturverleger», nämlich als ein Organisator verstand, der «geistigen Strömungen [...] den Weg bereitet» (an Martin Rade, September 1911), hat hier die Grundlinien seines künftigen Programms erstaunlich genau vorgezeichnet.

Er setzt ein beim ideologischen Projekt der Friedrichshagener – Bölsches *Liebesleben in der Natur* wird einer der ersten großen Erfolge des jungen Verlags –, bekennt sich zur Romantik, einem Schwerpunkt seines Hauses, das alsbald eine Novalis-Ausgabe herausbrachte, lange Zeit für seine Märchensammlungen bekannt war und sich in einem Prospekt von 1900 als «führender Verlag der Neuromantik» vorstellt, und endet mit der Mystik, an deren damaliger Konjunktur Diederichs mit zahlreichen einschlägigen Buchtiteln maßgeblich beteiligt war. Als verbindendes Element hinter den scheinbar divergierenden Schlagworten steht das Bestreben nach einem Wiedergewinn spiritueller Dimensionen und nationaler Identität. Beides ist für Diederichs nicht zu trennen, der in der Hinwendung zum Geistigen und Religiösen einen Grundzug des deutschen Wesens sah. Von hier aus versteht sich die besondere Bedeutung des Kulturprotestantismus als «Verlagsreligion», einer kirchenfremden Christlichkeit auf ‹germanischer› Grundlage und in deutlicher Differenz zum katholischen Rom-Bezug.

Auch Diederichs begnügt sich nicht mit den genuinen Formen öffentlicher Wirkung, die ihm seine berufliche Tätigkeit garantiert. Er schart einen Kreis junger Leute um sich, mit denen er gemeinsam im Freien musiziert und Sonnwendfeiern veranstaltet. Dieser sogenannte Sera-Kreis tritt mit Ausbruch des Ersten Weltkriegs in den Hintergrund gegenüber den Lauensteiner Tagungen, auf denen Diederichs – letztlich vergeblich – eine Verständigung zwischen den unterschiedlichen Lagern der deutschen Intelligenz, gerade auch in der Einstellung zum Krieg, herbeizuführen sucht.

In der Reihe der deutschen Literaturverlage zu Beginn des 20. Jahrhunderts steht wie selbstverständlich S. Fischer, Berlin, an erster Stelle. Die führende Position als Verleger der Moderne, die sich Samuel Fischer schon in den neunziger Jahren durch feste Verträge mit Gerhart Hauptmann und Schnitzler geschaffen hatte, erfuhr durch seine ‹Entdeckung›

Thomas Manns und die kontinuierliche Betreuung Peter Altenbergs, Hermann Hesses, Bernhard Kellermanns, Eduard von Keyserlings, Hermann Stehrs, Emil Strauß' und Jakob Wassermanns, ab der Gesamtausgabe von 1906–1909 auch Richard Dehmels, weitere Stärkung und Bestätigung. Auch die Essayistik eines Walther Rathenau fand, 1917 sogar mit einer Gesamtausgabe, Eingang in das Verlagsprogramm. Allein schon den Vorabdrucken aus den Werken der genannten Autoren, aber auch der umsichtigen Redaktion Oscar Bies, verdankte die *Neue deutsche Rundschau* (ab 1904: *Neue Rundschau*) als Hauszeitschrift des Verlags ihre fortdauernde Geltung als wichtigstes Periodikum der ‹klassischen› Moderne. Denn diese Einschränkung ist für Zeitschrift wie Verlag zu machen: Den radikalsten Varianten der modernen Literaturbewegung waren sie nicht zugänglich, zur expressionistischen Generation insbesondere ergaben sich nur noch im Einzelfall direkte Kontakte. So druckt S. Fischer Reinhard Johannes Sorges Erstling *Der Bettler* und betreut 1915–1933 das Werk von Alfred Döblin.

Wesentlichen Anteil am Dauererfolg S. Fischers haben seine Lektoren Moritz Heimann und (ab 1917) Oskar Loerke; für kurze Zeit war 1914/15 auch Robert Musil als Redakteur der *Neuen Rundschau* tätig. Eine wichtige Rolle im literarischen Leben der deutschen Reichshauptstadt spielten die Empfänge im Haus des Verlegers in der Trabener Straße im Grunewald. Ein engerer Kreis um Loerke traf sich schon in den Vorkriegsjahren regelmäßig donnerstags an wechselnden Orten; aus dieser Donnerstags-Gesellschaft ist eine kleine Schriftenreihe mit Titeln von Heimann, Loerke und Emil Strauß hervorgegangen.

Ein ernst zu nehmender Konkurrent entstand S. Fischer durch einen Kollegen, dessen Firma aus einem kurzlebigen und ökonomisch desaströsen Zeitschriften-Unternehmen hervorgegangen war. Am Anfang des Leipziger Insel Verlags stand das ehrgeizige bibliophile Projekt der gleichnamigen Jugendstil-Zeitschrift (s. o. S. 97 f.). Anton Kippenberg, der 1905 als Gesellschafter in den Verlag einstieg und ihn von 1906 bis 1950 alleinverantwortlich – freilich in enger Gemeinschaft mit seiner Frau Katharina – leitete, erneuerte die Verbindung zu wichtigen Autoren wie Hofmannsthal, Rilke und Ricarda Huch und warb weitere wie Stefan Zweig und Hans Carossa hinzu. Allerdings wurde für diesen traditionsbewußten Verleger, der eine bedeutende Goethe-Sammlung aufbaute, kein zeitgenössischer Autor so wichtig wie der Weimarer Klassiker. Traditionspflege und (auch buchkünstlerische) Modernität verbanden sich in der erfolgreichsten Kreation Kippenbergs: der populären Insel Bücherei, die 1912 mit Rilkes *Die Weise von Liebe und Tod des Cornets Christoph Rilke* eingeführt wurde. Als erfolgreichstes Buch der Reihe erreichte die Nummer Eins 1959 die Auflagenhöhe von einer Million; Bindings Erzählung *Der Opfergang*, gleichfalls 1912 als Nummer 23 erschienen, gelangte drei Jahre später an diese Grenze.

Bei Kippenberg lernt der junge Kurt Wolff das Verlagsgeschäft. Er wird 1910 stiller Teilhaber des ein Jahr zuvor gegründeten Ernst Rowohlt Verlags, Leipzig, um 1912, nach der Trennung von seinem Partner Rowohlt (der 1919 in Berlin einen neuen Verlag gründen wird), die Verlagsbestände und -rechte zu übernehmen. Der Leipziger Kurt Wolff Verlag, wie seit Februar 1913 der Firmeneintrag lautet, steigt dank der Kompetenz und vielfältigen Kontakte seiner Lektoren (Kurt Pinthus, Franz Werfel) sowie der Tatkraft seines Prokuristen Georg Heinrich Meyer (ab 1914) schnell zum führenden Verlag des Expressionismus auf. Entscheidenden Anteil daran haben zwei Buchreihen: «Der Jüngste Tag» und «Der neue Roman».

In der Reihe «Der Jüngste Tag» erschienen 1913–1921 sechsundachtzig schmale Bände mit – wie es in der Verlagsankündigung hieß – «kleineren Werken jüngerer Dichter [...], die als charakteristisch für unsere Zeit und zukunftweisend zu gelten haben»; unter den sieben Titeln des Eröffnungsprogramms vom Mai 1913 waren mit Werfel, Hasenclever, Kafka und Trakl mehrere führende Autoren der neuen Richtung vertreten – der Doppelband 7/8 mit Trakls *Gedichten* stellte überhaupt die einzige reguläre Buchveröffentlichung dar, die dieser Dichter erleben sollte.

Wesentlich stärker in die Breite wirkte – bei einem Einheitspreis von 3,50 Mark für die geheftete Ausgabe – die Reihe «Der neue Roman». Diese gleichzeitig mit dem Erwerb der Verlagsrechte von Heinrich Mann gegründete «Sammlung zeitgenössischer Erzähler» erreichte 1916, ein Jahr nach ihrer Gründung, bereits eine Gesamtauflage von 400.000 Exemplaren. Etwa ein Viertel davon entfiel auf Gustav Meyrinks Bestseller *Der Golem*.

In Erik-Ernst Schwabachs Verlag Die weißen Bücher, der dem Kurt Wolff Verlag assoziiert war und 1917 von ihm übernommen wurde, erschien seit 1913 – zunächst von Schwabach, ab 1915 von René Schickele herausgegeben – die Monatsschrift *Die weißen Blätter*. Nachdem der Verlagssitz während des Kriegs mit Rücksicht auf die Zensur in die Schweiz verlegt wurde, erschien der letzte Jahrgang im Berliner Verlag Paul Cassirer. Dieser war aus der Kunsthandlung hervorgegangen, auf die sich Paul Cassirer (nach einer Absprache mit seinem Bruder Bruno über die Aufteilung der Geschäftsbereiche) ab 1901 hatte beschränken müssen. Bereits 1910 war Cassirer mit einem eigenen Periodikum hervorgetreten, das er – ebenso wie die Pan-Presse und einen kurzlebigen Theaterverein – nach der spektakulären Kunstzeitschrift der neunziger Jahre benannte (vgl. Band IX, 1, S. 137), die sein Bruder und er seinerzeit vergeblich zu erwerben versucht hatten. Freilich entwickelte sich der zweite *Pan* ganz anders als sein Namenspatron. Unter den Herausgebern Wilhelm Herzog, W. Fred und Alfred Kerr, der im März 1912 die Zeitschrift von Cassirer erwarb, profilierte sich die neue Zeitschrift als liberal-kämpferisches Blatt, literarisch eher in der Nachbarschaft als in der Hauptlinie des Expressionismus angesiedelt.

Diese Halbheit wurde Kerrs *Pan* zum Verhängnis; schon vor Ausbruch des Weltkriegs verkümmerte die Zeitschrift. Ihr früherer Herausgeber Wilhelm Herzog dagegen brachte zeitgleich im Frühjahr 1914 in München in einem eigens dafür gegründeten Verlag *Das Forum* heraus, eine vielbeachtete Plattform des literarischen Aktivismus, schon vor dem Krieg gegen den Krieg Stellung nehmend und im September 1915 vom Bayerischen Kriegsministerium verboten (s. u. S. 791 f.). Nach dem Krieg wurde *Das Forum* bis 1929 von Herzog fortgesetzt.

Die erfolgreichsten und langlebigsten literarischen Zeitschriften der nachnaturalistischen Generation waren Ein-Mann-Betriebe, hervorgegangen aus der Initiative eines Herausgebers, der sie zu seinem Lebenswerk machte, und verfügten zumeist über einen eigenen Verlag. Das gilt schon für *Die Fackel* von Karl Kraus und den *Brenner* Ludwig von Fickers (s. o. S. 124, 118), aber auch für Siegfried Jacobsohns *Schaubühne* (Berlin 1905–1918, fortgesetzt als *Weltbühne* unter Carl von Ossietzky). Das gilt erst recht für die beiden wichtigsten expressionistischen Zeitschriften, die fast gleichzeitig in Berlin gegründet wurden und – fernab von ihrer ursprünglichen Bedeutung – den Expressionismus ähnlich lange überdauerten: Herwarth Waldens *Der Sturm* (1910–1932) und Franz Pfemferts *Die Aktion* (1911–1932). Während Kraus ab 1912 kaum noch Mitarbeiter an der *Fackel* beteiligte, sind diese Flaggschiffe der expressionistischen Zeitschriftenlandschaft – bei allem Gewicht, das der jeweiligen Herausgeber-Persönlichkeit zukam – keinesfalls ohne das dichte Netz der hauptstädtischen Literatur-Kontakte denkbar. Sie stellen gleichsam das publizistische Sprachrohr eines Gruppenbildungsprozesses dar, der bereits vorher in Gang gekommen war, durch die Gemeinsamkeit des Auftretens im Druck und die Abgrenzungen, ja Grabenkriege zwischen den verschiedenen Organen aber zusätzlich gefördert wurde.

Der Sturm bildet das letzte und erfolgreichste Glied in einer Kette sezessionistischer Teil-Öffentlichkeiten, die Herwarth Walden seit der Jahrhundertwende betrieben hat: zunächst mit dem erfolglosen Kabarettunternehmen «Teloplasma» (1901), dann mit der Gründung und langjährigen Leitung des Vereins für Kunst (1904), schließlich mit Redakteurstätigkeiten bei verschiedenen Zeitschriften (*Das Theater*, *Der Morgen*). Es sind immer wieder dieselben, auf dem kommerziellen Buchmarkt nicht durchdringenden Autoren, für die Walden sich hier wie dort einsetzt (u. a. seine Frau Else Lasker-Schüler, Peter Hille, Paul Scheerbart). Auch der anfangs stark an die *Fackel* angelehnte, ja eng mit Kraus' Zeitschrift kooperierende *Sturm* versteht sich zunächst primär als Alternative zur bürgerlichen Presse bzw. zur von ihr beherrschten Öffentlichkeit und steht daher in seiner ersten Phase unterschiedlichen Schreibstrategien und Positionen offen. Erst mit der Gründung der Sturm-Galerie 1912 und Waldens Entscheidung für die zur Abstraktion tendierende Malerei der italienischen Futuristen und des Blauen Reiters um Kandinsky und Marc bildet sich eine ästhetische Programmatik des *Sturm* heraus. In ihrer Folge vollzieht sich eine Restriktion des Mitarbeiterkreises, nochmals forciert nach der Inthronisation von August Stramms «Wortkunst» als verbindlichen Paradigmas des hier gepflegten literarischen Expressionismus (1914). Die Sturm-Abende, auf denen Rudolf Blümner Stramms Dichtungen vorträgt, sind gewissermaßen die radikalisierte, programmatisch aufgeladene Verlängerung der Veranstaltungen des Vereins für Kunst; auch die Sturm-Bücher, Sturm-Künstlerpostkarten und andere Produkte der von Walden mit großem Einfallsreichtum betriebenen Öffentlichkeitsarbeit treten in den Dienst eines ganz bestimmten Bekenntnisses zum Expressionismus.

Die Aktion ist eine Weiterentwicklung des *Demokraten*, einer «Wochenschrift für freiheitliche Politik und Literatur», die Franz Pfemfert seit Januar 1910 redigierte. Pfemfert öffnete das der Freidenkerbewegung gewidmete Blatt dem Frühexpressionismus des Neuen Clubs und entwickelte die – nach einem Konflikt mit dem Herausgeber des *Demokraten* – im Februar 1911 gegründete eigene Zeitschrift bis 1918 zu einer regelrechten Talentschmiede der neuen Bewegung, in der auch das Zusammenspiel von Literatur und bildender Kunst – dank der Holzschnitte von Karl Schmidt-Rottluff, Egon Schiele u. a. auf den Titelseiten der Hefte ab 1914 – eine wichtige Rolle spielte. Zum festen Stamm der Mitarbeiter gehörten Ludwig Rubiner, Ferdinand Hardekopf, Gottfried Benn, Carl Einstein, Franz Jung, Karl Otten und Wilhelm Klemm, der wichtigste Autor der Rubrik «Verse vom Schlachtfeld» (s. u. S. 585, 810). Als Signale eines indirekten Kriegsprotestes dienten die nach 1914 erschienenen Sonderhefte der *Aktion* zur Literatur und Malerei des Auslands. Die überregionale Bedeutung der Zeitschrift zeigt sich nicht zuletzt in der großen Zahl junger Wiener Autoren, die in der *Aktion* – oft zum ersten Mal überhaupt – gedruckt werden. Eine um so bemerkenswertere Bilanz, als das Verhältnis Pfemferts zur Wiener Szene mindestens bis 1912 durch die offene Frontstellung gegen Karl Kraus belastet war.

Der hohe Konkurrenz- und Profilierungsdruck, ohne den die enorme Kreativität und das hohe intellektuelle Niveau der damaligen Zeitschriftenlandschaft nicht zu erklären sind, äußert sich in einer gesteigerten Bereitschaft zu wechselseitiger Polemik, die oft maßlose, ja (selbst)mörderische Formen annimmt. Karl Kraus, der vorher schon Maximilian Harden, den Herausgeber der *Zukunft*, aus ähnlichen Gründen bekämpft hat, reagiert auf Alfred Kerrs Enthüllungskampagne gegen den Berliner Polizeipräsidenten von Jagow (*Pan*, März 1911) mit einer Serie polemischer Artikel, deren Titel allein schon eine deutliche Sprache sprechen: *Der kleine Pan ist tot, Der kleine Pan röchelt noch, Der kleine Pan stinkt schon, Der kleine Pan stinkt noch* (1911, 1929 zusammengefaßt unter dem Titel *Der Fall Kerr*). Pfemfert, der sich in der *Aktion* vom April 1911 unter der Überschrift *Der kleine Kraus ist tot* in den Streit auf der Seite von Kerr eingeschaltet hat, wird in der *Fackel* keiner namentlichen Erwähnung, wohl aber gezielter Seitenhiebe gegen den «Demokratin» (soll heißen: Demokraten-Kretin) gewürdigt.

Zu einer leichten Entspannung des Verhältnisses zwischen *Aktion* und *Fackel* kommt es erst nach Kraus' Bruch mit Walden, dessen *Sturm* während der ganzen Affäre fest auf der Seite des Wieners gestanden hat. Das Schisma zwischen den beiden führenden expressionischen Zeitschriften spaltete die Berliner Szene mit bleibenden Wirkungen: Kurt Hiller, der bis dahin häufig im *Sturm* publiziert hatte, schlug sich auf die Seite der *Aktion* und wurde im sogenannten «Kondor-Krieg» – der polemischen Auseinandersetzung um seine gleichnamige Lyrik-Anthologie – von Walden unter Beschuß genommen. Hiller seinerseits zog gegen den *Sturm*-Mitarbeiter Albert Ehrenstein zu Felde und organisierte eine «Erklärung» gegen den vermeintlichen Kraus-Adepten in der *Aktion* (Dezember 1912), die von mehreren namhaften Mitarbeitern unterzeichnet war.

Der Überblick über die Verlage und Zeitschriften des Expressionismus wäre unvollständig ohne Erwähnung Alfred Richard Meyers, der seit 1907 in Berlin die *Lyrischen Flugblätter* und 1912/13 die *Bibliothek Maiandros* herausgab und einen eigenen kleinen Kreis um sich scharte, sowie Hermann Meisters, in dessen gleichnamigem Heidelberger Verlag 1911–1920 die Zeitschrift *Saturn* erschien. Gleichfalls in Heidelberg gab Ernst Blass 1914/15 die Zeitschrift *Argonauten* heraus, die sich auf hohem Niveau und in kostbarem äußeren Rahmen um einen Brückenschlag zwischen den Expressionisten und älteren Vertretern der Moderne (Blei, Borchardt, Musil) bemühte. Sie fand eine gewisse Nachfolge in der Zweimonatsschrift *Marsyas*, die Theodor Tagger (der später unter dem Pseudonym Ferdinand Bruckner als Dramatiker bekannt werden sollte) 1917–1919 von Berlin aus an einen geschlossenen Abonnentenkreis versandte. Zu ihren Mitarbeitern zählen Kafka und Hofmannsthal, Döblin und Sternheim, Carl Einstein und Ernst Weiß.

3. Autoren zwischen Markt und Förderung

Ein erfolgreicher und ein – in materieller Hinsicht – erfolgloser Lyriker vereinen sich 1902 zu einer folgenreichen Initiative. Richard Dehmel und Arno Holz rufen das Kartell lyrischer Autoren ins Leben, das die Verfasser von Gedichten, die damals weithin ohne Zustimmung und ohne Honorierung des Autors nachgedruckt wurden, gegen die «Ausbeutung» durch die Verleger schützen sollte. Die Abwehr der Literaturproduzenten gegen das Kapital formiert sich in einer festen Organisation mit Statuten und Publikationsorgan (*Die Feder*). In dem von Dehmel und Holz sowie den weiteren Komiteemitgliedern Otto Julius Bierbaum, Carl Busse, Gustav Falke, Hugo von Hofmannsthal und Detlev von Liliencron unterzeichneten Statut heißt es: «Jedes literarisch unlautere Unternehmen, jede kommerzielle Ausschlachtung unserer Produktion wollen wir unterbinden!» Dem Kartell, das bald mehr als hundert Mitglieder zählt (darunter Paul Ernst, Alfred Mombert, Richard Schaukal), gelingt es beispielsweise, mit dem Reclam Verlag für eine Anthologie *Moderne Lyrik* ein Zeilenhonorar von 25 Pfennig auszuhandeln.

Dehmel spielt auch eine zentrale Rolle in der Gründungsphase des bedeutendsten Literaturpreises, der im frühen 20. Jahrhundert im Bereich der deutschsprachigen Literatur geschaffen wurde. Es handelt sich um den Kleistpreis, der bis 1932 vergeben und 1985 auf anderer Grundlage erneuert wurde. Auf Initiative Fritz Engels, des Literatur-Redakteurs des *Berliner Tageblatts*, wurde aus Anlaß von Kleists 100. Todestag eine Kleist-Stiftung zwecks jährlicher Vergabe eines «literarischen Jugendpreises» gegründet. Die von Dehmel entworfene Geschäftsordnung übertrug die Entscheidung einem Vertrauensmann, da nach der Meinung des Dichters nur so sichergestellt sei, daß ungewöhnliche Begabungen – und nicht ein der Jury-Mehrheit genehmes Durchschnittsprofil – gefördert würden. Die Höhe der Preissumme betrug in der Regel 1000 Mark; darin eingeschlossen war in vielen Fällen ein Reisestipendium des Norddeutschen Lloyds oder der Hamburg-Amerika-Linie.

Dehmel, der 1912 selbst als Vertrauensmann der ersten Vergaberunde fungierte, nominierte Hermann Burte (für den Roman *Wiltfeber der ewige Deutsche*, 1912) und Reinhard Johannes Sorge (für die «dramatische Sendung» *Der Bettler*, 1912); dabei hatte er selbst Sorges Einakter *Odysseus* im Juli 1911 aus «künstlerischem Mißtrauen» ungelesen zurückgeschickt. Eine weitere Ironie liegt darin, daß das ausgezeichnete Drama ja gerade das prekäre Verhältnis des Protagonisten zu einem mäzenatischen Förderer thematisiert, von dem er sich schließlich als freiwilliger «Bettler» bewußt distanziert. Im Falle Burtes hob Dehmels Begründung dessen «heroisch gesteigerte Behandlung nationaler Lebensfragen» hervor; vielleicht war sein Votum für den «völkischen» und nicht mehr sonderlich jugendlichen Romancier auch ein Versuch, der Polemik der Rechts-Presse gegen den «wesentlich jüdischen Charakter» (Adolf Bartels) der Kleiststiftung entgegenzuwirken.

Der siebenköpfige Kunstrat der Stiftung, dem als gewählte Mitglieder neben Dehmel sein Verleger Samuel Fischer, dessen Lektor Moritz Heimann sowie die S. Fischer-Autoren Jakob Schaffner und (als Verfasser einer Kleist-Biographie) Arthur Eloesser angehörten, setzte als zweiten Vertrauensmann den Schweizer Erzähler Schaffner ein. Dieser vergab den Kleistpreis 1913 an den Dramatiker Hermann Essig und den Lyriker Oskar Loerke. Hermann Essig, mittlerweile sechsunddreißig Jahre alt und Verfasser von zehn zuletzt nur noch im Selbstverlag erschienenen Stücken, gehörte neben dem Dramatiker Fritz von Unruh auch zu den Preisträgern von 1914 (auf Vorschlag Eloessers). Den Kleistpreis 1915 erhielten auf Vorschlag Paul Wieglers Arnold Zweig und der österreichische Erzähler Robert Michel. Mit der Preisvergabe an Agnes Miegel und Heinrich Lersch kam 1916 auf Vorschlag Karl Streckers die Lyrik zum Zuge. Angesichts des Abstands, den die Balladen der Ostpreußin und die Kriegslieder des Arbeiterdichters aus Mönchengladbach zur aktuellen Entwicklung der expressionistischen Lyrik wahrten, muß man Streckers Vorschlag wohl als nationale Demonstration und Plädoyer gegen die Moderne auffassen. Der Expressionismus – schon von Dehmel mutig ins Auge gefaßt, als er neben Sorge auch Else Lasker-Schüler in Betracht zog – wurde erst in den Folgejahren wieder geehrt: mit der Auszeichnung Walter Hasenclevers auf Vorschlag Bernhard Kellermanns 1917, des Erzählers Leonhard Frank sowie des Lyrikers Paul Zech auf Vorschlag Heinrich Manns 1918 und des Lyrikers Kurt Heynicke (neben

dem sudetendeutschen Dramatiker Anton Dietzenschmidt) auf Vor-
schlag von Franz Servaes 1919, paukenschlagartig dann mit Loerkes
Votum für Hans Henny Jahnns jeden Rahmen sprengendes Drama
Pastor Ephraim Magnus 1920.

4. Zensur und Strafverfolgung

Das im Deutschen Kaiserreich und in Österreich-Ungarn bestehende
Zensursystem erfuhr bis zum Ende beider politischen Systeme 1918
keine wesentliche Abschwächung. Vielmehr herrschten gerade während
des Ersten Weltkriegs verschärfte Zensurbedingungen, die u. a. zum Verbot ganzer Zeitschriften (Wilhelm Herzogs *Forum*, Kurt Hillers *Ziel*-
Jahrbuch) führten. Im Zeitraum 1900–1914, also nach der *Simplicissimus*-Affäre von 1898 (vgl. Band IX, 1, S. 22), waren genuin politische
Gründe nur selten für Zensurmaßnahmen verantwortlich. Man kann sie
hinter der Absetzung von Gerhart Hauptmanns – in rechten Kreisen
als unpatriotisch und pazifistisch kritisierten – Breslauer *Festspiel in
deutschen Reimen* (1913) vermuten. Bedenken gegen die Darstellung der
katholischen Kirche und der Stellung der Juden in der Gesellschaft dürften das Wiener Aufführungsverbot von Schnitzlers Schauspiel *Professor
Bernhardi* (1912) bedingt haben.

Außenpolitische Motive standen hinter dem Verbot einer Aufführung der
«Schnurre» *Der Feldherrnhügel* von Roda Roda und Carl Rößler (1910). Man
fürchtete in verschiedenen deutschen Teilstaaten eine Kränkung Österreichs
durch die darin enthaltene satirische Darstellung des Feldzugs von 1866 – nicht
so in Bayern, wo das Stück zur Aufführung freigegeben wurde, allerdings nicht
ohne vorherige Rücksprache mit österreichischen Stellen und nur unter der Auflage, daß die Uniformen und Ortsnamen nicht mehr an Österreich erinnern
dürften. Als brisanter ist da schon das Verbot von Morgensterns Parodie *Der
Lauffgraf* (1901) einzuordnen (s. u. S. 432), wurde darin doch ein vom Kaiser
protegierter Hohenzollerndramatiker verspottet.

Im Zentrum der wilhelminischen Zensurpraxis standen vielmehr
moralische und religiöse Gesichtspunkte. Letztere begründeten das Aufführungsverbot für Paul Heyses biblisches Drama *Maria von Magdala*
(1899), das vom Preußischen Oberverwaltungsgericht 1903 in letzter
Instanz bestätigt wurde, obwohl Berichte über den unskandalösen Verlauf einer Bremer Aufführung des Stücks vorlagen. Mit seiner Fabelkon-
struktion, die das Schicksal Jesu letztlich vom Liebesleben einer Frau
(nämlich der Titelheldin als der Ehefrau des Judas Ischarioth) abhängig
machte, schien Heyse den Richtern christliche Glaubensinhalte in unzu-
lässiger Weise in Frage zu stellen. Warum freilich dasselbe Gericht noch
im selben Jahr Oscar Wildes – im viktorianischen England verbotene –

Salome zur Aufführung freigab, blieb sein Geheimnis. Zwei Jahre später wurde Ludwig Thoma in Stuttgart wegen «Vergehens gegen die Religion» zu einer sechswöchigen Haftstrafe verurteilt; die Evangelische Landeskirche Preußen hatte sich durch sein satirisches Gedicht auf den Kölner Kongreß der Sittlichkeitsvereine (*Simplicissimus*, 1904) angegriffen gesehen.

Weit stärker fielen insgesamt die Normen der – offiziell herrschenden – Sexualmoral ins Gewicht. Eine einschneidende Verschärfung des sogenannten Unzuchtsparagraphen 184 des Strafgesetzbuchs scheiterte im Juni 1900 mit knapper Not am vehementen Protest der liberalen Öffentlichkeit, die sich in mehreren Städten zu «Goethebünden» zusammengeschlossen hatte. Die nach einem 1891 verurteilten Berliner Zuhälter «Lex Heinze» benannte Gesetzesnovelle hätte auch ärgerniserregende Theaterstücke ebenso wie Aktdarstellungen in der bildenden Kunst unter Strafe gestellt. Dennoch blieb der Unzuchtsparagraph eine gefährliche Klippe, die Autoren oder Verleger tabuverletzender Werke nur mit erheblichem Risiko umschiffen konnten.

Hans Hyan, Verfasser zahlreicher Kriminalromane und Geschichten aus der Berliner Unterwelt, zog sich 1912 aufgrund seines Roman *Die Verführten* (1911) ein Strafverfahren wegen Verbreitung unzüchtiger Schriften zu. Zwei Buchgroßhändler wurden 1904 in Leipzig wegen Verbreitung der österreichischen Buchausgabe von Schnitzlers *Reigen* (1903) angeklagt, das Buch selbst verboten. Die (im Juli 1904 beschlagnahmte) Buchausgabe der *Büchse der Pandora* trug Wedekind und dem Verleger Bruno Cassirer eine Anklage wegen Verbreitung unzüchtiger Schriften ein, von der sie 1905 freigesprochen wurden. Jedoch wurde in der letzten Verhandlung des Berliner Landgerichts 1906 die Vernichtung aller noch vorhandenen Buchexemplare angeordnet.

In der Vorrede zur – eben dadurch notwendig gewordenen – dritten Auflage aus demselben Jahr setzt sich Wedekind ironisch mit dem Vorgehen der Justiz auseinander; im 1910 erstmals gedruckten *Prolog in der Buchhandlung* läßt er einen «Hohen Staatsanwalt» hereinstürmen und erklären:

> Ich muß ein Buch bei Ihnen konfiszieren,
> Vor dem die Haare mir zu Berge stehn.
> Erst sah den Kerl man alle Scham verlieren,
> Nun läßt er öffentlich für Geld sich sehn.
> Drum werden wir ihn nach dem Paragraphen
> Einhundertvierundachtzig streng bestrafen.

Wie man sieht, konnte die bei Buchveröffentlichungen praktizierte Nachzensur für die Beteiligten schwerwiegende Folgen zeitigen. Die bei Theateraufführungen in Österreich-Ungarn und Deutschland ausgeübte Vorzensur bedeutete dagegen – bei aller Beeinträchtigung der künstlerischen Freiheit, die sie bewirkte, und aller Umständlichkeit der bürokratischen Prozedur – auch einen gewissen Schutz des Autors vor weiterer Verfolgung. Dennoch zog gerade die Theaterzensur die Kritik der Öffentlichkeit auf sich. Sie war das Thema einer Protestversammlung des Berliner Goethebunds in der Philharmonie im März 1903 aus Anlaß des Verbots von Heyses *Maria von Magdala*. Auf ihre Umgehung zielte Heinrich Lautensacks Aufruf zur Gründung eines «Heimlichen Theaters» auf Vereinsbasis eigens zur Aufführung verbotener Stücke (*Die Aktion*, Januar 1912). Für die Eröffnungsvorstellung war Wedekinds *Totentanz* (1906) vorgesehen. Weitere verbotene oder vom Verbot bedrohte Stücke, die Lautensack im Sinn hatte, waren: Otto Borngräbers «Erotisches Mysterium» *Die ersten Menschen* (1908), Franz Duelbergs *Korallenkettlin* (1906), Heinrich Ilgensteins *Die Wahrheitsucher* (1909) und seine eigene *Pfarrhauskomödie* (1911).

Die Besonderheit der Münchner Zensurdiskussion spiegelt sich in Thomas Manns Novelle *Gladius Dei* (1902) ebenso wie in Wedekinds Drama mit dem sprechenden Titel *Zensur* (1908). Es geht jeweils um den Konflikt zwischen weiblicher Schönheit und klerikalem Sinnlichkeitsverbot. Eine andere Besonderheit der bayerischen Zensurpraxis war die Einrichtung eines Zensurbeirats 1908 zur Absicherung der staatlichen Entscheidungen. In seinen vier Kommissionen wirkten Schauspieler und Schriftsteller (Max Halbe, Wilhelm Weigand, Karl Alexander von Gleichen-Rußwurm, Joseph Ruederer) mit Professoren und Kunstbeamten zusammen. Er forderte den erbitterten Protest Wedekinds heraus, der 1911 unter verschiedenen gleichzeitigen Zensurverboten zu leiden hatte und nunmehr mit mehreren Zeitungsartikeln und aggressiven Fragen an die Beiratsmitglieder in die Offensive ging. Als Max Halbe daraufhin im Dezember 1911 zurücktrat, wurde im März 1912 Thomas Mann zu seinem Nachfolger benannt, der in dem neuen Amt nach eigenen Worten eine Chance zur Vermittlung von Geist und Macht, «Genie und Ordnung» sah (an Wedekind, Mai 1913). Dies schreibt er allerdings schon aus der Perspektive des Rücktritts, zu dem er sich durch eine Resolution des Schutzverbands Deutscher Schriftsteller genötigt sah, der zufolge es mit der Würde eines Autors künftig nicht mehr vereinbar sei, dem Münchner Zensurbeirat anzugehören.

Im Gegensatz zu Wedekinds heroischem Einzelkampf gegen die Hydra der Zensur steht die verächtliche Nonchalance, mit welcher (der materiell freilich ungleich bessergestellte) Sternheim auf die Aufführungsverbote reagiert, die seine Stücke erstaunlich häufig trafen und zu Kriegszeiten fast ganz vom Spielplan verschwinden ließen. Sein Lustspiel *Die Hose* war in München bis 1918 nur in einer geschlossenen Vorstellung (und regulär erst 1923) zu sehen; die von der Berliner Zensurbehörde für eine öffentliche Aufführung genehmigte Fassung mit dem abgeänderten Titel *Der Riese* wurde 1912 ebenso abgelehnt wie der ursprüngliche Text 1911 – in beiden Fällen übrigens unter Berücksichtigung von Gutachten des Münchner Zensurbeirats.

Wie stark sich durch den Kriegseintritt die Praxis der Zensur veränderte und wie radikal die moralischen Kriterien der Vorkriegszensur durch die politische Perspektive der Kriegszensur ersetzt wurden, bekam die Direktion des Deutschen Theaters Berlin zu spüren, als sie Sternheims Schauspiel *Der Snob*, für das eine genehmigte Zensurfassung vom Februar 1914 vorlag, 1915 wieder auf den Spielplan nehmen wollte. Der Polizeipräsident widerrief seine frühere Erlaubnis und monierte das «unwahre, verzerrte Spiegelbild», das Sternheims Stück vom Vorkriegsdeutschland biete. Noch deutlicher tritt das politische Interesse in der Verbotsbegründung für die Uraufführung von Sternheims Drama *1913* im November 1915 hervor:

> «[...] es muß in der jetzigen Zeit unter allen Umständen als unstatthaft gelten, in einem Stück, das Deutschland unmittelbar vor dem Kriege schildern will, bestimmte Bevölkerungskreise, die doch alle in dem Kriege ihre Schuldigkeit getan haben, als skrupellos, egoistisch und dadurch volksfeindlich oder als verkommen darzustellen. Darin liegt ein Angriff auf Angehörige unseres Volkes, der in der Zeit des Burgfriedens unbedingt zu vermeiden ist.»

Mit der Erklärung des Kriegszustands am 31. Juli 1914 wurde – in Ermangelung eines entsprechenden Reichsgesetzes – in Preußen das «Gesetz über den Belagerungszustand» von 1851 wirksam. Danach ging die vollziehende Gewalt auf die Oberste Heeresleitung über. Diese konnte theoretisch beliebige Einschränkungen der Meinungsfreiheit verfügen; ihrer Aufsicht unterlagen alle zur Veröffentlichung bestimmten Schriften, sofern sie nicht rein wissenschaftlichen Charakter hatten. Die Verlage hatten von allen der Presseaufsicht unterliegenden Druckschriften sofort nach Erscheinen ein Exemplar an die vom Generalkommando beauftragte örtliche Polizeibehörde abzuliefern; eine Vorzensur bestand in der Regel nur für militärisch besonders relevante Schriften bzw. Artikel.

Die Reaktionen von Autoren, Herausgebern und Verlegern auf die veränderte Lage schwankten zwischen Anpassung und Konfrontation oder verschoben sich von stillem Einverständnis im Sinne des «Burgfriedens» zu offenem Zweifel. Die Münchner Illustrierte *Zeit im Bild* beendete von sich aus im August 1914 den Fortsetzungsdruck von Heinrich Manns Roman *Der Untertan*: «Im gegenwärtigen Augenblick kann ein großes öffentliches Organ nicht in satirischer Form an deutschen Verhältnissen Kritik üben.» Franz Pfemfert, der den Lesern der *Aktion* zum gleichen Zeitpunkt erklärt hatte, seine Zeitschrift werde in den nächsten Wochen «nur Literatur und Kunst enthalten», berichtete vier Jahre später im «Kleinen Briefkasten» der *Aktion* vom Eindringen zweier Kriminalbeamter in die Aktions-Buchhandlung, die ohne weitere Begründung 500

Exemplare von Karl Ottens Gedichtband *Die Thronerhebung des Herzens* (1918) beschlagnahmten. Hatte man höheren Orts diesen Titel zu wörtlich verstanden? Auch eine parlamentarische Anfrage führte zu keiner Klärung; die Bemühungen des Reichstags um eine parlamentarische Kontrolle der militärischen Zensurbehörden blieben insgesamt vergeblich.

ERZÄHLPROSA

I. ERZÄHLFORMEN

1. Erzähl- und Romantheorie

«Daß man erzählte, wirklich erzählte, das muß vor meiner Zeit gewesen sein.» So sagt es Rilkes Malte Laurids Brigge in seinen *Aufzeichnungen* (1911), und die eigenartige Form dieses einzigen Romans Rilkes scheint das zu bestätigen. Seine Zusammensetzung aus Tagebucheinträgen, die vielfach an Prosagedichte gemahnen, läßt nur andeutungsweise eine erzählerische Kontinuität aufkommen; das dunkle Ende, das sich ahnen läßt, kann in diese Form nicht integriert werden, so daß der Roman einen fragmentarischen Charakter erhält. Überdies unterliegt die Erzählerinstanz einer zunehmenden Aushöhlung; das Verhältnis von Außen und Innen, Subjekt und Objekt wird fortschreitend in Frage gestellt.

Für derartige Prozesse, die für die avancierteste Prosa der Zeit keineswegs untypisch sind, gibt es in der Literaturtheorie des frühen 20. Jahrhunderts noch kein hinreichendes Beschreibungsmodell. Einige der wichtigsten Romanciers, über die die damalige deutschsprachige Literatur verfügt, hüllen sich, was theoretische Verlautbarungen betrifft, in Schweigen (Kafka) oder äußern sich nur vergleichsweise beiläufig über die Voraussetzungen ihres eigenen Schaffens. Thomas Mann, für den lange Jahre das letztere zutrifft, rechtfertigt 1906 die Porträtähnlichkeit vieler seiner Figuren mit der «Beseelung», die die literarische Gestalt vom Urbild trenne, und der – für den Autor selbst schmerzlichen – Be- und Erkenntnisfunktion seines auf Findung statt auf Erfindung beruhenden Schaffens (*Bilse und ich*). Die Bedeutung der Ironie als Grundprinzip seines Erzählens bleibt hier noch unausgesprochen.

Sie spielt eine um so größere Rolle in der ambitioniertesten Beschreibung, die damals die Gattung des Romans gefunden hat: der *Theorie des Romans* von Georg Lukács (1916/17, entst. 1914/15). Der damalige Neukantianer und Weber-Schüler geht von der «transzendentalen Obdachlosigkeit» der Moderne im Gegensatz zur «geschlossenen Lebenstotalität» der Antike aus und definiert den Roman, schon bei Hegel als «bürgerliche Epopöe» beschrieben, von seinem Bezug zum Epos aus: als «die Epopöe eines Zeitalters, für das die extensive Totalität des Lebens nicht mehr sinnfällig gegeben ist, für das die Lebensimmanenz des Sinnes zum Problem geworden ist, und das dennoch die Gesinnung zur Totalität hat.» Als Reflex der Unmöglichkeit einer Erlangung dieser Totalität und der Grenzen des Individuums gilt Lukács die Ironie, mit der alle

hochrangigen Romane der westlichen Tradition das Verhältnis von Ich
und Welt gestalten. Dabei unterscheidet er drei Hauptmodelle: den
Roman des abstrakten Idealismus, dessen Linie von Cervantes bis Di-
ckens reicht, den Roman der Innerlichkeit (mit Gontscharow, Flaubert
und Jacobsen als Hauptvertretern) und das von Goethe, Keller und dem
zeitgenössischen Dänen Pontoppidan repräsentierte Konzept des Ent-
wicklungsromans.

Diese gesamte «Ästhetik des Romans» (wie eigentlich der Titel lautete) war
ursprünglich als Einleitung und Vorstufe zu einer Würdigung Dostojewskis
gedacht, dessen mystischer Anarchismus und dessen – auch die Bereitschaft
zum Terrorismus einschließende – Ethik Lukács damals als messianische Perspektive erschienen. In seiner Hinwendung zur «russischen Idee» verbinden sich
Impulse der Wertphilosophie Emil Lasks und aktuelle Berührungen mit dem
antizaristischen Terrorismus, u. a. vermittelt durch seine erste Frau und die
Romane des ehemaligen Terroristen W. Ropschin. Der endgültige Titel der
Schrift geht auf Max Dessoir zurück, der sich erst aufgrund des Einsatzes von
Max Weber zur Publikation in der *Zeitschrift für Ästhetik und allgemeine Kunst-
wissenschaft* bereitfand.

Schon Carl Einsteins «Anmerkungen» *Über den Roman* (*Die Aktion*,
1911) gehen auf das Modell des Epos zurück, ja setzen in programmatischer Absicht Epos und Roman gleich: «Ich schlage vor, bis auf weiteres
die Bezeichnung Roman aufzugeben – das Wort Epos genügt.» Der
Roman ist vor allem durch die Dominanz der Liebesthematik und die
Abschilderung von «Schlafröcken, Busen, Hausklingeln» diskreditiert.
Gegen die Banalität des bürgerlichen Interieurs setzt Einstein Intellektualität und Phantasie. Eine «Literatur für differenzierte Junggesellen»
soll mit Hilfe eines erhaben-naturalistischen oder grotesken Stils «das
Absurde zur Tatsache machen».

Auch Alfred Döblins *Bemerkungen zum Roman* (*Die neue Rundschau*,
1917) nennen – neben Dostojewski und Cervantes – die Epiker Homer
und Dante als Vorbild. Auch Döblin versteht den Romancier als Epiker
und richtet seine Poetik des Romans am Epos aus: «Der Roman muß seine
Wiedergeburt erleben als Kunstwerk und modernes Epos.» So lautet der
Schlußsatz von Döblins «Berliner Programm» *An Romanautoren und ihre
Kritiker* (*Der Sturm*, 1913). Gemeint ist damit die Hinwendung zur «Tatsa-
chenphantasie» und die Abkehr von Individualbiographie und -psycholo-
gie, insbesondere von der Tradition des Liebesromans. Der moderne
Roman soll nicht zur emotionalen Identifikation einladen, sondern dem
Leser eine schweigende Fassade aus Stein oder Stahl entgegenhalten. Die-
ser dem Rezipienten volle Unabhängigkeit gewährende «steinerne Stil»
bedeutet für den Autor radikale Selbstverleugnung, Entäußerung, ja Entselbstung, «Depersonation»: «ich bin nicht ich, sondern die Straße, die
Laternen, dies und dies Ereignis, weiter nichts.» Wenn Döblin im gleichen

Zusammenhang einen «Kinostil» fordert, um der «ungeheuren Menge des Geformten» gerecht zu werden, so ist schon der Weg zur Montage als Grundprinzip des modernen Romans und seines eigenen Schaffens gewiesen. Gemeint ist im «Berliner Programm» eine visionäre oder expressionistische Form der Montage, die es ermöglicht, «die Fülle der Gesichte» «in höchster Gedrängtheit und Präzision» vorbeiziehen zu lassen.

Die Rückbesinnung auf das Epos, in der sich die romantheoretischen Beiträge von Einstein, Döblin und Lukács treffen, ist in dieser Form wohl nur möglich, weil das Epos als aktueller Konkurrent der Romanform – mit der einen Ausnahme Spittelers – seit 1900 im deutschen Sprachraum nicht mehr präsent ist. Auf ein Kapitel zur Versepik kann daher in der folgenden Darstellung der wichtigsten Erzählformen im Unterschied zum vorangegangenen Teilband verzichtet werden. Andererseits werden wir bei Behandlung der Lyrik auf verschiedene Ansätze zu einer epischen Großform stoßen. Die Emigration zeitgenössischer versepischer Tendenzen in die Lyrik scheint den Platz für die Inthronisation des klassischen Epos als Modell des Romans freigemacht zu haben.

2. Vom Bildungsroman zum völkischen Roman

Für die literarische Avantgarde des frühen 20. Jahrhunderts gilt es als ausgemacht, daß ein Bildungs- oder Entwicklungsroman im klassischen Sinne nicht mehr möglich ist. Rilkes *Malte Laurids Brigge* – als katastrophisch perspektivierte Montage einzelner Aufzeichnungen ohne Handlungsfortschritt – und Hofmannsthals *Andreas*-Fragment zeigen, was unter den Voraussetzungen der Moderne allenfalls an seine Stelle zu setzen wäre. Erst in den zwanziger Jahren wird es – mit Albrecht Schaeffers *Helianth* (1920) und vor allem mit Thomas Manns *Der Zauberberg* (1925) – zu einer bedeutsamen Erneuerung der Gattung auf veränderter Grundlage kommen.

Dennoch gibt es in den ersten beiden Jahrzehnten des 20. Jahrhunderts eine Reihe zum Teil ausgesprochen wirkungsmächtiger Romane, die das Modell des Bildungsromans variieren oder zumindest beschwörend zitieren. Sie tun dies oft in einer bewußt antimodernen Gesinnung, und es ist daher kein Zufall, daß mehrere von ihnen dem Heimatroman – dem Lieblingsgenre der Heimatkunstbewegung – nahekommen oder mit ihm verschmelzen. Der Weg, das traditionelle Leitsymbol der Gattung, ist denn auch selten ein «Weg ins Freie», wie Schnitzler seinen ambitioniertesten Versuch einer Integration von persönlicher Entwicklungsgeschichte und Gesellschaftsdarstellung genannt hat (s. u. S. 243–246), sondern ein Weg zurück, ein Versuch der Heimkehr. Die Heimkehr des verlorenen Sohns, in der letzten von Maltes *Aufzeichnungen* auf verblüffende Weise neu gewendet, bildet daher ein Lieblingsmotiv dieser konservativen Variante des Bildungsromans, dem wir u. a. bei Frenssen wiederbegegnen. «Der schmale Weg zum Glück», den der gleichnamige Bildungsroman Paul Ernsts (1903, entst. 1901) schildert, führt sogar ganz wörtlich in die Heimat zurück. Der Förstersohn Hans Werther kommt durch die Heirat mit der Grafentochter in die Lage, denselben Wald, den sein Vater unter der liederlichen Herrschaft des Grafen eher ausbeuten mußte als pflegen konnte, nach eigenen Grundsätzen zu kultivieren. Zwischen dem Kindheitsidyll und seiner Erneuerung liegen das Studium in der Großstadt und die Begegnung mit der Arbeiterschaft sowie verschiedenen Vertretern einer modernen Zeit, die den Glauben an das Höhere verloren hat. Ernst scheint hier in freier poetischer Gestaltung seine eigene Berührung mit Sozialismus und Naturalismus zu reflektieren; das ungewöhnliche Happy-End läßt sich in autobiographischer Beziehung als Reflex seiner Heirat mit Lilly von Benda (1899) deuten, die es ihm ermöglichte, sich als freier Schriftsteller der Ausbildung des neuklassischen Kunstkonzepts zu widmen.

Mit der Rückkehr in die Heimat enden auch Hermann Hesses *Peter Camenzind* (s. u. S. 388) und der letzte Roman des frühverstorbenen Wilhelm Holzamer mit dem Titel *Der Entgleiste* (1910). In autobiographischer Färbung zeigt Holzamers Roman den Weg des Helden aus provinziell-bürgerlicher Enge durch menschliche Wirrnisse in die Metropole Paris, aus der er als Leidgeprüfter und Gereifter in seine – und des Autors – rheinhessische Heimat zurückkehrt. Jedenfalls das Bewußtsein der Reifung des Helden als Schlußpunkt der Romanhandlung teilt Wilhelm von Polenz' *Wurzellocker* (1903) mit der Tradition des Bildungsromans, auch wenn das biographische Modell hier zugunsten einer kritischen Sichtung des – nach Polenz' konservativem Verständnis ‹entwurzelten› – großstädtischen Literatenmilieus zurücktritt.

Auf eine Infragestellung des Heimat- und Heimkehrideals zielen dagegen die Fragmente einer romanhaften Autobiographie, die Ernst Barlach 1913/14 unter dem Titel *Seespeck* verfaßte (veröffentlicht posthum 1948). Die ersten Kapitel zeigen den schüchternen Versuch des Titelhelden, hinter dem sich der junge Barlach verbirgt, unter Fischern und Posthaltern im Städtchen Wedel an der Unterelbe Fuß zu fassen. So dicht diese kleinbürgerliche Provinz bis in den Dialekt hinein vergegenwärtigt wird, so groß ist die Distanz des angehenden Bildhauers und Dichters zu ihr: «Nein, er fühlte sich wirklich nicht ‹inmitten›.» Die letzten überlieferten Kapitel handeln von einer Reise durch Mecklenburg; die gigantische Erscheinung Theodor Däublers und ein Provinzzirkus werfen unterschiedliche Schlaglichter auf die Verkörperung des Künstlerischen auf Erden.

Noch im Naturalismus verankert zeigt sich Felix Hollaenders zweibändiger Roman *Der Weg des Thomas Truck* (1902, entst. 1893–1901). In den symmetrischen Liebesbeziehungen des Helden zur Fabrikantengattin Regine und zur Arbeiterin Katharina, die er heiratet, spiegelt sich die ambivalente soziale Stellung der kleinbürgerlichen Intelligenz, in Trucks Verbindung zur «Nachtlicht»-Gesellschaft und der Herausgabe einer von ihm finanzierten Zeitschrift das politische Engagement der naturalistischen Generation. Wenig überzeugend, aber gleichfalls epochentypisch wirkt die Aufwertung des Protagonisten zu einem messianischen Märtyrer durch den Tod seiner Frau Katharina bei gleichzeitiger Hinwendung zu seiner neuen Liebe Bettina.

Dagegen ist Ricarda Huchs Beitrag zum Bildungsroman vom Ästhetizismus der Jahrhundertwende geprägt. *Vita somnium breve* – zu deutsch: das Leben ist ein kurzer Traum – lautet der Originaltitel ihres später nach seinem Protagonisten *Michael Unger* benannten Romans (1903). Er wird beherrscht von der Spannung zwischen der Sehnsucht nach Schönheit und Glück, die einseitig Ungers Frau Verena vertritt, und der prosaischen Berufspraxis, in die jener als Kaufmann eingebunden ist. Der Schlußsatz formuliert diesen Gegensatz in extensiver Entfaltung der Wegsymbolik und leiht der Resignation des Helden dabei sakrale Weihen:

> «Er dachte: sie [Ungers Tochter Malve] geht den Weg der Sehnsucht in das Tal der Träume und der Tränen. Er hingegen war erwacht; und wenn ihn auch der bange und süße Wahn des Lebens noch wie dünner Nebel umflorte und nur zuweilen zerriß und unsterbliche Gipfel entschleierte, ging er doch froh und in Zuversicht auf seiner Bahn wie einer, den unsichtbare Götter führen.»

In seinem Erfolgsroman *Jörn Uhl* (1901) stellt Gustav Frenssen seinen Helden wesentlich deutlicher in aktuelle wirtschaftliche und politische Zusammenhänge. Er schildert den Niedergang des Großbauerntums in den Marschen, die Auswanderungsbewegung sowie den deutsch-französischen Krieg von 1870/71 (übrigens ohne nationalistische Verbrämung) und weist rühmend auf den Bau des strategisch bedeutsamen Nord-Ostseekanals (1887–1895) hin. An ihm darf sich auch der Protagonist bewähren, der als Ingenieur endet, nachdem er als «lateinischer Bauer» lange Jahre eine unglückliche Figur abgegeben hat.

Denn Jörn Uhl, mutter- und führerlos aufgewachsen, findet zu seinem Glück nur auf Umwegen und leidet bis zuletzt unter einem «Bruch». Heim Heiderieter, den man als Inkarnation des Autors auffassen darf, sagt zu ihm im letzten Kapitel – wiederum unter Zuhilfenahme der Wegsymbolik: «Du hast so das Gefühl, als wärst du früher einmal, vor Jahren, falsch gefahren und führest nun noch auf einem Nebenwege und sähest die rechte Straße, die du fahren solltest, von ferne.» Tatsächlich schildert der Hauptteil des Romans den letztlich vergeblichen Versuch des Helden, den von seinen älteren Brüdern und dem Vater vernachlässigten herrschaftlichen Hof («die Uhl») als Familienbesitz zu behaupten. Er unterdrückt dafür gewaltsam seine intellektuellen Anlagen und entfernt sich von seiner Jugendfreundin, der gleichfalls eher geistig eingestellten Lisbeth – seiner späteren zweiten Frau. Zweifelhafte Orientierung bietet ihm dabei eine alte Truhe, die das Motiv des verlorenen Sohns zeigt.

Jörn Uhls Gespaltenheit zwischen Geist und Tat, Sternenhimmel und Ackerboden erinnert an ähnliche Konfigurationen im Poetischen Realismus und die in den Gründerjahren kursierende Utopie eines «Ideal-Realismus» (vgl. Band IX, 1, S. 64 ff.). Parallelen, die bis in einzelne Motive hineinreichen, bestehen besonders zu Storm und Raabe, die beide in *Jörn Uhl* namentlich angeführt werden; neben letzteren ist Frenssen in einer für seine überregionale Rezeption wohl entscheidenden Zeitungskritik auch prompt gestellt worden (von Carl Busse im *Berliner Tageblatt*, 1902).

Frenssen hat die Antithese zwischen Theorie und Praxis, einsamer Grübelei und sozialem Handeln in seinem nächsten Roman erneuert. *Hilligenlei* (1905) erzählt die Schicksale mehrerer Jugendfreunde, von denen drei als Seeleute weit in der Welt herumkommen. Besonderes Gewicht liegt auf Kais Jans, dem ehemaligen Vollmatrosen, der – verspätet wie Jörn Uhl – in Berlin Theologie studiert und seine ketzerischen Anschauungen vom historischen Jesus in einer Schrift niederlegt, die dem Roman als Anhang beigegeben ist: «Das Leben des Heilands, nach deutschen Forschungen dargestellt: die Grundlage deutscher Wiedergeburt.» Frenssen ließ sich unmittelbar nach dem großen Erfolg des *Jörn Uhl* vom Pfarrdienst beurlauben und übte noch Jahrzehnte später völkische Kritik an den Dogmen des Christentums und der Rolle der Kirche (*Der Glaube der Nordmark*, 1936).

Eine wichtige Station in der völkischen Funktionalisierung des Bildungsromans bildet Hermann Poperts *Helmut Harringa. Eine Geschichte aus unsrer Zeit* (1905). Der vom Dürerbund «fürs deutsche Volk» herausgegebene Roman ist benannt nach der Hauptfigur, einem Hamburger Richter, dessen friesischer Name übrigens auf der ersten Silbe zu betonen ist. Harringa, schon zu Anfang als naturverbundener, sexuell enthaltsamer und abstinenter Idealist geschildert – mit besonderer Neigung zur altgermanischen Dichtung –, kommt durch seinen Beruf in Berührung mit der friesischen Bewegung, deren pangermanische Ideale in einer pathetischen Vision des letzten Kapitels entfaltet werden. Der mit genauer Ortskenntnis geschriebene Roman, der im Stil eines naturalistischen Sittenbildes beginnt und dabei insbesondere Kritik an preußischen Einflüssen, der Ausbildung einer großstädtischen Massengesellschaft und der Korruption von Bourgeoisie wie Proletariat durch den Alkohol übt, endet in einer Fidus nachempfundenen Szenerie: Das junge Elternpaar Harringa blickt «in Abendgold und Urwelteinsamkeit» am Strand von Sylt aufs Meer und vernimmt den Sinn der Stille als Auftrag zum Handeln, zu einer – wie auch immer näher zu bestimmenden – völkischen Lebensführung.

Was für Popert die Friesen, sind für Hermann Burte, der eigentlich Strübe hieß, die Alemannen. Der Sohn eines alemannischen Dialektdichters zieht in seiner mit dem Kleist-Preis ausgezeichneten «Geschichte eines Heimatsuchers» *Wiltfeber der ewige Deutsche* (1912) die poetisch stilisierte Bilanz einer gescheiterten Integration. Das Buch schildert in zwölf Kapiteln die letzten vierundzwanzig Stunden im Leben des Titelhelden: von seiner Rückkehr ins deutsche Vaterland nach neunjähriger Abwesenheit über die Rheinbrücke bei «Pfalzmünster» (Basel) in der Nacht zum Johannistag bis zu seinem Tod durch Blitzschlag am Ende desselben Tages. Der Blitz nimmt nur den Selbstmord vorweg, zu dem Wiltfeber ohnehin entschlossen war, nachdem ihn verschiedene Begegnungen mit den Vertretern der Gesellschaft seines südbadischen Heimatorts mit dem fiktiven Namen Greifenweiler vollständig desillusioniert haben.

Immerhin findet Wiltfeber, der einmal das «uralte Hakenkreuz» in den Sand zeichnet, in seinem Kampf für Blondheit und Deutschtum auch einige gleichgesinnte Männer. Mit ihnen gründet er den «Bund der ewigen Deutschen» und verpflichtet sich dem − schon durch die Schreibweise germanisierten − «Reinen Krist». Die im Buchtitel aufgenommene Bezeichnung des «ewigen Deutschen» ist übrigens in Analogie zu der vom «ewigen Juden» aufzufassen: als Ausdruck der Heimatlosigkeit eines ewigen Wanderers. Gäbe es die Möglichkeit zu echter nationaler Tat, könnte aus dem «ewigen Deutschen» etwas wesentlich anderes, nämlich «ewig ein Deutscher» werden.

Die Frauen empfangen Wiltfeber ohnehin mit offenen Armen: die sinnliche Madlee ebenso wie die politisierende und sich ihm zunächst verweigernde Ursula. In der schwelgerischen Ausmalung von Frauenschönheit und Erotik, ja ihrer kosmischen Übersteigerung (der Blitz trifft Wiltfeber und Ursula im Augenblick der Liebesvereinigung) unterscheidet sich der Dehmel-Verehrer Burte wahrscheinlich am stärksten vom asketisch orientierten Popert. Das hauptsächliche literarische Vorbild aber liefert − bis hin zur altertümlichen Stilisierung der Sprache und zu zahlreichen Einzelmotiven − Nietzsche, vor allem mit dem (einmal auch ausdrücklich genannten) *Zarathustra*.

Das von Burte so nachdrücklich instrumentalisierte Motiv des Wanderers strahlt bis zu Walter Flex' populärem Kriegsroman *Der Wanderer zwischen beiden Welten* (s.u. S. 816 f.) aus, der gleichfalls mit *Zarathustra*-Reminiszenzen arbeitet, und findet seine unmittelbare Fortführung in Friedrich Lienhards «Roman aus der Gegenwart» *Der Spielmann* (1913). Der Entwicklungsroman artet hier fast zu einem Reiseroman, zu einer «sentimental journey» aus, insofern die einzelnen Stationen durch unterschiedliche Schauplätze von penetranter Symbolik bezeichnet werden. Neben Lourdes, Weimar und der Wartburg begegnet dabei auch der Gralsberg Montserrat.

Damit reiht sich Lienhard in die beträchtliche Zahl von Autoren ein, die sich in der Zeit um 1900 auf die durch Wagners *Parsifal* erneuerte Gralssage berufen. Als politischer Antipode verdient unter ihnen zunächst Bruno Wille Erwähnung; sein Roman *Die Abendburg* (1909) greift auf die schlesische Walen- oder Goldsuchersage zurück, um sie mit Elementen des Gralsmythos zu verbinden. Der Goldsucher Johannes Trielsch entsagt nach vielen Enttäuschungen dem Streben nach Reichtum und Liebesglück und richtet sich als Klausner am Fuß der Abendburg ein: ein faustischer Monist als Gralswächter!

Das Gottsuchertum ist das große gemeinsame Thema der Romane Erwin Guido Kolbenheyers, und es kann daher kaum verwundern, darunter auch auf einen Titel wie *Montsalvasch* zu stoßen. Der solchermaßen – nach dem Namen der Gralsburg bei Wagner – benannte «Roman für Individualisten» (1912) trägt ein Motto aus Wolframs *Parzival*, spielt aber (ganz im Unterschied zu den sonstigen Gepflogenheiten dieses Romanciers) in der unmittelbaren Gegenwart. Der «törichte Parzival» Ulrich Bihander sucht den Sinn des Lebens zeitweilig in einer Liebesbeziehung, wird aber von der emanzipierten jungen Frau, die eine Abtreibung vornehmen läßt, enttäuscht. «Wie eine Burg anzuschauen», zeigt sich am Schluß in Form einer leuchtenden Wolke das Ideal der unabhängigen Persönlichkeit.

Kolbenheyers erster Roman *Amor Dei* (die Liebe Gottes, 1908) ist, wie schon der Untertitel verrät, ein «Spinoza-Roman». Der jüdische Philosoph erscheint im Moment seiner geistigen Initiation als zweiter Parzival: «Vor seinen Augen ersteht, schleierumwoben, ein Land, das sich in unendliche Weiten dehnt. Dort rauschen die Quellen der Gewißheit, dort will er sein Leben lang wandern, will suchen, Quellen finden – und sollte er nie ihren Ton erlauschen, er wird doch selig sein im heiligen Gottesland.» Kolbenheyers Roman stellt die Eigenheit und das (innere) «Eigentum» der Wahrheitsucher, Künstler und Gläubigen (Spinoza, Rembrandt, Uriel Acosta) gegen den Krämer-Ungeist des Amsterdamer Bürgertums. Diese individuelle Wahrheit ist jedoch in ihrem letzten Geheimnis nicht mitteilbar. Kolbenheyer greift zeitgenössische Diskurse des hermetischen Ästhetizismus, aber auch der sprachskeptischen Mystik-Renaissance auf, wenn er Spinoza zu seinen Freunden sagen läßt: «Alle Form ist eitel. […] Alle Form ist ein Hinabsteigen.»

Meister Joachim Pausewang (1910), der nächste Roman Kolbenheyers, bleibt der gleichen historischen Epoche verhaftet, ist aber nach Osten – in Richtung auf die schlesische Mystik – verschoben. In der archaisierenden Diktion dieser für den Sohn oder Urenkel des Schreibers bestimmten Aufzeichnungen scheint wiederum der Gegensatz zwischen Masse und geistiger Führungselite auf: «Sieh um dich, mein Basil, und du wirst finden: wenig sein, so im eignen Odem leben, so mit eignen Sinnen die Welt umfahen, so ein Herz in der Brust tragen, stark und voll Eigentum.» Als ein solcher «Eigener», der wie ein «Sohn Gottes» unter die Menschen tritt, erscheint dem Erzähler der Schuster und Mystiker Jakob Böhme, mit dem er sich auf gemeinsamer Wanderschaft und Arbeitssuche anfreundet. Auch die paradoxe Verbindung von geistiger Größe und schlichtem Handwerksberuf wurde bereits im Roman über den Brillenschleifer Spinoza erprobt; der Philosoph als Handwerker ist gleichsam die Umkehrung von Frenssens «lateinischem Bauern» Jörn Uhl.

Der dritte Gottsucher früherer Jahrhunderte, dem sich der Romancier Kolbenheyer zuwendet, ist Paracelsus. Er widmet ihm gleich eine ganze Trilogie, bestehend aus den Romanen *Die Kindheit des Paracelsus* (1917), *Das Gestirn des Paracelsus* (1921) und *Das dritte Reich des Paracelsus* (1925). Die bereits bei Frenssen, Popert, Burte und Lienhard erkennbare Instrumentalisierung des Bildungsromans im Sinne völkischer Ideologie findet hier einen Höhepunkt. Denn Kolbenheyer begnügt sich nicht mit der quantitativ aufgeblähten Darstellung der Lebensgeschichte seines Helden – wobei die Dialoge wiederum in einem künstlichen Altdeutsch (Frühneuhochdeutsch mit Schweizer Akzent) gehalten sind –, sondern ergänzt sie noch durch einen dreifach gestaffelten mythischen Prolog. Zu Beginn jedes Bandes treffen der germanische Gott Odin – wie Wagners Wotan als einäugiger Wanderer und Speerträger gezeichnet – und ein Bettler aufeinander, in dem kein anderer als Christus zu erkennen ist. Damit ist auf höchster Ebene der Konflikt zwischen germanisch-deutscher und romanisch-christlicher Tradition als Sinnhorizont der persönlichen Mission des Helden umrissen: Selbstverwirklichung und Nationwerdung fallen ineins.

Schon deshalb stellt die Episode des zweiten Romans, in der Paracelsus in Basel die erste deutsche Predigt hört und das «Bekenntnis zur Muttersprache» als Auferstehung des «deutscheigenen Wesens» erfährt, einen Wende- und Gipfelpunkt der ganzen Trilogie dar. «Nur wer zu seiner Art fand, konnte zur Wahrheit und zu Gott finden, denn beide, Wahrheit und Gott, können nicht aus andrer Art empfangen werden, sie müssen entwachsen und erfahren sein in der lebendigen Tiefe.» Die Übereinstimmung mit dem völkischen Christentum (Kristentum?) eines Frenssen und Burte ist evident.

3. Historischer Roman

Die Lieblingsgattung des historistischen Zeitalters war schon im späten 19. Jahrhundert, wie nicht zuletzt Wilhelm Raabes Roman *Das Odfeld* bezeugt, in die Krise geraten. Zu Beginn des 20. Jahrhunderts steht der historische Roman grundsätzlich unter Epigonalitäts- und Ideologie-Verdacht.

Mit seiner vielbändigen Berchtesgaden-Chronik, schon 1893 mit dem «Roman aus dem vierzehnten Jahrhundert» *Der Klosterjäger* eröffnet, provinzialisiert und trivialisiert Ludwig Ganghofer unbeirrt das nationalhistorische Modell von Gustav Freytags Romanzyklus *Die Ahnen*. Als viertes bis sechstes Teilstück veröffentlicht der Erfolgsschriftsteller 1902 *Das neue Wesen. Roman aus dem sechzehnten Jahrhundert*, 1906 *Der Mann im Salz. Roman aus dem Anfang des siebzehnten Jahrhunderts* und 1914 abschließend – in der Chronologie zurückspringend –

Der Ochsenkrieg. Roman aus dem fünfzehnten Jahrhundert. Er vertritt
darin das Ideal eines sozialen Burgfriedens zur Abwehr äußerer Feinde,
einen technikbegeisterten Fortschrittsoptimismus und die feudale Norm
der Treue. In diesem Sinne heißt es im letzten Roman: «Volk und Fürsten sind in dieser Stunde der Gefahr verwachsen zu einem Körper, der
sich grimmig und erbittert seiner Ehre und seines Lebens wehrt.»

Von solcher Wehrhaftigkeit zeugen auch die historischen Bauernromane von Adolf Bartels, Lulu von Strauß und Torney und Hermann
Löns. Bartels' Frühwerk *Die Dithmarscher* (1898), das genrebildend den
Verschnitt von historischem und bäuerlichem Heimatroman erprobt,
gibt eine skeptische Bilanz von der Selbstbehauptung der Marschbauern
gegen Landsknechtshaufen und Feudaladel. Gewinnt man hier schon
den Eindruck, daß das Kämpfen den Bauern im Blut liegt, so gilt das
erst recht für die im Dreißigjährigen Krieg angesiedelten Bauernromane
von Strauß und Torney (*Der Hof am Brink*, 1906) und Löns (*Der Wehrwolf*, 1910).

Der Massenerfolg, den letzterer mit seiner «Bauernchronik» erzielte, gibt
einen erschreckenden Hinweis auf die Lust des wilhelminischen Lesepublikums
an der Gewalt. Brutalität und Sentimentalität gehen in diesem Roman mit dem
vielsagend-doppeldeutigen Titel eine unheilvolle Allianz ein, an den ehrlicheren
Stellen gibt sich die Lust an der Gewalt aber – auf dürftigstem sprachlichen
Niveau – offen zu erkennen. Schon für den Vorfahren des Helden war der Sieg
über die Römer im Teutoburger Wald ein «Spaß»: «So Stücker zwanzig habe ich
allein vor den Brägen geschlagen, daß es nur so ballerte», und ein späterer Wulfs-
bauer bevorzugt die Redensart «Es ist alles man ein Übergang» – «und dabei
schlug er den Wolf in der Kuhle tot und lachte dazu.» Es braucht wohl kaum hin-
zugefügt zu werden, daß die Verherrlichung des wehrhaften Bauern bei Strauß
und Torney wie Löns mit einer unverhohlenen rassistischen Diskriminierung
der «Tatern» (Zigeuner) einhergeht. Daß dieselbe historische Epoche des Dreißigjährigen Kriegs damals auch ganz andere – literarisch hochrangige – Bear-
beitungen erfuhr, wird sich alsbald bei der Besprechung der Werke Ricarda
Huchs und Alfred Döblins zeigen.

Die ideologische Indienstnahme historischen Erzählens läßt sich auch
und erst recht bei solchen Werken studieren, die statt des Bauern und
der von Ganghofer bevorzugten Jäger- und Amtmannfiguren politische
Führer ins Zentrum stellen. Walter von Molo, der sich schon mit einem
vierbändigen *Schiller-Roman* (1912–1916) als Spezialist für die Lebensgeschichte von «Titanen» empfohlen hatte (*Im Titanenkampfe* lautete der
Einzeltitel des zweiten Teils), leistet mit *Fridericus* (1918), dem ersten
Teil seiner Roman-Trilogie *Ein Volk wacht auf*, einen signifikanten Beitrag zum Weltkriegskult um Friedrich II. und seinen «Preußengeist». Der
damals auch von Thomas Mann und Paul Ernst gefeierte «große König»
erscheint in Molos – auf eine einzige Nacht und die am Tag darauf folgende Schlacht (bei Torgau 1760?) konzentriertem – Roman als über-

menschlicher Dämon, der sich heroisch seiner geschichtlichen Aufgabe unterwirft. Walter Flex erhebt in seiner 1915 (zum 100. Geburtstag des verstorbenen Reichskanzlers) in Buchform erschienenen «Erzählung» *Der Kanzler Klaus von Bismarck* einen mittelalterlichen Vorfahren des Reichsgründers zum strengen Richter über schwache Herrscher und zum politischen Märtyrer.

Für die Erneuerung des historischen Romans jenseits ideologischer Indienstnahme und literarischer Trivialität ist zunächst das Schaffen Ricarda Huchs von Bedeutung. Mit ihrer in der Schweiz des frühen 18. Jahrhunderts angesiedelten Novelle *Die Hugenottin* (1893) zeigt sich die promovierte Historikerin, ebenso wie der Schweizer Hermann Kesser mit seinem Roman *Lukas Langkofler* (1912, entst. 1910), noch dem Vorbild Conrad Ferdinand Meyers und seiner Gestaltungen der Hugenottenverfolgung verpflichtet.

Die für den historischen Erzähler Meyer typische Faszination für den großen Einzelnen charakterisiert auch diejenigen Werke, in denen sich Ricarda Huch – angeregt durch ihre erste Ehe mit dem italienischen Zahnarzt Ermanno Ceconi, aber auch durch die Vorlesungen des Zürcher Historikers Alfred Stern – dem Risorgimento, der italienischen Einheitsbewegung des 19. Jahrhunderts, zuwendet. Die auf drei Teile angelegten *Geschichten von Garibaldi*, von denen 1906/07 zwei Bände erschienen (der erste noch mit dem Untertitel «Roman»), enthalten hymnische Einlagen, die die Dynamik des italienischen Freiheitskampfes aus vitalistischer Perspektive verklären. Die Biographien seiner Protagonisten werden ein Jahr später in der historischen Darstellung *Das Risorgimento* scheinbar ‹sachlich› behandelt, bevor sich Ricarda Huch mit dem *Leben des Grafen Federigo Confalonieri* (1910) wiederum einer erzählerischen Fiktion bedient, die ihr – trotz enger Anlehnung an das Quellenmaterial – eine identifikatorische Exposition des Helden, ja seine Stilisierung zu einem christushaften Märtyrer ermöglicht. Dabei fällt vor allem die Schilderung seiner vierzehnjährigen Kerkerhaft u. a. auf der böhmischen Festung Spielberg ins Gewicht: Auch und gerade in der schmerzhaften Trennung vom äußeren Leben erweist sich die geistige Kraft des Helden zur Hingabe an das große Ganze, ein letztlich göttliches Universum.

Um die Gestaltung einer epochalen Totalität geht es Ricarda Huch vorrangig im dreibändigen Werk *Der große Krieg in Deutschland* (1912–1914), einer quellengesättigten Nacherzählung des Dreißigjährigen Krieges, die später auch so benannt wurde (*Der dreißigjährige Krieg*). In bewußter Abgrenzung von den verharmlosenden Abstraktionen der positivistischen Geschichtswissenschaft bemüht sich die Autorin um ein ungeschöntes Gesamtbild der Selbstzerfleischung des Deutschen Reiches im Zeichen der Glaubensspaltung zwischen 1585 und 1650.

Scheinbar unbeteiligt läßt sie in epischer Reihung 224 Einzelszenen und zahllose Einzelschicksale vor uns ablaufen, die durch alle Ebenen der Gesellschaft führen: von den Herrschern und Feldherren, die hier ohne jeden heroischen Nimbus auskommen müssen (Wallensteins Tod zum Beispiel wird nur andeutungsweise erzählt), bis zu den Landsknechten und den Hirten auf dem Feld, deren wiederholte Erwähnung wohl als leiser Hinweis auf die Utopie eines Goldenen Zeitalters verstanden werden darf. Dazwischen stehen einzelne Künstler- und Gelehrtenfiguren, in denen sich am ehesten die Subjektivität der Autorin spiegelt: der Astronom Johannes Kepler, der Komponist Heinrich Schütz und insbesondere der dichtende Jesuitenpater Friedrich Spee von Langenfeld, der aus dem unmittelbaren Miterleben der Hexenverfolgung heraus die Kraft zu ihrer literarischen Bekämpfung gewann.

Trotz der zahllosen Todesarten, Folterungen und Verstümmelungen, mit denen uns sein lapidarer Berichtstil konfrontiert, und der anwachsenden Negativbilanz dieses unaufhaltsam in die Katastrophe hineintreibenden Buchs ist *Der große Krieg* keineswegs ganz ohne Hoffnung. Er rechnet mit der geistigen Kraft des Lesers, der sich aus der unübersehbaren Masse der Einzelbilder jedenfalls der Tendenz nach ein Gesamtbild der Epoche zusammenzusetzen vermag und angesichts der Extreme menschlichen Verhaltens, die hier vorgeführt werden – vom Kannibalismus bis zur selbstlosen Vergebung des Pfarrers, dem soeben die Tochter ermordet wurde, in der österlichen Schlußszene –, Einsicht in die Fragilität der stets vom Tier- und Triebhaften bedrohten conditio humana gewinnt. «Es sei gar zu anstrengend, Mensch zu sein, sagte der Herzog von Württemberg, man müsse sich von Zeit zu Zeit in der Säuerei davon erholen.»

Das Individuum scheint sich im Chaos der Kriegswirren aufzugeben, ja aufzulösen – hier berührt Ricarda Huch einen Kerngedanken der Moderne, den sie grundsätzlich im Zeichen des Monismus bejaht – und behauptet sich doch in der Einmaligkeit auch und zumal seines Todes. Paradigmatisch sind die letzten Eindrücke Gustav Leubelfings, des schon von Conrad Ferdinand Meyer beschworenen Pagen Gustav Adolfs: Eine «breite, immer lauter rauschende Welle» scheint über das Schlachtfeld auf ihn zuzukommen (ein schon von Schopenhauer her vertrautes Bild für die Infragestellung der Individuation) – und doch geht der Page, der den sterbenden Schwedenkönig hält, gerade mit dieser Tat, die ihn das Leben kostet, als unverwechselbares Individuum in die Geschichte ein. Auch die besondere Rolle der Frauen ist in diesem Licht zu sehen, die in Ricarda Huchs Darstellung keineswegs verherrlicht werden, aber doch ihren festen Platz – als Täterinnen wie als Opfer – im geschichtlichen Treiben behaupten: oftmals als in sich ruhende, ‹männlich› gefestigte Persönlichkeit.

Trotz der Nähe zu avancierten Positionen der Moderne, die Ricarda Huch in diesem ihrem bedeutendsten Erzählwerk erreicht – nicht zuletzt durch die Annäherung an das Epos, die aktuellen Postulaten der Romantheorie entspricht (s. o. S. 141–143) –, läßt sich auch am *Großen Krieg* der ‹konservative› Vorbehalt ablesen, der sie von konsequenteren Vertretern eines modernen Bewußtseins trennt. Nur wenige Jahre später entsteht ein fast themengleiches Werk, das radikal mit den Konventionen des historischen Romans wie des romanhaften Erzählens bricht, ja ein neues Paradigma des ‹anderen› historischen Romans etabliert: Alfred Döblins umfangreicher Roman *Wallenstein* (1920, entst. 1916–1919).

Döblin, der schon seinen zweiten Roman (*Der schwarze Vorhang*, s. u. S. 413) mit einer kannibalischen Aktion beschließt und den verschiedensten Formen der Gewalt in seinem gesamten Erzählwerk den größten Stellenwert einräumt, scheint in besonderer Weise zum Rhapsoden des Dreißigjährigen Kriegs berufen. Und doch bedurfte es einer längeren Suche nach einem geeigneten Stoff aus der deutschen Geschichte, bis die Lektüre der Anzeige eines Gustav-Adolf-Festspiels im Juli 1916 die Phantasie des Autors gefangen nahm: Das darin vorgefundene Motiv der Anfahrt der schwedischen Flotte über die Ostsee findet im Eingangsabschnitt des Fünften Buchs von Döblins Roman seine eindrucksvolle Gestaltung. Unübersehbar ist natürlich die Analogie zwischen dem europäischen Krieg, den Döblin beschreibt, und dem Weltkrieg, der die Bedingungen seiner literarischen Arbeit diktiert: in den Freistunden seiner Tätigkeit als Lazarettarzt im elsässischen Saargemünd. Die benötigte historische Literatur besorgte sich Döblin in großem Umfang aus Straßburg.

Döblins Umgang mit den Quellen harrt im einzelnen noch der Untersuchung. Erste Nachprüfungen zeigen ein hohes Ausmaß an Freiheit und Kreativität im Umgang mit der Überlieferung. So wird die Grabinschrift des kaiserlichen Finanzministers in seine Vorstellung als Teilnehmer einer höfischen Zeremonie einmontiert oder eine Wendung aus einem zeitgenössischen Brief – Gerhard Questenbergs Bemerkung über Kaiser Ferdinand II.: «bald im Luft, bald im Keller, nie auf der Erden» (April 1631) – zum Anlaß einer weiträumigen szenischen Gestaltung genommen, die den Kaiser einmal auf dem Fensterbrett seines Jagdschlosses, ein andermal zusammen mit seinem Narren im Weinkeller zeigt: in einer wahren Orgie der Selbsterniedrigung und Beschmutzung. Daneben stehen kühne Abweichungen von den historischen Tatsachen: So läßt Döblin Kaiserin Eleonore, die ihren Mann um achtzehn Jahre überlebte, zu dessen Lebzeiten Selbstmord begehen und Ferdinand II. selbst Jahre vor seinem tatsächlichen natürlichen Tod zum Opfer eines Waldkobolds werden, von dem er sich eigenartig angezogen fühlt.

Ist damit die Qualität von Döblins *Wallenstein* als historischer Roman in Frage gestellt? Bei genauerer Betrachtung erweist sich das Werk weniger als a(nti)historisch denn als antihistoristisch, will sagen: gegen das positivistische Geschichtsverständnis des 19. Jahrhunderts gerichtet. Auf den siebenhundert Seiten des Romans findet sich keine einzige Jahreszahl; nur den geschilderten Ereignissen und ihrer Datierung im Geschichtswissen des Lesers ist zu entnehmen, daß dem Buch die historische Phase von November 1620 bis Frühjahr 1634, also etwa die erste Hälfte des Dreißigjährigen Kriegs, zugrunde liegt. Von einer Entwicklung kann man bei Döblin freilich nicht reden; das Romangeschehen, das mit dem Rückblick auf eine Schlacht beginnt und mit der Aussicht auf künftige Schlachten endet, vermittelt den Eindruck einer großen Kreisbewegung, strukturiert allein vom Rhythmus der Jahreszeiten, dem Wechsel zwischen Winterlager und sommerlichen Feldzügen.

«Nachdem die Böhmen besiegt waren, war niemand darüber so froh wie der Kaiser.» Schon dieser Eröffnungssatz, der das militärische Ereignis in die Vorgeschichte abschiebt und die Erleichterung darüber zum Ausgangspunkt der Handlung nimmt, deutet an, daß es in Döblins *Wallenstein* letztlich um einen Rückzug aus der Geschichte geht. Ferdinand II., den der Autor später als den eigentlichen Helden seines Werks bezeichnen sollte, ist von Anfang an im Rückzug begriffen, strebt aus der Sphäre der Politik heraus. Der Höhepunkt der Macht, zu dem ihm der Kriegsgewinnler Wallenstein verhilft, wird für ihn zum Tiefpunkt der Menschlichkeit – seine Selbstfindung als Selbstauflösung im Wald (ein Döblinsches Grundmotiv, schon aus der *Ermordung einer Butterblume* vertraut) ist daher nur konsequent.

Natur statt Geschichte? Geschichte erscheint als Natur und Mythos zugleich. Zu den Schrecken des hier geschilderten Krieges gehört die Malaria, deren epidemische Ausbreitung mikroskopisch am Leben der Mücken entwickelt wird. In einer Schlüsselszene des Romans, in der die Regimenter Tillys und Wallensteins zusammenfinden, wird ersterer als «Mammut» beschrieben, das den Boden schwer belastet und sich «eisig» hält – trotz der zahllosen Leichen seiner Feinde bzw. Opfer, die in der visionären Sicht des Erzählers an seinem Körper zappeln. Wallenstein dagegen erscheint als «gelber Drache aus dem böhmischen blasenwerfenden Morast aufgestiegen, bis an die Hüften mit schwarzem Schlamm bedeckt, sich zurückbiegend auf den kleinen knolligen Hinterpfoten, den Schweif geringelt auf den Boden gepreßt.» Der Krieg selbst wird mehrfach als Ungeheuer symbolisiert, so in der Schilderung der Zerstörung Magdeburgs an einem «blauen, süßen Maientag», deren gegensätzliche Motivmischung an Döblins Erzählung *Das Stiftsfräulein und der Tod* erinnert:

«Da trug sich vom Neuen Werk her bei St. Jakob das knurrende Untier aus der unkenntlichen Finsternis der blütendurchhauchten trunkenen Nacht an den Wall heran, zerbrach mit den Klauen, Pfoten Bollwerk und Rondelle, klatschte mit Ruck und Schwung seinen bunten prallen Leib mitten auf die morgendlich leeren Straßen, in denen hie und da einer gähnend die Fensterladen aufstieß, ein Mädchen im Vorgarten seine Blumen begoß.
[...]
Nach wenig Zeit sollten sie alle bis auf einen kleinen Rest, Männer Frauen Kinder Kaisertreue Wankelmütige Herzhafte Alter und Neuer Rat, als sonderbar stille Kadaver auf der Erde, in den Stuben Kellern liegen mit trüben fragenden lächelnden bittenden verzweifelten Grimassen, in tollen ungekannten Stellungen, nachdem ihnen ihre Seelen entrissen waren, wie man einem Hahn den Kopf abreißt.»

Bereits diese Stilprobe zeigt die enorme Bedeutung, die das Prinzip der parataktischen Reihung für Döblins Darstellung der Ereignisse gewinnt. Die scheinbar sachliche Technik des Katalogs dient im *Wallenstein* einer umfassenden Vitalisierung und Dynamisierung, die das Historische ebenso in Richtung auf das Körperlich-Naturhafte wie auf das Fiktionale und Imaginäre transzendiert. Der Romancier erweist sich – seinen eigenen programmatischen Vorstellungen entsprechend – eben darin als Epiker, daß er eher beschreibt als erzählt, daß er den Fluß der Handlung aufsprengt zugunsten oftmals schockierender Tableaus, deren Plastizität und Detailfülle die Vorstellungskraft des Lesers strapazieren.

Als ein solches «Kolossalgemälde für Kurzsichtige», wie Moritz Goldsteins Rezension von 1921 es ausdrückt, erweist sich beispielsweise die einleitende Beschreibung des barocken Festmahls nach der Schlacht am Weißen Berg oder das quälende Protokoll einer Judenfolterung und -verbrennung im Vierten Buch. Erstere gewinnt symbolische Qualität, indem die Vertilgung der Speisen auf die Vernichtung der Städte und Menschen verweist, letztere erhält eine eigentümlich voyeuristische Dimension durch die Betonung der körperlichen Reize der Jüdin und ihrer Liebe zu dem aufs grausamste mißhandelten Ehemann.

Der Fanatismus der Beschreibung und die Überschneidung von Lust und Grausamkeit haben eine literarhistorische Referenz: Gustave Flauberts *Salammbô* (1863, dt. 1908). Im Schatten dieses historisch-exotistischen Romans aus der Welt des alten Karthago ist schon Jakob Wassermanns Roman *Alexander in Babylon* (1905) angesiedelt: Der von Plutarch übernommene historische Stoff dient lediglich als Staffage zur Erzeugung einer ästhetizistisch-dekadenten Untergangsstimmung.

Ihren eigentlichen Höhepunkt erreicht die deutsche *Salammbô*-Rezeption aber erst mit Eduard Stuckens erstem Roman *Die weißen Götter*, der in vier Bänden 1917–1922 erschien. Gestützt auf eigene vergleichende Mythenforschungen (*Astralmythen der Hebräer, Babylonier und Ägypter*, 1896/97) und die Arbeiten seines Onkels Adolf Bastian, der 1878 ein Standardwerk über präkolumbianische Kulturen veröffentlichte und seit 1886 das nicht zuletzt durch seine aztekischen Sammlungen bedeutsame Berliner Völkerkundemuseum leitete, entwirft Stucken auf über zweitausend Seiten ein breitangelegtes Kulturgemälde der spanischen Eroberung Mexikos in den Jahren 1519–1521.

Der verwegen-brutale Vorstoß des Cortez und seiner zahlenmäßig weit unterlegenen Truppe, bekanntlich erleichtert durch den Glauben der Azteken an die bevorstehende Ankunft eines «weißen Gottes», wird in Stuckens Darstellung zum Gleichnis einer – letztlich für beide Seiten – tödlichen Vereinigung des Männlichen und des Weiblichen, wie sie in der altmexikanischen Mythologie vorgebildet ist und auf der Ebene der Romanhandlung in zahlreichen Episoden variiert wird. Der Verfasser, der vor Geschmacklosigkeiten nicht zurückschreckt («Mit dem dritten Pfeil traf er sie in den Schlitz»), kann dabei aus dem reichen Motivarsenal der Décadence-Literatur schöpfen.

Insbesondere der mexikanische König Montezuma erscheint in den *Weißen Göttern* als vollendeter décadent. Auch andere Motive wie das des «Edelsteinfischs», dem Schuppen aus Saphir implantiert sind, entstammen direkt der Traditionslinie des Ästhetizismus (Flaubert, Huysmans, Beer-Hofmann), ja sind gegenüber diesen Vorstufen noch gesteigert. So dient bei Stucken der Edelsteinfisch einem Mordanschlag; er wird von einer Prinzessin mit einem Messer gefüllt und in einem Juwelenkästlein aus Bergkristall ins Wasser gehängt: Das Organische fungiert nur noch als Attrappe, in die Schönheit ist der Stachel des Todes eingesenkt.

Auch Leo Perutz' erster Roman *Die dritte Kugel* (1915, entst. ab 1911) hat die Cortez-Expedition zum Gegenstand. Wie viele spätere Werke des Autors, auch sein nächster historischer Roman *Der Marques de Bolibar* (1920), ist er als proleptischer Rätselroman angelegt. Der Andeutung eines mysteriösen Sachverhalts auf der Rahmenebene folgt in analytischem Rückschritt die Vorgeschichte, hier: die vom spanischen Reiter im Lager bei Halle (1547) erzählte «Historie vom Grumbach und seinen drei Kugeln.» Sie handelt vom vergeblichen Kampf (1519/20) des nach Amerika geflüchteten Protestanten gegen die spanischen Invasoren, um seine indianische Geliebte und gegen seinen Nebenbuhler, Halbbruder und Erzfeind Menoza. Der unter dem Galgen ausgesprochene Fluch eines Spaniers, dem Grumbach die Arkebuse raubte, scheint sich zu erfüllen: Die Schüsse aus seiner Büchse treffen den Azteken Montezuma, den Grumbach verteidigen will, seine einstige Geliebte statt seines Rivalen und schließlich – Jahrzehnte später – zwar nicht (wie vorausgesagt) ihn selbst, indirekt aber doch wohl. Durch den Schuß seines der Zunge beraubten Dieners auf den Erzähler der Binnengeschichte vor ihrer Vollendung wird dem offensichtlich mit Grumbach identischen Hauptmann Glasäpflein aus der Rahmenhandlung die letzte Möglichkeit genommen, das ihn bedrängende Rätsel seiner Identität zu lösen, die beiden Hälften seiner Existenz zusammenzufügen. Der einstige stolze Gegner Menozas verbeugt sich am Schluß devot vor dem spanischen Herzog.

«Diskontinuität des Lebens» lautet (in einem undatierten Brief von Ernst Weiß aus dem Jahr 1912) die Formel, unter der dieser – für die Wiener Moderne charakteristische – Aspekt des Persönlichkeitszerfalls im Freundeskreis des angehenden Romanciers diskutiert wurde. Sein Schulfreund Richard A. Bermann, der später als Arnold Höllriegel bekannt wurde, antwortet Perutz auf dessen Frage nach der «Theorie des historischen Romans» schon im Oktober 1910, daß es eine solche in allgemeingültiger Form nicht gebe, er selbst aber von einem «historischen Kunstwerk» erwarte, daß darin «Geschichte mit modernen Augen gesehen, mit modernen Mitteln dargestellt» werde. Erfolgreich reden Bermann und Weiß dem gemeinsamen Freund die Verwendung einer archaisierenden Orthographie aus. In seinem eigensten Ansatz bedarf der Debütant aber offenbar keiner Nachhilfe: nämlich der ausgeklügelten Konstruktion, die Geschichte als Produkt magischer Mächte oder fortgesetzter Zufälle erscheinen läßt, der Annäherung des historischen Romans an das Modell der phantastischen Literatur.

4. Unterhaltungsroman

Ferien vom Ich heißt ein Erfolgsroman (1915) des schlesischen Volks-schriftstellers Paul Keller. Damit ist konkret das Programm des Sanato-riums gemeint, das der Ich-Erzähler mit dem Geld eines amerikanischen Freundes gründet: Für die Dauer ihres Aufenthalts müssen die (durch-weg dem Bürgertum und überwiegend der Großstadt entstammenden) Gäste ihren bürgerlichen Namen und alles andere ablegen, was an ihre Stellung in der Gesellschaft erinnert; am Busen der Natur und in dosier-tem Arbeitseinsatz auf dem Bauernhof sollen sie sich als Menschen jen-seits ihrer sozialen Identität wiederherstellen. «Ferien vom Ich» in ähnli-chem Sinn verspricht auch die triviale Erzählliteratur der Zeit: Auswege aus dem Alltag, Befreiung von gesellschaftlichen Nöten, Erfüllung heim-licher Träume.

Liebesroman

Niemand hat den kompensatorischen Auftrag der Trivialliteratur so wörtlich genommen und so stereotyp umgesetzt wie Hedwig Courths-Mahler in über zweihundert Romanen, die anfangs noch ausschließlich als Fortsetzungsromane in Zeitungen oder Familienzeitschriften wie *Die Hausfrau*, pseudonym und unter Abtretung sämtlicher Rechte an einen Agenten, erschienen. Courths-Mahler, die sich selbst aus engsten sozialen und fragwürdigsten Familien-Verhältnissen freigeschrieben hatte, machte ihre eigene Leidens- und Erfolgsgeschichte zur Botschaft ihres Schreibens. Noch konsequenter als bei Eugenie Marlitt, ihrem lite-rarischen Vorbild, rückt die Aufhebung der individuellen sozialen Deklassierung tugendhafter Heldinnen ins Zentrum ihrer Romanwelt. Den zumeist weiblichen Hauptfiguren, unter denen sich auffallend viele Waisen und Halbwaisen befinden, werden im obligatorischen Happy-End neben sozialer Anerkennung regelmäßig die beiden Hauptkonstitu-enten des Glücks (nach landläufiger Vorstellung), nämlich Liebe und Geld, in engster Zwei-Einheit zuteil.

Die Bettelprinzeß (1914) ist eine solche Aschenbrödel-Geschichte. Lise-lotte wächst nach dem Tod ihrer Mutter als Pflegeschwester der hochmü-tigen Lori von Bodenhausen auf, von der sie als «Bettelprinzeß» verspot-tet wird. Sie liebt deren Bruder Hans und kauft ihn mit dem von ihrer Mutter deponierten (für ihre Erziehung bestimmten) Geld frei. Sie kann ihn schließlich sogar heiraten und auf seinem eigenen hochverschuldeten – nunmehr mit ihrem Vermögen freigekauften – Gut als Verwalter beschäftigen, nachdem sie als rechtmäßige Erbin des Grafen Armin von Hochberg-Lindeck anerkannt ist. Dessen Witwe Katharine hat sie ausfindig gemacht und die Enkelin zunächst als ihre Gesellschafterin beschäftigt. Eine ähnliche Wendung erlebt die Titelheldin des Romans *Die Adoptivtochter* (1919): Hier ist es die frühere Frau des Vaters, die sich als Ersatzmutter anbietet und mit dem von ihr vererbten Geld zugleich die Heirat mit einem geliebten Mann ermöglicht. In *Griseldis* (1917) dagegen muß sich die verarmte Adlige mit Lehrerinnen-Examen erst unter Lebensgefahr der Intrigen der Giftmörderin Beate erwehren, ehe sie den reichen Grafen Harro von Treuenfels heiraten kann. Daß dieser ein Jahr danach in den Krieg muß, «der fast alle europäischen Länder in Mitleidenschaft zog», ist einer der wenigen Reflexe der aktuellen gesellschaftlichen Realität im Romanschaffen der Autorin, die ihre Werke selbst als «Märchen für große Kinder» bezeichnete.

Daß Hedwig Courths-Mahler grundsätzlich auch anders schreiben konnte, zeigen fünfzehn «Skizzen», die 1908–1911 in der Berliner Wochenzeitung *Welt am Montag* erschienen. Hier und nur hier stattet die Autorin ihre Heldinnen mit eigener Sinnlichkeit aus und läßt sie selbstbewußt Anspruch darauf erheben. In *Das letzte Mittel* (1908) erkämpft sich die Frau die Aufmerksamkeit des sie vernachlässigenden Mannes, indem sie durch einen vorgetäuschten Seitensprung seine Eifersucht erregt. Als er sich auf das vermeintliche Vorrecht des Mannes zur Untreue beruft, antwortet sie: «Diese Theorie gefällt mir nicht. Ich bin es müde, die betrogene Frau zu spielen und mich von dir vernachlässigen zu lassen. Ich plädiere um gleiches Recht für alle.» *Lebensrätsel* (1908) heißen die Tagebuchnotizen einer Frau, die den Mangel an vorehelicher Erfahrung in einer kurzen Affäre mit einem alten Freund ihres Mannes sogar faktisch nachholt, um ruhig an dessen Seite weiterzuleben: «Wir sind einander nichts mehr schuldig.»

In die Welt des Adels führt uns auch die frühverstorbene Pfarrersfrau Agnes Günther mit ihrem einzigen (posthum erschienenen) Roman *Die Heilige und ihr Narr* (1913). Der Liebe zwischen der Prinzessin Rosmarie, der einzigen Tochter des Fürsten von Brauneck, und dem verarmten Grafen Harro von Thorstein, einem Künstler, steht zunächst der Standesunterschied und nach der Heirat die Mißgunst der Stiefmutter Rosmaries entgegen, die der jungen Frau sogar eine Schußverletzung zufügt, an deren Folgen sie Monate später stirbt. Von Anfang an ist Rosmarie – ganz im Gegensatz zum diesseitigen Harro, den sie erst für das Christentum gewinnen muß – als «Seelchen», ja als mit visionären Fähigkeiten begabte Märtyrerin angelegt, in der sich das Schicksal der gemeinsamen Ahnfrau Gisela wiederholt. Günther rekurriert hier auf einen Stoff, den sie schon im Drama *Die Hexe* und dem Erzählfragment *Von der Hexe, die eine Heilige war* (1906) behandelt hat. Die religiös überzuckerte Sentimentalität, die sie dem Lieben und Leiden ihrer Heldin abzupressen weiß und die schon in der einleitenden Schilderung des weihnachtlichen Waldes gewissermaßen von den Zweigen tropft, hat dem Roman bis 1982 eine Auflage von 140 000 Exemplaren gesichert.

Als Liebesroman ist auch der «Alpenroman» *Aus großen Höhen* (1903) des Maupassant-Übersetzers Freiherr Georg von Ompteda ange- legt. Der Medizinprofessor und Alpinist Karl Hallbauer läßt seinen Begleiter, den alpin völlig unerfahrenen Joachim Dörstling, auf einem schroffen Dolomitengipfel allein, sobald er von dessen Beziehung zu sei- ner Frau Klara erfahren hat; das Minutenglück ihrer Umarmung im Kirchturm von Cortina ist mit zwei Toten (denn auch der Ehemann stürzt in seiner Erregung beim Abstieg) teuer bezahlt. Auffällig sind die topographischen und thematischen Gemeinsamkeiten mit dem III. Akt von Schnitzlers Tragikomödie *Das weite Land*; sie bilden ein Beispiel für die vielfach zu beobachtende Affinität Schnitzlers zu Elementen der Tri- vialliteratur bei gleichzeitiger Distanzierung durch das künstlerische Ver- fahren.

Ernstere Absichten verfolgt Ompteda in seiner umfangreichen Romantrilogie *Deutscher Adel* (1896–1902, später: *Deutscher Adel um* 1900). Aus eigenster Standeskenntnis werden die existentiellen Zwänge und Nöte einer Gesell- schaftsschicht vergegenwärtigt, die ihre Angehörigen vor die Alternative von Unterwerfung oder Ausbruch stellte; man fühlt sich an ähnliche Ambitionen Ferdinand von Saars oder Eduard von Keyserlings erinnert. Allerdings über- treibt Ompteda, der den einzelnen Bänden detaillierte Stammbäume der Prota- gonisten mitgibt, die Genauigkeit etwas, wenn er für die vierundzwanzig Lebensjahre des Leutnants Sylvester von Geyer (im gleichnamigen ersten Roman) mehr als achthundert Seiten aufwendet.

Ein tödlicher Sturz von den Höhen der Dolomiten steht schon am Anfang von Richard Voß' Bestseller *Zwei Menschen* (1911). Die heidnisch gesinnte Judith Plattner entzieht sich durch ihn den fanatischen Bekeh- rungsversuchen des einst von ihr geliebten Junker Rochus (jetzt: Pater Paulus), eines Herrenmenschen wie sie, der seinen Ehrgeiz in den Dienst der katholischen Kirche gestellt hat und doch von der ambivalen- ten Bindung an die willensstarke Frau, die über sich nur den Alpenhim- mel duldet, nicht loskommt.

Unerfüllt bleibt auch die Liebesbeziehung zwischen der Schreiberin der *Briefe die ihn nicht erreichten* (1902) und ihrem Adressaten: einem in geheimer Mission in China tätigen Forscher, der beim Boxeraufstand in Peking ums Leben kommt. Elisabeth von Heyking, die Verfasserin des äußerst erfolgreichen Briefromans, hat sich als Frau eines preußi- schen Diplomaten in der chinesischen Hauptstadt aufgehalten und dem Leben ihrer tragisch liebenden Heldin auch sonst einiges vom kosmopo- litischen Glanz der eigenen Vita geliehen.

Daß Publikumserfolg auch ohne Aufstieg in die höheren Sphären der Gesellschaft und der Gefühlswelt möglich war, zeigt Alice Berend als waschechte Vertreterin des Berliner und wohl auch jüdischen Humors. Ihre bei S. Fischer in Hunderttausender-Auflagen erschienenen Romane beeindrucken durch zielsichere Pointen und stehen fest auf dem Boden der Bürgerlichkeit, die sie abschildern und ironisch verulken. Berends erster großer Erfolg *Die Bräutigame der Babette Bomberling* (1913) lebt von zwei komischen Schieflagen: Da ist die wirtschaftliche Tüchtigkeit des Vaters August Bomberling, der eine Sargfabrik aufgebaut hat, von der freilich seine Familie, insbesondere seine nach höheren gesellschaftlichen Weihen strebende Frau Anna, nichts wissen will; und da ist seine schöne und noch recht naive Tochter Babette, die einen attraktiven Mann sucht und ihren gleichfalls tüchtigen in sie verliebten Cousin Paul, der sich so gut zum Geschäftspartner des Vaters eignet, dabei erst einmal vollständig übersieht. Um die Aussichten auf einen Schwiegersohn aus besseren Kreisen zu erhöhen, unternimmt Frau Bomberling mit ihr sogar eine Italienreise, bei der auch ein Graf auftaucht, so daß die Mutter schon von «Contessa Babette» träumt – doch der vermeintliche Graf ist ein von der Polizei gesuchter Hochstapler.

Sittenbilder

Bei Courths-Mahler und den anderen Vertreter(inne)n des trivialen Liebesromans heißt Liebe soviel wie: Suche nach einem Lebenspartner, Vorbereitung oder Bestätigung einer Ehe. In einem anderen Texttyp, der nach 1900 aufkommt, bleibt die bürgerliche Ehe außer Betracht, geht es um Sexualität und Geschäft, um den Tatbestand der Prostitution. Der Dirnenroman als Bestseller ist eine logische Kehrseite der wilhelminischen Gesellschaft und ihrer vielberufenen Doppelmoral.

Die Husumer Schriftstellerin Margarete Böhme veröffentlichte 1905 das *Tagebuch einer Verlorenen* unter einer durchsichtigen Herausgeberfiktion, die sie mit dem Nachfolgeroman *Dida Ibsens Geschichte* (1907) im Grunde selbst zurücknahm. Zentrales Anliegen des *Tagebuchs*, das es auf eine Gesamtauflage von 1,2 Millionen gebracht haben soll, ist die Anklage gegen die Uneinsichtigkeit und Unnachgiebigkeit einer Gesellschaft, die sogenannte gefallene Mädchen auf den Weg der Prostitution stößt, ohne ihnen eine echte Chance zur Rückkehr in normale Lebensformen zu gewähren.

Thymian Gotteball wird nach dem frühen Tod ihrer Mutter von einem Mitarbeiter der väterlichen Apotheke verführt und nach Bekanntwerden der Schwangerschaft von der Familie nach Hamburg abgeschoben. Dorthin flieht sie auch aus der ländlichen Pension, in die sie nach der Entbindung und der ihr abgepreßten Freigabe des Kindes zur Adoption gekommen ist, alle Warnungen erfahrener Freundinnen in den Wind schlagend: «Die Männer, die einem das Geld geben, seien schlimmer wie die Sklavenhalter, sie meinen, sie können für ihre paar Blaufüchse über einen verfügen wie über einen Strohwisch. [...] Leider sei es schwer und fast unmöglich, wieder zurückzukehren, wenn man das gute Leben mal geschmeckt habe.»

Der zweite Teil des Buchs spielt größtenteils in Berlin. Eine nicht unerheb-
liche Rolle bei der immer stärkeren Verstrickung der Heldin in Halbwelt und
Prostitution spielt die Amour fou zu einem adligen Jugendfreund (Osdorff), den
sie aus Amerika zurückholt und sogar heiratet, ohne verhindern zu können, daß
er als Zuhälter und Strichjunge endet. Eine positive Gegenfigur stellt der alte
Graf dar, der Thymian auf seine Schlösser und an die Riviera mitnimmt; doch
auch er kann oder will den Abstand zur «Verlorenen» nicht aufheben, die gegen
Ende zunehmend Zeichen körperlicher und seelischer Erkrankung zeigt. Einen
auffälligen Platz in Thymians Aufzeichnungen nimmt der Grabkult ein: Auf die
melancholischen Träume am frischen Grab der Mutter folgt die Trauer am Grab
des Vaters; lange vorher aber hat die Tagebuchverfasserin im Rahmen eines «tollen Handels» schon ein eigenes Grab in Schöneberg bei (heute: in) Berlin erworben, das ihr auch als «Sommerfrische» dienen soll.

Frei von jeder Sentimentalität dagegen zeigt sich ein Klassiker der
Pornographie, der ein Jahr später als Privatdruck erschien und seitdem
in vielen Drucken und Fortsetzungen Verbreitung fand: *Josefine Mutzenbacher oder Die Geschichte einer Wienerischen Dirne, von ihr selbst
erzählt* (1906). Wie das *Tagebuch einer Verlorenen* ist *Josefine Mutzenbacher* als Aufzeichnung einer verstorbenen Prostituierten angelegt bzw.
ausgewiesen (statt des Tagebuchs wird die Form der Autobiographie
gewählt); Inhalt und Tendenz verhalten sich allerdings vollständig
gegensätzlich. Das Sexuelle, das Margarete Böhme systematisch ausblen-
det, regiert hier allein; dafür fehlen alle psychischen und sozialen
Zusammenhänge, wenn man einmal von den familiären und anderen
Erziehungsstrukturen absieht, die hier in pervertierter Form aufschei-
nen: Josefine und ihre Freundinnen haben frühpubertären Sex mit ihren
Brüdern, Josefine verrät ihre Mutter an den Untermieter und wird durch
den Inzest mit dem Vater (nach dem Tod der Mutter) aus ihrer eigenen
Sicht erst zur Prostituierten. Ganz zu schweigen vom Beichtvater und
dem Katecheten, die sich der Ich-Erzählerin und ihren jungen Freundinnen mit dem «Gnadenhammer» nähern ...

Obwohl in Josefines fiktiver Autobiographie ununterbrochen koitiert wird,
gibt es keine Intimität und auch kein über das Erotische vermitteltes persönliches Gefühl. Statt dessen wird ständig Öffentlichkeit hergestellt: angefangen von
den halbkindlichen Aktivitäten, bei denen sich zwei Geschwisterpaare zusam-
mentun, bis hin zur letzten ‹Nummer›, von der diese «Wienerische Dirne»
erzählt, die ihre Lebensbeschreibung auffälligerweise mit dem ersten Arbeitstag
abschließt: den in Dreiergruppen gestellten pornographischen Aufnahmen im
Photoatelier Capuzzi. Auch sexuelle Situationen, an denen nicht mehr als zwei
beteiligt sind, bekommen öffentlichen Charakter durch gleichzeitiges Reden
über andere oder nachträglich durch Wiedergabe vor Dritten.

Indem *Josefine Mutzenbacher* immer schon das Reden über Sexualität und
mit der Capuzzi-Episode sogar schon ihre mediale Verwertung mit einbezieht,
erweist sich der berüchtigte und immer wieder mit Verboten belegte Text als ausgesprochen reflektiert und konstruiert – das gilt auch für seine formale Anlage

als Parodie des Bildungsromans –, und insofern ist es verständlich, daß sein Verfasser unter bekannten Autoren der Wiener Szene vermutet wurde. Von seinen Kritikern wurde Felix Salten ins Gespräch gebracht, jedoch ohne jeden Beweis. Für die männliche Identität des Verfassers sprechen immerhin der Phalluskult vieler seiner Aktszenen, die sich als Männerwunschphantasie lesen lassen, und die Omnipräsenz des Stereotyps von der Frau als unersättlicher Sexmaschine. Dieselbe Vorstellung findet in Hanns Heinz Ewers' Roman *Alraune* (1911) und anderen Werken dieses an der Grenze des Geschmacks und der Phantastik lavierenden Schriftstellers weitere Entfaltung (s. u. S. 188–191).

Der eigentliche Gegenentwurf zu Böhmes *Tagebuch* erschien jedoch erst 1909 mit Else Jerusalems Bordell-Roman *Der heilige Skarabäus*. In enger Übereinstimmung mit Karl Kraus' Kritik an der Kasernierung und Reglementierung der Prostituierten sowie der Korruption von Polizei und Behörden (*Der Prozeß Riehl*, 1906; später: *Der Fall Riehl*) stellt die Wiener Autorin das «Rothaus» ins Zentrum des Romans. Der Name des Bordells steht dabei für mehr als das Gebäude; er bezeichnet eine Welt für sich, mit eigenen, der bürgerlichen Gesellschaft vielfach diametral entgegengesetzten Spielregeln und Normen. Milada, die Heldin des Romans, ist hier aufgewachsen – als Tochter der «wilden Katerine», die sich mit dem bewußten Übertritt zur Prostitution vergeblich am Vater ihres ungeborenen Kindes zu rächen suchte. In der zynischen Philosophie des Nihilisten Horner, eines pervertierten Platonikers, wird ihr und dem Leser sogar eine metaphysische Rechtfertigung des Bordell-Wesens – im Zeichen des heiligen Mistkäfers (Skarabäus) – angeboten. Doch Milada überwindet die Bordell-Welt und schließlich auch die Enttäuschung, die ihr von ihrem Geliebten Gust Brenner zugefügt wird – mit dem Geld, das dessen Freund ihr als Abfindung auszahlt, gründet sie in klarer Bergluft ein Heim für Kinder von Prostituierten.

Mit den Dirnenromanen ist schon das Gebiet des großstädtischen Sittenbilds gestreift, auf dessen Berliner Variante (mit deftigen Dialektanteilen) sich Hans Ostwald und Hans Hyan spezialisiert haben. In ihren zahlreichen Prosaskizzen und Romanen – eine erste Skizzensammlung publizierte Ostwald 1903 unter dem Titel *Berliner Nachtbilder* – verbindet sich trivialisierter Naturalismus mit aufklärerischem Engagement, aber auch mit voyeuristischen Effekten. Dem bürgerlichen Leser wird die exotische Welt der Unterschicht, Halbwelt und des Verbrechens gleichsam mit Fußnoten dargeboten; vor allem Hyan entwickelt beträchtlichen Ehrgeiz in der Wiedergabe und Übersetzung von Rotwelsch-Ausdrücken.

Als Prager Exponent des Sittenbilds macht der junge Egon Erwin Kisch auf sich aufmerksam. Seine Skizzensammlung *Aus Prager Gassen und Nächten* (1912) ging direkt aus seiner Tätigkeit als Lokalreporter für die deutschsprachige Prager Tageszeitung *Bohemia* hervor. Sein erster Roman *Der Mädchenhirt* (1914) beschreibt die Entwicklung eines Prager Zuhälters vom Tag seiner Zeugung als unehelicher Sohn einer tschechischen Fischersfrau bis zu seinem Selbstmord nach einem gescheiterten Einbruch bei seinem leiblichen Vater, einem Vertreter der deutschsprachigen Bourgeoisie. Den Höhepunkt des Romans bildet seine Ouvertüre: die Schilderung der Explosion eines Moldaudampfers (nach einem tatsächlichen Vorfall von 1898).

Kriminalroman

Hans Hyan ist trotz seines Versuchs einer literaturpädagogischen Nobilitierung des Kriminalromans − unter dem ironisch auf den «Rembrandtdeutschen» Langbehn anspielenden Titel *Sherlock Holmes als Erzieher* (1909) − nicht frei von Mitschuld daran, daß die Kriminalliteratur in Deutschland bis weit ins 20. Jahrhundert hinein nur sehr geringes Ansehen genoß. Die rund zwei Dutzend Kriminalromane, die er seit *Spitzbuben* (1900) veröffentlichte, zeichnen sich durch äußerst biedere Machart aus; nicht umsonst wurden mehrere von ihnen in populären Heftchenreihen wie «Kürschners Bücherschatz» oder «Singers große Detektiv-Serie», zum Teil unter verändertem Titel, nachgedruckt.

Kriminalromane wurden heimlich gelesen und heimlich oder betont nebenbei geschrieben. Ludwig Rubiner hielt sich zeitweilig durch Abfassung von Kriminalromanen über Wasser, die er unter Pseudonym veröffentlichte (so 1911 *Die indischen Opale* unter dem Pseudonym Ernst Ludwig Grombeck). Ricarda Huch schrieb den Gerichtsroman *Der Fall Deruga* (1917) noch vor dem Weltkrieg zur finanziellen Sicherung ihrer Tochter; in einem Brief vom März 1914 erklärt sie der Freundin Marie Baum: «Ich habe meinen Zweck erreicht und für die Schundgeschichte von Ullstein 20 000 Mark bekommen.» Der wegen Totschlags angeklagte Arzt Deruga ist übrigens nach dem Vorbild von Ricarda Huchs erstem Mann Ermanno Ceconi gezeichnet; er wird freigesprochen, weil er seiner geschiedenen Frau zwar tatsächlich Gift verabreicht hat, dies aber nachweislich auf eigenen Wunsch der unheilbar an Krebs Erkrankten. Einer juristischen Prüfung hielte der geschilderte Prozeßverlauf im übrigen kaum stand.

Den Ausnahmefall eines Kriminalautors, dessen Arbeiten die Anerkennung renommierter Zeitgenossen fanden und der zeitweilig an führenden literarischen Zeitschriften mitarbeitete, bildet der Wiener Otto Soyka. Seine Kriminalromane rangieren zwischen ultrapsychologischem Roman und Science-fiction, denn es geht in ihnen um die Manipulierbarkeit des Menschen nach neuestem wissenschaftlichen Erkenntnisstand, die Macht über den Menschen, ja das Phänomen der Macht überhaupt. Insofern ergeben sich Anschlußstellen zur Literatur der Wiener Moderne einerseits und späteren Totalitarismus-Analysen andererseits. Soykas Roman *Herr im Spiel* (1912) handelt von einem Spieler, der sich

die (auch von Freud und Schnitzler rezipierte) Suggestionslehre Bern-
heims und Charcots zunutze macht. Mit ähnlichen Mitteln arbeitet auch
der als Genie des Bösen geschilderte Tavera in Soykas «Zukunfts-Detek-
tivroman» *Die Söhne der Macht* (1911): Mehr aus Machthunger und Spieltrieb denn aus materiellen Interessen manipuliert Tavera die Söhne eines
amerikanischen Milliardärs, bis einer von ihnen den anderen tötet.
Der Brudermörder wird zum Opfer einer Macht, die er selbst oft genug
ausgeübt hat, denn der unermeßliche Reichtum seines Vaters, eines
Finanzmagnaten in New York, hinterläßt seine Spuren in der Psyche des
Besitzenden.

Eine noch weitergehende Psychologisierung des Kriminalromans leistet Leo
Perutz mit dem Erfolgsbuch *Von neun bis neun* (1918). Die auf zwölf Stunden konzentrierte Handlung zeigt den Studenten Stanislaus Demba auf der Flucht vor
der Polizei, in tragikomischer Weise behindert – und zu absurden Täuschungsma-
növern gegenüber seiner Umgebung gezwungen – durch die Handschellen, von
denen er in Wirklichkeit durch seinen tödlichen Sprung aus dem Fenster schon
befreit ist. Wie der Leser erst auf der letzten Seite erfährt, sind es die wenigen
Augenblicke bis zu seinem Tod, in denen sich in der Phantasie des zerschmetter-
ten Bücherdiebs die gesamte erzählte Handlung als Zukunftsentwurf entwickelt.
Dieser Kriminalroman ist eigentlich schon zu Ende, als er anfängt.

5. Regionalistisches Erzählen
zwischen Heimatroman und Bauerngeschichte

Heimatliches, Heimaterinnerungen und ein gewisser Lokalpatriotismus
sind aus der Literatur der Jahrhundertwende des frühen 20. Jahrhunderts ebensowenig wegzudenken wie aus der des Bürgerlichen Realismus. Man braucht nur an die Lübeck-Bezüge im Schaffen der Brüder
Mann oder an die Stilisierung der baltischen Welt in Keyserlings Schloßgeschichten zu denken, um die produktive Funktion eines bestimmten
Regionalismus, auch einer gewissen Nostalgie für die moderne Literatur
zu erkennen.

Etwas anderes bedeutet die Kategorie Heimat in den meisten Texten
der Heimatliteratur. Hier handelt es sich nicht nur fast immer um eine
ländliche, mehr oder weniger agrarisch geprägte Heimat, sondern hier
impliziert die Thematisierung dieser dörflichen Welt auch regelmäßig
eine latente oder offene Parteinahme gegen die als Urbanisierung, Industrialisierung, Kapitalisierung oder Proletarisierung erlebten Entwicklungstendenzen der modernen Gesellschaft. Der Heimatroman tendiert
zur Bauerngeschichte oder erfährt durch sie bedeutsame Verstärkung.
Die Autoren freilich und das Publikum, dessen Kauf- und Lesegewohnheiten den Erfolg der Heimatliteratur erst ermöglichen, bleiben mehrheitlich bürgerlich-städtisch.

Eine Minderheit von Autoren faßt auch oder vorwiegend das ländliche Publikum ins Auge und richtet ihre erzählerischen Mittel danach ein. Der Rheinländer Wilhelm Schäfer belebt mit den verschiedenen Sammlungen seiner *Anekdoten* und *Rheinsagen* (zuerst 1908) bewußt eine volkstümliche, der mündlichen Überlieferung entsprechende Erzählform. Die besinnlichen Geschichten des Tiroler Pfarrers Sebastian Rieger, der unter dem Namen «Reimmichl» zahlreiche Kalender und Erzählwerke herausgab, lassen oft noch das Modell und den Tonfall der Predigt erkennen, die sich der eigentlichen Erzählung nur als Gleichnis oder Beispiel bedient. Auch die Mundartvarianten der Heimatliteratur rechnen in höherem Grade mit einem autochthonen Publikum.

Nach der herausragenden Bedeutung, die im 19. Jahrhundert Anzengruber, Rosegger und Ganghofer für die Ausbildung einer spezifischen Heimatliteratur gewonnen haben, kann es nicht wundern, daß auch zu Beginn des 20. Jahrhunderts der Anteil von Werken, die im alpenländischen Raum angesiedelt und von österreichischen oder Schweizer Autor(inn)en verfaßt sind, besonders hoch ist. Mit Rudolf Hans Bartsch (*Zwölf aus der Steiermark*, 1908), Emil Ertl (*Der Antlaßstein*, 1917), Wilhelm Fischer-Graz (*Sonnenhof*, 1908) und natürlich Rosegger selbst ist die Steiermark besonders stark vertreten. Kärnten und die Karawanken bilden die Kulisse, ja einen wesentlichen Teil der Thematik von Josef Friedrich Perkonigs Novelle *Das Tagebuch des Lehrers Peter Blum* (1914) und seinem Roman *Die stillen Königreiche* (1917).

Karl Schönherr, der Hauptvertreter des neuen, vom Naturalismus beeinflußten Volksstücks, betätigt sich eher nebenbei als Erzähler seiner Tiroler Heimat (*Allerhand Kreuzköpf'. Geschichten und Gestalten aus den Tiroler Alpen*, 1895; *Tiroler Bauernschwänke*, 1913). In den niederösterreichischen Voralpen liegt der Ödhof, nach dem das Hauptwerk Franz Nabls benannt ist. Der umfangreiche Roman trägt den Untertitel «Bilder aus den Kreisen der Familie Arlet» und ist wesentlich vom Konflikt zwischem dem selbstherrlichen Vater Johannes Arlet und seinem in Sexualnöten heranwachsenden Sohn Heinz bestimmt, mit dessen Selbstmord auch die Zukunftspläne des Vaters scheitern.

«Die feierliche Abendhelle steht über den Bergen.» So beginnt der Roman *Der Wetterwart* (1905) des Schweizers Jakob Christoph Heer. Der Ich-Erzähler mit dem sprechenden Namen Jost Wildi hat sich von den «Menschen der Tiefe» in die Einsamkeit des Observatoriums zurückgezogen. Wesentlich harmonischer gestaltet Heers Erstling *An heiligen Wassern* (1898) das Verhältnis des Protagonisten zur sozialen Gemeinschaft: Josi Blatter arbeitet sich zum Ingenieur hoch, um die Wasserversorgung seines Dorfs sicherzustellen. «Helden des Alltags» schildert auch Ernst Zahn, Gastwirt in dem vor dem Eingang des Gotthardtunnels gelegenen Göschenen, in seinen 1906 unter diesem Titel gesammelten Erzählungen. Sein am Zürichsee spielender Bauernroman *Lukas*

Hochstraßers Haus (1907) wurde von der Deutschen Verlagsanstalt Stuttgart bis 1912 hunderttausendmal verkauft.

Auch für Heinrich Federers Entwicklung war der Erfolg beim deutschen Publikum entscheidend. Am Beginn seiner Schriftstellerkarriere, die ihren frühen Gipfel mit dem Roman *Berge und Menschen* (1911) erreicht, steht die Prämierung seiner Erzählung *Vater und Sohn im Examen*, die 1909 in der Berliner Zeitschrift *Daheim* erschien. Sie wurde zwei Jahre später in den Novellenband *Lachweiler Geschichten* aufgenommen, mit dem Federer ein Pendant zu Kellers *Leuten von Seldwyla* zu schaffen suchte. Auf Kellers Spuren, genauer gesagt: im Schatten seiner Novelle *Romeo und Julia auf dem Dorfe*, bewegt sich auch die Titelerzählung von Meinrad Lienerts Erzählband *Der jauchzende Bergwald* (1915).

Ursprüngliche Vertrautheit mit dem bäuerlichen Leben verraten die Dialekterzählungen des Solothurners Josef Reinhart (*Gschichtli ab em Land*, 1901). Der Berner Mundartdichter Rudolf Tavel dagegen entwirft in den meisten seiner Erzählungen seit *Jä gäll, so geit's* (1902) eine fiktive Geschichte des Berner Patriziertums und begibt sich nur in der auf Hochdeutsch verfaßten Erzählung *Die heilige Flamme* (1916) auf das genuine – ländliche – Gebiet der Heimatdichtung.

Zur alpenländischen Variante der Heimatliteratur gehören auf deutscher Seite zunächst noch die trivalen Romane Ludwig Ganghofers (u. a. *Der Hohe Schein*, 1904) und der Tirolroman *Die Nann* (1906) der Wahl-Münchnerin Anna Croissant-Rust, einer geborenen Pfälzerin. Auch Hesses erster Roman *Peter Camenzind* (1904), der mit einer beeindruckenden Schilderung der Alpen einsetzt und bis zum Schluß durch den Gegensatz von Dorf/Heimat und Stadt/Welt geprägt ist, steht diesem Erzähltypus wenigstens nahe. Während die Alemannen Hesse und Emil Strauß in verschiedenen Erzählwerken eine romantisierende Optik auf die heimische Landschaft entwickeln (das gilt ja auch für Hermann Burte mit *Wiltfeber*: s. o. S. 146 f.), bemühen sich die Bayern Ludwig Thoma und Lena Christ um eine realistische Wiedergabe des Bauernlebens. Thomas «Bauernromane» *Andreas Vöst* (1905) und *Der Wittiber* (1911) zeigen die Rebellion des einzelnen gegen Brauch und Sitte und enthüllen ein beträchtliches Gewaltpotential im sozial verunsicherten oder provozierten Individuum. Seine «heitere Sommergeschichte» *Altaich* (1918) thematisiert in ironischer Form die Auswirkungen des Fremdenverkehrs auf die Heimat, das Verhältnis von kleiner und großer Welt, Tradition und Veränderung. Lena Christs Erzählung *Die Rumplhanni* (1916), entstanden aus der Umarbeitung eines dreiaktigen Dramas, verknüpft Motive des Volksstücks mit aktuellen politischen Gegebenheiten zumal des Weltkriegs.

Der zweite große regionale Schwerpunkt der deutschen Heimatliteratur sind die norddeutsche Ebene und Küstenlandschaft. Ihr wichtigster

Repräsentant – gerade auch hinsichtlich der aggressiv-nationalistischen Zuspitzung des Heimat-Begriffs – ist Gustav Frenssen, dessen Hauptwerke *Jörn Uhl* und *Hilligenlei* bereits vorgestellt wurden (S. 145 f.). Das kolonialistische Engagement in Frenssens Roman *Peter Moors Fahrt nach Südwest* (s. o. S. 14 f.) findet seine weitgehende Entsprechung in einem anderen Bestseller der norddeutschen Heimatliteratur: *Jürnjakob Swehn, der Amerikafahrer* (1917). Dessen Verfasser Johannes Gillhoff stellt sich als redigierender Herausgeber von Briefen vor, die sein Vater, ein mecklenburgischer Lehrer, von einem nach Amerika ausgewanderten Schüler erhalten hat. Den Originalton des Briefschreibers mag man in den positiven Aussagen über die in Amerika gewonnene Freiheit erkennen; die nationalistischen und amerikakritischen Passagen sind dagegen sicher der Entstehungszeit des Buchs bzw. dem Autor Gillhoff geschuldet.

Auch die historischen Bauernromane von Adolf Bartels und Hermann Löns haben schon Erwähnung gefunden (S. 150). Die «Schlaah doot»-Mentalität, die Löns' bekanntesten Roman *Der Wehrwolf* (1910) zu einem so bedenklichen Text macht, läßt sich in seinen zahlreichen Jagderzählungen wiederfinden (*Mein grünes Buch*, 1901; *Auf der Wildbahn*, 1912; *Ho Rüd' hoh!*, 1918). Von einer vergleichbaren Leidenschaft berichtet der Fischerroman *Seefahrt ist not!* (1913) des Hamburgers Gorch Fock (das ist Johann Kinau). Der Drang zur See ist bei den Männern der Familie Mewes auf Finkenwerder, der eigentlichen Heimat des Verfassers, nicht zu unterdrücken: Gegen die Bedenken der Mutter nimmt Vater Mewes seinen Sohn «Störtebeker» aufs Meer mit, und trotz des Todes seines Vaters, der bei einem Sturm auf der Doggerbank ertrinkt, erwirbt der Sohn das Steuermannspatent und seinen eigenen Kutter.

Mit seinem plattdeutschen «Dörp-Roman ut de Tid von 1848–51» *Maren* (1907) vervollständigt Johann Hinrich Fehrs die Ilenbeck-Saga, die er schon in zahlreichen früheren niederdeutschen Erzählwerken und dem 1886 abgebrochenen hochdeutschen Romanfragment *Die todte Anna-Cathrin* entfaltet hat. Das Schicksal der Hauptfigur Maria Boysen wird allerdings nur unbefriedigend mit der geschichtlichen Entwicklung des fiktiven holsteinischen Dorfs vermittelt. Eine überzeugendere Darstellung weiblicher Lebenswelt gelingt Helene Voigt-Diederichs mit dem «Roman aus dem niedersächsischen Volksleben» *Dreiviertel Stund vor Tag* (1905), der Geschichte des Mädchens Karen Nebendahl, das den Kater des Lehrers stiehlt, weil es sich nach Zärtlichkeit sehnt.

Neben der Polarität von Fels und Meer, Bergland und Küste läßt sich in der deutschen Heimatliteratur des frühen 20. Jahrhunderts noch eine west-östliche Opposition ausmachen. Der Westen des Reichs wurde repräsentiert durch den bereits genannten Wilhelm Schäfer, Herausgeber der Zeitschrift *Die Rheinlande*, die frühen Romane Clara Viebigs, Nanny

Lambrechts «Eifelroman» *Das Haus im Moor* (1906) und Josef Pontens «Landschaftsroman» *Siebenquellen* (1909). Der Osten, vor allem das Land zwischen Oder und Weichsel, stellte eine besondere Herausforderung an die Autoren der Heimatliteratur dar, insofern es sich dabei ja keineswegs selbstverständlich um eine ‹deutsche Heimat› handelte, sondern um ein Gebiet, das im Zuge der preußischen Kolonisierungs- bzw. Germanisierungspolitik erst zu einer solchen gemacht werden sollte. Die literarische Phantasie wurde durch diese Unsicherheit im Verhältnis zur Realität erst recht beflügelt, so daß es zu einer umfangreichen Produktion von Posener Heimatliteratur kam.

Neuere Studien weisen mindestens zwei Dutzend Vertreter dieser sogenannten Ostmark-Literatur mit oft mehreren einschlägigen Werken auf. Meistens sprechen die Titel für sich. In diesem Sinne seien genannt: *Die polnische Gefahr und andere Novellen* (1905, von Hugo Behrens), *Im polnischen Wind. Ostmärkische Geschichten* (1906, von Carl Busse) und *Nach Ostland wollen wir reiten! Roman aus polnischer Zeit* (1909, von Margarete von Gottschall unter dem Pseudonym M. von Witten). Hervorhebung verdient Clara Viebigs Roman *Das schlafende Heer* (1904), insofern hier Kritik an einer forcierten Germanisierungspolitik zu spüren ist. An den Grundlagen des deutschen Besitzanspruchs wird dabei allerdings ebensowenig gerüttelt wie an den Spielregeln des Heimatromans. Nach dem Selbstmord des Gutsbesitzers Baron von Doleschal, der mit übertriebener Härte für das Deutschtum eingetreten ist, bleibt seine Witwe im Land. Der Leser sieht sie abschließend inmitten ihrer Knaben «durch reifende Ähren der Ernte entgegen» wandern.

Noch einen Schritt weiter nach Osten begibt sich der gebürtige Ostpreuße Hermann Sudermann mit seinen *Litauischen Geschichten* (1917). Dazu gehört *Die Reise nach Tilsit*, eine seiner gelungensten Erzählungen überhaupt. In betont schlichter Sprache, die sich in vielen Eigentümlichkeiten der litauischen Mundart annähert, wird eine Liebes- und Kriminalgeschichte zugleich erzählt, die ein unvorhergesehenes rührendes Ende nimmt. Die bäuerliche Dorfgeschichte erhebt sich hier zur Novelle.

6. Novelle

Novellentradition und Moderne

Die Tradition der Novelle lebt zu Anfang des 20. Jahrhunderts zunächst im Schaffen der Überlebenden der Realisten-Generation fort. Der 74jährige Paul Heyse hält in *Ein Ring* (1906, entst. 1904) eine Episode aus dem Leben einer verstorbenen Schwester seiner Mutter fest; sie ermöglicht einen Rückblick auf die Gefühlskultur des Frankfurter jüdischen Großbürgertums im Biedermeier und entspricht mit ihrer paradoxen Pointe – «daß es manchmal am bittersten schmerzt, wenn man bereut, daß man nichts zu bereuen hat» – zugleich der schon aus früheren Werken bekannten freiherzigen Moralität Heyses (vgl. Band IX, 1, S. 364 f.).

Der nur zwei Jahre jüngere Österreicher Ferdinand von Saar setzt seine kulturgeschichtliche Novellistik mit *Die Familie Worel* (1905) fort. Ausgehend von den Todesopfern der Brünner Textilarbeiterunruhen von 1869, auf die in der Rahmenhandlung angespielt wird, liefert die Erzählung des Grafen Erwin, als Gestalt den Lesern Saars schon aus dessen Novelle *Dissonanzen* (1900) vertraut, das perspektivisch gebrochene Bild einer tschechischen Arbeiterfamilie, die – so sieht es Erwin – infolge eigenen Hochmuts und der Zurückweisung feudaler Abhängigkeiten zugrunde geht. Saars Landsmännin Marie von Ebner-Eschenbach, gleichfalls im achten Lebensjahrzehnt stehend, experimentiert 1903 mehrfach mit der Form der «dialogisierten Novelle», nimmt diese Versuche (u. a. *Ein Sportsmann*, 1903) aber nicht in ihre Sammelausgaben auf. Drei Jahre später schreibt sie den Dialog *Novellenstoffe* (1907), der eine ironische Distanz zu typischen Erzählstrategien herkömmlicher Novellistik verrät – «mich überlief's» heißen nicht umsonst die letzten Worte. Sie sind gemünzt auf die pathetisch verzerrte Gestalt, die ein schlichtes von der Erzählerin mitgeteiltes Frauenschicksal in der Phantasie ihres Gesprächspartners annimmt.

Die Traditionsbindung der Novelle erhält programmatischen Charakter im Rahmen der neuklassischen Bewegung. Paul Ernst erinnert an die Ursprünge der europäischen Novellenkunst mit seinen Sammlungen altitalienischer (1902) und altfranzösischer (1909) Novellen. In seinem Essay *Zum Handwerk der Novelle* (wieder in: *Der Weg zur Form*, 1906) betont Ernst 1901 die – dem Drama verwandte – Formbindung der Novelle; ihrer Bedrohung durch die formauflösenden Tendenzen der Moderne will Ernst durch die Rückbindung der Gattung an ihre handwerklichen Voraussetzungen entgegenwirken.

Ernsts umfängliches eigenes Novellenschaffen kennzeichnen dementsprechend weithin Kürze und Prägnanz, dramatischer Aufbau und eine gewisse – fast volkstümlich wirkende – Lakonik der dichterischen Mittel. Oft wird bewußt die Nähe zu älteren Vorbildern gesucht; so lehnt sich die 1903 entstandene Novelle *Das hölzerne Becherlein* (aus *Der Tod des Cosimo*, 1912) an Kleists *Der Findling* an.

In drei aufeinanderfolgenden Novellensammlungen (*Die Hochzeit*, 1913; *Die Taufe*, 1916; *Der Nobelpreis*, 1919) bedient sich Ernst sogar der traditionellen Form der (hier bandübergreifend durchgeführten) Rahmenhandlung – mit Ernsts Verlegern, seinem Freund Lukács und anderen Zeitgenossen als beteiligten Figuren. Allerdings wird dieser Rahmen recht nachlässig gehandhabt, ohne nähere Beziehung zwischen den eingelegten Novellen und der Erzählsituation, und gelegentlich offen preisgegeben: «Aber weshalb wollen wir die Fiktion so pedantisch aufrechterhalten! Das ist ja alles nicht wahr, in Wahrheit sitzt Paul Ernst an seinem Schreibtisch [...] und schreibt die folgenden Novellen.» Beachtung fand die in den mittleren Band aufgenommene – im England des 18. Jahrhunderts angesiedelte – Novelle *Der Straßenraub* (1915) wegen der hier auf knappstem Raum erreichten tragischen Zuspitzung.

In der Anordnung seiner Werkausgabe hat Ernst später nicht nur die Zusammenstellung seiner Novellenbände aufgegeben, sondern weitgehend auch auf die Verwendung des Gattungsbegriffs selbst verzichtet, indem er ihn durch die neutrale Bezeichnung «Geschichte» ersetzte – zum Beispiel in den Bänden *Romantische Geschichten* (1930) und *Frühe Geschichten* (1931). Die vom Autor erhoffte Erneuerung der Novelle aus dem Geist ihrer Ursprünge hat sich offenbar nicht im gewünschten Maß durchgesetzt.

Ganz in der Spur der Novellentradition bewegen sich zwei später dem Nationalsozialismus nahestehende Autoren: Emil Strauß und Rudolf G. Binding. In seiner Novelle *Der Laufen* (aus der Sammlung *Hans und Grete*, 1909) verbindet Strauß die Erinnerung an die Wildheit der Stromschnellen des Rheins bei Laufenburg – vor dem Kraftwerksbau von 1904 – mit einer eigentlich ganz harmlosen jugendlichen Dreiecks-Liebesgeschichte, die durch die Überreaktion des scheinbar Betrogenen unversehens ein tragisches Ende nimmt: Das seiner Ruder beraubte Boot gerät in die Strömung des Rheinkatarakts – eines Natursymbols ungezügelter Leidenschaft – und reißt das Liebespaar in den Tod. Einzig der Erzähler der Binnenhandlung überlebt; die Rastlosigkeit, die ihn mehrfach weit in die Ferne führt, zeigt jedoch, wie schwer sich nach diesem traumatischen Ereignis innerer Friede finden läßt.

Wie ein beruhigendes Gegenstück liest sich Strauß' spätere Novelle *Der Schleier* (1913). Sie gestaltet ein Motiv aus, das Goethe aus den Memoiren des Marschalls von Bassompierre in seine *Unterhaltungen deutscher Ausgewanderten* übernommen hat: Die betrogene Ehefrau tritt ungesehen an das Bett, in dem ihr Mann im Schlaf mit einer Geliebten liegt, und hinterläßt ihren Schleier als Zeichen. Während sich Goethe darauf beschränkt, den durch die Entdeckung des Schleiers ausgelösten endgültigen Abschied der beiden Liebenden zu schildern, treibt Strauß die Erzählung bis zur Versöhnung des Ehepaars voran. Die mütterliche Frau, die angesichts des umschlungenen Paars nur Scham und Schmerz über ihr Alter empfunden hat, legt als Zeichen ihres zurückgewonnenen Vertrauens sogar den Schleier wieder an. Das zentrale Dingsymbol der Novelle kündet von einem Frauenbild, das durch Selbstverzicht und Anpassungsbereitschaft geprägt ist.

In erstaunlicher Übereinstimmung mit der Botschaft von Strauß' *Schleier* verklärt Bindings Novelle *Der Opfergang* (1911) die Selbstlosigkeit einer betrogenen Ehefrau, die noch Tage nach dem Choleratod ihres Mannes dessen allabendliches Erscheinen vor den Fenstern der schwerkranken Geliebten in seinen Kleidern fortsetzt, um dieser nicht den Lebensmut zu rauben. Joie dagegen bezieht gerade aus der Aufklärung über Octavias täuschenden «Opfergang» die entscheidende Kraft zur Genesung – eine Lösung an der Grenze des Kit-

sches, dem auch der feierliche Tonfall und gleichnisüberhäufte Stil der Erzählung zuzuordnen sind.

So zieht die Plazierung der Geschichte im choleraverseuchten Hamburg des
Sommers 1894 eine nichtendenwollende Kette von Schiffahrtsmetaphern nach
sich: «Schon am folgenden Tage verließ Albrecht den ihm gebotenen Anker-
grund vor der Sperre von Octavias Herzen um, wie er meinte, munter mit dem
frischbewimpelten Fahrzeug seiner Neigung hineinzugleiten.» Hinter der preziösen Gestaltung steht der selbsterlebte Konflikt Bindings zwischen der Bindung an seine erste Frau Helene und der Liebe zu Eva Connstein. Noch in seiner Autobiographie (*Erlebtes Leben*, 1928) läßt er beide Frauen unter den Namen
der Novellenfiguren, als Octavia und Joie, auftreten.

Im Gegensatz zur Verklärung des – um erotische Lizenzen des Mannes erweiterten – Ehemysteriums durch die Konservativen Strauß und
Binding steht im Zentrum einer Novelle des Anarchisten Gustav Landauer die Programmatik sexueller Autonomie. *Arnold Himmelheber*
(1903, entst. großenteils 1894) endet mit einer ekstatischen Feier zweier
nackter Paare im Mondschein. Die Liebesbeziehungen, zu denen sich
die Akteure wie in einer heidnischen Zeremonie bekennen, sind gesellschaftlich nicht akzeptiert: Das gilt für den Inzest des Titelhelden mit
seiner herzkranken Tochter (die in dieser Nacht noch unter Gesang ihr
Leben aushauchen wird) ebenso wie für die Beziehung zwischen
Arnolds Ziehsohn Ludwig Prinz und einer Jugendgeliebten, die vor
wenigen Stunden noch mit einem wenig sympathischen Kaufmann verheiratet war. Dafür, daß sie es jetzt nicht mehr ist, hat – in mißbräuchli-
cher Ausübung seines Arztberufs – Arnold gesorgt: durch eine Überdosis Chloroform nämlich. Indem sich die illegitimen Paare gerade vor
der Leiche des ausgeschalteten Dritten bzw. Fünften zu ihrer Liebe
bekennen, unterstreicht Landauer noch das Skandalon des selbstherrlichen Individualismus, der in der Gottes- und Teufelsfigur des Titelhelden mit dem sprechenden Namen (der den Himmel – aus den Angeln
– hebt?) seine Verkörperung findet.

Einen entscheidenden Neuansatz bedeutet Schnitzlers Umgang mit
der Novellenform, für die er eine ausgesprochene Vorliebe zeigt. Abgesehen von erzähltechnischen Experimenten wie den Monolognovellen
Leutnant Gustl (1900) und *Fräulein Else* (1924), läßt sich in Schnitzlers
Nutzung der hochgradig verdichteten Erzählform auch inhaltlich ein
experimenteller Zug feststellen. *Der Tod des Junggesellen* (1908), schon
bei Erscheinen in der *Österreichischen Rundschau* als «Novelle» ausgewiesen, konfrontiert drei nur durch ihre Berufsbezeichnungen charakterisierte Männer mit dem – bewußt für diesen Augenblick aufgespar-
ten – schriftlichen Geständnis eines soeben gestorbenen gemeinsamen
Freundes, daß er alle ihre Frauen ‹gehabt› habe. Eine Art psychologisches Experiment, das freilich einen Schönheitsfehler besitzt: Sein Urheber kann die Reaktionen der Versuchspersonen nicht mehr beobachten.

Wäre er dazu in der Lage, hätte er wohl eine Enttäuschung zu verwinden. Denn die drei Männer verspüren unter dem Eindruck des Todes weder Eifersucht gegenüber dem Verstorbenen noch Aggressionen gegenüber ihren Frauen, vor denen sie sogar ihr neues Wissen geheimhalten wollen – die Sensation, auf die der Tote spekuliert zu haben scheint, hat sich durch Zeitablauf aufgebraucht.

Ganz anders verhält es sich mit jenem Eingriff von außen, dem in einer früheren Novelle Schnitzlers die langjährige Lebens- und Erwerbsgemeinschaft zweier Brüder unterworfen wird. *Der blinde Geronimo und sein Bruder*, wie der Titel der 1900/01 publizierten Novelle heißt, werden einander durch die zugeflüsterte Lüge eines Durchreisenden, der danach mit den Worten «Schicksal nimm deinen Lauf» in den Wagen steigt, zunächst tiefgreifend entfremdet. Der blinde Musikant glaubt sich mit einem Mal von seinem Geld einsammelnden Bruder Carlo betrogen, letzterer wiederum, der als Kind aus Versehen den Jüngeren des Augenlichts beraubt und sein weiteres Leben in den Dienst der Wiedergutmachung gestellt hat, sieht sich durch die Zweifel des Bruders an seiner Treue um den Sinn seiner ganzen auf die Idee der Pflicht gegründeten Existenz gebracht. Schließlich glaubt er sich nicht anders helfen zu können, als indem er die Lüge wahr macht und tatsächlich zum Dieb wird. Die prompt darauf erfolgende Verhaftung zeigt unverhoffte Wirkung beim Blinden, der jetzt nicht nur die Haltlosigkeit der Lüge des Fremden durchschaut, sondern auch die Liebe seines Bruders erstmals voll erkennt und annimmt, so daß das Verhältnis zwischen den beiden ungeachtet aller Drangsale, die sie erwarten, auf eine neue Grundlage gestellt ist.

Im Schaffen Jakob Wassermanns, der mit Schnitzler persönlich verkehrte und auch dessen Novellensammlung *Dämmerseelen* (1908) rezensierte, setzt sich die Ausrichtung der Novelle auf psychologische Dialektik und die Mysterien der Seele fort. Sein Novellenband *Die Schwestern* (1906), von Hofmannsthal lobend besprochen (*Unterhaltungen über ein neues Buch*), stellt drei Frauenschicksale früherer Zeiten zusammen. Sara Malcolm, Donna Johanna von Castilien und Clarissa Mirabel, wie die Heldinnen der gleichnamigen zum Teil schon 1904 bzw. 1905 in der *Neuen Rundschau* gedruckten Novellen heißen, sind sämtlich kranke Seelen, durch einen Wahn ihrer Umgebung entfremdet und einem wunderlichen Weltverhältnis verhaftet. Clarissa Mirabel beispielsweise tritt als Kronzeugin gegen den von ihr in unerwiderter Liebe begehrten Mann auf, um schließlich im Kerker des zum Tode Verurteilten Selbstmord zu begehen – Wassermann, der später mit dem Justizroman *Der Fall Maurizius* (1928) berühmt werden sollte, wendet sich hier erstmals der Gerichtsthematik zu. Johanna von Castilien ihrerseits, seit 1496 mit dem Habsburger Philipp dem Schönen verheiratet, verleugnet dessen vorzeitigen Tod mittels einer eigenartigen nekrophilen Praxis: Sie läßt dem Leichnam ein Uhrwerk einbauen, das die Geräusche des Herzschlags simuliert.

Die Vorliebe des Novellisten Wassermann für Gruseleffekte belegen auch einige Teile der durch eine Rahmenerzählung zusammengehaltenen – von Schnitzler hochgelobten – Novellensammlung *Der goldene Spiegel* (1911): so *Der Stationsvorsteher* (mit Anklängen an Hauptmanns *Bahnwärter Thiel*) und *Die Pest im Vintschgau.* Die letztgenannte Novelle endet damit, daß Franz anstelle der Geliebten, die ihm nachts ein Fackelzeichen zu geben pflegte, ein Gorilla-Weibchen vorfindet, zu dessen Füßen der besudelte Leichnam seiner Liebsten liegt – «der Hals wie gebrochen zur Seite geneigt, die toten Augen weit geöffnet und von der Kohlenglut unterm Rost mit täuschendem Leben bestrahlt.» In der Gestalt der Bestie, die sich über der mißhandelten Schönen erhebt, gelingt Wassermann ein genuiner Kino-Effekt und zugleich eine schlagkräftige Symbolisierung der Pestepidemie, die zeitgleich mit dem Tod des Affen ihr Ende findet.

Die ideelle Linie, die sich von Schnitzlers novellistischem Erzählen zu demjenigen Wassermanns ziehen läßt, findet in der psychologischen und insbesondere erotischen Thematik der frühen Novellen Stefan Zweigs und Robert Musils ihre Fortsetzung. Auch ein Hauptwerk des jungen Arnold Zweig läßt sich hier anschließen, in dem die psychologisierende Novelle des frühen 20. Jahrhunderts sich gleichsam selbst überwindet. Denn *Die Novellen um Claudia* (1912) sind vom Wolff Verlag 1918 nicht ganz zu Unrecht in die Erfolgsreihe «Der neue Roman» aufgenommen und bei späteren Drucken stets mit dem Zusatz «Roman» charakterisiert worden. Unübersehbar nähern sich die aus unterschiedlichen Perspektiven erzählten Claudia-Novellen dem Status von Kapiteln eines fortlaufenden Seelen-Romans, der bei weitgehendem Zurücktreten der äußeren Handlung das Wachstum einer Beziehung von der Fast-Verlobung über die angstvoll erwartete (und beinahe «keusch» verlaufende) Hochzeitsnacht bis zu ersten Krisenmomenten der jungen Ehe verfolgt. Der Novellencharakter ist wohl am stärksten beim ersten Text *Das Postpaket* spürbar: aufgrund des kunstvollen Gefüges von Rahmen- und Binnenerzählung und des mit Spannung erwarteten Höhepunkts, an dem die scheinbar ins Leere laufende, ins Anekdotische abirrende Unterhaltung in tieferes Verständnis, wahrhaft menschliches Erkennen umschlägt.

Als Grundproblem Claudias und ihres Verehrers bzw. Mannes Walter tritt in Arnold Zweigs Novellenzyklus ein Höchstmaß seelischer Differenziertheit und geistiger Bildung hervor, das ein unmittelbares Ausleben von Gefühlen und den direkten erotischen Zugang zum anderen fast unmöglich macht. Es bedürfte kaum noch der zusätzlichen Einführung des Malers Klaus Manth und seiner Selbstinterpretation des Zyklus «Der Künstler und das Leben» (in der Novelle *Das dreizehnte Blatt*), um die enge Verbindung sichtbar zu machen, in der *Die Novellen um Claudia* zum Leben-Kunst-Diskurs der Epoche stehen.

Dessen eigentliche Protagonisten auf dem Gebiet der Novelle sind zweifellos Heinrich und Thomas Mann. Während letzterem wiederholt das Schicksal widerfuhr, eine Novelle zu planen und schließlich bei einem ausgewachsenen Roman zu landen (so im Falle von *Buddenbrooks* und *Der Zauberberg*), ist das Bewußtsein für die spezifische Qualität der Novelle – in durchaus traditionellem Verständnis als Schwester des Dramas – bei Heinrich Mann besonders ausgeprägt. Seine Novellen *Der Tyrann* (1908) und *Die Unschuldige* (1910) tendieren mit ihrer starken Konzentration auf den Dialog gleichsam selbst zum Einakter und wurden vom Autor ohne nennenswerte Eingriffe zum Drama umgearbeitet. Die gemeinsame Aufführung fand im November 1910 in der Berliner Theatergesellschaft Pan statt. Schon im Juni 1907 schreibt Heinrich Mann an Ludwig Ewers über die Entstehung von *Der Tyrann*: «Allein ging ich nachher ins Venezianische Gebirge, schrieb eine Novelle, die eigentlich ein Einakter ist.»

Exkurs: Kurzgeschichte

Mit seinem *Drei-Minuten-Roman*, der auf wenigen Seiten Schlüsselerlebnisse einer Biographie in rapidem Wechsel von Zeitraffung und -dehnung nebeneinanderstellt, hat Heinrich Mann 1905 einen eigenartigen Prototyp jener Beschleunigung des Erzählens verfaßt, die Kurt Pinthus 1913 in der Zeitschrift *März* zu einer unumgänglichen Konsequenz des modernen Lebensgefühls erklärt hat. Sein Artikel *Glosse, Aphorismus, Anekdote* schließt mit den Sätzen: «Wir gebrauchen diese knappen Formen, nicht aus Faulheit, nicht aus Unfähigkeit, Größeres zu schreiben, sondern weil sie uns Erfordernis sind. Weder wir noch andere haben Zeit zu verlieren. Wenn wir zu viel und zu lang schreiben oder lesen, rinnt draußen zu viel von dem süßen, wehen Leben vorbei, das wir fressen müssen, um weiter leben zu können.» Während sich die *Anekdoten* Wilhelm Schäfers als Anpassung an volkstümliche Erzähltraditionen verstehen (s. o. S. 165), ist die «short-story», von der Pinthus im selben Zusammenhang spricht, das erzählerische Pendant zum Kino und dessen «stenographisch-mimischer» Aufzeichnung «komprimierter Handlungen». Als einen Vorläufer der hier sich konturierenden Poetik der Kurzgeschichte nennt Pinthus «unser aller Onkel» Peter Altenberg, wobei er sich auf die Vorrede zur zweiten Auflage von dessen Erstling *Wie ich es sehe* bezieht (vgl. Band IX, 1, S. 297). Sucht man neben den Skizzen Altenbergs nach anderen Beispielen einer Kurzgeschichte avant la lettre, so wäre der erste – noch vor seiner neuklassischen Hinwendung zur Novelle entstandene – Erzählband Paul Ernsts zu nennen (*Sechs Geschichten*, 1900), vor allem aber eine Reihe nachdenklicher psychologischer Stenogramme, die Leonhard Frank 1912–1914 in verschiedenen Zeitschriften veröffentlichte. In *Der Hut* gewinnt der Hut eines verunglückten Dichters Macht über einen

Architekten, in *Gotik* wird vom tödlichen Flugversuch eines weltfremd aufgewachsenen jungen Mannes berichtet, *Fünf Pfennige* verbindet mehrere rätselhafte psychologische Reaktionen miteinander – die Menschheit scheint zwischen Lächeln und Ohrfeige zu schwanken. Für eine Genealogie der modernen Kurzgeschichte lassen sich diese Texte um so eher beanspruchen, als Frank selbst sie ein halbes Jahrhundert später zusammen mit neueren Texten in den Sammelband *Sieben Kurzgeschichten* (1961) aufgenommen hat.

Auch die dreiunddreißig «hanebüchenen Geschichten» aus dem Entstehungszeitraum 1914–1919, die Walter Serner 1921 unter dem Titel *Zum blauen Affen* veröffentlicht, kommen als frühe Beispiele der Kurzgeschichte in Betracht. Denn es handelt sich dabei mitnichten um «Kriminalgeschichten», wie die Herausgeber der Werkausgabe postulieren, sondern um eigentümlich verknappte Momentaufnahmen und paradoxe Dialogsequenzen, aus denen sich der Leser nur höchst fragmentarisch das Verhältnis der durchweg unbürgerlichen Figuren oder ihre Vor- und Nachgeschichte rekonstruieren kann.

Im Zeichen des Expressionismus

Von expressionistischen Autoren sind zahlreiche Novellensammlungen erschienen: *Gehirne* (1915) von Gottfried Benn, *Die Ermordung einer Butterblume und andere Erzählungen* (1913) sowie *Die Lobensteiner reisen nach Böhmen* (1917) von Alfred Döblin, *Der Dieb* (1913) von Georg Heym, *Chronik von des zwanzigsten Jahrhunderts Beginn* (1918) von Carl Sternheim, *Der Mittler* (1916) von Ludwig Strauß, *Der Lebendige* von Alfred Wolfenstein, *Der schwarze Baal* und *Das Ereignis* (beide 1919) von Paul Zech und von Kasimir Edschmid gleich vier Bücher: *Die sechs Mündungen* (1915), *Das rasende Leben* (1915), *Timur* (1916) sowie *Die Fürstin* (1918). Hinzuzufügen wäre der in der posthumen Werkausgabe enthaltene Novellenzyklus *Der Rubin* (entst. 1913–15) von Gustav Sack sowie die einzeln als Buch erschienenen Novellen *Diesterweg* (1918) von Benn, *Kokain* (1918) von Walter Rheiner und *Aissé* (1916) von René Schickele.

Die Zuweisung zur Novellengattung erfolgt entweder im Untertitel oder im Briefwechsel der Autoren, selten wird von einer Doppelzuordnung Gebrauch gemacht – wie bei den *Lobensteinern* Döblins («Novellen und Geschichten»). Es versteht sich, daß das expressionistische Novellenschaffen mit den genannten Werken nicht erschöpft ist; die unter dem Titel *Mord* (1918) gesammelten «Erzählungen» und «Versuche» Alfred Lemms etwa weisen mindestens so starke novellentypische Merkmale auf wie andere ausdrücklich als Novelle qualifizierte Texte jener Zeit.

Die Beliebtheit der Novelle im Expressionismus muß überraschen, wenn man diesen primär im Zeichen von Formsprengungs-Tendenzen wahrnimmt. Die Rahmenhandlung herkömmlicher Novellenkränze wird man bei den Vertretern der expressionistischen Generation freilich nicht mehr finden. Andere überlieferte Eigenheiten der Gattung wie der unvermittelte Umschlag in die Katastrophe oder die Abweichung von der Normalität kommen den Intentionen der jungen Autoren offenbar entgegen. So läßt sich die *Methodologische Novelle* (1918) des jungen Hermann Broch gleichzeitig als parodistische Distanzierung von den Expressionisten und ihren Vorbildern lesen (Sternheim, Edschmid, Wedekind und Heinrich Mann werden namentlich genannt) wie auch als Zeugnis einer geistigen Nähe. Denn der unvermittelte Übergang aus der Banalität einer Gymnasialsupplenten-Existenz zum gewaltsamen Liebestod im Wald – wie ihn einer der beiden vorgeschlagenen Schlüsse vorsieht – erinnert doch lebhaft an die steilen Aufschwünge oder jähen Abstürze, mit denen expressionistische Erzähler ihre Leser ins Unerhörte zu entführen pflegen.

Kein anderer Expressionist hat den Gegensatz zur Alltagswelt so konsequent ins Zentrum seines Erzählens gestellt, ja zu seinem Markenzeichen gemacht wie Kasimir Edschmid, dessen dichterischer Überhöhungsdrang gewissermaßen beim eigenen Namen ansetzte (denn Kasimir Edschmid hieß eigentlich Eduard Hermann Wilhelm Schmid). Die sechs Novellen seines ersten Bandes, die nach dem Willen des Autors als «sechs Mündungen» ins Unendliche zu verstehen sind, versetzen den Leser bald ins Mittelalter, bald in die Zeit der Seeräuber-Kriege, zweimal nach Spanien und zweimal nach Amerika. Durchgehendes Thema ist die unerfüllte oder tragisch scheiternde Liebe.

Der Cowboy in der ersten (in einer vorexpressionistischen Fassung schon 1913 veröffentlichten) Erzählung *Der Lazo* rächt die Ehre der Farmerstochter, versagt sich aber die Erwiderung ihrer Liebe – er muß erst sich selbst (in der Symbolsprache der Novelle: einen eigenen Lasso) erobern. Der provenzalische Dichter Jehan Bodel geht in den «Aussätzigen Wald», so auch der Titel der zweiten Novelle, nachdem er die ersten Anzeichen der Krankheit an sich entdeckt hat, und hindert seine Geliebte Beautrix durch grausame Abweisung daran, ihm zu folgen. *Maintonis Hochzeit* heißt die dritte Novelle: Die Tochter des Diamantenschleifers verliert noch in der Brautnacht ihren Mann Rodriguez und tritt dem sterbenden Mörder rächend ins Gesicht.

Die Tänzerin Fifi in *Fifis herbstliche Passion* verströmt sich für Franz, der sie gegen den Überfall eines Gauklers verteidigt hat; daß sie damit Abbitte leisten will für ihre Hingabe an den Mexikaner, wird von ihrem Retter nicht verstanden. Der spanische Offizier Las Casas macht seine ganze Existenz – auch die Erfüllung seiner Liebe zu Juana – von einem Sieg über den Seeräuber Yousouf abhängig, der der fünften Novelle den Namen gibt. Als er nach seinem Sieg von meuternden Sklaven erschlagen wird, fällt Juana im Angesicht der Leiche seinem Rivalen Luis Quijade in die Arme. In *Yup Scottens* geht der Titelheld die

Wette ein, mit dem neuen Postzug als blinder Passagier zwölf Stunden unent-
deckt fahren zu können. Er erreicht das Ziel trotz größter Erschöpfung; seine –
in den Plan nicht eingeweihte – Braut ist mittlerweile jedoch aufgrund der
Falschmeldung seines Todes wahnsinnig geworden.

Die Wette in der letzten Erzählung gibt einen Hinweis auf die innere
Problematik mehrerer dieser frühen Novellen Edschmids: Durch-
schnittsmenschen, die freilich mit exzeptioneller körperlicher Kondition
ausgezeichnet sind, wollen sich durch spektakuläre Aktionen den Nimbus des Außerordentlichen erwerben. Der Autor unterstützt diese Illusion durch den exotischen Schauplatz und die exotische Atmosphäre
und scheint doch selbst Zweifel an dieser äußerlichen Auffassung des
Abenteuers zu haben. So jedenfalls läßt sich die Quintessenz der ersten
der beiden Novellen zusammenfassen, die Edschmid noch 1915 in der
Reihe «Der Jüngste Tag» unter dem Titel *Das rasende Leben* herausbringt.
Das titelgebende «beschämende Zimmer», in das der Ich-Erzähler hier
von einem Freund geführt wird, ist eine Art Privatgalerie zur Erinnerung an herausragende Lebens-Höhepunkte, die der Gastgeber in sich
überbietenden Erzählungen entfaltet – um schließlich selbst die Wahrheit seiner Geschichten zu bezweifeln. Das «rasende Leben» läßt sich
nicht in Souvenirs oder Kunstsammlungen konservieren, sondern nur
unmittelbar erfahren. Und es kommt offenbar auch nicht auf den äußeren Charakter dieser Erfahrung an – «ob wir aufleuchtende Dinge
erleben und in heiß aufklaffenden Abenteuern stehen» –, sondern darauf, «was wir mit den Erlebnissen tun.»

Demnach wäre auch der exotische Rahmen verzichtbar. Der frühe
Edschmid verzichtet jedoch nur einmal vollständig auf ihn, nämlich in
der nachfolgenden Novelle *Der tödliche Mai*. Sie handelt von der Heilung eines im Weltkrieg verletzten Offiziers, insbesondere der Überwindung seiner Todesangst dank therapeutischer Unterstützung durch die
ihn liebende Krankenschwester. Der komische Schlußeffekt (der Gene-
sende läuft aus dem Sanatorium, stolpert und fällt in einen Dunghaufen)
hat programmatische Bedeutung: Auch das Niedrigste kann den Menschen mit einem «wunderbaren Gefühl» des «Daseins» beschenken.

In seinem nächsten Novellenband *Timur* kehrt Edschmid allerdings
wieder zu einem vordergründigen Exotismus zurück, ja er schwelgt
geradezu in masochistischen (so in der Villon-Erzählung *Die Herzogin*)
und sadistischen Effekten. Der bedeutsamste Unterschied gegenüber den
Sechs Mündungen liegt in der biographischen Konzeption, der sich die
drei neuen Novellen verpflichtet zeigen: Sie führen jeweils von der
Geburt bis zum Tod oder zu einem charakteristischen Höhepunkt im
Leben des Protagonisten.

Damit nähert sich Edschmid dem Typus von Sternheims Novellen
an, die als Biographie der im Titel genannten Hauptperson angelegt sind

(s. u. S. 424–427). Auch Klabunds «Romane der Leidenschaft» *Moreau* (1915), *Mohammed* (1917) und *Pjotr* (1923) folgen dem gleichen Muster; sie übertreffen den historisierenden Gestus der Sternheimschen Chronik-Novellen insofern, als sie reale historische Figuren ins Zentrum stellen, und verfehlen ihn zugleich durch die Ausschließlichkeit, mit der sie die Figur des Auserwählten oder Propheten und die ihn umtreibende Idee fokussieren: Befreiung der Menschheit (Moreau) – Erlösung (Mohammed) – Liebe (Pjotr). In der Bildhaftigkeit des Ausdrucks und der Rhythmisierung durch Kurzzeilen bzw. -sätze ist hier ein Extrem expressionistischer Gestaltung erreicht:

> «Viele kamen herbei, rot, als Henkersknechte gekleidet.
> Sie schleiften eine graue Wolke heran.
> ‹Vater› schrie Moreau.
> Da sauste blitzend das Messer der Guillotine nieder.
> Der Himmel fiel ins Dunkel.
> Meer rann rollend ins Meer.
> Nacht war da.»

Mit dem *Fünften Oktober*, der Eröffnungsnovelle seines Bandes *Der Dieb*, hat Georg Heym die Französische Revolution gleichsam in den Themenbereich der expressionistischen Novellistik eingeführt. Der massenpsychologischen Perspektive und der Heroisierung des Kollektivs in seiner von der Lektüre Kropotkins beeinflußten Darstellung des Volksaufstands von 1789 steht in den meisten expressionistischen Novellen eine ausgeprägte Subjektivierung, ja eine weitgehende Identifizierung mit der Individualität der Hauptgestalt gegenüber.

In der Titelnovelle von Ludwig Strauß' Band *Der Mittler* wird ein Mord rückblickend aus der Perspektive des inhaftierten mutmaßlichen Täters geschildert; dabei werden auch die Verdrängungen des eigentlichen Tatgeschehens nachvollzogen, die den Erzähler zunächst von der Wahrheit seines Verbrechens scheiden. (Eine ähnliche Verunsicherung erfährt der Leser in Kafkas Erzählung *Das Urteil* durch die weitgehende Personalisierung der Perspektive.) Ein traumatisches Ereignis steht auch am Anfang von Strauß' Novelle *Die Feinde* (1916): Ein Eisenbahnunglück in einem Tunnel führt den um sein Leben ringenden Reisenden in wildem Zweikampf mit einer Frau zusammen, die er Jahre später in seiner kürzlich geheirateten Ehefrau wiederfindet.

Die Auffassung des Geschlechterverhältnisses als Zweikampf – bis hin zur konkreten leiblichen Bedrohung des einen durch den anderen – steht hinter vielen expressionistischen Novellen, die nur ironisch als ‹Liebesgeschichten› oder, wie Karl Otten es einmal tut, als «Familienblatt-Novellen» zu bezeichnen wären. Beispiele sind Johannes R. Bechers autobiographisch unterlegte Novelle *Das Verhältnis* (1913/14, in überar-

beiteter Fassung 1914 unter dem Titel: *Das kleine Leben*), Paul Boldts
Der Versuch zu lieben (1914), Alfred Lemms *Fias Hochzeit* (1918), Curt
Morecks *Die Hölle* (1919) und Ernst Weiß' *Die Verdorrten* (1921).
Hauptgegner aber ist die bestehende Gesellschaft. Die Schneiderin
in Claire Studers gleichnamiger Novelle (1918) tritt einen Rachefeldzug
gegen alle Männer an, in denen sie die Henker ihres im Krieg gefallenen
Gatten sieht – die Rache besteht darin, daß sie sich ihnen als Dirne hin-
gibt und sie mit ihrer Geschlechtskrankheit infiziert. Lemms Erzählung
Die Hure Salomea (1918) geht von einem ähnlichen Motiv in umgekehrter Motivierung aus. Eine Medizinstudentin sucht Überwindung ihrer
Gefühlskälte und Einsamkeit, indem sie sich den in die Schlacht ziehen-
den Soldaten wahllos hingibt; in einer zynischen Gerichtsverhandlung
zu langer Gefängnisstrafe verurteilt, wird die «jüdische Hure» von den
Opfern des Kriegs als Heilige verehrt.

Die Isolation des einzelnen, seine emotionale Abkapselung, ja Lebens-
unfähigkeit in einer von rücksichtslosem Egoismus beherrschten Welt
ist auch das zentrale Thema in Lemms *Weltflucht* und Walter Rheiners
eindringlicher Fallstudie *Kokain* (jeweils 1918). Beide Novellen enden
mit dem Selbstmord des Protagonisten. Die gleiche Optik auf die Gesellschaft, bei ungleich stärkerem Optimismus, liegt Wolfensteins Novelle
Über allen Zaubern (1918) zugrunde: Ein Jurastudent erfährt aus dem
Studium der Gesetze den Geist der Macht und einer brutalen Aggressivität, die er (wie übrigens auch Lemms einsamer Held) schon im großstädtischen Verkehr gespiegelt findet. Alpträume zeigen ihm die Zerstörung seiner Kindheitswelt und die Schamlosigkeit einer von der Liebe
abgelösten Sexualität. Wolfensteins Erzählung endet mit dem Erwachen
des Lernenden und seinem flammenden Bekenntnis zur weltverwan-
delnden Kraft der Liebe. Hatte es anfangs in Anlehnung an Goethes
bekannte Gedichtzeilen (aus *Wandrers Nachtlied*) geheißen: «Über allen
Gesetzen ist Ruh», so lautet die Parole nunmehr: «Über allen Zaubern:
Liebe!»

Andere Novellen problematisieren gerade die Weltwahrnehmung und
das Weltverhältnis der Hauptfiguren. Das geschieht nicht zuletzt in mehreren Erzählungen Alfred Döblins – so in der Titelnovelle (1910) des
Bandes *Die Ermordung einer Butterblume* und der im gleichen Jahr veröffentlichten, gleichfalls noch auf die Freiburger Zeit Döblins (1904/05)
zurückgehenden Erzählung *Astralia*, aber auch noch in der Novelle *Die
Nachtwandlerin* (1914) aus dem Novellenband *Die Lobensteiner reisen
nach Böhmen*. Der Typus des sexuell verklemmten, seine Umwelt nur
verzerrt wahrnehmenden Mannes und der Prozeß seiner zunehmenden
Verstrickung in Wahnideen kehren in einer Erzählung Oskar Loerkes
wieder, die man vielleicht schon als kritischen Reflex auf die expressionistische Bewegung deuten kann.

Der Protagonist von *Die Puppe* (1919), der 35jährige Berliner Redakteur Friedrich Schedel, ein Dichter ohne Buch, ist von typisch expressionistischen Visionen erfüllt: «Inbrünstig quoll es immer in seinem Munde: Menschheit!» Die schlichte Frage von Kindern nach dem Inhalt eines Koffers, der seit langem auf einem unbebauten Grundstück liegt, bringt ihn aus dem Gleichgewicht. Denn er hat sich offenbar schon längst die Fiktion einer darin befindlichen Puppe zurechtgelegt, die er nun von der Wirklichkeit nicht mehr unterscheiden kann, ja die ihn zwanghaft auf seinen Wegen durch die Großstadt verfolgt. Ähnlich ergeht es dem Kontoristen Valentin Priebe in Döblins *Nachtwandlerin*. Die Puppe seiner verstorbenen Geliebten – Antonie stürzt als Schlafwandlerin vom Dach, nachdem sie im Wechselbad seiner Behandlung seelischen Schaden erlitten hat – verfolgt ihn wie ein Rachegeist, schleppt ihn geradezu durch nächtliche Straßen zu einem Parkteich und ertränkt ihn darin.

Die Überschreitung des landläufigen Realitätsbegriffs durch ‹wunderbare› Einlagen ist charakteristisch für die Novellistik Döblins, die wiederholt die Grenzen zur phantastischen Erzählkunst und zum Märchen streift oder überschreitet. Das gilt zumal für die Texte *Die Segelfahrt*, *Die Helferin* (s. u. S. 192), *Der Ritter Blaubart* und *Das Stiftsfräulein und der Tod* aus dem ersten sowie für *Vom Hinzel und dem wilden Lenchen* und die anschließenden drei Erzählungen aus dem zweiten Novellenband Döblins. Eine fast naturalistische, jedenfalls in der Milieudarstellung außerordentlich plastische und erbarmungslose Studie wie *Von der himmlischen Gnade* (schon der Titel ist Teil von Döblins poetischer Verfremdungsstrategie) erhält durch die zweimalige Erwähnung des Stieglitz, der Verse aus einem alten Choral Leonhard Lechners singt, einen eigentümlich unwirklichen Rahmen.

7. Tiergeschichte und Legende

In der *Zeitschrift für Bücherfreunde* erschien 1918 ein Aufsatz des Germanisten Oskar Walzel mit dem Titel *Neue Dichtung vom Tiere*. Er zog die Bilanz einer bis in das 19. Jahrhundert zurückreichenden Entwicklung. Der Zuwendung der Literatur zur Tierwelt, die auf breiter Front, vor allem aber in der Erzählprosa, zu beobachten war, lagen als spannungsreiches Fundament Darwins Evolutionstheorie und Schopenhauers Mitleidsbegriff zugrunde; eine weitere Engführung von Zoologie und Philosophie lieferte Maeterlinck mit seinem Buch über das Leben der Bienen (*La vie des abeilles*, 1901). Im Sinne Schopenhauers haben schon Marie von Ebner-Eschenbach (*Krambambuli*, 1883; *Die Spitzin*, 1901) und Joseph Widmann (*Maikäferkomödie*, 1897) die Leidensfähigkeit des Tiers und den Menschen als Urheber seiner Leiden in den Blick genommen (vgl. Band IX, 1, S. 268; 457 f.).

Bevor Thomas Mann mit der episierenden Prosa-Idylle *Herr und Hund* (1919, entst. 1918) seinem Hund Bauschan und dem Münchner

Alltag seines Besitzers ein an Stifter gemahnendes Denkmal setzt, stehen die Perversionen und heimlichen Aggressionen in der Beziehung zwischen Mensch und Hund auf der Tagesordnung. Mann selbst ist hier mit der pathologischen Titelfigur seiner Novelle *Tobias Mindernickel* (1897) vorangegangen. Richard von Schaukal (*Der Hund*, 1902) und Jakob Schaffner (*Die Hündin*, 1912) gehen auf diesem Weg weiter; die liebevolle Annäherung des Menschen an das Tier schlägt hier wie dort in tödliche Gewalt um. Als nachwirkendes Trauma gewinnt die grausame Behandlung eines Hundes in Hofmannsthals *Andreas*-Roman Bedeutung (s. u. S. 248); auch Ehrenstein befaßt sich mit den Verdrängungen, denen die Gewalt gegen ein Haustier im menschlichen Bewußtsein unterliegt (*Der Selbstmord eines Katers*, s. u. S. 262 f.). Karl Kraus' lyrischer Protest gegen die Behandlung eines Hundes als Schlachtvieh bzw. juristische ‹Sache› gehört in den gleichen Zusammenhang (*Die Fundverheimlichung*, 1916).

Alfred Kerrs Tierporträts *Der Bullenbeißer Jonathan* und *Der Seehund Naemi*, 1912 in der von ihm herausgegebenen Zeitschrift *Pan* veröffentlicht, zeigen starke Kreaturen im Kampf mit dem Tod. Um die Bedrohung des Lebens geht es auch in den damaligen Reiseskizzen Kerrs, die minutiös den grausamen Martertod von Vögeln und Seetieren durch Jäger und Fischer schildern. Damit nimmt Kerr eine Gegenposition zum populärsten Tiererzähler jener Jahre ein, dem er in der vitalistischen Perspektive doch zutiefst verbunden ist: Hermann Löns hat in zahlreichen Jagdgeschichten, angefangen mit dem *Grünen Buch* (1901), gerade die fiebernde Erregung des Jägers und seine fragwürdige Befriedigung durch die erlegte Beute geschildert.

Daneben hat der Vielschreiber Löns sowohl sachliche Tierbeschreibungen auf der Grundlage von Photographien (gesammelt in *Aus Forst und Flur*, posthum 1916) als auch humoristisch-sentimentale Tiergeschichten verfaßt – zum Beispiel über einen in putzigem Dialekt sprechenden Hasen und seine Überlistung der städtischen Jäger, deren Treibjagd einem Hasen-Massenmord gleichkommt (*Mümmelmann*, 1902). In *Teckliges, Allzuteckliges* (1911) ist der Dackel des Autors – der Anklang an Nietzsches Schrift *Menschliches, Allzumenschliches* verrät es bereits – soweit vermenschlicht, daß er im Sinne von Löns' eigenen Idealen Kritik am naturentfremdeten Leben seines Herrn üben kann: «Vor allem sollte er das Denken und Schreiben lassen; dabei kommt nichts Vernünftiges heraus. Außerdem ist es eine Arbeit, die sich für einen Mann von Rasse nicht paßt.» Das anthropomorphe Modell dominiert auch in Eulenbergs satirischem Roman *Katinka, die Fliege* (1911) und den an Kinder adressierten Bestsellern *Die Biene Maja und ihre Abenteuer* (1912) von Waldemar Bonsels und *Bambi* (1922) von Felix Salten.

Bonsels' pantheistisches Märchen konnte von der zeitgenössischen Kritik als tiefsinnige Dichtung gefeiert werden, weil seine gleichsam mikroskopische Darstellung der vielfältigen Naturwunder und -gefahren dem monistischen Geist der Epoche entsprach und das Vagabundentum der sich verweigernden Arbeitsbiene ein romantisches Klischee bestätigte, dessen soziale Bedenklichkeit übrigens durch die abschließende ‹Bewährung› der Heldin mehr als aufgewogen ist. Maja warnt nämlich das Bienenvolk vor dem bevorstehenden Angriff der Hornissen, der denn auch in heldenmütigem Einsatz erfolgreich abgewehrt wird, und steigt zur Beraterin der Königin auf.

«O du lieber Gott, dachte sie, wie herrlich ist es zu leben.» So der Schlußsatz des Neunten Kapitels, das nach humoristisch-aufklärenden Gesprächen der Biene mit dem Borkenkäfer Fridolin und der Spinne Hannibal in einer romantisierenden – für Bonsels und sein quasi religiöses Naturverständnis charakteristischen – Landschaftsschilderung ausklingt: «Hoch am Himmel zogen weiße Wolken im tiefen Blau, sie sahen still und glücklich aus, wie gute Gedanken Gottes.»

Anthropomorph sind natürlich auch Erzählungen Kafkas angelegt, die Tiere zu Hauptfiguren oder Erzählern haben. Mit dem Unterschied freilich, daß einerseits die Begabung dieser Tiere mit Sprache und geistigen Fähigkeiten wie in der Fabel als selbstverständlich vorausgesetzt, andererseits aber die Differenz zu einer ‹eigentlich› natürlichen Lebensweise mehr oder weniger deutlich artikuliert wird. Sie avanciert zum inneren Zentrum des ganzen Textes in dem vom Affen Rotpeter verfaßten *Bericht an eine Akademie* (s. u. S. 315 f.), klingt aber auch in den *Forschungen eines Hundes* (entst. 1922) sowie in Kafkas letzter Erzählung *Josefine, die Sängerin oder das Volk der Mäuse* (1924) an. Der forschende Hund schlägt ebenso aus der Art wie die singende Maus; der Hinweis auf die problematische Stellung des Künstlers in der Gesellschaft ist unüberhörbar. Umgekehrt erleben wir in der *Verwandlung* (s. u. S. 301 f.) einen Übergang aus der menschlichen in die tierische Sphäre, wobei der zoologische Status des «Ungeziefers», trotz der Anleihen bei Brehms *Tierleben*, bewußt offengehalten wird. Ähnliches gilt für das nicht näher bestimmte Wesen, das in *Der Bau* (entst. 1923/24) über das von ihm selbst, und zwar offenbar ohne Werkzeug, gegrabene unterirdische Labyrinth spricht – es darf wohl schon deshalb keine konkretere Form, etwa eines Maulwurfs, annehmen, weil die darin beschriebene Problematik unmittelbaren Bezug auf Kafka selbst hat.

Eindeutig identifikatorisch ist der Bezug auf das wilde Tier in Hermann Hesses kurzer Geschichte *Der Wolf*, die im Erstdruck von 1903 noch den Titel *Ein Untergang* trug. Mit gewissem Recht hat Hesse darin eine Keimzelle für die Konzeption seines *Steppenwolf* (1927) gesehen. Denn schon hier geht es um die Einsamkeit des starken, von Sehnsucht nach Schönheit erfüllten Individuums und seinen unausweichlichen Konflikt mit der Gesellschaft. Im gleichen Geist sind auch die ersten

Legenden Hesses verfaßt: Die *Legende* (später: *Hannes*) aus dem *Simplicissimus* von 1906 zeigt den Aufstieg eines außenseiterischen Hirten zum Seelsorger, ja zu einem zweiten Christus seiner Heimatstadt. Die 1907 in der *Neuen Rundschau* erschienene *Legende vom indischen König* stellt das All-Einheits-Erlebnis des echten Gottsuchers den Zänkereien der professionellen Weisheitsverwalter gegenüber.

Auch mit anderen Legendendichtungen, die im *Fabulierbuch* (1935) unter dem Titel *Drei Legenden aus der Thebais* zusammengefaßt werden, sorgte Hesse damals dafür, daß die von Strindberg gleichsam für die Moderne wiederentdeckte Gattung (*Légendes*, 1897) in der deutschsprachigen Literatur zu einer regelrechten Modegattung aufstieg. Abgesehen von den im folgenden hervorgehobenen Werken erschienen gleichzeitig oder wenig später Legenden von Victor Hardung (*Seligkeiten*, 1907), Wilhelm Holzamer (*Pendelschläge*, 1912), Gertrud von Le Fort (*Lieder und Legenden*, 1912), Emil Lucka (*Winland*, 1912), Gertrud Prellwitz (*Die Legende vom Drachenkämpfer*, 1912), Karl Röttger (*Christuslegenden*, 1914; *Der Eine und die Welt*, 1917), Willy Seidel (*Absalom*, 1911) und Karl Stamm (*Legenden*, 1920).

In der Konjunktur der Legende verbinden sich unterschiedliche Tendenzen. Auf der einen Seite steht der Wille zur Rückgewinnung einer verschütteten Tradition. Er leitet den Kulturzionisten Martin Buber bei seinen Versuchen einer Wiederbelebung chassidischer Frömmigkeit und Erzählkultur, u. a. durch die Nachdichtung *Die Legende des Baalschem* (s. o. S. 29 f.). Er steht aber auch hinter dem Formexperiment Rudolf Borchardts, der seine *Geschichte des Heimkehrenden* (1905, später: *Das Buch Joram*) im Sprachduktus der Luther-Bibel anlegt und mit Anleihen bei der alttestamentlichen Hiob-Geschichte und dem apokryphen Buch Tobias versieht. In ihrem Zentrum steht die absonderliche Wiederbegegnung des aus der Sklaverei zurückgekehrten Joram mit seiner verlassenen, mittlerweile zur Hure gewordenen Frau. Der Liebesvereinigung, aus der ein weißhaariges Kind hervorgeht, assistieren bei Borchardt – als imaginäre Pfosten des nicht vorhandenen Ehebetts – vier Engel, deren äußere Erscheinung an Ferdinand Hodlers Jugendstilgemälde «Der Erwählte» (1903) erinnert.

Um die Reinheit der Frau geht es auch in Rudolf Bindings *Keuschheitslegende* (1919, entst. 1913/14). Das sentimentale Elaborat mit nationalen Untertönen («Im wonnevollen Herzen deutscher Lande», «an einem deutschen Sonntagmorgen», «ein deutscher Student») scheut nicht den Einsatz der Muttergottes und des Jesuskinds, um die sexuelle Unnahbarkeit zu erklären, unter der die Heldin Evchen zunehmend leidet – bis sie ein elegantes Damenhemd anzieht. Auch andere Legenden Bindings (u. a. *Coelestina*, 1908; *Sankt Georgs Stellvertreter*, 1909) setzen für vergleichsweise geringfügige Aufgaben hochrangiges himmlisches Personal ein.

Auf der anderen Seite ist die Legendendichtung des frühen 20. Jahrhunderts stark durch die Kunstreligion der Epoche geprägt. Carl Einsteins erste Veröffentlichung (im *Hyperion*, 1908) trägt den Titel *Verwandlungen. Vier Legenden* und spiegelt die Ambivalenz eines zwischen Lotterleben und geistiger Sendung schwebenden Jünglings (s. u. S. 407 f.). Mit noch deutlicherem autobiographischem Bezug schildert Else Lasker-Schüler die Phase ihrer künstlerischen Berufung im *Peter Hille-Buch* (1906). Der Bohemien Hille tritt darin unter dem Namen eines Lieblingsjüngers Jesu in der Rolle eines Heilands der Dichtkunst auf.

Konzipiert als Denkmal für ihren Mentor, den Else Lasker-Schüler auch sonst als «St. Peter Hille» apostrophiert, vermischt diese moderne Heiligenlegende zwei Vorbilder: die Bibel (Hohelied, Neues Testament) und Nietzsches *Also sprach Zarathustra*. Nicht umsonst empfängt die Ich-Erzählerin ihren Schreib-Auftrag in jener Episode («Petrus erprobt meine Leidenschaft»), die sie an das von «des Propheten Katzin» (Elisabeth Förster-Nietzsche?) entweihte Grab Zarathustras bzw. Nietzsches führt.

Am Schluß steht eine andere Grab-Szene; das Begräbnis Petrus-Hilles führt fast das ganze Personal noch einmal zusammen – darunter ist «Hellmüte, die Zauberin» eindeutig auf die Schriftstellerin Martha Hellmuth und Onit von Wetterwehe möglicherweise auf Gerhart Hauptmann zu beziehen. Das Ich der Erzählerin bleibt abseits, um das Schlußwort allein in die Erde zu schreiben: «Er heißt wie die Welt heißt.» Schon der Anfang des *Peter Hille-Buchs* trägt Züge einer Kosmogonie und ist zugleich die Geschichte einer gegenseitigen Ernennung. Durch Tinos Auftritt löst sich eine Stimme vom Felsen («Fels» heißt im Griechischen «pétros») und formt sich zu Petrus: «Und ich küßte den Glanz seiner gemeißelten Hand und ging ihm zur Seite.»

Die dritte Kraft hinter dem Aufschwung der Legende ist die spirituelle Dimension des Expressionismus. Sie verkörpert sich am reinsten in Paul Kornfelds *Legende* (1917). Diese beginnt wie eine historische Novelle, angesiedelt in Südböhmen kurz vor Ausbruch des Dreißigjährigen Kriegs; Graf Wratislav will seinen Diener Wladislav an seinem Reichtum beteiligen und ihm einen eigenen Hof schenken, was dieser zunächst entschieden ablehnt. Nachdem er sich schließlich mit seinem neuen Besitz abgefunden und seine Zeit zwischen Dienerberuf und eigener Wirtschaft eingeteilt hat, treten zwei wunderbare Ereignisse ein, die die Besitzverhältnisse zuungunsten des Grafen weiter verschieben, bis sich Wratislav seinem Freund und Diener selbst als Diener anbietet. Darauf entbrennt ein grotesker Wettkampf zwischen beiden, wer wem dienen darf oder wer wen an Dienstfertigkeit übertrifft, bis sie endlich beschließen, gemeinsam als Bettler in die Welt zu ziehen. Damit vollendet sich das Wunder: Beide hören auf zu altern, und als sie nach zwei Jahrzehnten in das Dorf zurückkehren, finden sie ein kleines Paradies mit «Merkmalen des Ewigen» vor. Der Absturz eines Flugzeugs macht der Zeitlosigkeit der Idylle ein Ende; in seiner Folge tauchen Wissenschaftler und andere Neugierige auf und zerstören mit ihrem platten Rationalismus – «Glauben ist des Menschen unwürdig! Das Wissen sei Ihr Glaube!» – die Sphäre des Wunders. Wratislav und Wladislav sterben und mit ihnen das ganze Dorf.

In Kornfelds *Legende* vereinen sich Motive aus volkstümlicher jüdischer Überlieferung mit Anregungen aus Strindbergs *Légendes* und direkter sowie verschlüsselter Zeitkritik (so ist der Dreißigjährige Krieg sicher als Hinweis auf den zur Zeit der Niederschrift und Drucklegung andauernden Ersten Weltkrieg zu verstehen). Entstanden ist auf diese Weise eine poetische Antizipation jener Programmatik, die Kornfeld 1918 im Essay *Der beseelte und der psychologische Mensch* entfaltet. Darin heißt es: «Wenn auch nur ein Einziger sich wahrhaft ändert, ändert sich das Gesicht der Welt.» Wratislavs Wandlung ist ein solcher weltverbessernder Impuls, der auf den geistverwandten Dienerfreund übergreift und durch den Zusammenklang ihrer Seelen jedenfalls einen Teilbereich der Welt utopisch umgestaltet.

Kornfelds Rekurs auf den Begriff der Seele bzw. Beseelung erneuert bewußt religiöse Vorstellungen und bedeutet zugleich eine klare Distanzierung vom materialistischen Weltbild der neuzeitlichen Wissenschaft. Derselbe Wille zur Überwindung einer als Beengung empfundenen wissenschaftlichen Rationalität bestimmt von Anfang an das dichterische Schaffen Carl Hauptmanns und macht auch ihn zu einem bekennenden Vertreter der «Seele». *Seele!* ist denn auch der Vortrag überschrieben, den Carl Hauptmann im Februar 1918 vor der Deutschen Gesellschaft und dem Bund der deutschen Gelehrten und Künstler in Berlin hielt. Kann man es als Zufall ansehen, daß derselbe Autor im Zeitraum 1917/18 gleich neun Legenden verfaßt? Sieben dieser «legendarischen Prosastücke» vereinigt er zum Zyklus *Von Verbrechen und Abenteuern*; als erstes erscheint die Legende *Des Kaisers Liebkosende* (1919) im Druck.

8. Horror, Phantastik, andere Welten

Paul Ernst veröffentlicht 1900 eine Erzählung mit dem Titel *Das Grauen*. Ein gleiches tut Robert Müller 1912; Hanns Heinz Ewers wählt 1907 für einen ganzen Band «seltsamer Geschichten» eben denselben Titel. Gustav Meyrink publiziert 1902 seine Erzählung *Der Schrecken*, Paul Leppin verfaßt 1910 eine Skizze *Angst*, und von nichts anderem handeln die kurzen Erzählungen *Die Dinge* (1909) und *Der Unbekannte* (1913) von Alfred Polgar bzw. Jakob Elias Poritzky. Ist der Anfang des 20. Jahrhunderts eine Epoche spezifischer Verunsicherung, existentieller Ängste? Literaturgeschichtliche Arbeiten zum Expressionismus haben diesen Verdacht bestätigt und den Eindruck präzisiert, daß es bei der literarisch wirksamen Angst jener Jahre nicht so sehr um konkrete Befürchtungen dieser oder jener Natur als um eine grundlegende Erschütterung des Wirklichkeitsbezugs schlechthin geht. Tatsächlich belegen mehrere der genannten Erzählungen nicht nur die Konjunktur einer Ästhetik des Horrors im frühen 20. Jahrhundert, sondern auch das gleichzeitige Aufkommen der phantastischen Literatur im deutschsprachigen Raum. Als Trend des Buchmarkts erreicht diese ihren quantitativen Höhepunkt erst in den zwanziger Jahren; die entscheidenden literarischen Innovationen fallen jedoch in die Vorkriegszeit und stehen in enger Verbindung mit der Aufnahme der französischen Phantastik des 19. Jahrhunderts – von Nodier über Gautier und Nerval bis zu Villiers de L'Isle-Adam – und mit der Wiederentdeckung der ‹Schwarzen Romantik› Edgar Allan Poes und E. T. A. Hoffmanns auf dem Umweg ihrer Nachwirkung in Frankreich. In Kubins Poe-Illustrationen und den Übersetzungsaktivitäten von Ewers und Meyrink sind diese Zusammenhänge mit Händen zu greifen. Zumindest der Letztgenannte bezeugt auch die innere Beziehung zu einem anderen Epochentrend: der bis in die zwanziger Jahre anhaltenden Breitenwirkung von Okkultismus und Spiritismus. Seit dem späten 19. Jahrhundert, seit der Gründung der «Theosophical Society» Helena Blavatskys 1875 (deutsche Sektion 1902) und verschiedenen Zeitschriftenprojekten, die in Rudolf Steiners *Lucifer* (später: *Lucifer-Gnosis*) ab 1902 ihre Fortsetzung finden, gibt es so etwas wie eine organisierte Esoterik in Deutschland, die wohl auch dann als Hintergrund für die Produktion und Rezeption phantastischer Literatur ins Gewicht fällt, wenn sich weder der einzelne Autor noch die Mehrheit der Leser zu den Prämissen des Okkultismus bekennt.

Paul Ernsts Erzählung *Das Grauen* beginnt als eine Zerstückelungsphantasie. Auf eine hölzerne Hinrichtungs-«Tenne» ist ein Mensch mit gespreizten Armen und Beinen geschnallt, dem vier Henker abwechselnd die einzelnen Gliedmaßen abhacken. Der Ich-Erzähler beobachtet die Exekution aus großer Höhe zusammen mit einer jubelnden Zuschauermenge, aus der sich einzelne herauslösen und in die Tiefe stürzen. Einer von ihnen hüpft wie ein Gummiball auf und ab, während sich ein anderer wie ein Pfannkuchen auf dem Boden ausbreitet und Blut ausströmt.

Eine andere Erzählung desselben Bandes (*Sechs Geschichten*, 1900) trägt den Titel *Die sonderbare Stadt* und schildert die Erlebnisse zweier Expeditionsmitglieder, die in einem unbekannten Teil Chinas ein eigenartiges gleißendes Gebirge zu überqueren versuchen. In einer kreisförmigen Mulde stoßen sie auf Reste menschlicher Besiedlung und Spuren menschlicher Körper; die Lage der Leichen läßt sich anhand der Schmuckstücke rekonstruieren. Sie finden sogar eine puppenartige Schönheit auf einem Thron; als Garret sie jedoch – in Mißachtung einer schriftlichen Warnung – berührt, zeigt sein Körper schwarze Verfärbungen, die sich schleunigst ausbreiten, obwohl sein Kollege die betroffenen Gliedmaßen umgehend mit einem Hackmesser abtrennt – wiederum erleben wir die Zerstückelung eines lebenden menschlichen Körpers. Die Verunsicherung des Lesers erreicht ihren Höhepunkt, als der überlebende Richardson zu den anderen Expeditionsmitgliedern zurückkehrt; keiner fragt ihn nach Garret, es wird sogar bestritten, daß dieser an der Expedition überhaupt teilgenommen habe. Richardson hat jedoch Gründe, die Auskunft seiner Kollegen zu bezweifeln – Alltagserfahrung und Horrorerlebnis befinden sich in einem ungelösten Spannungsverhältnis, wie es für die phantastische Literatur charakteristisch ist.

Der aus Böhmen stammende außerordentlich produktive Erzähler Karl Hans Strobl hat das Motiv der abgetrennten Körperteile, wie später noch am Roman *Eleagabal Kuperus* zu zeigen ist, zu einem Markenzeichen seiner Phantastik gemacht. Schon der Erstlingsband *Aus Gründen und Abgründen. Skizzen aus dem Alltag und von drüben* (1901) stellt die Weichen mit einer makabren Erzählung aus der Zeit der Französischen Revolution unter dem Titel *Der Kopf.* Der fiktive Bericht eines Guillotinierten versorgt uns mit detaillierten Schilderungen der ‹körperlichen› Empfindungen des gewaltsam verselbständigten Kopfes, der unerfreulichen Beobachtungen, die dieser von einer Lanzenspitze herunter während der folgenden Nacht machen muß, und seiner eigenartigen Annäherung an einen weiblichen Körper im Massengrab vor der definitiven Verwesung. Dabei kommt es ansatzweise zu einer Geschlechtsumwandlung und einem Persönlichkeitstausch, die den streng monologisch angelegten Text in bemerkenswerte Nähe zu den psychologischen Experimenten der Moderne rücken.

Die arge Nonn' (1911) kontrastiert dagegen zwei unterschiedliche Perspektiven miteinander. Die Aufzeichnungen von Hans Anders, mit denen Strobls Erzählung einsetzt, bezeugen die wachsende Macht, die der Geist einer unkeuschen Nonne über den Baumeister gewinnt, der Jahrhunderte später mit der Abtragung des Klostergebäudes beauftragt ist. Die nachgestellten Mitteilungen des Archivars Holzbock klären uns über die grausame Ermordung von Anders' Frau auf («Der Kopf war durch einen mit ungeheurer Kraft geführten Schnitt glatt vom Rumpfe getrennt») und reichen eine psychopathologische Deutung des Falles aus der Sicht des befreundeten Kollegen nach. Scheinbar wird damit ein altes Muster bestätigt, dem weite Teile der phantastischen Literatur und ihres Umfeldes folgen: Das irrationale Phänomen wird durch Pathologisierung des wahrnehmenden Subjekts nachträglich ‹rationalisiert›, den Standards unseres kulturellen Wissens angepaßt. Der vorletzte Satz bringt jedoch auch diese Position zum Wanken, wenn wir erfahren, daß der rechte Arm des Toten (Anders erliegt in der Untersuchungshaft einem Herzschlag) «mehrfach gebrochen und verrenkt war, als sei er von einer furchtbaren Gewalt zermalmt worden». Gibt es doch eine reale Herrschaft metaphysischer Mächte?

Mochten auch die Anschauungen des Okkultismus für die aufgeklärten Zeitgenossen inakzeptabel sein – im Glauben an den Mythos der

Femme fatale war sich die ganze Epoche einig. Es ist dieser Mythos, dem die Annahme eines verhängnisvollen Einflusses der Nonne Agathe auf den Baumeister – weit über die Grenze ihres irdischen Lebens hinaus – ihre Suggestionskraft verdankt. Es ist derselbe Mythos, aus dem unermüdlich die erzählerische Phantasie eines Hanns Heinz Ewers schöpft und der die Breitenwirkung seiner oft kruden und reißerischen Erfindungen ermöglicht. Ein später von ihm selbst verfilmter Beitrag zu den Erzählbänden *C.33. und anderes* (1904) und *Das Grauen* trägt den Titel *John Hamilton Llewellyns Ende*; der angesehene Maler verfällt dem Wahnsinn, als die tiefgefrorene (inzwischen aber aufgetaute) Leiche einer nackten Steinzeitdame unter seinen leidenschaftlichen Küssen zerfällt. Wieder ist es die Frau aus der Vergangenheit, die den Mann zu sich ins Totenreich oder in den Wahnsinn reißt; Ewers gelingt eine ekelhaftinteressante Variante der Pygmalion-Tradition, indem er die Bemühung des Künstlers um Erweckung der starren Statue zum unmittelbaren Auslöser der völligen Verwesung werden läßt.

Die bewußte Instrumentalisierung von Ekel- und Angst-Effekten gehört zum Wesen der Horrorliteratur. Im kalkulierten Einsatz dieser Mittel erweist sich Ewers' Erzählung *Die Spinne* (1908 in der Beilage des *Berliner Tageblatts* und im Sammelband *Die Besessenen* veröffentlicht) als Meisterstück des Genres. Daran ändert auch die – vom Autor zu Unrecht bestrittene – Anlehnung an Erckmann-Chatrians Vorlage *Die unsichtbaren Augen* nichts. Drei den äußeren Umständen nach identische Selbstmorde im selben Pariser Pensionszimmer geben einem Studenten den Anlaß, in Absprache mit der Polizei das fragliche Zimmer zu beziehen und ein Tagebuch über seine Beobachtungen zu führen, das direkt an seinen eigenen Selbstmord heranreicht. Der Leser muß diesen Selbstmord (und die vorhergehenden) als Zwangshandlung unter dem suggestiven Diktat einer schönen Spinnerin im gegenüberliegenden Fenster deuten, ja er muß diese – vom Schreiber «Clarimonde» getaufte – Frau als Metamorphose derselben Spinne begreifen, die bei dreien der vier Selbstmörder gesichtet wird. Erst als es zu spät ist, scheint auch der Student die schreckliche Wahrheit realisiert zu haben. Im Unterschied zu seinen Vorgängern zeigt das Gesicht dieses Toten angstentstellte Züge; zwischen den «fest übereinandergebissenen» Zähnen «klebte, zerbissen und zerquetscht, eine große schwarze Spinne, mit merkwürdigen violetten Tupfen». Es sind die Farben von Clarimondes Kleid. Die rational unauflösliche Tatsache wird wiederum durch eine populäre Auffassung gestützt: nämlich durch die verbreitete Verbildlichung der Femme fatale als Spinne, die ihre Opfer fängt und verzehrt. Zu diesen Opfern zählt bekanntlich auch das Spinnenmännchen unmittelbar nach der Begattung, wie Richard Bracquemont in seinem Tagebuch ausführt und mit blinder Naivität kommentiert: «Ich bin froh, daß ich kein Spinnenjüngling bin.» Er ist es im übertragenen Sinne doch.

Zu zwei Vergleichen gibt Ewers' *Die Spinne* Anlaß. Einmal mit der gleichnamigen Erzählung von Alexander Moritz Frey (im Erzählband *Dunkle Gänge*, 1913): der Angstvision eines vermeintlich Erwachenden, der in seinem Bett von einer armdicken Schlange, Ohrwürmern, riesigen Wanzen und einer faustdicken Vogelspinne mit Papageienschnabel heimgesucht wird. Die (parodistische?) Häufung der Horribilitäten führt zu ihrer Relativierung, ja Aufhebung, indem das Subjekt am Ende weder hört noch sieht oder fühlt.

Eine andere Parallele bietet Leo Perutz' Erzählung *Die Hatz auf den Mond* (1915; später: *Der Mond lacht*), insofern auch hier das Gesetz der Serie thematisiert wird. Der Ich-Erzähler glaubt unter dem Fluch des Mondes zu stehen, unter dessen (zufälliger?) Einwirkung schon seine Vorfahren den Tod gefunden haben. Indem er den Mond durchs Fernrohr ‹verfolgt›, entdeckt er den Ehebruch seiner Frau; als er diesen umgehend zu ahnden sucht, findet er prompt den Tod – «und durch das offene Fenster floß silbern das Licht des Mondes.» Der Versicherungsmathematiker Perutz glaubt nicht an das Wunderbare und erzeugt Pseudo-Serien durch Kombination von Zufällen und Irrtümern. Ein ähnlicher Befund ergab sich ja schon bei seinem historischen Roman *Die dritte Kugel* – der Titel verweist wiederum auf das Motiv der Serie (s. o. S. 156).

Das Tagebuch des Studenten Richard Bracquemont ist das Protokoll einer geistigen Verwirrung. Ewers hat mehrfach von der Möglichkeit Gebrauch gemacht, abnorme seelische Entwicklungen im Medium fiktiver Tagebuchaufzeichnungen zu spiegeln. *Aus dem Tagebuche eines Orangenbaumes* ist eine der Erzählungen des Bandes *Das Grauen* überschrieben. Ein junger Mann will darin dem skeptischen Psychiater beweisen, daß er tatsächlich – wie ihm eine dämonische Frau suggeriert hat – in der Umwandlung in einen Baum begriffen und daher demnächst im Park der Heilanstalt einzupflanzen ist. Komplizierter ist die Ausgangslage der Erzählung *Der Tod des Barons Jesus Maria von Friedel* (in: *Die Besessenen*, 1908). Da die Hauptperson an Persönlichkeitsspaltung leidet und in einen heterosexuellen Mann (mit exzessivem Liebesleben) und eine lesbisch empfindende Frau zerfällt, sind zwei gegenläufige Tagebücher – in unterschiedlichen Handschriften – miteinander zu kombinieren. Das geschieht von einer Metainstanz anfangs klar männlicher, später sexuell ambivalenter Position. Man kann psychologisch von einer zunehmenden Zerrüttung, aber auch von einer Öffnung der Persönlichkeitsstruktur sprechen, der auf der Textebene ein Zuwachs an Ambiguität und Komplexität entspricht. Ewers' Interesse am Thema der Geschlechtsumwandlung, das von einem gewissen Sensationalismus nicht frei ist, belegt noch der spätere Roman *Fundvogel* (1927).

Im Zentrum von Ewers' Romanwerk steht die durch den Helden Frank Braun zusammengehaltene Trilogie *Der Zauberlehrling oder die Teufelsjäger* (1909) – *Alraune* (1911) – *Vampir* (1920). Frank Braun wird als gewissenloser Tatmensch mit hoher Stirn und Raubtierhänden und – für Ewers entscheidend – dem Mut zum Experiment mit dem Irrationalen charakterisiert. Freilich scheitern die experimentellen Projekte des Helden in den beiden ersten Romanen. Das signalisiert ja schon der Titel des Erstlings; Frank Braun ist ein «Zauberlehrling» im Goetheschen Sinne, insofern er die Kontrolle über die Massenhysterie verliert, die er selbst in einem entlegenen Alpental entfesselt hat. Ohnmächtig verfolgt er die pseudoreligiöse Ekstase der (von ihm fanatisierten) Teufelsaustreiber-Sekte und die Verwirklichung des (von ihm angeregten) Kreuzigungswunschs eines von ihm vergewaltigten und schwangeren Mädchens. Ewers übernimmt das Kreuzigungsmotiv aus Przybyszewskis *Androgyne* (1906) und/oder einer geschichtlichen Darstellung Johannes Scherrs (1860) und wandelt es ins Obszön-Perverse ab, indem er Braun selbst – dessen Hand dabei angeblich von den fanatischen Bauern gesteuert wird – die Mistgabel in den nackten Bauch seiner gekreuzigten Geliebten stoßen läßt. Der Zusammenhang mit der Dekadenz bleibt gewahrt, wenn Braun anschließend nach Venedig flieht, das ganz im Stil des fin de siècle als Inbegriff der Verwesung geschildert wird. Just hier trifft er seine jüdische Freundin Lotte Lewi, die ein Kind von ihm wünscht und ihn eigens ins Kino mitnimmt, damit er in einem Film über den Schlangenfang auf Java – er zeigt die Häutung der Tiere bei lebendigem Leib – den tieferen Zusammenhang von Schönheit und Leiden erfährt. (Im *Vampir*-Roman finden dieser Gedanke und die Liaison Frank-Lotte ihre Fortführung und politisch-prekäre Aktualisierung.)

Die Verbindung zwischen dem germanischen ‹Herrenmenschen› Frank Braun und der Jüdin Lotte muß schon deshalb die Aufmerksamkeit des Lesers erregen, weil *Der Zauberlehrling* von diversen rassentheoretischen Exkursen durchzogen ist. Die Abfassung eines einschlägigen Buchs dient sogar als Motiv für Brauns Rückzug in das Bergdorf. Dabei stellt Ewers, der sich später für den Nationalsozialismus engagierte, im Namen seines Helden abenteuerliche Vergleiche zwischen der germanischen und der mediterranen Rasse und noch waghalsigere Spekulationen über die Abstammung der Gebirgsvölker vom Neandertaler an; der Fanatismus der Bergbewohner erscheint von hier aus als evolutionsbedingtes Defizit. Eine ähnliche Verbindung von Evolutionstheorie, Dekadenzproblematik und nietzscheanischer Herrenmoral findet sich auch in den späten Romanen Johannes Schlafs, deren einer (*Am toten Punkt*, 1909) gleichfalls in der Bergwelt angesiedelt ist und sich in der Thematisierung seelischer Grenzphänomene ähnlich weit vorwagt wie Ewers' Romandebüt. Die Grenze zur phantastischen Literatur wird vollends von einem anderen Ex-Naturalisten durchstoßen. Max Halbe schildert in *Die Tat des Dietrich Stobäus* (1911) den degenerierten Nachkommen eines großen Geschlechts, der unter dem Diktat von Einflüsterungen seiner Vorfahren die unstandesgemäße Geliebte ins Meer stößt – oder jedenfalls den Entschluß dazu aufbringt.

Alraune, der zweite Roman der Braun-Trilogie, verdankt seine überragende Popularität (228. Auflage 1921) der Entschiedenheit, mit der Ewers die Idee einer perversen Erotik ins Zentrum rückt, und der Kompromißlosigkeit, mit der er das frauenfeindliche Epochenklischee von der so unersättlichen wie männermordenden weiblichen Sexualität bedient. Die Titelheldin ist eine Homuncula, auf Brauns Anregung nach einem Rezept der Volkssage gezeugt, nämlich aus dem Sperma eines hingerichteten Lustmörders und der Erde, für die hier − in einer damals gleichfalls selbstverständlichen Symbolik − der Schoß einer Hure eintritt, die sinnigerweise Alma Raune heißt:

> «Ihr Leib hob sich, ihre Brüste reckten sich, den Männern zu. Heiße Lust jauchzte ihr Fleisch, geile Gier strömte ihr Blut [...] frei aller Fesseln des Weibes letztes, gewaltiges Urbild: nur Geschlecht vom Scheitel zur Sohle. ‹Oh, sie ist die Rechte!› flüsterte Frank Braun. ‹Mutter Erde − die Mutter Erde.›»

Doch statt des Lebens bringt Alraune den Tod. Es ist der Fluch des Experiments, daß die erotische Potenz, die mit der künstlichen Befruchtung gewonnen wird, mit emotional-moralischen Defiziten erkauft ist, die Alraunes Lebensweg und Liebeskarriere in eine Spur des Todes verwandeln. Das erste Opfer ist der ärztliche Geburtshelfer, der die monströse Jungfernhaut des Kunstgeschöpfs durchtrennt und sich dabei eine Blutvergiftung holt. Die Botschaft ist unüberhörbar; wie in Wedekinds Lulu-Drama ist Alraunes Geschlechtsteil eine Büchse der Pandora. Ihr letztes Opfer heißt Wolf Gontram, ein lungenkranker hermaphroditischer Jüngling. Alraune erobert ihn auf einem Faschingsball, auf dem sie als Mademoiselle de Maupin erscheint (die Hauptfigur eines Gautier-Romans zitierend), während Wolf die Maske der Rosalinde aus Shakespeares *As you like it* trägt. Die Verführungsszene gewinnt somit homosexuelle Zwischentöne (so hat auch Wolfs Schwester Olga eine lesbische Neigung zu Alraune entwickelt), die von Ewers kühn mit Vampirmotiven und Anleihen bei der Parzival-Sage gekreuzt werden. Der Schnee ist das Brautbett, auf dem Wolf alias Rosalinde die Jungfernschaft und das Leben verliert:

> «So küßte sie ihn, küßte ihn lange und heiß. Aber am Ende suchten ihre kleinen Zähne seine Lippe, bissen rasch zu, daß die roten Blutstropfen schwer hinabfielen in den Schnee. Und sie küßte ihn wieder − und wieder biß sie ihn. Dann lachten sie beide, wie der Mond leuchtete über den roten Flecken im weißen Grunde.»

Mit einem Biß in die Hand, dessen Narben nie verschwinden, zeichnet in Heinz von Lichbergs «Groteske» *Lolita* (1916) die blutjunge spanische Titelheldin ihren wesentlich älteren deutschen Geliebten bei seinem Abschied. Sie ist auf geheimnisvolle Weise identisch mit ihrer Ahnin Lola, die zwei Liebhaber in den Wahnsinn treibt und von ihnen (in ewiger Wiederholung?) ermordet wird. Die mit einer Anspielung auf E. T. A. Hoffmann eröffnete Erzählung teilt mit Nabokovs

gleichnamigem Roman (1954) zahlreiche Motive, insbesondere die dämonisie-
rende Ausdeutung der pädophilen Beziehung.

Welche literarischen Wirkungen mit Hilfe einer – wie bei Ewers zwischen
Männlich und Weiblich changierenden – Vampirfigur zu erzielen waren, zeigt
auch Alfred Döblins phantastische Erzählung *Die Helferin* (1911), im Manu-
skript übrigens noch «Der Helfer» überschrieben. Der Angestellte eines New
Yorker Bestattungsunternehmens, der über Jahre hinweg das Aussehen eines
Zwanzigjährigen behält, bringt allen Kranken, die er besucht, einen leichten
Tod. Dieser Angestellte erweist sich als eine Frau, die die Nächte – wie ein Vam-
pir die Tage – im Sarg verbringt; vor Gericht behauptet sie unwiderlegt, mit
einer vor Jahrzehnten gestorbenen Krankenschwester identisch zu sein. Am
Schluß löst sie sich – mit katastrophalen Folgen für die Umgebung – in Flam-
men auf. Auch andere frühe Erzählungen Döblins umkreisen das Verhältnis von
Leben und Tod, Mann und Frau unter Rekurs auf Versatzstücke phantastischen
Erzählens. Besonders markant geschieht dies in *Der Ritter Blaubart* (1911). Aber
auch Erzählungen wie *Die Segelfahrt* oder *Das Stiftsfräulein und der Tod* überschreiten die psychologische Ebene (hier wie dort: die unterdrückte Sexualität
der unverheirateten Frau) in Richtung auf mythische Elemente. Das nächtliche
Erscheinen des Todes, der seinen Platz an der Seite der ruhenden Frau einnimmt, findet sich übrigens ganz ähnlich – nämlich gleichfalls als Höhepunkt
und Abschluß einer phantastisch angelegten Kurzerzählung – in Robert Walsers
Die Schneiderin (*Kleine Dichtungen*, 1914).

Hanns Heinz Ewers ging mit der Zeit, nicht nur in der Wahl seiner
Themen, sondern auch in der des Mediums. Im Februar 1913 verpflich-
tete er sich, für die Deutsche Bioscop-Filmgesellschaft nicht weniger als
zehn Filme zu inszenieren und acht zu schreiben. Dabei stand die
Zusammenarbeit mit dem expressionistischen Schauspieler Paul Wegener im Vordergrund. Das bedeutendste Ergebnis dieser Kooperation war
der gemeinsam mit dem dänischen Regisseur Stellan Rye gedrehte Film
Der Student von Prag. Ein romantisches Drama (1913), einer der ersten
Kunst- und Autorenfilme überhaupt. Sein Thema ist die – durch die
neue Technik der Doppelbelichtung mediengerecht übersetzte – Dop-
pelgänger-Problematik in freier Anlehnung an Adelbert von Chamisso
(*Peter Schlemihls wundersame Geschichte*) und E. T. A. Hoffmann (*Die
Geschichte vom verlorenen Spiegelbilde*), aber auch an Oscar Wilde (*The
Picture of Dorian Gray*): Der arme Student Balduin verkauft dem Teufel
sein Spiegelbild. Dieses greift jedoch als Doppelgänger in sein Leben
ein – bis er es tötet und dadurch selbst stirbt. Eine intrigierende Zigeunerin sorgt für schauerromantisches Flair; als mindestens so wirksam in
diesem Sinne erweist sich jedoch der Schauplatz Prag, der sich in jenen
Jahren zu *dem* symbolischen Ort schlechthin für dämonische Gefährdungen und Ich-Krisen entwickelte. Schon ein Jahr später drehten Hen-
rik Galeen und Paul Wegener den Film *Der Golem*. Wegener selbst
spielte den bei Ausschachtungsarbeiten im Prager Ghetto aufgetauchten
Lehmkoloß, den ein Antiquitätenhändler mit Hilfe von Rabbi Löws

Zauberformel zum Leben erweckt – einem außenseiterhaften und «unmenschlichen» Leben freilich, das das zerstörerische Ungeheuer, zu dem sich der Golem infolge einer enttäuschten Liebe entwickelt, durch einen Sturz vom Turm selbst beendet.

Wegeners *Golem*-Film, dem verschiedene ‹Fortsetzungen› und Remakes folgten, dürfte den Boden für den Erfolg von Gustav Meyrinks Roman *Der Golem* bereitet haben, der unmittelbar zuvor in den *Weißen Blättern* 1913/14 als Vorabdruck und 1915 als Buch erschien. Freilich ist festzuhalten, daß Meyrink seinen Roman völlig unabhängig, nämlich schon seit 1907, geplant hat, die Golem-Sage ganz anders auffaßt und sowohl zum Schauplatz Prag als auch zum Genre der Phantastik ein sehr eigenes Verhältnis besitzt. Der in Wien geborene Meyrink hat seine Kindheit in Hamburg verbracht und den Großteil seines literarischen Werks in und bei München geschaffen. Der zehnjährige Prag-Aufenthalt 1893–1903 blieb in seinem Leben eine, allerdings entscheidende, Episode. Mit dem Bankrott seines Bankgeschäfts und der Verhaftung wegen Betrugsverdacht wurden definitiv die Bindungen zur bürgerlichen Gesellschaft gekappt, als deren zynischer Verächter sich Meyrink seit 1901 im *Simplicissimus* zu Wort meldet. In die Prager Zeit fallen auch die ersten Kontakte zu theosophischen und christlich-mystischen Zirkeln; nachdem Meyrink anfangs eine Aufnahme in Annie Besants (übrigens von Ewers verspottete) «Eastern School of Theosophy» angestrebt hat, orientiert er sich in der Folge am rosenkreuzerischen Mystiker Johannes, das ist Alois Mailänder. Nach dessen Tod vollzieht Meyrink mit den Essays *Fakire* und *Fakirpfade*, beide 1907 in der neuen Zeitschrift *März* erschienen, eine weitere Annäherung an verschiedene Theorien des Okkultismus. Die in diesen Texten entwickelte Lehre vom Scheintod – des Gurus nämlich, in dem sich ein unvergänglicher «Doppelgänger» herausbildet – ist durch Camille Flammarions Theorie des «seelischen Fluidums» angeregt.

Wenn Meyrink seinem im gleichen Jahr begonnenen Roman *Der Golem* eben diese Theorie von einer gleichbleibenden seelischen Substanz zugrunde legt, die in verschiedene Menschen eindringen kann, so steht hinter dieser Konstruktion also ein erheblicher weltanschaulicher Ernst. Was vordergründig wie wilde Phantastik anmutet – die kolportagehaften Elemente der Handlung verstärken diesen Eindruck ebenso wie die Parallelen zu Ewers' Prag-Film –, ist offenbar eher als Einführungskurs in die Grundlagen des okkultistischen Weltbilds aufzufassen. Nun ist die Entscheidung über die Zugehörigkeit eines Textes zur phantastischen Literatur nicht abhängig von der weltanschaulichen Position des Autors, sondern von dem spezifischen Spannungsverhältnis zwischen Empirie bzw. kulturellem Wissen einerseits und bestimmten diesen Normen widersprechenden mysteriösen Ereignissen andererseits.

Da Meyrink den Hauptteil seines Textes als Ich-Bericht eines Initianden anlegt – nämlich des Bildschnitzers Athanasius Pernath, der durch eine seelische Erkrankung den Zugang zu seiner Vergangenheit verloren hat –, führt er den Leser in einer durchaus ‹phantastischen› Erlebnisperspektive in die Welt der okkulten Weisheit ein. Im übrigen nimmt er sich alle Freiheit der Improvisation und synkretistischen Verknüpfung heterogener okkultistischer Lehren.

Die zyklische Wiederkehr der Golem-Erscheinung etwa ist Meyrinks persönliche Zutat, die Lokalsage des «Hauses von der letzten Latern» hat nichts mit der Golem-Legende zu tun, und die kabbalistische Lesart des Tarock-Spiels ist eine Erfindung des Okkultisten Eliphas Lévi. Für das mystische Prinzip «Ibbur» (das heißt «die Seelenschwängerung») schließlich gibt es zwar Entsprechungen in der jüdischen Überlieferung, insgesamt läuft die Darstellung des kabbalistischen Denkens in diesem Buch des Nichtjuden Meyrink aber auf eine so willkürliche Geschichtsklitterung hinaus, daß sich einem Kenner der Materie wie dem jungen Gershom Scholem die Haare sträubten. In seinem Tagebuch vom August 1916 reimt er:

Als ich, der Gerhard Scholem,
Von Meyrink las den Golem,
Da war ich schier entsetzt.
Was ist denn das für Mystik,
Die dieser Mann so rüstig
In tote Lappen fetzt?

Es ist die Mystik der Ich-Suche. Signifikant ist das Motiv der türlosen Kammer, in die sich der Golem zurückzuziehen pflegt und in die Athanasius Pernath zufällig (?) durch einen unterirdischen Gang gerät. Beim Versuch, denselben Raum von außen auszuspähen, soll der Strick gerissen sein, an dem der Betrachter heruntergelassen wurde. Mit solchen Symbolen, die oft leitmotivisch wiederholt werden, spielt Meyrink auf Denkmodelle der Psychoanalyse an, ohne sich verbindlich auf ihre Voraussetzungen festzulegen. Das alte Prager Ghetto mit seinen verwinkelten Gassen und geheimen Gängen dient gleichsam als übergreifendes Symbol des Unbewußten, des seelischen Labyrinths, aus dem der Prozeß der Ich-Werdung herausführt; in ihm läßt sich jener «Ameisenstaat aus vielen Ameisen» wiedererkennen (mit den «seelischen Resten vieler tausend Vorfahren in sich»), von dem der Lustmörder Laponder spricht. Die auf falschen Anschuldigungen beruhende Untersuchungshaft, der Pernath die Bekanntschaft Laponders und somit die tiefste Aufklärung über das «Wunder der Erweckung» verdankt, stellt übrigens eine gezielte Anspielung Meyrinks auf seine Prager Inhaftierung dar – daher auch der satirische Tenor der betreffenden Kapitel.

Die romantisierende Verklärung des in den sechziger Jahren des 19. Jahrhunderts «assanierten» Ghettos war ein spezielles Anliegen der Prager Dekadenz. In seiner Erzählung *Das Gespenst der Judenstadt* (1914) schildert Paul Leppin in bedenklicher Gleichsetzung des jüdischen Milieus mit zügelloser Triebhaftigkeit den Lebensweg einer unersättlichen Dirne, die wegen einer Geschlechtskrankheit das Krankenhaus aufsuchen muß. Als sie aus diesem ausbricht, findet sie nur noch die Ruinen ihres Bordells vor, in denen sie um so hemmungsloser den

Keim ihrer Krankheit weitergibt. Ähnlich ergeht es Pernath nach der Freilassung aus dem Gefängnis: Die Hahnpaßgasse ist dem Erdboden gleichgemacht, alle seine Bezugspersonen sind verschwunden.

Der Historisierungseffekt verdoppelt sich durch den Rahmen, mit dem Meyrink die Initiationsgeschichte des Athanasius (der Name bedeutet: Unsterblicher) verbindet. Ein anonymer Prag-Besucher, der im Dom den Hut Pernaths gegriffen hat, erlebt visionär dessen Schicksal nach. Es ist dreiunddreißig Jahre nach jenen mit der Golem-Erscheinung verknüpften Abenteuern, Zeit für Golems Wiederkehr – die sich offenbar in eben diesem Übertragungsakt realisiert. Im Schlußbild werden Gegenwart und Vergangenheit, ja Zeitlosigkeit zusammengeführt: Der Rahmenerzähler erblickt Pernath zusammen mit Mirjam, der geliebten Tochter seines kabbalistischen Mentors, im imaginären «Haus zur letzten Latern» am Ende der Alchimistengasse und glaubt, sich selbst zu sehen; die okkulte Qualität dieses Ereignisses wird durch Darstellungen des Osiriskults und eines Hermaphroditen auf Gartenmauer und Flügeltor unterstrichen. Wie ein befreiender Stilbruch wirkt da Pernaths Frage, ob sein Hut dem Interims-Besitzer auch keine Kopfschmerzen bereitet habe.

Derlei Stilbrüche sind typisch für die groteske Schreibweise, mit der sich Meyrink im ersten Jahrzehnt des Jahrhunderts seinen Stammplatz unter den Mitarbeitern des *Simplicissimus* erobert hat. Doch lassen sich im *Golem* auch Brüche anderer Art feststellen: zwischen einzelnen Handlungseinheiten fast novellistischer Selbständigkeit und der Gesamtkomposition, zwischen den reißerischen Effekten mancher dieser Nebenhandlungen (zum Beispiel Charouseks Selbstmord auf dem Grabhügel seines Vaters, mit den aufgeschnittenen Pulsadern tief in der Erde) und der seelenerzieherischen Botschaft des Romans, zwischen Okkultismus und Literatur und hier wieder zwischen Trivialliteratur und Kunstanspruch. Daß der Romancier Meyrink bei den Zeitgenossen in Verruf geriet, hat nicht zum wenigsten mit dem Werbefeldzug des Kurt Wolff Verlags für den prospektiven Bestseller zu tun; in der Tat erreichte das Buch in zwei Jahren eine Auflage von 147 000 Exemplaren. Der Verdacht der Brotschreiberei schien sich zu bestätigen, als derselbe Autor 1917 gleich mit zwei neuen Romanen auf den Markt kam, die weit hinter der künstlerischen Wirkung des *Golem* zurückblieben: *Das grüne Gesicht* und *Walpurgisnacht. Phantastischer Roman.*

In beiden Romanen gewinnt die okkultistische Didaxe erheblich an Gewicht. Im vierten Kapitel der *Walpurgisnacht* werden einzelne Passagen durch Kursivdruck hervorgehoben, die Meyrink aus Schriften oder mündlichen Mitteilungen seines Lehrmeisters Bô Yin Râ (das ist Joseph Anton Schneiderfranken) übernommen hat. Während *Das grüne Gesicht* zumindest durch das apokalyptische Finale zu beeindrucken vermag (mit der Schilderung von Amsterdams Untergang zu einem unbestimmten Zeitpunkt nach dem Ersten Weltkrieg), irritiert *Walpurgisnacht* durch die skurrile Schilderung der borniertem Adelsgesellschaft der Prager Kleinseite auf dem Westufer der Moldau und die wenig überzeugende späte Liebesgeschichte zwischen dem verknöcherten Hofarzt Thaddäus Flugbeil und der Böhmischen Liesel, einer verwahrlosten alten Prostituierten. Beide opfern sich in sinnlosem Heroismus im Kampf gegen die neue Zeit: Der alte Arzt schreitet entschlossen der Eisenbahn entgegen, die er schon immer für eine jüdische Erfindung gehalten hat; Liesel fällt in der Abwehr eines tschechischen Volksaufstands.

Mit der Thematisierung der deutsch-tschechischen Spannungen noch zu Zeiten der österreichischen Herrschaft hat sich Meyrink bei der Kritik wenig Freunde gemacht, um so weniger, als er den Anführer des Aufstands, den Studenten Ottokar, zu einem tragischen Märtyrer stilisiert, in dem sich das Schicksal des Ritters Borivoj Chlavec wiederholt. (Meyrink greift hier auf eine Prager Lokalsage zurück, die in der *Böhmischen Chronik* des Václav Hájek und einem Wandbild des Hradschin überliefert ist.) Der fiktionale Volksaufstand insgesamt erscheint als magische Wiederholung der Hussitenkämpfe; Meyrinks okkultistisches Weltbild bestimmt sichtlich auch seine Darstellung der politischen Realität – bis hin zum Weltkrieg, für dessen Entstehung seine Erzählung *Das Grillenspiel* (*Simplicissimus*, September 1915) eine abenteuerliche Erklärung bietet. Als eine politische Anspielung des Romans muß die Äußerung des mediumistischen Schauspielers Zrcadlo beachtet werden, durch dessen Mund ein fernöstlicher Schamane spricht: «Der Satz: ‹Völker Asiens, hütet eure heiligsten Güter›, hat keine Gültigkeit mehr für uns. – Wir geben ihn preis zum Wohl derer, die reif zum ‹Fliegen› sind.» Der erste Teil zitiert und verkehrt dabei den Titel eines von Kaiser Wilhelm II. höchstpersönlich entworfenen Kunstblatts, das sich im Deutschen Reich beträchtlicher Verbreitung erfreute («Völker Europas, wahret Eure heiligsten Güter»). Für Meyrink steht die Weisheit des Ostens höher.

Die Titelmetapher «Walpurgisnacht», zunächst am Datum festgemacht (der Nacht auf den ersten Mai), erfüllt sich nicht nur im persönlichen und politischen Geschehen. «Jetzt ist der Anbruch einer solch kosmischen Walpurgisnacht», lehrt das Medium des Schamanen: «Da kehrt sich das Oberste zu unterst und das Unterste zu oberst.» Die Position des Weisen muß demnach jenseits dieser Gegensätze liegen; die mit Inzest und Muttermord belastete Titelgestalt von Meyrinks Erzählung *Meister Leonhard* (in: *Fledermäuse*, 1916) findet sie in der okkultistischen Figur des Baphomet, eines dreiköpfigen Götzen, der dem Glauben der Templer zufolge über dem Gegensatz von Gott (Oben) und Teufel (Unten) steht. Von den drei Köpfen des Gottes kann er jedoch nur einen erblicken, der ihm als sein jugendlicher eigener erscheint. Leonhard ist Baphomet, wie Athanasius Pernath der Golem und der Rahmenerzähler des *Golem* Athanasius Pernath ist.

Um eine okkultistische Deutung der Zeitgeschichte ist sichtlich auch Paul Felners «phantastischer Roman» *Der Schattenmensch* (1918) bemüht. Der tatenarme Held vertieft sich in die Schriften Helena Blavatskys und stößt dort auf (erfundene) Weisheiten wie die folgende: «Wenn Geisteskraft im Menschen unbenützt untätig ruht, so sucht sie sich eine andere Form der Materie, in der sie sich äußern kann.» Die Handlung des Romans bestätigt die Wahrheit dieser These in einer Form, die wahrscheinlich – ein früher Rückkoppelungseffekt zwischen Kino und Literatur – durch Ewers' Film *Der Student von Prag* beeinflußt ist.

Denn die ungenutzte Kraft des Helden geht in seinen Schatten über, der sich mit einem fragwürdigen Freund verbündet. Dieser macht Karriere und verschuldet als Minister einen Krieg; erst der Selbstmord des Helden – wir begegnen wiederum der Lieblingsvorstellung der Epoche vom Opfer als Tat – macht seinem gefährlichen Wirken ein Ende. In gewisser Weise wird damit der Schluß des Films umgekehrt; dort stirbt der Student an der Tötung seines Schattens – hier tötet er den Verbündeten seines Schattens durch sein Sterben. Eine wahrhaft okkulte Verknüpfung!

Im Grenzbereich zwischen Okkultismus und Expressionismus bewegen sich auch einige avantgardistische Kurztexte, die 1914–1916 in der Zeitschrift *Die Aktion* erschienen und mit der Doppeldeutigkeit des Worts «Gesicht» (Antlitz, Vision) operieren. Heinrich Schaefers Prosastück *Im Fenster erscheinendes Gesicht* (1914) läßt sich in Teilen noch wie eine Gespenstergeschichte lesen, die eine harmlose Auflösung erfährt; der Nachfolgetext *Aus Nebeln kommendes Gesicht* (1916) verweist eher auf die Hermetik des künstlerischen Schaffens. Angela Hubermanns Beitrag *Das Gesicht* (1914) unterläuft systematisch jede rationale Ordnung.

Alfred Kubin ist neben Ewers und Meyrink der bedeutendste Vertreter der deutschsprachigen Phantastik des Jahrhundertbeginns, und zwar aufgrund eines einzigen Buchs. Der prominente Graphiker und Illustrator schrieb *Die andere Seite. Phantastischer Roman* (1909) auf der Rückkehr von einer Italienreise, weil er – nach seiner späteren Aussage – keine andere Möglichkeit besaß, sich der Fülle der ihn bedrängenden Bilder zu entäußern. Eine wahre Sturzflut visionärer Bilder ergießt sich denn auch über den Leser des letzten Teils, der im dritten Kapitel («Die Hölle») den Untergang des Traumreichs und seiner Hauptstadt Perle und den Todeskampf seines Gründers und Herrschers Patera schildert. Die bis dahin sorgfältig beachtete Perspektive des Ich-Erzählers wird dabei weitgehend aufgehoben; eine einheitsstiftende Dominante ist jedoch in der allgemeinen Auflösung, der systematischen Destrukturierung sozialer, architektonischer und organischer Ordnungsprinzipien gegeben. Schrankenlose Anarchie ergreift vom Traumreich Besitz, verwickelt seine Bewohner in sexuelle Ausschweifungen und blutige Kämpfe, läßt wilde Tiere in die Stadt eindringen, Ameisen aus allen Ritzen quellen und selbst die Steine der Häuser zerbröseln. Die Tendenz zur Auflösung macht auch vor der Einheit des einzelnen Körpers nicht Halt: «Verrenkte Arme und Beine, gespreizte Finger und geballte Fäuste, geblähte Tierbäuche, Pferdeschädel, zwischen den langen gelben Zähnen die wulstige blaue Zunge weit vorgestreckt, so schob sich die Phalanx des Untergangs unaufhaltsam vorwärts.»

Wie in Kafkas Romanen *Der Proceß* und *Das Schloß*, die der *Anderen Seite* manche Anregung verdanken mögen, drängt sich dem Leser bald eine politische, bald eine religiöse Deutung auf. Der Versuch einer allegorischen Auflösung, der sich gleichwohl anzubieten scheint, scheitert an der strukturellen Ambivalenz des Dargestellten und der Fülle nicht integrierbarer Details. Wie bei Kafka ist der Zugang zur obersten Instanz durch einen absurden Behördenapparat verstellt; plötzlich aber steht der Erzähler vor einem offenen Tor mit Sprechstundenschild und kann durch eine Reihe geöffneter Säle zum «Herrn» vordringen. Für die Einwohner ist er allgegenwärtig und allwissend; aus eigenem Antrieb beugen sie sich seiner Autorität im sogenannten «Uhrbann». Nimmt man noch das fehlende Sonnenlicht, den bewußten Ausschluß neuester Technik, ja alles Neuen oder Ungebrauchten überhaupt und die gezielte Anwerbung der Bewohner (mit Bevorzugung von Originalen) hinzu, so ließe sich Kubins Darstellung des Traumreichs weitgehend der Tradition der Staatsutopie zuordnen – wäre da nicht die Siedlung der blauäugigen Autochthonen auf der anderen Seite des Flusses, deren Lebensweise offenbar unabhängig von Pateras Herrschaft ist, obwohl sie diesen respektieren und das Zustandekommen seines Experiments überhaupt erst ermöglicht haben.

Der nächste Satz spricht mit einem gewissen Recht von der «Apotheose Pateras». Denn noch in der Zerstörung des von Patera geschaffenen Traumreichs bewährt sich die Traumlogik. Es ist ein Alptraum, der sich hier entfaltet, aber gerade in der Freisetzung unbewußter Triebe, in der Ausschaltung der rationalen Kontrolle besteht ja nach landläufiger Vorstellung die spezifische Natur des Träumens. Insofern siegt Patera noch im Untergang über seinen Widersacher, den mit Zügen Lucifers ausgestatteten amerikanischen Millionär Bell, der im Namen von Aufklärung und Fortschritt zur Revolte gegen Pateras Herrschaft aufgerufen und eine internationale Militäraktion gegen das durch eine gigantische Mauer abgeschirmte Traumreich im Herzen Asiens veranlaßt hat. Wie mancher christliche Denker den Teufel als Diener und Geschöpf Gottes begriffen hat, kann wohl auch Bell als Produkt oder Maske Pateras verstanden werden. Darauf deutet jedenfalls die blitzartige Vision, die der Ich-Erzähler bei seinem zweiten Besuch im Palast empfängt: «Im grell strahlenden Raum stand an der Stelle Pateras der Amerikaner vor mir ...» Übereinstimmend damit lautet der – an die Philosophie Julius Bahnsens anknüpfende – Schlußsatz des Epilogs: «Der Demiurg ist ein Zwitter.»

«Niemals lachend, kaum miteinander sprechend, waren diese Blauäugigen die Verkörperung des vollkommensten Gleichgewichts. [...] Teilnahmslose Anteilnahme – diese widerspenstigen Worte fallen mir ein, wenn ich ihrer gedenke [...].» Das fünfte Kapitel des zweiten Teils, das auf wenigen Seiten die Lebensform des einzigen einheimischen Volksstamms im Traumreich und seine Philosophie schildert, ist frei von der ironischen oder humoristischen Distanz, die der Ich-Erzähler bis dahin einzuhalten pflegte. Die hier formulierten Thesen über die Bedeutung der Einbildungskraft und die Überwindung der Individualität berühren sich eng mit den Aussagen des Epilogs und sind wohl als künstlerisches Credo des Autors aufzufassen. Dafür spricht auch der eigenartige Traum, mit dem dieses Kapitel endet; seine skurrilen Visionen – darunter ein alter Mann mit bloßem Oberkörper, der auf den beiden Reihen seiner achtzehn Brustwarzen Harmonika spielt – bewegen sich in besonderer Nähe zu der grotesken Phantastik, für die der Graphiker Kubin bekannt ist. Kubins eigene Illustrationen zur Erstausgabe enthalten übrigens mehrere Blätter, die ursprünglich als Illustration zu Meyrinks (dem befreundeten Künstler schon damals im Entwurf bekannten) *Golem* gedacht waren – der eine phantastische Roman reicht gleichsam dem anderen die Hände.

Übrigens bedient sich auch Kubin eines erzählerischen Rahmens, der den Widerspruch der Traumreich-Erlebnisse zur rationalen Wissenskultur gleichsam abfedert. Anfang und Ende spielen mit der Analogie zum Wahnsinn. So hält der Ich-Erzähler, der als Zeichner und Illustrator von einigem Erfolg bemerkenswerte Ähnlichkeit mit dem Verfasser selbst aufweist, den Agenten Pateras, der ihm die Einladung ins Traumreich übermittelt, zunächst für einen Verrückten. Und der Epilog berichtet von einem Aufenthalt in einer Heilanstalt, in dem der Erzähler erst mühsam den Weg zurück in die triviale Realität gefunden habe. Im Unterschied zu einigen Texten von Hanns Heinz Ewers wird das psychopathologische Modell hier aber nicht zur pauschalen Relativierung der phantastischen Erzählwirklichkeit benutzt. Die seelische Krise ist ausgestanden; ihre Überwindung ermöglicht es dem Narrator, aus dem Abstand von mehreren Jahrzehnten die Brücke ins Irrationale zu schlagen.

Karl Hans Strobls zweibändiger Roman *Eleagabal Kuperus* (1910) geht von einer ähnlichen Figurenopposition aus, wie sie Kubin mit der Polarität Patera – Bell ausgeprägt hat; im Unterschied zur *Anderen Seite* sind die Vorzeichen hier aber eindeutig verteilt. Dem gütigen Magier Kuperus in seinem alten Haus hinter dem Dom steht der böse Spekulant mit dem sprechenden Namen «Bezug» gegenüber, der zunächst die Menschheit durch Monopolisierung sämtlicher Sauerstoffreserven zu erpressen versucht und danach den angeblich bevorstehenden Untergang der Erde durch Kollision mit dem Planeten «Terror» dazu benutzt, eine allgemeine Massenhysterie auszulösen, in der sich Anarchismus und Gewalt verbreiten. Auch darin fühlt man sich an Kubins Roman erinnert.

Völlig anderer und ungleich trivialerer Art sind dagegen die aberwitzige Intrigenhandlung und das komplizierte Personengeflecht, in die Strobl seine Weltbedrohungs- und -errettungsfabel einrüstet. Da ihn die kühnen Geschäfte und technischen Experimente der ‹Bösen› offenbar mehr interessieren als die beschauliche Existenz des Magiers und seiner Freunde, bekommt der Roman

eine gewisse Schlagseite zur Science-Fiction. Für die Signatur des Phantastischen sind nicht zuletzt die losgelösten Körperteile zuständig, für die dieser
Autor auch hier eine regelrechte Obsession beweist. Da gibt es eine Dichter-
witwe, die den Kopf ihres Mannes in einer Glasvitrine aufbewahrt und mit ihm
einen eigenartigen Kult treibt. Über dem Eingang von Kuperus' Haus ragt die
naturgetreue und bewegliche Nachbildung einer Hand aus der Wand hervor. In
einem geheimen Raum beherbergt der Magier ein ganzes anatomisches
Museum, in das er auch die Besucherin Emma führt:

> «Rings an den Wänden standen marmorne Postamente, auf denen unter
> Glasscheiben menschliche Gliedmaßen lagen, Arme, Beine, Hände, mit
> dem Anschein des Lebens, deren Schnittfläche noch blutig schien. Eleaga-
> bal Kuperus hob eines der Gläser ab und lud die Frau ein, den Arm, einen
> runden schönen Frauenarm, zu berühren. Emma folgte ohne Grauen und
> Ekel und fühlte, daß die Haut weich und schmiegsam war, daß das Fleisch
> unter dem Druck ihrer Finger nachgab. ‹Dieser Arm ist dreißig Jahre alt, er
> gehörte meiner Tochter Konstanze›, sagte Eleagabal.»

Muß man da noch verraten, wie der böse Kapitalist stirbt? Ein über die Straße
gespannter Draht trennt seinen Kopf ab; während das Auto weiterfährt, rollt
dieser dem Rächer vor die Füße und sieht mit Bewußtsein den bevorstehenden
Mißhandlungen entgegen. (Strobl greift hier auf Motive seiner frühen Erzählung
Der Kopf zurück.)

Zwischen Kubin-Nachfolge und Science-Fiction bewegt sich auch
Georg Korfs Roman mit dem symptomatischen Titel *Die andere Seite
der Welt* (1914). Darin nehmen Wesen eines anderen Planeten, die mit
überlegenem Wissen ausgestattet sind, mit Hilfe spiritistischer und
okkultistischer Operationen – die als ganz real vorgestellt werden –
Kontakt mit den Menschen auf. Es liegt nahe, hier Paul Scheerbarts
schon 1906 begonnenen «Asteroiden-Roman» *Lesabéndio* (1913) anzu-
schließen, denn auch dieser spielt im interplanetarischen Raum und
zeigt Affinitäten zur Phantastik und zur Science-Fiction gleichermaßen.

Auf dem Asteroiden Pallas, den man sich an der Peripherie des Sonnensy-
stems vorzustellen hat, gibt es technische Vorrichtungen mannigfacher Art: verschiedene Fließbänder, mit denen sich seine Bewohner mühelos fortbewegen
können, einen Riesenlichtturm, in dessen Innern Seile zur schnelleren Beförderung verlaufen, und eine komplizierte Vorrichtung, die an der engsten Stelle im
Inneren des tonnenförmigen Himmelskörpers Töne erzeugt. All das ordnet sich
dem Zweck unter, der «alle Tätigkeit der Pallasianer» zu Beginn des Romans
und in seiner Vorgeschichte bestimmt und der darin besteht, «den Stern Pallas
weiter auszubauen – umzubauen – besonders landschaftlich zu verändern –
prächtiger und großartiger zu machen.»
    Aber es bleibt nicht bei dieser ästhetischen Verfassung; die Kunstperiode
des Pallas – dessen Name wohl nicht zufällig einem Beinamen der Göttin
Athene entspricht – geht ihrem Ende entgegen mit einem Projekt, das die
Hauptfigur Lesabéndio anregt, mit höchster Energie betreibt und schließlich
unter Aufgabe ihrer persönlichen Existenz vollendet. Durch Errichtung einer

etwa 75 Kilometer hohen Turmkonstruktion auf dem Nordtrichter des Sterns soll eine Verbindung zur darüber befindlichen Lichtwolke hergestellt werden, hinter der man einen «gefesselten Kometen» entdeckt. Schon Vorbereitung und Durchführung dieses Baus, bei dessen Konstruktionsprinzip sichtlich der Eiffelturm Pate gestanden hat, führen zu grundlegenden Veränderungen. Es kommt zu einer Art Industrialisierung – neue Rohstoffvorkommen müssen erschlossen, das Arbeitskräftepotential verfünffacht werden – und zu einer Hierarchisierung der Pallas-Gesellschaft. Lesabéndio wächst zur Führergestalt heran, in die die Vertreter abweichender Richtungen ganz wörtlich aufgehen – denn das ist die einzige Form des Todes, die auf diesem Stern bekannt ist. (Wie es dort auch keine Sexualität gibt – die Vermehrung erfolgt durch das Öffnen von Nüssen!)

Auch der Titelfigur selbst steht ein Aufgehen im Höheren bevor. Empedokles-gleich stürzt sich Lesabéndio in die Lichtwolke und stellt mit seinem eigenen Körper, den er allerdings durch diesen Akt verliert, die Verbindung zum «Kopfsystem» des Pallas her. Die Verschmelzung des Doppelsterns führt auf dem Pallas-Rumpf zu weiteren Revolutionen: Das Leben verlagert sich aus dem Trichter auf die bis dahin unbewohnte Außenseite des Asteroiden. Statt mit der Verschönerung ihres Interieurs beschäftigen sich die Pallasianer hinfort mit der Anschauung des Weltalls und der Erzeugung dafür geeigneter Teleskope. Dabei können sie ihre Augen ohnehin schon teleskopartig ausfahren. Über die Körpergestalt der Pallasianer (die sich bis zu 50 Meter hoch ausdehnen können und mit Saugfuß und Rückenflügeln versehen sind) kam es zwischen dem Romancier und seinem Illustrator Kubin zu einer Verstimmung; Scheerbart lehnte dessen anthropomorphisierende Figurenzeichnung ab. Wahrscheinlich verläuft eben an dieser Stelle die Grenze zwischen Scheerbarts individueller Denk- und Schreibweise und den Prinzipien einer phantastischen Ästhetik.

Die Frage liegt natürlich nahe, welchen Stellenwert die interplanetarischen Erfindungen Scheerbarts beanspruchen. Bei aller Freude am skurrilen Detail und trotz mancher humoristischen Zwischentöne ist die Grundidee des *Lesabéndio* doch sehr ernst gemeint. Für Scheerbart, der von der Panpsychismus-Lehre Gustav Theodor Fechners beeinflußt war, gab es keinen Zweifel an der Beseelung der Himmelskörper. Das Ideal einer kontemplativ-ästhetischen Lebensform, die Forderung nach einer entsprechenden Funktionalisierung der Technik und die Diskriminierung der biologischen Sexualität beherrschen übereinstimmend auch seine anderen Schriften.

Die utopische Konstruktion einer anderen und besseren Welt ist auch das zentrale Anliegen der letzten Werke Karl Mays. Im Unterschied zu seinen früheren Reiseromanen spielt *Ardistan und Dschinnistan* (1910; Vorabdruck der früheren Fassung *Mir von Dschinnistan* 1907–1909) in einem mythischen Nirgendwo namens «Sitara». Das «Land der Sternenblumen» zeichnet sich durch eine ausgesprochen allegorische Topographie aus: Dem Land der Gewaltmenschen (Ardistan) steht das Land der Edelmenschen (Dschinnistan) gegenüber; der Übergang von einem zum andern führt durch ein unwegsames Felsengebiet, dessen Mitte der Wald von Kulub (das Herz) mit der Geisterschmiede einnimmt. Nicht minder allegorisch ist das uns teilweise von früher her bekannte Personal aufzufassen: Gemäß den Leseanweisungen des späten Karl May verkörpern Kara ben Nemsi und sein Diener Halef Geist und Anima, andere Personen figurieren als Körper und Seele. Unter diesen Umständen kann die Handlung kaum etwas anderes ergeben als ein Mysterienspiel der Menschheitserlösung, in dem auch der «Weltfriedensgedanke» zum Tragen kommt, den schon die Reiseerzählung *Und Friede auf Erden!* (1904) ansteuert. Deren Vorfassung *Et in terra pax* erschien übrigens 1901 im Sammelwerk *China* des Kürschner Verlags, einem patriotischen Denkmal der kaiserlichen Asien-Politik; von Wilhelm II. stammte das uns bereits bekannte Frontispiz «Völker Europas, wahret Eure heiligsten Güter!»

Einer impliziten Symbolik unterlag ja schon das bisherige Erzählwerk Karl Mays; von den frühen Kolportageromanen angefangen, dient es der Aufarbeitung traumatischer Bedrohungen und der kompensatorischen Erfüllung narzißtischer Wunschträume. Die neue Qualität des Spätwerks, erstmals zu fassen im dritten und vierten Band des Romans *Im Reiche des silbernen Löwen* (1902/03), resultiert aus einer bewußt allegorischen Konzeption gleichzeitig verallgemeinernden und konkretisierenden Charakters. Kara ben Nemsi, mit dem sich der Autor leichtfertig und zur Schadenfreude seiner Kritiker öffentlich identifiziert hatte, wird einerseits zur Verkörperung menschlichen Strebens schlechthin – die behauptete Einheit zwischen Autor und Figur erhält so einen nachträglichen (neuen) Sinn. Andererseits arbeitet Karl May seine leidvollen Auseinandersetzungen mit der literarischen Öffentlichkeit, aber auch den Übergang von der ersten zur zweiten Ehe als eine Art Geheimschrift in den Abenteuerroman ein.

Die Verschwörung gegen den Ustad, deren glanzvolle Abwehr das Finale des Romans bildet, ist der Karl-May-Kampagne jener Jahre nachgebildet. Hermann Cardauns, der Chefredakteur der *Kölnischen Volkszeitung*, der dem Schriftsteller erstmals in einem Vortrag von 1901 die Verfasserschaft an den frühen Kolportageromanen zur Last gelegt hat, erscheint als der Henker Ghulam el Multasim, der zur Verhöhnung des Ustad die diesem geraubte Schindmähre Kiss-y-Darr mit sich führt. Von «Schind» zu «Schund» ist es nur ein kleiner Schritt in derselben Ablautreihe; tatsächlich gesteht der Gegner später, das Pferd, das noch ungeahnte Qualitäten entwickelt, «zum Schund gelogen» zu haben. Man muß hier nur «-roman» ergänzen, um die Botschaft der Abrechnung zu verstehen. – Die letztlich auf das Pegasus-Motiv zurückweisende Symbolisierung literarischer Werke als Pferde sowie des Dichtens als Reiten entspricht übrigens auch einer Vorliebe Franz Kafkas (s. u. S. 318).

9. Kinder- und Jugenderzählung

Daß Kinder etwas anderes sind als kleine Erwachsene, daß sie vielmehr über ihre eigene Weltsicht verfügen mit durchaus abweichenden ästhetischen und ethischen Normen – diese von der damaligen Reformpädagogik mit Verve vertretene Einsicht verschafft sich in der Erzählliteratur zunächst am nachdrücklichsten bei zwei Autoren Geltung, die keineswegs primär pädagogisch engagiert sind; das eine der in Frage kommenden Bücher wendet sich nicht einmal an Kinder oder Jugendliche. Otto Julius Bierbaum und Ludwig Thoma, beide Mitarbeiter am Münchner *Simplicissimus*, zeigen satirisch die wilhelminische Erwachsenenwelt und werden damit untergründig zum Sprachrohr kindgemäßer Anarchie.

Bierbaum überträgt auf Anregung seiner Frau Gemma (im Text gespiegelt als Fee Dschemma) Carlo Collodis *Le avventure di Pinocchio* (1881–1883) ins Deutsche, und zwar nicht nur in die deutsche Sprache, sondern auch in die deutsche Welt, wie sich u. a. in der Titelsucht der Professoren seines «Spielimmerlands» ablesen läßt – wobei die Schilderung dieser negativen Utopie gegenüber der Vorlage stark ausgeweitet ist. In *Zäpfel Kerns Abenteuer* (1905) verzichtet das «böse Kasperle» am Schluß auf die vollständige Sozialisation in Form der Menschwerdung, weil es dann sowohl «die Natur vom Wald» als auch sein «Kunstwesen» aufgeben müßte.

Thomas *Lausbubengeschichten* (1902–1904, Buchausgabe 1905) verdanken ihre anhaltende Beliebtheit der Selbstverständlichkeit, mit der sich hier die Aggressivität und Aufsässigkeit eines schwer erziehbaren Jungen mit der Satire auf dünkelhafte Erzieher und dem Ressentiment gegen Strebertum und Vornehmtuerei verbinden. Durch die Ich-Perspektive des jugendlichen Erzählers lernen wir die Welt mit den Augen des «bad boy» sehen und bewerten, wobei allerdings im Dienste der Spannungssteigerung manches gezielt ausgespart wird. So erfahren wir erst im Schlußabsatz des «Meineid»-Kapitels, daß der Lausbub tatsächlich den Stein in die Rektorswohnung geworfen hat, um sich für den sonntäglichen Arrest ebendort zu rächen. Die – im bayerischen Dialekt durchaus übliche – doppelte Verneinung seiner Leugnung («Ich habe doch gar keinen Stein nicht hineingeschmissen») ist hier nun wirklich doppelbödig und nicht weniger verlogen als das heuchlerische Versprechen des Rektors, daß ein Geständnis die Lage des Übeltäters verbessern werde: «Das sagte der Rektor bloß so. Aber ich bin nicht so dumm.»

Wesentlich ‹pädagogischer› kommen die ab 1908 erscheinenden Berni-Bücher des Bremer Lehrers und Schriftstellers Heinrich Scharrelmann daher. Sie führen die kinderliterarische Erschließung der großstädtischen Erlebniswelt fort, die Ilse Frapan mit den *Hamburger Bildern für Kinder* (1899) in fast impressionistischer Manier begonnen hatte (vgl. Band IX, 1, S. 244), – allerdings in einer gleichsam beruhigten, durch den einheitlichen Bezug auf den individuellen Helden stabilisierten Weise. Scharrelmanns Band *Ein kleiner Junge. Was er sah und hörte,*

als er noch nicht zur Schule ging (1909) berichtet beispielsweise von
den Beobachtungen und Erfahrungen, die sich für Berni aus der Pflaste-
rung seiner Straße ergeben; dem kleinen Bürgerjungen erschließt sich
in ersten Ansätzen die Arbeitswelt. Um kindlichen Wissensdurst geht es
auch in einem Märchen des sozialistischen Redakteurs Anton Fendrich:
Die «Funkenfee» (so auch der Titel) von 1905 enthüllt dem nachdenkli-
chen Moritz die Geheimnisse der Elektrizität.

Kinder- und Erwachsenenperspektive ergänzen sich im auktorial
erzählten Roman *Drei gute Kameraden* (1908) des Hamburgers Gustav
Falke. Ausführlich werden die beruflichen Schwierigkeiten von Peters
Vater behandelt, einem Hafenarbeiter, der sich vorübergehend als
Knecht auf einem benachbarten Bauernhof verdingt. Die Ansiedlung
des Romans an der Peripherie der Großstadt macht eine abgewogen-rea-
listische Darstellung städtischer und ländlicher Existenzbedingungen
möglich. Falke überwindet so einerseits die Fixierung eines großen Teils
der bürgerlichen Kinderliteratur auf die heile Familienwelt, andererseits
hebt er sich wohltuend vom regressiven Trend zur Heimat- oder Dorfgeschichte ab, der um 1900 auch die Erzählprosa für Kinder und Jugendliche erreicht hat, so in den *Oberheudorfer Buben- und Mädelgeschichten*
(1908) Josephine Siebes und in den «Dorfjugendgeschichten», die Heinrich Sohnrey (Herausgeber der *Deutschen Dorfzeitung* und von *Sohnreys
Dorfkalender*) 1910 unter dem symptomatischen Titel *Draußen im Grünen* herausbrachte.

Flucht aufs Land bedeutet zumeist auch Flucht in die Natur. Die Tiergeschichte, in der Kinder- und Jugendliteratur ohnehin seit langem zu
Hause, zu Beginn des 20. Jahrhunderts aber zunehmend auch in der
Erwachsenenliteratur verbreitet, spiegelt damals vielfach darwinistische
oder monistische Tendenzen. Erstere überwiegen in den Tier- und Jagdgeschichten von Hermann Löns, letztere gipfeln in Waldemar Bonsels'
pantheistischem «Roman für Kinder» *Die Biene Maja und ihre Abenteuer*
(1912).

Die Geschichte *Die Otter* in Löns' Tierbuch *Was da kreucht und fleucht*
(1909) beschreibt zunächst stark anthropomorphisierend das glückliche Leben
der Maus im Stechpalmenbusch, die sich von Raupen und Fliegen ernährt. Dann
wechselt die Perspektive zu der die Maus fressenden Kreuzotter; deren Lebensweise wird ganz im Sinne der populären Auffassung von Darwins «survival of
the fittest» entfaltet («Die alte Otter war gar nicht dumm, als sie sich diese Stelle
hier als Stand wählte»), bis der Fokus zu den Hütejungen wechselt, von denen
der eine alsbald von der Schlange gebissen wird. Die Erzählung endet mit einem
Doppelmord: Der Bussard, der die Otter schlägt, wird im gleichen Moment
vom Jäger getroffen.

Wesentlich harmonischer geht es in Bonsels' Tiermärchen zu, das ungeachtet
seiner Tendenz zum Tiefsinn (s. o. S. 181 f.) genuine kinderliterarische Erforder-
nisse erfüllt. Die Titelheldin lädt den jungen Leser ja nicht nur deshalb zur Iden-

tifikation ein, weil sie klein ist und sich vor der regelmäßigen Arbeit drückt; sie spricht auch wie ein Kind und muß sich einschlägige Zurechtweisungen gefallen lassen – so im Gespräch mit der Spinne Hannibal, der von einem Menschen ein Bein ausgerissen wurde, und zwar anscheinend nur zu dem Zweck, die Eigenbewegung des abgerissenen Beins zu studieren:

> «‹Das ist unmöglich›, sagte die kleine Biene ganz eingeschüchtert, ‹ein abbes Bein kann nicht krabbeln.›
> ‹Was ist ein abbes Bein?› fragte Hannibal.
> Maja sah ihn an. ‹Das ist ein Bein, das ab ist›, erklärte sie. ‹Bei uns zu Hause sagt man so.›
> ‹Ihre Ausdrücke aus der Kinderstube gewöhnen Sie sich im großen Leben und vor gebildeten Leuten besser ab›, forderte Hannibal mit Strenge.»

Aus dem Motiv des verlorenen Beins entwickelte Gerdt von Bassewitz ein ganzes Theaterstück, nämlich das populäre Märchenspiel *Peterchens Mondfahrt* (1912). Die Geschichte von der Wiedergewinnung des Maikäferbeins und der leiblichen Vervollständigung der Familie Sumsemann erreichte ihre größte Breitenwirkung in der Prosafassung (erstmals 1915 mit Bildern von Hans Baluschek).

Beim Bienenstock, zu dem Maja am Schluß als Retterin zurückkehrt, fallen Familie und Volk bzw. Staat zusammen. Entsprechendes gilt für die Darstellung des Familienlebens in Agnes Sappers erfolgreichen Pfäffling-Romanen. In *Die Familie Pfäffling. Eine deutsche Wintergeschichte* (1907) lobt der Bruder der mit sechs Kindern gesegneten Musiklehrersfrau das Funktionieren des verwandtschaftlichen Familiensystems:

> «Mir, als dem Juristen, ist wirklich euer kleiner Staat anziehend, denn ich sehe ordentlich, wie aus solcher Familie tüchtige Staatsbürger hervorgehen. Wie die Starken sich da um die Schwachen annehmen, wie sie ihr eigenes Ich dem allgemeinen Ganzen unterordnen und welche Liebe und widerspruchslosen Gehorsam sie den Eltern als dem Staatsoberhaupt entgegenbringen, wohl in dem Gefühl, daß sonst das ganze Gefüge in Unordnung geriete. Dazu kommt auch noch, daß dein Mann ein so leutseliger Herrscher ist und du bist sein verantwortlicher Minister.»

In Frida Schanz' Erzählung *Die Schlittschuhe* (aus: *Schulkindergeschichten*, 1901) muß die Kapitänswitwe allein das Reich der Familie verwalten; durch scheinbar großzügiges Entgegenkommen, das letztlich aber auf eine emotionale Erpressung hinausläuft, gelingt es ihr, das verstockte Töchterchen auf den Pfad der Folgsamkeit und Dankbarkeit zurückzuführen. Die Töchter sind es, die im traditionellen Familienmodell der strengsten Konditionierung unterworfen werden, und ein ganzer Zweig der Jugendliteratur, die sogenannte Mädchenliteratur, widmet sich den unvermeidlichen Abweichungen des kleineren oder größeren «Trotzkopfs» vom letztlich obsiegenden Rollenzwang.

Von Felicitas Roses «lustigen Geschichten» vom «Provinzialmädel» *Kerlchen* (1900) erschienen bis 1904 zehn Fortsetzungen. Else Urys Erfolgsserie *Nesthäkchen* brachte es ab 1918 gleichfalls zu zahlreichen Bänden. Mit den Titeln wechseln dabei auch die Untertitel: Nannte sich der frühe Band *Nesthäkchen und die Puppen* (1918) noch «eine Geschichte für kleine Mädchen», so ist der spätere Band *Aus Nesthäkchens Backfischzeit* (1920) folgerichtig als «Jungmädchengeschichte» ausgewiesen. Mit *Singinens Geschichten*, 1904 in Richard Dehmels Sammlung *Der Buntscheck* veröffentlicht, schreibt letztlich auch Paula Dehmel, bezogen auf die Altersgruppe der Zehnjährigen, demselben Genre zu, obwohl in den einzelnen Episoden die Nähe zu lebensreformerischen Idealen spürbar ist (zum Beispiel Nacktheit in der Natur) und sogar – ein Tabubruch für die traditionelle Mädchenliteratur! – das Geheimnis der Zeugung angeschnitten wird. Durch das symbolische Märchen, das Singinens Vater erzählt, wird es allerdings eher zu- als aufgedeckt.

Dagegen sind Erzählungen mit dem Schwerpunkt Naturwissenschaft oder Technik primär an Knaben gerichtet. Der grenzenlose Optimismus, mit dem sich in *John Workmann der Zeitungsjunge* (1909) der Titelheld mit dem sprechenden Namen an die Druckmaschine und das Zeitungswesen überhaupt ausliefert, wird von den Autoren Hans Dominik und Kurt Matull – nicht jedoch von Johns Mutter – uneingeschränkt geteilt. Technikbegeisterung, ins Phantastische gesteigert, liegt auch den *Wunderwelten* (1911) von Friedrich Wilhelm Mader zugrunde, einem Science-Fiction-Roman für Jugendliche mit überraschenden Ergebnissen. Beim Besuch auf dem Mars etwa stellt sich heraus, daß dessen Bewohner einen «doppelstöckigen» Schädel haben!

Wie verhängnisvoll ein unkritisches Verhältnis zur Technik werden kann, zeigen zwei Erzählungen sozialdemokratischer Redakteure: *Der Eisenfresser* (aus: *Nauckes Luftreise*, 1908) von Robert Grötzsch und *Gerd Wullenweber. Die Geschichte eines jungen Arbeiters* (1915) von Jürgen Brand. Hier wie dort erscheint die Maschine als Moloch, der regelmäßig Menschenopfer fordert und nur durch politische Vernunft kontrolliert werden kann.

Kritik an der Maschine steht auch im Hintergrund der spektakulären Zukunftsvision, die der Hamburger Wilhelm Lamszus, ein der Sozialdemokratie nahestehender Volksschullehrer, Schulreformer und Pazifist, 1912 mit seinen «Bildern vom kommenden Krieg» unter dem provozierenden Titel *Das Menschenschlachthaus* lieferte. Das von der «Zentralstelle für die arbeitende Jugend Deutschlands» herausgegebene Buch, das bis zu seinem Verbot 1915 sieben Auflagen erreichte und die Entlassung seines Verfassers aus dem Schuldienst nach sich zog, schildert den Einsatz eines einfachen Soldaten von der Mobilmachung über verlustreiche Kämpfe bis zu einer apokalyptischen Sterbeszene, in der der Ich-Erzähler als letzter Überlebender auf dem Schlachtfeld Selbstmord begeht, und dem makabren Epilog der Toten im Massengrab. Im Zentrum der Kriegsdarstellung steht das Vernichtungspotential der neuen Waffensysteme (Maschinenge-wehr, Mine) und seine ethisch-psychologischen Konsequenzen: «Schwungma-schinen sausen. Einst wars ein Reitertod, ein ehrlicher Soldatentod. Jetzt ist es ein Maschinentod.»

Zur politischen Dimension der Kinder- und Jugendliteratur gehört auch ihre Rolle bei der – im Kaiserreich schon zu Friedenszeiten syste-matisch betriebenen – Vorbereitung auf den Krieg. In diesem Zusam-menhang gewinnen auch scheinbar harmlose Schilderungen wie die Schlacht gegen die Hornissen in Bonsels' *Biene Maja* eine eigentümliche Symptomatik. Auch die Entscheidung des Altonaer Prüfausschusses für Jugendschriften für eine Auswahl der *Kriegsnovellen* Detlev von Lilien-crons als dritte Nummer seiner Musterreihe – nach Storms *Pole Poppen-späler* und Roseggers *Als ich noch der Waldbauernbub' war* – erscheint vor diesem Hintergrund nicht als Zufall.

Als 1914 der Krieg ausbrach, wurde sofort die Kinder- und Jugendlite-ratur mobil gemacht. Selbst frühere Kriegskritiker zeigten sich dabei nicht zimperlich. Gabriele Reuter beispielsweise, die in ihrem Roman *Aus guter Familie* (1895) die Folgekosten des letzten Kriegs, auch und gerade im Hinblick auf die Frauen, überzeugend aufgeschlüsselt (vgl. Band IX, 1, S. 3) und sich mit ihrem «Buch für junge Mädchen» *Sanfte Herzen* (1909) der Mädchenliteratur zugewandt hatte, gibt sich in ihrem Beitrag zu *Scherls Jungmädchenbuch* (1914) unter der Überschrift *Der Krieg und die Frauen* ausgesprochen kämpferisch. Schon etwas verhalte-ner fällt zwei Jahre später die Bilanz der österreichischen Volksschulleh-rerin Hulda Mical aus: *Wie Julchen den Krieg erlebte* (1916).

Den Zusammenhang zwischen Klassenzimmer und Schützengraben themati-siert aus männlicher Perspektive der Berliner Gymnasiallehrer Fritz Pistorius, der sich mit der Gestalt des Lehrers Doktor Fuchs ein jugendliterarisches Erken-nungszeichen geschaffen hat. Sein Band *Die Kriegsprima und andere Geschichten vom Dr. Fuchs* (1915) enthält Erzählungen wie *Et jeht los! Et jeht los!* und *Die Kriegsprima an der Schwelle des Notexamens*. Andere Schriftsteller spezialisieren sich auf militärische Ereignisse weit draußen und schlagen eine Brücke zwischen Abenteuer- und Kriegserzählung – so Friedrich Reck-Malleczewen mit seinen Jugenderzählungen *Mit Admiral Spee* (1915) und *Aus Tsingtau entkommen* (1916).

In Krisenzeiten gewinnt der Rückbezug auf historische Vorbilder besondere Bedeutung. Felix Salten verfaßt für die Ullstein-Jugend-Bücher gleich zwei Lebensbilder deutsch-österreichischer Kaiser und Kriegshelden, die sich immerhin durch ein gewisses Temperament der Darstellung auszeichnen: *Kaiser Max, der letzte Ritter* (1913) und *Prinz Eugen, der edle Ritter* (1915). Letzterem hat damals auch Hugo von Hof-mannsthal eine Erzählung für «Heranwachsende» in «politischer» Absicht gewidmet (*Prinz Eugen der edle Ritter*, 1915). Näher an der

Gegenwart orientiert sich die Heldenverehrung bei Helene Stökl, die unter dem Titel *Ich will!* 1909 eine ganze Galerie von «Lebensbildern hervorragender Männer unserer Tage», darunter Alfred Krupp, veröffentlicht. Auch Bismarck erhält ein jugendliterarisch präpariertes Porträt, nämlich aus der Feder Marie von Felsenecks (*Fürst Bismarck*, 1899); danach offenbarte sich die strategische Begabung des Eisernen Kanzlers schon bei den Schneeballschlachten im Schulgarten.

In derselben Jugendbuchreihe des Ullstein Verlags, die Saltens patriotische Ritterporträts enthält, erschienen 1913/14 zwei «Gral-Phantasien» Gerhart Hauptmanns: *Lohengrin* und *Parsival*, jeweils von Ferdinand Staeger illustriert. Die ursprünglich für seinen jüngsten Sohn Benvenuto verfaßten Nacherzählungen der Sage sind offensichtlich von Wagners Opern inspiriert, erlauben sich aber manche Freiheiten und Anachronismen wie das Eingreifen der Heiligen Inquisition. Man darf darin, ebenso wie in der Schilderung der manipulierbaren Menschenmasse, wohl einen Reflex auf Hauptmanns Erlebnisse bei der Absetzung seines *Festspiels in deutschen Reimen* (1913) vermuten.

Man spricht von intentionaler Kinder- und Jugendliteratur, um die für Kinder und Jugendliche geschriebenen Bücher von solchen abzusetzen, die in großer Zahl von jungen Menschen gelesen werden, obwohl sie ursprünglich für ein erwachsenes Publikum verfaßt wurden. Ein herausragendes Beispiel solcher nicht-intentionaler Jugendliteratur wäre für die Zeit des deutschen Kaiserreichs Felix Dahns *Ein Kampf um Rom* (vgl. Band IX, 1, S. 178–180). Wie aber soll man solche Texte nennen, die sich ausdrücklich an Kinder oder Jugendliche wenden, diese aber ihrem ganzen Duktus nach kaum erreichen können? Dazu gehören offensichtlich die Anti-Märchen, die Robert Walser unter dem Titel *Zwei sonderbare Geschichten vom Sterben* zu Dehmels' *Buntscheck* beisteuerte. Aber sicherlich auch Rilkes *Geschichten vom lieben Gott*.

Rilke veröffentlichte die vierzehn Erzählungen erstmals 1900 unter dem Titel *Vom lieben Gott und Anderes. An Große für Kinder erzählt.* Dem Anspruch nach stellen sie also eine Kinderliteratur zweiten Grades dar, eine Grundlage zum Wiedererzählen, wie es der Ich-Erzähler der ersten Geschichte begründet: «Ich den Kindern selbst erzählen? Nein, liebe Frau, das geht nicht [...].» Spätestens in der Geschichte *Wie der Fingerhut dazu kam, der liebe Gott zu sein* wird jedoch klar, daß Kindsein für den Erzähler weniger ein Altersmerkmal denn eine produktive Haltung zur Welt bezeichnet: eine Form der kreativen Offenheit, die der Einstellung des Dichters sehr nahekommt, der sich in der Einleitung derselben Geschichte den Abendwolken vor seinem Fenster als eine von ihnen vorstellt, schwebend über dem Land «Dämmerung mit Dingen» – mit lebenden Dingen nämlich, die sich grundsätzlich ineinander verwandeln können. Der Standpunkt der Kinder ist auch der des Dichters: «Ein jedes Ding kann der liebe Gott sein. Man muß es ihm nur sagen.»

II. SCHWEIZ

1. Robert Walser

Ein früher Versuch, die Eigenart von Robert Walsers Erzählen zu beschreiben, erschien im Oktober 1911 in der Berliner Zeitschrift *Pan* (der zweiten dieses Namens). Max Brods *Kommentar zu Robert Walser* unterscheidet zwischen dem naiven Äußeren seiner Prosa – «fast ungeschickt, schlicht, geradeaus» – und der darunter liegenden Ironie, einem feinfühligen Raffinement. Er begnügt sich aber nicht mit der Antithese zwischen Oberfläche und Untergrund, scheinhafter Wirkung und faktischer Absicht, sondern postuliert noch eine tiefere dritte Schicht, die den Gegensatz von echt und unecht (oder gemacht) gleichsam aufhebt, indem sie den ersten Eindruck mit neuem Akzent bestätigt. Der eigentliche «Grund» von Walsers Erzählen sei «wirklich naiv, kräftig und schweizerischdeutsch»: «Und den muß man gut durchgefühlt haben, ehe man ihn versteht, in dem wurzelt manch seltsamer Reiz seiner Sprache, Gesinnung, ja des Aufbaus seiner Werke.»

Gegen Ende von Walsers außerordentlich fruchtbarem Berlin-Aufenthalt (1905–1913) wird somit die nationale Eigenart des Schweizers als Schlüssel zum Verständnis seines Schaffens bezeichnet, und es ist vielleicht kein Zufall, daß diese Feststellung von einem Prager Autor getroffen wird, der sich damals auf die nationalen Qualitäten der jüdischen und tschechischen Bevölkerung Böhmens besann. Walser selbst hat vier Monate später in einem Beitrag zur selben Zeitschrift (*Was aus mir wurde*) Brods Einordnung aufgegriffen und korrigiert, indem er sich – in ausdrücklicher Absetzung von der Schweizer Heimatdichtung eines Ernst Zahn – zum «Sündenpfuhl eines lächelnden und tänzelnden Berichterstattertums» und dem «schaffigen» Geist der Metropole bekannte. Dabei schließt er – wie auch immer ironisch – eine spätere Bekehrung zu «naiver Ländlichkeit» nicht aus. Mit der Rückkehr nach Biel ein gutes Jahr später sollte die hier nur angedeutete Möglichkeit zumindest äußerlich Realität werden.

Schon die ersten Anfänge des Erzählers Walser um die Jahrhundertwende sind von der Spannung zwischen Naivität und Reflexion, emphatischer Naturbegeisterung und raffiniertem Formexperiment bestimmt. Das Prosastück *Greifensee* (1899) schildert den Badeausflug eines Naturschwärmers, der freilich nicht im eigenen Namen spricht, sondern das eigentliche Lob der Landschaft an eine «Beschreibung» delegiert, die wie ein Weggefährte des Ich-Erzählers neben ihm zu stehen scheint. Der etwa zwei Buchseiten umfassende handlungsarme Text ist zugleich ein frühes Beispiel der für Walser so typischen Grenzüberschreitung zwischen Erzählung und Essay, Geschichte und Feuilleton. Seine erste Buchveröffentlichung (*Fritz Kochers Aufsätze*, 1904) bietet im Hauptstück Rollenprosa der besonderen Art, nämlich fiktive Schulaufsätze. Was sich wie eine Parodie auf die Schreibkultur des gymnasialen Deutschunterrichts ausnimmt, erweist sich vielerorts als ironisch gebrochene Selbstaussage. So heißt es im Aufsatz *Freithema*: «Ich schreibe über alles gleich gern. Mich reizt nicht die Suche eines bestimmten Stoffes, sondern das Aussuchen feiner, schöner Worte.»

Eindeutiger dominiert das narrative Element in den Märchen und sonderbaren Geschichten, die Walser 1901/02 bzw. 1904/05 in den Münchner Zeitschriften *Die Insel* und *Freistatt* publiziert. Das Märchen *Mehlmann* (1904) ist eine Theaterphantasie wie viele künftige Prosastücke Walsers; im Gegensatz zwischen dem ungelenken Komiker und dem graziösen Tänzer klingt ein persönlicher Konflikt – und ein ästhetisches Ideal – des Autors an, der die mehlbestäubte Figur des Pierrot noch viele Jahre später in einer gleichnamigen Kurzerzählung (in: *Kleine Dichtungen*, 1914) zum traurigen Außenseiter des Maskentreibens und Lebens erhebt. Die märchenhafte Kurzgeschichte *Welt* (1902) schildert eine verkehrte Welt, in der die Lehrer ihre Lektionen nicht können und die Diebe den Gerichtsdienern hinterherlaufen; über ihr stürzt der Himmel ein «wie ein feuchtes Tuch». Die anschließende Ausmalung des Weltuntergangs wird in späteren Arbeiten Walsers mehrfach variiert, so mit der ästhetisierenden Verklärung einer Naturkatastrophe in *Der Waldbrand* (1907), den brutalen Details des *Theaterbrands* (1908) oder der Rede des Vierten Dramaturgen in einem satirischen Sketch von 1907 (*Was macht mein Stück?*): «Die Eisenbahnen bäumen sich wie Schlangen auf und fallen wie schwere Säcke um.» Die epochale Faszination für apokalyptische Szenarien findet in Robert Walser einen ihrer ersten und bilderreichsten Exponenten.

Walsers Endzeitvisionen sind die Kehrseite eines utopischen Denkens, das sich freilich wesentlich diskreter äußert. *Seltsame Stadt* (1905) beschreibt im Präteritum eine Puppenstadt, in der die Frauen «herrlich» und die Männer «schön» waren, Gefühl und Vernunft im Einklang standen und das ästhetische Prinzip in solchem Umfang herrschte, daß man die Vorstellung einer abgehobenen Kunstsphäre als «unleidlich» verworfen hätte. Spürt man hier noch deutlich den Reformanspruch des Jugendstils, so sind spätere utopische Erzählungen Walsers eher pazifistisch oder sozialistisch inspiriert: die Utopien der Freundlichkeit und der Langsamkeit etwa, die dem «Arbeiter» (in der gleichnamigen Erzählung von 1915) in den Mund gelegt werden, die Generalstreiksphantasie *Die Arbeiter* (1916) oder das Prosastück *Das Theater, ein Traum (II)*. Dem letztgenannten Text, der im Dezember 1918 in der *Neuen Zürcher Zeitung* erschien, glaubt man die Erleichterung über das Ende des Ersten Weltkriegs anzumerken. Der Schluß-satz beweist uns freilich, daß für Walser auch hier – wie schon im Prosastück *Der Blumenstrauß* (gleichfalls 1918) – die ästhetische Harmonie und das Vermö-gen einer künstlerischen Wahrnehmung im Vordergrund stehen: «Die Phantasie erlöst uns, und der Traum ist unser Befreier.»

Mit dem Wechsel nach Berlin (1905) tritt die Belieferung des haupt-städtischen Zeitschriftenmarkts und Verlagswesens in den Vordergrund. Die drei Romane, die Walser in den Jahren 1907–1909 im Verlag Bruno Cassirer herausbringt, stellen nicht zuletzt Versuche zur (auch ökonomi-schen) Etablierung auf dem reichsdeutschen Buchmarkt dar – eine Zweckbestimmung, die in eigentümlichem Widerspruch zum Inhalt die-ser Romane steht, die ja gerade von der Verweigerung der Brotarbeit und dem Mysterium selbstverleugnender Subordination handeln. Entstanden sind die Werke 1906–1908 in zum Teil rekordhafter Geschwindigkeit (*Geschwister Tanner* innerhalb von sechs Wochen). Dabei hat Walser 1906 noch ein weiteres Romanmanuskript fertiggestellt, das allerdings als ver-schollen gelten muß. Ein fünfter Roman, für den er bereits monatliche Vorschüsse von Bruno Cassirer erhielt, ist offenbar nicht über erste Vorar-beiten hinausgediehen. Sein Scheitern steht in engem Zusammenhang mit der tiefen Krise, in die der Autor gegen Ende seines Berlin-Aufent-halts geriet. Walser wird an die zehn Jahre vergehen lassen, bis er sich erneut an einen Roman wagt (den von ihm selbst vernichteten *Tobold*); auf das *Theodor*-Projekt von 1922 folgt 1925 die Niederschrift seines nachgelassenen bedeutenden Romans *Der Räuber* (Erstdruck 1972).

Der vom Cassirer-Lektor Christian Morgenstern begeistert begrüßte Debüt-roman *Geschwister Tanner* (1907) setzt die spontane Subjektivität Simon Tanners in Beziehung zu den Lebensentwürfen und Charakteren seiner Geschwister: des Künstlers Kaspar, des Philisters Klaus, der Lehrerin Hedwig. Die autobio-graphische Grundlage ist unverkennbar. Wie der Familienname «Tanner» an «Walser» erinnert, so das Porträt Kaspars an Karl Walser, den erfolgreichen Landschafts- und Bühnenmaler, der seinem jüngeren Bruder den Weg nach Ber-lin und zu den Spitzen der dortigen Kulturszene ebnete. Robert Walser hat sich immer wieder literarisch mit Werk und Persönlichkeit Karls – als Modell des auf seine Unabhängigkeit bedachten, andererseits von der Vereinnahmung durch den Erfolg bedrohten Künstlers – beschäftigt und die Besonderheit seines eige-nen Künstlertums, aber auch der Dichtung im Unterschied zur bildenden Kunst, im Vergleich mit ihm zu bestimmen gesucht (u. a. in *Ein Maler*, 1902; *Leben eines Malers*, 1916). Im letztgenannten Text leiht er dem Maler seine eigenen lite-rarischen Vorlieben (Jean Paul, Brentano). Zumal der hundert Jahre vor ihm geborene Romantiker hat den jungen Walser beeindruckt und – wie die erzähle-rische Phantasie *Brentano* (entst. 1902) bezeugt – sein Bild von der Zauberkraft der Kunst und ihrem Standort ober- und außerhalb der Gesellschaft geprägt.
An romantische Vorbilder wie Eichendorffs *Aus dem Leben eines Taugenichts* erinnert vor allem die Charakteristik Simon Tanners als Vagabund und Verächter bürgerlicher Berufsbilder: «Mich endgültig formen möchte ich so spät wie mög-

lich.» Was auf den damaligen Leser wie eine Anleihe beim aktuellen Erfolg Hermann Hesses (*Peter Camenzind*) wirken mochte, besaß in Walsers Biographie ein denkbar genaues Modell. Noch kurz vor dem Wechsel nach Berlin hatte der einstige Banklehrling eine feste Anstellung bei der Zürcher Kantonalbank ausgeschlagen; in den Jahren zuvor hat Robert Walser, der die Schule aus finanziellen Gründen nach dem Progymnasium verlassen mußte, eine Vielzahl wechselnder Schreiber- bzw. Angestelltentätigkeiten ausgeübt − und von sich aus beendet. Nicht umsonst beginnt der *Tanner*-Roman mit der Anstellung Simons in einer Buchhandlung, seiner mutwilligen Kündigung acht Tage darauf und dem anschließenden Besuch im Stellenvermittlungsbüro. Robert Walser, der sich noch im Prosastück *Poetenleben* (1916) zur notwendigen Selbstbefreiung des Dichters aus beruflichen Bindungen bekennt, hat den Staub- und Tintengeruch damaliger Kontore bis zur Neige gekostet und die menschlichen Verstümmelungen unter dem Einfluß eines monotonen hierarchisch organisierten Arbeitsalltags mit dem Scharfblick des Satirikers beobachtet. Schon der Erstlingsband *Fritz Kochers Aufsätze* enthält eine satirische Naturgeschichte des kaufmännischen Angestellten (*Der Commis. Eine Art Illustration*). Spätere Erzählungen profilieren, zum Teil in der Ich-Form, typische Erscheinungen aus der «Handelsmenagerie»: den Streber Glauser (*Das Büebli*, 1908), den Faulenzer Helbling (*Ein Vormittag*, 1907; *Helblings Geschichte*, 1913; *Helbling*, 1917), den Neurotiker Germer (*Germer*, 1910), den arbeitslosen Wenzel (*Das Stellengesuch*, 1914) und einen «für die Niedrigkeit geborenen» namenlosen Untergebenen (*Der arme Mann*, 1916). Die Neurose des Angestellten erscheint in *Germer* als Konsequenz einer entfremdenden Abhängigkeit, die den einzelnen zum Bestandteil einer «schnurrenden Maschine» erniedrigt − einem «Hebel A» oder «Hebel B», der sich dem Zwang zur bedingungslosen Einbindung in den Apparat nur um den Preis der Pathologisierung entziehen kann.

Mit der Schilderung von Simons Leben in der nach dem Vorbild Zürichs gezeichneten Stadt, seiner Unterkunft in der dunklen Gasse, der Arbeit im Schreibbüro für Stellenlose, dem Besuch in der Arbeitervorstadt bei Klara, die inzwischen zur «Königin der Armen» avanciert ist, und der Freundschaft mit dem homosexuellen Krankenwärter, schließlich auch mit dem Schlußbild der in ein Arbeitererholungsheim verwandelten Villa am Waldrand erreicht die zweite Hälfte des *Tanner*-Romans erhebliche Nähe zu den sozialen Problemlagen der Gegenwart. Um so eigentümlicher nimmt sich der märchenhafte Anfang aus: der herzliche Empfang Simons und Kaspars in der vornehmen Villa, die unbedingte Liebe der Hausherrin Klara zu Kaspar, die sich in gewisser Weise auf Simon als Vertrauensmann überträgt, und das späte Auftauchen und schnelle Entschwinden des schießfreudigen Gatten und «dummen Teufels» Agappaia. Walser hat hier Motive aus seiner Teufelserzählung *Simon, eine Liebesgeschichte* (1904) aufgenommen, von der noch 1921 eine dramatisierte Kurzfassung erscheint (*Liebesszene*). Die Dreieckskonstellation aus finsterem Grafen, edler Dame und geliebtem Pagen fand er schon bei Stendhal (*De l'amour*, 52. Kapitel) vor, wie seine Nacherzählung *Aus Stendhal* (1912) belegt. Walser kappt die tragischen Verwicklungen seiner Vorlage und aktualisiert primär die ritterliche Unterwerfung des Jünglings unter die hochstehende Frau − ein Motiv, das sich auch in seinen beiden folgenden Romanen findet. Indem er seinem Protagonisten Simon einen Roman Stendhals zu lesen gibt, unterstreicht er den intertextuellen Bezug mit seltener Deutlichkeit.

Träume, Monologe und monologische Dialoge bilden den subjektiven Grundzug der *Geschwister Tanner*. Man hat diesem ersten Roman Walsers zuweilen seine episodische Struktur vorgeworfen. Tatsächlich ist der Handlungszusammenhang schwach entwickelt und haben auch Morgensterns behutsame Überarbeitungsvorschläge einige Ungereimtheiten im Detail nicht ausräumen können. In bemerkenswertem Gegensatz dazu ist Walsers nächster Roman *Der Gehülfe* (1908) klar auf ein einheitliches Geschehen ausgerichtet: Josef Marti übernimmt eine Position als Angestellter – nichts anderes meint das Titelwort «Gehülfe» – beim erfolglosen Ingenieur und Erfinder Tobler und harrt in dieser Stellung aus, bis dessen Firma endgültig zusammenbricht. Mit Martis Auszug aus der «Villa Abendstern» endet der Roman, der mit seinem Eintritt in sie begonnen hat. Die soziale Stellung des Protagonisten ist also gar nicht so anders als die Simon Tanners im Vorgängerroman. Doch tritt an die Stelle vagabundierender Spontaneität nunmehr eine entschlossene Ausdauer im Amt, eine bemerkenswerte Loyalität zum Arbeitgeber auch unter widrigen Umständen und bei mangelnder Anerkennung, übrigens sogar ohne Lohn.

Der einzige Gewinn, den Marti aus seiner «Gehülfen»-Tätigkeit davonträgt, ist die Behauptung seiner Identität. Einer Identität, die offenbar außerhalb eines solchen Dienstes für ihn nicht zu erlangen wäre, die andererseits durch die besonderen Bedingungen der hier geschilderten Herr-Knecht-Beziehung extrem gefährdet ist. Der Ingenieur verlangt «einen Kopf als Angestellten»; Marti leidet demzufolge unter dem Trauma seiner «Kopflosigkeit» und flüchtet sich zunehmend in körperliche Dienste. Die äußeren Umstände seiner Tätigkeit – bis in Einzelheiten Walsers Erlebnissen als Angestellter beim Ingenieur Dubler in Wädenswil am Zürichsee 1903 nachgebildet – entsprechen noch weitgehend dem Wirtschaftsmodell des ‹ganzen Hauses›: Es gibt nur eine schwache räumliche Trennung zwischen Arbeits- und Privatsphäre (nämlich durch die Stockwerke der Villa); der «Gehülfe» nimmt an den Mahlzeiten der Familie des Arbeitgebers teil und hat ein Zimmer im selben Haus. Er tritt in eine nähere Beziehung zur Frau des Ingenieurs, deren latent erotischer Charakter allerdings nur von ihm selbst empfunden wird, und sieht sich vollends in seiner Individualität bedroht, wenn ihm die abgelegte Kleidung des Chefs angeboten wird. Nach anfänglichem Protest schlüpft Marti schließlich in die Persönlichkeitshülle des Ingenieurs; er ist ein «kurioser Mensch» (wie Frau Tobler sagt) gerade darin, daß er sein Freiheitsverlangen in der Selbstverleugnung verwirklicht.

Die innere Sicherheit, die Marti hierbei gewinnt, gibt ihm schließlich sogar die Kraft zur Fürsorge für seinen entlassenen Vorgänger. Die alkoholischen Exzesse Wirsichs, des im übrigen untadligen Angestellten, und die dabei freigesetzten Aggressionen geben ein ergänzendes Bild von der Belastungsprobe, der die Einheit der Persönlichkeit in solch abhängiger Stellung ausgesetzt ist. Dennoch wäre es ein Mißverständnis von Walsers *Gehülfen*, wollte man ihn kurzerhand mit dem Angestellten-roman der zwanziger Jahre und der soziologischen Analyse eines Siegfried Kracauer (*Die Angestellten*, 1930) verknüpfen. Der Traum vom «Vaterländli» des Melkers, mit dem sich Marti über die sadomasochistischen Gesellschaftsspiele («Schinkenklopfen») einer Arreststrafe erhebt, verweist vielmehr in die entgegengesetzte Richtung: zurück zu Gottfried Keller, dessen *Grüner Heinrich* – mit den Heimatträumen des Helden – hier offen zitiert wird. Die Beschreibung der Feiern zum Schweizer Nationalfeiertag läßt zugleich an entsprechende Schilderungen in Keller-Novellen denken, wie sich überhaupt die Bärenwiler in Walsers Roman als sachlich-zeitgemäße Nachfolger der «Leute von Seldwyla» erweisen.

Noch das vordergründig modernste Element des Romans: Toblers Erfindertätigkeit, läßt sich dem Keller-Kontext zuordnen. Denn die Reklame-Uhr als der wichtigste seiner vermeintlichen Verkaufsschlager ist ja keine technische Innovation, sondern lediglich eine mit Reklame-Flügeln versehene Normaluhr. Unter dem Titel *Reklame* aber veröffentlichte Walser 1907 ein humoristisches Feuilleton über eine zweifelhafte Berliner Gaststätte namens «Gebirgshallen», das sich möglicherweise auf Kellers Novelle *Das verlorene Lachen* bezieht: Der verlogene Schein der Alpen-Imitation tritt in ähnliche Antithese zur Wahrheit der Bergnatur, wie Kellers Erzählung es anhand eines kitschigen Alpenpanoramas exemplifiziert. Als Spezialist für Reklame-Effekte macht sich Martis Chef also einer durchaus Keller- oder Seldwyla-typischen Verfehlung der Realität schuldig.

Auch der symbolische Einsatz der Natur in Walsers *Gehülfen* knüpft an Gepflogenheiten des Realismus an. So signalisiert die erhöhte Lage der Ingenieursvilla die Selbstüberschätzung ihres Besitzers, und der Einfall des Herbstes wird zum eindrucksvollen Gleichnis für den ökonomischen Verfall der Firma. Daneben läßt sich freilich auch ein subtiler psychologischer Symbolismus beobachten – etwa wenn sich Marti am Sonntag aus seinen beruflichen Bedrängnissen in eine dicht bewachsene Waldschlucht (schweiz. Tobel) flüchtet. Die tendenzielle Homonymie von Rückzugsort und Firmennamen deutet die Vergeblichkeit seiner Flucht an; zugleich wird das idyllische Empfinden mit einer Erinnerung an ein kindliches Glückserlebnis verknüpft, die der Naturbeschreibung unversehens eine psychologische (fast psychoanalytische) Tiefendimension verleiht.

In erzähltechnischer Hinsicht zeichnet sich *Der Gehülfe* durch den intensiven Einsatz erlebter Rede aus. Einen Schritt weiter in Richtung Subjektivierung geht Walsers dritter und letzter Berliner Roman: *Jakob von Gunten* (1909). Denn es handelt sich um Tagebuchblätter eines sonderbaren jungen Mannes ohne jeden ergänzenden oder korrigierenden Herausgeberkommentar. Sie brechen mit Notwendigkeit da ab, wo Jakob der Reflexion entsagt und sich einem «gedankenlosen Leben» zuwendet. Welchen Erfolg diese Schlußwendung hat und ob ihr überhaupt Bestand beschieden ist, muß ebenso offen bleiben wie die eigentliche Natur jenes hermetischen Instituts Benjamenta mitten in der Großstadt, das den Hauptgegenstand dieser Aufzeichnungen bildet und den auf Klarheit bedachten Leser vor ähnliche Probleme stellt wie den Walser-Biographen, der die Diener-Schule identifizieren möchte, die der Autor in Berlin besucht hat, um sich anschließend für mehrere Monate auf einem oberschlesischen Schloß zu verdingen (zwei Erzählungen berichten darüber: *Aus Tobolds Leben*, 1915; *Tobold [II]*, 1917).

Auch das Institut Benjamenta ist eine Dienerschule, und zwar ein besonders trostloses Exemplar dieser Gattung im letzten Stadium vor seiner Auflösung. Jakob erlebt noch den Tod der von ihm und seinen Mitschülern abgöttisch verehrten Lehrerin und übt offenbar entscheidenden Einfluß auf die Revitalisierung ihres Bruders aus, des Institutsvorstehers, der zunächst wie ein drohender Götze über das Reglement des Miniatur-Internats wacht, am Schluß aber gemeinsam mit Jakob in die Wüste aufbrechen will. Die Phantasie des neuen Schülers vermutet erhabene Geheimnisse in den «inneren Gemächern», in die sich dieses allegorische Elternpaar nach Unterrichtsschluß zurückzieht; in einem vielschichtigen Traum imaginiert er verschiedene räumliche Stationen einer mystischen Weihe, durch die ihn die Lehrerin mit ihrem Zauberstab führt. Nichts davon wird durch die Wirklichkeit bestätigt, dennoch ist die ironische Parallele zu Initiationsritualen der Freimaurer unübersehbar und mit ihr auch die Analogie zur mysteriösen Turmgesellschaft in *Wilhelm Meisters Lehrjahren*, dem repräsentativen Bildungsroman Goethes.

Dessen Ideal einer organisch entfalteten persönlichen Identität wird nun allerdings durch die besondere Nuancierung, die die Dienst-Idee Robert Walsers in *Jakob von Gunten* erfährt, entschieden konterkariert. Denn noch konsequenter als im *Gehülfen* erscheint hier die Verleugnung der Individualität als Voraussetzung innerer Selbstbehauptung. Der Träger eines vornehmen Namens (der übrigens einem Ort am Thunersee entspricht) ist entschlossen, «von ganz *unten*» anzufangen; er überträgt die feudale Idee des Vasallendienstes auf ein quasi proletarisches Dienstverhältnis. Als anonymer Sklave in Uniform weiß er nur eins bestimmt: «Ich werde eine reizende, kugelrunde Null im späteren Leben sein.» Sind in dieser Formulierung des ersten Tagebuchabschnitts noch Selbstverleugnung und Selbstvervollkommnung auf eine fast kokette Weise zusammengefaßt — die Null soll «kugelrund» sein, also in sich abgeschlossen und vollendet —, so schält sich in der persönlichen Gemeinschaft mit dem naiv-beschränkten, aber ungemein rechtschaffenen Muster-Dienerschüler Kraus zunehmend ein positives Bekenntnis zur Kleinheit heraus: «Klein sein und bleiben.» In deutlicher Abgrenzung gegen Goethe heißt es in derselben Aufzeichnung: «Ich entwickle mich nicht. [...] Vielleicht werde ich nie Äste und Zweige ausbreiten.» Als mögliche Option erscheint hingegen ein soldatischer Einsatz, und sei er so selbstzerstörerisch wie die Teilnahme an Napoleons Feldzug gegen Rußland. Jakobs prinzipielle Bereitschaft, sich vom Militärdienst in einen «festen, undurchdringlichen, fast ganz inhaltlosen Körper-Klumpen» verwandeln zu lassen, steht in erstaunlicher Nähe zu den vitalistischen Sehnsüchten, die etwa gleichzeitig Georg Heym seinem Tagebuch anvertraut. Die intensiven Vergegenwärtigungen des großstädtischen Verkehrs, die die Schilderung des monotonen Internatsalltags durchbrechen, unterstützen den Eindruck der Nähe dieses Romans zur frühexpressionistischen Bewegung.

Robert Walsers Schreiben unterscheidet sich jedoch von den lautstarken Bekenntnissen der Expressionisten u. a. dadurch, daß es sich auf keine Botschaft festlegen läßt und letzten Endes jeden Wahrheitsanspruch unterläuft. Das in *Jakob von Gunten* formulierte Ideal der Kleinheit, der Selbstbehauptung durch radikale Minimalisierung ist auch und vielleicht in erster Linie als poetologische Maxime zu verstehen. «Welch ein Geschwätz», «Das alles sind Dummheiten. Basta»: So oder ähnlich enden mehrere von Jakobs Tagebucheintragungen, die als juvenile Rollenprosa – wie schon *Fritz Kochers Aufsätze* – ohnehin einer umfassenden Ironisierung unterliegen. Der Anspruch auf eine einheitliche Großform ist durch die Fiktion des Tagebuchs und die lockere Folge der undatierten Aufzeichnungen von vornherein aufgegeben.

Robert Walser hat die Kleinform des Prosastücks im Grenzbereich von Erzählung und Essay in der Folge als vorwiegende Äußerungsform gepflegt, ja zu seiner eigentlichen Spezialität erhoben. Schon in der Berliner Zeit, synchron mit der Niederschrift der Romane, entsteht eine Fülle bemerkenswerter Kurzprosa. Darunter ragen nicht nur quantitativ die Beiträge zu Siegfried Jacobsohns *Schaubühne* heraus, in denen Walser, der ursprünglich Schauspieler hatte werden wollen – die autobiographischen Erzählungen *Die Talentprobe* (1907) und *Wenzel* (1909) erinnern daran –, seiner Theaterleidenschaft freien Raum läßt, ja aus dieser persönlichen Obsession geradezu neue narrative Formen entwickelt. In *Tell in Prosa* (1907), *Berühmter Auftritt* (1907, nach *Die Räuber*) und *Kerkerszene* (1907, nach *Maria Stuart*) erprobt er die Prosaisierung eines Schiller-Monologs, andernorts die Nacherzählung eines Dramas (*Tell*, 1909) oder einer Theateraufführung – wie der Kasperle-Vorstellung in *Fünfter Akt, letzte Szene* und der *Maria Stuart*-Aufführung einer Schweizer Provinzbühne in *Eine Theatervorstellung (II)* (1907). Im *Entwurf zu einem Vorspiel* aus dem gleichen Jahr riskiert Walser sogar die erzählerische Ausmalung einer Aufführung, die in der Realität gar nicht möglich war, weil ihre phantastischen Effekte – zum Beispiel die Gestaltung der Bühne als Drachenmaul, das die Schauspieler dann auch faktisch verschlingt – selbst die Regiekünste eines Max Reinhardt überfordert hätten. Und in *Ovation* (1912) schildert er die entfesselte Reaktion des Publikums mit einer Eindringlichkeit, die möglicherweise Kafka zu seiner melancholischen Gegendarstellung (*Auf der Galerie*) herausgefordert haben könnte.

Walsers «Tell in Prosa» ist natürlich von anderem Schlag als der Schillersche Blankvers-Tell. Er ist ein des Erhabenen entkleideter Held, der den tragischen Konflikt und die Schillersche Kluft zwischen Gedanke und Tat nicht kennt; für Walser ist die Vollstreckung der Tat (Geßlers Ermordung) schon in Tells Entschluß dazu enthalten. Das läuft auf eine Entdramatisierung hinaus, wie sie durch die Wahl der epischen Form ja ohnedies betrieben wird. Der Hauptreiz dieser Prosastücke liegt nicht zuletzt in der Überschreitung der Grenzen – der Grenzen zwischen den Medien, den Gattungen, den einzelnen Texten. Insofern haben sie teil an einer Grundtendenz der Epoche, die ja gerade von der Idee des Gesamtkunstwerks, des Zusammenspiels unterschiedlicher Künste und Medien fasziniert war. Bei Walser allerdings geschieht dies ganz unwagnerisch-unpathetisch, im eigentlichsten Sinne spielerisch. Allem Anschein nach ist hier eine fast kindliche Neugier am Werk, ein vorurteilsloses Interesse daran, was bei einer solchen unkonventionellen Vermischung herauskommt – oder übrigbleibt. So zum Beispiel von einem Kinoabend, wenn man die Filmhandlung mit den Unterbrechungen durch den Bierkellner und die Klaviermusik nacherzählt – wie Walser es im Prosastück *Kino* (1912) ausprobiert. In *Könnemann* (1915) und *Das Kind (II)* (1916) läßt er sich ganz auf den trivialen Reiz filmischer Melodramen ein.

Eine geistesverwandte Spezialität noch des späteren Walser, die auf die Berliner Zeit zurückgeht, ist das identifikatorische Dichterporträt. Was Walser bei verschiedenen Gelegenheiten über Lenz, Hölderlin, Büchner, Lenau und andere schrieb oder – wie man auch in Anbetracht der narrativen Machart dieser Texte sagen könnte – zusammenfabulierte, bietet dem literaturwissenschaftlich vorbelasteten Leser kaum ungetrübten Lektüregenuß, denn auf biographische oder philologische Korrektheit legt Walser wenig Wert. Im Bemühen um Heranholung des Fremden, um Herabholung des Dichterdenkmals vom Sockel schreckt er auch nicht vor mancher Simplifizierung und Trivialisierung zurück, wie sich besonders beim Prosastück *Hölderlin* (1915) bemerken läßt. Dennoch verdanken wir diesem Genre eines der gelungensten Werke dieses Autors: *Kleist in Thun* (1907).

Schon die Ausgangskonstellation impliziert eine bizarre Symmetrie: Ein Schweizer Autor in Berlin schreibt über den Schweiz-Aufenthalt des preußischen Dichters – gewissermaßen spiegelt sich ein ‹Exil› im anderen. Die landschaftlichen und folkloristischen Reize der Schweizer Heimat werden durch die Außenperspektive eines Fremden gebrochen, dessen unglückliches Bewußtsein

jede voreilige Harmonisierung von Innen- und Außenwelt ausschließt. Ansatzweise erprobt Walser auch hier die für seine übrigen Dichter-Erzählungen kenn-
zeichnende Tendenz zur Identifikation: So schmuggelt er unter die dichterischen
Projekte, mit denen sich Kleist 1802 in Thun beschäftigt, das seinerzeit dort
von ihm selbst geplante Drama über die Schlacht bei Sempach ein (das gleichnamige Prosastück Walsers datiert erst von 1908), und macht aus der freundlichen
Küchenhilfe, von der Kleists Briefe berichten, ein – dem norddeutschen Dichter
selbst in den Mund gelegtes – «Bernermeitschi». Das Ende der Erzählung stellt
dagegen die räumliche und zeitliche Distanz zum Gegenstand heraus: durch den
Bericht von der Abreise Kleists und den Hinweis auf die Gedenktafel, die den
heutigen Touristen an seinen Thun-Besuch erinnert. Wenn Walser sich abschließend selbst ins Spiel bringt – nämlich als zeitweiligen Thuner «Aktienbraue-
reiangestellten» (zutreffend für 1899) –, so beansprucht er nicht mehr als eine
vorübergehende räumliche Nachbarschaft. Auch dies ist ein Sich-Klein-Machen
neben historischer Größe.

Kurz vor und nach dem Abdruck von *Kleist in Thun* erschienen in der *Schaubühne* zwei Essays von Walser, die die Schwierigkeiten des modernen Theaters
im Umgang mit Kleists hochrhetorischer Sprache reflektieren. Die im September 1907 unmittelbar vor Reinhardts Inszenierung des *Prinz von Homburg* veröffentlichte *Porträtskizze* des Titelhelden vergegenwärtigt das Schreckbild eines
hohlen Bühnenpathos mit martialischem Anstrich – offenkundig in Anspielung
auf das öffentliche Auftreten Wilhelms II., der sich auf Hofbällen gelegentlich
im Kostüm des Großen Kurfürsten zeigte. Walsers literarische Auseinandersetzung mit anderen Dichtern ist stets auch eine Auseinandersetzung mit deren
Rezeptionsgeschichte.

Um das Jahr 1912 herum vollzieht sich eine Wende in Walsers Entwicklung. Indem er die Publikation seiner ausgewählten Essays und
Erzählungen in zwei bibliophilen Bänden vorbereitet, die schließlich
beide im Leipziger Kurt Wolff Verlag erscheinen (*Aufsätze*, 1913;
Geschichten, 1914), strebt er so etwas wie eine Bilanz seiner Berliner Ära
an. Während somit sein überregionales Ansehen wächst und man ihn
besonders in Prag als Vorreiter der Moderne verehrt – in dem von Max
Brod herausgegebenen Jahrbuch *Arkadia* (1913) ist Walser so häufig wie
kein anderer seiner Kollegen vertreten –, wird dem Autor selbst der
hauptstädtische Innovations- und Originalitätsdruck verdächtig. Ein Zeichen der sich anbahnenden Umorientierung – noch vor dem definitiven
Rückzug in die Schweiz im März 1913 – ist die Zusammenarbeit mit
dem konservativen Romancier Wilhelm Schäfer, an dessen heimatkünst-
lerisch ausgerichteter Zeitschrift *Die Rheinlande* sich Walser seit Juli
1912 regelmäßig beteiligt – und zwar mit Beiträgen, die formal und
inhaltlich deutlich vom sprachspielerisch-experimentellen und tendenziell subversiven Charakter seiner Berliner Prosa abstechen. Nunmehr
scheint Walser (wie er selbst später notiert) «eine Art Feldzug gegen diejenigen» einzuleiten, die sich «ziemlich unbefangen über die Ehrfurcht
sozusagen lustig machten». In den überwiegend in Biel entstandenen

Kleinen Dichtungen (1914), die großenteils ursprünglich in den *Rheinlanden* erschienen sind, wird dem Zynismus der Großstadt und der Moderne der Krieg erklärt. Kurzerzählungen wie *Meta* und *Das Pferd und die Frau* werfen einen distanzierten Blick auf das nächtliche Hauptstadtleben; *Der Traum (II)* liefert die kafkaeske Vision eines Anstaltsaufenthalts, die man wohl mißverstehen würde, wenn man sie vor dem Hintergrund unseres Wissens über Walsers späteres Leben als Vorahnung der eigenen psychiatrischen Behandlung auffaßte. Es ist die Herzlosigkeit der modernen Gesellschaft, die hier in die Schreckbilder der «kalten Umgrenzung» und «grenzenlosen Leere» gefaßt wird.

Das positive Gegenbild liefert die – gleichfalls zuerst in den *Rheinlanden* abgedruckte – Erzählung *Der Waldberg* mit der Beschwörung einer «heimatanmutigen» Dorfgemeinschaft und der ehrfürchtigen Versenkung in alte Bauerngesichter. Die eigene Rückkehr in die Schweiz gerät dem Autor, der sich gern im Gleichnis des verlorenen Sohnes spiegelte, zum Symbol einer inneren Bekehrung. In fünf zusammenhängenden Prosastücken, die er im Frühjahr 1914 in der Zeitschrift *März* (und danach in den *Kleinen Dichtungen*) unter dem Titel *Heimkehr* veröffentlichte, wird die Rückkehr in die Vaterstadt mit patriotischen Untertönen und deutlichen Anklängen an Kellers *Grünen Heinrich* gefeiert. Der abschließende *Brief an den Bruder* (das ist Karl Walser) setzt der Hektik der Großstadt – «Was macht die Hauptstadt mit ihren heftigen Energien?» – das innere Zur-Ruhe-Kommen in der Heimat entgegen: «Ich, ich will mich hier wieder recht behaglich zurechtfinden.»

Durch Vermittlung Wilhelm Schäfers erhält Robert Walser für die *Kleinen Dichtungen* 1914 die einzige offizielle Auszeichnung seines Lebens: den Preis des Frauenbunds zur Ehrung rheinländischer Dichter. Er dankt es den rheinländischen Frauen mit weiteren moralischen Geschichten, die insbesondere die weibliche Position berücksichtigen, wie *Zwei Frauen* (1914) und *Rosa* (1915) (beides Beiträge zu den *Rheinlanden*). Auch für die Schweizer Zeitschrift *Die Ähre* verfaßt Walser 1916 mit *Herr Krüger* und *Frau Bähni* moralisierende Charakterbilder von fast schon melodramatischer oder trivialliterarischer Prägung; im «Gewalthaber Bösiger» der letztgenannten Erzählung ist Paul Cassirer zu erkennen, unter dessen Geschäftsführung Walser 1907 als Sekretär der Berliner Sezession angestellt war – wiederum erweist sich die Großstadt in der Erinnerung als Reich des Bösen.

Walsers Rückkehr zu «naiver Ländlichkeit» hat jedoch nicht nur eine moralisch-kulturkritische, sondern auch eine poetologische Dimension. Im *Brief an ein Mädchen* (1918) beruft sich der Autor auf Stifters – in der Vorrede zur Sammlung *Bunte Steine* von 1853 formuliertes – «sanftes Gesetz». Auch für Walsers Bieler Erzählkunst werden einfache Dinge zum Träger eines unmittelbaren Sinns: der Ofen zum Inbegriff großspu-

riger Selbstsicherheit (*Rede an einen Ofen*, 1915), der Hemdknopf zum
Beispiel bescheidener Pflichterfüllung (*Rede an einen Knopf*, 1915), ein
alter Granitblock zum Sinnbild zeitenthobener Dauer (*Der Heidenstein*,
1914). Der Rückzug auf die Dinge, den Walser damals antritt, ist nicht
mit Rilkes Poetik des Dinggedichts zu verwechseln, die ja primär wahrnehmungstheoretisch begründet war. Texte wie *Asche, Nadel, Bleistift
und Zündhölzchen* (1915) oder *Lampe, Papier und Handschuhe* (1917)
erproben vielmehr eine neue Schlichtheit der Aussage in Anlehnung an
kindliche Betrachtungsweisen. Der Katalogcharakter der zitierten Titel
findet seine Entsprechung im Bauprinzip des Prosastücks *Schneien*
(1917), das sich in eigenartiger Redseligkeit der Aufzählung der beschnei-
ten und durch die Schneedecke veränderten Gegenstände widmet. Traditionelle rhetorische Prinzipien wie amplicatio und iteratio werden zum
Träger einer demonstrativen Hinwendung zum Äußerlichen, hinter der
sich doch eine sehr innerliche, fast mystische Abstraktion von der Welt
verbirgt:

> «Und still ist es. Das Schneien hat alles Geräusch, allen Lärm, alle
> Töne und Schälle eingeschneit. Man hört nur die Stille, die Lautlo-
> sigkeit, und die tönt wahrhaftig nicht laut. [...] Und rund ist es,
> alles ist rundherum wie abgerundet, abgeglättet. Schärfen, Ecken
> und Spitzen sind zugeschneit. [...] Wo ein Vielerlei und Mancherlei
> war, ist nur noch eines, nämlich Schnee; und wo Gegensätze
> waren, ist nur ein Einziges und Einiges, nämlich Schnee.»

Derlei monistische Weltfrömmigkeit bringt bei allem Wortverschleiß im
Grunde den Erzähler zum Verstummen. Erst am Ende des vier Seiten
umfassenden Textes fügt Walser eine kleine mythische Parabel an.

Ein anderer Schwerpunkt der Bieler Prosa ist die Autobiographie. In
Das Bild des Vaters (1916) läßt Walser die Kinder – und man glaubt dabei
die Geschwister Walser zu hören – das Schicksal des Vaters an dessen
Grabe in katalogartig gereihten Betrachtungen entfalten; der Vater des
Autors war im Februar 1914 gestorben. In mehreren Beiträgen zu
Schweizer und deutschen Zeitschriften wendet sich Walser darüber hinaus der Geschichte seiner literarischen Entdeckung und kurzlebigen Berliner Karriere zu. Dabei werden charakteristische Elemente des eigenen
Romanwerks – wie in *Der Sekretär* (1917) die Angestelltenthematik
oder in der Dauthendey-Erinnerung *Würzburg* (1915) das aus dem *Gehülfen* bekannte Motiv des geliehenen Anzugs – auf das eigene Leben appli-
ziert oder richtiger – da dieser Bezug implizit schon früher vorhanden
war – auf dasselbe zurückgeführt. Im Stile einer Kalendergeschichte
stellt Walser die äußere Einengung der eigenen Vita neben den durch ein
Übermaß materieller Begünstigung und tätiger Entfaltung ausgezeichneten Lebenslauf Rathenaus (*Zwei Männer*, 1918); noch nach dessen

Ermordung wird er sich im *Räuber*-Roman auf ihre persönliche Bekanntschaft wie auf ein Paradox berufen. Wie groß die Distanz ist, die Walser im Rückblick zu seinen einstigen Förderern und prominenten Bekannten empfindet, zeigt nicht zuletzt das Prosastück *Doktor Franz Blei* (1917). Der detaillierte Bericht über die erste persönliche Begegnung mit seinem (nach Widmann) zweiten ‹Entdecker› endet unvermutet mit der befremdenden Erscheinung Bleis als Gespenst im ärmlichen Stübchen des jungen Dichters. «Indessen halte ich Spuk durchaus nicht für so ganz und gar unwirklich», erklärt der Autobiograph im gleichen Zusammenhang. Das Auftreten fremdartiger Erscheinungen in mehreren Texten der letzten Berliner und der Bieler Zeit bestätigt diese Aussage. Im gleichnamigen Prosastück von 1912 beobachtet der Ich-Erzähler einen «fremden Gesellen», der ihm anscheinend viel zu sagen hätte und dem er innerlich sogar einen Namen gibt – er versäumt jedoch, ihn anzusprechen. Gleichnis für einen innerseelischen Vorgang, für die Spaltung des Ich in ein akzeptiertes Ich und einen Repräsentanten der verdrängten Triebsphäre? Freuds Erklärung des Unheimlichen als des verleugneten Eigenen drängt sich auf. Sie läßt sich übertragen auf die Erscheinung des erbosten Mannes auf freiem Felde, der in theatralischer Weise Empörung und Welthaß ausagiert, in der sonst so idyllischen, auf Einklang mit Natur und (Vater-)Land abzielenden Erzählung *Hans* (1916). Entsprechendes gilt für die Erscheinung des Riesen Tomzack in der (1917 als Buch veröffentlichten, 1920 in die Sammlung *Seeland* aufgenommenen) Erzählung *Der Spaziergang*. «Er hauste überall und nirgends. Heimat hatte er keine» – als neuen Ahasver dämonisiert Walser hier das moderne, sich ganz der Dynamik der technisch-gesellschaftlichen Entwicklung überlassende Subjekt.

Die besondere Pflege, die Walser in seiner Bieler Zeit der Gattung des literarischen Spaziergangs angedeihen läßt, ist selbst schon als Antwort auf die Moderne zu begreifen. Sie stellt den bemerkenswerten Versuch dar, die von Walter Benjamin bald darauf als Prototyp der modernen Großstadterfahrung definierte Figur des Flaneurs umzubiegen und aufzuwerten zum symbolischen Garanten eines subjektiv-poetischen Weltbezugs, der gleichwohl vor den Exzessen moderner Entfremdung geschützt ist. In verschiedenen Großstadt-Feuilletons seiner Berliner Zeit hat Walser selbst die Reizfülle des urbanen Lebens mit der Figur des schlendernden Spaziergängers verknüpft – einer Figur, die als Inkarnation dichterischer Spontaneität eine respektable, bis zu Jean Paul und Goethe zurückreichende Tradition hat. Bei Walser kam eine handfeste biographische Realität hinzu: Er war sein Leben lang ein praktizierender Spaziergänger, ja Wanderer von hohen Graden.

Wenn er in kurzen Prosastücken wie *Abendspaziergang* und *Abendgang* (beide 1915) oder umfänglichen Textgebilden wie *Reisebeschreibung* (später: *Reisebericht*, 1915), *Naturschilderung* (später: *Naturstudie*, 1916) oder eben *Der Spaziergang* stimmungsvolle Inszenierungen von Wegen durch die Schweizer Landschaft

veranstaltet, so dürfen wir in erheblichem Umfang reale Eindrücke als Hintergrund und Material voraussetzen. Ebenso unverkennbar ist aber auch der dichterische Anspruch dieser Texte, nicht nur als verklärende Spiegelung persönlicher
Erlebnisse, sondern als gleichnishafte Aussage der Stellung des Schriftstellers in
der Welt und damit auch als bildliche Deutung des Schreibprozesses selbst zu
gelten. Aufgrund der Fülle der verarbeiteten Aspekte und ihrer gelungenen Integration in ein heiter-ironisches Miniatur-Panorama des eigenen Lebens und
Schreibens kann *Der Spaziergang* als Klassiker dieses Genres gelten. Die problematische Beziehung des Schriftstellers zum Buchmarkt, seine ökonomische
Abhängigkeit und seine Außenseiterrolle in der Gesellschaft werden hier ebenso
leichtfüßig markiert wie seine Liebe zu Natur und Kunst, der Widerspruch zwischen seinen cholerischen Ausfällen und seiner grundsätzlichen Menschenliebe
– jede heftige Aussage erfährt ihren baldigen Widerruf – und seine tiefe Sehnsucht nach Erlösung.

«Marschieren war ihm etwas wie ein musikalischer Genuß. Denken
und Gehen, Sinnen und Schreiten, Dichten und Laufen waren verwandt
miteinander.» Diese Sätze stehen nicht im *Spaziergang*, sondern im Prosastück *Der Student*, dessen erste bekannte Veröffentlichung in *Kleine
Prosa* (1917) erfolgte, einem der vier bei verschiedenen Schweizer Verla-
gen erschienenen Sammelbände, in denen Walser bis 1920 den essayistischen und erzählerischen Ertrag seiner Bieler Jahre zusammenfaßte –
neben *Seeland*, *Prosastücke* (1916) und *Poetenleben* (1917). Vollzieht man
diese zweite Zwischenbilanz Walsers nach und bezieht man dabei auch
diejenigen Texte ein, die er seinerzeit keines Zweitabdrucks gewürdigt
hat, so wird deutlich, daß es neben der Tendenz zu einer neuen Innerlichkeit und der Besinnung auf konservative menschliche Werte in den
Bieler Jahren auch einen starken ironisch-parodistischen Impuls und ein
experimentelles Interesse an neuen erzählerischen Möglichkeiten gibt.
Vor allem Texte aus den Jahren 1916/17 fallen unter diesem Gesichtspunkt auf. *Die italienische Novelle* und *Eine verflixte Geschichte* bilden
humoristische Parodien auf die Renaissancenovelle (auch und zumal in
ihrer epigonalen Erneuerung durch Walsers Zeitgenossen) und den skan-
dinavischen Roman des späten 19. Jahrhunderts. *Fritz* nennt sich die
Karikatur einer Autobiographie mit manchen Anklängen an Walsers
eigenes Leben und einigen deftigen – für das Werk dieses Autors durchaus untypischen – erotischen Pointen.
Das dabei bis zur Ermüdung des Lesers durchgehaltene Prinzip der
anzweifelnden Wiederholung aller wichtigen Aussagen («wäre es nicht
besser gewesen, wenn ... nicht») erzeugt einen repetitiven Leerlauf, der
auch andere Prosastücke jener Zeit zu rezitatorischen Erfolgsnummern
prädestiniert, wie zum Beispiel *Die Wurst*, *Nervös* oder auch *Na also*.
Den beiden letztgenannten Titeln ist gemeinsam, daß sie sich auf den
modischen Nervositäts-Diskurs der Zeit einlassen, wie er nicht zuletzt
durch die Reklamephrasen der Zeitungsannoncen belegt ist, und damit

eine strukturelle Schwächung der Sprecherposition verbinden. «Sehr nervös bin ich übrigens nicht», sagt da ein Ich, das durch die fahrige und zerfasernde Art seines Sprechens – einschließlich der kriegsbedingten Metaphorik (s. o. S. 36) – das glatte Gegenteil beweist, wenn man nicht sogar von einer totalen Preisgabe des Subjekts reden will. *Na also* zeigt mehrere Anläufe eines Erzählers zur Herstellung eines konsistenten erzählerischen Zusammenhangs, die jedoch sogleich in Paradoxien, Werbesprüchen oder anderen Entgleisungen steckenbleiben: «Ich sagte ja deutlich, daß ich heute scheinbar ein wenig so so und la la sei und na ja doch schon und vielleicht ein wenig na-nu dazu. Ist denn das so schlimm? Na also!»

Mit den Sprachexperimenten seiner Berner Prosa, insbesondere dem *Räuber*-Roman und den erst seit 1985 veröffentlichten anderen Mikrogrammen, wird Walser an diese sprachspielerischen Fingerübungen anknüpfen.

2. *Von Boßhart zu Glauser*

Wenn Oskar Loerke an Robert Walser zu loben wußte, daß dieser ein Erzählen ohne Gegenstand erprobe, so ist damit der Abstand Walsers von der Hauptströmung der Literatur seines Landes – vielleicht schon überdeutlich – markiert. Diese steht bis weit ins 20. Jahrhundert hinein großenteils im Zeichen einer realistischen Erzähltradition und zeigt sich den Vorbildern Kellers und Gotthelfs auch darin verpflichtet, daß sich die Wirklichkeitsnähe des Erzählens oft mit einem konkreten kritisch-pädagogischen Bezug auf die öffentlichen Zustände des Vaterlandes verbindet. Im Unterschied zu den reichsdeutschen Verhältnissen, unter denen sich Heimatliteratur bald zu einem Synonym für rückschrittliche Gesinnungen und den Verzicht auf höhere literarische Ansprüche entwickelte, gab und gibt es in der Schweiz einen vielstufigen Übergang zwischen verschiedenen Formen heimatbezogenen Erzählens – von den trivialen Berg- und Bauernromanen eines Ernst Zahn und Jakob Christoph Heer über die heiter-fromme Heimatwelt eines Heinrich Federer bis zum ernsten literarischen Bemühen Jakob Boßharts.

Der verdienstvolle Schulreformer Boßhart trat erst 1923, gegen Ende seines von der Lungentuberkulose überschatteten Lebens, mit einem Roman hervor. Im Zentrum seines seit 1898 in verschiedenen Zyklen gesammelten novellistischen Schaffens (mit einem Gesamtumfang von achtzig Einzelerzählungen) stehen philosophische und moralische Fragen wie das Verhältnis von Determination und Willensfreiheit oder die Phänomenologie des Bösen: Unter welchen Umständen wird ein Mensch zu sozialnegativem Verhalten getrieben und damit moralisch schuldig,

verantwortlich für das Leiden anderer? Ein prägnantes Beispiel dafür
bietet die Novelle *Der Richter* aus der Sammlung *Erdschollen* (1912). Ein
Ammann (das heißt Gemeindevorsteher), der als Geschworener über
einen Brandstifter zu Gericht gesessen hat, zündet bald darauf sein eigenes Dorf an – freilich nicht aus Eigennutz wie der verurteilte Versiche-
rungsbetrüger oder (mit ungleich größerem Erfolg) der skrupellose
Gastwirt des Nachbardorfs, sondern – wie er vermeint – im Dienste
des Gemeinwohls: um den Wiederaufbau der Ortschaft entsprechend
den Forderungen der Neuzeit zu ermöglichen und auf diesem Wege die
technischen Verbesserungen durchzusetzen, denen sich seine engstirnigen Mitbürger bislang hartnäckig verweigert haben. Der Brandstifter
scheitert am eigenen Gewissen: Der von ihm verschuldete Tod eines
Nachbarn treibt ihn zur Selbstanzeige.

Der Gegensatz von alter und neuer Zeit steht auch im Hintergrund
einer weiteren Erzählung desselben Bandes. *Heimat* konzentriert sich
ganz auf den Niedergang des Toblbauern mit dem sprechenden Namen
Hans Schollenberger – vom Eintreffen des Briefs, in dem die Regierung
«wie ein Versucher, wie Satan selber» an den alten Bauern herantritt
und ihm für den Hof, der einem Stausee weichen soll, einen stattlichen
Kaufpreis bietet, bis zum Selbstmord des Entwurzelten, der sich über
dem gefluteten Hof ins Wasser stürzt: «heimgelockt» vom «Grund, aus
dem er gewachsen war». Das Motiv des Bauern, der den Verlust des angestammten Hofs nicht überlebt, ist schon aus Romanen Roseggers (*Jakob
der Letzte*) und Polenz' (*Der Büttnerbauer*) bekannt. Boßhart setzt neue
Akzente durch die äußere Neutralität seiner Darstellung: Es gibt hier
keinen bösen Kapitalisten, der dem Bauern seinen Hof abschwindelt,
der Kaufpreis ist mehr als angemessen, das Interesse der Gemeinde
nachvollziehbar, die erwachsenen Kinder des Bauern begrüßen den
Wechsel, und selbst der Ingenieur, der in der zweiten Hälfte der Erzählung zum wichtigsten Gegenspieler des Bauern wird, zeigt ein gewisses
Verständnis. Das Schlußwort des Erzählers scheint mit der Wendung
vom «Lied unsrer Zeit», das aus der gefluteten Waldschlucht ertönt,
sogar die Partei des technischen Fortschritts zu ergreifen. Dagegen stehen die schon zitierte Anspielung auf den biblischen Versucher und die
stumme Anklage, zu der sich die episch-breite Ausmalung des Flutungs-
vorgangs steigert: Das Wasser kommt wie der Tod über die blühende
Natur und schlägt die Tiere in Scharen in die Flucht; Hans Schollenberger, der wie gebannt das Anwachsen der neuen Sintflut verfolgt, gleicht
einem Noah ohne Arche.

«Nicht der Versucher ist der Sünder, sondern der Versuchte, der die Versuchung nicht besteht.» So verteidigt sich der negative Titelheld in Felix
Moeschlins themenverwandtem Bauernroman *Der Amerika-Johann* aus dem
gleichen Jahr 1912. Am Beispiel eines schwedischen Dorfs zeigt der damals in

Schweden lebende Autor eine doppelte Bedrohung der ländlichen Ordnung
durch den Zeitgeist: zunächst durch den kapitalistischen Ausverkauf, den der
Amerika-Heimkehrer in seinem Heimatort anzettelt (gipfelnd in der Abholzung
der Waldparzellen, die Johann den naiven Bauern abgekauft hat, und der Gründung einer Dampfsägemühle als Aktiengesellschaft), danach in perfider Kehrt-
wendung durch die touristische Vermarktung der Reste der bäuerlichen Dorfkul-
tur. Als Johann daran geht, das ganze Dorf aufzukaufen, erschlagen ihn die Bauern, deren neue Solidargemeinschaft beim Abbüßen der Strafe (die Alten gehen
für die Jungen ins Gefängnis) ihre erste Probe besteht. Im abschließenden
Gespräch eines jungen Paars wird die Zukunftsperspektive eines bewußten Bauerntums formuliert, eines Bauerntums aus freier Entscheidung gegen die Bedrohungen des Fortschritts und des Egoismus. In der Programmatik dieses Bekenntnisses erweist sich Moeschlins schwedisch-schweizerische Heimat-Dichtung
ungleich ideologischer als der diskrete Realismus Boßharts.

Gegen Ende des Ersten Weltkriegs gerät Boßharts traditionalistisches
Erzählen in eine produktive Krise. Sie bringt einerseits den unverbindlichen Exotismus der *Träume der Wüste* (1917) hervor; von den authentischen Orient-Erfahrungen des Autors während seines krankheitsbeding-
ten Ägyptenaufenthalts (1903/04) ist in diesem Novelletten-Zyklus
kaum etwas zu spüren. Andererseits macht sich gleichzeitig ein verstärk-
tes Bemühen um politische Aktualität bemerkbar; als Mittfünfziger
erprobt Boßhart erstmals ein unmittelbar zeitkritisches Erzählen. Zeitungsberichte über die Zürcher Arbeiterunruhen von 1917 finden ihren
unmittelbaren Niederschlag in der sechs Jahre später veröffentlichten
Erzählung *Der Friedensapostel*. Und schon seit 1916 fertigt Boßhart Notizen zu einem politischen Romanzyklus an, der von der Vorkriegszeit
bis in die Gegenwart reichen sollte; die primäre Niederschrift des ersten
und einzig vollendeten Teils (Arbeitstitel: *Ante Bellum*) erfolgt 1918,
unter dem Titel *Ein Rufer in der Wüste* erscheint das im November 1919
abgeschlossene Werk Ende 1921 im Druck.

Trotz des titelgebenden Bibelzitats (Matthäus 3, 3) ist Reinhart Schaffner,
der von Sehnsucht nach einer besseren Welt umgetriebene Fabrikantensohn,
ein zweifelhafter Prophet. Sein Protest gegen den Materialismus hat offensichtlich die Sympathie des Autors, andererseits schlägt sich dessen eigene Unsicherheit darüber, wie denn der Welt zu helfen sei, im Scheitern des Helden nieder – eines reinen Toren, der an der harten Realität zerbricht. Dabei
beschränkt sich Boßhart keineswegs mehr auf die ländliche Idylle; der gesellschaftliche Rahmen des Romans spannt sich vom städtischen Proletariat bis
zur Aristokratie, und auch das prekäre politische Verhältnis der Deutsch-
schweiz zum Wilhelminischen Reich kommt zur Geltung: im Konflikt des Helden mit dem reichsdeutschen Gegenspieler Geierling – schon im Namen,
einer Anspielung auf den Reichsadler und raubtierhafte Gelüste, als Karikatur
des Wilhelminismus gekennzeichnet – und in den unverhüllten Hinweisen auf
den Schweiz-Besuch Kaiser Wilhelms II. vom September 1912. Als Schwiegersohn des Bundespräsidenten Ludwig Forrer befand sich Boßhart damals selbst

unter den Festgästen; im Tagebuch hat er seinen zwiespältigen Eindruck vom
selbstbewußt-wirklichkeitsblinden Auftritt des deutschen Monarchen auf repu-
blikanischem Boden festgehalten.

Paul Ilgs umfängliches Erzählwerk ist durch seinen vitalistischen Individualismus und die Kritik an einer Schweizer Gesellschaft bestimmt,
in der soziale Realität und patriotische Rhetorik zunehmend auseinan-
derklaffen. Die Ausgangsposition seines Romandebüts *Lebensdrang*
(1906) mutet wie ein Erzähleinstieg Robert Walsers an und hat womöglich dessen *Gehülfen* – als Gegenentwurf – mitinspiriert. Ein arbeitsloser Angestellter namens Martin Link (Erinnerung an Kellers *Martin
Salander*?) bewirbt sich, von einem Konkurrenten argwöhnisch beäugt,
auf eine Stellenanzeige; er erhält die Stelle dank der Fürsprache der an
ihm erotisch interessierten Frau des Chefs, eines gewissenlosen Grund-
stücksspekulanten, in dessen Dienst auch der Held Schuld auf sich lädt.
Die melodramatische Zuspitzung seiner Verwicklungen durch die Liebe
zur Tochter des Arbeitgebers entfernt sich freilich weit von Walsers Bahnen. «Wohin hatte ihn nun der wilde Drang nach Leben und Freiheit
geführt?», fragt sich der Protagonist am Ende.

In anderen Werken Ilgs artikuliert sich die Spannung zwischen nietz-
scheanischem Individualismus und bürgerlichen Normen als ‹Unbehagen am Kleinstaat›, zumal im Vergleich mit Deutschland. Die Titelgestalt
seines Romans *Der Landstörtzer* (1909) weicht zweimal nach Deutschland aus (wie Ilg selbst 1900–1902) und scheitert jeweils – letztlich tödlich – beim Versuch, heimkehrend die künstlerische Anerkennung der
Mitbürger zu finden. Tödlich endet auch die «Schweizer Offiziersge-
schichte» *Der starke Mann* (1917). Mit seiner Verehrung für das preußische Militär und seiner Verachtung für die heimische «Krakeelerrepu-
blik» stößt der Schweizer Oberleutnant Lenggenhager bei seinen Lands-
leuten auf geschlossene Ablehnung, die sich bis zur gnadenlosen Ausgrenzung steigert. Die Position des Autors liegt offenbar zwischen dem
«Preußenknecht» und seinen Verächtern.

Die innere Zerreißprobe, der sich das Schweizer Staatsgefüge zu
Beginn des Ersten Weltkriegs ausgesetzt sah, und die damalige Identitätskrise des Deutschschweizer Bürgertums spiegeln sich auch in einem
Frühwerk Meinrad Inglins, das schon in der künstlerischen Form auf
Nietzsche zurückverweist. Denn der erst 1981 aus dem Nachlaß veröffentlichte *Phantasus* (entst. 1916) ist eine symbolische Erzählung im Stile
von *Also sprach Zarathustra*. Als «Phantasus» wird der junge Adlige Wolf
in der fiktiven Republik Tralien (das ist die Schweiz, zusammengesetzt
aus «*T*eutschland», «*Fr*ankreich» und «It*alien*») verspottet wegen seiner
Forderung nach heroischer Politik in Anlehnung an das im Krieg befindliche «große Reich des Nordens». Sein Bekenntnis zur Oligarchie in

einem von ihm gegründeten Offiziersclub löst eine Pressekampagne gegen ihn, ja seine Steinigung aus. Von der Polizei halbtot gerettet, predigt er in einer Rede am Vorabend des tralischen «Erneuerungsfestes» die «Erlösung vom Demos» (Pöbel, Masse) und fällt sterbend zu Boden. Schon das Pathos der Darstellung macht den hohen persönlichen Einsatz des dreiundzwanzigjährigen Autors deutlich. Inglin, der sich bald danach unter dem Einfluß Paul Häberlins geistig von Nietzsche entfernte, hat seine einstige Orientierungskrise in seinem Hauptwerk *Schweizerspiegel* (1938) in der Figur des Severin aus historischer Distanz gestaltet.

Mit der subjektiv-visionären Qualität von Inglins *Phantasus* ist natürlich der Boden des Kellerschen Realismus verlassen. Darin sind ihm bereits eine Reihe Schweizer Romane und Erzählungen vorausgegangen, die statt der objektiven Gegebenheiten der gegenwärtigen Gesellschaft die Perspektive des (künstlerischen) Subjekts in den Vordergrund rückten. In maßgeblicher Form tat das der einzige Roman des Epikers Carl Spitteler: *Imago* (1906), die selbstironisch-distanzierte Verarbeitung einer damals schon drei Jahrzehnte zurückliegenden Liebes-Enttäuschung des Autors. Ähnlich wie A. E., die Hauptfigur in Friedrich Theodor Vischers *Auch Einer*, zeichnet sich Spittelers männlicher Held durch die Kombination von Intelligenz und Selbstüberschätzung, innerer Unabhängigkeit und offensichtlicher Unfähigkeit aus, die Stellung anderer Menschen zu ihm angemessen zu beurteilen. Der Roman umschließt den sich auf mehrere Monate ausdehnenden Aufenthalt Viktors in der Stadt, in der die von ihm angebetete Theuda als glückliche Ehefrau und Mutter wohnt. Viktor kommt als «Richter», die vermeintlich «Treulose» (Theuda als «Pseuda») symbolisch zu strafen – ohne zu realisieren, daß seine Liebe vollkommen einseitig ist und war. Nur in seiner Phantasie hat es eine feierliche Verbindung zwischen ihm und der Erscheinung (Imago) der Geliebten gegeben, eine Art Treueschwur bei gleichzeitigem Besitz-Verzicht zu den Füßen der «Strengen Frau», als die der angehende Dichter seine Muse betrachtet.

In dieser die Grenzen des Wahns streifenden Phantombildung bzw. imaginierten Personen-Spaltung liegt in kulturhistorischer Betrachtung wohl der Hauptwert des Romans – als bizarres Paralleldokument zu den Bestrebungen der frühen Psychoanalyse. Nicht umsonst hat Sigmund Freud unter demselben Titel ab 1912 eine «Zeitschrift für Anwendung der Psychoanalyse auf die Geisteswissenschaften» herausgegeben; Carl Gustav Jung bezieht sich gleichzeitig auf den Begriff der «Imago» in seiner Abhandlung *Wandlungen und Symbole der Libido* (1912). In formaler Hinsicht ist in Spittelers Roman eine Subjektivierung des Erzählens zu vermerken, die sich der unterschiedlichsten Mittel bedient: von der erlebten Rede über den inneren Monolog, den umfangreichen Brief bis zum Erzählerkommentar, der sich weitgehend auf Viktors Point of

view beschränkt. In kulturgeschichtlicher Sicht ist ebenso die vehemente
Abgrenzung des Künstlertums gegen das ‹Leben› bemerkenswert, gegen
die erfüllte Liebe ebenso wie gegen die bürgerliche Lebensform. Hier
ergeben sich überraschende Übereinstimmungen zwischen dem sechzig-
jährigen Spitteler und dem um dreißig Jahre jüngeren Thomas Mann
(zum Beispiel *Tristan* und *Tonio Kröger*, beide 1903).

Als Darstellung des Grundkonflikts von ästhetischer und ‹menschlicher› Existenz, Künstlerberuf und emotionalen Bindungen finden die Äußerungen einer
schrill-exzentrischen Subjektivität in Spittelers *Imago* ihr sanft-gemildertes weibliches Gegenstück in Maria Wasers vielgelesener *Geschichte der Anna Waser*
(1913). «Ein Roman aus der Wende des 17. Jahrhunderts» lautet der Untertitel,
und tatsächlich wird hier in leicht archaisierender Sprache ein historisches Panorama der Zürcher Kultur ausgebreitet. Der Grundkonflikt der Hauptfigur ist
jedoch modern empfunden, aus der Sicht einer schreibenden Frau, die das
umfangreiche Werk frischen Mutterpflichten abzuringen hatte: «Daß sie mir sie
nur nicht erdrücken mit ihren häuslichen Sorgen, Parbleu, eine Sünd gegen die
heilige Kunst wär's, eine blutige Sünd!» So der Ausruf des Lehrers der vielver-
sprechenden jungen Malerin, als diese nach Hause abberufen wird; aber eben
das von ihm Befürchtete tritt zunächst ein, und erst am Ende einer langen Zeit
der Entsagung und des Wartens, des Verzichts nicht nur auf die freie Entfaltung
ihres Talents, sondern auch auf die Liebe, erreicht Anna Waser der Ruf nach
Paris. Ein tödlicher Treppensturz setzt der neu aufleuchtenden Hoffnung ein
jähes Ende. Damit dieses Ende nicht allzu abrupt und enttäuschend wirke, hat
die Autorin der Heldin zuvor schwärmerische Worte über den «guten Tod» in
den Mund gelegt: «der ist mild und schön, und der Herrgott schickt ihn uns,
und immer kommt er zur rechten Stund'.» Zur Sicherheit läßt sie im Schlußabsatz noch einen Sonnenaufgang über dem Friedhof nachfolgen: «[...] und was
hart war und eng, löste sich in der milden Glorie seiner allumfassenden Versöhnung.» Dem Rang dieses Künstlerinnen-Romans – nicht seiner einstigen
Beliebtheit – hat dieses geflissentliche Abschleifen der Ecken und Kanten einer
widerspenstigen Realität eher geschadet.

Ein Talent von außerordentlicher Produktivität, aber auch einer gewissen Ziellosigkeit erwächst der jungen Schweizer Erzählliteratur zu
Beginn des 20. Jahrhunderts in Jakob Schaffner. Der früh verwaiste
Anstaltszögling absolvierte eine Schuhmacherlehre, bevor er als Hand-
werksgeselle durch weite Teile Mitteleuropas zog. Reflexe dieser Zeit finden sich in seinem Erstling *Irrfahrten* (1905) wie im späteren Roman
Konrad Pilater (1910), der mit stimmungsvollen Bildern vom Moseltal
einsetzt, um mit düsteren Ausblicken auf Hochöfen und Fabrikschorn-
steine zu enden. Die Wende zur industriellen Arbeitswelt wird psychologisch als Suche nach dem Vater umgedeutet; sie kostet die schwangere
Geliebte des Helden (symbolische Repräsentantin des Mütterlichen) das
Leben. Schaffner, der sich 1911 in Berlin niederläßt und enge Kontakte
zu Oskar Loerke knüpft, entwickelt eine eigentümliche literarische Dop-
pel-Identität zwischen Deutschland und der Schweiz: Er verfaßt einen

Berlin-Roman mit handfestem «Miljöh»-Dialekt (*Weisheit der Liebe*, 1919) und betont in anderen Werken sein Schweizertum durch die Herkunft des Helden und sprachliche Eigenheiten (*Der Bote Gottes*, 1911) oder den Titel (*Das Schweizerkreuz*, 1916; später: *Das Liebespfand*).

Seine stärkste Intensität erreicht Schaffner, auch nach dem Urteil der Zeitgenossen, in den frühen Erzählungen. Die Lektüre der *Goldenen Fratze* versetzt Rudolf Borchardt 1912 in «so tiefe» Bewegung, daß er – ein für ihn ungewöhnlicher Schritt – sofort Kontakt zum Autor aufnimmt. Und Loerke behauptet 1908 in einem Brief an Schaffner, er habe jede Erzählung in dessen Sammlung *Die Laterne* (1907) wenigstens fünfmal gelesen. Mindestens zwei darunter nähern sich dem frühexpressionistischen Texttyp einer distanzlosen Darstellung pathologischer Bewußtseinsinhalte, eines nacherzählten Wegs in den Wahn: so die Erzählung *Die Begegnung* (ein Schulmeister will ein Attentat auf den die Stadt besuchenden Kaiser ausüben) und *Die Eschersche* (der mit der Wartung einer Fabrikmaschine beauftragte Arbeiter glaubt deren Lachen zu hören und versteht sich als Baal-Priester). So lange keine eindeutige Bewertung von außen erfolgt (wie im Schlußabsatz von *Die Begegnung*), bewirkt ein solches Erzählen die umfassende Dämonisierung der fiktionalen Welt: Dinge werden lebendig, Tiere beweisen Verstand, die Grenze zwischen Tod und Leben erscheint durchlässig.

Eben solche Effekte gehören zu den charakteristischen Merkmalen phantastischen Erzählens. Als phantastische Erzählung lassen sich denn auch Texte wie *Der Kilometerstein* (in: *Die Laterne*) und *Die goldene Fratze* einordnen (1912 in der gleichnamigen Sammlung erschienen). Die Geschichte von der Ermordung einer Kokotte durch den Jugendfreund, den sie einst zum Diebstahl eines Medaillons verleitete und der durch diesen Diebstahl letztlich aus der Bahn geworfen wurde, läßt sich auf mehrere Weisen lesen: als Variation auf den Femme-fatale-Mythos der Jahrhundertwende, als Plädoyer gegen die Todesstrafe, aber auch als Zeugnis einer magischen Verzauberung. Es ist dasselbe Medaillon mit der unscheinbaren Teufelsfratze, welches der Mörder seinem Opfer vom Hals reißt, das den eigentlichen Grund zur Verhängung der Todesstrafe darstellt (nämlich wegen Raubmords) und das er erst im Tode hergibt. Genauer gesagt: Es fällt seinem abgeschlagenen Kopf aus dem Mund! Die zeitlupenartige Ausführlichkeit, mit der Schaffner die letzten Reaktionen des nach der Abtrennung vom Rumpf durchaus noch denkenden und empfindenden Menschenhauptes beschreibt, lassen an ähnliche Vorlieben damaliger phantastischer Erzähler – insbesondere Karl Hans Strobls (*Der Kopf*) – denken. Daß Schaffner bei der Darstellung von Hinrichtungsakten auch vor ausgesprochenen Horror-Effekten nicht zurückschreckt, zeigt seine Erzählung *Der Scharfrichter* (1912). Hier geht das Beil erst einmal daneben.

Mit «Hochachtung» nennt Hermann Hesse 1909 Jakob Schaffner –
nächst Robert Walser – als zweiten von drei Kronzeugen für das Aufkommen einer «jungschweizerischen Literatur, die mit der bisherigen
nichts gemein zu haben scheint und weder im bösen noch im guten Sinn
den Namen Heimatkunst verdient oder nötig hat»:

> «Es sind einige Neue aufgetaucht, mit neuen Manieren und Gesich-
> tern, eine kühne und liebenswürdige Jugend, welche gleich wieder
> unter einen Hut und Namen bringen zu wollen, töricht und
> unrecht wäre. Immerhin haben diese neuen Schweizer Dichter, bei
> großer Verschiedenheit der Persönlichkeiten, viel auffallend
> Gemeinsames. Sie sind modern, sie scheinen freier von Humani-
> stik und Schulästhetik als noch die letzten der vorigen Generation,
> sie haben eine besondere Liebe zur sichtbaren Welt, und sie sind
> Städter. Das heißt, sie lieben, kennen und schildern weniger die
> einst beliebte Welt der Dörfer und Sennhütten als die der Städte
> und des modernen Lebens, und ihr Schweizertum tritt nicht
> absichtlich und betont hervor, sondern äußert sich ungewollt,
> wennschon deutlich genug, teils in der Denkart, teils in Wortwahl
> und Satzbau.»

Der dritte Name, auf den sich Hermann Hesse beruft, ist Albert Steffen.
Sein Jugend- und Erziehungsroman *Ott, Alois und Werelsche* (1907)
dürfte den Verfasser von *Unterm Rad* wahlverwandt berührt haben. Ob
Steffens weitere Werke im gleichen Maße Hesses Billigung gefunden
haben, steht dahin. Denn sie stellen einen durchaus neuen Ansatz in
Steffens Entwicklung dar, der sich 1908–1920 in München aufhielt und
durch die Begegnung mit Rudolf Steiner zur Anthroposophie geführt
wurde. An die Stelle impressionistischer Beschreibung tritt abstrahierende Lehre, die stimmungshafte Schilderung des Erstlings wird in den
ab 1912 folgenden Romanen von allegorischer Konstruktion und morali-
sierendem Räsonnement abgelöst. Daß sich Steffen gleichwohl im Programm des S. Fischer Verlags behaupten konnte und über den Kreis der
anthroposophischen Gemeinde hinaus wirkte, liegt einerseits an der
Aktualität der Themen, die seine Bücher aufgreifen (u. a. Prostitution,
Weltkrieg), andererseits an der Nähe zur irrationalistischen Grundströ-
mung der Epoche. So sind die Anklänge an Novalis – bis hin zum
Namen der Heldin in *Die Bestimmung der Roheit* (1912), die Sophie
heißt wie dessen Braut Sophie von Kühn – im Kontext der Romantik-
Renaissance des Jahrhundertbeginns zu sehen; Steffens Bekenntnis zu
Erlösung und universaler Liebe wiederum fand zahlreiche Parallelen in
der expressionistischen Programmatik.

Übrigens ist das Erzählwerk Steffens auch nicht ausschließlich auf das
anthroposophische Weltbild zu beziehen. Der grundlegende Gedanke

eines helfenden Erziehens ist schon in seinem ersten Roman in der Figur des verkrüppelten Malers Ott angelegt, der als Kinderwärter arbeitet. Arturs Zuwendung zu den schwachsinnigen Patienten der von ihm – zunächst gegen den inneren Widerstand seiner Frau Klara – geleiteten Irrenanstalt (*Der rechte Liebhaber des Schicksals*, 1916) oder Lucias halb-utopische internationale Schule in *Sibylla Mariana* (1917) lassen sich als konsequente Weiterentwicklung des in Ott verkörperten Ideals begreifen. Die klischeehafte Charakterisierung der vier Lehrer dieser Schule, die unterschiedliche Nationen Europas verkörpern (ein Deutscher, ein Russe, ein Engländer, ein Italiener), macht freilich die Schwäche der alle-gorischen Konstruktion deutlich. Immerhin erzielt Steffen eine klare Antikriegsbotschaft, indem er bei Ausbruch des Weltkriegs die Lehrer in ihre nationalen Loyalitäten zurückfallen, sich oder andere töten oder wahnsinnig werden läßt.

Eine verschlüsselte Darstellung des Krieges läßt sich wohl auch in der Para-bel-Erzählung erkennen, mit der Steffen seinen Novellenband *Die Heilige mit dem Fische* (1919) schließt: *Die Selbstbestrafung eines Negers*. Die schwarze Haut-farbe soll hier nicht rassistisch, sondern in dem moralischen Sinne verstanden werden, der schon in einer Anekdote des Romans *Die Bestimmung der Roheit* anklingt. Dort wird von der Rache eines Mädchens berichtet, das den untreuen Liebhaber mit Hilfe eines Wismutpräparats schwarz färbt und so gesellschaftlich desavouiert. Der Gärtner der späteren Erzählung ist schwarz, weil das Böse von ihm Besitz ergreifen kann (und zwar ganz wörtlich als der Saft der Teufels-pflanze, den er sich in die Adern spritzt). Seine Bosheit besteht recht eigentlich im Schwarz-Sehen, Schwarz-Malen: Er nimmt den Schülern, die er in Abwesen-heit des eigentlichen Lehrers Martin unterrichtet, die Hoffnung und den Glau-ben, indem er Pessimismus, ja Untergang predigt: «Stoffe verwesender Sterne wird man finden, um den Tod der Erde einzuimpfen. Sie wird zum Leichenfelde. Dunst umwallt uns schon. Schaut ihr nicht den Schatten neben euch?» Im heim-kehrenden Lehrer, der diesen Nihilismus durch den Hinweis auf Jesus widerlegt und der giftigen Teufelspflanze die Naturblumen entgegensetzt, die er von den Bergen mitgebracht hat, gibt Steffen auch ein Bild seiner eigenen dichterischen Botschaft: Auch sein Wirken bestand ja in der Widerlegung einer glaubensarmen Moderne, im Hinweis auf die natürliche Schönheit sittlicher Werte.

Steffens Dichtung *Wechselgesang* wurde 1914 in der *Aktion* abgedruckt; seine Traumerzählung *Die Traum-Ehe* erschien 1919 in Alfred Wolfen-steins Jahrbuch *Die Erhebung*. Steffen standen demnach expressionisti-sche Zeitschriften offen; man wird jedoch einen Autor, der aus so sicherer weltanschaulicher Geborgenheit heraus schreibt, kaum in nähere Bezie-hung zur expressionistischen Bewegung bringen. Dennoch gab es auch in der Schweizer Literatur, und zwar noch vor den zwanziger Jahren, Ansätze zu einem expressionistischen Erzählen.

So finden sich in der Zeitschrift *Schweizerland* vom Februar 1919 Cécile Laubers Erzählung *Der Richter* und Friedrich Glausers *Der Käfer* in engster Nachbarschaft. Wird dort in typischer Stilisierung («Die Fensteraugen dunkelten. Der Zug schmetterte in die Halle. Die Mädchen entflatterten») die Ermordung einer Prostituierten durch ihren Bruder dargestellt, der sich anschließend selbst richtet, so läßt Glausers Erzählung schon durch ihren Titel und den Vornamen der Hauptperson (Georg wie der junge Kaufmann in *Das Urteil*) einen engen Anschluß an Kafka erwarten. Tatsächlich hat sich der junge Glauser außer von den Dadaisten Emmy Hennings und Hugo Ball, mit denen er eng befreundet war, oder dem gleichfalls nach Zürich geflüchteten Leonhard Frank stark von Kafka beeindrucken lassen. Die Käfer-Vision, mit der der gleichnamige 1917 entstandene Text einsetzt, ist sicher als Hommage an den Autor der *Verwandlung* zu verstehen, hat jedoch eine völlig andere Funktion als in der Vorlage – sie signalisiert eine Schaffenskrise des Möchtegern-Dichters. Als Georg am Schluß seine philiströse Freundin in den Arm nimmt, die eine mächtige Käfer-Brosche trägt, erinnert er sich nur noch flüchtig der einstigen produktiven Unruhe: «Und dies war auch der Schluß der künstlerischen Laufbahn Georg von Ehrensteins.» Die literarische Karriere des Romanciers Glauser lag damals noch in weiter Zukunft.

3. Exkurs zur Versepik: Spitteler

Innerhalb des ersten Viertels des 20. Jahrhunderts ist Carl Spitteler im Bereich deutscher Sprache der einzige bedeutendere Repräsentant des erzählerisch (jedenfalls eher ‹episch› als lyrisch) orientierten Typs der Versepik, dem in unserer Darstellung der vorangehenden Jahrzehnte noch ein größeres Unterkapitel gewidmet werden konnte (Band IX, 1, S. 218–237). Mit seinem Frühwerk *Prometheus und Epimetheus* (1880) ist er aktiv an der damaligen Konjunktur eines weltanschaulich-geschichtsphilosophischen Epos beteiligt; Prometheus' Beharren auf der Unabhängigkeit seiner «Seele» und sein Widerstand gegen das oktroyierte «Gewissen» lassen sich als Kampf um persönliche Autonomie (des Künstlers? des epischen Helden generell?) gegen die Anpassungszwänge der modernen Gesellschaft lesen.

   In der Überarbeitung unter dem Titel *Prometheus der Dulder* (1924), die Spitteler erst kurz vor seinem Tod aus der Hand gab, sind die klaren Frontlinien des Jugendwerks durch das Bemühen um Ausgleich und Vertiefung verwischt. Dennoch ist auch hier der Bezug auf eine geschichtsphilosophische Problematik erkennbar, die letztlich die Bedingungen der Möglichkeit einer epischen Dichtung überhaupt betrifft. Nur wo sich die Unabhängigkeit und Gegenständlichkeit des einzelnen behauptet, ist jene Objektivität der Anschauung gegeben, die nach Hegel die eigentlich epische Poesie ermöglicht.

Auch und vor allem Spittelers Hauptwerk, das in gereimten sechshebigen Jamben gehaltene Versepos *Olympischer Frühling* – 1897 begonnen, in erster Fassung 1900–1904, in zweiter Fassung 1909 erschienen –, ist von der Reflexion über den Selbstwiderspruch epischen Dichtens in der Moderne bestimmt. Bei allem Reichtum seiner Bildphantasie, bei aller vitalistischen Daseinsseligkeit, die vor allem aus dem III. Teil «Die hohe Zeit» spricht, und trotz aller Bekenntnisse des Autors zu einer ursprünglichen Naivität, steht dieser Versuch einer Neuerzeugung des heidnischen Götterhimmels im Stile Homers von vornherein unter dem Verdikt einer Entmachtung der Götter im Zeichen des Determinismus und der Sterblichkeit, das heißt der Folgelasten der neuzeitlichen Philosophie und des christlichen Glaubens.

Schon bei ihrer Erweckung in der Unterwelt zu Beginn des I. Teils «Die Auffahrt» wird den Göttern das Eingeständnis ihrer Ohnmacht abverlangt. Hades als König der Unterwelt fragt nach der «Schicksalsregel, die den Göttern ist gesetzt», und nach dem Namen des obersten Herrschers:

«[...] Dem alle, hoch und niedrig, knechtisch untertan,
Götter und Menschen; der nach seinem finstern Plan
Der Sterne Lauf bestimmt und der Gedanken Gang.»
Er sprachs. Und Antwort gab ein Murmeln ernst und bang:
«Sein Name heißt Ananke, der gezwungne Zwang.»

Das griechische Wort «Ananke», eigentlich ein Femininum, heißt «Notwendigkeit». Es wird hier ins Maskuline transponiert (und durch eine männliche Figur verkörpert), um die Unbarmherzigkeit jenes «Zwangs» zu betonen, hinter dem offensichtlich der Willensbegriff Schopenhauers steht, der sich aber auch im Sinne des zeitgenössischen Monismus deuten läßt. Beim Wort genommen, würde die Einsicht in die Abhängigkeit der Götter von diesem übergeordneten Schicksalsprinzip auf eine Art Monotheismus hinauslaufen und die epische Welt ihrer (bei Homer in einer polytheistischen Religion begründeten) Vielgestaltigkeit berauben. Spitteler sichert seinem Epos eben diese Vielgestaltigkeit, indem er die Handlung des *Olympischen Frühlings* in zwei großen Schleifen anlegt, die das Ananke-Prinzip unterlaufen, ohne es zu brechen.

Die erste dieser Schleifen ist der große Wettkampf oder Agon, mit dem die auf dem Olymp angekommenen neuen Götter darüber entscheiden, wer von ihnen der König und Gatte der Götterkönigin Hera werden soll. Apoll gewinnt in allen vier Disziplinen (Gesang und Sage, Lauf, Wagenrennen, Traumdeutung und Prophezeiung) und sieht sich doch um seine Siegerrechte betrogen, weil nämlich Zeus, der vom Schicksal von vornherein zum Herrscher bestimmt wurde, im Bund mit der Schicksalsgöttin Gorgo die Macht einfach an sich reißt («Die erste

Herrschertugend heißt: die Herrschaft haben») und Hera in einem Akt
des Verrats zu ihm übergeht. Im Rückblick gesehen, war der Wettkampf,
dessen Schilderung genuine epische Gestaltungsmöglichkeiten eröffnet,
eigentlich überflüssig.

Die zweite und größere Schleife, die die Anlage des *Olympischen
Frühlings* bestimmt, ist der Ausnahmezustand, den Anankes Tochter
Moira – durchaus gegen den Willen ihres Vaters, der denn auch für ein
baldiges Ende sorgt – der frischverheirateten Götterkönigin gewährt.
Solange die grüne Fahne des Eheglücks vom Dach weht, sollen Zeus'
Herrschergeschäfte ruhen und alle übrigen Götter die Welt (mit Ausnahme des Menschengaus) nach Belieben in Streifzügen durchqueren –
eine «Anarchie» auf Widerruf mithin. «Die hohe Zeit», der dritte und
längste Teil des Epos, schildert danach in elf nur locker miteinander verbundenen Gesängen die zum Teil recht lebensprallen Abenteuer diverser
Göttergruppen und -figuren. Es ist eine Böcklin-Welt, die sich hier eröffnet, zugleich Erinnerungen an das weckend, was Jacob Burckhardt unter
«Renaissance» verstand. Apoll ist dabei in der zweiten Fassung gleich
doppelt vertreten: als «Entdecker» des Metakosmion zusammen mit seiner geliebten Artemis und als «Held» im Kampf gegen die Plattfüßer
(eine durchsichtige Philistersatire). Der anschließende Aphrodite-Ge-
sang, schon dem IV. Teil «Der hohen Zeit Ende» zugehörig, leitet dann
den Umschlag ein, insofern Aphrodite das Tabu bricht, nämlich die
Menschen mit ihrer nackten Götterschönheit provoziert, und so die Aufmerksamkeit Anankes erregt, der schleunigst den episch-paradiesischen
Ausnahmezustand beendet.

Der Schlußteil schildert Heras irre Flucht vor dem Tod, dem sie als
Abkömmling von Amazonen nicht entgehen kann, und gipfelt in der
visionären Beschreibung des Automaten, eines «ehernen Koloß» auf
einem «ungeschlachten Eisenriesenroß», vor dem sich Tausende von
Wesen, die bald darauf zermalmt werden, in uniformem Gehorsam ver-
beugen; die Allegorie der Vernichtung erinnert an Anzengrubers skeptische Fortschritts-Parabel *Jaggernaut* aus den sechziger Jahren des 19. Jahrhunderts. Der nachfolgende letzte Gesang bringt als Gegenbild Herakles'
Weg auf die Erde, wo den Sohn und Schützling des Zeus – infolge einer
gehässigen Intervention Heras – Undank und Leiden erwarten. Der als
«Widerpart / Der Massenfeigheit und der Herdenheuchelei» angelegte
Hoffnungsträger läßt sich dadurch nicht entmutigen: «Mein Herz heißt
‹Dennoch›.» So endet Spittelers Epos jenseits der klassischen Mythenwelt
mit einem trotzig-resignativen Ausblick auf die gesellschaftliche Realität.

Welchen Stellenwert die vielfältigen Anleihen bei der antiken Sagenwelt für
die Konzeption des *Olympischen Frühlings* überhaupt haben, bleibt umstritten.
Sind die nach griechischen Göttern benannten (mit ihnen keineswegs identischen) Figuren Symbole oder Allegorien, Ideenträger oder Verkörperungen eines

naturreligiösen Empfindens? Angesichts der Freiheit, die sich Spittelers Phantasie im Umgang mit der Tradition erlaubt, stellt sich bisweilen der Anschein der Parodie ein – eine Wirkung, deren Absicht der Dichter selbst auf das entschiedenste von sich wies. Und doch ist der humoristische Effekt nicht zu leugnen, der sich hier vielfach aus der Verschränkung kosmischer Vorgänge mit dem Inventar einer Alpenidylle und der Behäbigkeit einer kleinbürgerlichen Häuslichkeit ergibt. Moiras Erneuerung der Welt zu Beginn der «Hohen Zeit» beispielsweise trägt alle Züge eines hausfraulichen Frühjahrsputzes:

> Und in den Weltenwerkhof mit dem Schlüsselbunde
> Begab mit festen Schritten sie sich jetzt zur Stunde.
> «Hinweg mit dem verbrauchten Rumpel, abgenutzt!
> Huida! die Welt mit jungen Farben aufgeputzt!»
> Gesagt, gehorcht. Das gab ein Waschen und ein Scheuern.
> Gebirg und Tal und Himmel ließ sie schön erneuern.

Das bildungsbeflissene Publikum des frühen 20. Jahrhunderts hat sich an der latenten Bürgerlichkeit dieser Versdichtung ebensowenig gestört wie an den Widersprüchen ihrer Handlungslogik und der Vieldeutigkeit der Bildlichkeit. Das bei Eugen Diederichs in Jena erschienene Epos fand seine nachhaltigsten Befürworter außerhalb der Schweiz in den konservativen Kreisen des *Kunstwart* und in Romain Rolland, auf dessen Empfehlung hin Spitteler 1920 als erstem Schweizer für dieses Werk der Literaturnobelpreis (rückwirkend für 1919) zuerkannt wurde. Einem entschiedenen Verfechter der Moderne wie Arno Holz, als Verfasser des *Phantasus* immerhin mit den Problemen der Versepik vertraut, erschien Spittelers Werk dagegen «so vorweltlich abstrus, daß man sich bei seinem Lesen immer wieder an die Nase fassen muß, ob man auch wirklich liest»: «Die Fabel, respektive das Fabelgemengsel des ‹Olympischen Frühlings› läßt mich kühl bis ins letzte, und seine Form – oder ich habe kein Ohr – ist schwitzendstes, mühsamstes Epigonennachgedresch» (an Carl Meißner, Mai 1916).

III. ÖSTERREICH

1. Schnitzler und Hofmannsthal

Mit der Monologerzählung *Leutnant Gustl* (vgl. Band IX, 1, S. 286 f.) hat der Erzähler Schnitzler eine formale Radikalität erreicht, an die er erst mit *Fräulein Else* (1924) – gleichfalls einem absolut gesetzten inneren Monolog – wieder anknüpfen wird. Hier wie dort erhält das Protokoll des Bewußtseinsprozesses menschliches Gewicht und sozialkritische Tiefenschärfe durch den Selbstmord, auf den das Ich der Selbstaussprache zusteuert – auch wenn die Notwendigkeit dazu am Ende der Leutnants-Novelle plötzlich entfällt. Insofern lassen sich diesen Höhepunkten Schnitzlerscher Experimentierfreude (in erzähltechnischer Hinsicht) zwei andere Texte an die Seite stellen, die gleichfalls eine letzte Aussprache von Selbstmordkandidaten darstellen – allerdings in Briefform, einer bewußt gewählten und gestalteten Form der Mitteilung also: der Abschiedsbrief als letzte Chance zur Selbstinszenierung! Doch auch hier kommen die experimentelle Neugier des Autors und das psychologische Interesse des Lesers nicht zu kurz. Es zeigt sich nämlich bald, daß wir den Briefschreibern nicht alles glauben dürfen, daß es sich lohnt, zwischen der bewußten Botschaft und der faktischen Realität einerseits, den geheimen Steuerungsmechanismen des Denkens und der Sprache andererseits zu unterscheiden.

Andreas Thameyers letzter Brief (1902, entst. 1900) will uns doch tatsächlich weismachen, das Kind des Schreibers oder, wie man wohl richtiger sagen muß, das Kind seiner Frau verdanke seine negroide Hautfarbe nicht etwa einem Seitensprung der Mutter, sondern einem sogenannten «Versehen» während der Schwangerschaft, wie es die vormoderne Medizin für möglich hielt. Je lautstärker Thameyer die Ehre seiner Frau (und damit auch seine eigene) bekräftigt, der sein Selbstmord gewissermaßen das Siegel der letzten Bestätigung aufdrücken soll, desto weniger glauben wir seinen abstrusen Argumenten, ja seinem eigenen Zutrauen zu eben diesen. Vielleicht ist Thameyers Selbstmord in Wahrheit die Konsequenz aus einem noch viel gründlicheren und peinlicheren Scheitern, als es ein singulärer Fehltritt seiner Gattin wäre – dient die forcierte Rhetorik dieses Abschiedsbriefs der Verschleierung seiner Impotenz?

Der letzte Brief eines Literaten, nach längerem Vorlauf 1917 abgeschlossen, doch erst posthum veröffentlicht, empfängt seine innere Spannung aus der Ausrichtung auf einen Adressaten, der auch als fiktiver Herausgeber (mit einem höchst abfälligen Schlußkommentar) in Erscheinung tritt. Der Arzt mit dem sprechenden Namen «Vollbringer» ist das präzise Gegenbild zum leichtfertigen Literaten, der seiner künstlerischen Entwicklung sogar das Leben seiner herzkranken Frau zum Opfer zu bringen bereit ist – denn von der Trauer verspricht er sich positive Rückwirkungen auf seine Schaffenskraft. Ist der Selbstmord, mit dem er statt dessen seiner sterbenden Frau unmittelbar nachfolgt, gleichfalls die Konsequenz aus einer – in diesem Falle künstlerischen – Impotenz? Welchen Anteil nimmt der Autor selbst am fiktiven Schriftsteller und seinem Konterpart, dem Jugendfreund, dessen Verachtung für Belletristik und Bummelei an die Haltung von Schnitzlers eigenem Vater, dem erfolgreichen Kehlkopfspezialisten, gemahnt? Schon diese im übrigen unspektakulären Briefgeschichten zeigen, wie wichtig bei der Beschäftigung mit Schnitzlers Erzählwerk die Beachtung der Figurenperspektive und die Infragestellung der Textoberfläche sind.

Mehrere Schnitzler-Novellen vom Anfang des Jahrhunderts bilden heitere Variationen der Künstler-Bürger-Problematik, in die auch das Thema der Treue oder Untreue sinnreich einbezogen ist. Stand das künstlerisch-kreative Individuum, und allemal die Schauspielerin, doch generell unter dem Verdacht der Treulosigkeit! Im Verhältnis zu Adele Sandrock hatte der Autor eigene schmerzliche Erfahrungen auf diesem Gebiet gesammelt, auf die er in *Der tote Gabriel* (1907) deutlich anspielt. In *Exzentrik* (1902) und *Das Schicksal des Freiherrn von Leisenbohg* (1904) wird der Topos der treulosen Diva, sei es nun eine Varieté- oder Opernsängerin, ins Groteske gesteigert. *Exzentrik* setzt den düpierten Liebhaber der Verspottung eines Erzählers aus, der sich im Kaffeehaus die Abenteuer des komischen August anhören muß. Noch undankbarer ist die Rolle, die der Freiherr von Leisenbohg in der amourösen Karriere der von ihm finanzierten Sopranistin spielt; verdankt er die einzige Liebesnacht, die ihm gewährt wird, doch nur einem Aberglauben, dem er letztlich selbst zum Opfer fällt.

In der *Griechischen Tänzerin* (1902), Titelnovelle eines Auswahlbandes von 1905, steht dagegen die Treue eines erfolgreichen Bildhauers zur Diskussion. Es scheint fast unglaublich, daß das eifersuchtslose Vertrauen seiner kürzlich verstorbenen Frau gerechtfertigt, ja daß es überhaupt nur echt (und nicht vielmehr gesellschaftliche Fassade oder bewußte Selbsttäuschung) war. Klarheit darüber kann es für den Leser jedoch nicht geben, denn er verdankt sein ganzes Wissen einem borniertten Erzähler, der Kunst und Künstlerleben durch die Brille philiströser Vorurteile betrachtet und obendrein von einer eifersüchtigen Neigung zur Frau des Bildhauers erfüllt ist. Das Bewußtsein eines Bürgers (nämlich des Drechslersohnes Karl von Breiteneder) gibt – in streng personal gestalteter Erzähltechnik – auch den Standpunkt ab, von dem aus wir in *Das neue Lied* (1905) seine tragisch endende Affäre mit der Volksschauspielerin Marie betrachten. Marie verzweifelt angesichts der Kälte, mit der ihr der frühere Liebhaber nach ihrer Erblindung bei einer zufälligen Begegnung entgegentritt; der Freitod des tiefer empfindenden Mädchens, aber auch das mit zahlreichen Dialektreden ausgestaltete Wiener Vorstadtmilieu erinnern an Schnitzlers Erfolgsstück *Liebelei*.

«Was den wahren Anteil seiner Schuld» anbelangt, so könnte sich Karl Breiteneder angesichts von Maries Tod mit demselben Argument verteidigen wie der Protagonist in *Der tote Gabriel*: daß ihm nämlich «in dieser ganzen Angelegenheit nicht die Rolle eines Individuums, sondern die eines Prinzips zugefallen, daß daher wohl zu gelinder Wehmut, keineswegs aber zu ernsthafter Reue ein Anlaß vorhanden sei!» Sentimentalität als Dimension Schnitzlerschen Erzählens hat etwas mit dieser Reduktion von Verantwortlichkeit, mit der resignativen Annahme schicksalhafter Zwänge zu tun, die unser Handeln – nicht nur auf dem Gebiet der Erotik – determinieren. Verschiedene Erzählungen Schnitzlers aus dem ersten Jahrzehnt des 20. Jahrhunderts thematisieren die philosophische Frage von Determination oder Willensfreiheit, Prädestination oder individueller Verantwortung. Mehrfach begegnen uns Gestalten, denen der Glaube an schicksalhafte Gewalten zur tödlichen Falle wird und die gerade dadurch die Macht des Fatums zu bestätigen scheinen.

Der Freiherr von Leisenbohg fällt tot um, als er vom Fluch hört, mit dem der sterbende Fürst Bedenbruck den nächsten Liebhaber Kläre Hells bedroht hat. «Die Weissagung» eines ostjüdischen Taschenspielers in der gleichnamigen Novelle von 1905 (entst. 1902) erfüllt sich gegen alle Wahrscheinlichkeit viele Jahre später Punkt für Punkt; der Dramatiker, der mit seinem Stück unwillentlich und unwissentlich entscheidend zur Verwirklichung der Prophezeiung beigetragen hat, findet in der versiegelten Aufzeichnung des Herrn von Umprecht, dem vor zehn Jahren der Tod an einem bestimmten Tage in einer ganz bestimmten äußeren Konstellation vorhergesagt wurde (so jedenfalls seine Deutung eines visionären Bildes), sogar ein nicht verwendetes Detail aus den Entwürfen zu seinem Drama wieder. Der plötzliche Tod Umprechts angesichts des Eintretens auch dieses unerwarteten Umstands läßt sich leicht erklären, wie aber der seltsame Zufall selbst und das ominöse Verschwinden der Schrift auf dem notariell beglaubigten Dokument? Im spielerischen Umgang mit einem veräußerlichten Prädestinationsglauben ist Schnitzler hier wohl einen Schritt zu weit gegangen.

Andere Gestaltungen des Unwahrscheinlichen wahren penibel die Möglichkeit einer nachträglichen realistischen Auflösung. So wird in *Das Tagebuch der Redegonda* (beendet 1909, Druck 1911) der Glaube eines verliebten Offiziers an die mystische Ausstrahlung seiner nicht-erklärten Liebe der Lächerlichkeit preisgegeben. Während Redegonda mit einem anderen Offizier des Regiments durchbrennt, stellt er sich der Duell-Forderung, die ihm der erboste Kommandant nach Lektüre des Tagebuchs seiner Frau überbringt, und fällt im Bewußtsein der Buße für eine doch nicht von ihm vollbrachte Tat. Der Witz, der den Erzähler Schnitzler auch durch die Untiefen solcher trivialen Motive sicher leitet, verläßt ihn, wenn er sich auf die Ebene einer allegorisch-parabolischen Gestaltung begibt. Nur wegen ihres inhaltlichen Bezugs zur Schicksals-thematik seien daher zwei 1911 veröffentlichte Texte genannt: *Die dreifa-che Warnung* (entst. 1909) illustriert ironisch die philosophische These einer allumfassenden Determination; *Die Hirtenflöte* problematisiert das Verhältnis von Schicksal und Individualität. Dionysia, vom allzu weisen Gatten Erasmus in die Welt geschickt, um ihr «Schicksal zu erfüllen, ganz [sie] selbst zu sein», erlebt die extremsten Abenteuer und muß nach ihrer Rückkehr bekennen: «Ich weiß, wer ich bin? So wenig weiß ich's, als da du mich entließest.»

Die bis jetzt vorgestellten Texte Schnitzlers aus der Zeit vor dem Ersten Weltkrieg führen einen Gattungstyp fort, der schon die Anfänge seines Erzählwerks in den neunziger Jahren charakterisierte: die novelli-stisch zugespitzte Skizze zur Exponierung eines psychologischen oder psychosozialen Problems, oft mit einer gewissen Heiterkeit oder einer ironischen Pointe vorgetragen. Die alternative Option einer erzähleri-schen Großform im Dienste der akribischen Gestaltung eines seelischen Konflikts in der Kontinuität seiner Entwicklung, erstmals in *Sterben* erprobt, wird mit der bedeutenden Erzählung *Frau Berta Garlan* (1901) erneuert und bildet spätestens seit der thematisch verwandten Großer-zählung *Frau Beate und ihr Sohn* (1913) den dominierenden Typ Schnitz-lerscher Prosa. (Ihm wird auch die 1925 abgeschlossene *Traumnovelle* angehören, deren erster Entwurf schon in das Jahr 1907 fällt.)

Mit Berta Garlan und Beate Heinold sind es nicht zufällig zwei Witwen, die den epischen und psychologischen Ehrgeiz Schnitzlers herausfordern; denn die Sexualität der reiferen unverheirateten Frau gehörte zu den Tabuthemen der bür-gerlichen Gesellschaft seiner Zeit. Das Tabu war so streng, daß sich die Betroffe-nen selbst ihre eigenen Gefühle nicht einzugestehen wagten, und eben hierin lag für Schnitzler die Herausforderung einer neuen Erzählkunst: in enger Anleh-nung an das ‹falsche› oder jedenfalls unvollständige, nämlich zensierte Bewußt-sein die Entfaltung des Konflikts zwischen Leidenschaft und gesellschaftlichen Normen nachzuzeichnen. Eine Möglichkeit dazu bot zumindest nach Maßgabe der Psychoanalyse die Traumdarstellung, und es scheint nicht ohne Folgen für die Gestaltung des Eisenbahntraums von Berta Garlan geblieben zu sein, daß Schnitzler gerade während der Niederschrift der Erzählung Anfang 1900 Freuds kürzlich erschienene *Traumdeutung* gelesen hat:

«Plötzlich bläst ihr Herr Klingemann auf die Augen, lacht, daß es dröhnt, Berta schlägt die Augen auf – da saust eben ein Zug am Fenster vorbei. Sie schüttelt sich. Was für wirre Träume! Und fing es nicht sehr schön an? Sie versucht, sich zu besinnen. Ja, Emil spielte eine Rolle ... aber sie weiß nicht mehr, welche.»

Freuds Schüler Theodor Reik hat Bertas Traum in einer Studie von 1913 (*Arthur Schnitzler als Psycholog*) nach den Regeln der Psychoanalyse gedeutet und dabei den phallischen Geigenbogen Emils ebensowenig vergessen wie die Kirschkerne, die Frau Rupius dem Stationsvorsteher ins Gesicht spuckt – als Symbol ihres gegen die Normen der Gesellschaft verstoßenden Sexuallebens. Die mit einem gelähmten Mann verheiratete Frau, die ihre sexuellen Bedürfnisse auf Kurzreisen in die benachbarte Hauptstadt befriedigt, wird für Berta Garlan zum Vorbild, sobald diese sich der erotischen Natur ihrer Erinnerung an den mittlerweile zum berühmten Geiger aufgestiegenen Jugendfreund Emil Lindbach halbwegs bewußt wird. Frau Rupius bleibt ihr Vorbild bis zum Schluß; deren Tod infolge einer Abtreibung gibt Berta zu denken:

«Und sie ahnte das ungeheure Unrecht in der Welt, daß die Sehnsucht nach Wonne ebenso in die Frau gelegt ward, als in den Mann; und daß es bei den Frauen Sünde wird und Sühne fordert, wenn die Sehnsucht nach Wonne nicht zugleich die Sehnsucht nach dem Kinde ist.»

Damit hat Berta, die zugleich die ersten Anzeichen ihrer Monatsblutung verspürt (ein für die Literatur der Jahrhundertwende unerhörtes Detail, das den Leser über die äußere Folgenlosigkeit ihrer erotischen Eskapade belehrt), auch innerlich wenig oder nichts aus dem Abenteuer mit Emil Lindbach gelernt. Sie nimmt zwar das Vorhandensein einer weiblichen Sexualität und die Ungerechtigkeit einer geschlechterbezogenen Sexualmoral wahr, unterwirft sich dieser aber zugleich, indem sie die Kategorien von «Sünde» und «Sühne» übernimmt. Das Bewußtsein dieser österreichischen Madame Bovary (schon zeitgenössische Leser zogen die Parallele zu Flauberts Roman) wird so trivial bleiben wie die Romane der illustrierten Zeitungen, die sie liest und in denen ihr zuerst der Name Emils – im kitschigen Glanze des Ruhms – wieder entgegentrat. Als Anregung diente Schnitzler übrigens die Wiederbegegnung mit einer Jugendfreundin (Franziska Reich), bei der er selbst den Part Lindbachs spielte.

Als Witwe eines bekannten Schauspielers nimmt Frau Beate in der nach ihr benannten Erzählung von 1913 eine ungleich höhere gesellschaftliche Stellung ein, die ihr – auch während des geschilderten Urlaubs an einem bevorzugten österreichischen Badeort (Vorbild: Bad Ischl) – eine Fülle sozialer Kontakte, mit mehr oder weniger deutlichen erotischen Entwicklungsmöglichkeiten, beschert. Beate Heinold ist für derartige Avancen prinzipiell nicht zugänglich – gewesen, wie man hinzusetzen muß, denn Schnitzlers Erzählung setzt wie schon *Frau Berta Garlan* genau zu dem Zeitpunkt (hier: fünf Jahre nach dem Tod des Mannes) ein, als die Witwe emotional zu neuer erotischer Aktivität bereit ist. Der Freund ihres Sohnes Hugo, mit dem sie eine unvorsichtige Liaison eingeht, kann dabei nur Zwischenstation sein, denn wie schon der Anfang der Erzählung deutlich macht, gilt ihre eigentliche Neigung Hugo, mit dem sie am Schluß einen gemeinsamen – wohl durch Kellers *Romeo und Julia auf dem Dorfe* inspirierten – Liebestod auf dem See erleidet. Daher die eifersüchtige Sorge, die Hugos Verhältnis mit einer leichtfertigen Aristokratin seiner Mutter bereitet; ihr Besuch bei der Lebedame erinnert auffällig an den mutigen Auftritt, mit dem sie sich seinerzeit ihren Mann gegen den Einfluß einer alternden Konkurrentin erkämpfte. Solche Wiederkehr der Vergangenheit bedingt einen großen Teil des psychischen Prozesses, den wir aus nächster Nähe eines streng personalen Erzählens miterleben. Es geht um Erinnerungsarbeit: Revision des Bildes, das die Witwe von ihrem Mann und ihrer Ehe besitzt. Dabei muß offen bleiben, ob die Ab- und Umwertung ihres bisherigen Idols, das nun gleich mehrfacher ehelicher Untreue verdächtigt wird, zu Recht erfolgt. Wichtig allein ist die neue Perspektive auf sich und die Liebe, die Beate aus ihrem triebgeleiteten Nachdenken gewinnt. So nähert sie sich der Wahrheit ihrer inzestuösen Neigung, wenn sie sich der besonderen Natur ihrer Liebe zu Ferdinand bewußt wird — einer Hingabe eben an einen Schauspieler, der auch in den Augen seiner Frau wechselnde Rollen verkörperte, «Gesegnete und Gezeichnete». Schon nach dem Besuch bei Fortunata kommt ihr der Gedanke:

> «wie wohl dieser Abend endete, wenn mit einem Male durch irgendein Wunder alle Gebote der Sitte aus der Welt geschafft wären und diese jungen Leute ohne jedes Hindernis ihren geheimen, jetzt vielleicht von ihnen selbst nicht geahnten Trieben folgen dürften? Und plötzlich fiel ihr ein, daß es ja solche gesetzlosen Welten gab; daß sie selbst eben aus einer solchen emporgestiegen kam und den Duft von ihr noch in den Haaren trug. Darum nur sah sie ja heute, was ihren harmlosen Augen sonst immer entgangen war. Darum nur —? Waren jene Welten ihr einstmals nicht geheimnisvoll vertraut gewesen? War sie nicht selbst einst die Geliebte von Gesegneten und Gezeichneten ... [...]?»

Das Gegenstück zu diesen Frauennovellen bildet *Doktor Gräsler, Badearzt* (1917), entstanden 1911–1914 unter Verwertung von Eindrücken, die Schnitzler im November 1908 beim Wiedersehen mit einem sächsischen Bekannten empfing, der im Winter als Arzt in Assuan arbeitete. Während Berta Garlan und Beate Heinold die Macht der Sexualität an sich erfahren und die daraus resultierenden Normenkonflikte mit unterschiedlicher Bewußtheit aufarbeiten, erweist sich der pedantische Kurarzt als ein ausgesprochener Verdrängungskünstler. So wenig Emil Gräsler den Selbstmord der ihn umsorgenden Schwester an sich herankommen läßt, so wenig zeigt er moralische Verantwortung in den erotischen Beziehungen, in die das folgende Halbjahr den alternden Junggesellen verwickelt. Als er schließlich mit einigen Wochen Verspätung zur Wintersaison wieder auf Lanzarote anlangt, bringt er tatsächlich — wie vom Kurdirektor vorausgesagt — «eine kleine, nette Frau aus Deutschland mit»; doch ist diese zweifellos von allen Möglichkeiten, die sich dem Mann in der Zwischenzeit geboten haben, die schlichteste, auf eheliche Treue am wenigsten Aussicht gebende Lösung. Die Bindungsunlust des Mannes hat sich in Schnitzlers Werk selten so spröde geäußert wie in diesem streng personal erzählten Porträt eines zaudernden Egoisten, der das großmütige Heiratsangebot der klugen und emanzipierten Sabine —

ihr Brief ist ein Meisterstück der Charakterisierungskunst – weniger ausschlägt als durch Zeitablauf verfallen läßt.

Das Motiv der festgelegten Frist bis zur Heirat kennt der Schnitzler-Leser bereits aus der Novelle *Der Mörder* (1911); auch dort erweist sich die Unfähigkeit des Mannes zur rechtzeitigen Entscheidung als verhängnisvoll. Alfred zieht es vor, Elise zu töten, statt ihr reinen Wein über seine Verlobung mit Adele einzuschenken; er hat sie überdies in seiner Phantasie systematisch mit der anderen betrogen, ja durch sie ersetzt. Das Gegenbild zu solcher Treulosigkeit aus Schwäche bildet die Figur des um seine Selbstbehauptung kämpfenden Verführers in der Novelle *Casanovas Heimfahrt* (1918), 1915–1917 in enger Berührung mit dem Lustspiel *Die Schwestern oder Casanova in Spa* entstanden. In freiem Umgang mit Casanovas Memoiren, die er 1914 kennenlernte, entwickelt Schnitzler das Bild eines alternden Don Juan, der nur mit Mühe und unter demütigenden Bedingungen Heimatrecht in seiner Vaterstadt Venedig erlangt und überdies im Abenteuer mit Marcolina, deren Besitz er von Lorenzi regelrecht erkauft, den Angriff der Jugend auf sein Selbstbewußtsein abwehren muß. Nachdem er in Marcolinas Augen sein Todesurteil gelesen hat («Alter Mann»), gelingt ihm zwar ein Duellsieg gegen ihren Liebhaber. Doch zeugt dessen nackte Leiche, «in unvergleichlicher Schönheit auf dem Rasen hingestreckt», von eben jener natürlichen Anmut und Liebesfähigkeit, auf die Casanova bei all seiner Geistesgegenwart, ja Genialität keinen Anspruch mehr erheben darf. In Schnitzlers Erzählung, die sich konsequent auf die Perspektive des gewissenlosen und auch vor der Vergewaltigung eines minderjährigen Mädchens nicht zurückschreckenden Abenteurers beschränkt, ist dieser dreiundfünfzig Jahre alt; er zählt damit ebenso viele Jahre wie der Autor selbst zu Beginn der Arbeit im Jahre 1915.

Nicht frei von autobiographischen Elementen ist auch die 1912–1917 entstandene, zuletzt *Wahn* betitelte Novelle, die wenige Monate vor Schnitzlers Tod 1931 unter dem Titel *Flucht in die Finsternis* veröffentlicht wurde. «Erzählte Julius von meinen Angstgefühlen. – ‹Selbsterziehung…› Ja!», heißt es im Tagebuch vom März 1905. Wie Schnitzlers Bruder Julius ist auch Otto, der Bruder des Protagonisten, Arzt. Robert hat ihm in der Vorgeschichte der Novelle das Versprechen abgerungen, ihm im Falle einer unheilbaren geistigen Erkrankung Sterbehilfe zu gewähren, und entwickelt nunmehr aus eben dieser Vereinbarung einen Verfolgungswahn. Wie in Schnitzlers früheren erzählerischen Gestaltungen des Wahnsinns – *Die Nächste* (1932, entst. 1899), *Die Fremde* (1902) – erweist sich der Übergang von Normalität zu Pathologie als fließend. Es sind typische Eigenschaften des impressionistischen ‹Helden› wie Instabilität, Stimmungsabhängigkeit, Egozentrik, die sich in Roberts Psyche ausprägen und mit der Zwangsidee von der brüderlichen Mordabsicht

verbinden. Als ihm Otto den Brief zurückgibt, in dem Robert ihm seinerzeit die Erlaubnis zur Tötung ausgesprochen hat, empfindet dieser
einen Moment lang ein «wundersames Gefühl von Geborgenheit». Plötzlich aber schlägt seine Einschätzung der Situation ins Gegenteil um:
«Will er mich in Sicherheit wiegen? Ja. Das ist's. Er nimmt es auch ohne
Brief auf sich.»

Da sich die Perspektive der Erzählung weitestgehend an Roberts
Bewußtsein anlehnt, ist der Leser bei der Beurteilung seines Zustands
auf eigene Maßstäbe, gewissermaßen auf seine laienpsychologische Kompetenz angewiesen. An der entscheidenden Stelle – unmittelbar vor
der Tötung des Arztes durch den Kranken – kommt ihm ein auktorialer
Erzähler zu Hilfe: «Und die Worte versagten ihm [sc. Otto]. In seinen
Augen war Angst, Mitleid und Liebe ohne Maß. Doch dem Bruder
bedeutete der feuchte Glanz dieses Blickes Tücke, Drohung und Tod.»
Zusätzliche Orientierung gewähren uns natürlich der Titel und die metaphorische Antithese von Licht und Finsternis, die die gesamte Erzählung durchzieht. Schon der erste Abschnitt, der die Abreise des Rekonva-
leszenten vom Mittelmeer beschreibt, endet mit einem Bild fast expressionistischer, an visionäre Passagen Trakls oder Heyms gemahnender
Gewalt: «Als er auf den obersten verwitterten Stufen der Arena stand,
vom entweichenden Tagesschein umflossen, stieg, gleich einer dunklen
Mahnung, aus der Tiefe des ungeheuren Kreises der Abend zu ihm
empor.»

Der «Flucht in die Finsternis» korrespondiert antithetisch der «Weg
ins Freie» – der Titel des einzigen veritablen Romans, mit dem Schnitzler hervortrat (*Frau Berta Garlan*, anfangs mit der Gattungsbezeichnung
«Roman» vertrieben, kann hier ebenso außer Betracht bleiben wie der
spätere Grenzfall *Therese. Chronik eines Frauenlebens*). Der *Weg ins Freie*
erschien 1908 bei S. Fischer; allein für den Vorabdruck in der *Neuen
Rundschau* erhielt der Autor 12 000 Mark. Es sollte sein erfolgreichstes
Buch werden, und doch konnte Schnitzler sich der Tränen nicht erwehren, als er in der Endphase der Arbeit das Ausgeführte mit den umfassenden Ambitionen des ersten Entwurfs verglich. Die Ablehnung durch
Hofmannsthal, der den Roman angeblich «halb zufällig, halb absichtlich» in der Eisenbahn vergessen hat und das auch noch als Freudsche
Fehlleistung entschuldigt (Briefe vom Oktober/November 1910), hat
den Verfasser um so empfindlicher getroffen, als sie mit Zweifeln in der
eigenen Brust übereinstimmte. Und waren diese Zweifel ganz unberech-
tigt? Bleibt das Werk bei allem Reichtum an Gestalten und Gedanken
nicht hinter der formalen Kühnheit manches kürzeren Erzählwerks von
Schnitzler zurück? Erinnert es mit dem zentralen Motiv der Liebesgeschichte zwischen Georg von Wergenthin und Anna Rosner und mit
dem strahlenden Erscheinungsbild dieses aristokratischen Helden, eines

melancholischen homme des femmes mit musikalischen Neigungen, nicht fatal an manches Klischee trivialer Romanunterhaltung? Und hinterläßt nicht auch die Mischung von freier Fiktion und unmißverständlichen Zitaten aus der Wiener Literatur- und Gesellschaftsszene einen unguten Nachgeschmack?

Schnitzlers Tagebücher belegen, daß er zwar das Mißverständnis des Romans als ‹Schlüsselroman› gefürchtet, andererseits bewußt mit persönlichen Modellen gearbeitet hat. Einigen Bekannten hat er sein Vorgehen geradezu angekündigt; anderen gegenüber mußte er es nachträglich rechtfertigen; wiederholt registriert er im Laufe des langen Entstehungsprozesses merkwürdige Koinzidenzen zwischen Realität und Fiktion. Über ein Zusammentreffen mit dem Vorbild der Else Ehrenberg in Lugano notiert er im Tagebuch (am 10. April 1906): «Minnie Benedict und Mutter begegnet und begleitet. Sie erzählt von Baltazzi, Schulz, Bubi Franckenstein und ich sah Stanzides, Wilt, Felician.» Tatsächlich sind die Brüder Wergenthin äußerlich nach den Brüdern Franckenstein gezeichnet: Felician nach dem Diplomaten Georg (Bubi), sein musikalischer Bruder Georg nach dem mit Hofmannsthal befreundeten Kapellmeister und Theaterleiter Clemens. Ein anderer Freund Hofmannsthals, der Schauspieler und Schriftsteller Gustav Schwarzkopf, wird – nicht ohne sein Wissen – im Schriftsteller Nürnberger porträtiert ebenso wie der Musiker und Mathematiker Leo Van-Jung im Zionisten Leo Golowski. Der Wiener Walzer- und Liederkomponist Gustav Pick hält mitsamt seinem Sohn Rudolf Einzug in den Roman (als Vater und Sohn Eißler). Auch Karl Kraus und Alfred Polgar, die von Schnitzler meistgehaßten Kritiker, finden sich in den satirischen Figuren Rapp und Gleißner (!) wieder. Mit Georgs Augen sehen wir sie gegen Ende des zweiten Kapitels von außen durch die Fenster des Kaffeehauses, ohne sie zu hören:

> «An einem Fenster, das der Vorhang nicht verhüllte, sah er den Kritiker Rapp sitzen, einen Stoß von Zeitungen vor sich auf dem Tisch. Eben hatte er den Zwicker von der Nase genommen, putzte ihn, und so sah das blasse, sonst so hämisch-kluge Gesicht, mit den stumpfen Augen wie tot aus. Ihm gegenüber, mit ins Leere gehenden Gesten, saß der Dichter Gleißner, im Glanze seiner falschen Eleganz, mit einer ungeheuern, schwarzen Krawatte, darin ein roter Stein funkelte. Als Georg, ohne ihre Stimmen zu hören, nur die Lippen der beiden sich bewegen und ihre Blicke hin- und hergehen sah, faßte er es kaum, wie sie es ertragen konnten in dieser Wolke von Haß sich eine Viertelstunde lang gegenüber zu sitzen. Er fühlte mit einemmal, daß dies die Atmosphäre war, in der das Leben dieses ganzen Kreises sich abspielte, und durch die nur manchmal erlösende Blitze von Geist und Selbsterkenntnis zuckten.»

An Stellen wie dieser wird deutlich, was die Titelmetapher «Der Weg ins Freie» – nicht nur, aber in erster Linie – bedeutet. Sie steht für die Suche des Protagonisten nach einer sinnerfüllten Existenz jenseits der vorgeschriebenen Bahnen des gesellschaftlichen und (offenbar weitgehend verkrusteten) geistigen Lebens der österreichischen Hauptstadt. In der Liebe zur Sängerin Anna Rosner, deren rückhaltlose Hingabe die Normen ihres katholisch-kleinbürgerlichen Elternhauses weit hinter sich läßt, findet dieser Vetter Anatols aufgrund eigener Gefühlsschwäche und Bindungsunfähigkeit keine dauerhafte Erfüllung; mit dem Tod des gemeinsamen Kindes bei der Geburt ist auch ihre Beziehung zu Ende. Wir haben allen Grund zu zweifeln, ob Georg als Komponist begabt und diszipliniert genug ist, um in der Kapellmeistertätigkeit an einer deutschen Hofbühne, zu der er am Ende des Romans aufbricht, die Basis für eine substantiellere Entwicklung von Werk und Persönlichkeit zu finden.

Noch bedenklicher sind offenbar die Aussichten für den «Weg ins Freie», auf dem sich Georgs Freund und Librettist Heinrich Bermann befindet. «Irgend einmal war ihm wohl bestimmt, von einer Turmspitze, auf die er in Spiralen hinaufgeringelt war, hinabzustürzen ins Leere; und das würde sein Ende sein.» So sieht es auf der letzten Seite Georg, dem im Laufe des Romans immer wieder die Funktion zufällt, durch distanzierende Bemerkungen – bis hin zu solchen vom Kaliber «Du Jude» – einen inneren Abstand zu den geistvollen gesellschafts- wie selbstkritischen Äußerungen dieser deutsch-jüdischen Schriftstellergestalt herzustellen, die man als halbes Selbstporträt des Autors betrachten darf – auch wenn Jakob Wassermanns Frau Julie hier ihren Mann abgebildet sah. Schnitzler hat die beiden gegensätzlichen Freunde mit wichtigen Stationen seiner eigenen erotischen Karriere verknüpft: Heinrichs Affäre mit der untreuen Schauspielerin erinnert an die frühe Beziehung zu Marie (Mizi) Glümer; Georgs Stellung zwischen Anna Rosner und der faszinierenden Fremden am See an Schnitzlers Erlebnisse mit Marie Reinhard, die ihm 1897 ein totes Kind gebar, und Rosa Freudenthal in Bad Ischl. Indem Heinrich zum wichtigsten Ideenträger, Georg dagegen zum emotionalen Zentrum des Romans avanciert, wird der Anschein eines Thesenromans vermieden, andererseits die Darstellung des Judentums manchem Mißverständnis ausgesetzt.

Denn obwohl hier von einem deutsch-jüdischen Autor die prekäre Stellung des jüdischen Bürgertums im Wien der Lueger-Zeit mit ungewohnter Deutlichkeit thematisiert wird – Olga Schnitzler erwartete im Oktober 1907 das «Einschlagen» der «Judenstellen» «wie eine Bombe» –, erfolgt die Darstellung dieser Problematik im Roman gerade nicht aus einer jüdischen, sondern aus einer aristokratisch-konservativen Perspektive. Symptomatisch ist die Reaktion des Protagonisten im ersten Kapitel:

> «Georg lächelte liebenswürdig. In Wirklichkeit aber war er eher enerviert. Seiner Empfindung nach bestand durchaus keine Notwendigkeit, daß auch der alte Doktor Stauber ihm offizielle Mitteilung von seiner Zugehörigkeit zum Judentum machte. Er wußte es ja, und er nahm es ihm nicht übel. Er nahm es überhaupt keinem übel: aber warum fingen sie denn immer wieder selbst davon zu reden an? Wo er auch hinkam, er begegnete nur Juden, die sich schämten, daß sie Juden waren, oder solchen, die darauf stolz waren, und Angst hatten, man könnte glauben, sie schämten sich.»

Die Aufnahme des Romans in der Öffentlichkeit sollte Schnitzlers Vorsicht in gewisser Weise bestätigen. Mit der «Behandlung der Judenfrage» zeigten sich laut Tagebuch vom Mai 1908 die meisten Juden, mit denen er während des Vorabdrucks sprach, nicht zufrieden. Raoul Auernheimer, der Rezensent der *Neuen Freien Presse* (Organ des liberalen Wiener Judentums), spricht dunkel von den «beiden Hälften der Wiener Gesellschaft», unterschlägt aber die entsprechende Hälfte des Buchs; das Wort «jüdisch» kommt in seiner Kritik nicht vor. Andere zeitgenössische Kritiker, allen voran Georg Brandes (in einem Brief an Schnitzler vom Juni 1908), sahen geradezu ein Auseinanderfallen des Romans in zwei

unzureichend miteinander verknüpfte Teile: hier die Liebeshandlung, dort die
Lage des jüdischen Bürgertums. Wenn Anna wenigstens noch Jüdin wäre!
Immerhin stellt ihr Schnitzler einen antisemitisch disponierten Bruder an die
Seite und sorgt auf diese Weise für eine zusätzliche Verbindung zwischen den
beiden Zentren des Romans. Die Begegnung mit Josef Rosner und den anderen
Sportlern seines «judenreinen» Radfahrclubs auf der Sophienalpe führt im drit-
ten Kapitel des Romans zu einer Diskussion zwischen Heinrich Bermann und
Leo Golowski, die oben als Dokument der Kontroverse um eine jüdische Hei-
mat und den zionistischen «Weg ins Freie» vorgestellt wurde (S. 47 f.).

Hofmannsthal, der Schnitzlers Roman so unmißverständlich ablehnte, hat sich selbst seit der Jahrhundertwende als Erzähler stark
zurückgenommen. Gleichzeitig exportiert er seine narrative Phantasie in
Grenz- oder Nachbargattungen wie den fiktiven Brief oder den kulturkritischen Essay in Briefform. Unter dem Titel *Ein Brief* (1902) läßt er
Lord Chandos von der Sprachkrise erzählen, die diesen Schüler Bacons
betroffen hat, und damit eine epochale Grunderfahrung der Jahrhundertwende beschreiben (s. o. S. 82 f.). *Die Briefe des Zurückgekehrten*
(1907/08) diagnostizieren die geistige Krise des wilhelminischen
Deutschland in durchaus analoger Form. Denn auch hier gibt es – im
abschließenden Van-Gogh-Erlebnis – einen positiven Gegenpol, eine
mystisch-visionäre Ausnahmeerfahrung, die dem allgemeinen Orientie-
rungsverlust haltgebend entgegenwirkt; auch Lord Chandos kannte im
außersprachlichen Bereich ja solche Augenblicke der momentanen Sinn-
und Welterfülltheit.

«Dass ihm die Welt in zwei getrennt ist! Nie war alles in einem!» Hofmannsthals Notiz für einen Monolog des Kaisers in der Märchenfassung
der *Frau ohne Schatten* deutet den inneren Zusammenhang auch seiner
eigentlichen erzählerischen Produktion mit der Zeitanalyse jener fiktiven Briefe an. Entfremdung, Trennung, Spaltung werden von diesem
Erzähler spätestens seit der *Reitergeschichte* vor allem als innerpsychi-
sches Phänomen ausgemacht. In der Novelle *Lucidor* (1910), die später
als Vorlage für Hofmannsthals Oper *Arabella* (1929) dient und tatsächlich ja schon den Untertitel «Figuren zu einer ungeschriebenen Komödie» trägt, wird ein Molièresches Thema soziologisch und psychologisch
vertieft. Eine verarmte Adlige im Wien der späten 1870er Jahre steckt
ihre Tochter Lucile in die Hosenrolle des angeblichen Sohns Lucidor. Im
Bemühen, die Verbindung seiner/ihrer Schwester Arabella mit dem bisher erfolglosen Verehrer Wladimir zu fördern, verfällt Lucidor auf die
Idee, nicht nur die zärtlichsten Briefe im Namen Arabellas zu verfassen,
sondern auch das in ihnen versprochene Liebesglück im Dunkel der
Nacht selbst zu gewähren. Tagsüber Jüngling und des Nachts Mädchen,
kommt Lucidor somit der Faszination Hofmannsthals und seiner Zeit
für die Figur des Androgyns – diesem durchsichtigen homoerotischen

Wunschtraum – weit entgegen. Zugleich rückt er/sie durch das Verstellungsspiel Arabella in eine Perspektive, die unmittelbar auf den *Andreas*-Roman vorausweist: Die am Tage Abweisende, nachts scheinbar Hingebungsvolle verkörpert in den Augen Wladimirs eine «Doppelnatur», der «eine ganz geheime Spaltung», verursacht durch die Verdrängung einer «phantasievollen Sinnlichkeit» im Zuge der Pubertät, auch in seinem eigenen Wesen entspricht.

Über die Realität solcher Spaltungsprozesse war Hofmannsthal u. a. durch das Buch des amerikanischen Psychiaters Morton Prince belehrt: *The Dissociation of a Personality. A biographical study in abnormal psychology* (1906). Darin wird auf über 500 Seiten die Entwicklung einer Patientin «Miss Beauchamp» beschrieben, die sich in mehrere Identitäten aufspaltet, darunter die Heilige «B I» und die Hure «B III». In der visionären Begegnung des Venedigreisenden mit dem weiblichen Doppelwesen auf den letzten Seiten des *Andreas*-Fragments wird dieselbe Antinomie beschworen, freilich ganz ins Irrationale verschoben und als Ereignis ohne Zeugen in einer ungewissen Beziehung zum Betrachter stehend, der hier vielleicht nur einer Projektion seiner eigenen Subjektivität erliegt.

Die Entwürfe zu Hofmannsthals *Andreas*-Roman entstehen zwischen 1907 und 1927. In ihrer letzten Schicht steht der Gedanke einer elementaren und sozialen Vereinigung im Vordergrund; in den frühen Notizen dominiert dagegen das Motiv der Spaltung, zum Teil in wörtlicher Anlehnung an Prince. So heißt das weibliche Doppelwesen B_I oder B_{III}, auch M_I oder M_{III} bzw. M_{II}, zumeist jedoch Maria oder Mariquita, wobei letzterem Namen im Spanischen auch die Bedeutung «verkleideter Mann» zukommt – eine Spur, die nicht nur auf *Lucidor* zurückweist, sondern auch zu bestimmten androgynen Elementen in der Genese des Hauptmanuskripts führt, das 1912/13 entsteht. Zusammen mit einer Auswahl von Notizen wird es 1930 aus dem Nachlaß veröffentlicht, und zwar unter dem Titel *Andreas oder die Vereinigten*. Spätere Herausgeber haben sich unter den zahlreichen von Hofmannsthal benutzten Titeln (u. a. «Das Reisetagebuch des Herrn v. N.», «Venezianisches Erlebniss», «Die Dame mit dem Hündchen») für die häufigere und neutralere Variante «Andreas» entschieden.

Der vollständige Name des Helden im Hauptmanuskript lautet in der Regel «Andres [sic] von Ferschengelder», wohl in Anspielung auf die Redensart vom Fersengeld-Geben; wir haben es offenbar mit jemandem zu tun, der vor sich selbst auf der Flucht ist. Das traditionelle Konzept der Reise als Bildungserfahrung und notwendiges Requisit des Bildungsromans wird zitiert und umgebogen zu einem Gleichnis der Pluralität und Dissoziation des Ichs. Im labyrinthischen Charakter Venedigs, dieses stadtgewordenen Übergangs vom Wasser zum Land mit seinem unüberschaubaren Gewirr von Wasserstraßen und Brücken, Treppen, Toren und Schwibbögen, findet die Vervielfältigung der Individualität eine beunruhigende topographische Entsprechung. Punktuell fühlt man sich schon an die «Denkbilder» Siegfried Kracauers erinnert, die aus dem historischen Gefüge einer mediterranen Stadtlandschaft gleichfalls die Wahrheit des Alptraums herauslesen (so in *Zwei Plätze*, 1926).

Etwa die Hälfte der ausgeführten Erzählung ist freilich gar nicht in Venedig
angesiedelt, sondern einer traumhaften Erinnerung des Reisenden (nach der
Ankunft in der Lagunenstadt) gewidmet. Auf dem Finazzerhof in Kärnten ist
Andreas auf der Herreise der Bauerntochter Romana begegnet, mit der er fortan
eine Vereinigung ersehnt. Allerdings werden das ländliche Idyll und der ideale
Anspruch dieser Liebesbeziehung systematisch durch die Ränke und Verbrechen
des Dieners Gotthelff verdunkelt, der eine Magd vergewaltigt, während Andreas
in einem zeitgleichen «wüsten Traum» Romana einzuholen sucht, der die Kleider
unordentlich vom Leib gerissen sind. Gotthelffs Gewalttat liefert also den Kommentar zum triebhaften Subtext der Liebe seines Herrn, und eben dieser zweideutige Spiegelungseffekt bestätigt sich in der Vergiftung des Hofhunds durch
den Knecht. Schon in Andreas' erstem Traum auf dem Finazzerhof hatte sich die
Grausamkeit verraten, mit der er selbst als Kind einem Hund das Rückgrat zertreten hat; die Erinnerung verfolgt ihn, noch halb verdrängt, am nächsten Tag
und geht auch in seinen zweiten Kärntner Traum ein, der die ‹Doppelnatur› seines eigenen Liebeswerbens auf die Geliebte überträgt: «Was bist denn Du für
eine rief er ihr staunend entgegen. So eine halt sagt sie und hält ihm den Mund
hin.» Das ist konsequent nach den Regeln der Freudschen *Traumdeutung* gedich-
tet; wer solches träumt, trägt das Doppelwesen Maria/Mariquita schon in sich.

Als historischer Rahmen des *Andreas*-Romans dient das letzte Jahr der Herrschaft Maria Theresias (1780). Damit ist auch vom Zeitpunkt der Handlung her
der Anschluß zu den klassischen Fragmenten hergestellt, die seine Ausgestaltung
am stärksten beeinflußt haben: dem Schillerschen *Geisterseher* und *Wilhelm Meisters theatralischer Sendung*. Goethes «Ur-Meister» war im Vorjahr der Ausarbeitung erstmals veröffentlicht und von Hofmannsthal begeistert begrüßt worden
(«*Wilhelm Meister*» in der Urform, 1911). Mit Schillers Romanversuch teilt Hofmannsthals Fragment nicht nur den Schauplatz Venedig und die eindeutig auf
den *Geisterseher* zurückgehende, an den Geheimbundroman des 18. Jahrhunderts
gemahnende Figur des Maltesers; auch Einzelheiten der Kirchenszene, in der
dem Protagonisten die mysteriöse Doppelfrau erscheint, sind von Schiller angeregt (und mit Reminiszenzen an Hermann Bahrs Roman *Theater* verschnitten).
Zu dem intertextuellen Geflecht, in dem sich *Andreas* als unverwechselbares
künstlerisches Konzept konstituiert und zugleich – als Fragment im romantischen wie im modernen Sinne – vielversprechend auflöst, gehört natürlich auch
Hofmannsthals eigene frühere Venedig-Dichtung, nicht zuletzt die kleine Erzählung *Erinnerung schöner Tage*, 1907 im Anschluß an einen Venedig-Aufenthalt
als nachträglicher Prolog zum Drama *Der Abenteurer und die Sängerin* verfaßt,
das 1898 in Venedig entstanden war. Auch dort verbindet sich das abenteuerliche
Profil der Markusstadt mit erotischen Phantasien und Träumen zwischen Selbst-
verlust und Selbstvergewisserung.

Nur wenige Monate nach dem Abbruch der Arbeit am *Andreas*-Manu-
skript entstehen die ersten Kapitel der Prosaversion von *Die Frau ohne
Schatten*, von Hofmannsthal parallel zum Libretto der gleichnamigen
phantastisch-romantischen Strauss-Oper in Angriff genommen, allerdings erst im Uraufführungsjahr 1919, fünf Jahre nach deren Beendigung, endgültig fertiggestellt. Offenbar entsprach es einem Bedürfnis des
Autors, das Märchenhafte des Stoffes in einer epischen Form gesondert
zu artikulieren, wie denn auch die Anlehnungen an *Tausendundeine*

Nacht und Goethes *Märchen* in der erzählten Fassung viel spürbarer sind als in der Oper. Das gilt besonders für das durch William Beckfords *Vathek* (1786) inspirierte vierte Kapitel, in dem sich die Erzählung am weitesten vom Drama entfernt: die Beschreibung der Suche des Kaisers nach dem verwundeten roten Falken, seines Abstiegs in die wunderbare Höhle und der Begegnung mit seinen ungeborenen Kindern, zu denen er sich hingezogen fühlt, ohne das Verwandtschaftsverhältnis doch richtig zu begreifen. Die Schuld des Kaisers wird hier und in den überlieferten Varianten wesentlich deutlicher formuliert als in der Oper: «Du hast ihr den Knoten ihres Herzens nicht gelöst! Du hast sie nicht den Menschen preisgegeben.» Andererseits unterliegt das Versagen des Kaisers offenbar einem höheren Gesetz: «Die Verwirrungen sind nötig und die Scham und die Beschmutzung.» Hofmannsthals Entwürfe zitieren in diesem Sinn aus dem siebenten *Autumnus*-Sonett Rudolf Borchardts: «Ich Gott will bersten aus verfaulten Schalen / Und ganz verderben: denn ich bin der Keim.»

2. *Zwischen Wiener Moderne und Expressionismus*

Die Erzählprosa Wiener Autoren zu Beginn des Jahrhunderts bietet formal wie inhaltlich ein uneinheitliches Bild. Neben der Fortschreibung, Trivialisierung oder Dogmatisierung bestimmter Tendenzen der Wiener Moderne gibt es diverse Formen der Abkehr von ihr: durch verstärkte Rückbindung an die Tradition oder durch gezielten Widerruf. Andere Autoren übernehmen spezifische Themen und Ansätze des Jungen Wien auf veränderter Grundlage, so daß sich punktuelle Kontinuitäten zum Expressionismus ergeben. Das gilt in formaler Hinsicht vor allem für die Kurzprosa vom Typ der – zwischen Prosagedicht und Feuilleton changierenden – Skizze, inhaltlich etwa für die Dominanz der sexuellen und Kunst- bzw. Künstler-Thematik: Die Irrationalität des erotischen Erlebens und die produktive Existenz des Künstlers (oder die Selbststilisierung dazu) erscheinen als Fluchtwege aus der Normalität einer Bürgerlichkeit, die von den hier vorzustellenden Wiener Autoren ebenso übereinstimmend problematisiert oder abgelehnt wird, wie sie ihr selbst, nämlich ausnahmslos, entstammen.

Epigonen: Schaukal, Zweig

In zwei Büchern Richard Schaukals wird die von Schnitzler, Hofmannsthal und Beer-Hofmann thematisierte Gestalt des Dilettanten oder Ästheten weiterentwickelt zu der des Snobs oder Dandys: in den *Intérieurs aus dem Leben der Zwanzigjährigen* (1901) und in *Leben und Mei-*

nungen des Herrn Andreas von Balthesser eines Dandy und Dilettanten (1907). Der unverbindlichen Haltung der Protagonisten zum Leben entspricht der locker-fragmentarische Aufbau beider Werke; die _Intérieurs_, deren Entstehung tief in die neunziger Jahre zurückreicht und deren Veröffentlichung durch den Verlust des Originalmanuskripts kompliziert wurde, sind aus Reflexionen, Tagebucheintragungen, kleinen Prosaskizzen und Feuilletonblättern zusammengestellt. Wenn man hier – etwa in der unerfüllten Beziehung Heinrich Dietmanns zu Mimi Lynx – noch Grundlinien einer Romanhandlung im Sinne einer Flaubertschen «éducation sentimentale» erkennen kann, konzentriert sich das spätere Buch ganz auf die abstrakte Figur des Dandy, der uns schon durch die manierierten Kapitelüberschriften als Lehrer und Studienobjekt vorgestellt wird. «Herr von Balthesser phantasiert über das Thema ‹Die Dame›», «Vom Aristokratischen», «Einiges aus Andreas von Balthessers leider nicht gesammelten Sinnsprüchen und Glossen» – so lauten beispielsweise drei aufeinanderfolgende Überschriften. Vieles davon klingt nach Karikatur und Ironie und soll wohl auch eine polemische Spitze gegen Hofmannsthal enthalten, den einschlägige Notizen Schaukals mit vollem Titel nennen («Hugo Hofmann Edler von Hofmannsthal»), andererseits ist dem Autor selbst eine gewisse Nähe zu seinem Gegenstand nicht abzusprechen. Wie Heinrich Dietmann bemüht sich Schaukal um den «Stolz des Einzigen, des überlegenen Beobachters», hüllt er sich in eine aristokratische Attitüde, die ihr literarisches Pendant im bewußt-epigonalen Rückgriff dieses Erzählers auf die Tradition findet.

Schaukals Novellenband _Schlemile_ (1908) verdankt seinen Titel Adelbert von Chamisso (_Peter Schlemihls wundersame Geschichte_, 1814) und zentrale Motive E. T. A. Hoffmann: so den Kontrast zwischen äußerer Wirklichkeit und Innenleben, an dem der verwachsene Student Matthias Siebenlist in der gleichnamigen Novelle zugrunde geht. Ein alkoholkranker Rittmeister lehrt ihn die «Philosophie des großen Blödsinns» (ein Seitenhieb auf Schopenhauer?) und hinterläßt ihm seine Liebesbrief- und Fotosammlung, die im Buckligen orientalische Wunschphantasien vom Schloß mit hundert Liebhaber weckt; am Schluß hält er das Irrenhaus dafür. Schon in seinem ersten Novellenband _Eros Thanatos_ (1906) zeigt Schaukal die Zerstörung schwacher Persönlichkeiten durch die Macht der Liebe: Der Ministerialbeamte Alexander Schreiner, ein eitler Pedant, erschießt aus Versehen die Sängerin, die seine Liebe nicht erwidert (_Die Sängerin_); der Jurastudent Harry versteht sich als Künstler und hat doch keine Kraft zur Selbstbehauptung, als seine Jugendliebe sich von ihm abwendet: «‹Du bist ein Schwächling›, schrie es in ihm. ‹Gib dich auf, wie dich das Leben aufgibt! Erschieß dich! Mach ein Ende!›» (_Lili. Eine Alltagsgeschichte_). Die Titelnovelle lehnt sich, auch im historischen Kostüm, an das Modell von Goethes _Wahlverwandtschaften_ an.

Auch die frühen Erzählungen Stefan Zweigs wirken weithin wie ein Abklatsch der Wiener Moderne, und zwar ohne den kritischen Vorbehalt, der bei Schaukal zu spüren ist. Stilistisch unsicher bis zum Kitschigen, erprobt der junge Zweig typische Konfigurationen der Epoche: den Verrat am Leben durch die Entscheidung für das ‹künstliche Paradies› des Reichtums (*Vergessene Träume*, 1900), die Angst der Kleinbürgerin vor der Sexualität (*Die Liebe der Erika Ewald*, 1904), die Angst der verheirateten Frau, die scheinbar von einer Mitwisserin ihres ‹Verhältnisses› erpreßt wird (*Angst*, 1920; entst. 1913). Bis in Einzelheiten der Erfindung hinein lassen sich Parallelen zu bestimmten Erzählungen Schnitzlers ziehen: Ebenso wie Frau Berta Garlan in Schnitzlers gleichnamiger Novelle liebt Erika Ewald einen erfolgreichen Musiker; die Verständnisbereitschaft des Ehemanns steht am Schluß von *Angst* wie schon in Schnitzlers *Die Toten schweigen* (1897). Grundsätzlich teilt Zweig mit Schnitzler das psychologische Interesse und die Sensibilität für Empfindungsnuancen zumal weiblicher Figuren; der analytisch-experimentelle Ansatz des Arzt-Erzählers weicht bei ihm allerdings einem Kult um das einmalige große Gefühl – die ‹Sternstunde› gleichsam eines ganzen Lebens –, der weder dem Realitätsgehalt der Erzählungen noch ihrer inneren Konsistenz zuträglich ist. Mit seiner *Geschichte in der Dämmerung* (1911) nähert sich Zweig schon dem Genre der Gespenstergeschichte.

Selbst-Dogmatisierung: Altenberg

Neben den Exuberanzen der Zweigschen Metaphorik und Gefühlspathetik nimmt sich die Kurzprosa Peter Altenbergs geradezu spröde aus. Der reflektierend-räsonierende Duktus seiner Skizzenbücher verstärkt sich noch im ersten Jahrzehnt des neuen Jahrhunderts: *Prodromos* (1906) etwa ist fast schon eine Aphorismensammlung. Je missionarischer sich Altenberg zu seinen Vorstellungen von gesunder Ernährung und Hygiene, aber auch zu seinen erotischen Obsessionen bekennt – unter denen die Vorliebe für präadoleszente Mädchen immer auffälligere Formen annimmt –, desto weniger entsprechen seine Bücher noch dem scheinbar spontanen Impressionismus, der seinem Erstling *Wie ich es sehe* (1896) zum Erfolg verholfen hatte. In Titeln der Folgezeit wie *Was der Tag mir zuträgt* (1901) und *Neues Altes* (1911) kommt der Wille zum Anschluß an das Frühwerk und dessen positive Resonanz explizit zum Ausdruck. Andere Bücher wie *Märchen des Lebens* (1908) oder *Bilderbögen des kleinen Lebens* (1909) zitieren im Titel konkrete Modelle volkstümlicher Erzählkultur, ohne sich in Form und Inhalt nennenswert von ihren Vorgängern und Nachfolgern zu unterscheiden. Das ist schon aufgrund der Machart dieser Bände kaum anders möglich, welche ja großenteils aus Texten bestehen, die vorher in verschiedenen Zeitschriften (u. a. dem *Simplicissimus*) erschienen sind. Eine gewisse Sonderstellung nimmt das Buch *Semmering 1912* (1913) ein, in dem Aufzeichnungen dominieren, die direkt oder indirekt den Erholungsaufenthalt des alkoholkranken und zunehmend seelisch gefährdeten Autors auf dem Semmering und seine anschließende Dolomitenfahrt spiegeln. Mitten darunter findet sich auch die autobiographische Skizze *So wurde ich*, die die Geschichte seiner Entdeckung durch Schnitzler, Beer-Hofmann, Bahr, Kraus und S. Fischer schildert und mit den Worten endet: «Und was bin ich geworden?! Ein Schnorrer!» Eine Festellung übrigens, der kaum jemand aus Altenbergs Wiener Bekanntenkreis widersprochen hätte.

In Altenbergs literarischer Selbstinszenierung erhält die Betonung des eigenen unbürgerlichen Lebensstils programmatischen Charakter; der Lebenskünstler und Weltfreund P. A. wird gleichsam zur dichterischen Figur, analog den Romanhelden anderer Autoren, die sich aus vielfältigen gesellschaftlichen Verklammerungen mühsam ihren «Weg ins Freie» suchen. Entsprechend sind die *Erinnerungen* an seine Jugend im posthum erschienenen Band *Mein Lebensabend* (1919) zu werten, wie auch die Verarbeitung seiner Meinungsverschiedenheiten mit Paula Schweitzer über Stellung und Charakter der Frau im ihr gewidmeten Vorgängerband *Vita ipsa* (1918); Altenberg versieht sich mit argumentativer Munition bei Otto Weininger (s. o. S. 22), um seine zunehmende Misogynie gegenüber dem kritischen Blick der letzten Gefährtin, die ihn intensiv unterstützt hat, zu verteidigen (*Wirkung von «Lektüre»*). Die Aufnahme von Fremdtexten – wie zum Beispiel des Briefs, in dem Paula einer Freundin ihre Heirat mitteilt – gehört zu den Eigentümlichkeiten von Altenbergs Spätwerk, das unübersehbar einen Zug zum Dokumentarischen entwickelt. Dazu kann man auch die detaillierte Beschreibung seines «Nests» im Graben-Hotel in der Dorotheergasse rechnen, einschließlich der Fotos seiner namentlich genannten Freundinnen (*Zimmereinrichtung*). Als Denkmal seiner symbolischen Opposition zur Gesellschaft geht die Behausung des Bohemien selbst in die Literatur ein.

Die Bildersammlung an der Wand korrespondiert strukturell dem Textcorpus, das sich ja auch als Sammlung von Stimmungsbildern oder Momentaufnahmen präsentiert. Tatsächlich hat Altenberg auch zahlreiche Photoalben angelegt und beschriftet, die einer sorgfältigen Komposition unterliegen und sich als visuelles Gegenstück zum Archiv seiner Texte oder zu einzelnen Büchern auffassen lassen. Gegenüber den neuen Reproduktionsmedien zeigt sich Altenberg auch in einer *Plauderei* des *Simplicissimus* (1918/19) aufgeschlossen: «Die ‹moderne Photographie› besiegt den Maler, das ‹Kino› besiegt den Dichter, [...] und das Grammophon das Opernhaus. [...] ‹Kunst› ist, auf Kunst verzichten zu können!» Das rousseauistische Insistieren Altenbergs auf den einfachen Realitäten des Lebens bekommt hier einen progressiv-radikalen Anstrich.

Wenn der Autor, wie in *Vita ipsa* berichtet, im Hotelzimmer ein «öffentliches» Autodafé mit einer seiner «Lebens-Bibeln» – nämlich Maeterlincks *La vie des abeilles* – veranstaltet (*Das Autodafé*), so hat diese Bücherverbrennung allerdings keine medienkritisch-bilderstürmerische, sondern aktuell politische Motive. Durch sein antideutsches Engagement im Ersten Weltkrieg war der Philosoph des Bienenlebens für Altenberg wie für manchen damaligen Nationalisten rechts des Rheins zum poeta ingratus geworden.

Positive Stellungnahmen zur deutsch-österreichischen Kriegspolitik ziehen sich durch alle Bücher Altenbergs nach 1914 und geben vor allem *Fechsung* (1915) und *Nachfechsung* (1916) das Gepräge («Fechsung» ist ein altes österreichisches Wort für «Ernte»). Gemessen am Ideal des unmittelbaren Kontakts zum Leben, das am Ausgangspunkt von Altenbergs literarischem Weg stand, ist seine verhärtete Position in der Kriegsfrage ein kritisches Signal ersten Ranges. Ließ sie sich doch nur aufrechterhalten bei weitgehender Abstraktion von der konkreten Lebenswirklichkeit vor Ort; die Tendenz zur Dogmatisierung und zur Didaxe, die wir als Kennzeichen von Altenbergs Entwicklung nach 1900 erkannt haben, dürfte demnach durch die Kriegsumstände noch bestärkt worden sein. Der tierfeindliche Zynismus, der Karl Kraus an Altenbergs Glosse *Die Hundesteuer* erschreckte (*Prager Tagblatt* 1916, aufgenommen in *Vita ipsa*), ist als Konsequenz dieser Verhärtung zu verstehen.

Ironie der kleinen Form: Salten, Polgar

Die Presse, der Kraus – wie nicht anders zu erwarten – die Hauptverantwortung an Altenbergs Entgleisungen zuwies, stellt fraglos auch den Rahmen dar, in dem sich die literarische Entwicklung von Felix Salten und Alfred Polgar vollzieht. Beide Autoren kommen vom Feuilleton und vergessen diese Herkunft auch dann nicht, wenn sie sich als Erzähler versuchen; sie beherrschen die Kurzform und die ironische Pointe, der beifallheischende Seitenblick auf den Leser ist vor allem bei Salten stets zu spüren. Seine Skizzensammlung *Künstlerfrauen. Ein Zyklus kleiner Romane* (1908) verdient trotzdem Hervorhebung wegen des Witzes, mit dem hier unterschiedliche Formen der Verfehlung des eigentlich Künstlerischen karikiert werden. Salten greift mit leichter Hand die Antinomie von Kunst und Leben auf – ein zentrales Thema der Wiener Moderne, mit deren Hauptvertretern er befreundet war. Doch gibt es für Salten dabei im Grunde gar keine echte Antinomie; so kann in einer Novelle des Bandes *Die Wege des Herrn* (1911) die Schauspielerin Johanna durch die sich anbahnende Verbindung mit dem Oberkellner mühelos wieder in das tüchtige Kleinbürgertum zurückfinden, dem sie entsprungen ist (*Das Manhard-Zimmer*). Angesichts der Dezenz und sentimentalen Moralität, die in dieser Chambre-séparée-Darstellung walten, wird man die Gerüchte um Saltens Verfasserschaft am pornographischen Roman *Josefine Mutzenbacher oder die Geschichte einer Wienerischen Dirne von ihr selbst erzählt* (s. o. S. 161 f.) mit Skepsis betrachten.

Salten, der auch als historischer Erzähler ein Herz für die kleinen Leute hat und Grundgebote der Menschlichkeit einklagt (*Herr Wenzel auf Rehberg und sein Knecht Kaspar Dinckel*, 1907), verurteilt die Arroganz eines snobistischen Ästhetentums. Da es beim künftigen Autor des Tiergeschichten-Bestsellers *Bambi* (1923) aber so leicht kein rein-negatives Ende geben darf, gewährt er dem einschlägig charakterisierten Antihelden seines Romans *Die klingende Schelle* (1915) auch noch nach dem von ihm zu verantwortenden Tode seiner Frau Maria und ihres Kindes eine Chance zur Umkehr. Das sprechende Bild, das der Romancier Salten dafür findet, hat Symbolwirkung über das einzelne Werk hinaus: In Georgs Zerstörung seines Palmenhauses geht ein Wunschtraum der ästhetizistischen Ära (das Treibhaus als bevorzugte Stätte künstlicher Paradiese und dekadenter Erotik) zu Bruch.

Mit viel geringerem Aufwand erreicht Alfred Polgar, der 1908 mit einem ersten noch recht unverbindlichen Erzählband hervortritt (*Der Quell des Übels und andere Geschichten*), die Infragestellung eines egoistischen Ästhetentums. In seiner Kurzgeschichte *Leonhard hat ein Erlebnis* (1907) führt das Gespräch mit einem armen Mädchen, das die Opernaufführung vom Gang aus verfolgt, beim wohlhabenden Parkettbesucher zur Idee der «Von-draußen-Logik» (als Bezeichnung für die eigentlich ästhetische Haltung); noch im Laufe desselben Abends lernt er auch den Genuß dieser Logik als Privileg der Besitzenden ansehen. Eine groteske Variante der Von-draußen-Logik führt die Erzählung *Einsamkeit* (1912) vor. Tobias Klemm, ein Geistesverwandter von Albert Ehrensteins *Tubutsch* (s. u. S. 262), leidet an totaler Beziehungslosigkeit und findet seine erste Selbstbestätigung durch die Falschmeldung von seinem vermeintlichen Opfertod bei einer Demonstration. Weit davon entfernt, den Presse-Irrtum zu korrigieren, erbaut sich der nunmehr doppelt Vereinsamte am Ruhm seines Namens, bis er zur Einsicht gelangt, nun auch noch um den Rest seiner Identität («sein trübes Ich») betrogen zu sein. Die Erkenntnis bringt ihn ins Irrenhaus. In herkömmlicher Erzählweise ist hier eine Thematik von genuin expressionistischer Substanz gestaltet. Auch das unheimliche Lebendigwerden des nächtlichen Interieurs in der kurzen Erzählung *Die Dinge* (1909) erinnert an frühexpressionistische Motive, etwa in Alfred Döblins Einakter *Lydia und Mäxchen* (1905).

Epische Restauration: Bahr, Stoessl

Bahrs spätes Bekenntnis zum «unrettbaren Ich» unter Berufung auf Ernst Machs Philosophie und die Malerei des französischen Impressionismus steht in merkwürdigem Kontrast zur belletristischen Produktion, der sich der einstige Gründervater der Wiener Moderne (und das war Bahr nach seinem eigenen Verständnis) zu Anfang des Jahrhunderts verschrieb. Denn die Dramen, die Jahr für Jahr seinen Schreibtisch verließen, waren Dutzendware für den theatralischen Tagesgebrauch; und auch die besten unter ihnen (*Der Meister, Das Konzert*) unterschieden sich von ihren zahlreichen Geschwistern nur durch die Präzision der handwerklichen Arbeit, nicht durch einen tieferen Kunst- oder Modernitätsanspruch. Erst gegen Ende des Jahrzehnts tritt die dramatische Produktion vorübergehend zurück, und es erscheinen mehrere erzählerische Arbeiten, darunter die Romane *Die Rahl* (1908), *Drut* (1909) und *O Mensch* (1910), denen mit mehrjährigem Abstand die Romane *Himmelfahrt* (1915) und *Die Rotte Korahs* (1919) folgen.

Vom formalen Radikalismus seines Erstlingsromans *Die gute Schule* (1890) sind alle diese Werke weit entfernt. Es handelt sich um traditionell erzählte Mischformen des Bildungs- und des Gesellschaftsromans (mit unterschiedlicher Akzentuierung im einzelnen), die Bahrs einstigen Forderungen nach konsequenter Subjektivierung so wenig entsprechen, daß man schon von einer bewußten Umkehr reden muß. Ein direkter Widerruf ist im Roman *Himmelfahrt* enthalten, mit dem Bahr seiner eigenen Hinwendung zum Katholizismus programmatischen Ausdruck verleiht. Bereits zu Anfang des Romans findet sich eine umdeutende Anspielung auf Fritz Mauthner, den religions- und sprachskeptischen Gewährsmann des modernen Krisenbewußtseins um 1900. Im abschließenden Gespräch mit Kardinal Cölestin kommt auch der andere Kronzeuge der Moderne, nämlich Ernst Mach, zur Sprache. Der Kardinal geht mit dem Protagonisten als «modernem Menschen» hart ins Gericht und beruft sich dabei auf seine eigene Erfahrung mit den Irrwegen des Rationalismus und Kritizismus:

> «Ich hatte mich schon als Student mit Kant herumgeschlagen, jetzt geriet ich an Mach und verfiel ihm mit Haut und Haar. Er zerbrach mir auch noch mein stolzes Ich, da saß ich nun auf meinen eigenen Trümmern, und nichts blieb mir von mir übrig als ein Gespinst von zerfließenden Sensationen.»

Erst im Glauben an Gott gelang es dem Kardinal, sein «entrissenes, zerstücktes, verstreutes Ich, das in Fetzen um eine bloße Fiktion herum hing», wiederaufzurichten. Bahrs späte Romane können nun insgesamt als Versuch zur Wiederinkraftsetzung der von der Moderne bezweifelten

Persönlichkeit betrachtet werden – einschließlich ihrer Integration in die Gesellschaft, ja in die Feudalaristokratie. Graf Flayn in *Himmelfahrt* wird von seinem urban-kosmopolitischen Dilettantismus bekehrt. Baron Držić in *Die Rotte Korahs* (beendet Anfang 1918) bewältigt die für ihn zunächst schockierende Mitteilung seiner Abstammung von einem jüdischen Großspekulanten; indem er die Finanzen seines leiblichen Vaters an Grund und Boden bindet, ist für ihn und Bahr die Gefahr des ‹jüdischen Kapitalismus› gebannt. Schon der junge Franz Heitlinger in *Die Rahl* setzt sich erfolgreich gegen die Infragestellung seiner Identität zur Wehr. Wie in Goethes *Wilhelm Meister* ist es die Theaterleidenschaft, die der bildsame Held überwinden muß, hier aber in neuem Sinn; denn auf das Schauspielerwesen und die Psychologie der Diva (Bettina Rahl ist nach dem Vorbild der Burgschauspielerin Charlotte Wolter gezeichnet) konzentriert Bahr nun die Gefahren der Persönlichkeitsspaltung und Ich-Entfremdung, in denen die Literatur des Jungen Wien Grundtendenzen der Epoche oder anthropologische Universalien erkannte.

Als deutschnationaler Leutnant begegnet uns Franz Heitlinger (aus *Die Rahl*) in *Die Rotte Korahs* wieder; sein Jugendfreund Beer bereitet nunmehr die Auswanderung nach Palästina vor. Auf die Vernetzung seiner Romane (sowie einiger Dramen) durch die Wiederkehr verschiedener Figuren hat sich Bahr einiges zugute gehalten; die Verlagsanzeigen am Ende seiner Romane geben eine entsprechende Übersicht. Dahinter steht offenbar die Absicht, den isolierten Charakter des einzelnen Werks zu überwinden in Richtung auf ein Panorama der österreichischen Gesellschaft. Trotz Bahrs Zurückweisung des Verdachts, «sich mit Balzac messen zu wollen», liegt die intendierte Parallele zur *Comédie humaine* auf der Hand; die Größe des Vorbilds macht die künstlerische Schwäche des Nachfolgeversuchs doppelt spürbar.

Anläßlich der deutschen Ausgabe der *Menschlichen Komödie* im Insel Verlag erschien in der *Fackel* vom 11. November 1909 ein *Balzac*-Essay aus der Feder Otto Stoessls. Wie in theoretischen Äußerungen Stoessls (gesammelt 1914: *Lebensform und Dichtungsform*) spielt darin der Gesichtspunkt der «objektiven, anschauenden Darstellung» als Grundzug der epischen Gestaltung eine leitende Rolle. Stoessl, der auch Bücher über Stifter, Keller und Meyer veröffentlicht hat, stellt sich als Erzähler bewußt in die Tradition des Poetischen Realismus. Das gilt auch für die Rolle des Humors zur Überwindung der Kluft zwischen der unvollkommenen Realität und dem subjektiv empfundenen Ideal. Solcher Humor bestimmt das Konzept der Schelmengeschichte, das Stoessl in *Sonjas letzter Name* (1908) erstmals erprobt und noch seinem Spätwerk *Nora, die Füchsin* (1934) zugrunde legt (in beiden Texten geht es um das Schicksal jüdischer Frauen). Demselben Genre gehören auch die Erzählungen *Negerkönigs Tochter* (1910) und *Egon und Danitza* (1911) an. Dem hochstaplerischen Schelm Egon hier steht dort die Identifikationsfigur des Tschechen Dr. Hesky gegenüber, der seine innere Berufung zum Afrikaforscher nur mit List und Tücke und der Unterstützung eines Dieners der Ethnographischen Gesellschaft durchsetzen kann, dem wir in Stoessls erstem großen Roman *Morgenröte* (1912) ausgiebig wiederbegegnen. Denn dieser Diener ist der Vater des Helden und die Bibliothek der Gesellschaft im Gebäude der Akademie der Wissenschaften gegenüber der alten Wiener Universität eine Zeitlang dessen Kinderzimmer.

Die Lichtgestalt Josef Dieters, die mehrere Werke Stoessls verknüpft, ist nach dem Vorbild seines engen Freundes Josef Ciphio Jung gezeichnet, dem *Morgenröte* auch gewidmet ist. Der Realitätsbezug des Personenporträts erstreckt sich noch auf die Vorliebe für Eichendorffs *Taugenichts*, den Jung auswendig gekannt haben soll. In Stoessls epischer Darstellung erfüllt die Schilderung der *Taugenichts*-Lektüre (9. Kapitel) zugleich strukturierende Funktion; sie rückt die Lebenswege des Helden in die Nachbarschaft romantischer Vorbilder und wirft einen poetischen Glanz auf dessen innere Unabhängigkeit. Diese zu betonen, lag in der Absicht des früheren Titels *Dieter und der Beamtensohn*. Die Karikatur der Beamtenmentalität in einem für den Vorabdruck in der *Fackel* (31. Mai 1910) ausgewählten Kapitel wirft ein bezeichnendes Licht auf die Lebenswirklichkeit des Autors, einer späten Verkörperung des österreichischen Beamtendichters – der promovierte Jurist Stoessl war Beamter im Eisenbahnministerium und brachte es bis zum Hofrat.

Bürgerkritik: Gütersloh und andere

Stoessls Vorliebe für die Figur des (weiblichen oder männlichen) Schelms findet eine auffällige Parallele im Romanwerk eines Autors, dessen öffentliche Wirksamkeit eher in die Zeit nach dem Ersten, ja nach dem Zweiten Weltkrieg fällt. Die frühen Romane des Reinhardt-Schauspielers und späteren Malers Albert Paris Gütersloh gelangten zum Teil mit großer Verspätung auf den Buchmarkt: *Innozenz oder Sinn und Fluch der Unschuld* und *Der Lügner unter Bürgern* entstanden 1914 und 1915, acht bzw. sieben Jahre vor der Veröffentlichung 1922. Nur der Erstling *Die tanzende Törin* (entst. vermutlich 1909) erschien noch in der Vorkriegszeit (1911, gekürzt 1913). Im eruptiven Rhythmus seiner Prosa gibt er sich als typisches Produkt des expressionistischen Aufbruchs zu erkennen.

Als Ausbruch aus dem Bürgertum ist auch die spontan erfundene Lügengeschichte zu verstehen, mit der sich Ruth Herzenstein, Tochter eines Berliner Bankiers, vor versammelter Familienrunde des Heiratsantrags eines wohlsituierten Bewerbers entledigt: Sie gibt vor, nicht mehr Jungfrau zu sein. Ironie und Tragik ihres weiteren Lebenslaufs, der sie zunächst zu einem reichen Maler,

dann in Wiener Boheme-Kreise und schließlich in das Varieté einer fremden
Stadt führt, liegen freilich darin, daß die angeblich ‹Gefallene› letztlich unberührt bleibt, keine echte Bindung findet. Aus der Lüge wird keine Wirklichkeit;
das gilt auch für den Beruf der Tänzerin, als die sich Ruth ausgibt. Der Tanz, zu
dem sie sich durch die Noten eines befreundeten Komponisten inspirieren lassen will, findet nicht statt; das emphatische Leben, das sich hinter dieser Metapher verbirgt, fällt aus. Ruths einschlägige Erwartungen werden ebenso enttäuscht wie die des Kassierers in Georg Kaisers Schauspiel *Von Morgens bis Mitternachts*. Roman wie Drama enden tödlich; allerdings ist es bei Gütersloh nicht
die Heldin, die stirbt, sondern ein blinder Pierrot, den sie in den Tod treibt.

Das Eingangsbild, mit dem Güterslohs übernächster Roman *Der Lügner unter Bürgern* einsetzt, schließt direkt an Ruths vergebliche Hoffnungen an: Rosette setzt ihr schwarzbestrumpftes Bein über die Schwelle
der väterlichen Werkstatt, um zum Ball zu eilen. Doch dieser Tanz muß
ohne sie stattfinden. Rosette fällt stattdessen den Lügen des Hochstaplers zum Opfer, der scheintot vor der Haustür liegt; in kupplerischer
Komplizenschaft mit dem Fremden beschleunigen die Kleinbürger noch
den Sündenfall der Tochter, die fortan im Elternhaus keinen Platz mehr
für sich sieht.

«Meinem Freunde Gütersloh» ist Andreas Thoms Buch *Ambros Maria
Baal* gewidmet, das 1918 mit dem bezeichnenden Untertitel «Ein Roman
der Lüge» erschien. Es handelt sich um einen pessimistischen Künstlerroman: Baal entfremdet sich seinem bürgerlichen Vater ebenso wie seinen Kollegen, den «Malern der neuesten Expression»; in seiner objektlosen Erregtheit vergißt er sich soweit, daß er ein kleines Mädchen vergewaltigt. Von Traumbildern seiner selbst geängstigt, flieht er auf das Dach
und stürzt hinab: «Man wandte sich mit Grausen ab.» Möglicherweise
darf man in Thoms Roman eine bisher übersehene Anregung für Brechts
Drama *Baal* erkennen, dessen erste Fassung 1919 entstand.

Ein dritter Wiener Erzähler führt die expressionistische Bürgerkritik
und die Opposition von bürgerlicher Ordnung und vitaler Erfüllung fort
und erweitert sie ins Kollektive. Hans Flesch-Brunningen, der schon
1914 die Aufmerksamkeit der Zeitgenossen mit seinem Manifest *Die
Revolution der Erotik* erregte («Heraus mit dem allgemeinen, gleichen
und direkten Coitus!!!»), führt seine eigene Idee narrativ ad absurdum.
Die Erzählung *Satan*, die seinen Novellenband *Das zerstörte Idyll*
(erschienen 1917 in der Reihe «Der Jüngste Tag») eröffnet, operiert mit
der Fiktion, ein sadistischer Prinz komme aus Amerika in das vom Weltkrieg erschöpfte Europa und kaufe sich mit Hilfe des von ihm ererbten
Vier-Milliarden-Dollar-Vermögens die Stadt Köln samt Umgebung. Den
Bürgern wird ab sofort unumschränkte Sexualität verordnet und jede
Arbeit verboten: «Ihr sollt nur leben. Lebt!» Nur zögernd greift im
«Lande der Wollust» die Zügellosigkeit um sich. Ihren Höhepunkt

erwarten sich die zum Genuß befehligten Bürger von einem nächtlichen Ball im Schloß des Prinzen. Doch der letzte Saal, in den sie treten, erweist sich statt als Erfüllung des Lebens als Saal des Todes; in einer ekelhaften Orgie fallen Lust und Gemetzel zusammen. Flesch-Brunningens satanischer Prinz erweist sich als Zwillingsbruder von Stefan Georges Algabal (im gleichnamigen Gedichtzyklus von 1892); in der expressionistischen Vision kehren Grundelemente des Ästhetizismus wieder.

Hans Kaltneker, ein Mitschüler Flesch-Brunningens, der zusammen mit ihm und dem späteren Verleger Paul Zsolnay die hektographierte Zeitschrift *Das neue Land* herausgab, hinterließ bei seinem frühen Tod 1919 drei Erzählungen von eminent religiöser Symbolik. Auch hier begegnet die Gestalt des satanischen Versuchers. Mit Worten Meister Eckharts überredet dieser in der als erste veröffentlichten Erzählung *Liebe* (1921) einen Mann dazu, zur Vollendung seiner Liebe die Geliebte – in ein Bordell zu verkaufen. Eine apokalyptische Perspektive auf die soziale Realität eröffnet die Erzählung *Die Magd Maria*: «Über der Stadt Wien blendeten Trompeten und schrien Posaunen den Zorn Gottes aus. [...] Schwer lag die Hand des Herrn auf der geilen Stadt Wien.» Sie gleicht der Hand des Teufels: Ein mit diabolischen Zügen ausgestatteter Mönch treibt die Hure Maria dazu an, gleichsam stellvertretend das Bordell anzuzünden. In den Todesangst-Phantasien Tobias Wottawas in *Gerichtet! Gerettet!* verwandelt sich der vertraute Schulhof in einen Gefängnishof, ja eine Richtstätte: «Viele kleine Kinderleichen lagen und saßen herum. [...] Alle waren dürftig und alt.» In ihrer verordneten Lieblosigkeit ebenso wie in ihrer materialistischen Sinnlichkeit bedarf die bürgerliche Gesellschaft der Erlösung durch das Herzblut des Helden, eines neuen Messias.

3. Albert Ehrenstein und Robert Müller

Albert Ehrenstein, dessen jüngerer Bruder Carl gleichfalls als expressionistischer Erzähler hervortrat (*Klagen eines Knaben*, 1913), wächst gleichsam im Schatten der Wiener Moderne heran: in der Arbeitervorstadt Ottakring, die er zum Schauplatz seiner sozial- und selbstkritischen Skizze *Mitgefühl* (1911) nimmt, in einem kleinbürgerlichen Elternhaus, auf dessen Leistungsmoral schon der Schüler mit Verweigerung antwortet, und in hautnaher Berührung mit dem alltäglichen Antisemitismus der Lueger-Zeit. Er sucht den Kontakt zu Schnitzler, dessen *Weg ins Freie* er als «jüdischen Wilhelm Meister» versteht, und reagiert empfindlich, als er sich in der Figur des Unglückspropheten in Schnitzlers Novelle *Die Weissagung* porträtiert glaubt (der Wahrsager Marco Polo ist der Sohn eines Branntweinjuden; Ehrensteins Vater war Kassierer bei einer Brauerei). Der Neunzehnjährige spielt dem Dichterarzt damals sogar eine bilderbuchreife Szene geistiger Verwirrung vor, um ihn enger an sich zu binden. Nach dem endgültigen Zerwürfnis mit Schnitzler (1910) wird er bei Karl Kraus, der seine ersten Texte druckt, vorüberge-

hend Halt und Orientierung finden; später schlägt auch diese Beziehung
in offene Feindschaft um. Kaum muß noch gesagt werden, daß auch
der zweijährige Berlin-Aufenthalt Ehrensteins 1911–1913 mit der nahezu
vollständigen Isolation des jungen Autors endet, der sich auf eine unselige Polemik mit Kurt Hiller einließ, und übrigens auch mit dem Scheitern seiner Hoffnungen auf eine journalistische Karriere.

Als hätte er die Vergeblichkeit seiner Bemühungen vorausgeahnt, entwirft schon der Vierzehn- bis Fünfzehnjährige in seiner ersten (1910 in
der *Fackel* veröffentlichten) Erzählung *Ritter Johann des Todes* einen
Zyklus der Enttäuschung. Umsonst sucht der Ritter ein echtes Abenteuer,
wahre Neuheit des Erlebens in Kämpfen und märchenhaften Begegnungen; am Ende landet er doch wieder am häuslichen Herd und bekommt
«Geselchtes mit Spinat» vorgesetzt – da bleibt dem Urenkel des ewigen
Juden nur der Ausweg des Selbstmords. Ehrenstein wird das Genre des
absurden Märchens – immer wieder durchsetzt mit Einsprengseln des
Wiener Alltags und aktueller gesellschaftlicher Konflikte – zu einer seiner literarischen Spezialitäten entwickeln. Die parodistischen Anklänge,
die sich dabei zur Rolle des Märchens in der Wiener Moderne, vor allem
bei Hofmannsthal (*Märchen der 672. Nacht*), ergeben, sind ihm sicher so
bewußt wie willkommen (*Eine alte Geschichte*; *Traum des achthundert-
achtundachtzigsten Nachtredakteurs*). Auch das Textmuster des unglücklichen Lebenslaufs, der auf knapp zwei Druckseiten zum Freitod führt,
erfreut sich bei diesem Erzähler andauernder Beliebtheit (*Hildebrands-
lied*; *Kimargouel*; *Erziehungsroman*).

Arbeitsteilung heißt eine kurze Erzählung Ehrensteins von 1904
(gedruckt 1912). Ein stiernackiger Erfolgsarzt erzählt eines seiner zahlreichen amourösen Abenteuer und weckt im schüchternen Dichter die
Sehnsucht, auch etwas zu erleben, doch dagegen steht die Selbsterkenntnis: «ich gehöre zu den Zwetschgen, die in keinen Knödel kamen ...
ich darf bloß Geschichten erzählen.» Nicht nur die klare Antithese von
Kunst und Leben, auch die wiederholten Wagner-Anspielungen dieses
Textes verweisen auf das Vorbild Thomas Manns. Der von dessen Novel-
lenhelden Tonio Kröger empfundene Gegensatz zu den lebenstüchtigen
Mitschülern bestimmt noch Ehrensteins Schilderung der *Schulkollegen*
(1918/19). Die unerfüllte Liebessehnsucht andererseits begegnet in grotesker Steigerung wieder in *Passion* (entst. 1910); Ehrensteins Liebe zur
Schauspielerin Elisabeth Bergner verhilft demselben Motiv acht Jahre
später zu neuer Aktualität (*Der Dichter und die Tänzerin*; *Leidenschaft*).
In einem zweiten Manuskript mit dem Titel *Leidenschaft*, das kurz darauf 1918/19 entsteht, montiert Ehrenstein die zuletzt genannten vier
Erzählungen zusammen.

Eine solche Baustein- oder Modultechnik läßt sich auch bei anderen
Werkkomplexen Ehrensteins beobachten. Sie ist nur zum Teil mit der

begrenzten Kreativität dieses Erzählers zu erklären, dessen weitaus wichtigste produktive Phase sich auf drei bis vier Jahre (1908–1911) beschränkt. Die Möglichkeit zur Wiederverwendung einzelner Textbausteine in anderem erzählerischen Zusammenhang, ja in grundlegend anderer Figurenperspektive (einmal als Erfahrung oder Reflexion des Ich-Erzählers, ein anderes Mal in der dritten Person als diejenige eines jungen Barons mit antisemitischen Vorurteilen) ist überhaupt nur gegeben, weil Ehrensteins Erzählen keine konsequente psychologische Motivation und keine realistische Figurenzeichnung kennt. Ebenso vergeblich wird man bei ihm den epischen Atem, Lust oder Fähigkeit zu großer Form und komplexen Handlungsstrukturen suchen.

Sein größtes erzählerisches Manuskript mit dem Titel *Seltene Gäste* (entst. hauptsächlich 1908) umfaßt 87 Schreibmaschinenseiten und ist bis 1991 nicht als ganzes veröffentlicht worden. Das war insofern zu verschmerzen, als es sich hier um keine einheitliche individuelle Entwicklung, sondern um eine Reihe von Erlebnissen und Beobachtungen handelt, die dem flanierenden Erzähler-Ich auf den Straßen und in öffentlichen Gebäuden Wiens zufallen. Durch die Aufsplitterung in die separat publizierten Teilstücke *Die Parasiten der Parasiten* (1910), *Wodianer* (1914), *Wudandermeer*, *Dezembergang* und *Entrevue* (1919) sind jedoch nicht nur verschiedene für die Gesellschafts- und Pressekritik Ehrensteins besonders aufschlußreiche Passagen entfallen, es ist auch der zusammenfassende Gesichtspunkt verlorengegangen, unter dem die ursprüngliche Erzählung die «mich sprengenden Eindrücke» vom allgegenwärtigen Antisemitismus integrierte: Der Kaftanjude Joschke Fischer, der gleich zu Beginn unter die Räder der Karosse des päpstlichen Nuntius gerät, ist möglicherweise eine Reinkarnation des christlichen Heilands! Die moralische Betroffenheit und das Engagement, die die Sprecherinstanz der *Seltenen Gäste* auf der Suche nach dem Unfallopfer entfaltet, sind ohne Parallele im Frühwerk dieses Erzählers, dessen charakteristischer Zynismus erst gegen Ende des Manuskripts dominierend hervortritt – etwa in den gehässigen Bemerkungen über das Frauenstudium. «Beschränktheit, gemildert durch ein liebes Gesichterl», heißt es im *Sturm*-Druck der *Parasiten der Parasiten*; im Manuskript stand «Arscherl».

Erotische Obsessionen bestimmen einen Großteil von Ehrensteins literarischer Produktion, aber auch die privaten Aufzeichnungen seiner Notizbücher. In der hier aufscheinenden Reduktion von Mann und Frau auf das Sexuelle und dessen Auffassung als militanter Antagonismus im Sinne Weiningers, eben als Geschlechterkampf, spiegeln sich die Leitdiskurse der Wiener Jahrhundertwende. Auch in einem Beitrag zur *Fakkel* (*Betrachtung*, 1911) unterscheidet Ehrenstein Mann und Frau wie Wellenberg und Wellental: «ungeheure Hebung» hier, «tiefste Depression» dort. Und in einer ironischen Glosse des *Sturm (Im Lande der Ero-tophilen*, 1913) verspricht er sich eine Entspannung der sexuellen Konflikte – nämlich die Linderung der Unersättlichkeit der Frau – von der Verdoppelung der weiblichen Geschlechtsteile. Eine durchsichtige Männerphantasie!

Generell freilich ist es nur sehr bedingt zulässig, aus Ehrensteins Erzähltexten Rückschlüsse auf seine eigene Einstellung zu ziehen. Das gilt auch angesichts der reflektierenden, im Stil eines großen Monologs angelegten Ich-Erzählungen, durch und für die er berühmt geworden ist: *Tubutsch* (entst. 1908) und *Der Selbstmord eines Katers* (1911). Die erstere erschien 1911 mit Illustrationen Kokoschkas als Titelgeschichte von Ehrensteins erstem Buch im selben Kleinverlag wie die *Fackel*; spätestens seit der zweiten Auflage (1913) bei Georg Müller, München, galt Karl Tubutsch allgemein als Alter ego des Autors, war er das Markenzeichen, mit dem dieser auch dann identifiziert wurde, als er mit seiner pazifistischen Lyrik längst andere weltanschauliche und politische Positionen bezogen hatte.

«Ich bin mein Hauptfeind», erklärt dieser Wahlverwandte von Thomas Manns Bajazzo – übrigens zum Mißfallen von dessen Schöpfer, der von solch geistiger Nähe anscheinend unangenehm berührt wurde und Tubutschs «Tendenz zum Selbstwegwurf» kritisierte. Die Langeweile, von der Tubutsch spricht und die sich in der mäandrierenden Form seiner Rede gleichsam neu erzeugt, ist das emotionale Korrelat einer umfassenden Sinnleere von geradezu nihilistischer Konsequenz. Aus der zynischen Perspektive seines «Galgenhumors» gibt es nichts Substantielles zu erzählen; ersatzweise gewinnen periphere Alltagsdetails scheinhafte Bedeutung – wie die beiden Fliegen, die in Tubutschs Tintenfaß ertrunken sind («Doppelselbstmord aus Liebe», lautet sein Kommentar in Anspielung auf Anzengrubers Drama), oder der Stiefelknecht, mit dem er pseudodramatische Selbstgespräche führt. Insofern ist auch Tubutsch ein «Tierstimmenimitator», wie er es vom Dichter sagt – eine Definition des Dichters und des Dichterischen, auf die sich später noch Elias Canetti beziehen sollte! Welche andere Form der Unterhaltung bleibt auch diesem Einsamen, der als deklassierter Flaneur durch die Straßen zieht (auch darin dem nihilistischen Nachtwächter in August Klingemanns *Nachtwachen des Bonaventura* gleichend) und allenfalls mit dem Hausmeister, dem Wachtmann, einem Betrunkenen oder dem Straßenbahn-Kondukteur einen knappen Wortwechsel führt? Im kalauernden Dialog mit dem Betrunkenen fallen die Namen Schopenhauer und Byron, die klassischen Adressen für den Pessimismus und Weltschmerz des 19. Jahrhunderts. Die Aufforderung des Schaffners zum Aussteigen dient schon im Manuskript der *Seltenen Gäste* (und entsprechend in *Wodianer* und *Wudandermeer*) als Chiffre für den Selbstmord, auf den sich abschließend auch Tubutschs Gedanken richten. Wir wissen nur nicht, ob wir ihm die Kraft dazu zutrauen dürfen.

Schließlich ist ja auch der Selbstmord in der Erzählung *Der Selbstmord eines Katers* Fehlanzeige. Wie sich aus dem reuevollen Bericht seines Besitzers ergibt, hat der Knecht Janku den Kater mit dem volltönenden Namen Thomas Kerouen getötet, nachdem der Erzähler selbst ihn dazu indirekt ermutigt hat – durch einen brutalen Fußtritt nämlich, der das Tier auf den Misthaufen schleuderte. Dieser Fußtritt ist doppelt begründet – hier macht sich die Rezeption der Psychoanalyse bemerkbar, die Ehrenstein vor allem aus seiner Behandlung bei Alfred Adler bekannt war –: erstens durch den Wunsch des Erzählers, «alles zu knechten» («ich heiße nicht umsonst Herrensein»), und zweitens durch seine sexuellen Ambitionen auf die Wirtschafterin Sabine, denen anfangs noch sein älterer Cousin Hugo als überlegener Konkurrent im Weg steht. Die ausdrücklichen Parallelen zwischen den «Leiden des jungen Kerouen», wie es mit parodistischer Spitze gegen Goethes *Werther* heißt, und den erotischen Umtrieben seines Herrn unterstreichen die Triebnatur des Menschen in einer fast monistischen Perspektive. Der Rückblick auf frühere Grausamkeiten des Erzählers gegen Katzen und andere Tiere erinnert, wie schon die Betonung des verhängnisvollen Fußtritts selbst, auf die schrittweise Freilegung entsprechender Erinnerungen in Hofmannsthals *Andreas*-Roman (dort ist es ein kleiner Hund, dem der Held das Rückgrat zertreten hat). Was bei Hofmannsthal jedoch als substantielle Erkenntnis verbucht wird, erscheint bei Ehrenstein im skurrilen Licht einer fixen Idee; mit der abschließenden Selbstbezichtigung des Erzählers auf der Polizeiwache wird offenbar der Bereich der seelischen Normalität verlassen. Auch dafür gibt es noch ein äußerliches Motiv: Das Unzurechnungsfähigkeits-Attest erspart dem Abiturienten Herrensein die ausstehende Nachprüfung in Chemie! *Bericht aus einem Tollhaus* ist die Neuausgabe von Ehrensteins Erzählungen überschrieben, die 1919 im Insel Verlag erscheint; *Der Selbstmord eines Katers*, der der ersten Ausgabe der Sammlung (1912) den Namen gab, trägt jetzt den Titel *Kerouen*.

Auf seelische Mechanismen der Verdrängung und der Traumarbeit, wie Freud sie beschrieben hat, nimmt schon der zweite Teil der chinesischen Traumerzählung *Tai-Gin* (1912; entst. 1908) Bezug, die 1919 in die selbständigen Erzähltexte *Miana* und *Andjulka* zerlegt wird. Als mimetischer Nachvollzug einer Traumlogik ist auch die Erzählung *241* (1912) aufzufassen; die abergläubische Fixierung auf diese Zahl läßt sich übrigens bis in das Manuskript der *Seltenen Gäste* zurückverfolgen. Besondere Beachtung verdient die kurze Erzählung *Zigeuner* (1911; später: *Feuerwehr*), und zwar nicht nur wegen ihrer Kritik am Rassismus. Sie problematisiert zugleich die Rolle des Intellektuellen in der Gesellschaft, denn als solcher, nämlich als Schreibkundiger, hat der Ich-Erzähler das Majestätsgesuch verfaßt, das zur Anschaffung der neuen Feuerspritze führte, zu deren Erprobung nun des öfteren die Holzhütte der Dorfzigeuner in Brand gesteckt wird. Im Schlußabsatz zeigt sich das Schuldgefühl des Erzählers als Identifikation mit den Opfern (zu ihnen gehört auch der Erpel auf dem Dorfteich, der vom Wasserstrahl der Spritze aufgeschreckt wird), und diese Identifikation setzt eine absurde – eben traumlogische – Verschmelzung der Assoziationen frei:

> «Ich habe das Majestätsgesuch geschrieben. Wenn ich schlafe, träume, dem Enterich ein Idealbild jenseits des Lebens erscheint, geht meine Hütte in Flammen auf und eine sündige Faust reißt

mich, den schon Versengten beim Haar aus dem Feuer. Ich habe
gerade noch die Kraft ‹Waat! Waat!› zu schreien und die Schlechtig-
keit der Welt bloßzulegen. Aber das hilft mir nicht. Die blutige
Staubkruste an den Füßen des kleinen Matjin kann ich nicht weg-
denken. Und wenn ich sterbe und man meinen Magen aufschnei-
det, wird man tote Frösche in ihm finden.»

In drei grotesken Kurzerzählungen, die sich auf die ersten drei Jahrgänge des *Sturm* verteilen, aber wohl sämtlich 1910 entstanden sind,
wird die Erscheinung des Halleyschen Kometen zum Anlaß für die spöttische Glossierung sozialer Phänomene genommen: des Militarismus
(*Tod eines Seebären*), des Sozialdarwinismus (*Kongo*) und − in kaum
überbietbarer Schärfe − des Antisemitismus (*Ein krasser Fall von Solda-
tenmisshandlung*). Schon die *Ansichten eines Exterritorialen*, 1911 in der
Fackel veröffentlicht, hatten den irdischen Rassismus mit der zynischen
Ironie der Swiftschen Satire, nämlich aus der Perspektive eines außerir-
dischen Kannibalen, beleuchtet und dabei hellsichtige Formulierungen
für das Zustandekommen rassischer Identitäten gefunden. In den in Berlin entstandenen satirischen Erzählungen *Arahar* und *Traum des acht-
hundertachtundachtzigsten Nachtredakteurs* tritt dagegen die Kritik an
der Kommerzialisierung des literarischen Lebens in den Vordergrund.
Arahar gibt sich als ironisches Märchen mit Happy-End; im *Traum* wird
die Märchen-Illusion des «geiernasigen Jünglings» aus dem «Land der
besoffenen Ströme» (das ist Österreich) schroff durch die graue Realität
der «fremden Straßen» und das geistfeindliche Diktat des «druckgewalti-
gen» Pressezaren widerlegt.

«Was mir zu Gebote steht: ein für einen Juden reiner griechischer Stil,
Bibelstil, phantastische Erzählung, Wiener Dialekt, Satire […] etc.» −
so charakterisiert Ehrenstein selbst 1908 die Palette seiner schriftsteleri-
schen Möglichkeiten. Der «griechische Stil» kommt wohl am reinsten
in den freien Mythosadaptionen zum Tragen, die den Einfluß der Ho-
merlektüre bis in die Wortwahl hinein verraten: vom «wohlriechenden
Künstler» bis zum «immerschlafenden Kaiser» (Beispiele aus *Liebe*,
entst. 1901). Neben der etruskischen Untergangsvision *Saccumum* (s. o.
S. 64) und dem Drehbuchentwurf *Der Tod Homers* (1913) bildet die
mythische Erzählung *Apaturien* (beendet 1909, gedruckt 1912) wohl das
eindrucksvollste Zeugnis von Ehrensteins kreativ-spielerischer Antikere-
zeption.

Es handelt sich bei *Apaturien* um die Aufzeichnungen eines Sterbenden: Der
kretische Ziegenhirt Sarpedon ist als Söldner zum König aufgestiegen und auf
einem Feldzug tödlich verwundet worden. Sein letzter Bericht gilt einem Liebes-
erlebnis seiner Jugend und gewinnt mythologischen Anspielungsreichtum
dadurch, daß die unerfüllt gebliebene Liebe Sarpedons einer der Danaiden galt,

die hier als Tanzmädchen in der Gewalt eines brutalen Ausbeuters oder Zuhälters vorgestellt werden. Die Ermordung der Männer in der Hochzeitsnacht, die
die Sage mit dem Namen der Danaiden verbindet, wird von Ehrenstein also auf
die Prostitution übertragen. Auch die Ausnahme, die eine von den Danaostöch-
tern (Hypermnestra) macht, trifft auf die Geliebte des Sarpedon zu; Philonoë
reist nämlich unversehens von Knossos ab – dem sie erwartenden Liebhaber
bleibt nur der Blick auf das davonziehende Schiff, dem er vergeblich zu folgen
versucht. Ein Schlag mit dem Ruder wirft ihn zurück; dasselbe Werkzeug von
rätselhafter Symbolkraft wird ihm die Verletzung zufügen, der er nun erliegt.
Das eigentümliche Konglomerat unterschiedlichster Mythen (Homers Sarpedon
kämpft vor Troja; Odysseus zieht mit einem Ruder landeinwärts; Philonoë heißt
die Gattin des Bellerophon, dem der junge Ehrenstein ein Drama widmen
wollte, und ist somit eigentlich die Großmutter Sarpedons) gewinnt Konsistenz
nicht zuletzt durch die Einheitlichkeit der poetischen Sprache, eben des «griechischen Stils», und eines Lebensgefühls, das demjenigen des Karl Tubutsch gar
nicht so fern, nämlich gleichfalls durch Vereinsamung und Aufgabe des Lebens-
willens bestimmt ist.

Robert Müller, nur ein Jahr jünger als Ehrenstein und von ähnlichem
Bildungsgang (beide besuchten das katholische Piaristengymnasium in
der Wiener Josefstadt und mußten es vor dem Abschluß verlassen, beide
immatrikulierten sich an der Wiener Universität), ist als Autor in vieler
Hinsicht ein Gegenbild. Wenn Ehrenstein gleichsam den Übergang von
der Wiener Moderne zum Frühexpressionismus und dessen innere Affinität zur décadence verkörpert, so markiert Müller, dessen erzählerisches Werk zum größeren Teil erst nach dem Ersten Weltkrieg entstand
(in den wenigen Jahren, die ihm bis zu seinem Freitod 1924 verblieben),
bereits den Übergang vom Expressionismus zum Aktivismus. Der
melancholischen Lebensferne von Ehrensteins Gestalten steht bei Müller
denn auch der entschlossene Wille zur «Tat» gegenüber, den er durch
sein Leben unterstrich: durch die buchhändlerisch-unternehmerischen
Aktivitäten nach 1918 und durch einen – seiner Selbstdarstellung
zufolge – höchst abenteuerlichen Amerika-Aufenthalt 1909–1911. Der
Handlungsarmut und äußeren Verknappung von Ehrensteins Charakter-
skizzen kontrastieren die epische Dichte und Anschaulichkeit, mit der
bei Robert Müller Geschichten erzählt werden – bis hin zum großen
Romanformat der *Tropen* (mit gut vierhundert Druckseiten).

Ein weiterer auffälliger Gegensatz liegt im unterschiedlichen Umgang mit
dem Begriff der «Rasse». Während Ehrenstein aus persönlicher Betroffenheit
durch den Antisemitismus alle möglichen Erscheinungsformen des Rassismus
kritisch behandelt, bedient sich Müller des Nietzscheanischen Rassenbegriffs in
geradezu emphatischer Weise zur Umschreibung seines Ideals des «neuen Menschen». Er schreckt dabei auch nicht davor zurück, diesen eigentlich nichtbiolo-
gischen Rassenbegriff mit der kulturellen Physiognomie, aber auch körperlichen
Kennzeichen verschiedener ethnischer Typen zu verbinden. Am simplesten
geschieht das wohl in seinen Frauengedichten *An die Jüdin* (1912), *Die Malaiin*

(1913), *Die dunkle Frau* und *Serbisches Mädchen* (beide 1917), die aus der Faszination für den fremden Körper Visionen einer neuen Rassen-Synthese entwickeln:

> Frische Rassen
> bilden, schöpferisch im Blute prassen,
> ist der Urtrieb blonder Weltseele,
> Herrscherwillens über Herrn der Welt.

Diese Verse Robert Müllers (aus *Die dunkle Frau*) erschienen 1917 in einem so unverdächtigen Organ wie der *Neuen Rundschau* des S. Fischer Verlags! Übrigens wurde dem Autor im gleichen Jahr die ihm vom Kriegspresseamt übertragene Leitung der *Belgrader Nachrichten* wegen zu großer Serbienfreundlichkeit entzogen.

Sein erzählerisches Debüt gibt Robert Müller im April 1912 mit der Horrorgeschichte *Das Grauen*. Das bürgerliche Glück Doktor Heinz Heilemanns (schon der Name verweist auf heile Welt) wird durch einen Brand seiner Villa jäh zerstört. Der Anblick der verkohlten Leiche seiner Frau reißt in ihm einen Abgrund des Grauens auf, den weder der Aufenthalt in einer Nervenheilanstalt noch die Schonung seiner Bekannten zu schließen vermögen. In seinen heitersten Momenten spricht er künftig vom «Kurssturz der Vernunft». Ein ähnliches Fazit legt die Erzählung *Irmelin Rose. Die Mythe der großen Stadt* nahe, die 1914 bei Meister in Heidelberg als schmales Büchlein erschien. Wie von einem irrationalen Sog erfaßt, wird die Mädchenfrau Irmelin Rose – den Namen verdankt Müller einem Gedicht Jens Peter Jacobsens – aus dem umhegten Rosengarten des Anfangskapitels in die Strudel des großstädtischen Verkehrs gezogen, denen sie prompt zum Opfer fällt. In einem Tobsuchtsanfall gegen die Straßenbahn, die sie überfahren hat, stirbt auch der Gärtner, den wir ungeachtet seiner männlichen Erscheinung eher als väterlichen Beschützer denn als Liebhaber Irmelins kennenlernen – ist ihr Tod unter den Rädern vielleicht Ausdruck einer triebhaften Entgrenzung, der notwendigen Zerstörung eines kindhaften Mädchentums durch die Erfahrung der Sexualität?

In einer Traumpassage seines Hauptwerks *Tropen* (1915) setzt Müller die Indianerin Zana im Urwald von Guyana mit einer modernen Europäerin auf der Straße einer großen Stadt gleich. Er akzentuiert damit den metaphorischen Charakter, den der Erfahrungsbereich der Tropen in seinem Roman annimmt. Wie im Text ausdrücklich reflektiert, ist der Titel doppeldeutig; der Name für die wärmste Zone der Erde bedeutet als rhetorischer Terminus verschiedene Formen der Uneigentlichkeit der Rede. Die Reise in den brasilianischen Dschungel, die der deutsche Ingenieur Brandlberger zusammen mit dem mysteriösen Amerikaner Slim und dem Holländer van den Dusen unternimmt und von der er als einziger Überlebender Bericht erstattet, ist offenbar nur oder primär eine Reise

in das eigene Innere – psychologisch gesprochen: in irrationale Tiefen-
schichten, anthropologisch oder evolutionsgeschichtlich gesprochen:
eine Reise in frühere Stufen der Phylogenese. «Wohin gehen wir? Immer
nach Hause» – die romantische Maxime aus Novalis' *Heinrich von
Ofterdingen* gewann schon in Joseph Conrads Beschreibung einer
Kongo-Expedition (*Heart of Darkness*, 1899) bedrängende psychologische, zutiefst verunsichernde Bedeutung. Auch Brandlbergers Bericht
endet mit Tod und Mord oder richtiger: Vorstellungen von Mord und
Verstümmelung, über deren Realitätsgehalt der Ich-Erzähler die Rechenschaft schuldig bleiben muß, so sehr ist ihm unter den Bedingungen der
Dschungel-Existenz die Grenze zwischen Wirklichkeit und Traum bzw.
Triebwunsch abhanden gekommen.

In früheren Teilen des Buchs herrschen dagegen das monistische
Glück der Wiederbegegnung mit früheren Stadien der Onto- und Phylogenese und die Bewußtseinserweiterung vor, die dem zivilisierten Menschen aus der Begegnung mit vitaler Triebhaftigkeit zuwächst. Letztere
kristallisiert sich vor allem in Zana und ihrem rauschhaften Tanz, der
unverhohlen als sexuelles Ereignis, ja als Inzest beschrieben wird, wie
überhaupt festzustellen ist, daß Müller die konventionelle Verklärung
der ‹edlen Wilden› durchweg meidet – trotz der kleinen Hommage an
Paul Gauguin und seine Tahiti-Bilder, die in Slims Reden eingefügt ist.
Von verlogenem Rousseauismus sind die *Tropen* um so weiter entfernt,
als es Müller ja ohnehin nicht um ein Zurück, sondern um ein Vorwärts,
um eine Steigerung in Richtung auf einen «neuen Menschen» geht, der
allerdings nur in Wiederaneignung der verschütteten Irrationalität, unter
Rekurs auf die anthropologische Frühzeit möglich scheint.

Von hier aus gewinnt die Figur des Amerikaners Slim erst ihre volle
Bedeutung, der vielfach als Sprachrohr des Autors auftritt und in einer
eigentümlichen Beziehung zum Erzähler Brandlberger steht. Dieser
bewundert ihn heimlich und faßt – ohne vorherige Aussprache darüber
– dieselben Gedanken oder Pläne (zum Beispiel ein Buch «Tropen» zu
schreiben) wie sein dominanter Konkurrent im Dreiecksverhältnis zu
Zana. Ausdrücklich ist von Strömen die Rede, die von einem Bewußtsein auf das andere übergehen; Müller hat sich hier, wenn nicht durch
Strindberg, so durch die Romane (*Madame d'Ora*, 1904, dt. 1907; *Das
Rad*, 1905, dt. 1908) des Dänen Johannes Vilhelm Jensen anregen lassen,
in denen wiederholt ein psychodynamischer Machtkampf zwischen zwei
Männern geschildert wird, die antithetisch die Opposition von (modernem oder amerikanischem) Realismus und rückwärtsgewandtem Spiri-
tismus vertreten. Auch im Verhältnis zwischen Slim (amerikanischer
Körpermensch) und Brandlberger (deutsch-europäischer Geistmensch)
klingt eine solche Antinomie an, die jedoch überboten wird durch Slims
Erhebung der deutschen Metropole zur Stadt der Zukunft: «Berlin ist

der möglichste Ort der Welt, gegenwärtig, heißt das. Es ist der Erbe von Rom und Paris. Die Hälfte von all dem, was jetzt als Amerikanismus das Leben ausfüllt, ist in Berlin gemacht worden.» Im Kontext der Literaturgeschichte muß diese Erklärung im Werk eines Wiener Autors als Bekenntnis zum Vorrang des deutschen Expressionismus gelesen werden. Andererseits ist Müllers Zusammenhang mit spezifischen Impulsen der Wiener Moderne unverkennbar, zumal in der Infragestellung des Persönlichkeitsbegriffs, auf die Slims Kommentar zu den merkwürdigen Übereinstimmungen zwischen ihm und Brandlberger hinausläuft. Mit der ihm eigenen Schnoddrigkeit erklärt er:

> «Diese Einzelzüge sind die Moleküle, die zusammengespart werden müssen. Rücken Sie sich gefälligst die Schwierigkeit vor Augen, einen Menschen nicht als Haut, sondern als System zu erzählen. Ihn just aus diesen Partikeln heraus aufzubauen. Denn, unter uns gesagt, was ist der Mensch denn anderes, als eine Schnittlinie im jeweiligen Augenblick losgelassener, noch unerkannter Einzelvorgänge?»

Ernst Machs wahrnehmungstheoretische Auflösung des Subjektbegriffs wird hier offensichtlich in die Sprache der Biochemie übersetzt. Im Zuge der gleichen Operation entsteht der für die theoretischen Partien des Romans zentrale Begriff «Phantoplasma». In Anlehnung an das «Protoplasma» der Zellbiologie soll er die innovative Kraft der schöpferischen Phantasie bezeichnen – eine Kraft, die wiederum pseudobiologisch determiniert wird: «Künstler schaffen Rassigkeiten, sind sozusagen as Ahnungsorgan einer Rasse.»

In reizvoller Spannung zu den theoretischen Ambitionen solcher Diskurse (sie überschlagen sich gleichsam in Slims Begriff der «fünften Dimension») steht die bewußte Anlehnung von *Tropen* an Modelle der Trivialliteratur. Das betrifft einmal natürlich den exotistischen Abenteuerroman im allgemeinen und denjenigen Karl Mays (u. a. *Der Schatz im Silbersee*) im besonderen. Müller hat dem umstrittenen Autor einen eindringlichen Essay gewidmet (*Das Drama Karl Mays*, 1912) und im März 1912 in Wien dessen letzten öffentlichen Auftritt organisiert; Hitler und Bertha von Suttner sollen unter den Zuhörern gewesen sein. Auf der anderen Seite integriert der Roman auch klar erkennbare Elemente des Kriminalromans; sie werden gleichsam dadurch nobilitiert, daß die endgültige Aufklärung ausbleibt – nicht nur über den Tod des Holländers, sondern auch über denjenigen Rulcs, der Frau des indianischen Künstlers, unmittelbar nach ihrer Vereinigung mit dem Erzähler. Auch die Herausgeberfiktion des Rahmens nimmt dieser Offenheit nichts. Sie nennt zwar ein mögliches Datum für den Tod Brandlbergers (1907), doch bleibt es bei der Hypothese; im übrigen werden der Geheimnis-

Charakter des Buchs und die Absicht des Verfassers betont, «die Brutalität des Tiefsten der Ergänzung statt der Erzählung zu überlassen.»

Müllers höchstes Lob fand der erste Roman seines zwei Jahre jüngeren Wiener Kollegen Oskar Maurus Fontana: *Erweckung* (1919, Neuausgabe 1946 unter dem Titel *Die Türme des Beg Begouja*). Denn in dieser konzentrierten Darstellung einer leidenschaftlichen Auflehnung gegen den serbischen Großbauern Beg Begouja ist eine ähnliche Verschränkung archaischer und moderner, exotischer und alltäglicher Erlebnisformen geleistet, wie Müller sie selbst in *Tropen* erstrebt hatte. Auch Amerika hat – mit der aus Jensens Büchern bekannten Hölle der Großschlachthöfe von Chicago – Eingang in Fontanas «psychologisches Epos» der «südslawischen Menschen» (Müller) gefunden. Als Revolutionsdichtung weist *Erweckung* schon über die Epochengrenze von 1918 hinaus.

4. Rilke und Musil

Ebensowenig wie Hofmannsthal hat sich Rilke jemals hauptsächlich als Erzähler verstanden. Spätestens seit der Jahrhundertwende stand für den Autor und seine wachsende Verehrergemeinde eindeutig die Lyrik im Vordergrund des Interesses (bei einem breiteren Publikum auch die episierende *Weise von Liebe und Tod des Cornets Christoph Rilke* – s. u. S. 600). Es ist einem fundamentalen Wandel der Rezeptionsgewohnheiten und der wachsenden Distanz späterer Generationen zum Pathos der *Duineser Elegien* zuzuschreiben, wenn der entscheidende Beitrag Rilkes zur literarischen Moderne immer häufiger in seinem Roman *Die Aufzeichnungen des Malte Laurids Brigge* (1910) gesehen wird.

«Wenn man von den Einsamen spricht» beginnt eine (nämlich die 53.) Aufzeichnung des einsamen Tagebuchschreibers Malte. Die Einsamkeit des innerlich starken Individuums und sein Gegensatz zur Gesellschaft sind Leitthemen dieses Autors, der wie kaum ein anderer die Unabhängigkeit des künstlerischen Subjekts und seinen Standort jenseits der sozialen Ordnungen auch in seinem persönlichen Lebensstil – dieser flanierenden Reiseexistenz zwischen Skandinavien und der Adria, Rußland und Spanien, als Gast auf Schlössern und in kleinen Pensionen – kultiviert hat. Seine Märchenerzählung *Der Drachentöter* (1902) zeigt einen einsamen Helden, allein mit der Größe seiner schweren Tat und völlig desinteressiert an dem Preis, den die Gesellschaft für sie ausgesetzt hat – er vergißt einfach die Heirat mit der Prinzessin. Auch in der kleinen Erzählung *Im Gespräch* (1901) bleibt die Prinzessin allein in ihrem venezianischen Palast zurück; nur momentweise war sie ergriffen von der inneren Gewalt, mit der ihr der Slawe Kasimir aus dem Dunkel des Saals heraus zu einer künstlerischen Vision verholfen hatte. Und schon in *Der Apostel* (1896) wird die konventionelle Unterhaltung einer

Tafelrunde durch das rückhaltlose Bekenntnis eines Fremden zur Philosophie des Übermenschen gesprengt: «Sein Blick hing weit an der herrlichen Vision seiner Seele.»

Am Leben hin ist eine Sammlung von Prosaskizzen überschrieben, die Rilke 1898 im Stuttgarter Verlag Bonz unterbringt – übrigens dank einer Empfehlung Ganghofers. Zum Titel erklärt der zweiundzwanzigjährige Autor in einem Brief an den Verleger: «denn so sind die Motive gewählt, wie sie an den Weg des Ganzeinsamen heranreichen [...].» Zu den Mitteln, mit denen sich das einsame Dichtersubjekt gegenüber den Randerscheinungen seines Lebensweges behauptet, gehört eine gute Portion bissigen Humors, ja zynischer Satire. Mit ihrer Hilfe schildert *Das Familienfest*, der Eröffnungstext der Sammlung, das Ritual der jährlichen Totenfeier für das Familienoberhaupt im Kreis einer ängstlich auf ihre Würde bedachten Miniatur-Bourgeoisie in enger Anlehnung an Rilkes eigene Familienverhältnisse (vor der Trennung der Eltern 1884).

Der satirische Angriff auf die Prager Verwandtschaft wiederholt sich in der umfänglicheren autobiographischen Erzählung *Ewald Tragy* (wohl aus dem gleichen Jahr 1898), die Rilke nie veröffentlicht und in den erhaltenen Briefen nirgends erwähnt hat. Allzu grotesk war wohl der Chor der plappernden Kusinen bei der sonntäglichen Tafelrunde ausgefallen und allzu schwach die Figur des Möchtegern-Dichters, der vor den Karrierehoffnungen des Vaters nach München flüchtet – wie Rilke selbst 1896, der seine dortigen Bekanntschaften mit Wilhelm von Scholz («Herr von Kranz») und Jakob Wassermann («Thalmann») in satirischer Verzeichnung spiegelt. Die lebensbestimmende Begegnung mit Lou Andreas-Salomé wird jedoch ausgespart; statt dessen mündet die Schilderung des ziellosen Bohemelebens in einen hilflosen Schrei nach mütterlicher Liebe. Das Thema des verlorenen Sohns war damit in Rilkes Agenda-Liste eingetragen; noch der Schluß des *Malte*-Romans greift es in bedeutsamer Umkehrung auf.

Die Titelgeschichte des dritten Erzählbandes *Die Letzten* (1901) zeigt eine negative Art der Heimkehr: die Regression des lungenkranken Dichters in den Schoß mütterlicher Verzärtelung unter Aufgabe seiner Beziehung zu einer jungen Frau namens Marie Holzer, die große Hoffnungen auf ihn setzt, und unter Absage an die Ideale der sozialen Bewegung, die er zuvor auf Studentenversammlungen vertreten hat. Wenn ihm am Schluß die eigene Mutter als Gespenst erscheint, ist die Bedenklichkeit dieses Rückfalls deutlich ausgesprochen und zugleich ein Motivzusammenhang mit den Erinnerungen an die Mutter und ihre gespensterreiche Familie im *Malte Laurids Brigge* hergestellt. Die Spukgeschichte als Spezifikum einer Prager Erzählkunst?

Entstanden sind *Die Letzten* im Winter 1898/99 in Berlin ebenso wie ein Jahr zuvor die *Zwei Prager Geschichten* (1899), in denen sich

Rilke – innerhalb des Frühwerks – am weitesten von der Egozentrik der Einsamkeits- und Künstler-Problematik entfernt. Geht es doch um eine Veranschaulichung des sozialen Lebens in Prag aus der Perspektive der tschechischen Bevölkerungsmehrheit, auch und gerade in ihrem Gegensatz zu den Deutschen und ihrer Gespaltenheit zwischen einer dekadenten Literatenszene und dem romantisch verklärten ‹Volk›, in *König Bohusch* zudem um die Enttarnung einer illegalen Organisation junger Tschechen (der sogenannten Omladina), die 1893 zur Ermordung eines Polizeispitzels führte. Als solcher wird der Krüppel «König Bohusch» am Ende der nach ihm benannten Geschichte verdächtigt – doch trifft ihn die Ermordung völlig ahnungslos, da er ganz mit seinen enttäuschten Lebenshoffnungen befaßt und am Schluß in einem Stadium weitgehender geistiger Verwirrung angelangt ist. Indem die Erzählung großenteils seinem beschränkten Bewußtsein folgt, reduziert sie die politische Problematik auf abenteuerliche Effekte (wie das höhlenartige Versteck der Anarchisten in Bohuschs Haus) und subjektive Affekte. So sieht Bohusch im mageren Gesicht des Fanatikers Rezek, dessen persönliches Auftreten beide *Prager Geschichten* miteinander verklammert, plötzlich Schönheit und «etwas Elementares, Ewiges»; mit seinem Tod muß er für diese Illusion büßen.

Einiges von dieser Faszination der Gewalt glaubt man auch in der nachgelassenen Erzählung *Frau Blaha's Magd* (entst. 1899) zu spüren. Sie schildert zunächst den monotonen Alltag eines böhmischen Dienstmädchens in fast naturalistischer Manier. In der Einsamkeit des seelisch gefährdeten Mädchens liegt die Kraft zu einer Revolte, die sich allerdings auch gegen es selbst richtet. Das Kind, das Anna/Annuschka eines Morgens wie nebenbei gebiert, wird von ihr erstickt, bevor sein Geschrei die Herrschaft stören kann; im Puppenspiel agiert die Kindesmörderin darauf ihre emotionale Erregung aus. Den zuschauenden Kindern erklärt sie: «Ich habe noch eine ganz große Puppe.» Es ist der in eine blaue Schürze eingewickelte Leichnam ihres Kindes; in einem wahren Zerstörungsrausch spaltet Anna ihm wie den Puppen den Schädel. Rilke, der sich seit 1896 intensiv mit Maeterlinck auseinandersetzte, hat mit dieser Kurzgeschichte ein erzählerisches Gegenstück zu dessen «théâtre pour marionettes» und der düsteren Tragik seines Symbolismus geschaffen.

Die divergierenden Optionen, vor denen der Erzähler Rilke um 1900 steht, lassen sich an zwei Werken ablesen, die schon in anderem Zusammenhang vorgestellt wurden: *Die Turnstunde* (1902, entst. 1899), dieses sachlich-verknappende, an Erfahrungen der eigenen Militärschulzeit anknüpfende Bild einer mörderischen Pädagogik, im Rahmen der Schulkritik-Welle in den ersten Jahren des neuen Jahrhunderts (s. o. S. 8 f.) und die «an Große für Kinder erzählten» *Geschichten vom neuen Gott* (1901) im Zusammenhang der Kinder- und Jugendliteratur (s. o. S. 208). Auch wenn das Kind nicht als direkter Adressat vorgesehen ist,

wird es von Rilke gleichsam als letzte Instanz ins Auge gefaßt: als adä-
quater Partner für eine verfremdende Sichtweise, die sich weit über die
Maßstäbe der bürgerlichen Gesellschaft erhebt und sozusagen ganz von
oben auf die Welt blickt. Dieselbe Perspektive nimmt der Herrgott ein,
der in der dritten Geschichte *Warum der liebe Gott will, daß es arme
Leute giebt* aus dem Himmel auf eine große Stadt niederschaut und sich
hier auf ein hohes Mietshaus konzentriert – um verwundert festzustellen, daß die wohlhabenden Bewohner der unteren Stockwerke «fast nur
noch Kleider» sind und der arme Bildhauer im Mansardenstübchen am
ehesten menschlich bzw. gottgleich ist. Von einem einsamen Dachstuben-
poeten in der großen Stadt berichtet ja auch Rilkes einziger Roman,
der vorübergehend als Fortsetzung zu den *Geschichten vom lieben Gott*
gedacht war, dann aber eine ganz neue Richtung nahm.

Man hat *Die Aufzeichnungen des Malte Laurids Brigge* (1910) den
ersten genuinen Großstadtroman der deutschen Literatur genannt. Richtig ist, daß der 1904 in Rom begonnene, 1910 in Leipzig beendete
Roman in seinem ersten Teil schockierende Eindrücke vom Leben in der
Großstadt versammelt, die ein fiktiver dänischer Dichter in Paris seinem
Tagebuch oder Notizheft anvertraut. Dabei handelt es sich in der Mehrzahl um Eindrücke, die Rilke selbst während seines ersten längeren
Paris-Aufenthalts 1902/03 empfangen hat. Manche von ihnen stehen in
verblüffender Analogie zu den Thesen über die «rasche Zusammendrän-
gung wechselnder Bilder, den schroffen Abstand innerhalb dessen, was
man mit einem Blick umfaßt, die Unerwartetheit sich aufdrängender
Impressionen» in Georg Simmels etwa gleichzeitigem Aufsatz *Die
Großstädte und das Geistesleben* (1903).

Rilkes Brief an Lou Andreas-Salomé vom 18. Juli 1903 gibt bereits eine ein-
drückliche Beschreibung des sogenannten Veitstänzers und anderer Vertreter
jener unheimlichen Personengruppe, die in Maltes Tagebuch als «Fortgewor-
fene» aufscheint. Im selben Brief wird das «Entsetzen» angesichts der Depravation des Lebens in der großen Stadt in ein Bild gefaßt («die Wagen fuhren durch
mich durch»), das in der zweiten Aufzeichnung Maltes eine quasi futuristische,
die Zersplitterung der großstädtischen Wahrnehmung symbolisierende Ausführung findet: «Elektrische Bahnen rasen läutend durch meine Stube. Automobile
gehen über mich hin. Eine Tür fällt zu. Irgendwo klirrt eine Scheibe herunter,
ich höre ihre großen Scherben lachen, die kleinen Splitter kichern.»
Andererseits bleiben sowohl in jenem frühen Brief als auch im Roman
wesentliche Aspekte der Urbanität im Hintergrund, die aus soziologischer Perspektive den Kern des Großstadtbegriffs bilden (Industrialisierung, Technisierung, Beschleunigung des Verkehrs, Bevölkerungsmassen etc.). Zwar begegnet
das Stichwort der «fabrikmäßigen» «enormen Produktion», doch wird es von
Malte ironisch an einem Phänomen festgemacht, auf das sich solche Kategorien
höchstens metaphorisch anwenden lassen – das anonyme Sterben in den großen
Krankenhäusern im Gegensatz zum «eigenen Tod» früherer Zeiten (s. u.). Das
Rattern der Maschinen erlebt Rilkes Ich-Erzähler nur als Patient in der Salpê-

trière und die Logik des Kapitalismus allenfalls in den Wahnvorstellungen seines Petersburger Nachbarn, der auf der «Zeitbank» ein Konto mit den ihm noch verbleibenden Lebensstunden, -minuten und -sekunden einrichten möchte und sich aufgrund des Schwindels, der ihn angesichts seines dahinrinnenden Guthabens ergreift, gar nicht mehr aus dem Bett traut.

Im angeführten Brief vom Juli 1903 finden sich auch schon die Zitate aus dem Buch Hiob und aus Baudelaires *Le spleen de Paris*, die im Roman den Schluß der 18. Aufzeichnung bilden. Wie noch das spätere Zitat aus Baudelaires Gedicht *Une charogne (Ein Aas)* deutlich macht, ist die Empfänglichkeit für Bilder des Häßlichen, mit der Rilkes Malte das Leben in der Stadt betrachtet, primär dem französischen Ästhetizismus und Symbolismus verpflichtet. Möglicherweise hat die Form des Baudelaireschen Prosagedichts auch die Form seiner Aufzeichnungen (als Rilkescher Variante des poème en prose) bestimmt. Der Tagebuchschreiber – und wohl auch Rilke selbst – versagt seinem Lehrmeister jedoch dort die Gefolgschaft, wo dieser der Häßlichkeit des Lebens die unangreifbare Schönheit der Kunst gegenüberstellt. Die Schule des Sehens, zu der sich Malte wiederholt bekennt, besteht vielmehr in einem Sich-Einlassen auf die Schrecken der Krankheit, des Elends, der geistigen Verwirrung, die sich dem großstädtischen Flaneur bieten. Der Ekel wird bewußt bis zum Bodensatz ausgekostet oder – um es mit einem Lieblingswort Rilkes zu sagen – «bestanden», weil nur so eine gültige Formulierung des eigenen Anteils an jenen Fürchterlichkeiten möglich ist. Die Hermeneutik des Grauens, die hier vorgeführt wird, ist eine Schule der Selbsterkenntnis.

Maltes Sehen-Lernen unterscheidet sich von der Ästhetik Rodins und Cézannes, die sich Rilke selbst in Paris erschlossen und für seine Ding-Lyrik nutzbar gemacht hat. Es geht dabei nicht so sehr um Reinigung des Schauens von der Subjektivität (wie in Cézannes Praxis der «réalisation»), sondern um radikale Infragestellung der eigenen Person als unabhängiger Instanz, ja des traditionellen Subjektbegriffs überhaupt. Die Angst, die Malte umtreibt und die ihn beispielsweise aus dem Louvre jagt, weil er in den Blicken der sich dort wärmenden Clochards eine geheime Mitwisserschaft zu entdecken glaubt, ist nicht nur die Angst vor einer verdrängten Wahrheit: nämlich seiner potentiellen oder prinzipiellen Gleichheit mit jenen «Fortgeworfenen». Der verarmte Adlige, dessen ererbte Möbel irgendwo untergestellt sind, hat ja einigen Grund zur Angst vor der Proletarisierung, ebenso wie der Sohn einer Mutter, die schwere geistige Störungen entwickelte, zum Grauen vor allen Anzeichen des Wahnsinns.

Maltes Angst geht aber weit über solche persönlichen Gefährdungen hinaus. Die «Existenz des Entsetzlichen in jedem Bestandteil der Luft» zeigt sich in einer Auflösung des Persönlichkeitspanzers, für die er in der 23. Aufzeichnung ein kafkaeskes Gleichnis findet: «Wie ein Käfer, auf den man tritt, so quillst du aus dir hinaus, und dein bißchen obere Härte und Anpassung ist ohne Sinn.» Nicht umsonst durchziehen diesen Roman Bilder von Figuren ohne Gesicht – von jener Frau auf der

Straße, die die Hände so schnell vom Gesicht nimmt, daß es ihr in den Händen bleibt, bis zu Herzog Karl dem Kühnen, der am Tag nach der Schlacht ohne Gesicht gefunden wird; die eine Seite ist am Eis festgefroren, die andere haben ihm Wölfe abgefressen. Gesichtsverlust heißt soviel wie Verlust der psychischen, zumal sozialen Identität, der «persona» im lateinischen Wortsinn von «Maske».

Bezeichnenderweise ist Rilkes Roman voll von Masken: von den Totenmasken an der Tür des Gipsgießers (darunter die Beethovens, die schon Hauptmanns Michael Kramer in der Hand hält) bis zur Maske des falschen Demetrius, dessen Kraft darin bestand, «niemandes Sohn» zu sein, und dessen Leib von den Mördern in der Erwartung durchbohrt wird, «ob sie auf das Harte einer Person stoßen würden». Kaum ein Leser wird die Geschichte des Verkleidungsspiels vergessen, bei dem der junge Malte die Kontrolle über den Wechsel der Rollen und angenommenen Identitäten verliert. Durch einen Zufall abgelenkt, erblickt er sich plötzlich maskiert und in einem Phantasiekostüm im Spiegel – schreiend entfernt sich das Kind von der fremdartigen Erscheinung, in der es sich nicht mehr wiedererkennt; «rein wie ein Stück» wird es von den Dienern aufgehoben, die es vergeblich um Befreiung aus seiner Vermummung angefleht hat. Auf das Theater als Rollen- und Maskenspiel verweisen auch die Einlagen über Ibsen, die (gleichfalls nicht namentlich genannte) Duse und das antike Theater in Orange: «dies war die starke, alles verstellende antikische Maske, hinter der die Welt zum Gesicht zusammenschoß».

Vor diesem Hintergrund rücken Erscheinungen wie der ins Formlose angewachsene Patient im Wartesaal des Krankenhauses oder jener Veitstänzer oder Epileptiker auf der Straße, der vergeblich die aufkommenden Zuckungen zu unterdrücken sucht, in eine kulturgeschichtliche, fast geschichtsphilosophische Perspektive. Sie werden zum Ausdruck des epochalen Dekadenzproblems, eines vergeblichen Ringens um Fassung angesichts der übermächtigen Tendenz zur Auflösung, von dem letztlich auch der Tagebuchschreiber selbst betroffen ist. Maltes Kindheitserinnerungen, die das zweite Drittel des Romans dominieren, dienen zunächst einer kontrastiven Profilierung seiner großstädtischen Krisenexistenz, indem sie dem Schrecken einer besitz- und traditionslosen Anonymität die Geborgenheit in einer aristokratischen Identität und einem behaglichen Erbe entgegensetzen.

Ulsgaard und Urnekloster, das – nach dem Vorbild von Haseldorf an der Elbmündung gezeichnete – Stammgut der väterlichen Familie Brigge und der Sitz des Grafen Brahe mit dem maskenhaften Lächeln (Maltes Großvater mütterlicherseits), erweisen sich somit als Asyle vor den Bedrohungen der Moderne, als Inseln einer (scheinbar) heilen Welt, in der man jedenfalls noch richtig «erzählen» konnte. Der abgebrochene Versuch des alten Brahe, seiner Tochter Abelone seine Lebenserinnerungen zu diktieren, deutet jedoch darauf hin, daß es schon in dieser nahen Vergangenheit Probleme mit der Sinngebung des Erlebten und seiner sprachlichen Vermittlung gab. Nur die halbmythische Figur des Grafen von St. Germain alias Marquis von Belmare scheint noch ein «Blut» gehabt zu haben, in dem man «lesen» konnte (44. Aufzeichnung).

Auch in anderer Hinsicht erweist sich die Flucht in die Kindheitserinnerung als vergeblich. «Sie alle haben einen eigenen Tod gehabt», sagt Malte von seinen väterlichen Vorfahren. Das schwere Sterben des Kammerherrn Brigge soll dem Leser zwar die alte Kultur des öffentlichen und zugleich «eigenen» Todes demonstrieren – im klaren Gegensatz zur Tabuisierung des Todes in der bürgerlichen Gesellschaft im allgemeinen und seiner schamhaften Verbannung ins Pariser Hôtel-Dieu im besonderen. Die dämonische Kraft seiner Agonie, an der in weitem Umkreis die ganze Tier- und Menschenwelt teilhat, vermittelt uns jedoch auch eine Vorstellung von den zerstörerischen Kräften in Maltes Kindheitswelt. Der Keim zum «Untergang» ist hier schon angelegt. Noch verstärkt gilt dies für die psychologischen, ja parapsychologischen Irritationen, mit denen die Erzählungen von der mütterlichen Familie Brahe aufwarten. Mit Christine Brahes Auftritt als Gespenst sollte ursprünglich sogar (in einer frühen Version, die noch eine Rahmenerzählung vorsah) die Reihe von Maltes Erinnerungen beginnen. Auch jetzt steht diese Spukgeschichte an hervorgehobener Stelle: an erster Position hinter dem imaginären Doppelpunkt, auf den die großen Fragen der 14. Aufzeichnung und ihre Konsequenz («ja er wird schreiben müssen, das wird das Ende sein») hinauslaufen.

Wenn man nicht den Allgemeinplatz von der Affinität Prager Autoren zur Geistergeschichte bemühen will, so lassen sich die einschlägigen Erzählungen Maltes – besonders eindrucksvoll die Erinnerung an die mit einem seltsamen Eigenleben ausgestattete Hand aus der Mauer – als Hinweis auf einen erweiterten Subjektivitätsbegriff deuten. Das Reich des Geistigen oder Beseelten ist offenbar nicht da zu Ende, wo die von der Vernunft gezogenen Grenzlinien zwischen Tod und Leben verlaufen. Daher können tote Verwandte umgehen – als sichtbare Erscheinung wie Christine oder der frühverstorbene Erik Brahe oder nur für die Witterung des Hunds wahrnehmbar wie Ingeborg nach ihrem Tod. Selbst von dem durch einen Brand vernichteten Schloß bleibt eine geheimnisvolle Gegenwart, wie es die Episode vom Besuch auf Schloß Schulin lehrt, die übrigens auf Erinnerungen an den Gastaufenthalt Rilkes bei Ellen Key im November 1904 beruht und mit zahlreichen Anspielungen auf das Werk der von ihm – mittlerweile weniger – geschätzten schwedischen Autorin und Reformpädagogin angefüllt ist.

Selbsterlebtes ist eingegangen in die Erzählung von der Durchführung des Herzstichs bei der aufgebahrten Leiche des Vaters. Sie steht für das Ende der Brigge-Dynastie und markiert im Aufbau des Romans zugleich das Ende der Kindheitserinnerungen als dominierendes Thema. Der folgende Teil des Werks, der bis kurz vor das Ende reicht, erweitert den Rückgriff in die Vergangenheit durch Erzählungen aus dem Schicksal – vor allem vom Sterben – historischer Personen, mit denen Malte durch Bücher oder Bilder bekannt geworden ist. Die Anekdoten vom Tod des dänischen Königs Christian IV. und des französischen Dichters

Felix Avers bieten Beispiele für die Kultur des letzten Worts und belegen damit nochmals das öffentliche Interesse am Sterbevorgang in früheren Jahrhunderten. Nach dem Strukturprinzip der Komplementarität, das sich in der Anlage von Maltes Tagebuchaufzeichnungen vielfach beobachten läßt, sind die Porträts des falschen Demetrius Grischa Otrepjow und Karls des Kühnen sowie die Abschnitte über Karl VI. und Papst Johannes XXII. paarweise aufeinander bezogen. Der falsche Zar trägt die Maske seiner angemaßten Identität noch über den Tod hinaus; der Herzog von Burgund strotzt von Vitalität und ist doch oder deshalb schon am Tag nach seinem Tod nicht mehr wiederzuerkennen. Besondere Einprägsamkeit gewinnt der Bericht vom Wahnsinn des französischen Königs Karl VI., der sich zu Lebzeiten in ein «Aas» verwandelt – die in Baudelaires Gedicht beschriebene äußere Wahrnehmung wird damit in Maltes Aufzeichnungen biographische Wirklichkeit. Im übrigen sichern sich diese Partien gegen jeden Anspruch historischer Korrektheit ab. Wenn Malte das grüne Buch anführt, das er in seiner Kindheit gelesen hat und das «durch und durch voller Bezug» war, gibt er offen zu, daß er den Wortlaut vergessen hat. Selbstbewußt heißt es dafür in der 54. Aufzeichnung: «Dies, scheint mir, wäre zu erzählen gewesen.»

In den letzten sechs Aufzeichnungen setzt sich – wenngleich zunächst noch anhand historischer Beispiele – eine andere Tendenz durch, die über die Erinnerung hinausweist in Richtung auf die Begründung eines neuen Mythos. Ein solcher vom Erzähler gestifteter Mythos ist die Dichtung vom verlorenen Sohn im letzten Abschnitt des Romans; in kühner Umdeutung der biblischen Parabel (Lukas 15, 11–32) flieht hier der Einsame vor den Zumutungen der sozialen Bindung, statt auf die verschmähte Menschenliebe, die er nach seiner Rückkehr geduldig erträgt, ganz auf die – noch ausstehende – Gegenliebe Gottes setzend. Als weibliches Pendant zu dieser männlichen Form der Hingabe entwirft Rilke in den vorausgehenden Abschnitten das Ideal der großen Liebenden, die über den Verlust des Mannes hinausliebt, wie Byblis im Mythos oder die Briefschreiberinnen und Dichterinnen Marianna Alcoforado, Héloïse, Gaspara Stampa, Louise Labé und andere. Auch Bettina von Arnim wird in diese Reihe gestellt, da die Leidenschaft der Briefe, die sie als junges Mädchen an Goethe schrieb, von diesem nie adäquat erwidert wurde, und ebenso Sappho, deren lesbische Neigung zum Inbild solcher objektlosen oder «intransitiven», statt auf Erfüllung auf «Sehnsucht» gerichteten Liebe aufsteigt.

Als Verkörperung dieser «intransitiven» Liebe in Maltes eigenem Lebenskreis dient die Figur Abelones, einer jüngeren Schwester seiner Mutter, die seit der Mitte des Romans an Bedeutung gewinnt. Die Beschreibung der Wandteppiche im Pariser Museum Cluny, mit der der erste Band der Erstausgabe endete, ist ausdrücklich ihr gewidmet; die

Figur des Einhorns, dem die einsame Frau den Spiegel vorhält, kann gleicherweise als Allegorie der Objektlosigkeit einer ihrem Wesen nach jungfräulichen Liebe wie als Hinweis auf ein Dichtungsverständnis gedeutet werden, das sich dem unmittelbaren Wirklichkeitsbezug verweigert. Eben in diesem Sinn findet Rilkes Teppich-Beschreibung beim utopischen Expressionisten Paul Adler ein Echo; dessen historische Erzählung *Das Einhorn* (1916) endet mit der Aufforderung des geistlichen Schriftstellers: «Einrollet mir, Schreiber, nun den Teppich vom Einhorn!»

Auch im eigenartigen Gottesbegriff des Romans, der sich in den letzten Aufzeichnungen verdichtet, vermischen sich religiöse und poetologische Aspekte. Das Religiöse darf dabei nicht mit einer traditionellen Form des Christentums gleichgesetzt werden; Rilkes mystischer «Gott» – als sein Existenzbeweis erscheint in der 59. Aufzeichnung der Sonntagsstaat des blinden, an sein Elend hingegebenen Zeitungsverkäufers vor dem Jardin du Luxembourg – ordnet sich vielmehr in das breite Spektrum monistischer Weltentwürfe der Jahrhundertwende ein. Dabei zeigen sich besonders enge Parallelen zum *Tagebuch eines Priesters* (1900, dt. 1901) des von Rilke bewunderten Norwegers Sigbjørn Obstfelder; wahrscheinlich haben dieses Buch und das Leben seines Autors auch die Grundidee von Rilkes Roman beeinflußt.

Obstfelder hatte in Paris gelebt und war 1900 – im Erscheinungsjahr des *Tagebuchs* – gestorben. Auch Maltes Tagebuch ist grundsätzlich wohl als Hinterlassenschaft eines Toten zu lesen. Verschiedene Äußerungen Rilkes aus der Entstehungszeit des Romans setzen den Tod Maltes als selbstverständlich voraus, wenn auch die Frage offen bleibt, wie das Ende seines Lebens in einem in der Schlußfassung ja nur noch von ihm selbst erzählten Text zu gestalten wäre. Noch in einem Brief an Lou Andreas-Salomé vom Dezember 1911 spricht Rilke von Maltes «Untergang» (einem Stellvertreter-Untergang, der dem Autor überhaupt das Überleben ermöglicht habe), zugleich aber auch von der Deutbarkeit seines Schicksals «nicht so sehr als ein Untergang, vielmehr als eine eigenthümlich dunkle Himmelfahrt in eine vernachlässigte abgelegene Stelle des Himmels». Tatsächlich nimmt der Roman mit den Mythen des verlorenen Sohns und der großen Liebenden einen inneren Aufschwung, der vom Leser als geistige Überwindung der Lebenskrise verstanden werden kann, die den Tagebuchschreiber zunächst in der großen Stadt befällt. Dem stehen die visionäre Kraft der Untergangsvisionen des Eingangsteils und die ausdrückliche Berufung seines Schreibers auf die Apokalypse entgegen, die er mit charakteristischen Werken der Vorkriegszeit teilt:

«Aber es wird ein Tag kommen, da meine Hand weit von mir sein wird, und wenn ich sie schreiben heißen werde, wird sie Worte schreiben, die ich nicht meine. Die Zeit der anderen Auslegung wird anbrechen, und es wird kein Wort auf dem anderen bleiben, und jeder Sinn wird wie Wolken sich auflösen und wie Wasser niedergehen.»

Es bezeichnet den Rang von Rilkes Roman, daß sich diese Prognose Maltes auch an seinen Aufzeichnungen erfüllt. «Aber diesmal werde ich geschrieben werden.» Die Selbstreflexivität solcher Aussagen, in denen der Schreiber mit seinem Text verschmilzt, öffnet das Werk für künftige Deutungen.

Robert Musil, fünf Jahre jünger als Rilke, gehörte zu den ersten begeisterten Lesern der *Aufzeichnungen des Malte Laurids Brigge*, wie ein Brief an den Freund Johannes von Allesch vom September 1910 beweist. In einem Entwurf für eine Vorrede der *Vereinigungen* aus dem nächsten Jahr beruft Musil sich ausdrücklich auf Maltes Thesen zu einer Ehebruchs-Dichtung (hinsichtlich der Entbehrlichkeit des sogenannten Dritten), wie überhaupt das in seinen Erzählungen gestaltete Liebeskonzept Rilkes Idee der «intransitiven Liebe» sehr nahe kommt. Nach Rilkes Tod sollte sich Musil in einer emphatischen Rede für das Angedenken des vom Zeitgeist der zwanziger Jahre marginalisierten Lyrikers einsetzen. Eine biographische Fast-Berührung steht am Anfang dieser wohl einseitigen Beziehung: Musil besuchte 1894–1897 dasselbe Knabeninternat in Mährisch-Weißkirchen (Hranice), das Rilke drei Jahre zuvor krankheitshalber verlassen hatte.

Die ersten literarischen Versuche des Brünner Ingenieurstudenten (1898–1901) stehen unter ähnlichen Vorzeichen wie Rilkes gleichzeitige Dichtung. Denn es ist der Einfluß Nietzsches und des Ästhetizismus, dem wir in den Aufzeichnungen *Aus dem Nachtbuche des monsieur vivisecteur* begegnen. «Vivisektion» war ein Lieblingswort des Philosophen; es tritt hier in den Dienst einer radikalen Distanzierung vom Leben. So imaginiert sich das Subjekt dieser Notate im wohligen Gefühl der totalen Isolation, ja des Begrabenseins unter einer 100 Meter dicken Eisdecke. Dazu paßt die Erinnerung an eine in Bergkristall «internirte» Mücke, deren organische Häßlichkeit durch diese Form der Stillstellung in ein anmutiges Gebilde transformiert werde. In einer anderen frühen Aufzeichnung mit dem Titel *Aus dem stilisirten Jahrhundert (Die Strasse)* polemisiert der spätere Nebenfachstudent der Mathematik gegen die «2 × 2 = 4 Logik». Eine Straße etwa lasse sich nicht einfach als etwas «gerades, taghelles» definieren, das dazu diene, sich darauf fortzubewegen; ebensogut könne sie «etwas Vielverzweigtes, Geheimnis- und Räthselvolles» verkörpern, «mit Fallgruben und unterirdischen Gängen, versteckten Kerkern und vergrabenen Kirchen».

Ein Gutteil von Musils künftigem Schaffen ist durch das Bestreben bestimmt, diese Rätselseite einer vordergründigen Realität offenzulegen. Das gilt schon für das aufsehenerregende Debüt des Romanciers mit den *Verwirrungen des Zöglings Törleß* (1906). Musil hatte das 1902 in Stuttgart, angeblich aus Langeweile, begonnene Manuskript Anfang 1905 in Berlin beendet und danach zur stilistischen Durchsicht Alfred Kerr übergeben, der sich auch in einer Rezension des *Tag* energisch für das Werk des Unbekannten einsetzte. Gut zwei Jahre nach dem Roman schloß Musil sein Philosophiestudium in einem akademischen Umfeld ab, von dem wichtige Impulse für die Entwicklung der Phänomenologie und Gestaltpsychologie ausgegangen sind; im Sommer 1907 promovierte er bei Carl Stumpf in Berlin mit (in zweiter Fassung eingereichten, nur mit «cum laude» bewerteten) *Studien zur erkenntnistheoretischen Grundlage der Physik mit Bezug auf die Anschauungen E. Machs* (gedruckt 1908: *Beitrag zur Beurteilung der Lehren Machs*). Besteht eine nähere Verbindung zwischen dieser philosophischen Auseinandersetzung mit Machs Wahrnehmungstheorie und den vielfältigen «Verwirrungen», denen der sechzehnjährige Törleß ausgesetzt ist?

Auch Musils Roman setzt ja eine Problematisierung der Gültigkeit von Wahrnehmungen und der Verläßlichkeit des Empfindens in Gang. Über die Zweifel an der Legitimität mathematischer Operationen mit imaginären und irrationalen Zahlen gelangt Törleß zur Lektüre von Kants *Kritik der reinen Vernunft*. Dem einseitigen Rationalismus der Kantschen Erkenntniskritik, von dem er sich in einem karikierenden Traum distanziert, setzt er das Bewußtsein seiner eigenen Sinnlichkeit entgegen. Er will sie zur Grundlage einer neuen – auch und gerade die Tiefen der Irrationalität einschließenden – Anthropologie erheben, zu der er unter der hochtrabenden Überschrift «De natura hominum» einen ersten Anlauf unternimmt. Freilich stellt es sich für ihn bald als unmöglich heraus, die dunkel geahnte «schwere Beute [...] ans Licht zu heben». Eben das hatte ja schon das Motto des Romans aus Maeterlincks *Trésor des humbles* (1898) verkündet:

«Sobald wir etwas aussprechen, entwerten wir es seltsam. Wir glauben in die Tiefe der Abgründe hinabgetaucht zu sein, und wenn wir wieder an die Oberfläche kommen, gleicht der Wassertropfen an unseren bleichen Fingerspitzen nicht mehr dem Meere, dem er entstammt.»

Und trotzdem, so schließt das Zitat, «schimmert der Schatz im Finstern unverändert». Die Radikalität, mit der Musils Roman das Abgründige definiert, läßt das neoromantische Pathos Maeterlincks weit hinter sich.

Es geht um sadistische und masochistische Praktiken, Homosexualität und Prostitution in einem Knabeninternat, für das offenkundig die schon erwähnte Kadettenanstalt Mährisch-Weißkirchen Modell gestanden hat, noch in einem späten Tagebuch des sonst so dezenten Autors als «A-loch des Teufels» bezeichnet. Der weichliche Basini hat sich kleinere Diebstähle zuschulden kommen lassen; zwei Mitschüler, der machtbesessene Reiting und der von metaphysischen Spekulationen erfüllte Beineberg, nutzen seine Notlage gnadenlos aus, und auch Törleß läßt sich, halb gegen seinen Willen, auf das zynische Experiment ein, bei dem es um die Frage geht, zu welchem Grad der Selbstaufgabe ein Mensch fähig ist, welche Metamorphosen ins Gemeine und Animalische durch äußere Bedrohung oder psychische Manipulation ausgelöst werden können.

Die rotausgeschlagene, unzugängliche und lichtlose Kammer, in der Basini mißhandelt wird, bildet den Fluchtpunkt einer den ganzen Roman umfassenden Raumsymbolik, die man sogar im Namen des Helden hat wiedererkennen wollen: «Törleß» als Hinweis auf «Türlosigkeit»? Der Zögling verirrt sich in den «engen, winkeligen Gemächern der Sinnlichkeit»; und schon zu Anfang erscheint ihm in seiner Einsamkeit die Welt als ein «leeres, finsteres Haus» – die klaustrophobe Dämonisierung des Raumes verbindet sich mit einer durchgängigen Hell-Dunkel-Opposition:

> «und in seiner Brust war ein Schauer, als sollte er nun von Zimmer zu Zimmer suchen – dunkle Zimmer, von denen man nicht wußte, was ihre Ecken bargen –, tastend über die Schwellen schreiten, die keines Menschen Fuß außer dem seinen mehr betreten sollte, bis – in einem Zimmer sich die Türen plötzlich vor und hinter ihm schlössen und er der Herrin selbst der schwarzen Scharen gegenüberstünde.»

Um eine Schwellenerfahrung geht es in der Tat; Musils Roman läßt sich vordergründig als Darstellung eines Initiationserlebnisses lesen, das den Helden in gereifter Verfassung, als angehenden Erwachsenen zurückläßt. Zeigt Törleß während seines ersten Besuchs bei der Prostituierten Božena noch pubertäre Berührungsängste, gipfelnd in der Unfähigkeit, die eigene Mutter als sexuelles Wesen zu denken, so erweist er sich im letzten Satz des Romans als lässiger Connaisseur, mit allen Wassern des ödipalen Beziehungsgeflechts gewaschen: «Und er prüfte den leise parfümierten Geruch, der aus der Taille seiner Mutter aufstieg.» Ein längerer Einschub des auktorialen Erzählers hat uns schon früher darüber belehrt, daß sich Törleß späterhin zu einer «ästhetisch-intellektuellen Natur» dandyhaft-snobistischen Gepräges entwickeln wird.

Alle Selbstaussagen des Autors stimmen jedoch darin überein, daß er weder an der Psychologie des Protagonisten noch an der des Opfers

Basini und seiner Peiniger vorrangig interessiert war. «Man nennt mich einen Psychologen. Ich bin es nicht», heißt es 1907 im Briefentwurf an eine Geliebte: «Ich werde nur von gewissen, seltenen Dingen angezogen …». Ebensowenig galt Musils Interesse der damals aktuellen Schulkritik oder der Verletzung sexueller Tabus, obwohl er hinfort als Experte auf diesem Gebiet galt und noch 1911 Gelegenheit nahm, mit seinem *Pan*-Essay *Das Unanständige und Kranke in der Kunst* in den Streit um die Veröffentlichung von Flauberts Reisetagebüchern einzugreifen. Die tabuisierte Gegenständlichkeit löse sich, so wird dort erklärt, unter den Augen des Künstlers (und seines verständnisvollen Lesers) in eine neuartige Konstellation ihrer Bestandteile auf: «Das Ergebnis ist: eine meist nur ungenaue Vorstellung des zu schildernden Vorganges, aber ringsherum ein dunkles Klingen seelischer Verwandtschaften, ein langsames Bewegen weiter Gefühls-, Willens- und Gedankenzusammenhänge.»

Dies ist zweifellos auch der Effekt, mit dem die Homosexualität im *Törleß*, der Ehebruch und der sodomitische Sexualakt mit einem Bernhardinerrüden in den *Vereinigungen* behandelt werden. Das Interesse des Erzählers Musil gilt den «seltenen Dingen» nicht als Produkten psychologischer Gesetzmäßigkeiten, sondern als Ausnahmeerscheinungen, als Repräsentanten jenes Bereichs des «Nicht-Ratioïden», den seine *Skizze der Erkenntnis des Dichters* (1918) der Poesie als eigentliches «Heimat-» und «Herrschaftsgebiet» zuweist. Am Erkenntnisanspruch der Literatur wird dabei wohlgemerkt festgehalten. Die exuberante Bildlichkeit schon des *Törleß*, aber auch aller weiteren Erzählwerke dieses Autors ist daher nicht als Erscheinungsform eines trivialen Romantizismus, sondern als Mittel zur Artikulation dichtungsspezifischer Einsichten aufzufassen.

Beispielhaft dafür ist die Einbeziehung geometrischer Strukturen in die Bildsprache Musils. Schon der zweite Satz des *Törleß*-Romans spielt auf ein geometrisches Axiom an: «Endlos gerade liefen vier parallele Eisenstränge nach beiden Seiten zwischen dem gelben Kies des breiten Fahrdammes, neben jedem wie ein schmutziger Schatten der dunkle, von dem Abdampfe in den Boden gebrannte Strich.» Laut Euklid, der damit einer wahrnehmungsphysiologischen Tatsache (im dreidimensionalen Raum) den Vorzug vor der zweidimensionalen Plangeometrie gibt, schneiden sich jedoch Parallelen im Unendlichen. Die Kluft zwischen Wahrnehmung und Schulwahrheit, Empfindung und System ist somit schon in den ersten Zeilen des Textes angelegt.

Eine ähnliche Schlüsselfunktion besitzt in den *Vereinigungen* das Symbol der Kugel, wohl als Andeutung menschlicher – Geist und Sinnlichkeit umspannender – Totalität oder als Anspielung auf das platonische Ideal des aus Mann und Frau zusammengesetzten Kugelmenschen. Vor Claudines Entscheidung zum Ehebruch heißt es: «Wie eine heiße Kugel rollte etwas über sie hin; minutenlang war nichts als dieses seltsame Erschrecken und dahinter jene peitschengerade, schweigsame Enge.» In einer früheren Druckfassung der zweiten Erzählung des

Bandes (*Das verzauberte Haus*, 1908) wird umgekehrt die entscheidende Absage der Heldin mit dem Kugelsymbol verbunden: «Es sträubte sich etwas in ihr wie ein weiches, knisterndes Katzenfell und wie eine kleine glitzernde Kugel ließ sie ihr Nein aus ihrem Versteck heraus und vor seine Füße rollen.»
    Wenn die rollende Kugel somit − in Erfüllung oder Verweigerung − auf den Höhepunkt des sexuellen Beziehungsdramas verweist, wird die unterschwellig gestörte Harmonie von Claudines Ehe gleich zu Beginn der Erzählung *Die Vollendung der Liebe* in auffälliger Weise mit rechteckigen Formen verknüpft: «Der Arm der Frau aber ragte von der Kanne weg und der Blick, mit dem sie nach ihrem Manne sah, bildete mit ihm einen starren, steifen Winkel.» Den Eheleuten kommt es so vor, als spanne sich dieser Winkel zwischen ihnen «wie eine Strebe aus härtestem Metall». Was Wunder, wenn wir wiederum dem Phänomen der unvereinigten Parallelen begegnen: «Die Gedanken liefen nun eine Weile lautlos Seite an Seite [...].»

    Die geometrisierende Bildlichkeit ist das Kennzeichen eines konstruierenden, ja fast schon konstruktivistischen Erzählens, das seine volle Entfaltung im Romantorso *Der Mann ohne Eigenschaften* findet, der ab 1930 erscheinen wird, in ersten Ansätzen aber schon in den Tagebüchern der Vorkriegszeit angelegt ist. Ulrichs Ideal der Genauigkeit ist in dem *Profil eines Programms* vorformuliert, das Musil 1912 notiert. Darin wird der «seelische Wagemut» von heute in den «exakten Wissenschaften» angesiedelt: «Nicht von Göthe, Hebbel, Hölderlin werden wir lernen, sondern von Mach, Lorentz, Einstein, Minkowski, von Couturat, Russel [das ist Russell], Peano ...». Als Beispiele solchen «mathematischen Wagemuts» in der Literatur nennt er die Auflösung von «Seelen in Elemente» und die «unbeschränkte Permutation dieser Elemente».
    Ebenso ließe sich auch der künstlerische Anspruch der beiden Erzählungen umreißen, die Musil 1911 zu einem schmalen Band zusammenfaßt. *Vereinigungen* lautet der Titel schon insofern zu Recht, als es bei diesem «erotischsten Schriftsteller» (wie Robert Müller Musil in einer Rezension des Buches nannte) zentral um das Thema der sexuellen Vereinigung geht. Zugleich ist damit aber auch die formale Signatur dieses Diptychons angedeutet: die Vereinigung von Gegensätzen − zwischen der hingabebereiten Claudine in der ersten Erzählung (*Die Vollendung der Liebe*) und der sich verweigernden Veronika in der zweiten (*Die Versuchung der stillen Veronika*), aber auch zwischen den gegensätzlichen Partnern, die sich der Liebe der Frau jeweils anbieten: verständnisvoller Ehemann und oberflächlicher Ministerialrat hier, Theologe Johannes und «lasterwirrer» Demeter (welch erdhafter Name!) dort.
    Das Ganze ist nicht frei von einer gewissen Konstruiertheit (für Musils Selbstverständnis wohl eher ein Kompliment) oder Über-Pointierung. Claudine vollendet ihre Liebe − auch zu ihrem Mann − gerade durch die Hingabe an den fremden Ministerialrat; Veronika verweigert sich dem sie hingebungsvoll verehrenden Johannes, um wahrscheinlich

seinem Antipoden Demeter als leichte Beute zuzufallen (in der Vorstufe *Das verzauberte Haus* ist diese in der Endfassung nur angedeutete Option drastisch ausgestaltet). In sorgfältiger Entsprechung wird auch der emotionale Höhepunkt gezeichnet, der jeweils nicht mit dem der äußeren Aktion zusammenfällt: Claudine wird der «in unsichtbare Weiten gespannte Rausch einer geheimnisvollen Vereinigung» bei der Idee zum Ehebruch und kaum noch bei ihrer Verwirklichung zuteil, die sie momentweise sogar mit Ekel erfüllt. Veronika empfindet ein vergleichbares Glück in der ersten Nacht nach dem mit Wollust durchlittenen Abschied, gesteigert noch durch die (am nächsten Morgen mit seinem Brief widerlegte) Illusion, daß der abgewiesene Johannes Selbstmord begangen habe:

> «Der leere Raum zwischen ihr und den Dingen verlor sich und war seltsam beziehungsgespannt. Die Geräte wuchteten wie unverrückbar auf ihren Plätzen [...] als ob sie viele Jahre nur auf diesen Abend gewartet hätten, um zu sich zu finden, so wölbten und bogen sie sich in die Höhe, und unaufhörlich strömte dieses Übermäßige von ihnen aus, und das Gefühl des Augenblicks hob und höhlte sich um Veronika, wie wenn sie selbst plötzlich wie ein Raum mit schweigend flackernden Kerzen um alles stünde.»

In der Ausweitung des menschlichen Subjekts zum Interieur gipfelt die Verschmelzung von Innen- und Außenwelt, die noch für die unio mystica des «anderen Zustands» in den letzten veröffentlichten Kapiteln des *Manns ohne Eigenschaften* charakteristisch ist. Musil nimmt bewußt religiöse Elemente in seine Schilderung auf, wie er es ja auch schon durch die Benennung seiner Heldin nach der Heiligen, die das Schweißtuch mit dem Bild des toten Herrn bewahrte, und das biblische Titelwort «Versuchung» getan hat. Denn in der Liebesauffassung, die sich hier artikuliert, «ist Gott», wie Johannes wörtlich sagt; Veronika beruft sich später darauf, wenn sie die vollständige Auflösung der Liebenden ineinander beschreibt. Übereinstimmend damit endet die erste Erzählung *Die Vollendung der Liebe*: «Und ganz fern, wie Kinder von Gott sagen, er ist groß, hatte sie eine Vorstellung von ihrer Liebe.» Man glaubt Rilke zu lesen in der Liebesmystik der *Vereinigungen*.

Die Vereinigung, um die es hier letztlich geht, ist denn auch die Vereinigung des einzelnen, seine Einsamkeit fürchtenden Ichs mit dem Universum der Schöpfung im Sinne des zeitgenössischen Monismus, gleichgültig ob man dies nun «Leben» nennt wie Nietzsche und seine Schüler oder den «Willen» im Sinne Schopenhauers. Es geht jedenfalls um einen Vorstoß mittels der Sexualität in die Sphäre des Un- oder Überpersönlichen. Deshalb ja auch die auffällige Tier-Metaphorik der zweiten Erzählung; Demeter bezeichnet sich selbst als Tier, Veronika hat schon einmal mit einem Hund geschlafen und ist obsessiv mit Beobachtungen koitierender Hühner beschäftigt. Ihr entspricht in der ersten

Erzählung strukturell der analytische Umgang Claudines mit ihrem Körper, dem geradezu ein eigenes Bewußtsein zugeschrieben wird. Während des Spaziergangs mit dem Ministerialrat empfindet Claudine ihren Körper als eine «unklare Hemmung», «als verkehrte sich ihr die letzte Treue – die sie mit ihrem Körper wahrte – in einem unheimlichen innersten Grunde in ihr Widerspiel». Musils Erzähler treibt die Kunst der Differenzierung bis in semantische Zwickmühlen voran, wenn er etwa formuliert, daß Claudine, die schon die «bitterselige» Lockung ihres Leibs verspürt, «in die Möglichkeit starrt, daß sie sich, noch wenn sie in ihrem Körper das sie Zerstörende erlitte, durch ihn als sie selbst empfinden würde». Genau dies tritt ja auch ein; die Erniedrigung gerät subjektiv zur Vollendung.

Einer nachgelassenen Notiz zufolge liegt dieser zentralen Paradoxie der Geschichte ein persönliches Erlebnis zugrunde, bei dem Musil die Rolle des betrogenen Mannes zukam. Es scheint der Anfangszeit seiner Beziehung zu Martha Marcovaldi, seiner späteren Frau, anzugehören, die zuvor mit Martin Cohn verlobt war:

> «M. geht zu C. ‹absagen›. Nach der hohen Spannung zwischen ihr und mir, die das bewirkte, fühlt sie plötzlich an Ort und Stelle des einst einen Reiz mich zu betrügen. Es geschieht und von da ab verteidigt sie geradezu fanatisch die Höhe ihrer Beziehung zu mir. Aber nicht aus Reue sondern aus Rechthaben. Ich ‹muß› ihr glauben, daß sie mich ganz rein liebt, sie sucht mich dazu zu zwingen.»

Was dem realen Urbild des Ehemannes offenbar schwer fiel zu glauben, wird vom Autor der Novelle lückenlos motiviert. Claudine hat offenbar schon in früheren Jahren Phasen einer promiskuitiven Liebespraxis durchlebt; so ist die auswärts untergebrachte Tochter, deren Besuch den Anlaß für ihre Reise abgibt, einer zufälligen Beziehung entsprungen. Auch im Gedränge der Menschenmenge auf dem Bahnhof verspürt Claudine zugleich Widerwillen und Resignation («fühlte sie, daß sie es tun mußte»). Und bereits im ersten Gespräch mit ihrem Mann zeigt sie ein auffälliges Verständnis für den Kinder- und Frauenschänder G.; dessen historisches Vorbild ist übrigens Gilles de Rais, ein von Huysmans (*Là-bas*, 1891) und Franz Blei thematisierter Triebtäter des 15. Jahrhunderts.

Werden wir somit in der ersten Geschichte der *Vereinigungen* im Wechsel von auktorialem Kommentar und figuraler – auf Claudine fixierter – Erzählperspektive sicher durch die Dialektik eines dionysischen Liebesempfindens geführt, so stellt *Die Versuchung der stillen Veronika* den Leser vor weitaus größere Schwierigkeiten. Im Zuge der komplizierten Entstehungsgeschichte – es existieren insgesamt fünf Fassungen – hat Musil das pragmatische Gerüst ganz in den Hintergrund verbannt. Die «zwei Stimmen», von denen der erste Absatz spricht, verschlingen sich im folgenden zu einem quasi musikalischen Gebilde, das Reiz und Spannung aus den miteinander abwechselnden Blickwinkeln des Mannes (Johannes) und der Frau (Veronika) gewinnt. Schon das häufige «und» am Anfang von Sätzen und Absätzen erzeugt den Eindruck einer unendlichen Reihe, so daß der vom Schwindel ergriffene Leser in den Ausruf einstimmen könnte, mit dem die eigentliche Erzählung beginnt: «Kreisendes!»

Nach dem Überraschungserfolg des *Törleß* stießen die *Vereinigungen* bei der Kritik weitgehend auf Ratlosigkeit. Für Musil bedeutete das negative Echo auf das wesentlich ambitioniertere neue Buch eine um so größere Enttäuschung, als er sich erst ein Jahr zuvor definitiv auf die Laufbahn eines freien Schriftstellers festgelegt hatte. Der geplante große Roman rückte nunmehr in weite Ferne, sollte aber letztlich von dem dadurch bedingten Zuwachs an gesellschaftlicher Erfahrung und historischer Distanz profitieren. Unter den wenigen erzählerischen Versuchen Musils aus den Jahren unmittelbar vor und nach der Epochenzäsur 1914, die später als Schlußpunkt des *Manns ohne Eigenschaften* vorgesehen ist, ragt ein kurzer Text heraus, der 1914 unter dem Titel *Römischer Sommer (Aus einem Tagebuch)* in der expressionistischen Zeitschrift *Die Argonauten* erschien. Er ist weitgehend vorformuliert in Aufzeichnungen vom November 1913 (*Das Fliegenpapier Tangle-foot*) und bildet nach kleinen, aber nicht unbedeutenden Abänderungen die erste narrative Einheit im *Nachlaß zu Lebzeiten* (1935).

Das Fliegenpapier, wie der endgültige Titel lautet, schildert das Sterben der Insekten auf der klebrigen Unterlage mit minutiöser Genauigkeit als in sich logischen, unabwendbaren Prozeß und verfremdet diesen zugleich durch groteske Vergleiche aus Menschen-, Tier- und Technikwelt – zum Beispiel mit abgestürzten Flugzeugen. Merkwürdige Details sorgen für zusätzliche Irritation: «An der Seite des Leibs, in der Gegend des ersten Beinansatzes haben sie irgend ein ganz kleines flimmerndes Organ, es geht auf und zu, man kann es nicht wahrnehmen, es sieht wie ein winziges Auge aus, das sich unaufhörlich schließt» (in der Buchfassung heißt es: «Menschenauge»). Die empathische Dingfrömmigkeit, mit der sich Rilke an die Beschreibung fremden Leidens macht und die ja stets den Blick des Fremden auf den Betrachter miteinschließt, verbindet sich hier mit der Exaktheit des Naturwissenschaftlers und dem Wissen des Mathematikers um die Entropie geschlossener Systeme, den vorhersagbaren Rückgang der Energie bei ungeordneter Bewegung der Moleküle. Auch der Übergang vom Leben zum Tod ist eine solche Entropie.

5. Max Brod und die Prager Dekadenz

«Die Räthsel der vielleicht seltsamsten, zwitterhaftesten Stadt Europas bleiben für ihre Dichtung versiegelt.» So schreibt noch 1902 der Lyriker und Kritiker Josef Adolf Bondy in einer Besprechung von Karl Hans Strobls deutschnational getöntem Prager Studentenroman *Die Vaclavbude*. Schon damals hätte man Rilkes *Prager Geschichten*, vielleicht auch seine Gedichtsammlung *Larenopfer*, als Gegenbeispiel anführen können. Spätestens mit Gustav Meyrinks Roman *Der Golem* (1915) hatte sich die Forderung nach einer Prag-Darstellung erfüllt, die auf die geheimnisvolle Atmosphäre der alten Kaiser- und Judenstadt zielte. Allerdings verfaßten Rilke wie Meyrink ihre Prag-Erzählungen in sicherer Entfernung von ihrem Geburts- bzw. früheren Wohnort an der Moldau; unter den Dichtern vor Ort, an die sich Bondy ja in erster Linie wendet, hat sich vor allem Paul Leppin dessen Forderung angenommen und die Gattung des «Prager Gespensterromans» zu seiner persönlichen Spezialität entwickelt.

Auf *Severins Gang in die Finsternis*, 1914 mit dieser Genrebezeichnung erschienen, folgt der nachgelassene «Roman aus dem alten Prag» *Blaugast*, auf dem Manuskript von 1932/33 als «Roman eines Besessenen» oder «Roman eines Untergangs» ausgewiesen. Auch mit einer Sammlung «Prager Geschichten» (*Frühling um 1900*, 1936) und einem dramatischen «Nachtstück aus dem alten Prag» (*Der Enkel des Golem*, 1934) sollte sich Leppin als nostalgischer Rhapsode einer Stadt profilieren, die in der Sicht ihrer deutschsprachigen Beschreiber (die tschechische Literatur sieht das ganz anders!) so offenkundig zum Morbid-Mysteriösen tendierte.

Das Umschlagbild von *Severins Gang in die Finsternis* wartet mit einer ganzen Schar von Gespenstern auf, der Text dagegen kennt kein einziges. Geschildert wird der fortschreitende Wirklichkeitsverlust eines jungen Prager Büroangestellten unter dem Einfluß erotischer Erlebnisse und verschiedener Bekanntschaften, die ihn seiner Berufswelt zunehmend entfremden und an den Rand des Wahnsinns treiben. Nicht umsonst findet sich eine unverhüllte Anspielung auf E. T. A. Hoffmann, unter dessen Erzählungen vor allem *Der Sandmann* Leppin beeinflußt haben dürfte. Vom jüdischen Buchhändler in der Altstadt, den Severin später zu ermorden versucht, führt sein Weg über die Bohemefeste des Doktor Konrad zum geheimnisvollen Giftsammler Nikolaus und zum Anarchisten Meyer, mit dessen Bombe in der Hand Severin am Schluß in das laszive Treiben des (von Meyer zur Unterminierung der Prager Gesellschaft betriebenen) Weinlokals «Die Spinne» eindringt: «Aber das Gelächter der Betrunkenen ging über ihn hinweg und verwandelte seine Tränen in einen unsauberen und glühenden Schlamm.»

In gemilderter und auf das individuelle Schicksal einer einzigen Figur konzentrierter Form variiert Leppin in der *Severin*-Erzählung Motive seines ersten Romans *Daniel Jesus* (1905). Dessen Titel ist außerordentlich irreführend. Denn der Name gehört einem buckligen Lebemann satanischen Charakters, der bei der Befriedigung seiner Gelüste keinen finanziellen Aufwand scheut und keinerlei menschlich-moralische Bedenken kennt. In der kollektiven Orgie, auf die die Romanhandlung zusteuert, feiert er mit allem Zeremoniell – wenn auch ohne Kleider – seine Vereinigung mit der Frau eines frommen Schusters. Sie ist sein auserwähltes Opfer nicht so sehr wegen der Fleischesfülle, die das Begehren des Kleinwüchsigen anstachelt, als wegen der Sensation, die er von der Erniedrigung gerade der unbescholtenen und sittenstrengen Bürgersfrau erwarten darf; ihr Mann nimmt sich denn auch prompt das Leben.

Um diese Haupthandlung rankt sich eine Reihe ähnlicher Episoden, die uns unter bewußtem Verzicht auf jeden moralischen Kommentar die Rücksichtslosigkeit demonstrieren, mit der man im Kreis um Daniel Jesus seinen erotischen Interessen nachgeht. Gräfin Regina mit den weißen, strengen Händen gibt vor den Augen ihrer unschuldigen Tochter der Leidenschaft für einen hünenhaften Schauspieler nach; Baron von Sterben kauft sich eine junge Zigeunerin, deren heftige Sexualität über seine Kräfte geht (wie sein Name ja schon ankündet); Daniel Jesus erzählt von seiner Affäre mit einem minderjährigen Mädchen, die mit dem Selbstmord des Mädchens endet – und so weiter! Zwei schwache Hoffnungsschimmer erhellen dieses Monumentalgemälde des Lasters: Der mißratene Sohn des Schusters, von dem sich Daniel Jesus noch ein großes Verbrechen erhofft, geht mit einem jungen Mädchen, das ihn liebt, auf und davon; auch die Tochter der Gräfin flüchtet aus der Orgie schreiend in die Nacht.

Ungeachtet aller sexuellen Freizügigkeiten oder «Cochonnerien», wie die zeitgenössische Kritik sich ausdrückte, ist *Daniel Jesus* mithin alles andere als eine Verherrlichung der Unmoral. Wie für den Großteil der Literatur der Dekadenz typisch (angefangen mit Huysmans' Roman *Là-bas*, dem auch hier spürbaren übermächtigen Vorbild), artikuliert sich die Faszination fürs Dekadente zugleich als Kritik an seinen Konsequenzen. Daß das Buch dem Autor dennoch zumindest in seiner Heimatstadt moralisch zur Last gelegt wurde, war auch in der Lebensweise Leppins begründet, der als ungekrönter König der Prager Boheme galt. So hat ihn auch Else Lasker-Schüler gefeiert, gezeichnet, bedichtet (*Paul Leppin*, 1923) und als «König von Böhmen» in ihren Roman *Der Malik* aufgenommen; noch auf einer Postkarte von 1936 redet sie ihn mit «Geliebter Paul Daniel Jesus» an. Die schon 1908 – nach einer Berliner Lesung Leppins – öffentlich bekundete Bewunderung der Lyrikerin für den Roman hat wohl mit den Ausschlag gegeben für seinen Wiederabdruck im ersten Jahrgang der (von ihrem Mann Herwarth Walden herausgegebenen) expressionistischen Zeitschrift *Der Sturm* (1910). Die junge Generation der Berliner Moderne dürfte dabei weniger an den dekadenten Effekten und Tabuverstößen Interesse genommen haben als an der radikalen Unbürgerlichkeit der Konzeption und an der visionären Kraft, mit der Leppin das zynische Treiben seines Helden gleich auf den ersten Seiten als dämonisches Getriebensein vergegenwärtigt:

«Der Abend lief vor ihm her wie ein tolles und boshaftes Tier, und er konnte ihn mit seinen magern Fingern nicht greifen und konnte ihn nicht bei den wirren Haaren fassen und ihm in die zuchtlosen Augen starren [...] Und unter seinen drosselnden Gelenken war ein hilfloser Schrecken in dieses Gesicht gekommen, der seine Augen aus den Höhlen trieb. Und aus dem keuchenden Halse kroch die verfaulte Zunge wie ein Eingeweide heraus und wollte kein Ende nehmen [...].»

Im Prosastück *Angst*, das 1910 in der böhmischen Zeitschrift *Deutsche Arbeit* erschien, hat Leppin dieser Befindlichkeit mit einer fast an Kafka gemahnenden sprachlichen Präzision Ausdruck verliehen.

Viktor Hadwiger und Paul Leppin waren befreundet; auf den Straßen Prags sollen sie in dioskurenhafter Gemeinschaft aufgetreten sein, gleicherweise durch die Größe ihrer Hüte und die Buntheit der Künstlerkrawatten auffallend. Hadwiger verließ Prag aus finanziellen Gründen schon 1903, noch vor Abschluß seines Studiums, und ging nach Berlin. Bis zur Heirat mit Else Strauß, der späteren Marinetti-Übersetzerin, führte er dort ein unstetes und ungesichertes Leben. Er starb 1911, noch vor dem Erscheinen seines ersten Romans *Abraham Abt* (1912). Ein zweiter Prosaband (*Il Pantegan*) erschien 1919 aus dem Nachlaß.

Abraham Abt verdient den Namen eines Romans nur in einem eingeschränkten Sinne. Es handelt sich um eine notdürftige Rahmenkonstruktion zur Integration verschiedenartiger Kurztexte, die großenteils vorher schon in Zeitschriften publiziert waren. Man könnte also ebenso gut von einer Novellensammlung in der Tradition des *Decamerone* sprechen. Trotzdem ist der Rahmen symptomatisch; als zweiter Zarathustra begegnet uns Abraham Abt auf einsamer Wanderschaft. Er besucht einen Marquis, dessen Garten zu weiteren Spaziergängen Anlaß gibt und der durch seine psychomagnetischen Experimente zum Auslöser verschiedener Binnenerzählungen wird. Denn die von ihm in Schlaf versenkten Menschen – Abraham Abt und der Marquis wandeln zwischen ihnen wie in einem Wachsfigurenkabinett – lassen sich durch geeignete Streichbewegungen in Erzählmaschinen verwandeln. Art und Inhalt des Erzählten stehen in einer gewissen Korrespondenz zur jeweiligen Erzählinstanz – wie sich der Erzählzyklus insgesamt in verschiedene Bücher gliedert, denen durch eigene Überschriften («Das Buch der Felsen», «Das Buch der Herberge») ein besonderer Charakter zugewiesen wird. So ist es kein Wunder, daß die Dirne Leonie die bei weitem provozierendste Geschichte erzählt, in der auf wenigen Seiten zwei doch immerhin auffällige Tatbestände, Kannibalismus und Sodomie, wie etwas Alltägliches miteinander verknüpft werden. Schauplatz ist – wie schon in Panizzas Drama *Das Liebeskonzil*, und auch in derselben Verfassung – der Vatikan; Hadwiger führt uns einen zum Extrem der Dekadenz entarteten Renaissance-Kardinal vor, dessen literarische Herkunft schon der Name seines Dieners verrät (er heißt Algabal, in Anlehnung an Stefan Georges Gedichtzyklus).

Eine andere Geschichte des ersten Buchs (Grischa streichelt im Berliner Zoo einen schwarzen Jaguar und gibt damit seine Liebe zu einer Frau zu erkennen) erinnert von fern an Rilke. Die von Abraham Abt im zweiten Buch selbst mitgeteilte Erzählung von den zwei Schwestern in einer Pariser Wohnung ist eine Gratwanderung zwischen Naturalismus und Märchen. Nachdem die materielle Lage der beiden unhaltbar geworden ist, entschließt sich die Ältere und Schönere zur Prostitution, nicht ohne ihrer kränklichen Schwester durch Aufdrehen des Gashahns ein sanft-unschuldiges Ende verschafft zu haben. Die Legitimation von Mord als Euthanasie ist ein Lieblingsthema des Expressionismus – man denke an die Tötung der Eltern in Sorges Drama *Der Bettler*.

Hier wie in der rebellischen Aktion des Knechts Isenbein, der das Dorf seiner Peiniger anzündet (im vierten Buch von Abraham Abt selbst erzählt), ist der Einfluß Nietzsches spürbar, der sich auch in manchem Einzelmotiv mit Händen greifen läßt. So im ersten Buch im Märchen vom roten Seiltänzer, der sich ein Seil aus seiner Seele spinnt und es an die Kirchtürme bindet, beim Tanz darauf aber tödlich verunglückt – eine offenkundige Anverwandlung der Vorrede von *Also sprach Zarathustra*. Wahrscheinlich dürfen wir auch in dem toten Riesen – in einem satirischen Märchen am Schluß des dritten Buchs –, den ganze Heerscharen von Insekten auf Kommando verzehren, eine Huldigung an das Genie des verstorbenen Philosophen vermuten.

«Was ist ein Wort, oder gar, was sind Worte?» So fragt Abraham Abt gleich zu Beginn. Die Wirkung von Hadwigers Text, der sich damit in die Tradition des Symbolismus und Ästhetizismus stellt, lebt denn auch vom getragenen Ton der Sprache und der weitgehenden Aussparung pragmatischer oder psychologischer Motivationen mehr als von fixierbaren inhaltlichen Aussagen: «Einsamkeiten muß man in sich aufbauen in die Unendlichkeit. Ich kann einen Ton finden für mein Einsames und darf alle Worte verschmähen; über die Schwelle meiner Lippen kommt ein Ton, ungewollt, unenträtselt.»

Hadwigers zweites großes Erzählwerk *Il Pantegan* steigert die Selbstherrlichkeit des autonomen Individuums ins Anarchische und denunziert sie zugleich als brutal und primitiv. Die Titelfigur wird als Dalmatiner bezeichnet, in Entsprechung zum Schauplatz, den man sich als Hafenstadt an der Ostküste der Adria vorstellen muß (ein Urlaubsziel des Ehepaars Hadwiger). Der äußeren Aktion, die hier weit größeres Gewicht erlangt als im lockeren Konstrukt des früheren Romans, haftet denn auch ein Beigeschmack von Hafen- und Rotlichtmilieu an. Als wilde Bestie schreckt Cesare Pantegan vor keinem Verbrechen und keiner Roheit gegenüber Frauen zurück – außer in seiner Beziehung zu Julia, die sich ihm versagt, obwohl sie ihm den Haushalt führt. Als Julias Geliebter Erich Friese auf der Flucht vor Pantegans Häschern zu Tode kommt, wandelt sich die ganze Kraft ihrer Liebe zu Haß und Rachedurst. Sie verwöhnt den Mann zu Tode: «Man muß doch kochen, wenn man sich so ganz durchsetzen will.» Auch diese weibliche Form des «Willens zur Macht» (Nietzsche) kennt kein Gewissen.

Ein Nietzsche-Zitat («Das Mitleid ist etwas, das überwunden werden muß») dient als Motto der ersten Buchveröffentlichung eines Prager Autors, der zum engsten persönlichen Kreis um Max Brod und Franz Kafka gehört: Oskar Baum. Dabei hätte gerade dieser Autor aufgrund seines persönlichen Schicksals Mitleid verdient; im Alter von elf Jahren verlor er bei einer Rauferei, die durch die nationalistischen Spannungen im damaligen Prag mitbedingt war, sein Augenlicht. Baum hat die besondere Lebenssituation des Blinden oder Augenkranken zum Ausgangspunkt mehrerer bemerkenswert unsentimentaler Erzählwerke genommen (*Uferdasein*, 1908; *Das Leben im Dunkeln*, 1909; *Die verwandelte Welt*,

1919; *Die neue Wirklichkeit*, 1921; *Nacht ist umher*, 1929), dabei aber kaum einen charakteristischen individuellen Stil entwickelt. Zumindest aus heutiger Perspektive ergibt sich der Eindruck einer schwankenden Anlehnung an die übermächtigen Vorbilder Brod und Kafka. Gerade in dieser relativen Unselbständigkeit ist Baum aber ein unverdächtiger Zeuge für die Etabliertheit einer dekadenten Ästhetik in Prager Literaturkreisen im ersten Dezennium des 20. Jahrhunderts. Die zweite Novelle seiner Sammlung *Uferdasein. Abenteuer und Tägliches aus dem Blindenleben von heute* gibt den überhitzten erotischen Tag- und Wunschträumen des jungen Blinden breitesten Raum. In Verquickung von Traum und Wahnsinn kommt es zur inzestuösen Vereinigung mit seiner Mutter, die von dieser zunächst keineswegs bereut, sondern mit dem «Stolz ihres Heldentums» bejaht wird. Erst das Eintreten einer Schwangerschaft erzwingt die Konsequenz ihres Selbstmords.

Höhe- und Umschlagspunkt der Prager Dekadenz bildet das Frühwerk Max Brods. Der Club der Differenzierten, den die ersten Kapitel seines seit 1903 entstandenen, von Stefan Zweig und Kurt Hiller begeistert begrüßten Romans *Schloß Nornepygge* (1908) schildern, erweist sich als eine intellektuelle Variante des orgiastischen Treibens von Leppins Daniel Jesus. Dessen verkrüppelte Figur und satanische Neigungen kehren wieder in der Gestalt Guachens, des anfänglichen Freundes und späteren Widersachers des Helden. Im Verkehr der Clubmitglieder ist mit Ausnahme des Selbstverständlichen oder Spontan-Menschlichen nichts mehr tabuisiert; zum Zweck ihrer dekadenten Vergnügungen nehmen einige von ihnen jedes beliebige Verbrechen auf sich. Für Walder Nornepygge stellen der snobistische Verhaltenscodex des Clubs und der Umgang mit dem erfindungsreichen Maître de plaisir Guachen anfangs die wichtigsten Orientierungspunkte in einem Leben dar, das bei allen äußerlichen Reichtümern, zu denen ihm schon früh eine chemische Erfindung verholfen hat, doch von einer umfassenden Melancholie überschattet ist: Der Melancholie nämlich des Indifferentismus, wie Brod seine (damalige) persönliche, aus Schopenhauers Lehre von der Determiniertheit des menschlichen Willens abgeleitete Weltanschauung genannt hat. Wenn es keine Freiheit der Entscheidung gibt – Brod spricht von der «Waffenstreckung der Ethik» –, bleibt dem einzelnen nur die bewußte Kultur der Gleichgültigkeit, eine affektive Enthaltung im Positiven wie im Negativen, als sinnvolle Konsequenz.

Die ethische Maxime des Indifferentismus korrespondiert auffällig mit dem ästhetischen Postulat der «impassibilité» des Erzählers bei Flaubert, dessen Andenken Max Brod 1911/12 mehrere Essays widmet. Ein näherstehendes Vorbild bietet das seinerseits von Flaubert geprägte Frühwerk Heinrich Manns, dessen Romantrilogie *Die Göttinnen* auf *Schloß Nornepygge* auch inhaltlich Einfluß genommen zu haben scheint. Wie die Herzogin Violante im Freiheitskampf, im Kunstkult und in erotischen Exzessen nacheinander die Erfüllung des Lebens sucht, erprobt sich Walder Nornepygge als Revolutionär und als Don Juan (daneben auch noch als Ehemann und als Asket), sobald ihm durch die Begegnung mit der mythischen Don-Juan-Inkarnation Oinoret (Anagramm von «Tenorio») der Zugang zur Fülle der Lebens-Möglichkeiten eröffnet worden ist. Auch die Stilisierung der fiktionalen Realität entspricht der Tradition des ästhetizistischen Romans. Denn obwohl es naheliegt, die Handlung im Herzen Europas zu verorten, und der Besuch einer Aufführung von Mozarts *Don Giovanni* diskret auf Prag als den Uraufführungsort der Oper hinweist, wird jede direkte Lokalisierung des Schauplatzes vermieden. Statt dessen heißt die urban-politische Sphäre einfach «die Stadt» (in Anführungszeichen); das oberhalb gelegene Schloß mit der es überwölbenden Kuppel, die Walders Bibliothek beherbergt, bildet das sinnfällige Symbol für die Selbsterhöhung und gesellschaftliche Ausgrenzung des Helden.

Damit aber auch für sein Scheitern; denn in dieser Bibliothek erhängt sich Walder Nornepygge am Schluß des Romans, während Oinoret den Sieg der Revolution ausruft. Aus dem krisenhaften Bewußtsein des Indifferentismus oder Dilettantismus – in historischer Perspektive erweist sich ersterer als dessen Brod-spezifische Spielart – gibt es keine dauerhafte Rückkehr. Doch Max Brod ist nicht bereit, sich mit der Antinomie von Geist oder Kunst und Leben abzugeben; ähnlich wie Thomas Mann läßt er sich von der subjektiven Evidenz dieser Opposition zu immer neuen literarischen Facettierungen des Problems anregen, und stärker noch als bei Thomas Mann ist bei Brod, jedenfalls auf die Dauer, der Wille zu einer positiven Vermittlung. Schon sein erster Novellenband mit dem paradoxen Titel *Tod den Toten!* (1904) läßt Anzeichen einer solchen Versöhnung erkennen. Die Maxime des Anfangs «Nil admirari» (nichts bewundern) wird am Schluß umgekehrt zu «omnia admirari» (alles bewundern). In der ersten Novelle *Im Hause Gottfried Tocks* sprengt ein Kunstsammler, dessen Schwester noch in *Schloß Nornepygge* als Mitglied der «Differenzierten» auftritt, sein mit Kunstwerken angefülltes Haus in die Luft. Die Befreiung von der ‹toten› Kunst ist offenbar Voraussetzung für einen Neuansatz, wie ihn die mit *Indifferentismus* überschriebene letzte Novelle vorführt. Darin meistert der kleine Lo die Untätigkeit, zu der ihn seine Krankheit zwingt, mit Hilfe einer ästhetischen Rezeptivität, die ihm letzten Endes auch das Leben erschließt: «Die ganze Welt sprudelte durch ihn hindurch wie durch einen Glastrichter.» Wer um die schwere Rückenkrankheit weiß, unter der Max Brod als Kind zu leiden hatte, wird die autobiographische Botschaft nicht überhören.

Das erste große Versöhnungsmodell, das der Schriftsteller Brod für die Versöhnung von Kunst und Leben, Geist und Materie anbietet, ist die Liebe. Es entspricht seiner Affinität zur Kultur der französischen décadence und seiner engen Zusammenarbeit mit Franz Blei, daß die Liebe dabei offen als – lockende und prickelnde – Erotik aufgefaßt wird. Neben dem späteren religionsphilosophischen Engagement Max Brods gerät leicht in Vergessenheit, daß er auch Autor von Erzählungen wie *Erziehung zur Hetäre. Ausflüge ins Dunkelrote* und der Lyrikbände *Tagebuch in Versen* und *Der Weg des Verliebten* war; auf dem Umschlag des letzteren findet sich eine Rose (gezeichnet von Lucian Bernhard), im Innern Verse wie: «Sie konnte, ach so wunderschön! den Rücken biegen.» Eine ernstere und innerlichere Auffassung der Liebe liegt der Novelle *Die Stadt der Mittellosen* (1907) und dem gleichfalls 1907 gedruckten kleinen Roman *Ein tschechisches Dienstmädchen* zugrunde. Hier wie dort geht es um eine Liebesgeschichte über die Fronten des Prager Nationalitätenkonflikts hinweg; beide Geschichten enden mit dem Selbstmord der jungen Tschechin. Der Roman ist aus der Perspektive des jungen Österreichers William Schurhaft erzählt, der sich durch völlige «Gleichgültigkeit gegen die Umwelt» auszeichnet und diese Haltung zunächst auch in Prag beibehält. Erst indem er sich in ein böhmisches, des Deutschen nur in bajuwarischer Diktion mächtiges Zimmermädchen verliebt (Pepi Vlkovà war zuvor in Bayern in Diensten), gewinnt er Interesse an Land und Leuten, wird er dem Leben insgesamt zurückgewonnen. Nach dem Verlust dieser «Blendlaterne» droht William in seine frühere Kaspar-Hauser-Existenz zurückzufallen.

Wie man sieht, ist Brods Versuch einer Annäherung von Geist und Leben auch mit einer Annäherung an die Muster einer sentimental-unterhaltsamen Literatur verknüpft. Das gilt auch für die beiden nächsten Romane, in denen Brod die Beschreibung der böhmischen Lebenswelt mit neuem Schwerpunkt fortsetzt: *Jüdinnen* (1911) und *Arnold Beer. Das Schicksal eines Juden* (1912). Vor dem – hier freilich unausgesprochenen – Hintergrund von Martin Bubers Kulturzionismus liefert Brod ein eher skeptisches Bild westjüdischer Lebensformen. Zu deren Verirrungen gehört auch das betrügerische Flugplatzunternehmen, das den jungen Beer an den Rand des (auch moralischen) Ruins treibt. In der Begegnung mit seiner Großmutter, die Abschluß und Höhepunkt des Romans bildet, lernt er dagegen ein bodenständiges, fromm-lebenstüchtiges Judentum kennen, das ihn zu neuem Vertrauen auf die eigene Kraft und Produktivität ermuntert. Traditions- und Zukunftsorientierung verbinden sich, wenn Arnold in der Erinnerung an die «Wanderungen und Untaten seiner Väter» den Mut zu der Entscheidung findet, als Journalist nach Berlin zu gehen: «Es war ja so schön: reden, schreiben, heiß sein, immer im Galopp, aus der weißen kreidigen Asphaltwüste einer ungeheuren Stadt Lorbeerhaine und grüne duftende Zedern aufreißen, alles mit sich ziehn, Bühnen gründen, Vereine, neue Stile, Warenhäuser, Reichtümer – o, es mußte glücken!»

In einer Replik auf die überwiegend negativen Kritiken zu seinem Roman *Jüdinnen* hat Brod es 1912 als seine Absicht bezeichnet, «aus alltäglichen Vorgängen Steigerungen bis in die heroische Sphäre empor zu erzielen, so daß das Ueberirdische, das ich nie vermissen könnte, auf dem natürlicheren Wege des Gefühls [...] in das dumpfe Menschsein eindringt». Die stärkste Leistung in dieser Richtung gelingt ihm mit dem historischen Roman *Tycho Brahes Weg zu Gott* (1915). Darin dient der dänische Astronom Tycho Brahe, der seine letzte Lebens- und Schaffensphase in Prag bzw. Böhmen verbringt, als positive Identifikationsfigur

auch und gerade in seiner kontroversen Beziehung zu dem ihm wissenschaftlich überlegenen Schüler und Nachfolger Kepler. Brahes Ringen
um eine Erkenntnis, die auch ethischer und religiöser Natur ist, findet
substantielle Bestätigung und Weiterentwicklung durch das Gespräch
mit Rabbi Löw kurz vor seinem Tod. Die jüdische Lehre «Gott ist nicht
um des Gerechten willen da, um ihm zu dienen und ihn zu stützen, sondern der Gerechte ist da, um Gott zu dienen und um ihn zu stützen»
befreit Brahe aus seinen Selbstzweifeln und gibt ihm die moralische
Kraft, über die eigennützige Vertretung persönlicher Interessen hinaus
beim Kaiser für Kepler als seinen berufenen Erben einzutreten: «Ich bin
am Werke Gottes. Ich diene. Ich spüre die süße Last der Verantwortlichkeit für alles, was geschieht.»

Tychos neues Credo ist das genaue Gegenteil des Indifferentismus.
Der Romancier Brod führt hier nicht nur eine indirekte Auseinandersetzung mit den philosophischen Grundlagen seines eigenen Frühwerks;
er inszeniert auch in durchaus «selbstquälerischer» (Kafka) Manier seinen eigenen Konflikt mit Franz Werfel, dem von ihm entdeckten und
geförderten Jung-Genie des Prager Expressionismus. In einem Brief an
Martin Buber vom 26. November 1913 bekennt sich Brod zur «sozialen
Ekstase» und fügt hinzu: «Es ist dies ein Punkt, der mich oft in Kontroversen mit unserem Freund Werfel beschäftigt hat: mir scheint sein Streben zu sehr ‹Selbsterlösung› und dem stellte ich eben ‹Welterlösung›
gegenüber.» Keplers geniales Fachidiotentum (wie der Roman es schildert) steht in einer vergleichbaren Opposition zu Tychos komplexem
menschlich-wissenschaftlichen Ringen wie Werfels weltflüchtige Lyrik
zum vielschichtigen Œuvre und den zahlreichen organisatorischen Aktivitäten Max Brods, die ihm den Ruf des Hauptes der Prager Schule ein-
trugen. Wenn es eine solche Schule gab, so lehrte sie die Überwindung
der Dekadenz im Geiste des Kulturzionismus.

Mit der sogenannten «Gespenstergeschichte» *Die erste Stunde nach
dem Tode* (1916 in den *Weißen Blättern* und in der Buchreihe «Der Jüngste Tag» erschienen) leistet Brod nur in einem sehr äußerlichen Sinn
einen Beitrag zur Prager Tradition. Es handelt sich eher um eine Satire
auf die Realpolitik, und das heißt zu Kriegszeiten eine Satire auf die
Kriegspolitik. Daß sich Brod gleichwohl nicht für die Erlösungshoffnun-
gen des Aktivismus vereinnahmen ließ, zeigt die im letzten Kriegsjahr
erschienene Utopie (oder eigentlich Dystopie) *Das große Wagnis*. Eine
Sozialisierung der – mit dem Titel gemeinten – Entscheidung zum
Guten ist nicht möglich; der von Dr. Askonas gegründete Idealstaat
Liberia ist zum Scheitern verurteilt und geht denn auch in einem Bom-
benangriff unter. Die Logik dieses Scheiterns wiederholt einen Grundgedanken des *Nornepygge*-Romans: Jede ideelle Abstraktion vom Leben
wird von diesem selbst bestraft.

6. Kafka

Franz Kafkas Weltruhm beruht auf einer zweifachen Verschiebung: der posthumen Veröffentlichung seiner Romane *Der Proceß* (1925), *Das Schloß* (1926) und *Der Verschollene* (unter dem Titel *Amerika*, 1927) und der internationalen Entdeckung seiner Prosa als einer Antizipation des Existentialismus und anderer Tendenzen der Nachkriegsmoderne um die Jahrhundertmitte. Nicht zuletzt in Verbindung mit der gleichzeitigen Durchsetzung der Psychoanalyse als Alltagswissen der westlichen Gesellschaften hat der Verfasser des selbstanalytischen *Briefs an den Vater* (entst. 1919) eine allgemeine Popularität erlangt, von der sich dieser einzelgängerische und publikationsscheue Autor nie etwas träumen ließ und vor der er, hätte er sie geahnt, sicher ein Grauen verspürt hätte.

Der Preis für den Ruhm bestand in einer nahezu beliebigen Ausbeutung der zentralen Texte Kafkas für diverse weltanschauliche und methodologische Richtungen und fundamentale gesellschaftliche Phänomene des 20. Jahrhunderts: von der Entfremdung in der bürgerlichen Gesellschaft über Bürokratie und Totalitarismus bis hin zum Schicksal des europäischen Judentums. Den vielfach einander widersprechenden Interpretationsschulen wäre jedoch kein so allgemeiner Erfolg beschieden gewesen, und die Wortbildung «kafkaesk» hätte sich kaum bis in den japanischen Wortschatz ausgebreitet, wenn Kafkas Schreiben nicht bestimmte stilbildende Merkmale ausgeprägt hätte, die eine solche Deutungsflut provozierten und täglich neu provozieren. Der spezifische Rätselcharakter seiner Texte resultiert aus der Ambivalenz zwischen Bedeutungs-Suggestion und Bedeutungs-Verweigerung, einer eigentümlichen Abstraktion bei vordergründiger Konkretheit des Dargestellten und nicht zuletzt aus einer luziden Prosa, die sich rigoros fernhält vom zeitverhafteten Pathos der expressionistischen Altersgenossen und dennoch trotz aller Präzision und Logik einen abgründigen Schwindel erzeugt.

Damit ist schon die Frage der literaturgeschichtlichen Einordnung berührt. Kafkas wichtigste Veröffentlichungen zu Lebzeiten erfolgten in repräsentativen Zeitschriften oder prominenten Reihen des Expressionismus wie den *Weißen Blättern* (*Die Verwandlung*) oder der Buchreihe «Der Jüngste Tag» des Kurt Wolff Verlags in Leipzig (so *Das Urteil*, *Der Heizer*, *Die Verwandlung*). Dem förmlichen Charakter des Briefwechsels mit dem Leipziger Verlagshaus kontrastiert der enge persönliche Austausch mit Repräsentanten des Prager jüdischen Geisteslebens wie Max Brod, Willy Haas oder Otto Pick. Die Prager Zeitschriften *Bohemia*, *Herderblätter* und *Selbstwehr* (mit dem Untertitel «unabhängige jüdische Wochenschrift») veranstalteten viele kleinere Erstveröffentlichungen oder frühe Nachdrucke von Kafka-Texten. Der Prager Kreis ist daher als primärer Bezugspunkt für Kafkas Produktion kaum zu überschätzen, wenn man ihn sich auch nicht als abgeschlossenen Zirkel vorstellen darf, denn viele seiner Vertreter (wie zum Beispiel Max Brod) publizierten gleichfalls bei Rowohlt bzw. Kurt Wolff oder beteiligten sich an Berliner Zeitschriften. Über die Person Franz Bleis ergibt sich zeitweilig auch eine wichtige Verbindung nach München; in der von ihm zusammen mit Carl Sternheim herausgegebenen kurzlebigen Zeitschrift *Hyperion* erschienen 1908/09 die ersten Veröffentlichungen Kafkas.

«Kafka ist nicht Walser sondern wirklich ein junger Mann in Prag der so heißt.» Nicht ohne Grund gibt Blei – nach dem Erscheinen von acht Skizzen unter dem Titel *Betrachtung* – im Sommer 1908 seinem Freund Heymel diese Erklärung. Die Nähe von Kafkas früher Kurzprosa zu Robert Walsers Feuilleton-Dichtungen wurde damals so stark empfunden, daß man den neuen Autor aus Prag schon für ein Pseudonym seines Schweizer Kollegen hielt. Die Ähnlichkeit verstärkt sich übrigens noch in der wesentlich erweiterten Buchausgabe der *Betrachtung* (1912).

Das darin neu hinzutretende (der zweiten Fassung der *Beschreibung eines Kampfes* entstammende) Prosastück *Kinder auf der Landstraße* zum Beispiel verklärt die Schwerelosigkeit des abendlichen Spiels im Freien, den Wechsel von Fallen und Aufspringen, Müdigkeit und Munterkeit in einer auch für Walsers Prosa-Experimente typischen Weise. Auch das betonte Zurücktreten des Subjekts ins kollektive Glied der Kindergruppe läßt sich mit Walsers Minimalisierungsstrategien vergleichen; freilich wird es am Schluß aufgehoben, wenn sich das spielende Kind zu nächtlicher Stunde von den Freunden verabschiedet und statt des Heimwegs unerkannt den Weg zu jener Stadt im Süden einschlägt, wo angeblich Leute (Narren nämlich) wohnen, die nie müde werden. Damit wird dem realistischen Anstrich des Textes nachträglich die Grundlage entzogen; der ᵏfka-Kenner realisiert zugleich die Anspielung auf das nächtliche Dichter-Nar-ᵗᵉⁿ ᴬᵘtors.

Aber schon ᵈⁱᵉ Prosastück *Kleider* (bereits in der ersten Fassung der *Beschreibung eines Kamₚ* in der *Hyperion*-Auswahl von 1908 enthalten) präsentiert sich in der Ironie, ᵐⁱᵗ hier die vergängliche Schönheit der Kleider gelobt und die Kleider-Metapher ᵃᵘⁱ Frauenkörper mit seinen «vielfachen reizenden Muskeln und Knöchelchen» ᵘᵇᵉᵗᵒⁿ wird, nur als ein halber Walser. Zu ausgeprägt ist hier schon Kafkas Tendenₗ positive Behauptung noch im Zuge ihrer Präzisierung zu relativieren, ja ins Gₑₗᵢₗ zu verkehren; wie die Kleider verschmutzen und untragbar werden, so sᵢₑ ᵃᵘ ₕ die Frau abends im Spiegel: «abgenützt, gedunsen, verstaubt». Hinter denₗ ᵐⁱˢogynen Nebentönen steht die für diesen Autor typische Problematisierung ᵈₑₗ verdinglichenden Sexualität.

Die Technik der Negierung entwickelt sich zu virtuosem Sprach-Nihilisᵐ. in den Prosastücken *Der Ausflug ins Gebirge* und *Wunsch, Indianer zu werden*:

> «Wenn man doch ein Indianer wäre, gleich bereit, und auf dem rennenden Pferde, schief in der Luft, immer wieder kurz erzitterte über dem zittern-

den Boden, bis man die Sporen ließ, denn es gab keine Sporen, bis man die Zügel wegwarf, denn es gab keine Zügel, und kaum das Land vor sich als glatt gemähte Heide sah, schon ohne Pferdehals und Pferdekopf.»

Im Grunde nicht einmal ein ganzer Satz, ist der vollständig zitierte Text doch keinesfalls mit einem Aphorismus zu verwechseln. Denn hier wird aus einer imaginären Perspektive die Geschichte einer Enttäuschung oder Ernüchterung erzählt; noch während sich das Subjekt seinen exotistischen Wunschtraum vergegenwärtigt, kommt er ihm abhanden. Die Sprache als Medium zur Mitteilung des Begehrens destruiert dieses selbst durch die Genauigkeit, mit der die Gegenstände bezeichnet werden (die erträumte Prärie erweist sich dabei als gemähte Heide), und dokumentiert noch im eigenen Abbrechen die Unerreichbarkeit des Ziels. Dabei ist sie wohl selbst das Ziel: Reiten bzw. der Besitz eines Pferdes steht in Kafkas Werk wiederholt für dichterische Tätigkeit oder Befähigung. Im zweimaligen «Zittern» – einem Lieblingswort Kafkas (noch Gregor Samsas Ungeziefer-Beinchen in der *Verwandlung* hängen «zitternd» in der Luft) – wird die prekäre Balance der Traum-Erfüllung bildlich zum Ausdruck gebracht.

Über Kafkas literarische Anfänge vor der *Betrachtung* sind wir aufgrund verschiedener Manuskriptverluste bzw. -vernichtungen nur unvollständig informiert. Einen intensiven Vorgeschmack künftiger Entwicklungen vermittelt die groteske *Geschichte vom schamhaften Langen und vom Unredlichen in seinem Herzen*, die Kafka seinem Brief an Oskar Pollak vom 20. Dezember 1902 beifügt. Die antithetische Stilisierung zweier Personen, deren Gegensatz sich in einer höheren Identität auflösen läßt, ist ein von Kafka noch häufig benutztes Verfahren, ebenso die autobiographische Vertiefung einzelner Figuren – hier des schamhaften Langen, der sich in ein altes Dorf verkrochen hat, mit seinen spinnenartigen Beinen, die er aus dem Fenster baumeln läßt, und dem eckigen zitronengelben Schädel, der beim Aufstehen das Strohdach durchbohrt. Sein Strümpfestricken für die Bauern ist durchsichtige Chiffre der poetischen Tätigkeit, die demnach schon damals von Kafka als Gegensatz zur (besseren) Gesellschaft bzw. zum Aufstieg in der Gesellschaft aufgefaßt wird. Deren Sphäre repräsentiert der Besucher aus der Stadt, dessen gestelzte und «unredliche» Konversation dem Langen Unbehagen bereitet. Sollte es sich um ein ironisches Porträt Oskar Pollaks handeln? Der Briefrahmen, der leichthin mit der Karnevalsidee einer Abfackelung Prags spielt, setzt Schreiber und Adressaten in Beziehung zur Stadt: «Prag läßt uns nicht los. Uns beide nicht. Dieses Mütterchen hat Krallen.»

Prager Örtlichkeiten, die auch relativ genau beschrieben und benannt werden, spielen eine beträchtliche Rolle in zwei Erzählkomplexen, an denen sich der junge Kafka in den Folgejahren vergeblich abarbeitete: *Beschreibung eines Kampfes* und *Hochzeitsvorbereitungen auf dem Lande*. Die Titel stammen von Max Brod, der sich dabei auf Kafka berief, bei der Rekonstruktion der Texte in seinen Ausgaben von 1936 und 1953 allerdings problematische Vermischungen verschiedener Fassungen vornahm.

Die älteste erhaltene Stufe (Fassung A) der *Beschreibung eines Kampfes* liegt uns in einer Reinschrift von 1907/08 vor, die eine ausgeklügelte Komposition darstellt. Deren erster und dritter (zugleich letzter) Teil schildern einen nächtlichen Ausflug auf den Prager Laurenziberg, unternommen von einem gegensätzlichen Männerpaar, in dem man leicht die Protagonisten der Pollak-Geschichte, jedenfalls dem Typus nach, wiedererkennt: Der Ich-Erzähler ist so lang, daß er sich vergeblich kleiner zu machen versucht; sein Bekannter ist ihm an Weltläufigkeit, zumal an Erfolg bei den Frauen, offenbar weit überlegen. Der Gegensatz wird in einem inneren Kampf ausgetragen – mit dem Ergebnis, daß der Bekannte am Schluß einen Selbstmordversuch begeht.

Wesentliche Voraussetzung für das Erstarken des Ich-Erzählers und die zunehmende Schwäche seines Gegenspielers bildet der zwischengeschaltete mehrgliedrige Mittelteil, der offenbar als innerer Prozeß im Bewußtsein des Ich-Erzählers aufzufassen ist. Unter der Überschrift «Belustigungen oder Beweis dessen, daß es unmöglich ist zu leben» wird in traumartigen Sequenzen zunächst beschrieben, wie der Ich-Erzähler seinen Bekannten zu Tode reitet und als omnipotenter Regisseur die Landschaft umgestaltet. Anschließend wird der Gegensatz der dichterischen Subjektivität zur Wirklichkeit an drei weiteren Gestalten gespiegelt: einem Dicken, für den die Gestalt eines Sumo-Ringers auf einem Hiroshige-Holzschnitt als Vorlage diente, einem Beter und einem Betrunkenen. (Die Gespräche des Dicken mit dem Beter und dem Betrunkenen wurden im *Hyperion* 1909 separat veröffentlicht.) Allein diese Andeutungen machen die Nähe der Konzeption zu Hofmannsthals *Kleinem Welttheater* sichtbar: Auch dort stellen sich die einzelnen Figuren als Verkörperungen eines bestimmten Weltgefühls vor, auch dort geht es zentral um das Verhältnis des Dichters zur Wirklichkeit. In der bildlich-symbolhaften Gestaltung des Auftritts des Dicken in der Sänfte und seines schließlichen Untergangs im Fluß wird die Einflußnahme von Hofmannsthals Symbolismus auf die Schreibweise des jungen Kafka besonders deutlich. Kafka hat diese Abhängigkeit offenbar selbst gespürt, wie uns die Streichung des Dicken in der zweiten überlieferten Fassung (entst. 1909/10) verrät.

In der vereinfachten Konstruktion dieser fragmentarischen Neufassung (B) ist es der Ich-Erzähler selbst, der die Gespräche mit dem Beter und dem Betrunkenen führt. Besondere Aufmerksamkeit verdient der Beter als konkurrierender Repräsentant des Autors, der noch in einer Aufzeichnung von 1920 «Schreiben als Form des Gebets» definiert wird. Er steht im selben Alter wie Kafka selbst (zur mutmaßlichen Zeit der ursprünglichen Niederschrift 1906) und hat «noch keinen Namen». Ihm wird auch jene Erinnerung an ein belauschtes Gespräch zwischen seiner Mutter und einer Frau im Garten in den Mund gelegt, die Kafka Max Brod schon in einem Brief vom August 1904 mitteilt, der übrigens auch andere Motive der *Beschreibung eines Kampfes* vorwegnimmt und wohl als Anhaltspunkt zur Datierung der ersten Konzeption dienen kann. Es ist die in diesem Gespräch bezeugte Sicherheit des Aufgehens in einfachen Lebenssituationen, die auf die Vertreter des Kunstprinzips – und das sind sowohl der Ich-Erzähler als auch der Beter – so irritierend wirkt. Beim Untergang des Dicken ist in der ersten Fassung von der Gefahr die Rede, «an den empörten Dingen» zu ersticken; in seiner «Ansprache an die Landschaft» hat der Dicke geradezu erklärt: «Die Landschaft stört mich in meinem Denken.» Vom Subjektivismus dieses Ding-Verhältnisses ist auch die Erzählweise geprägt, die sich strikt an die zum Teil willkürlichen Wahrnehmungen der Ich-Figur hält. Wenn diese den Eindruck gewinnt, das Standbild Karls IV. falle herunter, heißt es mit einem Wortspiel: «Karl IV. fiel doch herunter, gerade als es mir einfiel». Entsprechend «schwimmt» der Ich-Erzähler über die Karlsbrücke, als führte diese unter statt über das Wasser.

Solche Ansätze zu einem phantastischen Erzählen werden auch das künftige Schaffen dieses Autors kennzeichnen, jedoch nie dominieren. Kafkas Erzählen gewinnt seine unverwechselbare Qualität aus einer leichten Verunsicherung des Wirklichkeitsgefühls, deren objektive Basis meist in der Schwebe bleibt. Das hängt eng zusammen mit der Vorherrschaft personaler Erzählsituationen in seinem Werk, die freilich mit dem verbreiteten Begriff des «einsinnigen Erzählens» nicht hinreichend zu fassen ist. Denn hier wird zwar weitestgehend vom Standpunkt einer Person aus erzählt, dieser Standpunkt aber nicht geteilt. Der Reflektor (wie es die Erzähltheorie nennt) ist keine Identifikationsfigur, und zwar auch dann nicht, wenn er uns mit verschiedenen Merkmalen einer autobiographischen Fundierung entgegenkommt. Das gilt zum Beispiel für die Hauptfigur Eduard Raban in den *Hochzeitsvorbereitungen auf dem Lande*, schon dem Namen nach eine Kafka-Figur (tschechisch «kavka» heißt Dohle, bezeichnet also einen Rabenvogel; auch ähnelt sich die Buchstabenfolge). Zudem gibt es hier – viele Jahre vor den vergeblichen Verlobungen mit Felice Bauer – schon das genuine Kafka-Problem der eigentlich nicht gewollten Heirat. Statt bei Regen die Reise aufs Land anzutreten, würde der unlustige Bräutigam eine Spaltung seiner Persönlichkeit vorziehen, bei der sein «angekleideter Körper» «schluchzend» aufs Land fährt und das eigentliche «ich» die Ruhe im eigenen Bett genießt:

> «Ich habe wie ich im Bett liege die Gestalt eines großen Käfers, eines Hirschkäfers oder eines Maikäfers glaube ich […] Ich stellte es dann so an als handle es sich um einen Winterschlaf und ich preßte die Beinchen an meinen gebauchten Leib. Und ich lisple eine kleine Zahl Worte, das sind Anordnungen an meinen traurigen Körper, der knapp bei mir steht und gebeugt ist. Bald bin ich fertig, er verbeugt sich, er geht flüchtig und alles wird er aufs beste vollführen, während ich ruhe.»

Die zentrale Idee der *Verwandlung* ist in der zitierten Handschrift der *Hochzeitsvorbereitungen* von 1906/07 – vielleicht unter dem Einfluß von Dostojewskis Roman *Der Doppelgänger* – also schon ausgebildet, allerdings nur als Wunschphantasie des Protagonisten, die ohne Einfluß auf sein äußeres Handeln bleibt. Letzteres wird mit einer nüchternen Genauigkeit beschrieben, in der man wohl Spuren von Kafkas nachhaltiger Verehrung Flauberts (insbesondere der *Education sentimentale*) erkennen kann. Auffällig die latente Symbolik der Verkehrsmittel: von der Straßenbahn über den Personenzug zum Pferdeomnibus. «Oft änderten die Passagiere ihren Sitz und besprachen diese Änderung mit einander» – die Mobilität nimmt überhand. Vielleicht deutet sich hier schon etwas von der Bedrohlichkeit des Verkehrs an, die sechs Jahre später der letzte Satz des *Urteils* bezeugt: «In diesem Augenblick ging über die Brücke ein geradezu unendlicher Verkehr.»

Kafka hat die Niederschrift der Erzählung *Das Urteil* in der Nacht vom 22. auf den 23. September 1912 als den entscheidenden Durchbruch seiner Schriftsteller-Existenz angesehen. Mit ihr beginnt eine außerordentlich produktive Schaffensphase; innerhalb eines guten Vierteljahrs entstehen auch *Die Verwandlung* und der weitaus größte Teil des oben (S. 26 f.) schon behandelten Amerika-Romans *Der Verschollene*. Der innere Zusammenhang der drei Werke spricht sich in Kafkas Vorschlag einer gemeinsamen Buch-Publikation unter dem Titel *Die Söhne* aus (an Kurt Wolff, April 1913); darin sollte allerdings nur das erste Kapitel des *Verschollenen* enthalten sein, das 1913 unter eigenem Titel (*Der Heizer*) erschien.

Um Söhne und ihre Konflikte mit väterlicher Autorität geht es in der Tat in allen drei Texten, deren spontane ‹Geburt› (ein Gleichnis, das Kafka vor allem auf *Das Urteil* anwendet) in einer symptomatischen Lebensphase des Autors erfolgt. Durch die endgültige Zusammenstellung und Abgabe des Buchmanuskripts der *Betrachtung* im August 1912 – am selben Abend, an dem Kafka bei Max Brod Felice Bauer kennenlernte – hatte die Perspektive einer schriftstellerischen Laufbahn erstmals konkrete Formen angenommen. Der Interessenkonflikt zwischen Dichtung und Brotberuf (dem höheren Verwaltungsdienst bei der halbstaatlichen Arbeiter-Unfall-Versicherungs-Anstalt) trat damit in ein neues Stadium; er hatte sich ohnehin verschärft, seit neben die Bürotätigkeit Kafkas auch noch die Verantwortung für die Asbestfabrik getreten war, die er zusammen mit einem Schwager gegründet hatte. Hier wird bereits der Einfluß der Familie deutlich, die von dem bald Dreißigjährigen, der immer noch die elterliche Wohnung teilte, wirtschaftliche Unabhängigkeit und die Begründung eines eigenen Hausstands erwartete. Die Existenz des Junggesellen, der Kafka eindringliche Beschreibungen gewidmet hat (*Das Unglück des Junggesellen*; *Erinnerungen an die Kaldabahn*; *Der Junggeselle*, auch bekannt als *Blumfeld, ein älterer Junggeselle*) und in der er auch ein Gleichnis für sein Schriftstellertum und das ihm gemäße Verhältnis zur Welt gesehen hat, war dadurch fundamental bedroht.

Unbeschadet anderer Deutungsmöglichkeiten lassen sich die beiden kurz nacheinander verfaßten Erzählungen *Das Urteil* und *Die Verwandlung* vor diesem Hintergrund als komplementäre Modelle eines literarischen Probehandelns auffassen, in denen Kafka mögliche Auswege aus seinem existentiellen Konflikt durchspielt: einseitige Entscheidung für die bürgerliche Karriere hier (*Das Urteil*), Totalverzicht auf bürgerliche Leistung dort (*Die Verwandlung*). Der Ausgang ist in beiden Fällen tragisch; die gestalterischen Mittel unterscheiden sich jedoch stark.

Das Urteil beginnt scheinbar konventionell-realistisch; durch den Fortgang der Erzählung werden die hierdurch erweckten Erwartungen aber gründlich enttäuscht. Ein junger Kaufmann (Georg Bendemann) sitzt am Fenster; er hat soeben einen Brief an einen Freund in der Ferne beendet. Die in erlebter Rede formulierten Gedanken, die er sich im Rückblick über Brief und Empfänger macht, geben ungezwungene Gelegenheit zur Information des Lesers, u. a. über die bevorstehende Heirat Georgs und seine gefestigte bürgerliche Stellung. Es zeigt sich allerdings spätestens im anschließenden Gespräch mit dem offenkundig vernachlässigten Vater, daß die Vorstellungen des Sohns über sein Verhältnis zum Freund und seine Position in der Familie hochgradig interessengeleitet und korrekturbedürftig sind. Der Vater stellt geradezu die Existenz des Freundes in Frage, um sich am Schluß als dessen Vertreter im Kampf gegen den treulosen Sohn auszugeben. Der unerwarteten Wendung des – vom Leser überwiegend aus Georgs Perspektive verfolgten – Gesprächs entspricht ein jäher Umschwung im äußeren Erscheinungsbild. Der alte Bendemann, der sich eben noch wie ein Kind ins Bett legen ließ, springt plötzlich auf und entwickelt eindrucksvolle Kräfte. Aus dieser neugewonnenen Stärke heraus verurteilt er seinen Sohn als «teuflischen Menschen» zum «Tode des Ertrinkens». Georg nimmt das Todesurteil widerspruchslos hin und vollstreckt es umgehend durch einen Sprung von der Brücke in den Fluß, auf den er eben noch so selbstzufrieden hinausgeblickt hat.

Der überraschende Schluß provoziert die Frage nach Georgs Schuld. Im selben Maße, in dem seine Selbst-Hinrichtung unsere alltagspsychologischen Erfahrungen düpiert, drängen sich psychoanalytische Erklärungsmuster auf – mit um so stärkerer Legitimation, als Kafka selbst aussagt, bei der Niederschrift der Erzählung «an Freud natürlich» gedacht zu haben (Tagebuch vom 23. September 1912). Gibt Georg sich den Tod, weil ihm die vatermörderischen Konsequenzen seines Aufstiegs bewußt werden – einschließlich der beabsichtigten Heirat, mit der er auch in sexueller Hinsicht die Position des Vaters übernehmen will? Dessen wiederholte Frage, ob er auch richtig «zugedeckt» sei, scheint auf derartige Ambivalenzen zu zielen (nämlich mit dem Grabhügel oder Sargdeckel statt mit der Bettdecke). Ebenso läßt sich Georgs Schuld aber auch in einem Selbstverrat sehen – wenn man den Petersburger Freund, dessen reale Existenz ja so offen bezweifelt wird, als verdrängtes besseres Ich des Protagonisten auffaßt. Sein einsames Junggesellentum könnte als Chiffre für die künstlerische Identität Kafkas stehen, die mit einer ökonomischen Etablierung preisgegeben würde. Die selbstgerechten Vergleiche, die Georg zu Beginn der Erzählung zwischen seiner behaglichen Lebensform und der Außenseiterposition des Freundes zieht, wären demnach als Verdrängungshandlung zu interpretieren, mit der die Erinnerung an ein alternatives Selbst ‹zugedeckt› werden soll.

Auch religiöse Untertöne klingen an – und zwar nicht erst, wenn die Bedienerin, an der Georg auf dem Weg zum Selbstmord vorbeistürzt, vor Schreck «Jesus!» ausruft. Der sofortige Vollzug eines religiös autorisierten Todesurteils durchs Wort findet Vorbilder in der jüdischen Kabbala. Die Konstellation von «teuflischem» Sohn und scheinbar gebrechlichem Vater erinnert überdies an zentrale Motive aus Jakob Gordins jiddischem Drama *Gott, Mensch und Teufel.* Wie umfängliche Tagebuchaufzeichnungen bezeugen, hat Kafka intensivste Eindrücke von den Auftritten einer jiddischen Schauspieltruppe im Winter 1911/12 im Prager Café Savoy empfangen. Die Freundschaft mit dem jungen Schauspieler Jizchak Löwy trug wesentlich zur Vertiefung seiner ersten unmittelbaren Begegnung mit der religiösen Vorstellungswelt und den kulturellen Ausdrucksmitteln des Ostjudentums bei. In welcher Spannung sich diese von Kafka damals neuentdeckte und als Bestätigung seines eigenen Künstlertums erfahrene Sphäre zur Wertewelt des assimilierten jüdischen Bürgertums befand, macht eine Bemerkung von Hermann Kafka über den neuen Freund seines Sohnes deutlich: «Wer sich mit Hunden zu Bett legt steht mit Wanzen auf.»

Von hieraus ergeben sich Verbindungslinien zum Ungeziefer-Motiv der *Verwandlung,* aber auch zur Figur des von Pogromen bedrohten Freundes («gelb zum Wegwerfen») im *Urteil.* Man hat darüber hinaus die szenisch-dialogische Qualität beider Erzählungen und die auffällige Rolle, die Körpersprache und Mimik in ihnen und den künftigen Werken dieses Autors spielen, als Echo der Eindrücke gewertet, die Kafka bei den Theateraufführungen im Café Savoy empfing. Dieselben darstellerischen Mittel lassen sich freilich auch in der *Beschreibung eines Kampfes* beobachten, wo sich sogar schon die Idee eines mentalen Kräftemessens – bis hin zum Selbstmord(versuch) des unterlegenen Kontrahenten – findet. Das Erlebnis des jiddischen Theaters scheint Kafka jedoch zu einem konzentrierteren Einsatz dieser Mittel im Dienste größerer Anschaulichkeit und Stimmungsdichte verholfen zu haben.

«Als Gregor Samsa eines Morgens aus unruhigen Träumen erwachte, fand er sich in seinem Bett zu einem ungeheueren Ungeziefer verwandelt.» Im Unterschied zum *Urteil* setzt *Die Verwandlung* gleich mit dem Paukenschlag ein; die «sich ereignete unerhörte Begebenheit» (wenn man diese Goethesche Formulierung eines traditionellen Novellenmerkmals hier noch anwenden darf) steht am Anfang des Textes. Sie beschäftigt den Leser bis zum Schluß, da wir uns in der Folge ja nicht in den vertrauten Gefilden der Fabel oder des Märchens bewegen, in denen derartige Metamorphosen an der Tagesordnung sind. Vielmehr besticht die weitere Erzählung gerade durch die realistische Genauigkeit, mit der uns die kleinbürgerliche Umgebung des Handlungsreisenden Gregor Samsa vorgeführt wird. Es ist diese scheinbare Unvereinbarkeit der Ebenen, die zur (nicht unwidersprochenen) Feststellung der parabolischen Dimension von Kafkas Erzählen geführt und Diskussionen über die symbolische oder allegorische Qualität der hier vorausgesetzten «Verwandlung» ausgelöst hat.

Die nächstliegende Auflösung wird uns vom Erzähler, der sich dabei eng an Gregors Bewußtsein anlehnt, ausdrücklich verwehrt: «Es war kein Traum.» Trotzdem bleiben Fragen nach der Subjektivität der hier behaupteten Umwandlung berechtigt. Schon die Rede vom «ungeheue-

ren Ungeziefer» ermangelt ja jeder objektiven Konkretheit – auch wenn
sich Kafka für manches anatomische bzw. zoologische Detail des Textes
(wie für seine Tiergeschichten überhaupt) mit Anregungen aus *Brehms
Tierleben* versorgt hat. In die gleiche Richtung weist sein striktes Verbot
einer Abbildung des «Insekts selbst» auf dem Titelblatt der Buchausgabe;
statt dessen schlägt Kafka dem Verlag im Oktober 1915 Szenen zur Illu-
strierung vor, die die Reaktion der Familie und des Prokuristen zeigen,
«während die Tür zum ganz finsteren Nebenzimmer offensteht» (Otto-
mar Starkes Umschlagbild hat sich an diese Empfehlung weitgehend
gehalten). Schon Gregor Samsa macht ja die Entscheidung darüber, ob er
sich in seinem neuen Zustand zur Arbeit begeben soll, vom Verhalten
seiner Umwelt abhängig – ein starker Hinweis darauf, daß seine veränderte Körperlichkeit nicht isoliert gesehen werden darf, sondern als
Gradmesser seiner sozialen Akzeptanz bzw. Ausgrenzung, der Übereinstimmung oder Nicht-Übereinstimmung des Menschen Samsa mit seiner sozialen Rolle und ökonomischen Funktion verstanden werden
muß.

Den neuen Gregor Samsa, der den Erwartungen an einen zuverlässigen Handlungsreisenden und Familienernährer auf so mysteriöse Weise
widerspricht, will keiner mehr haben. Er wird eingesperrt, ausgegrenzt
und bald nicht einmal mehr des Personalpronomens «er» gewürdigt, also
zur Unperson erklärt. Nicht nur Gregor verwandelt sich zu Beginn der
Erzählung; in ihrem Verlauf findet eine mindestens so eindrucksvolle
Verwandlung seiner sozialen Umwelt statt. Aus liebenden Verwandten
werden hartherzige Verfolger, die Mutter verrät den Sohn, noch wenn
sie ihn verteidigt (mit zu Boden gleitenden Röcken läuft sie auf den
wütenden Vater zu), der Vater erscheint – darin dem alten Bendemann
gleichend – nunmehr jünger und größer. In seiner neuen Uniform als
Hotelportier wächst ihm geradezu militärische Mannhaftigkeit zu. Auch
die Schwester, die Gregors Hoffnung auf geschwisterliche Loyalität so
schmählich enttäuscht, gewinnt im gleichen Maße an Vitalität, wie seine
Lebenskraft dahinschwindet. Mit dem Bild der Dehnung ihres «jungen
Körpers» endet die Beschreibung des Ausflugs, den die Familie Samsa
noch am Tag von Gregors Tod («da liegt es, ganz und gar krepiert»)
unternimmt.

Strukturell wird mit dieser von Kafka bald selbst kritisierten Coda,
in der die Erzählung erstmals das Innere der Wohnung und den Blickpunkt Gregors verläßt, ein ähnliches Zeichen gesetzt wie mit der Ein-
quartierung des Panthers im Käfig des Hungerkünstlers nach dessen Tod
in der gleichnamigen Erzählung von 1924. Hier wie dort operiert Kafka
mit dem Gegensatz von Körper und Geist. Auch Gregor Samsa nimmt
über längere Zeit keine Nahrung mehr zu sich und durchläuft einen Prozeß der Vergeistigung. Seine psychische Verfassung ist von der Transfor-

mation seines Äußeren ins Animalische ohnehin nicht betroffen – von gewissen Einschränkungen des Wahrnehmungsvermögens abgesehen. Als «Ungeziefer» gewinnt er nun geradezu ein neues Verhältnis zu Kunst und Musik. Der einzige Gegenstand, den er bei der Entleerung seines Zimmers bis zuletzt verteidigt, ist das Bild an der Wand (es stellt eine Dame mit Pelzboa dar – vielleicht eine Reminiszenz an Sacher-Masochs *Venus im Pelz*, auf jeden Fall kein Zeugnis für einen ausgeprägten künstlerischen Geschmack des Handlungsreisenden vor seiner Verwandlung), und das Geigenspiel der Schwester gibt den Anlaß zu seinem letzten und kühnsten Ausbruchsversuch: «War er ein Tier, da ihn Musik so ergriff? Ihm war, als zeige sich ihm der Weg zu der ersehnten unbekannten Nahrung.»

Die Rückverwandlung des Gregor Samsa ist eine kurze Erzählung überschrieben, die am 11. Juni 1916 im *Prager Tagblatt* erschien. Der frühverstorbene Karl Brand artikuliert in dieser angeblichen Fortsetzung von Kafkas Novelle die Differenz seines aktivistischen Expressionismus-Verständnisses zum radikalen Skeptizismus der Vorlage. Bei Brand fallen dem «Wanzenkadaver des Gregor Samsa» noch auf dem Kehrichthaufen die überzähligen Beine ab; am Schluß erhebt sich der Held und geht: «Ein neues Leben beginnt!» – Ein weiteres Zeugnis für die provozierend-inspirierende Wirkung von Kafkas Erzählung im engsten Prager Kreis ist Oskar Baums Erzählung *Der Geliebte* (1918). Ein russischer Soldat, den seine Verlobte dadurch vor dem Krieg zu retten versucht, daß sie ihn in einen Keller einsperrt, verwandelt sich in der Einsamkeit seines Gefängnisses in ein wolfsartiges Tier; nur der Schleier des Wahnsinns bewahrt seine Braut davor, das volle Ausmaß der Katastrophe wahrzunehmen. Im gleichen Band der Reihe «Der Jüngste Tag» erschien Baums Erzählung *Unwahrscheinliches Gerücht vom Ende eines Volksmanns*. In der Irrealität und absurden Zwangsläufigkeit des Geschehens ist sie dem Vorbild Kafkas womöglich noch stärker verpflichtet; Anklänge finden sich besonders an das Romanfragment *Der Proceß*.

Die zweite bedeutende Schaffensperiode Kafkas reichte von Ende Juli 1914 bis Anfang 1915. Nach der Auflösung seiner Verlobung mit Felice Bauer in Berlin Anfang Juli «rettete» sich der mit seinem wichtigsten Lebensprojekt Gescheiterte in die dichterische «Arbeit» – wie er es im Tagebuch vom 28. Juli 1914 selbst ausdrückt; einen Tag später erscheint dort zum ersten Mal der Name «Josef K.». Daß in den nächsten Tagen der Erste Weltkrieg ausbrach, scheint den ins Schreiben geflüchteten Autor nur noch marginal berührt zu haben – wenn man nicht in der Thematik der Werke, die in den folgenden Monaten entstehen, doch einen substantiellen Reflex der europäischen Katastrophe sehen will. Denn sowohl im Roman *Der Proceß* als auch in der Erzählung *In der Strafkolonie* geht es um die Frage von Recht und Gesetz, Todesstrafe und Schuld; die Handlung gipfelt jeweils in der Beschreibung einer Hinrichtung. Kafka denkt daher bald an eine gemeinsame Veröffentlichung unter dem Titel *Strafen*; der Sammelband soll *Das Urteil* miteinschließen und damit das nichtrealisierte Publikationsprojekt *Die Söhne* ablösen. Der Anschluß an die frühere Arbeit wird in diesem – gleichfalls unverwirklichten – Vorhaben ebenso deutlich wie die Verlagerung der Akzente in den Texten aus dem zweiten Halbjahr 1914.

Bekanntlich hat Kafka den *Proceß*-Roman zwar äußerlich zu Ende geführt (durch das im Vorgriff niedergeschriebene Schlußkapitel), aber nicht eigentlich fertiggestellt und daher auch nie veröffentlicht. Der einzige Text aus dem *Proceß*-Manuskript, der zu seinen Lebzeiten im Druck erschien, war die Türhüterlegende aus dem Dom-Kapitel, die unter dem Titel *Vor dem Gesetz* zuerst im September 1915 in der *Selbstwehr* (Prag), dann Anfang 1916 im Almanach *Vom Jüngsten Tag* des Kurt Wolff Verlags und schließlich im Sammelband *Ein Landarzt* (1920) abgedruckt wurde. Eine ähnliche Praxis befolgt Kafka noch in der nachgelassenen Erzählung *Beim Bau der Chinesischen Mauer*; auch dort spiegelt sich – letztlich einem Ideal der romantischen Poetik entsprechend – die Problematik des ganzen Textes in einer eingelegten Parabel, die gleichfalls separat veröffentlicht wurde (*Eine kaiserliche Botschaft*, 1919).

Nimmt man den Metatext *Vor dem Gesetz* beim Wort und stellt ihn neben den Roman *Der Proceß*, dem er ursprünglich angehört, und neben die im Oktober 1914 entstandene Erzählung *In der Strafkolonie*, so ergeben sich bemerkenswerte Parallelen über die schon angedeutete Rechts-Thematik hinaus. In allen drei Fällen kommt es zu einem Konflikt zwischen neuzeitlichem Rationalismus und autoritären Strukturen mit teilweise barbarischen Zügen, die doch eine beträchtliche Wirksamkeit, ja Überlegenheit behaupten. Der «Mann vom Lande» in der Türhüterlegende rechnet mit keinen Schwierigkeiten auf dem Weg zum Gesetz («das Gesetz soll doch jedem und immer zugänglich sein») – hier klingt der Menschenrechtsgedanke der europäischen Aufklärung an. Angesichts der Erklärung des Türhüters, «jetzt» sei kein Eintritt möglich und auch ein Übertreten seines Verbots habe keine Aussicht auf Erfolg, da von Saal zu Saal immer weitere Türhüter Wache hielten, «einer mächtiger als der andere» – angesichts dieses wahrhaft zaristischen Angstapparats, zu dem auch die «große Spitznase» und der «tartarische Bart» des Türhüters gehören, verlegt sich der Bittsteller aufs Warten. Ein lebenslängliches Warten, das nicht nur vergeblich bleibt, sondern noch mit einer besonderen Demütigung gekrönt wird; im Augenblick seines Todes erfährt der Mann vom Lande, dieser Eingang sei nur für ihn bestimmt gewesen und werde jetzt geschlossen. Natürlich muß er bei seinem Tode geschlossen werden, so dürfen wir interpretierend hinzufügen, denn es handelt sich bei diesem Angstapparat ja offenbar um eine Projektion der Ängste und Unentschlossenheit desjenigen, der hier – aber eben nicht entschieden genug – den Zugang zum «Gesetz» sucht.

Die Erzählung *In der Strafkolonie* versetzt einen Reisenden mit europäischer Bildung und Humanitätsauffassung in ein fernöstliches Inselland, das zwar von einem westlichen Staat kontrolliert wird, in dem sich aber unter der Herrschaft des alten Kommandanten höchst fremdartige Folter- und Hinrichtungsrituale ausgebildet haben, die ebenso wie die dabei zugrunde gelegten Grundsätze der Rechtsprechung («die Schuld ist immer zweifellos») dem Geist einer zivilisierten Justiz Hohn sprechen. Das Prinzip der Unschuldsvermutung ist hier ebenso unbekannt wie die Trennung von Urteilsspruch und Strafe; vielmehr wird das Urteil, das immer auch ein Todesurteil ist, dem Angeklagten mittels einer mörderischen Technik in den Leib geschrieben.

Der Besucher der Strafkolonie reagiert auf diese Zustände mit ähnlichem Befremden und ähnlicher Hilflosigkeit wie Josef K. im *Proceß* auf seine Verhaftung am Morgen seines dreißigsten Geburtstags und auf alle nachfolgenden Erklärungen über die Praxis des ihn belangenden Gerichts, dessen Anklage man nie erfährt, dessen Richter man nicht sieht, bei dem eine Verteidigung im Grunde nicht vorgesehen ist und bei dem es anscheinend noch nie einen vollständigen Freispruch gegeben hat. Bei seiner ersten Vorladung läßt es sich K. nicht nehmen, in einer flammenden Rede auf die skandalträchtige Korruptheit der mysteriösen Organisation als «öffentlichen Mißstand» hinzuweisen. Der äußere Anschein spricht in der Tat nicht für die moralische Legitimation dieses Gerichts. In der schmuddligen Dachbodenwelt seiner Kanzleien gibt es keine Spur jener Scheidung von Öffentlich und Privat, die doch eine grundlegende Errungenschaft der modernen Gesellschaft und die Voraussetzung für eine unabhängige Justiz darstellt. Man schläft, wo man arbeitet; die Richter steigen über das Bett Titorellis, wenn sie sich malen lassen; im vollen Gerichtssaal macht sich der Student über die Frau des Gerichtsdieners her, die er bei nächster Gelegenheit dem Untersuchungsrichter als Raubstück zuträgt; das vermeintliche Gesetzbuch auf dessen Tisch enthält übrigens nur vulgäre Pornographie. Die Angeklagten, die in der stickigen Luft der Gerichtskorridore ihre Tage und Nächte zubringen, verlieren nicht nur ihr ganzes Vermögen, sondern auch jede Würde des Auftretens; in hündischer Unterwürfigkeit nähert sich Kaufmann Block – von K. dafür getadelt – dem Bett des Advokaten.

Angesichts der lichtlosen Enge der Gerichtsräume auf dem Dachboden einer Mietskaserne wird K. sich des Privilegs bewußt, daß «er selbst in der Bank ein großes Zimmer mit einem Vorzimmer hatte und durch eine riesige Fensterscheibe auf den belebten Stadtplatz hinuntersehen konnte». Im Kontrast der Interieurs drückt sich mehr als ein Wohlstandsgefälle aus; er signalisiert zugleich den Anspruch der modernen Institution, der K. als Erster Prokurist angehört, auf Transparenz und Öffentlichkeit. Der Zustand des Gerichts nimmt sich dagegen quasi archaisch oder barbarisch aus. Die poetische Strategie des *Proceß*-Romans geht nun aber dahin, die Relativität und Durchlässigkeit dieser von ihm selbst evozierten raumsymbolischen Oppositionen zu erweisen. Ähnlich wie Gerhart Hauptmanns «Berliner Tragikomödie» *Die Ratten* die Hohlheit der wil-

helminischen Gesellschaft anhand der Verstrickungen von Bildungs- und Klein-
bürgern in die halbkriminelle Sphäre eines dunklen Dachbodens vorführt,
arbeitet auch Kafka mit der Überschneidung von Vorstadt und Geschäftswelt,
Korruption und Bürgertum. Mit der flüchtenden Ratte vor dem Haus Titorellis
nimmt er sogar das Titelsymbol des Dramas auf; in den gleichzeitig entstandenen *Erinnerungen an die Kaldabahn* gewinnt der Kampf des Erzählers mit den
riesigen Ratten, die die Mauern seines Hauses in der russischen Einsamkeit
unterwühlen, tragende Bedeutung.

Sind denn – so soll sich der Leser fragen – die Machenschaften, mit denen
der Direktor-Stellvertreter K.s Stellung in der Bank zu unterminieren versucht,
gänzlich anderer Natur als die Aktivitäten des ominösen Gerichts? Und beweist
nicht auch der Prokurist K. einige Willkür, wenn er die subalternen Beamten, die
bei seiner Verhaftung gegenwärtig waren, mehrfach in sein Büro beordert, nur
um ihr Verhalten zu prüfen? Zumal in sexueller Hinsicht kennt Kafkas Protagonist kein Halten, erweist er sich als schneller Schüler oder Wahlverwandter der
Vertreter des Gerichts. Während sein Onkel mit dem bettlägerigen Advokaten
über den Prozeß des Neffen verhandelt, vergnügt sich K. auf dem Boden der
Küche mit Hulds Pflegerin Leni, an der ihm sogleich die Rundheit ihrer Züge
aufgefallen war. Seine gerechte Empörung über den Mißbrauch der Frau des
Gerichtsdieners durch den Studenten hindert ihn nicht daran, sexuelle Phantasien zu entwickeln, in deren Zentrum der Genuß der Macht – auch als Verfügungsgewalt über die Frau – steht:

> «Es könnte sich dann einmal der Fall ereignen, daß der Untersuchungs-
> richter nach mühevoller Arbeit an Lügenberichten über K. in später Nacht
> das Bett der Frau leer fand. Und leer deshalb, weil sie K. gehörte, weil diese
> Frau am Fenster, dieser üppige gelenkige warme Körper im dunklen Kleid
> aus grobem schweren Stoff durchaus nur K. gehörte.»

Mit Blickrichtung auf die psychischen Abgründe, die sich hier auftun,
ist die Frage nach K.s Schuld zu stellen, die natürlich das Grundproblem
jeder Lektüre des *Proceß* bildet. «Jemand mußte Josef K. verleumdet
haben, denn ohne daß er etwas Böses getan hätte, wurde er eines Morgens verhaftet.» Schon dieser erste Satz steckt voller Fußangeln; die in
ihm aufgestellte Unschuldsbehauptung ist sichtlich aus der Perspektive
des Protagonisten formuliert, der ja auch im Fortgang der Handlung,
etwa im Gespräch mit dem Maler Titorelli, ausdrücklich auf seiner Freiheit von aller Schuld besteht. Bisweilen allerdings hat man den Eindruck, daß er sich dazu zwingen und den Glauben an seine Unschuld
künstlich befestigen muß. Etwa in der Mitte des Romanmanuskripts
besinnt sich K. in folgender Weise auf den Stand seines Prozesses, den er
fortan ernster zu nehmen und aktiv zu betreiben gedenkt:

> «Zu übertriebener Sorge war allerdings vorläufig kein Grund. Er
> hatte es verstanden, sich in der Bank in verhältnismäßig kurzer
> Zeit zu seiner hohen Stellung emporzuarbeiten und sich von allen
> anerkannt in dieser Stellung zu erhalten, er mußte jetzt nur diese
> Fähigkeiten, die ihm das ermöglicht hatten, ein wenig dem Proceß

zuwenden und es war kein Zweifel, daß es gut ausgehn mußte. Vor allem war es, wenn etwas erreicht werden sollte, notwendig jeden Gedanken an eine mögliche Schuld von vornherein abzulehnen. Es gab keine Schuld.»

Dem stehen ein eindeutiges Zeugnis in Kafkas Tagebuch, das den schuldlosen «Verschollenen» Karl Roßmann dem schuldigen Angeklagten K. konfrontiert (30. September 1915), und mehrere Aussagen im Roman gegenüber, wonach das Gericht von vorhandener Schuld angezogen werde und sich dabei nie irre. Und schließlich das Verhalten des Protagonisten im letzten Kapitel, in dem er sich bereitwillig von den Henkern abführen und «wie ein Hund» abschlachten läßt; nicht einmal versuchsweise nutzt K. die Begegnung mit einem Gendarmen auf dem Weg zur Hinrichtung dazu, sich den Organen des Rechtsstaats anzuvertrauen, auf dessen Statuten er ein Jahr zuvor doch so selbstbewußt gepocht hat. Hat er seine Schuld eingesehen? Oder ist er des Kampfes müde, hat er sich von der Schuldproduktionsmaschine des Gerichtapparats einen Schuldkomplex einreden lassen? Eine solche Auffassung, die ja im Grunde auf einen Freispruch K.s durch den Leser hinausläuft, verkehrt die Verhältnisse und ignoriert insbesondere die Hinweise, die uns die Erzählweise des Romans auf das Verhältnis von innerem Motiv und äußerem Geschehen gibt.

Am Anfang war, wenn nicht die Schuld, so jedenfalls das Schuldgefühl. Es ist K., der die Wächter ruft. Erst auf sein Läuten hin (das allerdings der Zugehfrau galt) betritt einer von ihnen das Zimmer. Schon vorher fühlt sich K. von der alten Frau aus dem Fenster gegenüber «mit einer an ihr ganz ungewöhnlichen Neugierde» beobachtet − eine Feststellung, die doch kaum frei von Interpretation ist. Unaufgefordert sucht er seine «Legitimationspapiere», ohne rechten Anlaß bringt er das Wort «Hauptverhandlung» ins Spiel, und als er für kurze Zeit im Zimmer allein gelassen wird, wundert ihn das «wenigstens aus dem Gedankengang der Wächter» wegen der dadurch gebotenen Selbstmordmöglichkeit − als hätte er Anlaß zu einem solchen Ausweg. Unverkennbar ist es, und nicht nur in diesen Beispielen aus dem Eingangskapitel, primär K.s vorauseilende Imagination, die das Phantom Gericht hervor- und seinen Prozeß vorantreibt.

Wir müssen uns der Sicht − freilich nicht den Wertungen − des Helden anschließen, da uns die personale Erzähltechnik des Romans, von wenigen Ausnahmen abgesehen, auf seinen Blickwinkel festlegt. K.s Wahrnehmung teilend, dringen wir in die fremde Welt des Gerichts ein − mit einer ähnlichen Spannung und konstruktiven Energie wie der, mit der ein Leser von Kriminalromanen den fortschreitenden Erkenntnissen des Detektivs über die Hintergründe eines Verbrechens folgt. Ein

typischer Effekt dieser Art ist beispielsweise der Moment, als Titorelli
die zweite Tür seines Ateliers öffnet und sich herausstellt, daß sich auch
hinter ihr Gerichtskanzleien verbergen, obwohl das Haus des Malers
doch in einer ganz anderen Vorstadt gelegen ist als derjenigen, in der K.
seine ersten Begegnungen mit dem Gericht hatte – «Es gehört ja alles
zum Gericht», sagt der Maler halb im Scherz. Wie ein Detektiv Spuren
zu lesen und zu deuten versucht, so macht sich K. sein Bild vom Gericht
aufgrund verschiedener Zeichen, die er interpretiert. *Der Proceß* ist insofern auch ein semiotischer oder hermeneutischer Erkenntnis-Prozeß,
und die auffällige Rolle, die Kleider oder äußere Abzeichen spielen,
erklärt sich aus diesem Zusammenhang. Schon auf der ersten Roman-
seite wird das «anliegende schwarze Kleid» des Wächters Franz erörtert,
eine Kreuzung von Reiseanzug und Uniform, die besonders praktisch
erscheint, «ohne daß man sich darüber klar wurde, wozu es dienen
sollte». Deutlicheren Charakter haben die «scheinbar unverrückbaren
Cylinderhüte» der Henker im letzten Kapitel, die von K. ein Jahr später
(am Vorabend seines einunddreißigsten Geburtstags) in schwarzer Kleidung und mit Handschuhen erwartet werden.

Interpretationskunst im engeren Sinne ist gefordert, wenn sich K.
mit künstlerischen oder gelehrt-literarischen Darstellungen des
Gerichtswesens auseinandersetzt. Das Porträt des Richters auf Titorellis
Staffelei zeigt eine allegorische Figur, die zwischen Justitia, Sieges- und
Jagdgöttin schwankt – für K. sicher eine ungünstige Prognose, wenn
man den späteren Aphorismus Kafkas bedenkt: «Noch spielen die Jagd-
hunde im Hof, aber das Wild entgeht ihnen nicht, so sehr es jetzt schon
durch die Wälder jagt.» «Sie hetzen dich», wird denn auch Lenis Warnung lauten – unmittelbar vor K.s Dom-Besuch, der ihn mit der Türhüterlegende konfrontiert und damit vor die komplexeste Deutungsaufgabe
stellt. Auch die talmudische Exegetik des Gefängnisgeistlichen vermag
K. offenbar nicht aus der Täuschung über das Gericht und sein Verhältnis zu ihm zu befreien. Bevor es zu einer gründlicheren Aufklärung
kommt, verabschiedet sich K. mit einer ihn selbst überraschenden und
eigentlich nicht gerechtfertigten Eile. Darin wiederholt sich eine Grund-
situation des Romans; in ironischer Anspielung auf die Gralssage könnte
man sie als die Figur der versäumten Frage bezeichnen. Von den Legenden, die Titorelli über die seltene Variante der wirklichen Freisprechung
weiß, wollte K., obwohl er sich doch für vollkommen unschuldig hält,
nichts wissen. Und schon bei seinem zweiten Besuch im Gerichtsge-
bäude stieß er durch Zufall auf den sogenannten Auskunftgeber, der
übrigens auch durch seine elegante Kleidung aus dem sonstigen Personal
hervorsticht. Die einzige Frage jedoch, die K. ihm stellte, war die nach
dem Ausgang, zu dem er sich auch vom Auskunftgeber schleppen ließ,
obwohl dieser ihn durch inhaltliche Auskünfte wohl in einem viel

umfassenderen Sinne aus dem Labyrinth des Gerichtswesens hätte herausführen können.

«Er war wie seekrank», heißt es über das Unwohlsein, das K. in der verbrauchten Luft der Gerichtskanzleien erfaßt. Bereits im *Gespräch mit dem Beter* hat Kafka die Formel der «Seekrankheit auf festem Lande» geprägt, und zwar zur Beschreibung einer fundamentalen Sprachkrise: «Deren Wesen ist so, daß Ihr den wahrhaftigen Namen der Dinge vergessen habt und über sie jetzt in einer Eile zufällige Namen schüttet.» Das dort anschließend gebrachte Beispiel könnte in den Zuständigkeitsbereich von Freuds Schrift *Zur Psychopathologie des Alltagslebens* (1901) fallen, ebenso legt auch die extreme Reaktion K.s auf die schlechte Luft des Dachbodens den Verdacht nahe, daß hier ein Verdrängungsmechanismus berührt wird. Liegt dem Gefühl der Seekrankheit die Angst vor der Erkenntnis einer Schuld und der dann unumgänglichen Auseinandersetzung mit ihr zugrunde? Statt Zeit und Kraft auf die Deutung von Uniformknöpfen an Gerichtsdiener-Anzügen zu verschwenden, hätte der Angeklagte wohl eine umfassende Rechenschaft über die eigene Persönlichkeit ablegen sollen. Eine späte – gleichfalls versäumte – Gelegenheit dazu bietet jene Verteidigungsschrift, von der zu Beginn des Kapitels «Advokat. Fabrikant. Maler» die Rede ist: «Er wollte darin eine kurze Lebensbeschreibung vorlegen und bei jedem irgendwie wichtigeren Ereignis erklären, aus welchen Gründen er so gehandelt hatte, ob diese Handlungsweise nach seinem gegenwärtigen Urteil zu verwerfen oder zu billigen war und welche Gründe er für dieses oder jenes anführen konnte.» Indirekt werden hier von Kafka auch literaturgeschichtliche Modelle zitiert: die autobiographische Konfession nach dem Vorbild Augustins oder Rousseaus einerseits, Ibsens Begriff des Dichtens als «Gerichtstag halten / über das eigene Ich» andererseits.

Vom Verständnis der Schuld K.s als Mangel an Selbsterkenntnis ist es nicht weit zu religiösen Deutungen des Romans, die der Instanz des Gerichts metaphysische Würde verleihen. Besonders einflußreich war Max Brods Deutung als Verbildlichung des göttlichen Gerichts im Unterschied zum Schloß im gleichnamigen Romanfragment aus dem Jahr 1922 als Ort göttlicher Gnade. Richtig ist, daß beide Romane Kafkas wesentliche strukturelle Gemeinsamkeiten aufweisen: Hier wie dort sucht ein selbstbewußter Einzelgänger namens K. (der Vorname Josef entfällt im *Schloß*) Zugang zu einer allgemein gefürchteten Institution von bürokratischem und streng hierarchischem Charakter, hier wie dort geht er sexuelle Beziehungen zu Frauen ein, die in näherer Verbindung zu dieser Institution stehen, versucht er, diese Beziehungen für seine Zwecke zu funktionalisieren etc. Die evidenten Analogien erklären sich aber kaum daraus, daß Kafka mit beiden Romanen so etwas wie ein Diptychon hätte schaffen wollen, nach komplementären Gesichtspunkten wie Gericht und Gnade. Eher darf man wohl davon ausgehen, daß Kafka den (Anfang 1915 beendeten) Anlauf zum *Proceß*-Roman 1922 für definitiv gescheitert ansah und mit dem *Schloß* einen Neuansatz auf verändertem Niveau erprobte, der selbstverständlich seiner künstlerischen und geistigen Weiterentwicklung seit 1914 Rechnung tragen sollte. Es geht also nicht an, aus bestimmten mythischen oder metaphysischen Qualitäten des *Schloß*-Romans rückzuschließen auf eine entsprechende Ausrichtung von *Der Proceß*.

Auf der anderen Seite ist nicht zu übersehen, daß der *Proceß*-Roman selbst schon, vor allem mit dem zuletzt entstandenen und besonders intensiv durchgearbeiteten Kapitel «Im Dom», deutliche religiöse Akzente setzt. Dabei vermengt Kafka offenbar bewußt christliche Symbole, die durch die Kirchenarchitektur und -ausstattung sowie die Rolle des Geistlichen vorgegeben sind, mit jüdischen Überlieferungen. Letztere liegen der Diskussion der Türhüterlegende – einem ironischen Spiegel talmudischer Auslegungspraxis –, aber auch der Parabel selbst zugrunde. Der «Mann vom Lande» (hebr. Am-ha'aretz) ist ein Zitat aus dem Alten Testament (2. Könige 21, 23 f.); die Vorstellungen eines individuellen Zugangs zum «Gesetz» (Tora) und des Aufstiegs der Seele durch mehrere himmlische Hallen entsprechen alter jüdischer Glaubenstradition. Darüber hinaus finden sich in kabbalistischen Texten auch Schilderungen hierarchisch gestaffelter himmlischer Gerichtshöfe, die ständig tagen, den Gläubigen unvermittelt anklagen und mit dem Tod durch das Schwert bedrohen. Selbst der Gedanke, daß die untersten dieser Gerichtshöfe recht irdisch ausfallen können, ist dem kabbalistischen Erzählgut nicht fremd.

Über der Feststellung derartiger Parallelen dürfen die literarische Funktionalisierung und epische Integration des jeweiligen Motivs nicht aus dem Blick geraten. Eindrucksvollstes Beispiel solcher gerade im Dom-Kapitel geleisteten Integration ist die Lichtsymbolik. Sie verknüpft den Glanz, den der sterbende «Mann vom Lande» vom Gesetz ausgehen sieht, mit dem Kerzenlicht vor einzelnen Altären des insgesamt sehr dunklen (und durch die Betonung der Dunkelheit in die Nähe der Gerichtsräumlichkeiten gerückten) Doms. Diesen Formen einer sakralen ‹Erleuchtung› steht das grünliche Licht der Taschenlampe gegenüber, mit der K. – in der Absicht, sich für eine kunsthistorische Führung zu präparieren – ein Altarbild anstrahlt; es fällt auf einen «großen gepanzerten Ritter», der sich auf ein Schwert stützt: «Vielleicht war er dazu bestimmt, Wache zu stehn.» Ein Pendant zum Türhüter!

Das Bildfeld des Gerichts ist für den Autor des *Proceß*-Romans überdies in besonderer Weise mit persönlichem Erleben verbunden. Über die Aussprache, die zum Bruch seiner Verlobung führte, heißt es in Kafkas Tagebuch vom 12. Juli 1914 nur: «Der Gerichtshof im Hotel.» Kurz nach seinem einunddreißigsten Geburtstag (3. Juli 1914) wurde offenbar das abschließende und für Kafka katastrophale Urteil in einem Prozeß gesprochen, der also fast gleichzeitig endete, aber nahezu doppelt so lang dauerte wie derjenige K.s (nämlich seit der ersten Begegnung mit Felice Bauer im August 1912 knapp zwei Jahre). Man braucht kaum noch den Umstand hinzuzunehmen, daß Fräulein Bürstner – die Zimmernachbarin K.s, die er einmal zu später Stunde wie ein durstiges Tier oder ein Vampir anfällt – im Manuskript regelmäßig mit «F. B.» abgekürzt wird und somit unter denselben Initialen erscheint wie Kafkas frühere Ver-

lobte (oder Frieda Brandenburg im ihr gewidmeten *Urteil*), um die autobiographische Fundierung des Romans zu erkennen. Sie verdeutlicht
sich noch in dem heute als Fragment eingestuften Kapitel «B.'s Freundin», das dem vierten Kapitel in Brods Edition entspricht; die Figur
Fräulein Montags als linkischer Vermittlerin in K.'s Konflikt mit Fräulein Bürstner erinnert an die unglückliche Rolle, die Grete Bloch bei der
Auflösung der Verlobung spielte.

Auch andere Besonderheiten der Romankonzeption lassen sich aus
der Manuskriptlage erklären. So entspricht die philologische Feststellung, daß Kafka das erste und das letzte Kapitel zuerst geschrieben und
danach an mehreren Kapiteln gleichzeitig gearbeitet hat, dem interpreta-
torischen Befund, daß die in einzelnen Konvoluten überlieferten Kapitel
in keiner zwingenden pragmatischen oder psychologischen Entwick-
lungslinie stehen. Kafka hatte offenbar Schwierigkeiten, den Weg von der
feststehenden Ausgangs- zur feststehenden Endposition ausreichend zu
motivieren; immer noch trennt eine große Kluft K.'s Haltung in dem als
letztes entstandenen Dom-Kapitel von der Todesbereitschaft des Schlusses. Dem Fehlen einer unverkennbaren Progression entspricht das statische Zeitgefühl, das sich dem Leser des Romans mitteilt und das in einzelnen Kapiteln durch kühne Dehnungen ins Surreale gesteigert wird:
so im Motiv des lebenslangen Wartens in der Türhüterlegende oder in
der scheinbar ewigen Wiederkehr der Prügelstrafe in dem (in seiner
genauen Einordnung umstrittenen) Prügler-Kapitel. Als K. am nächsten
Abend die Tür zu jener Rumpelkammer in der Bank öffnet, in der er tags
zuvor die beginnende Auspeitschung der Wächter erlebt hat, findet er
alles unverändert: die Wächter im Begriff, sich auszukleiden, den Prügler
im Begriff, mit der Rute zuzuschlagen. Man hat den Eindruck, daß es
nur des Eintritts K.'s bedürfte, um das Uhrwerk des Strafvollzugs in
Gang zu setzen.

Wird K. somit tendenziell zum Mitautor des Romans, zum Autor seines eigenen Prozesses? Einzelne Stellen im Manuskript weisen auf eine
strukturelle Gleichsetzung des Protagonisten mit dem Autor-Ich hin;
dessen Besorgnisse über die sich immer schwieriger gestaltende Fortführung von *Der Proceß* scheinen sich in K.'s Gedanken über den Ausgang
seines Prozesses zu spiegeln. Zu Ende geführt wird diese Entwicklung
in einem Nebenprodukt des Romans: dem kurzen Prosastück *Ein
Traum*. Hier sinkt Josef K. bereitwillig ins Grab, um dem Maler die
Beschriftung seines Grabsteins zu ermöglichen – eine Hinrichtungs-
und Nachruhmphantasie in einem. Die darin angedeutete Gleichsetzung
von Schreibakt und Hinrichtung bildet das eigentliche Thema der Erzählung *In der Strafkolonie*. Denn die komplizierte Hinrichtungsmaschine,
deren letzten Einsatz und ihre Selbstzerstörung der Besucher der Strafkolonie erlebt, dient eigentlich dazu, dem Delinquenten seinen indivi-

duellen Urteilsspruch (zum Beispiel «Sei gerecht») mit tiefstechenden
Nadeln in den Leib zu schreiben; für das Opfer fallen somit Lektüre
und Sterben in eins.

Die Beschreibung des «eigentümlichen Apparats» nimmt den größten
Teil der Erzählung ein, die wesentliche Anregungen durch Octave Mir-
beaus sadistischen Roman *Le jardin des supplices* (1899) erhalten hat.
Wenn Hans Beilhack in seiner Besprechung einer öffentlichen Lesung
der *Strafkolonie* (im Münchner Kunstsalon Hans Goltz im November
1916) den vorlesenden Autor einen «Lüstling des Entsetzens» nennt,
zielt er eben auf diese Gemeinsamkeiten mit Mirbeau. Ebenso wie die
Zuhörer, die während dieser einzigen Lesung Kafkas außerhalb Prags
den Saal verließen (oder, nach den Erinnerungen Max Pulvers, reihenweise ohnmächtig wurden), verkennt eine solche Formulierung jedoch
die artistische Konsequenz, mit der Kafkas Text dem dekadenten Voyeu-
rismus seiner Vorlage entgegenwirkt. Es wird keine Folterung jener Art
direkt beschrieben, für die die Hinrichtungsmaschine eigentlich gebaut
ist; nur anhand der Vorbereitungen für eine Exekution und der Erläute-
rungen des für diese Technik begeisterten Offiziers können wir uns den
mörderischen Ablauf des Strafrituals vorstellen, das in der Zeit des früheren Kommandanten anscheinend mehrfach vor großem Publikum
durchgeführt wurde. Dieses durchaus imaginäre Szenario ist durch den
Filter der Distanz gebrochen, aus der der Forschungsreisende, dessen
Perspektive hier ganz überwiegend beibehalten wird, die Einrichtung
wahrnimmt; die Haltung des Reisenden wechselt dabei von offen zur
Schau getragenem Desinteresse zu engagierter Ablehnung.

Gerade diese Ablehnung bewegt den Offizier, der die definitive
Abschaffung der Prozedur voraussieht, zu einer verzweifelten Handlung.
Indem er sich selbst unter die sogenannte Egge legt, will er seinem
Leben einen letzten tödlichen Sinn geben, vielleicht auch den Reisenden
durch solch äußerstes Opfer zu einer Revision seiner «europäischen
Anschauungen» veranlassen. Aufgrund eines Versagens der Maschinerie
wird er jedoch in kürzester Zeit verstümmelt, ohne jene Einsicht zu
erlangen, die seiner eigenen Darstellung zufolge nach mehrstündiger
Folter den Höhepunkt des Verfahrens bildet:

> «Wie still wird dann aber der Mann um die sechste Stunde! Ver-
> stand geht dem Blödesten auf. Um die Augen beginnt es. Von hier
> aus verbreitet es sich. Ein Anblick, der einen verführen könnte,
> sich mit unter die Egge zu legen. Es geschieht ja nichts weiter, der
> Mann fängt bloß an, die Schrift zu entziffern, er spitzt den Mund,
> als horche er. Sie haben gesehen, es ist nicht leicht, die Schrift mit
> den Augen zu entziffern; unser Mann entziffert sie aber mit seinen
> Wunden.»

Selbstverständlich sind die Ideale des Offiziers in höchstem Maße inhuman. Auch liegt es nahe, zwischen seiner Rede vom «Apparat» und den von Kafka sonst mit erzählerischem Scharfsinn analysierten gesellschaftlichen Machtapparaten eine Verbindung herzustellen, ebenso wie zwischen der Konstruktion dieser Tötungsmaschine und dem technisierten Massenmord, der sich gleichzeitig mit der Niederschrift des Textes an den Weltkriegsfronten abspielte. Die Kritik an der Deportationspraxis verschiedener europäischer Staaten und ähnlichen Tendenzen auch in der deutschen Rechtstheorie gehört ebenso zum offenkundigen Bedeutungspotential des Textes wie die Ablehnung von Folter und Todesstrafe. Sie liegt der Haltung des Forschungsreisenden zugrunde, der sich allerdings mit seiner fluchtartigen Abreise (nach dem Tod des Offiziers und dem Besuch der Grabstätte des alten Kommandanten) als potentielle Identifikationsfigur demontiert. Gegenüber der provozierenden Gleichung von Kunst und Folter oder Mord, die sich hinter der Idee jener sadistischen Schreibmaschine im Großformat verbirgt, haftet jedoch all diesen politisch-geschichtlichen Deutungsbezügen eine gewisse Vordergründigkeit an.

Der dritte große Produktionsschub Kafkas umfaßt den Winter 1916/ 17 und das anschließende Frühjahr. Kafka arbeitete während der Wintermonate im Häuschen seiner Schwester Ottla in der Alchimistengasse unmittelbar neben der Prager Burg auf dem Hradschin und mietete im März eine kleine Wohnung im Palais Schönborn, deren Hauptmangel (die fehlende Küche) sich in der bald darauf entstandenen Erzählung *Der Nachbar* ebenso deutlich wiederfindet wie die Unbilden des harten Winters – mit kriegsbedingter Kohlenknappheit – im *Kübelreiter*. Im Unterschied zu früheren Arbeitsphasen gibt es jetzt kein Romanprojekt, das die Kräfte des Autors bindet und bündelt. In den nunmehr von Kafka vorzugsweise benutzten Schul-Oktavheften häuft sich eine Fülle von Entwürfen zu den unterschiedlichsten Erzählungen, die nur zum Teil ausgeführt und wiederum nur zum Teil veröffentlicht werden. Sichtbarster Ertrag dieser Zeit, der allerdings aufgrund von Verzögerungen in der Drucklegung erst mit beträchtlicher Verspätung erscheint, ist der dem Vater – als versöhnender Ausgleich für den nie abgesandten *Brief an den Vater* – gewidmete Band *Ein Landarzt. Kleine Erzählungen* (1920, mit eingedruckter Jahreszahl 1919). Das Druckmanuskript befand sich schon im Juli 1917 beim Verlag.

«Ich selbst finde diese kurzen Prosastücke ganz außerordentlich schön und reif», hatte Kurt Wolff dem selbstkritischen Autor beim Empfang geschrieben. Wer nach formalen oder thematischen Akzenten sucht, durch die sich diese reife Kurzprosa Kafkas von früheren Arbeiten unterscheidet, der wird auf eine größere Vielfalt der Erzählsituationen und auf eine neue Selbständigkeit der Bildlichkeit stoßen, die aus einer

Vertauschung von bildlicher und ‹eigentlicher› Ebene resultiert. In dem zur *Landarzt*-Sammlung gehörigen Prosastück *Auf der Galerie* ist en passant von Beifall klatschenden Händen die Rede, «die eigentlich Dampfhämmer sind». Die Metapher schlägt in fiktive Realität um! In dieser Weise erzeugt der Bewohner der Alchimistengasse die verdichtete Bildwelt seiner Erzählungen, deren eigentümliche Erfindungen oft jeder Realitätserfahrung spotten und bei den Interpreten heftige Diskussionen über Parabolik, Symbolik und Allegorie ausgelöst haben. Der zuvor dominierende Komplex von Verurteilung und Strafe begegnet noch, in phantastisch verkürzter Perspektive, in dem (von Brod so betitelten) nachgelassenen Prosastück *Der Schlag ans Hoftor*. Im übrigen aber treten neue bildliche und inhaltliche Aspekte unterschiedlichster Art auf, hinter denen sich erst bei näherer Betrachtung zwei thematische Fluchtpunkte ausmachen lassen: die Kunst- und Künstlerproblematik einerseits, der Gedanke einer neuen Gemeinschaft andererseits.

Das utopische Ideal einer unmittelbar erlebten sozialen Gemeinschaft findet seinen deutlichsten Ausdruck – zugleich mit der Reflexion über die ultimative Unmöglichkeit einer Realisierung – in der nachgelassenen Erzählung *Beim Bau der Chinesischen Mauer*. Wie die im Manuskript vorausgehende Absage an den Vertreter einer nationalistischen Initiative deutlich macht, wurde sie von Kafkas Bekenntnis seiner Unfähigkeit ausgelöst, «mir ein im Geiste irgendwie einheitliches Groß-Österreich klarzumachen und [...] mich diesem Geistigen eingefügt zu denken». Die übersteigernde Darstellung eines Riesenreichs mit zerbröckelnder innerer Kommunikation (in den Provinzen kennt man nicht den Namen des regierenden Kaisers und kaum den der gegenwärtigen Dynastie) ist jedoch mehr und anderes als eine Satire auf die Schwäche der Zentralgewalt in der ihrem Ende entgegengehenden Doppelmonarchie Österreich-Ungarn. Die Endlosigkeit der Zeiträume, die der bald ermüdende Bote in der eingelegten Parabel *Eine kaiserliche Botschaft* schon zur Überwindung der Distanzen in Palast und Residenz (geschweige denn zum einsamen Untertan in den entfernteren Regionen des Reichs) benötigt, signalisiert den Verlust einer verbindlichen «Botschaft», wie er nach Nietzsches Diagnose vom Tod Gottes den modernen Menschen schlechthin trifft. Von solch transzendentaler Obdachlosigkeit war nach Auffassung der Kulturzionisten, die sich in Prag vor allem um Max Brod und die *Selbstwehr* scharten (in der 1919 der Erstdruck der Parabel erfolgte), insbesondere das assimilierte jüdische Bürgertum betroffen. Insofern könnte Kafkas Erzählung auch die Situation des Judentums beschreiben und die Desorganisation des chinesischen Reichs, wie sie der zweite Teil schildert, auf die jüdische Diaspora in aller Welt zielen. In der Konsequenz einer solchen Lektüre wären die im ersten Teil geschilderten Anstrengungen zur künstlichen Herstellung eines Gemeinschaftsgefühls wohl als Hinweis auf Aktivitäten und Ziele des Kulturzionismus aufzufassen – ein sehr skeptischer Hinweis allerdings, wie schon das titelgebende Symbol deutlich macht: die Chinesische Mauer, die – nach den Prämissen dieser Erzählung – in isolierten Teilstücken errichtet, nie vollendet wurde und (ebenso wie die Prager Hungermauer, die Kafka zu diesem Einfall inspiriert haben dürfte) weniger einem äußeren Zweck als der Beschäftigung bzw. emotionalen Konditionierung ihrer Erbauer diente. Denn nur in der Herstellung einzelner überschaubarer Mauer-Teilstücke kann Gemeinschaft erfahren werden:

> «jeder Landsmann war ein Bruder, für den man eine Schutzmauer baute und der mit allem was er hatte und war sein Leben lang dafür dankte, Einheit! Einheit! Brust an Brust, ein Reigen des Volkes, Blut, nicht mehr eingesperrt im kärglichen Kreislauf des Körpers, sondern süß rollend und doch wiederkehrend durch das unendliche China.»

So skeptisch sich Kafka auch zu den positiven Zielvorstellungen des Zionismus verhielt und so zwiespältig sein Judentum bis zuletzt blieb – gegenüber Milena Jesenská etwa sollte er sich als den «westjüdischesten» Westjuden bezeichnen (Brief vom November 1920) –, so unzweifelhaft ist doch seine zunehmende, nicht zuletzt durch den Freund Georg Langer vermittelte Beschäftigung mit der Tradition des Chassidismus und Fragen der jüdischen Identität im Laufe der Kriegsjahre. Als sich die Gelegenheit einer Publikation in Martin Bubers Zeitschrift *Der Jude* abzeichnet, sendet Kafka eine Auswahl von acht Erzählungen unter dem als Bekenntnis zu einer jüdischen Solidarität verstehbaren Titel *Verantwortung* ein. Buber wählt daraus zwei «Tiergeschichten», die 1917 unter diesem gemeinsamen Titel in seiner Zeitschrift erscheinen: *Schakale und Araber* und *Ein Bericht für eine Akademie*.

Mit ihrer Messiashoffnung und ihrem Reinheitsideal bilden die nächtlich um den Reisenden zusammengedrängten Schakale der erstgenannten Erzählung ein eigenwilliges Zerrbild der jüdischen Gemeinschaft; die Gier, mit der sie sich auf den Kamelkadaver stürzen, und die Ohnmacht, mit der sie die Peitsche des Arabers ertragen, sind demnach als kritische Hinweise auf Verhaltensstereotype im Umfeld der Assimilation zu lesen. Um Assimilation schlechthin geht es im *Bericht* des Affen Rotpeter über seine «vorwärts gepeitschte» Entwicklung vom Tier zum Menschen-Imitator auf Varieté-Bühnen. Mit der scheinbaren Menschwerdung des Affen greift Kafka ein traditionelles Thema der Satire (nicht zuletzt der antijüdischen und Gelehrtensatire) auf, das im Zeitalter des Darwinismus neue Aktualität erhalten hat. Indem er den Affen selbst und nur den Affen zu Wort kommen läßt, hängt unsere Entscheidung über das Ergebnis seiner individuellen ‹Evolution› wesentlich von der – mit sichtbarer Ironie gestalteten – Form seines Sprechens ab. Sind bestimmte Aggressivitäten oder Eitelkeiten als typisch menschlich oder als äffisch aufzufassen? Die bemerkenswerte Karriere dieses Kafka-Textes als Rezitationsnummer (u. a. im Programm des Rezitators Ludwig Hardt) und als Vorlage für szenische Darbietungen ist wohl nicht zuletzt in dem Deutungsspielraum begründet, der hier dem Interpreten – schon im Nachvollzug des Sprechaktes – überantwortet wird.

Insofern der *Bericht für eine Akademie* das Phänomen der Nachahmung ins Zentrum rückt, ist er auch ein Beitrag zur Mimesisdebatte: zur Diskussion um die Kunst als Nachahmung oder Widerspiegelung der Wirklichkeit und um den Künstler als Schauspieler im Sinne von Nietzsches *Zur Genealogie der Moral*. Gerade im Vergleich zum vielfältigen Echo, das Nietzsches Thesen bei Heinrich und Thomas Mann gefunden haben, zeigt sich die Radikalität von Kafkas Ansatz: Es gibt hier keine substantielle Alternative im ‹Menschlichen›, da dieses durch seine Verwechselbarkeit mit dem Äffischen als Rollenexistenz entwertet wird. Allenfalls in der fernen Tierexistenz läßt sich noch wahre «Freiheit» verorten – im Unterschied zum bloßen «Ausweg», den die menschliche Gesellschaft bietet.

Als Anregung zu Rotpeters Monolog hat offenbar ein Artikel über den Affen «Consul» gedient, der am 1. April 1917 in der Jugendbeilage des *Prager Tagblatts* erschien. Das auffällige – übrigens durchaus epochentypische – Interesse, das Kafka seit seinen Besuchen im Prager Café Savoy 1912 für die künstlerische ‹Unterwelt› von Zirkus und Varieté an den Tag legt und das in seiner Vorliebe für das Kino eine folgerichtige Ergänzung findet, ist ein weiteres Beispiel für die Radikalisierung, der die Auseinandersetzung mit dem Phänomen Kunst/Künstler seit dem Frühwerk der Brüder Mann unterliegt. Wenn Kafka über Zirkus und Varieté schreibt – wie zum Beispiel in der brillanten Stilübung *Auf der Galerie* (s. o. S. 217) –, ist immer Kunst schlechthin, das heißt auch (seine) Dichtung gemeint.

Ein Bericht für eine Akademie kann somit ebenso als «genialste Satire auf die [sc. jüdische] Assimilation» (Max Brod) gedeutet werden wie als bildliche Verschlüsselung der Aporien eines auf Mimesis gegründeten Künstlertums. Eine ähnliche Ambivalenz kennzeichnet auch das im gleichen Oktavheft notierte, wenige Wochen vorher entstandene kurze Prosastück *Eine Kreuzung*, das 1931 aus dem Nachlaß veröffentlicht wurde. Es beginnt mit den Worten: «Ich habe ein eigentümliches Tier, halb Kätzchen, halb Lamm. Es ist ein Erbstück aus meines Vaters Besitz [...].» Die Stichworte Artenmischung und Erbstück (Erbe/Erbgut) stellen Verbindungen zum zeitgenössischen Rassendiskurs, aber auch zur Diskussion um die jüdische Assimilation her. Andererseits erinnert der paradox-utopische Charakter dieses Zwitterwesens an die Phantasieschöpfung Odradek, die Kafka in der kurzen Erzählung *Die Sorge des Hausvaters* (1919) beschreibt – einer Zwirnspule ähnelnd, die mit Hilfe eines Querstäbchens stehen, ja sogar laufen und übrigens auch sprechen kann: «das Ganze erscheint zwar sinnlos, aber in seiner Art abgeschlossen». Die organische Ganzheit oder Totalität war ein Lieblingsgedanke der klassischen Ästhetik; man hat daher in der skurrilen Erfindung eine Anspielung auf die Kunst oder auf Kafkas eigene Dichtung gesehen. Aufgrund verschiedener Anklänge ist es wohl möglich, den Kreis noch enger zu ziehen und die Fragment gebliebene Erzählung *Der Jäger Gracchus*, um die Kafka im März/April 1917 in mehreren Anläufen vergeblich gerungen hat, als eigentlichen Gegenstand der väterlichen Sorge auszumachen. Freilich mußte dem Autor bewußt sein, daß der Bezug auf eine von ihm selbst nicht beendete Erzählung von keinem Leser realisiert werden konnte. *Die Sorge des Hausvaters* wäre demnach als eine literarische Mystifikation aufzufassen, die keinen Anspruch auf Auflösung erhebt.

Darin schließt sie sich nahtlos zwei weiteren Texten des *Landarzt*-Bandes an, die offenbar gleichfalls als literarische Mystifikation angelegt und als beschreibender Katalog ausgeführt sind: *Elf Söhne* und *Ein Besuch im Bergwerk*. Bei den elf Söhnen handelt es sich wahrscheinlich um die elf Erzählungen, aus denen der Sammelband zunächst bestehen sollte, beschrieben aus der Perspektive des Autor-Vaters. Die zehn «obersten Ingenieure», deren vornehmer Auftritt aus der Sicht eines einfachen Bergmanns geschildert wird, könnten die Autoren (oder Texte) in Kurt Wolffs Almanach *Der neue Roman* darstellen, den Kafka im Frühjahr 1917 erhalten und offenbar mit einigem Respekt – der in der Erzählung schon ins Ironische umschlägt – betrachtet hat. Die romantische Vorstellung vom Dichter als Bergmann ist vor allem aus Novalis' Roman *Heinrich von Ofterdingen* und E. T. A. Hoffmanns Erzählung *Die Bergwerke zu Falun* bekannt; die Metapher des Bergwerks begegnet uns in der Titelerzählung des *Landarzt*-Bandes wieder, denn die «rosa» Wunde des jungen Patienten ist «offen wie ein Bergwerk obertags».

Odradeks Lachen klingt «wie das Rascheln in gefallenen Blättern». Derartige Anspielungen auf den materiellen Schriftträger oder auf die weiße Fläche des Papiers wiederholen sich in denjenigen Beiträgen zu *Ein Landarzt*, die sich offen oder verschlüsselt der Kunst- und Künstlerthematik zuwenden. Einer von ihnen heißt schlechtweg *Ein altes Blatt* und im Manuskript zunächst noch ausführlicher *Ein altes Blatt aus China* – als hätten die Chinesen auf Blätter und nicht auf Rollen geschrieben. Im Manuskript des *Kübelreiters*, der erst während der Umbruchkorrektur aus dem *Landarzt*-Band herausgenommen wurde, folgt eine Nachbemerkung, die die Einsamkeit der Eisgebirge, in die der Protagonist zurückgeworfen wird, noch deutlicher als Schriftlandschaft interpretiert. Darin ist von einer «weissgefrornen Eisfläche» die Rede, «strichweise durchschnitten von den Bahnen verschwundener Schlittschuhläufer». Der Landarzt der Titelerzählung dagegen verliert sich am Ende in der Weite einer «Schneewüste», die sich einer erfolgreichen Beschriftung mit Spuren verweigert: «Nackt, dem Froste dieses unglück-

seligsten Zeitalters ausgesetzt, mit irdischem Wagen, unirdischen Pferden, treibe ich mich alter Mann umher.»

Unirdisch sind seine Pferde schon deshalb, weil sie Nachkommen
des mythischen Pegasus sind. Die schon in einigen Texten der *Betrachtung* anklingende (s. o. S. 296), im *Pferde von Elberfeld*-Fragment 1914/15
erneuerte Gleichung von Pferd und Dichtung, Reiten und Schreiben verbindet die zuletzt genannten Erzählungen aus dem Umkreis des *Landarzt*-Bandes als grundlegende Voraussetzung der erzählerischen Fiktion.
Um mit dem *Alten Blatt* und dem *Kübelreiter* zu beginnen, so sind die
berittenen Nomaden, die sich untereinander «ähnlich wie Dohlen»
(tschech. kavka) verständigen, ebenso unzweifelhaft als Erscheinungsform des Dichterischen aufzufassen wie der unbemittelte Frierende, der
auf seinem leeren Kübel zum Kohlenhändler reitet oder fast schon fliegt.
Beide Texte stellen die Repräsentanten des Dichters in eine klare Opposition zum Bürgertum: zum philiströsen Schreiber hier, der sich Sorgen
um die Aufrechterhaltung der öffentlichen Ordnung macht, zum Kohlenhändler und vor allem seiner geizigen Frau dort.

Auch *Ein Landarzt* (1918) setzt das berittene bzw. von Pferden gezo-
gene Subjekt in Gegensatz zur Gesellschaft: der Familie des Patienten,
die den Arzt mit ganz bestimmten Erwartungen empfängt und schließlich entkleidet und einsperrt. Doch ist ein Verständnis der Personenkon-
stellation in dieser hochkomplexen Erzählung dadurch erschwert, daß
man von mindestens zwei Spaltungen der Subjekt-Position ausgehen
muß. So ist der Pferdeknecht, der unvermutet im Schweinestall des
Landarztes auftaucht und aus ihm die beiden prächtigen Pferde herausführt – Nachkommen der Rappen aus Kleists Novelle *Michael Kohlhaas*,
die Kafka sehr geschätzt hat –, offenkundig als eine Abspaltung der Persönlichkeit des Protagonisten zu verstehen: eine Projektion seines auf
das Dienstmädchen Rosa gerichteten (bis dahin verdrängten) sexuellen
Begehrens. Schon über den Namen des Mädchens besteht eine enge Entsprechung zu der androgynen Erscheinung des Jungen, dessen «rosa»
Wunde der Arzt auf Nachfrage der Familie diagnostiziert. Der todes-
süchtige Knabe, mit dem der Landarzt in einer eigenartigen Zeremonie
zwangsverheiratet wird, steht offenbar in einer vergleichbaren Affinität
zum «Bergwerk» der Poesie wie die beiden Zauberpferde, die den Kran-
kenbesuch durch die von außen aufgestoßenen Fenster überwachen. Die
alptraumhafte Mechanik, Vieldeutigkeit und Absurdität, mit der sich das
Geschehen im *Landarzt* entwickelt, rückt die Erzählung in die Nähe
surrealistischer Gestaltungen; wir dürfen in ihr den avantgardistischsten
Text dieser Größenordnung sehen, der Kafka gelungen ist.

«Einmal dem Fehlläuten der Nachtglocke gefolgt – es ist niemals gut-
zumachen.» So endet *Ein Landarzt*. Worin liegt das Fehlverhalten des
Arztes, gibt es auch hier eine Schuld? Hinweise darauf geben seine

Bereitschaft zur Opferung Rosas und seine Hemmung, die Wunde des Jungen zu erkennen, den er bei seiner ersten Untersuchung vielmehr für gesund erklärt. Ähnlich wie bei Josef K. zeichnet sich also eine verdrängte aggressive Sexualität in Verbindung mit mangelnder Bereitschaft zur Erkenntnis der Wahrheit ab. Im Unterschied zum *Proceß* besteht die Strafe jetzt nicht in einer Hinrichtung, sondern in einer unendlich prolongierten Entfernung vom Leben (die endlose Irrfahrt in der Schneewüste), die das zugrundeliegende innere Defizit gewissermaßen ins Bildliche übersetzt. Damit nimmt die um die Jahreswende 1916/17 entstandene Erzählung bereits weitgehend die symbolische Grundidee eines Fragments vorweg, das Kafka im März/April 1917 intensiv beschäftigt hat. Der von Brod unter dem Titel *Der Jäger Gracchus* bekannt gemachte Komplex stellt das narrative Pendant zu Kafkas einzigem dramatischen Versuch dar (*Der Gruftwächter*, 1916/17). Hier wie dort geht es um die Präsenz von Toten, die die Lebenden bedrängen. Dabei ist der vor vielen Jahrhunderten im Schwarzwald tödlich verunglückte Jäger eigentlich ein Untoter; durch «eine falsche Drehung des Steuers, einen Augenblick der Unaufmerksamkeit des Führers» hat sein «Todeskahn» den Kurs zur Abgeschiedenheit des Todes verfehlt. In der Fiktion der aus unterschiedlicher Perspektive erzählten Fragmente wird Gracchus tatsächlich als Barken-Fahrer geschildert. Unter Hinzuziehung eines weiteren Bildfelds erklärt der Jäger:

> «Ich bin [...] immer auf der großen Treppe die hinaufführt. Auf dieser unendlich weiten Freitreppe treibe ich mich herum, bald oben bald unten, bald rechts bald links, immer in Bewegung. Nehme ich aber den größten Aufschwung und leuchtet mir schon oben das Tor, erwache ich auf meinem alten in irgendeinem irdischen Gewässer öde steckenden Kahn.»

Gracchus ist der Name eines bekannten römischen Geschlechts; lateinisch «graculus» (ital. gracchio) heißt «Dohle». Wiederum hat sich Kafka auf dem Umweg über die tschechische Bedeutung seines Namens mit dem Schicksal einer fiktiven Figur verknüpft. Die Reminiszenz an die Antike ist also sekundär, aber kaum unbeabsichtigt; Bezugnahmen auf antike Geschichte und Mythologie mehren sich in Kafkas Prosa in den folgenden Jahren. Am Anfang steht die kühne Idee, mit der die kurze Erzählung *Der neue Advokat* (1917) das alte Schlachtroß Alexanders des Großen aufleben läßt. Seine Versenkung in die Gesetzbücher (metaphorisch für: die Literatur) erscheint als logische Fortsetzung jener Suche nach den Toren Indiens (das heißt der Utopie), die im Altertum noch auf der Ebene des realen Lebens bzw. der Politik möglich gewesen sein mochte. Es ist die Freitreppe des alten Trocadéro in Paris, auf der der ursprüngliche Entwurf die Pegasus-Qualität des «Dr. Bucephalos» zum

Vorschein kommen läßt: «hoch die Schenkel hebend mit auf dem Marmor aufklingendem Schritt». Dem neuen Advokaten im Eröffnungstext der *Landarzt*-Sammlung gelingt, was dem Arzt der nachfolgenden Erzählung ebenso wie dem Jäger Gracchus mißrät: die Verbindung von Dichtung und Leben und die Überwindung der Zeit.

Mit dem offenen Ausbruch der Lungentuberkulose im August 1917 gewann die Kategorie der Zeit für Kafka, der übrigens seine Erkrankung schon in der rosa Wunde des Landarzt-Patienten prognostiziert sah (an Max Brod, 5. September 1917), besondere prekäre Bedeutung. Um so gezielter betrieb er die erzählerische Überwindung finaler Strukturen und die Infragestellung einer objektiven Wahrheit in zwei Mythenumschriften, die er im Oktober 1917 und Januar 1918 in dasselbe Oktavheft eintrug. Kafkas Umdichtung der Prometheus-Sage thematisiert weniger den Inhalt des Mythos als sein Vergessen, die Rückkehr der altertümlichen Rede ins definitive Schweigen. Wie in der *Kaiserlichen Botschaft* ergibt sich das Verstummen der Überlieferung aus einem Prozeß der Ermüdung infolge Überdehnung der Zeit. Die *Prometheus*-Aufzeichnung unterscheidet vier Versionen des Mythos; schon in der zweiten und dritten entschwindet der Heros der Wahrnehmung bzw. dem Gedächtnis. Abschließend heißt es:

> «Nach der vierten [sc. Sage] wurde man des grundlos Gewordenen müde. Die Götter wurden müde, die Adler wurden müde, die Wunde schloß sich müde.
> Blieb das unerklärliche Felsgebirge.»

Mit der Prometheus-Figur destruiert Kafkas Arbeit am Mythos eine der populärsten Ikonen des Fortschrittsgedankens. Ein ähnliches Schicksal erleidet die verwandte Figur des listenreichen Odysseus in der Aufzeichnung, der Max Brod den Titel *Das Schweigen der Sirenen* gegeben hat. Der homerische Held, so die (im Schlußabsatz wiederum in Frage gestellte) Kernthese, verdankt seinen Triumph einer doppelten Selbsttäuschung: dem sachlich unhaltbaren Glauben an die Schutzfunktion des Wachses in seinen Ohren und der ebenso unzutreffenden Meinung, die Sirenen hätten gesungen, als er vorbeifuhr. Indem er die Lautlosigkeit, die auf seine Ohren trifft, für eine von ihm selbst bewerkstelligte Wahrnehmungsblockade hält, bleibt ihm der Schrecken nicht nur des akustischen Nichts, sondern auch des transzendentalen Nihilismus erspart. Von der Erkenntnis der Wahrheit ist der doppelt Getäuschte freilich ebenso weit entfernt wie der «Mann vom Lande» der Türhüterlegende von dem Eingang zum Gesetz.

7. Ernst Weiß, Paul Adler und
das Problem des Prager Expressionismus

Gab es einen Prager Expressionismus in Prag? Die scheinbar tautologi-
sche Frage lenkt die Aufmerksamkeit auf ein bemerkenswertes Phänomen. Die deutschsprachige Minderheit in Prag (mit ihrem hohen Anteil
jüdischer Bürger) hat der Literatur der Moderne, von Rilke angefangen,
eine beträchtliche – gemessen an der objektiven Größe der Population
exorbitante – Zahl von Talenten geschenkt. Kaum einer dieser Schriftsteller verweilte jedoch über den Zeitpunkt seiner ersten Erfolge hinaus
in der böhmischen Hauptstadt; viele entwickelten ihr charakteristisches
Profil erst nach Lehrjahren in der Fremde – oft mit Wien als erster
Anlaufstation – und kehrten, wenn überhaupt, nur aufgrund äußerer
Zwänge nach 1933 in die alte Heimat zurück. Otto Zoff und die beiden
Klassenkameraden Leo Perutz und Richard A. Bermann (der spätere
Feuilletonist Arnold Höllriegel) vertauschten schon als Schüler Prag mit
Wien; zwei von den dreien wird man in den zwanziger Jahren in Berlin
wiederfinden. Paul Adler geht 1901 nach dem Studium nach Wien; über
Viktor Hadwigers Wechsel nach Berlin (1903) wurde schon berichtet.
Die Lyriker Werfel und Franz Janowitz brechen ein knappes Jahrzehnt
später nach Leipzig auf; Janowitz setzt das Studium bald darauf in Wien
fort. Als vorerst letzter verläßt der angehende Dramatiker Paul Kornfeld
im Spätsommer 1914 die Stadt an der Moldau in Richtung Frankfurt.
Der einzige Prager Expressionist, der Ortstreue beweist – außer Kafka
und Brod, die man nur bedingt zur expressionistischen Bewegung rechnen kann –, ist der schwer lungenkranke und in dürftigen Umständen
lebende Prager Lyriker und Erzähler Karl Brand, dessen schmales Werk
erst posthum gesammelt wurde (*Das Vermächtnis eines Jünglings*, 1921).
Besondere Beachtung verdient darin die halbautobiographische Erzählung *Der Elende* (1916), das Sterbeprotokoll eines Hungernden.

Von einem Prager Beitrag zur Erzählprosa des Expressionismus – jenseits der verwandten Ansätze bei Kafka und Brod – läßt sich sinnvoll
also nur auf der Grundlage eines erweiterten Begriffs der Prag-Zugehö-
rigkeit sprechen. Dieser Begriff müßte längere Abwesenheit und Wanderjahre einschließen (wie bei Paul Adler), alternativ aber auch Zwischen-
aufenthalte in Prag zum Kriterium nehmen, sofern sich aus ihnen wichtige Beziehungen und literarische Reflexe ergeben. Nur in diesem letzten
Sinn ist die Zugehörigkeit von Ernst Weiß zu begründen, der im mährischen Brünn aufwächst und in Wien und Prag Medizin studiert, nach
der Wiener Promotion in Bern, Berlin und Wien sowie auf einem Schiff
des Österreichischen Lloyd als Arzt arbeitet, bevor er sich – nach einer
Begegnung mit Kafka in Prag – in Berlin niederläßt, wo er 1914 Augen-

zeuge der ersten Entlobung Kafkas wird. Auf einen gemeinsamen Ostseeurlaub mit Kafka folgen mehrere Jahre als Militärarzt im österreichischen Heer und ein zweijähriges Prag-Intermezzo (1919–1921), an das
sich ein erneuter Wechsel nach Berlin (bis 1933) anschließt. Für die
zunehmende Durchlässigkeit der Sphären (auch im Verhältnis Literatur
versus Naturwissenschaft/Medizin) und die wachsende Mobilität der
Intelligenz selbst über Ländergrenzen hinweg ein geradezu paradigmatischer Lebenslauf!

Weiß' erster Roman *Die Galeere* (1913) zeigt deutlich die Spuren seines
Wien-Aufenthalts. In seiner engen Anlehnung an Modelle Schnitzlerschen Erzählens wird er wahrscheinlich nur noch durch Franz Janowitz'
Monologerzählung *Der Virtuose* (entst. 1910) übertroffen, ein offensicht-
liches Gegenstück zum *Leutnant Gustl*. An Schnitzler gemahnt schon
die symbolisierende Einsetzung des Schauplatzes Wien in *Die Galeere*:
von den Tanzgärten im Prater, in denen Erik Gyldendal fasziniert das
pulsierende Leben betrachtet, bis zur vornehmen Villa in Döbling, dem
Ort seiner einsamen Röntgenexperimente. Auch die erzählerische Verarbeitung der Reise der Verliebten nach Bad Hieflau mit den bewußt
gesetzten Märchenakzenten, die beim aufmerksamen Leser sogleich
Zweifel an der Realitätstauglichkeit dieser Beziehung erwecken, entspricht bester Schnitzler-Tradition. Gleiches gilt für das soziale Milieu
und die Dominanz erotischer Konflikte, auch für die psychologischen
Interpretationen, die durch Figurenkommentare (ein Freund Gylden-
dals spricht von dessen «kompensierter Neurasthenie») und die Konstruktion der Handlung nahegelegt werden. Offenbar sollen wir den
exzessiven wissenschaftlichen Ehrgeiz des Protagonisten als Kompensation für seine sexuellen Frustrationen verstehen, diese wiederum dürften
in seiner ödipalen Fixierung begründet sein etc.

Weiß geht jedoch über Schnitzler hinaus, wenn er den Gedanken des
Experiments, auf den der ältere Arzt-Dichter seine Poetik gründet, vergegenständlicht und zu einem zentralen Handlungsmotiv erhebt. Der
Röntgenforscher Erik Gyldendal ist ein doppeltes Opfer seiner Strahlen-
experimente: Die dadurch bedingte Unfruchtbarkeit führt zur Abwendung seiner Geliebten Helene; ein Hautkrebs gleicher Provenienz führt
seinen frühen Tod herbei, der durch eine Überdosis Morphium nur
beschleunigt wird. Gyldendal gewinnt somit die Züge einer Faust-Figur
in der spezifischen Brechung des Fin-de-siècle-Ästhetizismus: Das große
‹Werk› fordert den Verzicht auf das Leben, biologisch im Sinne der Unfähigkeit zur Fortpflanzung, psychologisch im Sinne der Unfähigkeit zur
Liebe. Die Russin Lina zieht gleich bei der ersten Begegnung einen
signifikanten Vergleich zwischen dem Forscher und seinen Geräten, den
luftleeren Röntgenröhren:

«Wenn zum Beispiel irgend jemand einsam ist, ganz ohne Beziehungen, ohne irgendeine Interessengemeinschaft mit den andern –
ein luftleerer Raum mit einem Mantel von Glas darüber, müßte
nicht auch solch ein völlig einsamer Mensch, einer ohne Güte und
ohne Haß – einen starken Einfluß auf andere Menschen haben, so
daß sein Blick durch sie hindurchgeht?»

Die Idee des herrischen Einsamen, auch und gerade des Arztes als
Machthaber über Tod und Leben, zieht sich von hier aus durch das
Lebenswerk von Ernst Weiß. Gyldendal freilich bekommt eher die Kehrseite dieser Sonderstellung zu spüren. Indem er die ‹Indifferenz› (Brod)
und Zweckrationalität des Forschers auf das Leben zu übertragen versucht, scheitert er in allen relevanten emotionalen Beziehungen. Hier
wird ein zweites Bildfeld wichtig, das dieses Erstlingswerk nicht ohne
einen Hang zur Überdeutlichkeit entfaltet: die Titelmetapher der Galeere
nämlich als Sinnbild für die Fesselung des Wissenschaftlers an seine
Arbeit, aber auch der wechselseitigen Abhängigkeit der Personen voneinander. Einem Brief an Martin Buber vom Juli 1912 zufolge hat Ernst
Weiß auch hierbei ein naturwissenschaftliches Modell im Sinn gehabt:
«Die Grundidee war eine Art in sich geschlossenen Kreises, ein Ring,
wie die Chemiker den Benzolring sich vorstellen. Es sind Menschen
aneinander gebunden, Mutter und Vater, Mutter und Sohn. Der Sohn an
die Geliebte, die Geliebte an ihre Schwester.» Es ist die Fülle eben dieser
«Konstruktionen in Weiß' Roman», die Kafkas Tagebuch kritisiert.

Das Konzept einer unentrinnbaren Bindung bzw. Gebundenheit liegt
auch dem zweiten Roman dieses Autors zugrunde: *Der Kampf* (1916).
Im Juli 1914 hat Kafka noch an der Fahnenkorrektur mitgewirkt. Als
das Buch dann mitten im Krieg erschien, war der Titel schon mißver-
ständlich geworden; seit der zweiten Auflage (1919) erscheint der
Roman unter dem Namen der weiblichen Hauptfigur (*Franziska*). Am
Ringen der hochbegabten, in ihrer Kindheit jedoch unzureichend geförderten Pianistin Franziska um die Musik und ihre eigene Karriere verdeutlicht Ernst Weiß erneut den Konflikt zwischen geistig-künstlerischer
Konzentration und emotionaler Zuwendung. «Nun verlor sie sich an
eine Hoffnung, sie, die Männliche, gab sich einem Gefühl hin», heißt es
bei der entscheidenden Begegnung zwischen Franziska und Erwin. Dieser erweist sich als «schwacher, leerer Mensch», unfähig zu einer klaren
Entscheidung zwischen der dominanten Künstlerin Franziska und einer
selbstmordgefährdeten Geliebten in Berlin. Dem melodramatischen Auf
und Ab der Beziehung Franziska-Erwin entspricht der mehrfache Wechsel zwischen den Schauplätzen Prag und Berlin. Die altertümliche
Mozartstadt dient als Kontrast zum modernen Großstadt-Moloch, dem
Hedy als Prostituierte zum Opfer fällt.

Die Prostitution ist ein Leitthema des Romanciers Weiß. Darin spiegelt sich nicht nur die dekadente, vom Expressionismus erneuerte ‹Dirnenromantik›. Wichtiger sind die Auffassung von der determinierenden Funktion der Sexualität und die Rolle des Geldes als bestimmender Faktor menschlicher Beziehungen und gegenseitiger Abhängigkeiten, wie sie schon in der *Galeere* betont wird. Beide Aspekte erfahren ihre stärkste Zuspitzung im 1914/15 entstandenen Roman *Tiere in Ketten* (1918), der Geschichte der Prostituierten Olga, die von ihrem Zuhälter verstoßen wird und mit ihren Ersparnissen in die Heimat zurückgeht. Trotz bester Aussichten auf eine Integration in die bürgerliche Gesellschaft kehrt sie, von einem übermächtigen Trieb (genannt «das Empörende») geleitet, wieder in das Bordell zurück. Als sie von ihrer Nachfolgerin bestohlen wird, tötet sie diese und den Zuhälter in einem wahren Gewalt-Exzeß – als «gesättigtes Tier» mit «endlos zusammengepreßter Wollust». Nur die erste Fassung führt die Handlung fort zur Inhaftierung im Provinzgefängnis, wo der Arzt tierische Körpermerkmale feststellt (schlitzartige Katzenaugen, Krallen). Auf die Mißhandlung durch Mithäftlinge reagiert Olga mit einem neuerlichen Blutbad: «Gefangen in der Raserei der Stunde, Gott entglitten, endete Olga als Tier.»

Die zweite Fassung von *Tiere in Ketten* (1922) steigert die expressionistischen Stilmittel, die sexuellen Konnotationen («endlich saß da etwas zwischen ihren Schenkeln festgeklemmt: eiserner Revolver, geladen») und die Hinweise auf Olgas Metamorphose ins Animalische. In einer dritten Fassung (1929) wird ein Großteil dieser Zutaten wieder zurückgenommen. Daß Weiß 1922 auf den Gefängnis-Schluß verzichtet, ist einerseits in der veränderten Sicht auf die Tier-Werdung begründet, die nunmehr als Erlösung und Utopie erscheint – im Gegensatz zu der von Zola beeinflußten Bestialisierungs-These der ersten Fassung. Andererseits besteht ein Zusammenhang mit der gleichzeitig erschienenen Fortsetzung *Nahar*, die nunmehr mit der Tier-Metapher definitiv Ernst macht. In diesem «Roman einer Tigerin» ist die wiedergeborene Olga eine Raubkatze im Dschungel, die mit ihrem Vater in inzestuöser Gemeinschaft lebt und nur durch das Schreckgespenst des «weißen Fürsts» an ihre frühere Existenz erinnert wird. Es kehrt wieder in jenem Schaukampf, in dem die mittlerweile von Menschen gefangene und an einen Zirkus verkaufte Tigerin einem Büffel unterliegt. Ihr gewaltsamer Tod wird versöhnlich als «neue Gestaltung» bewertet.

Der einzige Roman seines Frühwerks, den Ernst Weiß keiner Bearbeitung unterzogen hat, ist der dreiteilige – überwiegend schon 1915/16 entstandene – Roman *Mensch gegen Mensch*, übrigens auch das einzige Erzählwerk dieses jüdischen Autors mit einem jüdischen Protagonisten. Alfred Dawidowitsch, im ersten Satz als Abiturient des Jahrgangs 1910 vorgestellt, erscheint zunächst als Neuauflage der handlungsschwachen Männer-Charaktere aus *Die Galeere* und *Der Kampf (Franziska)*. Indem er tatenlos dem Selbstmord seiner untreuen Freundin Poldi zusieht, lädt er schwere Schuld auf sich. Ansätze zu einer positiven Entwicklung des Helden zeigt der zweite und umfangreichste Teil des Romans, der Alfreds Medizinstudium und die Begegnungen des jungen Arztes mit der morphiumsüchtigen Schauspielerin Milada sowie dem unheilbar krebskranken Sänger Ludwig Lessing (eine Reminiszenz an Josef Kainz?) zum Thema hat. Die Sterbehilfe, die Alfred dem ahnungslosen Patienten gewährt, ist der erste konkrete Schritt auf dem Weg zu jener neuen Humanität, die er als Militärarzt an der russischen Front im dritten Teil des Buchs praktiziert oder zu praktizieren versucht. Widersprüche und Aporien bleiben ihm dabei nicht erspart. In der «Erschütterung» seiner Menschlichkeit meldet sich der Mediziner schließlich zum direkten Kampfeinsatz und stürzt sich in den Kugelhagel des eigenen Maschinengewehrs: «Die letzte Gemeinsamkeit zwischen Menschen war töten jetzt und getötet werden.» Alfred bleibt am Leben und wird von den gegnerischen Truppen gefangengenommen; die eigene Heeresleitung zeichnet den vermeintlich Gefallenen mit der großen Tapferkeitsmedaille aus. Ernst Weiß selbst erhielt für sein «aufopferungsvolles Verhalten vor dem Feind» im Januar 1918 das «Goldene Verdienstkreuz mit der Krone am Bande».

Paul Adler dagegen verweigerte zu Beginn des Weltkriegs aus pazifistischer Gesinnung die Steuern und mußte gewaltsam zur Einberufung herangezogen werden. Sein schmales erzählerisches Werk steht in denkbar größtem Gegensatz zu den handlungsprallen Romanen von Weiß. Wenn man von einigen konventionellen Gedichten absieht, die er 1901/02 zu den Zeitschriften *Deutsche Arbeit* (Prag) und *Deutsche Dichtung* (Berlin) beigesteuert hat, beschränkt sich Adlers literarisches Schaffen auf den kurzen Zeitraum 1914–1916, in dem im Verlag seines Freundes Jakob Hegner in der Gartenstadt Hellerau bei Dresden die einzigen Buchpublikationen seiner poetischen Arbeiten erfolgen: *Elohim, Nämlich* und *Die Zauberflöte*. Der utopische Standpunkt, der hinter diesen höchst eigentümlichen Prosawerken steht, läßt sich Adlers Broschüre *Vom Geist der Volkswirtschaft* (1917) entnehmen, einer radikalen Abrechnung mit der Logik des Kapitalismus und seinen Umweltschäden. Schon ein Blick auf Adlers Lebenslauf verdeutlicht den Abstand dieses Bohemiens zur gesellschaftlichen Ordnung. Nach dem Ausscheiden aus dem österreichischen Justizdienst (der Rechtspraktikant sah sich nicht in der Lage, die Interessen der Firma Singer gegen eine Näherin zu vertreten) bereiste Adler zusammen mit Hegner mehrere Jahre Italien, bevor sich beide in Hellerau niederließen. «Ein freier Mensch und Dichter», soll Kafka den verstummten Kollegen im Gespräch mit Gustav Janouch charakterisiert haben: «Er hat keinen Beruf, sondern nur seine Berufung. Mit seiner Frau und den Kindern fährt er von einem Freund zum andern.»

Eine ähnliche Unabhängigkeit liegt auch der Bauform von Adlers Erzählwerken zugrunde. Den leichtesten Zugang bietet wohl *Nämlich*

(1915), eine Zusammenstellung kürzerer Aufzeichnungen, die sich als monologisches Protokoll einer seelischen Erkrankung lesen lassen. Der Weg in den Wahnsinn ist ja ein beliebtes Muster expressionistischer Prosa; wieweit dabei immer ein genuin psychologisches Interesse am Werk ist, mag dahingestellt bleiben. Gerade Adlers *Nämlich* ist ein Beispiel dafür, daß die Fiktion eines psychopathologischen Prozesses vielleicht nur als vordergründige Legitimation für die Erprobung einer Schreibweise dient, die sich vom Zwang einer logischen Gedankenkette, ja der Mitteilung eines nachvollziehbaren Sinnes überhaupt entfernt.

Statt dessen wird das Sprachmaterial selbst aktiv; von Ahorn, dem Namen der untreuen Frau des Ich-Erzählers, über Ahorn als Name des Baums, an dem er sich aufhängen will, knüpft sich die Sprachkette bis zum mysteriösen «Ahorun» im Wald (später auch «Herr Ahorun») und «Avalun», einer Braut oder Herbstzeitlosen. Man kennt den Namen «Avalun» aus der Artussage; eine Prager Avantgarde-Zeitschrift des Jahres 1921 gab sich diesen Titel, zweifellos eine Hommage an Paul Adler.

Ähnlich kreativ vollzieht sich der Umgang mit dem Wörtchen «nämlich», das den ungewöhnlichen Titel des Buches bildet. Es kehrt im zweiten Motto wieder, einem ungenauen Hölderlin-Zitat, und entfaltet seine erste größere Präsenz in einer gedichtartigen Einlage mit der Überschrift «Kehr wieder». Der doppeldeutige Titel bezieht sich auf den inhaltlichen Anlaß (die Rückkehr vom Selbstmord-Weg) ebenso wie auf die refrainartige Wiederholung von «Nämlich», das hier fast in den Rang eines Namens einrückt: «Da kam ein guter Mensch. Nämlich / Im Walde erhub er seinen Finger. Nämlich / [...].» Offenbar erhält der Ich-Erzähler wenig später Besuch von einem «Herrn Nämlich», der identisch mit «Herr Christus» ist. Da wundert man sich kaum noch, wenn eine der letzten Aufzeichnungen als Dialog zwischen Sokrates und Nämlich angelegt ist. Nach einem reproduzierbaren Sinn darf nicht gefragt werden.

Anspielungen auf das christliche Evangelium bilden den inneren Fluchtpunkt von *Nämlich*. Die Austreibung des Teufels aus einem Besessenen, gleich zu Anfang als Gemäldesujet erwähnt, dient als Metapher des Wahnsinns. Der Name des Ich-Erzählers Paolo Sauler verweist auf die Doppelidentität von Saulus/Paulus. Ein Zettel mit der «eigenhändigen» Unterschrift «INRI» bestellt ihn schließlich ins Irrenhaus. Daß Paul Adlers religiöses Interesse jedoch nicht auf den christlichen Horizont beschränkt blieb, zeigen die Mythendichtungen des vorausgehenden Bandes *Elohim* (1914). In der Titelerzählung, die die hebräische Gottesbezeichnung zitiert, wird der Gärtner Israel in einen jenseitigen Ort versetzt und mit verschiedenen Verkörperungen des Göttlichen konfrontiert. Dabei lehnt sich Adler, der selbst von jüdischer Herkunft war, eng an Traditionen der jüdischen Mystik an, wie sie auch für Kafkas Türhüterlegende bestimmend sind: «Und der jüdische Mann sah einen unermeßlichen Glanz vor sich, er zögerte lange, erst nach Jahrhunderten wagte er aufzusehn. Da erkannte er alle die erlauchten Elohim, die hier im Glanze standen mit den zahllosen Heerscharen [...].»

Ein Höchstmaß an Komplexität, aber auch an bewußt provozierter Irritation – mit grotesken und parodistischen Effekten – erreicht Adlers mythologisches Erzählen im sogenannten Roman *Die Zauberflöte* (1916). Mit Mozarts Oper bzw. Schikaneders Libretto hat das mit zahlreichen lyrischen Einlagen (fiktiven Arien) durchsetzte Prosawerk neben verschiedenen Motiven vor allem die männlichen Hauptfiguren gemein: Tamino und Papageno befinden sich auf der Suche nach dem Heil. Freilich sind weder der edle Held noch sein komischer Diener als konsistente Personen angelegt; sie wechseln die Identität, bisweilen auch die Namensform mit den Kulturkreisen, die hier synkretistisch vermischt werden. Nur als Schwerpunkte sind dabei die orientalische Welt des alten Ägypten, die griechische Mythologie sowie die Verhältnisse im modernen Berlin und in der von amerikanischen Touristen besuchten «Lagunenstadt» erkennbar. Der Bezug auf Mozarts Oper verstärkt sich bei der Beschreibung einer Opernaufführung, die in einem vernichtenden Theaterbrand endet. Dabei wird der Held von einem Berliner Elektrotechniker gespielt, der sich zuvor gerade aus Liebeskummer erschossen hat.

Die vorhergehende Darstellung der Liebesgeschichte zwischen dem jungen Karl Tamin und der Kontoristin Eve – unter Verwendung zahlreicher pseudohomerischer schmückender Beiwörter («zollernäugige Spree», «kategorische Kantstraße») – gehört zu den parodistischen Höhepunkten des Buchs. In welchem Grade auch in dieser Dichtung Adlers die Sprache selbst produktiv wird, zeigt sich in den alphabetisch generierten Stabreim-Katalogen. Ein Monolog Papagenos beginnt ohne Scheu vor Kalauern:

«Die Absicht, o Kläglicher, fürchtet der Anbeter so gut wie das Aussprechen zum Anfang. Unter den Bewegungen bangt meinem Brahminen vor allen beugenden und bindenden, unter den Cirkeln vor der Chimäre des C. In der Dürre unterdrückt er wegen eines dorrenden Dingsda den Durst.»

IV. DEUTSCHLAND

1. Heinrich Mann

Als im November 1918 die deutsche Erstausgabe des *Untertan* − in einer singulären Auflagenhöhe von 100 000 Exemplaren − im Kurt Wolff Verlag herauskam, erschien Heinrich Mann einem großen Teil der Öffentlichkeit im Rückblick als *der* repräsentative Romancier und epische Analytiker des Kaiserreichs − eben jener Gesellschaftsordnung, deren Zusammenbruch man gerade erlebte und deren Untergang im Krieg die äußere Voraussetzung für die Publikation dieses ketzerischen Romans darstellte. Denn mit Rücksicht auf den Krieg war die Veröffentlichung des *Untertan* um mehr als vier Jahre verzögert worden. Der Roman lag seit Juli 1914 im Manuskript vor und ist in wesentlichen Zügen schon 1906 konzipiert worden − zu einer Zeit, da Heinrich Mann kaum mehr als eine Außenseiterrolle im literarischen Leben spielte und von den wenigen Kritikern, die seine in kleinen Auflagen vertriebenen Bücher beachteten, regelmäßig als Vertreter eines literarischen Virtuosentums gebrandmarkt wurde.

Erinnert man sich zudem noch an das unstete bohemehafte Reiseleben Heinrich Manns (mit den Schwerpunkten Gardasee, Riviera, Florenz), dem erst der Ausbruch des Weltkriegs ein Ende bereitete, so wird hinreichend deutlich, daß die gewichtigste narrative Kritik an der kaiserzeitlichen Gesellschaft von einer Position aus geübt wurde − und wohl auch nur von dort so geübt werden konnte −, die weit außerhalb ihrer Mitte lag. Das ist nicht unbedingt im Sinne des politischen Parteienspektrums zu verstehen, wenngleich es auch darauf zutrifft; Heinrich Mann, der sich in den neunziger Jahren in der rechtskonservativ-reaktionären Zeitschrift *Das Zwanzigste Jahrhundert* engagiert hatte, kritisierte alsbald von links die reformistischen Tendenzen der deutschen Arbeiterbewegung. Das Extremistische, das beiden Haltungen gemeinsam ist, und die Radikalität, zu der sich Heinrich Mann seinerzeit bewußt bekannte, lassen sich politisch-gesellschaftlich als Distanzierung vom Bürgertum fassen, dem schon der große satirische Roman *Im Schlaraffenland* (1900) die Maske abgezogen hatte. «Von der Bürgerwelt kann man sich nur in der Literatur erholen, im kritischen Überheben oder in der Darstellung des Ideals, dessen praktische Irrealität man kennt» − so äußert sich Heinrich Mann im Dezember 1900 in einem Brief an seinen damaligen Verleger Albert Langen, zugleich den Wechsel vom Berliner Milieu des

letzten zur utopischen Qualität seines nächsten Projekts andeutend:
«Vorerst habe ich, wie Sie verstehen werden, die landläufigen Bürger satt,
und begebe mich nach Dalmatien.»

Eben dort liegt der Schauplatz der ersten Kapitel des dreibändigen
Romans *Die Göttinnen oder Die drei Romane der Herzogin von Assy*
(1902). Er gilt als Hauptwerk der ästhetizistischen Phase Heinrich
Manns und ist zweifellos das eindrucksvollste Dokument dafür, wie weit
sich dieser Autor um die Jahrhundertwende auch ästhetisch von Mehr-
heitspositionen der deutschen Literaturlandschaft entfernte. Es ist eine
Art innerer Auswanderung, die Heinrich Mann hier vollzieht, indem er
sich zunehmend in der französischen Literatur einbürgert und deren
charakteristische Errungenschaften – vom sozialkritischen Roman bis
zur Formkunst des l'art pour l'art – zu seinen ästhetischen Leitbildern
erhebt. Er übersetzt Alfred Capus (*Wer zuletzt lacht ...*, 1901), Anatole
France (*Komödiantengeschichte*, 1904) und Choderlos de Laclos
(*Schlimme Liebschaften* bzw. *Gefährliche Freundschaften*, 1905). Konkur-
renzloser Lehrmeister ist ihm für lange Jahre Gustave Flaubert, dem er
in einem Essay von 1905 gewissermaßen zum Abschied huldigt (*Flaubert*, später: *Eine Freundschaft. George Sand und Flaubert*); ihm nachempfunden sind nicht zuletzt der skulpturale Stil seiner Erzählungen,
die Geschliffenheit der Formulierung und die Konzentration auf die szenische Darstellung mit sparsamsten Sprecherhinweisen, übrigens auch
die Vorliebe für die Integration genuin szenischer Aktionen (nämlich
Theateraufführungen) in das epische Geschehen, und natürlich der böse
Blick auf die Bourgeoisie ebenso wie die entschlossene ästhetische
Opposition, die sich im Entwurf exotischer Gegenwelten manifestiert.

Das Dalmatien der Herzogin von Assy ist eine solche Gegenwelt – freilich
nur in der Optik dieser großen Einzelnen, die ohne familiale Bindungen auf
einem einsamen Schloß im Meer aufgewachsen ist und durch den romantischen
Revolutionär Pavič den Volksstamm der Morlaken kennenlernt, deren kräftige
Körper und primitive Sitten sie begeistern und zu einem abenteuerlichen
Umsturzversuch inspirieren. Im übrigen ist die gesellschaftliche Realität des von
einem Mitglied der Coburger Adelsdynastie zusammen mit einer alternden
Schauspielerin regierten Königreichs genauso grotesk und hoffnungslos wie alle
anderen gesellschaftlichen Formationen in den drei nach antiken Gottheiten
benannten Teilen der Romantrilogie: die Oberschicht von Rom (im Fortgang
des ersten Teils *Diana*), Venedig (*Minerva*) und Neapel (*Venus*). Dabei tritt allerdings das soziale Leben zunehmend in den Hintergrund, bedingt durch die Verschiebung der thematischen Schwerpunkte und Lebenskonzepte, die die mythologischen Figuren – als programmatische Teilidentitäten der Heldin – bezeichnen: vom politischen Kampf (Diana) über das Aufgehen in der Kunst (Minerva)
bis hin zum Sich-Verströmen in promiskuitiver körperlicher Liebe (Venus).

Der mythologische Apparat erlaubt dem Romancier eine klare Konturierung
der einzelnen Teile, ermöglicht eine Fülle symbolischer Anspielungen insbesondere auf einschlägige Kunstwerke und verleiht dem ganzen Werk eine – für die

Intentionen des Ästhetizismus charakteristische – Distanz von der Realität.
Im übrigen darf er nicht überschätzt werden. In einem umfangreichen Entwurf,
der bereits die wichtigsten Stationen der ganzen Trilogie umfaßt und entscheidende Partien wörtlich ausformuliert, fehlt die mythologische Ebene zunächst
ganz; der Titel lautet damals auch nur: «Die Leidenschaften der Herzogin von
Assy». Diese Leidenschaften sind zu verstehen als unterschiedliche, im Ansatz
aber identische Versuche der Selbstverwirklichung im Zeichen einer ästhetischen
Idee. «Mein Leben war ein Kunstwerk», sagt die Herzogin gegen Ende der Trilogie, und nur als solches ist es gerechtfertigt – einschließlich der Opfer, die ihr
leichtfertiges politisches Engagement bei der Auslösung der dalmatinischen
Mönchsrevolution fordert. «Das Leben von einigen tausend Menschen ohne
Sinn und Schicksal ist uns beiden – seien wir doch ehrlich! – völlig gleichgültig», erklärt die Heldin am Ende des ersten Teils gegenüber einem römischen
Kardinal, und sie hat bis dahin schon eine Reihe von Beispielen für eine derartige Einstellung geliefert.

Auf der anderen Seite ist der rigorose Egotismus solcher Äußerungen nicht
mit prinzipieller Menschenverachtung oder Herzlosigkeit zu verwechseln; Violante von Assy ist kein zweiter Algabal im Sinne Georges. So geht ihr offenbar
das Schicksal zweier Freundinnen nahe, die im ersten und zweiten Teil das
Opfer ihrer Liebe zu unwürdigen Männern werden. Die sexuell hörige Dichterin Blà läßt sich von einem gewissenlosen Spieler zum finanziellen Betrug an
der Herzogin bewegen und schließlich ermorden; die Bildhauerin Properzia
Ponti begeht Selbstmord, nachdem sie der geckenhafte Literat Mortoeil zugunsten einer nymphomanen Engländerin verlassen hat – zwei Frauenschicksale, in
denen ein geistig-künstlerischer Anspruch am Widerstand triebhafter Liebe
zugrunde geht. Violante dagegen hält sich von solchen Abhängigkeiten frei. Die
Vergewaltigung durch Pavič, aus der die sexuell Unschuldige erste Aufklärung
über die Geschlechtsnatur empfängt, verletzt sie so wenig, daß sich daraus nicht
einmal Konsequenzen für ihr Verhältnis zu diesem politischen Schwärmer ergeben. Als sich die Herzogin dagegen am Ende des zweiten Teils im Saal der Venus
vor und unter den «schweren Bildern eines keuchenden Glücks» mit dem Maler
Jakobus Halm vereinigt – «In wenigen Augenblicken vergaß sie die Keuschheit
eines ganzen Lebens» –, ist das ein bewußter Entschluß, der langfristig vorbereitete Eintritt in eine neue, die abschließende Phase ihrer lebenskünstlerischen
Selbstinszenierung. Violante handelt aus der tiefgefühlten Erkenntnis, daß ihrem
apollinisch bestimmten Leben bis dahin die dionysische Ergänzung oder Fundierung gefehlt hat. Dieser Wille zur Lebenstotalität erfährt keine Korrektur,
auch wenn er ihr nicht nur Göttlichkeit einträgt, wie sie ihr der Dichter Guignol
in religiöser Ekstase attestiert – «Er kniete und erhob zu ihr die Hände: sie
war die dem Meere Entstiegene» –, sondern qualvolle Krankheit und Tod.

Trotz der äußeren Anlehnung an das Muster einer Biographie handelt es sich
bei den *Göttinnen* mitnichten um einen Entwicklungsroman. Auch die Anleihen
beim Genre des Gesellschafts- oder Künstlerromans bleiben untergeordnet
gegenüber dem grundlegenden Anspruch einer narrativen Umsetzung von
Nietzsches Kunst-Metaphysik. Die Figuren werden daran bemessen, wie weit sie
sich dem Rauschzustand des Künstlers (nach Nietzsches Beschreibung) anzu-
nähern vermögen. Diese Norm ist nicht an künstlerische Betätigung im engeren
Sinne gebunden; so treten Figuren hervor wie Violantes knabenhafter Geliebter
Nino, eine zwischen Eros und Thanatos oszillierende Gestalt, und San Baccos,

der alte Haudegen und Freiheitsschwärmer auf den Spuren Napoleons und Garibaldis. In seiner unbedingten Hingabe an das Leben ist er der Heldin verwandt, die ja auch nicht selbst künstlerisch produktiv ist, sondern als Mäzenin, Muse und Modell die Kunst befruchtet. Kunstwidriges wird mit dem Stigma der Häßlichkeit belegt und dadurch diskriminiert: so ist der scharfsinnige Analytiker Siebelind ein Krüppel oder der Zeitungsverkäufer, der die Ermordung der Blà ausruft, ein wahres Monstrum an Häßlichkeit. Als Gleichnis eines rausch- und kunstfeindlichen Weltzustands ist auch die winterliche Krähenlandschaft aufzufassen, die Violante auf jener Bahnreise erblickt, die sie auf der Flucht vor dem Tode nach Norden führt. Die Anspielung auf Nietzsches Gedicht *Abschied* («Die Krähen schrei'n») als eindringliche Vergegenwärtigung der transzendenten Vereinsamung des modernen Subjekts ist unüberhörbar.

Violantes Reaktion auf den Anblick der Schneeheide ist die sofortige Umkehr. Das Problem der ästhetischen Existenz in der Moderne liegt offenbar darin, daß der Rausch erzwungen werden muß wider besseres Wissen: gegen die Einsicht in die gesellschaftliche Funktionslosigkeit der Kunst und die dekadente Verfassung des Künstlers. Daher das vielzitierte Wort von der «hysterischen» – das heißt in pathologisch motivierter Imitation nachgemachten, unechten – «Renaissance», im Roman von Jakobus Halm gebraucht, mit selbstkritischem Blick auf seine eigenen künstlerischen Bemühungen in Venedig. Der darin implizierte Gegensatz zur ‹gesunden› Kunst der ‹echten› Renaissance löst sich bei der letzten Begegnung Violantes mit dem Maler gleichsam auf, Halm hat sich inzwischen in die ländliche Idylle des Gardasees zurückgezogen. Er ist nicht nur mit allen Versuchen gescheitert, die Herzogin als Venus zu malen; durch die Wiederauffindung von Botticellis Bild «Pallas und Kentaur» (1895) hält Halm seine eigene abweichende Pallas-Darstellung für nachträglich widerlegt: «Ich habe nie einen der Träume des großen Jahrhunderts zu Ende träumen dürfen.» Auch Violante ist von dieser Dekadenzproblematik betroffen, wiewohl ihr ein höheres Maß an Vollendung beschieden ist. Symptomatisch ist vor allem ihr völliges Scheitern als politischer ‹Tatmensch› im *Diana*-Teil; verräterisch stellt schon der Schlußsatz des ersten Kapitels «die letzte, zerbrechliche Tochter sagenhafter Riesenkönige» neben eine Eidechse als «der urweltlichen Ungeheuer schwache kleine Verwandte».

In unausgeglichener Spannung zur Vergänglichkeitsproblematik, die in solchen Andeutungen über den dekadenten Status der Gegenwart anklingt und natürlich schon durch Violantes kurzen Lebenszyklus nahegelegt wird, steht das Bekenntnis zur Unvergänglichkeit der Kunst in den Anspielungen des zweiten Teils (wie auch schon im oben genannten Entwurf) auf Théophile Gautiers programmatische Verse «Tout passe. – L'art robuste / Seul a l'éternité» (*Emaux et Camées*, 1872) und Platens *Venezianische Sonette*. Dabei wird weniger die Vorstellung des Dem-Tod-Anheimgegeben-Seins aktualisiert, die Thomas Manns gleichzeitig entstandene *Tristan*-Novelle – in unbewußter Opposition zu Heinrichs Roman – aus Platens Sonetten bezieht, als die Absolutheit der künstlerischen Wirkung, bekenntnishaft ausgedrückt im zweiten Quartett des 35. Gedichts, dessen letzte Zeilen dem *Minerva*-Band als Motto vorangestellt sind: «Und wessen Herz Vollendetem geschlagen, / Dem hat der Himmel weiter nichts zu geben!»

Auch der bald danach in kurzer Zeit niedergeschriebene, von Thomas Mann heftig kritisierte Roman *Die Jagd nach Liebe* (1903) stellt eine Figur ins Zentrum, die ihr Leben zum Kunstwerk ausformen, ganz der

Kunst weihen will: die Schauspielerin Ute Ende (ausgestattet mit einzelnen Zügen der Lieblingsschwester des Autors, der Schauspielerin Carla Mann). Mindestens so wichtig für das innere Gleichgewicht des Romans ist aber ihr Jugendfreund und nicht erhörter Liebhaber Claude Marehn. Der dekadente Sproß eines Münchner Bauunternehmers stellt seine ererbten Reichtümer – sofern sie ihm nicht durch betrügerische Machenschaften seiner nächsten Bekannten abgeknüpft werden – vergeblich in den Dienst von Utes künstlerischer Karriere. Ihr bleibt dennoch ein größerer und dauernder künstlerischer Erfolg versagt – nicht nur aufgrund des Mangels an Temperament, der ja auch ihre Gefühlskälte gegenüber dem (fast) selbstlosen Liebhaber bedingt, sondern aufgrund einer problematischen Vermischung der Kunst mit dem Leben, in der Heinrich Mann hier wie auch in mehreren Folgewerken die charakteristische Verfehlung des Möchtegern-Künstlers oder Dilettanten (im Sinne Paul Bourgets) erblickt. So scheint es kein Zufall, daß Ute Ende in zwei Situationen zu höchster schauspielerischer Form aufläuft, in denen sie eigentlich nicht als Darstellerin einer fiktiven Rolle, sondern als realer Mensch gefordert ist: bei der Abwehr einer sexuellen Erpressung durch ihren Schauspiellehrer – eine unzweideutige Karikatur Ernst Possarts – und in der exaltierten Verführungsszene, mit der – zu Thomas Manns gelindem Entsetzen – der umfängliche Roman endet. Ute will sich Marehns Erbe sichern, indem sie sich noch auf seinem Sterbebett dem bis dato Verschmähten und längst Verlassenen hingibt – ihr nacktes, in der Sonne «aufjauchzendes» Fleisch begegnet jedoch nur noch dem Kichern eines Idioten.

Solche outrierten Effekte sind nicht untypisch für das damalige Schaffen Heinrich Manns; als problematisch erweisen sie sich in *Die Jagd nach Liebe* durch die Mischung der Stilebenen. Neben der grotesk-satirischen Schilderung des Münchner Gesellschaftslebens, nicht zuletzt des reichen Lustgreises Panier («immer 's Panier hoch!»), verliert das Pathos der Gefühlstragödie, als die man die Beziehung Claude/Ute zu lesen hat, an künstlerischer Selbstverständlichkeit. Als Ersatz für die fehlende Erfüllung tritt Claudes gefühlsintensive Beziehung zu Gilda Franchini ein, einer Ute an Temperament und erotischer Ausstrahlung weit überlegenen Schauspielerin. Er begegnet ihr bezeichnenderweise in Florenz wieder (dem Ort der großen Renaissance-Leidenschaften und -Schicksale), und zwar während einer Aufführung von Puccinis Oper *Manon Lescaut* (1893, nach dem Roman des Abbé Prévost von 1731), die fortan – wie andeutungsweise schon früher in diesem Roman – zum symbolischen Leitmotiv seiner Liebe wird. Doch das leidenschaftliche Verhältnis, das sich daraufhin zwischen Claude und Gilda entwickelt, steht unter dem doppelten Vorbehalt des Unechten, einer – um den Vorgänger-Roman zu zitieren – «hysterischen Renaissance». Denn sowohl

Gilda als auch Claude lieben eigentlich einen anderen, mißbrauchen sich gegenseitig als Stellvertreter; und noch beim räuberischen Verbrechen, mit dem sich Claude dem Opernhelden des Grieux anzugleichen scheint, der um Manons willen stiehlt und betrügt, bleibt der moderne Dekadent ein Falschspieler (nämlich eigentlich ehrlich), was ihm den Fluch der sterbenden Ersatz-Geliebten einträgt.

Ein novellistisches Pendant bietet die Erzählung *Schauspielerin* (1904/05), die sich noch stärker an Erlebnisse der Schwester Carla Mann anlehnt. Das gilt auch für die Beziehung zu einem jüdischen Verehrer; der aus reicher jüdischer Familie stammende Ästhet Harry Rothaus steht in struktureller Entsprechung zum dekadenten Erben Claude Marehn. Wie eine Umkehrung der Romanhandlung wirkt die Novelle allerdings dadurch, daß es nun gerade der männliche Partner der Schauspielerin ist, der auf sexueller Enthaltsamkeit besteht und dabei eigenartige rassistische Begründungen bemüht: «Ich bringe es nicht fertig, die Töchter und Schwestern der andern zu lieben!» Folgerichtig sieht sich Rothaus als Pharao, der nur die eigene Schwester heiraten darf – für psychologische Interpreten ein Hinweis darauf, daß hinter der Konzeption dieser Erzählung ein heimlicher Inzestwunsch des Autors steht (dieser hat sich laut Selbstaussage allerdings eher mit der Person des Kapellmeisters identifiziert). Leonie leidet bis hin zur Ausbildung körperlicher Symptome (Stimmbanderkrankung) unter der ästhetischen Transformation, der Rothaus' «hysterische Anbetung» die gemeinsame Beziehung und ihre Person unterwirft, wobei wiederum künstlerische Modelle – nämlich eine Marienstatue der Kölner Gereonskirche – relevant werden. Sie wäre ebenso wie ihre Lieblings-Rollenfigur Hero (in Grillparzers Schauspiel *Des Meeres und der Liebe Wellen*) durchaus bereit, aus dem Tempel künstlerischer Enthaltsamkeit auszubrechen. Ironischerweise ist es aber letzten Endes ihr Spieltrieb, also ein Element ihres Künstlertums, der Leonie nach schwerer Lebenskrise die Regeneration ermöglicht: «Ich bin eine Komödiantin.»

Während einer Unterbrechung der Arbeit an *Die Jagd nach Liebe* entstand 1903 in Florenz in kurzer Zeit Heinrich Manns vielleicht gelungenste Novelle: *Pippo Spano* (1905). Nietzsches skeptische Sicht auf den Künstler als Komödianten, als Lebens- und Liebes-Lügner, hat wohl keine konsequentere literarische Gestaltung gefunden als in der Geschichte des modernen (epigonalen? ästhetizistischen?) Literaten Mario Malvolto, der sich nach der Größe und Stärke der Renaissancemenschen sehnt, wie sie ihm ein Bild über seinem Schreibtisch – das Porträt des Türkenbezwingers Pippo Spano durch Andrea del Castagno – täglich vorhält. Es ist vor allem die gewissenlose Naivität, die Malvolto an seinem gemalten Idol bewundert, denn sein eigenes Künstlertum ist zutiefst – mit Shakespeare gesprochen – von des Gedankens Blässe angekränkelt, durch das schärfste Bewußtsein der Distanz zwischen Leben und Kunst, ja vom Krieg zwischen Buch (Literatur) und Frau (Liebe) bestimmt.

Noch als sich ihm die siebzehnjährige Gemma Cantoggi anbietet, zu mitternächtlicher Stunde auf der Schwelle seines Arbeitszimmers

erscheinend und wie ein Jugendstilgewächs weiß im Mondlicht aufleuch-
tend, spürt Malvolto den Kontrast zwischen dem blinden Glauben dieser jungen Verehrerin, die aus der heroischen Todesbereitschaft seiner
literarischen Figuren direkt auf ihn selbst schließt, und seiner reflektierenden, ja berechnenden Natur, der Frauen bisher nur als literarisches
Material und (skrupellos funktionalisierte) Karrieresprossen gedient
haben. Unter dem Eindruck der leidenschaftlichen Sinnlichkeit Gemmas
– eines wilden Naturwesens, wie uns die intensive Bildlichkeit der
Erzählung glauben machen will – und ihres bedingungslosen Vertrauens in seine Liebesfähigkeit keimt im Schriftsteller dennoch die Illusion
einer möglichen Rückkehr zu authentischer Emotionalität jenseits literarischer Verwertungszwänge auf; sie gipfelt im Autodafé seiner Manuskripte. Die nächste Stufe der Gefühlsbeglaubigung, die von Malvolto
erwartet wird, ist der gemeinsame Freitod, aktuell veranlaßt durch die
äußere Bedrohung des Paars infolge kompromittierender Fotos, innerlich jedoch von Gemma als Vollendung der Liebe immer schon ins Auge
gefaßt. Sobald aber der blindlings gestoßene Dolch ihre Brust durchbohrt hat, ist für Malvolto, der seinem Vorbild Pippo Spano nie ferner
war als in diesem Moment gewalttätigen Handelns, die Illusion ihrer
Gemeinsamkeit zerstört. Von den brechenden Augen der Geliebten als
Mörder verurteilt, versagt er ihr die Gefolgschaft – «ein steckengeblie-
bener Komödiant».

Auch *Die Branzilla* (1907) ist eine Künstlernovelle und handelt von
der moralischen Problematik des Versuchs, das Leben ganz in den Dienst
der Kunst zu stellen, ihr aufzuopfern. Der hochartistische Text besteht
fast ausschließlich aus direkter Rede, im sechsten Abschnitt sogar nur
aus den Redeanteilen Branzillas; die Antworten des Gesprächspartners
können um so leichter entfallen, als die Titelfigur – mit Zügen Camilla
Landis, der Belcanto-Lehrerin seiner damaligen Verlobten Inés Schmied
– ohnehin ganz auf sich selbst und ihren künstlerischen Ehrgeiz fixiert
ist. Für diesen geht sie notfalls über Leichen; sie vergiftet eine Konkurrentin und hat den Tod zweier Männer zu verantworten. Einer davon ist
der Tenor Cavazzaro, als Naturtalent ein Gegentyp zu Branzillas Wil-
lens-Künstlertum, in der Hingabe an die Genüsse des Lebens allerdings
auch von schnellerem Verfall bedroht. (Ihm entspricht in der *Schauspiele-*
rin der amerikanische Tenor Whitman, schon durch den Namen –
anspielend auf den vitalistischen Lyriker Walt Whitman – und durch die
Abkunft – als Nachkomme afrikanischer und italienischer Einwanderer
– die Idee einer lebenszugewandten Kunst verkörpernd).

Ihren ersten Förderer, den liberalen Fürsten Dario Rupa, verrät die
Branzilla an die Willkürjustiz der Reaktion. Damit erhält das Charakter-
bild einer lebensfeindlichen Willens-Kunst auch einen politischen
Akzent; er entstammt demselben geschichtlichen Kontext des italieni-

schen Risorgimento wie die Handlung der Novelle *Der Tyrann*, die
1908 mit *Branzilla* zu einem schmalen Band des Titels *Die Bösen* verbunden wurde. Im Begriff der Bosheit sind Kunst und Politik, Schauspielerei
und Tyrannei verschränkt: Der Tyrann erweist sich als Komödiant,
indem er sich durch geheucheltes Verständnis das Vertrauen einer Atten-
täterin erschleicht, die er anschließend dem Henker ausliefert; umgekehrt ist die Herrschsucht der Sängerin gegenüber Mitmenschen, Kollegen und nicht zuletzt dem Publikum, aber auch in der Disziplinierung
der eigenen Natur, evident. Ist Kunst eine Machtfrage?

Mehrere Werke Heinrich Manns vom Anfang des Jahrhunderts handeln von der Kunst des Macht-Habens, -Behaltens oder -Gewinnens und
verknüpfen diese Kunst, die zugleich ein Kampf ist, in auffälliger Weise
mit erotischen Aspekten. Eine witzige Ouvertüre bietet die kurze
Novelle *Liebesspiele*, Anfang 1903 im *Simplicissimus* erschienen. Paul
Nissen, «schon sein Leben lang auf der Jagd nach Liebe», trifft auf einer
Bahnfahrt mit einer – wie man hier wohl wirklich sagen darf – rassigen
Blondine zusammen, in der er mit dem Instinkt des Raubtiers sofort
die gleichwertige Partnerin bzw. Gegnerin erkennt. Es entspannt sich
ein sexualdarwinistisches Machtspiel, in dem sich beide Seiten teils
durch vorgetäuschte Kriminalität, teils durch Herbeiziehung der Polizei
gegenseitig zu übertrumpfen suchen und ein Verlierer von vornherein
feststeht: der ältliche Ehemann der «großen Blonden».

Drei Jahre später erscheint in derselben Zeitschrift die kleine Erzählung *Abdankung*. Sie erzählt von einem Schüler, der seine Schwäche zur
Stärke macht und sich trotz sozialer und körperlicher Unterlegenheit
zum unbestrittenen Anführer seiner Klasse aufschwingt, die er nach
einem ausgeklügelten System tyrannisiert. Besondere Demütigungen
muß sich der dicke Gärtnersjunge Butt gefallen lassen, den Felix in
einem denkwürdigen Umschlag von Sadismus zu Masochismus plötzlich
zu seinem Befehlshaber einsetzt: «Ich tue alles, was Butt sagt.» So sieht
er sich denn eines Tages gezwungen, einen Befehl auszuführen, den der
gutmütige Mitschüler (mit dem Namen eines Fisches) nur halb ausgesprochen hat, nämlich den Befehl, den Weg «zu den Fischen» zu gehen –
den Tod im Wasser zu suchen. Eine Parabel der Dialektik von Herrschaft
und Knechtschaft, Disziplin und Auflösung, Ordnung und Chaos mit
offenkundigen Anschlußmöglichkeiten an ästhetische Phänomene und
Fragen der Künstlerpsychologie! Thomas Mann, dem Heinrich die
Erzählung gewidmet hat, dürfte vor allem letztere im Auge gehabt
haben, als er *Abdankung* mit höchstem Lob bedachte: «Die Arbeit steht
mir so nahe, daß ich sie fast als von mir empfinde.»

In seinem satirischen Roman *Professor Unrat oder Das Ende eines
Tyrannen* (1905) hat Heinrich Mann schon einmal einen Vorgang der
Abdankung gestaltet. Der von allen Schülern als «Unrat» verspottete

Gymnasiallehrer Raat geht in seinem Kampf gegen den Schüler Lohmann und seinen ‹zersetzenden› Einfluß aufs Ganze. Indem er die Spur der aufsässigen Knaben bis ins Künstlerzimmer des «Blauen Engel» verfolgt, verläßt er den Bereich bürgerlicher Ehrbarkeit; um des Triumphes über seine ‹Gegner› willen nimmt er sogar den Ausschluß aus dem Schuldienst in Kauf. Die Ehe mit der Tingeltangeltänzerin Rosa Fröhlich versetzt ihn alsbald in den Stand, systematisch Rache an seinen einstigen Spöttern zu üben; mit seiner Frau als Lockvogel macht er seine Villa zu einer Spielhölle, mit der er die bürgerliche Gesellschaft der Stadt unterminiert. Sein Gegenspieler Lohmann, der ihn letztlich der Polizei überliefert, gibt zwei gegensätzliche Kommentare zu Unrats überraschender Entwicklung ab: «Er ist der Tyrann, der lieber untergeht als eine Beschränkung duldet.» Und: «Dieser Unrat fängt an mich zu beschäftigen: er ist eigentlich eine interessante Ausnahme. Bedenke, unter welchen Umständen er handelt, was er alles gegen sich auf die Beine bringt. Dazu muß man ein Selbstbewußtsein haben […]. Es muß in einem ein Stück Anarchist stecken […].» Anarchie und Tyrannis sind keine unvereinbaren Widersprüche, wenn man die Dialektik der «Abdankung» und die psychologische Verwandtschaft von Sadismus und Masochismus bedenkt, die im *Untertan* weiter präzisiert wird. Um diese Dialektik hat übrigens der Film «Der blaue Engel» (1930, Regie: Joseph von Sternberg, mit Emil Jannings und Marlene Dietrich in den Hauptrollen) seine Vorlage verkürzt, indem er den entlassenen Lehrer – der sich hier der Varietétruppe anschließt – bei einem späteren Gastspiel in der Heimatstadt nachts in die alte Schule schleichen und am Katheder sterben läßt.

Dem Lübecker Milieu von *Abdankung* und *Professor Unrat* (sowie der aus Kindheitserinnerungen erwachsenen Erzählung *Der Unbekannte*, 1905) steht die Fülle italienischer Schauplätze in Heinrich Manns damaligem Erzählwerk gegenüber. Die Vorliebe für südländische Motive ist nicht nur mit der äußeren Anschauung zu erklären, die dem Autor seine zahlreichen damaligen Italienaufenthalte reichlich vermittelten. Dahinter steht eine bewußte Entscheidung, die sich mit überraschender Deutlichkeit in einem Brief an Maximilian Brantl vom Januar 1910 ausspricht. Darin äußert sich Heinrich Mann lobend über Hauptmanns Drama *Elga*, auch im Hinblick auf das polnische – einer Vorlage Grillparzers geschuldete – Ambiente und Personal: «Der Zug darin ist außerordentlich, die Leidenschaft auf eine große Höhe getrieben (mit Hilfe des Slavischen, wie ich es manchmal mit Hilfe des Italienischen thue).» Als Mittel zur Erzielung pathetischer Wirkungen und zur Distanzierung vom Durchschnittlich-Alltäglichen – zur Poetisierung, wie man wohl auch sagen könnte – haben schon Generationen von Künstlern und Schriftstellern zuvor, nicht zuletzt der Novellist Paul Heyse, das italienische Element genutzt.

Für Heinrich Mann traten jedoch zwei neue Gesichtspunkte hinzu. Das ist zunächst seine vorbehaltlose Parteinahme für die Einigungsbewegung des italienischen Risorgimento, die er – wie viele damalige Liberale in Deutschland – als das positive (idealistische, ‹romantische›) Gegenstück zur Bismarckschen Reichsgründung ansah. Dieser Gesichtspunkt dominiert in den historischen Novellen *Fulvia* (1904) und *Auferstehung* (1911) sowie in den Notizen zu einer *Garibaldi*-Novelle aus den Jahren 1907–1910. Sie handeln von der Heiligkeit des Freiheitstraums und der Angst vor einem Rückfall in die Unmenschlichkeit. Ein solcher Rückfall aus enttäuschter Liebe ist das Schicksal des einstigen Freiheitskämpfers Don Rocco in *Auferstehung*; wie der Titel andeutet, gipfelt die Geschichte in seiner späten Bekehrung durch die Wiederbegegnung mit seiner ganz von der Freiheitsidee erfüllten Frau. In einem «Taumel von Schrecken und Freude» stirbt der Held am Schluß bei der Ankunft des siegreichen Generals Garibaldi.

Heinrich Manns Italien-Begeisterung nährte sich aber auch aus einem persönlichen Umstand. Er sah in der mediterranen ‹Rasse› eine Entsprechung zum Erbteil seiner Mutter, die als Kind einer Brasilianerin (und eines Lübecker Kaufmanns) in frühen Jahren den Wechsel von den Tropen in das norddeutsche Klima vollzogen hatte. In seinem Roman *Zwischen den Rassen* (1907) leiht er der Heldin Lola eine ähnliche Biographie, ergänzt um Lebensumstände Inés Schmieds. Die prekäre Mittelstellung zwischen den Kulturen erneuert sich in Lolas Liebesleben. Ihre Ehe mit dem italienischen Gewaltmenschen Cesare Pardi («Ich bin der Herr») erlebt sie als Form der Versklavung, als Selbstverrat an das eigene Fleisch. Erst in der schwärmerischen Freundschaft mit dem deutschen Träumer und Dichter Arnold Acton gewinnt sie ihre ethische und künstlerische Identität wieder. Der Roman endet mit der Aussicht auf ein Duell, in dem Arnold – seine Passivität überwindend – Lola von Pardi befreien will. Die ‹Scheidung auf italienisch› verbindet sich mit dem Freiheitsrausch einer garibaldinischen Volksmenge vor den Uffizien. Anklänge an Puccinis *Tosca* runden das Schluß-Tableau eines Romans ab, der die Verbindung zwischen Nord und Süd zunächst als Belastung, ja das italienische Element aus weiblicher Perspektive geradezu als Bedrohung und Entfremdung beschreibt, um im Rekurs auf die politische Kultur der Garibaldi-Republik eine utopische Versöhnung zu eröffnen:

> «Lola atmete tiefer in dieser bewegten Luft: bewegt von der ungeheuren Güte der Demokratie, der Kraft, Würde zu wecken, Menschlichkeit zu reifen, Frieden zu verbreiten. Sie fühlte es wie eine Hand, die sie befreien wollte: auch sie. Allem Volk sollte sie gleich werden, sollte erlöst sein.»

Eben dieses Ideal einer vitalen Demokratie, eines gleichsam dionysisch beflügelten Volkslebens steht im Zentrum des Romans *Die kleine Stadt* (1909), dessen Schauplatz nach dem Bergstädtchen Palestrina gezeichnet ist, in dem sich Heinrich und Thomas Mann in den Jahren 1895–1898 mehrfach aufhielten. Die Handlung des figurenreichen Romans ist im einzelnen so verwickelt wie in der Grundidee einfach: Das Gastspiel einer Schauspieltruppe führt zu überraschenden erotischen – auch im realen Leben äußerst komödiantischen – Konstellationen und bewirkt eine Intensivierung des öffentlichen Lebens, die zum Fortschritt der Menschlichkeit beiträgt. Eine ästhetische Erziehung somit, gar nicht so unähnlich den Vorstellungen Schillers, nimmt vom Café «Zum Fortschritt» ihren Ausgang, dem Treffpunkt der Theater-Anhänger, mit dem uns schon der erste Satz des Romans bekannt macht. Freilich bleibt es ihrem wichtigsten Exponenten, dem liberalen Advokaten Belotti, nicht erspart, durch ein tiefes Tal der Enttäuschung und Selbstbezichtigung zu gehen und den Wankelmut der öffentlichen Meinung, als deren Sachwalter er sich versteht, zeitweilig auch an sich selbst zu erfahren. Der Brand, an dem man ihm die Schuld gibt (weil er seinerzeit gegen die Anschaffung einer neuen Feuerspritze plädiert und statt dessen das Theater gefördert hat), ist jedoch in Wirklichkeit vom liebeskranken Priester Don Taddeo gelegt worden.

Schon die erste Beschreibung des Marktplatzes (wie die übereinstimmende Bleistiftskizze des Autors) macht die Komplexität der Verhältnisse deutlich: «Wildgezackt sprang der Schatten des Glockenturms bis an den Brunnen vor.» In der Opposition Hell-Dunkel wird – dem Vorbild der aufklärerischen Lichtsymbolik folgend – das Lager der Fortschritts- und Theaterfeinde angedeutet, die hier ganz im Geiste des Kulturkampfs weitgehend mit der klerikalen Partei gleichgesetzt sind. Der dunklen Kirche entsprechen das wie ein Raubvogel auf einem Felsenhorst thronende Nonnenkloster, das die schöne Alba demnächst aufnehmen soll, und deren Wohnung in «Villascura» (wörtlich übersetzt: dunkle Villa) am Fuße des Stadtbergs. Infolge einer Intrige der Signora Camuzzi, deren weiterem Schicksal Heinrich Mann eine eigene Novelle gewidmet hat (*Die Ehrgeizige*, 1912), fällt Alba am Schluß ihrer Isolation und Entfremdung vom Leben zum Opfer – und mit ihr der Tenor Nello Gennari, Liebling aller Frauen, den sie aus Eifersucht ersticht, bevor sie sich selbst den Tod gibt: «Wie es schon dunkel ist! [...] Wir Armen, die wir das Leben hassen mußten!»
Der doppelte Liebestod wiederholt in ironischer Brechung das tragische Finale der Oper, deren Aufführung im Zentrum des Romans steht. Sie ist übrigens gleichfalls in einer separaten Novelle, und zwar mit abweichendem Verlauf, weiter ausgeführt worden (*Die arme Tonietta*, 1908). Die ausführliche Beschreibung der Aufführung im Roman widmet der Fabel der Oper, ihrer Inszenierung und Musik zusammengenommen allerdings nur einen Bruchteil der Aufmerksamkeit, die die vielfältigen Reaktionen und animierten Unterhaltungen des Publikums sowie der Schauspieler in den Kulissen erfahren. Ein vielfach korrigierter Sitzplan von der Hand Heinrich Manns zeigt, wie ernst es dem Roman-

cier mit der Rekonstruktion dieser öffentlichen Interaktion war, in der er den eigentlichen Nährboden der populären Musik Puccinis vermutete. Der von den Sängern vielfach gescholtene junge Kapellmeister Enrico Dorlenghi (er hat der Diva ein Dacapo verweigert) ist nach Manns späterer Aussage als «Anschauung des werdenden Puccini» aufzufassen.

«Man höre hin: was hier klingt, ist das hohe Lied der Demokratie.» So steht es in einem vom Autor verfaßten Prospekt zum Roman, den der Insel Verlag in zwanzigtausend Exemplaren drucken ließ. Sobald der Verleger Anton Kippenberg des politischen Reizworts ansichtig wurde, ließ er ihn einstampfen und durch einen neuen Text ersetzen, in dem nur noch vage von der Aktualität des Romans die Rede ist. Heinrich Mann freilich wurde nicht müde, in privaten und öffentlichen Briefen – so in einer in Maximilian Hardens *Zukunft* gedruckten Antwort auf die Besprechung Dora Frosts – auf den politischen Gehalt der *Kleinen Stadt* hinzuweisen: als «Abdankung des Geistes sogar, zu Gunsten der Menschlichkeit» (an René Schickele, Februar 1910) und als Bekenntnis zu einem revolutionären Enthusiasmus im Sinne von Rousseaus *Contrat social* und in bewußter Distanzierung vom Pessimismus und Positivismus des 19. Jahrhunderts.

Eine programmatische Formulierung der mit der *Kleinen Stadt* gewonnenen neuen Position, aber auch der Rezeptionsschwierigkeiten, denen sich Heinrich Mann ausgesetzt sah, versucht die allegorische Novelle *Die Rückkehr vom Hades* (1911). Der Dichter Pandion (das heißt «der Allgöttliche»), der unter Berufung auf seine eigene Erfahrung aus der Unterwelt berichtet, darf als Repräsentant der Autorposition gewertet werden: einer aus dem Kontakt zum Geistigen gewonnenen Kunsthaltung, die sich gleichwohl – wie Pandions Freundschaft mit Heliodora versinnbildlicht – zum Leben hin öffnet. Der Unwille des Volks, das dem häßlichen Konkurrenten Ktesippos den Vorzug gibt und Pandion mit Steinigung bedroht, zeugt von den Vermittlungsproblemen der neuen Ästhetik. Als Eröffnungsnovelle des gleichnamigen Bandes korrespondiert *Die Rückkehr vom Hades* dem Schlußstück *Auferstehung*. In der Mitte der Komposition stehen die beiden Novellen *Mnais* (1906) und *Ginevra degli Amieri* (1905), die 1906 als selbständiges Diptychon erschienen waren; als umgekehrte Pygmalion-Novelle beschreibt die erstere einen Weg vom Leben in die Kunst, die letztere in Anlehung an eine alte Florentiner Sage den Weg vom (Schein-)Tod zu Leben und Liebe.

Die Novellistik des folgenden Jahrzehnts wird sich um stärkere Anbindung an die gesellschaftliche Wirklichkeit bemühen: Die 1916 in den *Weißen Blättern* veröffentlichte Novelle *Der Bruder* läßt sich als spätes kleinbürgerliches Gegenstück zu *Die Jagd nach Liebe* auffassen, wobei die latente Bruder-Schwester-Beziehung zwischen Claude und Ute zu einer echten (latent inzestuösen) Geschwister-Konstellation vereindeutigt ist. Die Metapher des Lebenskampfes, schon für *Der Bruder* von grundlegender Bedeutung, beherrscht auch die Novelle *Der Vater* (später auch unter dem Titel: *Der Sohn*) aus dem gleichen Jahr. Man geht wohl nicht fehl, in der starken Gewichtung des Sorge-Motivs auch einen Reflex der neuen familialen Situation Heinrich Manns zu sehen, der 1914 geheiratet hatte und 1916 Vater einer Tochter wurde.

«Der Haß des Geistes auf den infamen Materialismus dieses ‹Deutschen Reiches› ist beträchtlich», schreibt Heinrich Mann im Dezember 1909 an René Schickele. Im Essay *Reichstag* (1912) gibt er diesem Haß deutlicheren Ausdruck: in Attacken auf den «interessanten Typus des imperialistischen Untertanen, des Chauvinisten ohne Mitverantwortung, des in der Masse verschwindenden Machtanbeters, des Autoritätsgläubigen wider besseres Wissen und politischen Selbstkasteiers». Das damals wieder aufgegriffene Vorhaben einer satirischen «Geschichte der öffentlichen Seele unter Kaiser Wilhelm II.» (so der Untertitel im Manuskript des *Untertan*) geht auf Pläne von 1906/07 zurück, in denen sich der antiphiliströse Grundaffekt des Ästheten und Bohemiens mit scharfen Blicken auf den «preußischen Unteroffiziersgeist» und die «maschinenmäßige Massenhaftigkeit» der Reichshauptstadt verbindet (an Ludwig Ewers, Oktober 1906).

Dieselben Entwürfe sowie noch ältere Notizen belegen, daß der satirische Impuls des Autors anfangs primär auf den «Byzantinismus» (das heißt die übertriebene Kaiserverehrung) des Untertans und sein Objekt zielte, insonderheit die fragwürdige Kunstpolitik Wilhelms II., die ja der gesamten Moderne ein Dorn im Auge war. So ist zum Beispiel noch 1906 ein Berlin-Besuch des Ehepaars Heßling vorgesehen, bei dem Diederich vor den Statuen der Siegesallee den Hut ziehen soll. Indem Heinrich Mann späterhin – vielleicht angeregt durch Ludwig Thomas kritische Analyse (*Die Reden Kaiser Wilhelms II.*, 1907) – die aggressive Rhetorik des Kaisers in den Vordergrund seiner Kritik stellt und dem Helden eine Fülle von Zitaten aus den Reden Ihrer Majestät in den Mund legt – die er aus der kritisch glossierten Sammlung des Sozialdemokraten Wilhelm Schröder übernahm (*Das persönliche Regiment*, 1907) –, erzielt er eine deutliche Politisierung seines satirischen Projekts.

Leistung und Qualität des 1914 beendeten, 1916 als Privatdruck und 1918 im Buchhandel erschienenen Romans *Der Untertan* – ein Zeitschriftenvorabdruck wurde im August 1914 im Einverständnis mit dem Autor abgebrochen, die russische Buchausgabe lag schon 1915 vor – liegen in der sozialpsychologischen Fundierung und Systematisierung seines Gegenstands. Heinrich Mann, der sich in seiner Auseinandersetzung mit dem Ästhetizismus und in verschiedenen Charakterstudien als Spezialist für Machtfragen ausgewiesen und schon in *Professor Unrat* die Struktur eines autoritären Charakters einem bestimmten institutionellen Umfeld zugeordnet hatte (Unrat als Vertreter des preußischen Gymnasiums), erreicht mit dem satirischen Porträt eines opportunistischen Karrieristen eine neue Stufe der gesellschaftlichen Verallgemeinerung. «Diederich Heßling war ein weiches Kind [...]» – die Charakterstudie weitet sich zum Sozialroman, indem die Kombination von Sich-Ducken und Nach-Unten-Treten, Feigheit und Herrschaftsattitüde, Angst und Terror als geheimer Generalcode eines Systems dechiffriert wird, das von der häuslichen Kinderstube bis hin zur großen Politik, von der Provinzstadt Netzig bis nach Berlin reicht. Diederichs ‹blitzende› Nachäffung seines großen Herrn erhält ihren letzten Sinn darin, daß Oben und Unten, Makro- und Mikrokosmos dieser Gesellschaftsordnung einander gleichen, von derselben Perversion erfaßt sind.

Die gleiche Verlogenheit herrscht in der Privatsphäre, wo es als regelkonform gilt, ein Mädchen zu verführen, um ihm anschließend unter Hinweis auf die fehlende ‹Reinheit› die Ehe zu verweigern (so verfährt Diederich Heßling mit Agnes Göppel und später Leutnant von Brietzen mit Diederichs Schwester Emmi), wie in der Arbeitswelt, wo der sozialdemokratische Maschinenmeister heimlich mit dem Fabrikherrn kollaboriert. Sie herrscht in der Öffentlichkeit, wo es möglich ist, einerseits einen Konkurrenten dadurch auszuschalten, daß man ihn wegen einer unbedachten Äußerung der Majestätsbeleidigung bezichtigt und anzeigt, und andererseits die Erschießung eines Arbeiters durch das Militär mit einem fingierten Kaisertelegramm zu begrüßen, das von oben stillschweigend autorisiert wird. Die Vorliebe des Romanciers Heinrich Mann für Theatermotive und -symbolik kommt im *Untertan* gleichsam zu sich selbst: in der Beschreibung einer Gesellschaft, die per se im schlechtesten Sinne komödiantisch ist. Wolfgang Bucks Plädoyer in dem von Heßling angezettelten Majestätsbeleidigungsprozeß bringt den Zusammenhang auf den Punkt:

«[...] da es in Wirklichkeit und im Gesetz weder den Herrn noch den Untertan gibt, erhält das öffentliche Leben einen Anstrich schlechten Komödiantentums. Die Gesinnung trägt Kostüm, Reden fallen, wie von Kreuzrittern, indes man Blech erzeugt oder Papier; und das Pappschwert wird gezogen für einen Begriff wie den der Majestät, den doch kein Mensch mehr, außer in Märchenbüchern, ernsthaft erlebt, Majestät ...»

Wolfgang Buck verhält sich zu Diederich Heßling wie der Schüler Lohmann zu Professor Unrat: Er ist der intellektuell überlegene Ästhet, dem der Autor seine eigenen Meinungen in den Mund legt. Freilich hatte Lohmann es relativ leicht in seinem Kampf gegen einen Außenseiter des Ordnungsprinzips; Buck dagegen hat es in Heßling mit der kompakten Majorität der Gesellschaft seiner Zeit zu tun. Diederichs Aufstieg ist daher unaufhaltsam: vom Gymnasium, wo er am Geburtstag des Lehrers den Rohrstock schmückt und sich als Denunziant seiner Kameraden im Kollegium zweifelhafter Beliebtheit erfreut, über das mühsam bewältigte Studium, die kommandierte Trunksucht der Kommers-Rituale, die durch Krankschreibung vorzeitig beendete Militärzeit, über die ‹schneidige› Leitung der väterlichen Papierfabrik in Netzig, die chauvinistisch-reaktionäre Profilierung am Stammtisch, die Kronzeugenrolle im Majestätsbeleidigungsprozeß, die Heirat mit der begüterten, wenn auch nicht gerade unbescholtenen

Guste Daimchen (der Verlobten Wolfgang Bucks) und die Übernahme der großen Papierfabrik Gausenfeld durch Aktienmanipulation bis hin zur Wahl zum
Stadtverordneten und der Durchsetzung des – dank der Zustimmung des
Sozialdemokraten Fischer aus den Mitteln des Sozialfonds finanzierten – Kai-
serdenkmals. Dessen Einweihung freilich wird zu einem Fiasko, das man immer
wieder als symbolische Vorwegnahme des Zusammenbruchs des Wilhelminismus gelesen hat. (Die Romanhandlung endet in den neunziger Jahren.)

   «Aber die apokalyptischen Reiter flogen weiter» – Heinrich Mann begnügt
sich nicht mit der Ausmalung eines zeittypischen Untergangsszenarios, sondern
führt die Handlung noch ein Stück darüber hinaus: bis zur Erscheinung Diederichs am Sterbebett von Wolfgang Bucks Vater, des alten Achtundvierzigers und
allseits geachteten Vertreters des vorwilhelminischen Deutschland. Der alte
Buck stirbt vor Schreck bei Heßlings ‹blitzendem› Anblick. «Er hat etwas gesehen! Er hat den Teufel gesehen!», rufen die ahnungslosen Verwandten und haben
im Sinne des Autors recht.

   Als Nebenprodukte der Arbeit am *Untertan* lassen sich einige Novellen einordnen, die satirische Miniaturen der wilhelminischen Gesellschaft liefern und sich dabei zum Teil derselben Figuren bedienen wie
der Roman. *Gretchen* (1908) – auszusprechen «Krätchen», denn der Dialog ist sächsisch – variiert die Thematik der bürgerlichen Heiratssitten
am Beispiel der Tochter Diederich Heßlings; *Der Verrat* (1911, in späterer
Fassung: *Die Verräter*) transferiert die Idee eines Komplotts zwischen
Arbeitgeber und Arbeiterführer in den Bereich knisternder Erotik. Die
Frau eines von den Streikfolgen in seiner wirtschaftlichen Existenz
erschütterten Fabrikanten versucht in einem nächtlichen Tête-à-tête, den
Streikführer zum Einlenken zu bewegen, der doch schon den Befehl der
Gewerkschaftsleitung zum Abbruch des Streiks in der Tasche trägt. –
Eine regelrechte Fortsetzung erhält *Der Untertan* durch den 1916 begonnenen Roman *Die Armen* (1917), der etwa anderthalb Jahrzehnte später
einsetzt und die ökonomischen und politischen Verhältnisse im Macht-
bereich des Fabrikbesitzers Heßling bis zum Ausbruch des Ersten Weltkriegs fortschreibt, ohne allerdings die gestalterische Kraft und den analytischen Gewinn des Vorgängerwerks zu erreichen.

   Die auf ein altes Briefdokument gestützten Bemühungen des ehrenwerten
Arbeiters Karl Balrich um eine Teil-Enteignung Heßlings erscheinen einigermaßen wirklichkeitsfremd. Das Vertrauen des Lesers zum Realitätsbezug der
Romanhandlung schwindet weiter, wenn wir hören, daß Balrich zur Durchset-
zung seiner Forderungen Jura studieren will und dafür Latein und Griechisch
lernt, daß Heßling ihn in ein Irrenhaus einliefern läßt, aus dem er durch einen
Generalstreik wieder befreit wird, daß Wolfgang Bucks Sohn Hans sich mit Bal-
richs Schwester Leni anfreundet, die jedoch ein Verhältnis mit Heßlings Sohn
Horst eingeht – und so weiter! Mehr Interesse als diese allzu schematischen
Konstruktionen verdienen nachgelassene Aufzeichnungen, die einerseits das
Interesse des Autors für die Regelungen der Carl-Zeiss-Stiftung (als Vorbild für
die Beteiligung der Arbeiter am Produktiveigentum) belegen, andererseits den

erstaunlichen Versuch einer Einbeziehung des Kriegsgeschehens in die Romanhandlung darstellen. Der engagierte Pazifist Heinrich Mann versteckt seine
Ablehnung der Kriegspolitik hinter satirischer Ironie, hätte aber wohl gewärti-
gen müssen, daß diese Ironie von einem guten Teil des damaligen Publikums gar
nicht wahrgenommen worden wäre. Das gilt insbesondere für die in der nichtge-
druckten Schlußvariante imaginierte Aussöhnung von Balrich und Heßling im
Zeichen der August-Begeisterung von 1914:

> «So flammte um diese Deutschen der Gedanke des Vaterlandes. Das Glück
> eines neuen Vertrauens ergriff Balrich; in den Augen des Arbeiters sah es
> der Generaldirektor, und jener in seinen. Beide traten vor; gefallen waren
> die Schranken; frei in ihrer volksbewußten Brüderlichkeit schüttelten sie
> einander die Hände. Dazu jubelten alle, und jubelnd zogen sie ab.»

Mit dem Roman *Der Kopf* (1925) wird Heinrich Mann die Reihe der
Heßling-Romane – nun aber mit neuem Personal – zur Trilogie *Das
Kaiserreich. Die Romane der deutschen Gesellschaft im Zeitalter Wil-
helms II.* erweitern. Allein schon diese Formulierung zeigt den Ex-post-
Charakter der historischen Perspektive.

2. Thomas Mann

Zwei Geschichten des Untergangs markieren den Anfang und das Ende
– und die bleibenden Höhepunkte – der öffentlichen Wirkung Thomas
Manns als Erzähler zwischen der Jahrhundertwende und dem Ende des
Kaiserreichs: der monumentale Roman *Buddenbrooks* (1901) und die
Novelle *Der Tod in Venedig* (1912). Man könnte anfügen, daß sich Thomas Mann gleich darauf einer weiteren Dekadenz-Geschichte zuwandte:
nämlich dem *Zauberberg*-Roman, von dem größere Teile 1913/14 entstanden, bis sich der Autor unter dem Eindruck des Kriegs zunächst auf
die Essayistik verlegte und in den *Betrachtungen eines Unpolitischen* um
eine theoretische Begründung für jene Romantik des Todes rang, die im
Massenmord der Schlachtfelder ihr tägliches Zerrbild fand.

Der unter dem Arbeitstitel «Abwärts» 1897 begonnene Erstlingsroman schildert – mit dem langen Atem des Epikers und der subtilen Ironie eines auktorialen Erzählers – den Niedergang einer großbürgerlichen Familie in Anlehnung an zahlreiche Details aus der Geschichte
von Thomas Manns eigenem Lübecker Elternhaus. Gezeigt werden Handel und Wandel, Leben und Sterben von vier Generationen, komprimiert auf gut vier Jahrzehnte: von der Einweihung des neuerworbenen
Hauses in der Mengstraße zur Zeit der Blüte der Firma unter Konsul
Johann Buddenbrook sen. 1835 bis zu seinem Verkauf an den erfolgreichen Konkurrenten Hagenström 1871 und weiter bis zum Tod des Enkels
Thomas 1875 und seines einzigen Sohnes Hanno 1877.

Zusammenhalt und inneres Zentrum findet die Familiensaga im Schicksal der dritten Generation, vor allem in Thomas, dem späteren Senator, der zu Beginn des Romans sieben Jahre alt ist, und seinen gegensätzlichen Geschwistern Antonie (Tony) und Christian. Thomas fehlt die Vitalität, ja Brutalität, mit der der rationalistisch-lebemännische Großvater und selbst noch der fromme Vater Johann (Jean) Buddenbrook jun. Geschäfte gemacht und die Interessen der Firma auch gegen Familienmitglieder (gegebenenfalls unter Hintansetzung moralischer und juristischer Rücksichten) vertreten haben. Er ist ein Mann der Reflexion und der Prinzipien, der die vorgefundene Position des Firmenchefs und Familienoberhaupts als Rolle akzeptiert und exerziert, dabei aber innere Widerstände besiegen muß. Es ist diese Halbherzigkeit, die er selbst für seinen mangelnden Erfolg verantwortlich macht, wie denn auch sein größter Fehlschlag, der Verlust der auf dem Halm gekauften Pöppenrader Kornernte durch Hagelschlag (die Meldung koinzidiert ironischerweise mit der pompösen Feier zum hundertsten Firmenjubiläum 1868), aus einem gegen eigene moralische Bedenken getätigten Geschäft resultiert. Die Energie, die Thomas Buddenbrook aufbringen muß, um sich nach außen als Bürger zu bewähren, kostet ihn Gesundheit und Leben; sein durch einen vereiterten Zahn verursachter Zusammenbruch auf offener Straße – im Kot mit dem Gesicht nach unten liegend – variiert das jämmerliche Ende des kleinen Herrn Friedemann in der gleichnamigen Novelle von 1898 und nimmt das schmähliche Versagen Gustav Aschenbachs – dieses anderen Asketen und Leistungsethikers – im *Tod in Venedig* symbolisch vorweg.

Trotz der Genauigkeit, mit der uns die finanziellen Verhältnisse des Handelshauses dargelegt werden, ist *Buddenbrooks* alles andere als ein sozialgeschichtlicher Roman im üblichen Sinne: Bürgertum ist hier weniger eine wirtschaftliche als eine kulturelle oder psychologische Größe, definiert in erster Linie durch den gleichsam aristokratischen Verhaltenscodex, der das Auftreten der Patrizier gegenüber anderen Schichten und ihre Abgrenzung auch vom «guten Mittelstand» ebenso wie die von ihnen erwartetete Unterwerfung unter die Gesetze des eigenen Standes – zum Beispiel in Form der Vernunftheirat – reguliert. Von der ersten Generation der «alten Buddenbrooks» noch mit Selbstverständlichkeit praktiziert, wird derselbe Codex vom sensiblen Spätling Hanno schlichtweg verweigert. Dazwischen mehren sich die Ausfälle: Gotthold Buddenbrook – in der zweiten Generation – «heiratet einen Laden» (das heißt er geht eine unstandesgemäße Ehe mit einer Kleinhändlerin ein), Christian Buddenbrook – in der dritten Generation – liiert sich gar mit einer Prostituierten, nachdem er seiner Verweigerung gegenüber dem großbürgerlichen Verhaltensideal durch wiederholtes berufliches Versagen, einen bohemehaften Lebenswandel und ein ganzes

Bündel von (hysterischen? histrionischen?) Krankheiten, mehr aber noch durch die Schamlosigkeit seines öffentlichen Redens darüber jahrzehntelang kontinuierlich Ausdruck verliehen hat. «Ich bin geworden, was ich bin», sagt Thomas auf dem Höhepunkt eines Streits mit dem Bruder (und bekennt damit indirekt seine Nähe zu Christians Problematik), «weil ich nicht werden wollte wie du.»

In bizarrer Antithese zur Haltlosigkeit dieses «Bajazzo» (durchaus im Sinne der gleichnamigen Novelle von 1897) steht das naive Standesbewußtsein seiner Schwester Tony. Unangefochten von der Katastrophe ihrer ersten Ehe – die scheinbar vorteilhafte Partie erweist sich alsbald als Gaunerstückchen des Schwiegersohns Grünlich – und allen nachfolgenden familiären Verwicklungen, behauptet sie bis zuletzt eine aristokratische Attitüde. Paradoxe Konsequenz aus den Vorträgen, die ihr einst ein vormärzlich begeisterter Student über die Überholtheit des Adels und ihre Quasi-Zugehörigkeit zu ihm gehalten hat! Mit dem volkstümlich-saloppen Wesen ihres zweiten Ehemanns, des – nach einer Karikatur des *Simplicissimus* porträtierten – Bajuwaren Permaneder, kann sie denn auf Dauer keineswegs harmonieren. Ein drittes Mal trägt Tony die emotionalen Kosten für die Zugehörigkeit zur Oberschicht, als ihr hoffnungsvoller Schwiegersohn Weinschenk wegen finanzieller (im übrigen durchaus branchenüblicher) Manipulationen zugunsten der von ihm geleiteten Feuerversicherung ins Gefängnis wandert. «Der Staatsanwalt –!» lautet der neue «Trompetenruf des Abscheus», den Tony «mit einer gewissen Kehlkopfstimme, die ihr eigen war», auszustoßen pflegte – nach ihren früheren Gewohnheits-Rufen «Grünlich –!» und «Permaneder –!»

Die stereotype Wiederkehr bestimmter Redewendungen und Gesten gehört zum festen Inventar der humoristisch-satirischen Erzähltradition; der junge Thomas Mann begegnete ihr u. a. bei seinem Vorbild Fontane. Er macht daraus ein vorzügliches Instrument der Entlarvungspsychologie, die allenthalben in den *Buddenbrooks* geübt wird. Wenn Grünlich sich räuspert, sobald er von seinen «regen» Geschäften spricht, wenn Tony die Oberlippe wölbt oder Thomas Buddenbrook die rechte Augenbraue hochzieht, so deutet sich die Spannung an, mit der die einzelnen die Kluft zwischen gesellschaftlichem Anspruch und Realität zu schließen versuchen. Das Körperliche wird zum Indikator sozialer bzw. mentaler Schieflagen – die «zu kurzen» Nerven, über die der Hypochonder Christian klagt, ebenso wie die maroden Zähne Hannos und seines Vaters. Was sich im biologistischen Diskurs der Zeit als Symptom der Degeneration oder «Entartung» (Max Nordau) lesen läßt, ist wohl eher als Revolte einer unterdrückten Sinnlichkeit, als Aufbegehren der Natur bzw. einer nichtakzeptierten Emotionalität zu verstehen. Nicht umsonst wird die Typhusinfektion, der der fünfzehnjährige Hanno erliegt, gleich doppelt thematisiert, wobei übrigens die eigentliche Erzählung seiner Erkrankung ausgespart bleibt: einerseits durch einen Lexikonauszug über das typische Krankheitsbild aus medizinischer Perspektive, andererseits durch eine symbolisch-psychologische Deutung, die den Tod mit dem fehlenden Willen zum Leben begründet.

Die systematische Vernetzung der *Buddenbrooks* durch wiederkehrende Floskeln und Details geht freilich über das Vorbild Fontanes hinaus und ist auch durch die Praxis der Epitheta ornantia im homerischen Epos nicht ausreichend zu erklären. Es handelt sich wesentlich um den Versuch einer Übertragung der Wagnerschen Leitmotiv-Technik auf das Gebiet der Literatur; verglichen mit der subtilen motivischen Verzahnung späterer Text-Partituren Thomas Manns, ist dieser frühe Versuch noch relativ äußerlich ausgefallen. Als Lieblingskomponist von Thomas Buddenbrooks reizbar-nervöser Ehefrau Gerda sowie als Vorbild für Hannos musikalische Improvisationen ist Richard Wagner ohnehin offen im Text gegenwärtig; der vielgeschmähte Exponent der Dekadenz in der Musik steht gleichsam für die Dekadenz seiner Anhänger ein.

Als Darstellung einer zum Untergang bestimmten Generationenfolge hat Wagners *Ring des Nibelungen* die Konzeption von Thomas Manns Roman wahrscheinlich ganz substantiell beeinflußt. Die Parallele erstreckt sich auch noch auf den entstehungsgeschichtlichen Befund, daß hier wie dort das Ende am Anfang stand und sich die Ausarbeitung des Werkganzen im Sinne einer rückschreitenden Erweiterung vollzog. Der Entwurf zu den *Buddenbrooks* ging von einer – auf das Schicksal Hannos fokussierten – «Knabennovelle» aus; erst im Zuge ihrer epischen Fundierung trat die vielstufige Vorgeschichte hinzu und die Gestalt des Senators als primäre Identifikationsfigur in den Vordergrund. (Die Niederschrift erfolgte allerdings linear, mit nachträglicher Überarbeitung der Anfangskapitel im Sommer 1900.)

Weitere Anregungen entnahm Thomas Mann den Romanen *Renée Mauperin* (franz. 1864, dt. 1884) der Brüder Goncourt, *Ein Mahlstrom* (norw. 1884, dt. 1888) von Jonas Lie und *Garman & Worse* (norw. 1880, dt. 1881) von Alexander Kielland. Ausdrücklich hergestellt wird der Bezug zu Edgar Allan Poes Novelle *The Fall of the House of Usher* (engl. 1839, dt. 1883). Von alles überragendem Einfluß sind neben Wagner die beiden anderen Sterne des «Dreigestirns», auf das sich Thomas Mann später zu berufen pflegte: Nietzsche und Schopenhauer, und zwar in dieser Reihenfolge. Aus Nietzsches Wagner-Kritik und seiner Schrift *Zur Genealogie der Moral* stammt die Gleichsetzung von Vergeistigung und Dekadenz, die nicht nur das Porträt des Asketen und Bürger-Schauspielers Thomas Buddenbrook, sondern die Konzeption des ganzen Romans bestimmt, der ja nicht nur die Geschichte eines Niedergangs, sondern eben darin auch die eines Aufstiegs bedeutet und gewissermaßen im Gegensatz zum ursprünglichen Arbeitstitel «Aufwärts» heißen könnte:

aufwärts zur absoluten Kunst, zur Moderne. Die Buddenbrooks werden immer schlechtere Kaufleute, je musikalischer sie sind – aber sie werden ästhetisch um so empfänglicher und sensitiver, je weiter sie sich von der kaufmännischen Praxis entfernen. Der Künstler-Bürger-Gegensatz, der große Teile von Thomas Manns Schaffen bestimmt, deutet sich hier an; allerdings bleibt die eigentliche künstlerische Produktivität ausgeklammert bzw. Hannos Freund Kai vorbehalten, der übrigens gleichfalls einer (mit den Worten eines Lehrers aus dem durchgängig satirisch gehaltenen Schulkapitel; s. o. S. 6 f.) «verrotteten Familie» entstammt.

Das Kapitel *Über den Tod und sein Verhältnis zur Unzerstörbarkeit unseres Wesens an sich* aus Schopenhauers Hauptschrift *Die Welt als Wille und Vorstellung* geht direkt in den Roman ein. Thomas Buddenbrook liest es voll leidenschaftlicher Ergriffenheit in einem Zug; in der Nacht darauf wird ihm in einer mystischen Vision die Erlösungsbotschaft zuteil, die in Schopenhauers Lehre von der Individualität als Verirrung und ihrem schließlichen Aufgehen im Urgrund des Willens beschlossen ist. Thomas Mann hat hier seinem eigenen enthusiastischen Schopenhauer-Erlebnis von 1899 (also erst in der Schlußphase der Arbeit am Roman) ein Denkmal gesetzt. Als nächste Stufe der Annäherung an den Tod folgt dieser Episode ein letzter Seeaufenthalt des Senators; in seinen Travemünder Reflexionen über die eigenartige Melancholie des Meeres kehrt die charakteristische Metaphorik Schopenhauers wieder:

«Breite Wellen [...]. Wie sie daherkommen und zerschellen, daherkommen und zerschellen, eine nach der anderen, endlos, zwecklos, öde und irr. Und doch wirkt es beruhigend und tröstlich, wie das Einfache und Notwendige. [...] auf der Weite des Meeres, das mit diesem mystischen und lähmenden Fatalismus seine Wogen heranwälzt, träumt ein verschleierter, hoffnungsloser und wissender Blick, der irgendwo einstmals tief in traurige Wirrnisse sah ...»

Thomas' Schwester Tony ist solch philosophischer Exhibitionismus peinlich; so redet in der Tat kein Bürger. Im bisherigen Verlauf des Romans war es Hanno Buddenbrook vorbehalten, träumerisch die Monotonie der Meeresbrandung zu genießen. Noch auf Gustav Aschenbach harrt am Lido von Venedig ein ähnliches – Schopenhauerisches und Nietzscheanisches verschmelzendes – Erlebnis.

Der Verfasser der *Buddenbrooks* mußte lange warten, bis sich Samuel Fischer bereit fand, das voluminöse Manuskript ohne Kürzungen zu drucken. Die zweibändige Erstausgabe von 1901 (in einer Auflage von eintausend Exemplaren) fand zögernden Absatz, aber einige herausragende Besprechungen, u. a. durch Samuel Lublinski und Rilke. Der breite Erfolg beim Publikum setzte erst Anfang 1903 mit Erscheinen einer um die Hälfte billigeren einbändigen Ausgabe ein, entwickelte aber bald eine singuläre Dynamik – bis zur Verleihung des

Nobelpreises 1929 ausdrücklich für dieses Werk. Für die weitere Entwicklung Thomas Manns bedeutete der frühe Ruhm Bestätigung und Ermutigung, aber auch Belastung. Jedes Folgewerk hatte sich an einem Maßstab zu messen, der kaum zu übertreffen war. Es scheint fast zwangsläufig, daß der junge Autor zunächst auf die Kurzform der Erzählung zurückgriff.

Unter dem runden Dutzend Erzählungen, die Thomas Mann im ersten Jahrzehnt nach den *Buddenbrooks* verfaßte, sind verschiedene Auftrags- und Gelegenheitsarbeiten eher leichtgewichtiger Natur, aber von beträchtlichem Unterhaltungswert. Es handelt sich um spielerische Variationen der Grundthemen, die diesen Autor auch sonst beschäftigen, wie das Verhältnis von Leben und Kunst, das Verhältnis des Schriftstellers zur bürgerlichen Ordnung oder das (wie auch immer verklausulierte) Bekenntnis zur Homosexualität. Oft werden eigene Erlebnisse zum Ausgangspunkt einer teils feuilletonistischen, teils anekdotischen Bearbeitung genommen: so der Besuch eines Münchner Konzerts des achtjährigen Pianisten Loris Margaritis in *Das Wunderkind* (1903), die Teilnahme an einer von Ludwig Derleths Schwabinger «Proklamationen» in *Beim Propheten* (1904) oder der selbsterlebte Unfall auf einer Vortragsreise nach Dresden im Mai 1906 in *Das Eisenbahnunglück* (1909). Das Vertrauen des Reisenden auf die staatliche Ordnung nicht nur des Beförderungssystems gerät hier in ironischen Kontrast zur Evidenz möglicher Katastrophen und zum lustvollen Erlebnis einer vorübergehenden Anarchie. Leichterhand wird der Zusammenhang zum politischen System hergestellt: «Man ist nicht umsonst ein Untertan Wilhelms II.» Noch weiter tastet sich eine Kindheitserinnerung vor, die Macht- und Kampfrituale mit diskreten homoerotischen Reminiszenzen verbindet: *Wie Jappe und Don Escobar sich prügelten* (1911).

Im Rückblick wird Thomas Mann auch dem Phänomen Derleth prognostisch-politische Bedeutung zusprechen: in der Gestaltung des Zirkels um Daniel von der Höhe im Altersroman *Doktor Faustus*. Aufgrund der ironischen Distanzierung von einem selbsternannten Prophetentum ließ sich *Beim Propheten* seinerzeit als Abgrenzung vom George-Kreis lesen; genetisch stellt die kleine Novelle jedenfalls eine Variante des Savonarola-Komplexes dar, den Thomas Mann gleichzeitig in seinem einzigen Drama *Fiorenza* zu gestalten versuchte. «Soldaten! [...] ich überliefere euch zur Plünderung – die Welt»: Das leicht abgewandelte Zitat aus Derleths *Proklamationen* (1904) erscheint dem Erzähler als übersteigerte Wiederholung des bilderstürmerischen Fanatismus, mit dem der Dominikanermönch Gerolamo Savonarola einst den Kunstrausch der Renaissance bedrohte. Eine Wiederkehr Savonarolas hatte Thomas Mann schon 1902 imaginiert: in jenem missionarischen Auftritt eines fanatischen Mönchs (mit den Gesichtszügen Savonarolas) in einer Münchner Kunsthandlung, den die Novelle *Gladius Dei* schildert. Vergeblich for-

dert er die Entfernung eines sinnenprallen Madonnen-Bilds; der Genius
loci der Kunststadt («München leuchtete») und der Geist des Zeitalters,
belegt durch eine ganze Liste von aktuellen kunstreformerischen Programmschriften, verbünden sich gegen ihn – schließlich aber auch der
Fleischberg eines Packers, den der enervierte Geschäftsinhaber gegen
den hohlwangigen Störenfried aufbietet: «eine ungeheuerliche und strotzende menschliche Erscheinung von schreckeneinflößender Fülle, deren
schwellende, quellende, gepolsterte Gliedmaßen überall formlos ineinander übergingen.»

Groteske Übersteigerungen wie die zitierte sind typisch für das damalige Erzählen Thomas Manns und seine Tendenz zur Allegorie. Scheut
er sich doch nicht, in der Burleske *Der Weg zum Friedhof* (1900) einen
Radfahrer auftreten bzw. vorbeifahren zu lassen, der schlichtweg als
«das Leben» apostrophiert wird. Das Lieblingsschlagwort der Epoche ist
bei Thomas Mann weniger irrationalistisch-vitalistisch besetzt als bei
den meisten seiner Zeitgenossen, auch und gerade im damaligen Schaffen des Bruders Heinrich. Das Bekenntnis zum «Leben» steht beim Jüngeren der Mann-Brüder für die Abwehr eines weltfeindlichen Pessimismus oder Ästhetizismus und für die – fast moralische – Rechtfertigung
mitmenschlicher Bindungen in einem durchaus unspektakulären Sinn,
also auch für das, was Tonio Kröger die «Wonnen der Gewöhnlichkeit»
nennt.

Die 1899 konzipierte, seit 1900 in mehreren Anläufen entstandene Novelle
Tonio Kröger (1903) ist eines der populärsten Werke Thomas Manns, obwohl
oder weil sie nicht frei ist von einer gewissen Redseligkeit und Larmoyanz. Sie
handelt gleichsam von einem überlebenden Hanno Buddenbrook: dem Sproß
einer Lübecker Patrizierfamilie, der sich nach dem frühen Tod des Vaters und
der Auflösung der Firma den musischen Neigungen zuwendet, die er von seiner
südländischen Mutter geerbt hat – Thomas Mann artikuliert hier den selbsterlit-
tenen und vor allem von Heinrich Mann mehrfach gestalteten Konflikt «zwischen den Rassen». Der weitere Verlauf des *Tonio Kröger* läßt sich allerdings
geradezu als Antithese zu jenem übersteigerten Lebens-Konzept auffassen, das
Heinrich Mann u. a. in der Romantrilogie *Die Göttinnen* entfaltete. In programmatischer Absage an die Sinnlichkeit des Südens wendet sich der gereifte und
doch von Identitätszweifeln befallene Schriftsteller Kröger wieder dem Norden
zu. Er besucht seine Vaterstadt, wo er mit einem Betrüger verwechselt wird und
nur knapp der Verhaftung entgeht, und fährt weiter nach Dänemark, wo ihn
eine fast visionäre Wiederbegegnung mit den Menschen(typen) erwartet, denen
die Liebe seiner Kindheit galt: den «Blonden und Blauäugigen» à la Hans und
Ingeborg. Im abschließenden Brief an die scharfsinnige, radikal unbürgerliche
russische Malerin Lisaweta Iwanowna, mit der er zuvor eine grundsätzliche
Aussprache hatte, bekennt sich Kröger bewußt zu der von ihr als Verdikt
gemeinten Diagnose: Ja, er ist ein «verirrter Bürger»; gerade aber von der emotionalen Bindung an das gewöhnliche Leben verspricht er sich eine künstlerische
Produktion, die mehr ist als Literatur, nämlich Dichtung: «Schelten Sie diese

Liebe nicht, Lisaweta; sie ist gut und fruchtbar. Sehnsucht ist darin und schwer-
mütiger Neid und ein klein wenig Verachtung und eine ganze keusche Seligkeit.»

Die diskriminierende Abwertung der Literatur gegenüber der Dichtung, die
sich in den zwanziger Jahren zu einer eigenen Debatte verselbständigen und
gegen verschiedene Vertreter der Moderne, darunter auch die Brüder Mann, richten wird, bereitet sich hier also bei Thomas Mann selbst vor. In der Polemik seiner *Betrachtungen eines Unpolitischen* gegen den «Zivilisationsliteraten» wird sie
– wiederum mit Spitze gegen Heinrich Mann – eine wesentlich schärfere Ausprägung erhalten.

Als Pendant zu *Tonio Kröger* entsteht etwa zeitgleich die Studie *Die Hungernden* (1903). Das Leiden des einsamen Künstler-Ich ist hier durchaus analog zur
größeren Novelle gestaltet; es ist jedoch eine ganz andere Begegnung, die dem
isolierten Helden hier am Schluß zu neuem Selbstbewußtsein verhilft: nämlich
der Anblick eines Leidenden (die Entwürfe sprechen von einem Arbeiter), der
den besser situierten Betrachter zu verachten scheint. Die Gemeinschaft der
«Betrogenen, der Hungernden, Anklagenden und Verneinenden» deutet sich als
neue Orientierung an, und wer gehört – nach Schopenhauer und der christlichen Lehre – nicht dazu?

Thomas Mann hat in solchen Bekenntnissen zur «Liebe» Grundlage
und Rechtfertigung seiner zwischen Humor und Ironie changierenden
Schreibpraxis gesehen: «denn aller Humor kommt aus ihr [sc. der
Liebe]». Seine bedeutenderen Leistungen gelingen ihm aber dort, wo das
Prinzip der Liebe und des liebenswerten Lebens nicht identifikatorisch
in den Vordergrund tritt, sondern seinerseits in stärkerem Maß ironisch
verarbeitet wird. Darin liegt u. a. der Rang der Erzählung *Tristan*
begründet, die 1903 als Titelgeschichte der zweiten Novellensammlung
Thomas Manns erschien. Der Kunst-Leben-Gegensatz wird hier in der
Opposition zwischen dem unproduktiven Ästheten Spinell und dem
ungeschlachten Kaufmann Klöterjahn verhandelt.

Wie oft bei Mann sind schon die Namen programmatisch: Der nach dem Vorbild Peter Altenbergs und Arthur Holitschers gezeichnete Ästhet ist nach einem
jener Edelsteine benannt, die in der sterilen Kunstwelt des Ästhetizismus eine
große Rolle spielen; der deftig-kräftige Kaufmann dagegen trägt seine Zeugungs-
fähigkeit im Namen («Klöten» ist ein plattdeutscher Ausdruck für Hoden). Zwischen beiden steht Klöterjahns Frau Gabriele, die sich von der Geburt eines
kräftigen Jungen nicht mehr erholt hat und der Tuberkulose verfallen ist. Spinell
erzwingt oder beschleunigt ihren Tod, indem er die Kranke zu exzessivem Kla-
vierspiel verleitet, was ihr ärztlich verboten ist; aus seiner Sicht handelt es sich
darum, die ganz dem Leitbild der femme fragile entsprechende (von ihm nur als
Märchenprinzessin wahrgenommene) musikalisch hochbegabte Frau der Sphäre
der Kunst zurückzugeben, der sie durch die Heirat mit Klöterjahn entrissen
wurde. Ihr Tod wird von ihm um so bereitwilliger in Kauf genommen, als in der
dekadenten Ästhetik, der Spinell verpflichtet ist, Kunst und Tod immer schon
zusammengedacht waren. Schon in Gabriele d'Annunzios Roman *Triumph des
Todes* (ital. 1894; dt. 1899) wird Wagners *Tristan und Isolde* als Vehikel zum Tod

eingesetzt. «Wer die Schönheit angeschaut mit Augen, / Ist dem Tode schon anheimgegeben», heißt es in Platens Gedicht *Tristan* (1825), das Thomas Mann später mit Wagners Oper verknüpfen wird, und vor allem ist natürlich die romantisch-dekadente Verklärung des Liebestods in diesem «opus metaphysicum» (Mann), dessen entscheidende Partien Gabriele unter Spinells Anleitung auf dem Klavier spielt, das unmittelbare Vorbild des tragischen Geschehens im Sanatorium Einfried, dessen Name wiederum auf Wagner bzw. dessen Bayreuther Villa Wahnfried anspielt.

In der Darstellung dieses Musikspiels gipfelt die raffinierte Zitattechnik, mit der sich die *Tristan*-Novelle das Modell von Wagners Oper zunutze macht. Thomas Mann, der ja schon in *Der kleine Herr Friedemann* eine *Lohengrin*-Aufführung zum Wendepunkt der Handlung erhob und auch Gerda Buddenbrook aus *Tristan und Isolde* spielen ließ, gestaltet die Beschreibung von Gabrieles Klaviervortrag zu einer visionären Vergegenwärtigung des Operngeschehens, der Orchestermusik und der zentralen Sinngehalte aus. Dabei lehnt er sich vielfach an Formulierungen der Vorlage an, die jedoch durch neue Einfügungen und Interpretamente ergänzt werden: «Banne du das Bangen, holder Tod! [...] O chromatisch empordrängendes Entzücken der metaphysischen Erkenntnis!» In diesem Montage-Verfahren, das bald darauf in *Schwere Stunde* und *Wälsungenblut* wiederaufgenommen wird und die Erzählkunst Thomas Manns bis weit ins Spätwerk hinein kennzeichnet, liegt nicht zuletzt die Modernität der *Tristan*-Erzählung begründet. Ihr ästhetischer Rang bestimmt sich im übrigen durch die Balance, in der hier die Spannung zwischen Kunst und Leben gehalten wird – mit leichten Vorteilen für letzteres gegen Ende des Textes: Klöterjahn gewinnt die Sympathien des Lesers durch das echte Gefühl, das er bei der Nachricht von Gabrieles akuter Gefährdung verrät, und Spinell ergreift die Flucht angesichts des Kinderwagens, in dem der strotzende Sprößling kräht, dem Gabriele das «Leben» geschenkt hat.

Die Schiller-Studie *Schwere Stunde* (1905) ist mehr als eine Gelegenheitsarbeit zum hundertsten Todestag des Klassikers. Thomas Mann hat die zahlreichen Zitate aus dem *Marbacher Schillerbuch* und Ernst Müllers Schiller-Biographie (beide 1905) so gewählt, daß sich Schillers Ringen um den *Wallenstein* zugleich als Chiffre für den eigenen Kampf um *Fiorenza* lesen läßt, im Porträt des von Zweifeln und Krankheiten geplagten Weimarer Dichters mithin ein Selbstbildnis des langsam schreibenden Novellisten durchschimmert. Nach der Rückkehr von der Hochzeitsreise im Frühjahr 1905 entstanden, birgt die kurze Erzählung am Ende einen besonders deutlichen Hinweis auf die autobiographische Unterlage: im anmutigen Bild der schlafenden Ehefrau, das den Dichter zu neuer Produktion ermutigt. Durch die Heirat mit Katia Pringsheim hatte sich Thomas Mann «eine Verfassung gegeben» (wie er es in einem Brief an Bruder Heinrich vom Januar 1906 ausdrückt), die seine labile seelische und soziale Stellung auf Dauer stabilisieren und ihn insbesondere von den krisenhaften Erschütterungen durch die Homosexualität befreien sollte, für die während der vorangehenden Münchner Jahre vor allem der Name des Malers Paul Ehrenberg steht.

Es zeigte sich allerdings bald, daß die narrative Begabung Thomas
Manns offenbar des Kontakts zu tabuisierten Formen der Sexualität –
zumindest in der Phantasie – bedurfte, um in höchstem Maße produktiv zu werden. Der märchenhaften Allegorie in Romanform, in die er
die Geschichte seiner Verheiratung kleidete (*Königliche Hoheit*, 1909),
mangelt es jedenfalls an tieferer künstlerischer Spannung. Im Hinblick
auf das Selbstverständnis des Autors und den inneren Zusammenhang
seines Œuvres ist der aus dem Plan einer «Fürsten-Novelle» von 1903
hervorgegangene heitere Roman gleichwohl von einigem Interesse. Die
repräsentative Lebensform, zu der Paul Heinrich erzogen wird, knüpft
an die schauspielerische Existenz Thomas Buddenbrooks an; in der
bewußten «Haltung» beider Figuren verkörpert sich das Prinzip der
künstlerischen Abstraktion, ihre scheinbare Kälte spiegelt die Distanz
des Ästheten zu jeder Form emotionaler Unmittelbarkeit. Dem Nietz-
scheaner Doktor Überbein, langjährigem Erzieher des Prinzen, kommt
die zweifelhafte Funktion zu, die Sonderstellung des adligen Herrschers
ethisch zu legitimieren, indem er sie mit seinem eigenen elitären Lei-
stungsanspruch vergleicht und gegen die «Humanitätsduselei» der Aufklärung ausspielt. Eine Schlüsselstellung in diesem Zusammenhang
nimmt das Zitat aus dem letzten Akt von Mozarts *Zauberflöte* ein: «Er
ist Prinz!» – «Noch mehr – er ist Mensch!» (Bei Thomas Mann heißt es
leicht abweichend: «Er ist mehr als das; er ist ein Mensch!») Eben diese
historische Überwindung des Adelsdenkens sucht Überbein, der übrigens später seinem eigenen Ehrgeiz zum Opfer fällt, rückgängig zu
machen, und es gelingt ihm tatsächlich, im Prinzen das Bewußtsein
einer bestimmten – nämlich ausschließlich repräsentativen – Sendung
zu erwecken, bis dieser in der Liebe zu Imma Spoelmann (Vorbild:
Katia Pringsheim) erstmals das Glück einer spontan-emotionalen Beziehung erfährt und angesichts der Möglichkeit, mit der eigenen Heirat das
Schicksal seines hoffnungslos verschuldeten Fürstentums zu retten, neue
soziale Verantwortlichkeit entwickelt.

Denn die Spoelmanns sind reich. Sie sind so phantastisch reich, daß
damit wiederum eine Form der Sonderexistenz begründet und nebenbei
auch die behaglichen Vermögensumstände der Familie Pringsheim weit
übertroffen werden. Das Außenseitertum der Roman-Braut erstreckt sich
jedoch noch auf einen weiteren Umstand: Die exotische Rassenmischung, der Imma Spoelmann entstammt, ist poetischer Reflex der jüdischen Herkunft von Katia Pringsheim. Welche produktiven Kombinatio-
nen (und zwiespältigen affektiven Reaktionen) die Verschwägerung mit
dem jüdischen Großbürgertum im dichtenden Ex-Patrizier auslöste,
zeigt die Novelle *Wälsungenblut*, die im ersten Halbjahr der jungen Ehe
entstand. Sie war schon für das Januarheft der *Neuen Rundschau* 1906
gesetzt, als Thomas Mann sie mit Rücksicht auf die Familie seiner Frau

zurückzog, da er Anlaß hatte, eine antisemitische Interpretation zu fürchten. Die erste Veröffentlichung erfolgte in Form eines bibliophilen Privatdrucks 1923; allgemein zugänglich ist der Text auf dem deutschen Buchmarkt erst seit 1958 – allerdings immer noch mit einer entscheidenden Abschwächung und Verunklarung im letzten Satz.

Das Provokationspotential von *Wälsungenblut* beruht auf der Kombination zweier Tabubrüche. Erstens endet die Geschichte mit einem körperlich vollzogenen Geschwisterinzest. Zweitens interpretiert sie diesen Inzest in der Originalfassung auch noch als Rache eines Juden an dem «Goj» (das heißt Nichtjuden), der ihm die geliebte Schwester wegnimmt. Eine dritte Provokation – zumindest für germanophile Wagner-Anhänger und national empfindende Juden – liegt in der unmittelbaren Verknüpfung der inzestuösen Beziehung eines in üppigstem Luxus aufgewachsenen, dekadenten jüdischen Zwillingspaars mit der heroischen Geschwisterliebe der beiden «Wälsen» Siegmund und Sieglinde, wie sie im Zentrum der *Walküre* des übrigens für seine antisemitischen Äußerungen bekannten Richard Wagner steht («Braut und Schwester / bist du dem Bruder – / so blühe denn Wälsungen-Blut!»). Der Opernbesuch der Zwillinge Siegmund und Sieglind Aarenhold steht im Zentrum der Erzählung; er ist als gezielte Herausforderung von Sieglinds arglosem Verlobten von Beckerath motiviert, der offenbar nur aufgrund seiner blonden Haare, seines Adels und seiner Stellung im Ministerium – das heißt seines Gebrauchswerts für die jüdische Assimilation – als Heiratsobjekt in Aussicht genommen wurde. Wiederum bewährt sich Thomas Manns Meisterschaft in der Vergegenwärtigung Wagnerscher Musik, hier sogar des Aufführungsgeschehens. Dabei fällt allerdings eine merkwürdige Verschiebung auf, die sich nur aus einer Perspektivierung der theatralischen Aktion entsprechend dem Blickwinkel der beiden Aarenholds, und hier vor allem Siegmunds, erklären läßt. Dessen Bewußtsein seiner sozialen Isolation als Jude in einer tendenziell judenfeindlichen Gesellschaft und seine Eifersucht auf von Beckerath werden in das Operngeschehen hineinprojiziert, das gerade in dieser Verkürzung geeignet ist, den abschließenden Geschwisterinzest zu begründen. Mit der Milderung des Schlußsatzes geht eben dieser Motivationszusammenhang verloren.

Nicht zuletzt durch die unerquicklichen Auseinandersetzungen um *Wälsungenblut* sah sich Thomas Mann um die Jahreswende 1905/06 veranlaßt, die Verwendung wiedererkennbarer persönlicher Modelle in seinem Erzählwerk zu rechtfertigen. Die ersten Opfer dieses poetischen Verfahrens waren im Lübecker Umkreis des Autors zu beklagen, der in den *Buddenbrooks* systematisch Schicksale und Personalien aus der eigenen Familiengeschichte und ihrem Umfeld geplündert hatte; der in Christian Buddenbrook porträtierte Onkel Friedrich beschimpfte den Verfasser daraufhin als Nestbeschmutzer, während sich Tante Elisabeth, die als Vorbild der Tony diente, offenbar mit dem literarischen Nachruhm tröstete. Noch frischer waren die Realitätsbezüge der «Judengeschichte» (an Heinrich Mann, November 1905), die Eindrücke von einem Besuch bei Katia Manns Berliner Verwandten aufgriff und manche Einzelheit wohl noch näher, nämlich dem Haus der Münchner Schwiegereltern, entlieh. In einem Artikel der *Münchner Neuesten Nachrichten* vom Februar 1906 geht Thomas Mann nunmehr in die Offensive; unter dem Titel *Bilse und ich* setzt er seinen produktiven Umgang mit Realitätsbausteinen von der gezielten Indiskretion ab, der sich der Skandalerfolg von Romanen wie Fritz Oswald Bilses *Aus einer kleinen Garnison* (1903) verdankt. Thomas Mann beruft sich auf Nietzsches These vom Schmerz des Erkennens, sein entscheidendes Argument ist aber eher konservativ, wenn nicht konventionell: der Glaube an die verwandelnde Kraft des dichterischen Worts, das die disiecta membra der Wirklichkeit erst beseele und zu einer neuen Realität zusammensetze. Es ist die Frage, ob diese althergebrachte Deutung dem besonderen Effekt der Wirklichkeitsmontage, die verschiedene Werke Thomas Manns auszeichnet, vollständig gerecht wird.

Knapp zehn Jahre nach Beendigung der *Buddenbrooks* häuften sich in den Notizbüchern Thomas Manns die Eintragungen zu unvollendeten, ja unausgeführten Projekten. Da war das Projekt eines Gesellschaftsromans, der ein vielfältiges anekdotisches Geschehen – man ahnt die Wiederkehr der ‹Bilse-Problematik› – unter dem Schopenhauer entliehenen Stichwort vom Schleier der «Maja» (so der Arbeitstitel) vereinigen sollte. Das mittlerweile aufgegebene Arbeitsvorhaben sollte noch Jahrzehnte später Urständ feiern, denn die ältesten Notizen zum *Doktor Faustus* stehen in enger Verbindung dazu; in der Münchner Nebenhandlung des Altersromans werden einige Motive aus dem Kreis der *Maja*-Notizen ihre verspätete Ausführung finden. – Da war das Projekt eines Romans über den preußischen König Friedrich II. als Inbild protestantischen Geistes und eines Heroismus der Schwäche; das *Friedrich*-Notizbuch wird später eine der Hauptquellen des Kriegsessays *Friedrich und die große Koalition* bilden. – Da waren die umfangreichen Notizen zu einem «Litteratur-Essay» unter der Überschrift *Geist und Kunst*, die sich um eine theoretische Bestimmung des eigenen intellektuell-‹literarischen› Schreibens in Abgrenzung zur Heimatkunst und mancher Anbiederung der Moderne bei der Volkstümlichkeit bemühten, wie sie Thomas Mann u. a. in Georg Fuchs' Beiträgen zur Theaterreform witterte.

Da war nicht zuletzt das Vorhaben eines Hochstapler-Romans, aus dem die *Bekenntnisse des Hochstaplers Felix Krull* (1922–1954) hervorgingen. Im Unterschied zu anderen Projekten jener Jahre entstand von diesem Werk damals auch schon ein nennenswerter Teil des Manuskripts, nämlich deutlich mehr als das «Buch der Kindheit», das Thomas Mann 1922 – gewissermaßen als Abschlagszahlung auf den noch unvollendeten, auch später zu keinem regulären Abschluß geführten Roman – veröffentlichte. Nach der Unterbrechung durch den *Tod in Venedig* wurde die 1910 begonnene Ausarbeitung 1913 bis zur Erstfassung des Rosza-

Kapitels, also noch deutlich über die berühmte Musterungsszene hinaus, fortgeführt. Angeregt durch die Memoiren des rumänischen Hochstaplers Manolescu, hatte Thomas Mann schon 1906 das Kernmotiv der späteren Romanhandlung notiert: den Identitätstausch des Hochstaplers mit einem Grafen, in dessen Namen er eine Weltreise unternimmt und von ihr berichtet. Schon aus der zeitlichen Nachbarschaft zur *Königlichen Hoheit* ergibt sich die komplementäre Sicht auf das Künstlertum als Fluchtpunkt der Hochstapler-Erzählung: Wird dort die Sonderstellung des Künstlers ins Aristokratische überhöht, so wird sie hier ins Heuchlerisch-Kriminelle umgedeutet. Fürst wie Hochstapler sind sich jedoch darin gleich, daß sie Rollen spielen, als Schauspieler ihrer selbst eine innere Leere überbrücken. So stellt sich der junge Felix als vorgeblicher Geigenvirtuose (der jedoch nur die Bewegungen markiert) auf die Bühne, spielt «schulkrank» und befreit sich durch einen täuschend-echten Epilepsie-Anfall vor der Musterungskommission vom Wehrdienst. Diese und andere Abweichungen vom Bürgerlich-Normalen werden uns nun nicht in der Objektivität einer auktorialen Erzählsituation (wie so oft bei Thomas Mann), sondern aus der Altersperspektive eines saturierten Hochstaplers mitgeteilt, der sich und seinem pikaresken Lebenslauf so viel Bedeutsamkeit zuerkennt, daß er sie einer umständlichen autobiographischen Darstellung würdigt, und übrigens auch keinen Anlaß zu Reue oder nachträglicher Selbstkritik sieht – im Gegenteil! In dieser parodistischen Grundausrichtung auf das Modell der klassischen Autobiographie (namentlich Goethes *Dichtung und Wahrheit*) liegt einer der Hauptreize des Textes, der sich punktuell fast wie eine Selbstparodie liest, denn eine gewisse Würde der Selbstdarstellung oder Repräsentanz – auch im Stil – ist ja schon dem damaligen Thomas Mann nicht fremd.

Darin besteht denn auch eine innere Verwandtschaft mit der Novelle *Der Tod in Venedig* (1912), die 1911/12 im Anschluß an einen kurzen Venedig-Aufenthalt entstand. Thomas Mann hat die Figur des Schriftstellers Gustav von Aschenbach als ein halbes Selbstporträt angelegt – nicht zuletzt dadurch, daß er ihr mehrere der oben genannten eigenen literarischen Projekte unterschob und ein Zitat aus Samuel Lublinskis *Buddenbrooks*-Analyse auf das Schaffen Aschenbachs übertrug. Er hat diesen andererseits von sich weggerückt, indem er ihm die Gesichtszüge (und den Vornamen) Gustav Mahlers lieh, von dessen Tod er selbst unmittelbar vor der Abreise nach Venedig im Mai 1911 erfuhr, und das Œuvre und die Grundsätze der Novellenfigur entschieden ins Repräsentativ-Staatstragend-Erzieherische verschob. Man hat auf das Modell der Neuklassik verwiesen, der der Kritiker Lublinski angehörte und mit der auch Thomas Mann zu liebäugeln scheint, wenn er in seiner *Auseinandersetzung mit Richard Wagner* (später: *Über die Kunst Richard Wagners*), im Juni 1911 auf Briefbögen des «Grand Hôtel des Bains, Lido-Venise» geschrieben, von der Notwendigkeit einer «neuen Klassizität» spricht. (Auch Aschenbach schreibt ja am Lido «anderthalb Seiten erlesener Prosa» «über ein gewisses großes und brennendes Problem der Kultur und des Geschmackes».) Verfolgt man diese Linie weiter, so ergibt sich eine spezifische Motivation für die auffällige Massierung antiker und klassizistischer Elemente in diesem dem Untergang eines neuen ‹Klassikers› gewidmeten Text: Aschenbachs Größe und Elend würden gewissermaßen mit den von ihm selbst favorisierten, der abendländischen Tradition entliehenen Mitteln beschrieben.

Eine solche ironisch-parodistische Schreibstrategie liegt mit Sicherheit dem zweiten Kapitel der Novelle zugrunde, das uns mit Aschenbachs Entwicklung und Werk bekannt macht, und tritt auch an anderen Stellen zutage. Für die Gesamtheit der Antike-Reminiszenzen und zumal der mythologischen Bezüge wird man sie kaum verantwortlich machen. Diese entwickeln eine unheimliche Eigendynamik und nehmen den Charakter von Leitmotiven an, die Aschenbachs Handeln in einem nahezu tiefenpsychologischen Sinne bestimmen (eine deutliche Erweiterung gegenüber der primär kompositorischen Funktion der Leitmotivtechnik in früheren Werken) – vom ersten Anlaß der Reise, dem Erscheinen jenes fremdartigen Wanderers am Münchner Nordfriedhof, in Tracht und Aussehen sowohl an Hermes wie an Dionysos (und den Tod) erinnernd, bis hin zur letzten Gebärde des vierzehnjährigen Tadzio, dessen jugendlichen Reizen der Witwer Aschenbach in Venedig so rettungslos verfällt: «Ihm war aber, als ob der bleiche und liebliche Psychagog dort draußen ihm lächle, ihm winke; als ob er, die Hand aus der Hüfte lösend, hinausdeute, voranschwebe ins Verheißungsvoll-Ungeheure.»

Als «Seelengeleiter» (psychagogos) erfüllt Hermes die Funktion eines Totengottes, ist er zuständig für die Reise der Toten in die Unterwelt und ihre Einschiffung über den Acheron. Schon die Beschreibung von Aschenbachs Überfahrt nach Venedig, das er ja von der Seeseite erreicht, ist voll dunkler Anspielungen auf diesen Bereich der griechischen Mythologie. Die Mysterien des «fremden Gottes» Dionysos dagegen, über die sich Thomas Mann aus Büchern Jacob Burckhardts und Erwin Rohdes belehrte, kommen über den Reisenden in einem «furchtbaren Traum», der «die Kultur seines Lebens» vernichtet. In diesem Traum verbinden sich die tags zuvor erhaltenen Aufklärungen über die Einschleppung der «indischen Cholera» nach Venedig mit dem Begehren des Homosexuellen, der sich fortan keinen Zwang mehr antut und sich als jugendlich geschminkter Greis am «Narrenseil» seiner Passion ziehen läßt. (Noch auf der Schiffsreise hat sich Aschenbach von einer ähnlichen Erscheinung angewidert abgewandt.) Der Choleratod im Anblick des Geliebten schließlich führt die medizinische und die sexuelle Dimension des «dionysischen» Komplexes zusammen. In ihm erfüllt sich auch das Platen-Zitat des 3. Kapitels; den homosexuellen

Verfasser der *Venezianischen Sonette* ereilte ein früher Tod auf der Flucht vor der Cholera in Italien.

Erinnerungen an die griechische Päderastie und das Vorbild der – mit Winckelmanns Augen gesehenen – ‹apollinischen› klassischen Plastik mögen mitbestimmend dafür sein, daß die antikisierende Tendenz im 4. Kapitel kulminiert, das Aschenbachs Enthusiasmus für die Schönheit des Knaben auf den Höhepunkt führt und ihn zum Bewußtsein seiner Liebe steigert. Zunächst wird in enger Anlehnung an Homer (schon im daktylischen Rhythmus der Eingangssätze) der Strandaufenthalt in der Nähe Tadzios als zeitlose phäakische Idylle entworfen; in teilweise wörtlichem Rückgriff auf Platons Dialoge *Phaidros* und *Symposion* sowie Plutarchs *Erotikos* wird sodann die platonische Schönheitslehre in Erinnerung gerufen – weniger wohl als sublimierende Schutzbehauptung, wie der Autor selbst es einmal angedeutet hat, denn als Motivation für die Verführbarkeit des Künstlers. Dabei wird freilich der transzendente Charakter des Platonismus durch eine psychologische Interpretation ersetzt. Nur weil Aschenbach glaubt, in seinem Schaffen das geistige Ideal und die sinnliche Schönheit versöhnen zu können, öffnet er sich der Körperschönheit Tadzios in so rückhaltloser und unwiderruflicher Weise: «Das war der Rausch; und unbedenklich, ja gierig hieß der alternde Künstler ihn willkommen.»

Im letztgenannten Stichwort klingt noch die Spur eines Novellen-Projekts an, das gleichsam rückstandslos im *Tod in Venedig* aufging: Thomas Mann hatte unter dem Titel «Goethe in Marienbad» die letzte Liebe des Dichters zu Ulrike von Levetzow behandeln wollen. Goethes Brief an Zelter vom 24. August 1823, in dem zwar nur mit einer Andeutung des «sehr hübschen Kindes» gedacht, aber der Aufenthalt im Marienbader «Zauberkreis» anhand von Musikeindrücken rekapituliert wird, verdankt die Aschenbach-Novelle denn auch eines ihrer charakteristischsten Symbole: das von der geballten Faust, die sich öffnet. Wenn es stimmt, daß Thomas Mann während der Arbeit an der Novelle die *Wahlverwandtschaften* – sozusagen zu Trainings-Zwecken – fünfmal gelesen hat, so wäre dies ein weiteres Argument für den latenten Goethe-Bezug seiner Erzählung, die die Gefährdungen der Meisterschaft behandelt und sich dabei zugleich so ersichtlich der Insignien stilistisch-künstlerischer Meisterschaft versichert. Der ironische Vorbehalt, mit dem das geschieht, wurde freilich nicht von allen Kritikern erkannt.

Unter den zahlreichen und überwiegend sehr positiven zeitgenössischen Reaktionen auf den *Tod in Venedig* fällt die eigenartige Besprechung auf, die Heinrich Mann in der Zeitschrift *März* dem Werk des Bruders widmete. Sie erinnert an das Ende des französischen Kaiserreichs, das von der Romankunst Zolas gleichsam heraufbeschworen wurde, und vermutet bei Thomas Mann eine ähnliche Beziehung: «Die Stadt Venedig, von der unheimlichen Krankheit befallen, und ein seltener Mensch an der letzten, gefährlichen Wendung seines Lebens, sie rufen einander.» Die Parallele wäre vollständig, wenn Heinrich Mann ausgesprochen hätte, was er vielleicht vom *Tod in Venedig* ebenso wie vom eigenen Roman *Der Untertan* erwartete: daß das Werk nicht nur die Bereitschaft seiner Epoche zum Untergang spiegle, sondern diesen auch auslöse.

3. *Keyserling*

Als Eduard von Keyserling 1918 in München nach langjährigem Leiden
starb, widmete ihm Thomas Mann einen identifikatorischen Nachruf. Er
spricht darin von der Sympathie des baltischen Grafen «mit dem, was
hoffnungslos vornehm, dem Glücke fremd ist», und nennt den Verfasser
der «Schloßgeschichten» einen «Gesellschaftsschilderer» ohne «soziale
Attitüde», dessen «Kritik dem Leben, nie der Gesellschaft gilt». Keyserling betreibe − man darf hinzufügen: wie der Schöpfer des *Tonio Kröger*
und der *Buddenbrooks* − die «Verklärung und melancholische Ironisierung seines feudalen Heimatmilieus»; sein ganzes Künstlertum sei hervorgegangen aus der Sublimierung adliger Anmut und Strenge. Bewußt
unterschlägt Thomas Mann die vielbeachtete Rolle, die der von seinen
Standesgenossen geächtete Aristokrat in der Schwabinger Boheme der
Jahrhundertwende gespielt hat; in seinem Roman *Zwischen den Rassen*
hat Heinrich Mann sie in der Figur des Grafen Kreuth karikiert, der für
seine lebenssüchtigen Ausschweifungen erst hygienisch «trainieren»
muß und übrigens durch sein gesamtes Erscheinen das Mißtrauen in die
körperliche und geistige Konstitution bestätigt, das Lovis Corinths Porträt des Dichters als Inbild einer hypertrophen Dekadenz bei einer robu-
steren Nachwelt auslösen mußte.

Das erzählerische Schaffen Keyserlings, das nach fast zehnjähriger
Unterbrechung − wenn man von zwei kleinen Beiträgen zur *Jugend*
absieht − kurz nach 1900 wieder einsetzt und scheinbar unbeeinträch-
tigt durch die Erblindung (Ende 1906) bis zu seinem Tode anhält, läßt
sich in seiner Ganzheit durch die Polarität von Vitalität und Dekadenz,
Lebensstärke und -schwäche charakterisieren: angefangen von der litauischen Dorfgeschichte *Die Soldaten-Kersta* (1901), die uns mit der exotischen Einfachheit einer ländlich-derben Gefühlswelt konfrontiert (der
Mann kann auch mit einem unehelichen Kind leben, nachdem er die
Frau oft genug dafür verprügelt hat, und diese macht sich ohnehin kein
Gewissen daraus, daß sie sich während der langen Abwesenheit des Ehemanns im Wald dem Förster hingegeben hat), bis hin zur letzten zu Lebzeiten veröffentlichten Erzählung. *Im stillen Winkel* (1918) berichtet
von einem kränklichen Jungen, der zunehmend den Kontakt zur Wirklichkeit verliert; von der bürgerlichen Tüchtigkeit seines Vaters (eines
adligen Bankdirektors) ist er mindestens so weit entfernt wie Hanno
Buddenbrook von der des Senators. Die ablehnende Haltung, mit der
seine Mutter noch oder vielmehr gerade nach dem Kriegstod ihres Mannes auf die Avancen eines charmanten Verehrers reagiert, belegt die herausragende Bedeutung der Gefühlskontrolle für den Habitus der hier
gezeigten Oberschicht.

Zwischen diesen beiden randständigen Werken erstreckt sich das Reich der «Schloßgeschichten» Keyserlings. Dazu gehören mindestens zehn zum Teil größere Erzählungen und kurze Romane, die in der Welt des ostelbischen Adels spielen (teils mehr nach Litauen, teils mehr ins östliche Preußen tendierend − eine eindeutige Zuordnung wird vermieden) und erotische Konflikte ins Zentrum stellen, die nicht selten tödliche Folgen haben (Selbstmord, Duelltod) oder mit solchen Konsequenzen drohen. Schon die Ausrichtung des Geschehens auf die sexuelle Problematik, erst recht aber die Verknüpfung von Liebe und Tod und die weitgehende Aussparung zeitgeschichtlich-politischer Bezüge rücken die Schloßgeschichten in die Nähe der kakanischen Eros-Welt Schnitzlers, auf den ja auch schon die impressionistischen Elemente in Keyserlings Erzählen verweisen.

Eine solche Parallele läßt sich insbesondere zu Schnitzlers Drama *Reigen* ziehen, das nicht nur den Sexus als Generalnenner menschlichen Handelns und Redens enthüllt, sondern dabei auch ein schichtspezifisches Gefälle aufzeigt: von der unkomplizierten Direktheit sexueller Handlungen in der Unterschicht bis zur Potenzschwäche der Aristokratie (die letzte Szene mit dem Besuch des alten Grafen bei der Dirne ist die einzige Episode, die ohne sexuelle Erfüllung zu Ende geht). Keyserling, der sich vor seiner Übersiedlung nach München längere Zeit in Wien aufgehalten und möglicherweise bestimmte Anregungen von dort übernommen hat, geht von einer ähnlichen Differenzierung aus, die er jedoch weniger empirisch-soziologisch als im Sinne einer auf Sublimation beruhenden Kulturtheorie auslegt. Je höher die statusbedingte gesellschaftliche Bildung, desto stärker der Zwang zur Affektkontrolle − zur «tenue» (Haltung), wie sie von den Adligen seiner Schloßgeschichten ausdrücklich eingefordert wird.

Die Tragik des Adels, wie Keyserling ihn schildert, liegt im Verbot und (oder) im Verlust emotionaler Spontaneität, in der Distanz zum «Leben» vor allem im Sinne erotischen Erlebens und Begehrens. Von hier aus wird deutlich, worin Thomas Manns Vorliebe für diesen Autor begründet war; geht es doch auch bei ihm allenthalben um die notwendige Distanzierung − des Künstlers, aber auch schon eines Patriziers wie Thomas Buddenbrook − vom einfachen «Leben»; auch Klaus Heinrich (in *Königliche Hoheit*) besteht auf «Haltung».

Bereits in *Beate und Mareile* (1903), der ersten Schloßgeschichte, die mit dieser neuartigen Gattungsbezeichnung erscheint, ist das Modell des Genres voll ausgebildet. In einer Topographie, die durch zwei benachbarte adlige Güter mit ihrem Park (domestizierte Natur), den umliegenden Wald und die weitere Umgebung sowie − in Andeutungen oder Kurzberichten − Berlin und die Mittelmeerküste als Freiraum für sexuelle Aktivitäten umrissen ist, durchlebt Graf Günther von Tarniff, der als hungriger Lebens-Künstler im Sinne des Schnitzlerschen Anatol gezeichnet wird, den Konflikt zwischen zwei Frauen, die zugleich Grundtypen des Keyserlingschen Romanpersonals repräsentieren: Der «weißen Frau» Beate, mit der ihn eine sexuell unerfüllte Ehe verbindet, steht die «rote Frau» Mareile gegenüber, eine Tochter des Gutsinspektors, die allerdings eine höhere Erziehung genossen hat und als erfolgreiche Sängerin gesellschaftlich arriviert ist. Nachdem Günther Mareile zunächst an den Maler Hans Berkow verliert (und sich sexuelle Befriedigung bei der «roten Eve», einem primitiv-leidenschaftlichen Landgeschöpf, holen muß), kehrt die Geschiedene – erotisch Gereifte – erneut an den Ort ihrer Kindheit zurück und erobert sich den verheirateten Mann durch Gesang (u. a. «Isoldes Liebestod» aus Wagners Oper). Das von Mareile zunächst intendierte Konzept einer Liebesbeziehung auf höherer Ebene hat nicht lange Bestand; auf einem gemeinsamen Ausritt kommt ihr beiderseitiges Begehren zum Ausbruch. Es entspannt sich eine leidenschaftliche Affäre, als deren Schauplatz zunächst die sogenannte «Türkenbude» (mit Schlegels *Lucinde* im Bücherschrank) im benachbarten Wald und später eine Berliner Wohnung dient. Das auf die Dauer unumgängliche Duell endet mit einer schweren Verwundung Günthers, die den Geschwächten endgültig in die Arme Beates zurückführt.

Günthers standesuntypische Genußsucht wird zunächst mit seiner italienischen Mutter begründet (auch hier zeichnen sich Parallelen zum Selbstverständnis der Brüder Mann ab): «Das exotische Blut nagte an den starken Nerven der märkischen Rasse, erhitzte und schwächte sie mit seiner Erbschaft fremder Geschlechter.» Züchtungs- und Dressurprinzip überlagern sich in der Pferdesymbolik, die für die weitere Entwicklung charakteristisch ist. So wird der Ulanen-Offizier Egon von Sterneck, der sich zunächst in Mareile verliebt, von einem älteren Kameraden vor der unstandesgemäßen Verbindung mit den Worten gewarnt: «Unsereiner wird nun mal mit der Kandare im Maul geboren.» Ein Aufenthalt im Pferdestall bringt die Liebenden der Natur ihrer Beziehung näher. Anhand der Domestizierung der Rassepferde erläutert Günther die Folgen systematischer Triebunterdrückung: «Sehen Sie die alte Fuchsstute dort [...] die hat ihr Blut untergekriegt. Sehen Sie den Blick. Wie Tante Lolo, wenn sie die Kreuzzeitung liest.» (Die reaktionäre Kreuzzeitung war die bevorzugte Lektüre des preußischen Landadels.) Demgegenüber erklärt Mareile: «Ich bin kein Rassepferd. [...] Nein, ich habe freie Weide, Gott sei Dank!»

In Annemarie, der frigiden Ehefrau der männlichen Hauptfigur in der Erzählung *Harmonie* (1905), begegnet der Typus der «weißen Frau» in gesteigerter Form. Als letzter Sproß eines aussterbenden Geschlechts ist diese femme fragile ohnehin auf Ablehnung jeder unzuträglichen Realität eingestellt; der Tod ihres ersten und einzigen Kindes und die anschließende Nervenkrankheit liefern zusätzliche Motive für eine Weltentrücktheit, die wiederholt durch dasselbe Bildzitat unterstrichen wird: durch den Vergleich nämlich mit Correggios Darstellung der Danae, die die Liebe des Gottes in Gestalt des Goldregens «mit einer vornehmen Selbstverständlichkeit» hinnimmt. Die höchste Lust Annemaries im Laufe der Erzählung ist denn auch die Hingabe an einen weißen (!) Blü-

tenregen im Frühlingswind, die von ihrem Lieblingsonkel durchaus angemessen, nämlich ästhetizistisch als Bild, wahrgenommen wird. Es ist
ein Jugendstil-Bild, das der Erzähler zeichnet: «Sie lächelte ihr sorgloses
Lächeln, wiegte sich leicht, wie berauscht von all dem Weiß. [...] Die
Blätter fielen über ihr Gesicht, hingen sich in ihr Haar. Thilo stand
dabei [...] und sah das Bild vor sich mit wohliger Verträumtheit an.» Am
Schluß geht die Unglückliche ins Wasser; Felix, der ihre «weiße Gestalt»
im Dunkel gesehen hat, versucht sie zu retten, verfängt sich beim
Schwimmen aber in den Wurzeln der Wasserpflanzen (wie Reinhard in
Storms *Immensee*) und kommt zu spät.

Keyserlings kritische Darstellung einer Adelswelt, die gleichsam die
Bodenhaftung verloren hat und sich in verlogener Romantik verliert,
erreicht einen künstlerischen Gipfel in der Erzählung *Am Südhang*, die
1911 in der *Österreichischen Rundschau* und fünf Jahre später als Buch
bei S. Fischer erschien. Der wiederum ironisch zu verstehende Titel
bezieht sich auf die Kritik des Hauslehrers Aristides Dorn an der privi-
legierten Festtags-Existenz des Adels als sonnenverwöhnter «Muster-
wirtschaft des Lebens». Der frischernannte Leutnant Karl Erdmann hat
zu Beginn seines Urlaubs Mühe, sich in diesem Schutzraum zu «akkli-
matisieren». Er gerät in den Sog der attraktiven Daniela von Bernow,
einer in die Jahre gekommenen femme fatale; die einzige Liebesnacht,
die sie dem jungen Offizier unverhofft schenkt, verdankt er der unmittelbar bevorstehenden Abreise zu einem Duell – die Aura der Lebensgefahr läßt ihn der von dekadentem Erlebnishunger erfüllten Frau gleichsam in «bengalischer Beleuchtung» erscheinen. Dieselbe Todesdrohung
relativiert aber auch die müßige Lebensform des Adels aus der Sicht des
Betroffenen; noch der leere Ausgang des Duells, das sich als mechanische Pflichtübung erweist, verstärkt seine Entfremdung. Der anschließende Selbstmord des Hauslehrers, mit dem Keyserling die vom Leser
erwartete Tragik in überraschender Form nachliefert, ist vor diesem
Hintergrund als Anklage oder Abgesang zu verstehen.

In der Ausrichtung des Geschehens von *Am Südhang* auf die Zentral-
perspektive des jungen Karl Erdmann kommt eine Besonderheit von
Keyserlings Prosa zur Geltung, die bis auf zwei Ausnahmen durchgängig
zu beobachten ist: die Tendenz zu einem personalen Erzählen, bei dem
die Grenze zwischen objektiver Realität und subjektiver Wahrnehmung
letzten Endes verschwimmt. Keyserling, der sich in einem Bericht über
die Frühjahrsausstellung der Münchner Sezession 1903 ausdrücklich
zum Impressionismus als dem «definitiven malerischen Ausdruck» «für
diese eigenste Art des Sehens unserer Zeit» bekannt hat (bei der wir «aus
dem Dargestellten unsere eigene Erregtheit herauslesen, etwas in ihm finden, das dem Vibrieren unserer Seele entspricht»), hat den impressionistischen Primat der Sinneswahrnehmung anscheinend gleich doppelt in sei-

nem Erzählwerk reflektiert. Einmal inhaltlich in der Gestaltung genuß-
süchtiger Figuren wie Günther von Tarniff, die weitgehend dem Typus
entsprechen, der in der Schnitzler-Forschung als «impressionistischer
Charakter» angesprochen wird. Zum anderen aber in der konsequenten
Fokussierung des Erzählens auf die Perspektive einzelner Personen, und
zwar ganz konkret in der Bevorzugung visueller Wahrnehmungen bzw.
der Reduktion des Gesagten auf das optisch Wahrnehmbare. So bekommen wir bei der abendlichen Ankunft Karl Erdmanns auf dem elterlichen
Gut nicht so sehr die Familie zu sehen, die ihn auf der Terrasse erwartet,
als ihr abendliches Erscheinungsbild, wie es sich dem Protagonisten darbietet: «Aus der Sommerdämmerung schimmerten die weißen Kleider
der Mädchen und die roten Pünktchen der brennenden Zigarren.»

Schon die Wiederkehr der symptomatischen Weiß-Rot-Konstellation
zeigt uns allerdings, daß es vom Impressionismus zum Symbolismus bei
Keyserling nur ein kleiner Schritt ist. Seine Schloßgeschichten leben
vom vielfältigen Reiz der Farbtupfer, mit denen ein sinnenfroher Erzähler die Leinwand bedeckt, doch geht es diesem Erzähler dabei um mehr
und anderes als photographische Genauigkeit in der Wiedergabe von
Äußerlichkeiten. Vielmehr werden das Unausgesprochene des Dialogs,
die Ahnung der Todesnähe, die Sinnlichkeit und die Eitelkeit der Geliebten in den schwelgerischen Vergleichen signalisiert, mit denen der folgende Satz aus *Am Südhang* eine Pause im Gespräch zwischen Daniela
und Karl Erdmann ausfüllt:

> «Beide schwiegen jetzt und schauten auf einen Trauermantel nieder,
> der vor ihnen auf dem besonnten Kies lag wie ein kleines Stück
> Samt. Über Danielas Stirn hingen rote Bohnenblüten wie Bluts-
> tropfen, und all das Laub ringsum mischte viel Grün in das Schie-
> ferblaue ihrer Augen, daß sie zu schimmern begannen wie die
> Brust eines Pfaues.»

Ebenso vielsagend fällt die Beschreibung der Entenjagd in derselben
Erzählung aus, übrigens ein stereotypes Versatzstück der Schloßgeschichten für die Gestaltung vitaler Leidenschaft jenseits der aristokratischen Affektkontrolle − aber durchaus noch integriert in die standesgemäßen Aktivitäten des Landadels. Das angehende Paar kommt sich erotisch näher in der Erregung des phallischen Treibens, zu dem sich die
Verfolgung der Tiere in Keyserlings sexualsymbolisch pointierender
Gestaltung auswächst. Erdmann beobachtet interessiert, wie sich
Daniela «in der Erregung aufrichtete und straffte»: «Und wenn sie
geschossen hatte, und der große Vogel dort in der Luft schlaff wurde,
wie ein abgespannter Bogen, und schwer in das Wasser fiel, dann ließ sie
das Gewehr ein wenig sinken, und es zuckte um ihre Lippen ein seltsa-
mes, fast leidenschaftliches Lächeln.»

Die impressionistische Qualität von Keyserlings Erzählen und der ihm immanente symbolisierende Grundzug treten vielleicht nirgends deutlicher hervor als in seinem Roman *Wellen* (1911). Auch darin wird personal erzählt, allerdings in wechselnder Perspektive, entsprechend der lockeren Struktur der Feriengesellschaft, die sich hier am Strand zusammenfügt. Sensibel werden die wechselnden atmosphärischen Stimmungen des Strandlebens erfaßt, das doch von einer überragenden symbolischen Vorstellung dominiert wird: der des Meeres als Inbegriff für die Aufhebung der Individuation im Sinne Schopenhauers. Von gleichen philosophischen Voraussetzungen ausgehend, hat schon Gerhart Hauptmann 1906 in seinem erst 1912 veröffentlichten Drama *Gabriel Schillings Flucht* einen Ostseeurlaub gestaltet, der mit dem Selbstmord eines erotisch bedrängten Malers in den Wellen endet. Auch der Maler Grill in Keyserlings Roman stirbt in den Fluten – einen Unfalltod genaugenommen, doch ist nicht zu übersehen, daß die nächtlichen Ausfahrten mit dem Fischerboot dem Maler vor allem zur Distanzierung von den Konflikten dienen, in die ihn das (notdürftigst gesellschaftlich legitimierte) Zusammenleben mit seiner Geliebten stürzt; auch sein Tod also ist eine Art Flucht.

Doralice, die aus der Ehe mit einem um dreißig Jahre älteren Grafen ausgebrochen ist, findet in der Beziehung zu dem vom Ideal der freien Liebe erfüllten Maler nicht den Halt, den sie benötigt. Scheinbar leichtfertig läßt sie sich auf die Avancen eines jungen Offiziers ein, durch den Selbstmordversuch der jungen Lolo von Buttlär (seiner Verlobten) erst in letzter Minute abgebremst. Der Schluß des Romans zeigt sie in Trauerpose am mittlerweile vereinsamten Strand, begleitet nur vom pensionierten Geheimrat Knospelius, der als monströser Krüppel einen asexuellen Status einnimmt. Inmitten eines von leidenschaftlichen Bindungen beherrschten Treibens kommt dem Behinderten eine überlegene Position zu; er ist der Weise, der die Gefühls-Brandungen sozusagen vom festen Land aus beobachtet, aber auch der Spielleiter, der mit experimentellem Interesse die sich anbahnenden Verwicklungen beschleunigt – wie es Knospelius mit der Einladung zu seiner «fête champêtre» tatsächlich gelingt. Eine annähernde Überlegenheit behauptet sonst nur die alte Generalin von Palikow, die die Interessen ihrer Familie mit Scharfblick und Zynismus vertritt und sich dabei von den hysterisch-sentimentalen Anwandlungen der beiden jüngeren Generationen wohltuend unterscheidet – hier kommt wiederum Keyserlings Degenerationsmodell des Adels zum Tragen; allerdings unterschätzt auch die Generalin die Gefahr für die sittlich-soziale Ordnung, die von Doralice ausgeht.
«Immer wieder fühlte da Doralice, wie die engen, heißen Schranken des Ich sich verwischten und lösten» – die Meeressymbolik aus *Wellen* findet in Keyserlings Werk vielfache Entsprechungen. Schon *Beate und Mareile* wartet mit einem programmatischen Zitat aus Schlegels *Lucinde* auf, das «Vernichten und Schaffen» im «ewigen Weltstrom» geeint sieht, aus dem sich auch die «kühnere Welle» (der Leidenschaft?) nur flüchtig emporhebt. In *Fürstinnen* erzählt der sterbende Graf Streith von der Fahrt ans Meer an einem heißen Sommertag und der Erleichterung, die schon der kühle Wind dem Reisenden brachte – «er roch köstlich nach unendlicher Weite»:

«Und dann hörte ich einen Ton, ganz weit, ganz leise, und doch lag in ihm etwas Großes, etwas Befreiendes, Kühlendes, es lag in diesem leisen, fernen Ton etwas wie das Donnern der Stimme der Unendlichkeit. Sehen Sie, Doktor, das war das Meer.»

Wie schon in Thomas Manns *Buddenbrooks* erweist sich das Lebenssymbol Meer hier zugleich als Todessymbol.

Eine Sonderstellung in Keyserlings Erzählwerk nehmen die beiden Ich-Erzählungen *Schwüle Tage* (1904) und *Seine Liebeserfahrung* (1906) ein. Erstere ist aus der Perspektive eines Jugendlichen geschrieben, dessen erste Einblicke in das Geschlechtsleben sich aufs engste mit dem Sturz des Vater-Denkmals, ja dessen Selbstmord verbinden. Der Vater, der die Parole der «tenue» ausgibt und für die Außenwelt eindrucksvoll verkörpert, kann die Trennung von einem jungen Mädchen, die er selbst erzwungen hat, nicht verkraften. Der erzieherische Anspruch, den er gegenüber seinem (stillschweigend aufbegehrenden) Sohn behauptet, wird dadurch nachdrücklich relativiert. Einer noch weitergehenden Ironisierung unterliegen die Tagebuchaufzeichnungen des Magnus von Brühlen, die den Titel «Seine Liebeserfahrung» nur bedingt rechtfertigen. Ein kritischer Leser wird wohl eher von der Liebesillusion sprechen, der sich das Subjekt der Aufzeichnungen hingegeben hat; zu Magnus' Realitätssinn haben wir nach den Mitteilungen über seine literarischen Projekte und die umständlichen Vorbereitungen, die er dafür – durchaus in der Manier des Ästheten Spinell aus Thomas Manns *Tristan* – getroffen hat, ohnehin wenig Zutrauen.

Für Magnus vollkommen überraschend, der sich nämlich selbst geliebt glaubt, verschwindet Claudia, die junge Frau des alten Barons von Daahlen-Liewesitz, eines Nachts zusammen mit ihrem Verehrer von Spall. Die mit naturgesetzlicher Notwendigkeit erfolgende Flucht oder Untreue der sexuell unbefriedigten Ehefrau ist ein Leitmotiv der Epoche, bei dessen Motivation es die Autoren nicht an Deutlichkeit fehlen lassen. In Keyserlings Roman *Dumala* (1907) verläßt die Baronin von Werland ihren an den Beinen gelähmten Mann zugunsten eines Liebhabers, den wir primär aus der Perspektive des eifersüchtigen Pfarrers Werner – der an ihm fast zum Mörder wird – und also in sehr unvorteilhaftem Lichte kennenlernen. In Schnitzlers Erzählung *Frau Berta Garlan* betrügt Frau Rupius ihren an den Rollstuhl gefesselten Mann mit dessen heimlichem Wissen; sein Verständnis für ihren Ehebruch ist größer, als von der Ehefrau und der Umwelt erwartet. Entsprechend verzichtet auch in *Dumala* der verlassene Baron auf eine testamentarische ‹Bestrafung› seiner untreuen Frau.

Eine originelle Version des Entführungsmotivs bietet die Erzählung *Bunte Herzen* (1908). Sibylle (Billy) von Wandl-Dux, die Tochter des alten Grafen Hamilkar, läßt sich von einem polnischen Verehrer entführen, dessen Leichtfertigkeit und Eitelkeit ganz den landläufigen antipolnischen Stereotypen entsprechen. Schon bei der ersten Übernachtung in einem wenig standesgemäßen Gasthof (mit jüdischer Bewirtschaftung) wird das Mädchen, wie es der Typus der «weißen Frau» verlangt, von Angst vor der Sexualität befallen und flieht nach Hause – eine Flucht vor der Flucht. Eine andere Flucht tritt der enttäuschte Boris an, der schon vorher von einem gemeinsamen Liebestod gesprochen hat (Keyserling wiederholt hier ein schon in seinem Einakter *Die schwarze Flasche* ironisch behandeltes Motiv) und sich nunmehr allein erschießt. Nicht genug des Sterbens! Die Erzählung endet mit dem friedlichen Tod des verständnisvollen Grafen im Angesicht der untergehenden Sonne. Er bildet ein sentimental-ironisches Gegengewicht zum «erwartungsvollen verlangenden Lächeln», mit dem seine heimgekehrte kränkliche Tochter eben dieselbe Abendsonne betrachtet. Daß ihre Erwartungen in Erfüllung gehen, darf nach der Vorgeschichte füglich bezweifelt werden.

Auch *Fürstinnen* (1917) endet mit dem Blick eines adligen Mädchens in die Sonne, einem traurigen Blick, denn Prinzessin Marie hat nach verschiedenen Erlebnissen keinen Grund mehr zu der Erwartung, daß vor ihr jemals «in dem flimmernden Lichte etwas Schönes und Erregendes auftauchen könnte». Die Erzählung, die deutlicher als frühere Schloßgeschichten auch die ökonomischen Probleme des Hochadels thematisiert, der sich zum Verkauf seiner Waldbestände genötigt sieht, berechtigt zu Zweifeln an Thomas Manns These, daß Keyserlings Kritik allein «dem Leben, nie der Gesellschaft» gelte. Nur wer außerhalb der aristokratischen Sozialisationszwänge aufwächst, scheint die Chance zu einem authentischen Leben zu haben. Ein Beispiel dafür, das der Resignation Maries am Schluß tröstend gegenübergestellt wird, bietet die junge Britta, die wegen der gesellschaftlichen Ächtung ihrer – immerhin adligen – Mutter rousseauistisch-ungezwungen, «wie die Pilze» aufgewachsen ist. Keyserling als selbst von der Adelsgesellschaft Verstoßener entwirft hier gleichsam ein ins Weibliche gespiegeltes Selbstbild.

In der Historisierung der (baltischen?) Adelsgesellschaft als eines geschichtlich überholten Systems geht keine Schloßgeschichte Keyserlings so weit wie sein Roman *Abendliche Häuser* (1914). Schon die ersten Kapitel entwerfen ein Bild des alten Barons von der Warthe als Fossil einer verflossenen Epoche; der einstige Meinungsführer der Aristokratie, der mit einer Handbewegung über die gesellschaftliche Stellung seiner Standesgenossen entscheiden konnte, ist seit dem Duelltod seines Sohnes ein gebrochener Mann. Schon der Weggang der unverheirateten Tochter Fastrade, die eine medizinische Berufsausbildung in Hamburg antritt, stellt einen offenen Bruch mit seinen Prinzipien dar. Der weitere Gang der Handlung entwickelt sich allerdings weniger ‹progressiv›, als man es nach dieser Ouvertüre erwarten könnte. Fastrade verfällt nach ihrer Heimkehr auf das elterliche Gut einer eigentümlichen Passivität. Das Interesse verschiebt sich auf den ungebärdigen Dietz von Egloff, der um ihre Hand anhält – einen selbstherrlichen Junker, der bereits anderweitige erotische Bindungen eingegangen ist, deretwegen Fastrade sich später von ihm lossagt (neben den Spielschulden ein wesentliches Motiv seines Selbstmords). Wiederum tritt das Thema des erotischen Verzichts in den Vordergrund; es verbindet sich stimmungsvoll mit der Symbolik der winterlichen Schneelandschaft und der Sonnenuntergänge. Allein in Nebenfiguren konkretisiert sich die Tendenz zu einer neuen sozialgeschichtlichen Fundierung: so in der Figur des kleinen jüdischen Händlers Laib, der mit seinem Schlitten im Wald steckenbleibt und von Dietz großspurig aufgenommen wird, oder des jüdischen Kaufmanns Mehrenstein, dem er seinen Wald verpfändet. Die familiäre Verantwortung des Juden, der seine Kinder sicherstellt, und seine Liebe zu seiner im Sterben liegenden Frau treten in Gegensatz zur Leichtfertigkeit, mit der der Adlige die Zukunft seines Geschlechts verspielt.

4. Stehr und die Brüder Hauptmann

Auch die Protagonistin von Hermann Stehrs Roman *Leonore Griebel* (1900) ist ein Spätling. Als letzter Sproß einer längst verarmten freiherrlichen Familie heiratet sie einen wohlhabenden Tuchmacher und mit ihm das altertümliche, von der jahrhundertelangen Geschichte seines lebensstarken Geschlechts erfüllte Patrizierhaus. Sie gebiert Joseph Griebel auch zwei Söhne, deren kräftige Statur in ähnlichem Mißverhältnis zur schwächlichen Konstitution der Mutter steht wie Klöterjahns Junge (in Thomas Manns *Tristan*) zu derjenigen Gabrieles. Im übrigen aber fühlt sich Leonore – schwankend zwischen träumerischer Passivität und vereinzelten Anfällen hektischer Aktivität – ebenso fremd und unglücklich in den herrschaftlichen Räumen des alten Spukhauses (ein Anklang an Fontanes *Effi Briest*!) wie in den Armen ihres behäbig-wohlmeinenden, nachgiebig-leidenschaftslosen Mannes. Als auch ein momentanes Ausnahme-Erlebnis vollkommener sexueller Hingabe ohne spürbare emotionale Folgen bleibt, erleidet die innerlich unerfüllte Frau einen – im Wortsinn der damaligen Psychologie – hysterischen Anfall, der fast mit der Ermordung des Ehemanns endet. Nach der Geburt ihres zweiten Kindes kommt sie nicht mehr zu Kräften: «Nach langen, langen Jahren, in einer Herbstnacht, erlosch sie stumm und einsam neben ihrem schlafenden Manne.»

In der Verbindung von Dekadenz- und Hysterie-Problematik zeigt sich Hermann Stehr in diesem seinem ersten (schon 1898 entstandenen) Roman noch deutlich einem naturwissenschaftlichen Determinismus verpflichtet. Auch durch die dialektale Prägung seiner Dialoge – hier wie in anderen frühen Werken – scheint sich der schlesische Erzähler dem Naturalismus zuzuordnen. Gleichzeitig übersteigt er ihn durch den

Versuch der Gestaltung eines seelischen Mysteriums, wie es sich besonders in der Einwirkung des alten Hauses auf das Gefühlsleben der
unglücklichen Frau andeutet. In der Gewichtung des Irrationalen und
seiner symbolischen Vergegenwärtigung liegt ein Grundzug von Stehrs
Erzählen seit seiner Erstlingsnovelle *Der Graveur* (1896). Darin wird
von dem traurigen Schicksal eines Glasschleifers berichtet, der im Streit
mit seinem brutalen Bruder eine Gehirnverletzung erleidet und in deren
Folge die Sprache und seine Berufstätigkeit verliert. Ein Alptraum macht
ihn schließlich zum Mörder; Inneres und Äußeres, Vision und reales
Tun sind zu unauflöslicher Tragik verbunden – den paradoxen Effekt
der sprechenden Pferde in sonst so milieugesättigtem Kontext hat noch
1914 Oskar Loerke hervorgehoben. Auf Gerhart Hauptmann hat die
von Moritz Heimann für die *Neue Rundschau* entdeckte (um 1890 entstandene) Erzählung ähnlich stark gewirkt wie Stehrs zweiter Roman
Der begrabene Gott (1905) neun Jahre später auf Hugo von Hofmannsthal: «Hier ist etwas gemacht aus dem Dunkelsten und Tiefsten des
Lebens. [...] Hier reißt es uns in Tiefen, wo wir nie waren.»

Der begrabene Gott beginnt mit einem Symbol der Tiefe: Der Krüppel Karl
Exner plant einen Brunnenbau; der Schacht soll bis hinab zum «Seelenwasser»
führen. Es ist derselbe Brunnen, in dem sich am Schluß die Leiche seines besten
Freundes findet; die Quelle des Lebens versiegt. Im Zentrum des Romans steht
die seelische Problematik der Ehe, zu der die Willensenergie des Krüppels die
schöne Magd Marie zwingt, ein Mädchen aus besserem Hause, das sich ganz
andere Hoffnungen vom Leben machen konnte. Sie geht die Ehe ein, weil sie
darin einen Befehl Gottes erkennt, wird aber durch ihr leidvolles – nicht zuletzt
durch Ehrgeiz und Habsucht des Mannes getrübtes – Zusammenleben und
schließlich durch die Geburt eines mißgestalteten Kindes im Glauben an eine
göttliche Führung irre. Sie stampft die Figuren ihrer Gottesverehrung, die sie
zuvor gegen den jähzornigen Mann verteidigt hat, nunmehr selbst in den tiefen
Schnee, tötet das Kind und verbrennt sich selbst, ein Wiegenlied singend, im
angezündeten Haus. Eine sentimentale Coda spricht von der «Stundenglocke
des Menschendaseins» zwischen der «Nacht des Aufgangs» und des «Niedergangs».
   Ein männliches Pendant zu dieser Haus- und Selbstvernichtung mit Fanalcha-
rakter liefert die gleichzeitig konzipierte Erzählung *Der Schindelmacher* (1899).
Franz Tone rächt sich für die Mißachtung durch seine Erben, indem er das ihnen
überlassene Anwesen in einem Paroxysmus zerstört, der an einschlägige Gewalt-
taten der Hauptmannschen Weber erinnert: «Alls zerschlon mr, gell ock, alls,
alls! – Helft mr, helft mr. Arm missa se warn.» Sein anschließender Selbstmord
wird zur Wiedervereinigung mit der toten Ehefrau stilisiert: «‹Gatte, etz komm
ich!› flüsterte er voll furchtsamen Glückes und legte den Kopf in die Schlinge.
Darauf kam die Sonne und drückte ihm die Augen zu.»

Es war die Mischung von Naturalismus, Symbolismus und Dekadenz
in Stehrs frühen Erzählwerken, die die Zeitgenossen faszinierte, aber
auch ihr Weiterwirken über die Epoche der Jahrhundertwende hinaus

erschwerte. Walther Rathenau, der Stehr in einem Grußartikel zum 50. Geburtstag 1914 als den größten deutschen Epiker apostrophierte, war insbesondere von seinem dritten, gleichfalls schon um 1900 begonnenen Roman *Drei Nächte* (1909) beeindruckt. Dieser stellt den durchaus neuartigen, aber auch problematischen Versuch dar, persönlichstes Erleben (Stehrs Volksschullehrerausbildung und -dienst in Habelschwerdt und Pohldorf) mit Gesellschaftskritik und Rahmendaten der deutschen Geschichte (Märzrevolution, Gründerzeit, Sozialistenverfolgung) einerseits und den für diesen Autor so charakteristischen mystischen Grenzerlebnissen andererseits zu verbinden. Auf den schlesischen Dialekt wird dabei erstmals verzichtet. In drei aufeinanderfolgenden Nächten schildert der unkonformistische Volksschullehrer Faber einem geistesverwandten Kollegen sein Leben und die Geschichte seiner Familie, damit auch die Bindungen erklärend – wie die Spukgestalt der antirevolutionären Großmutter –, die ihn bis jetzt von einer radikalen Befreiung aus der Abhängigkeit des Amts abgehalten haben. Das Bekenntnis gerät zur Selbstvergewisserung und Selbstbefreiung, wiederum signalisiert im Symbol des Sonnenaufgangs: «Faber stand außerhalb des Baumschattens auf dem Hügel, von dem ersten Licht umflossen und redete in das Gestirn hinein.» In der Morgenröte des Geistes, die hier beschworen wird, vereinigen sich die aufklärerischen Bildungserlebnisse Fabers (Spinoza, Feuerbach, Darwin) mit mystischen Auffassungen, die Stehr der heimatlichen religiös-philosophischen Tradition (Jakob Böhme, Angelus Silesius) ebenso wie dem zeitgenössischen Monismus entnehmen konnte: «Unser Inneres wurzelt in der Zeitlosigkeit. Wir haben es nicht allein, wir haben es mit allem und dem All gemein.» Noch im letzten Roman Stehrs (*Damian oder Das große Schermesser*, posthum 1944) dient Faber als geistiges Ebenbild des Autors.

Nach dem Ausgriff auf die große Politik in den *Drei Nächten* folgt mit den legendenhaften *Geschichten aus dem Mandelhause* (1913) der Rückzug auf die Intimität einer Vater-Kind-Beziehung, auf den poetischen Humor kindlicher Weltwahrnehmung überhaupt. Genau genommen handelt es sich bei den unter diesem Titel veröffentlichten dreizehn Kapiteln um ein 1909–1911 (nach einem Entwurf von 1908) entstandenes Fragment. Weitere zwölf Kapitel wurden 1911–1913 niedergeschrieben; sie sind zusammen mit den späteren Schlußkapiteln in der posthumen Ausgabe *Das Mandelhaus* (1953) enthalten. Wiederum entzündet sich Stehrs dichterische Phantasie am Symbol des Hauses. Das Häuschen des Flickschneiders Mandel kommt der Subjektivität des Menschen, seinen Träumen und sinnlichen Bedürfnissen aber wesentlich näher als das unheimliche Tuchmacherhaus in *Leonore Griebel*. Freilich fehlt es auch hier nicht an tragischer Zuspitzung: Die Beziehung des Witwers zur taubstummen Magd Maruschka entfremdet ihn dem Sohn Amadeus, der im Teich die tote Mutter suchen geht und erst in letzter Minute gerettet wird. Als sich der Vater daraufhin von der Geliebten trennt, nimmt Amadeus wieder seinen lange unterdrückten Gesang auf, mit dem er die Tote gegenwärtig macht und dem Schneider die Welt bunt färbt. Die Erstausgabe trug eine Widmung für Gerhart Hauptmanns Frau Margarete «als Dank für manchen Traum, den mir ihre Geige gesungen hat» – die Musik dient als Paradigma innerlicher Weltüberwindung.

Auch in dem zweibändigen Roman *Der Heiligenhof* (1918), dem populärsten Werk Stehrs, konzipiert unmittelbar nach seiner Freistellung vom Schuldienst 1911, geht es zentral um eine Vater-Kind-Beziehung. In dem westfälischen Bauern Andreas Sintlinger, der als Junggeselle ein wildes Leben führt und sich auch in seiner Ehe zunächst nur vorübergehend beruhigt, vollzieht sich eine tiefgreifende Wandlung durch die Entdeckung der angeborenen Blindheit seines ersten und einzigen Kindes, der zarten Helene. Die epochentypische Polarität von Vitalität und Lebensschwäche (hier wie so oft kombiniert mit der Opposition Männlich-Weiblich) erfährt eine eigentümliche Abwandlung, insofern die weibliche Schwäche nun auf den männlich-vitalen Pol vergeistigend zurückwirkt – Andreas erklärt seine Tochter zum Engel und wird zum Propheten einer inneren Offenbarung: «Die Augen sind nur ein Umweg. Und was wir in der Seele sehn, ist ein anders, als die Welt in unsern Augen. Deswegen gibt es hinter der Augenwelt noch eine Welt. Und jedes Ding ist doppelt.»

Die wundertätige Ausstrahlung des Kindes, die ihm den Ruf einer kleinen Heiligen einträgt, löst in Verbindung mit den ketzerischen Auffassungen seines Vaters im benachbarten Dorf anabaptistische Aktivitäten aus. Deren Bekämpfung durch die katholische Kirche gibt dem Autor Gelegenheit, seiner antiklerikalen Haltung Ausdruck zu verleihen. Von diesen Auseinandersetzungen unbeeindruckt, ist Andreas jedoch um so stärker irritiert durch die Anzeichen der Pubertät bei seiner Tochter, ihren neuen Lebenshunger und das jähe Ende ihrer Blindheit, ausgelöst durch die Begegnung mit Peter Brindeisener, dem von ihr geliebten Sohn des verfeindeten Nachbarhofs. Stehr variiert hier das schon von Keller behandelte Motiv «Romeo und Julia auf dem Dorfe», läßt aber nur das (wieder erblindete) Mädchen sterben.

Helenes Freitod stößt Andreas Sintlinger in einen Abgrund der Verzweiflung, aus dem ihm nur ein Gespräch mit dem Protagonisten eines früheren Stehr-Romans herauszuhelfen vermag. Der Volksschullehrer Faber aus den *Drei Nächten*, der sich inzwischen zum Revolutionär gemausert hat, bei Arbeiterkämpfen im Ruhrgebiet aufgefallen ist und bei den Moabiter Unruhen (1910) von einem Polizeisäbel verletzt wurde, tritt schon zum zweiten Mal innerhalb des *Heiligenhof*-Romans in Erscheinung. Er tröstet den ländlichen Helden durch ein Bekenntnis zur All-Einheit, die der Mensch durch Versenkung in die Tiefe seiner eigenen Seele erlange: «Denn dort erlebt er alles Leben, das ganze Weltall, den ganzen Gott mit all seinen Geheimnissen, weil dieser unser Grund auch der Grund Gottes ist.» Für einen sozialistischen Revolutionär ist dieses Credo erstaunlich mystisch ausgefallen; es ist die Botschaft des Autors.

Mit dem Roman *Peter Brindeisener* (1924) schickt Stehr seinem erfolgreich-sten Buch sechs Jahre später eine Art Epilog hinterher, in dem die Ereignisse der *Heiligenhof*-Handlung aus der Perspektive von Helenes Geliebtem reflektiert und ergänzt werden und übrigens auch räumlich – durch die Erzählung vom Aufenthalt Peters in einer niederschlesischen Industriestadt – der Anschluß zum Ausgangspunkt der Faber-Trilogie in *Drei Nächte* hergestellt wird.

Für die damalige Beliebtheit des *Heiligenhofs* sind neben der senti-mentalen Religiosität, mit der die blinde Helene gezeichnet ist, und dem hier gleichsam bestätigten Stereotyp des deutschen Gottsuchertums in erster Linie die Berührungspunkte mit dem Genre der Heimatliteratur verantwortlich. Dazu gehören das patriarchalische Idyll des großbäuerli-chen Daseins fernab der Stadt, das Bild einer autochthonen ländlichen Kultur, schließlich auch die Andeutungen über die Krise dieser gesamt-gesellschaftlich überholten Wirtschaftsform, festgemacht am verschulde-ten Brindeisener Hof. Stehrs eigenes Interesse und die Stärken seines literarischen Talents führen von der ökonomischen Ebene fort. So hat auch seine 1914 entstandene tragikomische Exkursion in die Lebenswelt der Angestellten mit dem Titel *Der Schimmer des Assistenten* (aus dem Novellenband *Das Abendrot*, 1916) ihren Schwerpunkt nicht auf der anklagenden Darstellung einer beruflichen Situation, die einem jungen Mann – bei 110 Mark Monatsgehalt – keine Eheschließung ermöglicht. Vielmehr liegt der Fokus der Erzählung auf der seelischen Schwäche des Büroschreibers Paul Förster, der zunächst heiraten will, dann aber aus «Lebensfeigheit» in das Wesen eines fremden Menschen flüchtet, der in der Haltung eines Betrogenen und Gescheiterten in einer Gastwirtschaft steht. Eine bis ins Körperliche reichende (An-)Verwandlung, fast im Sinne Kafkas! In grotesk-expressionistischer Steigerung konzentriert sich die Perspektive – und eben in dieser symbolischen Konkretheit lie-gen Stärke und Eigenart des Erzählers Hermann Stehr – auf ein isolier-tes Detail, nämlich die linke Hand des Unbekannten:

> «Förster sah den jungen Menschen noch blasser werden, mit der Hand vor den Augen einen Moment verharren, dann aufstehen und hinter den Vorhang an das Fenster treten. Nichts als die linke Hand, die die Gardine zurückhielt, ragte von ihm vor. Sie war blut-leer, mager, so qualvoll verzweifelt, wie Förster noch nie ein Gesicht gesehen hatte. Als schreie der junge, blasse Mensch damit schmerzvoll auf.»

In bemerkenswerter geistiger (übrigens auch räumlicher und menschli-cher) Nähe zu Stehrs mystischem Erzählstil und seiner Balance zwi-schen Naturalismus und Symbolismus entwickelt sich das narrative Schaffen der Brüder Hauptmann. Auch hier liegt eine Verankerung im Naturalismus oder seinen weltanschaulichen Voraussetzungen zugrunde;

auch hier läßt sich eine Emanzipation des ‹Seelischen› als neues Leitprinzip beobachten. Die Thematisierung religiöser Phänomene und die Einbeziehung der schlesischen Landschaft und Mundart (in der Figurenrede) bilden weitere Gemeinsamkeiten, während die Tendenz zur mythisierenden Darstellung, in der sich die sonst so unterschiedlichen Brüder Hauptmann begegnen, bei Stehr außer im *Begrabenen Gott* nur begrenzte Entsprechungen findet.

Carl Hauptmann ist gleichsam durch die Abkehr vom Positivismus zum Dichter geworden. Als Schüler von Ernst Haeckel in Jena und Richard Avenarius in Zürich war er maßgeblich an der Ausbildung des empiristischen Naturbegriffs beteiligt, auf den sich die Programmatik des Naturalismus berief. Seine Abhandlung *Die Metaphysik in der modernen Physiologie* (1893) hatte geradezu die Kritik an der Weiterverwendung des metaphysischen Begriffs «Seele» in der Naturwissenschaft als Hemmnis des Fortschritts zum Gegenstand.

Schon die erste literarische Arbeit Carl Hauptmanns, die stark autobiographische – auf eine Andermatt-Reise mit Josepha Kryzanowska zurückgehende, zunächst unter dem Pseudonym E. Clar veröffentlichte – Liebesgeschichte *Die Sonnenwanderer* (1890), setzt dagegen ganz auf das Pathos einer quasi-religiösen Erlösung («Der Mensch liebt im Menschen nur den Gott») und die suggestive Wirkung einer darauf abgestimmten, Nietzscheanisches und Christliches verschmelzenden Licht- und Natursymbolik. Die impressionistisch anmutende Faktur des Textes, der sich in eine lockere Folge einzelner Situationen gliedert und seinen Prosastil einem ähnlichen Rhythmus unterwirft (die Absätze bestehen zumeist aus einzelnen, zumeist kurzen, Sätzen), bleibt auch für die anderen Beiträge des gleichnamigen späteren Sammelbandes (1896) und für die weitere Entwicklung des Autors bestimmend.

Eine Distanzierung von der Subjektivität seiner frühen Skizzen bedeutet der Roman *Mathilde* (1902), der die wechselnden Lebens- und Liebesgeschicke einer Angehörigen der Unterschicht über zwanzig Jahre hinweg mit erheblicher Sympathie verfolgt. Doch auch hier ist die Lockerheit des Aufbaus, die Konzentration auf die einzelne Situation gewahrt; «Zeichnungen aus dem Leben einer armen Frau» lautet der Untertitel.

Carl Hauptmann pflegt die Form der kurzen Prosa weiter in den Sammlungen *Aus Hütten am Hange* (1902) und *Miniaturen* (1905). Es handelt sich zumeist um Porträts einsamer Menschen, oft schon räumlich vom gemeinschaftlichen Leben und Treiben der anderen geschieden und von einer Sehnsucht erfüllt, die nur sie selbst kennen: Der Schmuggler Sagasser, der im nächtlichen Wald um sein Leben springt (*Im Grenzwalde*), ebenso wie Fischer Hinrichs (in der gleichnamigen Miniatur), der seiner verlorenen Liebe in einem schottischen Lied nachtrauert; der jüdische Kleidertrödler Nelken, der die tiefe Zuneigung zu seiner jungen Frau hinter Lauern und Mißtrauen versteckt (*Der alte*

Händler), ebenso wie Eva Engler in einer jener «Hütten am Hange»,
die als verzärteltes Enkelkind von Großbauern im Tal aufgewachsen und
in ihrer Ehe mit einem frommen Tischler innerlich «stumm und starr»
geworden ist. Nur in der Liebe zu ihrem Kind blüht sie auf, und dieses
Glück ist nicht von langer Dauer (*Stummer Wandel*).

Eine Vorliebe des Erzählers Carl Hauptmann gilt den Nichtseßhaften:
Bettlern, Landstreichern, Zigeunern. *Kinderspott* erzählt von einem heruntergekommenen Bauern, der sich dem Gelächter der Dorfjugend aussetzt;
an einem Frühlingstag erfüllt ihn ein mächtiger Wandertrieb, und unter
«Liebster Jesu»-Gesängen steigt er auf einen Berg, auf dem er stirbt. Ein
unbekannter Landstreicher (in der Miniatur *Der Landstreicher*, 1910) verhilft durch sein Erscheinen während des Gottesdienstes dem Pfarrer und
der Kirchengemeinde erst zum rechten Glaubens- und Sonntags-Erlebnis.
Von hier ist es nicht weit zu *Der Evangelist Johannes* (in: *Schicksale*, 1913):
Ein vermeintlicher «Strolch», in eine süddeutsche Irrenanstalt eingeliefert,
entpuppt sich als verzweifelter russischer Revolutionär; eine Morphium-
Einspritzung setzt dem Martyrium dieses Christus-Nachfolgers ein Ende.
Wahrscheinlich darf man auch die Neudeutung der Rübezahl-Sage, die
Carl Hauptmann 1915 in Form eines ironischen Volksbuchs vorlegt (*Das
Rübezahl-Buch*), in diesen Zusammenhang stellen: Auch der Berggeist des
Riesengebirges ist ein Vertriebener und damit zugleich die Welt Antreiben-
der, eine ins Dämonische gesteigerte vagantenhafte Schalksfigur.

Über seine erste Begegnung mit Zigeunern hat Carl Hauptmann schon in
der Skizze *Fahrendes Volk* (1896) berichtet. Ein Jahrzehnt später wählt er einen
Halbzigeuner zum Helden seines erfolgreichsten Romans *Einhart der Lächler*
(1907). Es ist ein Künstlerroman, der den Gegensatz des Künstlers zur bürgerlichen Wertewelt ganz ähnlich wie mehrere Werke Heinrich und Thomas Manns
(u. a. *Zwischen den Rassen*, *Tonio Kröger*) aus der Erbschaft des mütterlichen Bluts
ableitet. Bei Einhart tritt eine frühe Begegnung mit der Welt der Zigeuner hinzu.
Sein Lebenslauf und seine geistige Physiognomie sind übrigens in wesentlichen
Zügen einem persönlichen Vorbild nachgebildet: dem expressionistischen Maler
Otto Mueller (einem Stiefvetter des Autors), der gleichfalls eine Zigeunerin zur
Mutter hatte und überdies in zahlreichen Bildern die vitale Freiheit der Zigeuner-
existenz verherrlichte. Muellers Malerei bleibt im Roman ausgespart, der statt
dessen mit anderen Kunstzitaten aufwartet: mit Hinweisen auf die Schule von
Barbizon, die Carl Hauptmann dank seiner engen Beziehung zum Worpsweder
Künstlerkreis vertraut war, auf den spätgotischen Dom von Antwerpen als Sinnbild einer visionär-prophetischen Kunst und nicht zuletzt auf Auguste Rodin,
dessen Haus in Meudon bei Paris Einhart besucht. Als «Sinngebärer» und «See-
lenbezwinger» feiert der Roman den Bildhauer, der zum Leitbild der impliziten
Poetik und einer kaum verschlüsselten Selbstreflexion avanciert:

> «Seine – einsame – Schau, seine – großen – Deutungen, dem Erdenklose
> eingehaucht zum schauenden Erfüllen der Stunde, zum Erhören, zum
> Erkennen, zum Mitleben aus der Tiefe ins klare Licht, zur Erhöhung des
> Lebendigen um und um.»

Carl Hauptmann hat sich wiederholt zur inspirierten Natur seines
Schreibens bekannt; viele seiner Werke sind demnach in den frühen
Morgenstunden als eilige Niederschrift einer visionären Eingebung entstanden – so auch die unvollendet hinterlassene Legendendichtung *Tan-
taliden* (posthum 1927) aus dem letzten Kriegsjahr. Im Widerspruch zu
dem hohen Maßstab, der mit der Berufung auf den Typus des Dichter-
Sehers gesetzt wird, nähert sich ein nicht unbeträchtlicher Teil des
erzählerischen Schaffens Carl Hauptmanns der Schreibweise und dem
Motivrepertoire einer trivialen Erzählkunst. Das gilt u. a. für die Erzählbände *Judas* (1909) und *Nächte* (1912), aber auch für den Roman *Ismael
Friedmann* (1913), eine klischeebefrachtete Verknüpfung der jüdischen
Problematik mit dem Degenerations- und Dekadenzthema. Dem hin-
kenden Sohn eines reichen jüdischen Fabrikanten ist kein Liebesglück
beschieden; seine adlige Verlobte erschießt sich kurz vor der Hochzeit.
Immerhin geht seine Schwester eine vielversprechende Ehe mit dem
erfolgreichen Naturforscher Juvelius ein, in dessen «kernigem» Profil
man eine Reminiszenz an den Rassenforscher Alfred Ploetz, einen
Jugendfreund der Brüder Hauptmann, vermuten darf.

Gerhart Hauptmann, der ja schon um 1890 mit drei novellistischen
Versuchen hervortrat und sich danach zunächst ganz auf die dramatische
Arbeit konzentrierte, kehrt zum Erzählen zurück, sobald nach über
einem Jahrzehnt der große Bühnenerfolg nachläßt, und konzentriert sich
zeitweise – vor allem in der durch Streitigkeiten getrübten letzten Phase
seiner Zusammenarbeit mit dem Theaterleiter Brahm – geradezu überwiegend auf narrative Projekte. 1904 legt er eine Materialsammlung für
einen *Wiedertäufer*-Roman an, von dem ab 1911 mehrere Ansätze entstehen, die jedoch Fragment bleiben und erst aus dem Nachlaß veröffentlicht werden. Die Parallele zur Schilderung der anabaptistischen
Umtriebe in Stehrs etwa gleichzeitig entstandenem *Heiligenhof*-Roman
ist frappierend. Hermann Stehr selbst dient übrigens als Vorbild für eine
der beiden Ich-Identitäten, mit denen das vielleicht avancierteste Prosa-
Experiment Hauptmanns, der gleichfalls Fragment gebliebene halbautobiographische Roman *Der Venezianer* (1903), operiert. Donatus und
Wann, der in äußerlicher Beschränktheit dichtende Volksschullehrer und
die mythisch erhöhte Subjektivität mit direktem Zugang zur Kunstwelt
Venedigs, bilden gleichsam die beiden Pole der – zwischen Realitätsver-
haftung und visionärem Aufschwung gespannten – geistigen Existenz
des Autors. Die Figur des Venezianers oder Walen entstammt übrigens
derselben schlesischen Sagentradition, die Hauptmann dem Märchen-
drama *Und Pippa tanzt!* (1905) und seinen späteren Fortsetzungsplänen
zugrunde legt.

Schon hier wird deutlich, daß sich Gerhart Hauptmann der erzählerischen Form vorzugsweise zur Gestaltung mystischer Grenzerfahrungen

bedient, die die Möglichkeiten auch einer erweiterten naturalistischen Dramatik übersteigen. Seine wichtigsten Erzählwerke aus den zwei Jahrzehnten nach der Jahrhundertwende haben denn auch eine entschieden religiöse Ausrichtung: der Roman *Der Narr in Christo Emanuel Quint* (1910) und die Novelle *Der Ketzer von Soana* (1918). Als epische Gestaltung des Christuswahn-Problems, das die Religionskritik des 19. Jahrhunderts beschäftigt hat, steht der im Vorabdruck nur *Emanuel Quint* benannte Roman in enger Verbindung mit den Bibelstudien Gerhart Hauptmanns aus den achtziger Jahren und seiner Novelle *Der Apostel* (1890). Während diese sich in der Nachfolge von Büchners *Lenz* um das Protokoll eines pathologischen Bewußtseinsprozesses bemühte, visiert der Roman die sozialen Konflikte, Rollenspiele und Verhaltensmechanismen an, die eine imitatio Christi unter den Bedingungen der jüngsten Vergangenheit – nämlich zur Zeit des Sozialistengesetzes (1878–1890) – unter den «verzwirbelten Sonderlingsköpfen» der schlesischen Bergbevölkerung auslösen würde. Der junge Emanuel Quint, der als Sohn eines Tischlers aufgewachsen ist (in Wahrheit aber einen katholischen Priester zum Vater hat), gerät durch die allzu wörtliche Befolgung biblischer Vorbilder in Schwierigkeiten mit der Obrigkeit, vor allem aber in Zugzwang infolge der Erwartungen schwärmerischer Verehrer, die in ihm alsbald den wiedergekehrten Messias vermuten. Ohne daß Emanuel viel dazu tun muß, zum Teil sogar trotz seines ausdrücklichen Widerstrebens unterliegt sein weiteres Leben einer eigenartigen Sogwirkung, gravitiert es zur Neuauflage der Passion Jesu. «Immer weitere Ringe. Jesus (Emanuel) unterliegt der Mythe Jesus», lautet eine für diesen Zusammenhang besonders aufschlußreiche frühe Arbeitsnotiz Hauptmanns.

Der schon 1901 begonnene Roman ist zu großen Teilen erst im Erscheinungsjahr 1910 niedergeschrieben worden. Noch ein Arbeitsplan von Ende 1909 sah ein politisches Finale vor mit Emanuels Anklage in einem Breslauer Sozialistenprozeß, dem Einzug des Freigesprochenen und seiner Jünger durch das Brandenburger Tor, seiner Geißelung einer uniform- und ordensgeschmückten Menschenmenge im Berliner Dom und der anschließenden Einweisung in eine Irrenanstalt. Gerhart Hauptmann hat sich dann doch für einen wesentlich unspektakuläreren Ausgang entschieden: Emanuel wird zwar (wie Jesus) vor Gericht gestellt, aber nicht aufgrund der Sozialistengesetze, sondern wegen eines Sexualmords, mit dem er nichts zu tun hat. Nach seiner – von ihm mit Enttäuschung aufgenommenen – Entlassung verliert sich der Kontakt des Erzählers zum Helden; nur noch sehr indirekt und hypothetisch läßt sich sein weiterer Passionsweg durch Deutschland und der einsame Schneetod auf dem Gotthard – mit dem Zettel «Das Geheimnis des Reichs?» in der Tasche – erschließen. Die Nähe zu Carl Hauptmanns christologischen Bettler- und Landstreicher-Phantasien, aber auch zu Dostojewskis Roman *Der Idiot* (auch Fürst Myschkin endet in den Schweizer Bergen) ist unübersehbar.

In der Vorschaltung eines borniert-rationalistischen Chronisten, der aus innerer Distanz über den «Narren» Emanuel Quint berichtet, liegt ein entscheidender Kunstgriff Gerhart Hauptmanns. Dadurch bleibt weitgehend in der Schwebe, welchen Anteil bestimmte psychische und psychopathologische Motive an Emanuels Verhalten haben. Der Erzähler unterstellt zwar dergleichen, aber er weiß es eigentlich nicht (weil ihm weithin die Innensicht fehlt), und er wäre auch nicht der rechte Mann, um genuin religiöse Phänomene angemessen zu beurteilen. Das Mißtrauen gegenüber der Erzählinstanz, zu dem der kritische Leser mithin berechtigt, ja verpflichtet ist, erlaubt auch wesentlich positivere Interpretationen der Vorgänge in und um Emanuel, nicht zuletzt die Umdeutung des Narren-Begriffs schon im Romantitel im Sinne des paulinischen Korinther-Briefs («Wir sind Narren um Christi willen»; 1. Kor. 4,10). Zu einem solchen tendenziell identifikatorischen Umgang mit dem schlesischen Christus ermutigen ferner bestimmte zeitgenössische Konstellationen: einerseits die damals geläufige Analogie zwischen Sozialreformern oder -revolutionären und Jesus, andererseits die Gleichsetzung des Künstlers mit Jesus, wie Gerhart Hauptmann sie u. a. bei Oscar Wilde vorfand und seinerseits auf Tolstoi anwandte. Ein noch näherliegender Beleg – Else Lasker-Schülers Stilisierung Peter Hilles zu einer Apostel-, ja Heilandsfigur – wird geradezu im Roman selbst zitiert; denn die Gestalt des Peter Hullenkamp (in Emanuels Breslauer Gefolgschaft) mitsamt seiner Trabantin Annette von Rhyn ist zweifellos eine Anspielung auf den Berliner Boheme-Poeten und seine Verehrerin.

Gerhart Hauptmanns Jesus-Roman leistet offenbar auch eine Selbstreflexion der Moderne – jedenfalls jener messianischen Zukunftserwartungen der Moderne, die um 1890 die Gemüter nicht nur der Literaten beherrschte. Mit spürbarer Skepsis spricht der Erzähler von der «bunten narkotischen Wolke» der Utopie, die seinerzeit eine ganze Generation beherrschte: «das gleiche nannten diese Sozialstaat, andere Freiheit, wieder andere Paradies, Tausendjähriges Reich oder Himmelreich» (26. Kapitel). «Das Reich der Erfüllung» nannte sich eine Flugschriften-Reihe der Neuen Gemeinschaft, die sich um 1900 in Berlin unter der Ägide der Brüder Heinrich und Julius Hart etablierte (s. o. S. 41). Beide Brüder werden schon in den ersten Kapiteln des Romans in leicht satirischer Verfremdung eingeführt (als Brüder Hassenpflug). Die chiliastischen Erwartungen, die sie als Vordenker der Neuen Gemeinschaft verbreiteten, finden ihr grotesk verzerrtes Gegenstück im orgiastischen (für Emanuel so nachteiligen) Treiben der Talbrüder – auch einer Variante der Wiedertäufer-Thematik, die damit für Hauptmann aber noch keineswegs erledigt war.

Die zeit- und kulturkritischen Implikationen von Gerhart Hauptmanns *Der Narr in Christo Emanuel Quint* finden bald darauf ihre Fortsetzung und Entfaltung im zweiten Roman des Autors, der allerdings mit erheblich reduziertem Kunst-Anspruch verfaßt wurde: *Atlantis* (s. o. S. 30, 53). Das eigentliche Gegenstück des Jesus-Romans ist die schon 1911–1914 begonnene, 1917 beendete Novelle *Der Ketzer von Soana*, angesiedelt in den italienischen Bergen unweit des Luganer Sees. Dem christlichen Spiritualismus Emanuels treten hier in der Rahmenerzählung das programmatische Heidentum Ludovicos und in der von diesem mitgeteilten Binnenerzählung die im Bruch des Zölibatsgelübdes gipfelnde ‹Bekehrung› des katholischen Priesters Francesco Vela zum Heidentum gegenüber. Binnen- und Rahmenerzählung konvergieren in der

Botschaft von der Göttlichkeit der Sexualität, die im Einklang mit der
monistischen Lehre Wilhelm Bölsches (*Das Liebesleben in der Natur*) in
hymnischer Natursymbolik gefeiert wird.

Es ist bezeichnend für das künstlerische Verfahren Gerhart Hauptmanns, daß er diese Botschaft nicht als rationale Erkenntnis formuliert,
sondern als mythische Anschauung, der der moderne Mensch nur im
Traum oder im Rausch teilhaftig werden kann. Punktuell wird eine solche
mythische Vision auch dem Erzähler des Rahmens zuteil, wenn er beim
Abstieg von den Bergen der «urwesenhaften» Frau begegnet, die – diese
Erkenntnis drängt sich hier unwiderlegbar auf – ebenso wahrscheinlich
mit der Agata der Binnenerzählung gleichzusetzen ist wie Ludovico jedenfalls dem Grundsatz nach mit Francesco Vela: «Sie stieg aus der Tiefe der
Welt empor und stieg an dem Staunenden vorbei – und sie steigt und
steigt in die Ewigkeit, als die, in deren gnadenlose Hände Himmel und
Hölle überantwortet sind.» Mit Bezug auf diese Schlußvision hat Haupt-
mann vorübergehend den Titel «Die syrische Göttin» erwogen – in
Anspielung auf den antiken Fruchtbarkeitskult, der noch für seinen
Roman *Die Insel der Großen Mutter* (1924) Bedeutung erlangen sollte.

Zu den Kultsymbolen der kleinasiatischen Fruchtbarkeitsreligionen
wie auch des von dort nach Griechenland gelangten Dionysoskults
gehört der Phallus, der sich denn auch gebieterisch in Francesco Velas
Träume eindrängt. Der «furchtbare Traum», der auf die asketischen
Grundsätze des Priesters eine ähnlich verheerende Wirkung ausübt wie
Aschenbachs Dionysos-Traum im *Tod in Venedig*, geht übrigens fast wörtlich auf eine Traumaufzeichnung in Gerhart Hauptmanns Tagebuch
vom März 1905 zurück. Daß dessen Novelle im Unterschied zu derjenigen Thomas Manns dennoch keine Erzählung des Untergangs, sondern
eher eine der Erlösung wird, liegt an der synkretistischen, um nicht zu
sagen: kompromißlerischen Tendenz, mit der im *Ketzer von Soana* die
Polarität von Christentum und Heidentum, Agape und Eros behandelt
wird. Indem die Symbolsprache der Erzählung den eigentlichen Sündenfall zur Wiedererlangung des Paradieses umdeutet, verbleibt der Priester
im Dienste göttlicher Liebe (nur in einem erweiterten Sinn) auch nach
seinem Bruch mit den Prinzipien der Kirche. Phallus und Kreuz können
nebeneinanderstehen wie auf manchen Bleistiftskizzen des Dichters;
im «Mysterium» der «Schöpfung» sind beide vereinigt.

5. Jakob Wassermann und Georg Hermann

Mit jeweils achtzehn bzw. sechzehn zum Teil in hohen Auflagen verbreiteten Romanen zählten Jakob Wassermann und Georg Hermann zu
den produktivsten und beliebtesten Erzählern ihrer Zeit. Beide traten

mit ihren ersten Büchern in den späten neunziger Jahren an die Öffentlichkeit, erzielten ihren literarischen Durchbruch im ersten Jahrzehnt
des neuen Jahrhunderts, spielten noch im literarischen Leben der Weimarer Republik eine wichtige Rolle – das gilt in besonderem Maße für
Wassermann, dem mit dem Roman *Der Fall Maurizius* (1928) eine
bemerkenswerte Steigerung gelang – und sahen sich nach 1933 genötigt,
zu holländischen Exilverlagen zu wechseln (Georg Hermann wurde in
Auschwitz ermordet). Beide Autoren waren jüdischer Herkunft und hatten im deutschjüdischen Bürgertum eine wesentliche Stütze ihrer Wirkung. Die Rezeption ihrer Werke nach 1945 ist nicht nur dadurch beein-
trächtigt, daß dieses originäre Publikum zerschlagen wurde, sondern
daß auch die Welt jener deutschjüdischen Symbiose, als deren literarische
Zeugen und Befürworter sich Hermann wie Wassermann einstufen lassen, von späteren Generationen durch einen unüberbrückbaren Abgrund
getrennt ist. Formale Gründe erschweren die Integration der Romanciers in den Kanon der Moderne. Es ist ein eher konventionelles Erzählen, das von Wassermann wie Hermann praktiziert wird, hier wie dort
auch nicht frei von gewissen trivialen Zügen. Literaturgeschichtlich
macht gerade diese Brückenstellung beider Autoren zwischen intellek-
tuellem und moralischem Anspruch einerseits, identifikatorischen und
Unterhaltungsangeboten andererseits das Spezifikum der von ihnen vertretenen – historisch weithin abgebrochenen – Erzähltradition aus.

Eine weitere Gemeinsamkeit der zwei Erzähler liegt im regionalistischen Grundzug, der jedenfalls einen Teil ihres Œuvres bestimmt. Hermann erwarb sich schon früh den Ruf eines Experten für die künstlerische Darstellung seiner Heimatstadt Berlin. Wassermann, der seine
Geburtsstadt Fürth bereits in jungen Jahren verließ und sich im Umkreis
der Münchner Moderne die ersten Sporen schriftstellerischer Professio-
nalisierung erwarb, siedelte 1898 nach Wien über, das (zusammen mit
Altaussee) seine zweite Heimat werden sollte. Tatsächlich schlägt sich
das Wiener Milieu in manchen seiner Werke nieder; als eigentlicher Rahmen seiner poetischen Welt behauptet sich aber bis an die Schwelle des
Ersten Weltkriegs die – durch mehrere Reisen revitalisierte – fränkische
Heimat. Drei fränkische Romane bilden gleichsam das Rückgrat seiner
literarischen Entwicklung bis 1918.

Die Juden von Zirndorf (1897), Wassermanns zweiter Roman, stellt
eine der eindrucksvollsten Gestaltungen des Messias-Motivs und des
Messianismus überhaupt in der deutschen Literatur der Jahrhundertwende dar und bildet somit ein Brückenglied zwischen den Christus-
Romanen aus der Hauptphase des Naturalismus (u. a. Hollaender, Land)
und den späteren christologischen Erzähltexten der Brüder Hauptmann
und Hermann Stehrs (wenn man *Heiligenhof* hier einbeziehen darf).
Allerdings geht es bei Wassermann nicht um den christlichen, sondern

um den jüdischen Messias. Zirndorf bei Fürth, die Heimat des jungen
Agathon Geyer, hieß nach den Prämissen des – durch jiddische und
fränkische Dialoganteile um Lokalkolorit bemühten – Romans
ursprünglich «Ziondorf» und ist von Fürther Juden gegründet worden,
die 1666 zur Begrüßung des Pseudo-Messias Sabbatai Zewi nach Osten
aufbrachen. Das der eigentlichen Romanhandlung vorangestellte Vorspiel (später auch als «fränkische Erzählung» unter dem Titel *Sabbatai
Zewi* separat veröffentlicht) liefert eine intensive Schilderung fanatischer
Religiosität, gleichsam als Vorstufe zu Stehrs und Gerhart Hauptmanns
Darstellungen wiedertäuferischer Gefühlsekstasen. Das inmitten der
Wirren geborene Kind – fälschlich als Messiasbraut angekündigt, in
Wahrheit der Sohn eines christlichen Studenten – wird vom Erzähler
als Vorfahre Agathon Geyers bezeichnet, der seinerseits aus einer geheimen Verbindung seiner Mutter mit einem Nichtjuden hervorgegangen
ist und übrigens in den späten 1860er Jahren geboren sein muß. Unübersehbar ist das Bemühen, die Hoffnungen und Nöte der gegenwärtigen
Generation in der Tiefe der Zeiten zu verankern, die Probleme der jüdischen Emanzipation und Akkulturation aus der Vorgeschichte langwäh-
render Unterdrückung und Isolation zu erklären.

Indem Wassermann das Problem der jüdischen Dekadenz ins Zentrum rückt,
verknüpft er instinktsicher zwei seinerzeit hochaktuelle Diskurse: die zwischen
Biologismus und Kulturkritik changierende Degenerations- und Dekadenzde-
batte der Jahrhundertwende, an der u. a. Thomas Mann und Keyserling teilneh-
men, und die Thematik der jüdischen Assimilation. Letztere bildet geradezu ein
Spezialthema dieses Autors, der seiner leidvollen Erfahrung einer doppelten
Loyalität oder zweifachen Nichtzugehörigkeit im biographischen Essay *Mein
Weg als Deutscher und Jude* (1921) wirkungsvollen Ausdruck verleihen wird. Im
Roman wird die Problematik der jüdischen Dekadenz hauptsächlich als Zuspitzung oder Sonderform der christlichen Dekadenz verhandelt, insofern als die
Mängel einer asketischen Lebensweise und einer sinnenfeindlichen Moral im
Judentum noch gesteigert auftreten. Hier weht der Wind deutlich von Nietzsche
her. Eine der positivsten Gestalten des Buchs (das in der Kritik am menschenverachtenden Schul- und Heimsystem des Kaiserreichs einen weiteren Schwerpunkt findet), der ob seiner aufrechten Gesinnung entlassene Lehrer Bojesen,
fürchtet daher als Nichtjude den jüdischen Einfluß auf die deutsche Kultur.
Eine grotesk-satirische Entfaltung der Dekadenzproblematik bietet die Szene,
in der Jeanette Löwengard die männlichen Gäste ihrer Verlobungsfeier auffordert, um die Wette nach einer an der Decke aufgehängten Puppe zu springen:
«Dann sprang die Hopfenhandlung Alois Cohn nebst Teilhaber [...]» – dem körperlichen Ungeschick der gleichsam entindividualisierten, mit ihrer jeweiligen
Firma identisch gewordenen Juden kontrastiert der vitale Schwung, mit dem der
junge Held den Wettbewerb für sich entscheidet. Indem der Siebzehnjährige
einen antisemitischen Peiniger (übrigens eine Art Bilderbuch-Germane mit allegorischen Qualitäten) in einer kühnen Einzelaktion ermordet, qualifiziert er
sich gleich zu Beginn der Romanhandlung zum nietzscheanischen Übermenschen. Der unaufgeklärt bleibende Mord bringt den jugendlichen Täter in eine

innere Distanz zur Normalität, die die Kompromißlosigkeit seines Handelns und die einzigartige Wirkung seiner Persönlichkeit auf andere bis zu einem gewissen Grad psychologisch plausibel macht. In der Heilung seiner todkranken Mutter durch Handauflegen wird freilich die Grenze zur modernen Heiligenlegende bzw. zum Evangelium-Imitat überschritten.

Agathon erhält den Nimbus einer gesamtgesellschaftlichen Erlöser- und Führerfigur, als er sich in einer brennenden Kirche den Löscharbeiten in den Weg stellt: «Er dachte, daß die Städte zerstört, niedergerissen werden, verlassen werden müßten, damit der Mensch wieder sich selbst finde.» Nach der Liebesvereinigung mit Jeanette, die seit ihrem Bruch mit dem Bürgertum als Varietétänzerin nach dem Sinn des Lebens fahndet, träumt er von einer emanzipatorischen Wiederauferstehung des Fleisches: «Was ich will ... Den Menschen den Himmel nehmen und ihnen die Erde geben.» Das revolutionäre Potential solcher Parolen wird jedoch im Handumdrehen entschärft durch die – politisch wie chronologisch mißliche – Verknüpfung seiner Mission mit dem Schicksal des 1886 entmachteten Königs Ludwig II. Der Tod des bayerischen ‹Märchenkönigs› ersetzt gleichsam symbolisch die Passion des fränkischen Heilands; Agathon, nunmehr des messianischen Auftrags ledig, kann sich mit seiner Jugendfreundin Monica in ein ländlich-paradiesisches Idyll zurückziehen. (Ein ähnliches Ende wählt Wassermann noch in den Romanen *Die Geschichte der jungen Renate Fuchs* und *Das Gänsemännchen*.)

Eine Passionsgeschichte eigentlichster Art hat Wassermann mit seinem zweiten fränkischen Roman geschrieben: *Caspar Hauser oder Die Trägheit des Herzens* (1907). Die quellengestützte Nacherzählung der fünf Jahre, die der weltfremd-sprachlose Jüngling von seiner Aussetzung (1828) bis zu seiner Ermordung (1833) in Nürnberg und Ansbach verlebt, liefert dem Romancier einen Helden, der noch außenseiterhafter, unschuldiger, hilfsbedürftiger und für mythische Projektionen geeigneter ist als der Zirndorfer Messias Agathon Geyer. Wassermann, der es selten versäumt, die Botschaft seiner Texte ausdrücklich zu verbalisieren, und dem die Technik des auktorialen Erzählens, der auch dieser Roman verpflichtet ist, dazu vielfältige Gelegenheiten gibt, bedient sich hier zunächst der Stimme des Nürnberger Lehrers Daumer. Als erster Wohltäter Caspars sagt dieser über seinen Schützling:

«Wenn man von ihm spricht, kann man nicht übertreiben, weil die Sprache zu ärmlich ist, um sein Wesen auszudrücken. Es ist eine uralte Legende, dies Emportauchen eines märchenhaften Geschöpfs aus dem dunkeln Nirgendwo; die reine Stimme der Natur tönt uns plötzlich entgegen, ein Mythos wird zum Ereignis.»

In der literarischen Tradition des Kaspar-Hauser-Stoffs bildet Wassermanns Bearbeitung denn auch die entscheidende Station der Mythisierung – mit unmittelbarer Folgewirkung u. a. auf Georg Trakl, dessen *Kaspar Hauser Lied* durch Wassermanns Roman angeregt ist. Eine Tendenz dieser Mythisierung ist die Blut-Mystik («Schrie nicht sein Blut aus ihm [...]?»), angedeutet in der instinktiven Erfassung seiner Herkunft – wie Wassermann unterstellt: von einer Adoptivtochter Napoleons – durch den elternlosen Helden. Die andere und dominierende Tendenz ist die Suggestion einer imitatio Christi, festgemacht an Caspars bewußtem Auf-sich-Nehmen des Kreuzes im letzten Gespräch mit Clara von Kannawurf und den Worten des Sterbenden: «Dein Wille geschehe.»

Wassermanns Caspar Hauser ist ein Märtyrer. Die Schuld an seinem Leiden und seinem Tod tragen aber nicht nur die offenkundigen Bösewichte wie Lord Stanhope und der Polizeileutnant Hickel, die im Dienste hochmögender Auftraggeber seine Entführung bzw. Ermordung betreiben und dabei auch vor der Vergiftung des redlichen Präsidenten Feuerbach nicht zurückschrecken. Sondern – und das eben meint der zweite Titel «Trägheit des Herzens», unter dem Wassermann schon längere Zeit Romanpläne schmiedete, bis sich ihm 1905 fast visionär die Verbindung mit dem Hauser-Stoff aufdrängte – die Schuld an Caspars traurigem Geschick trifft die gesamte Gesellschaft, also auch diejenigen, die sich als Wohltäter für ihn einsetzen und entsprechend der Vorliebe Wassermanns für bipolare Figurenkonstellationen als Lichtgestalten entsprechenden Negativfiguren entgegengesetzt sind – wie Feuerbach gegenüber Stanhope, der idealistische Lehrer Daumer gegenüber dem kleinlich-mißtrauischen Lehrer Quandt, die großherzige Clara von Kannawurf in Ansbach gegenüber Caspars zweiter Gastgeberin Frau Behold, einer Potiphar-Gestalt im Nürnberger Taschenformat. Die Schuld auch der Helfer besteht darin, daß sie nicht rückhaltlos helfen – oder dabei zugleich andere Interessen verfolgen und somit ihren Schützling instrumentalisieren wie zum Beispiel Daumer, der im Anschluß an das oben wiedergegebene Zitat erklärt: «Seine Seele gleicht einem Edelstein, den noch keine habgierige Hand betastet hat; ich aber will danach greifen, mich rechtfertigt ein erhabener Zweck.» Menschliche Zuwendung im Dienste anthropologischer Grundlagenforschung!

Das Gänsemännchen (1914/15), der dritte große fränkische Roman Wassermanns, ist ein Musikerroman und will doch zugleich mehr sein, nämlich ein Porträt der deutschen Gesellschaft zwischen 1871 und 1909 am Beispiel einer Provinzstadt. Dieser doppelten Fokussierung entspricht auch die Moral des Buchs, die sich hier nicht mehr eindeutig auf die Seite des einsamen Einzelnen in seinem Kampf gegen den Rest der Welt schlägt – obwohl große Teile des Buchs, vor allem die satirische Zeichnung der Nürnberger Philister, in diese Richtung weisen –, sondern um Vermittlung bemüht ist und den Künstler vom Rand der Gesellschaft in ihre Mitte versetzen will. So jedenfalls erklärt es der Autor in einem Brief an Hedwig Fischer, die Frau seines Verlegers, vom Oktober 1914:

«Es war mir darum zu tun, das Maß zu finden, in dem der Schaffende (dies Wort in seinem eigentümlichsten und fast allgemeinen Sinn) zur Welt steht; darum zu tun, ihn der Welt nicht gegenüber, sondern mitten in ihren Mittelpunkt zu stellen, ruhend und tätig, leidend und zeugend.»

Im Buch teilt die titelspendende Figur vom Brunnen des Nürnberger Obstmarkts, mit der Daniel Nothafft früher in boshafter Absicht verglichen worden ist (weil er, wie das Gänsemännchen zwei Gänse, zwei Frauen umarmte), dem Helden diese Botschaft auf dem Tiefpunkt seiner Entwicklung mit: nach dem Tod sowohl Gertruds wie Lenores und dem Scheitern seiner späteren Ehe mit Dorothea sowie der Verbrennung seiner Notenhandschriften durch die hexenartige Philippine. Das Gänsemännchen erscheint Daniel im Traum und belehrt ihn über die Unzulänglichkeit einer nur auf die Kunst fixierten Existenz – man meint, das Echo aus Hofmannsthals *Der Tor und der Tod* und anderen Ästhetizismus-Kritiken der Jahrhundertwende zu hören:

«Alles Leben ist in deine Seele geströmt, und du hast im elfenbeinernen Turm gewohnt. Wohlverwahrt war deine Seele, von Anfang an wohlverwahrt. Wie wenn ein Schwimmer sich mit Fett einreibt, bevor er ins Wasser stürzt. Du hast gelitten; das Gift des Nessushemds, das du getragen, hat deine Haut verbrannt, und der Schmerz hat sich in süßen Klang verwandelt. So sind sie, die Schöpfer, unverletzlich und unnahbar, so denkst du sie, nicht wahr? Unmenschen, die das Kreuz der Welt auf sich nehmen und doch im Schmerz über ihr eigenes Schicksal hinüberwachsen.»

Indem Wassermanns Romanschluß den Helden mit dem sprechenden Namen (Nothafft) samt seinen Schülern in seinen Geburtsort Eschenbach, die Heimat des Parzival-Dichters Wolfram, ziehen läßt, erneuert er einen weiteren Mythos: den vom tumben Toren, dem sich das Leidensmysterium des Grals erst nach einem langen Umweg erschließt. Angesichts der Wagner-Verehrung Wassermanns, wie sie sich u. a. im Dialog-Essay *Die Kunst der Erzählung* (1904) dokumentiert, dürfte die Parallele zum Urbild des Bayreuther «Bühnenweihfestspiels» kein Zufall sein.

Der autobiographische Kern der fränkischen Romane Wassermanns ist unverkennbar: im Ringen Daniels um ökonomische Sicherheit und künstlerische Anerkennung, in der bedrohten Außenseiterposition Caspars, die dem Autor als Metapher des eigenen Judentums gedient haben mag, und ähnlich in den jugendlichen Nöten und dem Sendungsbewußtsein des jungen Agathon. Ungleich direkter hat sich Wassermann in einer seiner ersten Erzählungen (*Schläfst Du, Mutter?*, 1897) mit der Urkatastrophe seiner Kindheit, dem frühen Tod der Mutter (1882), auseinandergesetzt. Der antisemitische Spottvers, mit dem die Erzählung einsetzt, verweist auf eine Problematik, die Wassermann nie losgelassen hat; sie bildet einen wesentlichen Aspekt des autobiographischen Romans *Engelhart Ratgeber* (beendet 1905), der schon für den Druck im S. Fischer Verlag gesetzt war, als Wassermann ihn zurückzog, der danach nur eine periodische Veröffentlichung an versteckter Stelle riskierte (in der _Deutschen Roman-Bibliothek_, 1907). Die posthume Publikation des Manuskripts unter dem Titel _Engelhart oder Die zwei Welten_ (1973) galt fälschlich als Erstdruck. Auch erotische Konflikte hat Wassermann schon früh literarisch verwertet: so in seinem ersten Roman _Melusine_ (1896), einem recht trivial ausgefallenen Tribut an die Wasserfrau-Mode der Zeit, unter Rückgriff auf eine Affäre seiner Münchner Jahre, und in den Entwürfen zu einem Eheroman, die ihn schon bald nach der Heirat mit Julie Speyer (1901) beschäftigten, aber erst nach der Trennung (1919) konkrete Gestalt annehmen sollten, und zwar in mehreren Werken (u. a. _Laudin und die Seinen_, 1925; _Ulrike Woytich_, 1927; _Ganna oder die Wahnwelt_, 1934).

Die allzu nahe Anlehnung an persönliches Erleben ist für den Romancier Wassermann offenbar problematisch. Entsprechendes gilt aber auch für diejenigen seiner Werke, die sich weit oder völlig von einem subjektiven Ausgangspunkt entfernen. Tendenziell erliegt dieser Autor dann den Schablonen des trivialen Gesellschaftsromans. Von solchen Gefährdungen zeugt selbst ein Roman, der Wassermann – als Beitrag zum Epochenthema der Frauenemanzipation – seinerzeit manche Anerkennung eintrug: _Die Geschichte der jungen Renate Fuchs_ (1900, Neubearbeitung 1906).

Die Pseudo-Dialektik der hier gelebten Emanzipation ist nicht frei von tragikomischen Zügen; Renate flieht vor der Karriereheirat mit einem Adligen, um in der Liebe mit einem Studenten emotionale Selbstverwirklichung zu suchen. Doch hält diese nichtlegitimierte Beziehung ebensowenig wie manche nachfolgende; Renate ist schon zur Nackttänzerin herabgekommen, als sie schließlich dem todkranken Agathon Geyer begegnet, den wir als vielversprechende Messiasfigur aus den _Juden von Zirndorf_ kennen. Auch der gewissenlose Schriftsteller Stefan Gudstikker, der seine Beziehung zu Renate umgehend literarisch ausgeschlachtet hat, ist ein Selbstzitat aus dem früheren Roman; hier wie dort kommt Gudstikker die Rolle eines Mephistopheles zu, von dem sich das faustische Streben und tiefe Fühlen seiner Antipoden um so deutlicher abhebt.

Eine solche Absicherung scheint nicht unnötig angesichts der kühnen Volte, mit der Wassermanns neuer Roman schließt. Renate, die während ihres langen Leidenswegs und sozialen Abstiegs innerlich völlig rein, sozusagen unberührt geblieben ist, lernt in Agathons Armen – auf seinem Sterbebett – erstmals die vollkommene Hingabe kennen und wird schwanger. Für Agathon dagegen gerät die Liebesnacht zum Liebestod durchaus im Sinne von Wagners Oper _Tristan und Isolde_, die Renate im Laufe des Romans schon zweimal auf der Bühne gesehen hat. Im Unterschied zu Wagners romantischer Auffassung triumphiert bei Wassermann jedoch das Leben über den Tod: Renate zieht sich aufs Land zurück und gebiert und erzieht dort ihren und Agathons Sohn Beatus. Dessen Name ist Programm auch für sie selbst, die offenbar in dieser eigenwilligen Form der Mutterschaft den Sinn ihres Lebens findet.

Das Zitat- und Anlehnungsbedürfnis des Romanciers Wassermann beschränkt sich nicht auf eigene Werke und musikalische Vorbilder. Sein «kleiner» Eheroman *Der Mann von vierzig Jahren* (1913) ist als Gegenstück zu Goethes Novelle *Der Mann von fünfzig Jahren* (1821) aufzufassen. Ebenso deutlich ist der vorangehende Roman *Die Masken Erwin Reiner's* (1910) angelehnt an das Vorbild von Samuel Richardsons Briefroman *Clarissa* (1748). Gleichzeitig zielt die Charakteristik der Titelfigur auf die aktuelle Dekadenz des modernen Großstadtmenschen, die Wassermann schon in seinem Roman *Moloch* (1902, Neubearbeitung 1908) kritisiert hat. Als «Moloch» erweist sich darin die Wiener Lebewelt, insofern sie das aufrichtige soziale Engagement des jungen Arnold aus der mährischen Provinz abstumpft und zum Erliegen bringt. Als Anlaß seines Aufbruchs in die Großstadt diente übrigens die Entführung bzw. Zwangs-Christianisierung eines jüdischen Mädchens. Wassermanns Gesellschaftsromane sind reich an jüdischen Nebengestalten, die für den Helden oft besondere Bedeutung erlangen (so zum Beispiel auch der jüdische Gelehrte Dr. Benda im *Gänsemännchen*); abgesehen vom einmaligen Experiment der *Juden von Zirndorf* ist die Hauptrolle jedoch stets einem Nichtjuden vorbehalten. Ob sich darin ein Zugeständnis an die nichtjüdische Mehrheit des deutschsprachigen Lesepublikums oder die Dominanz der deutschen gegenüber der jüdischen Identität in der gespaltenen Persönlichkeit des Autors ausdrückt, dürfte schwer zu entscheiden sein.

Im Tagebuch von 1910 notiert Wassermann die zunehmende – möglicherweise auf einen Krieg zutreibende – gesellschaftliche Spannung: «Der Uebermut der Besitzenden steigt beinahe von Tag zu Tag; das Elend der Armen nicht minder. Die Mittelklasse muss dabei zerrieben werden.» Der Ausbruch des Weltkriegs wird Wassermann in dieser Einschätzung vom drohenden Zerfall der Gesellschaft bestätigt haben; in seinem umfangreichsten Roman *Christian Wahnschaffe* (1919, entst. 1916–1918) versucht er der Zuspitzung der gesellschaftlichen Konflikte Ausdruck zu geben. Dies geschieht allerdings in einer so schematischen, teils melodramatischen, teils an Dostojewski gemahnenden Form, daß man den Realitätsgehalt des Romans trotz der Zeitnähe einzelner erwähnter Ereignisse (darunter der Sturm auf das Winterpalais) nicht überschätzen darf.

Als Sohn eines bedeutenden Unternehmers kommt der Titelheld von der Spitze der gesellschaftlichen Pyramide. Über die Tänzerin Eva Sorel lernt er den russischen Revolutionär Becker kennen, der eine radikale Neuorientierung seiner Anschauungen und Lebensgewohnheiten auslöst. Mit einer Hamburger Hafendirne zieht er in ein Berliner Arbeiterviertel, wo er die fünfzehnjährige Ruth Hofmann kennenlernt. Das jüdische Mädchen, Inbegriff tätiger Nächstenliebe und seelischer Reinheit, fällt einem brutalen Sexualmord zum Opfer, den Christian aufklärt. Ein letzter Annäherungsversuch des Vaters wird von ihm abgelehnt; er erklärt den definitiven Verzicht auf sein Erbe, ja auf den Namen und einen Platz in der bürgerlichen Gesellschaft. Christians weiteres Leben ist in ähnliches Dunkel gehüllt wie dasjenige Emanuel Quints nach der Breslauer Haft in Gerhart Hauptmanns Jesus-Roman oder dasjenige des Revolutionärs Faber in Stehrs etwa gleichzeitig entstandenem *Heiligenhof*.

«Der Literat ist der vom Mythos abgelöste Mensch», heißt es im letzten Kapitel von Wassermanns Essay *Der Literat* (1909). Eine Seite weiter statuiert der Autor: «Nicht ohne tiefen Grund findet sich eine so große Zahl von Literaten unter den Juden.» Die Tragik dieses deutschjüdischen Erzählers liegt darin, daß er mit seinen zahlreichen spannenden, unterhaltsamen und oft auf aktuelle Probleme der Gegenwart bezogenen Romanen wie Novellen in den Augen der Öffentlichkeit weitgehend dem Klischee jenes «Literaten» entsprach, den er selbst so klar vom wertvolleren Typus des dem Mythos verbundenen Dichters abgrenzte. Sein innerer Anspruch ging weit darüber hinaus: «Es lag mir immer am Empor, nie am Hinab, immer am Befruchten, nie am Isolieren», schreibt er im Oktober 1914 an Hedwig Fischer. Fünfzehn Jahre später wird sich Thomas Mann in einer Tischrede zum 50. Geburtstag diskret über den «hochpathetischen Tonfall» des Freundes-Kollegen mokieren; in dessen elementarer Fabulierkunst und selbstverständlichem Gebrauch der altbewährten – Spannung und Illusion erzeugenden – «Mittelchen» sah der Autor des *Zauberberg* zunehmend einen Gegenpol zum eigenen künstlerischen Weg.

Ungleich stärker als Wassermann hat sich Georg Hermann (eig. Borchardt) als literarischer Geschichtsschreiber des deutschjüdischen Bürgertums verstanden, und zwar vor allem jenes verfeinerten Typs, in dem sich die kaufmännische Tüchtigkeit früherer Generationen zu einer umfassenden ästhetischen Kultur sublimiert hat. Es versteht sich, daß der Kaufmannssohn und Kunstsammler Georg Hermann damit letzten Endes auf sich selbst zuschreibt, und tatsächlich bildet die autobiographische Komponente einen wesentlichen Schwerpunkt seines Schaffens; sie erzeugt, wie noch auszuführen ist, geradezu einen besonderen Typus des Erzählens. Seinen literarischen Durchbruch und größten Erfolg erzielte Hermann jedoch mit einem Werk, das äußerlich eher das Gepräge eines historischen Romans trägt, auch wenn es hier um alles andere als große Politik, vielmehr um Privat-Familiäres, Gefühlskultur und Innerlichkeit geht: *Jettchen Geberts Geschichte* (1906–1908) erzählt in zwei Bänden die letzten beiden Lebensjahre (1839/40) einer jungen Jüdin aus dem biedermeierlichen Berlin nach, eingeteilt in die Zeit vor ihrer Hochzeit (Band 1: *Jettchen Gebert*) und danach (Band 2: *Henriette Jacoby*).

Henriette, genannt «Jettchen», wird jedoch nur dem Namen nach Frau Jacoby; sie flieht noch am Hochzeitsabend vor dem ihr widerlichen Bräutigam, den sie nur aus Pflichtgefühl und Dankbarkeit gegenüber der Familie ihres Onkels – sie nennt es «die Rechnung bezahlen» – akzeptiert hat. In der Schilderung der ostjüdischen Verwandtschaft, der Henriettes De-jure-Gatte entstammt, zeigt sich der Romancier stark von Ressentiments bestimmt, die zu Beginn des 20. Jahrhunderts im Schwange waren: als Folge der sich vertiefenden Spannung zwischen West- und Ostjudentum und des zunehmenden Antisemitismus. Aber noch in anderer Hinsicht erweist sich Henriettes Konfliktlage als durchaus zeitgenössisch: Ihre Ablehnung Ferdinand Jacobys entspricht dem Widerwillen Tony Buddenbrooks gegenüber Hermann Hagenström; in Georg Hermanns wie in Thomas Manns Roman basiert die Familiengeschichte auf einem Dekadenz- und Generationenmodell, nach dem die höhere Kultur durch Distanzierung von primitiv-egoistischen und sinnlichen Instinkten erkauft wird.

Auch Henriettes weiteres Leben, und darin besteht seine Tragik, unterliegt diesem Gesetz. Vom (nichtjüdischen) Schriftsteller Kößling, den sie eigentlich liebt, entfernt sie sich in der Folgezeit innerlich, indem sie den Mangel an Verbindlichkeit spürt, der seinen Liebesschwüren – den Liebesschwüren eines Literaten oder (im Begriffssinn der Jahrhundertwende) Dilettanten – inhärent ist. Gleichzeitig wird sie sich schrittweise der tiefen Neigung zu ihrem Onkel Jason bewußt, einem hochkultivierten Junggesellen, der die geflüchtete Braut bei sich aufgenommen hat. Angesichts der Vaterrolle, die Jason in Henriettes innerer Entwicklung gespielt hat, wird damit ein Inzesttabu berührt; Hermann läßt es denn auch gar nicht zu einem gegenseitigen Bekenntnis kommen und seine Heldin statt dessen wie so viele andere seiner Romanfiguren freiwillig aus dem Leben scheiden. «Und es kam, wie es kommen mußte» – der Lieblingssatz des Erzählers charakterisiert die fatalistische Stimmung, vor der sich die melancholische Sentimentalität dieses Romanciers entfaltet. «Der alte Fontane hätte seine stille Freude daran gehabt», schreibt Carl Busse in seiner Rezension von *Henriette Jacoby*, wohl nicht zu Unrecht.

Ein Pendant zu *Jettchen Geberts Geschichte* veröffentlicht Hermann noch sieben Jahre später: *Heinrich Schön jun.* (1915). Wiederum handelt es sich um eine Gefühlstragödie aus dem preußisch-jüdischen Biedermeier, und wiederum tritt das negative Ende zumindest den quantitativen Proportionen nach ganz gegenüber der behaglichen Ausmalung einer vergangenen geselligen und ästhetischen Kultur zurück. Auch hier ist es die Inzestschranke, die sich dem Liebeswunsch des Protagonisten gebieterisch in den Weg stellt. Heinrich liebt seine junge und lebenshungrige Stiefmutter und verbietet es sich doch, dem eigenen Vater die Frau zu rauben; sein Fiebertod in der Fremde ist der Preis und symbolischer Ausdruck für den Verzicht. Im klassizistischen Ambiente (Potsdam) und in den Gesprächen mit dem alten – am Schluß gestorbenen – Gymnasialprofessor Schneider deutet sich die Utopie einer Juden- wie Christentum überwindenden Neuorientierung an antiken Mustern an. Hermann greift auch in späteren Werken (*Einen Sommer lang*, 1917; *Spaziergang in Potsdam*, 1926) auf den Standort Potsdam zurück: als natur- und traditionsgesättigtes Komplement der Metropole Berlin, der sich dieser Autor als kritischer Beobachter und Teilhaber der Moderne zutiefst verpflichtet weiß, vor deren aktuellen städtebaulichen Wucherungen und sozialen Katastrophen er aber immer die Flucht ergreift oder predigt.

Oft endet die Flucht schon an der Lisière der Großstadt: da, wo sich die Neubauten der Jahrhundertwende direkt mit der ländlichen Natur

berühren. In einer solchen Gegend (wie sie Hermann mit seiner Frie-
denauer Wohnung auch für sich selbst gewählt hat) spielt sein tragikomischer Roman *Kubinke* (1910), übrigens ausnahmsweise ohne jüdischen
Helden. Der ehrbar-tüchtige Friseurgeselle Emil Kubinke wird zum
Opfer seiner Vorliebe für das schöne Geschlecht, insbesondere für
Dienstmädchen. Doch kann sein objektiv schwach motivierter Selbstmord dem Leser kaum die Freude an der humoristischen Zeichnung
unterschiedlicher Typen des Berliner Volkslebens nehmen, die gleichermaßen mit der Genauigkeit einer naturalistischen Milieustudie und der
Pointensicherheit einer Lokalposse aufwartet.

Schon mit dem nächsten Erzählwerk kehrt Hermann zum Typus des
Desillusionsromans zurück. *Die Nacht des Doktor Herzfeld* (1912)
beschreibt tatsächlich nur die Gespräche und Ereignisse einer einzigen
Nacht. Hauptbeteiligte sind zwei Intellektuelle mittleren Alters: der
jüdische Titelheld, der in dieser Nacht seine einstige (inzwischen zur
Nobelprostituierten herabgekommene) Geliebte wiedersieht und
dadurch zu Mord- und Selbstmordgelüsten verleitet wird, und sein
unglücklich verheirateter Freund und Nachbar Hermann Gutzeit, der
allein durch seine bis zum Morgen ausgedehnte Präsenz zum Lebensret-
ter für Herzfeld wird. Eingebettet ist die Krise der Nacht in zwei Spa-
ziergangs-Schilderungen, denen eine außerordentliche atmosphärische
Verdichtung großstädtischen Treibens gelingt. Es ist letztlich eben diese
impressionistisch vergegenwärtigte Intensität des allgemeinen Lebens,
die Herzfeld auf seinem Morgenspaziergang quer durch Berlin vom
Selbstmordgedanken befreit. Allerdings nur bis auf weiteres: Der Folgeband *Schnee* (1921) endet mit dem Freitod des intellektuellen Flaneurs,
dessen literarische Vorlieben und Antipathien (etwa für Goethe, Schopenhauer und Raabe; gegen Nietzsche) sich so auffällig mit denen Hermanns selbst berühren. Die zweibändige Ausgabe von 1922 wird beide
Teile (der erste heißt jetzt nur *Die Nacht*) unter dem Haupttitel *Doktor
Herzfeld* vereinigen.

Der autobiographische Grundzug in Hermanns Schreiben, angelegt
schon in seinem Erstlingsroman *Spielkinder* (1897), emanzipiert sich in
den Romanen der sogenannten «Kette», die mit den Erinnerungen an
die Potsdamer Verlobungszeit (*Einen Sommer lang*, 1917) einsetzt. Hermann wird die Geschichte seines Alter ego Fritz Eisner fortsetzen in
Der kleine Gast (1925), *November achtzehn* (1930), *Ruth's schwere Stunde*
(1934) und *Eine Zeit stirbt* (1934) und damit den Bogen spannen von der
neuen Technik- und Warenwelt der Reichshauptstadt um 1905 über den
Umbruch zur Republik und ihre gegenrevolutionäre Bedrohung (in
München) bis zur Inflation von 1923 (in Heidelberg und Berlin). Die
eigenartige Zwischenstellung dieser Texte zwischen dem Wahrheitsanspruch einer herkömmlichen Autobiographie und der dichterischen

Freiheit des autobiographisch inspirierten Romans gibt Zeugnis von der Sensibilität ihres Autors für die Veränderungen im Verhältnis zwischen privater und gesellschaftlicher Erfahrung.

6. Hesse und Frank

Während seiner Ausbildung und Tätigkeit als Buchhändler in Tübingen und Basel (1895–1903) war das Antiquariat Hermann Hesses liebstes Arbeitsgebiet. In den zahlreichen Essays und Neuausgaben, die er späterhin älteren Werken der deutschen Literatur, und hier vor allem der Romantik, gewidmet hat, ist diese Liebe zum Buch ebenso spürbar wie die Hoffnung auf Erweckung eines künstlerischen Geistes als Zuflucht und Mittel zur Überwindung der widrigen Gegenwart. In seiner um 1900 entstandenen Erzählung *Der Novalis. Aus den Papieren eines Altmodischen* hat Hesse diesem gläubigen Vertrauen auf das Buch und seiner Verehrung für die Romantik ein Denkmal gesetzt. Sein eigenes Debüt als Erzähler steht denn auch ganz im Zeichen der Romantik oder dessen, was er – dem frühen Essay *Romantik und Neuromantik* (1900/ 1902) zufolge – dafür hielt; die unter dem Titel *Eine Stunde hinter Mitternacht* (1899) vereinigten Prosastücke lassen deutlich den Einfluß Maurice Maeterlincks erkennen.

In Hesses nächstem Prosaband, den von ihm angeblich nur herausgegebenen *Hinterlassenen Schriften und Gedichten von Hermann Lauscher* (1901), waltet ebenso unverkennbar der Geist E. T. A. Hoffmanns. Das Tübinger «cénacle», das uns die Erzählung *Die Novembernacht* (entst. 1899) schildert, könnte ebenso gut in Hoffmanns Berliner Stammlokal Lutter & Wegner tagen. Der hagere Fremde, der vom gescheiterten Studenten begrüßt wird und angeblich «für eine Gesellschaft» wirbt, steht als Teufels-Erscheinung anscheinend in ursächlichem Zusammenhang mit dem tragischen Ende, das auf den Selbstmord eines Tübinger Studenten, eines Schulkameraden von Hesse, im März 1898 zurückgeht. Ebenso autobiographisch im Kern, aber hoffmannesk verklärend ist die Erzählung *Lulu* (1906, entst. 1900) konzipiert, die Hesse 1907 der zweiten, nunmehr unter seinem eigenen Namen erscheinenden Ausgabe des *Hermann Lauscher* beigibt. Frei nach E. T. A. Hoffmanns *Prinzessin Brambilla*, auf die ja schon der Arbeitstitel «Prinzessin Lulu» verweist, wird hier ein Ferienaufenthalt in Kirchheim unter Teck (1899) ins Märchenhafte überhöht. Freund Ludwig Finckh, der später mit seinem Roman *Der Rosendoktor* (1906) eine gewisse Beliebtheit erreichen sollte und in Gaienhofen zum Grundstücksnachbarn Hesses wurde, erscheint unter dem Namen Ludwig Ugel und ist sogar mit einem eigenen Gedicht (*Die Fürstin*) vertreten.

Entsprechend der romantischen Tendenz zur Gattungsmischung und zur Selbstreflexivität enthält der letzte Beitrag des *Hermann Lauscher* literarische Reflexionen. Der massive Angriff auf Tolstoi, mit dem dieses

Tagebuch 1900 einsetzt, macht die Distanz zur Moderne deutlich, die
der damaligen Ästhetik Hesses zugrunde liegt und auch in Zukunft
einen integralen Bestandteil seines Schreibens bilden wird. Das gilt
grundsätzlich auch für jene Werke, mit denen Hesse das größte Publi-
kumsecho auslöste, weil ihre Botschaft oder Motivwahl den Nerv der
Zeit zu treffen schien, so die Roman-Erzählung *Peter Camenzind*
(1904).

In lockerer Anlehnung an Kellers *Grünen Heinrich*, der namentlich
darin erwähnt ist, wird eine neue Schweizer Bildungsgeschichte erzählt:
vom Dorf zur Stadt, von dort in die große Welt und am Schluß wieder
zurück nach «Nimikon». Um eine konsequente Entwicklungsgeschichte
handelt es sich jedoch nicht, denn das Naturkind Peter bleibt innerlich
unverändert; seine Ausstrahlung auf die urbane Intelligenz und Künst-
ler-Boheme von Zürich und Basel beruht gerade auf der unangefochte-
nen Eigenart eines zutiefst naiven, substantiell sinnlichen Weltverhältnisses. «Sie sind ein Dichter», ruft daher Eva aus, die einzige Frau, die
einen tiefen Eindruck auf Peter hinterläßt (sie ist aber schon vergeben,
und er hat sich auch nicht rechtzeitig um sie bemüht). Doch ist das Werk
Peter Camenzinds am Ende immer noch ungeschrieben – wenn man
nicht die von ihm selbst erzählte Lebensgeschichte oder einfach sein
Leben als solches dafür gelten lassen will. In einer derartigen Vermischung des Vitalen mit dem Ästhetischen, vielfach als Dilettantismus
benannt, haben andere Autoren der Zeit, vor allem der Wiener Moderne,
ein prinzipielles Problem gesehen. Hesses Roman scheint frei von solchen Bedenken; er verstärkt die Ästhetisierung von Camenzinds Leben
geradezu, indem er diesen zu einem großen Fußwanderer erhebt und in
einzelnen Episoden (etwa der italienischen Reise) noch enger an Eichendorffs Roman *Aus dem Leben eines Taugenichts* anbindet. Das Modell
des Bildungsromans wird gewissermaßen mit dem des Pikaro-Romans
verschnitten, und heraus kommt ein Kultbuch der Wandervogelbewegung.

Es wurde als Bekenntnis zum Leben gelesen: zum einfachen Leben
in einem durchaus irrationalen, ja anti-intellektuellen, elementar mit-
menschlichen Sinn. Inhaltlich kam dabei die Hinwendung des Titelhelden zu einem abstoßend geschilderten Krüppel in Betracht, über dessen
Betreuung er den Kontakt zur Basler Kunstwelt vernachlässigt, wie auch
seine Heimkehr zum Vater, der schon dem Tod nahe ist. Wichtig waren
aber auch bestimmte Aspekte der Vermarktung. So erfolgte die Ausstattung des *Peter Camenzind* – des ersten Buchs von Hesse im Berliner
Verlag S. Fischer – dem Wunsch des Autors entsprechend ganz nach
dem Vorbild von Emil Strauß' Roman *Freund Hein*, einem (sich äußerst
gut verkaufenden) Klassiker des damaligen Lebenskultes mit unübersehbaren bürger- und schulkritischen Zügen (s. o. S. 4–6). Hesse, der sich

dem «größten alemannischen Dichter von heute», wie er in einer Sammelrezension vom Januar 1912 formuliert, schon aus landsmannschaftlichen Gründen nahe fühlte, verstärkte den Effekt seiner Strauß-Nachfolge noch, indem er als nächstes Buch gleichfalls eine Romanerzählung mit schulkritischem Tenor herausbrachte, die mit dem Tod des Jugendlichen endet: *Unterm Rad* (1906; s. o. S. 4 f.).

Auf Hans Giebenrath, den unglücklichen Zögling des Maulbronner Klosterseminars, projiziert Hesse die Erinnerung an sein eigenes krisenhaftes Schulversagen ebenda. Er stellt ihm jedoch einen gegensätzlichen Freund zur Seite, der mindestens so sehr als autobiographische Projektion zu deuten ist: Hermann Heilner, der sich zum anpassungswilligen Giebenrath wie der «Dichter» zum «Streber» verhält, provoziert bornierte Mitschüler und die Schulleitung, ohne selbst dabei Schaden zu nehmen. Die Konstruktion solcher bipolaren Freundschaftskonstellationen, die meist deutlich homoerotisch akzentuiert sind, entwickelt sich zu einer Konstante von Hesses Erzählen, angefangen mit *Peter Camenzind*, in dem der bäurische Protagonist seine notwendige Ergänzung (und einen wichtigen Lehrer auf dem Weg in die bessere Gesellschaft) im weltläufig-liebenswürdigen Richard findet. Noch der späte Erfolgsroman *Narziß und Goldmund* (1930) unterliegt dem gleichen Gesetz des – hier schon im Titel beschworenen – gegensätzlichen Freundespaars. In abgewandelter Form gewinnt dasselbe Bauprinzip auch für Hesses *Demian* (1919) strukturierende Bedeutung: Allerdings hat der kühne und wissende Max Demian für den schwachen und suchenden Emil Sinclair eher die Funktion eines Ich-Ideals als die eines echten Antipols; er ist «Freund und Führer» auf dem Weg der Selbstfindung und somit mehr Allegorie als leibhafte Erscheinung.

Auch *Meine Erinnerung an Knulp* (*Neue Rundschau*, 1908), die erste der drei Landstreicher-Erzählungen, die Hesse 1915 zu einem eigenen Band *Knulp* zusammenfügte, basiert auf einer solchen symbolischen Ich-Spaltung: dem Erzähler-Ich, das zwar ein Wanderer, aber doch mit manchen bürgerlichen Zügen ausgestattet ist, steht der unbezwingbare Freiheitsdrang und Lebenstrieb in der Gestalt des Vagabunden gegenüber, der so fesselnd von seinen Träumen zu erzählen und so tiefsinnig über Welt und Leben zu reden vermag, daß ihm mit gleichem Recht wie Peter Camenzind das Prädikat «Dichter» zukommt. Als Lieblingsgestalt der Epoche und heimliches Dichter-Ideal ist uns der Typ des Vagabunden (Zigeuners, Bettlers, Landstreichers) schon im Erzählwerk Carl Hauptmanns begegnet. Was Hesse angeht, so kann Knulp als Fortführung des Landstreichers Quorm aufgefaßt werden, der im frühen Erzählfragment *Peter Bastian* (einem Parallel-Projekt zu *Peter Camenzind*) als Ersatz-Vater und Freund des Helden auftaucht. Noch in den Märchen *Augustus* und *Iris*, die er 1918 zu einem eigenen Band (*Zwei Märchen*) zusammen-

fügt, entwickelt Hesse je einen Lebenslauf, der über eine bürgerliche
Karriere hinausgeht und in der Ruhelosigkeit eines armen Landfahrers
endet. Es ist dies anscheinend der einzig wahre «Weg zur Kunst». So lau-
tete der ursprüngliche Titel von Hesses paradigmatischer Legende *Der
Dichter* (1913): Dem jungen Chinesen Han Fook, der eben dadurch zum
Dichter wird und sich darin als solcher erweist, ist die Spiegelung der
Welt in seinen Liedern wichtiger als der Besitz seiner Braut und eine
bürgerliche Existenz; die lange Reise, die er zu seinem künstlerischen
Lehrer antritt, trennt ihn für immer von Familie wie auch von Hab und
Gut.

Wer die Künstler-Bürger-Antithese der Romantik in so radikaler
Zuspitzung erneuert – und damit auch die vorsichtigen Vermittlungsver-
suche eines Thomas Mann (im *Tonio Kröger*) zurückweist –, sollte vielleicht nicht gerade die ersten größeren Einnahmen aus seiner schriftstellerischen Arbeit zur Gründung einer Familie und zu einem Hausbau
in Gaienhofen am Bodensee verwenden! Eben das aber tat Hermann
Hesse (Heirat 1904), und der innere Zwiespalt, den dieser Grundwider-
spruch zwischen seinem künstlerischen Selbstverständnis und der eigenen Lebensform hervorrief, sollte sein literarisches Schaffen auf längere
Sicht entscheidend – kaum zu seinem Vorteil – bestimmen. Zwei
Künstlerromane zeigen das kreative Subjekt im Kampf mit bürgerlichen
Fesseln und erotischen Problemen: *Roßhalde* (1913) handelt vom Scheitern einer Malerehe: Erst nach der endgültigen Trennung von seiner Frau
– beschleunigt durch den Tod des gemeinsamen Sohns Pierre – wird
Johann Veraguth wieder ganz zu seiner Kunst zurückfinden. *Gertrud*
(1909/10) schildert das entsagungsvolle Leben eines Komponisten, der
die heimliche Geliebte an einen vital überlegenen Freund, den Sänger
Muoth, verliert; dessen kontrastreiche Beziehung zum verkrüppelten
Ich-Erzähler schließt übrigens direkt an die Serie gegensätzlicher Freun-
despaare in Hesses Erzählwerk an. Auch nach Muoths Tod bleibt Kuhn
zum Verzicht verdammt: Gertrud ist seine Muse, gerade weil sie nicht
seine Frau werden kann.

Der trivial-sentimentale Charakter einer solchen Romankonzeption
ist nicht zu übersehen. Unter dem gleichen Vorbehalt sind die eher konventionellen Liebesgeschichten zu betrachten, die Hesse seinerzeit in
den Zeitschriften *Über Land und Meer*, *März* und *Neue Rundschau* veröffentlichte und 1907 zum Teil in die Sammlung *Diesseits* – den ersten seiner zahlreichen Erzählbände – aufnahm: *Die Marmorsäge* (1904), *Der
Lateinschüler* (1906), *Schön ist die Jugend* (1907) und *Taedium vitae*
(1908). Stets kommt der männliche Held zu spät; das verehrte Mädchen
gehört jeweils schon einem anderen. Die Idylle der ersten Liebe, oft in
den Rahmen eines sommerlichen Ferienaufenthalts gefaßt und mit entsprechenden Naturschilderungen geschmückt, erhält so unversehens tra-

gische Akzente. Am deutlichsten ist dieser Umschlag in der Novelle *Die Marmorsäge* ausgeprägt, die mit dem Selbstmord des Mädchens endet. In der Symbolsprache der Erzählung ist diese Möglichkeit von Anfang an durch die düstere Räumlichkeit der Sägewerkstatt – im Kontrast zur sonnigen Fülle der ländlich-fruchtbaren Natur – und den Gewaltcharakter der hier geleisteten Arbeit präsent. Die dunklen Andeutungen, die der mit ihrem Willen gegen Geld «verkauften» Helene über die Unfreiheit der Frau in den Mund gelegt sind («Wir Frauen sind nicht so frei wie ihr; man muß tragen lernen, was über einen verhängt ist»), begründen kaum eine ernsthafte sozialkritische Lesart des Textes.

Seinem Ressentiment gegen die bürgerliche Gesellschaft, der sich der umtriebige und gefragte Autor äußerlich so erfolgreich anpaßte, gab Hesse gleichzeitig in einer Reihe satirischer Erzählungen Ausdruck, die sich schon mittels der durchgängigen Lokalisierung in einer imaginären Kleinstadt namens Gerbersau als Fortschreibung von Kellers Novellenzyklus *Die Leute von Seldwyla* zu erkennen geben. Keller nachempfunden ist die groteske Komik des nächtlichen Ringkampfs zweier nackter Armenhausinsassen in *Die alte Sonne* (*Süddeutsche Monatshefte*, 1905) oder die an den «Schmoller» Pankraz gemahnende Schüchternheit des Weißwarenhändlers Andreas in der *Liebesgeschichte* (später: *Die Verlobung*, erschienen 1908 in der von Hesse mitherausgegebenen Zeitschrift *März*). Alfred Ladidel und Emil Kolb in den gleichnamigen Erzählungen von 1908 und 1911 vollziehen während ihrer Lehrzeit den Übergang vom ehrlichen Kaufmann zur Kriminalität. Die verführerische Leichtigkeit dieses Übergangs dient dem Erzähler zunächst als Argument gegen die Moralität der bürgerlichen Welt; gleichzeitig ist damit aber auch eine psychologische Thematik angeschlagen, die noch spätere Werke (u. a. *Demian*, *Klein und Wagner*) verfolgen werden. Insgesamt rücken Hesses damalige Kleinbürger-Satiren – auch durch die Veröffentlichung in Zeitschriften des Albert Langen Verlags (*Simplicissimus*, *März*) – in bemerkenswerte Nähe zur satirischen Bürgerkritik eines Ludwig Thoma oder Heinrich Mann. Emil Kolb erweist sich gewissermaßen als alemannischer Vetter Diederich Heßlings; als Bindeglied zwischen Hesse und der Welt des *Untertan* fungiert dabei insbesondere die parodistische Sprachkritik. Wer Briefe beginnt wie Emil Kolb («In umgehender Beantwortung Deines Geschätzten von gestern sage für Deine gütige Einladung besten Dank, und wird es mir ein Vergnügen sein, derselben Folge zu leisten»), dem ist alles zuzutrauen.

Zu den interessanteren Erzählungen Hesses aus der Vorkriegszeit gehören denn auch solche Texte, in denen die realistisch-satirische Darstellung an oder über elementare psychische Grenzen führt. *Ein Mensch namens Ziegler* (1908) wirkt zunächst wie ein typischer Beitrag zur Weihnachtsnummer des *Simplicissimus*: Ein «moderner Mensch» mit

«Kollektivgesicht» besucht am Sonntagnachmittag den Zoo. Da er aber halb versehentlich zuvor eine alchimistische Pille geschluckt hat, kann er plötzlich die Sprache der Tiere verstehen, die soviel mehr Würde und Weisheit verrät als die der Menschen – man ahnt, wie es weitergeht: Der Ausflug endet im Irrenhaus. Ein ähnlicher Umschlag von vordergründiger Satire zu tieferer Bedeutung kennzeichnet die Erzählung *Pater Mathias* (*März*, 1911). Ein hochgebildeter und -begabter Mönch nutzt seine Predigtreisen zu regelmäßigen Abstechern in weltliche Genüsse; als sein Doppelleben aufgedeckt wird, schlägt er die von der Klosterleitung angebotene Vertuschungslösung aus und nimmt sogar eine Gefängnisstrafe auf sich, um ein von Grund auf neues Leben zu beginnen. Dahinter steht wohl ein ähnlicher Lebenshunger, wie er am Schluß der *Aufzeichnungen eines Herrn im Sanatorium* (*Süddeutsche Monatshefte*, 1910; später: *Das Haus zum Frieden*) eingestanden wird – einer Vorstudie zur *Psychologia Balnearia* (1924, später: *Der Kurgast*), in der Hesse in humoristischer Manier über seinen ersten Aufenthalt im Sanatorium von Albert Fränkel, Badenweiler, berichtet:

> «Wir alle, die wir mit voller Einsicht uns der Resignation und der Vernunft befleißen, die wir unsere Unfähigkeit zum alltäglichen und gesunden Leben wohl kennen und deren Ideal ein Leben der Vernunft und Einsicht und klugen Milde ist – ach, wir hungern alle nach der Welt draußen, nach dem dummen, sinnlosen, törichten, grausamen Alltagsleben.»

Ein ähnliches Verlangen nach dem unvernünftigen Leben wird in Thomas Manns ein Jahr später entstandener Erzählung *Der Tod in Venedig* dem Schriftsteller Gustav Aschenbach zum Verhängnis. Im *Zauberberg*, dessen Anfänge auch schon in die Vorkriegszeit zurückreichen, wird Thomas Mann den Sanatoriumsbetrieb gleichfalls zur Großmetapher für die Entfernung vom (bürgerlichen) Leben entwickeln; allerdings ist in diesem Roman das Dionysische eher in der Anstalt angesiedelt als außerhalb – die Vorzeichen sind gewissermaßen vertauscht. Was aber beide Autoren verbindet und als Siegel ihrer Zeitgenossenschaft gewertet werden kann, ist das Ungenügen an einer rationalen Ordnungswelt, die Bereitschaft zur Infragestellung disziplinierender Instanzen. Es sind die Erschütterungen des Ersten Weltkriegs, der als Untergang der bürgerlichen Ordnung erfahren wurde, die Hesse aus dem Zwiespalt seiner Vorkriegsexistenz herausführen und in Verbindung mit der Rezeption der Psychoanalyse eine maßgebliche Veränderung seines Schreibens bewirken. Die umfassende vitale Erfahrung wird jetzt nicht mehr heimlich ersehnt oder in nostalgischen Bildern von singenden Landstreichern romantisch verklärt, sondern in das Zentrum des Subjektivitätsentwurfs gerückt, den Hesses Erzählen entfaltet, und mit Erfahrungen der unmit-

telbaren gesellschaftlichen Gegenwart verbunden. Die Vorzüge und
Gefahren dieser neuen Schreibweise zeigen sich nirgends deutlicher als
in *Demian*. *Die Geschichte einer Jugend*, entstanden 1916/17, erschienen
1919 unter dem Pseudonym Emil Sinclair.

Emil Sinclair ist eine von Hesse erfundene Figur, deren Name an den verfolgten Republikaner Isaak von Sinclair, einen Freund Hölderlins, erinnert. Hesse
hat sich desselben Pseudonyms schon für mehrere Artikel in der *Neuen Zürcher
Zeitung* während des Kriegs bedient – nicht zuletzt deshalb, um den Vorbehalten zu entgehen, die sich infolge aggressiver Pressekampagnen der nationalen
Rechten in Deutschland mit seinem Namen verknüpften (s. u. S. 806). Indem er
den Protagonisten seiner Ich-Erzählung als faktischen Autor ausgab und an dieser Fiktion bis zur öffentlichen Enttarnung 1920 festhielt – den Fontane-Preis,
der ihm alias Sinclair inzwischen für das beste Erstlingswerk verliehen war,
mußte er danach zurückgeben –, suchte der Erzähler Hesse gleichsam selbst
nach einem Neuanfang. Der in die Jahre gekommene Spezialist für Jugendge-
schichten umgibt sein Werk mit dem Nimbus einer geliehenen Jugend, um eine
neue Generation zu erreichen, die durch den Krieg erschüttert und desorientiert
ist. Daß ihm dies in sensationeller Weise gelang, ist vielleicht auch der um
anderthalb Jahre verzögerten Publikation geschuldet; ähnlich wie Heinrich
Manns *Untertan* konnte Hesses *Demian* als Antwort auf Fragen gelesen werden,
die sich einer ratlosen Nation nach der Niederlage stellten.

Die enorme Wirkung gerade dieses Textes im Zuge der Hesse-Renaissance in
Amerika und Europa seit etwa 1970 war freilich nur aufgrund der Allgemeinheit
möglich, mit der hier eine typisch bildungsbürgerliche Sozialisation in Abgrenzung von tabuisierten proletarischen, kriminellen und insbesondere auch sexuellen Erfahrungswelten rekonstruiert wird. Die Doppelstruktur von reiner Eltern-
welt und schmutziger Triebsphäre – verkörpert im erpresserischen Arbeiterjun-
gen Kromer – dient geradezu als Ausgangspunkt der Erzählung. In der Konsequenz, mit der diese die Verdrängungsmechanismen einer konventionellen
(Sexual-)Erziehung offenlegt, zeigt sich der Einfluß der Psychoanalyse, der sich
Hesse 1916/17 beim Schweizer Psychiater Josef B. Lang, einem Schüler C. G.
Jungs, unterzog. In der Figur des für Sinclairs Entwicklung wichtigen Organi-
sten Pistorius hat der Autor dem befreundeten Psychoanalytiker sogar ein persönliches Denkmal gesetzt – allerdings nicht ohne eine gewisse Relativierung
gegenüber dem «antiquarischen» Charakter einer rückwärtsgewandten Mythen-
forschung vorzunehmen. Dabei hat Jungs These des kollektiven Unbewußten
sichtlich die Struktur der Erzählung und die zentrale Rolle mythischer Symbole
beeinflußt: vom gnostischen Abraxas-Mythos der (Wieder-)Geburt aus dem
Weltei über die nietzscheanische Aufwertung Kains («Ein Starker erschlägt
einen Schwachen») bis zur hermaphroditischen Mutterfigur, die Sinclair zeichnet, bevor er ihr in der Gestalt von Demians Mutter «Frau Eva» zu begegnen
glaubt. Höchst auffällig sind übrigens die Analogien zwischen der im *Demian*
entworfenen Privatmythologie und den theosophischen Geheimlehren Helena
Blavatskys und ihrer Anhänger, hier in der Gestalt des unglücklichen Schülers
Knauer eher karikiert als repräsentiert; bereits frühere Erzählwerke Hesses (*Taedium vitae, Gertrud*) warten mit einschlägigen ambivalenten Anspielungen auf.

In dem Moment, in dem Demian durch einen quasi-spiritistischen Willensakt
die Mutter-Geliebte Eva zu «rufen» versucht und auf die langersehnte erotische

Vereinigung hoffen darf, bricht der Weltkrieg aus. Zu den problematischsten Zügen von Hesses Erzählung gehört die Verknüpfung der europäischen Katastrophe mit der individuellen Initiation des Helden. Indem Sinclair seinem Vorbild Max Demian in den Krieg folgt, kommt es zu jener Vermittlung zwischen individueller Entwicklung und gesamtgesellschaftlichen Erfordernissen, die für die Gattung des Bildungsromans konstitutiv ist. Von einer freien Entfaltung des Subjekts kann man allerdings noch weniger sprechen als in *Wilhelm Meisters Lehrjahren*, dem ‹Klassiker› des Genres. Wenn schon bei Goethe die Entwicklung des Helden in den Plänen der Turmgesellschaft vorgezeichnet scheint (wobei allerdings das Verhältnis zwischen dieser Instanz und der Romanhandlung ominös bleibt), so dominiert bei Hesse der Eindruck schicksalhafter Gebundenheit und Vorbestimmung; die erste Begegnung mit Frau Eva unter dem Weltvogel-Bild etwa stellt die präzise Erfüllung eines Traumbilds dar.

Die psychoanalytische Schreibweise, der sich Hesse mit dem *Demian* nähert, findet ihre vielleicht konsequenteste Verwirklichung in einigen Märchendichtungen der gleichen Zeit. Hellsichtig schreibt Hedwig Fischer dem Autor im Juni 1919 und rührt damit als eine der ersten an das Geheimnis des Pseudonyms:

«Ihre schönen Märchen, die Tutti [das heißt die Tochter Brigitte Fischer] und ich lesen und Ihr ‹Demian,› (ich denke immer, den haben Sie auch geschrieben) haben mich wirklich direckt getröstet in diesen dunklen Tagen, wo wir alle hier unter einem Druck leben – Augustus und die Traumfolge liebe ich, glaube ich, am meisten; beides verbinde ich irgendwie mit dem Demian.»

Das schon 1913 publizierte *Augustus*-Märchen, mit dem Hesse seine Sammlung *Märchen* (1919) eröffnet, ist eine Parabel über den Egoismus des Geliebtwerdens. Im Hinblick auf die Entfaltung einer traumspezifischen Logik wird sie bei weitem übertroffen durch den 1916 in den *Weißen Blättern* erstveröffentlichten Text *Eine Traumfolge*, einen Vorgriff auf die experimentelle Praxis des Surrealismus. In *Iris* (1918), dem letzten Märchen und Schlußstein der Sammlung, ist das Vertrauen auf die Irrationalität der Traumbilder bereits wieder einer konventionellen Märchen-Allegorie gewichen. Die blaue Schwertlilie und Märchenfee Iris entspricht natürlich der blauen Blume der Romantik; Anselm auf der Suche nach ihr erscheint als Heinrich von Ofterdingen redivivus. Am Schluß langt er vor einem Geistertor an, das von einem alten Mann bewacht wird, der ihn vor dem Betreten warnt. Man fühlt sich an Kafkas Türhüter-Legende erinnert, bei der ja auch von einem blauen Schein die Rede ist, der vom Gesetz ausgeht. Unangefochten vom inneren Zweifel, der Kafkas Gesetzes-Sucher erfüllt, betritt Hesses Märchenheld das Innere und ist auch gleich am Ziel. Beim Leser allerdings stellt sich – wie oft gerade an den positiven, programmatisch gemeinten Höhepunkten im Erzählwerk dieses Autors – ein fader Beigeschmack von Trivialität ein, wenn er da liest:

«Anselm blickte empor und in das Felsentor, da sah er tief in den Berg einen blauen Pfad sich verlieren, und goldene Säulen standen dicht zu beiden Seiten, und der Pfad sank nach innen hinabwärts wie in den Kelch einer ungeheuren Blume hinunter. [...]
Leise fing Anselm an zu singen, und sein Pfad sank leise abwärts in die Heimat.»

Leonhard Frank, fünf Jahre jünger als Hesse, teilt mit diesem den moralischen Anspruch eines aufklärerisch verankerten Literaturbegriffs, die Kritik am Bürgertum und seinen Erziehungsmethoden, die frühe Berührung mit psychoanalytischem Gedankengut und schließlich den Ausgang von einer Realismus-Tradition, die eine provinziell-süddeutsche Heimatlichkeit kultiviert.

Franks erster Roman – und erster großer Erfolg – *Die Räuberbande* (1914) entwirft ein facettenreiches Bild der fränkischen Provinz in den neunziger Jahren des 19. Jahrhunderts und setzt dabei vielfach Dialektelemente in den Dialogreden ein. In seinem Zentrum stehen zwölf Würzburger Lehrlinge, die ihre unwürdige Abhängigkeit von Eltern, Meistern und Lehrern (hier vor allem dem Schultyrannen Mager, einem Genie des Strafens) symbolisch kompensieren: durch den Zusammenschluß zu einem an Schillers *Räubern* und zahllosen Wildwestromanen orientierten Abenteurer-Kollektiv mit geheimbündlerischen Ritualen. Den großen Sprung nach Amerika, von dem sie alle träumen, schafft nur einer: der stotternde «Duckmäuser», der sich bei einem späteren Treffen der mittlerweile in Würde ergrauten und überwiegend ins Bürgertum heimgekehrten ehemaligen ‹Räuber› als echter – aber immer noch stotternder – Matrose vorstellt. Oldshatterhand alias Michael Vierkant – alle Mitglieder der Bande tragen solche Doppelnamen – ist der einzige unter den Jugendlichen, der damals einen echten Aus- und Aufbruch riskierte. Allerdings beherzigte er die Weisheit des sonderbaren Fremden, der ihm schon am Anfang seines Weges begegnet: daß die eigentliche Herausforderung nicht in exotischer Ferne, sondern in eigener Leistung (Arbeit) liegt.

Indem in der zweiten Hälfte der *Räuberbande* die Entwicklung Michaels und seine Ausbildung zum Maler an der Münchner Akademie in den Vordergrund treten, verschiebt sich der Charakter des Romans vom Jugend- oder Milieuroman zu einem Entwicklungs- oder Künstlerroman eher konventionellen Zuschnitts. Er erhält allerdings eine besondere Note durch das wiederholte Auftreten des Fremden, der an den Vermummten Herrn in Wedekinds *Frühlings Erwachen* (bei seinem ersten Auftritt trägt er einen Gummimantel) oder an den mephistophelischen Freund in Hasenclevers *Der Sohn* erinnert, zugleich aber in Hesses Werk mehrere Parallelen findet – von Hermann Heilner in *Unterm Rad*

bis zu Demian in der gleichnamigen Erzählung. Deutlicher noch als in
den Vergleichstexten wird bei Frank, der Michaels Schicksal in beträchtlicher Nähe zur eigenen Biographie entwirft, die Figur des Fremden als
Repräsentant des Autor-Subjekts und überlegene Alternative zur Persönlichkeit des Helden, gewissermaßen als sein Über-Ich, gekennzeichnet.
Michael begeht Selbstmord, weil er die Verachtung der Gesellschaft nicht
ertragen kann, die ihm von einem Strafverfahren droht – der Fremde
nimmt seinen Leichnam auf der Anatomie («Das ist meine Leiche»)
ebenso wie den Preis in Empfang, den ein Bild Michaels noch am Tage
seines Freitods zugesprochen bekommt. Er verkörpert die Autonomie
einer gereiften Künstlerpersönlichkeit, deren Unabhängigkeit durch Einsamkeit, durch die Distanz nicht nur zu bürgerlichen Werten, sondern
auch zu sozialen Bindungen erkauft ist.

In seiner nächsten Buchveröffentlichung, der Erzählung *Die Ursache*,
verfolgt Frank gewissermaßen einen Faden aus dem Motivgeflecht der
Räuberbande weiter und unterwirft ihn einer expressionistisch-aktivisti-
schen Neuinterpretation: Der sadistische Lehrer vom Typ «Mager» aus
dem früheren Roman wird nunmehr von seinem ehemaligen Schüler
erwürgt (s. o. S. 9). Die Antikriegserzählungen, die Frank – nach Vorabdrucken in den *Weißen Blättern* (1916/17) und im *Zeit-Echo* (1917) –
unter dem Titel *Der Mensch ist gut* (1917) vereinigt, folgen derselben
Logik, machen die Opfer stark und geben ihnen die Kraft zur Überwindung eines mörderischen Systems. Auch hier weicht die realistische
Milieuschilderung bis zu einem gewissen Grade dem visionär-utopischen Appell. Die Stärke dieser Texte im Unterschied zum plakativen
Charakter manch anderer Dichtung aus dem Umkreis des Aktivismus
liegt gleichwohl in der Konkretheit und Anschaulichkeit, mit der hier
die Einbindung des einzelnen in die Bedingungen der Kriegsgesellschaft
thematisiert wird. Denn der Krieg, das ist die erste Lehre dieser Erzählungen, beginnt keineswegs erst mit der Kriegserklärung, sondern lange
vorher – mit Spielzeuggewehren und militaristischen Gesängen («Kann
dir die Hand nicht geben / dieweil ich eben lad») oder einfach mit
einem beruflichen Alltag, der immer schon die Übervorteilung des anderen und seine Bekämpfung als Konkurrent zur Grundlage hat.

In der Eingangserzählung *Der Vater* (Vorabdruck 1916 unter dem Titel
Der Kellner) wird ein Kellner, der sich für den Aufstieg seines einzigen
Sohnes aufgeopfert hat, durch die Trauer um den Gefallenen verwandelt:
zu einem Agitator der Menschenliebe und des Antikriegsprotestes, der
als solcher auch an Schlüsselstellen der nachfolgenden Erzählungen auftaucht. Vor die Vision der menschlichen Güte, auf die auch der Gesamttitel hinweist, ist jedoch die schmerzhafte Einsicht in die eigene Schuld
gestellt. Frank folgt hier und noch deutlicher in der zweiten Erzählung
Die Kriegswitwe einem kathartischen Modell, das deutliche Analogien

zu einer psychoanalytischen Therapie aufweist: Erst wenn ein Höchstmaß emotionaler Betroffenheit erreicht und die Verdrängungsmechanismen aufgebrochen sind, die einer solchen Erschütterung im Alltag entgegenstehen, kann die innere Wandlung einsetzen. Die Soldatenwitwe in Franks Erzählung etwa ist durch gängige patriotische Phrasen wie «Heldentod» und «Altar des Vaterlandes» zunächst daran gehindert, die ganze Tragweite ihres Verlustes zu fühlen. Erst als ihr diese Begriffe fragwürdig werden (dazu gleich mehr) und in nächtlichen Träumen ihr Unterbewußtsein sich meldet, kommt es zur schockhaften Erfahrung des vollen Schmerzes:

> «Und der Schmerz um den toten Mann war, in den Zeitraum weniger Sekunden zusammengepreßt, ganz plötzlich so unmenschlich furchtbar, daß die Witwe, wollte sie nicht im Augenblick Besinnung und Verstand einbüßen, mit einem gewaltigen innerlichen Sprung von ihrem Leben der Lüge, Gedankenlosigkeit und Selbstsucht heraus – ins höhere Menschentum hineinspringen mußte.»

In Franks narrativer Kriegskritik sind Sprachskepsis und Sprachoptimismus in eigentümlicher Weise miteinander verschränkt. Auf der einen Seite wird die palliative Funktion gängiger Redeklischees gezeigt, die die grausame Wahrheit des Kriegs verschweigen; indem Frank andererseits vorführt, wie diese Phrasen den Personen, die sich an sie halten wollen, unter den Händen zerbröseln, verbindet er Sprach- und Ideologiekritik in einer an Karl Kraus gemahnenden Weise. So macht sich die Kriegswitwe nach und nach klar, daß der Altar, auf dem sie das Leben ihres Mannes geopfert hat, ja nicht mit dem Altar in der Kirche identisch ist, sondern eigentlich ein elektrisch geladener Stacheldrahtzaun war: «Also müßte man eigentlich sagen: geopfert im Stacheldrahte des Vaterlandes.» Die genauere Betrachtung der Sprache führt von selbst zur Wahrheit. Dem entspricht das große Vertrauen, das dieser Autor in die Überzeugungskraft der Rede setzt. Nach einem langen in stummer Devotheit verbrachten Berufsleben ergreift der Kellner der ersten Erzählung unversehens vor einer großen Versammlung zu langer Rede das Wort, und keiner der Anwesenden versagt ihm die Gefolgschaft.

Stärker aber als die Rede ist der Schrei. In ihm setzt sich unmittelbar der Schmerz um, den Frank in das Zentrum der Wandlungserfahrung stellt: vorsprachlich, gleichsam ursprachlich. Nach dem Erhalt der Nachricht vom Kriegstod ihres Sohnes stürzt die Mutter (in der dritten Erzählung *Die Mutter*) aus dem Haus – «dem Schrei entgegen, der zusammengeballt in ihrem Halse saß und nicht durch konnte». Der Schrei entlädt sich explosionsartig, mit Zeitverzögerung ausgelöst durch einen Kriegsgesang zum Bahnhof ziehender Soldaten: «Der Schrei platzte. Die Mutter schrie und rannte. Schrie länger, als ein Atemzug reicht. Stolperte. Fiel nicht. Holte Atem. Schrie weiter.»

Einerseits erhebt der Erzähler diesen Schrei zum Schrei der europäischen Mutter, die die «unterdrückten Schreie dreier Jahre» von sich gibt, ja zum Schrei der Menschheit, der von Amerika bis Petersburg gehört wird. Auf der anderen Seite faßt er die Reaktion der traumatisierten Mutter durchaus körperlich auf, als Teil einer durch ihren Paniklauf realisierten Dynamik, und bedient sich der kriegsspezifischen Metapher des Platzens, die schon in der ersten Erzählung angelegt ist («Durch den geringsten Anlaß konnte die Haut zerspringen. Dann stieg der Schrei») – der Mensch als Bombe!

7. *Dauthendey, Scheerbart, Lasker-Schüler*

Wenn Frank in seinem Roman *Die Räuberbande* das Fernweh der Würzburger Lehrlinge und Schüler schildert, das doch nur einen von ihnen wirklich nach Übersee befördert, so scheint er einen Landsmann vergessen zu haben, der wie kein anderer deutscher Schriftsteller seiner Generation von der Sehnsucht nach der Ferne und der Fremde umgetrieben wurde: Max Dauthendey. Nach einem unsteten Reiseleben, das ihn um die ganze Welt führte, ist Dauthendey 1918 auf Java gestorben, wo ihn der Krieg seit 1914 festgehalten hatte. Seinen Ruf als Hauptvertreter des Exotismus in der deutschen Literatur seiner Zeit hat sich der – zunächst als Symbolist hervorgetretene (vgl. Band IX, 1, S. 654 f.) – Würzburger vor allem mit zwei Erzählzyklen erworben: den zwölf «asiatischen Novellen» *Lingam* (1909) und den «japanischen Liebesgeschichten» *Die acht Gesichter am Biwasee* (1911). Ergänzend sind zu nennen das Reise-Epos *Die geflügelte Erde* (s. u. S. 609 f.) und der Mexiko-Roman *Raubmenschen* (1911).

Es ist eine äußerst dekorative und hochpoetische Ferne, von der Dauthendeys Novellen berichten. Wenn nach Dauthendey, der es ja wissen mußte, der Fluch des Reisens darin besteht, daß der Reisende mit jedem neuen Ort, den er kennenlernt, ein Objekt seiner Einbildungskraft verliert und je aufs neue «dem Gefängnis der Wirklichkeit» verfällt, so muß man wohl sagen: Dauthendey schreibt für Leser, die zu Hause geblieben sind und nur mit der Phantasie auf die Reise gehen wollen. Es ist daher bloß konsequent, wenn er die gängigen europäischen Vorstellungen von der Geisha und dem Samurai, dem rehäugigen Inderjungen und dem dicken Chinesen aufgreift, ja in den Japan-Erzählungen geradezu das Medium einbezieht, das zur Hauptgrundlage des damaligen Japonismus diente, nämlich den Farbholzschnitt. Die Bildtitel von Hiroshiges Serie «Acht Gesichter des Biwa-Sees» werden in den Überschriften der einzelnen Novellen in Dauthendeys gleichnamigem Zyklus wörtlich zitiert. Es ist ein Bilderbuch-Japan im doppelten Sinne, in das sie uns führen; der Anspruch von Realismus wird gar nicht erst erhoben.

Läßt man sich erst einmal auf diese Voraussetzung ein, wird man jedoch feststellen, daß durch den poetischen Firnis dieser Texte manches sehr konkrete Detail der kolonialistischen Praxis und der Ära des Imperialismus hervorschimmert. So wird in vier der acht Biwa-See-Erzählungen Bezug auf den japanisch-russischen Krieg genommen, der das europäische Japan-Bild deutlich verändert hatte; das siegreiche Japan erschien unversehens als neue Großmacht und potentieller Konkurrent jenseits aller exotisierenden Romantik. Man kann vor diesem Hintergrund Dauthendeys zweite Erzählung *Den Nachtregen regnen hören in Karasaki*, in der die aktuellen Entwicklungen zentrale Bedeutung gewinnen, geradezu als Versuch lesen, unter Einbeziehung auch dieser widersprüchlichen Realität das traditionelle Bild eines Samurai-Japan zu restituieren.

In der ersten Erzählung *Die Segelboote von Yabase im Abend heimkehren sehen* deutet sich — aus japanischer Perspektive — schon die Gefahr einer künftigen Industrialisierung Japans an: «Die leichten Vogelkäfige der Bambushäuser würden verschwinden, und Steinhäuser, wie man sie im Westen der Erde baut, würden zum Himmel wachsen, und überall würde dann Rauch und Eisenlärm sein.» Die hier erzählte Liebesgeschichte läßt sich als Gegenentwurf zu Pierre Lotis Roman *Madame Chrysanthème* (1888) lesen, der Grundlage von Puccinis Oper *Madame Butterfly* (1904). Als Prostituierte verweigert sich Hanake einem amerikanischen Marineoffizier; der Mann, den sie liebte, war zuvor durch den Schuß eines amerikanischen Entenjägers auf dem Biwa-See getötet worden, dessen «graue» Haut ihr von Anfang an unbehagliche Gefühle erweckte.

Gleich zu Beginn der Erzählung wird Hanake durch die Erscheinung von drei Segelbooten erschreckt, in denen sie drei japanische Schriftzeichen zu erkennen glaubt, die denn auch ihr Schicksal voraussagen: «Ich grüße dich» — «Ich liebe dich» — «Ich töte dich». Die Auffassung der Natur als Schrift, für Dauthendey ebenso ein Charakteristikum der fernöstlichen Kultur wie ein Ideal seiner eigenen ästhetizistischen Orientierung, bildet den zentralen Inhalt der dritten und fünften «Ansicht vom Biwa-See». Die dritte (*Die Abendglocke vom Mijderatempel hören*) handelt im Stil einer Legende von dem Versuch eines alten chinesischen Weisen, die Rinde des Kryptomerienbaums zu lesen, was dann erst viel später einem jungen japanischen Mönch gelingt. In der fünften (*Der Wildgänse Flug in Katata nachschauen*) gibt eine Prinzessin einem Maler den Auftrag, einen Zug Wildgänse so zu malen, daß sich zusammen mit der Hügellinie und einem Baum ein japanisches Schriftzeichen ergibt. Dauthendey rekurriert hier möglicherweise auf das Haiku «Sind das holländische / Lettern am Himmel dort, oder / Fliegende Gänse?», unterdrückt aber gerade den Hinweis auf die europäische Schrift zugunsten einer geschlossenen Fiktionalisierung des Fremden.

Auch die in Indien, China und Japan angesiedelten Erzählungen des *Lingam*-Zyklus beziehen ihren Reiz und ihre Problematik aus der Spannung zwischen Mythos und Wirklichkeit, Poetisierung und kolonialistischer Realität. Auf den Mythos verweist schon die Titelsymbolik, die in der Einführung entfaltet wird und die Liebesleidenschaft zum gemeinsamen Nenner der Texte bestimmt; denn das indische Lingam ist ein kultisches Phallussymbol. Nach dem mythischen Vorbild des Gartens des Alkinoos bei Homer (*Odyssee*, 7. Buch) ist der «Garten ohne Jahreszeiten» entworfen, in dem in der gleichnamigen Erzählung die glücklich verheirateten Singhalesen Bulram und Talora Dienst tun. Das Phäaken-Pärchen untersteht aber einem englischen Verwalter, und dessen Kommando veranlaßt eine zweijährige Trennung, während die beide auf noch bedrohlichere Weise mit dem Kolonialismus in Berührung kommen. In einer anderen Indiennovelle verkörpert der junge Todor für ein englisches Mädchen nicht nur die Mächte des Dschungels, sondern auch die eigene ihr noch unbekannte Triebnatur − er ist aber nur ein Zoowärter, und die Bestien, die in der so benannten Erzählung vorkommen, bloß «eingeschlossene Tiere».

Der Einfluß der Moderne zeigt sich auch in der achten *Lingam*-Novelle, überschrieben *Im blauen Licht von Penang*. Denn ihr malaiischer Held ist − wie Dauthendeys Vater − Photograph und seine Frau mit dem Kolorieren von Ansichtskarten beschäftigt. Andererseits glauben beide an die magische Macht von Bildern, wobei sie den alten Aberglauben bedenkenlos auf das neue Medium der Photographie übertragen. Anscheinend zu Recht! Denn die von Holongku heimlich nackt photographierte Kurtisane (sie verdient ihr Geld übrigens auf englischen Schiffen) stirbt zur selben Stunde, als seine Frau den Knopf an seinem Hausrock annäht und das darin verborgene Photo durchbohrt. Wiederum läßt sich beobachten, daß Dauthendey eine Lieblingsidee des Ästhetizismus im exotischen Milieu durchspielt; von der Macht des Bildes über den Abgebildeten zeugt ja schon Oscar Wildes *The Picture of Dorian Gray*.

Die Grenze zur Trivialliteratur überschreitet Dauthendey spätestens mit dem Plan eines ganzen Romanzyklus, der einen ominösen Geheimdiplomaten mit dem aufdringlichen Decknamen Rennewart zum Helden haben soll. *Raubmenschen* (1911), das erste und einzige ausgeführte Teilstück, ist gleichzeitig Reise-, Liebes- und Kriminalroman. Die reißerische Handlung erfüllt ihren Zweck, wenn sie dem bilderfreudigen Ich-Erzähler und Mexikofahrer Gelegenheit zur Entfaltung farbenfroher Naturbeschreibungen oder apokalyptischer Untergangsszenarien bietet: «Die weiße Wolke hatte sich wie eine orangerote Lavaglutmasse entzündet, der Himmel war giftgrün geworden, wie eine Grünspankugel leuchtend, die Schlagschatten im Tal wurden indigoblau, und die Krater unten im Tal standen wie blau eingewickelte Zuckerhüte nebeneinander; die Landschaft hatte ein Augenblick verhext.»

Auch Paul Scheerbarts Erzählen ist, und zwar schon seit den frühen neunziger Jahren (vgl. Band IX, 1, S. 407 ff.), durch die Verbindung von Exotik und Phantastik bestimmt. Im Unterschied zu Dauthendey liegt der Akzent hier jedoch nicht auf dem poetischen Reiz der Ferne als Fremde, das heißt als eines vermeintlich Anderen; Scheerbarts Phantastik ergötzt sich vielmehr gerade an der Aufhebung der Entfernungen und kulturellen Unterschiede, jedenfalls im irdischen Maßstab, und zwar sowohl in räumlicher wie zeitlicher Hinsicht. Die einzige Differenz von Bedeutung, die dieser konsequente Idealist und Utopiker gelten läßt, ist die zwischen geistiger und materieller Existenz, Kunst und gesellschaftlicher Wirklichkeit.

Scheerbarts Protagonisten operieren grundsätzlich global. Sein «Protzenroman» *Rakkóx der Billionär* (1900) handelt von den großflächigen

Operationen eines Kapitalisten, der in Großstädten Asiens und Europas lebt und sich zunächst mit neuen Waffentechniken beschäftigt. So gibt er fast beiläufig zehntausend «submaritime Torpedoboote» in Auftrag (eine Anspielung auf die Flottenpolitik Wilhelms II.?). Enttäuscht über den Unernst seiner Erfindungsabteilung, insbesondere des Ingenieurs Schulze VII., läßt sich Rakkóx jedoch bald darauf von einem jungen Erfinder namens Kasimir Stummel zum architektonischen Ausbau eines Gebirges überreden – man wählt dafür Teile der südamerikanischen Anden. In dem nun ausbrechenden Machtkampf zwischen der entlassenen militaristischen Elite, die unter Führung von Schulze VII. von China aus agiert, und seinem neuen Günstling Stummel kommt letzten Endes auch der Billionär ums Leben; mitten auf dem Atlantik wird er von zehn alten Indianern massakriert. Wie man sieht, zitiert Scheerbart traditionelle Elemente des Abenteuerromans (die Grausamkeit der Indianer, die sich mit Geheul auf ihr Opfer stürzen), um sie in einen völlig neuen Kontext zu stürzen, der eigentlich jeder exotistischen Romantik entkleidet ist.

Auch die Luftschiffahrten in Scheerbarts letztem Roman, dem «Damenroman» *Das graue Tuch und zehn Prozent Weiß* (1914), entbehren allen impressionistischen Zaubers. Die einzelnen Etappen der Weltreise, die den Architekten Mr. Krug und seine Frau von Chicago zur Südsee, weiter nach Japan, China, Ceylon und über den Aralsee, Babylon, Zypern, Kairo sowie Malta zum Lago Maggiore führt, werden lapidar und vielfach nur mit Nennung der Ortsnamen abgehandelt. Die Poesie konzentriert sich auf das künstlerische Projekt, für das Krug wie sein Schöpfer Scheerbart, der auch eine gleichnamige Schrift verfaßte, eintritt: die Realisierung einer farbigen «Glasarchitektur», zu deren besserer Wirkung sich die Ehefrau des Architekten kontraktlich zu ausschließlich graugetönter Kleidung verpflichten mußte.

Die Nähe des Romanhelden zum Autor Scheerbart erreicht einen Höhepunkt in *Münchhausen und Clarissa* (1906) und den Fortsetzungs-Erzählungen, die Scheerbart 1912 unter dem Titel *Das große Licht. Ein Münchhausen-Brevier* herausgab. Die Besuche des legendären Lügenbarons in einer Villa des Berliner Vororts Wannsee zu Anfang des Jahres 1905 (im stattlichen Alter also von 180 Jahren) ergeben mitnichten einen «Berliner Roman», wie der ironische Untertitel von *Münchhausen und Clarissa* lautet. Vielmehr geben sie dem Autor Gelegenheit, seine Lieblingsideen u. a. von einer architektonischen Umgestaltung des Äußeren und Inneren der Erde besonders plastisch auszuführen, eingekleidet in eine Schilderung der Weltausstellung von Melbourne, die dadurch, daß sie dem Lügenbaron in den Mund gelegt wird, jedes referentiellen Wahrheitsanspruchs überhoben ist. Der notorische Lügner Münchhausen wird zur Maske des utopisch-phantastischen Erzählers Scheerbart und die Entfernung zwischen Berlin und Melbourne (ungefähr die größte, die auf diesem Planeten zu haben ist) zur Chiffre des Abstands seiner Dichtung und ihrer Ideen von der Wirklichkeit.

Es kommt nur auf den Abstand an, nicht auf den jeweiligen Ort. Die gleichfalls in Melbourne angesiedelte «Glasblumen-Novellette» *Flora Mohr* (1909) etwa wird von Münchhausen einem japanischen Hörerkreis erzählt, und die im *Großen Licht* nachgeschaltete Geschichte von seiner imaginären Verwandlung in einen Kugelstern (unter Anleitung eines Zauberers auf Neu-Guinea) hat die Eskimos in Grönland zum Publikum. «Diese Leute verstehen uns», sagt die dem alten Münchhausen in anti-erotischer Liebe verbundene junge Clarissa zum Erzähler.

Die Sterne, das Nonplusultra der Ferne, sind für Scheerbart als beseelte Wesen (gemäß dem Panpsychismus Gustav Fechners) dem Menschen grundsätzlich verwandt und doch als höchste Form der Geistigkeit unendlich überlegen. Wie auch die Graphiken seiner *Jenseitsgalerie* (1907) belegen, beginnt für Scheerbart in kosmischen Sphären die wahre Exotik. Das Reich der Sterne ist der eigentliche Gegenstand seiner höchstpersönlichen Sehnsucht (und derjenigen aller positiven Figuren in seinen Werken) und wird seit der Jahrhundertwende auch zunehmend zum Objekt diverser zwischen humoristischem Feuilleton und alternativer Wissenschaft changierender Gelegenheitsarbeiten Scheerbarts, vor allem aber zum bevorzugten Schauplatz seiner dramatischen und epischen Phantasie. In astralen Pantomimen, zwei Romanen sowie zahlreichen Erzählungen, deren Genre-Bezeichnung nach Sternen variiert (Merkur-Novellette, Venus-Novellette etc.) und die 1912 unter dem Titel *Astrale Novelletten* gesammelt erscheinen, testet Scheerbart die unbegrenzten Möglichkeiten aus, die seiner Freude am Skurrilen und seiner Sehnsucht nach Befreiung von den Zwängen der Materie von der panpsychistischen Auffassung des Kosmos geschenkt wurden.

Dabei wird notwendig die Grenze zur Phantastik überschritten. Zentrale Motive von Scheerbarts Meisterwerk *Lesabéndio*, einem «Asteroïden-Roman» (s. o. S. 200 f.), sind schon in seinem «Mondroman» *Die große Revolution* (1901) angelegt. Wie sich im späteren Werk die Asteroïden-Bewohner von der Innenseite ihres Himmelskörpers auf die Außenseite verlegen, um sich dem Studium des Weltalls hinzugeben, so setzt sich hier die Partei der «Weltfreunde» gegen die «Erdmänner» durch. Die Mondbewohner, die dafür erst neuartige technische Voraussetzungen entwickeln müssen, wenden sich von der Erde und der ihr zugewandten Seite des Erdtrabanten ab, um die erdabgewandte Seite des Mondes als Riesenteleskop zur Betrachtung des Kosmos zu nutzen. «Jetzt aber ist der Mond ganz Auge», resümiert die Führerfigur Mafikâsu: «Das wollte er immer sein.» In der Umwandlung des Mondes zum potentiellen Sehorgan der Erde ist auch deren Erlösung jedenfalls als Zukunftsoption enthalten.

Die utopische Dimension von Scheerbarts Schreiben tritt in seinem «Volksro-man» *Der Kaiser von Utopia* in den Vordergrund, der noch sechs Jahre nach sei-nem ursprünglichen Erscheinen (1904) in Waldens *Sturm* (1910–12) nachge-druckt wurde. Der, wie schon sein Name verrät, menschenliebende Kaiser Phil-ander macht sich unter dem auf Scheerbart selbst verweisenden Pseudonym Bartmann auf die Reise, um das Leben hinter den Erscheinungen zu suchen und die Bewohner seines von innerer Erstarrung bedrohten Reichs zum «Weltlebenmiterleben» zu stimulieren. Die Natur selbst reagiert auf diese Initiative in Form merkwürdiger Lichterscheinungen und einer «bunten Krankheit», die von den Betroffenen und in großer Zahl an ihr Sterbenden als «herrlich» erfahren wird.

Um die Erlösung der Erde geht es schon in dem kurzen, aber um so dichter gestalteten Roman *Die Seeschlange* (1901). Er besteht zu großen Teilen aus der Beschreibung der Tempelanlagen (für das Erdinnere, Luft und Land), die sich der einsam alternde Hans Lorenz als zweiter Algabal errichtet hat – Stefan Georges Vorbild ist hier ebenso zu spüren wie der Einfluß von Huysmans' *A rébours*. Das Modell der décadence und des Ästhetizismus wird jedoch nach zwei Richtungen überschritten. Nämlich einerseits durch metaphysische Aufladung: Lorenz dient über weite Strecken als Sprachrohr der panpsychistischen Anschauungen des Autors. Andererseits durch Psychologisierung und humoristische Relati-vierung: Lorenz, der sich in einem seiner Tempelsäle selbst als Inkarna-tion der Kräfte des Landes vergöttlicht hat und zum Messias der Erde berufen glaubt, unterliegt merkwürdigen (pathologischen?) Erregungs-zuständen und wird einem alten Kapitän kontrastiert, der an den ganzen «Humbug» nicht glaubt.

Scheerbarts Zuwendung zu kosmischen Sphären geht mit einem scheinbaren Rückschritt einher. Verschiedene Erzählungen des Zeit-raums 1910/11, die er unter dem Zyklustitel *Der alte Orient* gesammelt herausbringen wollte, greifen auf das orientalische Milieu zurück, das schon sein Schaffen der neunziger Jahre beherrscht hatte. Jetzt geht es jedoch nicht mehr um das aus *Tausendundeine Nacht* bekannte Morgen-land der Kalifenzeit. Angeregt durch die Entdeckungen der Archäologie, deren Funde vielfach im späteren Pergamon-Museum Aufstellung fan-den, bisweilen sogar in enger Anlehnung an den Text des Berliner Museumskatalogs, wendet sich Scheerbart nunmehr der Kultur der alten Sumerer und Assyrer zu.

Scheerbarts Zugang zur Kultur des alten Babylon erfolgt auf zwei Ebenen. Einerseits ist er durch den ornamentalen Charakter der assyrischen Fundstücke vermittelt, der einer wesentlichen Tendenz von Scheerbarts eigener Ästhetik ent-spricht. Andererseits faszinieren ihn – und inspirieren seine erzählerische Phantasie – vor allem der hohe Stand der damaligen Astronomie und die Eigen-art der assyrischen Religion als Sternreligion.

Der aus Geschichtsbüchern als Sargon II. bekannte Held seiner umfangreich-sten altorientalischen Erzählung *Marduk* (1913, entst. 1910) findet ein kägliches

Ende, weil er das Vertrauen auf seine Identität mit dem Sterngott Marduk (Jupiter) verliert. Umgekehrt ist Nebukadnezars Bedeutung für Scheerbart – in völligem Gegensatz zu dem Bild dieses Herrschers, das das Alte Testament zeichnet – ganz durch seine Hinwendung zum Sternenkult und die darin ausgedrückte Vergeistigung begründet. Scheerbarts Nebukadnezar interessiert sich nur für «Tempel und Paläste», wie auch der Titel der einschlägigen «babylonischen Hof-Novellette» von 1911 lautet, und übertrifft seine Priester noch in der Hingabe an das – durch die «Lächerlichkeiten» des Lebens zum Tod führende – heilige Prinzip der Verwandlung (*Istar, der Morgen- und Abendstern*, 1911).

Else Lasker-Schüler zeigt sich dem Exotismus und gerade auch dem Orientalismus des Jahrhundertbeginns nicht nur in ihrem erzählerischen Werk verpflichtet. Die gesamte Selbstinszenierung der Autorin, vom äußeren Auftreten über die vielfach mit zeichnerischen Elementen ausgestalteten Briefe bis hin zu den autobiographischen Veröffentlichungen, ist grundlegend durch den Willen zu einer exotischen Stilisierung geprägt. In ihm verbinden sich in wechselnder Akzentuierung unterschiedliche Motive: Durch die demonstrative Identifikation mit Tino von Bagdad und Prinz Jussuf von Theben, den Titelfiguren ihrer wichtigsten exotisierenden Bücher (*Die Nächte Tino von Bagdads*, 1909; *Der Prinz von Theben*, 1914), betont Else Lasker-Schüler ihre Differenz als Bohemienne, Jüdin, Frau und nicht zuletzt als Dichterin zur Normalität von Majorität und Konvention.

Oft wirkt dabei der Orient als bloßes – einer Zeitmode geschuldetes, letztlich austauschbares – Kostüm. Das gilt vor allem für den ersten der beiden Romane, mit denen Else Lasker-Schüler jene Strategie einer mythisierenden Verkleidung der eigenen Lebenswirklichkeit fortsetzt, die sie schon in ihrem ersten Prosawerk, dem oben (S. 184) als Beispiel der Legendendichtung vorgestellten *Peter Hille-Buch*, erprobt hat. Wenn sie in ihrem Briefroman *Mein Herz* (1912) von einem Tanz mit dem Sohn des Sultans von Marokko auf der ägyptischen Ausstellung des Lunaparks oder von Schmidt-Rottluffs Porträt berichtet, das sie angeblich «im Zelt sitzend» zeigt, so entsteht ein ähnlicher Verschnitt von Berliner Realität und orientalisierender Einrahmung, wie er für die frühen Romane Scheerbarts kennzeichnend ist (vgl. Band IX, 1, S. 408 f.). Daß Lasker-Schülers Roman aus den *Briefen nach Norwegen* entstand und besteht, die während der Skandinavien-Reise ihres Ehemanns Herwarth Walden und seines Freundes Curt Neimann im August/September 1911 im *Sturm* zu erscheinen begannen und noch lange nach beider Rückkehr an derselben Stelle fortgesetzt wurden, bestätigt den Eindruck der Scheerbart-Nähe; denn mit der Adressierung dieser Berichte aus einem imaginären Orient an die als «Renntiere» (!), «Skiläufer» oder «Nordpolforscher» vorgestellten Reisenden erneuert sich der uns aus Scheerbarts Münchhausen-Prosa bekannte Effekt einer Überschneidung der Kulturkreise.

Das Verwirrspiel kompliziert sich im zweiten Briefroman Else Lasker-Schülers *Der Malik* (1919). Er ist aus den öffentlichen Briefen an den befreundeten Maler und «blauen Reiter» Franz Marc hervorgegangen, die seit 1913 in der *Aktion* und im *Brenner* erschienen. Die nach dem Kriegstod Marcs, der hier den biblischen Namen Ruben erhält, entstandenen Teile geben notgedrungen die Briefform auf und berichten in der dritten Person von Malik alias Jussuf Abigail, dem Prinzen von Theben, der sich zum Kaiser aufgeschwungen hat. Der mehrfach wörtlich aufscheinende «Weltkrieg» kann als «abendländischer» Krieg scheinbar ausgeklammert werden und bleibt doch unterschwellig präsent: in den Feldzügen des Kaisers Malik ebenso wie in seiner Liebe zum kriegerischen Nibelungen-Sproß «Giselheer» (!), hinter der sich – durch den Wechsel der Geschlechtsidentität substantiell transformiert – Else Lasker-Schülers Begegnung mit Gottfried Benn verbirgt.

Die Nächte Tino von Bagdads verbinden Lyrik und Prosa. Unter den Prosabeiträgen, die quantitativ weit überwiegen, finden sich auch einige, in denen der Orient als mehr oder weniger durchsichtiges Kostüm fungiert. So erkennt man in den Figuren Plumm Paschas und Senna Paschas Lasker-Schülers kleinen Sohn Paul und den von ihr verehrten Anarchisten Senna Hoy, das ist Johannes Holzmann, wieder. Auch liest man nicht ohne Überraschung vom «Reichstagsgebäude» (*Der Großmogul von Philippopel*) oder von einem Zoo-Elefanten und den Kesseln der hauptstädtischen Gasanstalt (*Der Sohn der Lîlame*). Im *Prinz von Theben*, der ausschließlich aus Prosastücken besteht, von denen etwa die Hälfte schon 1908 und 1910 in Zeitschriften Herwarth Waldens veröffentlicht wurde, verdichtet sich das exotische Milieu.

Hier vor allem erscheint der Orient, der bei Else Lasker-Schüler von Marokko bis Afghanistan reicht (mit Schwerpunkten auf Ägypten und dem Zweistromland), als das Ganz-Andere der abendländischen Kultur. Das Bild einer magisch-religiösen Welt der absoluten Machtausübung bzw. der bedingungslosen Unterwerfung verbindet sich in ihren Erzählungen mit einer assoziativ-bildhaften, vielfach enigmatischen Schreibweise, die vielen dieser Geschichten den Charakter einer (Alp-)Traumbeschreibung oder eines (Schauer-)Märchens leiht. Zu den Klischees des damaligen Orientbildes, die Lasker-Schüler in dichterischer Umdeutung aufgreift, gehört nicht zuletzt die maßlose Grausamkeit einer despotischen Herrschaft. Schon Scheerbart, dessen Nebukadnezar-Novelletten hier eine Ausnahme machen, hat sich in anderen Werken ausgiebig des Stereotyps von der Grausamkeit des Orients bedient.

In Lasker-Schülers Orient-Geschichten fließen Ströme von Blut. In *Ached Bey*, Tinos Erzählung von einer Massen-Hinrichtung, die – wie Kafkas *In der Strafkolonie* – mit dem Tod desjenigen endet, der die Liquidierungspraxis verantwortet, fließt das Blut des enthaupteten Fremdlings bis zu den Füßen des Kalifen: «Nie hörte ich einen ewigeren Fluß.» Nicht minder blutig gehen *Der Fakir von Theben*, *Der Dichter von Irsahab*, *Der Amokläufer* (1910, später: *Tschandragupta* – s. o. S. 58) und *Der Derwisch* aus. Die Kenntnis des in der letztgenannten Erzählung beschriebenen mörderischen Rituals, bei dem sich die Gläubigen auf die Straße legen und überritten werden, verdankt Lasker-Schüler wahrscheinlich dem auch als Romancier hervorgetretenen Ägyptologen Georg Ebers. Wichtig für ihre Interpretation der grausamen Aktionen ist tatsächlich deren ritueller Charakter, insbesondere die Analogie zum Opfer und die sich damit – über die vertraute Vorstellung des Künstlers als Märtyrer – ergebende Nähe zur Kunst bzw. zur Dichtung.

Besonderes Interesse verdient die prekäre Stellung der Ich-Erzählerin Tino zu den politischen oder religiösen Instanzen, von denen die blutigen Sanktionen verhängt werden. Ähnlich wie Scheherezade, die Erzählerin von *Tausendundeine Nacht* – schon der Titel *Die Nächte Tino von Bagdads* verweist ja auf dieses Modell –, ist sie sowohl potentielles Opfer und Opponentin wie Komplizin der Macht, wobei diese Macht zumindest in *Ached Bey* und *Der Großmogul von Philippopel* unübersehbar auch Züge einer sexuellen Inbesitznahme oder Bedrohung aufweist. Wenn Tino in der gleichnamigen Erzählung durch ihr Verhalten gegenüber dem «Fakir von Theben» mit daran schuld wird, daß alle Frauen von Theben bluten, bedroht sie gleichsam ihr eigenes Geschlecht.

In dieser Infragestellung der Identität liegen der eigentliche Fokus und die literarische Bedeutung der orientalischen Erzählungen Lasker-Schülers. Auf der geschlechtlichen Ebene gipfelt diese Infragestellung oder Grenzüberschreitung im Entwurf der transsexuellen Gestalt des Prinzen von Theben. Auf der ethnischen und konfessionellen Ebene äußert sie sich in den verschiedenen Spiegelungen, die die Problematik einer jüdischen Identität in denselben Geschichten erfährt. Dabei ist es auffällig, daß die Jüdin Else Lasker-Schüler den Orient keineswegs aus jüdischer Perspektive darstellt, sondern Juden in diesen Texten wiederholt als Fremde und Außenseiter einführt – so in *Ached Bey* in der Gestalt des hingerichteten Fremdlings, aber auch der Jüdin Naemi, der früher die Liebe des Kalifen galt, und wiederum anders in der Gespenstergeschichte *Mschatte-Zimt, der jüdische Sultan* (1908), mit der Lasker-Schüler (unter dem neuen Titel *Der Scheik*) Jahre später den *Prinz von Theben* eröffnet. Es ist nämlich keineswegs der «jüdische Sultan», sondern der ihm in religiösen Fragen kontrovers entgegengesetzte Scheik, den die Erzählerin als Urgroßvater für sich reklamiert. Bei der späteren Wiederaufnahme des Motivs vom Urgroßvater und seinen dreiundzwanzig Söhnen in der Erzählung *Arthur Aronymus* (1932) wird sie diese Transformation einer imaginären eigenen Familiengeschichte in das Fremde bzw. Andere revidieren.

8. *Einstein und Mynona*

Carl Einstein wurde von den Zeitgenossen primär als Essayist und Kunstkritiker wahrgenommen; erst im historischen Rückblick setzte sich die Einschätzung seines Romans *Bebuquin* als einer der avanciertesten Beiträge zum Projekt der literarischen Moderne im deutschen Sprachraum durch. Im Überschwang der posthumen Anerkennung wurde allerdings bisweilen übersehen, wie eng das erzählerische Frühwerk Einsteins an bestimmte historische Konstellationen im Vorfeld des Expressionismus gebunden ist.

Der literarhistorische Ort des jungen Carl Einstein ist nicht zuletzt durch seine langjährige – von Alfred Lichtenstein in der Erzählung *Der Selbstmord des Zöglings Müller* (1912) karikierte – Zusammenarbeit mit Franz Blei gekennzeichnet. In dessen bibliophil gestalteten, teils auf erotische Literatur spezialisierten Zeitschriften *Opale* und *Hyperion* erschienen 1908–1910 Einsteins erste Veröffentlichungen; Blei dürfte ihm den Zugang zum französischen Symbolismus eröffnet und jene Vorstellung einer selbstbezüglichen ästhetischen Sphäre bzw. Mentalität vermittelt haben, auf die sich seine frühen Texte teils affirmativ, teils kritisch beziehen.

So arbeitet Einstein in einem Beitrag zum *Hyperion* durchaus zwiespältig die Eigenart des «Snobbismus» heraus (*Der Snobb*, 1909), unübersehbar zwischen Innen- und Außenperspektive, Identifikation und analytischer Distanz schwankend. «Wir haben keine Wahrheit mehr» – Anfang und Schluß sind in der ersten Person gehalten, während der Mittelteil die «demonstrative Zurückgezogenheit», das «müde Verwerfen» und den «innen gefühlten Tod» bzw. das «Erstorbene» des Snobs aus der überlegenen Position eines Kulturkritikers und Soziologen diagnostiziert.

Ähnlich ambivalent fiel Einsteins erster Auftritt als Erzähler aus. Die «vier Legenden», die er unter dem Titel *Verwandlungen* 1908 im *Hyperion* publiziert, geben sich schon sprachlich-stilistisch als Erben des Ästhetizismus zu erkennen. Der – als einziger in der Ich-Form gehaltene – dritte Text, ebenso wie der erste 1913 in der *Aktion* unter dem schlichten Titel *Legende* nachgedruckt, thematisiert in der Allegorie des Schattenvogels offensichtlich die innere Spaltung des Künstlers, der sich in seinem Schaffen als «DUICH» gedoppelt erfährt. Auch der unter dem Bewußtsein der Sünde leidende Jüngling, von dem die erste Legende berichtet, erfährt tendenziell eine «Zerstückung» des Ich. Seiner Sehnsucht nach «reinen Formen» steht die Erfahrung «unseres peinlichen Lebens» entgegen, so daß sich ihm die ganze Welt «wie windverwehte Herbstblätter» darstellt. Dieses schon in der Einleitung formulierte Bild

wird im später geschilderten Gang des Jünglings durch die herbstliche
Landschaft gewissermaßen nachträglich in Szene gesetzt. Sein Tod unter
einem Blätterhaufen symbolisiert abschließend die vergebliche Suche
eines innerlich Erstorbenen nach Zugang zu Leben und Natur.

Eine ähnliche Botschaft liegt auch Einsteins Roman *Bebuquin oder
die Dilettanten des Wunders* zugrunde, der 1912 in der *Aktion* sowie im
Buchverlag der Zeitschrift erschien – mit einer Widmung an André
Gide und dem Entstehungsvermerk «geschrieben 1906/09»; tatsächlich
wurden die ersten vier der insgesamt neunzehn Kapitel schon 1907 in
den *Opalen* gedruckt. Einstein gelingt es in diesem schmalen Roman
jedoch, seiner Auseinandersetzung mit der Problematik einer unproduk-
tiv-ästhetischen Existenz eine völlig neue Form zu geben. Er streift das
symbolistische Gewand ab, an das er sich in den *Verwandlungen* noch
klammert, und experimentiert mit grotesken und surreal-phantastischen
Darstellungsformen, unbedenklich philosophische Diskurse (die einen
Großteil des Textes ausmachen) und kabarettistische Effekte miteinander
kombinierend.

Die «Dilettanten», die Einsteins Roman versammelt, sind Wahlverwandte
des von ihm analysierten Snobs, Boheme-Existenzen am Rande der Kunstsphäre, aber ohne durchschlagende künstlerische Begabung oder vitale Potenz. Da gibt es die von Max Reinhardt schwärmende Schauspielerin Fredegonde Per-
lenblick und den jugendlichen Maler Heinrich Lippenknabe, der von der
«Gemütlichkeit der Vernichtung» schwadroniert und Orchideen in der Achsel-
höhle einer Hetäre arrangiert, um sie mit Kognak zu begießen. Eine Sonderstellung nimmt der Feuilletonist Nebukadnezar Böhm ein, eine Kunst-Gestalt im
doppelten Sinne, denn seine Hirnschale ist aus Silber und mit «wundervoll ziselierten Ornamenten» versehen, «in welche feine, glitzernde Edelsteinplatten eingelassen waren»; nach seinem Tod am Ende des ersten Kapitels geistert er als
Wiedergänger und Luftwesen durch die weiteren Teile des Romans, bis ihn
Bebuquin im vorletzten Kapitel begräbt. Dilettant oder Snob in Einsteins Sinn
ist schließlich der Titelheld selbst, für dessen Namen sich viele Erklärungen
gefunden haben; die plausibelste ist wohl immer noch die Synthese aus franz.
«bébé» und «mannequin» (Baby und Gliederpuppe) – Bebuquin wird als «den-
kender Säugling» tituliert und beschäftigt sich gleich eingangs mit einer Wachs-
puppe.

Das «Wunder», auf das die Figuren des Romans vergeblich warten, ist die
künstlerische Verzauberung der Welt, das rauschhafte Einswerden mit ihr. Es
deutet sich in der Kollektiv-Vision des «Schmerzkakadus» am Ende des achten
Kapitels an, die zu Beginn des nächsten zynisch – nämlich als alkoholisch moti-
vierte Halluzination der Gäste des Lokals – relativiert wird. Eine Annäherung
verspricht auch die Erotik als «Ekstase des Dilettanten», wie sich Nebukadnezar
Böhm ausdrückt, dem dieses Glück jedoch in den Armen der korpulenten
Wachsfigurenkabinett-Kassiererin Euphemia verwehrt bleibt: Das Blitzen seiner
Edelstein-Fassade schränkt ihn auf sich selbst ein (s. o. S. 76).

Spiegel-Effekte durchziehen das ganze Werk und charakterisieren vor allem
das Weltverhältnis Bebuquins, der am Reflexionscharakter seiner Existenz letzt-

lich zugrunde geht. «Jetzt haben Sie Ihre eigenste Spiegelung weg», sagt im zweiten Kapitel der aus dem Jenseits zurückgekehrte Böhm zu Bebuquin, den er als «Narzissus, Unproduktiver» anredet und zur kreativen Selbst-Verwandlung (nach eigenem Vorbild) auffordert: «Sie sind ja immer noch ein Mensch. Variieren Sie doch einmal, monotoner Kloß.» Euphemia erprobt verschiedene Variationen: Sie verändert ihre Figur nach der Geburt eines Sohnes, riskiert einen halben Salto mortale im Zirkus und tritt als Nonne in das «Kloster des kostenlosen Blutwunders» ein. Bebuquin dagegen kehrt nach dem Weg zum Kloster wieder in sein «kathartisches Gemach» zurück, um einsam zu sterben.

Vorher erlebt er bei einem Zirkusbesuch die katastrophische Bedrohung von Spiegeleffekten: «Die Menschen verwandelten sich in sonderliche Zeichen in den Spiegeln; das Publikum wurde leise irrsinnig und richtete in drehendem Schwindel seine Bewegungen nach denen der Spiegel; um die Spiegel sausten farbige Reflektoren.» Wie in Kubins Roman *Die andere Seite*, den Einstein 1909 negativ besprochen hat, ergreift kollektiver Wahnsinn die ganze Stadt, und vor den Fenstern Bebuquins ertönt der Schrei «Nimm die Spiegel weg», denn die in seiner Glatze gespiegelte Mittagssonne hängt als «gleißender Schrecken der Spiegel» über den Bewohnern. In diesem Zusammenhang verdient die auffällige Rolle von Lichteffekten – vor allem des künstlichen Lichts auf dem Jahrmarkt und in der Bar – Erwähnung; die impressionistische Technik von Einsteins Beschreibung tritt in den Dienst symbolischer oder frivoler Effekte, zum Beispiel wenn das «sonst anständige elektrische Licht» einer Bardame «durch die Spitzen zum Knie» fährt.

Durchaus im Geiste romantischer Ironie spiegelt oder reflektiert schließlich Einsteins *Bebuquin*-Roman sich selbst, wenn etwa der Erzähler erklärt: «Jetzt mag d'Annunzio weiterschreiben», oder wenn der sterbende Held am Schluß einfach «Aus» sagt. Auch die lyrischen Partien oder die Böhm und Bebuquin in den Mund gelegten vortragsartigen Einlagen (mit eigenen Überschriften) verstärken den Eindruck dieses Werks als «progressiver Universalpoesie» im Sinne der Frühromantik.

Der «Platoniker» Laurenz Ehmke, eine Figur aus dem neunten Kapitel des *Bebuquin*, gibt noch einer späteren Erzählung Einsteins, ja einem ganzen Buch (1918) den Namen. *Der unentwegte Platoniker* nennt sich die dreiteilige Erzählung, deren erster Teil 1913 in der *Aktion* unter dem Titel *Der Abschied* publiziert wurde. Er ist als von Laurenz gezeichneter Brief angelegt, der die Aussicht auf eine Flußwanderung eröffnet, über die dann im zweiten Teil, gleichfalls in Briefform, Bericht erstattet wird. Die entscheidende Stelle der Erzählung liegt zu Beginn des dritten und umfangreichsten Teils: Nach dem ersten Absatz, in dem der Ich-Erzähler sich als Lügner anklagt, wechselt abrupt die Erzählperspektive. Wir erleben Laurenz und seine hilflose Interaktion mit Menschen, die ihn ausnutzen und überlisten, nur noch in der dritten Person – bis hin zu seinem Schuldigwerden am Tod eines Kindes und der an ihm verübten Lynchjustiz. Das ist offenbar eine Art von Wahrheit, die sich der poetischen Verarbeitung entzieht – das Prädikat «Platoniker» erhält im Bezug auf Platons Verdikt von der Lüge der Dichter neues Gewicht.

Sprachkritik steht auch im Hintergrund der Satire *G.F.R.G.* (soll heißen: GmbH für religiöse Gründungen), in der Einstein zu einem wahren
Rundumschlag gegen alle möglichen utopischen Bestrebungen im
Bereich der Literatur ausholt und dabei auch gegen den Expressionismus
austeilt. Die 1918 erstmals vollständig gedruckte Erzählung, von der drei
Teile schon 1913 in der *Aktion* erschienen, handelt von der Vermarktung
religiöser Heilsversprechen und bezieht dabei ausdrücklich diverse Tendenzen der Lebensreform, «Hymnendichter georgischer Couleur» und
die Ästhetik des Blauen Reiters mit ein. «Eine neue Kunst müssen wir
machen, mehr Gotik Kinder, die Impressionisten werden das nicht über-
stehen», heißt es im Kreise der Maler, und einer von ihnen – er trägt
den an Kandinsky, den Verfasser des *Gelben Klangs*, gemahnenden
Namen Rakinsky – erklärt: «Wissen Sie, die Mystik meines tiefen
Gelbs, die Komplementärfarbe wird siegen.»

Ist es mit dieser Distanzierung von der Programmatik des Expressionismus
zu erklären, daß der Erzähler Einstein jedenfalls vorübergehend zu eher konventionellen Formen zurückfindet? *Die Mädchen vom Dorfe* (1918, entst. 1913), die
tragische Geschichte von den Folgen eines Vater-Tochter-Inzests in einer kleinen
Stadt Südfrankreichs, erfüllt alle traditionellen Kriterien einer Novelle.

In Mynonas Grotesken findet die von Einstein betriebene Infragestellung herkömmlicher Lesegewohnheiten, insbesondere unserer Erwartungen an die Einheit und mimetische Qualität von Figuren und Handlung, eine geistesverwandte Entsprechung. Denn auch bei Salomo Friedlaender, der seine erzählerischen Texte unter dem Pseudonym Mynona
(Anagramm von «Anonym») veröffentlichte, steht ein philosophisches
Interesse, insbesondere ein erkenntnistheoretisch untermauerter Zweifel
an «Identität» und «Wahrheit», im Hintergrund der literarischen Produktion. Der aberwitzige Humor seiner Grotesken ist wohl nicht nur
als Entlastung von den Aporien einer philosophischen Systematik, sondern auch als Versuch zu begreifen, im Lachen eine Freiheit von, über
oder zwischen den Gegensätzen zu erreichen – als Annäherung an
Friedlaenders Ideal der «schöpferischen Indifferenz» (s. o. S. 72 f.).
Schon der kurze Text *Der Verzweifelte und sein Ende* – eine der ersten
Grotesken, die Mynona veröffentlichte (*Der Sturm*, 1910) – läßt typische
Motive und Techniken seines Erzählens erkennen. Wie so oft in
Mynonas Texten geht es um den Tod, und einige pathetische Formulie-
rungen der ersten Zeilen scheinen die Ernsthaftigkeit dieses Themas
auch anzuerkennen und zu unterstreichen. In der Auseinandersetzung
des «erhabenen» Greises mit der Kuckucksuhr stellen sich, durch einige
Neologismen eingeläutet, alsbald jedoch größere Irritationen ein, die im
«Zernagen» der vom Greis mit Wasser gefüllten Uhr schon jeden realistischen Rahmen sprengen. Die folgenden Aktivitäten des Greises, der sich

bemalt, nackt auszieht, tanzt, schlägt und wälzt, lassen sich als symbolische Befreiung oder Autoaggression eines Demenzkranken deuten,
erfahren jedoch in der anschließenden Apostrophe des Todes seitens des
Greises, die durch Stilbrüche überrascht («Tod, ein netter Name, viel zu
pathetisch, feige Bestie»), eine intentionale Bestimmung: als Reizung des
Todes, der auch bald eintrat, um die Lächerlichkeit zu vermeiden. Damit
ist auch – nach nur einer Buchseite – der Text zu Ende, der sozusagen
seine eigene Lächerlichkeit abkürzt.

Komische Gestaltungen des Todes bieten auch die Kurzerzählungen
Zur Tötlichkeit des Sächselns (1910), *Der Tod des alten Federhutes* (1910),
Jakob Hankes Erlösung (1915/16; später: *Jakob Hankes Wunderlichkeiten*)
und *Der verliebte Leichnam* (1918). In der letzten, durch ihre selbstreflexiven Elemente auffälligen Erzählung sind Tod und letzter Orgasmus
identisch – die französische Wendung «le petit mort» wird gewissermaßen beim Wort genommen. Erotisches – bis hin zum Pikant-Anzügli-
chen – bildet einen zweiten thematischen Schwerpunkt der Grotesken
dieses Autors, der in Boheme-Kreisen für seinen unkonventionellen
Lebenswandel bekannt war und gerade mit diesem Schwerpunkt die
ersten Prosaskizzen Lichtensteins prägend beeinflußt (u. a. *Mieze Maier*,
in: *Der Sturm*, September 1910).

Mynona läßt sich jedoch nie auf eine konkrete Vergegenwärtigung
des sinnlichen Vorgangs ein, er beschränkt sich auf die Andeutung mit
den Mitteln des Wortwitzes (florieren/deflorieren, patent/potent) und
stellt im übrigen dem körperlichen das geistige Prinzip gegenüber, das
selbst in der Verführung unverzichtbar ist – so die Quintessenz der
Groteske *Der gebildete Wüstling*, der auch die letzten Zitate entnommen
sind – und sich im Zweifelsfall als überlegen erweist (*Die züchtige
Kokotte*, 1919). Die Erfindung einer maschinellen Ersatzbefriedigung (in
Sautomat, 1919) zeigt nochmals, allerdings in ironischer Verfremdung,
die Herrschaft des einsamen Verstandes über das ursprüngliche auf den
anderen gerichtete Begehren.

Von solcher Dominanz des Geistes ist es nur ein Schritt zu Spiritualismus und Okkultismus. Die für Mynonas Verhältnisse ungewöhnlich
umfangreiche Erzählung *Die Nachbarn Ezechiel* ist eine regelrechte
Gespenstergeschichte. Der «Unroman» *Die Bank der Spötter* (1919), als
dessen Teil sie zunächst erschien, ist nach dem Muster von E.T.A. Hoffmanns *Serapionsbrüdern* als Rahmenerzählung von einer Tischrunde
angelegt, aus der wechselnde Mitglieder absonderliche Geschichten mitteilen. Einer von ihnen, Abnossah Pschorr, verwandelt sich am Schluß
in einen Magier, der auch an den anderen das Wunder der Immateriali-
sation vollzieht. Pschorrs außerordentliche Fähigkeiten sind dem
Mynona-Leser schon aus dem Grotesken-Band *Schwarz-Weiß-Rot* (1916)
bekannt. Dort gelingt es Pschorr, die Stimme des alten Goethe mit Hilfe

einer raffinierten Apparatur wiedererklingen zu lassen (*Goethe spricht in den Phonographen*) – eine Geisterbeschwörung der medientechnischen Art.

Mit absurden technischen Erfindungen warten auch andere Geschichten aus der *Bank der Spötter* auf, wie schon die Titel einzelner Grotesken verraten (*Der elektromagnetische Buckel, Fatamorganamaschine*). Die letzte Erzählung Pschorrs berichtet von den erstaunlichen Befunden, die sich bei der mikroskopischen Untersuchung von Leichenteilen ergeben haben: Im Dünnschliff der Knochen eines Hutmachergesellen zeichnet sich ganz Spandau ab (*Spandau in der Hutmacherleiche*)! Die Mediziner, denen solche Erkenntnisse zuteil werden, enden in Wahnsinn, mit Selbstmord oder Tod – ein allzu direkter Kontakt mit den Grenzen der «objektiven Realität» bzw. mit dem «schöpferischen Subjekt» ist offenbar in dieser Welt gefährlich.

Und doch befolgen Mynonas Grotesken kein anderes Prinzip als die Demonstration der subjektiven Freiheit, als die Thronerhebung des schöpferischen Ich. Unter dem Titel *Ich verlange ein Reiterstandbild* proklamiert Mynona höchstselbst seine eigene Monumentalisierung – und droht für den Fall der Ablehnung seiner Forderung die kannibalische Vertilgung der gesamten Menschheit an. Dem Verdikt des selbstbewußten Sprechers verfallen insbesondere die «Ignoranz» der Wissenschaft und die «Impotenz» der Kunst; beide werden auch durch Namen belegt – für die Literatur zeichnen die Dramatiker Gerhart Hauptmann und Otto Ernst, für die Wissenschaft der Altphilologe Ulrich von Wilamowitz-Moellendorff.

Andere Grotesken inszenieren die Ermächtigung des kreativen Subjekts durch die Thematisierung des Erzählvorgangs und die Einbeziehung des Lesers in die Texterzeugung. In *Der verliebte Leichnam* dient der Titel als Ausgangspunkt für eine quasi methodische Ableitung der Geschichte. Nach demselben «mathematischen Exempel» können jetzt die Leser selbst aktiv werden:

«Tummle dich, mein Publikum! [...] Übt euch! Das Rezept habet ihr. Oh schöne Zeit, wo man die fremden Autoren abschaffen und nur noch selbstgebackenen Geist essen wird!!! Wo eigne Autorität an Stelle der fremden tritt! Jedermann sein eigenes Publikum – dies ist das Ende nicht nur der Litteratur-, sondern vielleicht aller Geschichte – jedenfalls dieser hier ...»

Mynona nähert sich damit den Positionen des Dadaismus. In einem quasi dadaistischen Tumult verwirrt sich denn auch die Groteske *Gar nichts* (1919), die gewissermaßen vom Nullpunkt, nämlich der Leere im Kopf des Erzählers, ausgeht und letzteren am Schluß – nach einem chaotischen Gang durch mehrere Handlungsebenen, in die er auch selbst verstrickt ist – allein zurückläßt.

9. Döblin

Alfred Döblin, zweifellos eines der stärksten erzählerischen Talente des 20. Jahrhunderts, gilt als der bedeutendste Romancier des Expressionismus. Eine Einordnung, mit der freilich eine doppelte Problematik verbunden ist. Döblin hat ungeachtet seiner engen Verbindung zu Herwarth Walden und dessen Zeitschrift *Der Sturm* leidenschaftlich seine Unabhängigkeit von der expressionistischen Bewegung – wie auch von den Manifesten der Futurististen – behauptet; sein Hauptwerk *Berlin Alexanderplatz* (1929) läßt sich schon aus chronologischen Gründen nicht ohne weiteres dem Expressionismus zurechnen. Auf der anderen Seite weist Döblins Konzept des Romans, im *Berliner Programm* und anderen Äußerungen auch theoretisch bekräftigt (s. o. S. 142 f.), deutlich über die traditionellen Grenzen der Gattung weg auf eine Erneuerung des Epos hin. Döblin – ein Homer der Berliner Moderne?

Schon der erste erhaltene literarische Versuch des Schülers, die stark von Vorgaben des Naturalismus und Sozialismus (August Bebel) abhängige Prosaskizze *Modern* (1896), überrascht mit einer lebendigen Schilderung des Treibens auf der Leipziger Straße. Die nachfolgenden Romane und Erzählungen des Abiturienten und Studenten Döblin führen dagegen heraus aus der modernen Gesellschaft in eine mythische Naturkulisse, in der Grundkonstellationen des Welterlebens und der Geschlechtlichkeit in poetisierender Prosa monologisch – wie in dem Hölderlin gewidmeten Ich-Roman *Jagende Rosse* (entst. 1900) – oder in melancholischen Zwiegesprächen – so in der mit einem gemeinsamen Liebestod endenden Erzählung *Adonis* (1901) – durchgespielt werden.

Größeres Interesse verdient *Der schwarze Vorhang. Roman von den Worten und Zufällen* (1912, entst. 1902/03), dessen Erscheinen im Axel Juncker Verlag seinerzeit am Einspruch des Lektors Rilke scheiterte. Wie Döblin im Begleitbrief an den Verleger vom April 1904 erläuterte, ging es ihm um die «Geschichte des Liebestriebes eines Menschen»; «sexuell Pathologisches» werde zur «Verschärfung» des «normalpsychischen Verhaltens» eingesetzt. Dabei ist an den offenen Sadismus zu denken, der sich im Verhalten des Helden Johannes gegenüber seiner Geliebten Irene (wie vorher schon gegenüber seinem Hund) zeigt und in der Tötung der sich hingebenden Frau durch einen Biß in die Halsschlagader gipfelt. Der junge Autor verarbeitet Anregungen aus Kleists Drama *Penthesilea* und Julius Harts Novelle *Media in vita* (1898) und findet zugleich Anschluß an den Geschlechterkampf-Diskurs der Zeit, der sein eigenes Schaffen noch über Jahre bestimmen wird – u. a. in den Erzählungen *Die Verwandlung* und *Der Dritte* (beide 1911), deren erstere Döblin seiner Verlobten Erna Reiss widmete (!).

Döblin hat seine beiden ersten Romane Fritz Mauthner zugesandt, von dessen Sprachkritik zumindest *Der schwarze Vorhang* – in der Problematisierung des Begriffs «Liebe» – beeinflußt ist. Weitere sprachskeptische Impulse dürfte Döblin von Nietzsche empfangen haben, mit dessen Philosophie sich zwei während des Berliner Studiums entstandene Aufsätze kritisch auseinandersetzen. Einschlägige Denkanstöße hat ihm möglicherweise auch der Besuch von Vorlesungen des Neukantianers Heinrich Rickert in Freiburg, mit Sicherheit aber die Arbeit an seiner Freiburger – von Alfred Hoche betreuten – Dissertation *Gedächtnisstörungen bei der Korsakoffschen Psychose* (1905) vermittelt. Sie machte ihn mit Forschungen zur «dépersonnalisation» bekannt (s. o. S. 91 f.), auf die sich noch das *Berliner Programm* Döblins mit der Forderung nach «Depersonation» (Entselbstung des Autors) bezieht. Ihren unmittelbaren Niederschlag findet die Vertrautheit des Mediziners mit Formen schwerwiegender Persönlichkeitsstörungen in zwei erzählerischen Fallstudien, die noch im Freiburger Studienjahr 1904/05 entstanden sind, allerdings erst 1910 im *Sturm* veröffentlicht wurden: *Die Tänzerin und der Leib* sowie *Die Ermordung einer Butterblume*.

In der erstgenannten Erzählung wird einer jungen Tänzerin ihr eigener auf rätselhafte Weise erkrankter Körper fremd, ja feindlich. Sie ersticht ihn (und damit auch sich) am Ende, nachdem sie in einer Stickerei die Dissoziation ihrer Person zum bildlichen Ausdruck gebracht hat. Kunst kann offenbar seelische Prozesse zur Sprache bringen, die sich einer normalsprachlichen Mitteilung entziehen. Vor diesem Hintergrund sind die originellen künstlerischen Mittel zu sehen, mit der sich die zweitgenannte Erzählung den Wahnvorstellungen des Kaufmanns Michael Fischer aus Freiburg zuwendet, der bei einem abendlichen Spaziergang mit seinem Stock einer Butterblume den Kopf abschlägt.
Dynamisch zwischen personaler und auktorialer Erzählweise, erlebter Rede und Kommentar, Vergangenheits- und Gegenwartstempus wechselnd, versetzt uns der Erzähler in die zunehmend wahnhaften Vorstellungen bzw. psychotisch verzerrten Wahrnehmungen des Protagonisten, eines sadistischen Zwangsneurotikers, der seine angestauten Aggressionen an einer – dem grammatischen Geschlecht nach weiblichen und später von ihm mit einem Frauennamen belegten – Blume abreagiert, um sich selbst dafür zu strafen: mit alptraumhaften Visionen, die dem banalen Vorgang gigantische Dimensionen (der Pflanzenschleim brandet in dickem Strom gegen die Füße des Täters) und die moralische Qualität eines Mordes verleihen. Fischer büßt zunächst, indem er für die tote Blume ein Gedeck auflegen läßt und ein Konto einrichtet. Später überlistet er sich selbst damit, daß er «zur Kompensation der Schuld» eine Ersatzblume pflegt, was er allerdings so nachlässig tut, daß diese ihr Leben einbüßt und er «die ganze Butterblumensippschaft» los ist. Die Paragraphennummer, die Fischer auf den Boden des Topfs schreibt, gibt es übrigens im Bürgerlichen Gesetzbuch nicht. Man vermutet Anspielungen auf ein Datum oder juristische Tatbestände, in die vielleicht Döblin selbst (als Vater eines unehelichen Kindes?) verwickelt war. Ebenso offen bleibt die Bedeutung des Schlusses: Wenn Fischer prustend «im Dunkel des Bergwaldes» verschwindet, muß man wohl auch für die Zukunft Zweifel an seiner geistigen Gesundheit hegen.

Döblin hat das Modell der *Ermordung einer Butterblume* – nicht umsonst benennt er nach der Erzählung seinen ersten Novellenband

(1912) – mehrfach abgewandelt. Auch in *Astralia* (1910, entst. 1904), *Die Nachtwandlerin* und *Der Kaplan* (beide 1914) scheitert ein beschränkter oder verklemmter, vom Wahnsinn bedrohter oder ihm verfallender männlicher Protagonist an den objektiven Gegebenheiten und Erfordernissen des Lebens, das ihm jetzt allerdings nicht mehr in der Gestalt der Natur, sondern in der einer Frau oder der Großstadt entgegentritt. Besondere Beachtung verdient die Erzählung *Der Kaplan* wegen der Schilderung des Berliner Lebens und des ersten Auftauchens einiger Motive, die in *Berlin Alexanderplatz* zur Entfaltung kommen werden. Die katastrophisch endende Kutschfahrt des katholischen Priesters mit der leichtlebigen Bertha findet in Döblins Roman *Wadzeks Kampf mit der Dampfturbine* (1915) ihr Gegenstück in der Droschkenfahrt, die den tragikomischen Helden zusammen mit Gaby, der Freundin seines Konkurrenten, durch die Friedrichstraße führt. Überhaupt läßt sich diese «berlinische Donquichotterie» (Loerke) als romanhafte und ins Versöhnliche transponierte Erweiterung des beschriebenen Erzählmodells lesen.

Die Komik des *Wadzek*-Romans ist nicht untypisch für den Erzähler Döblin in der Phase des *Berliner Programms*. Im Zeichen der dort geforderten Entpsychologisierung entwickelt der Autor eine ausgesprochene Vorliebe für ein in paradoxen Wendungen voranspringendes Geschehen, dem die Personen eher als gestikulierende Akteure denn als empfindsame Subjekte zuarbeiten, und schreckt dabei auch vor ausgesprochen schwankhaften Effekten nicht zurück – man denke an die Ärztefarce *Das verwerfliche Schwein* oder die Eröffnungsnovelle des Bandes *Die Lobensteiner reisen nach Böhmen* (jeweils 1917).

Unter dem Titel *Linie Dresden – Bukarest* wird darin die Geschichte einer doppelten – und doch für den hochstaplerischen Betrüger ökonomisch erfolglosen – Verführung erzählt, nicht ohne manche aktuelle Anspielung: So ist die Person des Glücksritters mit dem sprechenden Namen Fortunesku wahrscheinlich – ebenso wie Thomas Manns damals entworfener *Felix Krull* – durch die Memoiren des rumänischen Hochstaplers Manolescu angeregt; die Turnerei und «Müllerei», mit der er Mutter wie Tochter beeindruckt, spielt ebenso wie die frivole Berufsbezeichnung «Parterregymnastiker» (in Döblins Erzählung *Der Dritte*) auf die Körperkultur der Lebensreformbewegung an – und deutet sie zugleich ins Erotische um; nach dem «System Müller» des Dänen Johann Peder Müller trainierte übrigens auch Kafka.

Dieselbe auf äußere Aktion statt innerer Beteiligung setzende komische Erzählstrategie erreicht freilich die Grenzen ihrer Wirkung, wenn sie in epischer Breite daherkommt – wie in der umfangreichen Schluß- und Titelgeschichte des *Lobensteiner*-Bandes. Die historische Burleske kann auf die Dauer kaum das Interesse des Lesers fesseln, auch wenn dieser den satirischen Bezug auf das «persönliche Regime» Wilhelms II.

erkennt und goutiert. Der Detailreichtum und lange Atem des Epikers Döblin bedarf angemessen großer Gegenstände, und diese fand er – im Zeitraum bis 1918 – zweimal: im Falle des historischen Romans *Wallenstein* (s. o. S. 153–155) und vorher beim «chinesischen Roman» *Die drei Sprünge des Wang-lun* (1916, entst. 1912/13).

Angeregt durch Zeitungsberichte über einen Aufstand koreanischer Arbeiter in einer sibirischen Goldmine, stieß Döblin auf die Geschichte der chinesischen Wuwei-Sekte des 17./18. Jahrhunderts, die trotz des von ihr vertretenen Prinzips des Nicht-Handelns bzw. der Gewaltlosigkeit von den Kaisern in Peking kompromißlos verfolgt und liquidiert wurde. Ihr Anführer in Döblins Roman, der Fischersohn Wang-lun, wechselt im Laufe seines Lebens mehrfach zwischen den Prinzipien des Handelns und des Nicht-Handelns, zwischen Kampf und Duldsamkeit hin und her, wie er es auch im abschließenden Gleichnis der drei Sprünge seinem Freund demonstriert: Das Schwert an der einen Seite des Baches einpflanzend, springt er auf das andere Ufer (der Gewaltlosigkeit), dann zurück zum Schwert und wieder – ein drittes Mal – hinüber, diesmal mit der Bitte an den Freund, das Schwert mitzubringen: «Denn hier muß gekämpft werden.» Genauso doppeldeutig lauten die Schlußworte des Romans aus dem Mund der Frau seines Gegenspielers, die noch nach Wang-luns Tod vergeblich nach Ruhe für sich und Frieden für ihre von ihm getöteten Kinder ringt: «Stille sein, nicht widerstreben, kann ich es denn?»

Die ambivalente Botschaft mochte zum Zeitpunkt der Veröffentlichung mitten im Krieg auf besonderes Verständnis stoßen, ebenso die «Zueignung» an den chinesischen Philosophen Liä Dsi (das ist Lao-tse), in der dem technischen Fortschritt, der die Fenster der Wohnung des Verfassers zum Vibrieren bringt, der Auftrag zur Erinnerung und die Weisheit einer Lehre entgegengesetzt werden, bei der es nicht um «Gewinnen, Erobern, Besitzen» geht. Wichtiger für die Wirkung war die Faszinationskraft der exotischen Kulisse und die Sprachgewalt des Romans, deren expressionistische Dynamik sich vor allem in den zahlreichen Kampf- und Massenszenen entfaltet:

> «Vor dem Hügel krochen sie herunter. Gewimmel von Laternen zwischen kohlschwarzen Stämmen. Klappern, halblautes Sprechen, Gähnen, lahme Knochen, Drängen, Trappeln. Als sie auf dem freien Platz im Tal standen, schlug und krachte es hölzern; die Reste der Barke stürzten, von den schiebenden Menschen angerührt. Der halbverkohlte Mast sauste seitwärts, die Splitter flogen, rissen Löcher in Laternen. Die Männer stapelten die Bretter, hockten herum, warteten.»

10. Heym, Sack, Benn

Ein Jahr vor seinem Tod wird der Lyriker Georg Heym zum Erzähler. Sieben 1911 entstandene Erzählungen nimmt Heym in das «Novellenbuch» *Der Dieb* auf, über das im November desselben Jahres ein Vertrag mit dem Rowohlt Verlag geschlossen wird; der fertige Band liegt erst im Februar 1913 vor.

Der Begriff «Novelle» ist dabei in jenem weiteren Verständnis zu nehmen, das auch bei Döblin zugrunde liegt (s. o. S. 180). Heym, der schon mit dem Fragment *Die Särge* (entst. 1911) in den Bereich der Phantastik vorstößt, subsumiert darunter auch eine Geschichte wie *Das Schiff*, die sich präzis auf der Grenze zwischen einer Allegorie (der Pest, des Todes) und einer phantastischen Erzählung bewegt. Ein Grenzphänomen im Hinblick auf den Gattungscharakter ist auch die kurze Erzählung *Die Sektion*, die ohne eine eigentliche Handlung auskommt. Gegen die Tätigkeit der Anatomen, die mit roher Gewalt den Leichnam öffnen und entleeren, werden die Träume des Toten gestellt, die offenbar ihren eigenen Anspruch auf Realität behaupten: «Und der Tote zitterte leise vor Seligkeit auf seinem weißen Totentische, während die eisernen Meißel in den Händen der Ärzte die Knochen seiner Schläfe aufbrachen.»

Eher konventionell mutet im Vergleich dazu die nachfolgende Novelle *Jonathan* an, die denselben Gegensatz zwischen subjektivem Liebesbedürfnis und zynischer medizinischer Praxis am Schicksal des schwerverletzten Schiffsjungen Jonathan exemplifiziert. Sie gipfelt in der Epiphanie des sensenschwingenden Todes, hervorgerufen durch den unerträglichen Schmerzensschrei des Fieberkranken, und endet mit den Halluzinationen des Sterbenden. Wie unbarmherzig das Leben mit Liebeshoffnungen umzugehen pflegt, zeigt auch der «kleine Beitrag zur Geschichte eines Jungen», dem Heym den Titel *Ein Nachmittag* gegeben hat. Innerhalb weniger Stunden erfährt ein Knabe das ganze Ausmaß von Liebesglück und -enttäuschung und damit letztlich den Dualismus von Leben und Tod.

Den Höhepunkt von Heyms Novellenbuch bilden zwei einander korrespondierende Darstellungen des Wahnsinns: die Titelgeschichte *Der Dieb* und die Novelle *Der Irre*. Erstere, angeregt durch den tatsächlichen Diebstahl von Leonardos Gemälde «Mona Lisa» aus dem Pariser Louvre im August 1911, imaginiert einen religiös motivierten Anschlag auf das Kunstwerk. Dafür dürfte neben dem zeitgenössischen Kult um die «Gioconda» als Verkörperung der Femme fatale vor allem die Lektüre von Mereschkowskis *Leonardo*-Roman (russ. 1901, dt. 1903) verantwortlich sein, in dem die «Christusnarren» um den Scheiterhaufen tanzen, auf dem die heidnische Kunst verbrennt. Man kennt die mit dem Namen Savonarolas verbundene Bildersturm-Thematik auch aus Thomas Manns Novelle *Gladius Dei* und seinem Drama *Fiorenza*.

Heyms mit zahlreichen Zitaten aus der Bibel (insbesondere der Offenbarung des Johannes) angereicherte Novelle gestaltet den ganzen Vorgang von der Planung des Diebstahls bis zur gezielten Verstümmelung
des Gemäldes in Florenz – wo in Wirklichkeit das Bild wiedergefunden
wurde – aus der Sicht eines christlichen Fanatikers, der einmal auch
direkt als «der Irre» bezeichnet wird. Erst die abschließende Schilderung
des Brandes und des Feuerwehreinsatzes (mit mehreren Todesopfern)
erfolgt aus auktorialer Perspektive; der Feuertod der Retter löst gleichsam die apokalyptische Bedrohung ein, die in der Einbildung des Geisteskranken vom Bild der Mona Lisa ausging.

Auch in der Novelle *Der Irre* ist die Frau das Ziel der Aggression des Protagonisten: Der aus der Anstalt als geheilt entlassene Schizophrene will Rache an seiner Ehefrau nehmen. Auch seinen Weg säumen mehrere Opfer, bis er selbst
durch einen Scharfschützen liquidiert wird. Dennoch erreicht die Darstellung
des Wahnsinns hier eine andere Qualität. Zum einen wird das Wechselspiel von
Wahn und Gesellschaft deutlich. Noch durch den Schleier schizophrener Verfol-
gungsvorstellungen wird die Unmenschlichkeit und sachliche Inadäquatheit des
rationalistisch organisierten Anstaltsbetriebs ahnbar; die Prägung des Kranken
durch militärische Ausbildung und lutheranische Choräle («Ein feste Burg ist
unser Gott») läßt seine Gewaltbereitschaft mindestens teilweise auch gesellschaftlich vermittelt erscheinen. Die knappen, aber für Ortskundige unzweideu-
tigen Hinweise auf die Lokalisierung des hier geschilderten Weges von der Heilanstalt in Wittenau bis zum Kaufhaus (des Westens?) im Berliner Zentrum weisen der Erzählung einen festen Platz innerhalb der expressionistischen Darstellungen der Großstadterfahrung zu.
    Allerdings – und das führt uns auf den zweiten wichtigen Aspekt, in dem
sich das hier gegebene Bild des Wahnsinns vom destruktiven Porträt des «Mona
Lisa»-Diebs unterscheidet – führt diese Route auch über längere Strecken durch
freie Natur, und im Kontakt zu dieser erfährt sich der Protagonist teils als
mythische Naturgottheit, unter deren Schritten die Körner wie Schädel zerspringen (eine Assoziation, die in der anschließenden Ermordung der Kinder in die
Tat umgesetzt wird), teils als wildes Tier, das sich noch in der personalen Perspektive dieser Erzählung vergegenständlicht, veräußerlicht. Andere Formen der
Metamorphose zu einem Naturwesen haben eher ästhetischen Charakter: Der
«Irre» erscheint sich wie eine «große Blume» und erreicht den Höhepunkt seines
Selbstgefühls auf der Galerie des Kaufhauses, zu der er im Fahrstuhl «wie ein
Vogel» hinaufschwebt: «Er war ein großer weißer Vogel über einem großen einsamen Meer.»
    Man braucht sich kaum der spezifischen Bedeutung des Vogel-Gleichnisses
in der von Heym intensiv rezipierten Dichtung Baudelaires zu erinnern, um die
Nähe dieser Bildlichkeit zu traditionellen Standortbestimmungen des Dichterischen oder des Dichters selbst zu spüren. In Heyms Gestaltung wird der Irre zu
einem Bruder des Künstlers, dessen Martyrium (unverstanden von der Menge
und von den Vertretern des Staats verfolgt zu sein) er prototypisch vorlebt. Noch
als er sich auf das Ladenmädchen stürzt, das er zu Tode drückt, fühlt er sich
wie der mythische Dichter Arion auf dem Delphin über grünen Gärten «in einer
ewigen Tiefe». Der Treffer des Scharfschützen vollendet nur diese Vision: «Eine

ewige Musik stieg von unten herauf und sein sterbendes Herz tat sich auf, zitternd in einer unermeßlichen Seligkeit.»

Gustav Sack, 1916 im Alter von dreißig Jahren in Rumänien gefallen, hat sich zu Lebzeiten als Schriftsteller nicht durchsetzen können. Die Manuskripte seiner beiden abgeschlossenen Romane wanderten von Verlag zu Verlag und galten – wie Sack es schon in einem seiner Feldpostbriefe voraussagt – erst nach dem Kriegstod des Verfassers als verkäuflich. Sack selbst erlebte nur den Zeitschriftenabdruck einiger Erzählungen, die er nur als Mittel zur Durchsetzung auf dem literarischen Markt betrachtete. Und doch verdienen seine Novellen *Der Rubin*, *Im Heu* und *Das Duell* Beachtung aufgrund der Emanzipation der Metaphorik, die jedenfalls in den ersten beiden Texten in engem Zusammenhang mit dem erotischen Gehalt der Geschichten steht. Die Leidenschaft des Soldaten für die Dirne (*Der Rubin*) und das Triebpotential, das sich im Inzest des Bauern mit seiner Tochter entlädt (*Im Heu*), werden nicht direkt benannt, sondern durch die Intensität einer farbenreichen Beschreibung zum Ausdruck gebracht, die vordergründig einen anderen Gegenstand hat (Lichteffekte im Zimmer, die Wolken am Himmel).

Eine ähnliche Verschiebung läßt sich in *Das Duell* (1914) konstatieren, wenn einer der beiden Kombattanten zu einer hochpoetischen, semantisch kaum noch zu dechiffrierenden Erklärung ausholt, die etwa ein Drittel des ganzen Textes ausmacht. Er bricht ab mit den Worten: «[...] – zum Kuckuck! Sie machen mich sentimental und lassen mich Lyrismen produzieren.» Und doch kann man den Eindruck gewinnen, daß um dieser «lyrischen» Eskapade willen die ganze im übrigen recht konventionelle Geschichte erzählt wurde. Dieselbe hochmetaphorische Passage findet sich in Sacks Romanfragment *Paralyse* als Schluß des ersten Kapitels.

Die beschriebene Verschiebungstechnik ist Ausdruck einer Sprachskepsis, von der Sacks Romane in großem Maßstab Zeugnis ablegen. «Da tauchte das Wort Sehnsucht auf – es hing so in der Luft, da holte ich es herunter.» Sacks erster Roman *Ein verbummelter Student* (1917, entst. 1911–1916), dem das Zitat entstammt, lebt von der Spannung zwischen rationalem und erotischem Weltbezug. Sein Protagonist Erich Schmidt hat wie Sack selbst ohne Abschluß Geistes- und Naturwissenschaften studiert und ist durch die Lektüre Schopenhauers in eine erkenntniskritische Krise gestürzt worden, die ein wenig an die Kant-Krise Kleists gemahnt.

Der Rückbezug auf die Romantik ist ohnehin unübersehbar. Die eigenwilligen, meist der Natur entnommenen Kapitelüberschriften erinnern an Jean Pauls *Flegeljahre*; der «dunkelblaue Enzian», hier mehrfach auftauchend (und ursprünglich als Gesamttitel des Romans vorgesehen), ist ein Wiedergänger der «blauen Blume» des Novalis. Auch das bei den

Romantikern so beliebte Bergwerk kehrt im *Verbummelten Studenten* wieder, allerdings in höchst unromantischer Beleuchtung: als Kohlengrube des Ruhrgebiets und Teil einer von «Geld, Gold – Krieg» bestimmten Arbeitswelt. Erich fährt als Lohnarbeiter ein und erleidet bei einem Schlagwetter Verbrennungen. Ebenso verändert wirkt sein Naturbezug, der nämlich durch Evolutionsbiologie, Bakteriologie und Atomphysik geprägt ist. Von hier führt kein Weg zur Gefühlswelt, die sich unvermittelt in der Liebesaffäre mit Loo auftut, der Tochter des Grafen, die in Erichs Armen stirbt. Auch das Testament ihres Vaters, das Erich zum Schloßherrn macht, eröffnet dem gescheiterten Wahrheitssucher keinen neuen Lebenssinn. Mit den Worten «Kein Wissen, kein Sinn, kein Zweck, kein Grund, kein Ziel, kein Entfliehn – verflucht!» stürzt er sich von der Galerie in die Tiefe.

Mit dem Selbstmord des Helden endet auch der zweite Roman Sacks: *Ein Namenloser* (1917, entst. 1912/13 unter dem Arbeitstitel *Ein Sommer*). Die Polarität von Erkenntniskrise und Liebe ist hier zum Leiden an den Lehren des Positivismus einerseits und zur Abhängigkeit von der Sexualität andererseits verschoben. Gegen den Substanzverlust des Empirismus setzt der Erzähler dieses Tagebuchromans den verzweifelten Glauben an höhere Wahrheiten, an eine – zugleich von ihm als Lüge durchschaute – Religion.

Schon der Titel des nächsten – nur fragmentarisch realisierten – Romanprojekts Sacks (*Paralyse*, entst. 1913/14) belegt, wie wenig belastbar diese Lösung war. Denn «Paralyse» ist eine Erkrankung des zentralen Nervensystems, die damals als Spätstadium der Syphilis gefürchtet war; Nietzsche, der einem solchen unheilbaren Wahn verfallen war, gehört denn auch zum integralen Bezugssystem des Fragments, das mit einem Kapitel «Das Hochgebirge» fortgesetzt werden sollte – eigens dazu fuhr Sack im Juli 1914 in die Schweiz, wo ihn der Ausbruch des Weltkriegs überraschte. Als komplementäre Bezugsebene dient dem niederrheinischen Autor, der alle seine Romane als «Selbstbiographien» (in einem grundsätzlichen Sinne) verstanden wissen wollte, auch hier das eigene Leben: Man erkennt als Hintergrund von *Paralyse* zunächst eine Militärübung im Lechfeld, an der Sack 1913 teilnahm, im weiteren Verlauf seine randständige Teilhabe am Münchner literarischen Leben.

Es sind die Belastungen eines zwölfstündigen Einsatzes bei größter Hitze, die im ersten Kapitel von *Paralyse* dem Ich-Erzähler die bayerische Landschaft halluzinativ in eine afrikanische verwandeln (das Lechfeld wird zu Timbuktu) und jene alogische Rede motivieren, die wir aus der Novelle *Das Duell* kennen. Auch die im nächsten Kapitel vollzogene Aufspaltung seiner Persönlichkeit in zwei Redepartner – dem Ich tritt sein Tornister als streitbarer Widerpart gegenüber – liegt in der Logik einer schizophrenen Bewußtseinsstörung. Als «Zirkelnarren», «Idealisten» und – im Kantischen Sinne – «Transzendentalisten» beschimpft der Tornister seinen Herrn und Träger; «dann schwieg er und kniff den Mund zusammen wie eine Ledernaht.»

Noch das letzte Kapitel «Die Stadt und der Wahnsinn» ergeht sich in wilden Spekulationen über Subjekt und Objekt der Erkenntnis (unter Rückgriff auf Theoreme von Ernst Mach und Erkenntnisse der modernen Physik), um in eine Traumvision umzuschwenken, wie sie einem Paralyse-Kranken wohl zuzutrauen wäre – man glaubt Anklänge an die Schlußvision von Heyms Novelle *Der Irre* zu vernehmen: «Das Netz zerreißt, die Fäden der Gravitation schnellen zurück und rollen in bangen Spiralen sich blitzschnell auf und ich hänge im Freien, ich breite meine Flügel, ich schöpfe Luft und atme tief, ich steige brausend hoch und kreise wie ein Geyer in meiner Höhle.»

Auch die Rönne-Novellen Gottfried Benns setzen sich, allerdings auf einem ungleich höheren Niveau der Durchdringung und des dichterischen Gelingens, mit den Grenzen des von der modernen Wissenschaft vertretenen rationalen Weltzugangs auseinander und entwerfen im Ansatz eine dichterische Alternative, die sich zumindest des Modells des Wahns und der Persönlichkeitsauflösung bedient. Es handelt sich um fünf Novellen, die unter dem Gesamttitel *Gehirne* im Oktober 1916 als 35. Band der Reihe «Der Jüngste Tag» im Kurt Wolff Verlag erschienen, und zwar in der Reihenfolge *Gehirne – Die Eroberung – Die Reise – Die Insel – Der Geburtstag*; die ersten drei Texte wurden schon 1915 bzw. im Juni 1916 in Schickeles *Weißen Blättern* veröffentlicht.

Hauptperson aller fünf handlungsarmen Erzählungen ist der junge Arzt Werff Rönne, den der Benn-Leser schon aus dem Einakter *Ithaka* (1914) kennt. Die aggressive Empörung gegen den Geist der etablierten Medizin, die Rönne dort zum Mord am Professor treibt, ist in den Novellen einer schleichenden Entfremdung gewichen. Rönne tut seinen Dienst in Vertretung des Chefs einer Lungenklinik (*Gehirne*), als Gefängnisarzt (*Die Insel*) oder – wie Benn selbst im besetzten Brüssel – als Militärarzt, dem die Kontrolle der Prostituierten obliegt; die veräußerlichten Rituale dieses Dienstes und der zynische Habitus des Mediziners gehören jedoch wesentlich zu den Bedingungen, an denen das Individuum Rönne zerbricht.

In der ältesten Novelle *Gehirne*, die wahrscheinlich schon 1914 entstanden ist und sich in äußeren Details an einer Vertretungstätigkeit orientiert, die Benn im Juni/Juli 1914 im Fichtelgebirge wahrgenommen hat, wird der Vertretungsarzt Rönne von seiner früheren Tätigkeit als Anatom heimgesucht. Zwanghaft wiederholt er die Bewegung, mit der er im Sektionssaal die Hirnhälften der Toten auseinandergebogen hat; seine Hände gewinnen für ihn überhaupt eine unverhältnismäßige Bedeutung. Da Rönne sich zunehmend auf sich selbst zurückzieht und seine Dienstpflichten vernachlässigt, wird der eigentliche Klinikchef zurückgerufen. Rönne erklärt ihm – und zwar zunächst ohne Nennung

des Worts, das schon den Titel der Erzählung bildet –: «Sehen Sie, in
diesen meinen Händen hielt ich sie, hundert oder auch tausend Stück;
manche waren weich, manche waren hart, alle sehr zerfließlich; Männer,
Weiber, mürbe und voll Blut. Nun halt ich immer mein eigenes in meinen Händen und muß immer darnach forschen, was mit mir möglich
sei.» Die Fortsetzung seiner Rede – gipfelnd in der Vision von «Ent-
schweifungen der Schläfe» – wird zunehmend assoziativ-dichterisch und
bedient sich signifikanter, seit der Antike bzw. der Romantik mit der
Dichtkunst verbundener Symbole (Flügel, Kristall).

Auch die späteren Rönne-Novellen lassen sich als Begründungsakt
poetischer Autonomie, als Reflex der Umorientierung ihres Verfassers
von der Logik der medizinischen Wissenschaft (an der Benn beruflich
doch festhielt) zur Sprache der – modernen, expressionistischen –
Kunst lesen. Ihre Bedeutung empfangen sie daraus, daß dieser Paradig-
menwechsel in komplexer Weise mit weiteren mentalen und politischen
Strukturen verknüpft wird, die sich einerseits auf Nietzsche zurückführen lassen, andererseits konkret durch Benns sexualmedizinische Tätigkeit als Mitglied der deutschen Besatzungsarmee in der belgischen
Hauptstadt bedingt sind.

«Liebe Stadt, laß Dich doch besetzen!», lautet Rönnes Bitte in der
zweiten Novelle *Die Eroberung*. Das männlich-soldatische Subjekt wird
von einer Sehnsucht nach Hingabe und Auflösung in der Gemeinschaft
der fremden Nation umgetrieben, der nicht nur seine objektive soziale
Stellung, sondern auch das Korsett seiner zahlenneurotischen und enzy-
klopädischen Obsessionen entgegensteht – dieser Flaneur erweist sich
als ein wahrer Fanatiker logischer Ordnung. In einer nächtlichen Vereinigung mit einer Prostituierten wird Rönne einen Augenblick lang andeutungsweise das Glück der Selbstaufgabe zuteil; er setzt diesen Weg fort,
indem er am nächsten Morgen die Palmengärten am Rand der Stadt auf-
sucht und sich dort in die Schar der Wasser gießenden Gärtner einreiht:
«Ich wollte eine Stadt erobern, nun streicht ein Palmblatt über mich hin.»
Das «Südwort» verweist auf den Bereich dionysischer Erlösung.

Die beiden folgenden Novellen *Die Reise* und *Der Geburtstag* öffnen am Ende
gleichfalls die Perspektive auf einen mythischen Süden und sind als Suchbewe-
gung im Raum angelegt, obwohl die Reise nach Antwerpen, auf die sich jedenfalls vordergründig der eine Titel bezieht, gerade nicht zustande kommt. Rönne
sieht sich außerstande zu einem bildungstouristischen Auftreten, wie die «Herren», mit denen er im Kasino speist, es von ihm erwarten. Deren Dialog über
tropische Früchte ist eine Parodie auf den pseudowissenschaftlichen Anspruch
bildungsbürgerlicher Diskurse. Rönne legt Wert auf die Bestätigung, die ihm in
diesem Kreise zuteil wird, und verspürt Angst vor dem Bereich des «Ungeform-
ten», dem er am Stadtrand begegnet. Der Schwäche dieses Suchenden kommt
der inszenierte Rausch der modernen Medien entgegen: «Einrauschte er in die
Dämmerung eines Kinos, in das Unbewußte des Parterres.»

Auch die Novelle *Der Geburtstag* – sie handelt vom dreißigsten Geburtstag Rönnes und wurde um die Zeit von Benns dreißigstem Geburtstag verfaßt – geht von der Spannung zwischen apollinischer Ich-Panzerung und dionysischer Auflösung aus. Das souveräne oder jedenfalls von ihm so empfundene Auftreten des Arztes, der sich mit einer Ansprache «machtvoll» an die Prostituierten wendet, schlägt alsbald in die sehnsüchtige Projektion einer Wunschfrau um, der Rönne sogar einen Namen gibt (Edmée Denso ist der einzige Personenname außer seinem eigenen innerhalb des ganzen Zyklus). Rönnes Sehnsucht nach der Sinnlichkeit des Südens erlebt einen Einbruch angesichts der erbärmlichen sozialen Realität des Morellenviertels, bis die Wahrnehmung des «Hafenkomplexes» sein assoziatives Vermögen wieder in Schwung bringt – «schon geschah ihm die Olive.» Damit knüpft die Erzählung an den Vorsatz an, den Rönne am Vorabend seines Geburtstags nach einem Rückblick auf sein bisheriges Leben formuliert hat: «Nun ist es Zeit, [...] daß ich beginne. In der Ferne rauscht ein Gewitter, aber ich geschehe.» Dieses Ich-Geschehen ist offenbar in erster Linie ein Text-Geschehen, die Verwirklichung eines produktiven Assoziationsvermögens, gesteuert von erotischen Wünschen und mythischen Signalen.

11. Sternheim

Seinen Ruf als bedeutender Vertreter der expressionistischen Prosa verdankt Carl Sternheim einem guten Dutzend Novellen, die er selbst als «Chronik von des zwanzigsten Jahrhunderts Beginn» ausgab. So verkündet es der Titel der 1918 erschienenen, später erweiterten und veränderten Sammelausgabe, die zwar keinen Rahmen aufweist, aber den Zykluscharakter durch die Wiederkehr bzw. das Weiterleben einzelner Figuren (Posinsky gleich dreifach in *Ulrike*, *Posinsky* und *Der Anschluß*) deutlich genug markiert. Der von Stendhal inspirierte Gesamttitel ist übrigens nicht streng wörtlich zu nehmen: Gleich die erste Erzählung der Erstausgabe (*Napoleon*) bietet eher eine Chronik des 19. Jahrhunderts (wie auch der Untertitel zu Stendhals Roman *Rouge et Noir* lautet), und zwar seiner zweiten Hälfte. Auch ist das Gefüge locker genug, um anfänglich sogar eine Erzählung aufzunehmen, die gar nicht von Sternheim selbst, sondern von seiner Frau Thea Bauer-Sternheim verfaßt war (*Anna*).

Die Erzählungen der Ausgabe von 1918 entstanden fast alle während des Ersten Weltkriegs, der bei mehreren Texten auch in die Handlung hineinspielt. Die Zensurhindernisse, die der Bühnenpräsenz von Sternheims Komödien zu Kriegszeiten entgegenstanden, dürften seine kontinuierliche Zuwendung zur Prosa (ab Anfang 1915) maßgeblich mitbedingt haben. Dabei scheint ein einheitliches Modell zugrunde zu liegen, das schon diejenige Erzählung bestimmt, die als einzige in der Vorkriegszeit entstand (*Busekow*, 1913) und vom Verfasser der *Chronik* in ähnlicher Weise systematisiert und variiert wird, wie er es als Dramatiker bei der Entwicklung der Maske-Tetralogie bzw. des Zyklus «Aus dem bürgerlichen Heldenleben» gehalten hat.

Die Parallelen zwischen *Die Hose* und *Busekow* als den Keimzellen beider Zyklus-Bildungen sind nicht zu übersehen: Hier wie dort geht es um die individuelle Selbstverwirklichung eines Kleinbürgers innerhalb der Schranken seines Standes. Während Maskes Triumph als Mann und Vermieter von der Zielsicherheit abhängt, mit der er seine Interessen gegenüber anderen zur Geltung bringt, ist das außereheliche Glück des Schutzmanns mit der Prostituierten Gesine (s. o. S. 20 f.) eher innerlicher Natur. Die kräftigen satirischen Effekte, die vom Zusammenklang seiner nationalen und ihrer religiösen – und ihrer gemeinsamen sexuellen – Extase ausgehen, liegen außerhalb der Grenzen des Figurenbewußtseins; eine weitere Konfrontation mit der widerspenstigen Realität bleibt dem Helden durch seinen sanften Unfalltod erspart.

Das Energie-Konzept, das auf den ersten Seiten von *Busekow* anklingt, bleibt – zum Teil sogar in derselben monetären Metaphorik («Barschaft an praller Muskelkraft», «Kapital der Sehkraft») – für die folgenden Erzählungen bestimmend. Stets geht es um eine (meist schon im Titel genannte) Persönlichkeit, die ihre gesamte Energie in besonderer Weise konzentrieren kann: die durch ein bestimmtes Erlebnis in «Schwung» gesetzt wird und diesen Schwung wiederum der engeren Umwelt mitteilt, so daß es zu außerordentlichen Erfolgs- oder Glückserlebnissen kommt. Der Aktienspekulant Heidenstam, so heißt es an einer Schlüsselstelle der gleichnamigen Erzählung, «wuchs […] über Menschen hinaus, spürte zu unbegrenztem Aufschwung Kraft.» Er beginnt nämlich den Krieg «als Erwecker zu tätigem Leben zu lieben». In der Bildlichkeit des anschließenden Abschnitts verbindet sich die futuristische Metaphorik des Krieges (hinter dem Rücken des Kriegskritikers Sternheim?) mit der organologischen Symbolik des Vitalismus:

> «Nun war's um ihn wie auf einem Jahrmarkt bunt. Knospen schossen mit Knall ins All, Schollen Knollen platzten in Gemüsegärten, Kerzen der Kastanien strahlten, in Furchen hörte er das Trommelfeuer der Kartoffeln. Und auch die Menschen, unentrinnbarer Dumpfheit gleichbleibendem Tagewerk bisher verpflichtet, schienen außer Rand und Band.»

Wie man sieht, verlagert sich die bis zur Sprachverrenkung gehende Eigenwilligkeit des Ausdrucks, die in Sternheims Dramen der Figurenrede eignet, in der Prosa auf den Erzählerkommentar – einen Kommentar (und das ist durchaus typisch für die expressionistische Erzählkunst), der auf weite Strecken aus der personalen Perspektive heraus argumentiert und dem Leser kaum je letzte Gewißheit über den Standpunkt des Erzählers oder Autors gibt. Die Bewertung, die dieser der eigentümlichen

Karriere seiner Helden zukommen läßt, bleibt dementsprechend letzten Endes ungewiß; eine Grundtendenz zur Affirmation auch des Eigenwilligsten als «Anschluß zur eigenen Natur» (wie in der Dialogerzählung *Der Anschluß* von Heidenstam verkündet) ist gleichwohl spürbar.

Die meisten *Chronik*-Novellen sind Aufstiegs-Geschichten, die ihren spezifischen Reiz und ihre Provokation aus der Überschneidung der geistigen und der sinnlichen, der ideellen und der materiellen Ebene gewinnen. Dabei verläuft der Aufstieg selten ungebrochen, manche Texte sind durch den Wechsel von Auf- und Abstieg strukturiert; die Energie des Helden bewährt sich gerade darin, daß er auf empfindliche Niederlagen und Verluste mit unbeirrtem Schwung reagiert oder das Verlorene durch die Kraft seiner Einbildung kompensiert. Der ehrgeizig aufstrebende Pianist und Komponist Schuhlin und der als Gastronom zeitweilig überaus erfolgreiche, am Ende sich bescheidende Kellner Napoleon in den beiden gleichnamigen Erzählungen der zweiten Schaffensphase (1915) repräsentieren zwei unterschiedliche Typen des Willensmenschen, in komplementärer Weise an der Schnittstelle von Geistigem und Körperlichem positioniert.

Schuhlin, nach dem Vorbild des von Sternheim geförderten Musikers und Musikschriftstellers Otto Vrieslander gezeichnet, setzt seine (geheuchelte?) künstlerische Begabung zur Befriedigung seiner materiellen Bedürfnisse ein und geht dabei gegebenenfalls über Leichen. Umgekehrt vergeistigt Napoleon die Eßgelüste der Pariser, indem er sie nach künstlerischen und wissenschaftlichen Prinzipien organisiert. Dabei vollzieht er selbst einen Wandel, der an seinen beiden Liebesbeziehungen ablesbar ist: Die anfängliche Orientierung an handfester Muskelsubstanz wird durch ein Sublimierungsmodell abgelöst, das die Tänzerin Valentine verkörpert: Aufstiegsmensch wie ihr Geliebter, unterwirft sie ihren Körper den Zwängen künstlerischer Disziplinierung und erreicht mit minimaler Masse ein Maximum an Wirkung.

Durch die Pariser Commune von der Höhe seines gesellschaftlichen Erfolgs gestürzt und der Geliebten beraubt, tröstet sich Napoleon im zweiten (spiegelsymmetrisch zur Aufstiegsgeschichte des ersten Teils angelegten) Teil der Erzählung mit der Vergegenwärtigung der Toten bis in Einzelheiten ihrer körperlichen Erscheinung dank seiner Einbildungskraft. Der dichterischen Phantasie Sternheims diente das letzte Erscheinungsbild des Helden – der alternde Kellner in seiner belgischen Heimat – als Ausgangspunkt der ganzen Erzählung.

Meta, die Heldin der gleichnamigen Erzählung (1916) und die erste weibliche Protagonistin der *Chronik*-Novellen überhaupt, wird schon im ersten Absatz als «warm wie ein Öfchen» charakterisiert. Das Dienstmädchen ist ein Energiezentrum, vor dessen innerer Heizkraft die Wirklichkeit gleichsam zurückweicht. So gelingt es Meta, ihre durch Romanlektüre inspirierte Liebesgeschichte mit dem Telegrammboten Franz auf der imaginären Ebene erfolgreich zu Ende zu führen, obwohl Franz ihren sexuellen Avancen ausweicht und erst durch den Kriegsausbruch zur Mannhaftigkeit erweckt wird. Meta fühlt sich bereits als Gattin und künftige Mutter, wenn die Nachricht seines unrühmlichen Tods im Feld eintrifft, und vollzieht in den nächsten Jahren körperlich den Wandel zur Matrone, obwohl sie eigentlich eine ‹alte Jungfer› ist und die Verbindung mit Franz nur imaginiert hat. Ähnliche Triumphe der Willenskraft bzw. des Geistes zeigen sich in ihrem zeitweiligen Aufstieg zur Ebene der ‹Herrschaft› und noch am Schluß bei ihrem Eintritt ins Altfrauenhaus: «Zwanzig in durchschnittlichem Leben verblaßte Seelen traf sie dort, erloschene Flämmchen, die sich, noch zu schwelen, schämten. [...] Meta fuhr Jugend Sturm himmlische Überredung in sie.»

In späteren Texten treibt Sternheim die Macht des Imaginären vollends ins Fragwürdige: so in der satirischen Erzählung *Vanderbilt* – Herr und Frau Printz finden ihre höchste Lust im Ehebett auf dem Umweg über die Erinnerung an eine flüchtige Liaison der Frau mit dem amerikanischen Millionär – oder in der Geschichte *Geschwister Stork* (1917, später: *Die Schwestern Stork*). Hier versucht eine von der Natur benachteiligte junge Frau nach dem Tod der Eltern ihre jüngere Schwester ganz an sich zu binden, indem sie sie von der Welt abschließt und das männliche Geschlecht ihr gegenüber systematisch verteufelt. Der Erfolg dieser Verschleierungs- und Fiktionalisierungs-Strategie wird durch den Auftritt des ersten Mannes, der in die inzestuös-lesbische Zweisamkeit eindringt, jäh in Frage gestellt.

Insgesamt wird das Verhältnis von subjektiver Sinnerfüllung und gesellschaftlichen Rahmenbedingungen zunehmend prekärer. Die Titelfiguren der 1917 entstandenen Erzählungen *Heidenstam* und *Posinsky* landen im Irrenhaus als der einzigen Sphäre, in der die volle Entfaltung individueller Freiheit noch möglich ist. Beide Figuren – der Kriegsspekulant und der freßsüchtige Hamsterer – sind aus der Perspektive eines national empfindenden Zeitgenossen nur als extreme Negativhelden denkbar. Und doch tut Sternheim Beträchtliches, um diese Charaktere aufzuwerten: indem er Heidenstam ein traumatisches Ereignis der eigenen Biographie leiht (den Sturz der Ehefrau aus dem Fenster als Anlaß einer Einweisung in die Psychiatrie) und ihn – in der Fortsetzungs-Erzählung *Der Anschluß* – zu einem philosophisch gebildeten Verkünder eigenster Doktrinen erhebt. Unabhängig davon gewinnt Heidenstam exzeptionelle Bedeutung, indem er – in einem Ausmaß wie keine andere Person des ganzen Zyklus – mit den epochalen Ereignissen aus «des zwanzigsten Jahrhunderts Beginn» verbunden ist und damit überhaupt erst den Gesamttitel der *Chronik* rechtfertigt.

Seine geschichtliche Prägung verdankt der Aktionär Heidenstam (mit 42 000 Mark Rente) der ausdrücklich so bezeichneten Ära 1890 bis 1914. Zum erstgenannten Datum paßt der Satz: «Er suchte, modern zu sein.» Denn damals formierte sich in Deutschland die literarische Moderne; gleichzeitig begann die

Rezeption des französischen Impressionismus, auf den der Fortgang der Erzählung das anfänglich vorherrschende individualistische Selbstgefühl Heidenstams festlegt: «Aller Dinge Wert [hing] vom Eindruck ab, den jeder beliebige aus ihnen hatte. Er wie Manet oder Monet.» Sternheim bemüht sogar den aus Rickerts Erkenntnistheorie übernommenen Begriff der «Mannigfaltigkeit» (s. o. S. 76 f.), um das impressionistische Bewußtsein Heidenstams zu charakterisieren, das durch den Weltkrieg dann aufs entschiedenste erschüttert, ja beendet wird. Dabei distanziert Sternheim seinen fragwürdigen Helden ausdrücklich von der nationalen Begeisterungswelle des Kriegsausbruchs. Nachdem ihn diese unberührt ließ, wird der Aktionär erst durch die Folgen des uneingeschränkten U-Boot-Kriegs (ab 1916) alarmiert und in jene gesteigerte Erregung versetzt, die sich in dem oben wiedergegebenen Zitat spiegelt. Wird Heidenstam durch den Krieg zum Expressionisten? Zumindest zum Anarchisten. Den Psychiatern im Irrenhaus erklärt er rundheraus mit Anklängen an Nietzsche:

> «Dazu sei nicht der Weltkrieg gekommen, daß nur ein Mensch noch länger
> Rücksicht nähme. Ausleben sollte nach des Schöpfers bewiesenem Willen
> sich alle Kreatur. Ihm wenigstens – Heidenstam – stünden ab neunzehn
> hundertachtzehn die Augen auf. Er bestimmt wollte nicht zu sogenannter
> Moral, geschminkten Vorbehalten zurückkehren. Für ihn sei jenseits von
> Gut und Böse Morgenrot!»

Auch auf Posinsky, den anderen Kriegsgewinnler seines Novellenzyklus, überträgt Sternheim einzelne Züge seines geistigen Selbstporträts. Wenn der Hamsterer den Schauspieler erschießt, dessen idealistische Phrasen ihn in seinem egoistischen Materialismus stören, agiert er dieselbe Idiosynkrasie gegen Schillersches Pathos aus, von der auch die Komödien Sternheims zeugen. Posinskys erster Auftritt gegen Ende der Novelle *Ulrike* verbindet sich sogar mit Erinnerungen an den mit Sternheim befreundeten Schriftsteller Carl Einstein und seine *Negerplastik*. Sternheims Novelle wurde bei ihrem ersten Erscheinen im Frühjahr 1918 beschlagnahmt, weil der darin gezeichnete Weg einer preußischen Aristokratin von staatstreuem Protestantismus über den Dienst als Lazarettschwester im Weltkrieg zu sexueller Erniedrigung im nachgebauten Negerkral einer Boheme-Wohnung als unpatriotischer Affront aufgefaßt wurde.

Die eigentliche Provokation des Textes liegt aber wohl darin, daß Ulrikes äußerer Abstieg vom Erzähler keineswegs als solcher, sondern als eine jener Formen der Selbstfindung gewertet wird, von der auch die anderen biographisch angelegten Novellen des Zyklus zeugen. Anknüpfend an einen Affen-Vergleich, der die regressive Tendenz des hier betriebenen erotischen Afrikakults kennzeichnet, heißt es kurz vor Schluß der Erzählung in Anspielung auf den Evolutionsgedanken des Darwinismus: «Von Entwicklungen tropfte Ulrike sich frei, schabte Ursprüngliches, in Geschlechtern verschüttet, aus sich heraus, bis sie blank und ihr dichtestes Ich war.»

Freilich kennt auch Sternheims Individualismus seine Grenzen. Sie
liegen da, wo die individuelle Disposition in Widerspruch zur Erotik
tritt, die in den meisten *Chronik*-Novellen gerade den Ort der eigensten
Selbstverwirklichung bezeichnet – und zwar auch da noch, wo diese
Erotik durch trivialliterarische Vorbilder geleitet wird und eigentlich leer
läuft (wie in *Meta*) oder in perverser Weise von gesellschaftlichem Aufstiegswillen durchsetzt ist (wie in *Vanderbilt*). Was aber, wenn jemand
wie der als «Kanzleirat» verspottete Gymnasiast in einer autobiographisch unterfütterten Novelle bei den sexuellen Ritualen seiner puber-
tierenden Kameraden nicht mittun will? Dann wird er «hingerichtet»,
und zwar mit Zustimmung des Erzählers. Die der 1918 entstandenen
Erzählung *Die Exekution* (später: *Die Hinrichtung*) den Namen gebende
«Hinrichtung» ist ein Akt der sexuellen Nötigung, vom Kollektiv der
Halbwüchsigen am Außenseiter verübt, und die Zustimmung ist so
plakativ, daß Sternheim den Schlußsatz bei der Reinschrift des Textes
gestrichen hat: «Hier war einer, der gegen das Leben sich aufgelehnt von
menschlichen Menschen exekutiert.»

Die Tendenz zur Didaxe, zur antimoralischen ‹Moral› läßt sich an
mehreren der späteren *Chronik*-Novellen beobachten und gerät ihnen
selten zum Vorteil. In den Dialognovellen *Die Laus* und *Der Anschluß*
wird bewußt die Grenze zum dramatischen Lehrgespräch überschritten.
Yvette und *Die Poularde* enden mit der Belehrung der weiblichen Heldin
durch einen geistig überlegenen männlichen Gesprächspartner. In *Die
Poularde* handelt es sich um Doktor Rank (eine Anspielung auf den Psychoanalytiker Otto Rank?), in *Yvette* um den Dichter René Maria Bland.
Die satirische Spitze gegen Rainer Maria Rilke, der ursprünglich René
hieß, ist nicht zu übersehen, und wird durch den Hinweis auf das lautstarke Liebesleben in seinem Zimmer womöglich noch verstärkt. Wenn
Bland die Vorzüge seiner Geliebten preist, die in Übereinstimmung mit
dem damaligen Frauenbild das Ursprüngliche repräsentieren soll und so
die prätendierte Geistigkeit des Mannes ideal ergänzt, verblaßt allerdings
die Ironie im selben Maß, in dem die energetische Metaphorik Sternheims und das triebdynamische Konzept seiner *Chronik*-Novellen hervortreten: «Diese sprüht an Brüsten. Wo ich sie fasse, ist sie Strom, der
mich mit Feuer aus Aufspeicherungen lädt.»

DRAMATIK

I. SPIELSTÄTTEN UND -STILE

1. Kabarett und Schattenspiel

Wesentliche Impulse zur Erneuerung des Theaters gehen zu Beginn des Jahrhunderts vom Kabarett aus. Das «Cabaret», wie man damals weithin sagte und schrieb, war aus den bürgerverspottenden Darbietungen Pariser Boheme-Lokale hervorgegangen. Aristide Bruant beschimpfte die – anwesende – Bourgeoisie und besang die Welt der Entrechteten; in den Chansons einer Yvette Guilbert sprach sich ein neues erotisches Selbstgefühl aus. In der martialischen Symbolik früher deutscher Kabarettgruppen (der «Galgenbrüder» um Max Reinhardt und Christian Morgenstern und der «Elf Scharfrichter» in München) lebt einiges von der ästhetischen Aggression – einer letztlich unpolitischen Opposition – dieser französischen Vorbilder fort. Der entscheidende Anstoß zur öffentlichen Durchsetzung der neuen Unterhaltungsform in Deutschland war allerdings von vornherein mit einem Anspruch verbunden, der die Grenzen der Boheme-Kultur überschritt und ins Weite, ja auf Höheres zielte. Denn Ernst von Wolzogen, der eigentliche Begründer des deutschen Kabaretts, und der eng mit ihm kooperierende Lyriker Otto Julius Bierbaum proklamierten eine neue Kleinkunst, in der die Schranken zwischen Geist und Körper, Autonomie und Zweckbestimmung, Autor, Schauspieler und Publikum aufgehoben werden sollten: Literatur als Gebrauchskunst, Tanz und Theater als spontane Improvisation und Interaktion ebenbürtiger – im besten Sinne des Wortes dilettantischer – Akteure.

Das Bunte Theater, das Wolzogen am 18. Januar 1901 (dem 200. Jahrestag der Erhebung Preußens zum Königreich, dem dreißigjährigen Jubiläum der Gründung des Deutschen Reichs) unweit des Alexanderplatzes in Berlin eröffnete, verstand sich als heitere Alternative zur aktuellen Politik, als Wiederanknüpfung wohl auch an die vormärzliche Tradition des literarischen Salons. Nicht umsonst trat der Hausherr als Conferencier im Biedermeierkostüm auf. Es gelang ihm zumindest in der Anfangsphase, eine beträchtliche Zahl prominenter und talentierter Autoren, Musiker und Darsteller an sein «Überbrettl» zu binden – der auf Bierbaums Roman *Stilpe* zurückgehende Name signalisiert gleichsam die nietzscheanische ‹Überwindung› volkstümlicher Unterhaltungsauftritte. Schwerpunkte des Repertoires bilden von Anfang an das erotische Chanson (Hauptverfasser: Wolzogen, Bierbaum) und der parodistische, groteske oder satirische Einakter – mit Uraufführungen von Morgensterns d'Annunzio-Parodie *Das Mittagsmahl*, Arthur Schnitzlers abgründigem Einakter *Marionetten* (später: *Zum großen Wurstel*) und Ludwig Thomas *Die Protestversammlung*, einer Verspottung des chauvinistischen Maulheldentums.

Max Reinhardts Kabarett-Gründung Schall und Rauch, die nur wenige Tage nach der Premiere des Bunten Theaters ihre erste öffentliche Vorstellung gibt, lebt wesentlich vom parodistischen Bezug auf bestimmte dramatische Vorbilder und Schauspielstile. Nicht umsonst besteht das Ensemble großenteils aus abtrünnigen Schauspielern des Deutschen Theaters, damals unter der Leitung von Otto Brahm noch Hochburg des deutschen Bühnen-Naturalismus. Des ständigen Dialektgestammels und des Kleinen-Leute-Milieus auf der Bühne überdrüssig, ergehen sich die Darsteller von Schall und Rauch lustvoll in Hauptmann-Parodien wie den mutmaßlich von Friedrich Kayßler verfaßten *Webern* oder der Diebskomödie *Karle*, einer an den *Biberpelz* und andere Hauptmann-Stücke gemahnenden Groteskversion des Schillerschen *Don Carlos*; sie bildet den zweiten Teil einer regelrechten *Don-Carlos*-Tetralogie, mit der Reinhardt und seine Freunde ein ganzes Jahrhundert Theatergeschichte zu persiflieren versuchen: von 1800 bis zum 31. Januar 1901, also schon mit Einschluß der symbolistischen und der Überbrettl-Schule.

Im Zentrum des frühen Schall-und-Rauch-Repertoires stehen verschiedene Maeterlinck-Parodien (darunter Reinhardts *Conférence* und *L'intérieur*) – unbeschadet der Tatsache, daß dieselben Schauspieler, die sich hier über den Mystizismus des symbolistischen Theaters lustig machen, damals und in den Folgejahren Entscheidendes für die Durchsetzung Maeterlincks auf der deutschen Bühne leisteten (denn aus Schall und Rauch entwickelte sich bald Reinhardts Kleines Theater). Der parodistische Impetus dieses Kabaretts entspringt also weniger dem Geiste polemischer Negation als einer spielerisch-artistischen Selbstreflexivität, für die keine andere Erfindung symptomatischer ist als die Einführung zweier karikaturistischer Figuren als fiktiver Zuschauer und halber Conferencier: Serenissimus und Kindermann. Die aus dem *Simplicissimus* bekannten Witzfiguren treten bei Schall und Rauch erstmals in der *Weber*-Parodie auf, bei der es sich angeblich um eine vom Hofintendanten Kindermann für den Geschmack und Horizont von Serenissimus angefertigte bzw. entschärfte Version des anstößigen sozialen Dramas handelt. In der Uraufführung saß Serenissimus in der Proszeniumsloge desselben Theaters, dessen Hofloge Wilhelm II. aus Protest gegen die Aufführung von Hauptmanns *Webern* gekündigt hatte! Gezielte Spitzen auf den allerhöchsten Kunstgeschmack enthielt auch Morgensterns – von der Zensur verbotene – Parodie auf das Hohenzollern-Drama *Der Burggraf* des vom Kaiser geschätzten und geförderten ehemaligen Offiziers Joseph von Lauff unter dem durchsichtigen Titel *Der Lauffgraf* (posthum 1928).

Zu den produktivsten Vertretern der Parodie um 1900 gehörte Hanns von Gumppenberg, unter dem Pseudonym Jodok Mitglied der Elf Scharfrichter, des bajuwarischen Gegenstücks zur Berliner Kabarett-

Szene. Die elf Herren mit zumeist schauervollen Übernamen wie «Frigidius Strang» versammelten sich seit April 1901 auf dem alten Paukboden eines Gasthofs in der Münchner Türkenstraße um einen Schandpfahl, der bald mit diversen Zensurbescheiden behängt war. Sie profitierten von ihrem festen Rückhalt in der Schwabinger Boheme und von der zeitweiligen Mitarbeit Wedekinds, der seine Chansons dort selbst zur Gitarre vortrug. Den Höhepunkt ihres theatralischen Repertoires bildeten die «Überdramen» Gumppenbergs wie zum Beispiel die Maeterlinck-Parodie *Der Veterinärarzt* oder das «Monodrama in einem Satz» *Der Nachbar*, ein kabarettistisches Kabinettstückchen der besonderen Art. Denn es ist tatsächlich ein einziger, wenn auch sehr ausgedehnter und verschachtelter, Satz, den der Registrator Franz Eberspacher spricht, während die stumm agierenden Mitglieder der Familie Schwalbe reihenweise zunächst Entsetzen zeigen und dann zusammenbrechen, sich und andere erdolchen etc. Die Parodie auf die Enthüllungsstrategien des naturalistischen Dramas geht hier unmittelbar in experimentelle Theaterstrategien über.

Die Kabarett-Welle in Berlin hatte ihren frühen Höhepunkt – mit Dutzenden von Überbrettl-Imitaten im Herbst 1901 – bald überschritten. Schon im nächsten Jahr erfolgte der Rücktritt Wolzogens als Leiter des zunehmend kommerzialisierten Bunten Theaters. Eine der kurzlebigsten, wegen ihres prätentiösen – der Idee des Gesamtkunstwerks verpflichteten – Ansatzes aber auch interessantesten Erscheinungen der Brettl-Mode von 1901 war das Kabarett Teloplasma, an dem neben Herwarth Walden, dem späteren Herausgeber der Zeitschrift *Der Sturm*, der Bohemepoet Peter Hille und der Kritiker Samuel Lublinski beteiligt waren und in dem auch die junge Else Lasker-Schüler auftrat. Der integrative Anspruch eines Zusammenwirkens von Text, Musik und bildender Kunst, der hier im Themenkonzept eines «Tragischen» oder «Erotischen Abends» erhoben wurde, fand in den Veranstaltungen des 1904 von Walden gegründeten Vereins für Kunst eine gewisse Nachfolge. Gelegentlich organisierte man sogar Theateraufführungen, so die Uraufführung von Alfred Döblins groteskem Einakter *Lydia und Mäxchen* und Paul Scheerbarts Miniaturdrama *Herr Kammerdiener Kneetschke* im Dezember 1905.

Eine ähnliche Brückenstellung zwischen Jugendstil und Expressionismus nimmt das Wiener Kabarett Fledermaus ein. Im Eröffnungsprogramm dieses von der Wiener Werkstätte gegründeten Kabaretts heißt es im Oktober 1907 ganz im Geiste des Sezessionismus: «Alle Sinne sollen hier gleichzeitig zum mindesten Anregungen, wenn möglich auch Befriedigung finden und keine von den Künsten (Poesie, Musik, Tanz, Malerei, Architektur) ist ausgeschlossen, um mit den ihr zukommenden Mitteln ihr Teil der beabsichtigten Gesamtwirkung beizutragen.»

Oskar Kokoschka beteiligt sich an diesem Programm mit einer originellen Mischung aus Puppen- und Schattenspiel. Für die Vorführung seiner «beweglichen Lichtbilder» *Das getupfte Ei* (erstmals 28. Oktober 1907) konstruiert er einen von innen beleuchteten Kasten; die aus Kupferblech geschnittenen und mit bemaltem Papier beklebten Figuren werden durch ein Federwerk angetrieben und dem Publikum mit Hilfe eines großen Spiegels sichtbar gemacht. Anderthalb Jahre später, am 29. März 1909, veranstaltet dasselbe Kabarett eine Kokoschka-Matinee vor geladenen Gästen unter der bezeichnenden Überschrift «Ich ringe um die Frau». Auf die Lesung seiner zwischen Lyrik und Prosa changierenden Zyklen *Die träumenden Knaben* und *Der weisse Tiertöter* folgt eine Theateraufführung unter dem Titel *Eine Groteske*. Dabei handelt es sich mutmaßlich um die Erstfassung von Kokoschkas «Komödie für Automaten» *Sphinx und Strohmann*.

Größerer Popularität erfreuten sich die Szenen und Sketche, die Egon Friedell und Alfred Polgar gemeinsam für die Fledermaus verfaßten, allen voran die zu Neujahr 1908 – mit Friedell in der Rolle des prüfungsschwachen Dichters – uraufgeführte Szene *Goethe*, eine Persiflage der positivistischen Faktenhuberei und des verengten schulischen Bildungsbegriffs. Der frankfurternde Goethe, der im Examen über seine eigene Biographie durchfällt, ist ein durchaus mit Sympathie gezeichneter menschlicher Gegenentwurf zur Vergötzung des Olympiers im wilhelminischen Goethe-Kult.

An die romantische Tradition des Schattenspiels versuchten fast gleichzeitig die Schwabinger Schattenspiele (1907–1912) anzuknüpfen, die von Alexander von Bernus, einem Lyriker aus dem weiteren Umkreis Stefan Georges, und Will Vesper ins Leben gerufen wurden. Hinter einer Pausleinwand im Umfang von ca. 1 qm bewegten sich die 35 cm hohen, auf Karton oder Holz gezogenen Silhouetten, verfertigt von Rolf von Hoerschelmann, Dora Polster und anderen Münchner Künstlern, die zugleich für die Szenenbilder zuständig waren. Im Juniheft der *Zeitschrift für bildende Kunst* heißt es: «Selbstverständlich bedingt die Technik eine große Sparsamkeit der Gesten, gerade dadurch erhält aber jedes Heben und Senken des Kopfes und der Hand einen eigenartigen Bedeutungswert, den der moderne lebende Schauspieler mit seinen zahllosen nervösen Bewegungen [...] nur selten zu verleihen weiß.» Das Schattentheater berührt sich hier unmittelbar mit den Intentionen der Stilbühne und der Auffassung vom Schauspieler als «Übermarionette» (Craig).

«In diesem Traumgelände / Ist jede Nähe weit.» So heißt es in einem Prolog des Theatergründers von Bernus, vorgetragen bei der Eröffnungsvorstellung am 1. November 1907, und auf eben dieses Ideal einer entmaterialisierten Welt der wachen Träume war auch das Repertoire abgestimmt, das teils auf Goethe und romantische Autoren (Arnim, Tieck, vor allem aber Kerner) zurückgriff, teils vom Ehepaar von Bernus und seinen Freunden neu geschrieben wurde. Zum Programm der ersten Spielzeit dieses magisch-intimen Theaters gehörten zwei Märchenspiele von Karl Wolfskehl (*Wolfdietrich und die rauhe Els*; *Thors Hammer*) und ein äußerst witziger und unmoralischer *Don Juan* aus der Feder von Bernus'. Auch Friedrich Huchs ironisches Schattenspiel *Tristan und Isolde* (1911) ist durch die Schwabinger Schattenspiele angeregt; seine Figuren reflektieren darüber, daß sie nur «Schattenträume» dreidimensionaler Götter namens Menschen sind.

Das expressionistische Kabarett wird den vom Verein für Kunst gepflegten Veranstaltungstyp des literarischen Abends, der mit musikalischen Darbietungen eingerahmten Dichterlesung, neu beleben und mit neuen Ansprüchen verknüpfen: Kabarett als heitere Vermittlungsform ernsthafter Kunst, als Bekenntnis zu einer ‹Fröhlichen Wissenschaft› im Sinne Nietzsches. Von «schlagkraftvoller Feinheit» spricht Ernst Blass bei der Eröffnung des Literarischen Cabarets Gnu am 2. November 1911 in Berlin, und ähnliche Intentionen bezeugen auch die Dokumente zur Programmgestaltung des Neopathetischen Cabarets – eines Vorgängers des Gnu, der von Mitgliedern des frühexpressionistischen Neuen Clubs im Juni 1910 in Berlin ins Leben gerufen wurde und es bis Dezember 1911 auf acht Abende brachte. Geplant war ein «cerebrales Potpourri», das einen hochintellektuellen, ja philosophischen Ansatz mit antiphiliströs-vitalistischen Elementen verbinden sollte.

Kurt Hiller als Conferencier avancierte in Erwin Loewensons Phantasie zum «Knabe-Psycherenker» (in Anspielung auf Goethes *Faust II*), der «jedesmal vor den Stücken die Psyche der Hörer» einrenken muß (Brief an Erich Unger vom 5. Mai 1910). Als Seelenverrenkung scheinen tatsächlich die meisten damaligen Besucher das Programm des Neopathetischen Cabarets empfunden zu haben. Rezensenten beklagen die «bodenlose Häßlichkeit» der von Jakob van Hoddis vorgetragenen Gedichte und kritisieren die Fixierung der meisten Beiträge aufs Sexuelle.

Ausdrücklich in diese Kritik eingeschlossen ist die Lesung aus Wedekinds Einakter *In allen Wassern gewaschen* (entspricht dem III. Akt von *Schloß Wetterstein*) durch die Schauspielerin Tilla Durieux – einer der wenigen Ausflüge des Neopathetischen Cabarets in das dramatische Fach. In theatralischer Hinsicht wird er überboten durch die Aufführung von Loewensons Schattenspiel *Sansara* am letzten Abend des Neuen Clubs – mit Schattenfiguren von Ernst Moritz Engert und Emmy Hennings als Nacktdarstellerin hinter dem Vorhang. Deren mit spitzer Kinderstimme vorgetragene Chansons gehörten seit 1911 zu den Hauptattraktionen der Münchner Kabarettszene, wo sie neben Karl Valentin, Joachim Ringelnatz und Erich Mühsam in der Künstlerkneipe Simplicissimus auftrat und 1913/14 zusammen mit Johannes R. Becher eigene Kabarett-Abende organisierte.

Als literarisches Cabaret ähnlichen Typs eröffnete Hugo Ball im Februar 1916 auch das Cabaret Voltaire in Zürich. Durch die Gesangsnummern seiner späteren Frau Emmy Hennings, die Mitwirkung des Rumänen Tristan Tzara, Richard Huelsenbecks Trommler-Auftritte und

Balls eigene Lautgedicht-Rezitationen im kubistischen Kostüm entwickelte sich eine besondere Dynamik, die innerhalb weniger Monate
zur Ausbildung der dadaistischen Bewegung führte. Das bruitistische
Krippenspiel Hugo Balls, im Juni 1916 im Cabaret Voltaire aufgeführt,
reduziert den Inhalt der Weihnachtsgeschichte auf die Geräusche des
Windes, die Laute der Tiere im Stall etc. und symbolische Lautwerte,
mit denen der Stern («zcke, zcke»), der Engel (Propellergeräusch) und
die heilige Nacht selbst («hmmmmm[...]») repräsentiert werden sollen;
das Gebet Marias und Josefs beginnt, irritierend genug, mit «ramba
ramba ramba» und endet mit «rambabababababa».

Die Zürcher Galerie Dada führte 1917–1919 die Reihe dadaistischer
Soiréen fort. Die Grenze zum Expressionismus blieb dabei fließend, wie
schon die Eröffnung der Galerie mit zwei Ausstellungen des Berliner
«Sturm» unterstreicht, und auch das Kabarett-Konzept wirkt vertraut:
als Wechsel von Lesungen, Vorträgen bzw. Rezitationen, Tanz- und
Musikbeiträgen. Was sich gegenüber dem expressionistischen Kabarett
und seinen Vorgängern verändert hatte, war in erster Linie die Qualität
der einzelnen Beiträge, die sich nicht mehr herkömmlichen Vorstellungen von Kunst oder Unterhaltung zuordnen ließen, und die von ihnen
ausgehende Provokation des Publikums, das bei einem Simultangedicht
für sieben Personen von Tristan Tzara oder den Kesselpaukenschlägen
Huelsenbecks nichts mehr zu verstehen hatte.

2. Modernes Theater

Illusionstheater und Stilbühne

Der Naturalismus hatte das Illusionstheater perfektioniert. Der
Zuschauer, der es doch anders wußte, sollte glauben können, auf der
Bühne finde wirkliches Leben statt. Entsprechend hatte der Bühnen-
raum auszusehen (vorzugsweise ein Innenraum mit echten Möbeln), entsprechend hatten die Schauspieler zu artikulieren und sich zu bewegen.
Die Wirklichkeitsfiktion erstreckte sich noch über das Fallen des Vor-
hangs hinaus, wenn Paula Conrad, die Darstellerin der gelähmten Frau
Flamm in der Uraufführung von Gerhart Hauptmanns *Rose Bernd* am
Deutschen Theater 1903, die Ovationen des Publikums sitzend entge-
gennahm – sie war ja (vom Text der Rolle her) an den Rollstuhl gefesselt. Maßgeblichen Anteil an der Ausbildung und Pflege eines naturalistischen Schauspiel- und Ensemblestils hatte Otto Brahm, der einstige Vorsitzende der Freien Bühne Berlin, von 1894 bis 1904 Direktor des Deutschen Theaters ebenda und danach bis zu seinem Tode (1912) Leiter des
Berliner Lessing-Theaters. In enger persönlicher Verbindung mit führen-

den Vertretern der modernen Dramatik wie Hauptmann und Schnitzler
bot er ein Literaturtheater, das dem mimetischen Anspruch des Naturalismus und den Feinheiten psychologischer Motivierung in vollendeter
Weise entgegenkam. Die Grenzen dieses Theaters lagen da, wo Dramatik
anderes erstrebte als die Abbildung gegenwärtiger Alltagswirklichkeit.
Nicht umsonst verzichtete Brahm zunehmend auf Klassiker-Aufführun-
gen; bei der Darstellung einer symbolischen oder visionären Spielhandlung versagte sein Regiekonzept vollends.

Genau in diese Lücke stieß ein abtrünniger Schauspieler des Deutschen Theaters: Max Reinhardt, der sich schon 1905 zum Eigentümer
des Deutschen Theaters aufschwingen sollte und außerdem seit 1902 das
Kleine und seit 1903 das Neue Theater in Berlin betrieb. Reinhardt teilt
mit Brahm, jedenfalls in seinen frühen Jahren, den illusionistischen
Anspruch des Theaters, erweitert ihn jedoch von Anfang an um die
Dimensionen des Traums, des Märchens und einer suggestiven schau-
spielerischen Energie, der wohl kaum ein anderer Regisseur und Schauspiellehrer seiner Zeit so viel zutraute und abgewann wie dieser gebürtige Österreicher, der seine ersten Theatereindrücke auf der Galerie des
Burgtheaters empfangen hatte. Der Erfolg seiner ersten Hofmannsthal-
Inszenierung (*Elektra*, 1903) verdankte sich denn auch in erster Linie
der rasanten Dynamik Gertrud Eysoldts, der Hofmannsthal die Titelrolle auf den Leib geschrieben hatte, zu einem beträchtlichen Teil aber
auch dem suggestiven Bühnenbild Max Kruses, das im Licht huschender
Fackeln eine düster-dräuende Antike präsentierte.

Im nichtnaturalistischen Theater des frühen 20. Jahrhunderts gewinnt das
Bühnenbild eine ungeahnte Bedeutung. Reinhardts Zusammenarbeit mit führenden Bühnenbildnern wie Ernst Stern, Karl Walser oder Alfred Roller ist darin
wegweisend. Sie kommt den Forderungen an eine magische Regie nahe, wie sie
Hofmannsthal 1903 in einem Beitrag zum *Theater* (der Hauszeitschrift Reinhardts) verkündet: «Die Bühne als Traumbild». Der Regisseur Reinhardt nutzt
dabei geschickt die Möglichkeiten der neuen Bühnentechnik. In seiner Inszenierung von Shakespeares *Sommernachtstraum* – Shakespeare-Inszenierungen,
auch und gerade in ihren komischen Elementen, gehörten überhaupt zu den
Trümpfen Reinhardts – kam im Januar 1905 erstmals in einem Berliner Theater
die Drehbühne zum Einsatz, und zwar mit so überwältigendem illusionserzeu-
genden Effekt, daß noch die Verwandlungen vom Publikum als Schauspiel goutiert wurden: «Det muß man jesehen haben, um zehn Uhr dreht sich bei Reinhardt der Wald.»
Wie stark sich gerade im Hinblick auf das Bühnenbild die Theaterkonzepte
Reinhardts und Brahms auseinanderentwickelt hatten, machte noch im gleichen
Monat die mißglückte Inszenierung von Hofmannsthals Tragödie *Das gerettete
Venedig* (nach Thomas Otway) am Berliner Lessing-Theater deutlich. Auf
Wunsch des Autors war der englische Maler und Theaterreformer Edward Gor-
don Craig mit den Bühnenbild-Entwürfen beauftragt worden. Mit der redukti-
ven Stilisierung der Innenräume und der stimmungshaften Ausgestaltung der

Szenen unter freiem Himmel – Craig überredete den Dichter sogar, auch den letzten Akt auf einer Terrasse spielen zu lassen – stieß der Bühnenbildner jedoch auf den erbitterten Widerstand Brahms und seines Hausregisseurs Emil Lessing. Deren Interesse an Lokalkolorit und historischem Detail entstammte einer naturalistischen Theaterauffassung, von der es keinen Zugang zur symbolistischen Qualität des Stücks und der vom Autor erhofften Inszenierung gab.

Schon früh hatte Reinhardt gefordert, man «müßte eigentlich zwei Bühnen nebeneinander haben, eine große für die Klassiker und eine kleinere, intimere, für die Kammerkunst der modernen Dichter». Ein Jahr nach seiner Übernahme des Deutschen Theaters (eingeweiht nicht zufällig mit einem Traumstück: Kleists *Käthchen von Heilbronn*) eröffnet Reinhardt im Nachbarhaus die Kammerspiele, deren begrenztes Volumen und exklusives Flair tendenziell jene suggestive Nähe des Publikums zum Spielgeschehen erzeugen sollten, die Strindberg – der alsbald die Bezeichnung «Kammerspiele» aufgreifen sollte – für das intime Drama gefordert hatte. Die erste Uraufführung der neuen Bühne galt einem bis dahin als unaufführbar angesehenen Stück. In einem Bühnenbild von Karl Walser, das die rousseauistische Natursymbolik des Stücks ins Neuromantisch-Stimmungshafte übertrug, führte der Regisseur Reinhardt Wedekinds sexualemanzipatorisches Erstlingswerk *Frühlings Erwachen* – freilich in einer zensierten Fassung – zu einem triumphalen Erfolg (205 Wiederholungen in zwei Spielzeiten). Wedekind selbst spielte den Vermummten Herrn der Schlußszene; seit seinem Erfolg als Karl Hetmann in *Hidalla* (1905) war der schauspielende Dramatiker für das Berliner Publikum eine bekannte Größe. Die provokant-exzentrische Sachlichkeit, die Wedekind als Schauspieler praktizierte und von den Darstellern seiner Stücke verlangte, vertrug sich auf die Dauer allerdings schlecht mit den atmosphärischen Effekten des Reinhardt-Theaters. Nach seinem Bruch mit Reinhardt (1908) zieht Wedekind in seinem Glossarium *Schauspielkunst* eine kritische Bilanz des «Parforce-Regisseurs»: «ein Mann, der sich durch keine Bühnendichtung, mag sie noch so stark sein, in Schatten stellen läßt.»

Die Theaterkritik gewöhnte sich bald daran, dem Regisseur und erst recht dem Intendanten Reinhardt – der ja bald über mehrere Häuser gebot – Oberflächlichkeit, Effekthascherei und Reklamesucht vorzuwerfen. Alfred Kerr beispielsweise, in seiner Selbstprofilierung als Kritiker durchaus nicht der Bescheidenste, sollte sich bald auf eine ablehnende Haltung festlegen. Sie betraf nicht zuletzt die Großrauminszenierungen, mit denen Reinhardt scheinbar in paradoxen Gegensatz zu seiner eigenen Förderung des intimen Theaters trat. Letzten Endes ist es jedoch derselbe – auf Überwindung oder zumindest auf graduelle Aufhebung der traditionellen Rampe zwischen Parterre und Bühne zielende – Stilwille, der Reinhardts Kammerspielarbeit und verschiedene Groß-

projekte verbindet, hinter denen die Erinnerung an den amphitheatrali-
schen Aufbau des griechischen Theaters und die tragende Rolle des
Chors als Repräsentant des Volkes in der attischen Tragödie wie Komödie steht.

In der Münchner Musikfesthalle mit 3000 Plätzen brachte Reinhardt 1910
den *König Ödipus* des Sophokles in Hofmannsthals Bearbeitung heraus; die Aufführung wurde nach Gastspielreisen in den Berliner Zirkus Schumann übernommen, wo 1911 auch die Inszenierung der aischyleischen *Orestie* in der Fassung
Karl Gustav Vollmoellers stattfand. Im Dezember 1911 realisierte Reinhardt
ebenda die Uraufführung von Hofmannsthals *Jedermann* und noch im gleichen
Monat – mit rund 2000 Darstellern, vor 20 000 Zuschauern – die Uraufführung von Vollmoellers Pantomime *Das Mirakel* in der Londoner Olympia Hall.
Die Breslauer Inszenierung von Hauptmanns politisch so umstrittenem *Festspiel
in deutschen Reimen* 1913 in einem eigens aus diesem Anlaß errichteten hochmo-
dernen Kuppelbau – mit fast 2000 Darstellern, vor etwa 5000 Zuschauern –
bedeutete nur den vorläufigen Schlußpunkt in Reinhardts Karriere als Groß-
raum-Regisseur und Massen-Choreograph.

Im Festspielwesen der Zeit verschränkten und überlagerten sich auf
irritierende Weise fortschrittliche Ästhetik und politischer Konservatismus, aber auch demokratische Ambitionen und künstlerisches Traditi-
onsbewußtsein. Auf der einen Seite stehen das patriotische und sozialistische Festspiel der Kaiserzeit als mehr oder weniger standardisierte
Formen einer populären Festkultur (s. u.). Auf der anderen Seite formie-
ren sich die ambitionierten Versuche von Theaterreformern, die Ästhetik
des Wagnerschen Gesamtkunstwerks und das Jugendstil-Ideal einer Öffnung der Kunstsphäre nach außen auf die Theaterpraxis zu übertragen.
Dabei geht es oft recht feierlich und zeremoniell zu – so bei der Inszenierung (1901) des Schauspiels *Das Zeichen* von Georg Fuchs auf der
Freitreppe der Darmstädter Mathildenhöhe durch Peter Behrens, der
schon im Vorjahr seine nietzscheanische Vision eines «Großen Stils»
programmatisch formuliert und mit Vorschlägen zur Theaterarchitektur
untermauert hatte (*Feste des Lebens und der Kunst*, 1900).

Das Freilichtspiel erfuhr seine konsequenteste Umsetzung im Harzer Bergtheater bei Thale, das 1903 eröffnet wurde. Sein Begründer Ernst Wachler hatte
schon drei Jahre zuvor für das Landschaftstheater als «deutsches Theater der
Zukunft» geworben (*Deutsche Volksbühne*, 1900). Mit Aufführungen mehrerer
Dramen Wachlers und Friedrich Lienhards sowie von Weihe- und Jahreszeitspie-
len des ersteren wurde das Bergtheater zur wichtigsten Bühne der Heimatkunstbewegung. In den Folgejahren wurden zahlreiche weitere Naturbühnen gegründet (bis 1911 insgesamt 68).

Die seinerzeit von Behrens geforderte reliefartige, kulissenlose Bühne
wurde zur entscheidenden Neuerung des Münchner Künstlertheaters
(erbaut von Max Littmann, 1908), in dessen Trägerverein der stark von

Nietzsche geprägte Theaterreformer Georg Fuchs erheblichen Einfluß nahm. In seinem Buch *Die Revolution des Theaters* (1909) feiert Fuchs die im Münchner Reformtheater erzielte Annäherung von Bühne und Publikum, eine durchgehende Idee schon seiner früheren Programmschriften *Die Schaubühne – ein Fest des Lebens* (1899) und *Die Schaubühne der Zukunft* (1905). Nach dem Scheitern des Künstlertheaters wird Fuchs das Heil in einer Neubelebung der Oberammergauer Passionsfestspiele und anderer Volksfestspiele suchen (*Die Secession in der dramatischen Kunst und das Volksfestspiel*, 1911); auf welche bedenklichen politischen Konstellationen er sich dabei einläßt, verdeutlicht seine Schrift von 1916: *Das Passions-Spiel und seine Wiedergeburt im Weltkriege*.

Wagners Idee des Gesamtkunstwerks und die lebensreformerische Aufwertung des Tanzes verbanden sich in der musik- und tanzpädagogischen Bildungsanstalt Jaques-Dalcroze, die 1911 von Genf in die Gartenstadt Hellerau bei Dresden übersiedelte und das dort 1910–1912 von Heinrich Tessenow errichtete Festspielhaus zu vielbeachteten Aufführungen nutzte. In ihrem Zentrum steht die von Adolphe Appia entwickelte Konzeption des rhythmischen Raums; sie wurde realisiert durch ein mobiles Treppensystem mit einer indirekten Beleuchtungsanlage. Licht, Klang und die räumliche Bewegung der Tanzgruppen verbanden sich in den Inszenierungen von Glucks Oper *Orpheus und Eurydike* (Regie: Dalcroze/Appia, 1912) und Claudels *Verkündigung* (1914 unter Leitung des Dichters) zu einer eigenartigen Gesamtwirkung.

Eine der Literatur und dem herkömmlichen Theater näherstehende Variante der Festspielidee verfolgten die Schauspieler Louise Dumont und Gustav Lindemann, als sie 1903 mit führenden Repräsentanten des damaligen Weimar die Errichtung eines neuen Festspielhauses planten, das der Jugendstilarchitekt Henry van de Velde bauen sollte. Die Pläne wurden schon im nächsten Jahr hinfällig, als sich das Schauspieler-Paar für die Gründung des Schauspielhauses Düsseldorf entschied. Dieses konnte die ihm zugedachte Rolle einer Musterbühne mit überregionaler Ausstrahlung trotz der Mitwirkung profilierter Dramatiker als Dramaturgen (Paul Ernst 1904/05, Herbert Eulenberg 1904/05, Wilhelm Schmidtbonn 1906–1908) jedoch nur in Ansätzen erfüllen. Das Reformprojekt litt unter dem Desinteresse des heimischen Publikums, aber wohl auch an mangelnder Klarheit der eigenen Zielsetzung.

Ob die Erinnerung an Immermanns – wenig erfolgreiches – Wirken am Düsseldorfer Theater für die Standortwahl von Dumont/Lindemann eine Rolle gespielt hat, ist schwer zu sagen. Insgesamt läßt sich beobachten, daß historische Reminiszenzen in jenen Jahren zu einem wichtigen Faktor bei der Planung und Durchsetzung von Festspielen und ähnlichen Unternehmungen werden. In kleinem Rahmen geschieht dies bei dem schon von Goethe bespielten Theater in Bad Lauchstädt, das im Juni 1912 – in einem Bühnenbild von Max Liebermann

– die Uraufführung von Gerhart Hauptmanns stark autobiographisch gefärbtem Schauspiel *Gabriel Schillings Flucht* sieht. Der Autor hatte das seit Jahren abgeschlossene Drama nicht auf den «Hasardtisch» einer Berliner Premiere werfen wollen; in Frage kam für ihn, so war schon dem Vorwort der Erstveröffentlichung zu entnehmen, nur eine «einmalige Aufführung vollkommenster Art, im intimsten Theaterraum». Doch natürlich schützt auch die Flucht in Provinz und Geschichte den prominenten Dramatiker nicht vor dem üblichen Premierenpublikum; daß die Festspielidee keine Garantie gegen Kommerzialisierungstendenzen bietet, verdeutlicht nicht zuletzt die Entwicklung der Salzburger Festspiele im weiteren Verlauf des 20. Jahrhunderts.

Die Gründung der Salzburger Festspiele in der Endphase des Ersten Weltkriegs stand ganz im Zeichen einer antimodernen Remedur. Hofmannsthal als Gründungsmitglied der Salzburger Festspielgemeinde geht in seiner ersten *Proposition für die Errichtung eines Mozarttheaters* (1917) von einer Kritik des Berliner Theaterwesens (als eines naturalistischen und Massentheaters) aus, um den Genius loci dagegenzusetzen: die Mozartsche Oper und das «höhere Lustspiel», den Stolz des «alten Burgtheaters». Zwei Jahre später ist er in seiner Besinnung auf das heimatliche Erbe schon weiter fortgeschritten. Mit dem Satz «Der Festspielgedanke ist der eigentliche Kunstgedanke des bayrisch-österreichischen Stammes» eröffnet er seinen Artikel *Deutsche Festspiele zu Salzburg* (1919). Daß diese seit 1920 die Aufführung von Hofmannsthals *Jedermann* fest im Programm haben, unterstreicht den Anspruch der Unternehmung, eine Alternative zum modernen Geschäftstheater darzustellen. Denn eine dezente Kapitalismuskritik gehört ja zu den charakteristischen – gerade durch Hofmannsthals Bearbeitung betonten – Zügen dieses Mysterienspiels, wie der Rückgriff auf die altertümliche Gattung ohnehin den Abstand zur Gegenwart markiert. Wie groß dieser Abstand in Wirklichkeit ist, darüber läßt sich streiten. Immerhin wird sich uns die Hinwendung zum Mysterienspiel als signifikante Tendenz der Dramatik des frühen 20. Jahrhunderts erweisen (s. u. S. 479–485); auch die Umstände der Uraufführung (durch Reinhardt im Berliner Zirkus Schumann) verweisen eher auf die Zugehörigkeit des Schauspiels zu jener Theatermoderne, von der es sich in seiner Salzburger Erscheinungsform demonstrativ abwendet.

Expressionistisches Theater

Als gelungene Integration von Park- und Theatererlebnis ordnet sich das 1908 errichtete und bald darauf wieder abgerissene Gartentheater der Wiener Kunstschau ganz den Theaterreformbemühungen des Jugendstils ein. Durch die Aufführungen von Oskar Kokoschkas Stücken *Sphinx und Strohmann* und *Mörder Hoffnung der Frauen* wird es im Juli 1909 zur Geburtsstätte des theatralischen Expressionismus. Dabei war das erstere der beiden Stücke schon Monate zuvor im Wiener Kabarett Fledermaus aufgeführt worden, ohne sonderliches Aufsehen zu erregen; der groteske Charakter dieser Harlekinade schien im kabarettistischen Kontext offenbar hinlänglich motiviert. Erst die blasphemische Obszönität des Mörder-Stücks erzeugte in Verbindung mit den grellen Beleuchtungs- und Ausstattungseffekten des Dichter-Regisseurs sowie der heute verschollenen Musik Paul Zinners jenen Gesamteindruck einer archaischen Wildheit, der die bürgerliche Kritik brüskierte und es im Rückblick rechtfertigt, hier den Ausgangspunkt einer neuen Ästhetik anzusetzen.

Es waren Kunststudenten, die sich in der Uraufführung von *Mörder Hoffnung der Frauen* auf dem Boden wälzten und sich dabei Beulen und Schrammen zuzogen. Bevor der expressionistische Schauspielstil in Fritz Kortner oder Agnes Straub seine virtuosen Repräsentanten findet, sind es immer wieder Dilettanten, die den frühen Aufführungen der neuen Richtung zu ihrem unverwechselbaren Charakter verhelfen. Das hat zwei Ursachen. Auf der einen Seite verweigern sich die etablierten Bühnen insbesondere der Theaterhauptstadt Berlin fast ein Jahrzehnt lang dem expressionistischen Theaterexperiment; zu stark ist gerade hier der Einfluß des Brahmschen Bühnennaturalismus und der Schauspiel-Regie Reinhardts. Auf der anderen Seite weichen die Anforderungen an den expressionistischen Schauspieler so eklatant von der bisherigen Praxis ab, daß gerade ungeschulte Kräfte oder Anfänger ihnen am ehesten entsprechen konnten. Im günstigsten Fall kam ihnen der Vorteil einer rauschhaften Identifikation mit der Rolle zustatten – wie etwa Gerd Fricke, dem ersten Darsteller von Hasenclevers Sohn (im gleichnamigen Drama von 1913), oder Ernst Deutsch, dem berühmtesten Interpreten der Rolle.

Hasenclevers Drama *Der Sohn* erreichte die Öffentlichkeit zunächst nicht durch eine Aufführung – die vor dem Krieg nicht zustande kam –, sondern durch eine Lesung des Autors im literarischen Cabaret Gnu in Berlin und Kurt Pinthus' begeisterte Besprechung dieses «Versuchs eines zukünftigen Dramas» in der *Schaubühne* (April 1914). In der Tat läßt sich gerade an diesem Werk feststellen, daß die spezifischen Qualitäten einer expressionistischen Dramaturgie und Schauspielkunst schon dem Text eingeschrieben sind. «Was werden Sie jetzt tun?», fragt der Hauslehrer den Sohn in der ersten Szene, und dieser antwortet: «Vielleicht einen Monolog halten. Ich muß mich aussprechen mit mir.» In distanzierendem Bezug auf das Wahrscheinlichkeitspostulat des Naturalismus fügt er hinzu: «Sie wissen, daß man sonst diese Mode verachtet», um selbstbewußt die expressionistische Position dagegenzusetzen: «Ich habe es niemals als schimpflich empfunden, vor meinem eignen Pathos zu knien [...].» Die entscheidende Brandrede, mit der der Sohn zum Aufstand gegen die Väter ruft, wird zwar nicht auf der Bühne gezeigt, sondern in einer Art Mauerschau referiert – dennoch, ja um so deutlicher wird die typische Gestik des expressionistischen Schauspielers im Dialog markiert:

DER FREUND *(die Hände ballend)*: Bewegt er die Hände?
VON TUCHMEYER: Nein. Doch – jetzt –
DER FREUND *(öffnet die Arme)*: – streckt er sie aus: so?
VON TUCHMEYER: Er ist irre! Er sagt –: er nimmt die Marter unserer aller Kinderzeit auf sich!

Es ist die Haltung des Gekreuzigten, die der Freund durch seine übermächtige Willenskraft dem unsichtbaren Redner aufzwingt. Sie wird zur Lieblingshaltung der expressionistischen Regie wie Dramatik; Kaisers Drama *Von Morgens bis Mitternachts* etwa endet in derselben Pose.

Im Nachwort zur Erstausgabe (1916) seines gleichzeitig mit Hasenclevers *Der Sohn* – nämlich schon 1913 – entstandenen Dramas *Die Verführung* erteilt Paul Kornfeld dem Schauspieler völlig übereinstimmende Ratschläge für eine nichtnaturalistische Interpretation: «Er wage es, groß die Arme auszubreiten und an einer sich aufschwingenden Stelle so zu sprechen, wie er es niemals im Leben täte [...]. Er denke an die Oper, in der der Sänger, sterbend, noch ein hohes C hinausschmettert und mit der Süßigkeit seiner Melodie mehr vom Tode aussagt, als wenn er sich winden und krümmen würde.» Durch eben solche «Melodie einer großen Geste» imponierte Fritta Brod, Kornfelds künftige Frau, in der Frankfurter Uraufführung der *Verführung* (1917 in der Regie Gustav Hartungs), und dasselbe gilt für Ernst Deutschs Darstellung des Sohnes in der Dresdner Aufführung von Hasenclevers Drama im September 1916. Zeitgenossen berichten, daß der Schauspieler «in Trance durch die Akte schritt», «tiefäugig, glühend, gegängelt von höherem Willen» – Pathos als Ekstase.

Die erste konsequent expressionistische Inszenierung des *Sohn* gelang jedoch erst dem Regisseur Richard Weichert und dem Bühnenbildner Ludwig Sievert am Nationaltheater Mannheim 1918. Auf einer fast leeren, mit schwarzen Plüschvorhängen abgegrenzten Bühne agierte in der Mitte der Sohn im Lichtkegel eines Scheinwerfers. Alle anderen Personen wurden nur so lange sichtbar – nämlich beleuchtet –, wie sie für die Subjektivität des Sohns von Belang sind, der auf diese Weise zum eigentlichen Spiel-Macher der Aufführung avancierte. Bis zu einem gewissen Grade war dem damaligen Publikum solch eine mysteriöse Dominanz einzelner Figuren über andere aus der Welt der Strindbergschen Dramen vertraut, die gerade mit dem Todesjahr des schwedischen Dichters (1912) ihren Siegeszug über deutsche Bühnen antraten. Andererseits machten sich Weichert/Sievert das Vorbild der elaborierten Lichtregie Max Reinhardts zunutze, die schon im Hintergrund eines der frühesten expressionistischen Dramen erkennbar ist. Reinhard Sorges Drama *Der Bettler* nämlich, schon im Oktober 1912 von Reinhardts Deutschem Theater angenommen (allerdings erst 1917 aufgeführt), setzt verschiedentlich Spotlight-Effekte ein. Im I. Akt werden laut Regiean-

weisung einzelne Personengruppen durch Scheinwerfer aus dem Dunkel
hervorgehoben, zum Beispiel die Kokotten: «Ihre Stimmen kommen
dem grellen und nackten Eindruck des Scheinwerfers zu Hilfe.» Auch
die vertikale Richtung des Empor, die der Botschaft dieses Stückes und
seines Protagonisten zugrunde liegt, ist lichtsymbolisch definiert, setzt
gewissermaßen schon den Lichtkegel der Scheinwerfer von oben voraus
– als domartige Überwölbung spiritueller Sehnsucht:

> DER DICHTER: Wird's nicht bald Tag? O Qual!
> Erlösung! Höher! Aus des Leibes Not
> Reckt sich die Seele frei zu ihrem Werk –
> Aus dumpfen Fragen spinnt sie Seile Lichtes,
> Aus ihrer Sehnsucht spinnt sie sich zu Gott!
> *(Er kniet nieder, den Rücken gegen den Schauraum,*
> *das Antlitz tief geneigt.)*

Es ist dieselbe – an Fidus' Lichtgebet gemahnende – Symbolik, die
zahlreiche Bühnenbilder Ludwig Sieverts beherrscht: von seinen Entwürfen für Wagners *Parsifal* (Stadttheater Freiburg 1913/14) bis zur Ausgestaltung der Frankfurter Inszenierung von Hölderlins *Empedokles*
1920. Unter der Leitung von Carl Zeiß wird das Frankfurter Schauspielhaus – mit den Regisseuren Gustav Hartung und Richard Weichert und
dem Bühnenbildner Sievert – ab 1917 zur Hochburg des theatralischen
Expressionismus. Die meisten Stücke von Georg Kaiser werden hier aufgeführt, aber auch für Sternheim, Hasenclever, Kornfeld und Fritz von
Unruh ist das Schauspielhaus zeitweilig die wichtigste Bühne.

Als besonderes Ereignis blieb vielen Beteiligten, u. a. Kasimir
Edschmid, Hartungs Frankfurter Uraufführung von Unruhs Kriegsdrama *Ein Geschlecht* am 16. Juni 1918 vor geladenen Gästen in Erinnerung. Der Frankfurter Theaterkritiker Bernhard Diebold glaubte damals
einen neuen Seher begrüßen zu können, der «jene unsicher gestammelten Bekenntnisse des Expressionismus nur überdeutlich, allgemein
erfaßbar auszusprechen vermochte». Die erhaltenen Bühnenfotos wirken
auf den heutigen Betrachter skurril-irreal: Rosa Bertens als Mutter auf
den Stufen vor dem Friedhofsportal, ihren ältesten Sohn und die Tochter
umklammernd, die beide (Carl Ebert und Gerda Müller) verzückte
Gesichter schneiden. Links der gefesselte Feige Sohn (Hans König), in
grotesk verrenkter Stellung den Kopf zur Seite geknickt; im Hintergrund diverse Kreuze aus Papier oder Stoffstreifen, im Stile einer Kin-
derzeichnung locker über das dunkle Tuch verteilt, das hier in höchst
antiillusionistischer Manier das Gräberfeld vertreten soll.

Weniger radikal gestaltete sich die theatralische Umsetzung der neuen Richtung in den Aufführungen des Vereins «Das junge Deutschland» (Leitung: Heinz

Herald), mit dem das Deutsche Theater Max Reinhardts die expressionistische Dramatikergeneration zu integrieren versuchte. Reinhardt selbst leitete die (nach der Eröffnungsvorstellung mit Sorges *Der Bettler*) zweite Inszenierung des Vereins im März 1918: Reinhard Goerings *Seeschlacht* wurde − zwei Jahre nach der zugrundeliegenden Seeschlacht vor dem Skagerrak, ein gutes halbes Jahr vor Kriegsende − mit der Andacht eines Gottesdienstes zelebriert. Das Bühnenbild beherrschte der Panzerturm des Schlachtschiffs, in den die agierenden Matrosen eingeschlossen sind − mit dem gesamten Apparat von Lichtsignalen, Klingelzeichen, Leitern, Geschützen und Hebeln durchaus realistisch nachgestellt und doch von den Kritikern sinnbildhaft aufgefaßt: als Maschinen-Baal, als Allegorie des nationalen Schicksals (Jacobsohn: «diese deutsche Mannheit im stählernen Panzerturm»), ja des Menschen selbst im Widerstreit seiner inneren Stimmen (Herald). Der expressionistische Schauspielstil von Werner Krauß (Darsteller des vierten Matrosen) ging nach dem retrospektiven Urteil des Kritikers Herbert Ihering (1922) schon über die «Laut- und Dekorationsregie» Reinhardts hinaus. Indem Krauß «nur die Spannung ‹Schlacht›, die Empfindungsintensität ‹Todesnähe›» spielte, habe er Martin und Jeßner vorweggenommen.

Mit den Klassiker-Inszenierungen Leopold Jeßners wird das expressionistische Theater der Weimarer Republik seine − auch politisch − umstrittensten Höhepunkte feiern. In Karl Heinz Martins Inszenierung der Uraufführung von Ernst Tollers *Die Wandlung* im neugegründeten aktionistischen Avantgardetheater Die Tribüne erlebt das Publikum der Reichshauptstadt im September 1919 erstmals das Zusammenwirken einer rückhaltlos expressionistischen Regie mit einem modernen Dramentext. Wesentlichen Anteil daran hatten die «Sprachwucht» (Kerr) des Hauptdarstellers Fritz Kortner und die sparsame Andeutungsbühne Robert Neppachs: «eine wandschirmartige Fläche, die bald ein farbiges Gegenüber, bald Fenstergitter, bald Straße, bald Friedhof sein wollte und doch irgendwie war» (Faktor). Noch die Szenenumstellung, mit der Martin in Tollers Drama eingriff, mochte den expressionistischen Gesamteindruck verstärken: Das Stück endete nunmehr nicht mit dem Aufbruch in die (gewaltfreie) Revolution, sondern mit der Geburt des Neuen Menschen.

Expressionistisches Theater der besonderen Art war zuvor schon in Berlin einem geschlossenen Kreis von Freunden der Zeitschrift *Der Sturm*, nämlich den Mitgliedern des Vereins Sturmbühne, zugänglich. Lothar Schreyer, der vom Hamburger Schauspielhaus kam und nach 1918 seine experimentelle Theaterarbeit in der von ihm gegründeten Hamburger Kampfbühne fortsetzen sollte, wird ab 1917 zum entscheidenden dramaturgischen Berater des *Sturm*-Herausgebers Herwarth Walden. Er ist zuständig für die Bühnenklasse der Sturm-Schule, die allerdings vielleicht nur aus einer Schülerin bestand, und leitet die einzige zustande gekommene Aufführung der Sturmbühne: die Uraufführung von August Stramms Drama *Sancta Susanna* im Berliner Künstlerhaus am 15. Oktober 1918. Dabei werden der Textvorlage systematisch die naturalistischen und an Maeterlinck erinnernden symbolistischen Spuren ausgetrieben, die diesem Frühwerk des *Sturm*-Hausdichters noch anhaften. Von der Klosterkirche, ja selbst dem Nonnen-Status der miteinander ringenden Frauen ist auf Schreyers Bühne nichts mehr zu erkennen. Den Hintergrund bildet eine rot-grün-gelb-schwarze Wand, gegliedert in vier sich übereinander weitenden Farbhalbkreisen; die Äbtissin trägt ein Bühnenkostüm, das sich mimikryhaft dieser abstrakt-geometrischen Ordnung anpaßt, und zudem eine Gesichtsmaske; Susanna dagegen, von der Sturm-Schauspielschülerin Lavinia Schulz gespielt, ist auf dem Höhepunkt der Handlung vollständig nackt. Gestik und Sprechweise unterlagen offenbar im hohen Maß dem Bemühen um abstrahierende Stilisierung; die überwiegend ablehnende Kritik spricht von marionettenhaften «Gliederexerzitien» und «Koloraturarien».

Die Nähe zum Marionettentheater ist natürlich kein Zufall. Schreyer, der späterhin sogar mit Ganzkörpermasken arbeiten wird, orientiert sich wesentlich an Craigs Vorstellungen vom Schauspieler als «Übermarionette», die in den Sturm-Kreis vor allem durch William Wauer hineingetragen wurden. Der an Reinhardts Theater beschäftigte Regisseur veröffentlichte vorexpressionistische Programmschriften wie *Die Kunst im Theater* (1909) – ein Jahrzehnt später nachgedruckt in der Zeitschrift *Sturm-Bühne* sowie in Buchform unter dem Titel *Das Theater als Kunstwerk* – und versuchte zunächst ohne Erfolg, seine Reformideen in Aufführungen mit Laienschauspielern umzusetzen. Größere Beachtung – allerdings wiederum eine fast einhellige Ablehnung durch die bürgerliche Kritik – erfuhr seine Zusammenarbeit mit Walden (als Komponisten) in der Ausarbeitung und Inszenierung der Pantomime *Die vier Toten der Fiametta* im Kleinen Theater 1911. Wauer «liess die Pantomime aus der Musik herauswachsen», schreibt Döblin damals, und Walden selbst erklärt: «Bei Wauer ist alles ausgedrückt. Plastisch.»

3. Populäre Theaterformen

Der Siegeszug des kommerziellen Unterhaltungstheaters setzte sich bis zum Ersten Weltkrieg fort. Am Wiener Carltheater feierte der Operettenkomponist Franz Lehár mit *Die lustige Witwe* (1905) und *Der Graf von Luxemburg* (1909) seine ersten großen Erfolge. Das Berliner Thalia-Theater reüssierte mit Gesangspossen von Jean Gilbert wie *Autoliebchen* und *Puppchen* (1912). Das Metropoltheater ebenda verlegte sich vor allem auf Ausstattungsstücke und satirisch-parodistische Revuen vom Typ *Donnerwetter, tadellos!* (1908). Einen beachtlichen Erfolg errang das Berliner Theater 1901 mit Wilhelm Meyer-Försters sentimental-nostalgischem Schauspiel *Alt-Heidelberg* (nach dessen Erzählung *Karl Heinrich*, 1900). Meistgespieltes Stück auf den Bühnen der deutschen Hauptstadt aber war über Jahre hinweg der erstmals am Lessing-Theater aufgeführte Lustspiel-Schwank *Im weißen Rößl* (1897) von Oskar Blumenthal und Gustav Kadelburg – noch ohne die Musik Ralph Benatzkys.

Eine Neuerscheinung in der hauptstädtischen Theaterlandschaft bildeten die sogenannten «Jargontheater» wie das Gebrüder-Herrnfeld-Theater oder Folies Caprice. Mit ihren selbstverfaßten ungedruckten Possen (u. a. *Endlich allein!*, 1897; *Der Fall Blumentopf*, 1902) lieferten die beiden Direktoren und Hauptdarsteller Anton und Donat Herrnfeld so etwas wie ein jüdisches Gegenstück zu Feydeau. Der Aberwitz einer meist an Verwechslungen und Verwirrungen reichen Handlung dient ihnen als Gelegenheit zur Entfaltung einer mimischen und sprachlichen Ethno-Komik, die nicht zuletzt durch den Gegensatz zwischen zwei feststehenden Typen bestimmt war: dem stur-egoistischen Böhmen und dem empfindsam-cholerischen Juden. Die Diskrepanz des letzteren, der regelmäßig von Donat Herrnfeld verkörpert wurde, zu seiner Umgebung reflektierte das Assimilationsdefizit des ostjüdischen Zuwanderers oder Aufsteigers und erlaubte dem Publikum, das sich aus assimilierten Westjuden und Nicht-Juden zusammensetzte, ein eigentümlich ambivalentes – wohl auch mit antisemitischen Ressentiments durchsetztes – Lachen.

Nicht zu verwechseln mit dieser Mixtur von Posse und jüdischem Milieu ist das original-jiddische Theater, das ostjüdische Wandertruppen in vielen deutschen und österreichischen Städten, allerdings unter sehr bescheidenen äußeren Umständen und nur einem kleineren Publikum, bekannt machten. Sein Repertoire bildeten – neben diversen Gesangs- und Varieté-Nummern – im wesentlichen die jiddisch verfaßten Dramen Abraham Goldfadens, Joseph Lateiners und Jakob Gordins. Hofmannsthal kommt schon während seiner Stationierung im ostgalizischen Czortkow 1898 mit der fremdartigen Ästhetik des jiddischen Theaters in Berührung, die er in seiner Pantomime *Der Schüler* (s. u. S. 463) in verdeckter Form zitiert. Schnitzlers Tagebücher der Jahrhundertwende verzeichnen mehrere Besuche im Leopoldstädter Volksorpheum, an dessen buntgemischtes – zum Teil bekenntnishaft jüdisches – Programm sich Felix Salten noch 1929 lebhaft erinnert. Die Eindrücke, die Kafka zusammen mit Max Brod 1911 im Prager Café Savoy von den Aufführungen einer Lemberger Truppe unter Beteiligung Jizchak Löwys gewinnt, üben beträchtlichen Einfluß auf seine weitere geistige und künstlerische Entwicklung aus. Adolf Grabowsky, der Lyriker und spätere Politologe, und Kurt Pinthus, der Expressionist, machen in Zeitungsartikeln von 1911 und 1913 auf die Ghettokunst der Schauspieler aufmerksam, die damals im Berliner Scheunenviertel und im Leipziger Kristallpalast auftraten.

Das Dialekttheater gewinnt allgemein an Bedeutung, über die Intentionen des Naturalismus hinaus. Im österreichisch-süddeutschen Raum setzt sich die Tradition eines dialektal geprägten Volkstheaters fort. Seine wichtigsten Exponenten sind Karl Schönherr in Wien und Ludwig

Ganghofer sowie Ludwig Thoma in bzw. bei München, aber auch die schwäbischen Komödien Hermann Essigs und die niederbayrischen Stücke des Wedekind-Schülers Heinrich Lautensack sind in diesem Zusammenhang zu sehen. Thoma kooperierte wiederholt mit dem «Original Tegernseer Bauerntheater» Michael Denggs (seit 1903), das auch Tourneen unternahm, allerdings nicht die gleiche überregionale Beachtung erfuhr wie das 1892 von Konrad Dreher und Xaver Terofal gegründete Schlierseer Bauerntheater.

Denggs Truppe brachte 1910 in Egern/Tegernsee den für sie geschriebenen «Bauernschwank» *Erster Klasse* heraus; Dengg zugedacht war ursprünglich auch das tragische «Volksstück» *Magdalena*, Thomas einziger Versuch eines nichtsatirischen Dramas. In Anlehnung an die Tradition des bürgerlichen Trauerspiels zeigt das im Dachauer Bezirk angesiedelte, in authentischem Dialekt abgefaßte Stück den Konflikt eines Bauern, dessen Tochter in der Stadt der Prostitution anheimgefallen ist, zwischen seinem Ehrbegriff und dem Versprechen gegenüber seiner verstorbenen Frau, die Heimgekehrte nicht zu verstoßen. Abweichend von der Tradition wählt der Vater schließlich den Freitod. Die Uraufführung des Volksstücks fand 1912 am Kleinen Theater Berlin statt – die von Thoma wie auch von Schönherr betriebene Erneuerung des Dialekttheaters war auf nationale Wirkung angelegt.

Die Anfänge der plattdeutschen Bühne stehen im Zusammenhang mit der national gerichteten ‹niederdeutschen Bewegung›, der norddeutschen Variante der Heimatkunstbewegung mit dem Wortführer Adolf Bartels. Die fünf plattdeutschen Schauspiele (uraufgeführt zwischen 1901 und 1906) des frühverstorbenen Hamburgers Fritz Stavenhagen sollten nach dem Willen des Autors der Begründung eines «stammlichen» Theaters dienen. Das erste davon, der Einakter *Der Lotse*, führt ein Beispiel heroischen Handelns aus dem Bewußtsein strengster Pflichterfüllung vor: Der Lotse Ludwig Brenner begeht Selbstmord, weil er keinen anderen Weg sieht, sein Amt dem Sohn zu übertragen, der sich aus nationaler Überzeugung zum Dienst bei der Marine verpflichtet hat.

Die nach dem Tod des Autors 1908 gegründete Stavenhagen-Gesellschaft setzte sich die «Förderung niederdeutscher Bühnenspiele» zum Ziel. Eines ihrer Gründungsmitglieder, der volkspädagogisch engagierte Bibliothekar Richard Ohnsorg, organisierte 1912 die Uraufführung von Gorch Focks plattdeutschem Einakter *Doggerbank*, einem vitalistisch-darwinistisch geprägten Eifersuchtsdrama an Bord eines Fischkutters auf hoher See. Das nächste Stück des Autors, das «irnsthaftig Spill» *Cili Cohrs*, zeigt das Leben der Fischer an Land (auf der Elbinsel Finkenwerder, der Heimat Gorch Focks) und endet mit einem gleichfalls aus Eifersucht erwachsenen Lebens-Bündnis zwischen Mann und Frau – über den von ihnen verschuldeten Tod des Dritten, der zwischen ihnen stand, hinweg. Die Uraufführung des Schwanks *Die Königin von Honolulu* im Hamburger Thalia-Theater im September 1916 hatte schon den Charakter einer Gedenkfeier für den in der Seeschlacht beim Skagerrak gefallenen Gorch Fock.

Der Theaterkreis um Richard Ohnsorg bestand aus Dilettanten überwiegend bildungsbürgerlicher Herkunft. Das quantitative Ausmaß der zumeist auf Vereinsbasis organisierten nicht-professionellen Theateraktivitäten zu Anfang des 20. Jahrhunderts ist kaum zu überschätzen. Allein in Deutschland dürfte es etwa dreitausend Theatervereine gegeben haben; bei einer angenommenen durchschnittlichen Mitgliederzahl von zwanzig errechnet sich schon die stattliche Summe von 60 000 Laienschauspielern. Sie dürfte jedoch bei weitem nicht erschöpfend sein, wenn man bedenkt, daß auch in zahlreichen anderen Vereinen (Turnvereinen, Arbeitervereinen etc.) Theateraufführungen zu festlichen Anlässen an der Tagesordnung waren.

Der wichtigste Aufführungstyp in diesem Rahmen ist das allegorische Festspiel zumeist patriotischer Prägung (vgl. Band IX, 1, S. 415 ff.). Es entwickelt sich in der Schweiz in den Jahren 1885–1905 zu einem regelrechten Massenphänomen. In Basel und Schaffhausen feiert man 1901 das 500jährige Jubiläum des Beitritts zum Schweizer Bund mit Festspielen von Rudolf Wackernagel und Arnold Ott. An der Aufführung des Festspiels von Heinrich Weber zum 700jährigen Gründungsjubiläum der Stadt Bern 1891 waren 1100 kostümierte Darsteller und Statisten, 500 Sänger und Sängerinnen und ein hundertköpfiges Orchester beteiligt. Insbesondere der kurze Ruhm des Dramatikers Arnold Ott war eng mit der Konjunktur des Schweizer Festspiels verknüpft. Seinen ersten Erfolg erzielte er mit dem *Festakt zur Enthüllung des Telldenkmals in Altdorf* 1895, aber auch sein 1892–1896 geschriebenes Drama *Karl der Kühne und die Eidgenossen* (1897), aufgeführt 1900 auf der Freilichtbühne der Laienspielgruppe von Diessenhofen und 1904/05 in Wiedikon vor Tausenden von Zuschauern, enthielt festspielhafte Elemente, nicht zuletzt im Nebeneinander von Schillerschem Blankvers und Urner Mundart.

Auch in Deutschland machte sich eine patriotische Festspiel-Betriebsamkeit auf Massenbasis breit, die selbst national gesonnenen Kulturkritikern zu denken gab. In diesem Sinne unternahm Ferdinand Avenarius, der Herausgeber des *Kunstwarts* und der Begründer des Dürerbunds, in den Jahren 1910–1913 eine regelrechte Kampagne gegen die «vaterländischen Festspiele» eines gewissen Werning, dessen Organisation «für Bureau und Lager» nicht weniger als «fünf gut salarierte Herren» beschäftigte und eine beträchtliche Breitenwirkung erzielte: Zwischen 1896 und 1910 haben offenbar in rund 500 Orten ca. 5000 Vorstellungen unter Wernings Regie und in den von ihm verliehenen Kostümen stattgefunden. Dabei handelte es sich durchweg um Dilettantenaufführungen, vorbereitet von einem Ehrenausschuß aus Honoratioren und getragen von der örtlichen Vereinslandschaft. Allein in Meldorf/Holstein, für welches dem *Kunstwart* genaue Zahlen vorliegen, haben sich daran beteiligt: der Städtische Frauenverein, der Vaterländische Frauenverein, die Freiwillige Feuerwehr, der Kampfgenossenverein von 1870/71 und natürlich der Kriegerverein. Diesem Aufgebot entsprach der Andrang des Publikums: Die Vorstellungen in Neumünster im Herbst 1909 zählten 20 000 Besucher, Neumünster selbst hatte damals nicht mehr als 35 000 Einwohner.

Christliche und patriotische Zielsetzungen vermengen sich im Repertoire der katholischen Gesellen- und Arbeitervereine. In der einschlägigen Schriftenreihe bei Kösel in Kempten, der «Katholischen Dilettantenbühne», erschienen zwischen 1872–1913 nicht weniger als 264 Titel. Auch hier findet sich wiederholt das Genre des Festspiels, oft mit Anleihen bei der älteren Form des Lebenden Bilds. Mit seinem Weihnachtsfestspiel *Jesus Messias* (1906) schlägt Emil Ritter geradezu den Bogen vom Lebenden Bild zum Lichtbild und erwirbt sich nebenbei Verdienste in der Popularisierung von Meisterwerken der religiösen Kunst. Jede der sechs Abteilungen des Festspiels besteht aus dem Vortrag einer Dichtung bei gleichzeitiger Projektion von drei Gemälden mit meist alttestamentlichen Motiven, einer Musik- oder Gesangsnummer und einem Lebenden Bild. Etwas dramatischer geht es im Schauspiel *Theorie und Praxis* (1900) zu: In vier kurzen Akten zeigt L. Kraus die Bekehrung des Arbeiters Berg von der Sozialdemokratie zu Kirche und Zentrumspartei.

Die Arbeiterbewegung selbst bewährt sich weiterhin als wichtiger Träger des Laientheaters, obwohl eine strukturelle Krise nicht zu übersehen ist: Die wichtigsten Autoren des sozialistischen Dramas drängen über die Grenzen des Vereinstheaters hinaus, bemühen sich – in den meisten Fällen letztlich vergeblich – um den Übergang zur bürgerlichen Bühne. Dabei spielen nicht nur materielle Aspekte eine Rolle; denn selbstverständlich eröffnen die Bedingungen des professionellen Theaters dem Dramatiker größere Möglichkeiten sowohl der seelischen Vertiefung als auch der szenischen Gestaltung. Man wird es der Verbürgerlichung als Grundtendenz der damaligen deutschen Arbeiterbewegung (von marxistischer Seite als Revisionismus gescholten) zurechnen können, daß sich gerade die produktivsten Dramatiker der Sozialdemokratie nicht mehr mit der holzschnittartigen Einfachheit des frühen Arbeitertheaters begnügen und komplexeren Formen den Vorzug geben – auch auf die Gefahr hin (die denn auch eintrat), letztlich zwischen die Fronten der gesellschaftlichen Lager und Institutionen zu geraten und ihr eigentliches Publikum zu verfehlen.

Ernst Preczang, Sohn eines Gendarmeriewachtmeisters, hat als wandernder Buchdruckergeselle und Gelegenheitsarbeiter zur Sozialdemokratie gefunden. Für deren Organe schreibt er seine ersten Einakter, die in plakativer Weise soziale Fragen behandeln bzw. für das Streikrecht und die Frauenbewegung eintreten (u. a. *Der verlorene Sohn*, 1900, noch am 1. Mai 1918 in einem Kriegsgefangenenlager auf der britischen Insel Man aufgeführt). Durch eine kleine Erbschaft besser gestellt, lebt Preczang seit 1900 als freier Schriftsteller und bemüht sich mit seinem ersten mehraktigen Stück – *Im Hinterhause* (1903) – sogleich um Zugang zum Deutschen Theater Berlin. Nach Brahms durchaus anerkennend formulierter Absage kommt das Stück 1903 im Rahmen einer Vorstellung der Freien Volksbühne im Berliner Metropoltheater zur Aufführung. Es zeigt in deftigem Berliner Dialekt den tragischen Konflikt einer Arbeiterfamilie zwischen Anpassung und Auflehnung. Der arbeitslose Schmied Gensicke könnte als Streikbrecher Wiedereinstellung in der Fabrik finden – er lehnt jedoch ab und begeht Selbstmord. Seine Tochter Klara arrangiert sich auf ihre Weise, indem sie sich dem opportunistischen Buchhalter Strehling hingibt und auf die Liebe zum sozialistischen Arbeiter Petzoldt verzichtet. Der Revolutionär selbst gerät ins Zwielicht, indem er die Solidarität der streikbereiten Kollegen ausschlägt, nämlich fortgeht und das ihm innerlich zugewandte Mädchen enttäuscht – eine Problematik, die von fern an die Figur des Reformers Loth in Hauptmanns *Vor Sonnenaufgang* erinnert.

Der einzige größere Erfolg auf der bürgerlichen Bühne gelingt Preczang mit der Dramatisierung einer alten italienischen Novelle (*Gabriello der Fischer*, 1910). Im Jahr der Fertigstellung dieses völlig unpolitischen Stücks kommt in Berlin eine Auftragsarbeit Preczangs zur Aufführung: das «soziale Schauspiel» *Die neue Macht* (1908), ein Festspiel zu Ehren des 25jährigen Jubiläums des Verbandes der Zimmermannsleute. Darin wird der Sieg der gewerkschaftlichen Bewegung als eine historische Notwendigkeit dargestellt («Die Zeit, sie will's!»), deren Durchsetzung wohl Überzeugungskraft und Organisation, aber keinen politischen Aktivismus oder gar Aktionismus erfordert. In Preczangs eigener Entwicklung bewährt sich dieses Vertrauen auf die Logik der Geschichte nicht. Für sein nächstes mehraktiges Drama *Der Bankerott* (1914) fand sich trotz eines Vertrags mit dem Theaterverlag Erich Reiß keine reguläre Bühne; resignierend gab Preczang das Stück schließlich dem Leipziger Arbeitertheaterverlag Lipinski.

Der kämpferische sozialdemokratische Redakteur und Reichstagsabgeordnete Emil Rosenow erlebt kurz vor seinem frühen Tod den Bühnenerfolg seiner Komödie *Kater Lampe* (1902), einer an Hauptmanns *Biberpelz* gemahnenden, in breitem Sächsisch ausgeführten Satire auf die Dorfobrigkeit, angesiedelt in einem Spielwarenindustrieort des Erzge-

birges, das dem Autor aus seiner Parteiarbeit der neunziger Jahre
bekannt war. Rosenows dramatische Arbeit ist stark vom Naturalismus
geprägt. Mit dem Einakter _Daheim_ (posthum 1912) verfaßt er ein Seitenstück zur _Familie Selicke_ von Holz/Schlaf; mit seinem Hauptwerk _Die
im Schatten leben_ (entst. 1899, Druck 1911) begibt er sich in die Nähe zu
Hauptmanns _Webern_.

Rosenows 1912 im Frankfurter Albert-Schumann-Theater vor viertau-
send begeisterten Zuschauern uraufgeführtes (der Freien Volksbühne
Berlin von der Zensur verbotenes) Drama vergegenwärtigt den materiellen und mentalen Druck, der auf der Bergarbeiterfamilie Lückel lastet
und vor allem die alte Witwe Lückel geprägt hat. Vom rückhaltlosen
Opportunismus der Mutter heben sich die unterschiedlichen Lebensent-
würfe der Töchter ab: Hannchen läßt sich vom reichen Langenscheidt
verführen; Trina, deren Mann im II. Akt einem Grubenunglück zum
Opfer fällt, macht sich schon im Laufe des IV. Akts mit dem Gedanken
an baldige Wiederverheiratung vertraut (wobei neben dem finanziellen
Zwang auch ein sinnliches Bedürfnis durchzuschlagen scheint); Liesa ist
durch den Diakon Körting mit geistigen Idealen bekannt geworden
und muß voller Schrecken feststellen, daß der heimlich geliebte Mann
ihre wechselseitige Neigung zugunsten seines beruflichen Aufstiegs verrät. Sie ist die einzige, die sich dem erniedrigenden Arrangement wider-
setzt, mit dem die Werksleitung Hannchens Zukunft regelt, ja die dem
‹Milieu› überhaupt eine Absage erteilt. Das Stück endet mit Liesas Fortgang in eine ungewisse, aber hoffnungsvolle Zukunft: «Und wie ging
sie ruut! Groß un aufrecht un ohne sich umzuschaun!»

Bergarbeiterdramen verfassen in jenen Jahren auch Boleslav Strzelewicz, Paul
Mehnert und Lu Märten. Strzelewicz, der in den neunziger Jahren mit einer
Art Agitproptruppe von sich reden gemacht hatte, unternimmt mit seinem
wahrscheinlich zwischen 1907 und 1910 entstandenen, aber erst 1926 gedruckten Schauspiel _Erwacht_ einen Gegenentwurf zu Hauptmanns _Webern_; ein
unmißverständliches Zitat ist beispielsweise der Tod des königstreuen alten Gru-
nert, der ganz wie der alte Hilse am Schluß von Hauptmanns Schauspiel von
einer verirrten Kugel getroffen wird. Im Verhältnis zwischen neuem und altem
Drama soll offenbar der Fortschritt der Arbeiterbewegung seit den vierziger Jahren des 19. Jahrhunderts deutlich werden. – Mehnerts im schlesischen und westfälischen Bergbaugebiet ungeachtet des schwebenden Zensurverbots wiederholt
aufgeführtes «soziales Drama» _Golgatha_ (1908) nimmt den Generalstreik der
Ruhrbergarbeiter von Januar/Februar 1905 zum Anlaß für pathetische Heilsper-
spektiven. – Lu Märtens Einakter _Bergarbeiter_ (1909), das einzige Drama der
bedeutenden sozialistischen Theoretikerin, bemüht sich um eine Vermittlung
zwischen individuellem und Massenschicksal unter Rückgriff auf eigene Erfahrungen der Autorin, die als Kind eine Lungentuberkulose überstand, während
ihr Vater, Bruder und ihre Schwester derselben ‹Proletarierkrankheit› zum Opfer
fielen. Der Streikführer Burger, der bereits drei Kinder durch die Schwindsucht
verloren hat, fühlt sich gelähmt durch den zu erwartenden Tod seiner beiden ver-

bliebenen Kinder. Doch gerade der kranke Sohn Hermann rüttelt ihn zu neuem Handeln, zur «blutreinigenden Tat» für die Allgemeinheit auf, die auch dem Leiden der Kinder neuen Sinn gebe. Das Stück erfuhr eine einmalige Aufführung durch Laien- und Berufsschauspieler während eines Bauarbeiterstreiks in Köln 1911.

Die besondere Lage der ländlichen Arbeiterschaft wird von Franz Starosson, Redakteur der *Mecklenburgischen Volkszeitung*, und dem Theaterkritiker Robert Nespital in mehreren gemeinsam verfaßten Stücken für Volksbühnenvereine behandelt. *Tutenhusen* (1912) thematisiert widersprüchliche Streikstrategien und den Konflikt zwischen Arbeitern und dividendenhungrigen Bauern anhand des Lohnkonflikts in einem Kaliwerk. Schon ein zeitgenössischer Rezensent bemängelt den Kontrast zwischen dem Realismus, mit dem der ökonomische Ausgangspunkt umrissen wird, und dem dithyrambischen Finale, in dem sich der revolutionäre Arbeiter Frank und seine Frau wechselseitig die Stichworte zuwerfen:

> FRANK: – bis einst wird kommen der Tag, da ein neues heiliges «Werde!» ertönt und über alle Hügel und durch alle Täler das große Glück schreitet – –
>
> MARGRET: – das große, reine Glück ... für alle Menschen – –
>
> FRANK: ... dessen Vorgewißheit uns Seligkeit gibt und neue Kraft verleiht zum Siege ... trotz aller Niederlage; das uns das Herz so schwer macht vor Glück ...
>
> MARGRET: Das ... uns ... das Herz so schwer macht vor ... Glück!

Eine geschichtliche Perspektivierung erfährt das Arbeiterdrama in Paul Baders Tragödie *Das Gesetz* (1914). In Erinnerung an die Unterdrückung der Arbeiterbewegung durch das Bismarcksche Sozialistengesetz intendiert das letztlich untragisch ausgehende Schauspiel eine historische Herleitung des Legalitätsprinzips, das für die deutsche Sozialdemokratie über 1890 hinaus bestimmend wurde. Von revolutionärer Energie getragen zeigt sich dagegen Leopold Kampfs Drama *Am Vorabend*, eine tragische Verarbeitung der russischen Revolution von 1905, noch im Dezember desselben Jahres im Hamburger Karl-Schultze-Theater vor einem geschlossenen Publikum aufgeführt. Nach der Verschärfung des Aufführungsverbots wurde das Stück in Deutschland in Form öffentlicher Lesungen bekannt gemacht, während es im Ausland bald die Bühnen von Zürich, Paris (mit besonders nachhaltigem Erfolg) und New York eroberte. In Wilhelm Münzenbergs vielgespieltem frühen Tendenzstück *Kinder der Tiefe* (1913) ist die revolutionäre Ungeduld junger Sozialisten womöglich noch entschlossener – auch in Abgrenzung von Organisation und Ideologie der Sozialdemokratie – ausgedrückt.

An zwei Frauendramen läßt sich abschließend das weite Spektrum der politischen Positionierungen und literarischen Formen innerhalb der sozialistischen Dramatik umreißen. Otto Krilles Drama *Anna Barenthin* (1911) zeigt das Ringen um eine neue Moral anhand der Titelgestalt, die ihren vertrauten Lebenskreis verläßt und sich zunächst dem entlassenen Häftling Robert anschließt. In ihrem Leitspruch «Ich gehöre niemandem als mir selbst» drückt sich sowohl die Ablehnung der herkömmlichen Rollen-Erwartung an die Frau als auch das Ungenügen an den vorgegebenen Formen des Klassenkampfes aus, der hier durch den pragmatischen Funktionär Richter verkörpert wird. – Ernst Reichles Einakter *Die Fabrikarbeiterin* (1917/18) knüpft dagegen an die operativ-didaktischen Anfänge der deutschen Arbeiterdramatik an und formuliert in der Endphase des Ersten Weltkriegs einen eindringlichen «Appell für die Bekundung der Solidarität» im Sinne des proletarischen Internationalismus. Seine Heldin Anna Aufrecht, Arbeiterin in einer kriegswichtigen Metall- oder sogar Munitionsfabrik, ist keine psychologisch vertiefte Gestalt, sondern Typus und Ideal. Die Handlung eilt, ohne näher bei der Schilderung des Milieus zu verweilen, zielstrebig dem zentralen politischen Konflikt und der Schlußapotheose zu. Der schnelle Abverkauf der (heute nicht mehr zu ermittelnden) ersten Auflage, erschienen als Nummer 52 in Lipinskis Arbeiterbühne, weist auf die starke Nachfrage auch für Aufführungen in Gewerkschaftsvereinen hin.

Im Ersten Weltkrieg wurde auch für und von Soldaten Theater gespielt. Die lange Dauer des Kriegs und die Erstarrung der Frontlinien – zunächst im Westen, dann auch an der Ostfront – begünstigte kulturelle Unterhaltungsprogramme. Die Oberste Heeresleitung der Reichswehr förderte schon 1915 truppeneigene Bühnen und Frontgastspiele aus der Heimat; mehr als dreißig deutsche Divisionen unterhielten Soldatenbühnen als feste Einrichtungen. Das Repertoire reichte vom «sehr bunten Abend» bis zu Goethes *Iphigenie auf Tauris*; freilich mußten Frauenrollen beim eigentlichen Feldtheater mit Männern besetzt werden. Ein historisches Foto zeigt das stattliche Innere des Theaters von Valenciennes in Nordfrankreich, bis in die Ränge hinein gefüllt mit Feldgrauen. Ebenda fand im Januar 1918 unter Beteiligung von Helferinnen des Vaterländischen Hilfsdienstes die Uraufführung von *Konservenwurst und Liebe* statt. Kurt Heynicke, der selbst als Faktotum Kulicke auf der Bühne stand, hatte als Expressionist in Uniform das «fröhliche Spiel aus der Kriegszeit» verfaßt, das als Nummer 235 der Reihe «Vereinstheater» des Mühlhausener Danner Verlags erschien.

Schließlich ist das Schultheater zu erwähnen, das zwei sehr verschiedene Gesichter zeigt – entsprechend dem Umbruch, der zu Beginn des 20. Jahrhunderts das Bildungswesen erfaßt. Am wilhelminischen Gymnasium treibt das patriotische Festspiel traditioneller Prägung späte Blüten im Dienste der Erziehung zu Krieg, Nationalismus und Kaisertreue. Schon die Titel sprechen eine deutliche Sprache: *Unser Kadett* («Kaisergeburtstags-Scherz für 5 Knaben» von Edmund Braune, 1900), *Stolz weht die Fahne schwarz-weiß-rot* (von Ludwig Reinicke, 1906), *Wir haben den Kaiser gesehen!* (von Ernst Heinrich Bethge, 1912). An den Reformschulen der Jugendbewegung dagegen vollzieht sich unter maßgeblicher Beteiligung Martin Luserkes der Übergang zum Laienspiel als theatralem Erfahrungsmodus einer neuen Gemeinschaftsform. Im Vorwort zur Publikation von *Fünf Komödien und Fastnachtsspielen*, die er für die Freie Schulgemeinde Wickersdorf verfaßt hat, betont Luserke 1912 die Bedeutung einer rhythmischen Choreographie für den Ausdruck der inneren Handlung des jeweiligen Stücks, aber auch als Entfaltungsraum für die jugendliche Anmut der Spieler.

II. DRAMENFORMEN

1. Dramen- und Tragödientheorie

Die Zeit der Moderne scheint dem Gattungstypus des Dramas nicht günstig. Die Vielzahl fundamentaler Veränderungen und Grenzüberschreitungen – vom naturalistischen Milieustück bis zum lyrischen Einakter –, mit denen das letzte Jahrzehnt des 19. Jahrhunderts aufwartete, weist bereits auf eine Krise des Dramas im herkömmlichen Sinn hin. Georg Lukács' frühe Studie *Zur Soziologie des modernen Dramas* (1914, ung. 1911) deutet die gesellschaftlichen Ursachen an: Das Leben ist immer epischer oder eigentlich romanhafter geworden, Persönlichkeit und Tatsachen, Tat und Handeln fallen in der modernen Gesellschaft zunehmend auseinander. Dramatik im vollgültigen Sinn ist eigentlich nur noch möglich, wenn sie den Verlust ihrer natürlichen Voraussetzungen kompensiert und etwa der Subjektivität des Individuums eine neuartige – übersteigerte – Bedeutung verleiht. So sieht Lukács denn auch im Drama des Individualismus die typische Dramenform des bürgerlichen Zeitalters.

Diese Denkfigur ist nicht untypisch für die Dramen- und Tragödientheorie um 1900. Einerseits konstatiert man übereinstimmend den Verlust des Verständnisses für die große Tragödie – so Eberhard Buchner 1899 im *Magazin für Litteratur* oder Alfred Klaar zehn Jahre später in einem Beitrag zum *Literarischen Echo* (*Die Krisis der Tragödie*). In Hermann Bahrs *Dialog vom Tragischen* (1904) wird eine psychodynamische Funktionsbestimmung der antiken Tragödie gegeben, die auf der These von der Hysterie bei den Griechen beruht. Eine Neuzeit, die sich dank fortschreitender Humanisierung von den gewalttätigen Affekten der Vorväter entfernt, braucht womöglich auch keine Tragödie mehr zu deren Abfuhr. So die These des Meisters in diesem Dialog, der allerdings heftig widersprochen wird – der Theoretiker Bahr vermeidet eine klare Festlegung.

Andererseits, und diese Tendenz tritt nach der Jahrhundertwende zunehmend in den Vordergrund, bemühen sich führende Vertreter der modernen Dramatik um eine Erneuerung von Grundgegebenheiten des Dramas im allgemeinen und der Tragödie im besonderen. Auf der Ebene der Dichtung wären hier Hofmannsthals *Elektra*- und *Ödipus*-Dramen zu nennen. Auf der Ebene der Theorie ist der auffällige Umstand zu bemerken, daß gerade Gerhart Hauptmann, der Hauptvertreter des sozialen

Dramas im Naturalismus, nunmehr über anthropologische Fundamente des Dramas nachdenkt, die er in der dualen Struktur des menschlichen Denkens zu finden glaubt und mit dem Begriff des Urdramas bezeichnet.

Seinem Reisebericht *Griechischer Frühling* (1908) zufolge gelangt er im Apollon-Heiligtum von Delphi – angesichts des hier anschaulich nachvollziehbaren Ursprungs der Tragödie aus dem Blutopfer – zu handfesten Thesen vom überzeitlichen Charakter der Tragödie: «Tragödie heißt: Feindschaft, Verfolgung, Haß und Liebe als Lebenswut! Tragödie heißt: Angst, Not, Gefahr, Pein, Qual, Marter, heißt Tücke, Verbrechen, Niedertracht, heißt Mord, Blutgier, Blutschande, Schlächterei.»

In Hauptmanns «Berliner Tragikomödie» *Die Ratten* (1911) räsonnieren ein entlassener Theaterdirektor und sein widerspenstiger Schauspielschüler über Grundbegriffe der dramatischen Kunst, wobei Spitta Positionen des Naturalismus, Direktor Hassenreuter dagegen die Tradition des Klassizismus vertritt. Als Gipfel des Banausentums gilt diesem Spittas Meinung, «daß unter Umständen ein Barbier oder eine Reinmachefrau aus der Mulackstraße ebensogut ein Objekt der Tragödie sein könnte als Lady Macbeth und König Lear». Als die Putzfrau John wenig später den Schauplatz betritt, wird sie ironisch als Spittas «tragische Muse» tituliert. Keiner der Diskutanten ahnt, daß sich Frau John zu diesem Zeitpunkt bereits im Zentrum eines tragischen Prozesses befindet, der mit Zwangsläufigkeit zur Katastrophe führt. Nach deren Eintreten bestätigen sich beide, «daß hier ein wahrhaft tragisches Verhängnis wirksam gewesen» und die Tragik «nicht an Stände gebunden» ist. Sie artikulieren damit eine Botschaft des Autors, über die das Stück selbst allerdings schon hinausweist. Als ausgewiesene Tragikomödie ordnen *Die Ratten* sich einem epochentypischen Genre zu, das ein unübersehbares Mißtrauen in die Validität der dramatischen Gattungsfächer und die Eindeutigkeit der Unterscheidung von «komisch» und «tragisch» bezeugt.

Die nachhaltigste Affirmation erfuhren die Grundstrukturen des Dramas und der – als seine höchste Steigerung und reinste Verwirklichung begriffenen – Tragödie im Kreis der neuklassischen Dramatiker Paul Ernst, Wilhelm von Scholz und Samuel Lublinski. Grundlegend für die dramentheoretischen Reflexionen aller drei wurde Scholz' Auffassung des Dramas als «Darstellung eines Kampfes» (*Gedanken zum Drama*, 1905). Im programmatischen Vorwort *Der Weg zur Tragödie* seines Dramas *Peter von Rußland* (1906) verkündet Lublinski: «Die Tragödie ist also die reinste Darstellung des Kampfes des Menschen, der seine Freiheit und Willkür behaupten und durchsetzen will, mit einer Notwendigkeit, die ihn vernichtet, ohne ihn zu demütigen.» Scholz geht noch einen Schritt weiter, indem er den «Willen zum Zwang» in den Menschen hineinverlegt; «Kunst und Notwendigkeit» ist die einschlägige erste seiner *Vier Thesen* (1906) überschrieben. Wenn Scholz sieben Jahre später dem früher geleugneten Zufall wieder entscheidende Bedeutung für die Dramatik zuspricht (*Der Zufall im Drama*, 1913), kommt das einem Widerruf seiner neuklassischen Programmatik gleich.

In verschiedenen Aufsätzen, die 1906 zum Band *Der Weg zur Form* zusammengefaßt werden, hat Paul Ernst den Begriff einer schicksalhaften Notwendigkeit aufgegriffen und zum Zentrum seiner Tragödientheorie genommen. Den Kern der antiken Tragödie – am vollkommensten bei Sophokles verkörpert – sieht Ernst in der «Kreuzung zweier Notwendigkeiten»; der in diesen Schnittpunkt gestellte tragische Held entfaltet seine höchsten Kräfte im Kampf für die eine der beiden «und wird vernichtet durch die andere Notwendigkeit».

Bezeichnend für Ernsts Tragikbegriff und seine dichterische Umsetzung – etwa in der Tragödie *Demetrios* (1905) – ist die aktivistische Fassung, die hier dem Kampf des tragischen Helden gegeben wird. Nicht mit «Furcht und Zittern», wie es bei Aristoteles heißt, sondern mit «Stolz und Freude» sehe der Zuschauer den Helden «stolz in den notwendigen Untergang» schreiten (*Merope*, 1905). An der Notwendigkeit dieses Untergangs läßt Ernst gleichwohl keinen Zweifel; die Ohnmacht des einzelnen gegenüber einem determinierenden Schicksal ist für diesen vom Marxismus beeinflußten Theoretiker geradezu das entscheidende Argument, der überlieferten Form der (griechischen) Tragödie zeitgenössische Aktualität, ja Zukunftschancen zuzusprechen. Nachdem das Christentum der antiken Tragik für lange Zeit ihre weltanschauliche Grundlage entzogen hatte (denn mit dem Glauben an einen einzigen – überdies gütigen – Gott war dem Denkmodell widerstreitender Notwendigkeiten eigentlich die Basis entzogen), sieht Ernst unter den Bedingungen der modernen Geldwirtschaft – die auf den Einzelnen als «blindes Schicksal» einwirken – erstmals wieder ein vollgültiges Äquivalent zum antiken Fatum gegeben (*Die Möglichkeit der klassischen Tragödie*, 1904).

Im Zuge der Entwicklung der Neuklassik tritt dieser gesellschaftliche Bezug allerdings immer weiter in den Hintergrund. Wenn Lukács in seinem Essay *Metaphysik der Tragödie* (*Die Seele und die Formen*, 1911) Ernsts Tragödie *Brunhild* (1909) als dessen «erstes ‹griechisches› Drama» lobt, gilt sein Lob primär der hier geleisteten Abstraktion, die die Eigenart der Tragödie – als «Form der Höhepunkte des Daseins, seiner letzten Ziele und Grenzen» – kristallinisch hervortreten lasse und so ihren «metaphysischen Grund» sichtbar mache: «die Sehnsucht des Menschen nach seiner Selbstheit.»

2. Commedia dell'arte und Pantomime

Als Ausdruck der Bemühungen um eine Retheatralisierung des Theaters und als Gegenreaktion auf den psychologischen Realismus des naturalistischen Dramas ist der verstärkte Rückgriff auf altertümliche Formen zu verstehen, die im 18./19. Jahrhundert an den Rand des Theaterlebens gedrängt worden waren, wenn sie nicht als Gauklerkünste in Verruf gerieten: das Maskenspiel der commedia dell'arte und die Pantomime. Ausgangspunkt für die Wiederentdeckung der Maskenkomödie ist die mit den Namen Molière und Marivaux verbundene französische Weiterentwicklung (als comédie italienne), kenntlich an der Dominanz des melancholischen Pierrot, der zumeist als Gegenspieler des theatergeschichtlich älteren, durch Sinnlichkeit und körperliche Kraft imponierenden Harlekin auftritt. Nicht zuletzt durch Albert Girauds (von Hartleben übersetzten) Gedichtzyklus *Pierrot Lunaire* war die Figur des mondsüchtigen Träumer-Clowns um die Jahrhundertwende populär.

In Erich Korns «Bajazzade» *Colombine* (aufgeführt in Wien 1901) ist zusätzlich der Einfluß von Leoncavallos Oper *I Pagliacci* (1892, dt.: *Der Bajazzo*) spürbar. Der Bankangestellte Bajazzo, von seiner Frau Colombine mit dem reichen Bankier Harlequin betrogen, ist ein Wesensverwandter Pierrots. In der Traumvision vor seinem Tode spiegelt er sich in der weißgeschminkten, altmodisch gekleideten Figur, die in einer stummen Aktion mit Colombine und Harlequin die reale Handlungsebene nach- und vorspielt: «Im Augenblicke, wo sich der Pierrot erschießt, erschießt sich der Bajazzo.» Selbstreflexiv ist auch die mehrfache Berufung der leichtlebigen Colombine auf ihre Rollenidentität: «[...] bitte, bitte laß mich leben. Ich bin Colombine.» Die commedia dell'arte erscheint hier als eine Art Lebensphilosophie, als Legitimation und Projektion vitalistischer Wunschvorstellungen.

Rudolf Lothars in viele Sprachen übersetztes, 1917 in Rußland von Tairow inszeniertes «Maskenspiel» *König Harlekin* (1901) stellt den Ich-Verlust des Schauspielers ins Zentrum: «Ich bin ein Schauspieler, der sich selbst auf der Bühne sieht.» Harlekin leidet unter dieser Problematik schon deshalb, weil Colombine seine Liebe nicht erwidert, da sie vor lauter Rollen sein wahres Wesen nicht erkennen kann. Nach der Tötung des Königs ist Harlekin genötigt, in dessen Rolle zu schlüpfen, und entfremdet sich Colombine dadurch noch mehr. Die rettende Erkenntnis und positive Auflösung bringt ein Spiel im Spiel: eine satirische Komödie, die König Harlekin zur Entlarvung der höfischen Gesellschaft aufführen läßt. Colombine singt: «Alles ist nur Scherz und Schein, / Masken im Getriebe! / Und im Leben zählt allein / Was es giebt an Liebe.» Es ist eben diese Freistellung der Liebe von den Gefahren des Ich-Verlustes, die in den Pantomimen Schnitzlers, Hofmannsthals und Beer-Hofmanns in Frage gestellt wird.

Franz Blei hat sich schon 1895 an einer «Colombinade» *Das Kußmal* versucht, in der Pierrot und Harlekin schwer an der Hypertrophie ihres Bewußtseins und ihrer Zugehörigkeit zur Dekadenz zu tragen haben. Angekränkelt vom Geist der Moderne erweist sich auch der Theaterdirektor Scaramuccia in Bleis «heiterer Oper» *Scaramuccia auf Naxos* (1909), der durchsichtigen Abwandlung einer englischen Vorlage (John Davidson: *Scaramouch in Naxos*, 1888). Wie bei Davidson kommt der nach einer traditionellen commedia dell'arte-Rolle (der neapolitanischen Variante des Capitano) benannte Direktor aus kapitalistischen Motiven auf die Insel, um die weltberühmte Ariadne für sein Theater zu gewinnen. Sie verweigert sich jedoch, weil sie ganz für den Gott Dionysos entflammt ist, der hier unter dem Einfluß Nietzsches als überlegener Gegenpol zum apollinischen Prinzip einer kleingeistigen Rationalität aufgefaßt wird.

   Davidson und Blei regen Hofmannsthal an, die Ariadne-Sage mit dem losen Treiben der ungetreuen Zerbinetta und ihrer vier Liebhaber Harlekin, Scaramuccio, Truffaldin und Brighella in der Binnenhandlung seines von Richard Strauss vertonten Librettos *Ariadne auf Naxos* zu verquicken. Dabei geht es auch um den Kontrast zwischen heroischer und Buffo-Ebene, erhabenem Gefühl und trivialer Sinnlichkeit, vor allem aber um die Einheit des Menschlichen, um die Deutung der Todessehnsucht als Hingabe von tendenziell erotischer Qualität, um die innere Verschränkung von Dauer und Wechsel, Treue und Treulosigkeit. Letztere zu betonen, nämlich in einem ganz vordergründigen Sinn zum Partnerwechsel aufzurufen, ist die Absicht des Auftraggebers des Spiels im Spiel in der Erstfassung der Oper (1911), deren Rahmenhandlung aus Molières Komödie *Le bourgeois gentilhomme* (*Der Bürger als Edelmann*) entnommen ist: Der adelssüchtige Bürger Jourdain will sich der verwitweten Marquise mit der in seinem Haus veranstalteten Theateraufführung als Liebhaber empfehlen.

   Die Kombination von Komödienhandlung und musikalisch-tänzerischer Aufführung ist als Versuch zur Nachgestaltung des sogenannten comédie-ballet zu verstehen, eines integralen Bestandteils der Festkultur im absolutistischen Frankreich, für dessen Wiederbelebung Max Reinhardt, der Regisseur der Stuttgarter Uraufführung (1912), engagiert eintrat. Nach dem ernüchternden Eindruck anderer Inszenierungen, bei denen sich die Doppelung von Schauspiel und Oper als problematisch erwies, unternahm Hofmannsthal 1913 eine radikale Kürzung der Rahmenhandlung unter Verzicht auf die Molière-Elemente, ja auf das französische Ambiente überhaupt. Ins Zentrum des nach Wien verlagerten Vorspiels rückt jetzt die Figur des Komponisten, der sich zunächst über die Zumutung empört, daß unmittelbar nach und schließlich sogar gleichzeitig mit seiner Oper eine Maskenkomödie aufgeführt werden soll, der dann aber prompt dem Liebeswerben Zerbinettas erliegt und in dieser Anwandlung durch die Macht des Erotischen offenbar erst jene innere Öffnung vollzieht, die ihm die Integration des Buffonesken in die mythologische Handlung erlaubt. Es ist diese – 1916 in Wien erstmals aufgeführte – Fassung, in der sich die Oper von Hofmannsthal/Strauss allgemein durchgesetzt hat.

   Das Interesse des Dichters und des Uraufführungsregisseurs an der commedia dell'arte geht weit über die *Ariadne auf Naxos* hinaus. Schon Hofmannsthals unmittelbar vorausgegangenes Opernlibretto für Strauss, nämlich *Der Rosenkavalier* (1910, Uraufführung Dresden 1911), ist in vielen Zügen – nicht nur in der klassischen Buffo-Rolle des Ochs von Lerchenau – dem Geist der Maskenkomödie verpflichtet. Max Reinhardts langjährige Pflege der Gattungstradition erlebt einen Höhepunkt mit der Inszenierung von Gozzis *Turandot* in der Bearbeitung Karl Gustav Vollmoellers (Wien 1916); Egon Friedell spielte die Rolle des Kaisers, und Alfred Polgar erteilte das paradoxe Lob: «eine der besteinstudierten Stegreifkomödien, die man seit langem gesehen.»

Auf dem Zusammenwirken von commedia dell'arte-Elementen und Musik beruht auch Schnitzlers kleines Singspiel *Der tapfere Kassian* (1909, uraufgeführt in Leipzig zur Musik von Oscar Straus), das allerdings die Maskenrollen nicht explizit macht; es beruht auf einem Einakter aus dem Zyklus *Marionetten*, der als «Puppenspiel in einem Akt» benannt ist. Der naiv-zukunftsfrohe junge Martin, dessen Aufbruch wir zu Beginn und dessen Duelltod wir am Schluß erleben, ist ebenso deutlich als Pierrot-Figur erkennbar wie sein überlegener «Vetter» Kassian als Harlekin oder Capitano; Sophie, die sogleich vom einen zum anderen überläuft und am Schluß mit Kassian auf die Reise geht, ist zweifelsfrei eine Colombine.

Die bis jetzt genannten Beispiele der commedia dell'arte-Rezeption nach 1900 beruhen wesentlich auf der Wirkung des gesprochenen oder gesungenen Worts. Neben ihnen steht eine nicht unbeträchtliche Zahl von Pantomimen, die aus dem Figuren- und Motivarsenal der Maskenkomödie schöpfen. Die Reihe ihrer Verfasser erstreckt sich von Richard Beer-Hofmann (*Pierrot Hypnotiseur*, entst. 1891/92) über William Wauer (*Die vier Toten der Fiametta*, 1910) bis zu Lion Feuchtwanger (*Pierrots Herrentraum*, 1916). Um eine historische Herleitung und theoretische Grundlegung der Pantomime bemüht sich Carl von Levetzow in einem Beitrag zum ersten Jahrgang der *Schaubühne* (*Zur Renaissance der Pantomime*, 1905). Den darin aufgestellten Forderungen nach unmittelbarer Evidenz entspricht seine eigene Pantomime *Die beiden Pierrots* (1901) allerdings nicht ganz. Sie bietet ein sentimentales Bild von der Zerrüttung einer Künstlerehe. Der Komponist Pierrot wird von seiner Frau seit Jahren mit Harlekin (kostümiert als blauer Mephisto) betrogen; in seiner Verlassenheit tröstet ihn zunächst das Geigenspiel des ihm treuen Sohnes (Pierrot junior), schließlich die Hinwendung zur geistigen Sphäre, die durch das Mondlicht und andere einschlägige Signale – so die Darstellung eines Pierrot lunatique auf einem Majolikarelief im Arbeitszimmer – symbolisiert wird.

Als Künstlerfigur ist auch die Titelfigur in Schnitzlers Pantomime *Die Verwandlungen des Pierrot* (1908) angelegt. Die Bürgerstochter Katharina schwankt zwischen ihrem bürgerlichen Verlobten Eduard, für den sie keine Leidenschaft empfindet, und dem Schmierenkomödianten Pierrot, dessen stürmische Werbung sie zunächst beeindruckt. Als ihr der soziale Abstand zu ihrem Liebhaber deutlich wird, wendet sie sich empört von ihm ab, der nimmt jedoch in einer Reihe von Verkleidungen die Verfolgung auf – Ausdruck seines proteischen Künstlertalents, vielleicht auch Symbol für Katharinas Verliebtheit, die ihr den Geliebten allgegenwärtig macht? –, bis es durch das energische Dazwischentreten seiner Partnerin Anna zur definitiven Scheidung kommt: Die Bürger gehen nach links, die Schauspieler nach rechts ab.

Schnitzlers zweite Pantomime *Der Schleier der Pierrette* (1910), zur Musik
von Ernst von Dohnányi 1910 an der Dresdner Oper mit beträchtlichem Erfolg
aufgeführt (noch im gleichen Jahr folgt Meyerholds Petersburger Inszenierung
und 1916 diejenige Tairows in Moskau), stellt die Untreue und Entscheidungs-
schwäche der Frau in den Vordergrund. Am Tag ihrer Hochzeit mit Arlequino
flieht Pierrette zu ihrem früheren Geliebten Pierrot, um mit ihm den gemeinsamen Liebestod zu sterben – bringt es aber nicht über sich, auch ihrerseits das
Gift zu trinken. Arlequino, der als «nicht mehr jung» beschrieben wird, in vollkommen schwarzem Altwiener Kostüm (die Handlung spielt zu Beginn des
19. Jahrhunderts), ist durch die Abwesenheit der Braut und den Verlust ihres
Schleiers mißtrauisch geworden. Er folgt ihr in Pierrots Wohnung, wo sie den
Schleier verloren hat, und macht zunächst Anstalten, sie vor der Leiche des Ver-
gifteten zur Liebe zu zwingen. Ersatzweise schließt er sie dort ein; vor Angst
verzweifelnd, tanzt sie sich in ausbrechendem Wahnsinn zu Tode.

Der in der Hochzeitsnacht beim Geliebten verlorene Schleier, der nicht gehaltene Todespakt, die Strafphantasien des getäuschten Bräutigams und der – sozusagen nachgeholte – Tod der Untreuen im Angesicht des verstorbenen Geliebten: alle entscheidenden Motive der Pantomime sind schon in Schnitzlers
Renaissancedrama *Der Schleier der Beatrice* (1900) enthalten, auf das ja auch die
analoge Formulierung des Titels verweist. Schnitzler übersetzt die letzten drei
Akte des früheren Stücks aus der Sprache des Historiendramas in die der Pantomime, macht aus dem Dichter Filippo Loschi einen Pierrot und aus dem Herzog
von Bologna einen Harlekin und setzt als zentrales Ausdrucksmittel den Tanz
ein, in dem sich der Lebenshunger seiner Heldin jetzt neu substantialisiert.

Angesichts der Erfolge, die Hofmannsthal und Schnitzler jedenfalls
zeitweise für einige ihrer Ausflüge in das Gebiet der Pierrot-Pantomime
verbuchen konnten, muß es paradox erscheinen, daß das wohl avancierteste Experiment auf diesem Gebiet unaufgeführt und ungedruckt blieb:
Beer-Hofmanns detailliert ausgearbeitete Pantomime *Pierrot Hypnotiseur* (veröffentlicht posthum 1984). Vergeblich versuchte Hofmannsthal
1893, durch Übersetzung des Szenariums einen französischen Komponisten für die Bühnenmusik zu gewinnen. Dabei imponiert gerade dieser Text durch Originalität und Modernität – zunächst in der Verknüpfung einer traditionellen commedia dell'arte-Fabel mit veristischen, fast
naturalistischen Elementen (Trunksucht, Verelendung), sodann in der
Integration der damals in Wien hochaktuellen Hypnose-Thematik (Pierrot hypnotisiert Colombine, damit sie ihn und nicht Harlekin liebt,
dem sie jedoch nach Aufhebung der Hypnose sofort wieder verfällt),
schließlich und darüber hinausgehend durch Einführung einer tiefen-
psychologisch bedeutsamen Symbolfigur, die schon durch ihren eigenartigen Namen aus dem Ensemble der commedia dell'arte-Figuren aus-
schert: Der schöne Jüngling Noschosch wächst im ersten Akt gleichsam
aus dem Schlafrock Pierrots hervor und gibt diesem die Idee der Hyp-
notisierung Colombines ein, reicht ihm geradezu den magischen Bril-
lantring.

Als Verbildlichung einer Persönlichkeitsspaltung läßt sich auch die Figur des Schattens deuten, die in Hofmannsthals Pantomime *Der Schüler* (1901) vom gelehrten Alchimisten beschworen wird, der überdies durch einen zauberkräftigen Ring Gewalt über Menschen ausübt. Der Ring weckt die Begehrlichkeit des unbegabten Schülers, der mit seiner Hilfe die ihn abweisende Tochter des Meisters für sich zu gewinnen hofft. Mit einem plötzlich auftretenden Strolch, der analog zum Schatten des Alchimisten als abgespaltener Teil seiner Persönlichkeit zu deuten ist, verabredet der Schüler einen Raubüberfall auf seinen Lehrer, der jedoch fehlschlägt: Statt des Alten wird die Tochter getötet, die sich zur Täuschung der Magd als ihr Vater verkleidet hat. Das Stück sollte ursprünglich im jüdischen Milieu spielen (Alchimist und Schüler hießen Rabbi und Bocher) und ist – abgesehen von Beer-Hofmanns Pantomime, an die sich Hofmannsthal sichtlich erinnert hat – von der grotesken Ästhetik des populären jiddischen Theaters angeregt, das ja über seinen eigenen Kanon standardisierter Figurentypen verfügte.

Damit sind wir unversehens über den Kreis der commedia dell'arte-Pantomimen hinausgelangt. Ungebundene Pantomimen waren zunächst im frühen Kabarett zu Hause, das auch als Aufführungsort für die zuletzt genannten Texte in Frage kam (Wolzogen wollte sowohl den *Schüler* als auch *Pierrot Hypnotiseur* am Überbrettl aufführen). Im Berliner Kabarett Schall und Rauch wurden 1901 Richard Vallentins «römische Märchen-Pantomime» *Salve Servator! (Heil Dir o Retter)* und 1902 Victor Alberts «Mimodrama in einem Akt» *Das Attentat auf Serenissimus* gespielt – beide Stücke sind durchsichtige Karikaturen der Monarchie bzw. der preußischen Obrigkeit.

Die zweite Erscheinungsform der ‹freien› Pantomime ist das Ballett. Als Libretto für opulent auszustattende Ballett-Aufführungen sind ja schon Wedekinds Pantomimen *Die Flöhe oder Der Schmerzenstanz* und *Der Mückenprinz* aus den neunziger Jahren angelegt (vgl. Band IX, 1, S. 523). Hofmannsthals Ballett *Der Triumph der Zeit* (1901) wurde von Alexander von Zemlinsky vertont, kam aber nicht zur Aufführung. Gemeinsam mit Harry Graf Kessler entwarf Hofmannsthal für Diaghilews Russisches Ballett die *Josephslegende* (uraufgeführt im Mai 1914 zur Musik von Richard Strauss). Hofmannsthals Ballett *Die grüne Flöte*, ein chinesisches Pendant zu Mozarts *Zauberflöte*, wurde zu Melodien Mozarts im April 1916 am Deutschen Theater Berlin uraufgeführt – im Anschluß an seine Bearbeitung von Molières *Les Fâcheux (Die Lästigen)*, also wiederum als Versuch zur Erneuerung des comédie-ballet.

Andere Tanzpantomimen stellen den Solotanz in den Vordergrund, so Max Mells Pantomime *Die Tänzerin und die Marionette* (1907) oder Hofmannsthals Libretto *Prima Ballerina. Ein Tag aus dem Leben einer Tänzerin* (entst. 1917). Der Ausdruckstänzerin Grete Wiesenthal auf den Leib geschrieben sind Hofmanns-

thals Szenen *Das fremde Mädchen* sowie *Amor und Psyche* (1911). Dem Erstdruck
ist Hofmannsthals Essay *Über die Pantomime* beigegeben, der pantomimischen
Darstellungen zunächst die Originalität und das individuelle – nur sprachlich
realisierbare – Figuren-Profil abspricht, um bald darauf die Gleichwertigkeit
(«Eine reine Gebärde ist wie ein reiner Gedanke») und schließlich die Überlegenheit der Körpersprache zu statuieren: «Die Sprache der Worte ist scheinbar
individuell, in Wahrheit generisch, die des Körpers scheinbar allgemein, in Wahrheit höchst persönlich. Auch redet nicht der Körper, sondern das menschliche
Ganze zum Ganzen.»

Tänzerische und pantomimische Nummern wechseln miteinander
in Paul Scheerbarts «astraler Pantomime» *Kometentanz* (1903). Darin
treten die sieben Planeten im Pierrot-Kostüm auf; das Erscheinen der
Lustigen Person verstärkt die Erinnerung an das Maskenspiel – oder
den Zirkus. Der Berliner Zirkus Busch gab 1914 den Rahmen für die
deutsche Premiere wohl der erfolgreichsten Pantomime ihrer Zeit: Max
Reinhardt inszenierte Karl Gustav Vollmoellers *Mirakel* (1911) – die der
Megildis-Legende nachempfundene sentimentale Geschichte einer aus
dem Kloster entlaufenen, von den Männern bedrohten und herabgewür-
digten Nonne, an deren Stelle bis zu ihrer Rückkehr die Heilige Maria
den Pförtnerdienst verrichtet – mit solcher Suggestionskraft der Lichtregie, Ausstattung und Choreographie, nicht zuletzt auch der von
Humperdinck komponierten Musik, daß sich auch das großstädtische
Massenpublikum vom Pseudo-Katholizismus der Fabel gefangenneh-
men ließ.

Wenn schon in Vollmoellers *Mirakel* aufgrund der vordergründigen
religiösen Symbolik die Grenze zum Mysterienspiel überschritten wird,
so gilt dies erst recht für zwei expressionistische Szenarien, die ohne
oder fast ohne gesprochene Worte auskommen. In Wassily Kandinskys
«Bühnenkomposition» *Der gelbe Klang* (1912) werden Töne, Farben,
Formen, natürliche Gegenstände (Blumen, Felsen etc.) und mehr oder
weniger phantastische Figuren (Riesen, Menschen wie Gliederpuppen)
zu Trägern eines bedeutungsträchtigen Geschehens, dessen Botschaft
weitgehend offen bleibt, das aber spätestens mit der Kreuzfigur des
Schlußbilds (wenn nicht schon mit der Kapelle des vierten Bilds) religiöse Assoziationen freisetzt. Worte werden nur ausnahmsweise, zumeist
chorisch und dann auch oft hinter der Szene gesprochen; der letzte Ausruf findet sich im mittleren Bild und heißt: «Schweigen!!» Hermann
Kasacks *Vorspiel der Landschaft* (1919) entwirft auf nicht mehr als einer
Druckseite ein kosmisches Geschehen, das weiteste Deutungsmöglichkeiten eröffnet – wohl auch durch den Verzicht auf das gesprochene
Wort. Sofern überhaupt menschliche Rede vorgesehen ist, erscheint sie
unter dem Gesichtspunkt des Aufhörens und Versagens; der Text endet
mit dem Vermerk: «Worte versteinern.»

Im Spätwerk Hofmannsthals wie Beer-Hofmanns wird es dagegen zu einer Wiederannäherung von Sprache und Pantomime kommen. Hofmannsthal entwirft 1923–1928 verschiedene Pantomimen für spätere Aufführungen des *Salzburger Großen Welttheaters* (1922); Beer-Hofmann reichert seine Pantomime *Das goldene Pferd* (entst. 1922) durch Zwischenakte, die von einem Märchenerzähler gesprochen werden, und Liedeinlagen an.

3. Schwank, Groteske, Tragikomödie

Die Wiederkehr des Schwanks auf dem (anspruchsvollen) Theater des frühen 20. Jahrhunderts, eingeleitet schon durch die Gattungszuweisung von Wedekinds *Der Liebestrank* (vgl. Band IX, 1, S. 522), steht im Zusammenhang mit dem allgemeinen Interesse für volkstümliche, vorbürgerliche Theaterformen. Sie hat zugleich eine positive und eine negative Botschaft. Die erstere läßt sich übersetzen als ein Ja zur natürlichen Sinnlichkeit, insbesondere zur Sexualität, wie es von Lebensphilosophie und Reformbewegung nahegelegt wurde, die letztere als Kritik an der Verlogenheit der wilhelminischen Untertanen- und Männer-Gesellschaft. Beide Intentionen verbinden sich in den Schwänken und Komödien Ludwig Thomas.

In Thomas Bauernschwank *Erster Klasse* (1910) blamieren sich die Vertreter des gehobenen Bürgertums vor den ländlichen Fahrgästen, die sich deftige Ochsenwitze erzählen und doch zu Recht in der Ersten Klasse sitzen, weil sie nämlich – Landtagsabgeordnete sind (einer von ihnen, Josef Filser, ist übrigens ein Selbstzitat aus Thomas *Simplicissimus*-Satiren). Auf die Demaskierung bourgeoiser Attitüden laufen auch Thomas Komödien *Die Medaille* (1901), *Lokalbahn* (1902) und *Moral* (1908) hinaus. Schwankhaft mutet besonders die anarchistische Dynamik an, mit der in *Die Medaille* das von einem karrieristischen Bezirksamtmann veranstaltete Festessen zunehmend der Kontrolle des Gastgebers entgleitet; die «unteren Klassen» beherrschen die Szene bald so vollständig, daß ein allgemeines Geraufe im Gange und der Tisch längst umgefallen ist, als der vorgesetzte Regierungsdirektor eintritt.

Ebenso paradox ist der Ausgang, den in *Moral* das politische Engagement des Rentiers Behrmann nimmt; als Präsident des Sittlichkeitsvereins kauft er am Ende persönlich die von der Polizei verhaftete Nobelprostituierte frei – wohl wissend, daß sein Name in deren konfisziertem Tagebuch auftaucht. Thoma hat das Stück entworfen, als er selbst 1906 wegen seines satirischen Gedichts *An die Sittlichkeitsprediger in Köln am Rheine* sechs Wochen im Gefängnis Stadelheim einsaß. Seine eigene Botschaft einer toleranten Sexualmoral legt er einer alten Dame mit dem schwedisch klingenden Namen Lund in den Mund (eine Hommage an die schwedische Reformschriftstellerin Ellen Key), wie überhaupt die Frauen in dieser Komödie durchweg den Männern überlegen sind – sie stehen für Menschlichkeit und Wahrheit statt für Politik und gesellschaftliche Geltung.

Noch Klabunds früher Schwank *Hannibals Brautfahrt* (1920, entst. 1912) macht sich ein Vergnügen daraus, die wilhelminische Wohlanstän-

digkeit in die – wörtlich – «Prangergasse» zu führen. Heinrich Lautensacks Komödie *Hahnenkampf* (1908) konturiert die absurde Konstruktion eines Männervereins, der sich eine Lebedame teilt, gleichfalls vor
dem Hintergrund einer provinziell-kleinstädtischen Bürgerlichkeit, in
der noch der Sedantag gefeiert wird und der Apotheker und der Kommandant Autoritäten darstellen. Der strafversetzte Gendarm, in den sich
Innocentia (welch ironischer Name) ernsthaft verliebt, stört das Gleichgewicht und muß beseitigt werden; das Marterl, dessen Aufschrift in
der letzten Szene verlesen wird, täuscht einen Selbstmord vor, der keineswegs stattgefunden hat. Alfred Polgars Rezension der Wiener Aufführung von 1911 spricht von einer «tragischen Posse» und einem «wilden
und bösartigen Schwank».

Eben diese Bissigkeit vermißt man in Wilhelm Schmidtbonns antiki-
sierenden Schwänken *Der spielende Eros* (1911). Wenn Diogenes im
ersten von ihnen (*Versuchung des Diogenes*) am Schluß seine Tonne verläßt und gemeinsam mit einem Mädchen in ein neues sinnenfrohes
Leben aufbricht, so ist diese doppelte Befreiung von gesellschaftlichen
und selbstverordneten Banden allzu widerstandslos errungen.

Wesentlich vertrackter dagegen geht es in Hermann Essigs Lustspielen
zu, von denen sich mindestens zwei stark dem Schwankhaften nähern,
und nicht nur durch das bäuerliche Milieu. Sowohl *Die Glückskuh*
(1910) als auch *Der Schweinepriester* (1914) stellen die Beziehung zwischen der Hauptfigur und einem Tier ins Zentrum, das wenig bühnenfä-
hig ist und in dem sich die sinnliche Bedürftigkeit des Menschen symbolisiert. Das arme Rebekkle im erstgenannten Lustspiel (1911 von der
Theatergesellschaft Pan in Berlin uraufgeführt) kann sich nur mittels
des Diebstahls einer Kuh einen Bräutigam verschaffen; der «Schweinepriester» liebt seine Preissau Mischa nicht weniger als seine Gemeinde
und muß sich zuletzt doch zwischen Schweinezucht und Pfarramt entscheiden. Daß es gerade die bedrohte Jungfräulichkeit seiner Sau ist, die
ihn am Schluß in die Lage versetzt, seine Mischa eigenhändig zu
schlachten, signalisiert deutlich genug die unterschwellige Erotik der
Komödie. Tötung und Verzehr eines geliebten Haustiers begegnen noch
in Essigs Sturm-Satire *Kätzi* (1922, entst. 1917); Essig tritt in auffälliger
Weise in die Fußstapfen des ersten Mannes seiner Frau Anna Rosenow,
der Witwe des Verfassers von *Kater Lampe* (s. o. S. 451 f.).

Als Groteske bezeichnete man zu Jahrhundertbeginn vorzugsweise
eine ironisch-witzige Szene, die sich zur Aufführung im aufblühenden
Kabarettbetrieb eignet. «Eine kleine Groteske» beispielsweise nannten
Martin Zickel und Friedrich Kayßler die gemeinsam verfaßte (im Berliner Kabarett Schall und Rauch 1901 aufgeführte) Szene *In der Gemälde-
galerie*, in der die Figuren auf Rembrandts bekanntem «Selbstbildnis
mit Saskia» plötzlich lebendig werden und sich je nach dem Geschmack

der neu hinzutretenden Museumsbesucher neuartig arrangieren. Das parodistische Element, das hier schon anklingt, dominiert in Friedrich Huchs – teils als Schatten-, teils als Puppenspiel abgefaßten – Wagner-Parodien *Tristan und Isolde, Lohengrin* und *Der fliegende Holländer*, 1911 als «groteske Komödien» erschienen. Auch Arthur Schnitzlers Einakter *Marionetten* (später: *Zum großen Wurstel*), 1901 in Wolzogens Überbrettl uraufgeführt, enthält parodistische Elemente und reflektiert den Theaterbetrieb, indem hier ein Marionettenspiel vor Publikum aufgeführt wird. Seine eigentliche Pointe besteht jedoch in der Nivellierung des Unterschieds zwischen Menschen und Puppen, indem die eigenartige Erscheinung des Unbekannten, der am Schluß die Drähte der Puppen durchschneidet, auch die Zuschauer auf dem Theater umsinken läßt. Wenn er darauf an die Rampe tritt und die realen Zuschauer fragt: «Wie's zum Exempel euch da unten ginge?», ist die Verunsicherung vollständig.

Ganz anders der Gebrauch, den Wilhelm von Scholz' «Groteske für Marionetten» *Doppelkopf* (1918) von den Möglichkeiten des Puppenspiels macht. Sie nutzt es zur Darstellung von Vorgängen, die zu abnorm (und in diesem Sinne grotesk) sind, um im Menschentheater angemessen vermittelt zu werden. Schauplatz ist der Hinterraum eines Monstrositätentheaters, dessen Hauptsensation die siamesischen Zwillinge Peter und Paul darstellen: zwei Köpfe auf einem gemeinsamen Rumpf. Scholz variiert das Doppelgängermotiv der Romantik und die von der Wiener Moderne formulierte Identitätskrise, wenn er die Entzweiung der beiden Köpfe durch eine vom Theaterdirektor angezettelte Eifersuchtsaffäre vorführt. Paul tötet Peter und damit natürlich auch sich selbst; für den Pressephotographen wird noch ein letztes Mal zusammen gelächelt.

Die Groteske des Expressionismus schließt an die kabarettistischen Scherze der Jahrhundertwende an. Neben Georg Kaisers «blutiger Groteske» *Schellenkönig* (s. u. S. 547) ist hier zunächst Alfred Döblins früher Einakter *Lydia und Mäxchen* zu nennen, uraufgeführt 1905 zusammen mit *Herr Kammerdiener Kneetschke*, einem von mehr als dreißig Dramoletten Paul Scheerbarts, die überwiegend auf dem Höhepunkt der Kabarettwelle 1901/02 entstanden und 1904 zu seiner sechsbändigen *Revolutionären Theater-Bibliothek* vereinigt wurden. Dem Inhalt nach ist die «Kammerdiener-Tragödie» in fünf äußerst kurzatmigen Aufzügen freilich alles andere als revolutionär: Kammerdiener Kneetschke wacht über die Ehre der gräflichen Familie Patzig im Sinne des verstorbenen Großvaters, der wie Hamlets Vater wiederholt als Geist auftritt, und stößt sich am Ende einen Dolch in die Brust, weil er es nicht akzeptieren kann, daß die Verlobung von Gräfin Kathi auf gefälschten Tausendmarkscheinen gedruckt wurde. Das Ganze spielt sich auf einer «blauen Bühne» ab, die man als Scheerbartsche Variante der Stilbühne bezeichnen kann – ähnlich wie die «weiße Bühne», die für ein anderes Kurzdrama vorgesehen ist, das übrigens erstaunlich genau die Intrige von Scholz' *Doppel-kopf* vorwegnimmt (*Die Puppe und die Dauerwurst. Ein soziales Drama*).

In Döblins *Lydia und Mäxchen* dagegen «explodieren die Geister». Die Figuren einer Theateraufführung machen sich, wie ansatzweise schon in Schnitzlers *Marionetten*, gegen den Willen von Dichter und Regisseur selbständig. Mit ihnen und letztlich gegen sie emanzipiert sich das Mobiliar auf der Bühne, das uns schon durch die einleitende Regie-anweisung als äußerst lebendig vorgestellt wird: Auf den Seitenlehnen des Sessels zum Beispiel liegen die Arme des Schauspielers, der in seiner Rückwand versteckt ist. Die Verlebendigung schließt auch den Klabauter-mann auf einem Bild an der Wand ein, der die Dramenfiguren schließ-lich mit explodierenden Steinen bewirft und tötet. Im letzten Auftritt spricht der verzweifelte Dichter von «Höllengeistern», die ihn miß-braucht haben, um dann doch persönlich die Verantwortung zu überneh-men: «Die Meute, die hier gebellt hat, – ich bin es.» Die angedeutete Konsequenz ist sein Selbstmord.

Gemessen an diesem Kraftakt, wirken die nächsten Experimente expressioni-stischer Autoren mit der dramatischen Groteske wie ein Rückschritt. In René Schickeles vieraktiger Komödie *Europa*, deren I. Akt 1909 von Herwarth Wal-den in der Zeitschrift *Theater* gedruckt wurde, geht es um die Gründung einer Weltzeitung «Europa» durch einen machthungrigen Berliner Reporter, der sich in großem Maßstab krimineller Methoden bedient: «Ich bin unpersönlich, wie mein Name. In mir arbeitet das Schicksal [...] Ich habe kein Gesicht, ich habe nicht einmal eine Stimme ... Ich bin die Idee der Neuen Zeit ... Eines Tages werde ich selbst meinen Namen austilgen und nur noch sein, ohne zu heißen.» Einzelne Motive aus Schickeles pessimistischer Satire werden in Georg Kaisers *Gas*-Trilogie wiederkehren.

Um die Gründung einer politischen Zeitschrift – somit um den Übergang von der Literatur zum gesellschaftlichen Handeln – geht es auch in Leo Mat-thias' «groteskem Spiel» *Der jüngste Tag*, 1914 in der gleichnamigen Buchreihe des Kurt Wolff Verlags erschienen. Die kulturellen und sozialen Projekte, die die vermögende Hauptfigur namens Rainer betreibt, sind letztlich nur Ausgeburt persönlicher Launen: des Hasses gegen Yges, von dem er sich in einer ominösen Wette abhängig macht, und der (lange verleugneten) Liebe zu dessen Frau Jeanne. Diese ist es denn auch, die Yges erdrosselt, nachdem ein magischer Anschlag Rainers ohne erkennbare Folgen blieb. Am Ende des von ihm ersehn-ten «jüngsten Tages [...], an dem gerichtet wird», flieht der philosophische Kapi-talist und selbsternannte Menschheitserneuerer mit falschem Paß an der Seite einer Frau, die ihm die Rolle ihres Schoßhündchens zuweist.

Eine neue Qualität erreicht die expressionistische Groteske in Gott-fried Benns dramatischen Szenen. Schon der Einakter *Ithaka*, im März 1914 in den *Weißen Blättern* erschienen, entfaltet das Thema, das auch für die Stücke der Folgejahre (*Etappe*, *Der Vermessungsdirigent*, *Karan-dasch*) bestimmend bleibt: den Protest einer neuen Mediziner-Generation gegen den verengten Horizont der positivistischen Naturwissenschaft. Am Schluß von *Ithaka* ermorden Lutz und der aus mehreren Novellen Benns bekannte Arzt Rönne den Professor der Pathologie, weil er sie mit Du Bois-Reymonds Parole «Ignorabimus» abgespeist und ihnen keinen Zugang zum Mythos ermöglicht hat. Das «erkenntnistheoretische Drama» *Der Vermessungsdirigent* (1919, entst. 1916) zeigt den Arzt Pameelen zwischen den Ansprüchen der positivistischen Medizin, der – von ihm verleugneten – Liebe (Miez) und der Kunst, für die hier als unmittelbarer Gesprächspartner kein Geringerer als Picasso selbst auftritt, der sich zwischendurch auch einmal in ein Tier verwandelt und mit einer Frau durchs Fenster verschwindet. Der dominierende sprachliche Duktus der Hauptperson – die für Benn so typische Reihung komplexer Substantivbildungen – beherrscht in womöglich noch höherem Grade das «rapide Drama in 4 Akten» *Karandasch* (1917), in dem die Sprachkrise jetzt unmittelbar zum Thema der Reflexionen Pameelens – u. a. im Gespräch mit einem Dramatiker – wird: «Alle Vokabeln, in die das Bürgerhirn seine Seele sabberte, Jahrtausende lang, sind aufgelöst, wohin, ich weiß nicht.» Einen Ausweg aus der Sprachkrise verspricht das Zauberwort «Karandasch» im Einklang mit der mythischen (dionysischen) Perspektive, die der Schluß des Rapid-Dramas ganz im Einklang mit *Ithaka* eröffnet.

Die Grenzen zwischen der Groteske und der Tragikomödie sind fließend. Das lehrt nicht nur ein Blick auf Wedekinds Schaffen seit der Kindertragödie *Frühlings Erwachen* (vgl. Band IX, 1, S. 520 f.); das zeigt sich auch bei der Beschäftigung mit einem eigenartigen Mephisto-Drama Essigs, das der Autor als Tragödie bezeichnet hat. In den fünf Akten von *Überteufel* (1912, entst. 1906) vollzieht sich so ziemlich alles, was innerhalb einer Familie an Lastern und Verbrechen möglich ist; am Schluß triumphieren die drei Bösen (Mutter, Selma und die Teufelsfigur Lüstling), während die anderen ins Verderben gestürzt, von eigener oder fremder Hand getötet oder im Gefängnis sind. Nachdem sich im V. Akt ein zweiter Vorhang gehoben und den Übergang zu einem traumartigen Bereich hergestellt hat, erblickt Karl, der sich bald darauf umbringen wird, die Erscheinung des von ihm erschlagenen Vaters; darauf ertönt Musik und das Lied vom Un – der Verneinung des Lebens: «Wir wohnen hier, das ist ein Land / Groß, weit, ohne Rand / ‹Un, liebliche Heimat.›» Parodiert Essig hier den «Weltstadtgeschmack», den er gleichzeitig bedienen wollte?

Die Lehrersatire in Wedekinds *Frühlings Erwachen* findet ihre genuine Nachfolge in der tragikomischen Behandlung von Lehrerschicksalen im Drama des frühen 20. Jahrhunderts. Neben der «tragischen Komödie» *Traumulus*, dem Erfolgsstück von Arno Holz und Oskar Jerschke (s. u. S. 528), ist hier Kaisers *Rektor Kleist* zu nennen, 1914 mit mehrjähriger Verspätung unter der Gattungs-

bezeichnung «vier tragikomische Akte» erschienen; die Neubearbeitung von
1918 nennt sich direkt «Tragikomödie in vier Akten». Der Rektor, der selbst die
Beschädigung verursacht hat, gegen deren Urheber sein jüngerer Kollege unerbittlich ermittelt, erinnert von fern an Kleists Dorfrichter Adam (in *Der zer-
brochne Krug*). Indem sein öffentliches Schweigen den Selbstmord des Schülers
veranlaßt, der Augenzeuge der Verzweiflungstat wurde, lädt er schwere moralische Schuld auf sich.

Als Richard Dehmel 1909 sein Drama *Der Mitmensch* (1895) neu herausbringt, gibt er ihm die Gattungsbezeichnung «Tragikomödie» und
eine Abhandlung bei, in der er die Tragikomödie zur legitimen und einzig zeitgemäßen Nachfolgerin der aus weltanschaulichen Gründen überholten – nämlich an den Widerstreit zwischen dem Individuum und
einer ihm überlegenen Weltordnung gebundenen – Tragödie erklärt. Die
Auffassung von der Insuffizienz der alten Gattungsbegriffe ist im Zeitalter der Moderne so verbreitet, daß auch bei Dramen, die keine spezifische Orientierung am Gegensatz, In- oder Nebeneinander von Komi-
schem und Tragischem erkennen lassen, nach neuen Genrebezeichnun-
gen gesucht wird. So nennt Herwarth Walden gleich drei seiner Dramen
aus dem Zeitraum 1917/18 (*Weib*, *Glaube*, *Letzte Liebe*) «Komitragö-
die».

Carl Hauptmanns «burleske Tragödie» *Tobias Buntschuh* (1916) bietet
ein bemerkenswertes Gegenstück zu Wedekinds Schauspiel *Hidalla*
(1904). Geht es bei Wedekind um den Gegensatz zwischen der eugenischen Utopie des «Internationalen Vereins zur Züchtung von Rassemenschen» und der Individualität ihres maßgeblichen Propagators Karl Hetmann, dessen körperliche Gestalt keineswegs den Idealen der Gesellschaft entspricht und der sich überdies am Schluß mit Zweifeln an seiner
geistigen Gesundheit konfrontiert sieht, so setzt Carl Hauptmann den
Reichtum und die Genialität des Erfinders Buntschuh in Gegensatz zur
körperlichen Unzulänglichkeit des buckligen Männchens und zu seinem
Unglück in der Liebe. Die eitle Kunstreiterin Luisa empfängt seine kost-
baren Geschenke, während Radiana, das heimlich von Buntschuh
geliebte Schlangenmädchen aus dem Zirkus, sich durch materielle Werte
nicht beeindrucken läßt und keine Liebe aus Mitleid zu heucheln vermag. Auch die Verbindung zur Zirkuswelt ist bereits bei Wedekind vor-
geprägt: Der letzte Grund für Hetmanns Selbstmord ist der Fluch der
Lächerlichkeit, konkretisiert im Angebot eines Zirkusdirektors, der ihn
als «dummen August» engagieren will.

Gerhart Hauptmanns Tragikomödie *Peter Brauer* (1921, entst. 1908-
1910) ist einem ähnlichen Ansatz verpflichtet, indem sie den hochflie-
genden Plänen eines gescheiterten Malers (Vorbild: Curt Gitschmann)
seine Demütigung durch Umwelt und Familie gegenüberstellt. Der
eigentliche Beitrag Hauptmanns zur Erneuerung der Tragikomödie liegt

jedoch im Bereich der Gesellschaftsdarstellung. Die Tragikomödie *Der rote Hahn* (1901) bietet eine überraschende Fortsetzung der populären «Diebskomödie» *Der Biberpelz* (vgl. Band IX, 1, S. 504–506). Aus der vitalen Mutter Wolff des früheren Stücks, die sich und den Ihren mit spontanen Gelegenheitsdiebstählen aufhilft, ist eine gewissenlose Brandstifterin und Versicherungsbetrügerin geworden, die noch im Tod ihre Hände gierig nach oben streckt. Im agilen Bauunternehmer Schmarowski, der behaglich auf den Wellen der wilhelminischen Politik schwimmt («Soziale Sache! Riesenjeschäft! Natürlich bin ich bei mittenmang») und auch vor judenfeindlichen Äußerungen nicht zurückschreckt, hat die wiederverheiratete Frau Fielitz verw. Wolff einen würdigen Partner gefunden. Ihr gemeinsamer Erfolg ist mit dem Unglück des pensionierten Gendarmen Rauchhaupt erkauft, dessen geistig behinderter Sohn der Brandstiftung beschuldigt wird. Die positive Gestalt des jüdischen Arztes Boxer wird es angesichts der antisemitischen Stimmung nicht mehr lange im Lande halten.

Hauptmanns Begriff der Tragikomödie reflektiert primär diese widersprüchliche Gemengelage verschiedener miteinander verstrickter gesellschaftlicher Existenzen. Im selben Sinn hat er seinem Schauspiel *Die Ratten* (s. o. S. 457) den Untertitel «Berliner Tragikomödie» gegeben. Die genuin großstädtische Struktur des Nebeneinander spiegelt sich im Parallelismus der beiden differierenden Handlungsstränge und Personengruppen um Frau John einerseits und den einstigen und künftigen Theaterdirektor Hassenreuter andererseits. Oberflächlich gesehen, kontrastiert der Katastrophe um die Putzfrau als «tragische Muse» die Komödie um den alten Casanova und angehenden Schwiegervater Hassenreuter, doch ist die John-Handlung mit komischen Elementen wie der Kindesvertauschung durchsetzt, während andererseits Hassenreuters Schauspielschüler aus Schillers Tragödie *Die Braut von Messina* rezitieren. Nach Hauptmanns Selbstinterpretation entsteht das Tragikomische vor allem aus dem «Gegensatz zweier Welten» und ihrer wechselseitigen Verflechtung: «[…] und diese Verflechtungen und das Unbewußte dieser Verflechtungen stellen gleichnisweise etwas von dem tragikomischen Gehalt des blinden menschlichen Daseins dar.»

Arthur Schnitzler hat die Tragikomödie für die höchste literarische Gattung gehalten und doch nur zwei seiner Stücke als solche ausgewiesen: das unvollendete Drama *Das Wort* (s. u. S. 501) und *Das weite Land* (1911). Gemeint ist das «weite Land» der Seele, doch darf die einschlägige Äußerung des «Poseurs» Aigner im mittleren der fünf Akte nicht davon ablenken, wie genau die seelische Verfassung der vielfach miteinander – in Liebe, Freundschaft, erotischer Konkurrenz, beruflich und sportlich – verbundenen Personen hier gesellschaftlich situiert ist, so daß das Tableau dieser unter innerer Leere und der Entwertung von Gefühlen

Dramatik

leidenden Menschen zugleich zum Spiegel für das Sich-selbst-abhan-
den-Kommen des österreichischen Bürgertums wird. Ein «wohlorgani-
siertes Konzert der Würmer im Holz», kommentierte Polgar das Stück
wenige Wochen nach der Uraufführung.

Das Gruppenbild organisiert sich um die Zentralgestalt des erfolgreichen
Fabrikanten Friedrich Hochreiter (Vorbild: Schnitzlers Jugendfreund Louis
Friedmann), der sexuelle Bestätigungen außerhalb seiner Ehe mit der von ihm
menschlich enttäuschten Genia sucht. Das Drama beginnt mit dem Begräbnis
eines mit Hofreiter befreundeten Pianisten, der sich aus unglücklicher Liebe zu
Genia umgebracht hat, und endet mit der Erschießung eines jungen Fähnrichs
im Duell mit Hochreiter, der damit den späten ersten Seitensprung seiner Frau
rächt − weniger aus Eifersucht oder echtem Ehrgefühl als aus dem Bedürfnis
des Älterwerdenden, sich selbst gegenüber der aufkommenden Jugend zu beweisen.
    Wie schon im *Einsamen Weg* verknüpft Schnitzler die kritische Analyse der
Abenteurer-Existenz mit der Problematik des beginnenden Alters; deutlicher
noch als im früheren Stück tritt der Ausverkauf der bürgerlicher Wertewelt im
Zeichen eines um sich greifenden Subjektivismus hervor. In dieser Unverbind-
lichkeit der Handlungen, die bei ernsthafter Betrachtung zweifellos tragisches
Format hätten, liegt überhaupt die Voraussetzung für die tragikomische Konzeption des Schauspiels mit dem fast possenhaften, in einem Hotel hoch in den
Dolomiten angesiedelten III. Akt. Das Stück nimmt gewissermaßen zur Hälfte
(nämlich im zweiten Teil seiner Gattungsbezeichnung) den Standpunkt des
zynischen Bankiers Natter ein, der «das Leben höchst amüsant» findet: «Ich
unterhalte mich königlich. Immer. Bei jeder Gelegenheit!»

4. Historisches Drama

Der schwäbische Volksschullehrer und Massenmörder Ernst Wagner,
nach dem Hesse seine Erzählung *Klein und Wagner* benennen sollte,
schreibt 1907 ein Nero-Drama. Sieben Jahre später, etwa vier Jahre vor
seinen Auftritten im Zürcher Café Voltaire, die als Geburtsstunde des
Dadaismus gelten, verfaßt Hugo Ball gleichfalls ein Drama über den
Römer, das mit dem Brand Roms und dem Selbstmord des kaiserlichen
Brandstifters und Muttermörders endet. Das 1985 aus dem Nachlaß veröffentlichte Drama stellt der Modernität des angehenden Proto-Dadai-
sten ein zweifelhaftes Zeugnis aus. Vielleicht verrät Balls Stück ein
Gespür für den heraufziehenden Untergang der wilhelminischen Gesell-
schaft; apokalyptische Visionen sind am Vorabend des Ersten Weltkriegs,
wie oben dargestellt (S. 61–71), ja keine Seltenheit. Aber man hätte doch
kaum erwartet, daß ein führender Vertreter der Avantgarde dramatische
Dialoge zimmert, in denen die Figuren auftreten mit Sätzen des Typs
«Gruß beut dir Quintus, Edelster» oder abtreten mit Ausrufen wie:
«Zum Kapitol denn! Auf! Man kopple meine Silberhengste!»

Und doch steht Ball innerhalb seiner Generation keineswegs vereinzelt dar. Kein geringeres Talent als Georg Heym hat einen Großteil seiner dichterischen Bemühungen auf das Genre des historischen Dramas gerichtet und dabei gerade die römisch-griechische Antike ins Visier genommen. Der Einfluß der Schullektüre ist dabei nicht zu übersehen. Der Peloponnesische Krieg, der Macht- und Freiheitskampf des Numiderkönigs Iugurtha und die Verschwörung des Catilina werden in direktem Anschluß an die Berichte der antiken Historiker Thukydides, Livius und Sallust in – zumeist fragmentarische – Dramenform gebracht; beim Aufstand des Spartacus greift Heym ersatzweise auf die populären Romane von Bulwer und Sienkiewicz zurück. Die antike Geschichte als Reservoir und Kulisse heroischer Einzelkämpfer, die in ihrem unbändigen Drang nach Selbstverwirklichung und individueller oder politischer Freiheit ganze Staatswesen in den Krieg, in die Krise, ja in den Untergang treiben! In extremster Form ist diese Problematik wohl im Falle des Alkibiades gegeben, der den Feldzug der Athener nach Sizilien zunächst als Projekt seines persönlichen Ehrgeizes durchsetzt, nach seiner Abberufung als Feldherr und der gerichtlichen Verfolgung aber zur Gegenseite überläuft und von Sparta aus die Vernichtung des athenischen Heeres betreibt. Heym hat das einaktige Trauerspiel *Der Athener Ausfahrt* (1907) schon in seiner Neuruppiner Schulzeit begonnen und später zum vieraktigen Drama *Der Feldzug nach Sizilien* ausgebaut, für das er freilich keinen Verleger fand. Zu offensichtlich entfernen sich die beiden letzten Akte, die das Exilschicksal des Helden bis zu seinem Tod verfolgen und zum Gleichnis für den Kampf des Häßlichen mit dem Schönen stilisieren, vom historisch-politischen Charakter des Anfangs- und Hauptteils.

Gleichnishaft ist auch der Rückgriff des Schweizer Dramatikers Max Pulver auf die antike Geschichte: Alexander der Große in dem gleichnamigen Schauspiel von 1916 muß auf dem Höhepunkt der Macht die Nichtigkeit alles irdischen Strebens erkennen. In dieser christlichen Perspektive deutet sich gewissermaßen schon die Thematik der historischen Dramen an, die sich der Welt des Mittelalters zuwenden. Am konsequentesten geschieht dies, jedenfalls der Intention nach, bei Hanns von Gumppenberg, der oben schon als Mitglied der Elf Scharfrichter erwähnt wurde. Seine «geschichtlichen Schauspiele» *König Heinrich I.* und *König Konrad I.* (1904, jeweils fünfaktig und mit Vorspiel) waren als Eröffnung eines fünfteiligen Zyklus gedacht, der die Geschichte des deutschen Wahlkönigtums durch das ganze 10. Jahrhundert verfolgen sollte. Von der Konzentration auf die objektiven geschichtlichen Vorgänge versprach sich Gumppenberg eine Erhöhung der Bühnenkunst zu einem Niveau jenseits der Tagesmode und -politik, aber auch jenseits der dichterischen Subjektivität. Darin berührt er sich mit den Bestrebungen der Neuklassik, die auf eine Neubegründung der dramatischen Form und der tragischen Notwendigkeit gerichtet waren. Unter dem Einfluß Hebbels verfassen sowohl Paul Ernst als auch Wilhelm von Scholz und Samuel Lublinski historische Dramen, die in verschiedenen Epochen seit der Antike angesiedelt sind. Ernsts *Canossa* (1908) und Lublinskis *Kaiser und Kanzler* (1910) thematisieren den mittelalterlichen Konflikt zwischen geistlicher und weltlicher Macht, der im Zeichen des Bismarckschen Kulturkampfes neue Aktualität gewonnen hatte.

Der Kampf gegen die Papstherrschaft steht auch im Zentrum der frühen Entwürfe (entst. 1905–1908) Georg Heyms zu einem Drama über den religiösen Eiferer und Reformer Arnold von Brescia, der 1155 in Rom als Ketzer gehenkt wurde. Indem sich der enttäuschte Idealist Arnold – im Zuge der weiteren Ausarbeitung des Dramenfragments – mehr und mehr dem Bösen zuwendet, zeigt sich die innere Parallele zu zwei dramatischen Projekten Heyms, die die italienische Renaissance zum Hintergrund haben. Im Dramenentwurf *Grifone* (entst. 1909–1911), der durch eine kulturgeschichtliche Erzählung Emilie von Hoerschelmanns angeregt wurde, und im Einakter *Atalanta oder die Angst* (1911, frühere Fassung: *Die Hochzeit des Bartolomeo Ruggieri*, entst. 1908–1910) triumphiert die Gewissenlosigkeit des Bösen über eine beschränkte Normalität, die Heym im Laufe des Arbeitsprozesses immer deutlicher als bürgerliche markiert und karikiert hat. In deren Untergang setzt sich ein fatalistischer Mechanismus durch, der letztlich auch die heroische Perspektive auf die Handlungsfreiheit des einzelnen aufhebt.

Insgesamt wird der identifikatorische Rückbezug auf Individualismus und Schönheitskult der Renaissance, wie er im letzten Drittel des 19. Jahrhunderts weit verbreitet war, nunmehr von einer Tendenz zu Problematisierung und Distanzierung abgelöst. Ein aufschlußreiches Beispiel hierfür, das den Rahmen einer historischen Dichtung allerdings zugleich in Richtung einer allegorischen Gestaltung und einer philosophischen Problemstellung überschreitet, bietet Thomas Manns einziges Drama *Fiorenza* (1905, uraufgeführt Frankfurt a.M. 1907). In seinem Zentrum steht der Konflikt zwischen Lorenzo I. di Medici, dem sterbenden Schutzherrn der florentinischen Künstler, Dichter und Philosophen, und dem asketischen Priester Savonarola, seinem Nebenbuhler um die Gunst des Volkes und der Geliebten Fiorenza, die schon durch ihren Namen als Allegorie der Renaissance-Metropole erkennbar ist. Verkörpert der eine Leben und Kunst («allen Lebens Leben ist die Kunst»), so der andere Geist und Tod («der Tod ist es, den du als Geist verkündigst»). Der von Nietzsche übernommene, für Thomas Manns gesamtes Schaffen grundlegende Gegensatz wird zugleich psychologisch differenziert, indem sich die Antagonisten als «feindliche Brüder» erkennen: Beide sind gebrochene, in Schillers Sinn sentimentalische Persönlichkeiten, die sich zu dem Ideal, das sie vertreten, auf dem Wege der Kompensation eigener Mängel erhoben haben, verbunden durch den «Willen zur Macht».

Das kaiserzeitliche Kulturkampf-Klima prägt insbesondere die mit dem Themenkreis Reformation und Gegenreformation befaßten Dramen. In Adolf Bartels' Luther-Trilogie von 1903, deren erster Teil (*Der*

junge Luther) schon 1900 erschienen ist, wird der Reformator als natio-
naler Gründungsheros gefeiert. Der Besitz der Lutherbibel wird in
Glaube und Heimat (1910), Karl Schönherrs dreiaktiger «Tragödie eines
Volkes», einer Dorfbewohnerin zum Verhängnis: sie wird vom «Wilden
Reiter» ermordet und auf dem Schindanger verscharrt. Die grausame
Umsetzung des Edikts, mit dem Kaiser Leopold I. die Vertreibung der
Protestanten aus Österreich erzwingt, einigt das – zunächst gespaltene
– Bauerngeschlecht der Rott im Bekenntnis zum neuen Glauben und
der Entschlossenheit zur Auswanderung. Den minderjährigen Christoph
kann die Familie allerdings nur als Toten mitnehmen; sein Tod im Mühl-
bach (auf der Flucht vor den Schergen) führt zu einer letzten gewaltsamen Zuspitzung des Konflikts, die einen paradigmatischen Lernprozeß
auf der Verfolgerseite auslöst: Der «Wilde Reiter» zerbricht sein Schwert.
Mit dieser Inszenierung einer drameninternen Bekehrung nähert sich
das mit Dialekt- und anderen Volksstückelementen angereicherte historische Drama geradezu einem antiklerikal-völkischen Tendenzstück.

Gerhart Hauptmann, der sich im Tagebuch von 1911 erbost die öffentliche
Anerkennung notierte, die Schönherr für *Glaube und Heimat* zuteil wurde (Wil-
helm II. begrüßte in ihm den großen deutschen Dichter der Zukunft), begab sich
seinerseits mit *Magnus Garbe* in erstaunliche Nähe zu derlei völkischen Konzep-
tionen. Das erst 1942 gedruckte Inquisitionsdrama entstand 1914/15 auf der
Grundlage einer intensiven Beschäftigung mit dem zweibändigen Werk *Das
Papstthum in seiner sozial-kulturellen Wirksamkeit*, einer leidenschaftlichen
Abrechnung mit dem Katholizismus, die der Verfasser, der ehemalige Jesuit Paul
Graf von Hoensbroech, dem Dramatiker 1900 mit dem ausdrücklichen Wunsch
hatte zukommen lassen, er möge darin Stoff für ein «Volksdrama» zum Kampf
gegen den vordringenden «Ultramontanismus» finden: «Die Bühne, das historische Schauspiel, ist ein unendlich wirksames Mittel, Aufklärung zu verbreiten
und unauslöschliche Eindrücke in Kopf und Herz zu schreiben.» Tatsächlich
kreist die ganze Konzeption von Hauptmanns Schauspiel um die Antithese von
deutsch-protestantischer Geistesfreiheit und katholisch-ultramontaner Fremdbestimmung; in ihrer Zuspitzung und nationalpolemischen Pointierung (zum Beispiel in der Bezeichnung der Inquisitoren als «Romanistengeschmeiß») kann
man zudem den Einfluß des Ersten Weltkriegs studieren. Gleichwohl ist der
Anspruch spürbar, mit dieser «tiefsten Tragödie der Menschheit» – so Hauptmann selbst auf dem Titelblatt des Manuskripts – den Rahmen des Politisch-
Historischen zu übersteigen; ihr umfassender Pessimismus machte sie jedenfalls
als Tendenzstück ungeeignet.

Eindeutiger Schwerpunkt des historischen Interesses bei den Drama-
tikern des frühen 20. Jahrhunderts ist die Zeit der Französischen Revolution und der Napoleonischen Kriege. Der junge Heym unternimmt
nicht weniger als vier verschiedene Anläufe, den heroischen Charakter
der Revolutionsära, die sich ja nicht umsonst als Wiederkehr antiker Verhältnisse verstand, und Napoleon Bonapartes zu gestalten, dessen Per-

sönlichkeit sich in der deutschen Biographik und Belletristik zwischen 1890 und 1910 einer einzigartigen Beliebtheit erfreute. Insbesondere das einsame Ende des gestürzten und verbannten Kaisers erregte – übrigens schon seit Chamisso – die Phantasie der Dramatiker. Unter dem identischen Titel *St. Helena* veröffentlichen der Schweizer Dramatiker Arnold Ott ein Schauspiel (1904), Adolf Paul eine «heroische Komödie» (1907) und Paul Friedrich den dritten Teil einer dem Leben Napoleons gewidmeten «heroischen Trilogie» (1902). Vom gleichen heroisierenden Duktus sind die beiden Fassungen von *Der Tod des Helden* bestimmt, die Heym 1908 und 1910 anfertigt; die erste ist als Dialog zwischen Napoleon und dem «Geist der Geschichte» angelegt.

Eine ähnliche allegorische Figur gehört zu den interessanteren Momenten in Carl Hauptmanns biographisch strukturiertem Drama in zwei Teilen *Napoleon Bonaparte* (1911): ein bleicher Mensch in Ketten, der erstmals bei der Feier der italienischen Siege Napoleons auftritt und den weiteren Weg des Kaisers – als sein Gewissen, als sein besseres Ich? – begleitet, stets die Wahrheit sprechend. «Jetzt werden deine Träume vor einem großen Volke hergehen, das sich nach Rettung sehnt», sagt diese Figur einmal zu Napoleon, der somit zum Visionär erhoben und in Parallele zu Moses gesetzt wird, dem ein früheres Drama Carl Hauptmanns gewidmet ist (*Moses*, 1909).

Selbst Gerhart Hauptmanns *Festspiel in deutschen Reimen* (1913), das auftragsgemäß ja gerade den preußischen Sieg über Napoleon zu feiern hatte, war zeitweilig als Napoleon-Mimus geplant – nicht ohne die obligatorische St. Helena-Szene. Wenn in einer verworfenen Schlußvariante die Spielleiter-Figur Philistiades erklärt (und zwar mit Bezug auf Napoleon): «Ich kann mich wahrhaftig von meinem toten Helden nicht losreißen», so läßt sich das ohne weiteres auf den Autor selbst anwenden, dem im Zuge des Aufführungsskandals verschiedentlich Parteinahme für den französischen Imperator vorgeworfen wurde. Indem Hauptmann das Festspiel als Puppenspiel einkleidet, das vom Direktor Philistiades veranstaltet wird, distanziert er sich allerdings von herkömmlichen Formen des historischen Dramas, die das große Individuum als geschichtsmächtig Handelnden zeigen. Letztlich ist auch der große Napoleon bei Hauptmann nur eine Marionette; der preußische Feldherr Blücher, der am Schluß nicht abtreten will, wird von Philistiades – sehr zum Unwillen der konservativen Kritiker – sogar «ab in die Kiste» (nämlich die Puppenkiste) kommandiert. Der Geschichtsverlauf erhält damit etwas Vorgezeichnetes, Schicksalhaftes, Statisches; Hoffnungen auf einen Tribut Hauptmanns an den nationalistischen Heldenkult wurden ebenso enttäuscht wie etwaige Erwartungen, daß in diesem Festspiel zur Erinnerung an die Befreiungskriege Geschichte als ein demokratischer Prozeß von unten gezeigt würde.

Es blieb Heinrich Mann, dem unerbittlichen Kritiker des Wilhelminismus, vorbehalten, einerseits Napoleon als Komödianten und abschreckendes Beispiel der Macht-Anmaßung (in Parallele zu Wilhelm II.?) zu entlarven, andererseits das positive Beispiel einer politischen Einflußnahme von unten aufzustellen und mit dem Modell der Französischen Revolution zu verknüpfen. Ersteres geschieht in seinem Drama *Der Wille zur Macht* (1920, entst. 1917/18), letzteres in seinem wohl erfolgreichsten Schauspiel *Madame Legros* (1917, entst. 1913). In Anlehnung an Michelets Geschichte der Französischen Revolution schildert Mann den unermüdlichen und letztlich erfolgreichen Kampf einer Handwerkerfrau um die Rechte eines unschuldigen Bastille-Gefangenen; aufgerieben von den Opfern, die ihr selbstloser Einsatz verlangte, verweigert sie sich jedoch der ausbrechenden revolutionären Bewegung und flieht in die Privatheit ihrer Ehe, die hier ganz im Sinne Sternheimscher Komödien als patriarchalisches Institut von stabiler Monotonie gezeichnet wird. «Nun ist es wieder, wie es immer war», sagt die Protagonistin am Schluß zum Strumpfwirker Legros: «Du bist mein Mann und Herr.» «Armes Geschöpf, das eine Heldin war!», lautet der enttäuschte Kommentar eines Anhängers der Revolution.

Der junge Medardus (1910), das historischste aller im historischen Kostüm spielenden Dramen Arthur Schnitzlers, entwirft ein breit angelegtes Panorama der österreichischen Gesellschaft zur Zeit der Napoleonischen Kriege. Trotz allen Lokalkolorits, das hier mit beträchtlichem Aufwand an Personal und Bühnenbildern aufgeboten wird, bleibt die Verknüpfung des persönlichen Schicksals des Protagonisten mit der politischen Problematik prekär, ja die Fragwürdigkeit dieses Zusammenhangs ist letzten Endes wohl das eigentliche Thema des Stücks. Medardus Klähr, der am Schluß als «dieses Krieges letzter und seltsamster Held» erschossen wird, hat mit der von ihm selbst erzwungenen Hinrichtung einen verspäteten und jedes praktischen Zweckes baren Ausdruck für die Sehnsucht nach heroischem Handeln gefunden, die ihn seit dem Ende des Vorspiels, seit dem Selbstmord seiner Schwester, umtreibt und erst in ein Duell, dann in die aussichtslose Liebe zur Schwester des Geliebten der Toten (eines hochadligen Emigré mit Ansprüchen auf den französischen Thron), schließlich in das Projekt eines Attentats auf Napoleon führt. Die Ironie der Geschichte will, daß der Möchtegern-Attentäter de facto als Retter Napoleons endet. Es ist eben schwer, die richtige Rolle – den adäquaten Ausdruck für die eigene Identität – zu finden; wer darauf ausgeht, den Helden zu spielen, findet sich unversehens (wie Medardus selbst einmal bemerkt) in einem fertigen Stück wieder, in dem ihm die Rolle des Hanswursts zugedacht ist. Es ist diese genuin Schnitzlersche Identitäts- und Rollenspiel-Thematik, die das Stück von einem «dramatisierten Kolportage-Roman» unterscheidet, dem es im übrigen verdächtig ähnlich sieht; die negative Bewertung stammt von Hugo Thimig, dem Regisseur der überaus erfolgreichen Burgtheater-Inszenierung von 1910.

Selten begeben sich die Verfasser historischer Dramen in wesentlich größere Nähe zur Gegenwart; die zweite Hälfte des 19. Jahrhunderts

wird im allgemeinen ausgespart. Neben einem Frühwerk Arnold Zweigs
(s. u.) ist als Ausnahme Wedekinds fünfaktiges Schauspiel *Bismarck*
(1916) zu nennen. Während des Weltkriegs entstanden, ist das Maximilian Harden gewidmete, in seinem engen Anschluß an die Quellen fast
dokumentarisch wirkende Drama zugleich als affirmative Erinnerung an
Deutschlands nationale Sendung wie als Protest gegen die Gefährdung
des Bismarckschen Erbes durch den außenpolitischen Kurs Wilhelms II.
zu lesen.

Eine spezielle Begabung erwächst der geschichtlichen Belletristik in
Lion Feuchtwanger, der dem historischen Roman seit den zwanziger
Jahren zu außerordentlicher Popularität verhelfen wird. Im Unterschied
zum großen Erfolg seines Romans *Jud Süß* (1925) blieb das gleichnamige
Drama von 1918 weitgehend unbeachtet. Dabei ist der Gegensatz von
westlicher Tat-Philosophie zu meditativer östlicher Weisheit, den der
Roman als Schlüssel zum Verständnis für die innere Entwicklung des
Hofjuden Süß-Oppenheimer anbietet, schon im Drama ausgebildet. Es
teilt ihn mit einem früheren historischen Schauspiel Feuchtwangers, das
sich der Nachwelt gleichfalls in der Gestalt einer späteren Neufassung
eingeprägt hat. Der Autor hat das Schauspiel *Warren Hastings. Gouverneur von Indien* (1916) gemeinsam mit Brecht 1925 einer konsequenten
Soziologisierung unterworfen, die den neuen Titel *Kalkutta, 4. Mai* erhielt. Die Originalversion *Warren Hastings*, in den letzten beiden Kriegsjahren mit einigem Erfolg aufgeführt, thematisiert weniger die Kolonial-
geschichte als den inneren Widerspruch im Wesen des Mannes, der den
indischen Subkontinent für das britische Empire eroberte – und dabei
mit solcher Brutalität vorging, daß er sich für seine Handlungsweise in
einem aufsehenerregenden Prozeß (1788–1795) vor einem Londoner
Gericht verantworten mußte –, andererseits aber zutiefst von der kon-
templativen Philosophie Asiens fasziniert war und sich nachhaltig für
die Förderung orientalischer Studien einsetzte. Möglicherweise läßt sich
auch diese Thematik als eine verdeckte Auseinandersetzung Feuchtwangers mit seiner jüdischen Herkunft verstehen; die Selbstverortung des
mitteleuropäischen Judentums in jenen Jahren war ja entscheidend durch
die Koordinaten West und Ost geprägt (s. o. S. 49 f.).

Für die Selbstverständigung deutsch-jüdischer Autoren gewann das
historische Drama im zweiten Jahrzehnt des 20. Jahrhunderts besondere
Bedeutung. Dabei können die Namen Stefan und Arnold Zweig für die
Alternative von mythischer oder realistischer Tendenz stehen. Stefan
Zweigs «dramatische Dichtung» *Jeremias* (1917) nimmt das biblische
Geschehen der Eroberung Jerusalems durch Nebukadnezar II. zum
Gleichnis der jüdischen Existenz, die sich ihre Heimat erst im Geist
erschaffen, durch religiöse Vertiefung wiedererringen muß. Arnold
Zweigs «jüdische Tragödie» *Ritualmord in Ungarn* (1914) folgt den Unter-

lagen eines Prozesses von 1883 und ist durch einen noch aktuelleren
Gerichtsprozeß angeregt: nämlich die Ritualmord-Anklage (1913) gegen
den ukrainischen Juden Mendel Beilis, die gleichfalls mit einem Freispruch endete. Der Realismus, mit dem die Haupthandlung das antisemitische Umfeld und die Manipulationen rekonstruiert, durch die sich
das Zustandekommen der aberwitzigen Anklage überhaupt erst erklären
läßt, findet sein Gegengewicht auf einer mystisch-religiösen Ebene, auf
der Arnold Zweig gleichsam der mythischen Darstellungsweise Stefan
Zweigs vorarbeitet. In einer Rahmenhandlung, die zumal am Anfang
stark an das «Vorspiel im Himmel» des Goetheschen *Faust* gemahnt, läßt
Arnold Zweig verschiedene Gestalten der jüdischen Religion auftreten.
Semael als jüdischer Satan wird zum eigentlichen Sachwalter der Verhet-
zung – die Neufassung des Dramas von 1918 betont seinen Anteil schon
durch den geänderten Titel (*Die Sendung Semaels*) –, dem der Prophet
Elias (Elijahu) letztlich erfolgreich entgegentritt. Das zusätzliche
Erscheinen der Rabbiner Akiba und Baalschem in der zweiten Fassung
unterstreicht den Anteil, den Martin Bubers Kulturzionismus an der
Konzeption dieses Dramas hat, aber natürlich auch die Grenzposition,
die hier aus der Sicht des historischen Dramas erreicht ist. Es handelt
sich um die Grenze zum Mysterienspiel.

5. Vom Mysterienspiel zum Stationendrama

Als Rudolf Borchardt 1904 in den *Blättern für die Kunst* erklärte, eine
Wiedergeburt des Dramas sei nur aus dem Geiste des mittelalterlichen
Mysterienspiels möglich, stand er mit dieser Einschätzung nicht allein.
Sie findet ihre theoretische Entsprechung in Georg Fuchs' Bemühungen
um ein «monumentales Misterium» in Anknüpfung an die Oberammergauer Passionsspiele (s. o. S. 440) und berührt sich mit zahlreichen dichterischen Versuchen zur Wiederbelebung geistlicher Spiele – wie das
Beispiel von Paul Claudel (*Verkündigung*, 1912) zeigt, auch außerhalb
des deutschsprachigen Raums. Schon in den neunziger Jahren hatte
Richard Kralik unter dem Eindruck von Oberammergau und Bayreuth
ein Weihnachts- und ein Osterspiel verfaßt, die aus verschiedenen mittelalterlichen Vorlagen kompiliert sind (vgl. Band IX, 1, S. 421 f.); nach
der Jahrhundertwende überarbeitete Kralik mehrere geistliche Festspiele
Calderóns. Ähnlich verfuhren Otto Falckenberg, der Leiter der Münchner Kammerspiele, bei seinem *Deutschen Weihnachtsspiel* (1906) und
Max Mell bei seiner Bearbeitung des Halleiner Weihnachtsspiels im Vorfeld der Gründung der Salzburger Festspiele. Abweichend kam dort
1920 – als künftiges Wahrzeichen dieser Festspiele – *Das alte Spiel vom
Jedermann* zur Aufführung, Hofmannsthals schon 1903 begonnene (und

1911 in Berlin uraufgeführte) Bearbeitung eines spätmittelalterlichen englischen mystery play.

Wie das Nachwort zur Erstausgabe aufrichtig mitteilt, hat Hofmannsthal außerdem – und mit entscheidendem Gewinn – Hans Sachs' *Comedi von dem reichen sterbenden menschen, Hecastus genannt* (1549), ferner ein Gedicht Dürers und mittelalterliche Lieder herangezogen. Die Kunst seiner Bearbeitung, der der vom Erfolg überraschte Dichter später selbst dichterischen Rang zusprach, liegt eben in der synthetisierenden Amalgamierung, in der Anverwandlung des Fremden, so daß es zu einem Eigenen des Autors und des Publikums wird. So sind einerseits die Parallelen zu Hofmannsthals Frühwerk (vor allem zum lyrischen Drama *Der Tor und der Tod*) frappant; auf der anderen Seite hat Hofmannsthal zahlreiche volkstümliche Redensarten in den Text eingearbeitet und insbesondere dem Gespräch des Jedermann mit Mammon – unter dem Eindruck der Lektüre von Georg Simmels *Philosophie des Geldes* (s. o. S. 87) – Züge geliehen, die der modernen Erfahrung kapitalistischer Entfremdung Ausdruck verleihen.

Noch deutlicher dient in Hofmannsthals Calderón-Nachdichtungen *Das kleine Welttheater* (1897) und *Das Salzburger große Welttheater* (1922) der Anschluß an die Tradition zur subtilen Mitteilung aktuellen Lebens- und Zeitgefühls. Eben dieses überwiegt in Wilhelm Schmidtbonns *Passion* (1919), der Bearbeitung eines französischen Mysterienspiels von 1452; der christliche Gehalt ist hier weitgehend durch eine pantheistische Naturauffassung ersetzt. Umgekehrt kann eine frei erfundene geistliche Spielhandlung – wie in Reinhard Sorges «Mysterien» *Metanoeite* (1915; die Übersetzung des griechischen Titels lautet: Tuet Buße!) – strengster christlicher Überzeugung entspringen. Sorge war 1913 zum Katholizismus konvertiert; die drei Szenen, in deren Mittelpunkt die Geburt Christi steht, wurden posthum am Zweiten Weihnachtsfeiertag 1917 an Falckenbergs Kammerspielen aufgeführt.

Die erste Mysterien-Szene Sorges trägt den Titel *Mariä Empfängnis – Mariä Heimsuchung*. Darin beschreibt Maria den Besuch des Engels als eine ekstatische Erfahrung. Indirekt und ohne Sorges Absicht deutet sich hier jene erotische Ambivalenz an, die schon Borchardt gespürt haben muß, als er sein erstes Drama – ein Verführungsdrama – just *Verkündigung* nannte und bis in Einzelheiten der traditionellen Ikonographie von Verkündigungs-Darstellungen nachbildete.

Das Stück entstand 1904–1906 als dichterischer Prolog eines (nie ausgeführten) Päpstin-Jutta-Dramas und wurde erst 1920 gedruckt. Es zeigt das Ringen einer von unbestimmter Erregung erfüllten Jungfrau mit den immer deutlicher als sexuelle Versuchung erkennbaren Einflüsterungen des «falschen Boten» und endet mit seinem Triumph und der Verkündigung ihrer – keineswegs göttlichen – Mutterschaft.

Borchardt setzt die Umfunktionalisierung traditioneller christlicher Modelle im Dienste der sexuellen Thematik fort mit dem Dramenfragment *Petra und das Tier* (entst. 1916), dessen Szenen abwechselnd in der Ober- und in der Unterwelt

(Hölle?) spielen. Die Handlung in den Oberwelt-Szenen wird in erster Linie getragen von Pia, einer Frau, die nach eigener Aussage nie «Wollust» gespürt hat; die Unterweltszenen gehören Petra, einer promiskuitiv Liebenden, und einem stammelnden, sie am Schluß – entsprechend der Tradition des Motivs ‹La belle et la bête› – überwältigenden (tötenden?) Affen, der wohl als Allegorie der Sinnlichkeit gedeutet werden muß.

Ähnlich wie in Borchardts *Verkündigung* steht in den beiden Teilen von Eduard Stuckens Grals-Zyklus, die der Autor als «Mysterium» titulierte, eine Verführungsszene mit teuflischer Beteiligung im Zentrum. In *Gawân* (1902), dessen Handlung sich an einem mittelenglischen Epos orientiert, erweist sich Lilith selbst in der Gestalt der Gottesmutter Maria als unfähig, den tugendhaften Ritter zu verführen. Umgekehrt ist es in *Merlins Geburt* (1913, später: *Lucifer*) für Lucifer ein leichtes, die unschuldige Dahût zur Mutter seines Kindes, des mächtigen Zauberers, zu machen. Der Verführer wird selbst zum Opfer seiner Tat, indem er nur durch seinen Kniefall vor Gott die Rettung der Geliebten erwirken kann. Die Anleihen bei Goethes *Faust*, der ja selbst als Mysterienspiel angelegt ist, sind ebenso unübersehbar wie die Anknüpfungen an die astrale Privatmythologie des Autors (Lucifer als Lichtträger, hier mit dem Abendstern verbunden) und an sein monistisches Weltbild (der dualistische Konflikt mit Gott wird erst durch Lucifers Rebellion ausgelöst und am Schluß überwunden).

Wenn Frank Wedekind sein Frauenemanzipationsdrama *Franziska* (s. u. S. 545) «ein modernes Mysterium» nennt, so nicht nur wegen der Anknüpfung an Goethes *Faust*, der hier ein weibliches Gegenbild erhalten soll, sondern im Hinblick auf das «Mysterium der Höllenfahrt Christi», das hier als Spiel im Spiel inszeniert wird. Wie Wedekind erläutert, ermöglichte ihm «dies Mysterium [...] eine Gegenüberstellung von Christus und Helena als Repräsentanten von Mann und Weib. Als Sinnbilder verwandte ich außerdem die Schatten der Unterwelt in ihrem Gegensatz zu den Mänaden und Bacchantinnen der Oberwelt.»

Die vier «Mysteriendramen», die Rudolf Steiner 1910–1913 auf den Tagungen der Theosophischen Gesellschaft in München zur Aufführung brachte und die seit den zwanziger Jahren in Dornach kontinuierliche Pflege erfuhren, sind gleichfalls durch das Vorbild des Goetheschen *Faust* geprägt: Himmlische (geistige) und irdische (materielle) Kräfte kämpfen um die Seele des Menschen; neben Ahriman ist wiederum Lucifer als Versucher am Werk.

Zentraler Vorgang ist die Initiation in die Gemeinschaft der von Benedictus als Führergestalt repräsentierten Tempelgemeinschaft. Sie gelingt im ersten Drama *Die Pforte der Einweihung* (1910) Johannes Thomasius dank der Seelengemeinschaft mit Maria. Der moderne Intellektuelle Professor Capesius und der Naturwissenschaftler Doktor Strader, hier noch abgewiesen, können erst in den

Folgedramen *Die Prüfung der Seele* (1911) und *Der Hüter der Schwelle* (1912) erlöst werden.

Ein charakteristisches Beispiel für die Verinnerlichung des dramatischen Geschehens, die grundsätzlich als Parallele zur Ich-Dramatik des Expressionismus zu würdigen ist, aber auch für die altväterliche Art, mit der dieser Vorgang in Steiners Texten aufgefaßt wird, bietet die Szenenanweisung zum vierten Bild des ersten Dramas: «Eine Landschaft, die durch ihre Eigenart den Charakter der Seelenwelt ausdrücken soll. Es treten auf zuerst Lucifer und Ahriman; Johannes ist, in Meditation versunken, an der Seite sichtbar; das Folgende wird von ihm in der Meditation erlebt.»

Die Idee der Berufung – gestaltet als überstandene Versuchung – steht auch im Zentrum von Richard Beer-Hofmanns «Vorspiel» *Jaákobs Traum* (s. u. S. 497), das als jüdisches Gegenstück zum christlichen Mysterienspiel verstanden werden kann, aber weitgehend über dasselbe Personal verfügt; Jaákob «ringt» mit den Botschaften der Erzengel, des Versuchers Samáel und der Stimme Gottes. Als Verursacher des Antisemitismus begegnet der jüdische Satan – hier in der Namensform Semael – übrigens fast gleichzeitig in Arnold Zweigs Drama *Ritualmord in Ungarn* (s. o. S. 478 f.).

Geister-Chöre und dämonische Erscheinungen beherrschen auch die Szenerie in Alfred Momberts Aeon-Trilogie. Die Subjektivität des Dichterischen wird hier ins Kosmische gesteigert, wenn sich der Held in *Aeon, der Weltgesuchte* (1907) als Repräsentant des menschlichen Erkenntnisprozesses erfährt, in *Aeon zwischen den Frauen* (1910) den Gegensatz von Ordnung und Chaos in der Schöpfung erlebt und sich in *Aeon vor Syrakus* (1911) die Dimension der Geschichte erschließt. Die lebhafte Auseinandersetzung des jungen Gerschom Scholem – im Tagebuch vom März 1916 – mit Momberts Drama zeigt, welche Herausforderung von dieser ambitiös-uneinheitlichen Dichtung seinerzeit jedenfalls für einen kleinen Kreis von Intellektuellen ausging.

Mombert hat dem ersten Teil seiner Dramentrilogie die Gattungsbezeichnung «Sinfonisches Drama» gegeben. Vielleicht bietet die Ästhetik der Musik die angemessenste Form der Gestaltung derart universaler letzter Fragen. Kandinskys pantomimischer Bühnendichtung *Der gelbe Klang* von 1912 (s. o. S. 464) ist wohl gerade aufgrund ihrer Anlage als Gesamtkunstwerk mit synästhetischer Spiegelung bildlicher und musikalischer Elemente in weitaus höherem Maße der Versuch gelungen, fundamentale Fragen nach der Stellung des Menschen in der Welt und dem Verhältnis von natürlichem Chaos und künstlerischer Ordnung zu artikulieren oder jedenfalls zu evozieren – freilich um den Preis radikaler Abstraktion. Daß der Verfasser dieser Bühnendichtung, die wohl gleichfalls als Teil einer Trilogie konzipiert wurde (zusammen mit den Kompositionen *Grüner Klang* und *Schwarz-Weiss*), von ähnlichen geistigen Strömungen beeinflußt war wie Rudolf Steiner (Okkultismus, Mystik, Farbenlehre), macht den Abstand zwischen den verschienenen Gestaltungen des ‹Mysteriums› nur noch deutlicher.

Wenn Otto Borngräber sein lebensreformerisch inspiriertes – mit Fidus-Plakaten beworbenes – Drama *Die ersten Menschen* (1908) als «Erotisches Mysterium» bezeichnet, so sicher nicht im Sinne der christlichen Religion oder des mittelalterlichen Mysterienspiels. Es geht hier vielmehr um eine Heiligung der natürlichen Funktionen im Sinne des Haeckelschen Monismus und eines vitalistischen Neu-Heidentums. Letzteres – in Verbindung mit Nietzsches Mysterienlehre – steht auch im Hintergrund der beiden «Mysterien», die Karl Wolfskehl 1909 im Verlag der Blätter für die Kunst veröffentlicht: *Orpheus* vollzieht in fein ziselierten Versen den bekannten Mythos vom Tod der Eurydike mit neuen Akzenten nach; der Hadesbesuch des Liebenden wird zu einem ephemeren Triumph des Lebens vor dem Thron des Todes, der letztlich doch obsiegt. In der Spannung zwischen Leben und Tod steht auch die Handlung von *Sanctus*. Auf die Entmachtung eines anmaßenden, vor der Belebung des Toten versagenden Magus folgt die wundersame Wiedererscheinung des Getöteten als Naturgott Sanctus. Beide Szenen sind durch das Wechselspiel von Chor und Einzelsprecher geprägt und erinnern somit an die Vorgeschichte der griechischen Tragödie.

Ein noch konsequenterer Versuch zur Ritualisierung von Drama und Theater wird ein knappes Jahrzehnt später in den frühen «Spielen» Alfred Brusts unternommen. Auf knappstem Raum, in nur angedeuteten Dialogen und äußerster Reduktion des Bühnengeschehens, wird darin eine mythische Welt mit Menschenopfern und priesterartigen Leitfiguren entworfen, die sich deutlich als utopisches Gegenbild zu den Zerrüttungen der Zivilisation zu erkennen gibt. Die «exotischen Kulturspiele» *Südseespiel* (1917) und *Das Indische Spiel* (1920) handeln vom Sich-Finden und -Verlieren Liebender in einem magisch-rituellen Kontext. Die Notwendigkeit sexueller Entsagung als Grundbedingung künstlerisch-geistiger Erhöhung kehrt als bestimmendes Motiv im – gleichfalls schon 1917 entstandenen – *Spiel Jenseits* (1920) wieder. In dem von Karl Schmidt-Rottluff illustrierten *Spiel Christa vom Schmerz der Schönheit des Weibes* (1918) verbindet Brust heidnisches Brauchtum und ‹Aberglauben› seiner litauischen Heimat mit der messianischen Grundidee des Expressionismus. Denn die Hauptfigur der Fremden, die sexuelle Liebe auslösen, aber selbst nicht erfahren kann, ist ein weiblicher Heiland, wird zur ‹Christa› im Fruchtbarkeitsritual einer – von ihr selbst bejahten – Kreuzigung.

Die Dramatik des Expressionismus bezieht sich in vielfacher Weise auf das Modell des Mysterienspiels. Auf thematischer und motivischer Ebene geschieht das in Franz Werfels Einakter *Die Versuchung. Ein Gespräch des Dichters mit dem Erzengel und Luzifer* (1913) in Anlehnung an die biblische Versuchung Christi oder in Hans Kaltnekers «Mysterium» *Die Schwester* (s. u. S. 512 f.) mit dem Schlußwort der Stimme Gottes. Zusätzlich zur inhaltlichen Nähe – in der Idee des Opfertods und der messianischen Schlußperspektive – beeindruckt Georg Kaisers «Bühnenspiel» *Die Bürger von Calais* (s. u. S. 551 f.) als Prototyp des expressionistischen Verkündigungsdramas durch auffällige strukturelle Momente (die Siebenzahl, Wiederholungen und Symmetrie, der Nachvollzug des letzten Abendmahls), die dem dramatischen Geschehen einen eigenartig getragenen, liturgisch-rituellen Charakter verleihen.

Die Idee des freiwilligen Opfertods, die im Zentrum dieses vor dem Krieg entstandenen, aber erst 1917 aufgeführten Stückes steht, wird in einem Frühwerk des Österreichers Franz Csokor plakativ für die Teilnahme am Ersten Weltkrieg in Anspruch genommen – und zwar in der Form eines «Mysterienspiels». *Der große Kampf* (1915) setzt ein mit der Wette zwischen Ego, der allegorischen Verkörperung des allgemeinen Egoismus, und dem Cherub über den Vorrang von Eigennutz oder Opferbereitschaft im Krieg. Es folgen sieben Versuchungsszenen, deren Ausgang jeweils dem Engel Gottes Recht gibt.

In der Endphase des Kriegs laden expressionistische Autoren das Mysterienspiel mit aktuellen Zeitbezügen auf. Victor Curt Habicht verfaßt 1918 seinen *Triumph des Todes* (1919) als «Mysterienspiel in drei Aufzügen», das durchaus traditionell mit allegorischen Figuren und der «Stimme des Herrn» operiert. Vor deren zweitem Einsatz liegen die Schrecken des Kriegstods, von denen der mittlere Aufzug berichtet. Alfred Richard Meyers *Fünf Mysterien* (s. u. S. 813) kreisen um die Veränderung und Pervertierung der Liebe im Krieg, begnügen sich aber mit punktuellen religiösen Anklängen. – Das Gottesgericht im Epilog von Karl Kraus' Kriegsdrama *Die letzten Tage der Menschheit* (s. u. S. 515–520) gehört in denselben Zusammenhang.

Den universalistisch-transzendenten Anspruch der expressionistischen Dramatik und die Bedeutung, die die im geistlichen Spiel verhandelten Gegensätze von Gott und Teufel, Himmel und Hölle für sie besitzen, verraten zum Teil schon die Stücktitel. Paul Kornfelds 1918 beendete Tragödie in fünf Akten und einem Epilog *Himmel und Hölle* (1919) sowie Kaisers «Stück in drei Teilen» *Hölle Weg Erde* (1919) sind zwei prominente Beispiele.

«Alle sind wir schlecht! Weiß Gott, warum!», lautet eine der ersten Äußerungen in *Himmel und Hölle*. Kornfelds Drama zeigt eine adlige Familie mit dem (fast) sprechenden Namen Umgeheuer in die Konflikte eines langjährigen Familienkriegs vergraben, dessen eigentliche Ursache enttäuschte Liebes-Sehnsucht ist. Durch das Auftreten der Hure Maria, der Geliebten des Grafen, und ihrer Geliebten, der Hure Johanna, steigert sich das Konfliktpotential bis zum Doppelmord, für den am Schluß die beiden Huren (Maria völlig unschuldig) hingerichtet werden. Die Hiobsfigur des alten Jakob, der durch die fünf Akte der Tragödie läuft, um weiteres «Zeugenmaterial gegen Gott» zu sammeln, geht angesichts dieses Opfertodes, dem sich auch die zuschauende Gräfin Beate anschließt, in die Knie. Er findet sich im Epilog zusammen mit dem

Grafen in einer Einsiedlerwüste wieder, wo ihnen die drei toten Frauen auf einer Wolke schwebend begegnen. Sie zitieren tröstliche Verse vom «Irrtum des Vergänglichen», die an den Schluß von Goethes *Faust II* erinnern, um anschließend mit dem Grafen zu entschweben:

> Keine Seele ist verloren,
> Jeder Mensch ist ausgewählt,
> Jeder Mensch ist auserkoren,
> Trotz Teufeln und Dämonen,
> Daß er dem Göttlichen sich vermählt!

Kaisers *Hölle Weg Erde* ordnet die Schauplätze der Verdammnis, Wandlung und Erlösung in paradoxer Reihenfolge. Der gesellschaftliche status quo ist die Hölle, von der Leitfigur mit dem sprechenden Namen Spazierer (Hinweis auf die Gestalt des ewigen Wanderers oder Suchers) nacheinander erlitten im Salon des Grandhotels, im durchmechanisierten «Hafthaus», in der Anwaltsstube und im Laden des Juweliers, den er schließlich überfällt, um jene Geldsumme zur Unterstützung eines anderen zu erhalten, um die er bis dahin stets vergeblich vorstellig geworden ist. Im zweiten Teil des Dramas durchläuft Spazierer nach Verbüßung seiner Haft dieselben Stationen in umgekehrter Reihenfolge und findet alle zuvor starren und abweisenden Menschen in einem Auf- und Umbruch begriffen, den schon die allegorische Eingangsszenerie des Weg-Teils ankündigt: «Landstraße mit Brücke». Für die Berliner Aufführung am Lessing-Theater im Januar 1920 schuf der Bühnenbildner César Klein eine kühne Brückenkonstruktion, vom Kritiker Herbert Ihering als «außerordentlich» bezeichnet, «weil eine plastische Brücke [...] ins Grenzenlose, Ungegenständliche aufgelöst war». Tatsächlich führt der Aufbruch ins Paradies im utopischen Schlußakt über diese Brücke.

Kaisers Drama erweist sich gerade durch die spiegelsymmetrische Beziehung zwischen dem ersten und zweiten Teil als Stationendrama präzis in jenem Sinn, den Strindbergs Traumdichtung *Nach Damaskus* (1898–1904) gestiftet hat. Strindberg greift auf die symbolische Funktion der vierzehn Passions-Stationen (als Grundelement zahlreicher geistlicher Spiele des Mittelalters) zurück, wenn er in der Elften Szene des Ersten Teils die Mutter zum Sohn sagen läßt:

> «Du hast Jerusalem verlassen, und du bist auf dem Wege nach Damaskus. Gehe dahin! denselben Weg, den du hierher gekommen bist; und pflanze ein Kreuz auf an jeder Station, aber bleibe auf der siebenten; du hast nicht vierzehn, wie Er!»

Entsprechend dieser Idee des doppelten Durchgangs ist der Erste Teil der *Damaskus*-Trilogie als Krebsfuge angelegt; abgesehen von der Sonderstellung der mittleren der siebzehn Szenen herrscht strenge Symmetrie zwischen Szene 1 und 17 (An der Straßenecke), 2 und 16 (Beim Arzt), 3 und 15 (Hotelzimmer) usw. Die Wegsymbolik ist außer durch die Szenenangaben durch diverse Requisiten wie Wegweiser oder Wanderkleidung und nicht zuletzt durch das übergreifende Motiv der «großen Landstraße» präsent – Titel zugleich von Strindbergs letztem Drama, mit der Gattungsbezeichnung «Ein Wanderdrama mit sieben Stationen» (1909).

Das expressionistische Stationendrama übernimmt von Strindberg die Vorliebe für anonyme, oft nur durch den Beruf bezeichnete Helden. Der Protagonist befindet sich durchgängig oder bis zum utopischen Ende im Gegensatz zur bestehenden Gesellschaft, wobei der Konflikt mit den Eltern oder der älteren Generation besonderes Gewicht hat. An seiner Seite steht oft ein Freund, der bisweilen geradezu den Charakter eines Alter ego annimmt, wie überhaupt Ichspaltung und Doppelgängerproblematik zu den wiederkehrenden Motiven dieses Dramentyps – wiederum unter dem Einfluß Strindbergs – gehören.

Eine der unmittelbarsten Strindberg-Adaptionen liefert Franz Csokor mit *Die rote Straße* (1918). In vierzehn (!) Stationen vollzieht sich das quälende Ringen zwischen einem «Er» und einer «Sie», die schließlich durch das Dazwischentreten des «gelben Mannes» als Verkörperung des verführerischen Reichtums getrennt werden. Im letzten Bild steht Er wieder am Berg des Gerichts, wo ihm der Tod (?) in der Mönchskutte eines Misericordiabruders erscheint. Auf seine verzweifelte Anklage hin schlägt der Fremde – «Sieh mich an!» – seine Kapuze zurück:

> ER *(taumelt)*: Ich – selbst? *(aufbrüllend)* Betrug! Wer spielt da mit uns?
> DER FREMDE *(hohnvoll)*: Das wird nicht verraten!
> ER *(knirschend)*: Brich denn, Spiegel! *(Stößt den Fremden nach rückwärts in die Tiefe; dann die geballten Fäuste hochreckend)*: Nun zu dir! *(Ein Blitzstrahl schleudert ihn nieder.)*

Die Auflehnung gegen Gott führt umgehend zur Niederlage; Csokors anonymer Wanderer bleibt unerlöst, wie auch der flüchtige Kassierer in Kaisers Drama *Von Morgens bis Mitternachts* (s. u. S. 550 f.). Das ist die bisweilen mißverstandene Botschaft des pathetischen Schlußbilds, in dem der Defraudant gegen das aufgenähte Kreuz des Heilsarmee-Vorhangs sinkt, nachdem er vergeblich einen Ausweg aus seinem ganztägigen Im-Kreis-Rasen erfragt hat: «Er zerschießt die Antwort in seine Hemdbrust. [...] Sein Ächzen hüstelt wie ein Ecce – sein Hauchen surrt wie ein Homo.» Das Gegenmodell eines optimistisch endenden Stationendramas bietet Ernst Tollers *Die Wandlung* (s. u. S. 576 f.). Das religiöse Erlösungsversprechen konzentriert sich hier auf einen Teil der im

Hintergrund der Bühne angesiedelten, aus der eigentlichen Dramenhandlung herausfallenden Traumszenen, in denen jeweils eine Figur das
Antlitz des Protagonisten Friedrich trägt. Durch die Schlußstellung des
Neunten Bilds (Tod und Auferstehung) hat der Regisseur der Uraufführung geradezu eine Unterstreichung dieser messianischen Dimension
des Revolutionsdramas vorgenommen (s. o. S. 445).

«Siehe: ich wachse in meinen Untergang!» So lautet das paradoxe
Schlußwort von Hermann Kasacks Stationendrama *Die tragische Sendung* (1920, entst. 1917). Tragik entsteht, wie die conférencierartige
Erscheinung des Prologsprechers verrät, durch den Gegensatz zwischen
der «Erfüllung des Einzelnen» und der Welt, die er eigentlich erst aus
sich selbst hervorbringen muß. In den Begegnungen des Jünglings mit
dem Mädchen, der Frau in Trauer, dem Kind und dem Konfirmanden
sowie dem (schließlich vom Jüngling ermordeten) Freund wiederholt
sich stets dasselbe Schema von umfassender Erwartung, Mißverstehen
und Enttäuschung. Aus ähnlicher Überzeugung von der Unüberbrück-
barkeit des Gegensatzes zwischen dem genialen Einzelnen und der
Gesellschaft hat Hanns Johst sein Grabbe-Drama *Der Einsame* (1917)
mit dem Titelzusatz «Ein Menschenuntergang» versehen.

Es wird zum unmittelbaren Anlaß für Brechts *Baal* (1920), dessen
1918 entstandene Erstfassung als erklärter Gegenentwurf zur idealistischen Tendenz von Johsts Dramentext zu verstehen ist, der Brecht spätestens aus einer Aufführung in Artur Kutschers Münchner Seminar im
März 1918 bekannt war. Der ursprüngliche Titel «Baal frißt! Baal tanzt!!
Baal verklärt sich!!!» verdeutlicht die materialistische Wendung, mit der
Brecht das sinnliche Erleben ins Zentrum seines Dichterporträts rückt.
Die mythische Namensgebung und die Integration des (hier noch nicht
vorangestellten) *Chorals vom großen Baal* mit dem Leitmotiv des Him-
mels («Soviel Himmel hat Baal unterm Lid, / daß er tot noch grad gnug
Himmel hat») deuten andererseits an, welche Vorstellung der junge
Brecht mit «Verklärung» verbindet: eine Transzendierung des Individuel-
len gerade durch seine rückhaltlose Hingabe.

Für die weitere Entwicklung des Dramatikers Brecht ist das Stationendrama *Baal* nicht zuletzt als Einübung in eine epische Dramaturgie
wichtig geworden. Mit der Aufbrechung der Tektonik des Dramas in einzelne − bei konsequenter Anwendung austauschbare − Stationen setzen
Strindberg und die Expressionisten einen Auflösungsprozeß fort, der
von der Wiener Moderne maßgeblich beeinflußt wurde. Insofern kann es
nicht wundern, den ihr angehörenden Hofmannsthal, den Verfasser des
Jedermann, 1926 als Autor eines Vorspiels zu Brechts *Baal* wiederzufin-
den, das die Verabschiedung des «lebensmüden Begriffs des europäischen Individuums» verkündet.

III. SCHWEIZ

1. Robert Walser

Robert Walser wollte anfänglich Schauspieler werden; sein erzählerisches und essayistisches Werk legt vielfach Zeugnis von seiner Faszination für die Welt der Bühne ab. Wie oben (S. 216 f.) schon bemerkt, laufen viele seiner epischen Nachgestaltungen theatralischer Vorgänge auf eine Entdramatisierung hinaus, und damit ist auch schon ein Stichwort für die Beschreibung seiner szenischen Dichtungen gegeben, die zunächst im Zeitraum 1899–1902, also in einer sehr frühen Phase seines Schaffens, entstehen und erst in den zwanziger Jahren Fortsetzung finden.

Sowohl die in Bernerdeutsch verfaßten Familienszenen *Der Teich* (überliefert nur in einem der Schwester Fanny geschenkten Manuskript) als auch die in der *Insel* erschienenen Szenenfolgen *Dichter* (1900) und *Die Knaben* (1902) sind stark autobiographisch geprägt. Die verschiedenen Haltungen zur Realität, die die flanierenden Freunde Franz (der von einer Bühnenkarriere träumt), Hermann (der homoerotisch empfindende Musiker), Heinrich (der Page) und Peter (der Außenseiter, der am Schluß in der Natur stirbt) einnehmen, lassen sich auf die noch unentschiedene Subjektivität des Autors Walser beziehen. Ebenso verkörpern die (zum Teil namensidentischen) jungen Menschen in *Dichter* unterschiedliche Selbsterfahrungen des Dichterischen. «Es ist hier schön wie ein Märchen», sagt einer von ihnen mehrfach und empfiehlt sich daher besonders für eine autorbezogene Interpretation.

Die bedeutendsten dramatischen Arbeiten Walsers sind Märchen-Dramolette in Versen; sie sind in den Zeitschriften *Die Insel* (*Aschenbrödel*, 1901; *Schneewittchen*, 1901) und *Pro Helvetia* (*Dornröschen*, 1920) erschienen. Freilich befinden wir uns hier ebensowenig in einer typischen Märchenwelt, wie die Stücke als Vorlagen für eine reale Aufführung ernstgenommen werden können. Es handelt sich gleichsam um Meta-Märchen im Rahmen eines sprachspielerischen Metatheaters. Das überlieferte Märchen ist den Figuren als vorgegebene Realität bewußt; es bestimmt in *Schneewittchen* ebenso unabänderlich und unerbittlich die Vergangenheit wie in *Aschenbrödel* die Zukunft des Geschehens.

Das Aschenbrödel des bei seinem Erscheinen 1901 von Rudolf Alexander Schröder begeistert begrüßten Dramoletts ist eine typische Walser-Figur; klaglos dient sie den gehässigen Schwestern, weil sie sich in der Innerlichkeit ihrer Phantasie geborgen weiß. Aus dieser Traumwelt wird sie herausgerissen durch die Werbung des Prinzen, der sich auf die Handlungslogik des Märchens beruft: «Das Märchen will's. Das Märchen ist's / gerad', das uns verlobt will sehn.» Tatsächlich tritt das Märchen als eigene Gestalt auf und überbringt Aschenbrödel die Kleider zur Hochzeit. Die märchenhafte Erlösung des armen Mädchens aus seinem Elend bekommt den Charakter einer harten Realität, die den Träumen ein Ende setzt und das Dichterische zum Verstummen bringt. Aschenbrödel bezeichnet sich geradezu als «die gefangne Nachtigall, / die zitternd in der Schlinge sitzt / und ihren Laut vergessen hat.»

In *Schneewittchen* dagegen bestimmt die Ereignisfolge des Grimmschen Märchens (vom Haß der Königin über ihre Mordanschläge bis zur Wiedererweckung aus dem gläsernen Sarg) nur die Vorvergangenheit des dramatischen Geschehens, dieses selbst scheint vordergründig frei und nimmt mit der allgemeinen Versöhnung auch einen überraschenden Ausgang. Aber – und das ist entscheidend – diese Versöhnung entbehrt jeder Überzeugungskraft, weil sie offenbar in einem sprachspielerischen Gewaltakt sondergleichen herbeigeredet worden ist. Denn zunächst zeigt das Dramolett in zwei Anläufen zur Aussöhnung zwischen Königin und Schneewittchen das Gegenteil, weil weder das Opfer noch die Täterin die Vergangenheit vergessen bzw. ungeschehen machen können. Eine Therapie ist allenfalls möglich im Medium des Spiels im Spiel; die Königin bittet den Jäger, seinen Anschlag auf Schneewittchen nachzustellen, und als dieser Versuch fehlschlägt – ja sogar zu einem neuen Mordanschlag zu entgleisen droht –, beauftragt sie den Jäger, Schneewittchen das ihr angetane Unrecht auszureden. «Du glaubst, daß ich dich töten wollt'?», fragt er und erhält zunächst zur Antwort: «Ja und doch nein.»

Doch bald sagt Schneewittchen nur noch ja. «Ja, und wie gern» glaubt sie den entlastenden Versionen des Jägers, des – das ist Walsers entscheidende Veränderung an der Geschichte – Geliebten der Königin. Auch als der Prinz seine (das heißt eigentlich Schneewittchens) früheren Verdächtigungen erneuert, bleibt es der eintrainierten neuen Sprachregelung treu: «Das Märchen nur / sagt so [...].» Die Figuren lassen die grausame Wahrheit des Märchens hinter sich, wenn sie am Ende gemeinsam zum Schloß gehen. Romantische Ironie, Sprachkritik oder Dokument einer gleichsam freudianischen Verdrängungskonzeption? Wenn Walter Benjamin in seinem Walser-Essay von 1929 gerade diesem Stück besonderen Tiefsinn zuspricht, so deshalb, weil er sich von ihm Aufschluß über die «unbeirrbare Oberflächlichkeit» der Gestalten Walsers verspricht, die gewissermaßen den Wahnsinn hinter sich haben und «alle geheilt» sind: «Den Prozeß dieser Heilung erfahren wir nie, es sei denn, wir wagen uns an sein ‹Schneewittchen›.»

IV. ÖSTERREICH

1. Hofmannsthal und Beer-Hofmann

In Hofmannsthals dramatischem Schaffen markiert die Jahrhundertwende einen deutlichen Einschnitt: den Übergang vom lyrischen Drama zu genuin dramatischen, zumeist mehraktigen Formen (Tragödie, Komödie, Opernlibretto) und die Hinwendung zur Theaterpraxis. Während die Dramen der neunziger Jahre unabhängig von bestimmten Aufführungsmöglichkeiten, wenn nicht im Widerspruch zu ihnen, verfaßt wurden, entstehen die meisten Projekte der Folgezeit in mehr oder weniger engem Kontakt zum Regisseur Max Reinhardt und zum Komponisten Richard Strauss oder im Hinblick auf einen von beiden. Sie sind für bestimmte Bühnenmöglichkeiten entworfen, zum Teil auch einzelnen Schauspielern auf den Leib geschrieben. Das heißt nun freilich nicht, daß aus dem Theaterdichter Hofmannsthal eine Art Praktiker geworden wäre, der zu jeder Saison sein neues Stück auf den Tisch des Hauses legte. Allein schon die Unberechenbarkeit seines Produktionsrhythmus, die oft extrem langen Inkubationszeiten und die Masse der unvollendeten Entwürfe zeigen, wie schwer gerade diesem Autor der Übergang von der literarischen Idee zur fertigen Dramenform fiel.

Weniger ausgeprägt wird man bei näherer Betrachtung den Wandel der inneren Voraussetzungen finden. Hinsichtlich Themen- und Motivwahl und weltanschaulicher Grundlage herrscht doch wohl eine größere Kontinuität, als es die ältere Forschung wahrhaben wollte, wenn etwa Hofmannsthals Hinwendung zum Theater mit Emphase als Übergang zum Sozialen gewertet wurde. Der Autor hat wahrscheinlich ähnliches gemeint, als er seine Otway-Bearbeitung *Das gerettete Venedig* gerade Stefan George widmete – dem Ästhetizisten, der vor Jahren um die Freundschaft des Lyrikers Hofmannsthal geworben hatte und dessen gegenwärtige theatralische Sendung im allgemeinen sowie diesen Fall von «übelangewandtem Shakespeare» (George) im besonderen kaum billigen konnte. Zu allem Überfluß übersandte Hofmannsthal ihm im Dezember 1904 ein Exemplar des frischgedruckten Trauerspiels mit einem Begleitbrief, der deutlich genug eine autobiographische Lesart für das ungleiche Freundespaar Pierre und Jaffier anbot. Dem heroischen Tatmenschen Pierre steht der redselige Schwächling Jaffier gegenüber – aber es ist der letztere, der das Schicksal Pierres besiegelt, indem er die Verschwörung verrät und das Venedig der Senatoren «rettet». «Schwäche

stärker als Stärke» lautet in diesem Sinn ein von Hofmannsthal erwoge-
ner Untertitel.

Der Durchbruch als Dramatiker gelang Hofmannsthal mit seiner
zweiten Bearbeitung einer griechischen Tragödie: der *Elektra* «frei nach
Sophokles» (1903). Schon in seiner Nachdichtung der euripideischen
Alkestis (s. o. S. 60) hatte Hofmannsthal, wie Borchardts Essay von 1910
herausfühlte, den Gedanken des Opfertods in einer fast archaischen
Weise aufgefaßt und eine Remythisierung seiner Vorlage betrieben, unter
Zurückdrängung der rationalistischen und psychologisierenden Elemente, die gerade das Tragödienkonzept des Euripides auszeichnen.
Ähnlich verfährt Hofmannsthal auch in der *Elektra*; er übernimmt von
Sophokles im großen und ganzen den Gang der Handlung, verzichtet
aber auf den Chor und die komplexe Auseinandersetzung mit dem göttlichen oder menschlichen Recht, nach dem die Gattenmörderin Klytämnestra den Tod verdient.

Die Neufassung ist ganz und gar auf die Perspektive Elektras konzentriert, die mit außerordentlicher Intensität die Rache an ihrem Vater her-
beisehnt, die gehaßte Mutter dem geliebten Vater im wahrsten Sinne
des Wortes zum Opfer bringen will. Indem sie sich in dieser Rachephan-
tasie verzehrt, bringt sie sich eigentlich selbst zum Opfer. Das zeigt sich
am Schluß: Nach Klytämnestras Ermordung, die der heimgekehrte
Orest als Tatmensch allein, ohne Elektras Hilfe durchführt, verströmt
ihre ziellos gewordene Energie in einem bacchantischen Tanz. Für Elektra, die bisher ausschließlich in der Erinnerung an die Vergangenheit
und der Hoffnung auf die Zukunft gelebt hat, gibt es nun keinen Exi-
stenzgrund mehr.

In faszinierender Ambivalenz erweist sich Hofmannsthals Elektra als
eine zugleich archaische und moderne Gestalt. Mit ihrer Fixierung auf
das Opferritual bringt sie die barbarische Frühzeit der Antike in Erinnerung, wie es der von Bachofen, Nietzsche und Rohde eröffneten Sichtweise des späten 19. Jahrhunderts entsprach. Diese Ferne entpuppt sich
zugleich als erstaunlich nah, indem die neue Elektra bis in einzelne Symptome der nervösen Erregung hinein dem Bild der hysterischen Frau
oder der Frau als Hysterikerin entspricht, das die Generation der Jahrhundertwende vorrangig beschäftigte; Hofmannsthal hat sich über den
medizinischen Befund nach eigener Aussage in den *Studien über Hysterie*
von Breuer/Freud informiert. Gertrud Eysoldts identifikatorische Interpretation der Rolle in der aufsehenerregenden Inszenierung Max Reinhardts (s. o. S. 437) hat denn auch gerade diese pathologischen Züge
betont. Dennoch läßt sich die von Hofmannsthal geschaffene Figur nicht
auf das Krankhafte festlegen; wenn seine Elektra Hysterikerin ist, dann
ist sie es in dem Sinn, in dem Hermann Bahr das Hysterische zur Voraussetzung der griechischen Kultur erklärte. Denn in ihrer Sprachgewalt,

Phantasie und Handlungsarmut ist sie eine eminent kunst- und künst-
lernahe Gestalt, ein verstecktes Selbstporträt des modernen Autors.

Mit der Umarbeitung der *Elektra* zu einem Libretto (1908) und der Vertonung
durch Richard Strauss erreicht die jahrzehntelange Zusammenarbeit Hofmanns-
thals mit dem Komponisten, aus der insgesamt sechs Opern hervorgehen soll-
ten, ihren ersten Höhepunkt. Die im Januar 1909 in Dresden uraufgeführte
Oper betont mit ihren «nachtschwarzen, zähnefletschenden, blutrünstigen»
Klängen (Julius Korngold) gerade die archaisch-exotische Wildheit der Elektra-
Welt und schließt sich insofern folgerichtig an Strauss' *Salome* (1905, nach Oscar
Wilde) an, die gleichfalls auf den Eindruck einer Reinhardt-Inszenierung mit
Gertrud Eysoldt in der Hauptrolle zurückging.

Noch näher an die Psychoanalyse heran führt Hofmannsthals Plan
einer Ödipus-Trilogie, von der nur die beiden ersten Teile realisiert wurden: die Tragödie *Ödipus und die Sphinx* (1906) und die Übersetzung des
sophokleischen *König Ödipus* (1910), die als Grundlage einer spektakulären Großraum-Aufführung Max Reinhardts diente. *Ödipus und die Sphinx*
erzählt die Vorgeschichte der Sophokles-Tragödie in äußerer Anlehnung
an ein Drama Joséphin Péladans (*Oedipe et le Sphinx*, 1903) als Parabel
für die Rätsel des – vitalistisch interpretierten – Lebens.

Gleich zu Anfang, noch vor der tragischen Begegnung am Dreiweg mit Laios,
erleben wir Ödipus als Opfer – als Opfer seiner Träume und jener visionären
Einblicke in sein Innenleben und seine Zukunft, die ihm der Besuch beim del-
phischen Orakel bescherte. «Mit meinen Vätern hauste meine / schlaflose Seele»
– so beschreibt er seinem Diener zunächst die Träume im Heiligtum. Im Bemühen um nähere Erklärung seines «Lebenstraums» greift Ödipus alsbald zu einer
Blutmetaphorik, die zugleich biologische und rituelle Assoziationen weckt, an
Vererbung und Rasse ebenso wie an Menschenopfer denken läßt. Hofmannsthals
vitalistische Umdeutung des Schicksalsbegriffs ist eingebettet in den Rahmen
einer Mythos-Rezeption, die von der Freud-Lektüre des Autors nicht unbeein-
flußt scheint. Man höre nur die Formulierung des Orakels, wie Hofmannsthals
Ödipus es wiedergibt (im Original gesperrt):

> des Erschlagens Lust
> hast du gebüßt am Vater, an der Mutter
> Umarmens Lust gebüßt, so ist's geträumt
> und so wird es geschehen.

Ödipus' anschließende Bekenntnisse über sein Sich-Aufsparen als Jüngling für
eine königlich-mütterliche Frau bestätigen den Zuhörer im Verdacht, daß hier
einer auf dem Weg zur Verwirklichung seiner streng verbotenen Träume ist.
Nicht freilich als Neurotiker – und damit endet auch schon die Analogie zur
Psychoanalyse in diesem Drama –, sondern im Zuge einer umfassenden Determination, von der der Held als Brennpunkt einer mythischen Lebenstotalität
betroffen ist. Ödipus selbst sieht sich zu jeder Grausamkeit in der Lage; unter
erneutem Rückgriff auf die Blut-Metapher beschwört er den zyklischen Kreislauf
des Lebens, in dem auch die grausamsten Verfehlungen wiederkehren: «was
längst geschah, kann wieder geschehn – / wer weiß durch wen?»

Die Tragödienprojekte Hofmannsthals sind, wie man sieht – und das gilt auch für die Bearbeitung eines englischen Mysterienspiels im *Jedermann* (s. o. S. 479 f.) –, in hohem Maße auf literarische Vorlagen angewiesen. Zu größerer Selbständigkeit gelangt seine dichterische Phantasie auf dem Gebiet der Komödie, obwohl oder weil der Weg zum unbestrittenen Meisterwerk hier wesentlich länger ist. *Der Schwierige* erscheint erst 1921, nach intensiver Um- und Ausarbeitung 1917–1920, erste Notizen stammen jedoch schon von 1908. Im August desselben Jahres schreibt Hofmannsthal an Helene von Nostitz: «Ich mache eigentlich sozusagen drei Stücke gleichzeitig. In allen dreien handelt es sich um die Ehe, um das Glück der Ehe.» Damit ist nicht nur die – oder eine gewichtige – Thematik des *Schwierigen*, sondern auch das innere Zentrum der beiden anderen neuen Komödienpläne umrissen, die Hofmannsthal seit 1907 bzw. 1908 zeitweise parallel verfolgt: *Silvia im «Stern»* einerseits, *Florindos Werk / Cristinas Heimreise* andererseits.

Silvia im «Stern» ist Fragment geblieben und erst 1959 aus dem Nachlaß veröffentlicht worden. Die angestrebte Komödienform erwies sich letztlich als unvereinbar mit der Problematik der Täuschung, ja Denunziation und Diskriminierung, die Hofmannsthal an der anrüchigen Herkunft der – hierin nach dem Vorbild der Julie de Lespinasse gezeichneten – weiblichen Hauptgestalt festmachte. «Silvia ist eine Unschuld», heißt es schon in der ersten Szene. Wer das glauben will, muß eine unbedingte Kraft des Vertrauens aufbringen, wie sie sonst nur Kleistschen Helden abverlangt wird.

Der von Silvia ausersehene Verlobte Rudolf Raithenau hat dieses Format jedenfalls nicht. Als Bühnenfigur wird er ohnehin in den Schatten gestellt von Theodor Lauffer, dem dämonischen und um die Kreation neuer persönlicher Identitäten nie verlegenen Gesellschafter eines indiskreten Barons. Allesamt sind sie Gäste im «Blauen Stern», einem irgendwo in der österreichischen Provinz gelegenen Gasthof aus der Mitte des 19. Jahrhunderts, der sich schon zum Ende der zwölf Prosaszenen (in einem dialektgefärbten Konversationston), die Hofmannsthal 1909 im *Hesperus* veröffentlicht hat, als wahres Tollhaus der Verstellungen und Mißdeutungen erweist.

Daß Silvia so wenig dazu tut, die ihren Charakter verdunkelnden Mißverständnisse aufzuklären, hat nach einer Notiz Hofmannsthals mit ihrer Liebe und ihrer instinktiven Einsicht in das Geheimnis der Lebenskunst zu tun, um die es sich im höchsten Sinn in der Komödie handle: «Durch Sein und durch Scheinen wirkt jeder Mensch im Dasein. Beide Formen sind aber nicht bestimmt einander aufzuheben, sondern einander zu unterstützen. [...] Form ist Maske, aber ohne Form weder Geben noch Nehmen von Seele zu Seele.» Das erlösende Ehebündnis wäre demnach erst dann zu erreichen, wenn Rudolf nicht auf der Reinheit der Liebe und der Geliebten besteht, sondern Silvia als das akzeptiert, was sie im Urteil ihrer Verdächtiger darstellt: eine Diebin oder Mätresse. Nur in dieser Form ist ihr vollständige Hingabe möglich.

Um die Ganzheit der Liebe und einer auf ihr basierenden vollgültigen Ehe geht es erst recht in *Florindos Werk*, einer zwar im Manuskript beendeten, aber nur ausschnittweise vom Autor veröffentlichten Komödie, und dem auf ihr aufbauenden, sie gleichsam ablösenden Drama *Cristinas Heimreise*, das wiederum in zwei verschiedenen Fassungen vorliegt. Der Komödiendichter kehrt gleichsam in die Heimat der Maskenkomödie zurück, wenn er Venedig und die benachbarte Terraferma zum Schauplatz wählt; die Bedeutung des venezianischen Ambientes für die dichterische Phantasie Hofmannsthals ist ja seit seinem frühen lyrischen Drama *Der Tod des Tizian* evident. Und er greift wiederum auf Casanovas Memoiren zurück, die schon den Hintergrund seines vorletzten Venedig-Stücks *Der Abenteurer und die Sängerin* abgaben.

Nachdem ihm durch eine inspirierte Nacherzählung des Schauspielers Josef Kainz im Februar 1908 die Cristina-Episode der Memoiren neu nahegebracht wurde, beschäftigt Hofmannsthal die eigenartige Rolle des Verführers als Ehestifter, und zwar zunächst als Gegenstand einer Spieloper, für die er auch sofort Richard Strauss interessieren kann. Im Sommer desselben Jahres entsteht dann aber *Florindos Werk* als Lustspiel für das Sprechtheater.

Ihren symbolischen Höhepunkt findet die Komödie in einer Szene des II. Akts, die Hofmannsthal noch 1908 separat veröffentlicht (*Die Begegnung mit Carlo*), die ihm aber bald selbst als zu «schokant» erschien: Carlo, der spätere Ehemann, hört durch den Kamin seines Gasthofzimmers die Laute der Wonne, unter denen sich Cristina Florindo hingibt – und er schildert dies auch noch unmittelbar danach dem Verführer auf dem nächtlichen Flur des Gasthofs samt den dadurch bei ihm erregten Empfindungen, die einen tiefen Respekt vor der Gabe des Glücklich-Machens und der Seligkeit der Hingabe bezeigen. Damit eröffnet diese Liebesnacht nicht nur dem naiven Bauernmädchen Cristina, sondern auch dem in sich verschlossenen Carlo eine neue Welt und qualifiziert sie beide für den Lebensbund, zu dem Florindo sie im IV. Akt, der die Hochzeit auf dem Lande schildert, zusammenführt.

Der Typus Casanova, in der Figur des Barons Weidenstam (in *Der Abenteurer und die Sängerin*) noch als unfähig zu dauerhafter Bindung abgewertet, steigt in *Florindos Werk* zum Lehrmeister des Ehe-«Mysteriums» auf, indem er die sinnliche Totalität der Liebeserfahrung repräsentiert, ohne die ein solches Bündnis unvollständig bleibt und zu der die Ehe als gesellschaftliche Einrichtung oft genug in Widerspruch gerät. Das ist der Sinn des paradoxen Maskenspiels im IV. Akt, in dem gerade Florindo und die leichtfertige Unbekannte das mythische Ehepaar Philemon und Baucis vorstellen. Hofmannsthal hat hier offenbar einen zusätzlichen symbolischen Ausdruck für die unterbewußte Identität von Ehe und erotisch-sexuellem Begehren gesucht.

Gemessen an der Ästhetik des verbergenden Enthüllens, die sein weiteres Komödienschaffen charakterisiert, und der Nietzsche abgelernten Strategie, gerade das Tiefe an der Oberfläche zu verstecken, mußte *Florindos Werk* dem selbstkritischen Autor wohl als viel zu ausdrücklich

und im doppelten Sinn des Wortes entfaltet erscheinen. Es setzt jedenfalls ein mehrstufiger Überarbeitungsprozeß ein, der auf ein immer stär-
keres Zurückschneiden des Dramenschlusses hinausläuft. Die erste Fassung von *Cristinas Heimreise*, im Februar 1910 am Deutschen Theater
Berlin in Reinhardts Regie wenig erfolgreich aufgeführt, enthält keine
Hochzeitsfeier mehr, sondern endet mit der fast mißlingenden Verlobung Cristinas mit dem – jetzt an die Stelle von Carlo tretenden, durch
einen Vorschlag Harry Graf Kesslers angeregten – Kapitän, dem das
Sprechen so schwer fällt und der erst durch seine Tränen das Mißtrauen
der Frau in die Verläßlichkeit von Liebesbeweisen überwindet.

Die Position des noch abwesend präsenten wortgewandt-lügneri-
schen Verführers wird damit fast über Gebühr belastet. Einen Großteil
seiner symbolischen Funktion hat die Casanova-Figur in *Cristinas
Heimreise* überdies an den malayischen Diener des Kapitäns abgetreten,
der hier wie eine Institutionalisierung des Freudschen Versprechers fungiert, nämlich aufgrund seiner kulturellen Außenperspektive stets die
triebhafte Dimension der «sehr guten Sache» artikuliert, die im europäischen Diskurs sonst sorgfältig versteckt wird (der Berliner Zensur ist
das nicht entgangen). Allerdings hält sich der komische Effekt dieser
lustigen Person in Grenzen, und es läßt sich auch nicht übersehen, daß
er mit einer gewissen Überheblichkeit gegenüber dem «Barbaren»
erkauft ist.

In der Bearbeitung von *Cristinas Heimreise*, die 1910 als «neue veränderte
Ausgabe» erscheint und schon im Mai desselben Jahres auf der Bühne erprobt
wird, hat Hofmannsthal dann den ganzen letzten im Heimatort des Mädchens
spielenden Akt gestrichen. Das Stück endet jetzt am Morgen unmittelbar nach
der Liebesnacht, in einem Gasthof ohne verräterische Kamine, mit Florindos
überstürzter Abreise und dem in letzter Minute gefaßten Entschluß des Kapitäns, Cristina zu begleiten. Einer neu eingefügten gestammelten Ansprache Florindos bleibt es überlassen, die Weichen in Richtung Ehestiftung zu stellen.
Darin kommt wiederum das Wort «Mysterium» vor, und die Magd erklärt
prompt: «Wahrhaftig, in dem Sinne habe ich den Herrn Pfarrer auch schon predigen hören!» Die Gefühle, mit denen Cristina dem abreisenden Florindo hin-
terherblickt, sind nur pantomimisch angedeutet; wie sie sich weiterentwickeln
werden, bleibt offen.

Richard Beer-Hofmann hat ein schmales dramatisches Werk hinterlassen: ein Trauerspiel und eine auf fünf Teile angelegte dramatische Historie, von der er allerdings bis 1918 nur das Vorspiel und zeitlebens nur
zwei weitere Teile abschloß. Durch ihre poetische Verssprache und ihren
traditionsgesättigten Charakter scheinen die Werke dem dramatischen
Stil Hofmannsthals nahezustehen; das gilt besonders für das bühnen-
wirksame Trauerspiel *Der Graf von Charolais* (1904), das als Bearbeitung
eines alten englischen Dramas wie ein Gegenstück zum *Geretteten Vene-*

dig wirkt. Und doch ist die Kluft tief, die beide Autoren trennt; Hofmannsthals Kritik (1919) an *Jaákobs Traum*, dem ersten Teil der David-
Historie, bedeutete — nicht zuletzt aufgrund ihrer Weiterungen, die
auch das frühere Werk betreffen — den Bruch seiner Freundschaft mit
dem acht Jahre älteren und vielfach von ihm bewunderten jüdischen
Dichter.

Der Graf von Charolais, 1899 unter dem Titel *Die unselige Mitgift* begonnen (nach der Vorlage *The Fatal Dowry* von Philip Massinger und
Nathan Field) und 1904 an Reinhardts Neuem Theater in Berlin mit
beachtlichem Erfolg aufgeführt, besteht aus zwei Handlungsteilen, deren
Verhältnis zueinander den meisten Kritikern Probleme bereitet hat und
die doch nur als Einheit betrachtet werden können: dem unverhofften Aufstieg des jungen Grafen aus einer völlig verzweifelten Lage (Akt I–III)
und seinem — ebenso überraschenden, kaum motivierten — jähen Absturz
aus Eheglück und Wohlstand, endend in grausamer Raserei (Akt IV–V).
Die Unsicherheit des Schicksals, die Unmöglichkeit einer auf den gegenwärtigen Moment gestützten verläßlichen Einschätzung auch der eigenen
Person ist nach Beer-Hofmanns Selbstverständnis die eigentliche Lehre
des Stücks.

Von hieraus versteht sich wohl die Entsprechung zwischen zwei kon-
trären Szenen, in denen jeweils eine dramatische Figur in menschlich
kaum nachvollziehbarer Weise auf ihrem Rechtsanspruch besteht. Der
Rote Itzig, schon durch sein jiddisches Idiom deutlich als Jude gekennzeichnet (in der Uraufführung eindrucksvoll von Reinhardt selbst verkörpert), besteht im I. Akt auf seinem Recht an der Leiche des alten
Charolais; die lebenslange Erfahrung des Judenhasses und der Scheiter-
haufen-Tod seines Vaters haben ihn zur Unerbittlichkeit eines Shylock
erzogen. Entsprechend ist der rechthaberische Anschein, mit dem
Charolais im letzten Akt auf die Untreue seiner Frau reagiert — er
zwingt ihrem Vater, dem Richter, das Todesurteil ab und peinigt die
längst Bereuende bis zum Vollzug des Selbstmords — als Reaktion auf
eine Erfahrung extremster Verunsicherung zu verstehen. Erst nach dem
tödlichen Ausgang setzt eine Reflexion ein, die noch in diesem zwang-
haften Bedürfnis nach Genugtuung triebhafte Fremdbestimmung erkennt:

> *(bitter höhnend)*
> Ich trieb sie ja wohl in den Tod! Ich «trieb» sie!
> «Trieb» ist das Wort — nicht wahr?
> *(Kopfschüttelnd)* Ich trieb sie nicht!
> *(Ernst und stark)*
> «Es» trieb uns — treibt uns! «Es»! –
> Nicht ich — nicht du!

Eine Möglichkeit, die Abhängigkeit des Individuums von einem über-mächtigen «Es» positiv zu fassen, deutet sich schon am Schluß von Beer-Hofmanns erzählerischem Hauptwerk *Der Tod Georgs* an. Es ist die Zugehörigkeit des einzelnen zu seinem (durchaus als biologische Größe gesehenen) Volk, für den Juden, als den sich Beer-Hofmann seit Ende der neunziger Jahre mit zunehmendem Selbstbewußtsein verstand, zugleich identisch mit dem Glauben an seinen Gott. Insofern kann es nicht überraschen, daß sich der Autor schon bald nach der Beendigung des *Graf von Charolais* den Plänen zu seiner alttestamentlichen Pentalo-gie zuwandte, als deren erster Teil 1908–1915 *Jaákobs Traum. Ein Vorspiel* entstand.

In Anlehnung an den biblischen Text (1. Buch Mose 27/28 u. 32), der im Anhang zur Erstausgabe sogar detailliert dokumentiert wird, überwiegend aber in freier schöpferischer Abwandlung der Vorlage, wird die Auseinandersetzung Jaákobs mit seinem – von ihm um die Erstgeburt und den väterlichen Segen betrogenen – Bruder Edom (Esau) und das Berufungserlebnis geschildert, in dem sich der Ahnherr des jüdischen Volkes in kontroversem Dialog mit den Erz-engeln, dem Versucher Samáel und der Stimme Gottes zu der ihm angemessenen Rolle durchringt. Es ist die Rolle des Erwählten, der seine persönliche Leid-Frei-heit (Edoms Pfeil kann ihn nicht treffen) mit der Teilhabe am Leiden aller Krea-turen und dem Vorwissen um die künftigen Katastrophen seines Volkes erkauft.

In der Fähigkeit, selbst der von ihm wahrgenommenen Leidensfülle einen positiven Sinn zu unterlegen und somit letztlich Gott, den Urheber des Übels in der Welt, zu entlasten, liegt die fundamentale Analogie zwischen Jaákobs Beru-fung und der Mission des Dichters, wie Beer-Hofmann sie verstand. Von der Iro-nie, mit der sich Thomas Mann ein gutes Jahrzehnt später desselben Mythos annehmen sollte (*Die Geschichten Jaakobs*, 1933), ist also keine Spur zu finden. Trotzdem fühlte sich der Romancier 1919 von der Lektüre dieser «stark empfun-denen, kindlich erträumten jüdischen Nationalpoesie» stark berührt, wie auch die Uraufführung im April 1919 am Wiener Burgtheater in der Regie Reinhardts ein positives Echo fand – außer bei Hofmannsthal, der den Vorwurf des jüdi-schen Chauvinismus erhob. Die zwei weiteren vollendeten Teile der *Historie des Königs David* erschienen 1933 (*Der junge David*) und 1936 (*Vorspiel auf dem Theater zu König David*). Schon vor dem Gang in das Exil, den Beer-Hofmann 1937 im Alter von 73 Jah-ren antrat, hatte der Autor den Glauben an einen Sinn der Fortsetzung verlo-ren.

2. Schnitzler und Bahr

Wahrscheinlich ist Arthur Schnitzler als Dramatiker Hofmannsthal nie näher gekommen als mit zwei extrem unterschiedlichen Stücken: dem versöhnlich-heiteren Lustspiel in Blankversen *Die Schwestern oder Casa-nova in Spa* (entst. 1917, gedruckt 1919), einer Apotheose der impressio-nistischen Existenz des Abenteurers, und dem tief pessimistischen

Schauspiel *Der einsame Weg* (1904), einer radikalen Infragestellung eben derselben Lebensform. Der Typus Anatols aus dem gleichnamigen Einakterzyklus, der am Anfang von Schnitzlers Dramatiker-Karriere stand, erscheint im *Einsamen Weg* gleich doppelt, nämlich in zwei verwandte Figuren aufgespalten: die erotisch unstete Glückssuche wird dem abenteuernden Maler Julian Fichtner übertragen, der zwanghafte Hang zur ästhetischen Reflexion dem lyrisch-dramatischen Dichter Stephan von Sala. Die gleiche Thematik, die ein gutes Dutzend Jahre zuvor den Gegenstand einer unterhaltsamen Komödienreihe abgab, rückt ins Zwielicht der Tragödie einfach dadurch, daß Schnitzler zwei Ausblendungen zurücknimmt, die seinem einstigen Porträt eines «leichtsinnigen Melancholikers» den spezifischen Charme und die moralische Unanstößigkeit sicherten: die Ausschaltung der Zeit und – damit eng verbunden – der ethischen Konsequenzen des Handelns. Im *Einsamen Weg* treten die Ästheten auf den Prüfstand des Alters und der moralischen Verantwortung.

Julian Fichtner ist ein in die Jahre gekommener Abenteurer. Vor der Einsamkeit des Alters sucht der in der Welt herumreisende Künstler Zuflucht in einer – jetzt erst von ihm aufgedeckten – Vater-Sohn-Beziehung. Doch Felix, der als Sohn des Malers und Akademiedirektors («Kunstbeamten») Wegrat aufwuchs, schlägt die ausgestreckte Hand seines biologischen Vaters aus. Die Verantwortungslosigkeit, mit der Julian einst die Braut seines Freundes verführte und verließ, schockiert den Jüngeren, der sich allerdings wie der Vater aus der Enge des bürgerlichen Alltags heraussehnt und sich von Sala zunächst zur Teilnahme an einer abenteuerlichen Expedition überreden läßt. Erst der (von Sala indirekt verschuldete) Selbstmord seiner Schwester Johanna läßt ihn von diesem Vorhaben Abstand nehmen; in der Schlußszene des Dramas wird Felix geradezu demonstrativ die Hand seines mittlerweile verwitweten Ziehvaters ergreifen.

Johannas irreale Sehnsucht nach freier sinnlicher Erfüllung bildet das Zentrum eines zweiten Handlungsschwerpunkts. Die im Kern unerwiderte Liebe Johannas zum todkranken Sala findet hoffnungslosen Ausdruck in ihrem Freitod im Gartenteich von dessen Villa – als könne das Wasser ihr Bild behalten, wenn sie geht. Bilder, die Rede von ihnen und ihre Wirkung auf Personen stellen ein konstitutives Element des mit der Problematik des Ästhetizismus befaßten, so handlungsarmen wie reflexionsreichen Dramas dar. Fichtners Bild der Schauspielerin Irene Herms hält eine Schönheit fest, die ihrer Trägerin selbst längst verlorengegangen ist – als «ewige Freundin» fühlt sie sich gleichwohl immer noch dem Künstler verbunden. Bei der Betrachtung von Julians Porträt seiner Mutter dämmert dem Sohn erstmals die Bedeutung, die der Maler für sie gehabt hat. Johanna schildert dem Bruder die Verzauberung, die für sie früher von den Worten «in die weite Welt» ausgegangen ist, anhand eines Gemäldes, das sie früher im Wiener Belvedere gesehen hat (es ähnelt dem Bild von Valckenborch, das in Schnitzlers Erzählung *Frau Berta Garlan* beschrieben wird).

Die – für Schnitzlers Dramatik ungewöhnliche – massive Symbolik des *Einsamen Wegs* gipfelt in den zahlreichen Hinweisen auf die ominöse Expedition zu den baktrischen Ausgrabungen. Nicht zuletzt durch die Verknüpfung mit Salas Herzleiden, das seine Wiederkehr von einer derartigen Unternehmung, im Grunde aber auch schon seine Teilnahme daran ausschließt, gerät das mehrfach beschworene Bild der verschütteten Stadt, in die eine rätselhafte Treppe hinabführt, zum Gleichnis des Todes.

Der «Ruf des Lebens» führt in den Tod. Das ist die plakative Botschaft des melodramatischen Schauspiels gleichen Titels von 1906. Schnitzler führt das in Johanna nur angedeutete Schicksal der aus dem bürgerlichen Rahmen ausbrechenden jungen Frau hier gleich an zwei parallelen Figuren (Marie, Katharina) aus und verknüpft es mit dem Motiv der Beihilfe zum Sterben, das in der Vorgeschichte des *Einsamen Wegs*, der zeitweilig als Kombination von Junggesellen- und Ärztestück angelegt war, eine wichtige Rolle spielte. Marie vergiftet ihren Vater, an dessen Krankenbett sie lange gefesselt war, um sich einem Offizier hinzugeben, dessen Regiment noch in derselben Nacht zu einem selbstmörderischen Einsatz aufbrechen soll, findet diesen aber in eine blutige Affäre mit der Frau seines Obersten verstrickt – Schnitzlers Dramatik scheut keine krassen oder an triviale Genres gemahnenden Effekte und setzt zumal den Zufall wiederholt in aufdringlicher, geradezu demonstrativer – nämlich auf die Fiktionalität der Literatur oder die Konventionalität des Theaters hinweisender – Manier ein.

Eine Art Gegenbild zum Johanna-Schicksal bietet die Figur Annas in *Der Puppenspieler* (1903). Der Einakter, mit dem Schnitzler später den Zyklus *Marionetten* (1906) eröffnet, betont den Kontrast zwischen dem zum Vagabunden herabgekommenen dichterischen Genie Georg und der bürgerlichen Existenz des Musikers Eduard. Anna, die einst von Georg fasziniert war und sich von ihm – der sich gern als Menschenpuppen-Spieler sieht und versuchte – zur Vorspiegelung von Verliebtheit in Eduard hatte bereden lassen, hat diese Verstellung längst als Schuld erkannt, gestanden und sich – auch als Ehefrau – ganz auf die Seite des Getäuschten, nunmehr von neuem Selbstbewußtsein Erfüllten gestellt. Die Wiederbegegnung, aus der die eigentliche Handlung des Einakters besteht, wird von Eduard geradezu als Abstrafung des ihm früher so überlegenen Freundes inszeniert.

Auf die ultimative Abrechnung mit einem übermächtigen Freund und Konkurrenten richtet sich die letzte Hoffnung des sterbenden Journalisten Rademacher im Einakter *Die letzten Masken* (1901). Der Schauspieler Florian Jackwerth hilft ihm geradezu, diesen letzten großen Auftritt zu ‹proben›. Als sich der Dichter Weihgast dann tatsächlich im Krankenhaus einfindet, schweigt Rademacher jedoch, durch die Nähe des Todes schlagartig zum Bewußtsein der Belanglosigkeit der geplanten Enthüllungen und Vorhaltungen, ja des ganzen literarischen Betriebs gelangt, in dem ihm nur die Rolle des Versagers beschieden war.

Das Verhältnis von Literatur und Leben ist auch das Grundthema der drei weiteren Einakter, die Schnitzler 1902 zum Zyklus *Lebendige Stunden* vereinigte. Die burleske Satire *Literatur* geißelt die Eitelkeit, mit der ein mediokres Schriftstellertum intimste Erlebnisse literarisch verwertet oder eigentlich nur im Hinblick auf spätere literarische Verwertbarkeit inszeniert, zielsicher unter Anspielung auf die Verhältnisse in der Münchner Boheme. Der den Zyklus eröffnende Einakter *Lebendige Stunden* kontrastiert zwei verschiedene Auffassungen von «Leben»: das von der Kunst gestiftete Überdauern des Augenblicks oder seinen unmittelbaren Genuß. Als Sachwalter des letzteren Standpunkts tritt hier der pensionierte Beamte Hausdorfer auf; er trauert um den Tod seiner Freundin, die ihrem schweren Leiden ein vorzeitiges Ende gesetzt hat – aus Rücksicht auf ihren Sohn Heinrich, den sie durch ihre Krankheit in seinem schriftstellerischen Schaffen behindert sah. Nicht ohne Ressentiment gegen den Egoismus des Literaten enthüllt Hausdorfer dem Sohn der Verstorbenen das Geheimnis ihres Opfertods und nimmt diesem damit fast seinen Sinn. Wenn Heinrich vor sich selbst nicht als Mörder seiner Mutter dastehen will, muß er ihren Tod – und in den letzten Worten des Stücks deutet sich diese positive Entschlossenheit an – als Auftrag und Ermutigung zu künstlerischer Produktion verstehen.

Der demselben Zyklus angehörende Einakter *Die Frau mit dem Dolche* entfaltet das Thema der – durch eine vorübergehende Untreue nicht ernsthaft gefährdeten – Künstlerehe, das Schnitzler noch in mehreren Stücken der Folgezeit behandeln wird (*Zwischenspiel*, *Große Szene*, *Das Bacchusfest*). Paula ist die Frau eines erfolgreichen Dramatikers, der die Nöte ihres Ehelebens ungehemmt literarisch ausschlachtet. Mit ihrem Verehrer Leonhard vor einem Renaissancegemälde stehend, das eine Frau mit einem Dolch zeigt, wird ihr visionär eine höhere Dimension ihres Dreiecksverhältnisses bewußt. Sie sieht sich – und der Zuschauer mit ihr – als Frau eines Renaissancemalers, die den Liebhaber der letzten Nacht entschlossen abtut, sobald er das Leben ihres Mannes bedroht, dem sie sich ganz zugehörig fühlt. Dieser weiß nun, wie er das Bild Paolas beenden kann – eben das Gemälde der Frau mit dem Dolch, das den Anlaß für die Vision gab und vor dem sich Paula unversehens – bei neu einsetzendem Läuten der Mittagsglocken – wiederfindet. Die Verabredung mit Leonhard für denselben Abend trifft sie mit schicksalhafter Entschlossenheit. Ein Bild als Bestimmung – in dieser Gewichtung des Kunstwerks übertrifft der Einakter noch die auffällige Rolle der Bilder in *Der einsame Weg*.

Welches Gewicht hat eine vorübergehende Affäre gegenüber der auf Dauer und Substanz angelegten Institution Ehe, wie verhält sich der Rausch des Augenblicks zu Pflicht und Kontinuität? Diese auch der Tragikomödie *Das weite Land* (s. o. S. 471 f.) zugrundeliegende Frage ist der gemeinsame Ausgangspunkt der drei Einakter, die Schnitzler 1914 zur Trilogie *Komödie der Worte* zusammenfügt. «Worte lügen», heißt es schon im ersten Stück der Reihe, denn paradoxerweise erweist sich die «Stunde des Erkennens» (so auch der Titel des Einakters), zu der es hier zwischen Ehemann, Ehefrau und Hausfreund kommt, als Geburtsstunde neuer Täuschungen. Klara muß erkennen, daß sie ihrem Mann in den letzten zehn Jahren nicht mehr als eine Dirne gewesen ist, denn für Eckold war laut seiner überraschenden rückwirkenden Abrechnung seit ihrem lange zurückliegenden Ehebruch jede emotionale Bindung an die Partnerin zerstört. Freilich wiegt ihr Fehltritt nur deshalb so schwer für Eckold, weil er ihn irrtümlich auf den von ihm beneideten Hausfreund Ormin bezieht. Klara bestärkt ihn in diesem Irrglauben, obwohl sie kurz zuvor Ormin einen anderen Liebhaber genannt hat – im Zusammenhang mit dem erstmaligen Geständnis ihrer Liebe zu Ormin: einer Liebe, die zu groß sei, als daß ihr je eine sexuelle Beziehung mit ihm neben der – von ihr bis jetzt zutiefst respektierten – Ehe möglich gewesen wäre. Der Abschied, der den Liebenden diese und andere, in ihrem Wahrheitsgehalt von ihnen selbst problematisierten Bekenntnisse entlockt («Wenn es nicht Worte gewesen wären»), ist endgültig. Wie Klara und der Zuschauer nachträglich erfahren, ist Ormin unheilbar krank und weiß, daß er von der Japan-Mission, zu der er noch am selben Tag aufbricht, nicht zurückkehren wird. Für Klara, die innerhalb einer Stunde Mann und Freund verloren hat, gibt es nur den sofortigen Aufbruch – wohl in den Tod.

Stark komödiantisch dagegen erweist sich die *Große Szene*. Der Star-Schauspieler Herbot beherrscht die «Komödie der Worte» (in seiner Rechtfertigung gegenüber einem von ihm hintergangenen Nebenbuhler) so perfekt, daß seiner Frau angst und bange wird: Der Mensch verschwindet ihr hinter der Maske, seine Verfügungsgewalt über die Sprache zu jedem beliebigen Zweck erzeugt Grauen. Es bedarf der Vermittlung des Theaterdirektors Falk – ein posthumes Porträt des Schnitzler-Freundes Otto Brahm –, um das Paar zusammenzuhalten. Ein ähnliches Beispiel rhetorisch begründeter Macht über andere Menschen zeigt *Das Bacchusfest* als Schlußstück der *Komödie der Worte*: Der Schriftsteller Felix Staufner düpiert den Liebhaber seiner Frau und zwingt diese selbst wieder an seine Seite, indem er das Geständnis verhindert, mit dem die beiden ihm entgegentreten wollen. Allerdings ist von Anfang an klar, daß sich Agnes nicht eigentlich von Staufner gelöst hat, dessen Muse sie weiterhin bleiben will. Die Ehehölle kann weitergehen.

Schnitzlers Sprachkritik setzt sich fort in der unvollendet hinterlassenen Tragikomödie *Das Wort* (veröffentlicht 1966). Eine erste Fassung – nach vorausgegangenen Notizen von 1904 und 1906 – entsteht im Frühjahr 1907. Zentrales Motiv ist die Verantwortungslosigkeit, mit der ein Literat mit dem paradoxen Namen Treuenhof (Vorbild: Peter Altenberg) und die ihn umgebende Clique (darunter Rapp und Gleissner, nach dem Vorbild von Karl Kraus und Alfred Polgar gezeichnet) das ehrliche Gefühl des jungen Willi Langer mißbrauchen, der durch sie in den Selbstmord getrieben wird – und zwar «mit Worten». «Worte sind nichts», sagt Treuenhof. Der Oheim des Toten antwortet: «Worte sind alles. Wir haben ja nichts anderes.»

Die Sprachkritik Schnitzlers ist jedoch nicht abstrakt, sondern eng mit dem Bewußtsein einer sozialen Problematik verbunden. Sie ist ein-

gebettet in die Kritik an der Konventionalität einer Gesellschaft, die
dem einzelnen kaum individuelle Handlungsfreiheit gewährt. Hinter
der verbalen steht die «conventionelle Lüge» (Max Nordau), hinter dem
verlogenen Wort die vorgeschriebene, vom einzelnen mehr oder weniger
bereitwillig gespielte Rolle. In «lustig-listiger» (Brahm) Zuspitzung führt
die einaktige Komödie *Komtesse Mizzi oder der Familientag* (1908) einen
Ausschnitt aus der Welt der besseren, insbesondere aristokratischen
Gesellschaft vor, in dem wirklich jeder lügt und gerade diejenige Figur,
die vom Zwang zur konventionellen Lüge besonders schmerzlich betroffen ist (Mizzi, die ihr uneheliches Kind acht Tage nach der Geburt
abgeben mußte), am unnachgiebigsten für die Aufrechterhaltung des
verlogenen Scheins und der ihm zugrunde liegenden Standesschranken
eintritt.

Aus dem Rollenzwang gibt es letztlich kein Entkommen. Vielleicht
ist hierin das Interesse Schnitzlers am Puppen- und Maskenspiel begründet (s. o. S. 467 zu *Marionetten* / *Zum großen Wurstel* und S. 461 f. zu
Die Verwandlungen des Pierrot, *Der Schleier der Pierrette*, *Der tapfere Kassian*). Das eigentlich Bedrohliche und tendenziell Tragische der Rollen-
problematik liegt in Schnitzlers Sicht darin, daß noch der ehrlichste Versuch zum Ausbruch aus der gesellschaftlichen Lüge neue Mißverständnisse und Verstellungen, jedenfalls Formen von Unaufrichtigkeit produziert. Das ist die bittere Lehre des *Zwischenspiels* (1905), einer dreiaktigen Komödie mit überraschend offenem, fast negativem Ausgang.

Der Kapellmeister und Komponist Amadeus und seine Frau Cäcilie,
eine erfolgreiche Opernsängerin, haben ihre Ehe – als moderne Menschen – auf das Gebot absoluter Wahrhaftigkeit gegründet. Als sich die
Anzeichen dafür mehren, daß sich seine Frau zum Fürsten Sigismund
(wie Amadeus selbst zur Sängerin Friederike) hingezogen fühlt, drängt
der Kapellmeister auf Konsequenzen; beide geben sich gegenseitig frei,
obwohl mindestens auf der Seite Cäcilies keine klare Gefühlslage für
eine derartige Entscheidung gegeben ist. Der Zwang zur Vereindeuti-
gung und Rationalisierung, der mit der selbstverordneten leidenschafts-
losen Aussprache gegeben ist, schießt über den emotionalen Befund hinaus. Daß auch Amadeus weiterhin erotisch an seine Frau gebunden ist,
wird ihm erst bewußt, als sie nach der Rückkehr von einer Berlin-Tour-
nee offen von der sinnlichen Sehnsucht spricht, die sie in der hauptstädtischen Welt gespürt hat. Mit der anschließenden Liebesnacht glaubt
Amadeus den Bruch in seiner schon auf die Scheidung zutreibenden
Ehe geheilt; Cäcilie dagegen bereitet den sofortigen Aufbruch vor, weil
sie eine längere Prüfungsphase für nötig hält – ob auch dieser Entschluß
die «Wahrheit» trifft, bleibt nach der stummen Pantomime, mit der das
Stück endet («Cäcilie weint leise und läßt den Kopf aufs Klavier sinken»), zumindest fraglich.

Das *Zwischenspiel* ist also eher ein «Capriccio doloroso», wie es einmal im Stück heißt. Wenn es überhaupt als Komödie passieren kann, dann nicht zuletzt dank der ironisierenden, ästhetische Distanz schaffenden Einführung des Librettisten Albertus, der die Entwicklung der Ehegeschichte aus literarischer Perspektive verfolgt und stets den – auf die weitere Entwicklung nie vollständig zutreffenden – Schluß voraussagt, den sie nach den Maßstäben einer herkömmlichen Dramatik nehmen müßte. «Nicht sehr heiter» werde sie ausgehen, prophezeit Albertus im II. Akt: «Das ist ja das Charakteristische aller Übergangsepochen, daß Verwicklungen, die für die nächste Generation vielleicht gar nicht mehr existieren werden, tragisch enden müssen, wenn ein leidlich anständiger Mensch hineingerät.»

Ein Satz, der auch auf Schnitzlers Komödie *Professor Bernhardi* (1912) Anwendung finden könnte. Denn der konkrete Konflikt zwischen einem jüdischen Arzt, der dem Priester den Zugang zum Sterbebett einer euphorischen Patientin verweigert, und der katholischen Kirche ist in der hier geschilderten Form sicher nur unter bestimmten historischen Voraussetzungen – u. a. dem fast allgegenwärtigen Antisemitismus der damaligen österreichischen Gesellschaft – vorstellbar. Und doch würde eine an Hebbel gemahnende Auffassung des zentralen Konflikts als Übergangsphänomen letztlich die grundlegende Skepsis sowohl *Professor Bernhardis* als auch des *Zwischenspiels* verfehlen. Schnitzlers Pessimismus ist umfassender und zieht den «anständigen Menschen» selbst in Zweifel, der sich zwar punktuell dem Rollenzwang bzw. der gesellschaftlichen Lüge verweigern kann, unter der Notwendigkeit der Selbstbehauptung aber unausweichlich anderen vorgegebenen Verhaltensmustern anheimfällt, die ihn von der «Wahrheit» seines eigentlichen Anliegens entfernen.

Im II. Akt sagt der Minister Flint, das Inbild des Politikers, zum Dramenhelden: «Du bist vielleicht das, Bernhardi, und mehr als ich, was man einen anständigen Menschen nennt» – um einschränkend hinzuzufügen: «Was dir fehlt, Bernhardi, das ist der Blick fürs Wesentliche, ohne den alle Überzeugungstreue doch nur Rechthaberei bleibt.» Als Bernhardi dem Priester den Zutritt verweigerte, hat er spontan und in selbstverständlicher Erfüllung seiner ärztlichen Pflicht gehandelt – vielleicht die erste Figur in Schnitzlers Komödien, die sich aktiv den Forderungen der Gesellschaft verweigert. Durch das Beharren auf der Richtigkeit seiner Entscheidung in den nachfolgenden Auseinandersetzungen (bis hin zur Suspendierung als Klinikchef, zu Prozeß und Haftstrafe) verliert er seine Unbefangenheit, gerät er in die Rolle des Beleidigten, ja behagt sich darin mit rechthaberischem Trotz. Der aus dem Rollenzwang der Gesellschaft ausbrach, findet sich unversehens in der «Tragikomödie des Eigensinns» gefangen. Aus dem Gefängnis entlassen, von Freisinnigen und Zionisten umjubelt und seiner Rehabilitierung entgegensehend, beginnt Bernhardi das Aussichtslose seines Unterfangens zu ahnen: Wer keine Kompromisse macht, muß zum Reformator und Märtyrer geboren sein – oder er bringt sich umsonst hinter Gitter.

Als politische Komödie läuft *Professor Bernhardi* also trotz der Brisanz des Stoffes (der Aktualität des Antisemitismus; der einschlägigen Erfahrungen, die bereits Schnitzlers Vater als Klinikchef gemacht hat; der Problematik der Sterbesakramente aus ärztlicher Sicht, schon zwölf Jahre vorher von Schnitzler als Motiv notiert) und des Scheiterns der vom Autor gewünschten Wiener Uraufführung am Verbot der Zensur letzten Endes auf eine Infragestellung der Politik insgesamt hinaus. Sie findet ihre Fortsetzung in der Komödie *Fink und Fliederbusch* (1917), einer Verspottung des politischen Journalismus, die nicht von ungefähr vor dem zeitlichen Hintergrund der Auswüchse der Weltkriegspropaganda entstand. Derselbe Journalist schreibt unter dem Namen Fliederbusch für die liberale und unter dem Namen Fink für die reaktionäre Presse, was letztlich dazu führt, daß er sich mit sich selbst duellieren muß. Die Motive des Doppelgängers und der Ich-Spaltung, im Kontext der Wiener Moderne sonst als Signale eines beunruhigenden Identitätsverlusts geläufig, dienen hier einer heiteren Persiflage auf den Opportunismus des Pressewesens. Der Journalist ist ein Casanova des Worts, der sich heute mit der einen und morgen mit der anderen Meinung verbindet. Die Höllenfahrt dieses Don Juan ist nicht weit: Satan und Styx heißen die Vertreter des Blattes, für das die Unperson Fink schreibt. In einer späten theoretischen Skizze Schnitzlers (*Der Geist im Wort und der Geist in der Tat*, 1927) erscheint der Journalist in der Nachbarschaft des (dem Dichter entgegengesetzten) Literaten – auf derselben Seite wie der Teufel.

Hermann Bahr, Freund Schnitzlers und wichtigster publizistischer Wortführer des Jungen Wien, hat sich als Dramatiker auf einem reduzierten Anspruchsniveau eingerichtet. Die Mehrzahl seiner Stücke will kaum etwas anderes bieten als unterhaltsames Theater mit geistreichen Pointen; die Grenzen zum Schwank und zur satirischen Karikatur sind bald erreicht. Wenn Bahrs Dramenproduktion trotzdem ein gewisses literaturgeschichtliches Interesse verdient, dann erstens weil ihm jedenfalls eine ‹klassische› Komödie gelungen ist, die sich viele Jahrzehnte lang auf den Bühnen behauptet hat (*Das Konzert*, 1909), zweitens weil sich in seinen Texten das gebrochene Verhältnis spiegelt, in dem der selbsternannte Gründer der Wiener Moderne späterhin zu den Leitideen dieser Bewegung stand. Ähnlich wie in seinem erzählerischen Schaffen seit der Jahrhundertwende (s. o. S. 255 f.) ist in Bahrs Dramen fast so etwas wie eine Rücknahme der Moderne zu beobachten, und gerade die thematischen und Motiv-Parallelen zu Schnitzler lassen diese Distanzierung um so deutlicher hervortreten.

Insgesamt zeigt sich bei Bahr, dem vielerprobten Theaterkritiker und zeitweiligen Dramaturgen (1906/07 am Deutschen Theater Berlin), eine große Nähe zur Bühnenpraxis, die in manchen seiner Stücke (so der Satire *Die gelbe Nachtigall*, 1907), wie auch im Roman *Theater* (1897), direkt thematisiert wird. Seine sogenannten «Wiener Stücke» zielen direkt auf die Aufführungsmöglichkeiten des Deutschen Volkstheaters oder des Carltheaters in Wien. Das erste Stück der Reihe mit dem Titel *Das Tschaperl* (das heißt soviel wie «Dummerchen») wurde 1897 am Carltheater aufgeführt und stellt sich als wienerisches Pendant zu Ibsens *Nora* dar.

Im Ton des populären Volksdramatikers Bauernfeld werden die Probleme entfaltet, die der unerwartete künstlerische und ökonomische Erfolg seiner – von ihm bisher als «Tschaperl» behandelten – Ehefrau Fanny für den schlechtbezahlten Theaterkritiker Lampl und den Fortbestand der gemeinsamen Ehe nach sich zieht. Während Ibsens Drama zum Thesenstück über die fällige Emanzipation der Frau tendiert, gibt Bahr die Vertreterinnen der Frauenbewegung («Wir sind nämlich ein ganzer Kreis – lauter aufgeklärte junge Mädchen, sehr modern!») in billigster Weise dem Gelächter preis. Der letzte Akt widmet sich dem tragikomischen Unglück des verlassenen Ehemanns als Opfer der Modernisierung; am Schluß wird sinnigerweise auch das elektrische Licht («O verflucht, diese neuchen Erfindungen») ausgeschaltet.

Die drei *Grotesken*, die Bahr 1907 zu einem Band vereinigt, ironisieren den Nietzsche-Kult (*Der Klub der Erlöser*) und die Konsequenzen einer selbstherrlichen Libertinage (*Der Faun*; *Die tiefe Natur*). Der nächtliche Zimmertausch, mit dem im mittleren der drei Einakter die beiden betrogenen Ehefrauen ihre Männer wieder einfangen wollen, hat unerwartete Folgen. Helmine, der das ganze Ausmaß des sexuellen Begehrens ihres Mannes bisher verborgen geblieben war, erfährt seine Umarmung als die eines Fremden – mit Ekel und einer tiefen Verstörung, von der sie allenfalls der Naturmensch «Onkel Faun» heilen kann. Dieser definiert sich deutlich genug als eine Art Anti-Nietzscheaner, obwohl der Gegenpol, von dem er sich absetzt, weniger mit Nietzsches Philosophie als mit den Verdrängungen der konventionellen Sexualmoral zu tun hat: «Ihr wollt mir alle zu hoch hinaus. Immer höher. Übermensch. Nein. Kann ich nicht mit. Lieber schön wieder hinab. Ich will ein zottiges Untermenschlein sein.»

Die beiden Komödien, in denen der Dramatiker Bahr den Gipfel seiner Kunst erreicht, stellen Figuren ins Zentrum, die einen quasi übermenschlichen Anspruch erheben und damit scheitern. In *Der Meister* (1903) handelt es sich um einen autodidaktischen Arzt, der ohne reguläre Ausbildung größte Heilerfolge erzielt und dafür schließlich auch – nach einer langen Phase der Diskriminierung – die gebührende Anerkennung findet. Die Unabhängigkeit dieses selbsternannten Meisters von den Maßstäben der Gesellschaft geht so weit, daß er auch die Untreue seiner Ehefrau achselzuckend akzeptiert – unfähig zu erkennen, daß diese gerade von seiner demonstrativen Gleichgültigkeit in die Arme eines anderen getrieben wird. Schon im Gespräch mit Hofrat Sirius über Lukian hat Violet die heimliche Moral des Stücks geäußert, daß nämlich einem Menschen, «der sich allen überlegen fühlt und [...]

dem nichts wichtig ist [...] daß einem solchen Menschen doch eigentlich etwas fehlt ... und vielleicht das Beste.» Der Übermensch als Unmensch!

Nicht umsonst hat Bahr dem abendländischen Übermenschen Caius Duhr einen japanischen Assistenten an die Seite gegeben, der sich demonstrativ klein macht und der rationalistischen Hybris Duhrs das fernöstliche Wissen um die Bedeutung des Gefühls entgegenstellt. Das Stück endet mit einem Rekurs auf die Marionetten-Metapher, von Schnitzler so oft zur Verdeutlichung der Determination des Menschen herangezogen. Auch bei Bahr erfüllt sie diesen Zweck, allerdings mit neuer positiver Wendung: als Bekenntnis zur Bedeutung des Gefühls, als Warnung davor, «mit der Schere der Vernunft» den Faden der Leidenschaften abschneiden zu wollen, an dem die menschliche Existenz nun einmal aufgehängt ist.

In *Das Konzert* verteilt sich die Problematik des – zur komischen Entlarvung bestimmten – Übermenschentums auf die beiden männlichen Hauptfiguren: den Pianisten Gustav Heink, der sich die Avancen seiner zahlreichen Verehrerinnen selbstverliebt gefallen läßt (seine kluge und liebevolle Ehefrau somit regelmäßig betrügend), und den Ehemann, dem durch Heinks letztes – als «Konzert» getarntes – Abenteuer gerade Hörner aufgesetzt werden sollen. Dieser heißt Doktor Franz Jura, ist erklärter Philanthrop und zeichnet sich ähnlich wie Caius Duhr durch eine erstaunliche Souveränität gegenüber den Erwartungen der Gesellschaft und eine irritierende Selbstlosigkeit in der Beurteilung der Interessen seiner Frau aus. Weit davon entfernt, Heink zum Duell fordern zu wollen, regt er nur halb im Scherz eine neue Doppelheirat an, bei der die Frauen getauscht werden sollen – Marie, die darauf zum Schein eingeht, kann sich durch dieses Manöver umgehend wieder in den Besitz ihres Gatten setzen, muß allerdings damit rechnen, daß dieser ihr Ehemann nicht zu bessern ist. Schon der Schluß des III. Aktes zeigt, daß Heink sich erneut in den Rollenspielen verfängt, die er zuvor kritisch reflektiert hat: «und so geht's dann halt, wenn einmal eröffnet ist, Zug um Zug, spanische Partie, Damengambit oder schottisches Spiel, je nachdem einmal eröffnet ist, ganz mechanisch, aus dem Handgelenk [...].»

Die Liebe und das Leben als unentrinnbare Schachpartie, als ewiger Reigen – auch dieser Gedanke erinnert an Schnitzler. Mit dem Unterschied freilich, daß der pessimistischen Verallgemeinerung solcher Analogien bei Schnitzler in Bahrs Werken Einhalt geboten wird (und vielleicht hielt eben deshalb jener *Das Konzert* für einen «furchtbaren Schmarrn»). Eine resolute Figur wie Marie stellt sich der Logik eines auf Entlastung von individueller moralischer Verantwortlichkeit hinauslaufenden – genuin modernen – Denkens entgegen, indem sie Heinks

Erklärung «Es fängt halt an» mit einem Seitenhieb auf Freud beantwortet, der zugleich auf Beer-Hofmann zielen könnte (s. o. S. 496): «Ach, das ist dieses Es, das jetzt überhaupt an allem schuld sein soll!» Für Marie gibt es noch die Eindeutigkeit der Gefühle, an deren Infragestellung knapp zwei Jahrzehnte zuvor auch der junge Bahr beteiligt war. Wenn Jura die eindeutige Antwort auf die Frage nach der Liebe zu seiner Frau verweigert («je nachdem es eben für sie besser ist»), dann ist er für Marie ein «Unmensch» – ganz ähnlich wie Lukian und Duhr es in Violets Augen (im *Meister*) sind. Bezeichnend ist Juras Antwort: «Ja, das heißt's dann immer, wenn sich einer einmal vernünftig benimmt!» Es ist eben die Position der Vernunft, der in Bahrs Komödien im Namen des Gefühls der Prozeß gemacht wird.

3. Von Schönherr zu Bronnen

Unberührt von der Ästhetik und den spezifischen Fragestellungen der Wiener Moderne bleiben zwei in Wien ansässige Dramatiker, die in den beiden ersten Jahrzehnten des 20. Jahrhunderts auf deutschen und österreichischen Bühnen bedeutende Erfolge erringen. Sowohl Karl Schönherr als auch Anton Wildgans nehmen Anregungen des Naturalismus auf, integrieren sie jedoch in sehr gegensätzliche dramatische Konzepte: Während Schönherr an die Volksstücktradition eines Anzengruber anknüpft und sich zugleich der aktuellen Heimatkunstbewegung andient, entwickelt Wildgans seine eigene Form des lyrischen Melodrams. Es mag überraschen, die beiden älteren eher volkstümlich orientierten – und heute, zumal außerhalb Österreichs, weitgehend vergessenen – Dramatiker hier mit Vertretern der expressionistischen oder nachexpressionistischen Generation zusammengestellt zu finden (Kornfeld, Kaltneker, Bronnen). Die gemeinsame Klammer ist zunächst das von allen Autoren bevorzugte Genre des Familiendramas mit den klassischen Themen wie Vater-Sohn-Konflikt oder Vatermord, Brudermord, Inzest etc.; darüber hinaus ergeben sich in dieser Zusammenschau auch überraschende Gemeinsamkeiten wie die vitalistische Auffassung der Sexualität bei Schönherr und Bronnen, der verschwommene Idealismus und der Übergang zu pathetischen Exklamationen bei Wildgans und Kornfeld.

Der in Nordtirol geborene, in Südtirol herangewachsene Arzt Karl Schönherr bevölkert seine poetische Welt mit Tiroler Bauern und Handwerkern. Es handelt sich um eine urtümliche Welt, die sichtlich aus der Distanz des historischen Verlustes, aus der Sehnsucht des modernen Großstädters geboren ist. Das betrifft nicht nur die heroische Silhouette seiner nationalgetönten Dramen über den Tiroler Freiheitskampf (*Der*

Judas von Tirol, 1897; *Tiroler Bauern von* 1809, 1913; *Die Fahne weht*, 1938) und seiner überaus erfolgreichen Glaubenskriegs-Tragödie *Glaube und Heimat* (1910), die oben (S. 475) als Beispiel für ein historisches Tendenzdrama vorgestellt wurde. Sondern das gilt auch für seine in der Gegenwart spielenden Dialektstücke, angefangen mit dem Einakter *Die Bildschnitzer* (1900), dessen Exposition (und Titelgebung) deutlich von Hauptmanns *Webern* beeinflußt ist.

Der fahrende Händler Meixner-Bot besucht das Haus des Bildschnitzers Sonnleitner und taxiert die ihm angebotene Handwerksware ebenso willkürlich und weit unter Wert, wie es bei Hauptmann durch die Angestellten des Fabrikanten geschieht. Der von ihm ausgezahlte kleine Geldbetrag bestimmt die weiteren Schritte des Geschehens; er wird von den Gläubigern der Familie und dem alten Vater des «braven» Bildschnitzers Gerhard eingefordert, der zunehmend die Aufgaben des schwer erkrankten Sonnleitner übernommen hat – wie sich zeigt, auch bei dessen Frau. Als der Kranke das Einverständnis der Liebenden entdeckt, gibt er ihnen gleichsam seinen Segen; indem er auf die Operation verzichtet, die allein sein Leben noch retten könnte (ihn jedoch dauerhaft berufsunfähig machen würde), macht er geradezu den Platz für den Nachfolger frei. Wahrhaftig eine «Tragödie braver Leute» (so der Untertitel) und kein soziales Drama im Sinne des Naturalismus; das Milieu dient gleichsam als Folie für die Entfaltung menschlicher Verhaltensweisen, die äußerlich zwar durch die sozialen Umstände geprägt, in ihrem inneren Wert aber davon unabhängig sind.

In der «Komödie des Lebens» *Erde* (1908) ist die Milieudarstellung einerseits durch stereotype Komik-Elemente aufgelockert, andererseits in Richtung auf eine vitalistische Natursymbolik erweitert. Zwischen dem Leben auf dem Grutznerhof und der umgebenden Bergnatur besteht ein inniger Zusammenhang; der Wechsel der Jahreszeiten in den drei Akten (Sommer – Spätherbst – Frühjahr) verweist auf den Generationenzyklus und die Abfolge von Leben und Tod ebenso wie auf die biologische Prägung des Menschen als Geschlechtswesen. Entsprechend dazu kann sich die dralle Wirtschafterin Lena gegen die «überzeitige» Magd Trine in der Konkurrenz um die Gunst des potentiellen Hoferben durchsetzen; mit ihrer Schwangerschaft erreicht sie jedoch nicht das angestrebte Ziel der Einheirat auf dem wohlhabenden Hof, denn der schon dem Tode nahe geglaubte alte Bauer steht im Frühjahr unversehens in alter Stärke wieder auf, verbrennt den schon nach seinen Maßen gefertigten Sarg und wird den in die Jahre gekommenen – übrigens schwerfälligen und begriffsstutzigen – Sohn weiterhin als abhängigen (nicht heiratsfähigen) Knecht halten. Lena muß auf das Angebot des Eishofbauern zurückkommen, der für seine drei Söhne eine neue Mutter sucht, aber nur ein bescheidenes Auskommen bieten kann. Im berechnenden Charakter der weiblichen Protagonistin ebenso wie in der Willensstärke, mit der der vierundsiebzigjährige Bauer den Hof regiert und seine schwere gesundheitliche Krise überwindet, erhält der biologische

Vitalismus als Grundlage dieser Komödie ein bedeutsames Gegengewicht. Insofern war die Besetzung der Rolle des alten Grutz mit Josef Kainz in der Burgtheater-Aufführung 1908 konsequent: Der schmächtige Star-Schauspieler, ausgestattet mit einer dämonischen Nasenmaske, die an den Pantalon der commedia dell'arte erinnerte, konnte den Primat seelischer Energien sinnfällig verkörpern.

Das Ende von *Erde* ist kein eindeutiges Komödienende: Lenas noch ungeborenes Kind wird nicht bei seinem leiblichen Vater aufwachsen, obwohl die Übergabe des Hofs doch in den nächsten Jahren ansteht; auch der Lawinentod des schwachsinnigen Knechtl trübt das Bild. Solche Übergänge zwischen Ernst und komischer Heiterkeit sind nicht untypisch für Schönherr, der es einmal sogar fertig brachte, eine veritable Tragödie zu einer Komödie umzuarbeiten. So geschehen im Fall von *Sonnwendtag* (1902), einer Brudermorddrama, das ganz im Sinne von Anzengrubers Erstling *Der Pfarrer von Kirchfeld* den Gegensatz zwischen klerikalen und liberalen Kräften in der Dorfgemeinschaft herausarbeitet – allerdings die familiäre Tragik nur unzureichend mit dem gesellschaftlichen Rahmen vermittelt. Schönherr hat offenbar diesen Mangel erkannt und in der Neufassung als Komödie unter dem Titel *Die Trenkwalder* (1914) entschlossen das Kainsmotiv eskamotiert.

Eine Aufführung von Schönherrs Einakter *Karrnerleut* (1904) gehört zu den ersten Theatereindrücken Arnolt Bronnens; das Schicksal des kindlichen Landstreichers, der sich umbringt, weil er seinen Vater verraten hat, sollte dem angehenden Verfasser von *Vatermord* zum Gleichnis einer eigenen Problematik werden. Sein gesetzlicher Vater Ferdinand Bronner gehörte zum Freundeskreis Schönherrs und trat unter dem Pseudonym Franz Adamus seinerseits als Verfasser «österreichischer Dramen» hervor (zum Beispiel *Familie Wawroch*, 1899 – ein Streikdrama, das im Vatermord gipfelt). Hermann Bahr, der mit seiner Hinwendung zum «Wiener Stück» maßgeblich an dieser regionalistischen Welle beteiligt war, hat in einem Artikel des *Neuen Wiener Tagblatts* vom Oktober 1899 unter dem Titel *Die Entdeckung der Provinz* ausdrücklich Adamus-Bronner einbezogen und neben den Tiroler Franz Kranewitter gestellt, der damals mit dem Volksstück *Um Haus und Hof* (1899) bekannt geworden war. Ähnlich Schönherr leistet auch Kranewitter seinen Beitrag zum deutschnationalen Hofer-Kult (*Andre Hofer*, 1902).

Wie Schönherr verdankte Anton Wildgans seine ersten Bühnenerfolge dem Deutschen Volkstheater in Wien; als Autor des Rosegger-Verlegers Staackmann in Leipzig war er vielleicht noch deutlicher dem Lager einer volkstümlich-antimodernen Literatur verbunden. Und zu größter Popularität hat es dieser Lyriker und Dramatiker, vor allem im Österreich der Zwischenkriegszeit, in der Tat gebracht – trotz der beißenden Satire, mit der Karl Kraus und Robert Musil die Mischung von Trivialität und Pathetik in seinen Werken bedachten. Den ersten Bühnenerfolg erzielte Wildgans 1913 mit dem justizkritischen Einakter *In Ewigkeit Amen*, der Eindrücke

aus seiner Tätigkeit im Staatsdienst (1909–1911) verwertete. Zu seinem
individuellen Stil fand er mit dem Trauerspiel *Armut* (1914), das Erinnerungen an den Tod des Vaters und die eigene Gymnasialzeit mit dem für den
Naturalismus typischen Thema der Geldnot verknüpft, wegen der sich die
Tochter im Drama sogar zu verkaufen bereit ist. Wozu es in letzter Konsequenz dann doch nicht kommt – die Milderung des Anstößigen ist ebenso
kennzeichnend für die Schreibweise dieses Dramatikers wie der Übergang
von der Prosa zur Lyrik, hier erstmals realisiert im IV. Akt (prätentiös
genug «Actus mysticus» überschrieben), wenn Gottfried am Sterbebett seiner Vaters plötzlich in Verse ausbricht; der anschließende Dialog zwischen
dem «fremden Herrn» in der Gestalt des Amtsvorstands und dem Sterbenden ist dann ganz in Knittelversen gehalten. Die Parallele zum Auftritt
des «vermummten Herrn» in Wedekinds *Frühlings Erwachen* und zur
Erscheinung des Todes in Hofmannsthals *Jedermann* drängt sich auf.

Seinen größten Erfolg zu Lebzeiten erzielte Wildgans mit dem Ehe-
drama *Liebe* (1916), das den Konflikt zwischen sexuellem Begehren und
jener sublimierten Form der Zuneigung zum Gegenstand hat, die das
Bürgertum der Jahrhundertwende mit der ‹Reinheit› der ehelichen
Gemeinschaft verband. In seiner Ehe mit Anna sexuell frustriert, rettet
sich Martin in abendliche Lektüre und schließlich (just am Hochzeitstag) in einen Bordellbesuch, der freilich nicht weiter als zu lyrischen
Bekenntnissen und einem – Kuß der Hure führt. Zur gleichen Zeit wird
seine Frau ihm fast (wiederum fast!) untreu. Der Schlußakt, der bei
Mondschein im Ehebett spielt und ganz in Versen gehalten ist, führt die
beiden Gatten ‹auf höherer Ebene› zusammen. Charakteristisch für das
Niveau, das Wildgans hier anstrebt, ist die Regieanweisung: «Während
der tiefen Stille, die nach Martins letzten Worten eingetreten ist, fällt
gleichsam aus der Unermeßlichkeit des Weltraumes ein tiefer, gleichmä-
ßiger, auf denselben Tönen verharrender Akkord wie ein fernes harmoni-
sches Summen und Brausen ein.»

In Wildgans' Tragödie *Dies irae* (1918) verbindet sich die Eheproble-
matik mit dem für das Drama des Expressionismus typischen Vater-
Sohn-Konflikt. Denn der wahre Grund für die Verzweiflung, aus der
heraus sich der Abiturient Hubert erschießt, ist das Bewußtsein, als
Kind nicht gewollt zu sein – nicht im Sinne der Familienplanung, sondern im Sinne eines Akzeptiertseins als Person, und zwar auch in den
Eigenschaften, die dem jeweiligen Elternteil selber fremd sind. Solche
Liebe zum Kind setzt eine auf gegenseitige Toleranz gegründete Gatten-
liebe voraus, wie sie bei Huberts Eltern freilich nicht gegeben ist. «Dein
Werk!» schreit die Mutter dem Vater zu nach dem Selbstmord des Sohnes; «Dein Blut» kontert dieser: «Das meine – flösse nicht – auf der
Erde!» Die utopische Perspektive konzentriert sich in diesem Drama auf
den relegierten Studenten Rabanser, der im «Actus quintus phantasti-

cus» zum Chorführer mystischer Gesänge aufsteigt, die ein neues
Eltern-Kind-Verhältnis beschwören. In goldener Zukunft könnten die
Kinder dann auf eine positive Antwort hoffen, wenn sie vor ihre Eltern
hintreten mit der Frage: «Wie war es, / Da ihr einander freitet? / Stiegt
ihr geheiligten Sinnes / Ins menschenerzeugende Bette?» Man fühlt sich
gleichermaßen an den Schluß von Goethes *Faust II* wie an das Sprech-
zimmer eines Familientherapeuten erinnert.

Die Frage der unfreiwilligen Komik, der gerade die lyrisch-program-
matischen Passagen in Wildgans' Stücken bei heutiger Lektüre ausgesetzt
sind, stellte sich für manche Zeitgenossen auch angesichts der Dramatik
des gebürtigen Pragers Paul Kornfeld. Auch hier findet sich der
Umschlag von Prosadialog in lyrisch formulierte Visionen, auch Kornfeld kommt – etwa am Schluß seines zweiten Dramas *Himmel und
Hölle*, das insgesamt zum Mysterienspiel tendiert (s. o. S. 484 f.) – nicht
ohne Anleihen bei der Bergschluchten-Szene des *Faust II* aus. Vor allem
aber stellt sich die eigentliche Dramenhandlung in Kornfelds frühen
Stücken als derart willkürliches Arrangement krasser und oftmals trivialer Effekte dar, daß man den Autor doch wohl unterschätzt, wenn man
hier von unfreiwilliger Komik spricht. Eher möchte man eine Ästhetik
des Grotesken und der Parodie unterstellen, die allerdings kompatibel
sein müßte mit dem Pathos der großen Seelengebärde, das in den Monologen der Protagonisten zum Ausdruck kommt.

Und geredet wird viel bei Kornfeld. Die Erstausgabe seines 1913 entstandenen
Dramas *Die Verführung* (1916) umfaßt – gerechnet ohne das für die expressionistische Schauspielkunst hochsignifikante Nachwort (s. o. S. 443) – nicht weniger als 199 Seiten. Beträchtlichen Anteil daran haben die Selbstgespräche Bitterlichs, des schon durch den Namen als Melancholiker gekennzeichneten Helden.
Seine Unfähigkeit zur Integration in die bürgerliche Gesellschaft dokumentiert
sich bereits in der zweiten Szene des Stückes, in der Bitterlich den Verlobten der
Schwester seiner früheren Freundin spontan und nur deshalb erwürgt, weil er
in ihm den Repräsentanten des verhaßten Philistertums erblickt. Die drohende
lebenslange Gefängnisstrafe nimmt Bitterlich bereitwillig auf sich, weil sie offenbar seiner negativen Grundeinstellung zur Welt entspricht – bis die junge Ruth
auftritt und die «Verführung» bewirkt, nach der das Stück heißt, nämlich den
Lebens-Verweigerer Bitterlich doch noch an eine Möglichkeit des Glücks glauben läßt, die sich letztlich als Illusion erweisen soll.

Die titelgebende «Verführung» ist also fast das Gegenteil der Wandlung, die
in anderen expressionistischen Dramen strukturierende Bedeutung gewinnt. Es
handelt sich eher um den Rückfall in eine Hoffnung, die der Dramenheld eigentlich schon zu Beginn überwunden hatte. Tatsächlich unterscheidet sich sein Verhalten am Schluß nicht wesentlich von der Gewalttat, die am Beginn der Dramenhandlung steht. Durch die Macht einer nahezu hypnotisierenden Rhetorik
treibt er seinen Gegner (Ruths Bruder) Wilhelm in den Selbstmord – noch
ohne zu wissen, daß dessen Mordplan tatsächlich gelungen ist, denn die Vertauschung von Gift- und Urinfläschchen, auf die sich (welche Herausforderung an

den Publikumsgeschmack!) Bitterlichs Rettungsplan gründete, ist von seiner
Mutter guten Glaubens rückgängig gemacht worden. Die Unterstützung des Helden durch seine – ihn suchende und für ihn zu jedem Opfer bereite – Mutter
hat schon vorher für ihn Züge der Verfolgung angenommen. Es gibt kein Entrin-
nen aus den gesellschaftlichen Zwängen und den Familienbanden; niemand ent-
kommt seinem (ein Lieblingswort des Stücks) «Schicksal».

Hans Kaltneker, in Wien aufgewachsen und im Alter von dreiundzwanzig Jahren einem Lungenleiden erlegen, hinterließ bei seinem frühen Tod 1919 drei ungedruckte und unaufgeführte Dramen, die ähnlich
wie sein erzählerisches Werk stark durch religiöse Vorbilder geprägt sind.
In seiner Tragödie *Die Opferung* ermordet der Prinz in der Hochzeitsnacht – zu den Gesängen des Chorus Damnatorum – die geliebte Sängerin, um so möglichst noch Christus zu übertreffen, der zwar das Leid,
nicht aber die Schuld der Welt auf sich genommen habe. Unmittelbar vor
der Hinrichtung tritt ihm in der Gestalt des Bruders der Gekreuzigte
selbst entgegen, um seine «Hoffart» zu brechen. Ein Selbstopfer bringt
der Arbeiterführer Michael im Drama *Das Bergwerk*; nach einem religiösen Erweckungserlebnis bei einem Grubenunglück wendet er sich gegen
den revolutionären Kampf und wird von seinen eigenen Leuten erschossen. Mit den Worten «Michael! – – – Dein Reich komme», hat sich zuvor
seine Frau von ihm verabschiedet.

Die Themen der egozentrischen Superbia und der demütigen Selbst-
opferung verbinden sich in Kaltnekers drittem Stück, dem «Mysterium»
Die Schwester. Der I. Akt bietet eine provozierende Variante des Familiendramas: Die hochgebildete, an ihrer lesbischen Veranlagung leidende
Ruth hat ihre jüngere Halbschwester zur «Blutschande» verführt – so
der Ausdruck des haßerfüllten Stiefvaters, der sie sofort aus dem Hause
weist. Der II. Akt führt vom Atelier einer lesbischen Künstlerin in die
Hölle des gleichgeschlechtlichen (vom Sexualforscher ebenso wie vom
Filmproduzenten eifrig aufgesuchten und genutzten) großstädtischen
Vergnügungslebens; der Wechsel in die Versform macht die Anlehnung
an die Walpurgisnacht des Goetheschen *Faust* nur noch auffälliger:

> RUTH *(schaudernd)*: So sind wir in Satans tiefstem Revier?
> KARIN: Seinen letzten Zweck erreichte er hier.
> [...]
> Denn wird hier auch Phallus und Delta verehrt,
> sie treffen sich nicht, sie bleiben verkehrt.

Der III. Akt bringt die Aufhebung der Ichbezogenheit, in der Kaltneker
das ethische Grundproblem der Homophilie sah: Als Krankenschwester
und als von Syphilis zerfressene, von berlinernden «Großstadthyänen»
ausgeplünderte Straßendirne zeigt Ruth ein so unendliches Mitleid mit
ihren von der Gesellschaft mißbrauchten und verstoßenen «Schwe-

stern», daß ihr zuletzt deren Verehrung und Gottes Anerkennung sicher sind.

Arnolt Bronnen ist erst in den Zwanziger Jahren als Dramatiker hervorgetreten, sein dramatisches Frühwerk reicht jedoch noch in die Zeit vor dem Ersten Weltkrieg zurück. In engem Kontakt zur Jugendbewegung entsteht 1913 in sieben Akten *Das Recht der Jugend* (s. o. S. 43), Grundlage des späteren Dramas *Die Geburt der Jugend* (1922). Unmittelbar danach (1913–1915) macht sich der knapp Zwanzigjährige an die 1985 veröffentlichte Erstfassung von *Vatermord*; die Uraufführung (1922) der Druckfassung (1920) wird zu einem der großen Theaterskandale der Weimarer Republik. Der Aufstand gegen den Vater, bei Hasenclever und anderen Vertretern des Expressionismus primär rhetorisch-ideologisch begründet, wird hier als quasi kreatürlicher Prozeß entwickelt und vollzogen – als dumpf geahntes Ziel einer wechselseitig gesteigerten Erregung, die von Anfang an stark sexuell motiviert ist.

Der Beischlaf mit der Mutter unmittelbar vor der Tötung des Vaters stellt sich demnach als Erfüllung eines sexuellen Begehrens dar, das zu Beginn des Stücks (in der Auseinandersetzung mit den homoerotischen Angeboten des Schulfreunds Edmund) seine Richtung noch nicht gefunden hat. Auch die symbolische Funktion des Schauplatzes (Loch, Gang) und der umkämpften Requisiten (Schlüssel) unterstützt eine triebdynamisch-ödipale Lesart, die der Komplexität des Stückes allein jedoch nicht gerecht wird. Zu deutlich sind die sozialen Faktoren dieser Familientragödie: Hunger und Geldnot, die subalterne Stellung des Vaters, dessen autoritäres Auftreten übergreifende soziale Strukturen kopiert und kompensiert, auch der aktuelle Hintergrund des Weltkriegs, zu dem der Vater als Sozialdemokrat übrigens kritisch Stellung nimmt, und die durch ihn bedingte Teuerung. Wie im Falle des Gymnasiasten Gottfried (in Wildgans' *Armut*) geht die schulische Ausbildung Walters eigentlich über die finanziellen Möglichkeiten der Familie; gerade weil der Vater mit dem sprechenden Namen «Fessel» den ihm selbst versagt gebliebenen Aufstieg im Sohn nachholen möchte, verweigert er sich dessen Wunsch nach einer landwirtschaftlichen Ausbildung.

In denkbar größtem Kontrast zu Wildgans werden diese Konflikte jedoch nicht in wohlgesetzter Rede ausgetragen, sondern in einem dialektgeprägten Alltagston, der in seiner Situationsgebundenheit und affektiven Unmittelbarkeit an Büchners *Woyzeck* erinnert – sofern die Konflikte überhaupt verbalisiert werden. Denn in einem Ausmaß, das für die damalige dramatische Literatur ohne Parallele ist, wird hier die körperliche Interaktion und Aggression der Akteure zum Träger des Geschehens, jedes Möbelstück zu einer potentiellen Waffe und jeder Raum zur – womöglich tödlichen – Falle. Erst mit dem Tod des Vaters

ist die Klaustrophobie aufgehoben und der quälende Wiederholungs-
zwang durchbrochen. In vitalistischer Metaphorik begrüßt Walter die
neugewonnene Freiheit: «meine Knospe drängt – zittert – stöhnt – sie
muß auf, schwillt, quillt, sprengt, fliegt –».

4. *Kokoschka und Kraus*

Der Maler Oskar Kokoschka und der Satiriker und Essayist Karl Kraus,
beide zeitweilig dem Berliner *Sturm*-Kreis verbunden, gehen als Dramatiker durchaus verschiedene Wege, denen doch mindestens eins gemeinsam ist: die radikale Abkehr von der Tradition, von der herkömmlichen
Dramenform und einer auf Mimesis und Einfühlung beruhenden Dramaturgie. Bei näherer Betrachtung stellen sich weitere Parallelen ein,
unter denen der Rekurs auf biblische Modelle wohl die größte Bedeutung hat.

Die vier Dramen, die Kokoschka bis 1918 verfaßt, kreisen sämtlich
um das spannungsvolle Verhältnis der Geschlechter vor dem Hintergrund der Polarität von Leben und Tod. Stilistisch lassen sich zwei verschiedene Ansätze ausmachen: das grotesk-kabarettistische Modell in
Sphinx und Strohmann und das tragisch-mythische Modell in *Mörder
Hoffnung der Frauen*. Die 1956 veröffentlichte Erstfassung von *Sphinx
und Strohmann*, 1909 im Wiener Kabarett Fledermaus aufgeführt (s. o.
S. 433 f.), inszeniert den Tod des Intellektuellen Firdusi, der von seiner
Frau Lilly mit einem «Kautschukmann» betrogen wird, als «Komödie
für Automaten». Lilly hat Firdusi im Wortsinn den Kopf verdreht, so
daß dieser nach hinten steht und sein Träger die eigene Frau, die er irrtümlich zum zweiten Mal heiratet, nicht sehen kann.

In der zweiten Fassung (1913) mit dem Untertitel «Ein Curiosum»,
im Cabaret Voltaire 1917 als dadaistisches Rapidtheater aufgeführt,
mutieren die personae dramatis außer dem Tod zu grotesken Kunstfigu-
ren; Firdusi beispielsweise besteht aus einem «riesigen drehbaren Stroh-
kopf mit Armen und Beinen, Schweinsblase an einer Schnur tragend».
Die Frau heißt jetzt «Anima» als Verkörperung der weiblichen – vom
Mann der Frau zugedachten? – Seele. Der Dialog erhält einen stark
theoretischen, in parodistischer Intention pseudowissenschaftlichen
Anstrich. Eine Neubearbeitung unter dem Titel *Hiob* legt Kokoschka
1917 als illustrierte Ausgabe vor; sie wird im Juni des Jahres vom Autor
selbst im Albert-Theater Dresden inszeniert. Die männliche Hauptfigur, nunmehr als Hiob bezeichnet, wird dort in die Nachfolge Adams
gestellt; Animas Untreue wiederholt Evas Sündenfall – wie ein reifer
Apfel fällt die Sünderin dem von ihr betrogenen Hiob auf den (dadurch
abgeschlagenen) Kopf. Das kabarettistische Modell wird so nachträglich

der mythisierenden Schreibweise angeglichen, deren erste Erprobung gleichfalls in die Wiener Studienjahre Kokoschkas zurückgeht.

Mörder Hoffnung der Frauen interpretiert das Geschlechterverhältnis selbst als gewalttätigen Kampf; Erinnerungen an Bachofens Lehre von einem vorzeitlichen Matriarchat verbinden sich mit Weiningers Theorie der Geschlechterpolarität (s. o. S. 22) und christlichem Erlösungsdenken zu einer gleichnishaften Bühnenhandlung, an der bildliche und musikalische, pantomimische, choreographische und Beleuchtungseffekte gleichrangig beteiligt sind. Zusätzliche Signale setzt Kokoschka mit dem Plakat zur Wiener Uraufführung 1909 (s. o. S. 441) und der Illustration zum Erstdruck im *Sturm* 1910: Dort erscheint der Mann im Rahmen einer Pietà-Konstellation als liegender Heiland, dessen rote Farbe gleichwohl die überlegene Vitalität (gegenüber der weißen Frau) andeutet – hier ist der Mann der von oben zustoßende Täter (mit typischem Kokoschka-Kopf), der doch durch die Schraffierungen auf Brust und Armen als anatomischer Gliedermann, mithin als potentielles Opfer gekennzeichnet ist. Die Paradoxie des Titels knüpft an Wedekinds Drama *Die Büchse der Pandora* an, das mit Lulus Ermordung durch den Lustmörder endet, der ihr das Geschlecht herausnimmt; eine derartige Überwindung der Geschlechtlichkeit könnte im Sinne Weiningers Erlösung bzw. Hoffnung der Frauen sein.

Das «Bewußtsein der Gesichte», von dem Kokoschka in einem Vortrag von 1912 gesprochen hat, erweist sich auch als Leitvorstellung der beiden folgenden Dramen. Sowohl im *Schauspiel* (1913), das Kokoschka 1917 unter dem Titel *Der brennende Dornbusch* inszeniert und zum Druck gegeben hat, als auch in *Orpheus und Eurydike* (entst. 1916–1918, gedruckt 1919) führt er die Thematik des Geschlechterverhältnisses weiter. Dabei werden persönliche Erfahrungen und Gegebenheiten der modernen Lebenswelt in provozierender Direktheit mit Urgeschichten der Menschheit verbunden – einerseits den alttestamentlichen Erzählungen vom Sündenfall und von der Erscheinung Gottes im Dornbusch, andererseits mit den antiken Sagen von Amor und Psyche und vom Hadesgang des Sängers Orpheus und seiner Ermordung durch die Mänaden. Hier wie dort steht der Tod des Mannes am Ende, gefolgt von Chorgesängen, die die «Erscheinung» des visionären «Gesichts» dem «Bewußtsein» vermitteln.

Die Tragödie *Die letzten Tage der Menschheit*, Karl Kraus' erstes und bedeutendstes Drama, besteht aus über zweihundert Szenen mit etwa fünfhundert Figuren und umfaßt im Erstdruck knapp siebenhundert Seiten. Das eigenartige Werk, nach den Worten des Autors für ein «Marstheater» geschrieben (schon deshalb, weil es ja mit der Vernichtung der Erde endet), wurde im Sommer 1915 als «Angsttraum» entworfen. Der Epilog *Die letzte Nacht* entstand im Sommer 1917 und wurde unmittelbar nach Kriegsende im November 1918 als erstes veröffentlicht. Es folgten bis September 1919, gleichfalls als Sonderhefte der *Fackel*, das Vorspiel und die Akte I–V. Die erheblich erweiterte Buchausgabe erschien 1922 (die Szenenangaben im folgenden beziehen sich jedoch auf die vorangegangene Erstveröffentlichung, die sogenannte Aktausgabe). Die von Kraus nachträglich erstellte Bühnenfassung ist erst 1992 aus dem Nachlaß herausgegeben worden. Die Uraufführung der Buchversion – in stark gekürzter Fassung – fand 1964 in Basel statt.

Karl Kraus, der ursprünglich Schauspieler hatte werden wollen und sich anfangs für die Dramatik Hauptmanns, später Wedekinds einsetzte, hatte ein sehr distanziertes Verhältnis zum Regietheater seiner Zeit, dem er seine Vorlesungen eigener und klassischer Werke, nicht zuletzt Shakespearescher Dramen, als «Theater der Dichtung» entgegenstellte. Die Entwicklung seiner individuellen Dramatik vollzieht sich denn auch ganz unabhängig vom Bühnenbetrieb – eine Geburt der Tragödie aus dem Geiste der Satire. Als Keimzelle erweist sich das charakteristische Verfahren von Kraus' Zeitschrift *Die Fackel*, Fremdtexte auszuschneiden und (unter neuem Titel oder mit einem knappen satirischen Kommentar) so wiederzugeben, daß sie sich selbst entlarven.

Das geschieht zum Teil im Zweispaltendruck, indem etwa ein kriegshetzerischer Artikel Moritz Benedikts, des Herausgebers der *Neuen Freien Presse*, und ein Friedensaufruf des Papstes Benedikt XV. nebeneinandergestellt werden. Kraus braucht diese Parallelmontage aus der *Fackel* vom Oktober 1915 nur aufzulösen, um die Szenen I, 10/11 der Aktausgabe zu gewinnen: «Im Vatikan. Man hört die Stimme des betenden Benedikt.» – «In der Redaktion. Man hört die Stimme des diktierenden Benedikt.»

Die Satire des *Fackel*-Herausgebers bedient sich aber auch schon fiktiver Dialoge: Man betrachte das erregte Gespräch eines jüdischen Karrieristen mit seiner Frau in der Nacht nach dem Sieg der Liberalen (*Fackel* vom 8. Juli 1911) oder die Verhandlung zwischen dem österreichischen Feldmarschall Conrad von Hötzendorf und einem Pressefotografen in der *Fackel* vom 11. Januar 1913 – beide Dialoge finden ihr Gegenbild in den *Letzten Tagen der Menschheit*: in der Schlußszene des II. Akts (Zimmer im Hause des Hofrats Schwarz-Gelber) und der 10. Szene desselben Akts (Zimmer des Generalstabchefs). Das Gespräch des – nach den damaligen österreichischen Landesfarben benannten – Ehepaars Schwarz-Gelber wurde sogar als eines der ersten Teilstücke des Dramas im Mai 1916 in der *Fackel* vorabgedruckt. Anscheinend hat sich erst im Zuge der Arbeit die Präferenz für die Montage von Fremdtexten herausgestellt.

Die letzten Tage der Menschheit erweisen sich in großem Maßstab als Collage vorgefertigten sprachlichen Materials. Sie sind ein dokumentarisches Drama avant la lettre über den Ersten Weltkrieg – freilich nicht in dem Sinn, daß Fakten, Ursachen und Verlauf des Krieges dokumentiert würden (dies eher nebenbei und in sehr subjektiver Auswahl). Vielmehr wird die Sprache des Kriegs dokumentiert und als Symptom seiner Inhumanität, genauer: als Symptom der ihn bedingenden Inhumanität kritisiert. Die Akteure dieses Dramas, das im eigentlichen Sinne weder Helden noch Handlung hat, werden aus dem sprachanalytischen Zugriff gewonnen. Die Täter sind Sprecher und umgekehrt: Kraus re-inszeniert die Texte über den Krieg, die er der Tageszeitung und dem aktuellen literarischen Betrieb entnimmt, indem er sie den Autoren in den Mund legt oder die Umstände ihrer Entstehung bzw. primären Wirkung nachstellt. Zutreffend heißt es im Vorwort: «Phrasen stehen auf zwei Beinen.» Anregung oder Bestätigung für dieses Vorgehen gewann Kraus aus Büchners Drama *Dantons Tod* (III, 3). In der *Fackel* vom 23. Mai 1918 zitiert er die Worte Merciers zu Danton: «Geht einmal euern Phrasen nach, bis zu dem Punkte, wo sie verkörpert werden.»

Die Überraschung der späteren Inszenierungen lag darin, daß dieses – letzten Endes allegorische – Verfahren dramatisch und auch theatralisch in hohem Grade funktioniert. Erheblichen Anteil daran hat die Phantasie, mit der Kraus geistige Haltungen körpersprachlich visualisiert und musikalisch komplettiert. Zahlreiche Liedeinlagen sind den populären Operetten der Zeit entnommen, die Kraus ebenso perhorreszierte, wie er Jacques Offenbach als Vater der Operette verehrte. *Die letzten Tage der Menschheit* geben sich geradezu als ‹negative Operette› – nicht zuletzt dank der Auftrittslieder, mit denen sich die komischen Figuren vorstellen: der erfundene alldeutsche Kommerzienrat Wahnschaffe ebenso wie die auf reale Vorbilder verweisenden Figuren von Ganghofer, Hirsch, Roda Roda und (last but not least) Kaiser Franz Joseph. Der freilich singt sein Couplet, das fast so lang ist wie seine Regierungszeit, passenderweise im Schlaf.

Die Präsentation zahlreicher Vertreter des öffentlichen Lebens als personae dramatis hätte beträchtliche künstlerische (aber auch juristische und im Falle eines anderen Ausgangs des Kriegs politische) Probleme aufgeworfen, wenn Kraus ihnen nicht durch ein Höchstmaß an ästhetischer Distanzierung begegnet wäre. Die Schalek etwa oder Hans Müller, die schon aus der *Fackel* bekannten Hauptvertreter einer nationalistischen Kriegsreportage und -propaganda, treten wiederholt in der gleichen Pose auf und werden dadurch, ohne eigentlich menschliche Gestalt anzunehmen, als Lieferanten eines affirmativen Kriegsdiskurses stigmatisiert. Wiederholung ist eine wesentliche Strategie der *Letzten Tage der Menschheit*, deren fünf Akte wie auch das Vorspiel jeweils am gleichen Schauplatz (Ringstraßenkorso, Sirkecke) einsetzen, stets eröffnet mit dem Ruf eines Zeitungsverkäufers: «Extraausgabe!» Der Reigen der fünf Kriegsjahre (die einzelnen Akte entsprechen mit Abstrichen den Jahrgängen des Kriegs) wird so schon vom Ausgangspunkt her als statisches Einerlei markiert, in dem die einzelnen Figuren – auch darauf erstreckt sich die überraschende Parallele zu Schnitzler – wie Marionetten ihren im wesentlichen unveränderten Part spielen.

Die mehrfache Wiederkehr erlaubt es Kraus allerdings auch, gewisse Verschiebungen vorzunehmen, die auf eine zunehmende Verdüsterung der Lage hindeuten und die realistische durch eine mythische oder metaphysische Perspektive überlagern. Die letzte Ausrufung der Extraausgabe im V. Akt (57. Szene) wird von Korybanten und Mänaden besorgt. Sechs Szenen zuvor ist das Ringstraßencafé von einer Tiergesellschaft aus Mammut, Zieselmaus, Walroß u. a. bevölkert. Hinter dem Bahnschalter erscheint unvermutet das − seinerzeit in einem Feuilleton Felix Saltens beschworene − «österreichische Antlitz» (V, 8). Die beiden deutschen Kriegsgewinnler, die in Szene V, 53 einen Schweizer Winterkurort aufsuchen, tragen die Namen der Riesen Gog und Magog und haben entsprechende Ausmaße; der abschließenden Regieanweisung zufolge «ist es für einen Augenblick, als ob die Riesensilhouette eines schwarzen Flecks das in Weiß und Blau strahlende Weltall verdeckte». Hier macht sich schon die kosmische Perspektive geltend, die das apokalyptische Geschehen des Epilogs bestimmt.

Zu den auffälligsten Verschiebungen gehört auch der zunehmende Anteil reichsdeutschen Personals und deutscher Schauplätze, einsetzend mit dem Auftritt des deutschen Kaisers im II. Akt. Die vorangehenden Teile sind dagegen ganz auf die österreichische Situation ausgerichtet − als ließe sich ein europäisches Ereignis wie der Ausbruch des Ersten Weltkriegs von Wien aus beschreiben. Hier schlägt erkennbar die anfängliche polemische Fixierung des Autors auf die österreichischen Liberalen und die *Neue Freie Presse* durch, deren Herausgeber Benedikt noch im Epilog als Herr der Hyänen in mythische Höhen gerückt wird. Mit zunehmender Einsicht in die politisch-ökonomischen Zusammenhänge, insbesondere seit Kraus' Annäherung an die österreichische Sozialdemokratie 1917, wird die Verantwortung der deutschen Führung und der Großbourgeoisie deutlicher herausgearbeitet. Das gilt vor allem für die Buchausgabe, die geradezu systematisch die Einseitigkeit der früheren Perspektive − auch aufgrund der neuen Informationslage nach Kriegsende − zu korrigieren sucht.

Der offiziellen Rhetorik von der ‹Nibelungentreue› und dem engen Schulterschluß zwischen Wien und Berlin setzt Kraus' Drama, das sich insgesamt als ein Universum der unterschiedlichsten Dialekte und Soziolekte darbietet, mit besonderer Aufmerksamkeit die Differenz zwischen der österreichischen und der norddeutsch-berlinerischen Variante derselben Sprache entgegen, die doch eigentlich die beiden Länder einen sollte. In den Verständigungsproblemen zwischen dem deutschen Wachtmeister Wagenknecht und dem österreichischen Feldwebel Sedlatschek über das Wort «Oberbombenwerfer» in der Eröffnungsszene des III. Aktes deutet sich schon die Verschiedenheit der Idiome und Mentalitäten an, die sich unversöhnt bis zur gespenstischen Schlußszene des V. Akts durchhält: dem «Liebesmahl bei einem Korpskommando», auf dem deutsche und österreichische Offiziere das gemeinsame Waffenbündnis feiern − bis sie gemeinsam von der Realität der Niederlage eingeholt werden. In der Dunkelheit und Stille, die nach dem Einschlag der Fliegerbomben einsetzt, werden auf der dem Zuschauer gegenüberliegenden Wand des Saals, die eigentlich von dem Gemälde «Die große Zeit» ausgefüllt ist, wechselnde Erscheinungen sichtbar, die das ganze Grauen des Kriegs und die Unmenschlichkeit seiner Führer offenbaren. Kraus verbindet hier zwei biblisch-literarische Modelle (das Menetekel des Belsazar aus dem Alten Testament und die Erscheinungen der Opfer aus Shakespeares *Richard III.*) mit einem mediengeschichtlichen Modernismus: der Technik des Kinos.

Die letzten Tage der Menschheit sind als medienkritisches Unternehmen angelegt, schon deshalb, weil sie mit veröffentlichten Texten arbeiten und ihr Verfasser die Entwicklung der Presse, insonderheit des Feuilletons, für jenen Verlust an Phantasie verantwortlich machte, in dem er den eigentlichen Grund für das Zustandekommen der Menschheitskatastrophe vermutete. (Diese These wird auch im Drama selbst, nämlich von der Figur des Nörglers, vertreten.) Das mediale Interesse des Werks erstreckt sich jedoch nicht nur auf den Druck, sondern auch auf die Rolle von Photographie und Film im Krieg. Der Aktausgabe sind – in der Geschichte des Dramas bis zu diesem Zeitpunkt doch wohl ein Unikum – sieben Photos beigegeben, von denen eins auch in die Buchausgabe Eingang findet: das als Postkarte vertriebene Foto von der Hinrichtung Cesare Battistis, Dokument einer Gemütsverrohung, die bis zum Verlust jeder Pietät vor dem Tod, ja zur schadenfrohen Teilnahme daran im Sinne des grinsenden Gruppenbilds reicht. Diesem Frontispiz steht in der Buchausgabe als Schlußbild – unter dem Motto «Erhöret mich!» – die Aufnahme einer Christusfigur gegenüber, der in der Schlacht bei Saarburg das Kreuz, an dem sie befestigt war, weggeschossen wurde. Die dem Autor von Tucholsky zugesandte Bildpostkarte fand schon 1916 in der *Fackel* Verwendung (s. o. S. 64).

Die Bitte des ‹Entkreuzigten› eröffnet eine christliche Hoffnungsperspektive, nachdem im Epilog *Die letzte Nacht* mit den Presse-Hyänen und ihrem einem Tapir ähnlnden Herrn endgültig die Tierheit die Herrschaft über die Menschheit angetreten hat und dafür mit einem Gottesgericht gestraft wird. Die «Stimme von oben», das heißt vom Mars (in der Wiener Uraufführung des Epilogs 1923 von Kraus selbst gesprochen) verkündet nicht wie am Ende von Goethes *Faust I* die Rettung, sondern die gnadenlose Liquidation der Schuldigen. In den hier und von der abschließenden Stimme Gottes zitierten Erklärungen des österreichischen und deutschen Kaisers («Wir haben alles reiflich erwogen» – «Ich habe es nicht gewollt») dokumentiert sich hinreichend die Uneinsichtigkeit der Betroffenen. In der Erstausgabe war der *Letzten Nacht* ein Foto Wilhelms II. vorangestellt, so daß das ganze Heft von der – zum Zeitpunkt des Erscheinens gerade abgetretenen – kaiserlichen Majestät eingerahmt war.

Die Katastrophe wird vorausgesagt im letzten Monolog des Nörglers (V, 56), einer meist als Sprachrohr von Karl Kraus aufgefaßten Figur, die doch nicht umstandslos mit diesem gleichgesetzt werden kann. Er nimmt im Laufe des Dramas immer deutlicher die Gestalt des tragischen Sehers an; der Optimist, der ihm auf weite Strecken als Stichwortgeber und Antipode beigegeben ist, vertritt dagegen den – politisch naiven, aber nicht korrumpierten – Common sense. Die Zahl dieser theoretischen Dispute ist übrigens in der Buchausgabe deutlich gesteigert. In

der teils aphoristisch verknappten, teils pathetisch ausholenden oder zu
lyrischem Ausdruck wechselnden Rede des Nörglers gewinnt die Sprache des Dramas gleichsam ihre Autorität zurück. Hier ist eine überge-
ordnete Instanz gesetzt, die sich am ehesten der Rolle des Erzählers in
epischen Texten vergleichen läßt. Daß sich eben diese Instanz schließlich
an Gott wendet (Rezitation des Kraus-Gedichts *Gebet* V, 43; «Er lasse
es als Erlösung gelten!» als Ende des Schlußmonologs), unterstreicht die
Bedeutung der religiösen Dimension dieses Kriegsdramas.

V. DEUTSCHLAND

1. Post-Naturalismus: Gerhart Hauptmann, Sudermann, Holz

Bis weit ins 20. Jahrhundert hinein galt Gerhart Hauptmann als führender deutscher Dramatiker. Dabei ist nicht zu übersehen, daß seine wichtigsten Stücke vor 1900 geschrieben waren. Das schließt die Entstehung einzelner späterer Meisterwerke (wie zum Beispiel der *Ratten*) nicht aus; doch kann von einer breiten oder schulbildenden Wirkung auch der stärksten Hauptmann-Dramen nach der Jahrhundertwende schon deshalb nicht die Rede sein, weil die meisten Theater das naturalistische Paradigma weitgehend hinter sich gelassen hatten. Als konservierender Faktor ersten Ranges sind dabei die von Otto Brahm geleiteten Berliner Bühnen auszunehmen (Deutsches Theater bis 1904, Lessing-Theater 1904–1912), an die Hauptmann ab 1904 geradezu vertraglich gebunden war. Der naturalistische Regiestil, der hier gepflegt wurde, gewann zunehmend einen altmeisterlich-musealen Anstrich, so daß es selbst für einen Dramatiker wie Hauptmann, der seine größten Erfolge der naturalistischen Richtung verdankte, immer schwieriger wurde, seine künstlerische Weiterentwicklung mit den Möglichkeiten der Brahm-Bühne in Einklang zu bringen.

Wo ihm das gelang, wie etwa bei *Rose Bernd* (1903) oder den *Ratten* (1911), entstanden Klassiker des Naturalismus. Ihre Reife und Abgeklärtheit resultiert allerdings auch daraus, daß aus der umkämpften Bewegung der achtziger und neunziger Jahre ein künstlerisches Prinzip geworden war, mit dem sich souverän schalten ließ – auch im Sinne des Brückenschlags zu anderen literarischen Bezugssystemen und Traditionen. So ist *Rose Bernd*, um die Jahreswende 1895/96 unter dem Stichwort «Die Kindermörderin» erstmals ins Auge gefaßt, als Nachtrag zur Geschichte des bürgerlichen Trauerspiels anzusehen, das hier gewissermaßen seine Fortsetzung ins bäurische oder Landarbeiter-Milieu erfährt. Der Erntearbeiter Streckmann, der eine sogenannte Lokomobile bedient (eine dampfgetriebene Dreschmaschine, wie sie auf den großen schlesischen Gütern Verwendung fand), nutzt sein Wissen um das heimliche Liebesverhältnis Rose Bernds mit dem Gutsherrn Flamm aus, die Magd sexuell zu erpressen. Die Schwangere gerät dadurch in eine Lage, in der sie sich niemandem mehr mitteilen kann: weder Flamm noch dessen an den Rollstuhl gefesselter Frau, die ihr am Ende des II. Akts ein aufrichtiges Gesprächsangebot macht; von ihrem bigotten Vater und

dem Bräutigam August Keil ganz zu schweigen. Erst nachdem sie ihr
Kind heimlich zur Welt gebracht und erwürgt hat, bricht die Wahrheit
aus ihr heraus. Keil, der in der Auseinandersetzung mit Streckmann ein
Auge verloren hat, spricht den maßgeblichen Kommentar: «Das Mädel
... was muß die gelitten han!»

Hauptmann verwertet Eindrücke aus einem Hirschberger Prozeß
gegen eine des Kindesmords angeklagte Landarbeiterin, an dem er im
April 1903 als Geschworener teilgenommen hat. Nicht minder wichtig
sind die Erinnerungen an Landschaftsbilder der Schule von Barbizon,
die er auf einer Hollandreise unmittelbar zuvor sah. Denn *Rose Bernd* ist
nicht nur ein Milieu-Stück im schlesischen Dialekt, sondern auch ein
Natur-Drama. «Das Drama der Scholle» und «Saat und Ernte» lauten
Arbeitstitel aus der ersten Jahreshälfte 1903. Im fertigen Drama ist der
Zyklus der Jahreszeiten durch die Zeitangaben (vom Mai bis September)
und die Schauplatzbeschreibungen, aber auch durch verschiedene Regie-
anweisungen und den Dialog präsent – ganz besonders im III. Akt,
der während der Erntearbeit auf den Feldern spielt: «Man hört das
Brummen der Dreschmaschine und Gewittermurren am Horizont.»
Liebe und Schwangerschaft der Magd mit dem (Pflanzen-)Namen Rose
stehen in symbolischer Parallele zum Fruchtbarkeitszyklus um sie her.
Die Frau selbst wird als Teil der Natur begriffen, die von den Männern
gejagt (Flamm tritt wiederholt mit Jagdflinte auf) und zur Strecke
gebracht wird; darauf verweist schon der Name des Vergewaltigers und
Erpressers. Naturalismus in diesem Sinn heißt offenbar Darstellung des
Menschen als Naturwesen, und die Frau, die nach traditioneller bürgerlicher Rollenauffassung der Natur näher steht als der Mann, ist sein ideales Objekt – zumal als Schwangere und Mutter.

Das Mutterschicksal Henriette Johns in den *Ratten* wirkt wie ein Pendant
zur bäurischen Tragödie der Rose Bernd. Die Frau des Maurerpoliers im Herzen
Berlins, eingesperrt in die verschachtelte und lichtarme Räumlichkeit einer alten
Mietskaserne, kann sich ihren Kinderwunsch (nach dem frühen Tod eines Sohnes) nur durch ein betrügerisches Manöver erfüllen, indem sie einem Dienstmädchen das ungewollte Kind abkauft und es für ihr eigenes ausgibt. Als das ris-
kante Spiel zu scheitern droht, beauftragt sie ihren kriminellen Bruder Bruno
damit, die widersetzliche Kindesmutter einzuschüchtern; das Ergebnis ist deren
Ermordung – und Henriettes Selbstmord mit vorausgehender geistiger Verwirrung (im Laufe der Entstehungsgeschichte wechseln die Schlußvarianten zwischen Selbstmord und Wahnsinn). Hauptmann, der den Kern des Handlungsge-
rüsts einem Prozeßbericht entnahm, der im Februar 1907 im *Berliner Lokal-
Anzeiger* erschien, biegt einen glimpflichen Vorgang aus dem Großstadtalltag
gewaltsam ins Tragische um.

Komische Akzente gewinnt seine «Berliner Tragikomödie» (zur Gattungsbezeichnung s. o. S. 471) nicht zuletzt aus der Parallelhandlung um den Theaterdirektor Hassenreuter, dessen Kostümfundus Frau John auf dem Dachboden
betreut. Die literarischen Rezitationen der angehenden Schauspieler und die dra-

mentheoretischen Debatten (s.o. S. 457) des Direktors und seines aufmüpfigen
Schülers Spitta stellen eine Meta-Ebene her, in der sich das Milieu-Drama selbst
reflektiert und überschreitet. Denn im Grunde ironisiert Hauptmann in der
Figur des eifrigen Reformers Glaubenssätze seiner eigenen Anfänge (wie er auch
selbst beim ehemaligen Theaterdirektor Alexander Heßler in ähnlicher Umgebung Schauspielunterricht genommen hat); der Fixierung auf eine neue soziale
Ethik setzt der reife Dramatiker die Ausweitung auf mythische Perspektiven entgegen, die nicht zuletzt durch die Zitate aus Schillers Tragödie *Die Braut von
Messina* in das Stück eingebracht werden.

Der Tendenz zur mythischen Überhöhung entspricht auch das Titelsymbol
der alles unterminierenden Ratten, die der konservative Theaterdirektor hinter
jeder Neuerung vermutet; ungeachtet der historischen Situierung zur Zeit des
Reichstagsbaus in den 1880er Jahren nimmt das Drama damit an der aktuellen
literarischen Debatte über die Krise der wilhelminischen Gesellschaft teil. Über
das Nebeneinander der Handlungsstränge und die zahlreichen Verweise auf die
vielschichtige Topographie der Mietskaserne und Berlins hinaus erweisen sich
Die Ratten somit als Großstadtdichtung in einem Sinn, den Hauptmanns Tagebuch vom 19. Februar 1909 so formulierte: «Vielleicht kann ich dieser Stadt
[Berlin], wenigstens in einem Werk, einmal den Spiegel vorhalten. Sie muss sich
so sehen, wie ich sie sehe [...]: erfüllt von Dämonen, ein Inferno.»

Andere Dramen des mittleren Hauptmann stellen die Subjektivität
des Künstlers, ja die Problematik der Kunst und der künstlerischen Existenz in einer – jedenfalls für die naturalistische Dramatik – neuartigen
Weise in den Vordergrund. *Michael Kramer* (1900) beginnt wie eines
von vielen naturalistischen Familiendramen: der körperlich benachteiligte, dabei offenbar genial begabte, vom Vater (einem Lehrer an der
Kunstakademie) jedoch verkannte und wegen seines Lebensstils heftig
kritisierte Arnold Kramer; die beschränkte Mutter; die fleißige, als
Malerin aber nur durchschnittlich talentierte Schwester; der Familien-
freund, der nach langer Abwesenheit zu Besuch kommt und als typischer Bote aus der Fremde die Verhältnisse zur Sprache bringt; schließlich die verabscheuenswerte Spießergesellschaft im Restaurant, in das
Arnold durch seine unglückliche Liebe zu Liese gebannt ist. Erst nach
seiner verzweifelten Flucht am Ende des III. Akts, die in den Selbstmord führt, erst nach Schluß der eigentlichen Handlung also beginnt
der Vorgang, dem die Bewunderung des jungen Rilke und vieler anderer
Kunstbegeisterter seiner Zeit galt: die Selbstenthüllung und Verwandlung des vorher verhärteten, in protestantischem Leistungsethos ver-
bohrten und in sich verschlossenen Vaters Michael Kramer vor der Bahre
seines Sohnes, in dem er jetzt den größeren Künstler erkennt und verehrt: «Ich war die Hülse, dort liegt der Kern.» In einer äußerlich noch
naturalistisch geprägten Diktion, durchsetzt mit vielen Einsprengseln
wie «sehn Se» und «hörn Se», entwickelt der trauernde Vater eine Privat-
philosophie vom Zusammenhang zwischen Tod, Liebe und Kunst, die
damals offenbar den Nerv einer ganzen Intellektuellengeneration traf –

bis hin zur großen Gebärde, mit der Kramer die Totenmaske Beethovens in die Hand nimmt und in direkter Anrede an diesen (gerade nach damaligem Verständnis) Inbegriff des schöpferischen Genies die großen, allzu großen Fragen stellt: «Wo sollen wir landen, wo treiben wir hin? [...] Was wird es wohl sein am Ende???»

Von ähnlicher Pathetik ist das Schlußbild von *Und Pippa tanzt!* (1906): Der erblindete Michel Hellriegel bricht aus der eingeschneiten schlesischen Berghütte des alten Wann in die Kunststadt Venedig auf, unbewußt Goethe zitierend: «Und dort werde ich Wasser zu Kugeln ballen!» Daß die von ihm verehrte Pippa den orgiastischen Zuckungen erlegen ist, in die sie der Riese Huhn, ein arbeitsloser Glasbläser als dionysischer Winter-Dämon, noch in seinem eigenen Sterben hineingerissen hat, nimmt dieser blinde – in Nietzsches Sinn apollinische – Seher nicht mehr wahr. Offensichtlich ist das «Glashüttenmärchen» in großen Teilen als Allegorie des künstlerischen Schaffensprozesses und der an ihm beteiligten seelischen Kräfte zu lesen. Zusätzlich zu den Gegenspielern Huhn und Hellriegel konkurrieren um die junge Pippa noch der weltläufig-egoistische Glashüttendirektor und die mythische Persönlichkeit des alten Wann, einander entgegengesetzt wie Praxis und Theorie, Ökonomie und Philosophie.

«Einer möchte ‹viele› sein! / Süßen Schein trinkt durstige Liebe. / Ohne daß ich selbst zerstiebe, / möcht’ ich Herr im Spiele sein», notiert Hauptmann während der Arbeit an *Und Pippa tanzt!* im September 1905, wohl schon angerührt von der Liebe zur jungen Schauspielerin Ida Orloff (der ersten Darstellerin seiner Pippa), die sich auch in vielen Frauengestalten seiner späteren Werke spiegeln wird; er wiederholt die Verse noch in einer späten Selbstdeutung, die das Stück gegen den Vorwurf der vermeintlichen Formlosigkeit verteidigt. Demnach hätten wir es letztlich mit einem innerseelischen Drama zu tun, mit einer erstaunlichen Annäherung an die Ich-Dramatik Strindbergs und der Expressionisten. Das Problem ist nur, daß das kaum einer der Zuschauer ahnen konnte, die im I. Akt in eine durchaus naturalistisch gezeichnete Gasthaussphäre versetzt werden. Noch weniger konnten auch die feinfühligsten zeitgenössischen Leser ahnen, daß das Stück vom Autor bald vom ersten Teil einer ganzen Tetralogie (mit Arbeitstiteln wie *Galahad* oder *Gaukelfuhre*) ausersehen wurde, in der – ausgehend von der Entwicklung von Pippas im Grabe geborenem Sohn – Grundfragen der menschlichen Existenz verhandelt werden sollten. Als späte Frucht dieser Pläne ist das nachgelassene Romanfragment *Der neue Christophorus* anzusehen.

Wie man sieht, führt der Weg des Dramatikers Hauptmann von der handgreiflichsten Realität fast übergangslos auf mythische Höhen oder in mystische Tiefen. Als Hinter- und Nebensinn ist diese zweite Ebene auch in seinen naturalistischen Werken angelegt; wo sie sich emanzipiert und als eigentlicher Inhalt in den Vordergrund tritt, ist ihr die Gestaltungskraft dieses Autors selten gewachsen. Diese enttäuscht zumeist auch bei denjenigen dramatischen Versuchen Hauptmanns, die eine literarische Vorlage zur Basis haben. Dazu gehören die Shakespeare-Variationen *Schluck und Jau* (1900) und *Indipohdi* (1921, entst. 1915–1917), die Dramatisierungen von Erzählungen Boccaccios (*Griselda*, 1909),

Grillparzers (*Elga*, 1905, entst. 1897) und Selma Lagerlöfs (*Winterballade*, 1917), aber auch das durch Cortez' Bericht angeregte Drama von der Eroberung Mexikos (*Der weiße Heiland*, 1920, entst. 1912–1917) oder die legendenhafte Ausgestaltung der Liebesaffäre mit Ida Orloff durch Übertragung auf die Figur Karls des Großen im Anschluß an eine an entlegenem Ort überlieferte Sage (*Kaiser Karls Geisel*, 1908).

Zwei dieser Literatur-Dramen verdienen dennoch nähere Betrachtung: aufgrund der Konsequenz, mit der sich Hauptmann hier an seiner Vorlage abarbeitete, und der Originalität seiner Neudeutung. Im schon 1897 begonnenen Versdrama *Der arme Heinrich* (1902) kontaminiert Hauptmann seine Hauptquelle, das gleichnamige mittelhochdeutsche Versepos Hartmanns von Aue, mit dem (schon von Hartmann als Parallele bemühten) biblischen Buch Hiob. Insbesondere der III. Akt, der Heinrich verwahrlost in der Wildnis zeigt, strömt eine mehr zu Hiob als zu Hartmanns Heinrich passende, genuin moderne Gotteskritik aus. Modern ist auch die Deutung von Ottegebes Opferwillen – nämlich als Hysterie, als pubertäre Störung der sexuellen Entwicklung, die einer eigenen Therapie bedarf. Sie bildet den eigentlichen Inhalt des zeremoniösen V. Akts, in dem zunächst – in charakteristischer Umdeutung der wundertätigen Liebesempfindung von christlicher Nächstenliebe zur Geschlechtsliebe – das ausgesparte Geschehen beim Arzt in Salerno retrospektiv referiert und anschließend die Behandlung der unheiligen Heiligen inszeniert wird: Heinrich setzt der Träumenden statt der erstrebten himmlischen die irdische Krone auf, um Ottegebe die Unteilbarkeit der «irdischen» und «himmlischen» Liebe spüren zu lassen. Hartmann, der Dichter der Vorlage, tritt hier in Person auf und darf diese – höchst unmittelalterliche – Moral als Sprachrohr des Dramatikers verkünden.

Auch im *Bogen des Odysseus* (1914) läßt sich eine Neubewertung des sexuellen Elements erkennen. In der mehrjährigen Entstehungsgeschichte dieses ersten Hauptmannschen Griechendramas – Jahrzehnte später wird ihm die *Atriden-Tetralogie* folgen – haben sich mehrere Neuansätze überlagert. Die im Frühjahr 1907 auf Korfu entstandenen ersten Entwürfe werten das ländliche Milieu um den «göttlichen Sauhirten» Eumaios aus der *Odyssee* auf; später tritt die Perspektive Telemachs in den Vordergrund, des sich emanzipierenden und durch die Rückkehr des Vaters in seiner Entwicklung bedrohten Sohns. Die Schlußfassung akzentuiert die Abschlachtung der Freier als Blutopfer zur Wiederauferstehung des totgesagten Heros – analog zu der auch für Hofmannsthals *Elektra* bestimmenden Neubewertung des griechischen Totenkults und der Auffassung vom Blutopfer als Ursprung der griechischen Tragödie. Die Stärke, die der heimgekehrte Heros hier beweist, hat aber auch etwas mit seiner Immunität gegenüber sexuellen Verlockungen zu tun:

Odysseus' Selbstbehauptung gegenüber Kirke wird zum Siegel einer
männlichen Autonomie, die den von Penelope als «großer bunter
Spinne» angezogenen Freiern fehlt. Nach seiner eigenen Aussage hat
Hauptmann hier das «Lebensabenteuer des Starken» dramatisiert – als
Gegenentwurf zu allen Anfechtungen moderner Dekadenz.

Von hier fällt ein bezeichnendes Licht auf die letzte Hauptmann-Pre-
miere vor dem Odysseus-Drama – wenn man das patriotische *Festspiel
in deutschen Reimen* (s. o. S. 476) einmal ausnimmt. *Gabriel Schillings
Flucht* (1912, entst. 1906) ist ein doppeltes Künstlerdrama, insofern es
der Ich-schwachen Titelfigur des Malers, der einer dämonischen Femme
fatale (symbolisch vorweggenommen in der ominösen Galionsfigur) verfällt, die Lebenssicherheit des Bildhauers und Radierers Otfried Mäurer
entgegensetzt, der die Züge Max Klingers trägt, in Wahrheit aber ein ver-
kapptes Wunsch-Selbstbildnis des Autors darstellt. Die Hommage, die
Hauptmann hier seiner Lieblingsinsel Hiddensee bei Rügen dargebracht
hat, ist vor dem Hintergrund einer umfassenden symbolischen Opposition zu sehen: zwischen den Gefährdungen einer thalassalen Erotik
einerseits (denen Schilling erliegt und Mäurer als zweiter Odysseus entgeht) und der Verwurzelung in der ‹Scholle› andererseits.

Wie man sieht, führt die Weiterentwicklung des Dramatikers Hauptmann, der großen Teilen der damaligen Öffentlichkeit – freilich stets zu
Unrecht – als Parteigänger des Sozialismus galt, in die Nähe ausgesprochen konservativer Denkmodelle. Weit deutlicher hielt Hermann Sudermann, sein wichtigster Konkurrent um die Gunst des großen Publikums
im allgemeinen und desjenigen des Berliner Lessing-Theaters im besonderen, an den moralischen Idealen fest, die das gesellschaftskritische
Engagement der Naturalisten um 1890 bestimmt hatten. Mit dem Schauspiel *Das Blumenboot* legt der als Pseudo-Naturalist bei der tonangeben-
den literarischen Kritik längst in Ungnade gefallene Erfolgsdramatiker
1905 ein Pendant zu seinem früheren Skandalstück *Sodoms Ende* (vgl.
Band IX, 1, S. 490) vor. Hier wie dort geht es um die Sittenlosigkeit der
Bourgeoisie in den vornehmen Wohnlagen der Reichshauptstadt – einer
Gesellschaftsschicht, die so ‹modern› ist, daß man die Ehe als Institution
zur Erzielung maximaler gegenseitiger Freiheit ansieht und für die
Hochzeitsnacht einen Besuch im Kabarett «Zum fidelen Meerschwein-
chen» verabredet. Die Verbindlichkeit der Ehe und die Legitimität einzelner Ausnahmen von diesem Prinzip (Ehebruch, Scheidung, außereheliche Beziehung) bilden ein wichtiges Thema in Sudermanns Dramatik.

Nicht zufällig ist das fünfaktige Stück *Es lebe das Leben* (1902) just in der Zeit
(Januar/Februar 1896) angesiedelt, in der das Eherecht des Bürgerlichen
Gesetzbuchs in erster Lesung im Reichstag behandelt wurde. Baron Richard
von Völkerlingk tritt als Redner in dieser Debatte für die Unauflöslichkeit der
Ehe ein, obwohl er selbst fünfzehn Jahre zuvor ein sogenanntes ehebrecherisches

Verhältnis zur Gräfin Beate von Kellinghausen unterhalten hat und diese Frau, deren Mann Michael inzwischen sein Freund geworden ist, weiterhin − wenn auch in der resignierten Form der Freundschaft − liebt. Sudermann zeigt die Überholtheit und Verlogenheit der aristokratischen Lebensform und sympathisiert offensichtlich mit seiner gerade durch die illegitime Beziehung zu einem souveränen sittlichen Standpunkt herangereiften weiblichen Hauptfigur Beate. Für diese ist ihre verbotene Liebe der Beginn eines neuen − von ihr emphatisch bejahten − «Lebens» geworden; mit dem nur halbironischen Toast «Es lebe das Leben» scheidet sie im letzten Akt aus dem Leben. Denn die tragische Konstruktion des Dramas fordert von den Vertretern des neuen Lebensprinzips den Verzicht nicht nur auf ihre Liebe, sondern auf das Leben selbst. Richard, der von seinem früheren (zur Sozialdemokratie übergewechselten) Sekretär erpreßt wird, fühlt sich im Interesse seiner Partei und seiner Freunde zum Selbstmord verpflichtet, dem wiederum Beate mit ihrem (als natürlicher Tod getarnten) Freitod zuvorkommt. Die ethische Größe ihres Handelns verleiht der Adelsgesellschaft und ihrem Ehe- bzw. Ehrbegriff ein unerwartet heroisches Format.

Auf dem Gegensatz von (innerem) Leben und Tod beruht auch das vieraktige «Volksstück» aus der Handwerker- und Arbeiterwelt *Stein unter Steinen* (1908). Ein entlassener Häftling findet in einem Steinmetzbetrieb Beschäftigung und − in der positiven Perspektive des Dramenendes − auch eine neue familiäre Bindung (in der Liebe zu Lore und ihrem unehelichen Kind). Zuvor jedoch bekommt er − bis hin zu einem Anschlag auf sein Leben − die ganze Macht der Vorurteile und Konkurrenzängste zu spüren. Die glückliche Lösung wirkt wie oft bei Sudermann aufgesetzt, die naturalistische Fassade des Dialektstücks beruht − wie schon in seinem Bühnenerstling *Die Ehre* − nicht auf einer konsequenten Auseinandersetzung mit der determinierenden Macht des Milieus. Die Hauptaufgabe des Steinmetzgewerbes in diesem Schauspiel liegt vielmehr in der Lieferung der Titelmetapher. «Die Steinmetzen erzählen nämlich: Der Stein wird durch Druck. […] Millionen Jahre müssen die drüberliegenden Schichten drücken, dann wird die lebendige Erde zu Stein», erklärt die vom Schicksal gebeutelte Lore im III. Akt und vollzieht selbst die Nutzanwendung: «Beim Menschen dauert's nicht so lang'. Das hab' ich ausprobiert. 'n paar Jährchen Druck − immer derselbe Druck. Das genügt. […] Drin im Innersten lebt man gar nich mehr. … Man is willenlos wie'n Stein.» Lore und Biegler lassen sich jedoch nicht versteinern; mit ihrer menschlichen Selbstbehauptung liefern sie ein positives Gegenbild im Sinne der ja auch von Hauptmann (in Figuren wie Heinrich, Odysseus, Mäurer) beschworenen Stärke.

Die Gefahr des Lebensverlustes im Sinne der Verhärtung und Versteinerung droht nach Sudermann jedoch nicht nur der Aristokratie oder der unterdrückten Arbeiterschaft, sondern auch dem von ihm selbst vertretenen Bürgertum, wenn es sich nicht auf die Bedingungen der Gegenwart einstellt. Das ist die Lehre seiner historischen Satire *Der Sturmge-*

selle Sokrates (1903), die einen Geheimclub alter Achtundvierziger in den Jahren nach der Reichsgründung zeigt. Der Zahnarzt Albert Hart-meyer mit dem Vereinsnamen Sokrates trägt die Verhärtung ja schon im Namen: Zusammen mit drei anderen Honoratioren (darunter auch der Rabbiner Dr. Markus) zeigt er sich unfähig zur Anerkennung der durch Bismarcks Politik geschaffenen politischen Realitäten. Ungehört verhallt der gesperrt gedruckte Zuspruch seines Sohnes Fritz, mit dem Suder-mann die Liberalen unter seinen Zuschauern – und das waren doch wohl seine eigentlichen Adressaten – tröstet: «Es wird nichts ver-loren gehen von Eurer Arbeit.»

Von liberalistischem Pathos durchdrungen sind auch die fünf auf Büh-nenerfolg berechneten Dramen, die Arno Holz seit der Jahrhundert-wende gemeinsam mit einem Weggenossen aus frühnaturalistischen Tagen, dem Rechtsanwalt Oskar Jerschke in Straßburg, verfaßte. Durch-gesetzt davon hat sich nur die «tragische Komödie» *Traumulus* (1904), ein Lehrerdrama mit äußerlichen Parallelen zu Heinrich Manns kurz danach erschienenem Roman *Professor Unrat* (s. o. S. 335). Hier wie dort wird die Existenz eines Gymnasiallehrers durch die vermeintliche Unsittlichkeit erschüttert, die von einer jungen Schauspielerin ausgeht; bei Holz/Jerschke begeht sogar ein Schüler Selbstmord, weil er das Ver-trauen des idealistischen Direktors (mit dem Spitznamen «Traumulus») verloren hat. Dieser fühlt sich als sein Mörder, weil er ein einziges Mal den Glauben an seine Schüler verleugnet hat, und will sein Amt nieder-legen – eine Konsequenz, mit der übrigens auch das Holz/Jerschke-Drama *Frei!* (1907) endet. Die abschließende Aussöhnung zwischen Traumulus und dem Landrat, seinem Gegner und Antipoden, deutet eine mögliche Synthese von Idealismus und Realismus, individueller Moralität und sozialer Anpassung an.

Im Gegensatz zu diesen formal völlig konventionellen Gemeinschafts-produktionen tragen die beiden Tragödien, mit denen Holz seinen Zyklus *Berlin – Wende einer Zeit in Dramen* fortsetzte, schon das sprach-artistische Gepräge des Spätwerks. Als Eröffnungsstück des Zyklus, der damals noch den Titel *Berlin – Ende einer Zeit in Dramen* trug, war 1896 die satirische Komödie *Socialaristokraten* erschienen. Aus der «Sprache des Lebens», für die Holz programmatisch eintrat, ist nunmehr ein recht künstliches Gebilde geworden, das im Bemühen um äußerste Präzision des Ausdrucks die Gegebenheiten der natürlichen Rede weit hinter sich läßt.

Das gilt vor allem für die beiden männlichen Hauptfiguren, die sich schon durch ihre Sprachgewalt als Wahlverwandte des Autors, Spiegel-bilder seiner geistig-künstlerischen Intentionen zu erkennen geben. In der Reflexion auf die philosophischen und ästhetischen Grundlagen des Projekts Naturalismus liegt denn auch die eigentliche Bedeutung der

zwei Dramen, in denen die Metropole Berlin, auf die sich der Name
des Zyklus so ostentativ bezieht, längst zur Kulisse geschrumpft ist –
zur Kulisse allerdings für eine Bewegung, die in dieser Stadt tatsächlich
ihren historischen Schwerpunkt hatte. In dieser Verknüpfung der Berlin-
Perspektive mit einer retrospektiven Thematisierung der naturalistischen
Programmatik verbirgt sich übrigens eine Gemeinsamkeit vor allem
der Tragödie *Sonnenfinsternis* mit Hauptmanns «Berliner Tragikomödie»
Die Ratten.

   Hauptfigur der fünfaktigen *Sonnenfinsternis* (1908) ist der Maler Hollrieder, der mit dem Verfasser des Dramas nicht nur den Anfang des
Namens, sondern wesentliche Teile seiner Entwicklung gemeinsam hat.
Er hat offenbar seinen ersten Erfolg mit einem naturalistischen Gemälde
namens «Kameraden» erzielt, das in Gemeinschaftsarbeit mit seinem jetzigen Untermieter Musmann entstanden ist – die Figur dieses psycho-
pathischen Intriganten ist ein polemisch verzerrtes Konterfei Johannes
Schlafs, mit dem sich Holz inzwischen in einem peinlichen Streit um
den persönlichen Anteil an der Begründung des Naturalismus befand.
Seit jenen Tagen hat er anhand typisch naturalistischer Sujets (Arbeiter
auf dem Weg zur Fabrik u. ä.) um die «Technik» der Naturabbildung
gerungen und sich dabei die «allerkomplizierteste Präzisionsmaschine-
rie» angeeignet, deren Sinn ihm jedoch zunehmend fragwürdig wird:
«Der erste beste Grasfleck im Sonnenschein schlägt die ganze Malerei
dot!» So äußert er sich im I. Akt, und dieselbe Position vertritt er im
mittleren III. Akt, der in den Räumen der Berliner Sezession spielt. Ein
Fensterausschnitt, «durch den man in sonnenflimmerndes Frühlings-
grün blickt,» scheint ihm dort alle ausgestellten Bilder in den Schatten
zu stellen – einschließlich seines eigenen (am Ende des I. Aktes konzi-
pierten) Monumentalgemäldes, mit dem er die naturalistische Detail-
treue zugunsten einer visionären Gesamtaussage überwindet; dargestellt
ist eine Sonnenfinsternis auf dem Tempelhofer Feld.

   Diese Kunstthematik, in der sich ohne weiteres Grundzüge von Holz' dichterischem und theoretischem Schaffen wiedererkennen lassen, ist nun einigermaßen willkürlich mit einer Liebeshandlung verbunden, die sich ganz im Stile
Ibsens als fortschreitende Enthüllung grausamer Wahrheiten gestaltet. Denn die
von Hollrieder geliebte und im Laufe des Stücks geheiratete Varietétänzerin mit
dem Künstlernamen La bella (Beatrice) Cenci hat ebenso wie die von ihr
gewählte Namenspatronin in inzestuösen Beziehungen zum eigenen Vater
gestanden. Das bezeugt nicht zuletzt eine Plastik, in der sich dieser – ein allgemein anerkannter Bildhauer, Lehrer Hollrieders – als Drache im Kampf mit der
Jungfrau dargestellt hat. Auch Beatrice selbst, die sich von Hollrieders naturalistischer Malerei ebenso abgestoßen fühlt, wie sie von seiner Persönlichkeit angezogen wird, verfolgt künstlerische Ziele – nämlich die Wiederbelebung des antiken Mimodramas – und bringt ihre erotische Wirkung ästhetisch zur Geltung,
wenn sie verschiedene Erscheinungsformen der Venus verkörpert, deren Benen-

nungen einem Gedichtband Richard Dehmels entnommen sind. Hollrieders Verbindung mit ihr ist ein von vornherein zum Scheitern verurteilter – aber für die Kunstdiskussion der Jahrhundertwende außerordentlich typischer – Versuch, sich von der Herrschaft der «Kunst» zu befreien und in vollen Zügen das «Leben» zu genießen. Nach dessen frühem Ende ist er von der utopischen Idee eines monumentalen Bildwerks (des «Bergs des Lebens») erfüllt, in dem die Abhängigkeit des Menschen von der Sexualität in ihrer ganzen Totalität und Vielfalt Gestalt annehmen soll – eine Art Walpurgisnacht aus Marmor. Die mythische Perspektive wird vom Drama selbst übernommen, wenn Beatrice unmittelbar vor ihrem Selbstmord vom «Teufel» Musmann als «Lilith» beschimpft wird.

Eine nicht unproblematische Besonderheit von Holz' späteren Dramen ist die quasi photographische Ähnlichkeit einzelner Figuren mit wirklichen Personen. Sie ergibt in den «Socialaristokraten» satirischen Sinn. In *Sonnenfinsternis* dagegen wirkt die vollkommene Übereinstimmung des Präsidenten der Sezession mit der Persönlichkeit Max Liebermanns (einschließlich der Vorliebe für das Berliner Idiom) eher irritierend – sie verleitet zu dem Trugschluß, daß auch die anderen Personen des Dramas in ähnlicher Weise auf die Wirklichkeit zurückzuführen wären. Entsprechendes gilt für die Figur des Universitätsrektors Prof. Dr. Dufroy-Regnier in Holz' letztem Drama *Ignorabimus* (1913). Sie zitiert das geistige Wirken des Berliner Physiologen Emil Du Bois-Reymond, der 1872 in seinem Buch *Über die Grenzen des Naturerkennens* die Selbstbescheidung der modernen Naturwissenschaft auf empirische Fragestellungen gefordert und in die Formel «Ignorabimus» (wir können nicht alles wissen) gefaßt hat; zehn Jahre später bekräftigte er diese Parole in seiner berühmten Rektoratsrede *Goethe und kein Ende*.

Dieser quasi nachprüfbaren Figur ist ein Schwiegersohn beigegeben, der ähnlich wie Hollrieder (an den ja auch der Name anklingt) als Verkörperung einer von Holz selbst erfahrenen Problematik verstanden werden kann. Dorninger, der ursprünglich den konsequentesten Empirismus vertrat, wird in einer schweren Lebenskrise mit okkultistischen Experimenten bekannt, von denen er sich nicht zuletzt Aufklärung über das Schicksal seiner toten Frau erhofft. Die anscheinende Evidenz dieser – wie sich nachher herausstellt: gefälschten – Experimente veranlaßt ihn zur Ausarbeitung einer neuen Wissenschaftstheorie, mit der er sich in schroffen Gegensatz zum Positivismus seines Schwiegervaters setzt. Das Ende ist eine allgemeine Katastrophe; zwischen Empirie und metaphysischem Erkenntnisbedürfnis gibt es diesem avanciertesten Produkt der Holzschen «Evolution des Dramas» zufolge keine Vermittlung.

2. Neuklassik: Ernst, Scholz, Lublinski

Von den drei Vertretern der Neuklassik hat einer (nämlich Samuel Lublinski) kein einziges seiner Dramen auf der Bühne gesehen. Fernab von den gewinnträchtigen Theatern der Hauptstadt, mußten sich Paul Ernst und Wilhelm von Scholz – zumindest für ihre neuklassischen Hauptwerke – mit Premieren in Weimar, Dresden und München begnügen. Daß diese Aufführungen meist an Hoftheatern stattfanden, und oft in mehrjährigem Abstand von der Entstehung der Stücke, trägt zusätzlich zum musealen Anstrich einer Richtung bei, die sich in mancher Hinsicht wie eine große Verweigerung ausnimmt – als Ressentiment nämlich gegen die naturalistische Moderne (der sich Ernst noch in den späten neunziger Jahren selbst angeschlossen hatte) und als Affront gegen das Unterhaltungs- und Einfühlungsbedürfnis des Publikums. Als Dramaturg des neugegründeten Düsseldorfer Schauspielhauses unter Louise Dumont und Gustav Lindemann hatte Ernst 1904/05 die beste Gelegenheit, die schlechtesten Erfahrungen mit den praktischen Anforderungen des Theateralltags zu machen; seine Wende zur neuklassischen Tragödie – mochte sie ursprünglich auch von der Hoffnung auf die erzieherische Wirkung eines neuen Nationaltheaters getragen sein – wirkt vor diesem Hintergrund wie die Flucht eines Desillusionierten in die reinere Welt der Literatur. Scholz dagegen trat seine Dramaturgentätigkeit am Hoftheater Stuttgart 1916 (mit zweijähriger Verspätung infolge des Kriegsausbruchs) zu einem Zeitpunkt an, in dem er auch programmatisch die Neuklassik verabschiedet und die Gemeinschaft mit Ernst aufgekündigt hatte.

Der Dramatiker Scholz hat seinen Weg auf den Spuren Maeterlincks begonnen, um als Okkultist zu enden. Auf der einen Seite steht der symbolistische Einakter *Der Besiegte* (1899), uraufgeführt von der Neuen Secessionsbühne in Berlin, dem wichtigsten Forum für die Vermittlung von Maeterlincks Dramen nach Deutschland, auf der anderen das Fragment *Der Zeitlose* und der internationale Bühnenerfolg *Der Wettlauf mit dem Schatten* (1920). Die beiden letzten Werke behandeln die magische Einwirkung des Schriftstellers auf die – durch seine Intuition erst zum Vorschein gebrachte – Liebesvergangenheit seiner Frau. Die Todessymbolik des *Besiegten* führt das Pestdrama *Der Gast* (1900, uraufgeführt in Weimar 1910) in realistisch abgemilderter Form weiter. Die hier erprobte Ansicht des mittelalterlichen Stadtlebens und die symbolische Auffassung des menschlichen Daseins – als eines unbehausten, eben eines Gast-Daseins – liegen letztlich auch der historischen Tragödie *Der Jude von Konstanz* (1905) zugrunde.

Das historische Drama rekonstruiert die Entstehung eines Juden-Pogroms in Scholz' – nach dem Geburtsort Berlin – zweiter Heimatstadt in Übereinstimmung mit seiner historischen Studie *Mittelalterliche Judenverfolgung in Konstanz*. Im sich verschärfenden Konflikt zwischen den orthodoxen Juden des Ghettos einerseits und der – in liberale und offen judenfeindliche Fraktionen gespaltenen – christlichen Partei andererseits gerät der konvertierte Arzt Nasson, eine Art weiser Nathan der Jahrhundertwende mit Anklängen an die Faust-Figur, zunehmend ins Abseits. Er erlebt das Scheitern seines Wunsches nach heimatlicher Verwurzelung und bürgerlicher Seßhaftigkeit (entscheidendes Motiv seines Übertritts zum Christentum) und den Tod der Geliebten. Bellet, die sich unter seinem Einfluß innerlich vom hergebrachten Glauben entfernt hat, aber zunächst den Bruch mit dem Vaterhaus scheut, wird in einem Akt des religiösen Fanatismus von demselben Juden, dem ihr Vater sie als Frau zugedacht hat, getötet, ehe sie Nasson zuliebe die Taufe annehmen kann (und damit aus jüdischer Sicht ihre Seele verliert). Obwohl es Nasson gelingt, die Hinrichtung der Konstanzer Juden in letzter Stunde zu verhindern, endet er selbst auf dem Scheiterhaufen: Das öffentliche Bekenntnis seiner Zugehörigkeit zum Judentum, mit dem der Getaufte nach den Gesetzen der Kirche sein Leben verwirkt, ist weniger ein trotziges Zurück zur Herkunft als das Eingeständnis einer gescheiterten Vermittlung und mehr noch der Todeswunsch eines auf Erden hoffnungslos Vereinsamten, in seinem existentiellen Anliegen – «Ich aber brauche Halt, ich brauche Heimat» – radikal Enttäuschten.

Hinter der historischen Fassade schimmert nicht nur der um 1900 aktuelle Konflikt zwischen zionistischer Separation und kultureller Integration bzw. Assimilation des mitteleuropäischen Judentums durch. In Nassons Heimatwunsch spricht sich zugleich eine anthropologische Option des konservativen Autors aus, der seiner eigenen Verbundenheit mit der süddeutschen Landschaft in mehreren Büchern Ausdruck verlieh (u. a. *Der Bodensee. Wanderungen*, 1907; *Sommertage. Skizzen, Bilder, Schilderungen vom Bodensee*, 1914). In der Annäherung an die Bauform der klassischen Tragödie dokumentiert das Blankversdrama ein vergleichbares Bedürfnis nach Anschluß an die Tradition (vor allem Hebbels), und zwar in der Überarbeitung, die der Kölner Inszenierung von 1906 zugrunde lag und in die zweite Auflage von 1913 einging, noch deutlicher als in der Erstfassung (aufgeführt von der Literarischen Gesellschaft Dresden 1905), die vier Akte und einen – nicht zur Aufführung bestimmten – Epilog vorsah. In der zweiten Fassung wird dieser Epilog als fünfter Aufzug der dramatischen Handlung angeschlossen.

Mit der Ausweglosigkeit des Konflikts und dem notwendigen Unterliegen des Helden realisiert sich im *Juden von Konstanz* erstmals das Tragikkonzept, das die neuklassischen Programmschriften von Ernst, Scholz und Lublinski entwerfen (s. o. S. 457 f.) und das dieselben Autoren innerhalb der nächsten fünf Jahre in einer Reihe von Tragödien verfolgen, die sich in auffälliger Weise um identische stoffliche und thematische Schwerpunkte gruppieren. Die innerste Schnittmenge der gemeinsamen Tragödienproduktion bilden mehrere Königsdramen. In der Wahl des hochgestellten Helden wirkt noch die Distanzierung vom Naturalismus nach; verglichen mit der sozialen Inferiorität und Handlungsunfähigkeit der Protagonisten im Milieudrama, erscheint der königliche Held als heroische Alternative. Dabei ist für Ernst und seine Weggenossen vor allem die Auffassung bestimmend, daß die ethische Gebundenheit mit der Position in der gesellschaftlichen Hierarchie zunimmt, der König somit die tragische Figur par excellence darstellt: «Je höher der Mensch steht, desto häufiger sieht er sich im Mittelpunkt mehrerer Notwendigkeiten», heißt es in Ernsts Aufsatz *Die Möglichkeit der klassischen Tragödie* (1904).

Wichtige Anregungen empfangen die Königsdramen der Neuklassiker aus der Geschichte des russischen Zarenhauses. Peter der Große inspiriert sowohl Lublinski (zur Tragödie *Peter von Rußland*, 1906) als auch Scholz, dessen Trauerspiel *Meroë* (1906, uraufgeführt in München 1907) ursprünglich den Titel «Czar Peter» trug. Die Geschichte des falschen Zaren Demetrius (eig. Grischa Otrepjow), die schon Schiller und Hebbel zu ihren Fragment gebliebenen Demetrius-Dramen angeregt hat und in einer Episode von Rilkes *Malte*-Roman eine eindrucksvolle Nacherzählung finden sollte, bildet die Basis für Ernsts Drama *Demetrios* (1905, uraufgeführt in Weimar 1910), das den russischen Stoff nun allerdings in das hellenistische Sparta verlegt.

Der freiheitlich gesinnte Sklave Pytheas, von der Tochter seines Herrn geliebt, soll gekreuzigt werden, weil er dessen Neffen, der ihn demütigte, erstochen hat. Da erklärt ihn die Sklavin Tritäa für Demetrios, den Sohn des letzten Herakliden; als Beweis dient ihr sein Amulett, das nach allgemeinem Glauben nur die Erstgeborenen der Könige tragen können. Mit den Worten: «Das Falsche stürzt, das Echte muß sich heben» tritt Pytheas, der in Wahrheit ein Kind Tritäas ist, das sie vom letzten König empfangen hat, seinen Feldzug gegen den Tyrannen Nabis an. Dank der Anerkennung durch die Witwe des Königs, die dabei nur die Rache am Königsmörder im Sinn hat, und der Preisgabe des heiligen Tempelschatzes als Sold für seine Anhänger gelingt ihm alsbald der siegreiche Einzug in den Königspalast. Weitere Unterweisung in die zynische Logik der Macht erhält der junge Idealist vom sterbenden Tyrannen, der seinerzeit gleichfalls mit dem Vorsatz einer Besserung der Verhältnisse den Thron bestiegen hatte. Der Freitod seiner Geliebten – die der Zweckheirat mit der Tochter des Nabis nicht im Wege stehen will – und die späte Aufklärung über seinen wahren Ursprung isolieren und desillusionieren den falschen Demetrios, der gerade in dieser ausweglosen Situation zu tragischer Größe findet:

> Nein, nicht entflieh ich, stürzt auch alles ein,
> Stürzt auch mein Recht, und bin ich ein Betrüger,
> Noch bin ich König und die Krone trag ich.
> [...]
> Ich steh allein und bin ein Feind von allen,
> Und lachend will ich siegen oder fallen.

Pytheas fällt schließlich, erstochen von seinem ersten Anhänger, als er die öffentliche Probe auf seine Herkunft verweigert: Er sollte die Sklavin Tritäa (seine wahre Mutter) erstechen. «Das ist's nicht wert», lautet seine Begründung,

und sein Abschiedswort: «Ich bin erlöst vom Leben, habe Dank!» Es wird über-
tönt von den Machtansprüchen konkurrierender Kronprätendenten – der spartanische Staat, von Anfang an als innerlich zerrüttet gezeichnet, versinkt im
Chaos.

Ernst hat bei verschiedenen Gelegenheiten die gesellschaftliche Aktualität dieses Pseudo-Griechendramas betont, das ja mit direkten Anspielungen nicht spart
(der Demagoge Demages als Karikatur der Sozialdemokratie), und seine subjektive Bedeutung herausgestellt. Danach spiegeln sich in der Entwicklung des tragischen Helden jedenfalls rudimentär Ernsts eigene Desillusionierung als gläubi-
ger Sozialist und das Grundgesetz der modernen, durch nackte Interessen-
kämpfe charakterisierten Politik. In seinem letzten Vortrag (*Mein dichterisches
Erlebnis*, 1932) erklärt der inzwischen zum strammen Konservativen gewandelte
Autor: «Mein Demetrios wurde 1904 geschrieben. Er erlebte das, was unser
guter Ebert 1918 hätte erleben müssen, wenn er eine Tragödie hätte erleben können und nicht nur ein guter und anständiger Mann aus dem Volke gewesen wäre
[...].»

Auch Scholz' in einem imaginären fernöstlichen Königreich angesiedelte Tragödie *Meroë* zeigt den determinierenden Zwang, der vom Amt
des Königs ausgeht. Prinz Hieram, der im Konflikt mit seinem Vater,
dem erbarmungslos nach staatspolitischen Grundsätzen regierenden
König Sarias, von der Priesterschaft gestützt wurde, wendet sich von
eben diesen Priestern ab, sobald er – durch den Gattenmord seiner Mutter Meroë, die selbst einem Priestergeschlecht entstammt – auf den
Thron gelangt. Der König kann keine andere Macht neben sich dulden,
die – an die Problematik des Bismarckschen Kulturkampfs und seine
Darstellung im Professorenroman (zum Beispiel Ebers' *Uarda*) erin-
nernde – Antinomie von Staatsmacht und Klerus ist letztlich nicht ver-
mittelbar. Für Meroë, die persönlich im Brennpunkt des Konflikts steht,
bleibt nur der Weg in den Selbstmord: «Eine eherne Pforte / schlägt hinter mir das Diesseits dröhnend zu, / dahinter alles Leben wie sinnloser
Wirbel / verhallt und stumm wird.»

Durch diese Verlegung des Konflikts ins Innere der Hauptfigur hinein, die gewissermaßen an ihrer eigenen Doppelbindung zugrunde geht,
unterscheiden sich Scholz' Tragödien (*Der Jude von Konstanz* und *Meroë*)
diskret von den sonst so ähnlichen Dramen Ernsts und Lublinskis, die
zwar ebenfalls die Unterordnung unter die objektive Notwendigkeit vorführen, aber gleichsam als einen Angriff von außen. Überspitzt gesagt:
bei Ernst und Lublinski sind die Helden nicht in sich gebrochen, sie
werden gebrochen – das Individuum unterliegt der Gesellschaft. Seine
Tragik besteht in der Entäußerung seiner Subjektivität; dafür ist nicht
unbedingt der äußere Tod Voraussetzung. So hat Ernsts Trauerspiel
Canossa (1908) gleich zwei tragische Helden: neben Papst Gregor VII.,
der durch den Bußgang des deutschen Königs seine Handlungsfähigkeit
verliert und ins Exil entweichen muß (wo ihm der Tod bevorsteht), auch

den König und späteren Kaiser Heinrich IV., der sich mit seiner spektakulären Buße den politischen Aufstieg sichert, aber in der Subjektivität
seiner triebhaften Willensnatur entscheidend gebrochen ist: «Ein Andrer
stand ich auf, als der sich beugte.» Metaphorisch kann auch hier vom
Tod die Rede sein – einem Tod allerdings, der dem fruchtbringenden
Ende der Blüte gleicht: «Er geht zu sterben, und ich bin gestorben.»

Die mittelalterliche Kaisergeschichte und der sie bestimmende Konflikt zwischen weltlicher und geistlicher Macht liegen auch Lublinskis Tragödie *Kaiser
und Kanzler* (1910) zugrunde. Die Konfrontation zwischen dem Stauferkaiser
Friedrich II. und seinem Kanzler Peter von Vinea, die schon C. F. Meyer zu
einem Dramen- und Novellenentwurf anregte (*Petrus Vinea*), wird bei Lublinski
zu einem Ringen zwischen unterschiedlichen Politik-Konzepten. Der kompro-
mißlose Kampf Friedrichs gegen den Papst basiert auf der utopischen Vision der
Befreiung des Menschen von kirchlicher Vormundschaft. Der Kanzler dagegen
wechselt nach seiner Blendung von einer pragmatischen Friedenspolitik zu einer
rigorosen Strenge, die das utopische Ziel Friedrichs noch im Bewußtsein seiner
absoluten Aussichtslosigkeit verfolgt. Dadurch gewinnt er eine tragische Größe,
die von fern an die Vorläufertragik Hebbelscher Helden erinnert. Denn die
Ideale, für die Friedrich und sein geblendeter Kanzler eintreten, stellen einen
Vorgriff auf die Neuzeit dar, sind gewissermaßen durch den weiteren Verlauf der
Geschichte legitimiert.

Die Perspektive auf den geschichtlichen Fortschritt ist auch der Dramatisierung des Nibelungen-Mythos eigen, mit der Lublinski fast zu einem Wegbereiter
für Ernsts Hauptwerk *Brunhild* (1909, uraufgeführt in München 1911) wird.
Denn schon in Lublinskis Tragödie *Gunther und Brunhild* (1908) geht es um die
prekäre Stellung der Walküre am Wormser Hof, das heißt hier vor allem um
den Gegensatz der heroischen Gestalten Siegfried und Brunhild zur Welt der
Zivilisation. Letztere vertritt der unkriegerische Gunther, der seine – durchaus
modern anmutende – Konfliktvermeidungsstrategie schließlich mit der Ermordung Siegfrieds und im unvermeidlichen Krieg mit den Hunnen aufgibt. Erst
mit diesem späten Ja zum Tod – einem Nein zum zivilisatorischen Fortschritt –
erreicht er das heroische Niveau seiner Gattin.

In Ernsts *Brunhild* sind Siegfried und die Walküre aufs schärfste von
der Welt der übrigen Figuren geschieden. Als grundsätzlich schuldunfä-
hige Sonderwesen stehen beide über der Sphäre des Betruges, dem sie vordergründig zum Opfer fallen – Brunhild, die durch die Tarnkappen-List
dem ihr nicht gemäßen Gunther zufällt, ebenso wie Siegfried, der sich
nichtsahnend dem Trugmanöver der Nibelungen zur Verfügung gestellt
hat.

> Ich weiß nichts von Verfehlung und Schuld,
> Denn nach Notwendigkeit leben wir oberen Menschen,
> Schuldlos

– so rechtfertigt die Heroine kurz vor ihrem Selbstmord sich und den
sterbenden Geliebten, dessen Tötung, für die er ihr dankt, sie gewollt

und ermöglicht hat. Durch Siegfrieds Tod wird seine und Brunhilds Ehre wiederhergestellt; zugleich regeneriert sich in den Flammen des Scheiterhaufens, auf dem beide beigesetzt werden, die Einheit ihrer Liebe, die vom flammenumlohten Walkürenfelsen ihren Ausgang nahm. Von der moralischen Bedenkenlosigkeit Gunthers und der offenen Bösartigkeit Chriemhilds hebt sich positiv die tragische Figur Hagens ab, der den Mord an seinem Freund in Gunthers Auftrag mit der verzweifelten Nibelungen-Treue des gehorsamen, aber innerlich aufbegehrenden Lehnsmanns vollzieht.

Der junge Georg Lukács hat in Ernsts *Brunhild* die «Metaphysik der Tragödie» in Reinform verkörpert gesehen. Tatsächlich gelingt Ernst hier die abstrakteste Gestaltung seines auf Notwendigkeit und Unausweichlichkeit zielenden Tragikbegriffs jenseits geschichtlich-gesellschaftlicher Bedingtheiten. In der Tendenz zu solcher Abstraktion ist allerdings auch die Fragwürdigkeit und Begrenztheit des neuklassischen Paradigmas angelegt, dem weder breitere Nachfolge noch Dauerhaftigkeit beschieden war. So hat denn auch Ernst selbst – ganz abgesehen von dem literarisch wenig ergiebigen Komödienschaffen, das er neben seinem tragischen Werk betrieb – den hier verfolgten Kurs nicht lange eingehalten. Das katastrophische Geschehen seiner nachfolgenden Dramen ist in zunehmendem Maße durch die Perspektive auf ein positives Ideal gemildert – bis an die Stelle der Negativität des tragischen Untergangs die positive Erlösung tritt.

Die große Kurtisane Ninon de Lenclos im gleichnamigen Trauerspiel von 1910 (uraufgeführt in Dresden 1911) erlebt in der Begegnung mit ihrem ihr unbekannten (nämlich bei der Geburt entrissenen) Sohn den Anhauch einer höheren Liebe, die unter den Bedingungen ihres Mätressen-Daseins freilich sogleich in erotischen Mißverständnissen und tragischen Verwicklungen erstickt. Der Merowinger Childerich im gleichnamigen Trauerspiel von 1910/11, das nach Lukács' Kritik im Brief vom Juni 1911 nicht zum Druck befördert wurde (posthum veröffentlicht 1959), kann sich über seine äußere Niederlage durch die Aussicht auf einen von Gott gestifteten Sinnzusammenhang trösten. Ariadne von Naxos schließlich im gleichnamigen Schauspiel von 1912 (uraufgeführt in Weimar 1914) erlebt die Liebe des Dionysos als religiöse Erlösung – als Erlösung auch von der Schuld des Vatermords, mit der sie hier in Abweichung vom überlieferten Mythos belastet ist. In einer für die *Neuen Blätter* verfaßten Kritik, die 1916 mit vierjähriger Verspätung an anderer Stelle erschien, spricht Lukács von der «hierarchischen Überordnung des Gnadendramas über die Tragödie».

Eine ähnliche Rückwendung zur Religion läßt sich bei Wilhelm von Scholz feststellen, der mit *Gefährliche Liebe* (1913, uraufgeführt am Hoftheater Stuttgart in der Regie des Autors) eine Art Pendant zu Ernsts *Ninon* verfaßte: Die dramatische Bearbeitung von Choderlos de Laclos' Roman *Les liaisons dangereuses* beleuchtet gleichfalls die Untiefen der Rokoko-Liebe. Mit dem kitschigen Mirakelspiel *Das Herzwunder* (1918, uraufgeführt an den Münchner Kammerspielen) beschreitet Scholz vollends den Weg zum Gnadendrama. Das protestantische Gegenstück zu dem hier vorgeführten katholischen Marienwunder hatte Ernst schon 1914 mit seinem Katte-Drama *Preußengeist* (1915, uraufgeführt am Hoftheater Weimar) geliefert. Nach der Erschießung seines Jugendfreundes, die der preußische Kronprinz Friedrich – der spätere König Friedrich II. – der historischen Überlieferung gemäß vom Fenster seiner Gefängniszelle verfolgen muß, unterwirft er sich dem König, und dieser verkündet das Wunder des Selbstopfers und der Auferstehung, zu dem sich die Zwänge königlicher Tragik nunmehr bei Ernst verklären, und seine Folgen für Preußen und die Welt ganz im Sinne der nationalistischen Weltkriegspropaganda:

> Und so, wie du, mein Sohn, gestorben bist,
> In deinem alten Menschen, und als neuer
> Nun auferstanden, werden alle Völker
> Durch dieses sterben und neu auferstehn.
> Tot ist dann Lüge, Knechtschaft, List, Gewalt,
> In Wahrheit lebt die Welt dann und in Pflicht;
> Mit goldnen Pfeilen das erschrockne Dunkel
> Zur lügnerischen Unterwelt verjagend
> Steigt donnernd hoch am morgendlichen Himmel
> Die deutsche Sonne für die ganze Welt.

3. Große Gefühle im Gewand der Tradition: Eulenberg, Hardt, Vollmoeller

Eulenberg, der 1905–1909 als Dramaturg am Düsseldorfer Schauspielhaus beschäftigt war (das erste halbe Jahr als unmittelbarer Kollege Paul Ernsts), hat die von Louise Dumont angeregten Morgenfeiern dieses Theaters durch seinen persönlichen Einsatz zum Erfolg geführt und mit seinen an verschiedenen Orten als *Schattenbilder* gedruckten Ansprachen eine individuelle Form der Einführung in künstlerische Themen entwickelt, die den Witz und die Anekdote nicht scheute, aber stets auf das «Genie» des besprochenen Autors oder Musikers ausgerichtet war. Ein genialischer Zug haftet auch den meisten Protagonisten seiner frühen Dramen an, die sich nur sehr zögernd auf der Bühne durchsetzten. Es sind Helden von ihres eigenen Gefühls Gnaden, unbeeindruckt durch den Widerstand, den die Konventionen der Gesellschaft dem Selbstgefühl ihres Innern entgegensetzen.

«Ich bin meine Welt für mich. Ich lasse die Sonne über mich aufgehen, wenn ich will.» So spricht Wladimir Walewski, der Vater der Titelheldin von Eulenbergs Tragödie *Anna Walewska* (1899, uraufgeführt in überar-

beiteter Fassung 1911). Die Unabhängigkeit von ethischen Normen, die
der polnische Graf für sich in Anspruch nimmt, gipfelt in der inzestuösen Liebe zu seiner Tochter aus erster Ehe, um deretwillen er seinen
besten Freund, ihren Bräutigam, ermordet. Vor der Erfüllung seiner Leidenschaft flüchtet Anna in die Natur und in den Tod – für den geliebten
Vater als letzten Gruß einen Kranz flechtend: «Und sagt ihm, daß sich
die Liebe durch unser Leben wand und es zum Ringe schloß wie diese
Binsen diesen Kranz, bis Ende und Anfang sich küssen und Tod und
Geburt sich stumm berühren.»

Durch Ausgriffe auf Sage und Märchen bekräftigt Eulenberg die
Distanz seiner Dramatik zur Realität. Sein «deutsches Schauspiel»
Münchhausen (1900, uraufgeführt 1902 in Berlin durch den Theaterverein Neue Bühne) zeigt den Lügenbaron im Konflikt mit der Adelsgesellschaft seiner Zeit: ein von leidenschaftlicher Dynamik getriebenes
Genie, das Ruhe und Wahrheit nur in der Liebe zu Lilli, der Frau seines
einzigen Freundes, zu finden vermag und den Selbstmord der «Schurke-
rei» vorzieht. Ein satirisches Vorspiel mokiert sich über die naturalistische Mode auf dem Theater und die Dummheit des Publikums.

Dennoch war es ein naturalistisches Theater, das den Geheimtip
Eulenberg erstmals ins Rampenlicht der großen Öffentlichkeit rückte.
Otto Brahm inszenierte Eulenbergs achtes (!) Drama *Ritter Blaubart*
(1905) am Berliner Lessing-Theater 1906. Die Uraufführung des Mär-
chenstücks geriet zu einem handfesten Skandal; zu kraß wirkten die
Horror-Elemente, die kaum verändert aus Grimms Märchen übernom-
men waren, im Kontrast zur realistischen Sphäre des II. und IV. Akts.
Aus dem Ungeheuer der Vorlage wird bei Eulenberg ein genialisch ver-
anlagter Psychopath – «ein beweinenswerter Mensch», wie sein letzter
Schwager Werner sagt, nachdem er ihn erschossen hat. Rechnet man die
blutrünstige Zuspitzung ab, die Eulenbergs Held gleichsam vom Märchen übernimmt, so erscheint dieser serielle Bräutigam in denkwürdiger
Nähe zu den Abenteurer- und Casanova-Figuren im Drama der Wiener
Moderne. Wie diesen dämmern Blaubart in lichten Momenten der Rollencharakter und die Vorbestimmtheit seines Tuns – so in einem Monolog des II. Akts während der Hochzeit mit seiner sechsten Frau Judith:
«Wann sagt ich dies alles schon? Wo sprach ich dies alles schon nach?»

In der Widmung zu *Alles um Liebe* (1910, uraufgeführt 1911) fragt Eulenberg:
«Wann scheint der Tag, an dem mein Ruhm beginnt?» Tatsächlich eröffnete diese
stark an Shakespeare gemahnende Komödie eine erfolgreichere Phase seiner
Bühnenkarriere, dank der poetisierenden Leichtigkeit, mit der hier das unverändert festgehaltene Thema des subjektiven Gefühls verfolgt wird. Das kurz darauf
entstandene Pendant *Alles um Geld* (1911) macht zugleich die Grenzen deutlich,
in denen dem neuromantischen Drama Eulenbergs eine Annäherung an sozio-
ökonomische Gegebenheiten möglich ist. Die Opposition zwischen «Kreaturen

Gottes», die nur ihrem menschlichen Gefühl folgen, und dem auf Geld erpichten Rest der Gattung ist doch wohl auch für eine Komödie eine zu schlichte Antithese.

Ernst Hardt, der spätere Intendant des Weimarer Nationaltheaters und des Westdeutschen Rundfunks, hat mit einem halben Dutzend Stücken nur ein vergleichsweise schmales dramatisches Œuvre aufzuweisen, dem jedoch schon früh Beachtung und zeitweise große Anerkennung zuteil wurde. Sein von Maeterlinck und Hauptmanns *Einsamen Menschen* beeinflußter Erstling *Tote Zeit* wurde im Mai 1898 zusammen mit Hofmannsthals *Die Frau im Fenster* von der Berliner Freien Bühne aufgeführt. Mit seinem Einakter in Blankversen *Ninon von Lenclos* (1905) löste Hardt eine ganze Welle von Dramen über die Lebedame aus der Glanzzeit des französischen Hofes aus. Schließlich wurde sein Drama *Tantris der Narr* 1908 – ein Unicum in der Geschichte der Preisstiftungen – sowohl mit dem (halben) Staats-Schillerpreis als auch mit dem ganzen Volks-Schillerpreis ausgezeichnet.

Die frühen Dramen Hardts leben eher von Stimmungen als von Handlung; zumal die weiblichen Hauptfiguren kommen eigentlich gar nicht zum Handeln oder zu einer dramatischen Entscheidung – sie erleiden die Folgen lange zuvor eingegangener Bindungen. Ninon von Lenclos, die eben noch einen Verehrer darüber belehrt hat, daß ihre gemeinsame Affäre definitiv der Vergangenheit angehört (also ähnlich wie Andrea in Hofmannsthals *Gestern* den Standpunkt des wechselnden und nur im Augenblick gültigen Gefühls vertritt), wird von einem «Knoten» eingeholt, den ihr früheres Leben geschürzt hat. Es ist ihr eigener – ohne Kenntnis seiner Mutter aufgewachsener – Sohn, der ihr einen Auftrag der Königin überbringt. Der junge Mann gesteht ihr seine Liebe und bringt sich, sobald er die Wahrheit erfährt, auf der Stelle um.

Wesentliche Bedeutung hat der – in der Weimarer Freilichtaufführung im Garten von Alfred und Helene Nostitz 1909 gewissermaßen beim Wort genommene – Schauplatz des Parks als Vermittlung zwischen der Sinnlichkeit verkörpernden Natur und den Gesetzen der Gesellschaft, vertreten durch das festliche Treiben im angrenzenden Haus. Mit zahlreichen Anspielungen auf die Blüte der französischen Dichtung – Molière und La Fontaine sind unter den Gästen – wird uns ein Höchstmaß an ästhetischer Gefühls-Kultivierung vorgeführt. Ninons Sohn hat seine Mutter bisher als literarisch vermittelten Mythos kennengelernt und kündigt seinen Freitod als neues Thema für die Lieddichter an. Für undisziplinierte Gefühlsausbrüche ist in dieser Sphäre kein Platz; die letzten Worte des Einakters gehören dem Marschall, der sich über die verzweifelt zu Boden sinkende Mutter beugt: «Wird euch unwohl, liebste Ninon?»

Die innere Geschlossenheit von Hardts Vorlage wurde von keinem der Nachfolge-Dramen erreicht – weder bei Friedrich Freksa (*Ninon de l'Enclos. Ein Spiel aus dem Barock*, 1907) noch bei Eduard Stucken (*Die Gesellschaft des Abbé*

Châteauneuf. Tragikomödie, 1909) oder Paul Ernst (*Ninon de Lenclos. Trauerspiel in drei Akten*, s. o. S. 536).

In der Zuwendung zur ästhetischen Kultur der französischen Klassik spiegelt sich bei Hardt und seinen Nachfolgern die ästhetische Kultur der Jahrhundertwende. Hardt selbst hat an ihr vielfach Anteil: durch seine Freundschaft mit dem Archäologen und Kunsthistoriker Botho Graef, durch seine Kontakte zum George-Kreis, seine zahlreichen Übersetzungen (u. a. Balzac, Flaubert, Taine, Voltaire) für Diederichs und für den Insel Verlag, bei dem auch Hardts eigene Werke erschienen, und seine Beziehung zum Illustrator Marcus Behmer. Einen Gipfel erreicht die langjährige Zusammenarbeit von Hardt und Behmer bei der Gestaltung der Buchausgabe von *Tantris der Narr* (1907). Das auf die mittelhochdeutsche Tristan-Dichtung (Gottfried von Straßburg, Heinrich von Freiberg) zurückgehende Drama setzt wesentlich auf visuelle Effekte: Im I. Akt wird Isoldes Blondhaar, noch naß von den Tränen der Nacht, von den Strahlen der aufgehenden Sonne übergossen; im III. Akt wird Isolde nackt, nur «von ihrem blonden Haar umflossen», den Siechen ausgesetzt. Zu solch szenischen Effekten treten die imaginierten, herbeigeredet in einem manierierten Stil, der das Verdikt des George-Kreises (Berthold Vallentin: «schlecht-gemachter Kitsch») verständlich macht:

> Ein elfenbeinern Gleißen ist ihr weißer Leib,
> Aus Maienmondlicht aufgebaut zu einem Wunder
> Der Herrlichkeit. – Ein wilder Garten ist dein Leib,
> Wo Purpurfrüchte gluten und betäuben.

Die Tragik liegt darin, daß Tristan, der in der Maske des Narren mit dem anagrammatischen Namen Tantris Isoldes Schönheit beschreibt, von der Geliebten nicht erkannt wird. Hardts Drama gewinnt seine eigentliche Pointe aus der Verweigerung der gattungstypischen (in *Ninon de Lenclos* noch in klassischer Manier eingesetzten) Anagnorisis, der Wiedererkennung verwandter, liebender oder befreundeter Dramenfiguren. Isolde und Tristan sind einander durch zehnjährige Trennung und den eifersüchtigen Schmerz, den Tristans Heirat mit Isolde Weißhand der ersten und eigentlichen Isolde zugefügt hat, so sehr entfremdet, daß sie ihn in den Verkleidungen, unter denen sich der Verbannte ihr zu nähern sucht, nicht mehr zu erkennen vermag. Das Bild des Abwesenden, die Trauer um die Vergangenheit verdeckt die Realität des Anwesenden und raubt den Liebenden Gegenwart und Zukunft. Isolde, der erst nachträglich die Identität des scheidenden Tristan bewußt wird, stirbt einen einsamen Liebestod.

Auch Hardts nächstes Drama *Gudrun*, 1911 am Berliner Lessing-Theater uraufgeführt, geht von einer mittelhochdeutschen Vorlage aus. Im

Unterschied zum versöhnlichen Ende des *Kudrun*-Epos endet das Schauspiel tragisch; Hardts Heldin provoziert ihre Ermordung durch Hartmuts Mutter Gerlind, weil sie den Tod ihres Entführers ebensowenig überleben kann, wie sie sich zu seinen Lebzeiten ihm hinzugeben vermochte. Auf der einen Seite heroisiert der Dramatiker die überlieferte Figur, indem er sie selbst für die Abweisung früherer Freier verantwortlich macht und ihr eine auffällige Vorliebe für Kampf und Schwert zuschreibt. Auf der anderen Seite liefert er eine durchaus moderne psychologische Motivation für ihr abweisendes Verhalten: Gudrun ist offenbar von dem normannischen Eroberer erotisch fasziniert und kann dieses Begehren mit ihrem ständischen Ehrbegriff und Selbstbild nicht in Einklang bringen. Zum ersten Mal begegnet damit in Hardts Dramatik eine klar ausgebildete tragische Konfliktsituation; auch vom straffen Aufbau und der inneren Notwendigkeit des Handlungsgeschehens her läßt sich hier eine Annäherung Hardts an das Tragödienkonzept der Neuklassik feststellen.

In *Ninon von Lenclos*, *Tantris der Narr* und *Gudrun* steht das Leiden von Frauen an dem von ihnen ausgelösten und/oder empfundenen erotischen Begehren im Zentrum. Insofern hat es Konsequenz, wenn sich Hardt für das scherzhafte Satyrspiel, das er dieser heimlichen tragischen Trilogie nachfolgen läßt, einen erotischen Stoff aussucht, der gleich zwei Frauen in eine dominierende Position bringt. *Schirin und Gertraude* (1913) liefert eine originelle Variante der Sage vom Grafen von Gleichen: Statt des männlichen Wunschtraums einer harmonischen Bigamie vollzieht sich hier eine Verständigung der beiden Ehefrauen über den Kopf und hinter dem Rücken des dicklichen Kreuzfahrers.

Karl Gustav Vollmoeller war mit Hardt befreundet und verdankt ihm die Vermittlung seines ersten Bühnenstücks an den S. Fischer Verlag. Das lyrische Drama *Catherina Gräfin von Armagnac und ihre beiden Liebhaber* (1903) steht in der Nachfolge Hofmannsthals, an dessen Einakter *Die Frau im Fenster* sowohl die Ausgangssituation (die drohende Rache des betrogenen, für seine Grausamkeit bekannten Gatten) als auch die Raumsymbolik des III. Aktes erinnern – mit ihrer aus dem verschlossenen Innenraum in den Garten und über seine Mauern hinweg in die weite Welt hinausdrängenden, zwischen Tod und Leben schwankenden Erwartung. Neuartig ist die Intrige, mit der Catherina das Leben ihres Liebhabers retten will: indem sie einen anderen Verehrer anlockt, den sie für den Genuß ihrer Umarmung in den sicheren Tod zu schicken bereit ist. Der geplante Tausch mißlingt; der Ehemann stellt der Erschrockenen das abgeschlagene Haupt ihres Geliebten auf den Kaminsims, und es entspannt sich eine prekäre Konkurrenz zwischen Tristan, dem wiederkehrenden, jetzt erst mit allen Sinnen dem Leben zugewandten Liebhaber-Double, und dem Toten, den Catherina momentweise fast vergißt, um sich am Ende ausschließlich ihm zu weihen: durch den Sprung in den Tod.

Die balladenartige Dichtung aus dem mittelalterlichen Paris, die kalei-
doskopartig verschiedene Einflüsse des Fin de siècle und der Dekadenz,
des Symbolismus und des Ästhetizismus vereinigt, erfuhr 1901 einen
Teil-Vorabdruck in Georges *Blättern für die Kunst* und 1903 ihre Uraufführung im Stadttheater Elberfeld; ein Wiederbelebungsversuch der Berliner Kammerspiele 1907 war mit wenig Erfolg gesegnet. Der d'Annun-
zio-Übersetzer und grandseigneurhafte Dandy Vollmoeller wurde hinfort zu einem der engsten Mitarbeiter Max Reinhardts, der mit dessen
Pantomime *Das Mirakel* (s. o. S. 439) einen sensationellen internationalen Erfolg feierte.

4. Konstruktivismus zwischen Satire und Utopie

Wedekind

Als 1901 *Der Marquis von Keith* (noch unter dem Titel *Münchner Scenen,
nach dem Leben aufgezeichnet*) in der Zeitschrift *Die Insel* erschien,
konnte Frank Wedekind auf eine zehnjährige Karriere als Verfasser von
gedruckten, aber noch kaum aufgeführten Dramen zurückblicken. Während die früheren Hauptwerke *Frühlings Erwachen* und die «Monstretra-
goedie» *Die Büchse der Pandora* (aus der das Doppeldrama *Der Erdgeist*
und *Die Büchse der Pandora* hervorging) den Umgang mit der Sexualität
ins Zentrum rückten, handelt das neue Drama allgemeiner und grund-
sätzlicher von verschiedenen Einstellungen zum Leben und insbesondere
von einer Existenzform, mit der sich Wedekind nicht gerade identifizierte, in der er aber doch ein Gleichnis seiner eigenen riskanten Position
als außenseiterhafter Künstler erkannte: der Existenz des Abenteurers.

Mit der Figur des hochstaplerischen Abenteurers Keith greift Wedekind
einen Gestalttyp auf, der für die Entwicklung der Wiener Moderne höchste
Aktualität besaß. Im Unterschied zu dem Gebrauch, den Hofmannsthal und
Schnitzler vom Typus des Casanova machen, geht es bei Wedekind nicht so sehr
um Fragen der Ich-Konstitution und der Kontinuität des Erlebens. Auch die
erotische Dimension und die damit verbundene Frage von Treue und Untreue
erhält nicht die Bedeutung, die man vielleicht gerade bei Wedekind erwarten
würde. Es ist zwar evident, daß Keith seiner Quasi-Ehefrau Molly nicht die
Treue hält, aber damit scheint diese sich abgefunden zu haben; für den Ausgang
des Dramas hat weit größere Bedeutung, daß das «Luxusweib» Anna den Abenteurer verläßt (und nicht umgekehrt!), um das finanziell solidere Eheangebot
des Kommerzienrats Casimir zu ergreifen. Wedekinds Abenteurer scheitert an
den Mechanismen der bürgerlichen Gesellschaft, auf die er sich – darin liegt
seine Tragik – selbst einläßt: indem er das ehrgeizige Projekt der Gründung
einer Feenpalast-Aktiengesellschaft betreibt und nach außen den kapitalkräfti-
gen Geschäftsmann markiert, der er – ohne Geschäftsbücher und Kopierbuch
– doch keineswegs ist.

Der Hochstapler als aktualisierte, moderne Ausgabe des Abenteurers? In einem zentralen Punkt jedenfalls läßt sich die Problematik des falschen Marquis an die Abenteurer-Gestalten der Wiener Moderne anschließen. Hier wie dort geht es um den Gegensatz zur ethischen Existenz. Mit nicht geringerer Konsequenz als sie Schnitzler aufwendet, wenn er im *Einsamen Weg* den abenteurerhaften Ästheten Fichtner und Sala den pflichtbewußten Wegrat entgegensetzt, stellt Wedekind seinem Protagonisten Keith den Antipoden Ernst Scholz an die Seite. Mit seinem übertriebenen Schuldbewußtsein, einer regelrechten Pedanterie des Gewissens scheint dieser geborene Graf recht eigentlich geschaffen, Keith kontrastiv zu profilieren: Scholz hat alles, was Keith fehlt (Reichtum, adlige Herkunft) – dafür fehlt ihm, was Keith auszeichnet: die Leichtigkeit des Lebens, die Spannkraft und Elastizität, um auch nach schweren Niederlagen noch Mut zu einem neuen Aufschwung zu finden. Das zeigt sich in der von Thomas Mann als Höhepunkt des Wedekindschen Schaffens gewerteten abschließenden Aussprache zwischen den gegensätzlichen Freunden im V. Akt: Der Moralist Scholz, der sich von Keith zum «Genußmenschen» hat ausbilden lassen wollen und dabei erwartungsgemäß gescheitert ist, gibt sich definitiv auf (durch die Selbsteinweisung in eine Privatirrenanstalt, zu der er auch Keith überreden will) – Keith dagegen quittiert die Abfindung, die ihm Annas künftiger Ehemann auszahlt, und sieht ungeachtet aller demütigenden Umstände, die ihn vorübergehend an Selbstmord denken lassen, in dieser Geldsumme schon wieder die Chance für einen neuen Aufstieg: «Das Leben ist eine Rutschbahn!»

Wenn dem so ist, dann gibt es auch keine tragische Katastrophe mehr und kein ultimatives dramatisches Finale. Die Dramatik gewinnt – eben das hat ja vor allem Schnitzler vorexerziert – einen seriellen oder episodischen, letztlich zyklischen Charakter. Der Held, der keine Reue zeigt (auch dann nicht, wenn die Wasserleiche seiner Lebensgefährtin auf dem Divan liegt), kennt auch keine Entwicklung. Veränderung vollzieht sich in Wedekinds Stücken eher durch Stellungswechsel, Neuordnung der Figuren innerhalb eines bestimmten Beziehungssystems. Das verleiht seiner Dramatik einen ausgesprochen konstruktivistischen Zug, den das Montagehafte des Handlungsaufbaus sowie der Figurenzeichnung, aber auch die Heterogenität der Stilelemente noch verstärken. So mischen sich im *Marquis von Keith* kaum verschlüsselte Reminiszenzen an den Finanzskandal um das Deutsche Theater in München und das Direktorium Emil Meßthalers mit allegorischen Strukturen, die sich vor allem an der Mephisto-Qualität der Hauptperson festmachen lassen. Sie geht in der Endfassung schon aus Keiths Hinken hervor, das sich vorübergehend auf Scholz überträgt, und wurde in der Erstfassung *Ein gefallener Teufel* noch durch den Titel unterstrichen. Das Feuerwerk als Höhepunkt der Handlung im III. Akt ist ein weiteres sinnstiftendes Element: als schnell verpuffender Schein, als Illusionskunst des Moments liefert es geradezu ein Gleichnis der Existenzform des Helden, aber auch der Ästhetik, die er mit seinem Autor teilt; nicht umsonst hat Wedekind 1906 die erste Buchausgabe seiner Erzählungen *Feuerwerk* genannt.

Die meisten Werke der Folgejahre lassen sich – als Weiterentwicklung, Variante oder Korrektur einzelner Themenkomplexe – auf den Markstein des *Keith*-Dramas beziehen. Der melodramatisch angelegte, aber eher grotesk verarbeitete Handlungsstrang um Molly, die ausgenutzte und in den Selbstmord getriebene Bürgerstochter, wird isoliert ausgestaltet in *Musik* (1907), einer parodistischen Coda zum Bürgerlichen Trauerspiel. Klara Hühnerwadel (welch ein Name!) wird zweimal infolge des «Privatunterrichts» bei ihrem Gesangslehrer Josef Reißner schwanger. Das erste Kind läßt sie abtreiben, was ihr — trotz vorheriger Flucht ins Ausland — eine Gefängnisstrafe aufgrund des Paragraphen 218 (hier entstellt zu 812) einträgt. Das zweite Kind stirbt kurz nach der Geburt; Klara, die Reißner das gesamte väterliche Erbteil als Darlehen überschrieben hat, muß erleben, daß ihre Mutter ihm für seine selbstlose Hilfe dankt, und bricht unter dem «Fluch der Lächerlichkeit» zusammen. Damit ist zugleich die ästhetische Strategie des Stücks beschrieben, das eine potentiell tragische Materie in moritatenhafter Manier vorführt und dem Gelächter preisgibt.

Andere Dramen arbeiten sich an der Problematik des außenseiterhaften Projekteschmiedes, Weltverbesserers oder Künstlers ab, wobei die verschiedenen Elemente, die in der Konstellation Keith/Scholz enthalten sind, jeweils neu gemischt werden. Mehrere Helden verzweifeln oder töten sich, nachdem das ideelle Projekt, in dem sie ihr Lebenswerk gesehen haben, gescheitert oder widerlegt worden ist: so in der Tragikomödie *Hidalla oder Sein und Haben* (später: *Karl Hetmann, der Zwerg-Riese*; s. o. S. 470) Hetmann, der schiefgewachsene Gründer eines Vereins zur Züchtung von Rassemenschen, nach der Einsicht in die Instrumentalisierung, ja den egoistischen Ursprung seines Ideals; so in *Die Zensur* (1908) der Schriftsteller Buridan, der die Maßstäbe einer klerikalen Zensurpraxis auf sein eigenes Leben anwendet und die Schönheit seiner Geliebten daraus streicht, weil ihm Häßlichkeit Arbeitsvoraussetzung ist; so in *Totentanz* (1906, später: *Tod und Teufel*) der Mädchenhändler Casti-Piani, der an die menschheitsbeglückenden (nämlich Freude verbreitenden) Folgen seines Berufs glaubt, bis er aus dem Munde der Hure Lisiska von der «unendlichen Qual» und «niegestillten Begier» der Prostituierten erfährt. Mit ihm verfällt die Frauenrechtlerin Elfriede von Malchus dem Fluch der Lächerlichkeit; obwohl Mitglied des «Internationalen Vereins zur Bekämpfung des Mädchenhandels», ist sie von der Eloquenz dieses Mädchenhändlers so beeindruckt, daß sie ihn auf der Stelle heiraten will.

Während die Idealisten sterben oder zusammenbrechen, überleben die Kapitalisten. Georg Sterner, der Verleger der satirischen Zeitschrift «Till Eulenspiegel» in Wedekinds Schauspiel *Oaha* (1908), verkraftet auch noch seine Degradierung zum «Sitzredakteur» — das heißt zu demjenigen Mitglied der Redaktion, das bei verlorenen Zensurprozessen die Gefängnisstrafen absitzt. Wedekind verarbeitet in dieser «Satire der Satire» (so der Untertitel zur vieraktigen Fassung von 1910) in höchst durchsichtiger Weise die geschäftlichen und familiären Verhältnisse des *Simplicissimus*-Verlegers Albert Langen. Man erkennt ohne weiteres die Mitarbeiter Heine (Laube), Thoma (Kilian) und Wedekind als «Max Bouterweck,

Schriftsteller (gekränkte Leberwurst)». Schon dessen früherer Versuch, seine eigene Verurteilung zu einer Haftstrafe wegen einer *Simplicissimus*-Veröffentlichung dramatisch zu verarbeiten, hatte zu einem wenig befriedigenden Resultat geführt (*So ist das Leben*, 1902; später: *König Nicolo, oder So ist das Leben*).

Wedekinds Schaffen erhält zunehmend einen selbstreflexiven Zug, und diese Tendenz zur skeptischen Reflexion auf das eigene Wirken geht offenbar mit einem wachsenden Verlust des Vertrauens in die Glücksmöglichkeiten einher, die das sexuelle Erleben dem einzelnen eröffnet. Die im Frühwerk aufscheinende utopische Perspektive auf eine befreite Sexualität weicht der Einsicht in die unhintergehbare Verflechtung auch der Erotik mit Machtstrukturen und Gewaltmechanismen einer auf Ungleichheit basierenden Gesellschaft. Hingabe ist auf der Bühne Wedekinds nur noch als Tauschgeschäft und Täuschung denkbar. So läßt sich die Hure Effie im Einakter *In allen Wassern gewaschen* (entspricht dem III. Akt von *Schloß Wetterstein*) vom Millionär Tschamper, der in raffinierter Weise an ihre Kindheitserinnerungen appelliert und dabei in die Rolle des Vaters schlüpft, zum Opfertod überreden – dem perversen Voyeur das Schauspiel ihrer Todeszuckungen zu einsamem Genuß darbietend.

Vor dem Hintergrund solcher Skepsis konnte denn auch Wedekinds Entwurf eines weiblichen Fausts kaum zu einem eindeutig positiven Ergebnis führen. Franziska, wie die Heldin des gleichnamigen «modernen Mysteriums» (1912) in Anspielung auf Franziska zu Reventlow heißt, die gleichfalls ein vaterloses Kind aufzog und in ihrem autobiographischen Roman *Ellen Olestjerne* (1903) sogar das Teufelspaktmotiv vorwegnimmt, lernt im Versicherungsagenten Veit Kunz einen zeitgemäßen Mephisto kennen, der ihr eine Gesangskarriere und für zwei Jahre alle «Genußfähigkeit» und «Bewegungsfreiheit» eines Mannes verspricht. Die Ehe, die Franziska (als Mann verkleidet) mit Sophie eingeht, endet freilich mit deren Selbstmord. Ihre Rolle als mythologische Helena im Rahmen eines von Veit Kunz inszenierten Mysterienspiels wird von Franziska selbst gesprengt. Am Schluß steht sie als glückliche Mutter da und spricht die an Fausts Wette gemahnenden Verse: «Wenn ich, statt täglich Neues zu begehren, / Dem Schicksal freudig danke, was es gibt, / Wie soll mich Reue je verzehren?» Doch könnte selbst der naivste Zuschauer diesen Ausgang nicht als gültige Lösung und Erfüllung des ursprünglich geäußerten weiblichen Freiheitswunsches akzeptieren. Wedekind begnügt sich offenbar damit, mehrere Handlungsansätze – gewissermaßen als Versuchsreihe – durchzuspielen und von der verbindenden Grundmelodie des Goetheschen (hier nur am Rande ironisch aufgebrochenen) Modells beleben zu lassen.

Franziska ist zu großen Teilen in Versen verfaßt; die beiden mythologischen Stücke, die Wedekind 1914 und 1917 veröffentlicht, sind einheit-

lich als «dramatische Gedichte» in Versform angelegt. Mit Simson und
Herakles thematisieren sie gewalttätige männliche Helden, die doch
weiblicher List unterliegen: Delila blendet Simson und gibt ihm damit –
so der Untertitel – «Scham und Eifersucht» ein; Dejaneira schickt
Herakles das verderbenbringende Festgewand. So vollzieht sich der
Kampf der Geschlechter schon im mythischen Altertum. Wieweit im
Herakles-Drama, entstanden 1914–1916, Anspielungen auf das aktuelle
Kriegsgeschehen mitschwingen (Deutschland als Herakles?), ist schwer
zu beurteilen. Zumindest in einem Fall hat Wedekind einen direkten
Brückenschlag von der sexuellen zur Kriegsthematik hergestellt. Ein
1917 veröffentlichtes Dramolett für zwei Schauspieler, das äußerlich an
die Versdichtung *Der Stein der Weisen* (1909) anschließt, ist als «Bilder-
rätsel» mit eindeutig sexuellen Konnotationen angelegt; verhandelt wird
darin die Frage «Oben oder unten» als Liebesstellung und Machtdisposi-
tiv zugleich. Der Titel ist ein nietzscheanischer Komparativ zur Übersetzung des englischen Namens für den größten damaligen Schlachtschiff-
typ (Dreadnought): *Überfürchtenichts*.

Kaiser

Georg Kaiser, der weitaus produktivste und bekannteste Dramatiker des
Expressionismus, hat eine ganze Reihe von Stilen und literarischen Vorbildern erprobt, bis er mit seinen Hauptwerken *Von Morgens bis Mitternachts* und *Die Bürger von Calais* auch prägenden Einfluß auf das Theater
der neuen Richtung gewann. Das Manuskript seines ersten abendfüllen-
den Stücks, der Tragikomödie *Die melkende Kuh* (entst. 1903), übersandte
Kaiser 1906 an Gerhart Hauptmann unter dankbarem Hinweis auf die
Anregungen, die er von dessen *Biberpelz* empfangen habe.

Es lassen sich jedoch leicht auch Verbindungslinien zu anderen Stücken
Hauptmanns herstellen, dessen Erstling *Vor Sonnenaufgang* noch Jahre später ein
eigentümlich vertracktes Echo in Kaisers Schauspiel *Die Muttergottes* (1917) findet, nach dem Zensurverbot noch im gleichen Jahr wiederveröffentlicht unter
dem neuen Titel *Die Versuchung. Eine Tragödie unter jungen Leuten aus dem Ende
des vorigen Jahrhunderts.* In der fixen Idee Karlas, eine Art Musterkind gebären
zu wollen, verknüpft sich nämlich die expressionistische Idee von der Geburt
des neuen Menschen mit den eugenischen Vorstellungen und dem militanten
Antialkoholismus des Reformers Loth aus Hauptmanns Frühwerk. Als der wan-
dervogelhafte Prophet Rust, den sich Karla (statt ihres Ehemanns Albert) zum
Vater ihres Kindes auserkoren hat, seinen Unglauben an die einschlägigen Theorien eines von ihm verfaßten Buchs bekennt, verfällt sie jedoch selbst dem Trunk
und begeht Selbstmord.

Neben dem Naturalismus orientiert sich der junge Kaiser aber auch
an Vorgaben des Symbolismus und der Neuromantik. Dem lyrischen

Drama Hofmannsthals, insbesondere der *Frau im Fenster*, ist sein Einakter *Die Ballade vom schönen Mädchen* (1911) nachempfunden, und auch
die Groteske *Schellenkönig* (entst. 1896, 1903 überarbeitet und umbenannt in *Simplicissimus*) ist kaum ohne das Vorbild des Ästhetizismus
denkbar, auch wenn sich die satirische Kritik, der hier das höfische
Zeremoniell unterzogen wird, letzten Endes wohl gegen diesen selbst
richtet. Zeremonielle Züge sind der Kaiserschen Dramatik auch künftig
eigen, die ein charakteristisches Wirkungselement aus der rituellen Wiederholung festgelegter Gesten und litaneihafter Äußerungen gewinnt.
Mit *König Hahnrei* (1913) stellt sich Kaiser sichtbar in die Spuren Ernst
Hardts, der mit *Tantris der Narr* (s. o. S. 540) der Tristan-Sage neue Aktualität auf dem Theater verschafft hatte. Kaisers Adaption ist ganz auf die
wahnhafte Wahrnehmung des betrogenen, aber zwanghaft um Verdrängung der tödlichen Wahrheit bemühten Königs Marke fokussiert. Symptomatisch für das Übergewicht, das der lügenhafte Schein in diesem
Drama gewinnt, ist das Schattenspiel an der Wand in der nächtlichen
Lauschszene: Indem sich der Lauscher Marke durch seinen Schatten verrät, gibt er den Liebenden Anlaß zur Fortsetzung ihrer Verstellung.
    Das dritte Modell, an dem sich der angehende Dramatiker Kaiser auf
der Suche nach einem charakteristischen Profil orientierte, war Wedekind. Die satirisch-groteske Darstellung des wilhelminischen Schulwe-
sens in dessen «Kindertragödie» *Frühlings Erwachen* steht im Hintergrund von Kaisers frühen Dramen *Der Fall des Schülers Vehgesack* und
Rektor Kleist (gedruckt jeweils 1914, entst. 1905). Allerdings kamen auch
eigene Eindrücke hinzu: Erinnerungen an die Magdeburger Schulzeit
und Einblicke in die Fürstenschule bei Schulpforta, an der Kaisers Bruder Bruno als Lehrer tätig war. Auch hat die Anlehnung an Wedekind
inhaltliche Grenzen. Während bei diesem der natürliche Lebensdrang
der Kinder durch ein falsches Erziehungssystem bedroht wird, triumphiert der dichtende Pennäler Vehgesack über die armseligen Pauker, die
sich und ihren Ehefrauen höheren Zielen zuliebe eine erotische Nulldiät
verordnen. Wenn es in der Vehgesack-Komödie, die als erstes Drama Kaisers 1915 auf die Bühne gelangte, ein Opfer zu beklagen gibt, so ist es
der vom Schüler gehörnte Lehrer Hornemann – aber dem gelingt nicht
einmal der Selbstmord.
    Auch die Tragikomödie *Rektor Kleist* (s. o. S. 469 f.) illustriert den
Gegensatz zwischen falscher Vergeistigung und überlegener Vitalität.
Der hochintellektuelle, aber unter seiner körperlichen Unzulänglichkeit
leidende Rektor findet seinen Gegenspieler nicht nur in der Schul-
jugend, repräsentiert durch den sportlichen und musikalischen Schüler
von Strauß, sondern im selbstbewußt-lebenstüchtigen Turnlehrer Korn-
müller. Die zweifellos durch Nietzsche angeregte Antithese von Geist
und Körper, Lebensschwäche und -stärke bildet das organisierende Zen-

trum einer ganzen Reihe von Stücken Kaisers, die sich mythologischer oder historischer Stoffe annehmen. Dazu gehört auch das – mit einem Nietzsche-Motto versehene – erste Drama, mit dem Kaiser literarische Anerkennung fand und zum Autor des S. Fischer Verlags wurde: *Die jüdische Witwe* (1911, entst. 1908/09).

Judith, die Nationalheldin der jüdischen Sage, wird hier scheinbar demaskiert; es ist nur ihr Verlangen nach einem richtigen Mann, dem sich der Mord am assyrischen Feldherrn Holofernes verdankt. Zugleich etabliert Kaisers Stück einen neuen Mythos: den der sinnenbewußten Frau, die ihr Schicksal selbst in die Hand nimmt und dabei auch über Leichen geht. Der Schriftgelehrte Menasse, mit dem die Jungfrau gegen ihren Willen verheiratet wurde, erweist sich als impotent und wird von Judith kurzerhand ermordet, die darauf sogar Ersatz von den Stadtvätern fordert. Die Entscheidung für den brutalen Machtmenschen Holofernes korrigiert sie in letzter Minute zugunsten des intellektuell überlegenen Königs Nebukadnezar, der jedoch angesichts des abgeschlagenen Kopfes seines Feldherrn auf der Stelle (mitsamt seinem Heer) die Flucht ergreift. Für die Nationalheldin, die Judith somit unfreiwillig geworden ist, kommt nach den selbstverständlich unhistorischen Voraussetzungen Kaisers leider nur noch das Amt der (jungfräulichen) Priesterin in Frage; der Hohepriester Jojakim, eine stattliche männliche Erscheinung, funktioniert den rituellen Fußfall vor dem Allerheiligsten jedoch in einer Weise um, die allen Wünschen Judiths Erfüllung verspricht. Der Tempel, Schauplatz schon des I. Aktes und dort Zeuge extremer Fremdbestimmung Judiths, wird nun im Schlußakt zum Ort ihrer Selbstverwirklichung. Wie noch an den Höhepunkten der expressionistischen Dramen Kaisers verfällt die Regieanweisung in einen hochpoetischen Tonfall: «Schimmer schöner Jugend fluten auf und nieder. [...] Ihr Leib spannt sich – und aus aller Verfolgung, Vorwurf und Bestimmung baut er sich neu und voller auf.»

Eine eher banale Variante dieses Plädoyers für eine neue Körperlichkeit stellt die dramatische Parabel *Europa* (1915) dar, entstanden in den ersten Monaten des Weltkriegs als Kaisers Beitrag zur allgemeinen Mobilmachung. Europa, die Tochter des pazifistischen Königs Agenor, verschmäht die ätherischen Tänzer, die seit Jahren um sie werben, und entscheidet sich für Zeus erst, als er ihr in der Gestalt eines starken Stiers erscheint. Ebenso wenden sich die Frauen begeistert den barbarischen Soldaten des Kadmos zu. Es ehrt Kaisers literarisches Gewissen, daß er wenige Jahre später in Form des Schauspiels *Der gerettete Alkibiades* (1920) eine glatte Umkehrung seines Votums abgab. Der junge und schöne Alkibiades vertritt darin mit wenig Erfolg die Belange der Körperlichkeit und Sinnlichkeit; sein alter Lehrer, der für seine Häßlichkeit berühmte Sokrates, repräsentiert dagegen die Überlegenheit des Intellekts – eines Intellekts, dem gewissermaßen noch durch die Leiden des Körpers nachgeholfen wird. Der Dorn, den sich der Weise in den Fuß getreten hat, verhindert nämlich gleicherweise seine Flucht in der Schlacht und seine Verführung durch Eitelkeit und Sinnlichkeit – er kann die Treppen zur Akropolis, wo er für seine angebliche Tapferkeit geehrt werden soll, ebenso wenig hinauf- wie hinabgehen zum Bad, in dem die liebreizende Phryne seiner wartet.

Mit dem Sokrates-Porträt seines *Geretteten Alkibiades* hat Kaiser zugleich demjenigen Philosophen ein Denkmal gesetzt, in dem er zunehmend das wichtigste Vorbild für sein Schreiben erblickte: Platon. In seinem Essay *Das Drama Platons* (1917) erkennt er in der Struktur des platonischen Dialogs (an dem ja regelmäßig Sokrates als führender Gesprächspartner beteiligt ist) das Vorbild seiner eigenen – als «Denk-Spiel» angelegten – Dramatik: «Wann schaute ein Dramatiker eine kühnere Konfrontierung an als Sokrates und Alkibiades? [...] Jede Begegnung von Figuren wird Anlaß – bis nur noch aus Begegnungen Gedanken entstehen.» Die Künstlichkeit und Konstruiertheit der Handlung in vielen Dramen Kaisers läßt sich in dieser Perspektive – der Ansicht des Dramas als Versuchsanordnung, als gedankliches Experiment – ebenso nachvollziehen wie die eigentümliche Substanz- oder Positionslosigkeit, die sich dem Leser beim Überblick über sein Schaffen aufdrängt. Der Dramatiker Kaiser ist offenbar weniger an Inhalten und Programmen interessiert als an dialektischen Konstruktionen und Konstellationen.

Daher rührt auch die Schwierigkeit, das umfangreiche Werk Kaisers in abgrenzbare Phasen zu unterteilen, beim Frühwerk noch gesteigert durch den oft mehrjährigen Abstand zwischen Entstehungszeit und Veröffentlichung und die Eingriffe späterer Umarbeitungen. Für den Versuch einer philologischen Rekonstruktion erweisen sich zudem die widersprüchlichen und bisweilen wohl bewußt falschen Angaben des Autors zur Entstehungszeit als wenig hilfreich. Die weitere Darstellung seines Schaffens bis zum Ende des expressionistischen Jahrzehnts orientiert sich daher vorwiegend an inhaltlich-strukturellen Kriterien.

Mehrere Stücke Kaisers wenden sich der Verfassung der – an Geld und Sicherheit als obersten Maßstäben orientierten – bürgerlichen Gesellschaft zu. Das kritische Resultat, zu dem sie gelangen, kann am wenigsten bei einem Autor verwundern, der als Aussteiger begann (mit zwanzig Jahren verdingte sich Kaiser als Kohlentrimmer auf einem Südamerika-Frachter), längere Zeit in körperlich-seelischer Instabilität verbrachte und auch nach seiner scheinbaren Integration in die bürgerliche Ordnung mit der Eheschließung 1908 (Margarethe Habenicht brachte ihrem Namen zum Trotz eine beträchtliche Mitgift in die Ehe) ein laxes Verhältnis zu Eigentumsfragen an den Tag legte; die Mitgift war bald verbraucht, und noch auf dem Höhepunkt seines Ruhms wurde Kaiser zu einem Jahr Gefängnis verurteilt, weil er aus gemieteten Wohnungen Möbel und Kunstgegenstände verkauft hatte.

Noch die versöhnlichste Ansicht bietet das «gewinnende Stück» *Großbürger Möller* (1914, ab 1921 unter dem Titel *David und Goliath*). Ein gefälschter Lotterieschein verhilft allen Familienmitgliedern zu Ansehen und Wohlstand, weil der bloße Glaube an ihren baldigen Reichtum bei den Mitbürgern bereits Wunder tut. Die Komödie *Der Zentaur* (spätere Titel: *Konstantin Strobel*, *Margarine*) karikiert dagegen die hemmungslose Unterordnung vitaler Werte (Liebe, Nachkommenschaft) unter materielle Gesichtspunkte. Eine Testamentsklausel macht den Reichtum eines Mädchens davon abhängig, daß es sich pünktlich verlobt und innerhalb eines Jahres Mutter wird. Der gewissenhafte Bräutigam, wiederum eine typische Lehrer-Karikatur, glaubt seine Fortpflanzungsfähigkeit vorher prüfen zu müssen und bringt sich dadurch um Braut und Beruf. Wenn nicht plötzlich eine Millionärin auftauchte, die sich von ihm leibhaftigen Ersatz für ihren infolge seines Unterrichts gestorbenen Sohn verspricht, könnte kaum noch von einer Komödie gesprochen werden. Mit der Tragikomödie *Kanzlist Krehler* (1922) wird Kaiser die definitive Negativvariante seiner Dramen – um eine Bezeichnung Sternheims aufzugreifen – «aus dem bürgerlichen Heldenleben» liefern. Der langgediente Beamte wird zu spät von der Sehnsucht nach vitaler Totalität erfaßt; hin- und hergerissen zwischen Ausbruchsphantasien und Versorgungsängsten, stürzt er sich schließlich vom Balkon seiner Kleinbürgerwohnung.

Tragisch endet auch das bekannteste und bedeutendste bürgerkritische Stück Kaisers: *Von Morgens bis Mitternachts* (1916, uraufgeführt 1917). In der Form des Stationendramas (s. o. S. 485–487) wird die aussichtslose Suche des namenlosen Kassierers nach einem Ausweg aus dem geschlossenen System der bürgerlichen Gesellschaft gezeigt, in dem man immer mehr zahlt als man an Kaufwert erhält. Im Unterschied zu anderen expressionistischen Adaptionen des Dramentyps kann von einer eigentlichen Wandlung des Helden – im Sinne einer moralischen Erhebung – nicht die Rede sein; es ist vielmehr die unberechtigte Annahme, mit einer Betrügerin in Berührung gekommen zu sein, die aus dem mechanisch agierenden Funktionsträger einen kriminellen Defraudanten und ein forderndes Subjekt macht, in dessen Phantasie sich lange unterdrückte erotische Triebvorstellungen mit utopischen Freiheitsidealen verbinden.

An die Nahtstelle zwischen den beiden Teilen des Dramas hat Kaiser die Szene auf dem verschneiten Feld gesetzt, in der sich der kahle Baum plötzlich in ein allegorisches Bild des Todes verwandelt. Damit ist der negative Ausgang der Abenteuer bereits vorweggenommen, die dem flüchtigen Kassierer in der Großstadt (Berlin) bevorstehen: Im Sportpalast muß er einsehen, daß auch die Ausrufung der höchsten Geldprämie für die Sechstagefahrer das Publikum nicht zu restloser Ekstase hinzureißen vermag (mit dem Erscheinen «Seiner Hoheit» tritt unvermittelt Schweigen ein); im Ballhaus enttäuschen ihn die Prostituierten (statt gewölbter Schenkel präsentiert sich ihm ein Holzbein), und selbst die Andacht im Heilsarmeesaal ist nicht echt: Die Gläubigen reißen sich um die Geldscheine, und eben das Mädchen, dem der Kassierer gefolgt ist, hat ihn um einen Judaslohn der Polizei verraten. Insofern ist sein Selbstmord vor einem aufgenähten Kreuz konsequent; es ist aber kein neuer Heiland, sondern ein erfolgloser Irrläufer, der hier stirbt. Wie man sieht, wird die vitalistische Symbolik in *Von Morgens bis Mitternachts* (mit den wogenden Bartbüschen und blühenden Augenhöhlen des Kassierers als Aufbruchssignal und der Desillusionierung durch den kahlen Baum und das Holzbein der Hure) von der religiösen Bildlichkeit überlagert, die mit der Beschreibung von Cranachs Sündenfall-Darstellung im Ersten Teil eingeführt wird. Eine ähnliche Engführung von vitalistischer und religiöser Symbolik – koinzidierend in der abschließenden Aussicht auf die Geburt des ‹neuen Menschen› – charakterisiert das gleichfalls 1914 gedruckte und 1917 uraufgeführte Drama *Die Bürger von Calais*. Es handelt sich um das erste und gewichtigste von mehreren Dramen Kaisers, in denen die Vorstellung des Opfers zum zentralen Thema wird. Sie entfernen sich durchweg von der bürgerlichen Gesellschaft der Gegenwart; angeregt durch die gleichnamige Plastik Auguste Rodins, greift Kaiser auf die mittelalterliche Chronik Jean Froissarts zurück, die von den Bedingungen der Übergabe der Stadt Calais an den englischen König berichtet – der moderne Autor scheint geradezu im Geiste dieser fernen frommen Zeiten zu schwelgen. Aus dem historischen Drama wird ein Verkündigungsdrama, ja ein Mysterienspiel.

Das betrifft einerseits die Tendenz zum Liturgischen, zur rituellen Wiederholung – man denke an das Hervortreten der sieben Freiwilligen im I. Akt und die totentanzartige Folge der Abschiedsszenen zu Beginn des II. Akts, schließlich das ‹letzte Abendmahl›, das Eustache de Saint-Pierre mit den anderen Freiwilligen veranstaltet, gipfelnd im siebenmaligen Auslosen, und das spannungsvolle Warten auf den Auftritt aller sieben Freiwilligen im III. Akt; noch das höfische Zeremoniell, mit dem im Finale des Dramas der englische König aufzieht, läßt sich hier einordnen. Wichtiger aber ist noch der inhaltliche Bezug auf die Idee des Opfertods. Denn Kaisers Drama bezieht ja seine ganze Dynamik aus einer entscheidenden Abweichung gegenüber der Quelle: daß sich nämlich ein Freiwilliger zuviel meldet, der bereit ist, für die Gemeinschaft den Opfertod zu erleiden (s. o. S. 56 f.). Eustache de Saint-Pierre löst das Problem der Überzähligkeit durch seinen überraschenden (gewissermaßen überschüssigen) Freitod. Die Parallele zu Christi Stellvertretertod drängt sich auf und wird durch die Nachricht von der Geburt des Königssohnes am Schluß des Dramas unterstrichen; die abschließende Regieanweisung sieht einen Beleuchtungseffekt vor, der die Blicke des Zuschauers gleichsam gewaltsam nach oben und auf das religiöse Urbild der Dramenhandlung ziehen soll:

> «Die Sechs heben die Bahre auf und tragen Eustache de Saint-Pierre auf ihren steil gestreckten Armen – hoch über den Lanzen – über die Stufen in die weite Pforte [sc. der Kirche], aus der Tuben dröhnen.
> Glocken rauschen ohne Pause aus der Luft.
> [...]

Das Licht flutet auf dem Giebelfeld über der Tür: in seinem unteren Teil stellt sich eine Niederlegung dar, der schmale Körper des Gerichteten liegt schlaff auf den Tüchern – sechs stehen gebeugt an seinem Lager. – Der obere Teil zeigt die Erhebung des Getöteten: er steht frei und beschwerdelos in der Luft – die Köpfe von sechs sind mit erstaunter Drehung nach ihm gewendet.»

Die Bürger von Calais war kurz vor Beginn des Weltkriegs erschienen; mit der – für die Durchsetzung des Dramatikers Kaiser entscheidenden – Uraufführung im Neuen Theater Frankfurt im Januar 1917 wurde das Stück unversehens zu einem integralen Bestandteil des Opferdiskurses, der die öffentliche Auseinandersetzung über das Kriegsgeschehen beherrschte. Noch zwei Jahre später hebt Siegfried Jacobsohn den Zeitbezug hervor, wenn er die Entscheidung der mittelalterlichen Bürgerschaft mit den politischen Alternativen vom November 1918 vergleicht: «Die Frage ist: Nationale Erhebung vor sicherm Untergang des Gemeinwesens – oder ruhmlose Ergebung, aber Erhaltung des Werks (des Hafens) und der werktätigen Bevölkerung? Ludendorff oder Eisner? Prestige über Massengräbern oder phrasenlos selbstverständlicher Wieder- und Weiteraufbau?»

Zwei weitere Opferdramen Kaisers konnten keine annähernd vergleichbare politische Relevanz erreichen. *Das Frauenopfer* und *Der Brand im Opernhaus* (beide 1918) spielen in Frankreich kurz vor und nach der Französischen Revolution und thematisieren genau das, was das erstgenannte Stück im Titel verspricht: das Selbstopfer der Frau für den von ihr geliebten, ihre Liebe aber nicht rechtzeitig oder angemessen würdigenden Mann. Insbesondere das zweite Stück überrascht dabei mit einigen makabren Einfällen, die man eher der Dekadenz des Fin de siècle zuschreiben würde als dem Höhepunkt des Bühnenexpressionismus. Aber hier zeigt sich wiederum die Gebrochenheit des Autors Kaiser, der ebenso wenig eine feste epochale Kontur erkennen wie eine klare Abgrenzung gegenüber trivialliterarischen Motiven und Schreibformen zeigen läßt.

Opferidee und eine utopische menschheitliche Perspektive verbinden sich im Szenarium *Die Erneuerung* (1917), im Stationendrama *Hölle Weg Erde* (s. o. S. 484 f.) und in der *Gas*-Trilogie, bestehend aus den Stücken *Die Koralle* (entst. 1916/17, uraufgeführt 1917, gedruckt 1918), *Gas* (entst. 1917/18, Druck und Uraufführung 1918) und *Gas. Zweiter Teil* (entst. 1918/19, Druck und Uraufführung 1920). Wie Sternheim und Unruh in ihren Dramen-Zyklen bedient sich Kaiser einer genealogischen Verbindung zwischen den Protagonisten (der Milliardärarbeiter in *Gas II* ist der Enkel des Milliardärsohns in *Gas I*, Urenkel des Milliardärs in *Die Koralle*), die sich aber nur aufgrund einer thematischen Gemeinsamkeit der Dramen als sinnvoll erweist. Diese besteht in der Widersprüchlichkeit des Kapitalismus bzw. des technischen Fortschritts: nämlich der unauflösbaren Verbindung von Massen-Verelendung und Luxus-Existenz weniger Besitzender einerseits, Katastrophenrisiko und beschleunigter Produktionssteigerung andererseits.

Der Milliardär der *Koralle*, in seinem unermeßlichen Reichtum und seinen philanthropischen Aktivitäten wahrscheinlich nach dem Vorbild des Amerikaners Andrew Carnegie gezeichnet, ist ein «Mann auf der Flucht vor dem Furchtbaren», wie der Herr in Grau im letzten Akt zu Recht analysiert. Ein traumatisches Kindheitserlebnis hat die Energie zum sozialen Aufstieg in ihm freigesetzt; bestimmend ist der Wunsch nach definitiver Abgrenzung gegenüber der Welt der Not, von der er als Kapitaleigner doch lebt und die er täglich verschärft produziert. Als sein eigener Sohn die Grenzen der Luxuswelt durchbricht und sich auf die Seite der Ausgebeuteten stellt, ja ein Attentat auf den Vater plant, bricht das Lebenswerk des Milliardärs zusammen, und er tötet seinen ihm aufs Haar gleichenden (nur durch die Koralle an der Uhrkette identifizierbaren) Sekretär, um – als vorgeblicher Mörder des Milliardärs – die glückliche Kindheit seines Doppelgängers zu erben.

In den beiden *Gas*-Dramen ist die Fokussierung auf die Subjektivität des Milliardärs aufgegeben zugunsten einer kollektiven Problematik, die sich ökonomisch als Annäherung an den Sozialismus fassen läßt: Die Arbeiter sind im ersten Teil an der Mehrwertproduktion beteiligt und daher zu höchster Arbeitsleistung motiviert; im zweiten Teil ist auch der Milliardärsurenkel nur als Arbeiter im verstaatlichten Werk beschäftigt. In Übereinstimmung dazu erreicht die expressionistische Tendenz zur Abstraktion hier einen kaum überschreitbaren Höhepunkt. Wird in *Gas I* noch zwischen mehreren namenlosen Einzelpersonen, Schwarzen Herren (als Vertretern des Kapitals) und Arbeitern unterschieden, so sind in *Gas II* nur noch Blaufiguren und Gelbfiguren am Werk, vom Sonderstatus des Milliardärarbeiters und des Großingenieurs abgesehen. Der Formalisierung des Personals entspricht eine weitgehende Formalisierung der Kommunikations- und Handlungsabläufe mit symmetrischen Entsprechungen ganzer Textblöcke.

Kaiser vollendet damit eine Tendenz, die schon frühere Werke auszeichnet (insbesondere *Die Bürger von Calais* und *Hölle Weg Erde*), in den *Gas*-Dramen aber eine neuartige Legitimation erhält: Die Formalisierung von Personen und Handlung reflektiert die Gesetze einer standardisierten und automatisierten Arbeitswelt. Diese ist im einzelnen kaum adäquat wiedergegeben; die Vorstellung stetig steigender Arbeitszeiten und einer weitgehenden Mechanisierung der menschlichen Arbeitsleistung entspricht eher den Verhältnissen des 19. Jahrhunderts. In der apokalyptischen Ansicht einer quasi totalitären Technik-Welt spiegelt sich die dominierende Technik-Skepsis des Expressionismus (s. o. S. 29–32). Dennoch läßt sich feststellen: Kaisers Stück über die Aporien der modernen Technik trägt gleichsam selbst ein technisches Design; der konstruktivistische Ansatz dieses Autors kommt in einem Experiment über Experiment zu sich selbst.

Der Experiment-Charakter der *Gas*-Dramen wird durch die Parallelität ihres Ablaufs betont. In beiden Stücken kommt es zu mehr oder weniger schweren Störungen der Arbeitsprozesse in dem – durchgängig als Schauplatz festgehaltenen – gigantischen Gaswerk, das offenbar einen entscheidenden Anteil der Weltproduktion liefert. In beiden Dramen kommt es zu einer Belegschaftsversammlung, in der der Wille des Ingenieurs (bzw. Großingenieurs) gegen den Milliardärsohn (bzw. Milliardärarbeiter) steht. In *Gas I* geht es nach einer schweren Explosion, die das gesamte Werk zerstört hat, um die Entscheidung zwischen Wiederaufbau – in Kenntnis und bewußter Inkaufnahme des Explosionsrisikos – und der (vom Milliardärsohn vorgeschlagenen) Umwandlung des Fabrikgeländes in eine agrarische Siedlungskolonie; der Milliardärsohn unterliegt und kann sich auch bei den anschließenden Auseinandersetzungen mit gewalttätigen Arbeitern und Regierungsvertretern nicht durchsetzen – ihm bleibt nur die Hoffnung auf den «neuen Menschen», den seine Tochter gebären soll.

In *Gas II* geht es nach ständigem Nachlassen der Produktionsleistung um die Frage, ob eine Verständigung während des Kriegs möglich ist, für den die Gasproduktion entscheidende Bedeutung hat. Statt einer positiven Antwort auf das Friedenssignal treffen die feindlichen Truppen ein; die Gelbfiguren lösen die Blaufiguren an den Schalthebeln ab und nehmen den Betrieb unter ihrer Kontrolle neu auf. Als wiederum ein Rückgang der Produktionswerte eintritt, bekennt sich der Großingenieur zu seiner Verantwortung; auf der von ihm einberufenen Versammlung schlägt er den Einsatz des von ihm erfundenen und hergestellten Giftgases gegen die feindliche Besatzung vor. Der Milliardär ruft dagegen zu innerer Einkehr und äußerer Duldung auf; als er sich definitiv überstimmt sieht, ergreift er selbst die Kugel mit dem tödlichen Gas und wirft sie – unter Berufung auf Mutter und Großvater – so in die Luft, daß sie die totale Vernichtung, auch der eigenen Leute, bewirkt. Eine Gelbfigur schreit die Meldung des Jüngsten Tages ins Telefon und «zerschießt den Rest in den Mund» – ganz ähnlich wie der Kassierer als Selbstmörder am Ende von *Von Morgens bis Mitternachts*.

Die Parallele zum früheren Drama hat ihren Grund in einer tieferen Gemeinsamkeit: Hier wie dort ist die läuternde Wandlung des Menschen oder der Menschheit ausgeblieben; die utopische Hoffnung ist gescheitert. Auch in den *Gas*-Dramen kündet sich das katastrophische Ende schon früh in einer visionären Erscheinung an: dem gespenstischen «weißen Herrn», dessen Erscheinen der Gas-Explosion zu Beginn des ersten Stücks unmittelbar vorausgeht oder sie eigentlich verkörpert. Es sind solche überraschenden Überschreitungen der Realität, Abweichungen von der Normalität, die die dramatischen Konstruktionen Kaisers davor bewahren, zu leerlaufenden Planspielen zu erstarren.

Sternheim

Mit den Hauptwerken Carl Sternheims erreicht die soziale Komödie in Deutschland einen ihrer Höhepunkte. Allerdings besitzt das soziale Element hier einen völlig anderen Stellenwert als etwa im Komödienschaffen Hofmannsthals, den Sternheim übrigens hochschätzte und dem er sich im produktiven Anschluß an Molière verbunden wußte. Dem Integrationswillen des konservativen Österreichers, dessen Stücke die Einbettung des Einzelnen in ein übergeordnetes Ganzes demonstrieren, steht der radikale Individualismus des deutschen Autors gegenüber, der es freilich auch mit einer anderen gesellschaftlichen Formation, nämlich der wilhelminischen Bourgeoisie und ihren imperialistischen Tendenzen, zu tun hat. Ob und wie sich in Sternheims Dramen die gesellschaftskritische Satire mit dem Versuch zur Rettung einer positiven bürgerlichen Identität verbindet, das ist eine unter den Interpreten äußerst kontrovers diskutierte Frage. Sie läßt sich um so weniger mit einer einheitlichen Antwort erledigen, als Sternheims Dramatik einem komplizierten Entwicklungsprozeß unterliegt, der durch die retrospektiven Selbstdeutungen des Autors vielfach verdeckt wird.

Der Dramatiker Sternheim stellt sich der Öffentlichkeit erstmals mit nachnaturalistischen Ehedramen vor. Der drohende Ehebruch der jungen Frau eines verdienstreichen Medizinalrats kann durch eine naive Aktion ihres Kindes gerade noch abgewendet werden (*Der Heiland*, 1898); eine rückhaltlose Aussprache und die Bereitschaft zur Überwindung konventioneller Ehrbegriffe stellen nach einjähriger Ehe zwischen dem Rittergutsbesitzer und seiner Frau erstmals eine echte Gemeinschaft her (*Auf Krugdorf*, uraufgeführt in Dresden 1902). In der Figur des Dichters, die in beiden Stücken begegnet, spiegelt sich ironisch die Position des Autors.

In den folgenden Jahren versucht sich Sternheim an Versdramen neuromantischer Prägung. Der grotesk-pathetische gemeinsame Liebestod – eigentlich ein gleichzeitiges Sterben an verschiedenen Krankheiten – der beiden als Geschwister aufgewachsenen Titelfiguren im Renaissance-Drama *Ulrich und Brigitte* (entstanden 1904, gedruckt 1907, uraufgeführt in Darmstadt 1916) trägt die Züge schicksalhafter Verkettung, resultiert im Grunde aber aus dem mangelnden Mut von Ulrichs leiblichem Vater, das ehebrecherische Verhältnis zur Frau seines besten Freundes zu bekennen. Er würde damit den Lebenstraum dieses Ästheten zerstören, der sich in der ersten Szene an einem Holbein-Porträt seiner verstorbenen Frau erbaut, ja diese selbst als «Bild» ins Haus geholt hat. Der Kunst-Enthusiasmus des jungen Sternheim schlägt sich hier in dramatischer Brechung nieder. Die Parallelen zu Hofmannsthals Auseinandersetzung mit dem Ästhetizismus sind dabei ebensowenig zu übersehen wie die epochale Aktualität der Inzest-Problematik; auf die Nähe zu C. F. Meyers Novelle *Die Richterin* gerade in diesem letzten Punkt hat Sternheim selbst in einem Brief an seine künftige Frau Thea vom September 1904 hingewiesen.

Als ein wahres Konglomerat literarischer Anleihen erweist sich die zweiteilige – in der Bearbeitung Felix Hollaenders 1912 in Berlin mit krassem Mißerfolg uraufgeführte – Tragödie *Don Juan* (1909, erster Teil 1905, überarbeitet 1908). Schon die thematische Grundidee ist dem Geist des Eklektizismus entsprungen, denn Sternheim kontaminiert die aus Mozarts Oper bekannte Don-Juan-Figur mit der historischen Gestalt des Feldherrn Don Juan de Austria, des Siegers von Lepanto. Als weitere Motivspender und stilistische Paten fungieren u. a. Shakespeare, Schiller (*Don Carlos*), Goethe (in erster Linie *Faust*) und Cervantes. Letzterer tritt gegen Ende des zweiten Teils sogar höchstpersönlich auf, um die Don-Quijoterie dieses Sternheimschen Faust zu unterstreichen, der in seinem

unentwegten Streben nach der Liebe Marias zu einer komischen Figur ver-
kommt. In der Unbedingtheit dieses Entschlossen-Seins zu sich selbst und in
der Ausschaltung moralischer Wertungen (etwa bei den Todesopfern, die Don
Juans frühe Liebesabenteuer kosten) kündigt sich schon das Grundmuster der
künftigen Dramen Sternheims an.

Der entscheidende erste Umschlag in Sternheims Entwicklung vollzieht sich um 1909 mit der Hinwendung zu Molière, für den und dessen
Epoche sein Interesse nicht zuletzt durch die Freundschaft (1907–
1916) mit dem Schriftsteller, Zeitschriftenherausgeber und Übersetzer
Franz Blei geweckt wurde. In enger Übereinstimmung mit Blei
erscheint «Molière, der Bürger» im gleichnamigen Essay Sternheims
(1912) als tragisches Genie, das der aufstiegssüchtigen, dekadenten Bourgeoisie seiner Epoche – gleichsam als «Arzt seines Standes» – einen kritischen Spiegel vorhält: «O Bürger, sei du!» Sternheim überträgt Molières Warnruf auf das von aristokratischen Repräsentationsgelüsten und
imperialistischen Expansionsphantasien infizierte Bürgertum der wilhelminischen Ära in einer Reihe von Komödien, die er früh zum Zyklus
Aus dem bürgerlichen Heldenleben zusammenschloß. Es ist ein groteskes
Konterfei, das darin vom zeitgenössischen Bürger entworfen wird. Die
deftigen Pointen gemahnen an den Molièreschen Komödientyp, ja an
Schwank und Posse, während die offene Dramaturgie aktuelle Tendenzen des modernen Theaters weiterführt und der manierierte Sprach-
stil – Sternheim-Interpreten sprechen vom «Idiom der Entstellung» –
jedes naturalistische Mißverständnis ausschließt, ja geradezu in Wettstreit mit den expressionistischen ‹Neutönern› tritt.
    Der Anschluß an Molière ist dabei so bestimmend, daß sich zumin-
dest für die drei Komödien, auf die Sternheim 1912 erstmals die – später
in erweiterter Bedeutung benutzte – Zyklusbezeichnung anwandte, eindeutige Vor- oder Gegenbilder aus dem Werk des Franzosen benennen
lassen: *Die Kassette* orientiert sich an *L'avare* ebenso wie *Bürger Schippel*
an *Le bourgeois gentilhomme* und *Die Hose*, das erste Stück des *Bürgerlichen Heldenlebens*, an *Georges Dandin*. Im Fall dieses 1909/10 entstandenen Lustspiels, dessen Uraufführung an Reinhardts Berliner Kammerspielen 1911 Sternheims Durchbruch als Dramatiker bedeutete, ist der
intertextuelle Bezug geradezu rezeptionssteuernd, nämlich eine entscheidende Voraussetzung der Wirkung, die auf dem Prinzip der enttäuschten Leser- oder Zuschauererwartung beruht.
    Molières Dandin (der Name bedeutet soviel wie «Einfaltspinsel») ist
ein reicher Bauer, der aus falschem Ehrgeiz eine Adlige geheiratet hat,
die ihn nun systematisch betrügt. Ihm entspricht in Sternheims *Hose*
strukturell der subalterne Beamte Theobald Maske, dessen Frau Luise
sich nach einem enttäuschenden ersten Ehejahr dringend nach erotischen Abenteuern sehnt. Bei einer königlichen Parade reckt sie sich so

sehr nach dem Kutscher, daß ihre Unterwäsche – deren damals ‹unaussprechlichstes› Teil dem Stück den Titel gibt – ins Rutschen kommt, was ihr sogleich die Werbung zweier neuer Untermieter einbringt. Die Weichen scheinen eindeutig in Richtung Hahnrei-Komödie gestellt, zumal Ehemann Maske bei allem Ärger über den Vorfall auf der Straße nicht den geringsten Argwohn gegenüber den nebenbuhlerischen Zimmerherren schöpft. Doch es geht ganz anders aus. Die Konkurrenten neutralisieren sich gegenseitig, sie sind zum Teil – wie der von Luise bevorzugte Dichterling Scarron – auch nur an der literarischen Verwertung einer unbefriedigten Erregung interessiert, und überdies ergibt sich beim gemeinsamen Abendbrot eine unerwartete Allianz zwischen den beiden von Männlichkeitsideologien erfüllten Verehrern, so daß dem Haustyrannen Maske paradoxerweise der Part eines Verteidigers der Weiblichkeit zufällt. Der Ehemann rückt seiner Frau also immer näher – bis zur Schlußpointe, seiner sorgsam erwogenen und vorangekündigten Entscheidung, ihr ein Kind zu machen, was er jetzt dank der Mieteinnahmen «verantworten» könne. Vorher allerdings hat er sich kurzentschlossen der kupplerischen Nachbarin bemächtigt und mit ihr ein mäßigregelmäßiges ehebrecherisches Dauerverhältnis verabredet. Die Erwartungen des Zuschauers, Theobald Maske betrogen zu sehen, werden also in einer Weise nicht-erfüllt, die einer kompletten Umkehrung gleichkommt.

Schon Hauptmanns naturalistische Komödie *Der Biberpelz* hatte die Erwartungen des Publikums dadurch düpiert, daß die Diebstähle der Protagonistin am Schluß unaufgeklärt und ungeahndet blieben. Sternheim verbindet diese Irritation mit dem zyklischen Baumuster, das Schnitzler – nicht zuletzt mit dem *Reigen* – in die Dramatik der Jahrhundertwende eingeführt hat. Denn der Anfang der *Hose* gleicht dem Schluß. Maske liest in Erwartung des Mittagessens die Zeitung und entdeckt dort – mit angenehmem Gruseln und verstärkter Freude über den Schutz seiner vier Wände – die Meldung über das Wiederauftauchen der Seeschlange im Indischen Ozean. Der Triumph des Spießers trägt die Signatur ewiger Wiederkehr.

In diesem Triumph verbinden sich Elemente des Materialismus mit solchen des Vitalismus und Minimalismus. Maske setzt sich gegenüber seinen Untermietern durch, weil er neben der Befriedigung seines Eß- und Sexualtriebs systematisch finanzielle Vorteile verfolgt und künstlerisch-idealen oder ideologischen Werten, für die sich der Nietzsche-Schwärmer Scarron und der (aus dem Schiller-Anhänger der Erstfassung hervorgegangene) Wagnerianer Mandelstam begeistern, mit völligem Unverständnis begegnet. Derlei Anspielungen auf das bildungsbürgerliche Kunstverständnis gehören fortan zum festen Arsenal Sternheimscher Komik; ihr parodistischer Impetus zielt auf die banausische Aneignung eines geistigen Erbes, zu dem sich Sternheim selbst – in seiner Hochschätzung großer Kunst durchaus Idealist – eher affirmativ verhielt.

Vitalistisch kann die Logik seiner Stücke genannt werden, insofern sich in einer Art ‹Kampf ums Dasein› – mit Anspielungen auf darwinistische Denkformen wird nicht gespart – stets das lebenstüchtigste Individuum durchsetzt. Im Falle der *Hose* gilt das ganz konkret angesichts der vielfach betonten Muskelstärke und Gesundheit Maskes im Gegensatz zu Scarrons wahrscheinlicher Impotenz («Mein Strang hängt gelähmt») und der Schwindsucht und Nervenschwäche Mandelstams. Dabei sind es gerade keine außerordentlichen Eigenschaften, die Theobald Maske auszeichnen. Seine Stärke liegt in seiner Normalität, er ist «Riese» – so der Arbeitstitel des Dramas, der mit Rücksicht auf die Zensur für die Uraufführung reaktiviert wurde –, gerade weil er sich nach außen klein macht.

Im Gespräch mit seinen großsprecherischen Untermietern bekennt sich Maske zur Maxime eines lebenspraktischen Minimalismus: «Meine Freiheit ist mir verloren, achtet die Welt auf mich in besonderer Weise. Meine Unscheinbarkeit ist die Tarnkappe, unter der ich meinen Neigungen, meiner innersten Natur frönen darf.» Selbstverwirklichung durch Anpassung heißt die pseudo-darwinistische Grundformel dieser Dialektik der Mimikry. In ihr liegt der Ansatzpunkt für die retrospektive Aufwertung, die Maskes Lebensprinzip aus der späteren Sicht seines Autors erfuhr, der sich zunehmend zu einem programmatischen Individualismus bekannte: der sich verstellende (Name!), im Grunde sogar einer individuellen Substanz entbehrende «Erzspießbürger» als Prototyp jener Verwirklichung der «eigenen Nuance», die künftig zum Zentrum und zur Legitimationsbasis Sternheimscher Helden avanciert.

Womöglich noch konsequenter als *Die Hose* verweigert das zweite Stück des *Bürgerlichen Heldenlebens*, die Ende 1911 am Deutschen Theater Berlin uraufgeführte Komödie *Die Kassette*, dem Zuschauer jede Möglichkeit einer positiven emotionalen Identifikation. Oberlehrer Krull, der zu Beginn des I. Akts aus – offensichtlich erotisch erfüllten – Flitterwochen zurückkehrt, erliegt umgehend dem Phantom des Geldes und geht hinfort mit der Kassette der Erbtante schlafen. Seine frischgetraute zweite Frau und die Tochter aus erster Ehe verliert er an den Photographen Seidenschnur, einen Möchtegern-Künstler und Casanova, der sich auf die Dauer freilich gegenüber seinem künftigen Schwiegervater nicht durchzusetzen vermag und am Schluß des V. Aktes gleichfalls der Magie der Kassette verfällt. An seinem Anfang war er noch – wiederum bedient sich Sternheim demonstrativ des zyklischen Wiederholungseffekts – glückstrahlend von der Hochzeitsreise mit Krulls Tochter zurückgekommen. Der Inhalt der heiß begehrten Kassette ist allerdings schon in der Mitte des Stücks – ohne jedes Wissen der direkt oder indirekt Enterbten – der Kirche überschrieben worden. Eine dramatische Peripetie klassischen Musters bei ausbleibender Katastrophe: Das Stück endet, ohne daß Krulls und Seidenschnurs Träume vom künftigen Reichtum enttäuscht werden, und ohne jeden Hinweis darauf, wie lange sie noch anhalten dürfen.

Die Phantom-Erotik des Geldes und Krulls Hoffnungen auf Aufstieg ins Besitzbürgertum finden ihre Fortsetzung und Entsprechung in der

Komödie *Bürger Schippel* (uraufgeführt in Berlin 1913), dem dritten Stück des *Bürgerlichen Heldenlebens*. Denn der Bastard und Proletarier Schippel, dem dank seiner vorzüglichen Tenorstimme und einem glücklich überstandenen Duell die Aufnahme ins Bürgertum gewährt wird, artikuliert ausdrücklich die erotische Faszination, die für ihn von der Sphäre satten Bürgerwohlstands ausgeht («Wollust, nach der ich dreißig Jahre gehungert»), und verspürt ein symptomatisches Verlangen, ihrem sinnfälligsten Repräsentanten, dem Goldschmied Hicketier, auf den Bauch zu klopfen: «Ich verschmachte hier unten nach dir, feister Spießbürger. [...] bin verliebt in dich, in deine ganze Art und Rasse.» Als sich ihm unverhofft die Möglichkeit zur Einheirat in die Bourgeoisie bietet – Hicketiers Schwester, die soeben vom Fürsten verführte Thekla, soll unter die Haube gebracht werden –, schlägt er sie ungeachtet der stattlichen Mitgift unter Berufung auf einen Ehrbegriff aus, der ihm eigentlich ein Fremdwort sein müßte. Schippel erweist sich damit in einem verdächtigen Sinne würdig, der «Segnungen des Bürgertums» – wie es am Schluß des Dramas heißt – «voll und ganz» teilhaftig zu werden; an den Phantom-Schmerzen dieser Klasse nimmt der Neuling offenbar schon teil.

In präziser Symmetrie zu Schippels Annäherung an das Bürgertum von unten her steht die Affäre Theklas mit dem Fürsten, von beiden als eine Art romantische Maskerade inszeniert. Als kalkuliertes Spiel mit Traditionszitaten findet sie ihr symbolisches Pendant in den Volkslied-Gesängen des Männerquartetts, die ihre Erfüllung begleiten («Ist fürstliche Freude, ist männlich Verlangen»). Der hohe Anteil der Musik an jeder Inszenierung des *Bürger Schippel* unterstreicht die konstitutive – in zahlreichen wörtlichen Anspielungen konkretisierte – Beziehung des Dramas zu Wagners *Die Meistersinger von Nürnberg*. Hier wie dort geht es um die Integration eines Nicht-Bürgers in eine sangesfreudige Bürgergesellschaft: Während die Aufnahme des Ritters Walther von Stolzing in die Meistersingerzunft bei Wagner die Hoffnung auf eine Aufhebung der Standesschranken und des Gegensatzes zwischen Genie und Gesellschaft verbildlicht, betont Sternheim die grotesken Züge der Zwangsversöhnung von Bourgeoisie und Proletariat – doch kaum im Sinne einer Restitution der Standesordnung, wie man ihm gelegentlich anhand der Manuskriptfassung des *Bürger Schippel* unterstellt hat. Das Bürgertum, mit dem es Sternheim zu tun hat, ist nicht mehr utopiefähig.

In der nächsten Schaffensphase, die die beiden letzten Jahre vor Ausbruch des Weltkriegs umfaßt, rückt der Aufstiegswille des Bürgertums in den Brennpunkt der Sternheimschen Dramatik. *Der Kandidat* (1914, uraufgeführt in Wien 1915), die durch Thea Sternheims Übersetzung angeregte Bearbeitung des gleichnamigen Einakters von Flaubert, zeigt die Selbstzerstörung eines Karrieristen: Im Moment seines Wahlsiegs bricht der Titelheld zusammen. In der Komödie *Der Snob* (uraufgeführt

in Berlin 1914) und dem Schauspiel *1913* (1915) werden der strategisch
geplante gesellschaftliche Aufstieg und der letzte – mit seinem tödlichen
Zusammenbruch endende – Machtkampf Christian Maskes vorgeführt.

Der Sohn des Kleinbürgers Theobald Maske aus der *Hose* (die genealogische
Verknüpfung wird übrigens erst im Laufe der Arbeit am *Snob* hergestellt)
betreibt im erstgenannten Stück seine Einheirat in die Aristokratie. Mit welchen
Kosten das verbunden ist, demonstriert seine soeben ‹ausgezahlte› Geliebte am
Ende des I. Akts anhand der Bindung einer Krawatte: Wer es sich leisten kann,
schneidet die überstehenden Enden einfach weg. Ein solches Wegschneiden praktiziert Christian mit der emotionslosen Trennung von seiner Mentorin und seinen Eltern; die Unpersönlichkeit der Fassade, die er – darin ganz «Maske» –
auf diesem Weg erreicht, beeindruckt sogar seinen künftigen Schwiegervater, den
adelsstolzen Graf Palen. Der rigorosen Liquidation menschlicher Bindungen
steht andererseits ihre zweckdienliche Neuerfindung und Inkorporation gegenüber. Der toten Mutter soll ein Monument errichtet werden. Die Episode mit
der verrutschten Hose wird noch in der Hochzeitsnacht zum Aufhänger einer
improvisierten Lügengeschichte, mit der Christian sich eine adlige Herkunft
zulegt – und seine vornehme Braut restlos für sich gewinnt.
    Christian nennt seine Fähigkeit zur produktiven Umgestaltung der Welt
«Überwindung von Mannigfaltigkeit» – in Anlehnung an die Erkenntnistheorie
Heinrich Rickerts, die für Sternheims eigene Kunstauffassung entscheidende
Bedeutung gewann. Die Manuskriptfassung enthält noch weitere Hinweise auf
eine autobiographische Dimension des «Snobs», mit dem Sternheim – durch
die Ehe mit Thea Bauer geschiedene Loewenstein zu Vermögen gelangt – den
großbürgerlich-elitären Lebensstil, aber auch eine gewisse Peinlichkeit der Herkunft teilte. Sternheim war jüdischer Abstammung wie sein – ihn an Aufwand
der Lebensführung und durch gesellschaftliche Stellung übertreffender – Freund
Walther Rathenau, in dem schon Zeitgenossen das eigentliche Urbild Christian
Maskes erkannten.
    Das gilt erst recht für das folgende Stück der Maske-Trilogie *1913*, in dem
Christian, im Alter von knapp siebzig Jahren nunmehr «Exzellenz», als international operierender Industriemagnat auftritt, der gleichwohl kulturpessimisti-
sche Bedenken gegenüber dem «massenhaften Verschleiß aller Lebensutensilien»
und der Verdrängung von Qualität durch Quantität im Endstadium des Kapitalismus entwickelt. Seine Tochter Sophie von Beeskow bekennt sich dagegen zum
Prinzip der «Skrupellosigkeit» und praktiziert solche auch im Machtkampf um
die Führung des Konzerns. Gegen den Willen des Vaters, der seine Fabriken für
einen bevorstehenden Krieg freihalten möchte, betreibt sie die Übernahme einer
großen Waffenlieferung für die holländische Regierung; nur durch den Coup seines Übertritts zum Katholizismus glaubt Christian Maske das Ränkespiel seiner
Tochter stören zu können. Der Herztod, der ihn im Augenblick dieses persönlichen Triumphes ereilt, wird zum Symbol für den Kollaps eines ganzen Systems,
dem sich die beiden anderen Kinder des Konzernchefs längst entfremdet haben:
Philipp Ernst als kleiderverliebter Dandy, Ottilie als romantische Idealistin und
bereitwillige Adeptin der antikapitalistischen Reformideen des Sekretärs Wilhelm Krey, der in Wahrheit keineswegs unempfindlich für die Lockungen des
Reichtums ist. Als einziger Hoffnungsträger im Chaos des Dramenschlusses
erscheint Friedrich Stadler, der mit den Worten «Gebe Gott – Leuchte zum gro-

ßen Ziel» in die Nacht aufbricht. Nicht nur durch die Namensgebung hat Sternheim mit dieser Gestalt seinem Freund Ernst Stadler, dem Dichter des *Aufbruch*, noch zu Lebzeiten ein Denkmal gesetzt; das Stück, das erst nach dem Kriegstod des Lyrikers erschien, ist dann auch seinem Andenken gewidmet.

«Zweifellos: Sternheim hatte die Witterung», schreibt Bernhard Diebold 1919 nach der Frankfurter Uraufführung von *1913* mit Bezug auf die prognostische Leistung dieses noch vor Ausbruch des Weltkriegs abgeschlossenen Dramas. Sternheim selbst, ohnehin nicht unter mangelndem Selbstbewußtsein leidend, sah durch die nachfolgende Geschichtskatastrophe die eigene Zeitanalyse bestätigt. Der seit 1913 in La Hulpe bei Brüssel lebende Dramatiker war von den Folgen des Kriegs in seiner öffentlichen Geltung besonders betroffen: Die meisten seiner Stücke verfielen der Kriegszensur, in der Presse wurde seine patriotische Gesinnung in Zweifel gezogen. Dabei berief man sich gern auf einige provokante Formulierungen des van-Gogh-Essays von 1910, in dem sich Sternheim in der Tat von «der ästhetischen Roheit des Volkes, in dem ich lebe,» distanziert hatte. In einem Akt symbolischer Gegenwehr verbot Sternheim die Aufführung seines nächsten Dramas *Tabula rasa* (1916) während der Kriegszeit.

Mit dem in der zweiten Jahreshälfte 1915 entstandenen, 1919 in Berlin uraufgeführten Stück macht auch der Autor ‹Tabula rasa›. Er weitet seine satirische Gesellschaftskritik auf die Arbeiterbewegung aus, um am Schluß beiden ihrer Flügel und Haupttendenzen – dem evolutionären Revisionismus (Artur Flocke) ebenso wie der radikal-revolutionären Linie (Sturm) – eine glatte Absage zu erteilen. Dabei kommt die Ideologie des Evolutionismus, verspottet anhand von Zitaten aus Bölsches *Das Liebesleben in der Natur*, womöglich noch lächerlicher davon. Als Sprachrohr des Dichters dient hier der verbürgerlichte Arbeiter Wilhelm Ständer, dessen doppelzüngiges Taktieren und raffiniertes Bereicherungssystem in den ersten beiden Akten selbst der Kritik ausgesetzt sind. Mit der Wende zum III. Akt schlägt die satirische Modellstruktur in eine programmatische Thesenstruktur um. Die Pensionsbescheinigung in der Tasche, macht Ständer reinen Tisch mit der Gesellschaft: «Nach dieser Feststellung trete ich sechzigjährig, gehäutet auf den Weltenplan und sehe die Systeme um mich, die ich bisher heimlich auf Umwegen bekämpfte, als ein freier Mensch an.» Der «Originalständer», als der sich Wilhelm fortan versteht, sagt sich von Politik und Familie los, nachdem ihm der Arzt beste Gesundheit attestiert und die entscheidende Maxime mit auf den Weg gegeben hat: «Vor allem aber fege Selbstgefühl, das Bewußtsein der Freiheit und eigenen Willens durch die Blutbahnen.»

Anregungen für diese Lehre der Selbstbefreiung und der rücksichtslosen Durchsetzung eigener Interessen dürfte Sternheim aus der Philosophie Nietzsches und Max Stirners Hauptschrift *Der Einzige und sein Eigentum* (1845) empfangen haben. Daß er sie in *Tabula rasa* gerade einem Arzt in den Mund legt, darf man als symbolische Veranschaulichung des Verhältnisses ansehen, das laut Sternheim der Dramatiker zur Gesellschaft einzunehmen hat: als «Arzt seines Standes» (nämlich des Bürgertums), wie es schon oben nach dem Molière-Essay von 1912 zitiert wurde, oder als «Arzt am Leibe seiner Zeit», wie Sternheim späterhin formulierte (in den *Gedanken über das Wesen des Dramas*, 1914, deren einschlägiger Passus in den Molière-Essay von 1917 eingeht). Als Diagnostiker und Therapeut seiner Epoche betätigte sich Sternheim in Ermangelung stärkerer Bühnenpräsenz fortan auch außerhalb des Dramas: in der anti-expressionistischen Flugschrift *Kampf der Metapher!* (1917) und dem in 50 000 Exemplaren verbreiteten Buchessay *Berlin oder Juste milieu* (1920) – einer gnadenlosen Abrechnung mit dem Erbe des Wilhelminismus. Seit 1917 plante Sternheim zusammen mit Carl Einstein und Theodor Tagger (der als Dramatiker unter dem Pseudonym Ferdinand Bruckner hervortreten sollte) eine *Encyclopädie zum Abbruch bürgerlicher Ideologie*, von der allerdings nur die erste Seite mit den Stichworten «Abart», «Abbau» und «Abbruch» veröffentlicht wurde (1918).

Der misanthropische Solipsismus Ständers findet Parallelen in Sternheims Molière-Bearbeitung *Der Geizige* (1916, uraufgeführt in Berlin 1917), die die Position der Titelfigur gegenüber der Vorlage stärkt – Harpagons Sohn Cléante ist bei Sternheim tatsächlich ein Verschwender –, und der Umarbeitung eines eigenen Frühwerks (*Mihlow*, entst. 1905 als «tragisches Lustspiel»), das Sternheim 1917 unter dem Titel *Perleberg* herausbrachte und später in *Der Stänker* umbenannt wissen wollte. Im Zentrum der 1917 in Frankfurt uraufgeführten Komödie steht ein regelrechtes Ekel: Der Gastwirt Frisecke lebt vom Konflikt mit seinen Mitmenschen, die er auf das Unfreundlichste behandelt, und ist daher im Grunde seines Herzens unzufrieden, als der – für seine wirtschaftliche Existenz bedrohliche – Streit mit Schwager und Nachbar Adolf dank der Vermittlung des idealistischen Lehrers Tack beigelegt ist: «Ich bin so.»

Als «eigene menschliche Ursprünglichkeit», ja als «Privatkurage» wäre ein solches Bekenntnis zu sich selbst und den eigenen Charakterfehlern im Sinne von Sternheims autobiographischem Aufsatz *Privatkurage* (1924) zu werten. Als Beispiel von «Privatkurage» ist auch der positive Schluß aufzufassen, mit dem sein 1918 entstandenes Schauspiel *Die Marquise von Arcis* (uraufgeführt in Frankfurt 1919) endet, und zwar ganz in Übereinstimmung mit der zugrundeliegenden Erzählung Diderots, die Schillers Übertragung *Merkwürdiges Beispiel einer weiblichen Rache* zuerst bekannt gemacht hat. Die Marquise von Pommeraye rächt die Treulosigkeit ihres Geliebten dadurch, daß sie ihn ohne sein Wissen mit einer Dirne verkuppelt, um ihm am Tag nach seiner Hochzeit die Wahrheit zu sagen. Diese Wahrheit trifft jedoch nicht mehr den snobistischen Adligen, als der Sternheims Marquis von Arcis zu Beginn des Stücks erscheint. Durch die Dialektik der Intrige hat er einen Lernprozeß durchlaufen, der ihn von gesellschaftlichen Vorurteilen unabhängig macht und ihm die Freiheit gibt, auch unter den neuen Voraussetzungen zu seiner Liebe zu stehen: «Und ohne etwas nachzutragen, fern überhaupt von Plänen und Ideen der Welt mit sich und uns, wollen wir sehen, was an uns ist und was wirklich bedeutet –.»

Sternheim hat sich gegen den Vorwurf zur Wehr gesetzt, daß er mit derlei «Stücken im Kostüm» den Kontakt zur Wirklichkeit verloren habe. Wer um die enge Verbindung von Molière-Rezeption und Bürgersatire bei Sternheim weiß – noch die ersten Entwürfe der *Hose* waren im Paris des Ancien régime angesiedelt –, wird die zunehmende Neigung dieses Autors zum Rückgriff auf literarische Vorlagen allein noch nicht zum Zeichen nachlassender Schaffenskraft nehmen. Dennoch ist nicht zu übersehen, daß mit dem Ausbruch des Krieges diesem Dramatiker zunächst seine hauptsächliche Wirkungsmöglichkeit und mit dem Übergang zur Republik sein fruchtbarster Gegenstand – das wilhelminische Bürgertum – abhanden kamen. Auch der Nachtrag zur Maske-Trilogie, den er 1923 mit dem Drama *Das Fossil* (Arbeitstitel: *1921*) liefert, kann nicht darüber hinwegtäuschen, daß der männliche Stamm der Maskes seit dem Vorabend des Weltkriegs ausgestorben ist.

5. Trieb und Erlösung: von Lasker-Schüler zu Jahnn

Die Wupper (1909) – das erste Drama Else Lasker-Schülers, dem erst mehr als zwei Jahrzehnte später das nächste folgen sollte – wirkt angefangen beim Titel wie eine Hommage an Hauptmanns *Die Weber*: hier wie dort die atmosphärische Dichte des Milieus, der strukturierende Gegensatz von Fabrikantenfamilie und Textilarbeitern, der Eindruck einer allgemeinen Getriebenheit der Menschen, unter denen keiner als typischer Dramenheld und großer Handelnder hervortritt, und nicht zuletzt der ausgeprägte Dialekt, der einem Vermerk der Erstausgabe zufolge ursprünglich sogar noch stärker dem «Wopperdhalerplatt» verhaftet war. Doch geht es nicht um den Klassenkonflikt, sondern um ein vages Grundgefühl der Orientierungslosigkeit und melancholischen Glückssuche, in das sich alle Figuren mit Ausnahme des zielstrebigen Aufsteigers von Simon teilen.

In der Schlußszene kommt es zu einer Art Verbrüderung der Enttäuschten und Ausgestoßenen vor den verschlossenen Türen der Gesellschaft: Die drei Herumtreiber Pendelfrederech (ein Exhibitionist),

Lange Anna (ein Transvestit) und Gläserner Amadeus (mit dem Sprung
im Herzen) nehmen den frommen Bruder des Fabrikanten ebenso wie
den in seinem Aufstiegswillen gebrochenen Arbeitersohn in ihre Reihen
auf. Sie repräsentieren gleichsam die Boheme-Perspektive der Autorin,
die der Sphäre der Antibürgerlichkeit und der grotesken Ästhetik des
Zirkus schon mit dem Rummel als Schauplatz des zentralen III. Aktes
gehuldigt hat.

Das im Vordergrund der Bühne aufgebaute Karussell läßt sich um so
eher als Symbol der ewigen Wiederkehr auffassen, als auch in diesem
Drama – vergleichbar dem Schnitzlerschen *Reigen* – das Verhalten der
Figuren weithin von erotischem Begehren bestimmt ist. Eduard Sonn-
tag, der lebenslustige Fabrikant, fährt mit dem minderjährigen Lieschen
Karussell; wegen der Verführung des Mädchens wird sich der auf solche
Liebesobjekte fixierte «Puppenhangri» später das Leben nehmen. Der
Abhängigkeit von der Triebmacht stehen religiöse Sehnsüchte gegenüber,
die sich quer zum Milieu äußern: Der fromme Eduard will zum Katholi-
zismus konvertieren und ins Kloster gehen; mit dem Wunsch des einer
katholischen Arbeiterfamilie entstammenden Carl, ein evangelischer
Pfarrer zu werden, setzt überhaupt die Handlung der *Wupper* ein.

Als das 1907/08 entstandene Drama 1919 erstmals auf die Bühne kam (im
Deutschen Theater Berlin in der Regie Heinz Heralds), monierte die auf den
Hochexpressionismus eingestimmte Kritik das naturalistische Erbe. Ein anderer
literaturgeschichtlicher Orientierungspunkt ließe sich aus dem Vergleich mit
Heinrich Lautensack gewinnen, dessen gleichfalls regionalsprachliche (im fränkischen Dialekt verfaßte) Dramatik nachdrücklich die Verbindung von Erotik
und Religion akzentuiert – allerdings in einer antiklerikalen, stark von Panizza
und Wedekind bestimmten Perspektive. Das «Carmen sacerdotale» *Die Pfarrhauskomödie* (1911) entwirft das ironische Idyll gleich zweier antizölibatärer
Lebensgemeinschaften unter einem Dach. Das vieraktige Schauspiel *Das
Gelübde* (1916) führt die Konsequenzen des mönchischen Keuschheitsgebots ad
absurdum. Lautensacks Erstling *Medusa* (1904) entwirft mit den Mitteln einer
naturalistischen Dramaturgie ein dichtes Bild sexueller Bedrängnis unter den
Bedingungen kleinstädtischer Triebunterdrückung; die häßliche Tochter des
Spielwarenhändlers läßt sich die inzestuösen Zärtlichkeiten ihres Bruders
ebenso gefallen wie die hochtrabenden Ausführungen des aus der Großstadt
heimgekehrten Schulkameraden ihres Bruders über Weiningers Sexualtheorie.
An eine Aufführung derartiger Stücke war im Kaiserreich nicht zu denken; das
«Heimliche Theater», das Lautensack 1912 in der *Aktion* proklamierte und das
eine Zeitlang von Franz Pfemfert ohne ihn weiterverfolgt wurde, kam jedoch
über Vorbereitungen nicht hinaus.

Die religiöse Dimension, die in Lasker-Schülers *Wupper* anklingt
und bei Lautensack noch in Abwehr und Kritik präsent bleibt, wird in
Ernst Barlachs frühen Dramen *Der tote Tag* (1912) und *Der arme Vetter*
(1917) zur zentralen Botschaft. Beide Stücke, in ihrer ästhetischen Form

denkbar verschieden, gehen von einer identischen Grundidee aus: Der Mensch ist ein «Göttersohn» (so der Titel des ersten Entwurfs zu *Der tote Tag*), er ist der «arme Vetter» eines «hohen Herrn», wie sich der Titel des anderen Stücks erklärt. Sein Auftrag besteht darin, die ursprüngliche Verbundenheit mit dieser idealen Herkunft wiederherzustellen – sei es durch absolute Hingabe an das höhere Prinzip noch in den Grenzen der irdischen Existenz (wie es im *Armen Vetter* offenbar Fräulein Isenbarn in der Perspektive des Dramenschlusses gelingt), sei es im Freitod; nicht umsonst enden die beiden männlichen Hauptfiguren durch Suizid.

Im *Toten Tag* nimmt diese Problematik Gestalt an in einem Privatmythos, an dessen Erzeugung das Vorbild von Wagners Opern ebenso beteiligt war wie die dualistische Geschlechtsphilosophie Weiningers und nicht zuletzt das persönliche Erleben des Autors, der seinen eigenen Vater früh verlor und das Recht zur Erziehung seines unehelichen Sohnes in einem langwierigen Gerichtsprozeß erstreiten mußte. Demzufolge zeigt das fünfaktige Drama die Bedrohung des Sohnes durch den egoistischen Materialismus der Mutter; indem sie das Pferd Herzhorn schlachtet, das allein den Sohn zu seinem unbekannten göttlichen Vater führen könnte, nimmt sie ihm, ja der ganzen Welt die Sonne. Schon zuvor hat der Sohn auf dem Höhepunkt der Handlung beim Versuch versagt, dem Alb – dessen eigenen Weisungen entsprechend – das Herz zu entreißen; durch seinen Hilferuf nach der Mutter erweist sich der «Göttersohn» als zum Muttersöhnchen entartet. Die Mitwirkung phantastisch-grotesker Gestalten wie des Albs, des Dieners Besenbein und insbesondere des dem Vaterprinzip verpflichteten Gnoms Steißbart (eines auch für die Bühnenfiguren unsichtbaren «Wichtels mit dem Bart am Steiße») gibt dem Drama den eigentümlichen Charakter einer Traumvision oder eines Grotesk-Märchens.

Der arme Vetter dagegen präsentiert sich als äußerlich realistische Bühnenhandlung, basierend auf Barlachs langjähriger Vertrautheit mit der Elblandschaft unterhalb Hamburgs. Denn hier spielt sich der Osterspaziergang eines sehr gemischten Publikums ab («Osterleute» lautete ein Arbeitstitel des Stücks): von Fräulein Isenbarn und ihrem kaufmännisch orientierten Verlobten Siebenmark über einen vagabundierenden, wegen Päderastie entlassenen Schulmeister, den Chemiker Doktor Engholm und die mannstolle Frau Keferstein bis zum handfesten Schiffer Bolz. Schließlich ist da noch der Selbstmörder Hans Iver, der sich im I. Akt so ungeschickt erschießt, daß er – ein gewisser Wahrscheinlichkeitsmangel des Stücks – bis tief in den V. Akt hinein weiterleben und mitspielen kann, als wäre nicht viel gewesen. Von der ausgelassenen Gesellschaft, die im Gasthaus auf die Ankunft des Dampfers nach Hamburg wartet, wird der Verwundete sogar in peinlicher Weise bloßgestellt durch die öffentliche Preisgabe und Verspottung persönlicher Aufzeichnungen, in

denen er sich «von einem göttlichen Funken gebrannt» sieht. Die szenische Ironisierung, der Barlach damit die programmatische Botschaft seines Dramas aussetzt, wird durch die nachfolgende Wandlung Fräulein
Isenbarns allerdings völlig zurückgenommen: Von ihrem Verlobten vor
die Wahl zwischen ihm und Iver gestellt, entscheidet diese sich «mit Entzücken» für den Toten, dessen Nachfolge und Auftrag sie gleichsam
übernimmt – «Auferstehung ist doch kein leeres Wort.»

Ein religiöses Erweckungserlebnis wurde dem expressionistischen
Dramatiker Reinhard Sorge im Februar 1912 zuteil. Er konvertierte zum
Katholizismus, nahm den zweiten Vornamen Johannes an und bereitete
sich (wiewohl verheiratet) auf das Priesteramt vor. Sein Hauptwerk *Der
Bettler. Eine dramatische Sendung* (1912) entstand unmittelbar vor dieser
Wandlung, aber es kündigt sie gleichsam an, nimmt sie symbolisch vorweg, so daß der Autor im Januar 1913 an seinen Freund Arnold Bork
schreiben konnte: «Im Bettler sind ja schon starke christliche Ansätze,
erkennst du es nachträglich? Meine Seele war immer christlich, aber
durch Nietzsche irregeführt in Sonn' und Stern' verfangen.» Tatsächlich
sind die ab 1910 entstehenden dramatischen Entwürfe Sorges thematisch
und sprachlich aufs stärkste vom Nietzsche des *Zarathustra* beeinflußt.
Seine dem Seher der ewigen Wiederkehr gewidmete «dramatische Phantasie» *Odysseus* (1925, entst. 1911) exponiert den heimkehrenden Helden
in stärkstem Kontrast zur begehrlichen Masse der Freier, die als Chor
auftreten und durch ihr (an Reinhardts Großrauminszenierungen orientiertes?) Stellungsspiel erstaunliche symbolische Effekte erzielen. Die
einzelnen, die ihnen gegenübertreten – der Sänger, der Seher, der Sohn
Telemach (mit halber Kraft, wofür er sterben muß) und schließlich die
treue Gattin Penelope –, sind Vorankündigungen der Erlösung, die
schließlich mit geradezu kosmischem Echo der Pfeil des Odysseus
bringt: «Das Geschoß flieht in feurigem Streifen durch die Luft über die
Häupter der Freier fort und nieder in den Himmel. Die Freier stürzen
hintüber zum Abgrund. Ein morgenroter Sonnenstrahl loht aus der
Tiefe über den Himmel. Morgenhelle ringsum.»

In Sorges *Bettler*, oft als erstes expressionistisches Drama angesehen, überlagert die von Strindberg entlehnte Struktur des Stationendramas das rudimentär
noch vorhandene Fünf-Akte-Schema. Die neue Form kommt der inhaltlich
gestalteten «Sendung» entgegen, wobei anzumerken ist, daß der Begriff durch
die Veröffentlichung von *Wilhelm Meisters theatralischer Sendung* (der Urfassung
von Goethes *Lehrjahren*) 1911 spezifische Aktualität erhalten hatte («Theatralische Sendung» lautete denn auch zunächst der Arbeitstitel des Dramas). Der
Protagonist ist Dichter, und zwar Dramatiker, und verlangt vom Mäzen entgegen der Warnung seines Freundes die Errichtung eines eigenen Theaters, das der
Heilung und Heiligung der ganzen Menschheit dienen soll. Welche Berechtigung
diese Forderung hat, machen zwei vorhergehende Kollektivszenen deutlich, die
offenbar im selben großstädtischen Kaffeehaus angesiedelt sind: Zwischen dem

Geschwätz der Theaterkritiker einerseits, die aus der Premiere von Ernst Hardts *Gudrun* kommen (weitere Anspielungen gelten Stucken, Vollmoeller und Hauptmann), dem Gekreisch der Kokotten oder dem Gedrängel ihrer Liebhaber andererseits besteht kein substantieller Unterschied.

Aus dieser Sphäre des «Morasts» führt der Weg des Dichters empor zum Licht seiner von allen materiellen Abhängigkeiten und Rücksichtnahmen freien Kunst – so der Grundgedanke des Dramas, der sich vor allem in den lyrischen Schlußtableaus der Akte verdichtet. Auf diesem Weg begleitet ihn das (nach dem Vorbild von Sorges Frau Susanne Hendewerk gezeichnete) Mädchen, das sein uneheliches Kind zunächst zu sich nimmt, am Schluß aber nur noch Mutter des Kindes sein will, das ihm der Dichter verspricht. Eine entscheidende Station des Weges ist das Elternhaus: Der Dichter vergiftet seinen geisteskranken Vater in einem Akt der Euthanasie und erlebt beglückt das friedliche Sterben seiner Mutter, die möglicherweise ebenfalls von dem Gift getrunken hat. Die angedeutete Nachfolgebeziehung zwischen dem Wahnsinn des Vaters, der von der Vision einer Mars-Technik erfüllt ist, die er der Menschheit schenken muß, und der Berufung des nach «ewiger Sonne» strebenden Dichters, ist nicht unproblematisch. Woher wäre die Gewißheit zu nehmen, daß nicht auch dieser einer heillosen Selbstüberschätzung erliegt, von deren Höhe er wie Ikaros, dessen tragisches Schicksal der Chor der Flieger im I. Akt beschwört, rettungslos abstürzt?

Dem lyrischen Pathos von Sorges *Bettler* mit seinen ausufernden Monologen steht ein anderes Extrem der expressionistischen Dramatik gegenüber, das seinen höchsten Ehrgeiz gerade auf die äußerste Kürze, Konzentration, Abstraktion richtet. Die dem Ideal der Wortkunst (s. u. S. 560) verpflichteten, in der Zeitschrift *Der Sturm* und im zugehörigen Verlag veröffentlichten Dramen August Stramms basieren dabei inhaltlich auf, jedenfalls im Grundsatz, vergleichbaren Voraussetzungen. Auch Stramm geht von einer negativen Bewertung der Triebbindung aus; auch bei ihm vollzieht sich eine spirituelle Erweiterung und Überhöhung des Dramengeschehens, nämlich im Sinne einer mystischen All-Einheit. Eine gewisse Gemeinsamkeit mit Else Lasker-Schüler, Lautensack und Barlach ergibt sich durch den Naturalismus als Ausgangspunkt.

Zum naturalistischen Frühwerk Stramms gehören die Tragikomödie *Die Unfruchtbaren* (1916, entst. ca. 1910–1912) und die Einakter *Der Gatte* (1924, entst. 1909) und *Rudimentär* (1914). Vor allem das letzte Stück imponiert durch die Beharrlichkeit, mit der hier die Technik des konsequenten Naturalismus praktiziert und um elementare Formen der Sprachreflexion erweitert wird. Angesichts des Titelworts, das der betrogene Ehemann in einem Loch der abbröckelnden Tapete erkennt, dämmert ihm und seiner heruntergekommenen, das eigene Kind zu Tode vernachlässigenden Frau die Ohnmacht ihrer ausschließlich triebbestimmten Existenz.

Beim Übergang zur expressionistischen Schreibweise lehnt sich Stramm zunächst an die symbolistische Dramaturgie Maeterlincks an.

Dessen Einfluß ist vor allem in *Sancta Susanna* zu spüren, dem ersten
Stück Stramms, das den Weg auf die Bühne fand (s. o. S. 445 f.), aber
auch in der – schwächeren – *Haidebraut* (1914, uraufgeführt 1919 in
der Hamburger Kampfbühne). Hier wie dort geht es um den Kampf zwischen Sinnlichkeit und Vergeistigung bzw. Religion. Der Zigeuner, dessen Vater einst die kleine Maruschka entführt hat und mit dem sie jetzt
als junge Frau zusammenlebt, steht für die Bindung an die Sinnlichkeit.
Ihr wohlhabender Vater, der sie wiederentdeckt hat und heimholen
möchte in das Haus mit dem Turm («weithin kannst du blicken in die
Fernen»), repräsentiert die Freiheit des Geistes – ganz ähnlich wie der
abwesende Vater in Barlachs *Totem Tag*. Indem Maruschka anstatt, wie
zunächst geplant, des Vaters ihren Geliebten tötet und die Zigeunerhütte
anzündet, befreit sie sich von den Fesseln der sinnlichen Existenz:
«Licht will ich haben … Licht!!! … Licht!!!» Prompt «zerflutet» die
Sonne die Nebel.

Kosmische Bezüge sind auch für Stramms Kurzdramen *Erwachen*
und *Geschehen* bestimmend. In *Erwachen* (1914) handelt die Figur des
«Er», die man der Widmung nach vielleicht in Beziehung zu Stramms
Entdecker und Förderer Herwarth Walden setzen darf, in visionärer
Orientierung an einem Stern, der nach dem Einreißen der Außenwand
sichtbar wird. Hierdurch gewinnt er seine Überlegenheit über die an
Geld, Sexualität und konventionelle Ehrbegriffe gebundene Masse; statt
seiner ersten Geliebten, die sich abhängig vom Urteil des Pöbels macht,
gewinnt er das Mädchen («Es») für sich und wird als Baumeister gefeiert.

Problematischer gestaltet sich die Entwicklung eines polygamen «Er»
in *Geschehen* (1915). Während seine Partnerin («Sie») die Ansprüche von
früheren Geliebten an ihn und seine Vaterschaft akzeptiert, glaubt er
sich auf die augenblickliche Beziehung beschränken und die Vergangenheit leugnen zu können. In der Begegnung mit «Mich» stößt er im
III. Akt auf die Grenzen seines Autonomieanspruchs. Als sich «Mich»
als seine Tochter vorstellt und damit als etwas Unabhängiges, das er nur
um den Preis des Inzests antasten dürfte, kommt es zum gewaltsamen
Ausbruch, in dem «Er» sich als «Ich» bekennt und die gesamte Welt in
Frage stellt. Die weitere Entwicklung des sich nunmehr in den Weltraum
aufschwingenden Dramas läßt sich kaum noch in verantwortlicher Weise
zusammenfassen, ohne der Tendenz zur sprachexperimentellen Abstraktion Gewalt anzutun und ohne den pathetischen Anspruch eines kosmischen Ganzheitserlebnisses der Gefahr der Lächerlichkeit auszusetzen.
Es kann kein Zweifel sein, daß Zeilen wie die folgenden von Stramm –
als formales Experiment und als visionäre Selbstvergewisserung – außerordentlich ernst gemeint waren:

DIE STRAHLER *(schauen).* Sterne!
DIE STRAHLER *(dämmern).* Sterne!
DIE STRAHLER *(ahnen).* Sterne!
DIE STRAHLER *(schluchzen auf, hüllen das Haupt,*
schreiten in Beben, Ohnmacht, Trotz). Wir!

Wenn man hier schon davon sprechen kann, daß der künstlerische Anspruch des Dramatikers Stramm an seine Grenzen stößt, so gilt das erst recht für ein Stück wie *Kräfte* (1915), in dem erotische Verwicklungen zwischen zwei Paaren in ähnlicher telegrammstilartiger Verkürzung und Reduktion aufs Gestische abgehandelt werden. Die Verwicklungen beruhen größtenteils auf Einbildung, sind imaginiert oder erlogen von der eifersüchtigen Ehefrau, die sich als treibende Kraft der Handlung erweist – bis hin zum makabren Ende, in dem «Sie» der Freundin die Lippen abschneidet, mit denen diese – von ihr gezwungen – die Leiche des im Duell gefallenen Mannes geküßt hat, um anschließend die Freundin den Hunden vorzuwerfen und selbst Gift zu nehmen.

Wie sehr es von den Autoren des Expressionismus als künstlerische Notwendigkeit empfunden wurde, die Triebhaftigkeit menschlichen Handelns bis ins äußerste – als ‹pervers› diskriminierte und tabuisierte – Extrem zu verfolgen, weil offenbar nur vor diesem Hintergrund das volle Ausmaß der Erlösungsbedürftigkeit gestaltbar war, das bezeugt kein anderer Text mit gleicher Intensität wie das sprachgewaltige erste gedruckte Drama Hans Henny Jahnns, das 1916/17 in Norwegen entstand: *Pastor Ephraim Magnus* (1919). Es ist ein äußerst ketzerisches, gleichsam gegen sich selbst revoltierendes Christentum, das hier verfochten wird – wenn man diesen Begriff überhaupt noch gelten lassen will. Ins Zentrum dieser religiösen Suche und Selbsterfahrung treten nämlich die Körperlichkeit und insbesondere die Sexualität in einer durchaus unerhörten Weise. Der von einer unheimlichen Krankheit aufgetriebene alte Pastor Magnus gibt seinen drei Kindern Rechenschaft über sein verfehltes Leben und zeichnet die zwei Wege vor, die ihnen verbleiben:

«Der eine ist: die Dinge leben, die gewollt sind, ganz restlos, ohne Rücksicht – lieben, Liebe leisten, so wie Gott es wollte: freveln. Und der andere: Gott gleich werden, alle Qualen auf sich nehmen, ohne je erlöst zu werden; denn so ist Gott, nachdem man seine Liebe verschmähte und ihn ans Kreuz schlug.»

Magnus' unehelicher Sohn Jakob geht den ersten Weg: als Anarchist der Sinnlichkeit, jede Rücksicht auf Konvention und Gefühle anderer bewußt beiseite setzend. So mutet er seiner Verlobten zu, sich dem von ihm vergötterten Jüngling Paul hinzugeben, ohne das Eheversprechen, um dessentwillen sie sich widerstrebend seiner Bitte fügt, einzulösen. Hier wird bereits die Ambivalenz der prätendierten Autonomie deutlich: Denn indem Jakob die absolute Freiheit des Fühlens für sich in Anspruch nimmt, gerät er in eine dominante Position, die der traditionellen gesellschaftlichen Rollenverteilung verdächtig ähnlich sieht. Als Mathilde das von Paul empfangene Kind nicht austragen will, läßt er sie an dessen Geburt sterben. Der Anarchist endet als Lustmörder, der eine Prostituierte zerstückelt, um in das Innerste ihres Leibes zu gelangen – in der vergeblichen Hoffnung, so ihrer «Seele» näher zu kommen. In einer geschliffenen Rede vor Gericht stellt er der individuellen Gewalt die «durchtriebene Bestialität» des Staats gegenüber, ohne seine Verurteilung zum Tode damit abwenden zu können oder zu wollen.

Mit Jakobs Hinrichtung setzt die Gegenhandlung ein, die den zweiten Teil des Dramas beherrscht: Ephraim veranlaßt die Entführung seines Leichnams in die Sakristei des Doms, an dem er als Prediger tätig ist. Die gespenstische Erscheinung von vier Wiedergängern (Der Geköpfte, Der Gekreuzigte, Der Kastrierte, Der Handlose) scheint ihn zu warnen. Dennoch schlägt Ephraim entschlossen den zweiten Weg der Selbstkasteiung, ja -verstümmelung ein – bis hin zu Kastration, Blendung, Kreuzigung; die Schwester Johanna folgt ihm in die Prozeduren des Grauens und schreckt selbst vor der Ausbrennung ihres Schoßes nicht zurück. Ephraim erlebt die Genugtuung, daß die Verwesung von Jakobs Leichnam im gleichen Maße aussetzt, wie er sich selbst foltert, und daß über der Gruft, in die er später auch die von ihm getötete Schwester bettet, von dem inzwischen zum Baumeister herangereiften Paul eine Kapelle errichtet wird, die auch seinem eigenen Körper künftig Unsterblichkeit sichert.

So stark auch *Pastor Ephraim Magnus* von tabuisierten Körperlichkeits-Erfahrungen vor allem sexueller Natur erfüllt ist und so schockierend die (mit 268 Seiten auch äußerlich aus dem Rahmen fallende) Buchausgabe des S. Fischer Verlags sowie die von Brecht und Bronnen geleitete Uraufführung (Berlin 1923) auf die Zeitgenossen wirkten – ein Tabuthema wird von Jahnns Stück scheinbar nur am Rande gestreift, das für seinen Autor selbst doch von fundamentaler Bedeutung war: die Homosexualität. Jakob und Ephraim sind zunächst und eigentlich von inzestuöser Neigung zu ihrer Schwester erfüllt; die (selbst)zerstörerischen Weiterungen ihrer Suche nach Erfüllung werden durch den primären Verzicht auf die Geschwisterliebe erst erforderlich. Offenbar dient der Inzest als Liebe unter Gleichen der dichterischen Phantasie Jahnns als Chiffre für die Homosexualität, die seine Lebenspraxis und seine übrigen literarischen Arbeiten während der Jahre des ersten Exils (1915–1919) bestimmt. Im Vergleich mit den damals entstandenen, zu Lebzeiten des Autors ungedruckt gebliebenen Dramen *Die Mauer* und *Die Erkenntnis* läßt sich auch die Mausoleumsvision näher bestimmen, mit der *Pastor Ephraim Magnus* endet. Sie variiert offenbar den Tempelbau bzw. Statuenkult, in dem die früheren Stücke die Kulturarbeit der utopischen homosexuellen Gemeinschaft Ugrino gipfeln lassen.

6. Aufstand gegen das Kains-Schicksal: von Carl Hauptmann zu Toller

Unter den Autoren des jungen expressionistischen Kurt Wolff Verlags war Carl Hauptmann sicher einer der ältesten. Noch dreizehn Jahre älter als der gleichfalls bei Wolff publizierende Heinrich Mann, kann Carl Hauptmann als früheres und extremeres Beispiel der Problematik des älteren Bruders in der modernen Literaturgeschichte gelten. Noch stärker als im Bereich der Erzählprosa hatte er als Dramatiker mit der Schwierigkeit zu kämpfen, sich gegen den Ruhm seines jüngeren Bruders Gerhart zu behaupten und ein unverwechselbares Profil zu entwickeln, das von der Öffentlichkeit auch als solches wahrgenommen wurde. Dabei erwies es sich als schwere Bürde, daß Carl Hauptmanns frühe Dramen wie *Waldleute* (1896) oder *Ephraims Breite* (1900) als Dialektstücke im ländlichen Milieu Schlesiens spielten und zu Verwechslungen mit den Intentionen des Naturalismus, die Carl Hauptmann subjektiv durchaus nicht teilte, geradezu einluden. Noch seine neoromantisch-symbolistischen Experimente *Die Bergschmiede* (1901) und *Des Königs Harfe* (1903) legen Vergleiche mit verschiedenen Stationen im postnaturalistischen Schaffen Gerhart Hauptmanns seit der *Versunkenen Glocke* nahe. Mit dem 1913 entstandenen «Tedeum» *Krieg*, das 1914 noch vor Ausbruch des Weltkriegs bei Wolff erschien, gelang Carl Hauptmann jedoch ein originärer Wurf, in dem das visionäre Element als Grundlage seines eigenen Dichtens und Dichtungsverständnisses freien und selbständigen Ausdruck findet.

Ein «Tedeum» ist eigentlich ein Lobgesang auf Gott. Der Gott, dem in Carl Hauptmanns *Krieg* gehuldigt wird, ist ein strafender Gott. Sein Strafgericht kündigt sich schon auf der ersten Seite in der Vision der Fürstin an, der Frau des Ministers Kail, dessen Name nicht zufällig bis auf den letzten Buchstaben mit «Kain» identisch ist. Sein Schloß als durchgängiger Bestandteil des Bühnenbilds aller vier Teile steht für die auf dem Prinzip des Brudermords beruhende menschliche Gesellschaft und Politik schlechthin. In ihm findet die – nach dem Vorbild der Berliner Konferenz von 1878 entworfene – Konferenz der Großmächte statt, die durch ihre Wappentiere repräsentiert werden. Hauptperson der Konferenz ist jedoch die allegorische Figur des «europäischen Rechenmeisters», der am Globus die Probleme des Imperialismus erläutert. Der Globus wird hinfort zu einem typischen Symbol des weltumspannenden Anspruchs der expressionistischen Dramatik, wiederkehrend in Georg Kaisers *Kanzlist Krehler* (s. o. S. 550) und in Fritz von Unruhs *Platz* (II, 12), wo Dietrich und Irene mit dem Globus Fangball spielen.

Der Zweite Teil beginnt mit dem Auftritt des Erzengels, der den «Gramprópheten» Petrus Heißler mit der Ankündigung des Krieges beauftragt, der durch die folgenden Kommentare als Gegenschlag gegen die Kosten-Nutzen-Kalküle des Kapitalismus gewertet wird: «die frevelhafteste Geldverschwendung». (Die für das Vorfeld des Ersten Weltkriegs charakteristische Verflechtung von Wirtschaftsinteressen und Kriegspolitik wird damit gerade nicht thematisiert.) Der Auftritt der drei rattengesichtigen «scheusäligen Gestalten», an die Erinnyen der griechischen Tragödie und die Plagen der Apokalypse gleicherweise gemahnend, leitet zum Dritten Teil über, in dem der «ausgebrochene Staatsphantast» (Napoleon?) eine beherrschende Rolle spielt. In die Musik des Finales mischt sich bereits der Totenchor. Der Vierte Teil gehört dann ganz den Krüppeln, die vor den Ruinen des Schlosses ihre Verstümmelungen, ja den Verlust ihrer einstigen Identität beklagen und groteske Umarmungsversuche unternehmen. Daß sich am Schluß dennoch eine tröstliche Erlösungsperspektive andeutet, ist das Werk Gruschkas, der ärmlichen jüdischen Geliebten des Ministersohns. Sie trägt ihren neugeborenen Sohn, der wie sein Vater (und der Sohn des biblischen Kain) Enoch heißt, zum Vater Franciscus.

Carl Hauptmann hat diese allegorische Phantasie, die in vielen Zügen das aktuelle Interesse am Mysteriendrama spiegelt, für die Arena-Bühne Max Reinhardts geschrieben. Bertha von Suttner bot Reinhardt die Inszenierung von *Krieg* im Rahmen des Internationalen Weltfriedenskongresses an, der für den September 1914 in Wien geplant war. Zur einzigen bekannten Aufführung kam es erst nach dem Tod des Autors am Hoftheater Gera 1922.

Die für die Konzeption von Carl Hauptmanns *Krieg* bestimmende Kains-Thematik wird in Friedrich Koffkas erstem Drama *Kain* (1917) aufgegriffen. Es handelt sich um eine psychologische Studie, die für den ungeliebten Außenseiter Partei ergreift: Kain kann sich nur durch den Mord am Bruder von dem erdrückenden Vorbild einer bürgerlichen Normalität befreien, hinter deren scheinbarem Wohlverhalten sich eine Banalität der Grausamkeit verbirgt, die gerade Kain, den sensiblen Beobachter und ich-schwachen Voyeur, beunruhigt. Das Stück endet mit Kains Abschied von der Mutter Eva und seinem Aufbruch in ein Ahasver-Schicksal des Ewig-Verfluchten.

Auch die Kriegsdramen Fritz von Unruhs eröffnen eine mythische Perspektive, bemühen sich um einen Brückenschlag zwischen den Greueln des aktuellen Weltzustands und uranfänglichen Konstellationen der Menschheitsgeschichte. Bevor Unruh mit seinem Anti-Kriegsdrama *Ein Geschlecht* (1917, entst. 1915/16) und der daraus erwachsenden gleichnamigen Trilogie, bestehend aus *Ein Geschlecht*, *Platz* (1920, entst. ab 1917) und *Dietrich* (posthum 1973, beendet 1957), zum Wortführer einer expressionistischen Kriegskritik werden konnte, hatte der Sproß einer traditionsreichen preußischen Offiziersfamilie einen langen Weg zurückzulegen. Die erste Etappe führte vom Plöner Kadettenschüler und engsten Kameraden der Kaisersöhne über den dichtenden Offizier des Zweiten Kaiser-Franz-Gardegrenadierregiments in Berlin (1906–1911) zum freien Schriftsteller im Umkreis Rathenaus und Reinhardts; die zweite Etappe vom begeisterten Aufbruch ins Feld im August 1914 zur zunehmenden Problematisierung des Krieges und der soldatischen Existenz in den verschiedenen Textstufen seines Dramas *Vor der Entscheidung* (s. u.

S. 813 f.) und der Prosadichtung im Auftrag der Obersten Heeresleitung
Opfergang (s. u. S. 815 f.).

Nach der Uraufführung seines Auftragswerks *Offiziere* am Deutschen Theater
Max Reinhardts im September 1911, die durch die gleichzeitige zweite
Marokko-Krise besonderes politisches Gewicht erhielt, erklärt Unruh in einem
Brief an seinen Vater: «Ist es nicht anspornend und herrlich, dass gerade die
ernsthaften Kritiker so schön über mich schreiben, hingegen Juden und Bör-
senleute die Tendenz meiner Arbeit, Krieg etc., völlig verwerfen!» Die «Tragödie
des Friedenssoldaten», wie Unruhs Drama allgemein aufgefaßt wurde, thematisiert das Ungenügen, das gerade die Ernsthafteren unter den Offizieren − nicht
umsonst heißt der Held «Ernst von Schlichting» − an den Äußerlichkeiten des
mit fast naturalistischer Dialogtechnik geschilderten Kasernenlebens empfinden, die Begeisterung über die Gelegenheit zum Kriegseinsatz, die der Herero-
Aufstand von 1904 gibt (dasselbe Motiv kehrt in Ernst Tollers Drama *Die Wandlung* wieder), und den aus Kleists *Prinz von Homburg* bekannten, hier im Sinne
des Vitalismus neu aufgeladenen Konflikt zwischen soldatischem Gehorsam und
eigenverantwortlichem militärischem Handeln. «Ich entschied mich für das
Leben», sagt der tödlich verwundete, von seinem Oberst zeitweilig verkannte
Leutnant Ernst.

In historischem Gewand hat Unruh eine ähnliche Problematik schon in dem
1909 begonnenen Drama *Louis Ferdinand Prinz von Preußen* (1913) zu gestalten
versucht. Königin Luise spricht das Schlußwort − zu Beginn der Schlacht von
Jena und Auerstedt (1806): «Sucht Preußen! Es gibt keine Preußen mehr.»

Durch seine pathetisch verkrampfte, dabei an (bewußten?) Stilbrü-
chen reiche Verssprache, die kaum überbietbare Krudität der unrealisti-
schen Handlung, die Abstraktheit von Zeit und Ort («Kirchhof auf Ber-
gesgipfel») und nicht zuletzt die kriegskritische Tendenz ist *Ein
Geschlecht* − das zweite Stück Unruhs, das überhaupt auf die Bühne
gelangte; die Frankfurter Uraufführung 1918 bedeutete einen Höhepunkt des Bühnenexpressionismus (s. o. S. 444) − denkbar weit von
den früheren Bekenntnissen des Dramatikers zur preußischen Tradition
entfernt. Der zentrale Konflikt ist jedoch fast identisch: Wiederum geht
es um den Gegensatz zwischen Staatsgewalt und Subjektivität.

Der Gegenpol zur Staatsgewalt wird aufgespalten und auf zwei
Gegenkräfte verteilt: einerseits das sich in der Gestalt der Mutter mani-
festierende Prinzip des Lebens, das mit dem Patriarchat um die Führung
ringt (s. o. S. 21 f.), andererseits die Revolte des Ältesten Sohns, die sich
im ersten Teil des Dramas als subjektiv-vitalistische Auflehnung gegen
das Kriegskommando äußert − nicht unähnlich dem Aufbegehren des
lebens- und todeshungrigen Ernst von Schlichting − und im zweiten
Teil in eine nihilistisch-rationalistische Zerstörung des organischen
Wachstums umschlägt.

Ausgangspunkt ist die Konfrontation der Mutter, die gerade zusammen mit
ihrem jüngsten Sohn «den schlachtgefallnen Liebling fromm beerdigt», mit der

bevorstehenden Exekution ihrer beiden übrigen Söhne. Der eine soll wegen
Feigheit, der andere (Dietrich, der Älteste) wegen versuchter Vergewaltigung
hingerichtet werden. Er wurde zu diesem Vergehen an einer Frau des besiegten
Volks durch denselben rauschhaften Kampfimpuls hingerissen, der ihn den Ausbruch des Kriegs begrüßen und den Alltag des Lagerlebens verabscheuen ließ.
Das vitale Aufbegehren Dietrichs setzt sich fort im sexuellen Verlangen nach der
Schwester, das von dieser erwidert wird. Sie löst seine Fesseln und plant mit
ihm die Tötung der Mutter. Der Aufstand des Sohns richtet sich hier schon gegen
die Grundlagen des natürlichen Lebens, die zyklische Folge von Leben und
Tod. Insofern hat es eine gewisse Konsequenz, wenn Dietrich die Kreuze aus
den Gräbern reißt und sich von der Kirchhofmauer in die Tiefe stürzt; der
Lebensdrang schlägt gleichsam in die Verneinung des Lebens um. Es bleibt dem
jüngsten Sohn vorbehalten, die Tötung der Mutter durch den Soldatenführer zu
rächen, indem er die junge Generation zum Sturm auf die Kasernen aufruft.

Die ambivalente Beziehung von Leben und Tod bestimmt gleichfalls
Reinhard Goerings Kriegsdramen *Seeschlacht* und *Die Retter* (s. u.
S. 811–813). Die moralische Neutralität, durch die vor allem das erstere
die Zeitgenossen beeindruckte, ist auch zwei Stücken eigen, mit denen
sich Goering vordergründig privaten Konflikten zuwendet. Sowohl der
Priester Antonio in *Der Erste* (1918) als auch die betrogene Ehefrau
Esther in *Der Zweite* (1919) nehmen einen Standpunkt außer- und oberhalb der konventionellen Moral ein. Antonio richtet sich selbst, nachdem er die Hybris seines mörderischen Handelns eingesehen hat, und
behauptet doch noch im Moment des Schuldgeständnisses seine Superiorität gegenüber der Menge. Esther vertritt das Prinzip einer aufop-
fernden Unterwerfung unter eine höhere Ordnung und setzt diesen
Standpunkt auch gegenüber dem Subjektivismus ihres jüngeren Bruders
Angelo durch. Diese fatalistische Botschaft erinnert ebenso an *Seeschlacht* wie die Kampfmetaphorik, mit der hier das Verhältnis der
Geschlechter beschrieben wird.

In deutlichem Gegensatz zu der von Unruh und Goering vertretenen
vitalistisch-fatalistischen Perspektive entwickelt sich eine aktivistische
Dramatik, in der das Modell des Kriegs vielfach von dem der Revolution
überlagert oder abgelöst wird. Walter Hasenclevers – bereits zu Eingang
dieses Buchs (S. 10 f.) besprochenes – Drama *Der Sohn* (1914), entstanden 1913 in zeitweilig engem Kontakt zu Kurt Hiller, liefert den Prototyp des expressionistischen Revolutionsdramas. In seiner primären Ausrichtung auf familiäre Konflikte und der Abstraktheit seiner Parolen
spiegelt es allerdings auch die politische Vagheit dieses epochalen Gat-
tungstyps. Ein konkreteres und dauerhaftes politisches Engagement läßt
sich vom Dramatiker Hasenclever schon aufgrund seiner fundamentalen
Prägung durch Schopenhauers Philosophie nicht erwarten.

Diese bezeugt bereits der Titel seines – dramaturgisch noch an Ibsen
orientierten – Erstlings *Nirwana* (1908). Einem ins Positive umgedeute-

ten Nirwana-Begriff war das Buchprojekt des jungen Sternau verpflichtet; in illusionärer Überschätzung der Möglichkeiten individuellen Handelns hat er die Brandstiftung an einem Kirchengebäude begangen, für die er eine mehrjährige Gefängnisstrafe verbüßte. Der Schluß des Dramas zeigt ihn «am Ende unserer Erkenntnis», reif für «die große Ruhe» illusionslosen Weiterlebens – während Ellen, die Sternau einst zur Brandstiftung überredete, den Weg in den Selbstmord wählt.

Eine ähnliche Skepsis gegenüber der (revolutionären) Tat bekundet auch Hasenclevers Umdichtung der sophokleischen *Antigone* (1917), wegen des rückhaltlosen Bekenntnisses der Heldin zum Pazifismus, des Rücktritts des Herrschers Kreon und des sich andeutenden Sturms auf die Burg oft als kämpferisches Manifest gegen Weltkrieg und Monarchie (miß)verstanden. Antigone vertritt dagegen die rückhaltlose Hingabe an Gottes Willen in einem christlich-innerlichen Sinn, der revolutionäre Aktivität eigentlich ausschließt. In einem zeitgleich verfaßten Text zur Uraufführung des *Sohn* erklärt Hasenclever im Herbst 1916: «Deshalb ist der Sinn des Lebens nicht die Tat, sondern die Frage des Sittengesetzes, und das höchste Ziel ein Zustand, wo beide, Gesetz und Tun, zusammenfallen in dem Reiche Gottes.» Übereinstimmend warnt der reuige Kreon im Drama: «Der Mensch / Folgt seiner wilden Mordgier wie das Vieh. / Die Tat ist anders als der Geist sie schuf.»

Die Opposition von Mordgier und Geist liegt auch Hasenclevers Kriegsdrama *Der Retter* zugrunde, in der ersten Jahreshälfte 1915 entstanden, aber – nachdem Kurt Wolff sich lange nicht zu einer Publikation entschließen konnte – erst 1919 bei Rowohlt veröffentlicht. Es handelt sich um eine eigenartige und literarisch wenig überzeugende Mischform aus Mysterienspiel (Vorspiel aus der Matthäus-Passion, Erscheinung des Apostels Paulus) und politischer Parabel. Der König eines imaginären Staates der Gegenwart, der in einen Krieg verwickelt ist, will seine Macht delegieren. Vor die Wahl zwischen den Positionen des Feldmarschalls und des Dichters gestellt, entscheidet er sich – trotz persönlicher Affinität zum Idealismus des letzteren – für den Primat der Staatsräson und des Rationalismus. Als der Feldmarschall den Dichter des Hochverrats bezichtigt, weil er in den Schützengräben das Gebot der Nächstenliebe predigen will, läßt sich der König sogar die Zustimmung zur Hinrichtung des Dichters abpressen. Die letzte Szene, nunmehr in Versform, zeigt den angehenden Märtyrer an der Seite der ihn tröstenden, den Blick auf die Zukunft richtenden Königin: «Das Opfer ist gebracht. Wir sterben nicht.»

Die Idee der Unsterblichkeit bestimmt die Fabel von Hasenclevers stark pantomimischem Schauspiel *Die Menschen* (1918): Ein Ermordeter steigt aus dem Grab und durchwandert, ausgestattet mit dem Sack, in dem sich sein eigener abgeschlagener Kopf befindet, die Welt. Er erfährt deren Verkehrtheit und Verstrickung in Egoismus, Triebhaftigkeit und Aggression, bis ihn die Liebe eines jungen Mädchens erlöst. Agate geht für ihn in den Kerker, in dem er seiner Hinrichtung als sein vermeintlicher eigener Mörder entgegensah – im Lichte der Morgenröte kann Alexander nunmehr wieder das Grab aufsuchen, dem sein Mörder mit dem Aufschrei «Ich liebe!» entsteigt: Die Technik der Kurzszenen, die oft nur aus wenigen gesprochenen Worten und einer symbolischen Aktion bestehen, ist offensichtlich dem Stummfilm nachempfunden; Hasenclever hat unmittelbar zuvor bei der Ausarbeitung des als Film-Dichtung angelegten, nie verfilmten Drehbuchs *Die Pest* (1920) die Struktur einer Abfolge verschiedener, bildlich miteinander verbundener Situationen erprobt.

Von einer filmischen Logik hat man auch im Hinblick auf Ludwig Rubiners 1917/18 im Zürcher Exil entstandenes Ideendrama *Die Gewaltlosen* (1919) gesprochen. Der von Hiller und Pfemfert beeinflußte aktivistische Sozialist formuliert hier seine pazifistisch-anarchistische Auffassung einer Revolution, die auch ihre Gegner zu Proselyten macht: Der Gouverneur läßt sich von den Argumenten des Gefangenen überzeugen, der Offizier, der eben noch auf die Flüchtigen geschossen und ein Kind getötet hat, springt mit dem Bekenntnis «Ich Mörder!» auf das Schiff der Gewaltlosen. Die Distanz und Isolation, die das Schiff gegenüber dem pestverseuchten (das heißt unverwandelten) Land bedeutet, ist freilich mit Rubiners Ideal der revolutionären Gemeinschaft nicht vereinbar. Es wird gesprengt, und der III. Akt zeigt die Revolution der Revolution: die Bekehrung der auf Gewalt und staatliche Verfügungen setzenden proletarischen Revolutionäre durch den von Anna vertretenen Geist der Liebe und das Selbstopfer der Führer, die sich in der umlagerten Stadt bewußt der Volkswut aussetzen. Auf die «letzte Gewalt» folgt die Einsicht des Volks in die Freiheit seiner Selbstbestimmung. Die positive Bewertung einer sozial undifferenzierten Gemeinschaft geht übrigens mit einer dezidierten Abwertung des Proleten Nauke einher, dem in der Handlungsintrige des III. Akts die Rolle des Verräters Judas zufällt.

Gewaltlosigkeit ist auch die Botschaft des Dramatikers Ernst Toller. Sein erstes Drama *Die Wandlung* (1919), 1917 in erster Niederschrift als «Flugblatt» entstanden, auf Streikaktionen in München Anfang 1918 auszugsweise vorgetragen und während der Haft im Militärgefängnis im Februar/März 1918 beendet, kombiniert das Modell des Stationendramas (s. o. S. 485–487) mit surrealen satirisch-visionären Hintergrundszenen, die mit der Haupthandlung thematisch-assoziativ und zusätzlich durch das szenische Arrangement verbunden sind, daß jeweils eine der Figuren das Antlitz Friedrichs trägt. Es erscheint jedoch unzulässig, sie direkt als Traumszenen auf die Perspektive Friedrichs zu beziehen.

Als Wende- und Höhepunkt der *Wandlung* ergibt sich schon aus formalen Gründen die Vierte Station (Toller selbst benutzt diesen Ausdruck zur Gliederung des Textes), die als einzige nur aus einem Bild besteht. Die vorangegangenen Stationen sind dagegen jeweils aus einer Vorderbühnen- und einer Hinterbühnenszene zusammengesetzt; bei den nachfolgenden beiden Stationen kehrt sich die Reihenfolge von Hinterbühnen- und Vorderbühnenszenen um.

Diese Vierte Station zeigt Friedrichs Wandlung von einem patriotischen Künstler, der an einem Denkmal des «siegreichen Vaterlands» meißelt, zu einem universalistischen Philanthropen, der sich auf die Suche nach der Menschheit begibt. Auslösende Faktoren sind die Aufkündigung der Verlobung durch Gabriele, die für die Ehe mit einem Juden nicht die väterliche Scholle aufgeben will, und die Begegnung mit einem Invalidenpaar, das in drastischer Weise die Unmenschlichkeit des Kriegs vor Augen führt (die Krüppel-Auftritte in Tollers Drama erinnern an die beherrschende Rolle des Krüppelmotivs in Carl Hauptmanns *Krieg*). Gabrieles Abschied setzt den negativen Schlußpunkt unter den wichtigsten Handlungsstrang des ersten Dramenteils: Friedrichs Bemühung um Aufnahme in die nationale Gemeinschaft durch Verleugnung seiner jüdischen Identität und patriotischen Übereifer. Das Eiserne Kreuz, das er für seinen todesmutigen Einsatz im Herero-Krieg bekommt, ähnelt einer symbolischen Zwangstaufe. «Das Kreuz? Gehöre ich nun zu Euch», fragt Friedrich den Offizier. Die richtige Antwort hat ihm schon vorher der Zweite Soldat gegeben: «Und wenn du tausendmal in unseren Reihen kämpfst, darum bleibst du doch der Fremde.»

Auf das Scheitern seines Assimilationsprojekts reagiert Friedrich zunächst mit einem trotzigen Bekenntnis zur Identität Ahasvers, des ewigen Wanderers. Dieses eher negativ besetzte Leitbild wird jedoch noch im Laufe derselben Station von einer neuen religiösen – dezidiert christlichen – Perspektive abgelöst: der Selbstkreuzigung des Künstlers, der wie Christus die Leiden der Menschheit auf sich nimmt. Überpointiert ließe sich sagen: Friedrichs Wandlung besteht aus der Vertauschung des Eisernen Kreuzes gegen das wahre Kreuz einer Identifizierung mit den Notleidenden dieser Erde. In der hierin verankerten Parteinahme für die Unterdrückten ist die hauptsächliche Rechtfertigung dafür zu sehen, daß das bis dahin mit dem Krieg und der Frage einer nationalen Solidarisierung befaßte Drama plötzlich in eine revolutionäre Perspektive mündet. Am Ausgang der Kirche empfängt Friedrich das Volk und ruft es zur Selbstbesinnung auf das Mensch-Sein auf. Im Geiste von Gustav Landauers utopischem Sozialismus verkündet er die aus innerer Umkehr hervorgehende Revolution: «Alle stehen nun aufrecht, die Hände gereckt. Dann fassen sie sich an den Händen und schreiten davon.»

LYRIK

I. MEDIEN UND THEORIEN

1. Gesprochene, gesungene, gesammelte Lyrik

Lyrik und Kabarett

Den traditionellen Lyrik-Deklamationen des Gymnasiums, des Lyzeums und der Arbeiterfeiern trat zu Beginn des Jahrhunderts eine anrüchige, aber um so wirkungsmächtigere Konkurrenz zur Seite: der kabarettistische Vortrag. Die Überbrettl-Konjunktur der Jahre 1900–1902 (s. o. S. 431–433) führte zu einem Aufschwung des deutschen Chansons. Dabei kam manches Gedicht von Liliencron, Bierbaum oder Wedekind zu neuen Ehren, das unabhängig von der Perspektive einer solchen Umsetzung entstanden war. Andere Erfolgsnummern wie Wolzogens *Madame Adèle* oder Hanns Heinz Ewers' unappetitlich-freche Lieder (*Im Karpfenteiche, Der Mistkäfer*) sind direkt auf die neue Vortragsform berechnet.

Nicht selten wurden die Gedichte von den Autoren selbst vorgetragen. Wedekind sang bei den Elf Scharfrichtern seine Lieder zur Gitarre; Liliencron, der immer eines Honorars bedürftige Freiherr, war ein gerngesehener Gast im Berliner Überbrettl. An versteckterer Stelle traten die junge Else Lasker-Schüler und ihr Mentor, der alte Peter Hille, auf; nach letzterem war kurzzeitig in Berlin sogar ein eigenes Kabarett benannt. An der Gründung des «Kabaretts zum Peter Hille» war 1903 Erich Mühsam beteiligt, dessen satirisch-anarchistische Lyrik – bis hin zur antisozialdemokratischen Moritat *War einmal ein Revoluzzer* (1907) – ähnlich nachhaltig durch den kabarettistischen Ausgangspunkt bestimmt bleiben sollte wie in anderer Weise die Gedichte Heinrich Lautensacks, des einstigen Scharfrichter-Mitglieds, auch und gerade in ihrer Fixierung auf das Geschlechtliche.

Der neue Kult um den individuellen musikgestützten Vortrag beförderte ironischerweise zugleich die konventionelle Distributionsform des Drucks. Alfred Walter Heymel stellte noch 1900 eine Sammlung *Deutsche Chansons* zusammen, die sich alsbald zum Bestseller entwickeln sollte. Der Gedichtauswahl, in der neben Bierbaum, Dehmel, Wolzogen und anderen auch Rudolf Alexander Schröder und Heymel selbst ausgiebig zu Worte kommen, war ein fiktiver Brief vom September 1900 beigegeben, in dem Bierbaum im Hinblick auf die bevorstehende Blütezeit des Varietés die Parole der «angewandten Lyrik» ausgab: einer sangbaren, auf das Unterhaltungsbedürfnis des Publikums abgestimmten Lyrik, die gleichwohl den Kunstanspruch nicht aufgebe. Ein zweiter Brief «anstatt einer

Vorrede zur einundzwanzigsten bis dreißigsten Auflage» feiert die historische Leistung der Chansons als «Herolde des Überbrettls» schon aus der Perspektive post festum. In der populären Anthologie, die Maximilian Bern 1902 unter dem Titel *Die zehnte Muse. Dichtungen fürs Brettl und vom Brettl* herausgab, erstreckt sich der Kreis der Brettl-Dichter zurück bis zu Walther von der Vogelweide. Die thematische Gliederung des Bandes nach Kapiteln wie «Ernste» und «Heitere Vorträge» zeigt die ihm zugedachte pragmatische Funktion als Fundus für kabarettistische Veranstaltungen. Auch die Popularität eines Rideamus (das ist Fritz Oliven) ist im Zusammenhang mit der damaligen humoristischen Vortragskultur zu sehen. Das verrät schon der Untertitel seiner *Kleinigkeiten* (1907): «Gedichtchen, Liedchen, Recitatiönchen.»

Die expressionistische Renaissance des Kabaretts ein rundes Jahrzehnt danach (s. o. S. 435) gab der Präsentation von Lyrik womöglich noch gesteigerte Bedeutung. Allerdings handelte es sich jetzt in der Regel nicht um den Vortrag vertonter Gedichte, sondern – ganz dem asketischen Geist der neuen Moderne entsprechend – um die schlichte Lesung eigener oder fremder Gedichte, und zwar vorzugsweise solcher, die sich keineswegs zu einem liedhaften Vortrag geeignet hätten, ja die dem Unterhaltungsbedürfnis wie überhaupt dem Lyrikbegriff eines breiteren Publikums kraß widersprachen. Überdies verweigerten die meisten Lyriker, die im Neopathetischen Cabaret des Neuen Clubs zu Wort kamen, den Schmelz herkömmlicher Rezitationen. Georg Heym, der unbestrittene Star der hier auftretenden Autoren, soll seine Jamben im «monotonsten Singsang» heruntergelesen haben, wie Anselm Ruest 1911 bezeugt. Nach der Erinnerung von Heinrich Eduard Jacob (1922) hat er sie geradezu heruntergepoltert: «endlos – als ob er mit Kegelkugeln würfe, die er von unsichtbaren Händen immer wieder zurückbekommt». Max Herrmann-Neisse wußte wohl, warum er sein Sonett *Erlösung am Vortragsabend* (1914) mit dem Quartett eröffnete:

> Ein düstrer Dichter liest verschlottert schlecht
> Und lispelt hingelümmelt wie ein Junge,
> Der lax gelernt hat, mit verzagter Zunge
> Und röchelt krumm und rülpst und radebrecht.

Dem gegenüber stehen die erfolgreichen Vortragstourneen Werfels und Bechers, die freilich auch einen anderen Typ der expressionistischen Lyrik vertreten. «Ich lese jetzt sehr gut, und die meisten meiner Gedichte wirken gesprochen am Besten», schreibt Becher im Oktober 1916 an Katharina Kippenberg. Erste Erfahrungen im Vortrag eigener Texte hat Becher 1914 in der Münchner Kabarett-Szene gesammelt, an der Seite von Emmy Hennings, der beliebten Diseuse, deren mit spitzer Kinderstimme vorgetragene Chansons noch zu den Markenzeichen des Cabaret Voltaire gehören werden. Emmy Hennings ging schon damals dazu über, das Singen von Chansons (nach Heine, Wedekind, Mühsam u. a.) mit dem Vortrag eigener Verse zu verbinden. Thematisch und/oder formal sind viele ihrer Gedichte – wie *Nach dem Kabarett*, *Cabaret Royal-Orpheum* – durch die Welt des Kabaretts geprägt.

Von einer Geburt aus dem Geist des Kabaretts kann man in einem noch viel strikteren Sinn beim dadaistischen Lautgedicht sprechen. «Ich habe eine Gattung von Versen erfunden, ‹Verse ohne Worte›, oder ‹Lautgedichte›, in denen das Balancement der Vokale nur nach dem Werte der Ansatzreihe erwogen und aufgeteilt wird», so notiert Hugo Ball am Abend seines ersten einschlägigen Auftritts im Cabaret Voltaire. In der geometrischen Verkleidung eines «magischen Bischofs» trug er am 23. Juni 1916 *Labadas Gesang an die Wolken* (mit Versen wie «gadji beri bimba») und sein Gedicht *Karawane* vor, dessen «schwere Vokalreihen» und «schleppender Rhythmus» nach der Selbstaussage des Autors assoziativ den Gang einer Elefantenkarawane beschwören – allerdings unter weitgehender Vermeidung eines semantischen Bezugs, wie er bei Benutzung normalsprachlichen Materials unvermeidlich wäre. Balls Gedicht bedient sich denn auch einer freien Lautkombinatorik, die nur in einzelnen Anklängen (jolifanto, russula) Verbindungen zur üblichen Lexik nahelegt:

> jolifanto bambla ô falli bambla
> grossiga m'pfa habla horem
> égiga goramen
> higo bloiko russula huju

Durch den onomatopoetischen Grundzug – und natürlich durch die paradoxe Inszenierung – unterscheidet sich Balls *Karawane* vom puren Sprachspiel früherer Lautgedichte Scheerbarts (*Kikakokú!*) und Morgensterns (*Das große Lalulá*). Der unbedenkliche Umgang mit sprachlichem Material findet in den bruitistischen Experimenten des Dadaismus, nicht zuletzt in den *Phantastischen Gebeten* Richard Huelsenbecks, vielfältige Nachfolge. Deren eines (*Ebene …*) endet mit den Zeilen:

> Mpala tano mpala tano mpala tano mpala tano ojoho mpala tano
> mpala tano ja tano ja tano o den Ho-osenlatz
> Mpla Zufanga Mfischa Daboscha Kramba joboscha dada eloe

Die freie Lautkombinatorik ist hier beschränkt einerseits durch Erzeugung einer litaneiartig wiederholten Grundformel, andererseits durch die Vermischung mit identifizierbaren Worten, die zum Teil verkürzte Wiederaufnahmen aus dem vorangegangenen Text darstellen. Wenn es darin mehrfach heißt: «es schließet der Pfarrer den Ho-osenlatz», so ist das zwar provokant und im Rahmen eines Gebets auch einigermaßen ungewöhnlich, in der Entwicklung des Lautgedichts jedoch eher ein Rückschritt.

Eine substantielle Alternative erwächst dem dadaistischen Lautgedicht in der abstrakten Dichtung des Sturm-Kreises, und auch hier ist es bemerkenswerterweise eine bestimmte Form der Rezitationspraxis, aus der das lyrische Experiment hervorgeht. Rudolf Blümner, ein ehemaliger Schauspieler, avancierte 1916/17 zur zentralen Figur der Sturm-Kunstabende, auf denen er – nach seiner eigenen Aussage – «die selbständige Kunstgattung der Rezitation» wiederherstellte: als «in letzter Selbstentäußerung lautgewordene Kunstschöpfung». Ausgehend von den Gedichten August Stramms, die im *Sturm* als Musterwerke einer neuen Wortkunst (s. u. S. 590) kanonische Bedeutung besaßen, entwickelte Blümner die abstrakte Lautdichtung *Ango laina* (1921), der er selbst dramatische Qualität zuerkannte: «Ich habe mir in dem ‹Drama› [...] Ango laina die Worte selbst neu geschaffen: in Ansehung, will sagen, in Anhörung der Konsonanten und Vokale habe ich sie nach meinen Klangvorstellungen geformt und rhythmisch aneinandergereiht.» Der völlige Verzicht auf semantische und syntaktische Merkmale ermöglicht die maximale Konzentration auf die reine Sprachmelodie – dies aber nun nicht im Sinne einer dadaistischen Provokation oder einer skurrilen Spielerei, sondern im vollsten Anspruch ausdrucksstarker Gestaltung, als Erfüllung des – im späteren Sturm-Kreis so verstandenen – Expressionismus.

Rubriken und Anthologien

In welchem Maße die Wahrnehmung literarischer Richtungen und damit letztlich auch der literarische Prozeß selbst von medialen Gegebenheiten gesteuert ist, läßt sich besonders deutlich am Beispiel der expressionistischen Lyrik ablesen. Unser gegenwärtiges Bild und ein Großteil ihrer Nachwirkung ist wesentlich durch eine Anthologie geprägt, die unmittelbar nach ihrem dichterischen Höhepunkt von einem sachlich und persönlich engagierten Teilnehmer der Bewegung veranstaltet wurde und diese Subjektivität auch offen zur Schau trägt. Aber schon die Publikation expressionistischer Lyrik in den führenden Zeitschriften unterlag bestimmten Selektionsmechanismen, die das Bild, das sich die Öffentlichkeit vom Charakter dieser Gedichte und ihrer Autoren machte, nachhaltig beeinflußten.

Als Herausgeber der Zeitschrift *Pan* (der zweiten ihres Namens) richtete der Berliner Kritiker Alfred Kerr die Rubrik «Fortgeschrittene Verse» ein. Ihr ursprünglicher Titel «Stadtverse» verrät, was etwa aus der Sicht der Zeitschriftenredaktion zum literarischen Fortschritt in der Lyrik gehörte: der thematische Bezug auf die Großstadt, der ungeschminkte Verweis auf ihre Nacht- und Schattenseiten, Halbwelt wie Unterwelt. Mit seinem Vierzeiler *Wohnungen*, abgedruckt im zweiten Aprilheft 1912, traf ein unbekannter Autor namens Robert Renato Schmidt offenbar ins Schwarze der (noch stark von der naturalistischen Großstadtlyrik geprägten) Zielvorstellungen des Herausgebers:

Halb Wohnungen, halb Abort sind hier die Stuben,
von den Tapeten sickert Schmutzgestank.
Mit feuchten Fühlern kriechts aus Abfallgruben,
Gespensterhaft, verseucht und lungenkrank.

Auch erotische Kraßheiten waren dem *Pan*-Herausgeber willkommen; entsprechend förderte er die frühe Lyrik Max Herrmann-Neisses (mit Versen wie «Lass Deine Zunge mir im Munde flattern») und Klabunds. Mit diesem freilich hatte es eine besondere Bewandtnis; er erschlich sich Kerrs Wohlwollen durch Vorspiegelung einer falschen Identität. Alfred Henschke (so der bürgerliche Name), der unter diesem und anderen Namen bereits an verschiedenen Orten, auch im *Pan*, publiziert hatte, sandte unter dem neuen Pseudonym drei in ihrem schnoddrigen Zynismus kaum zu überbietende Gedichte ein. Das erste begann mit dem Vers: «Es hat ein Gott mich ausgekotzt»; das zweite mit den Versen: «Sie hat an ihrem Liebesmunde / (Verflucht ja!) eine offene Wunde.» Im Begleitbrief, den Kerr mitabdruckte, stellte sich Klabund als einen Obdachlosen dar, der nicht einmal über richtiges Schreibpapier verfügte und deshalb Telegrammformulare benutzte – welch sinnige Symbolik: das sekundenschnelle Kommunikationsmedium des Telegramms als Paradigma «fortgeschrittener» Lyrik! Hier hatte jemand verstanden, welcher Stil und welche Autor-Rolle vom Medium verlangt waren, und dies nicht nur auf dem Gebiet trivialer Textproduktion, wo solche Anpassung ja seit jeher geübt wurde, sondern gerade auf dem Gebiet der «fortgeschrittenen» Literatur: der Moderne, die sich ihrem Selbstverständnis nach durch ein Höchstmaß an Authentizität auszeichnete.

Eine ähnlich erfolgreiche, aber für den moralischen Anspruch der Literatur ähnlich peinliche Anpassung eines Lyrikers an eine publizistische Rubrik läßt sich in Franz Pfemferts Zeitschrift *Aktion* beobachten. Der Kriegsgegner Pfemfert eröffnet im Oktober 1914 mit drei Gedichten Wilhelm Klemms die Rubrik «Verse vom Schlachtfeld», in der er über die Kriegsjahre hinweg Gedichte versammeln wird (allein 1915 sind es nicht weniger als 57), die sich der vorherrschenden nationalistischen Verklärung des Weltkriegs widersetzen und damit zumindest indirekt eine Destruktion der heroischen Kriegsideologie leisten. Welche Irritation mußte es für den Herausgeber bedeuten, als er entdeckte, daß derjenige Lyriker, auf den er sich mit dieser Rubrik hauptsächlich stützte – nämlich Wilhelm Klemm –, zeitgleich im damals scharf nationalistisch eingestellten *Simplicissimus* sowie im zugehörigen Verlag Kriegsgedichte ganz anderer Tendenz veröffentlichte? Sollte er hier Opportunismus oder Schizophrenie vermuten? Aus geschichtlicher Perspektive jedenfalls ist festzuhalten, daß die Wirklichkeit der expressionistischen Lyrik offenbar weniger eindeutig war, als es die für sie eingerichteten Rubriken vorsahen.

Es ist ein Vorzug der ersten expressionistischen Lyrikanthologie, daß sie diese Uneindeutigkeit und Uneinheitlichkeit ungeschminkt widerspiegelt. Freilich hat kaum ein Zeitgenosse dies dem *Kondor* (1912) gedankt. Allzu hochfahrend kam die Vorrede des Herausgebers Kurt Hiller daher, der mit dieser «rigorosen Sammlung radikaler Strophen» eine neue urbane Intellektualität auf dem Gebiet der Lyrik etablieren wollte. Allzu wenig entsprach die Mehrzahl der von ihm ausgewählten – zum großen Teil schon an anderer Stelle veröffentlichten – Gedichte seinen eigenen Ansprüchen. Nicht einmal die biographischen Daten der Autoren stimmten mit dem hier postulierten Porträt einer Generation überein; Mynona etwa, der mit neuromantischen Gedichten vertreten ist, fällt ebenso wie Hardekopf und Else Lasker-Schüler schon altersmäßig aus dem Gruppenbild heraus. Aber auch die heiter-erotischen Beiträge Brods fügen sich schlecht in ein Panorama frühexpressionistischer Großstadtlyrik ein. Umgekehrt mag man sich wundern, daß Hiller mehrere derjenigen Autoren, die seinen Wertmaßstäben nahe kamen, nicht in die Sammlung aufnahm – wie van Hoddis (offenbar aus Gründen persönlicher Animosität), Benn oder Lichtenstein. Eine Initialzündung wie zweieinhalb Jahrzehnte zuvor die *Modernen Dichter-Charaktere* für die naturalistische Bewegung (vgl. Band IX, 1, S. 619 ff.) konnte der *Kondor* daher nicht werden; eher trugen die Parteibildungen des durch ihn ausgelösten – von Hillers polemischen Repliken noch angeheizten – «*Kondor*-Krieges» zur Spaltung der neuen Generation bei.

Um so überwältigender ist der Eindruck einer alle individuellen Differenzen überwölbenden Einheit, den die Lektüre der *Menschheitsdämmerung* vermittelt. Die von Kurt Pinthus im Rowohlt Verlag herausgegebene Anthologie erschien Ende 1919 (vordatiert auf 1920) nicht umsonst mit dem Untertitel «Symphonie jüngster Dichtung». Ihre vierteilige Anlage erinnert an musikalische Kompositionsprinzipien, und auf einen harmonischen Zusammenklang zielt die sensitive Verbindung zwischen den Einzeltexten, die eben nicht (wie noch bei Hiller und in Anthologien traditionell) nach Autoren, sondern nach den thematischen Schwerpunkten angeordnet sind, die die vier Großkapitel vorgeben: «Sturz und Schrei», «Erweckung des Herzens», «Aufruf und Empörung» und «Liebe den Menschen».

Dahinter steht eine heimliche Chronologie, eine (nicht ganz ehrliche) Entwicklungsgeschichte des Expressionismus. Indem Pinthus in den beiden ersten Kapiteln die Vielfalt der frühexpressionistischen Lyrik konzentriert, die oftmals experimentelle Auseinandersetzung mit Großstadt und Krieg, und von da weiterschreitet zur messianischen Revolutionslyrik eines Rubiner oder Becher, wird beim Leser der Eindruck erweckt, das Menschheitspathos des letzten Kapitels, in dem Pinthus' Freunde Hasenclever und Werfel – wiederum – überproportional vertreten sind, stelle den aktuellen Stand oder gar Gipfel der expressionistischen Dichtung dar. Das ist zwar bei Lichte besehen auch im chronologischen Sinne nicht der Fall (denn das Kapitel enthält viele ältere Texte), eine Parteilichkeit für den messianischen – und das heißt auch: pathetischen, rhetorischen, formal eher konventionellen – Typus der expressionistischen Lyrik läßt sich dem Herausgeber der *Menschheitsdämmerung* aber keinesfalls absprechen; schon der Titel, dessen zweideutige Formulierung offenkundig im futurischen, optimistischen Sinn zu verstehen ist, signalisiert sein Engagement. Die autoritative Geltung der Sammlung als «Dokument des Expressionismus», so der Untertitel der Nachkriegsausgabe (1959), ist aus historischer Sicht zu bestreiten.

2. Lyriktheorien

Lyrik in der Moderne

In Hofmannsthals *Gespräch über Gedichte* (1904) dient die Lyrik als Paradigma der Dichtkunst schlechthin. Ausgehend von einer positiven Würdigung verschiedener Abschnitte aus Stefan Georges Gedichtband *Das Jahr der Seele*, stellen die beiden Dialogpartner grundsätzliche Überlegungen zur symbolischen Übertragung als Grundlage der Poesie an und gelangen dabei eher nebenbei zu Spezifikationen des Lyrischen. Alle guten Gedichte, heißt es etwa, drücken «einen Zustand des Gemütes aus»; das sei ihre Besonderheit gegenüber anderen Gattungen und zugleich die «Berechtigung ihrer Existenz». Wie vielfältig dieser Zustand des Gemüts sein kann und wie stark er mit der besonders intensiv empfundenen Fülle des Lebens verbunden ist, macht der Fortgang des Gesprächs an Gedichten der *Griechischen Anthologie* und Goethes deutlich. Vollkommene Gedichte sind demnach augenblickshafte Durchleuchtungen der Abgründe des Daseins.

Von der Selbstverständlichkeit, mit der sich Hofmannsthals Dialog an die Tradition anschließt, ist Kurt Hillers Streitschrift *Gegen Lyrik*, im Februar 1911 im *Sturm* erschienen, weit entfernt. Hiller plädiert geradezu für eine Abschaffung des Worts «Lyrik», weil sich damit für ihn obsolete Erwartungen eines spießbürgerlichen Dichtungsverständnisses verbinden. Er fordert von den Lyrikern der Zukunft eine konsequente Distanzierung von «Waldesgrün und Lerchensang, von Herz und Schmerz» – von eben jener trivialen Sentimentalität, die den herkömmlichen Lyrikbegriff dominiert, und die Hinwendung zur Welt der Großstadt und einer neuen spirituellen Intellektualität. In diesem normativ-appellativen Sinn nennt er sie «Bedichter [...] unserer grausig geliebten Städte; Gestalter unserer intellektuellen Ekstasen».

An der Fähigkeit des Gedichts zur visionären Verdichtung subjektiver Empfindungen, «gefaßt in das Gesetz einer Form», hält Hiller gleichwohl fest. In ihrer formanalytischen Studie *Das Wesen der modernen deutschen Lyrik* (1910) hat die Simmel-Schülerin Margarete Susman dafür den Begriff des «lyrischen Ich» gefunden, verstanden als «Erhöhung des empirischen Ich zu einem übergeordneten formalen». Durch seinen autobiographischen Essay *Epilog und lyrisches Ich* wird Gottfried Benn dieser Begriffsbildung 1927 – in freilich abweichender Anwendung – zu weiterer Popularität verhelfen. Unverkennbar ist jedenfalls der hohe Stellenwert des Subjektiven im Lyrikverständnis des Expressionismus, gepaart mit dem Streben nach Disziplinierung dieser Subjektivität im Zeichen eines analytischen Denkens. In diesem Sinn bemüht sich Ernst Blass in den *Vor-Worten* seines Gedichtbands *Die Straßen komme ich entlang geweht* (1912) um einen Abgleich zwischen Hillers Postulat eines erkennenden und kritischen Lyrikers und dem Element der träumerischen Stimmung, das für diesen Autor damals schon – und noch stärker wohl im Zuge seiner neuromantischen Rückorientierung in den nächsten Jahren – die Grundlage der lyrischen Produktion bildete.

Eine ähnliche Dialektik hat auch Paul Zech im Auge, wenn er in seinem Essay *Die Grundbedingung der modernen Lyrik* (erschienen 1913 in der Zeitschrift *Das neue Pathos*) über das Verhältnis dieser für sein Verständnis zutiefst religiösen Gattung zur Religionskrise der Gegenwart reflektiert. Er löst die Spannung im Sinne eines Säkularisationsmodells: «So vereinigt sich in der modernen Lyrik tiefste Religiosität mit dem Wissen um den Verlust der Religion. Die metaphysische Glut der sehnsüchtigen, auf das Ewige gerichteten Einzelseele [...] mündet in die Gestaltung.»

Rhythmus versus Metrum: Holz und die Folgen

Zu den merkwürdigsten Erscheinungen des deutschen Geisteslebens zu Beginn des 20. Jahrhunderts gehört sicher der Charon-Kreis um Otto zur Linde, nicht zuletzt wegen der Spannung zwischen seiner literarischen Fassade und dem weltanschaulichen Potential, in dem man die eigentliche Basis des zeitweilig intensiven Vereinslebens erkennen muß. In den ersten Jahrgängen der von zur Linde zusammen mit Rudolf Pannwitz gegründeten Zeitschrift *Charon* (1904–1914) erschien fast ausschließlich Lyrik. Otto zur Linde, das unbestrittene Haupt des Kreises, verstand sich eindeutig als Lyriker; die «Gesammelten Gedichte», als erste (und einzig erschienene) Abteilung seiner «Gesammelten Werke», brachten es bis 1925 auf immerhin zehn Bände. Im literarischen Leben jener Jahre spielten diese im Groß-Lichterfelder Charonverlag erschienenen Werke jedoch so gut wie keine Rolle. Der Adressatenkreis zumindest der Zeitschrift war auch ein ganz anderer: Nach dem Stand von 1908 waren über die Hälfte ihrer Mitarbeiter und siebzig Prozent ihrer Leser Volksschullehrer(innen).

Einigendes Band der im Charon-Kreis – u. a. von Rudolf Paulsen und Karl Röttger – vertretenen Positionen ist denn auch ein vager pädagogisch-reformerischer Impuls, der in Parallele zur lebensreformerischen Grundtendenz der Zeit steht, aber keineswegs mit ihr gleichzusetzen ist. Mißtrauisch gegenüber jedem äußerlichen Aktionismus und jeder deklarierten Programmatik, setzen die *Charon*-Mitarbeiter ganz auf die Selbsttätigkeit organischen Wachstums und «deutsche Natürlichkeit». Deren Ausdruck in der Dichtung ist für Paulsen, dessen Linde-Essay (*Charon*, 1912) hier zitiert wird, der charontische oder «physiologische Rhythmus». Zur Linde selbst forderte die Befreiung der Dichtung von jeder äußeren Vorgabe und proklamierte ein Dichten «ohne Schulbetrieb, ohne Poetik, also ganz volksdilettantisch» (*Charon*, 1913). Zu dieser Freiheit gehörte grundsätzlich auch die Freiheit von festem Versmaß, Strophen- und Reimschema, in bloßer Anpassung an den von der Sache geforderten (und in diesem Sinne «physiologischen») Rhythmus.

Zur Linde, der diese Freiheit übrigens nur in einem begrenzten Teil seines Schaffens für sich in Anspruch nahm, war sich bewußt, daß solche Forderungen nach Arno Holz' *Revolution der Lyrik* keineswegs sonderlich originell waren, und hat sich wahrscheinlich gerade deshalb zu einer überscharfen Abgrenzung von seinem Vorgänger hinreißen lassen (*Arno Holz und der Charon*, 1910/11), die Holz' Beiträge zu einer Theorie der modernen Kunst und Lyrik vielfach verfälscht und an begrifflicher Unklarheit noch entschieden überbietet. Unmißverständlich ist jedoch die Absicht zu einer vorsichtigen Rehabilitation des Metrums, der Strophe und des Reims unter Berufung auf anthropologische und andere natürliche Gegebenheiten: «So lange es Regelmässigkeiten in regelmässiger Wiederkehr in der physischen Natur gibt, gibt es sowas auch in der Dichterphysis.» Der regelmäßige Rhythmus eines Gedichts, das etwa aus dem Erlebnis einer Eisenbahnfahrt oder einer Marschbewegung hervorgeht, lasse sich nicht mit Holz' abfälligem Diktum vom alten «Leierkasten» abtun.

Der «charontische Mythus», wie ein Gedichtband (1913) zur Lindes überschrieben ist, besteht denn auch in der Überwindung des Chaos zugunsten fester Strukturen: «Der Mythus wächst aus Chaos, überwächst / Das Chaos und schafft ewig neues Leben.» Schon in seinem ersten Gedichtband *Die Kugel. Eine Philosophie in Versen* (1909) hat zur Linde sein Heil in harmonischen Formen gesucht. Das Bekenntnis zur Rundheit der Welt, zu Kreis und Kugel läßt sich gleicherweise als organologisch-monistisches Credo wie als Beitrag zur Ästhetik des Idealismus lesen:

Die Kugel ist hier Raumfigur
nicht Ding. Vom Ding nur die Kontur
erfaßt ihr, und des Dinges Innen
zu suchen ist ein Wahnbeginnen.

Struktur ertastet wohl der Geist,
von da zu ahnen Form, doch reißt
die Nabelschnur, wenn du willst zerren
ins Außen Form.

Holz' Thesen zur Autonomie des Rhythmus und seine Absage an das
Metrum finden bald darauf an prominenter Stelle der expressionistischen Avantgarde ein weiteres Echo. Herwarth Walden zitiert eine einschlägige Passage aus der Vorrede zu Holz' Drama *Ignorabimus* (1913) in
seiner Zeitschrift *Der Sturm* (1913/14) und setzt triumphierend hinzu:
«Statt Metrik Rhytmik [sic]. Mögen es die Künstler aller Künste endlich
merken, sich merken!» Das Plädoyer für den Rhythmus und die Freiheit
vom Metrum zieht sich durch alle Jahrgänge des *Sturm*. Es deutet sich
schon im Rhythmik-Begriff von Friedrich Kurt Benndorfs Aufsatz *Vom
lyrischen Idiom* (*Der Sturm*, 1911) an und gewinnt dogmatische Schärfe
im eigentlichen Gründungsdokument der Sturm-Wortkunsttheorie, in
Waldens Essay *Einblick in Kunst* (*Der Sturm*, 1915/16).

Dabei ist anzumerken, daß der Rhythmus für die Theoretiker des *Sturm* –
neben Walden vor allem Lothar Schreyer und Rudolf Blümner – eine weit über
die Lyrik, ja die Literatur hinausreichende Bedeutung besitzt: Auch und gerade
die Malerei – zumal die von ihm geförderte abstrakte Kunst Kandinskys und
der Futuristen – ist für Waldens Verständnis rhythmisch organisiert. Um so
selbstverständlicher behauptet im *Sturm* das rhythmische Prinzip Dominanz auf
seinem eigensten Gebiet: dem der Lyrik, für die hier die Gedichte August
Stramms sehr bald kanonische Geltung erlangen. In Rudolf Blümners Broschüre
Der Sturm. Eine Einführung (1917) heißt es über Stramm als «das lyrische Genie
unserer Zeit»:

> «Er hat der deutschen Dichtung neue Wege gewiesen, indem er eine neue
> Wortkunst geschaffen hat. Was für den Maler Farbe und Form, für den
> Komponisten Ton und Rhythmus, das ist dem Dichter Wort und Rhyth-
> mus. Für August Stramm ist das Wort immer eine Neuschöpfung, und
> jedes Kunstwerk gibt sich selbst seinen Rhythmus.»

Überrascht las Arno Holz, daß nicht er (von dem doch das Wort stammt) der
Schöpfer der neuen Wortkunst gewesen sein solle, und voller Empörung schrieb
er im November 1917 an den Herausgeber des *Sturm*: «Aber ich bestreite ihm
[sc. Blümner] das Recht, August Stramm Errungenschaften zuzuschreiben, die
nachweislich alle da waren, noch bevor August Stramm seine erste einschlägige
Verszeile schrieb! [...] er müßte wissen: jede Forderung, die er [...] im Namen
von August Stramm stellt, fand vorher in mir bereits ihre Formulierung sowohl,
als ihre Erfüllung!»

II. ALTE UND NEUE FORMEN

1. Travestie, Parodie, Sprachspiel

Als Hinweis auf ein verschärftes sprachkritisches Bewußtsein und als Möglichkeit eines rein formalen – vorfindliche Formeigenschaften übertreibenden und dadurch autonom setzenden – Schreibens gehört die Parodie zu den konstitutiven Elementen der literarischen Moderne. Es scheint in diesem Sinn kein Zufall, daß ihr Aufschwung um die Jahrhundertwende vom selben Autor eingeleitet wurde, dessen *Beiträge zu einer Kritik der Sprache* (1901/02) dem zeitgenössischen Sprachskeptizismus zum wirkungsmächtigsten philosophischen Ausdruck verhelfen sollten: Fritz Mauthner legte 1879/80 unter dem Titel *Nach berühmten Mustern* zwei Sammlungen «parodistischer Studien» vor, die sich allerdings ganz auf das Gebiet der Prosa beschränken.

Mit Hanns von Gumppenberg beginnt im doppelten Sinn die moderne Lyrikparodie. Einerseits tritt hier die Parodie in den Dienst eines modernen Literaturprogramms – so geschehen mit Gumppenbergs *Deutscher Lyrik von gestern*, den vom Autor selbst vorgetragenen Parodien auf Gedichte von Geibel, Storm, Heyse und anderen auf dem ersten öffentlichen Abend der Münchner Gesellschaft für modernes Leben im Januar 1891. Andererseits sind es bald auch und gerade Exponenten der modernen Lyrik, die von Gumppenberg aufs Korn genommen werden. Die Erstausgabe seines *Teutschen Dichterrosses* (1901) parodiert auch Arno Holz; die späteren Auflagen – bis zur posthumen Ausgabe von 1929 – sind um zahlreiche Parodien auf George, Rilke und expressionistische Lyriker erweitert. Der Standpunkt, von dem aus dabei die formalen und thematischen Extravaganzen der modernen Lyrik ins Komische gewendet werden, ist offenbar, wenn auch nicht absolut konservativ, so doch mit einer Neigung zum Konservativen. Indem Gumppenberg seine Kritik nicht als polemisches Verdikt äußert, sondern in der Form des ironischen Nachvollzugs, einer übersteigernden Mimikry, macht er sich selbst zum Mitwisser, ja halben Mittäter der seinen Anstoß erregenden literarischen Experimente.

Von einer ähnlichen Ambivalenz zeugt auch das lyrische Schaffen von Arno Holz nach der Jahrhundertwende, das maßgeblich von parodistischen Impulsen beherrscht wird. Das betrifft zunächst seine pseudodramatische Dichtung *Die Blechschmiede*, die sich in den fast zweieinhalb Jahrzehnten, die zwischen der ersten (1900/01) und letzten Druckfassung liegen, von einer aktuellen Literatursatire und Dehmel-Parodie zu einer Art Weltgedicht im Stile des Goetheschen *Faust* entwickelt. Auf über achthundert Seiten (in der Fassung der Gesammelten Werke 1924) wird hier in den verschiedensten Stimmlagen fleißig skandiert und gereimt und damit genau jene Technik des lyrischen Sprechens praktiziert, die nach Holz' eigener Theorie, niedergelegt in der *Revolution der Lyrik* (1899), obsolet war. Auch «Der Herr Mitte Dreißig», in dem sich der Dichter selbst verkörpert, darf hier in trivialen und exotischen Reimen schwelgen: «Auf der lyrischen Oase / wiegt als Palmbaum sich die Phrase.»

Einem ähnlichen Bedürfnis nach Kompensation, nach Flucht vor den strengen Geboten der selbstverordneten Moderne scheint sich Holz' Ausflug in die barocke Schäferpoesie zu verdanken. *Dafnis. Lyrisches Portrait aus dem 17. Jahrhundert* heißt der Titel der überaus erfolgreichen vermehrten und stark verbilligten Neuauflage (1904) des Bändchens, das bei seinem ersten Erscheinen 1903 noch *Lieder auf einer alten Laute* benannt war. Bis in die Orthographie und in die graphische Gestaltung, ja in die dialektale Lautung hinein wird hier der Habitus einer längst verflossenen Epoche imitiert. So präsentiert sich die zweite Strophe der «Ode Jambica» *Er wartet auff sie in einem Lust=Wäldgen*:

> Mein Hütgen schieff aufs Ohr /
> spazzir ich für das Thor
> und zwürble mir den Bahrt
> so rächt nach Schäffer=Art.
> Du schwartz-braun Mädichin /
> zu dir zißt es mich hin;
> am bundten Bluhmen-Blazz
> erwartestu den Schazz.

Wie man sieht, hat sich das Muster der Bukolik dabei stark in Richtung Anakreontik verschoben. Die Dafnis-Figur, der die Gedichte in den Mund gelegt sind und mit der sich Holz in hohem Grade identifizierte, weiß nichts vom Liebesleid der barocken Vorbilder, erquickt sich vielmehr zu allen Jahreszeiten – deren Wechsel gibt der Sammlung den Rahmen, die ursprünglich durch einen Monatskalender angeregt wurde – unverdrossen an den aus dem Mieder quellenden «Marmol=Ballen» und anderen Rundungen diverser Gespielinnen. Holz' «lyrisches Portrait» ist in seinem Kern erotische Lyrik, gespeist aus dem Geiste des Vitalismus und einer bei aller Ungeniertheit doch sehr wilhelminisch wirkenden Männerphantasie. Das barocke Kostüm tilgt oder mildert das Anstößige, das immerhin ein Düsseldorfer Staatsanwalt dabei noch empfunden hat, und gibt Gelegenheit zu gewagten Brückenschlägen zwischen Pathos und Banalität, Tradition und Moderne. Erstere kristallisiert sich im Zitat aus Hoffmannswaldaus Gedicht *Was ist die Welt / und ihr berühmtes Glänzen* (in der Schlußstrophe des «Qwodlibets» *Er schüttelt sein Hertz auß*), letztere in zahlreichen Anleihen bei Alltagssprache und Großstadtjargon: «läkken sich nach mir die Finger», «ihr könt mich alle mit einander», «ich werde dich schon kriegen».

Aus der Spannung zwischen Klassizität und aktuellen gesellschaftlichen und sprachlichen Gegebenheiten, insbesondere der Bonvivant-Atmosphäre der Reichshauptstadt, bezieht ein kleines Bändchen seinen Reiz, das Christian Morgenstern 1897 herausgebracht und 1911 anläßlich der dritten Auflage noch mit einem neuen Anhang versehen hat: *Horatius travestitus* (entst. 1894/95). Die damals noch jedem Gymnasialschüler geläufigen Oden des römischen Lyrikers erscheinen darin – bei strikter Wahrung der metrischen Form – auf eine moderne Welt übertragen, die durch Stichworte wie Reichstags-Büffet, Kempinski oder Export-Havanna umstandslos bezeichnet wird. Aus «Maecenas, atavis edite regibus» (wörtlich: Mäcen, uralter Könige Sproß) wird «Hoher Protektor und Freund, Edler von Gönnersheim», aus dem olympischen Wettkampf ein Fahrradrennen («platzt der Gummischlauch nicht, geht er zuerst durchs Ziel») und aus der Göttin, die die Gebärende in ihrer Not anruft, die Hebamme Emma, nach der man in der Nacht telefoniert und der man sich nach glücklichem Verlauf mit einem Klafter Brennholz erkenntlich zeigt.

Das Banalitätsgefälle, dem die klassische Vorlage dabei ausgesetzt wird, richtet sich jedoch keinesfalls gegen den antiken Autor, für den Morgenstern seit seiner Schulzeit eine ausgesprochene Vorliebe hegte. Die Travestie, deren Idee von Morgensterns Jugendfreund Fritz Münster stammt, begnügt sich mit dem Reiz des Kontrastes und der Wiedererkennensfreude, die sie dem Kenner des Originals bereitet. Erst mit dem schon erwähnten Anhang von 1911 löst sich Morgenstern aus der engen Bindung an die Vorlage, indem er – vielleicht durch Schröders *Deutsche Oden* veranlaßt, deren erste Reihe im Herbst zuvor erschienen war – eigene Satiren auf die Gegenwart in die Form antiker Strophen kleidet und als unveröffentlichte Horaz-Gedichte ausgibt. Ironisch signalisiert der Pazifist Morgenstern seine Zustimmung zur Aufrüstung von Marine und Luftwaffe:

> Laß sie Dreadnoughts bauen und aber Dreadnoughts
> und vom Luftschiffkreuzer das Heil erwarten!
> Unerträglich würden auf Erden sonst die
> Tage des Glückes.

Die *Galgenlieder* (1905, vermehrte Auflage 1908), mit denen sich Morgenstern den Ruf eines Hauptvertreters der sprachspielerischen Grotesk-Poesie erwarb, gehen teilweise gleichfalls schon auf die Mitte der neunziger Jahre zurück. Ihr Grundstock besteht aus einigen auf skurrile Weise schaurig tönenden Gedichten, die im vereinsartig organisierten Berliner Kreis der Galgenbrüder als dichterische Bundeslade fungierten – aufbewahrt in einem Hufeisen, das mit einem Totenkopf aus schwarzer Pappe bedeckt wurde und sich so noch in Morgensterns Nachlaß erhalten hat. Das Renommieren mit Tod und Henkersritualen gehörte zu den Gepflogenheiten der damaligen Boheme-Kultur (s. o. S. 36–38);

die kreative Energie, mit der sich Morgenstern an ihr beteiligte, dürfte
darüber hinaus von der Todesangst gefördert worden sein, die der
schwer Lungenleidende zeit seines Lebens zu bestehen hatte. «O Greule,
Greule, wüste Greule!» – die sprachlichen Entstellungen oder Neubil-
dungen, mit denen das (hier zitierte) *Bundeslied der Galgenbrüder* und
andere einschlägige Gedichte eine obskure Henkersstimmung verbreiten, lassen sich aus dieser Perspektive als spielerische Überwindung
einer existentiellen Bedrohung verstehen. Wird schon in *Der Rabe Ralf*
– mit dem Refrain «will will still still / hu hu» – die semantische Botschaft ausgesprochen porös, so verliert sie sich vollends im reinen Lautgedicht *Das große Lalulá*.

Andererseits lassen sich aus Sprache und Schrift auch neue Inhalte
gewinnen. Das Gedicht *Die Trichter* – in der Druckfassung spiegelsymmetrisch angeordnet, so daß sich im Sinne eines Figurengedichts die
Ikone des Trichters ergibt – ist offenbar aus der Gestalt des Buchstabens
«w» entwickelt, der die letzte Zeile bildet und das Bild zweier Trichter
bietet; entsprechend lautet der erste Vers: «Zwei Trichter wandeln durch
die Nacht.» Der «Werwolf» des gleichnamigen Gedichts tritt an das Grab
eines Dorfschullehrers und bittet, ihn zu deklinieren – untröstlich darüber, daß es zwar Formen wie Weswolfs, Wemwolf und Wenwolf, aber
keinen Plural von ihm gibt: «Zwar Wölfe gäb's in großer Schar, / doch
‹Wer› gäb's nur im Singular.» So wird aus einer (etymologisch wie gram-
matisch gleichermaßen abwegigen) sprachlichen Beobachtung das
Schicksal einer dichterischen Gestalt generiert. Ähnliches gilt für den
«Zwölf-Elf» des nach ihm benannten Gedichts: eine mythische Gestalt –
eben ein «Elf» –, die sich zugleich auf die Zeigerstellung der Uhr um
fünf Minuten vor Zwölf bezieht und sich im Gedicht *Das Problem* durch
die Addition ihrer beiden Bestandteile selbst aufhebt: «Und siehe da,
der Zwölf-Elf nannt' sich / von jenem Tag ab Dreiundzwanzig.»

Unsinn und Tiefsinn liegen nahe beieinander, und dem Verfasser der
Galgenlieder ist es offenbar ein Vergnügen, diese Grenze so oft wie möglich in beide Richtungen zu überschreiten. Was ist ein Knie ohne den
zugehörigen Menschen (*Das Knie*), was ist ein Stiefel zwar mit Stiefelknecht, aber ohne Herrn (*Der Gingganz*), was ist ein Zaun ohne Zwi-
schenraum (*Der Lattenzaun*), wie steht es um das Selbstbewußtsein des
Korkens, der sein eigenes Spiegelbild nicht sehen kann (*Das Lied vom
blonden Korken*), oder des Würfels, dessen eine Seite stets von Dunkelheit bedeckt ist (*Der Würfel*)? Müssen die Westküsten immer Westküsten
bleiben oder können sie sich nicht auch – per Resolution – neu bestimmen, das ihnen von den Menschen verhängte Namensjoch abschütteln
(*Die Westküsten*)? Das Nachdenken über Fragen der Identität führt leicht
zum Wahnsinn. In diesem endet der Rabe auf Kilometerstein 21, der
unentwegt «Ka-em-zwei-ein» ruft (*Km 21*), und mit Schrecken endet die

Nachforschung, «wo der Hund begraben liegt». Ein solches Wörtlichneh-
men von Redensarten ist typisch für Morgenstens humoristische Lyrik;
es liegt auch dem Palmström-Gedicht *Die weggeworfene Flinte* zugrunde.
Das Grab des Hunds parodiert Argumentationsmuster der idealistischen
und Kantschen Philosophie, wenn im Grab «die Idee des Hunds», ja der
«Hund an sich» vorgefunden und schließlich festgestellt wird, daß sie
bzw. er «aussah – wie ein Hund».

Das «ästhetische Wiesel» des gleichnamigen Gedichts, das «um des
Reimes willen» auf einem Kiesel sitzt – eine Art Selbstparodie dazu bietet das Gedicht *Der Igel* –, leitet bereits zur anderen Gedichtsammlung
über, auf die sich Morgensterns Geltung als Spezialist für skurrilen Tiefsinn und heitere Absurditäten gründet: *Palmström* (1910). Denn schon
im gleichnamigen Gedicht der *Galgenlieder* wurde die Figur Palmströms
als Ästhet entworfen, und ästhetische Fragen beherrschen einen großen
Teil der neuen Gedichte – gleichgültig, ob die Titelfigur in ihnen dominiert oder von Korf, dem Begleiter, der ihr im Eröffnungsgedicht *Das
Böhmische Dorf* angeblich gleichfalls «nur des Reimes wegen» beigegeben
wird. Korf verfaßt ein lyrisches Notturno, das fast von George stammen
könnte (*Die Priesterin*), und läßt sich in einen Folianten binden (*Der
Foliant*), Palmström baut eine Geruchsorgel frei nach Huysmans (*Die
Geruchs-Orgel*) und malt sich ein Theater aus, das den veristischen Illu-
sionismus eines Max Reinhardt noch kräftig überbietet (*Das Theater*).
So werden aktuelle künstlerische Tendenzen der Zeit in den Figuren
karikiert, die gleichwohl dem Verfasser und seinen Lesern näherstehen
als etwa jene preußisch wirkende Behörde, auf deren Auskunftsbegehren
hin sich Korf in parodistischer Imitation der Amtssprache als «nicht-
existent im Eigen-Sinn / bürgerlicher Konvention» bezeichnet (*Die Behörde*). Palmström und Korf sind so sehr Geist, daß man sie fast als
Geister auffassen muß.

Neben der sprachspielerischen Lyrik hat Morgenstern eine Reihe konventioneller Gedichtbände publiziert wie *Ein Sommer* (1900) und *Melancholie*
(1906). Die zeitkritischen Gedichte des letzteren nach Dürers Kupferstich
benannten Bandes spiegeln den Einfluß Paul de Lagardes wieder. Besondere
Beachtung verdient die erst nach Morgensterns Tod erschienene Sammlung *Wir
fanden einen Pfad* (1914) als Zeugnis für die Bekehrung des Dichters zu den
Lehren Rudolf Steiners, dem er 1909 begegnete. Eine Auseinandersetzung
Morgensterns mit der Sprachphilosophie Mauthners, zu der sich von den *Gal-
genliedern* manche Verbindung aufdrängt, ist übrigens nicht vor 1906/07 nachzuweisen.

Geradezu polemisch gegenüber der «Pseudoskepsis» Mauthners äußert sich
Mynona (das ist Salomo Friedlaender) in seiner Sonettsammlung *Hundert Bonbons* (1918). In ihren sprachspielerischen Neigungen gemahnen manche dieser
Texte freilich an Morgenstern – so das Sonett *Trenko patrollo!*, eine Tour d'horizont durch das zeitgenössische Literaturgeschehen. Allerdings bleibt es der Phan-

tasie des Lesers überlassen, was er bei den Lautfolgen assoziiert, die sich hier
um die Namen der von Mynona andernorts verspotteten Prominenz ranken:

> Trenko patrollo! Harden-Kerr olele:
> Patrollo Heinrichmann Traki! Trikà.
> Saluna Hauptmanngerhart, lani schika,
> Stalampa Rathenau passos movele – –

Wird hier bereits die dadaistische Technik parodiert? Dabei verstanden sich die
Dadaisten doch selbst als Parodisten. So haben van Hoddis und Huelsenbeck
Hymnen-Parodien verfaßt, die auf die expressionistische Konjunktur der Gattung (s. u. S. 611–614) zielen. Denkwürdig als frühe dadaistische Parodie ist
außerdem Hans Arps Gedicht *kaspar ist tot* (entst. spätestens 1915) – eine freie
Imitation und Parodie der Totenklage, die zu Zeiten des Weltkriegs in nationali-
stischer Funktionalisierung Konjunktur hatte.

2. *Vagantenlyrik*

Hans Ostwald, der sich 1893 selbst für mehrere Jahre «auf die Walze»
begeben und ganz Norddeutschland «durchtippelt» hatte, gab ab 1903
eine dreibändige Sammlung *Lieder aus dem Rinnstein* heraus, in deren
späteren Teilen er zunehmend «volksmäßiges» Material bekannt machte:
Lieder aus Landstreicherherbergen und Nachtcafés, die er selbst mitpro-
tokolliert hatte oder den zahlreichen Einsendungen sowie einschlägigen
Veröffentlichungen (wie der Landstreicherzeitschrift *Der arme Teufel*,
später: *Bruder Straubinger*) entnahm. Der erste Band trug noch ein stark
literarisches Gepräge; die Textauswahl schlug eine Brücke vom Archi-
poeta über Johann Christian Günther bis zu verschiedenen Zeitgenossen. Neben Peter Hille, dem Seelenvagabunden der Berliner Boheme,
finden sich hier Martin Drescher, der sich in Chicago als Kolporteur
durchschlug, und der Fabrikarbeiter und spätere Führer der Stuttgarter
Arbeiterjugend Otto Krille.

In der Faszination des frühen 20. Jahrhunderts für Lebensweise
und Liedkultur der Fahrenden verbindet sich ein umfassendes Bedürfnis nach Ausbruch aus der (bürgerlichen) Gesellschaft mit älteren Traditionen und neueren Entwicklungen. Unübersehbar ist natürlich der
Anschluß an das romantische Ideal des Wanderers und Taugenichts,
mit Händen zu greifen in der Lyrik des jungen Hermann Hesse, der
sich übrigens ähnlich wie Ostwald (mit dem Roman *Vagabonden*,
1900) auch als Erzähler demselben Themenkreis zuwendet (s. o. S. 389
zu *Knulp*) und neben zahlreichen romantisierenden Natur- und Wan-
derliedern einschlägige Gedichte wie *Landstreicherherberge* und *Hand-
werksburschenpenne* verfaßt hat. Die romantische Vorstellung der See-
len-Wanderschaft wirkt vor allem beim Österreicher Franz Karl Ginz-

key (*Lieder*, 1916; *Befreite Stunde*, 1917) und dem von ihm beeinflußten Arbeiterdichter Alfons Petzold (*Der Ewige und die Stunde*, 1912) nach.

Die Wandererfahrung des lungenkranken Wiener Hilfsarbeiters Petzold beschränkte sich auf Sonntagsausflüge. In den Arbeiterbiographien des 19. Jahrhunderts war dagegen ein mehrjähriges Unterwegs-Sein noch fest etabliert, in Anlehnung an die Wanderjahre der Handwerksgesellen. Der Arbeiterdichter Ernst Preczang, der als wandernder Buchdruckergeselle zeitweise ein landstreicherartiges Leben geführt hat, räumt in seinem Gedichtband *Im Strom der Zeit* (1908) dem Themenkreis «Natur und Wanderschaft» ein umfangreiches Kapitel ein. Der Fabrikarbeiter Bruno Schönlank, um zwei Jahrzehnte jünger, bezieht sich in seinem Gedichtband *Aus diesen Nächten* (1917) gleichfalls – wenn auch deutlich kürzer – auf seine Wanderschaft als Handwerksbursche (1913/14).

Zu einer Epochenerfahrung der jungen Generation wurde das gruppenweise Wandern durch die Wandervogelbewegung, die ihre eigene – formal allerdings äußerst konventionelle, ja rückwärtsorientierte – Lyrik hervorbrachte, erstmals gesammelt im auflagenstarken (in Bayern verbotenen) *Zupfgeigenhansel* (1909). Hermann Löns' Lied *Auf der Straße* bietet Rollenlyrik aus der Perspektive eines lebenslustigen Vaganten. In Ernst Jüngers Jugendgedicht *Unser Leben* schmückt der Wandervogel sein Leben mit sentimentalen Fahrtenerinnerungen. Die populäre *Wandervogelausfahrt* Hjalmar Kutzlebs beginnt mit dem kollektiven Vorsatz «Wir wolln zu Land ausfahren / über die Fluren breit» und endet mit einem Bekenntnis zu trivialer Romantik: «Der die blaue Blume will finden, das muß / ein Wandervogel sein.» *Wandervogels Kriegslied* von Walter Flex wird «dem großen deutschen Wandern» dagegen eine sehr viel bedrohlichere Bedeutung verleihen.

Angesichts dieses dichten Netzes literarischer und anderer Modelle kann es kaum verwundern, daß sich auch bei den beiden Lyrikern, die sich in den ersten beiden Jahrzehnten des 20. Jahrhunderts am nachhaltigsten mit der Existenzform des Vaganten idenfizieren, Fiktion und Realität, Literatur und Leben auf eigentümliche Weise ineinander verschlingen. Alfred Henschke alias Klabund hatte sich, wie oben schon ausgeführt (S. 585), die Aufmerksamkeit des *Pan*-Herausgebers Alfred Kerr durch eine fingierte Vagabunden-Identität erschlichen: «Ich habe überhaupt nichts, weder Papier noch Geld noch Beruf noch eine richtige Wohnung.» In seinem ersten Gedichtband *Morgenrot! Klabund! Die Tage dämmern* (1913) spielt das Vagantenmotiv im engeren Sinne nur eine untergeordnete Rolle (etwa im Gedicht *Sternschnuppen*). Die deftige Direktheit, mit der hier aus dem Leben – nicht zuletzt der Seeleute und Hamburger Huren – geplaudert wird, kommt allerdings der Mentalität der Ostwaldschen *Lieder aus dem Rinnstein* nahe. Mit seinem frei nachempfundenen lyrischen Villon-Porträt *Der himmlische Vagant* (1919) drückt Klabund dem vagabundischen Element seiner literarischen Entwicklung gewissermaßen nachträglich ein historisches Siegel auf.

Ein bekennender Vagabund war der böhmische Jude Hugo Sonnenschein; mit der *Legende vom weltverkommenen Sonka* (1919) wird er sich selbst ein literarisches Denkmal setzen. Jahre bevor Sonnenschein sein reales Vagabundenleben (1912–1914) begann, erklärt er sich für Ahasver (so im ersten Gedichtband *Ad solem*, 1907) und zu einem «verkommenen Vagabunden» (im Gedichtband *Ichgott, Massenrausch und Ohnmacht*, 1910). In Gedichten wie *Jesus* und *Der Narr von Nazareth* (aus demselben Band) vollzieht Sonnenschein die Identifikation des Vagabunden mit dem Heiland im Zeichen der beiden gemeinsamen Utopie. Die Unerfüllbarkeit dieser Utopie betont höchst prononciert der *Dithyramb der Distanzen* in Sonnenscheins nächstem Gedichtband *Geuse Einsam von Unterwegs* (1912). In der Identifikation mit den Geusen, niederländischen Freiheitskämpfern des 17. Jahrhunderts, sucht Sonnenschein eine historische Verankerung seiner individualistisch-anarchistischen Freiheitssehnsucht. Der Dithyrambus beschwört die Größe der von der Welt verratenen Genies Michelangelo und Goethe, Wagner und Whitman und endet mit einer Selbstvorstellung, die sich gut expressionistisch im Gattungsbegriff aufhebt:

> der GEUSE, Geuse Einsam,
> der Strolch von Unterwegs,
> solang ich lebe unterwegs,
> der Mensch.

3. Balladen und Verwandtes

Zu Beginn des 20. Jahrhunderts tritt die Krise der Ballade, die sich schon im vorausgehenden Jahrzehnt ankündigte, in ihr offenes Stadium. Es kommt zu einer Spaltung zwischen restaurativen Bemühungen um eine Erneuerung der Ballade im Geiste der Antimoderne und verschiedenen Vertretern der Moderne, für die die Ballade nur noch eine periphere Bedeutung hat, die balladeske Wirkungen in anderen lyrischen Formen erzeugen oder die sich bewußt auf solche Gattungtraditionen beziehen, die im Gegensatz zum heroischen Pathos der traditionellen Balladendichtung stehen.

Der Versuch einer Wiederbelebung der Helden- und Schicksalsballade ging von Göttingen aus, dem Ort des Hainbunds und des ersten deutschen Musenalmanachs (1770), dem Wohnsitz auch Gottfried August Bürgers, des populären Balladendichters. Treibende Kraft der Studentengruppe, die 1895–1905 in sechs Bänden einen neuen Göttinger Musenalmanach – mit zunehmendem Schwerpunkt auf der Balladenform – herausgab, war Börries Freiherr von Münchhausen. Im Nachwort seines Interpretationsbandes *Meister-Balladen* (1923) wird er die Göttinger Renaissance dieser «Königlichen Dichtung» mit rassischen Argumenten aus dem niederdeutschen Wesen erklären. In seiner Abhandlung *Zur Ästhetik meiner Balladen* (1906/07) verbindet Münchhausen in provozierender Weise antimoderne Affekte (gegen den «Kleineleutegeruch» des Naturalismus, aber auch gegen die Überdifferenziertheit des Ästhetizismus) mit dem stolzen Bekenntnis seiner Zugehörigkeit zum Adel – einem Adel, dessen Werte in der Tradition der Ballade immer schon zu Hause waren: «Große grade Menschen gehen ihre graden Wege, stolz und unbekümmert sind sie und wissen nichts von ‹differenzierten› Gefühlen. Heiß und jäh sind Haß und Liebe [...] Feierlich sind diese Menschen, wie alle, die viel an Höfen waren, – gute Sitte gilt nur dem nichts, der nicht im Herrenstande erzogen wurde.»

Münchhausens eigene Balladen, erstmals gesammelt 1901, spiegeln vielfach adlige Werte und ein dynastisches Denken – affirmativ und identifikatorisch in *Der Marschall* (1901) und *Der Letzte seines Geschlechtes* (1900), selbstironisch-humoristisch in der *Lederhosen-Saga*. Nicht umsonst greift Münchhausen die schon von Strachwitz bevorzugte ritterliche Heldenballade auf; den Taten Bayards, des legendären französischen Ritters ohne Furcht und Tadel, widmet er einen ganzen Balladenkranz (*Bayard*, 1908). Daneben pflegt er die Schicksalsballade: Sowohl das dreiteilige Gedicht *Die Pest in Elliant* (1900, nach einer altfranzösischen Vorlage) als auch der Zyklus *Drei Hemden* (1905) zeigen die Erfüllung, zum Teil aber auch die Überwindung eines im Eingangsteil dargestellten Hexenfluchs. Der Balladendichter Münchhausen kultiviert die direkte Rede, auch die Ansprache des Lesers oder der Figuren durch den Erzähler, und die refrainartige (zum Teil veränderte) Wiederholung ganzer Strophen – so mit großem Effekt im *Hunnenzug*, einem Kabinettstück virtuoser Stilkunst, und mit eher lyrisch-musikalischer Wirkung in der *Ballade vom Brennesselbusch* (entst. 1910). Die Einbeziehung plattdeutscher Elemente hier wie auch in *Der Letzte seines Geschlechtes* unterstreicht Münchhausens Willen zur Volkstümlichkeit.

Der Göttinger Musenalmanach bot auch die erste Plattform für die Balladen Lulus von Strauß und Torney und Agnes Miegels. Ungeachtet ihrer freundschaftlichen Verbindung mit Börries von Münchhausen setzen beide Autorinnen andere Akzente, nicht zuletzt in politischer Hinsicht. Während Münchhausens Bauernkriegsballade *Bauernaufstand* Leid und Ohnmacht der Ritterschaft betont, streicht Strauß und Torney den ungebrochenen Heroismus Thomas Müntzers heraus (*Die Bauernführer*). Im Gegensatz zu Münchhausen, der die Französische Revolution ganz aus der Perspektive des guillotinierten Adels betrachtet und dessen inneren Stolz als unzerstörbare «Mauer» gegen das Plebejertum der Jakobiner aufrichtet (*Die Mauer-Ballade*, entst. 1895), schlüpft Agnes Miegel in *La furieuse* (1905) in die Rolle einer Straßendirne, die begeistert die Hinrichtung ihrer einstigen Verführer und Peiniger verfolgt. Auffällig auch der Unterschied in der Behandlung der Pestthematik, die bei Münchhausen (*Die Pest in Elliant*) zum Gleichnis für die verderbenbringende Macht weiblicher Verführung wird. In Agnes Miegels *Die Frauen von Nidden* (1907) sind es sieben Frauen, die als einzige Überlebende das schwerste Leid zu tragen haben: Ohne Aussicht auf Unterstützung im Leben oder Sterben (nicht einmal auf eine Bestattung) geben sie sich der Wanderdüne anheim, die das Dorf auf der Kurischen Nehrung seit jeher zu verschlucken droht.

Miegels Ballade *Die schöne Agnete* (1905) inszeniert das volkstümliche Märchen von der Heirat mit dem Wassermann als sentimentales Melodram mit einer stilsicheren sprachlichen Pointe («das weiße weiße Wasser»). Die Begabung dieser Autorin zur wirkungsvollen Vergegenwärtigung bekannter Sagenstoffe zeigt sich auch in der Ballade *Die Nibelungen* (1905). Als Höhepunkt ihres wie des damaligen Balladenschaffens überhaupt darf wohl Miegels *Die Mär vom Ritter Manuel* (1905) gelten: Die hier erreichte Infragestellung der Kategorien von Zeit und Raum findet ihr nächstes Äquivalent in der zeitgenössischen Phantastik.

Eine eigenwillige Konkurrenz erwuchs der Geschichtsballade des Göttinger Musenalmanachs in Rilkes freirhythmischer Prosadichtung *Die Weise von Liebe und Tod des Cornets Christoph Rilke.* Balladenhaft muten der rhapsodische Gestus und die Koinzidenz von Liebesnacht und Soldatentod an, in der sich das kurze Leben des Fahnenträgers von Langenau in der Türkenschlacht von 1664 erfüllt. Selbst das Kokettieren des Dichters mit seiner Abstammung vom adligen Helden findet Parallelen bei Münchhausen, nämlich in dessen Inanspruchnahme der Ballade zur Darstellung eines aristokratischen Selbstbewußtseins. Bekannt wurde die 1899 in einem Zuge niedergeschriebene Dichtung in der dritten Fassung (1906) vor allem durch die Neuausgabe als Nummer Eins der Insel-Bücherei 1912. Der enorme Verkaufserfolg (140. Tausend 1917) beweist, in welchem Ausmaß die neuromantische Verklärung des Reiterlebens und des Tods in der Schlacht – «und die sechzehn runden Säbel, die auf ihn zusprangen, Strahl an Strahl, sind ein Fest. Eine lachende Wasserkunst» – den emotionalen Bedürfnissen der Kriegsgeneration entsprach.

Als gattungstheoretischer Grenzfall stellt sich auch Rudolf Borchardts «Gedicht aus dem männlichen Zeitalter» *Der Durant* dar, in erster Fassung 1904 in Volterra entstanden, aber erst 1923 gedruckt. Der ein Jahr später verfaßte neue Schluß wurde erst in der Werkausgabe von 1957 veröffentlicht. In der Form einer mittelalterlichen Erzählung in Reimpaarversen wird die Minne-Problematik des Burggrafen von Nun entfaltet, der am Übermaß seiner Liebe zerbricht, nämlich über den Gegenstand seiner Liebe «hinausminnte» – mit der Konsequenz, daß er die ihm schließlich aufgezwungene Frau (in der ersten Fassung) entweihen und zerstören muß.

Auf das Preisausschreiben einer Zeitschrift 1906 sollen nicht weniger als sechstausend Balladen eingegangen sein. Es ist diese inflationäre Verwertung und epigonale Entwertung der Gattung, die Arno Holz' *Blechschmiede* in der Gestalt des «mit vollster Lungenflügeldampfkraft sich abarbeitenden Balladerichs» Uwe Schievelbein verulkt und zu der eine ganze Schule moderner Lyriker schon dadurch auf Distanz geht, daß sie sich auf alternative Varianten der Gattung besinnt, die jenseits des bürgerlichen Bildungskanons liegen und für eine pathetische Intonation denkbar ungeeignet sind: Moritat und Bänkelsang. Schon in den neunziger Jahren hat Wedekind mit seinen Lautenliedern *Brigitte B.* und *Der Tantenmörder* diesen Weg eingeschlagen, und Erich Mühsam folgt ihm bereitwillig mit Texten wie *Ballade* (1901) – beginnend mit den Worten «War einmal ein Anarchisterich» – oder seinem Beitrag zu Ostwalds *Liedern aus dem Rinnstein* (1903), betitelt *Amanda*. Die Eingangsstrophe dieser ironischen Moritat lautet in lehrhafter, bewußt unbeholfener Diktion:

> Niemals ist es zu empfehlen,
> daß sich eine Maid, die liebt,
> ohne ihm sich zu vermählen,
> einem Mann zu eigen gibt.

Mühsam, der seine eigene durchaus abweichende Position im Drama *Die Freivermählten* (1914) verkündet, hat die Thematik der *Amanda* mehrfach variiert (*Adelgunde, Meta und der Finkenschafter*) und aus Anlaß eines Altonaer Gerichtsurteils noch zwei *Altonaische Romanzen* geschrieben, die ebensowenig die Herkunft von der Moritat verleugnen. – Ein österreichisches Pendant verfaßte der Wiener Hans Adler mit der *Vorstadtballade*.

Von diesen «schlichten Gesängen» (so die Überschrift der Textgruppe in Mühsams Gedichtband *Der Krater*, 1909) führt ein direkter Weg zu Brechts Gedicht *Von der Kindermörderin Marie Farrar* und zu anderen Balladen der *Hauspostille*, auch der 1918 oder (wahrscheinlicher) 1919 entstandenen scharf kriegskritischen *Legende vom toten Soldaten*. In der ersten Fassung des Brecht-Dramas *Trommeln in der Nacht* (1922) trägt sie noch den Titel *Die Ballade vom toten Soldaten* (im Anhang: *Moritat vom toten Soldaten*). Ihr grotesker Zynismus kontrastiert mit der kriegsaffirmativen Funktionalisierung der Ballade im Weltkrieg, an der sich auch Paul Zech lebhaft beteiligt hat. Noch 1917 veröffentlicht er unter dem Titel *Helden und Heilige* einen Band Balladen, die in erster Fassung 1914 entstanden sind und verschiedene Ereignisse aus der Anfangsphase des Kriegs wie den Fall von Lüttich, den Untergang der S.M.S. Nürnberg bei den Falklandinseln und nicht zuletzt die strategischen Erfolge Hindenburgs glorifizieren. Freilich kann Zech auch anders: Seine *Ballade von den Mauleseln* (aus der Sammlung *Vor Cressy an der Marne*) kommt eher dem Moritaten-Typ nahe.

In der übrigen expressionistischen Lyrik spielt die Ballade eher eine randständige Rolle. Derjenige unter ihren Vertretern mit dem stärksten narrativen Profil – Georg Heym – bedient sich entweder der Sonett-Form oder überschreitet in anderer Weise (wie im Gedicht *Pilatus*) die typische Signatur der Ballade. Werfel verfaßt eine anrührende *Ballade vom Tode der Kinderfrau* (1913) und weist im umfangreichen Band *Der Gerichtstag* (1919) fünf – recht untypische – Gedichte als Balladen aus. Andere Autoren der Zeit (so Trakl, Krzyzanowski) geben einzelnen ihrer Gedichte schlicht den Titel *Ballade* und markieren schon dadurch die Sonderstellung der betreffenden Texte in ihrem Œuvre oder einer Sammlung. Zweimal verfährt auch Else Lasker-Schüler so: in ihrem Erstlingsband *Styx* (1900) und im Gedichtzyklus für Senna Hoy.

Die *Hebräischen Balladen* (1913) Else Lasker-Schülers stellen wahrscheinlich den bedeutendsten Beitrag des Expressionismus zur Geschichte der Ballade dar, gerade weil sich hier der Zugang der Moderne zur Gattung nicht auf die Schauerthematik und den pseudodidaktischen Gestus der Moritat beschränkt, sondern die Sage als traditionelles Zentrum der Ballade ernstgenommen wird. In der poetischen Verdichtung und Anverwandlung alttestamentlicher Gestalten sucht die jüdische Dichterin – darin dem Freiherrn von Münchhausen, dem Begründer der Balladen-Renaissance, gar nicht so unähnlich – eine Antwort auf die Frage nach ihrer Identität.

4. Sonette

Wie die Geschichte der Ballade scheint die Entwicklung des Sonetts zu Anfang des 20. Jahrhunderts die redensartliche Weisheit zu bestätigen, daß Totgesagte länger leben. Rudolf Borchardts *Jugendgedichte* (1913), die zu mehr als einem Drittel als Sonette abgefaßt sind, enthalten auch einen *Abschied vom Sonett*, natürlich in Sonettform: «Sonett, als alle sagten, du bist tot, / Sprach ich ‹steh auf!› [...].» Etwas derber heißt es im ersten von Mynonas *Hundert Bonbons* (1918): «Wer heut' Sonette macht, ist nur ein Schwein.» Es folgen neunundneunzig weitere, freilich parodistische, Sonette.

Damit gibt Mynona zugleich ein Beispiel für die zeitgenössische Aktualität des Sonettenkranzes, eines ausschließlich aus Sonetten bestehenden Gedichtzyklus. In rekordverdächtiger Manier beherrschte dieses Genre Rudolf Alexander Schröder: Auf mehr als dreihundert Sonette *Zum Andenken an eine Verstorbene* (1904, entst. 1901/02) ließ er 29 *Bodensee-Sonette* (entst. 1904) und einen – selbstverständlich aus 24 Stücken bestehenden – Sonettenkranz *Die Stunden* (1909) folgen. Das allen drei Zyklen gemeinsame Thema der Liebe liegt auch Anton

Wildgans' *Sonetten an Ead* (1913), Klabunds *Sonetten auf Irene* (1920, entst. 1918) und Carl Hauptmanns naturmystisch-religiös geprägtem Sonettenband *Dort wo im Sumpf die Hürde steckt* (1916) zugrunde.

Mag die Liebe, zumal die unerfüllte, als Sonett-Thema durch das Vorbild Petrarcas privilegiert sein, an den Schröder erkennbar anknüpft, so hat sich die Gattung doch im Zuge der Tradition zu einem Passepartout für vielfältige Inhalte entwickelt. Reiseeindrücke, Städte und Landschaften sind ein beliebter Schwerpunkt: Der österreichische Expressionist Rolf Henkl verfaßt 1917/18 *Neun Sonette auf Venedig* (1919), Däubler versammelt in der Genfer Ausgabe seines *Nordlichts* unter dem Titel *Perlen von Venedig* 49 Sonette, und der frühverstorbene Wolf Graf von Kalckreuth schreibt nach der Rückkehr von einer Holland-Reise 1906 an einem einzigen Tag neun Sonette *Holländische Landschaften* (1920). Zechs *Flußlandschaften in Flandern* (1916) dagegen, bestehend aus sechs Sonetten, gehören schon in den Kontext des Kriegserlebens und der Kriegsverarbeitung, ebenso Walter Ferls Sonett-Band *Hinter der Front* (1914), Hans Ehrenbaum-Degeles Sonett-Zyklus *Das tausendste Regiment* (posthum 1917) und die propagandistischen *Ehernen Sonette* (1914) des Österreichers Richard Schaukal.

Die Spannweite des Sonetts reicht von philosophischer Abstraktion bis zu konkreter Anschauung alltäglicher Wirklichkeit. Rudolf Alexander Schröder legt mit den achtzehn Sonetten *Die Zwillingsbrüder* (1908, entst. 1906) vielleicht die hermetischste Zyklusbildung vor, die es auf dem Gebiet des Sonetts damals in deutscher Sprache gibt. Josef Hofmiller hat darin unwidersprochen den Gegensatz von Sein und Werden gestaltet gesehen. Auch die Schweizer Karl Stamm und Max Pulver nutzen den Sonettkranz zu weltanschaulich-religiösen Bekenntnissen: Stamm mit dem Triptychon *Das Hohelied* (1913), dessen drei Teile *Das Lied an die Natur*, *Das Lied der Liebe*, *Das Lied der Seele* so etwas wie eine Summe der menschlichen Existenz – vom jugendlichen Wachstum bis zum Tod – ziehen, Pulver mit dem Sonettzyklus *Innere Weisung*, Abschluß und Höhepunkt seines ersten Lyrikbandes *Selbstbegegnung* (1916). Noch Max Herrmann-Neisse beginnt fromm-ehrfürchtig mit den *Zehn Sonetten an Franziskus*, die sein *Buch Franziskus* (1911) eröffnen und dabei stark nach Rilke schmecken. Schon zwei Jahre später liefert er frech-satirische *Porträte des Provinz-Theaters* (1913), eine Rache an den Theaterverhältnissen seiner Heimatstadt Neisse/Schlesien. Über «die komische Alte» heißt es darin:

> Sie trägt sich so, daß jedem sich der volle,
> Klug aufgesteifte Busen bietet dar.
> In jeder Jüngren wittert sie Gefahr
> Und ist ihr gram mit neidischwehem Grolle.

Fast zeitgleich erscheinen kurz vor Kriegsbeginn zwei Sonett-Bände, die die
Realität der modernen Industrielandschaft in den Blick nehmen. Paul Zechs
Sonette aus dem Exil (1913) – der Titel erklärt sich aus der ‹Emigration› des
gebürtigen Westfalen nach Berlin im Jahr zuvor – versetzen sich in das
«schwarze Revier» und an die «schwarzen Wasser der Ruhr», wie andere Gedichtbände Zechs heißen, die sich gleichfalls oft der Sonettform bedienen. Zech blickt
auf die Schwungräder und Schornsteine des Ruhrgebiets, vor allem aber auf die
Menschen darin, ihren tapferen Kampf um das tägliche Brot und ihre Sehnsucht
nach menschlicher Wärme und heimatlicher Natur.

Diese Menschen sind zu einer belanglosen Nebensache geworden im
Sonettzyklus eines anderen Westfalen: Josef Wincklers *Eisernen Sonetten*
(1914). Darin wird im Geist des von Winckler mitbegründeten Bundes der
Werkleute auf Haus Nyland (s. o. S. 31) einer völkischen Apotheose der Industrie gehuldigt. Die Form des Sonetts öffnet sich den freien Rhythmen einer
hymnischen Lyrik. Das folgende Beispiel verherrlicht die neue Qualität eines
Industrieunfalls (der auch von Georg Kaiser an den Anfang und ans Ende seiner *Gas*-Dramen gestellten Explosion) gegenüber den veralteten Methoden
des Sensenmann-Todes. Die Vereinigung der Quartette und Terzette – deren
ersteres ist durch die Explosion quasi abgeschnitten – entspricht übrigens
einer durchgängigen Praxis Wincklers, dessen eigenwillige Anordnung hier beibehalten wird:

> An glühnden Halden platzen Schlackenblöcke,
> Schlammbäche brausen talwärts, Aschenregen
> Stäubt heiß aus Kratern bläulich fein entgegen,
> Sieh – ha – taumelt der Tod um die Ecke?
> Zu spät! die schartige Sense sinkt der Hand,
> Ein Ungetüm reckt sich voll Wunder-Schrecken:
> Berstend, wiehernd, augenlodernd strecken
> Dämone tausend Tatzen durch Mauer und Wand
> – – – – – – Explosion!
> Unsichtbar springt ein Größeres auf den Thron
> In feuriger Tollwut-Wolke brisanter Gase;
> Der alte, arme Sensenmann läuft wirr davon,
> Haufen zerquetschter Leiber sperrn die Straße.

In der expressionistischen Großstadtlyrik erfreut sich das Sonett besonderer Beliebtheit. Beispiele bieten Ernst Blass' Gedicht *Viktoriapark*, Paul
Boldts *Auf der Terrasse des Café Josty* oder seine *Friedrichstraßendirnen*,
Oskar Loerkes *Blauer Abend in Berlin*, Alfred Wolfensteins *Städter* und
nicht zuletzt Georg Heyms achtteiliger *Berlin*-Zyklus. Man hat oft nach
den Gründen der expressionistischen Vorliebe für das Sonett gefragt und
eine Paradoxie darin gesehen, daß eine literarische Generation, die für
ihre Neigung zum Zerschlagen der Formen bekannt ist, gerade diese
besonders straff organisierte Gedichtform kultiviert. Eine mögliche Antwort liegt darin, daß gerade die syllogistische Struktur des Sonetts, sein
Charakter als ‹Poesiemaschine›, einem Bedürfnis der jungen Autoren
entsprach: nämlich der Betonung der Unausweichlichkeit, Monotonie

und Determiniertheit, ja der unterschwellig mechanischen Qualität des
modernen Lebens.

Zumindest Heyms Großstadt-Sonette lassen sich unter diesem Blickwinkel verstehen, auch hinsichtlich der technischen Schwierigkeiten, die
der Autor offenbar mit dem Schluß der Gedichte hatte: Der prinzipiell
unabschließbare frühexpressionistische Reihungsstil stößt hier mit dem
von der Sonettform geforderten pointierten Finale zusammen. Heyms
Großstadt-Sonette reagieren auf diese Problematik mit generalisierenden
Schlußversen, die ins Weite und Offene weisen: «Auf allen Köpfen lag
des Lichtes Traum» (*Berlin I*), «Die schlafen auf der Meere Einsamkeit»
(*Berlin VII*), «Unter der Brücke fort in Dunkel weit» (*Nacht*).

Eine andere Erklärung unterstreicht den Reiz des Kontrastes zwischen der traditionellen poetischen Form und realen Sachverhalten, die
herkömmlichem Verständnis nach denkbar poesiefern oder -unwürdig
sind. Besondere Unerschrockenheit in dieser Hinsicht hat Paul Boldt
bewiesen, ein – wie schon der Titel seines einzigen Gedichtbands (*Junge
Pferde! Junge Pferde!*, 1914) verrät – stark vom Vitalismus geprägter Lyriker, dessen Schaffen zu mehr als der Hälfte aus Sonetten besteht. Eins
dieser Sonette (*Boxmatch*) beschreibt einen blutigen Boxkampf, ein
anderes – betitelt *Hinrichtung 1913* – die Angst des Delinquenten vor
der Enthauptung. Das Gedicht, das in Heyms Sonetten *Louis Capet* und
Robespierre seine historischen Gegenstücke findet, endet mit einem
überraschenden Wechsel vom Präsens ins Präteritum und einer selbstre-
ferentiellen Pointe; der «Wortsalat» des schlotternd-stotternden Sträf-
lings kontrastiert der korrekten Erfüllung der überlieferten Form:

> Sie trugen ihn. Er ließ Urin, er riß
> Die Hände los zum Schutz an seinen Hals.
> Er schnatterte, er sah nichts weiter als
>
> den Herrn im Frack: ta-ta-ta-ta-ta-tatt!
> Die Zunge hobelte noch Wortsalat,
> Als ihr das Beil wild durch die Wurzel biß.

Das markante Enjambement, das die beiden Terzette unseres Zitats verbindet, verweist auf den besonderen Beitrag Rilkes zur Weiterentwicklung der Sonettform im frühen 20. Jahrhundert. Man kann Rilke ohne
Übertreibung als unbestrittenen Meister des Sonetts zu jener Zeit
betrachten, was auch durch seine prägende Wirkung auf jüngere Autoren
bezeugt wird – neben dem schon genannten Herrmann-Neisse wären
etwa Werfel und Pulver (u. a. mit dem Sonett-Zyklus *Puppen*) anzufüh-
ren. In zahlreichen Sonetten der *Neuen Gedichte* – und späterhin durch
die *Sonette an Orpheus* – hat Rilke der Gattung zu einer neuen Qualität
der geistigen Durchdringung verholfen. Damit einher geht eine Dynami-

sierung und Verflüssigung der Form, die sich in manchen der sogenannten Dinggedichte als Mimesis des Gegenstands verstehen läßt, beispielsweise im Sonett *Römischer Brunnen*.

Das wohl extremste Beispiel dieses Rilkeschen Individualstils liefert das Gedicht *Die Kurtisane* (1907), in dem alle Strophen-Enjambements realisiert werden, die im Sonett überhaupt nur möglich sind. Dabei wird gerade die stärkste Fuge, die das tradierte Schema kennt (die Zäsur zwischen den Quartetten und den Terzetten), durch einen besonders provokanten Zeilensprung überbrückt – nicht zufällig taucht das Bild der Brücke im Text selbst auf. Man glaubt den Stolz, ja die Arroganz der zugleich Venedig selbst verkörpernden Sprecherin in diesem Umgang mit der Konvention herauszuhören:

> Venedigs Sonne wird in meinem Haar
> ein Gold bereiten: aller Alchemie
> erlauchten Ausgang. Meine Brauen, die
> den Brücken gleichen, siehst du sie
>
> hinführen ob der lautlosen Gefahr
> der Augen, die ein heimlicher Verkehr
> an die Kanäle schließt, so daß das Meer
> in ihnen steigt und fällt und wechselt. Wer
>
> mich einmal sah, beneidet meinen Hund,
> weil sich auf ihm oft in zerstreuter Pause
> die Hand, die nie an keiner Glut verkohlt,
>
> die unverwundbare, geschmückt, erholt –.
> Und Knaben, Hoffnungen aus altem Hause,
> gehn wie an Gift an meinem Mund zugrund.

5. Hymnische Dichtungen

Die späte Veröffentlichung von Nietzsches *Dionysos-Dithyramben* (1898) und die naturhymnische Dichtung Walt Whitmans, dessen *Leaves of Grass* von Johannes Schlaf schon früh rezipiert und 1907 mit einer Auswahl-Übersetzung im deutschen Sprachraum bekanntgemacht wurden, geben die Anregung für eine Fülle lyrischer Versuche, in denen sich das monistische Grundgefühl der Epoche artikuliert und – vor allem in den letzten Kriegsjahren – zur Geste einer aktivistischen Weltumarmung oder zu religiöser Erhebung steigert. Mit dem Rückgriff auf die Gattung der Hymne und des Dithyrambus ist damit bewußt oder unbewußt auch der Anschluß an eine Tradition des lyrischen Sprechens hergestellt, die entscheidend durch Autoren wie Pindar, Klopstock, den jungen Goethe und Hölderlin geprägt wurde. Das große Jasagen zur Welt, wie es nicht zuletzt Rilke als Ziel der *Duineser Elegien* vorschwebte, konnte sich freilich, wie eben dieses Beispiel zeigt, auch jenseits der genannten Gattungen vollziehen; ihm haftet überdies eine Tendenz zur Großform an, die vor allem im ersten Jahrzehnt des 20. Jahrhunderts mehrfach zu – eher unverbindlichen – Anleihen beim Epos führt.

Kosmische Entwürfe: von Däubler zu Rubiner

Mit seinem lyrischen Epos *Das Nordlicht* (1912, entst. 1898–1910) hat Theodor Däubler eine der eigenwilligsten und ehrgeizigsten Dichtungen des Jahrhundertbeginns vorgelegt. Das dreibändige Werk – die erweiterte Genfer Ausgabe von 1921 komprimiert die über dreißigtausend Verse in zwei Bänden – liefert eine symbolische Deutung der Welt- und Menschheitsgeschichte im Zeichen des gnostischen Dualismus zwischen Licht/Wärme (Sonne) und Dunkel/Kälte (Erde, Mond), der mit weiteren Oppositionen wie männlich-weiblich, Leben-Tod, Geist-Materie vernetzt ist. Däublers utopisch-apokalytische Hoffnungen richten sich auf eine Stern-Werdung unseres Planeten durch vulkanische Aufsprengung der Erdkruste – eine Perspektive, die er im elektromagnetischen Phänomen des Nordlichts bereits angekündigt sieht, und die für sein Symboldenken gleichbedeutend ist mit einem Triumph des Geistes über die Fesseln der Materie.

In Däublers poetischer Kosmogonie verbinden sich Anregungen der romantischen Naturphilosophie Johann Wilhelm Ritters mit Elementen Goethescher Naturdeutung, die hier freilich im Sinne des Antiklassizismus konsequent auf den Kopf gestellt wird: Däubler identifiziert sich ja gerade mit dem von Goethe skeptisch betrachteten Vulkanismus. So unübersehbar die Distanz des *Nordlicht*-Verfassers zur empirischen Naturwissenschaft und zum Evolutionsdenken des 19. Jahrhunderts ist – vor dem Hintergrund zeitgenössischer geologischer Diskussionen (Alfred Wegeners Kontinentaldrifttheorie, Hanns Hörbigers «Welteislehre») verliert sein spekulativer Ansatz einiges von seiner Befremdlichkeit. Nahe kommen ihm auch die Anschauungen des späteren Benjamin-Freundes Erich Gutkind (*Siderische Geburt*, 1912). Auf der anderen Seite bestand von Anfang an Interesse an einer Vereinnahmung des Däublerschen Modells durch Vertreter eines national-konservativen Denkens: Carl Schmitt widmete dem Epos 1916 ein ganzes Buch, und Arthur Moeller van den Bruck formulierte in seiner Rezension 1921: «Wir müssen werden, was wir sind: das Durchgangsland zum Nordlicht.»

Die Formensprache des *Nordlichts* ist ausgesprochen vielfältig, sein Aufbau, vorsichtig ausgedrückt, wenig übersichtlich. Eine Handlung im herkömmlichen Sinne bzw. gemäß der epischen Tradition gibt es nicht. Vielmehr stellt sich Däublers Werk als lockere Folge unterschiedlichster Gedichttypen dar, geordnet nach thematischen Zusammenhängen, die sich schon in den Titeln der beiden Hauptteile andeuten (I. *Das Mittelmeer*, II. *Sahara*). Dazwischen vermittelt das «orphische Intermezzo» *Pan*. Orpheus erscheint darin als Sänger des Gottes Pan; der Anschluß

an die *Dionysos-Dithyramben* Nietzsches, dem hier eine eigene Hymne
gilt, ist unübersehbar.

Einem quasi dionysischen Kunstwollen entspricht der barocke Reichtum bildlicher Visionen und sprachlicher Neuschöpfungen: von den
zahlreichen Komposita mit «Ur-», für die dieser Autor eine besondere
Vorliebe hegt, über Kunstwörter wie «Erdwandererspirale», «Davonkrau-
chungspflanzen» und «Traumrauschumrahmung» bis zu onomatopoetischen Experimenten vom Typ «Schluckgurgelwirbel» oder «Schlucht-
schluft». Gelegentlich reduziert sich der Vokalismus einer ganzen Strophe (fast ganz) auf den archaisch wirkenden U-Laut, solchermaßen die
«Urglutbrunstunschuld» eines anfänglichen Lebens imitierend – wie in
der *Indischen Rhapsodie*:

> Und Dschungeln, umgeben von urstummen Muscheln,
> Wo munter die Unkenbrutnumen sich tummeln
> Und suchen, sich Lustsucht durch Brunst zuzutuscheln,
> Umsummen Unsummen von Brummeln und Hummeln.

Zwei Passagen des *Nordlichts* haben in der expressionistischen Generation besondere Popularität erlangt und sind als Einzelgedichte in Pinthus'
Anthologie *Menschheitsdämmerung* eingegangen. Einerseits der Schluß,
beginnend mit «Der Mensch ist eine welke Klette», eine Apotheose des
Geistes (so auch das letzte Wort) in Terzinen; die Versform ist eine Huldigung an Dante, dessen *Divina Commedia* schon in einer früheren Vision
beschworen wird. Andererseits *Die Apokalypse*, das Eröffnungsgedicht
des Kapitels «Die Auferstehung des Fleisches», das dem Däubler-Heft der
Aktion 1916 das Motto gab. Es handelt sich um fünf Stanzen, deren erste
und letzte mit den Zeilen beginnen: «Mein Grab ist keine Pyramide, /
Mein Grab ist ein Vulkan!» In Absage an die Hoffnung auf eine individuelle Unsterblichkeit bekennt sich das lyrische Ich zu einer aktivistischen
Verschmelzung mit der Menschheit und dem Kosmos, die offenbar den
Nerv der Epoche traf: «Mein Wollen wird zum Weltorkan.»

Der in Triest geborene Däubler führte ein unstetes Wanderleben, vor allem
in Italien und (später) in Griechenland. Während des Ersten Weltkriegs hielt er
sich in Deutschland auf und erwarb sich als Kunstkritiker erhebliche Verdienste
um die Vermittlung der modernen französischen und italienischen Malerei –
auch des Futurismus, den er als Steigerung des Impressionismus begriff. Die
Dynamik der Moderne ist Thema seiner Gedichtveröffentlichungen in der
Aktion: *Sang an Mailand* (1915) und *Futuristisches Tempo* (1916). Beim Wiederabdruck in Däublers Gedichtband *Hymne an Italien* (1916) erhält der in der *Aktion*
publizierte Abschnitt des *Sangs an Mailand* den gleichen Titel: *Futuristisches
Tempo*. Als Signum großstädtischer Modernität gilt Däubler hier wie auch in
den Rom-Gedichten desselben Bandes vor allem das elektrische Licht. «Und alle
Bogenlampen werden Nordlichtboten», heißt es in seiner Gedichtsammlung
Hesperien (1915, 2. Aufl. 1918).

Gegenüber der Ausstrahlung von Däublers *Nordlicht* bleiben Alfred Momberts Versuche zur Abfassung eines Weltgedichts, die ja schon in die neunziger Jahre zurückreichen (vgl. Band IX, 1, S. 664 f.), blaß und glücklos. Mombert reagiert auf das Problem einer Überforderung der Subjektivität, an dem etwa sein Band *Die Schöpfung* (1897) laborierte, indem er sein nächstes Werk *Der Denker* (1901) mit einer Mehrzahl von Subjekten ausstattet (Erster, Zweiter Denker usw.), die allerdings völlig abstrakt bleiben und lediglich unterschiedliche Erlebnisse und Reflexionsakte derselben geistigen Instanz anzeigen, wie auch aus Momberts eigenen Notaten zu den einzelnen Unterzyklen hervorgeht. Zum Zyklus «Dritter Denker Die Sänfte» beispielsweise notiert der Verfasser: «Einklang zwischen Geist und Geschlecht im Nackten», zum folgenden Zyklus «Vierter Denker Der Palast» dagegen: «Überwältigung des Geistes durch Gefühle, Hinabneigung zum Chaos.»

Die Kontextualisierung und Differenzierung des lyrischen Sprechakts durch szenische Angaben setzt sich fort, wenn Mombert im Folgeband *Die Blüte des Chaos* (1905) Sprecherangaben verwendet oder durch Kapitelüberschriften Zuordnungen seiner lyrischen Bilder zu unterschiedlichen Figuren herstellt. Deutet sich hier schon der Weg zur dramatischen *Aeon*-Trilogie an? Auch das 1914 beendete «Gedicht-Werk» *Der Held der Erde* (1918) setzt diese Gepflogenheiten fort, den kosmischen Anspruch seines Autors überdies durch großräumige Kapitelüberschriften unterstreichend («Asia erschien», «Das selige Welt-Alter»). Andererseits ist eine gewisse Vorsicht gegenüber dem Stellenwert solcher Strukturen angebracht, wenn man bedenkt, daß Mombert seine Gedichtbände *Der himmlische Zecher* (1909) und *Musik der Welt* (1915) offenbar ohne Schwierigkeiten aus den vorliegenden Werken zusammenstellen konnte.

Eine biblische Version der Kosmogonie mit unübersehbaren gnostischen Akzenten liefern die ersten beiden Gesänge von Max Pulvers lyrischer Rhapsodie *Merlin* (1918). Christus erscheint in der Vorhölle, um Adam zu wecken, nämlich von seiner Verwandtschaft mit ihm als ursprüngliches Geistwesen und damit auch von seiner grundsätzlichen Unschuld zu überzeugen. Die Gegenposition verkörpert der Demiurgus Lucifer. Mit der Zeugung des Zauberers Merlin sucht er der Erlösung der Menschheit entgegenzuwirken – letztlich jedoch ohne Erfolg. Sein eigenes Geschöpf wendet sich von ihm ab; im Zehnten Gesang erklärt Merlin dem Verführer Satan: «Du bildetest den Staub – er [sc. Gott] den Geist.»

Auch Max Dauthendey beteiligte sich am epochentypischen Projekt einer Erweiterung des lyrischen Ausdrucks zu epischer Totalität. Sein Beitrag zur Erzeugung einer Welt-Dichtung besteht in der versifizierten Beschreibung einer Weltreise, die seine Schwiegermutter bezahlte und das englische Reisebüro Cook organisierte. Dauthendeys Buch *Die geflügelte Erde. Ein Lied der Liebe und der Wunder um sieben Meere* (1910), immerhin fast fünfhundert Seiten stark, ist eine eigenartige Mischung aus Odyssee und Reisetagebuch. Das Heimweh des Odysseus, treibende Kraft in Homers Epos, reduziert sich bei Dauthendey auf die Sehnsucht, die sein reisendes Ich nach seiner in Würzburg verbliebenen Frau empfindet. *Die geflügelte Erde* ist tatsächlich ein «Lied der Liebe», insofern in jedem der im Durchschnitt ein bis zwei Seiten umfassenden Teilgedichte, aus denen es besteht und die oft Überschriften wie im Baedeker haben («Der Götterwagen von Madras», «Am Nunobikiwasserfall in Kobe»), der Trennungsschmerz und die Liebe zur fernen Ehefrau anklingen. Die Reiseerlebnisse selbst und die in ihnen grundsätzlich angelegte Begegnung mit der Fremde werden dadurch in eigentümlicher Weise entwertet.

Dauthendeys «Preislied auf die Schönheit der Welt» fällt weniger stürmisch aus, als Ernst Stadlers positive Rezension (1912) es vernimmt; die «Weltfreudigkeit», die sie ihm bescheinigt und zugleich als «Grundgefühl unserer Zeit» bezeichnet, gehört eher Stadler selbst als dem Reise-Epos an, das dem Kritiker auch in metrischer Hinsicht vertraut erscheinen mußte: *Die geflügelte Erde* greift den Langvers Whitmans auf, überdehnt ihn allerdings in Richtung auf eine − teilweise gereimte − rhythmische Prosa.

Eine noch offensichtlichere Anleihe bei Whitman vollzieht Iwan Goll mit seinem umfangreichen Gedicht *Der Panama-Kanal* (1914, entst. 1912) − nicht nur wegen der Langzeilen, die erst in der vierten Fassung (des Bandes *Dithyramben*, 1918) der Prosa weichen, sondern schon thematisch: Offensichtlich diente Whitmans Gedicht auf die Eröffnung des Suezkanals als Vorbild. Die zwei Jahre vor der faktischen Freigabe des Panamakanals (im August 1914) entstandene und einen Monat davor − noch unter Golls früherem Pseudonym Iwan Lassang − veröffentlichte erste Fassung beginnt als Preislied, das die Größe und Schwierigkeit der technischen Unternehmung ausmalt, und endet mit einem utopischen «Fest». Die Vereinigung der beiden «feindlichen Ozeane» wird zum Anlaß und Gleichnis einer allgemeinen Befreiung und Vereinigung der Menschheit:

> Ach die Augen aller trinken Brüderschaft
> Aus der Weltliebe unendlich tiefer Schale:
> Denn hier liegt verschweißt und verschwistert alle Erdenkraft,
> Hier im Kanale.

Die Prosafassung hat sich von dieser durch die Wirklichkeit des Weltkriegs längst widerlegten Version definitiv verabschiedet. Sie stellt das Leiden der «Arbeitertrupps» in den Vordergrund, das durch die Eröffnungsfeier nur punktuell und scheinhaft durchbrochen wird: «Einen Tag lang waren auch sie Menschheit. [...] Am nächsten Tag war wieder Elend und Haß. Neue Chefs schrien zu neuer Arbeit an.» Wenn Golls Dichtung es auch noch in dieser veränderten Vision verdient, in die Reihe der Weltgedichte von Däubler und anderen eingestellt zu werden, dann wegen der universalistischen Perspektive, in der hier die Geschichte des Kanalbaus behandelt wird: als Kampf der Menschheit mit der «alten Erde» schlechthin.

Wie weit in den Expressionismus hinein sich das Paradigma der kosmischen Dichtung behauptet, zeigt nicht zuletzt Ludwig Rubiners
Gedichtzyklus *Das himmlische Licht* (1916), ein bislang unbeachtetes
Zeugnis der Däubler-Nachfolge. Als Ausgangspunkt dient die Explosion
des Vulkans Krakatau bei Sumatra 1883, nach der sich monatelang in
Mitteleuropa die Sonnenuntergänge verfärbten. «Als wir geboren wurden, zog Feuer durch die Luft» – in Rubiners Dichtung wird die genau
eine Generation zurückliegende Naturkatastrophe zum Menetekel, das
auf den Untergang der bürgerlichen Gesellschaft im Ersten Weltkrieg
vorausverweist. Das Gedicht *Der Mensch* interpretiert den Kriegsausbruch ambivalent: als Lichtereignis («zackige Ebenen im Feuerschein»),
das doch in «Trümmersturz und qualmendem Brand» endet. Das
erhoffte himmlische Licht kündigt sich erst in der «Stimme» an, die im
gleichnamigen Gedicht die Unterdrückten auf der ganzen Welt erreicht.
Ihre Botschaft äußert sich u. a. als Streikaufruf, und die erhoffte Wirkung
soll ein baldiges Ende des Kriegs sein. In der Symbolsprache des
Gedichts *Die Frühen* lautet der Auftrag: «O die Erde wegrollen! Aufreißen die schlammige Erdkugel, Löcher eintreiben, Schächte zum Licht!»

Anrufung des Göttlichen: von Becher zu Heynicke

Ein charakteristisches Beispiel für den hymnischen Grundton seiner frühen Lyrik bietet Johannes R. Bechers *Ode der Sappho* (1918). Wie mehrere Gedichte der griechischen Lyrikerin beginnt sie gebetsartig mit
einer Anrufung der Aphrodite, doch der klassizistische Rahmen wird
schnell gesprengt: In schockierenden Bildern verweisen Anfangs- und
Schlußteil auf die Bedrohung durch den Krieg («Stampfen der Donner-
Mörser») und das aktuelle Elend der Frauen als «Blut-Stiegen» scheuern-
der Bettlerinnen. Dazwischen eingespannt ist ein phantastischer Ausblick auf «morgen», auf eine in harmonischer Eintracht mit der Natur,
im versöhnten Nebeneinander von Tempeln und «göttlichen Fabriken»
sich erfüllende «Utopie-Menschheit». Sollen wir diesen durch Striche
abgesetzten Teil als Antwort der Göttin lesen oder als Perspektive, die
Sappho, die sich zu Aphrodites Thron emporgeschwungen hat, von oben
auf sich und die Menschheit wirft (denn sie selbst wird hier angeredet)?
Sie würde damit nur den Anforderungen an ihren Berufsstand entsprechen, denn in einer Zeile desselben Gedichts heißt es: «Dichter predigen
ekstatisch eine hymnische Geographie [...].»
     Dichten und Hymnen-Verfassen ist für den jungen Becher im wesent-
lichen identisch. In einem Sonett von 1916 (*An die Dichter*) fragt der
spätere Kultusminister der DDR: «Wer Dichter schreibt die Hymne an
die Politik?» Seine erste Veröffentlichung war die Kleist-Hymne *Der Ringende* (1911), in ihrer pathetischen Stilisierung einerseits an den jungen

Goethe und Hölderlin, andererseits an die zeitgenössischen Leitbilder
des zwanzigjährigen Debütanten, Dehmel und Mombert, erinnernd.
Die Vereinigung von lyrischen und Prosa-Beiträgen in *De profundis
domine* (1913) trägt der Auflockerung der Gattungsgrenze in einer freirhythmischen Hymnik Rechnung. Der lateinische Titel ist ein Kurzzitat
aus Psalm 130 (Luther: «Aus der Tiefe rufe ich, Herr, zu dir») und markiert die Anrufung des Göttlichen als grundlegende Figur Becherschen
Dichtens. Auch da, wo andere Objekte apostrophiert werden – wie zum
Beispiel die Großstadt in *Singe mein trunkenstes Loblied auf euch, ihr großen, rauschenden Städte* –, bleibt der religiöse Nimbus gewahrt. So endet
das zitierte Gedicht mit einem Ecce Homo; der die Großstadt besin-
gende Dichter trägt die «Glorie» eines Märtyrers oder Heilands um
seine «zerrissene Stirn».

In *Verfall und Triumph* (1914, entst. 1912/13) macht sich – wohl durch Heyms
Lyrik angeregt – die verstärkte Rezeption von Rimbaud und Baudelaire
bemerkbar. Die Dichtungen der Folgezeit zeigen in ihrer stilistischen Kühnheit
und der Vorliebe für technische Sujets darüber hinaus den Einfluß der italienischen Futuristen. Im Festhalten an der hymnischen Schreibweise wurde Becher
durch die Begegnung mit Whitman bestärkt, dessen *Leaves of Grass* er möglicherweise in der Übersetzung Franz Bleis (*Hymnen an die Erde*, 1914) kennenlernte. Im Titelgedicht seines Lyrikbandes *An Europa* (1916) huldigt er gefallenen
Zeitgenossen und älteren Vorbildern, darunter Whitman, der seinen «hymnischen Päan» wie einen Schutzschild gegen die Kanonenmündungen der kriegerischen Nationen vorgeschoben habe. Die 1915–1917 entstandene hymnische Prosadichtung *Die Schlacht*, die als fünftes Buch der Auswahlausgabe *Das neue
Gedicht* (1918) erscheint, ist geradezu dem Amerikaner nachempfunden, wie
Becher in der «Nachschrift für Bruder Whitman» betont, selbstbewußt erklärend: «[...] ich übernehme für dieses Jahrhundert Dein Kommando.»
     Als Tribut an Whitman ist schon der hymnische Epilog *An der Sonnenschwelle*
aufzufassen, mit dem Armin T. Wegner seinen ersten im Buchhandel erschienenen Gedichtband *Zwischen zwei Städten* (1909) beschließt; er endet mit einem
Lied an die Weltstadt und einem *Lied an den Eilzug*. Auf Whitmans Spuren wandelt ebenso der von Dehmel entdeckte Arbeiterdichter Gerrit Engelke, wenn er
die Ausweitung der «Mensch-zu-Menschen-Liebe» um den ganzen Weltball fordert (*Mensch zu Mensch*) oder sich vom elektrischen Strom der Straßenbahn in
walzende Schwingungen versetzen läßt (*Auf der Straßenbahn*, entst. 1913). Anhal-
tender Einfluß Whitmans ist auch bei den Vertretern des Dresdner Expressionismus spürbar: bei Walter Rheiner, der ihm ein Gedicht widmet, und Gerhard
Ausleger, dessen exotische Phantasie in Langversen *Ngurukdapeel* (aus dem
Gedichtband *Ewig Tempel Mensch*, 1918) an einem Vorfall der Kolonialkriege das
Exempel der Menschenbrüderschaft statuiert.

«Der Dichter meidet strahlende Akkorde», lautet die programmatische Eingangszeile von Bechers Gedichtsammlung *An Europa*. Er hat
sich selbst nicht unbedingt daran gehalten. *Klänge aus Utopia* (1916), ein
anderes Gedicht desselben Bandes, endet ausdrücklich mit einem «lang

dröhnenden Akkord». Er versinnbildlicht die erträumte Harmonie der menschlichen Kommunikation: «Wie hymnisch schallt purpurener Lippen Braus.» In der Liebe zwischen Frau und Mann hat Becher wiederholt diesen utopischen Einklang vorausgespürt, wie seine *Hymne an die ewige Geliebte* (1914) und die *Ekstasen der Zärtlichkeit* bezeugen, die 1916 mit einem Motto aus Momberts *Die Schöpfung* und Widmung an die Marinetti-Übersetzerin Else Hadwiger im Gedichtband *Verbrüderung* erschienen.

Noch Bechers *Hymne auf Rosa Luxemburg* (1919) trägt Züge einer Liebeserklärung: Die ermordete Sozialistin begegnet darin zugleich als weiblicher Messias von kosmischen Dimensionen und als imaginäre Geliebte, deren einzelne Körperteile nach einem alten rhetorischen Schema durchdekliniert werden: «Einmal noch deine Hand, diese Hand zu fassen / [...] / Einmal noch deinen Mund, diesen Mund zu fühlen / [...] / Hin gegen die Elfenbein-Küsten deines Ohrs» – und so weiter!

Karl Liebknecht, als Gründer und Führer des sozialistischen Spartakusbundes im Januar 1919 zusammen mit Rosa Luxemburg ermordet, inspiriert Ludwig Rubiner schon 1917 zu einem hymnischen Gedichtzyklus: *Zurufe an die Freunde*. Es ist zweifellos Liebknecht selbst, der hier als Freund und Führer angerufen wird, überhöht zu einer göttlichen Gestalt, um die sich die Engel auf kristallenen Bergen scharen. Dazu fügt sich der litaneiartige Charakter der Texte, ihre serielle Zusammensetzung aus analog strukturierten Bausteinen. So beginnen die Langverse oft mit «Sieh» (fünfmal hintereinander in *Führer*) oder «Du» (elfmal in Folge in *Wort*). Wenn in diesem psalmodierenden Tonfall zugleich physiognomische Eigenheiten des Besungenen angedeutet werden (zum Beispiel «Krummnase» im Gedicht *Die Engel*), entsteht ein ähnliches ästhetisches Problem wie in Bechers Rosa-Luxemburg-Hymne.

Im Umgang der Expressionisten mit der Gattungstradition der Hymne und den Möglichkeiten hymnischen Sprechens überhaupt läßt sich insgesamt so etwas wie eine Retheologisierung feststellen: eine stärkere Anlehnung an liturgische Modelle und eine zunehmende Fokussierung der Ansprache auf (den christlichen) Gott. Franz Werfel etwa, neben Becher sicher der markanteste Vertreter des O-Mensch-Pathos in der Lyrik, wendet sich in seinem dritten Gedichtband *Einander* (1915) verstärkt kirchlichen Modellen zu: Beispiele bieten die choral- und gebetsartigen Gedichte *Warum mein Gott*, *De profundis*, *Anrufung* und insbesondere die Hrabanus Maurus nachempfundene Hymne *Veni creator spiritus* (s. u. S. 641). Karl Otten verkündet 1918 mit priesterlicher Gebärde die *Thronerhebung des Herzens*; in den Gedichten des gleichnamigen Bandes zeigt er sich zuversichtlich, mit den Besiegten des Weltkriegs «vor Gottes Thron» zu treten (*An die Besiegten*), ja entschlossen, «an den steifen Knien Gottvaters» zu rütteln, «bis er erwacht und sich erinnert» (*Des Tagdomes Spitze*). Ein weiteres hymnisch geprägtes Gedicht desselben Bandes heißt schlicht *Gott* und leitet vom «Lichtvater», dem Adressaten der ersten Strophe, zu seinem Geschöpf, dem neuen Menschen, über.

Bechers Freund, der Maler Ludwig Meidner, verfaßt 1917 mehrere «Hymnen» und «Gebete», die er 1920 zusammen mit eigenen Lithographien bei Paul Cassirer unter dem Titel *Septemberschrei* veröffentlicht. Darin verbindet sich Whitmansche Pan-Erotik mit alttestamentlichen Vorstellungen von der Allgegenwart Jahwes. Auch Becher greift auf das Alte Testament zurück im – formal beruhigten – Gedichtzyklus *Zion* (1920, entst. 1918). Dessen religiös-mystische Tendenz setzt sich in den Folgebänden *Um Gott* (1921) und *Hymnen* (1924) fort. Bei keinem anderen Expressionisten aber sind die Rückbesinnung auf die Religion und die Engführung von Lyrik und Psalm oder Gebet so dominant wie bei Kurt Heynicke.

Gethsemane, das erste Gedicht in Heynickes Sammlung *Gottes Geigen* (1918), beginnt mit der Zeile: «Alle Menschen sind der Heiland.» Die Überzeugung von der Gottesebenbildlichkeit des Menschen, seiner Gottnähe und letztlichen Identität mit Gott, zieht sich auch durch die «Rhythmen aus Zeit und Ewigkeit», die Heynicke 1919 unter dem Titel *Das namenlose Angesicht* herausgab. «Herr, ich bin wie Du!», heißt es dort in den *Liedern an Gott*. Der hymnische Tenor dieser Lyrik erfüllt sich im Credo der Einheit mit dem göttlichen All – ganz im Sinne der monistischen Weltanschauung der Jahrhundertwende. Das ist die Botschaft des Gedichts *Der Mensch* und – übersetzt in die Sprache des Pietismus und des evangelischen Kirchenlieds – der an Gott gerichteten Verse:

> Es singt mein Herz.
> Herz, meiner Seele tiefstes, singt hinauf zu Dir,
> singt den Choral der ungemess'nen Himmel,
> weit in Unendlichkeit.

Gleich zweimal im *Namenlosen Angesicht* greift der «Gottesdichter» Heynicke (wie Dehmel ihn 1917 in einer Widmung nannte) auf den Psalter des Alten Testaments zurück. Einer dieser *Psalm* überschriebenen Texte beginnt mit dem Gleichnis: «Meine Seele ist ein stiller Garten» und endet mit dem Bekenntnis zur «unendlichen Liebe», die die Grenzen dieses Gartens und die Mauern der Individualität im Aufschwung zum «namenlosen Weltgesicht» überwindet. Auch hier ist die Entfernung zu Mombert oder Däubler nicht groß.

6. Kinderlyrik

«Tu-u-t! Tu-u-t!» So kündigt sich in Alwin Freudenbergs Kindergedicht *Achtung! Landstraße frei!* (1910) die Annäherung eines Automobils an. Die Schlußverse quittieren erleichtert sein Verschwinden: «Wupp! war's vorüber, davon ein, zwei drei. – – / ‹Kinder, hurra! Es ging gnädig vorbei.›» Unter den Gedichten für Kinder aus dem Anfang des 20. Jahrhunderts finden sich nur wenige, die auf neue Technologien und Formen der Mobilität Bezug nehmen; Jakob Loewenbergs Gedicht *Auf der Stra-ßenbahn* (1904) mit seinem Lob des zuverlässigen, von Frau und Sohn umsorgten Fahrers bildet da nur eine halbe Ausnahme. Und von einer Hinwendung zur Großstadt läßt sich in der Kinderlyrik schon gar nicht sprechen.

Trotz und vielleicht sogar gerade aufgrund dieser Abkoppelung von thematischen Trends der Lyrik für die erwachsene Generation vollzieht sich in der Lyrik für Kinder um 1900 eine grundlegende, das Eigenrecht dieser Gattung allererst bestätigende Wende. Heinrich Wolgast, der unerbittliche Kritiker der trivial-kommerziellen Kinder- und Jugendbuchproduktion, nimmt sie durch einen Einschub in der dritten Auflage (1910) seiner bekannten Schrift *Das Elend unserer Jugendliteratur* zur Kenntnis – durch die neue Definition nämlich einer «Dichtung vom Kinde aus»: «Der Dichter und Kenner der Kinderseele versetzt sich vermöge seiner Imagination auf den Standpunkt des Kindes, und aus kindlicher Stimmung, Gesinnung und Sprache heraus gestaltet sich eine Dichtung.»

Die konsequenteste Umsetzung dieses Konzepts gelang Paula und Richard Dehmel mit dem von Ernst Kreidolf illustrierten (von Wolgast positiv hervorgehobenen) Lyrikband *Fitzebutze* (1900). Als kannibalische Gottheit Vitzliputzli alias Fitzebutze inthronisiert die kleine Detta im Eingangsgedicht ihren Hampelmann, dem alle folgenden Gedichte, da er sie heimlich nachspricht, mit in den Mund gelegt sind:

> Lieber, ßöner Hampelmann!
> fing die kleine Detta an;
> ich bin dhoß und Du bist tlein,
> willst du Fitzebutze sein?
> tomm!
>
> [...]
>
> Huh, da sah der Hampelmann
> furchtbar groß die Detta an,
> und sein alter Bommelhut
> kullerte vom Stuhl vor Wut,
> plumps.

Zum Kinderbild dieser Lyrik gehören eben nicht nur das «ßöne» Wohlverhalten, sondern auch eine anarchische Lust an der Unordnung, Wut und Aggression. Das Kind hat seine eigene Sprache, die an keiner Stelle besserwisserisch korrigiert wird, seine eigenen Maßstäbe und seine eigene Ästhetik. Diese äußert sich in der Vorliebe für Wortspiele, Abzählverse, Kinderreime; Richard Dehmel und seine frühere Frau

Paula greifen hier direkt auf den Ausgangspunkt der Kinderlyrik des
19. Jahrhunderts, den Kinderliedanhang von *Des Knaben Wunderhorn*,
zurück.

Das antiautoritäre Potential der *Fitzebutze*-Lyrik findet in späteren
Kindergedichtbänden Paula Dehmels (u. a. *Rumpumpel*, 1903) seine
gemilderte Fortsetzung. Ihre sprachspielerische Produktivität inspiriert
noch den alten Victor Blüthgen zum Kindergedicht *Vom Riesen Pinke-*
pank (1905), das offenbar als Vorlage für Freudenbergs Gedicht *Vom Rie-*
sen Timpetu (1910) diente – mit den vom Doktor Pfiffikus gesprochenen
Schlußversen:

> «Wie? Was? 'ne Maus habt Ihr verschluckt?
> Verschluckt 'ne Miezekatz' dazu,
> so läßt die Maus Euch gleich in Ruh'!»

Katz und Maus haben natürlich ihre lange Tradition in der Kinderlyrik.
Gustav Falke hat sich mit *Otto Speckters Katzenbuch* (1899, darin das
bekannte Gedicht *Ausfahrt*) an ihr beteiligt; in der Fortsetzung *Otto*
Speckters Vogelbuch (1901) aktiviert der Hamburger Dichter in größerem
Maße das Plattdeutsche für die Kinderlyrik. Auch Christian Morgen-
sterns intentionale Kindergedichte sind meist mit Tierfiguren verknüpft.
Das gilt für die Gedichte *Beim Mausbarbier* und *Das Häslein*, die Mor-
genstern 1902 zu Emil Webers Sammlung *Neue Kinderlieder* beisteuerte,
ebenso wie für seine versifizierten Bildgeschichten *Osterbuch* und *Klaus*
Burrmann, der Tierweltphotograph. Erstere, im Manuskript noch *Hasen-*
buch betitelt, entstand 1908 im Auftrag Bruno Cassirers zu Aquarellen
Karl von Freyholds; letztere erschien erst 1941 mit Abbildungen, die der
Straßburger Stadtbaurat Friedrich Beblo (ein Schulfreund des Dichters)
1908 in enger Zusammenarbeit mit Morgenstern entworfen hat; dabei
verwendet er zum Teil Motive aus dessen eigenhändigen Tagebuchskiz-
zen.

Ganz in Morgensterns Manier sind die Gedichte in dem von Fritz Petersen
illustrierten Kinderbuch *Kleine Wesen* (1912) gehalten. Sie stammen von Hans
Bötticher, der sich später Joachim Ringelnatz nannte, und handeln u. a. vom
Wassertropfen, der als «ungezog'ner Lümmel» einem Hasen auf die Nase fiel:

> Der Hase dachte sich dabei,
> Daß er jetzt totgeschossen sei.
>
> Er sprang in seinem großen Schreck
> Aus seinem sicheren Versteck.
>
> Der Jägersmann stand an der Straße
> Und schoß ihm wirklich in die Nase.

III. ÖSTERREICH

1. Rilke

Im dichterischen Werk Rainer Maria Rilkes erreicht die deutschsprachige Lyrik des frühen 20. Jahrhunderts eine ihrer avanciertesten Positionen. Gemessen an der formalen Virtuosität seiner Sprachkunst und ihrem Reflexionsniveau muß man sogar von einem lange nicht wieder erreichten Gipfelpunkt sprechen. Freilich ist diese Leistung mit einer extremen Spiritualisierung erkauft und an historische Voraussetzungen (wie die Nietzsche-Nachfolge und ein emphatisches Bekenntnis zum Monismus) geknüpft, die sich bald überleben sollten. Insbesondere mußte spätestens der nachfolgenden Generation das übersteigerte künstlerische Selbstbewußtsein problematisch werden, mit dem sich dieser Lyriker als Werkzeug einer göttlichen Sendung begriff. Ein Anspruch, der sich übrigens auch in Rilkes gesellschaftlichem Verhalten niederschlug: Seiner Geringschätzung bürgerlicher Verpflichtungen stand eine nicht ganz uneigennützige Faszination für Geldadel und Hocharistokratie gegenüber, wobei Rilke den Gasteinladungen der Gräfin von Schwerin oder der Fürstin von Thurn und Taxis wohl um so eher nachgab, als er zutiefst von der Zugehörigkeit seiner väterlichen Familie zum Uradel überzeugt war. Ein letztes Mal gelingt es hier einem Dichter, wie selbstverständlich auf – um Schillers Worte zu gebrauchen – der Menschheit Höhen zu wandeln.

Die unstete Lebensweise Rilkes ist freilich auch Ausdruck einer künstlerischen Existenz, die in besonderer Weise von unvorhersehbaren Kreativitätsschüben abhängig war und sich mit programmatischer Konsequenz den Grundbedingungen der Moderne stellte. Das literarische Werk erscheint demnach als riskanter Akt eines einsamen Subjekts, der in Ermangelung einer verbindlichen Tradition jeweils neu («modern») zu leisten ist und – nach dem Verlust fester religiöser bzw. weltanschaulicher Orientierungen – das ganze Gewicht metaphysischer Verantwortung allein zu tragen hat. Von hieraus versteht sich die exzeptionelle Rolle, die der Rede von «Gott» in Rilkes Werk zukommt, ebenso wie das Pathos des Aufbruchs und Neubeginns, das manches autobiographisch angelegte Gedicht dieses Autors auszeichnet, dessen historische Bedeutung sonst ja gerade in der Überwindung der Erlebnislyrik liegt.

«Nun fortzugehen von alledem Verworrnen», «und fortzugehn: wohin? Ins Ungewisse» – so lauten Verse des Gedichts *Der Auszug des verlorenen Sohnes* aus

dem ersten Teil der *Neuen Gedichte*; als seine Fortsetzung ist im gleichen Monat
(Juni 1906) das umfängliche Rollengedicht *Vom verlorenen Sohn* entstanden,
mit der durch Abstände nach vorn und hinten hervorgehobenen Kernzeile «Ich
muß allein sein. Mich darf keiner stören.» Die Parallele zur eigentümlich veränderten Parabel vom verlorenen Sohn am Schluß von Rilkes Roman *Die Aufzeichnungen des Malte Laurids Brigge* (s. o. S. 276) drängt sich auf, aber auch die Verwandtschaft mit jenem Gedicht (*Fortgehn*) aus dem der Prinzessin von Broglie
1906 geschenkten Gedichtzyklus, das die Parole «Plötzliches Fortgehn» mit der
traumatischen Erinnerung an das Ende der Kunststadt Venedig verknüpft. Man
könnte Kafkas kurzes Prosastück *Der plötzliche Spaziergang* danebenstellen und
über die Verwandtschaft von Rilkes «verlorenem Sohn» mit Kafkas Junggesellen-
Figuren spekulieren. Symptomatisch in diesem Zusammenhang ist ebenso das
Gedicht *Der Anfänger* (entst. 1906), in dem sich der Dichter als Lehrling seines
Genius zu erkennen gibt, der ihm für Hilferuf und Schrei das Horn zu blasen
gab: «Nun bet ich dich zum ersten Mal herbei [...].»

Rilke war ein leidenschaftlicher Neu-Anfänger, und das noch an der
Schwelle zur Meisterschaft. War das lyrische Frühwerk vor 1900 noch
durch Redundanz und Wiederholung vorgegebener Muster bestimmt, so
ist sein Schaffen seit 1900 durch kontinuierliches Fortschreiten, durch
Umbau und Erweiterung der dichterischen Mittel und ihrer theoretischen Grundlagen gekennzeichnet. Von der ersten Ausgabe des *Buchs
der Bilder* (1902) über das *Stunden-Buch* (1905), den ersten (1907) und
zweiten (1908) Teil der – nicht umsonst so genannten – *Neuen
Gedichte* bis zu den frühen Entwürfen der *Duineser Elegien* von 1912
und darüber hinaus läßt sich zwar kein geradliniger, aber doch ein
unumkehrbarer Veränderungsprozeß registrieren – so zwar, daß
bestimmte Elemente und Motive einer früheren Phase später wiederaufgenommen werden, dann aber stets auf neuer Grundlage und in anderer
Formung.

Das ließe sich letztlich auch an den durchgehenden – genuin Rilkeschen –
Stichworten oder Symbolen wie «Ding» und «Engel» demonstrieren. Noch leichter zeigt sich derselbe Befund im Vergleich themenidentischer Gedichte wie
Der Lesende (1901), *Der Leser* (1908) und *Hebend die Blicke vom Buch* (entst.
1914). Von der für das Frühwerk typischen Subjektivität, mit der das erste
Gedicht nicht ohne Anleihen bei Natur- und Stimmungslyrik die Verzauberung
des Lese-Erlebnisses nachvollzieht, führt der Weg über die objektivierende
Außenperpektive der *Neuen Gedichte* («doch seine Züge, die geordnet waren, /
blieben für immer umgestellt») bis hin zur Nacht-Symbolik des letzten Textes,
des Abschlusses der *Gedichte an die Nacht*, die überraschend an das Sommer-
nacht-Motiv des Gedichts *Der Lesende* anknüpft, aus der romantischen Reminiszenz jetzt aber – mit dem für das Spätwerk charakteristischen Willen zur
Abstraktion – einen kosmischen «Bezug» entwickelt.

So einig sich die umfangreiche Rilke-Forschung darin ist, die *Neuen Gedichte*
als Zentrum des mittleren Werks zu betrachten und die Hinwendung zu den
Duineser Elegien als Beginn des Spätwerks, so schwer fällt angesichts der langen
Inkubationszeit Rilkescher Gedichtbände und der zeitlichen Überschneidung

verschiedener Arbeitsvorhaben die Festlegung klarer chronikalischer Zäsuren. Um 1910 dürfte der Übergang zum Spätwerk erfolgen und spätestens 1906 die Abwendung vom Frühwerk. Vielleicht ist es in diesem Zusammenhang kein Zufall, daß alle oben genannten Textbeispiele für das Pathos des Aufbruchs und Neubeginns demselben Jahr (in dem auch Rilkes Vater starb) entstammen.

«Bei einem Abendgang in stiller, weicher, dunkelnder Luft, Dahlemer Straße, am 24. Februar» entsteht 1900 das Eingangsgedicht des *Buchs der Bilder* (1902), in dem es heißt:

> Mit deinen Augen, welche müde kaum
> von der verbrauchten Schwelle sich befrein,
> hebst du ganz langsam einen schwarzen Baum
> und stellst ihn vor den Himmel: schlank, allein.
> Und hast die Welt gemacht. [...]

Die Stimmung des Abends, die winddurchwehte Natur, das Heraustreten aus dem häuslichen Rahmen kehren in den folgenden Gedichten als Symbole für das Freiwerden einer dichterischen Kreativität wieder, die schon hier mit einer für Rilkes weitere Entwicklung grundlegenden Paradoxie formuliert wird. Denn Schöpfung heißt in diesen Versen zunächst Wahrnehmung; der Baum ist ja offenbar da, er muß nur in einer angemessenen Weise geschaut werden. *Der Schauende* ist denn auch ein programmatisches Gedicht des Bandes betitelt; es schlägt die Brücke vom Anblick des «Umgestalters» Sturm in den Bäumen vor den «ängstlichen Fenstern» zur Erinnerung an Jakobs Kampf mit dem Engel im Alten Testament und vereinigt damit gleich zwei Elemente in sich, die mehr als ein Jahrzehnt später für die Konzeption der *Ersten Duineser Elegie* ausschlaggebend werden sollten. Durch Kampf, ja durch vernichtende Niederlagen kann oder muß der Weg zum künstlerischen Blick auf die Welt gehen; das ist die Lehre des Erzählgedichts *Karl der Zwölfte von Schweden reitet in der Ukraine*. Rilke hat das Schlachtfeld der schwedischen Niederlage bei Poltawa auf seiner zweiten Rußlandreise (1900) besucht.

Reminiszenzen an Rilkes Besuche in Rußland und Schweden und die ersten Aufenthalte in der Künstlerkolonie Worpswede durchziehen das *Buch der Bilder*. Gerade die karge nordische Landschaft mit ihren dem Sturm preisgegebenen Ebenen erscheint als der adäquate Rahmen für ein dichterisches Selbstgefühl, das sich in erster Linie durch Einsamkeit auszeichnet. Diese Einsamkeit verherrlichen die Gedichte *Der Einsame, Von den Mädchen II* und − vermittelt über die Analogie zwischen Christus und dem Dichter − das an Leonardo orientierte Gedicht *Das Abendmahl*. Die passende Jahreszeit aber dieses dichterischen Selbstgefühls ist weniger der traditionellerweise besungene Frühling als der Herbst. Rilkes Aufwertung des Herbstes zur eigentlichen Dichter-Zeit folgt weniger der Logik der Dekadenz als dem Vorbild Nietzsches, dessen Gedicht *Abschied* (*Vereinsamt*) er im Gedicht *Herbsttag* unüberhörbar zitiert. Es ist dieselbe Logik der Negativität, nach der dieser Dichter die Gabe des (inneren) Schauens gerade bei blinden Menschen vermutet, wie es das Dialoggedicht *Die Blinde*, eine kritische Antwort auf Maeterlincks Drama *Les aveugles* (1890; dt. Die Blinden, 1897), erstmals belegt.

In der bei fast verdoppelter Seitenzahl stark vermehrten Neuausgabe des *Buchs der Bilder* (1906) treten gleich zwei weitere Blinden-Gedichte hinzu: *Pont du Carrousel* und *Lied des Blinden*. Letzteres ist Teil eines neueingefügten, erst 1906 entstandenen Zyklus (*Stimmen*), der verschiedene Formen der Depravation und Deformation aneinanderreiht: vom *Lied des Bettlers* bis zum *Lied des Aussätzigen*. Der Leser des *Malte*-Romans erkennt das Interesse des Erzählers bzw. Rilkes an den «Fortgeworfenen» der Großstadt Paris wieder. Man darf jedoch auch hier von der Annahme ausgehen, daß Rilke gerade bei den Geschädigten und Außenseitern, ja Ausgestoßenen der Gesellschaft eine besondere Affinität zum poetischen Prinzip vermutet. Der Verstoß gegen konventionelle Schönheitsvorstellungen wird dabei, zweifellos im Anschluß an Baudelaire, bewußt in Kauf genommen.

Wenn Rilke schon hiermit die Perspektive der Expressionisten, nicht zuletzt Trakls und Heyms, vorzubereiten scheint, so gilt das erst recht für die Annäherung an die Thematik des Wahnsinns. *Das Lied des Idioten* aus dem *Stimmen*-Zyklus findet innerhalb des *Buchs der Bilder* sein Gegenstück in einigen schon 1899 entstandenen, erstmals in der zweiten Auflage aufgenommenen Texten: dem Gedicht *Der Wahnsinn*, das Außensicht, Innensicht und Anrede an die Kranke (?) kombiniert, und denjenigen Teilen des Zyklus *Die Zaren*, die sich dem Schicksal Feodor I. Iwanowitschs, des schwachsinnigen Sohnes Iwans des Schrecklichen, zuwenden. In der Aufgabe seiner Individualität – zu der das Gedicht *Die Liebende* eine bezeichnende Parallele bietet – deuten sich eine Überwindung des Egoismus und jene utopische Ansicht des russischen Menschen an, die Rilke und seiner damaligen Geliebten Lou Andreas-Salomé auf den gemeinsamen Reisen nach Rußland vorschwebte.

Das Stunden-Buch, 1905 im Insel Verlag erschienen, der fortan das Œuvre des Autors betreuen sollte, war Rilkes erster großer Publikumserfolg; bis zu seinem Tod wurden knapp 60 000 Exemplare gedruckt. Die breite Resonanz muß verwundern angesichts des Charakters des Bandes, der nichts anderes als gedichtete *Gebete* (so auch der Arbeitstitel) enthält, der Rollenfiktion nach sämtlich gesprochen von einem russischen Mönch. Allerdings ist diese Fiktion nur im ersten der drei Bücher, betitelt *Vom mönchischen Leben*, stärker spürbar; in der handschriftlichen Fassung dieses Teils (entst. 1899) waren die Gedichte sogar noch von begleitenden Prosakommentaren eingefaßt. Auf dem Höhepunkt der Mystik-Rezeption und der Sehnsucht nach einem ursprünglich-einfachen Leben mochten sich viele Leser das *Stunden-Buch* – wie der Titel es ja nahelegte – als Laienbrevier einer pantheistischen Naturfrömmigkeit zu eigen machen. Andererseits kam die Textgestalt des mit einer

altertümlichen Vignette geschmückten Bandes aktuellen Bedürfnissen
des Jugendstils entgegen: Durch die Verschmelzung der einheitlich titellosen Gedichte zu einer fortlaufenden Litanei, unterstützt durch den
wiegenden Rhythmus dieser Gebetssprache und den seriellen Charakter
ihrer Bilder und Topoi, entstand der Eindruck eines Gesamtkunstwerks
fast ornamentalen Gepräges.

Nicht zuletzt durch die ständige Wiederkehr der an Gott gerichteten Anrede
«Du bist ...» (mit ständig wechselnder Füllung) entsteht so etwas wie ein seman-
tischer Wirbel. Gott ist alles und jedes, er ist groß und ängstlich, tief und sanft,
er ist «der Rätselhafte» und der «Wald der Widersprüche». Die scheinbare Beliebigkeit und Paradoxie der Prädikate ließe sich mit Traditionen religiöser, insbesondere mystischer Rhetorik erklären; das trifft auch und insbesondere auf jenes
einer Verstümmelungsphantasie gleichkommende Gedicht des Zweiten Buchs
zu, das laut Lou Andreas-Salomé ursprünglich ihr gewidmet war: *Lösch mir die
Augen aus: ich kann dich sehn.* Näher aber noch liegt der Hinweis auf das monistische Weltbild Rilkes; unter dem Gesichtspunkt einer kosmischen All-Einheit
und der Untrennbarkeit von Geistigem und Körperlichem lösen sich alle Widersprüche, ebnen sich die Unterschiede ein.

Gleichzeitig geht es auch um Fragen der Kunst, wie nicht zuletzt die Verglei-
che des Mönchs (im Ersten Buch) zwischen der von ihm selbst betriebenen rus-
sisch-orthodoxen Ikonen-Malerei und der Renaissance-Kunst des katholischen
Italien deutlich machen. Seine Distanzierung von einer allzu weitgehenden Ver-
menschlichung des Göttlichen ruft Savonarolas Kritik an der Verweltlichung der
Renaissance in Erinnerung, die Thomas Mann ins Zentrum seines historischen
Dramas *Fiorenza* gestellt und in der Novelle *Gladius Dei* aktualisiert hat (s. o.
S. 474 und 378 f.). Auch Rilke scheint für eine ‹geistige› Kunst, für eine Wende
nach innen zu plädieren; sein – vom Mönch erst zu bauender, im Gebet erzeug-
ter – «Gott» ist weitgehend mit ihr gleichzusetzen.

Die Aktivität des Betenden, der sich seine Gott-Nähe erst gleichsam
erobern muß, tritt in den beiden anderen Teilen des *Stunden-Buchs* noch
stärker in den Vordergrund, die zwei bzw. vier Jahre später, jeweils auf
dem Höhepunkt einer persönlichen Krise entstanden sind: das Zweite
Buch (*Von der Pilgerschaft*) im September 1901 in Westerwede, wenige
Monate nach der Eheschließung mit der Bildhauerin Clara Westhoff, das
Dritte (*Von der Armut und vom Tode*) im April 1903 in Viareggio, nach
dem Schock des ersten Paris-Aufenthalts. Mit zunehmender Deutlichkeit
wird hier die soziale Problematik der bürgerlichen Gesellschaft und
der modernen Großstadt erkennbar, die sich in die organische Ganzheit
einer monistischen Gläubigkeit letztlich nicht integrieren läßt. Das von
den Krisen der Moderne betroffene Ich sieht sich zwar noch auf einer
Pilgerfahrt zu Gott, jedoch in großer Entfernung: «Aber der Weg zu dir
ist furchtbar weit / und, weil ihn lange keiner ging, verweht» (*In tiefen
Nächten grab ich dich*). – Wiederum drängt sich hier der Vergleich mit
Kafka auf.

Der dritte Teil des *Stunden-Buchs* entwickelt schließlich eine eigene Mythologie, mit der die Misere der sozialen Entfremdung überwunden werden könnte: Das ist einerseits die – vor allem aus den *Aufzeichnungen des Malte Laurids Brigge* bekannte – Vorstellung des «eigenen Tods» als einer paradoxen Chance zur Wahrung oder Wiedererlangung der Identität just im Moment der Auflösung. Sie wird hier poetisch weiterentwickelt in der Figur des Tod-Gebärers, einer christusartigen Erlöser-Gestalt, die allerdings ohne das Versprechen der Unsterblichkeit daherkommt. In dem Gedicht mit der Anfangszeile «Mach Einen herrlich, Herr, mach Einen groß» werden die Zeugung und Empfängnis dieses Erlösers zum Tode in auffälliger sexueller Bildlichkeit beschworen. Reminiszenzen an den Orpheus-Mythos und unvermutete sexuelle Vorgänge («da war er ausgeteilt: sein Samen rann / in Bächen [...]») verbinden sich andererseits am Ende des Dritten Buchs auch in der eigenartigen Vision vom Tode eines neuen Franziskus, «der aus Besitz und Zeit / zu seiner großen Armut so erstarkte» (*O wo ist der*). Das von ihm verkörperte Ideal einer grundsätzlichen Besitzlosigkeit kann die ökonomischen Konflikte der kapitalistischen Gesellschaft zwar nicht lösen, soll sie aber in fundamentaler Weise entkräften: «Denn Armut ist ein großer Glanz aus Innen ...»

Von solcher Mythopoesie ist es nicht weit zur Nachdichtung antiker Mythen. In der *Neuen Rundschau* veröffentlicht Rilke 1905 drei längere Prosagedichte, die eigentlich aus regelmäßig gebauten Blankversen bestehen und bei der Aufnahme in die *Neuen Gedichte* auch typographisch in Versform gegossen wurden. Sie sind 1904 in Rom entstanden und stellen Erscheinungsformen des Weiblichen in eine mythische Perspektive. Die Gedichte *Hetärengräber* und *Die Geburt der Venus* akzentuieren die geschlechtliche Dimension; letzteres in verblüffender Kontrastierung der an Botticellis gleichnamiges Gemälde gemahnenden Lichtgestalt mit dem in der Schlußpointe evozierten rot-offenen Uterus. Das dritte (*Orpheus. Eurydike. Hermes*) betont die – vom Mann aus gesehen – Unzugänglichkeit und Unerreichbarkeit der Frau als eines fast schon vegetabilischen, dem Naturgesetz von Werden und Vergehen unterworfenen Wesens in Anlehnung an die Sage von der vergeblichen Hadesfahrt des Sängers, die Rilke auch in der plastischen Gestalt eines neapolitanischen Grabreliefs vertraut war und noch die Grundlage seiner späten *Sonette an Orpheus* (1923) bilden sollte. Die vier Jahre danach auf Capri entstandene *Alkestis* (1907) schließt hier direkt an: Wiederum erscheint die Frau in spezifischer Weise dem Totenreich zugehörig; das Selbstopfer, mit dem Admets Frau bei Euripides sein Weiterleben erkauft, wird hier schon auf der Hochzeit von der Braut erbracht – ihr steht ja ohnehin der Tod (ihres Mädchentums) bevor.

Der Neuansatz, den die *Neuen Gedichte* (1907) in Rilkes Entwicklung bedeuten, läßt sich am besten an den Gedichten auf Tiere und Kunstwerke verdeutlichen. Die Schule des Sehens, in die sich Rilke begab, als er 1902 nach Paris aufbrach, um den Kontakt zu Rodin zu suchen, über den er zwei Studien publizierte und dem er sieben Monate lang als Privatsekretär diente, trägt darin die greifbarsten Früchte. Nicht freilich so, als würde hier der Gegenstand selbst objektiviert, wie es ein weitverbreitetes Mißverständnis will, das sich am germanistischen Begriff des «Dinggedichts» festmacht. Schon Conrad Ferdinand Meyer ging es um mehr und anderes als einen Brunnen oder zwei Boote, als er seine präsymbolistischen Gedichte *Römischer Brunnen* und *Zwei Segel* schrieb (vgl. Band IX, 1, S. 571–573). Rilke, der sich mit einem Text wie *Römische Fontäne* auch inhaltlich in größte Nähe zu Meyer begibt, verstärkt noch das Element der Anthropomorphisierung und Subjektivierung: Das Wasser seines Brunnens wartet, schweigt und redet, zeigt den Himmel, hat träumerische Anwandlungen und macht das Becken «lächeln […] mit Übergängen». Genau um diese Übergänge geht es dem Dinglyriker Rilke; es sind die Übergänge zwischen Innen und Außen, Subjekt und Objekt, Mensch und Tier, Betrachter und Kunstwerk.

Der Panther, das älteste (entst. 1902/03) und eines der bekanntesten der *Neuen Gedichte*, zeigt die Verkümmerung einer ursprünglich vitalen Erscheinung unter den Bedingungen ihrer zivilisatorischen Indienstnahme als zoologisches Schauobjekt und Gefangener (so übrigens der Titel des vorangehenden Texts im Gedichtband). Der Geschmeidigkeit der Schritte, in der noch etwas von einem dionysischen Kraftzentrum spürbar ist, kontrastiert die Müdigkeit des an den Gitterstäben abgestumpften Blicks. «Nur manchmal», so beginnt die dritte und letzte Strophe mit einem jener für Rilkes Dinglyrik charakteristischen Signalworte, die den Übergang zum Eigentlichen, zum gedanklichen Kern des Gedichts anzeigen:

> Nur manchmal schiebt der Vorhang der Pupille
> sich lautlos auf –. Dann geht ein Bild hinein,
> geht durch der Glieder angespannte Stille –
> und hört im Herzen auf zu sein.

Die Provokation der Tiere liegt für den menschlichen Betrachter darin, daß sie ihn als solchen nicht wahrnehmen, daß sich kein eigentlicher Blickkontakt zu ihnen herstellen läßt. So führt es uns noch das Gedicht *Schwarze Katze* im Anderen Teil der *Neuen Gedichte* vor: Nicht genug damit, daß sich der Blick des Menschen auf irritierende Weise in der haltlosen Schwärze ihres Fells verliert – wenn die Katze dann endlich die Augen öffnet, hält sie ihm nur seinen eigenen Blick entgegen, «im geelen / Amber ihrer runden Augensteine / […] eingeschlossen / wie ein ausgestorbenes Insekt.» Ein solcher Tierblick unterbricht das optische Kommunikationssystem in ähnlicher Weise wie der Auftritt eines Blinden, der in den *Neuen Gedichten* mit einem «dunklen Sprung durch eine helle / Tasse» verglichen wird (*Der Blinde*). Umgekehrt leidet ein hochdomestiziertes Tier wie der Hund darunter, in dem von Menschen-Blicken hergestellten «Bild von einer Welt» keinen angemessenen Platz zu finden; in seiner Andersartigkeit drängt er sich «ganz unten» in dieses Bild hinein und hält an dieser Grenzposition fest, weil er nur so sein Wesen behaupten kann (*Der Hund*).

Wie sehr der Blick des Menschen auf das Tier ein präformierter, gar nicht auf die unmittelbare Wahrnehmung angewiesener ist, das bezeugen die *Neuen Gedichte* vielfach und sonst auch ohne schlechtes Gewissen. Schon das dem *Panther*-Gedicht folgende Sonett *Die Gazelle* zeigt das Tier in der Optik des träumenden Hohelied-Lesers: als Vorstellung einer literarisch geprägten Phantasie, die sich noch dazu von der Homonymie «Lauf» (Tierschenkel und Gewehrteil) inspirieren läßt. Wenn das zweite Terzett einigermaßen gewaltsam das Bild einer badenden Frau einführt, in deren Gesicht sich der Waldsee spiegelt, so wird uns nochmals bestätigt, daß es Rilke nicht um das Tier als solches, sondern gerade um das Phänomen seiner Spiegelung im Bewußtsein geht. Nicht umsonst beginnt das Sonett *Die Flamingos* im Anderen Teil der *Neuen Gedichte* mit einem Kunstvergleich («In Spiegelbildern wie von Fragonard»), um mit einem Ausblick aufs – wörtlich! – «Imaginäre» zu enden.

Natur und Kunst können daher in den *Neuen Gedichten* auch leicht die Plätze vertauschen. Das Sonett *Die Fensterrose* vergegenwärtigt über drei Strophen die uns schon bekannte Irritation des Katzenbetrachters, der seinen Blick gewissermaßen vom Augenaufschlag des Tiers bedroht, ja geraubt glaubt, um erst im abschließenden Terzett die Brücke zum Gegenstand des Titels zu schlagen:

> So griffen einstmals aus dem Dunkelsein
> der Kathedralen große Fensterrosen
> ein Herz und rissen es in Gott hinein.

Es handelt sich um das vorletzte von insgesamt sechs Sonetten, die im ersten Teil der *Neuen Gedichte* die Architektur der gotischen Kathedralen beschwören. Die drei voranstehenden Sonette sind unter der Überschrift *Das Portal* zu einem Triptychon zusammengebunden, das offenbar die dreitürige Form des Kathedralenportals imitiert. In ähnlicher Weise konkret-mimetisch darf wohl die Strophengliederung des Gedichts *Die Kathedrale* aufgefaßt werden: Die Abfolge einer vier-, einer fünf- und einer zwanzigzeiligen Strophe verweist offenbar auf das Aufragen des Kirchturms. Ein anderes Verfahren zur Vergegenwärtigung der räumlichen Wirkung von Architektur erprobt das Gedicht *Der Turm* mit der paradoxen Bildlichkeit eines Abstiegs in das Erdinnere – eines der zahlreichen Beispiele für die von Rilke favorisierte Gleichsetzung von Steigen und Fallen, Aufflug und Sturz.

Über die Spannung von Außen und Innen, die seiner Arbeit an den *Neuen Gedichten* zugrunde lag und ihre bestimmende Struktur werden sollte, hat sich Rilke im März 1907 in einem Brief an seine Frau geäußert:

> «Das Anschauen ist eine so wunderbare Sache, von der wir so wenig wissen; wir sind mit ihm ganz nach außen gekehrt, aber gerade wenn wirs am meisten sind, scheinen in uns Dinge vor sich zu gehen, die auf das Unbeobachtetsein sehnsüchtig gewartet haben, und während sie sich, intakt und seltsam anonym, in uns vollziehen,

ohne uns, – wächst in dem Gegenstand draußen ihre Bedeutung heran, ein überzeugender, starker, – ihr einzig möglicher Name, in dem wir das Geschehnis in unserem Innern selig und ehrerbietig erkennen, ohne selbst daran heranzureichen, es nur ganz leise, ganz von fern, unter den Zeichen eines eben noch fremden und schon im nächsten Augenblick aufs neue entfremdeten Dinges begreifend –.»

Bemerkenswert erscheint der hohe Anteil des Unbewußten, den Rilke für sein Modell der Ding-Anschauung reklamiert. Er entspricht dem irrationalistischen Dichtungskonzept der Romantik, dem dieser Autor zweifellos verpflichtet ist, nimmt aber gleichzeitig das kurrente Interesse an einer Psychologie des Unterbewußten auf. Der hingegebene Betrachter kann, so verstanden, in und an den Dingen sich selbst kennenlernen: Beim Anschauen eines Karussells, in dem «dann und wann ein weißer Elefant» begegnet, werden ihm die Wünsche und Ängste seiner Kindheit und die Erfahrung der Vergänglichkeit des Lebens bewußt (*Das Karussell*); in der Bewunderung einer Flamencotänzerin begreift er die zerstörerische Macht der Leidenschaft und die Möglichkeit ihrer künstlerischen Kontrolle (*Spanische Tänzerin*); im Schweben eines hochgeworfenen Balls erkennt er den prekären Übergang zwischen Flug und Fall, Selbstbehauptung und Hingabe als Grundfigur der Verwandlung (*Der Ball*).

Nicht zufällig sind wir damit wieder beim Bereich der Kunst angelangt. Ein selbstreflexiver Bezug auf künstlerische Phänomene ist wohl nur bei einer Minderheit der *Neuen Gedichte* auszuschließen, die ihre Höhepunkte zweifellos in der Vergegenwärtigung von Werken der bildenden Kunst finden. Daß dem Rodin-Verehrer Rilke gerade Plastiken besonders naheliegen, kann nicht überraschen. Jeder Band der Sammlung enthält ein Buddha- und ein Apollon-Gedicht; während *Buddha in der Glorie* den Anderen Teil beschließt, dienen die Apollon-Sonette als programmatische Ouvertüren. *Früher Apollo* evoziert den «fast tödlich» treffenden Glanz einer archaischen Statue der Gottheit, die hier noch traditionell als Patron der Dichtkunst aufgefaßt wird, andererseits selbst auf die Inspiration zum «Singen» zu warten scheint. Eine wesentliche Steigerung gelingt mit dem Eröffnungsgedicht des Anderen Teils: *Archaischer Torso Apollos*. Indem Rilke von einer fragmentarischen Statue ausgeht, der sowohl der Kopf fehlt als auch «jene Mitte, die die Zeugung trug», verteilen sich das archaische Lächeln, das dort, und die kreative Potenz, die hier zu Hause war, auf den gesamten Rest des Statuen-Körpers, und sie vereinigen sich zu einem überraschenden Blick auf den Betrachter, ja zur Botschaft an ihn: «[...] denn da ist keine Stelle, / die dich nicht sieht. Du mußt dein Leben ändern.»

Der Sinn dieses Kommandos, so wie Rilke es aufgefaßt haben dürfte, ergibt sich nicht zuletzt aus seiner intensiven Begegnung mit der Malerei

Cézannes, vermittelt durch die Pariser Gedächtnisausstellung im Oktober 1907, also just an der zeitlichen Nahtstelle zwischen den beiden Bänden der *Neuen Gedichte*. Wie die ausführliche Verarbeitung dieses Erlebnisses in den Briefen an seine Frau Clara zeigt, verspürt Rilke in der demütigen Hingabe des Malers an seinen Gegenstand ein Ideal, das noch über seine Bewunderung für die Souveränität des Bildhauers Rodin hinausgeht. In gewissen Grenzen läßt sich vielleicht auch eine entsprechend gewandelte Kunstauffassung im Anderen Teil der *Neuen Gedichte* nachweisen; so zeichnet sich ein wachsender Anteil der Texte durch weitgehende Zurücknahme der deutenden und Metaphern spendenden Subjektivität aus. Auch scheut Rilke noch weniger als im ersten Teil den Vorstoß in ethische und ästhetische Tabuzonen (*Die Bettler, Leichen-Wäsche, Eine von den Alten*). Das Sonett *Römische Campagna* wendet den «bösen Blick» einer Ästhetik des Häßlichen auf die Ewige Stadt selbst an, vor der hier die Via Appia gleichsam ins Leere flieht.

Rilke ist erst dreiunddreißig Jahre alt, als er die *Neuen Gedichte* beendet; er hat danach keine mit ihnen an Umfang und thematisch-formaler Vielfalt vergleichbare Gedichtsammlung mehr vorgelegt. Die einzigen neuen Gedichtbände, die bis zum Ende des Kaiserreichs von ihm erscheinen, sind das schmale Heft der *Requien* (1909) und das Insel-Bändchen *Marienleben* (1913).

Anlaß für das im Herbst 1908 in wenigen Tagen niedergeschriebene *Requiem. Für eine Freundin* war der Tod Paula Modersohn-Beckers ein knappes Jahr zuvor, drei Wochen nach der Geburt eines von ihr ursprünglich kaum gewollten Kindes. Die Malerin, die den künstlerischen Intentionen der *Neuen Gedichte*, nicht zuletzt aufgrund ihrer Anlehnung an Cézanne, außerordentlich nahe stand, hatte ihren Mann in Worpswede verlassen und in Paris eine neue künstlerische Existenz aufzubauen versucht, die durch die Schwangerschaft vorzeitig – und dann auf immer durch den Tod im Kindsbett – abgebrochen wurde. Insofern bot sich der Konflikt zwischen Leben und Kunst, die «alte Feindschaft / zwischen dem Leben und der großen Arbeit» als Fluchtpunkt des Gedichts zum Gedenken der langjährigen Freundin an – mit der besonderen Nuancierung, daß es hier ein weibliches Künstlertum war, das an den Forderungen des «Mannes» zugrunde ging. In Rilkes Optik erscheint die Verstorbene damit wie eine Schwester seiner Eurydike oder Alkestis, der Natur und dem Chthonischen zugehörig schon durch ihre Fruchtstilleben und – von ihr auch malerisch festgehaltene – Schwangerschaft. Als männliches Pendant entsteht unmittelbar darauf, gleichfalls in Blankversen, das *Requiem. Für Wolf Graf von Kalckreuth*. Der Rilke persönlich nicht bekannte Lyriker und Übersetzer hatte sich im Oktober 1906 das Leben genommen. Als Grund vermutet das Gedicht eine mangelnde Zurücknahme des Ichs in die künstlerische Arbeit, die fehlende Bereitschaft zu jener Resignation ins Sachliche, die – mittlerweile ein geflügeltes Wort – der Schlußvers verkündet: «Wer spricht von Siegen? Überstehn ist alles.»

Das aus dreizehn Gedichten bestehende *Marien-Leben*, im Januar 1912 parallel zur *Ersten Duineser Elegie* entstanden, geht auf eine alte Verabredung mit dem Jugendstilgraphiker Heinrich Vogeler zurück. Tatsächlich hat Rilke schon seit der Jahrhundertwende mit Motiven der Marienlegende experimentiert, wie u. a. das 1899 entstandene Gedicht *Verkündigung* im *Buch der Bilder* zeigt. Die Wiederaufnahme des Projekts löst sich jedoch ganz vom alten Plan, obwohl die Texte verschiedentlich die Anregung durch Werke der bildenden Kunst erkennen lassen – besonders deutlich die *Pietà* (im Entwurf vom November 1911 noch überschrieben: *Pietà in der Cathedrale zu Aquileja*) mit den lapidaren Schlußzeilen: «Jetzt liegst du quer durch meinen Schoß, / jetzt kann ich dich nicht mehr / gebären.» Auch andere Gedichte des 1923 von Paul Hindemith vertonten Zyklus forcieren das Element körperlicher Intimität, so *Mariae Verkündigung* und die von Rilke als Höhepunkt angesehene *Stillung Mariae mit dem Auferstandenen.*

Als Nachtrag zum *Marien-Leben* entsteht 1913 in Spanien, unter dem Eindruck von El Grecos Gemälde, das zweiteilige Gedicht *Himmelfahrt Mariae.* Rilkes langandauernde Auseinandersetzung mit biblischen Themen, nicht zuletzt durch die große Zahl alttestamentlicher Gegenstände in den *Neuen Gedichten* dokumentiert, erreicht im selben Jahr in den (zum Teil durch Klopstocks *Messias* angeregten) Gedichten *Auferweckung des Lazarus, Emmaus* und *Christi Höllenfahrt* ihren Höhepunkt. Sie dürfen nicht als Bekenntnis zum Christentum gelesen werden. Höllensturz und Himmelfahrt sind für Rilke existentielle Metaphern, verweisen auf das Ringen des Dichters und Menschen um die ‹erlösende› Inspiration.

Schon in einigen Gedichten vom Dezember 1906, die Rilke 1925 für Katharina Kippenberg unter dem Titel *Improvisationen aus dem Capreser Winter* zusammenstellte, kündigen sich eine Radikalisierung der Subjektivität und eine grundsätzliche Problematisierung der Stellung des Menschen in der Welt an. «Täglich stehst du mir steil vor dem Herzen», redet die erste dieser Improvisationen den Berg an – ˙als Gleichnis für die Unzugänglichkeit einer außermenschlichen Natur, angesichts derer dem Sprecher seine Individualität («Gesicht»), Rationalität und Sprache fragwürdig werden: «und ich wollte, mir wüchse, wie einem Tier, / eine Stimme, ein einziger Schrei / für alles –.» Die *Spanische Trilogie* nimmt gut sechs Jahre später dieselbe Fragestellung auf, wenn das lyrische Ich den «Herrn» bittet, «aus mir und alledem ein einzig Ding / zu machen»:

> aus nichts als mir und dem, was ich nicht kenn,
> das Ding zu machen, Herr Herr Herr, das Ding,
> das welthaft-irdisch wie ein Meteor
> in seiner Schwere nur die Summe Flugs
> zusammennimmt: nichts wiegend als die Ankunft.

In diesem Wunsch nach Verschmelzung des Ichs mit dem Fremden zu einem Meta-«Ding» ist die Subjekt-Objekt-Struktur, wie sie der Ding-Lyrik der *Neuen Gedichte* zugrunde lag, aufgegeben zugunsten einer mystischen Hoffnung auf Verwandlung und Zugang zu höheren Sphären. Es ist dieselbe kosmisch-metaphysische Perspektive, mit der Rilke

im Januar/Februar 1912 auf Schloß Duino an der Adria die ersten beiden jener Elegien verfaßt, die 1923 – das Schloß war mittlerweile Kriegs-
ruine – als *Duineser Elegien* an die Öffentlichkeit gelangen sollten, nachdem erst 1922 ein begeistert begrüßter Produktionsschub dem Autor
die Vollendung des Zyklus ermöglicht hatte.

Rilke selbst hat die Elegien als Versuch erklärt, die Ganzheit des
Daseins – in seiner Seligkeit wie in seiner Furchtbarkeit bzw. in der
Identität beider – dichterisch zu erweisen, ja zu feiern. Die ursprünglich
auf Klage eingestimmte Elegie geht also tendenziell zur Hymne über,
zu einem Jubelgesang allerdings, in den das Leiden an der condition
humaine eingeschrieben ist. Ihre Stellung in Rilkes Werk ist wahrscheinlich nicht zu erklären ohne Ausblick auf den *Malte*-Roman, dem nach
der Beendigung der *Neuen Gedichte* das Schwergewicht seiner Arbeit
galt. Je ähnlicher der zum Untergang bestimmte Held seinem Autor in
vielen geistigen Zügen wurde, desto wichtiger mußte diesem die Aufgabe
erscheinen, seinerseits zu leisten, woran Malte gescheitert war: das
künstlerische Jasagen zur Welt.

Die ersten beiden Elegien konturieren die gebrechliche Verfassung des menschlichen Herzens gegen die erhabene Folie der – jeweils zu Beginn angesproche-
nen – Engel als Repräsentanten einer (für uns allzu) schrecklichen Schönheit.
Nur in der unerfüllten Liebe und im frühen Tod sieht die Erste Elegie eine
Steigerung der menschlichen Existenz:

> [...] Ist es nicht Zeit, daß wir liebend
> uns vom Geliebten befrein und es bebend bestehn:
> wie der Pfeil die Sehne besteht, um gesammelt im Absprung
> mehr zu sein als er selbst. Denn Bleiben ist nirgends.

Neben diese schon im *Malte*-Roman idealisierte Form der «intransitiven Liebe»
setzt die Zweite Elegie das fragile Glück einer sinnlich erfüllten Liebe, der
anhand attischer Grabstelen und des antiken Götterglaubens das Ideal vorsichtiger Gesten und innerer Mäßigung gegenübergestellt wird. Hier schließt sehr
direkt die Dritte Elegie an, die mehr als anderthalb Jahre später, kurz nach dem
Besuch der Münchner Tagung der Psychoanalytischen Vereinigung (September
1913) ausgeführt wird:

> Eines ist, die Geliebte zu singen. Ein anderes, wehe,
> jenen verborgenen Fluß-Gott des Bluts.

In das mythische Bild des Meergotts Neptun mit seinem «furchtbaren Drei-
zack» faßt Rilke die Bedrohung durch die im Unterbewußten wirksame Triebnatur vor allem des Mannes, vor der die mütterliche Fürsorge in der Kindheit
und das «verläßliche Tagwerk» der Geliebten nur begrenzten Schutz gewähren.
Die Vierte Elegie, wiederum zwei Jahre später (im November 1915) entstanden,
weicht durch die Gestaltung in Blankversen erstmals von der klassischen –
vor allem Goethe abgelernten – Form der Elegie in Distichen ab, auf die auch
die Mehrzahl der späteren Stücke der *Duineser Elegien* rekurrieren wird.
Anhand des symbolischen Bilds einer Marionettenaufführung wird eine Be-

wußtseinsgeschichte des Menschen zwischen Puppe und Engel entworfen, die von Kleists Aufsatz *Über das Marionettentheater* beeinflußt ist. Das Gedicht endet mit einem elegischen Rückblick auf die Kindheit und das Rätsel des Kindstods.

Wie man sieht, ist es ein recht skeptisches Panorama, das die ersten vier Elegien von der menschlichen Existenz entwerfen. Der Übergang zu «Jubel und Ruhm» war von Anfang an vorgesehen, wie der schon 1912 niedergeschriebene Eingangsteil der Zehnten Elegie beweist; doch ist er auch dort nur als Optativ formuliert. Eine abschließende Bewertung wäre an dieser Stelle nicht angemessen, weil sie die Vollendung des Zyklus voraussetzt, doch ist der Hinweis vielleicht am Platz, daß die enormen Schreibhemmungen, die Rilkes Weiterarbeit an den Elegien behinderten, wohl auch eine objektive Problematik reflektierten. Das Experiment einer Gedankenlyrik, die Grundfragen des menschlichen Daseins zu klären versuchte und dabei gleichzeitig den Anspruch auf Totalität erhob, überforderte anscheinend die historischen Möglichkeiten der Gattung zur Zeit des Expressionismus.

Rilke hat im Zeitraum 1912–1922 die Vollendung der *Duineser Elegien* als sein Hauptgeschäft angesehen. Die meisten damals entstandenen lyrischen Texte – es sind nicht allzu viele – stehen in einem inneren Bezug zum Elegien-Werk, sind potentielle Bausteine für seine Fortsetzung. Das gilt im Grunde auch für die *Fünf Gesänge*, hymnische Kriegsdichtungen (s. u. S. 798), die Rilke in den ihm vom Hölderlin-Herausgeber Hellingrath übersandten Vorabdruck des Spätwerk-Bandes seiner Hölderlin-Ausgabe eintrug, gefolgt vom Beginn der Hymne *An Hölderlin*. Die produktive Auseinandersetzung mit Hölderlins Hymnen-Dichtung ist zweifellos – ebenso wie der Rekurs auf Goethe und Klopstock – von der Suche nach einer neuen Form des pathetischen Sprechens inspiriert.

Ein Konkurrenzprojekt erwuchs den Elegien allenfalls in den *Gedichten an die Nacht*, einer lockeren Folge von zweiundzwanzig Texten aus dem Zeitraum 1913/14, die Rilke 1916 handschriftlich unter diesem Titel zusammenfaßte. Das lyrische Ich wendet sich in ihnen (anfangs noch) an die Geliebte, dann mit zunehmender Entschiedenheit an die Nacht und/oder den Engel. Die Nacht gibt dem Ich die Möglichkeit, sich von den Nöten der menschlichen Existenz zu befreien und in Bezug zum Welt-Raum zu setzen. Die Beziehung des Menschen zu Gott bzw. zur Natur und seine eigene Gefühlswelt werden vom späten Rilke in auffälliger Weise ins Räumliche übertragen. «Lautlos wurde Raum in meinen Zügen», heißt es in diesem Sinn in einem der *Gedichte an die Nacht* (*Atmete ich nicht aus Mitternächten*), und zwei Strophen weiter: «daß ich, wenn dein Lächeln je gerät, / Weltraum auf dich überschaue».

In der Einschätzung des Gelingens eines solchen «Bezugs» im und zum Raum ist Rilkes Lyrik jener Jahre, zumal zur Zeit des Krieges, außerordentlich disparat. «Ausgesetzt auf den Bergen des Herzens» sieht sich das lyrische Ich in einem Gedicht vom September 1914: Die «letzte

Ortschaft der Worte» liegt tief unter ihm; im Gegensatz zu den Tieren, die «heilen Bewußtseins» sicher einherschreiten, ist der Wissende «ungeborgen» und zum Schweigen verdammt. Dagegen besingt ein anderer Text jener Monate (*Es winkt zu Fühlung fast aus allen Dingen*) in fast Eichendorffscher Manier den Einklang von Ich und Welt:

> Durch alle Wesen reicht der eine Raum:
> Weltinnenraum. Die Vögel fliegen still
> durch uns hindurch. O, der ich wachsen will,
> ich seh hinaus, und in mir wächst der Baum.

Im Rückblick auf das oben zitierte Eingangsgedicht zum *Buch der Bilder* ist die Kontinuität der Fragestellung und der gewählten Bildlichkeit frappant. Auch dort schon verstand sich das Ich als Schöpfer des gesehenen oder besser geschauten Baums. Seine Verlagerung ins Innere findet ein bemerkenswertes Gegenstück in den sogenannten *Sieben Gedichten* (entst. 1915), in denen Rilke den sexuellen Vorgang selbst zum Gegenstand der neugewonnenen Raum-Poetik macht: Der Phallus erscheint darin als Baum oder Turm, um den sich der weibliche Schoß wie eine Kuppel oder ein Gegen-Himmel wölbt. Wenn im gleichen Zusammenhang vom «Ort der tiefen Himmelfahrt» gesprochen wird, ist das Rilketypische Arsenal der religiösen Bildlichkeit vollständig.

2. *Trakl*

«Wer mag er gewesen sein?», fragte Rilke nach der Lektüre von Trakls zweitem, schon posthum erschienenen, Gedichtband. Die Ratlosigkeit, die ihn bei der Lektüre ergriff, veranlaßte den älteren Dichter zum Vergleich der Gedichte mit Spiegelbildern, hinter denen sich das innere Erleben ihres Verfassers wie in einen unbetretbaren Raum zurückzieht. Bis heute dominiert angesichts der späten Lyrik Trakls der Eindruck einer Hermetik, die jedenfalls in ihrer Zeit kaum eine Parallele kennt, auch wenn sich die Auffassung von einer vollkommenen Sinnverweigerung dieser Texte letztlich nicht hat durchsetzen können. Noch in der äußersten Reduktion der Syntax und der eindrucksvollsten Verselbständigung einer chiffrenartigen Bildlichkeit glaubt man Hinweise auf den Grundkonflikt zu spüren, an dem das kurze Leben des Landwehrmedikamentenakzessisten Georg Trakl zerbrach: den Konflikt zwischen einer im Drogen- und Alkoholrausch, vielleicht auch im Geschwisterinzest erfahrenen Sinnlichkeit und einer stark christlich geprägten Reinheitssehnsucht. Aus dem Widerspruch beider Grundimpulse resultiert ein umfassendes Schuldbewußtsein sowie ein kulturkritisch und geschichtsphilosophisch unterlegter Pessimismus.

Dämmerung und Verfall hieß der Arbeitstitel der ersten Buchveröffentlichung Trakls, die schließlich 1913 bei Kurt Wolff in Leipzig unter dem
neutralen Titel *Gedichte* erscheint, und mit jenem Begriffspaar scheint
auch die Richtung angegeben, in die sich die persönliche Existenz des
Autors entwickeln sollte – bis hin zum Tod des Siebenundzwanzigjähri-
gen infolge Kokainvergiftung nach einem Nervenzusammenbruch als
Sanitäter an der galizischen Front (November 1914). Auf der anderen
Seite ist Vorsicht geboten gegenüber einer unilinearen biographischen
Lektüre seiner hochgradig kunstbewußten, in erstaunlichem Ausmaß
literarisch inspirierten und vermittelten Texte.

Schon die erste (bis 1939 ungedruckt gebliebene) Lyriksammlung
Trakls, die sogenannte *Sammlung 1909*, zeigt den angehenden Dichter
als gelehrigen Verarbeiter vielfältiger Anregungen und Vorbilder: von
Baudelaire und Verlaine über Hofmannsthal und George bis zu Rilke.
Der Einfluß der Dekadenz und des fin de siècle ist in Gedichten wie
Sabbath und *Der Heilige* mit Händen zu greifen; das gilt grundsätzlich
auch für die Verse von *Ballade* und *Blutschuld*, selbst wenn hier persönlichstes Erleben (das inzestuöse Verhältnis zur jüngeren Schwester Margarethe?) hinzutreten mag. Die Subjektivität der frühen Gedichte ist
zunächst eine formale: In der *Sammlung 1909* herrscht allgemein noch
die Ich-Lyrik vor; das Ich ist mit der Gabe oder dem Fluch der Vision
ausgezeichnet bzw. beladen, wie es schon das Eröffnungsgedicht *Drei
Träume* verkündet: «Und meiner Seele dunkler Bronnen / Schuf Bilder
ungeheurer Nächte.»

Nur zwei Stücke der *Sammlung 1909* hat Trakl später der Aufnahme
in den Band seiner *Gedichte* für würdig befunden: das Sonett *Herbst*
(später: *Verfall*) und das aus vier vierzeiligen Strophen bestehende
Gedicht *Farbiger Herbst* (später: *Musik im Mirabell*). Beide Gedichte
bezeugen bereits den bildhaften Reihungsstil, der den Großteil von
Trakls dichterischer Produktion im Zeitraum 1910–1912 bestimmen
wird. Trakl selbst, der sich früh von Ludwig Ullmann plagiiert fühlte,
spricht in einem Brief an den Freund Erhard Buschbeck im Juli 1910
von seiner «heiß errungenen» «bildhaften Manier, die in vier Strophen-
zeilen vier einzelne Bildteile zu einem einzigen Eindruck zusammenschmiedet.» Damit ist der Innovationsanspruch dieses Reihungsstils
deutlich bezeichnet, der sich bei Trakl etwa gleichzeitig mit den Experimenten des Berliner Frühexpressionismus (van Hoddis, Heym) herausbildet und doch deutlich anderes Gepräge trägt. Während die Addition
isolierter Elemente im Berliner Großstadtgedicht die Heterogenität des
Simultanen akzentuiert – oft mit grotesker oder ironisierender Wirkung –, geht es Trakl um einen letztlich einheitlichen Gesamteindruck
(«zusammenschmiedet»).

Allerdings sind hier sehr verschiedene Realisationsformen möglich; die Tendenz geht auch bei Trakl zu einem Mehr an Dissonanz und Leser-Irritation. Die letzte Strophe des Gedichts *Farbiger Herbst* lautet:

> Opaliger Dunst webt über das Gras,
> Eine Wolke von welken, gebleichten Düften,
> Im Brunnen leuchtet wie grünes Glas
> Die Mondessichel in frierenden Lüften.

Bei der Aufnahme des Textes in die *Gedichte* (unter dem neuen Titel *Musik im Mirabell*) wird die zitierte Strophe – bei unveränderter Beibehaltung aller drei vorausgehenden Strophen – durch folgende Neufassung ersetzt:

> Ein weißer Fremdling tritt ins Haus.
> Ein Hund stürzt durch verfallene Gänge.
> Die Magd löscht eine Lampe aus,
> Das Ohr hört nachts Sonatenklänge.

Eine befremdliche Anordnung! Durch die unheimlichen Elemente der ersten beiden Verse gewinnt auch noch das Alltägliche oder alltäglich Mögliche der letzteren einen Zug ins Rätselhafte. Ist es die Musik Entfernter oder Verstorbener, die hier erklingt? Die Figur des Fremdlings, so ominös sie auftritt, kann zugleich als potentieller Repräsentant des lyrischen Ichs angesehen werden, das sich in den meisten Gedichten dieser Schaffensperiode hinter die geschilderten Naturerscheinungen zurückzieht oder als stereotype Figur (der Einsame) in der dritten Person indirekte Präsenz beansprucht.

Dabei sind Trakls Naturgedichte alles andere als ‹objektiv›. Sie gewinnen ihre Dynamik zumeist aus einer mit Grauen registrierten Entstellung der Wirklichkeit, die auf äußere Gegebenheiten zurückgeht (*Die Raben, Die Ratten*) oder mehr oder weniger deutlich motivierten Halluzinationen des Subjekts entspringt (*In einem verlassenen Zimmer, Kleines Konzert, In den Nachmittag geflüstert*). «Auch zeigt sich sanftem Wahnsinn oft das Goldne, Wahre», heißt es in dem Gedicht *Winkel am Wald*, das ganz beiläufig mit phantastischen Erscheinungen aufwartet («Im Garten spricht die Schwester freundlich mit Gespenstern»). Die lyrische Kunst Trakls bewährt sich in der Unauffälligkeit, ja scheinbaren Selbstverständlichkeit, mit der hier die Maßstäbe unseres Realitätsbegriffs verschoben werden, in der ästhetischen Verklärung des Bewußtseinsverlusts. Eben dieses sanfte Entgleiten in Traum, Schlaf oder Tod vollziehen die Gedichte *Abendmuse, Seele des Lebens* und *Verklärter Herbst* mit zum Teil wörtlichen Übereinstimmungen untereinander nach, das letztgenannte übrigens mit einer selbstironischen – auf den Trakl-typischen Reihungsstil bezogenen – Schlußpointe: «Wie schön sich Bild an Bildchen reiht – / Das geht in Ruh und Schweigen unter.»

Die Bilderflut, die Trakls *Gedichte* in potentiell unendlicher Reihung vor uns ausbreiten, entstammt überwiegend einer idyllischen Landschaft parkartigen oder dörflich-bäurischen Gepräges. Eine Ausnahmestellung nimmt die kraß negativ gezeichnete «Vorstadt im Föhn» im gleichnamigen Gedicht ein. Andere Gedichte aus diesem Zeitraum besingen das Treiben der Großstadt als Kraftfeld auseinanderstiebender Lebensenergie, vibrierend von «metallischem Brodem» und «durchsonntem Lärm» (*Westliche Dämmerung, Unterwegs*). Wahrscheinlich sind sie gerade um der Einheit der Verfalls-Thematik willen nicht in die Sammlung der *Gedichte* aufgenommen worden. Bei genauerem Hinsehen zeigt sich aber, daß auch die Beschreibungen einer statisch-dörflichen, herbstlich-winterlichen und letztlich dem Tod geweihten Lebenswelt auf Kategorien der Vitalität bezogen, ja von latenter Sexualität erfüllt sind. «In Lüften, die von Wollust zittern,» entschwinden die geflügelten Protagonisten des Eröffnungsgedichts *Die Raben*; der Acker darf sich danach erneut – «wie ein Weib, das schwere Ahnung berückt» – in «brauner Stille» «verzücken». «Und manchmal treffen sich Blicke voll Gier, / Wenn tierischer Dunst die Stube durchweht,» heißt es in *Die Bauern*. Da kann auch das kirchliche Personal (in *Die schöne Stadt*) nicht gleichgültig bleiben:

> Tief in Blau und Gold versponnen
> Traumhaft hasten sanfte Nonnen
> Unter schwüler Buchen Schweigen.

Die Häufigkeit von Farbbezeichnungen in Trakls Lyrik hat schon immer die Faszination der Leser und die Aufmerksamkeit der Interpreten erregt. Zusammen mit der hohen Musikalität der Sprache, der Fülle der Assonanzen und anderen Laut-Korrespondenzen, hat man sie als Indiz einer Autonomisierung der Form verstanden und in Parallele zur gleichzeitigen Emanzipation der Farbwerte in der Malerei gesetzt. Ist das «blaue Wild» Trakls demnach die präzise Entsprechung (oder Vorwegnahme) zu Franz Marcs «Turm der blauen Pferde»? Die Eingangsstrophe des Gedichts *An die Schwester*, dem die zitierte Wendung entstammt, lautet jedoch vollständig:

> Wo du gehst wird Herbst und Abend,
> Blaues Wild, das unter Bäumen tönt,
> Einsamer Weiher am Abend.

Wie schon im Beispiel der in Blau und Gold versponnenen, an einem Sonnentag unter Buchen dahinschreitenden Nonnen erweist sich der Farbwert Blau zunächst auf einen optischen Rahmen bezogen, der für eine bestimmte tages- und jahreszeitliche Konstellation charakteristisch ist. Das schließt symbolische Beziehungen auf höherer Ebene nicht aus – im Anschluß etwa an die christliche Ikonographie (Blau als Farbe der Reinheit, zugeordnet dem Mantel Marias) oder die literarische Tradition (blaue Blume der Romantik, zitiert in Fassung 2a von Trakls Versen *An Novalis*). Während die Malerei des Blauen Reiters dazu tendiert, solche symbolischen Farben absolut zu setzen, läßt sich bei Trakls Farbwörtern grundsätzlich, zumindest in der Schaffensphase der *Gedichte*, die Anbindung an eine realitätsnahe Bedeutung feststellen, zumeist mit temporalem Akzent. Blau und Gold sind die Farben der taghellen, sonnendurchfluteten Stadt; für sich stehendes Blau begegnet bei Trakl vor allem in Verbindung mit

Dämmerung und Abend, als Hinweis auf die ‹blaue Stunde›, in der sich der
Übergang zur Nacht vollzieht, die Rationalität des Tages von Träumen abgelöst
wird – und das Wild aus dem Wald tritt. Die temporale Funktion der Farbwörter in Trakls Lyrik verdient um so mehr
Beachtung, als diese fast durchweg zeitlich strukturiert ist, den fortschreitenden
Übergang vom Nachmittag über den Abend zur Nacht zeigt oder aus der Erin-
nerungsperspektive des Abends auf die vergangene Bewegung des Tags zurück-
blickt. Dabei versteht es sich fast von selbst, daß Tages- und Jahreszeit miteinander verkoppelt sind – für den Abend also auch der Herbst eintreten kann und
umgekehrt – und sich beide zusammen auf die Lebenszeit des Menschen bzw.
des lyrischen Ichs beziehen lassen. Im *Abendlied* treten beide Verschiebungen
gemeinsam auf. «Dieses ist lange her», heißt es im Anschluß an eine Erinne-
rungssequenz, die einer Jugendliebe und der «Süße unserer traurigen Kindheit»
gewidmet ist: «Doch wenn dunkler Wohllaut die Seele heimsucht, / Erscheinst
du Weiße in des Freundes herbstlicher Landschaft.»

Im umfänglichen Langzeilen-Gedicht *Psalm (I)* (1912) wird der natürliche und lebenszeitliche Zyklus erstmals zu einer geschichtsphilosophi-
schen oder kulturgeschichtlichen Perspektive erweitert. Dem «verlorenen Paradies» einer Südsee-Kultur wird anhand einer langen Beispiel-
kette im Reihungsstil die Dekadenz der neuzeitlichen – dem Untergang
zutreibenden – Zivilisation gegenübergestellt. In die Beschreibung beider Sphären hat Trakl mehr als zwei Dutzend Zitate aus K. L. Ammers
(das ist Karl Klammer) Rimbaud-Übersetzung (1907) einmontiert, auf
die er schon für das Gedicht *Unterwegs* zurückgriff. Daß er diese Rim-
baud-Anleihen als bewußtes Kunstprinzip betrieb, erhellt schon der
Umstand, daß sie in der endgültigen Fassung noch gegenüber dem Erstdruck vermehrt sind. Jetzt erst setzt Trakl den ambivalenten heilsge-
schichtlichen Schlußakzent: «Schweigend über der Schädelstätte öffnen
sich Gottes goldene Augen.» Derlei Hinweise auf das Schicksal Jesu
begegnen häufiger in der späteren Lyrik Trakls.

Seit dem Druck von *Psalm (I)* im ersten Herbstheft des *Brenner* 1912 ist Trakl
in jeder Nummer der Innsbrucker Literatur- und Kulturzeitschrift mit eigenen
Texten vertreten. Die Bekanntschaft mit dem Herausgeber Ludwig von Ficker
und seinen Mitarbeitern, u. a. dem Lyriker Karl Röck, ist das wichtigste Ergebnis von Trakls dienstlich bedingter und zunächst nur widerwillig vollzogener
Übersiedlung aus der Heimatstadt Salzburg in die Tiroler Landeshauptstadt zum
April 1912. Sie bewirkte den Durchbruch des fünfundzwanzigjährigen Autors,
der während seines Wiener Studiums (1908–1910) keinen Zugang zum literari-
schen Leben der Metropole gefunden hatte und auf seine ersten literarischen
Gehversuche im Umkreis des Salzburger Stadttheaters und des Dramatikers
Gustav Streicher mittlerweile selbst mit Geringschätzung zurückblickte. Über
Ludwig von Ficker ergab sich auch der persönliche Kontakt zu Karl Kraus, dem
Psalm (I) gewidmet ist. Trakl wird dem Herausgeber der *Fackel* im Dezember
1913 das (gleichfalls stark christlich geprägte) Gedicht *Ein Winterabend* brieflich
übersenden – «als Ausdruck der Verehrung für einen Mann, der wie keiner der
Welt ein Beispiel gibt» – und ihn in seiner poetischen Antwort (*Karl Kraus*) auf

eine Umfrage des *Brenner* öffentlich als «weißen Hohepriester der Wahrheit» und «zürnenden Magier» preisen.

In den Dichtungen aus dem Zeitraum von Ende 1912 bis Frühjahr 1914 – die Trakl-Forschung spricht von der dritten Schaffensphase – wird der Reihungsstil aufgegeben zugunsten (jedenfalls angedeuteter) narrativer Strukturen; zugleich vollziehen sich die Abwendung von regelmäßigen Metren (insbesondere der in den *Gedichten* so häufigen vierzeiligen Strophe) und die Hinwendung zu freirhythmischen Formen – mit einer gewissen Vorliebe für dreizeilige Strophen. Der Titel der von Trakl selbst noch zusammengestellten, zyklisch angelegten Gedichtsammlung *Sebastian im Traum* (1915), in die die wichtigsten Texte dieser Phase Eingang gefunden haben, verweist bereits auf die grundlegende mythische Figuration, an der sich nunmehr die Phantasie des Dichters abarbeitet: Es ist die Figur des todgeweihten unschuldigen Knaben, in der gleichsam das Jesus-Schicksal wiederkehrt. Sebastian im Traum, Helian, Elis und Kaspar Hauser sind fast austauschbare Varianten eines identischen, den Opfer- und Erlösungs-Mythos miteinander verbindenden Grundmusters.

Die ihnen gewidmeten Gedichte *Sebastian im Traum*, *Helian*, *An den Knaben Elis*, *Elis*, *Abendland* und *Kaspar Hauser Lied* müssen freilich jeden enttäuschen, der klarere Auskunft über Herkunft und Schicksal der poetischen Gestalten erwartet. Auch im Falle der historischen Figur Kaspar Hauser hilft unser Vorwissen und die Heranziehung literarischer Parallelen bzw. Anregungen (von Verlaines Gedicht bis zu Wassermanns Roman) nur begrenzt weiter. Trakls Gedicht interpretiert die Annäherung des gesellschaftsfern aufgewachsenen Findlings an die Welt der Menschen als Weg in den Tod. Während Kaspars Sprachnot nur angedeutet wird («die dunkle Klage seines Mundes»), erfährt seine anfängliche Naturverbundenheit elegische Verklärung, ja nahezu mythische Stilisierung (Hauser als Orpheus). Wenn er im Schlußvers als «Ungeborner» apostrophiert wird, deutet sich eine vergleichbare Tendenz zur strikten Scheidung zwischen Lebenswelt und Heilsgestalten an, wie sie sich in den Helian- und Elis-Gedichten in umgekehrter Form registrieren läßt. Dort kann man von der Imagination einer posthumen Existenz sprechen: Helian, dessen Tod am Ende des vierten Teils des gleichnamigen Großgedichts ausgesprochen wird, erscheint im fünften und letzten Teil als Unsterblicher oder Auferstandener: «Da Helians Seele sich im rosigen Spiegel beschaut / Und Schnee und Aussatz von seiner Stirne sinken.»

Mit der Ausbildung mythopoetischer Strukturen drängt Trakls dichterisches Schaffen über die Grenzen der Lyrik hinaus. Der Gedichtband *Sebastian im Traum* enthält zwei hochpoetisch stilisierte Prosatexte, deren hermetischer Gestus sich jeder nacherzählenden Wiedergabe entzieht (*Verwandlung des Bösen*,

Traum und Umnachtung). In einem titellosen Dramenfragment erprobt Trakl im Frühjahr 1914 die Anwendbarkeit seiner lyrischen Diktion auf den szenischen Dialog. Ausgangspunkt der Handlung sind der Tod eines Knaben und der Tod der Schwester.

Der durch Trakls späte Gedichte geisternde Schatten der Schwester bildet das weibliche Pendant der frühverstorbenen Knabenfiguren. Möglicherweise verarbeitet Trakl in diesem Motiv die Trennung von seiner − seit 1912 in Berlin verheirateten − Lieblingsschwester Margarethe, vielleicht auch seine Mitschuld an ihrer Drogenabhängigkeit. Es ist zugleich vermittelt mit der in der Literatur der Jahrhundertwende fast omnipräsenten Phantasie von der Opferung des Weiblichen, die vielfach mit dem Geschlechtsakt verkoppelt wurde. Zu dieser sexualsymbolischen Variante zeitgenössischer Opferphantasien hat Trakl schon 1910 mit dem Entwurf eines *Blaubart*-Puppenspiels seinen Beitrag geleistet. Sein balladenartiges Gedicht *Die junge Magd* behandelt vordergründig das Schicksal einer Frau, die im Kindsbett oder an den Folgen einer Abtreibung stirbt, doch wird dieser Tod umgedeutet zu einem (ersehnten!) Akt der Zerstörung durch aggressive phallische Energie: «Glührot schwingt der Knecht den Hammer / Und sie schaut wie tot hinüber.» In symbolistischer Verdichtung liegt ein ähnliches Geschick, wenn nicht sogar ein Sexualverbrechen, dem Gedicht *De profundis* zugrunde. Auch die Verklärung von Prostituiertengestalten aus Literatur (Sonja, eine Figur aus Dostojewskis Roman *Schuld und Sühne*) und Heiligenlegende (Afra) in mehreren Gedichten Trakls verdient in diesem Zusammenhang Erwähnung. Trakl zeigt sich offenkundig beeinflußt von Weiningers Thesen über den Fluch der Sexualität und die Hure als Grundtypus des Weiblichen, die im *Brenner*-Kreis heftig diskutiert wurden.

Vergleicht man das Gedicht *De profundis* (entst. 1912) mit dem nachgelassenen Text *Der Tau des Frühlings* (entst. 1913/14), so kann eine gewisse Verwirrung nicht ausbleiben. Dieselbe Bildlichkeit, die im älteren Gedicht den Tod des Waisenmädchens bezeichnet («fanden die Hirten den süßen Leib / Verwest im Dornenbusch») wird später − wie freilich erst der männliche Artikel in der nachfolgenden Strophe zeigt − auf ein männliches Subjekt bezogen: «Unter dem Dornenbogen lagst [du] und es grub der Stachel / Sich tief in den kristallenen Leib.» Überdeutlich prägt sich hier eine Penetrationsphantasie aus, die Sexualität und Passion (Christi Dornenkrone!) ineinssetzt; dagegen verschwimmen die geschlechtlichen Zuordnungen. Das ist wohl nicht nur mit der Vorliebe dieses Lyrikers für androgyne Zwitterbildungen («die Fremdlingin» u. a.) und die utopische Andeutung von «einem [das heißt ja wohl keinem] Geschlecht» (*Abendländisches Lied*) zu erklären, sondern hängt mit der grundsätzlichen Auflösung personaler Instanzen in Trakls späten Gedichten zusammen.

Trakls Lyrik beteiligt sich an der für den Expressionismus (wie schon für die vorausgehenden Strömungen der Moderne) charakteristischen Tendenz zu Ich-Dissoziation, indem sie kein eindeutig identifizierbares lyrisches Ich mehr anbietet, sondern mit einer Mehrzahl von Instanzen operiert, deren Verhältnis zueinander oft unklar bleibt oder widersprüchlich ausfällt. So ist die Stellung des Ichs, das in der zweiten Hälfte des Gedichts *De profundis* hervortritt, höchst problematisch: Ist es identisch mit dem toten Mädchen, ist es ein Zeuge seines Schicksals, ist es vielleicht sogar sein Mörder? Wenn kein explizites Ich auftaucht, liegt es nahe, in der einen oder anderen in der dritten Person eingeführten Person den Fluchtpunkt des lyrischen Sprechens zu vermuten. Wie schwierig das bei Trakl wird, ja daß gerade die Verhinderung einer klaren Identifizierung zu den dominierenden Strategien seines Schreibens gehört, belegen vier Zeilen seines Kraus gewidmeten *Psalm (I)*:

> Die fremde Schwester erscheint wieder in jemands bösen
> Träumen.
> Ruhend im Haselgebüsch spielt sie mit seinen Sternen.
> Der Student, vielleicht ein Doppelgänger, schaut ihr lange vom
> Fenster nach.
> Hinter ihm steht sein toter Bruder, oder er geht die alte
> Wendeltreppe herab.

Spätestens hier erfaßt den Orientierung suchenden Leser ein Schwindel.

Die elegische Perspektive des *Psalm (I)* wird in den Gedichten *Abendland* und *Abendländisches Lied* aufgenommen und in einer pathetischen Diktion intoniert, die sichtlich an Hölderlins Hymnen geschult ist. «Abendland» als gebräuchliches Synonym für Europa erhält bei Trakl einen spezifischen symbolischen, Spenglers Geschichtsmetaphysik gleichsam vorwegnehmenden Sinn: Es bezeichnet die westliche Kultur als eine am ‹Abend› ihrer Entwicklung angelangte und dem Untergang geweihte. Apokalyptische Perspektiven sind auch für die letzte Schaffensphase Trakls bestimmend, die etwa mit dem Frühjahr 1914 einsetzt und sich vor allem in den posthumen Veröffentlichungen des *Brenner* dokumentiert. Freirhythmische Gedichte in Kurzzeilen wie *Das Gewitter* oder *Die Nacht* entwerfen eine monumentale Berglandschaft, deren zerstörerische Energien offenbar auch den menschlichen Bereich betreffen, ohne daß man von einer bloß metaphorischen Einkleidung sprechen könnte. Naturerscheinungen und menschliche Schicksale gehen eine enge Verbindung ein, deren archaisierende Formulierung wiederum Reminiszenzen an Hölderlin nahelegt.

Das Gedicht *Klage (II)* überträgt das neue Stilmuster auf die krisenhafte Erschütterung des Weltkriegs. *Grodek* dagegen, das kurz vor dem Tod entstandene letzte Gedicht Trakls, stellt offenkundig einen Rückgriff auf die lyrischen Mittel aus *Sebastian im Traum* dar, einen gerade in seinem Scheitern anrührenden Versuch zur ästhetischen Versöhnung mit dem Tatbestand des verordneten Massenmords.

3. Werfel, Ehrenstein, Kraus

Mit seinem ersten überaus erfolgreichen Gedichtband *Der Weltfreund* (1911) hat sich der einundzwanzigjährige Franz Werfel gleichsam ein Markenzeichen erschaffen, das seine Stellung in der zeitgenössischen Literatur ebenso wie seine weitere Entwicklung bestimmen sollte. Das emphatische Ja zur Fülle der Welt, das in der Figur des Weltfreunds ausgedrückte Bekenntnis zur Solidarität auch noch mit den niedrigen und häßlichen Verkörperungen der Menschheit verliehen dem Prager Wunderkind früh den Ruf eines hervorragenden Repräsentanten der expressionistischen Bewegung. Werfel seinerseits erweiterte und vertiefte die Botschaft seines Erstlingsbuchs in den folgenden Gedichtbänden *Wir sind* (1913) und *Einander* (1915), wobei allerdings eine Verschiebung ins Religiöse zu bemerken ist, die bereits auf die Eigenart seines späteren Dramen- und Romanwerks hinweist. Sein letzter und umfangreichster Beitrag zur expressionistischen Lyrik, der überwiegend 1916/17 entstandene Gedichtband *Der Gerichtstag* (1919) zeigt sowohl die Idee der Weltfreundschaft in der Krise als auch die formalen Mittel Werfels, dessen lyrisches Werk aufgrund seiner Redseligkeit und (relativen) Formlosigkeit schon bei der nächsten Generation in Mißkredit geraten wird.

Mit der Konzeption des *Weltfreunds* vollzog Werfel eine klare Abwendung von dem durch Dekadenz und Symbolismus geprägten Jugendwerk, das vom ersten gedruckten Gedicht *Die Gärten der Stadt* (1908) repräsentiert wird. Die durch Vermittlung Max Brods bei Axel Juncker (Berlin) publizierte Sammlung steht im Zeichen eines programmatischen Optimismus, einer Aneignung der Welt gewissermaßen von ihrer Sonntagsseite her, wie das Eingangsgedicht *Das leichte und das schwere Herz* es ausdrücklich bekundet. Wiederkehrende Motive sind Kindheitserinnerungen (zum Beispiel *Der Kinderanzug*) und Spazierfahrten (zum Beispiel *Dampferfahrt im Vorfrühling*), oft auch beides gemischt (*Kindersonntagsausflug*, *Nächtliche Kahnfahrt*), sowie die unerwiderte Liebe, die minneartige Verehrung der Frau aus der Ferne, u. a. in *Das schüchterne Lied* und – wohl nicht zufällig im selben Versmaß wie der Chorus mysticus am Ende von Goethes *Faust II* – *Armer Student, süße vornehme Frauen anbetend.*

Auf die liedhaften Formen des ersten Teils folgen im mittleren Teil der Sammlung mehrere Sonette, von denen einige sichtlich von der Ästhetik der Rilkeschen *Neuen Gedichte* beeinflußt sind (besonders deutlich: *Sylvia*, *Katharina*). Das Sonett *Große Oper* ironisiert die – Werfel selbst eigene – Sehnsucht nach Selbsthingabe in der Kunst und nach pathetischer Selbstinszenierung, wie auch das Gedicht *An mein Pathos* im dritten Teil. Den lebenslangen Opernliebhaber und Verdi-Verehrer Werfel verrät schon das Gedicht *Sterben im Walde* aus dem ersten Teil des *Weltfreunds*, das die subjektive Selbstauflösung in der Natur mit den Klängen eines *Rigoletto*-Kurkonzerts verbindet, um mit den Versen zu enden:

Und meine Seele fällt ein:
Du bist auf der Welt!
Und verteilt sich jauchzend nach allen Seiten.

Eine der wichtigsten Quellen der in Werfels früher Lyrik gefeierten All-Einheit ist Walt Whitman, dessen *Leaves of Grass* er mit siebzehn Jahren in der Übersetzung Johannes Schlafs las und dem er im Sonett *Der Patriarch* ein Denkmal setzt. Von Whitman (und Jules Laforgue) übernimmt er auch die in den ersten beiden Gedichtbänden und dann wieder im *Gerichtstag* häufig praktizierte Langzeile. Die monistische Überzeugung von der Verbundenheit des einzelnen mit der gesamten Welt birgt allerdings ambivalente Empfindungen, weil sie letztlich die Einheit des Ich in Frage stellt. Das Gedicht *Mein Mittelpunkt hat keine Kraft* beschreibt denn auch die Atomisierung des Individuums, um in die halbironisch-groteske Frage zu münden: «Wo ist, wo ist der Besen, / Der mich zusammen-kehrt?»

Werfels paradoxe Antwort, nicht in diesem Gedicht, wohl aber in der gesamten Anlage des *Weltfreunds* enthalten, lautet: In der Liebe zur Welt, in der bewußten Hingabe an die ganze Menschheit lassen sich Sinn und Auftrag der individuellen Existenz erfahren. Der Prager Autor greift dabei bewußt auf das Ideal einer universalen Menschenliebe aus der empfindsamen Tradition des 18. Jahrhunderts zurück, der er auch wichtige formale Vorbilder verdankt. So stellen die Oden im dritten Teil der Sammlung einen offenkundigen Rekurs auf Klopstock dar, dessen erhaben-empfindsame Diktion auch schon in einzelnen Formulierungen des Eingangsgedichts anklang («o dumpfer tönende Hufe!»). Die freirhythmische *Bitte an den Dämon* («Langausbleibender / Regne mich ein mit Weisheit») ist eine sinngemäße Fortführung von Goethes *Wanderers Sturmlied*, das ja gleichfalls eine Apostrophe an den dichterischen Genius darstellt. Schließlich ist beim jungen Goethe auch das pantheistische All-Einheitsgefühl vorformuliert, zum Teil mit identischen sprachlichen Mitteln. «O Erd o Sonne / O Glück o Lust!», heißt es im *Maifest*, und bei Werfel (*Der schöne strahlende Mensch*): «Oh Erde, Abend, Glück, oh auf der Welt sein!!»

Der Anschluß an die Sprache der Empfindsamkeit und das in ihr enthaltene pietistische Erbe ist besonders massiv in einer für die Bildsprache Werfels zentralen Opposition zu spüren: dem Gegensatz von Hart und Weich, Trocken und Feucht. Es ist die Träne der Empfindsamkeit, die die Verhärtung des in sich verschlossenen Menschen aufweicht. So in den *Weltfreund*-Gedichten *Wie nach dem Regen*, *Das Abendlied*, *Der Wanderer kniet* und in den späteren Hymnen der Sammlung *Einander*: *Anrufung* und *Die Träne*. Im programmatischen Gedicht *An den Leser*, der vorletzten Nummer des *Weltfreunds*, heißt es: «Sei nicht hart und löse Dich mit mir in Tränen auf!»

Die erste Zeile desselben Gedichts lautet: «Mein einziger Wunsch ist, Dir, o Mensch verwandt zu sein!» Es folgt eine lange Kette der unterschiedlichsten Lebenssituationen und Schicksale, die durchgemacht zu haben das lyrische Ich von sich behauptet. Die Vorstellung von einem universellen metamorphotischen Vermögen, das dem dichterischen Subjekt prinzipiell die ganze Welt kompatibel macht, erinnert an die monistische Grundidee von Arno Holz' *Phantasus*. Sie wird am Ende des nächsten Bandes *Wir sind* im vorletzten Text *Ich bin ja noch ein Kind*, dem eigentlichen Schlußgedicht, gleichfalls anhand einer langen Kette unterschiedlicher Lebenssituationen wiederaufgenommen – allerdings in überraschender Umkehrung: Das lyrische Ich ist noch ein Kind, war weder rostender Greis noch gebärende Frau usw. und muß erst vom «Herrn» zerrissen werden, um die Einheit des Alls in seiner Dichtung zu bezeugen:

> Und wenn ich erst zerstreut bin in den Wind,
> In jedem Ding bestehend, ja im Rauche,
> Dann lodre auf Gott, aus dem Dornenstrauche!
> (Ich bin dein Kind.)
> Du auch, Wort, praßle auf, das ich in Ahnung brauche,
> Geuß unverzehrbar dich durchs All: Wir sind!!

Dreierlei wird hier deutlich. Erstens setzt Werfel, wie das archaisierende «Geuß» belegt, seinen Rückgriff auf die Sprache der Empfindsamkeit auch im neuen Gedichtband fort, wobei vor allem Schiller und die Bibel in den Vordergrund treten. Zweitens bewegt er sich weiter in einer bemerkenswerten Nähe zur Subjekt-Objekt-Dialektik in Rilkes Lyrik – bis hin zur Übernahme von Schlüsselwörtern wie «Ding» und «bestehen» (daraus erklärt sich auch die begeisterte Reaktion Rilkes gerade auf diesen Gedichtband, der prompt die Enttäuschung bei der persönlichen Begegnung folgte). Schließlich kommt die Instanz Gottes ins Spiel, als dessen Kind sich nunmehr der Dichter im Doppelsinn von Gotteskindschaft und Jesusnachfolge auffaßt; seine Dichtung steht im Dienst der Erlösung.

In der Parole «Wir sind» von Werfels zweitem Gedichtband verbinden sich religiöse und soziale Aspekte. Der Dichter setzt die Hinwendung zu den Benachteiligten, die in wenigen Gedichten des *Weltfreunds* angelegt war, auf breiter Front fort, wie schon verschiedene Titel bezeugen: *An eine alte Frau, die beim Diner servierte*; *Eine alte Frau geht*; *Eine alte Vorstadtdirne*; *Die Morphinistin*. Auch Lesbierinnen (im gleichnamigen Gedicht) sind dem «Geist der Liebe» nahe. Unter demselben Blickwinkel erfolgt die poetische Versöhnung in den meisten dieser Gedichte: Das lyrische (männliche) Ich, das die «Vorstadthure» besucht, spürt spät genug «Gottes Einheit», empfindet sich – ganz im Sinne Richard Dehmels – als «Mitmensch»: «Und ich fühlte uferlose Weltlichkeit / Und die Sterne über mir.» Im Gedicht *Am Abend* fällt der Blick des Flaneurs auf ein einkaufendes armes buckliges Mädchen; im bloßen Blickkontakt stellt sich eine mystische Wandlung her: «Am Abend überging mein Wesen da von Gott.»

Im unvermittelten Übergang vom naturalistischen Detail zum hymnischen Pathos deutet sich eine grundsätzliche Problematik der Lyrik Werfels an, die ursprünglich vom konkreten Bezug auf äußere Wirklichkeit lebt und diese zunächst in bewußt prosaischer Geste – vielfach mit narrativen Mitteln oder in langer parataktischer (oft anaphorischer) Reihung – anschaulich macht. «Lagen da nicht auch / [...] Bunte Streifen, Flicken, Bänder, Volants und Seidenreste umher?», heißt es etwa im *Weltfreund*-Gedicht *Erster Frühling*. Die an Holz und Liliencron gemahnende quasi impressionistische Bestandsaufnahme dient Werfel freilich bloß als Sprungbrett für einen ekstatischen Aufschwung, der zumindest vom heutigen Leser oft nur mit Schwierigkeiten nachvollzogen werden kann. Statt dessen stellt sich der Eindruck des Stilbruchs und der Sentimentalität, ja bisweilen eine unfreiwillige Komik ein. Das gilt beispielsweise für die Einbeziehung des häuslichen Interieurs in das kosmische Einheitserlebnis, so im Gedicht *Das interurbane Gespräch* (aus dem Band *Wir sind*): «Die oftbetretene Treppe tappte treuherzig heran», oder im *Weltfreund*-Gedicht *Ich habe eine gute Tat getan*: «Mein Schreibtisch knarrt / Ich weiß, er will mich umarmen.»

Zu größerer stilistischer Einheitlichkeit gelangt Werfel in seinem dritten Gedichtband *Einander*, der auch eine größere Regelmäßigkeit der metrischen Formen (bei weitgehendem Verzicht auf Langverse) aufweist. Die Gedichte des ersten Abschnitts sind auf den Ton eines erhabenen Pathos gestimmt, angefangen von der Eingangsarie (wie man geradezu sagen möchte), dem von Werfel auf Lesungen gern und mit größter Wirkung vorgetragenen hymnischen Gedicht *Lächeln Atmen Schreiten*. Dessen pneumatologische Vision des Menschen als eines von göttlichem Odem beseelten Wesens liegt auch der Hymne *Veni creator spiritus* zugrunde, die unter dem Hrabanus Maurus entlehnten Titel der utopischen Hoffnung auf die Ankunft des heiligen Schöpfungs-Geistes Ausdruck verleiht und dabei wiederum die bildliche Opposition von Fest und Flüssig beschwört: «Zerbrich das Eis in unseren Zügen! // Daß tränenhaft und gut und gut / Aufsiede die entzückte Flut.»

Der mittlere Abschnitt des Bandes wird von dem Rollengedicht *Adam* eröffnet, das die Negativvision des Menschen im Zustand des «Ichbin» (das heißt der Isolation und Verhärtung) vorführt. Der Erstdruck in einem Werbeheft der *Weißen Blätter* (1914) ließ den Auftritt der Allegorie der Tragik folgen, die dem ersten Menschen u. a. das Kreuz des Mitleids in die Hand drückt. Nähere Hinweise auf die gnostische Theologie, die der damaligen Hinwendung Werfels zu Formen der religiösen Dichtung zugrunde liegt, geben im dritten Abschnitt des Bandes die Gedichte *Luzifers Abendlied* und *Romanze einer Schlange* sowie der abschließende Versdialog zwischen Adam und Gott (*Zwiegespräch an der Mauer des Paradieses*), der mit dem Eingeständnis der Erlösungsbedürftigkeit Gottes endet. Mit der zunehmenden Ausbildung dualistischer Denkstrukturen und der verstärkten Abwertung des Leib-

lichen wird den monistischen Prämissen der Einheitssehnsucht langfristig die Grundlage entzogen.

Im Nachwort zu *Wir sind* hat Werfel diesen seinen zweiten Gedichtband als
ersten «in der Steigerung von Büchern» bezeichnet, «die einmal, als ein Werk,
den Titel *Das Paradies* tragen sollen.» Der Vorsatz wurde so nicht ausgeführt;
immerhin erstreckt sich die Spannung zwischen Hölle und Paradies bis zum
übernächsten Gedichtband Werfels *Der Gerichtstag*, der zwei durch Dantes
Divina commedia angeregte fragmentarische Terzinendichtungen «Aus dem
Traum einer Hölle» enthält (*Eintritt*, *Das Café der Leeren*). Schon der Band *Einander* weist eine Folge von drei auf Dante bezüglichen Gedichten auf; in direktem Anschluß daran steht die Höllenfahrt-Dichtung *Jesus und der Äser-Weg*, die
zuerst 1913 in der *Neuen Rundschau* erschienen ist.

Die einleitenden Verse des umfänglichen Gedichts in gereimten fünfhebigen
Jamben nehmen auf die Legende von Jesus und dem toten Hund Bezug, die (als
Übersetzung eines Gedichts des persischen Lyrikers Nisami) in den *Noten und
Abhandlungen* zu Goethes *West-östlichem Divan* wiedergegeben ist, Werfel aber
zusätzlich auch aus Dehmels Gedicht *Der tote Hund* (1901) bekannt gewesen
sein dürfte. Der überlieferten Zurückweisung des Ekels vor einem tierischen
Aas durch Jesus läßt Werfel – als Gegenstück und Überbietung – die befremdliche Vision des Übergangs in eine (oberirdische) Unterwelt folgen, die Jesus
und die (im «Wir» der Sprecherinstanz angedeuteten) Jünger mit einem ungeheuren «Strom von Aas» konfrontiert. «Ist das denn Liebe, wo noch Ekel ist»,
fragt der selbst von Grauen geschüttelte Heiland und taucht seine Hände «ins
verderbliche Geziefer». Der Bezug zu Baudelaires Gedicht *Une charogne* und Rilkes Rekurs darauf im *Malte*-Roman (s. o. S. 273) drängt sich auf; zugleich wird
aber auch die fundamentale Verschiedenheit von Werfels Ansatz deutlich, dem es
eben nicht um die potentielle Ästhetisierung des Häßlichen oder sein subjektives
«Bestehen» (im Sinne Rilkes) geht, sondern um das ethisch-religiöse Postulat
einer schrankenlosen Öffnung zur Welt.

In der wachsenden Bedeutung, die das Böse und Häßliche für Werfels
poetisches Weltbild gewinnt, wird man sicher einen Reflex der Weltkriegs-
erfahrung sehen dürfen. Werfel gehört – mit Karl Kraus – zu den wenigen
deutschen Schriftstellern, die den Ersten Weltkrieg schon in den Tagen seines Ausbruchs kompromißlos abgelehnt haben. Bereits im August 1914
verfaßt er das antimilitaristische Gedicht *Die Wortemacher des Krieges* (aufgenommen in *Einander*). In der Rubrik «Verse vom Schlachtfeld» erscheint
in der *Aktion* vom Oktober 1916 Werfels Gedicht *Der Verwundete*, das
dem Tod auf dem Schlachtfeld eine überraschend versöhnliche, an das
monistische Einheitserleben gemahnende Note gibt: «Nun werf ich mich
hin in die Wicke, in Klee und Scharten der tausend geliebten Blumen des
Abends.» Die Neubearbeitung bei der Aufnahme in die gesammelten
Gedichte (1927) reduziert die sentimentalen Elemente, ohne die grundsätzliche Anlehnung an das Vorbild Whitmans aufzugeben.

Kraus und Werfel verbindet eine kurze Freundschaft und eine langandauernde Fehde. Im April 1911 nimmt Kraus drei Gedichte Werfels in die *Fackel* auf;

zu einem Zeitpunkt, als Kraus bereits die meisten Mitarbeiter aus seiner Zeitschrift verbannt hat, erscheint der «Weltfreund» aus Prag als ideale Ergänzung des Wiener «Weltfeinds». Werfel bedankt sich mit einem emphatischen Beitrag zur Kraus-Umfrage der Zeitschrift *Der Brenner*. Durch eine private Taktlosigkeit Werfels kommt es 1913 zum abrupten Ende der freundschaftlichen Beziehung. Die offene Phase der Polemik wird durch Kraus' Gedicht *Elysisches. Melancholie an Kurt Wolff* in der *Fackel* 443/444 von Mitte November 1916 eröffnet. Es handelt sich dabei um eine Parodie auf Werfels Gedicht *Vater und Sohn*, das seinerseits eine Kontrafaktur zu Schillers Briefgedicht *Ein Vater an seinen Sohn* darstellt. Kraus tätigt zusätzliche Anleihen bei anderen Schiller-Gedichten (*Melancholie an Laura, Elegie auf den Tod eines Jünglings*) und bei Goethe, um das Illegitime der Berufung einer ganzen Generation Jungprager Dichter auf das Weimarer Erbe zu verdeutlichen:

> Solchem Wesenswandel wehrt kein Veto,
> hin zu Goethen geht es aus dem Ghetto
> in der Zeilen Lauf,
> aus dem Orkus in das Café Arco,
> dorten, Freunde, liegt der Nachruhm, stark o
> liegt er dort am jüngsten Tage auf.

Werfel war Mitherausgeber der Reihe «Der Jüngste Tag» im Kurt Wolff Verlag, in der auch eine Auswahl seiner Lyrik erschien. Wie im vollen Umfang erst die Satire *Dorten* im nächsten *Fackel*-Heft (Januar 1917) deutlich macht, zielte Kraus bei seiner parodistischen Engführung von Schiller-Sprache und jüdischem Jargon bzw. Geschäftsdeutsch vor allem auf die eigennützige Selbstvermarktung der expressionistischen Moderne. Rilkes Bemerkung über den «Judenjungen» Werfel (nach der persönlichen Begegnung in Dresden 1913) hatte einen ähnlichen Hintergrund. Kraus' Polemik, die im *Fackel*-Essay *Ich und das Ichbin* (Oktober 1918) ihren vorläufigen Abschluß findet, hat einen tragischen Selbstbezug, insofern er mit dem Angegriffenen die Herkunft aus dem jüdischen Großbürgertum teilt und zunächst ja selbst von der Qualität der frühen Lyrik Werfels überzeugt war. Es dürfte nicht zuletzt deren ethischer Anspruch gewesen sein, der seinem eigenen Dichtungsverständnis entgegenkam.

Auch Albert Ehrenstein begann als Kraus-Verehrer; auch sein Verhältnis zu Kraus endete in einer verletzenden Polemik. In der *Fackel* finden 1910 die ersten Gedichtveröffentlichungen Ehrensteins statt: *Wanderers Lied, Traum, Verzeihung*. Die beiden ersten der zum Teil schon 1904 entworfenen Gedichte spielen ironisch auf Gedichte Goethes und Hofmannsthals an. Dabei wird das Motiv des Muschelspiels aus dessen Gedicht *Ein Knabe* in Ehrensteins *Traum*, wie Tagebuchaufzeichnungen im Kontext der Niederschrift verraten, sexuell aufgeladen. Mit der Figur des unglücklichen Wanderers aus der «Wind-ins-Gesicht-Gasse» hat sich Ehrenstein eine lyrische Rollenmaske geschaffen, die er in seinen ersten Gedichtbänden *Die weiße Zeit* (1914) und *Der Mensch schreit* (1916) vielfach variieren wird. In ihrer Unfähigkeit zu handeln oder zu kommunizieren − geschweige denn zu lieben bzw. Gegenliebe zu wecken − und

ihrem grenzenlosen Pessimismus ist sie ohne weiteres als Bruder oder
Nachfolger der Titelgestalt aus Ehrensteins erfolgreichster Erzählung
Tubutsch (s. o. S. 262) zu erkennen.

Überhaupt läßt sich sagen, daß die Lyrik Ehrensteins im folgenden
Jahrzehnt seine erzählerische Produktion weitgehend ablöst und beerbt.
Das gilt auch für den ironischen Umgang mit Mythen, die Vorliebe für
witzige Sprachspiele, die Fixierung aufs Sexuelle und eben auch die
umfassende Melancholie des sich selbst und dem Leben entfremdeten
Subjekts, das auf die Frage: «Ich? Wer bin ich?» antworten kann: «Ich
bin ein Zeitblock, / der bröckelt ab und fällt ins Meer» (*Der ewige
Schlaf*) und die kalauernde Selbstdefinition prägt: «Ich bin ja nur ein
armes Gurgelwasser / im Rachen der Zeit» (*Ruhm*).

Ehrensteins Lyrik gibt sich prosaisch, verzichtet zum großen Teil auf
Reim und festes Versmaß und kommt doch durch die hartnäckige Fokussierung auf die Befindlichkeit des Ich einem vertrauten Grundmuster
abendländischer, insbesondere der goethezeitlichen, Lyrik nahe. Der
Bezug auf die Erlebnislyrik erweist sich dabei als so komplex wie ambivalent. Denn einerseits parodiert Ehrenstein das historische Modell: Wer
keine Gefühle entwickelt und keine Liebe erfährt, also eigentlich nichts
erlebt, kann auch keine authentische Erlebnislyrik verfassen. Auf der
anderen Seite ergeben philologische Recherchen, daß ein nicht unerheb-
licher Teil seiner erotischen Poeme durchaus im Zusammenhang
bestimmter Amouren entstanden ist und sich auch sonst vielfach autobiographische Aussagen im Gedichttext verbergen.

Das *Nausikaa*-Gedicht beispielsweise, das mit der Zeile «Harte Hirtin milder
Gestade» beginnt, bezieht sich offenbar auf die Geliebte und spätere Frau des
Lyrikers und Ehrenstein-Freundes Fritz Lampl, der dieselbe Adressatin als
«Holde Hirtin milder Gestade» besungen hat. Und mit dem «süßen, bunten
Wunder: Weib» in *Ilsebill* (entst. 1916) ist anscheinend ursprünglich Elisabeth
Bergner gemeint. Auch die Problematik des einsamen Umherirrens im 1914 ent-
standenen Gedicht *Schicksal* erscheint im Lichte der Entwürfe weniger abstrakt.
Statt «wegloses Meer» heißt es dort «Völkermeer», und der Titel lautet: *Die
Juden*.

Eine neue Variante des Wanderer-Mythos erzeugt Ehrenstein mit
dem in der *Schaubühne* erstveröffentlichten Gedicht *Der Dichter und der
Krieg* (1915). Der 1917 in Ehrensteins drittem Lyrikband *Die rote Zeit* aufgenommene, im Manuskript noch *Resignation* genannte lyrische Monolog reflektiert die Einsamkeit eines Autors, auf dessen Gesänge keiner
hört – auch dann nicht, wenn sie der «rot aufschlitzenden Rache» gelten. Mit der Blutfarbe des Kriegs hat Ehrenstein ein neues Thema seiner
Lyrik gefunden, das der Ereignis- und Inhaltslosigkeit der «weißen Zeit»
seines ersten Gedichtbuchs allerdings nur scheinbar widerspricht. Denn
die Entfremdung bleibt gleich, sie hat sich sogar noch gesteigert. Nach

einer kurzen Verirrung in die Gefilde der Kriegspropaganda, faßbar im Essay *Neueste Kriegslyrik* (*März*, 1914), hat Ehrenstein noch 1914 zur Ablehnung des Kriegs gefunden, die sich in den Folgejahren in seiner Lyrik immer radikaler und aggressiver äußert. Europa gilt ihm als «Barbaropa» (so erstmals im Gedicht *Ende*), die kriegführenden Parteien insgesamt als Opfer und Handlanger eines mißgestalteten Mörser-Dämons. Das «sterbende Europa» des gleichnamigen Gedichts versinkt im Kot, wie einst das Sprecher-Ich aus *Wanderers Lied*. Im Gegensatz zu Werfel und anderen Expressionisten gibt es bei Ehrenstein nicht die utopische Perspektive auf den ‹neuen Menschen›.

Das umfängliche lyrische Œuvre von Karl Kraus ist bis heute kaum aus dem Schatten seines satirischen und dramatischen Werks herausgetreten. Das hängt sicher auch mit der Veröffentlichungspraxis zusammen. Unter dem Titel *Worte in Versen* erscheinen 1916–1925 acht schmale Bände, die den lyrischen Ertrag der jeweils vorausgehenden *Fackel*-Jahrgänge zusammenfassen. Schon der Titel bedeutet eine Distanzierung von der Subjektivitäts- und Inspirations-Aura, mit der gerade auch die expressionistische Generation das lyrische Genre umgab. «Worte in Versen» – sind das überhaupt Gedichte? Tatsächlich mögen sich bei manchem der hier versammelten Texte Probleme der Gattungszuordnung stellen, wird gelegentlich die Grenze zum Aphorismus oder zur dramatischen Szene überschritten. Aufs Ganze gesehen, steht aber außer Frage, daß Kraus eben in der Auseinandersetzung mit der expressionistischen Lyrik zu einer eigenen Form lyrischen Schreibens gefunden hat, die freilich keinerlei Anspruch auf Originalität erhebt, sondern ihre eigene Würde gerade in der Nähe zu klassischen Vorbildern sucht.

Programmatisch spricht dies Kraus' *Bekenntnis* aus, das mit den Versen beginnt: «Ich bin nur einer von den Epigonen, / die in dem alten Haus der Sprache wohnen.» Der Begriff des Epigonen gewinnt jedoch eine eigentümliche Aufwertung durch Rückbezug auf den griechischen Mythos, in dem die sieben Nachfahren (epigonoi) der vor Theben gefallenen Feldherren einen Rachefeldzug gegen die Stadt unternehmen: «Von Rache sprech' ich, will die Sprache rächen / an allen jenen, die die Sprache sprechen.» So gesehen, ist der Epigone der kämpferische Wahrer der von den Zeitgenossen verratenen Tradition; damit ist nicht nur Kraus' Wirken als Kulturkritiker umrissen, sondern auch die leitende Intention seines form- und traditionsbewußten lyrischen Werks. Die auffällige Reimkorrespondenz «Sprache rächen» – «Sprache sprechen» liefert zugleich ein Beispiel für die eigentümliche Sprachmetaphysik, auf der Kraus' Anschauungen von der Bedeutung des Reims beruhen, formuliert im Gedicht *Der Reim*: «Er ist das Ufer, wo sie landen, / sind zwei Gedanken einverstanden.» Angesichts solcher selbsttätigen Dynamik des sprachlogischen Prozesses wird der Dichter aus einem selbstherrlichen

Autor (das heißt eigentlich Urheber) zum staunenden Bewunderer, ja Opfer der Abenteuer seiner eigenen Arbeit (*Abenteuer der Arbeit*).

Wie kaum verwundern kann, ist Zeitkritik ein Schwerpunkt auch des lyrischen Schaffens von Kraus. Mehrere zum Teil sehr umfangreiche Gedichte greifen Lieblingsthemen der *Fackel* — wie Klassenjustiz, Krieg und Kriegsberichterstattung, Verachtung der Prostitution, Grausamkeit gegen Tiere — auf und verarbeiten sie in Form einer poetischen Rede, zunächst meist in Blankversen (*Tod und Tango, Eeextraausgabeee –!, Eine Prostituierte ist ermordet worden, Die Fundverheimlichung, Ein Shakespearescher König spricht*). Oft wird der Bezug zum aktuellen Tagesgeschehen betont — so durch die Voranstellung einer Agenturmeldung über den Untergang eines feindlichen Truppentransporters in nur 43 Sekunden (*Mit der Uhr in der Hand*). Die Alternative ist der Rückgriff auf religiöse und mythische Modelle. Beides verbindet sich im großen *Gebet an die Sonne von Gibeon*, einer apokalyptischen Wunsch-Vision in daktylischen Vierzeilern (s. o. S. 64 f.). Das *Gebet während der Schlacht* konnte 1916 in der *Fackel* nur erscheinen, nachdem Kraus den Titel in *Gebet* abgeändert hatte; ebenso wie das Gedicht *Mit der Uhr in der Hand* findet es als Rezitation des Nörglers Eingang in *Die letzten Tage der Menschheit*.

Der erste und dritte Band der *Worte in Versen* sind Sidonie Nádherný gewidmet, der zweite und vierte den Schauplätzen und Höhepunkten der Liebesbeziehung, die Kraus in den Jahren 1913–1918 mit der böhmischen Adligen verband: «Dem Park von Janowitz» und «Dem Tag von Vallorbe». In den (äußerst dezenten, zum Teil als Akrostichon angelegten) Liebes- und Naturgedichten ersteht eine idyllische Gegenwelt zum Kriegstreiben ringsum, deren Fragilität freilich stets bewußt bleibt. *Fahrt ins Fextal* beschreibt einen gemeinsamen Wintertag im Engadin als Ausstieg aus dieser Welt: «Wenns so weiter geht, / ist dies hier schon der andere Planet! // Ins Helle schwebend schwindet aller Raum. / So schwerlos gleitet nach dem Tod der Traum.»

IV. DEUTSCHLAND

1. Von George zu Borchardt

Im dichterischen Schaffen Stefan Georges und seiner Wirkung nach außen vollzieht sich um 1900 ein deutlicher Wandel. Die ästhetizistische Autonomiegebärde des Frühwerks wird von einem prophetischen Habitus abgelöst, der die fundamentale Kritik an der gesellschaftlichen Realität ebenso umschließt wie das utopische Heilsversprechen einer radikalen Erneuerung. Das Eröffnungsgedicht des *Siebenten Rings* (1907), des ersten Gedichtbands, den George im neuen Jahrhundert vorlegte – ganze acht Jahre nach dem *Teppich des Lebens* (1899) –, reflektiert die auf das frühere Werk gestützten Lesererwartungen («Da galt ich für den salbentrunknen prinzen / Der sanft geschaukelt seine takte zählte») und den Gegensatz, in dem sich die «eifernden» Posaunen- oder Fanfarenstöße seiner jetzigen Lyrik dazu befinden. Die Antwort und Rechtfertigung, die *Das Zeitgedicht* auf die Fragen einer verwunderten Leserschaft findet, lautet: «Ihr sehet wechsel · doch ich tat das gleiche.»

Diese Antwort ist freilich nur halb richtig. Gewiß besteht eine Kontinuität insofern, als schon der ästhetizistische Autonomieanspruch der früheren Lyrik auf einer kompromißlosen Ablehnung der deutschen Gegenwart beruhte. Doch liegt ein erheblicher Unterschied darin, daß es dem mittleren und späten George eben nicht mehr genügt, im «totgesagten park» (um an das bekannte Gedicht aus dem *Jahr der Seele* zu erinnern) eine makellose künstlerische Gegenwelt aufzubauen; vielmehr beeinflußt die Notwendigkeit einer umfassenden kulturellen Erneuerung zunehmend den Inhalt und die Form seines Schreibens. Dieses erhält in wachsendem Maße einen aggressiven und/oder imperativischen Duktus, wird Botschaft und symbolisches Vor-Bild jenes «neuen Reichs», nach dem George seinen letzten Gedichtband benennen wird.

Die *Zeitgedichte*, der erste und äußerste der sieben Gedichtkreise oder Ringe, aus denen der Gedichtband von 1907 aufgebaut ist, belegen die Veränderungen der Schreibweise Georges aufs deutlichste; der Kernbestand der einheitlich geformten Gedichte, die aus jeweils vier achtzeiligen Blankversstrophen bestehen, erschien übrigens schon 1903 in der VI. Folge der *Blätter für die Kunst*. In ungeahnter Härte werden «unrat», «gift und kot» einer «verwesten» Welt benannt.

Der sittliche Verfall der Gegenwart ist so vollständig, daß sich noch ein Lustknabe der römischen Legionen verächtlich von ihr abwenden müßte, würde er

im heutigen Trier erwachen – so die Pointe des Alfred Schuler, dem Rom-Ken-
ner aus dem Kosmiker-Kreis, gewidmeten Rollengedichts *Porta Nigra*. Mit
«strenger antwort» an die Vertreter der Moderne wartet erst recht *Die tote Stadt*
(s. o. S. 65) auf: «Euch all trifft tod. Schon eure zahl ist frevel.»

Das Gedicht *Goethe-Tag*, veranlaßt durch einen Frankfurt-Besuch zum 150.
Geburtstag des Klassikers 1899, und die jeweils kurz nach dem Tod der großen
Zeitgenossen erschienenen poetischen Epitaphe *Nietzsche* (1900/01) und *Böcklin*
(1902/03) markieren den Abstand zwischen der Einsamkeit des Genies und
der Trivialität seiner Verehrer sowie den Auftrag des Künstlers, als der zutiefst
auch Nietzsche begriffen wird, zur Rettung, ja Erlösung seiner Zeit.

Ein im ursprünglichen Manuskript der *Zeitgedichte* enthaltenes Bismarck-
Gedicht (*Der Preusse*, posthum 1951) wurde nicht der Aufnahme in den *Siebenten
Ring* gewürdigt; statt dessen wird die Reichsidee dort repräsentiert durch die im
Dom zu Speyer begrabenen mittelalterlichen deutschen Könige und Kaiser (*Die
Gräber in Speier*). Als einzige «wahre majestät» unter den Zeitgenossen erscheint
Papst Leo XIII., aus dessen Dichtungen die dritte Strophe des nach ihm benann-
ten Gedichts einen Passus zitiert, der schon auf das innerste Zentrum des *Sieben-
ten Rings*, den *Maximin*-Zyklus, zu verweisen scheint: «Komm heiliger knabe !
hilf der welt die birst / Dass sie nicht elend falle ! einziger retter !»

Mit dem *Maximin*-Zyklus im Herzen des *Siebenten Rings* erreicht
der ästhetische Katholizismus Georges eine qualitativ neue Stufe. Leben
und Tod Maximilian Kronbergers, der 1904 im Alter von siebzehn Jahren starb und von George mit dem Gedenkbuch *Maximin* geehrt wurde,
werden zur Epiphanie eines neuen Messias stilisiert, von der Zeugnis
abzulegen der eigentliche Auftrag (und das Vorrecht) des Dichters als
eines wahren Priesters und Propheten ist. «Dem bist du kind · dem
freund. / Ich seh in dir den Gott.» So heißt es im ersten der *Kunfttag*-
Gedichte zu Beginn des Zyklus. Die Autonomie des Dichterischen
erhält durch die Unterordnung unter den neuen Heiland keinen Eintrag;
im Gegenteil erweitert sich die Selbstermächtigung des lyrischen Autors
noch dadurch, daß er eigentlich erst den Gott erzeugt. In diesem Sinn
erklären die Schlußverse des sechsten Gedichts *Auf das Leben und den
Tod Maximins*: «Am dunklen grund der ewigkeiten / Entsteigt durch
mich nun dein gestirn.» So ist auch die Paradoxie zu verstehen, mit der
sich der lyrische Sprecher in *Einverleibung* als «geschöpf nun eignen sohnes» bezeichnet; das Mysterium der Eucharistie wird im selben Gedicht
ins Erotische umgedeutet. Auf eine Himmelfahrt des Dichters schließlich läuft die Hymne *Entrückung*, sicher der poetische Höhepunkt dieses Zyklus, hinaus: Die aus der religiösen Überlieferung ebenso wie aus
der Geschichte der Genie-Ästhetik vertraute Vorstellung der Elevatio
wird hier bis zur Ablösung von der Erde gesteigert und damit auf eine
Stufe gehoben, die sie künftigen Konzepten der Avantgarde kompatibel
macht: «Ich fühle luft von anderem planeten.»

In der *Litanei*, einem späteren Gedicht des *Siebenten Rings*, tritt Georges Anlehnung an das Modell der katholischen Liturgie vielleicht am

sichtbarsten hervor. Tatsächlich sind schon große Teile des *Maximin-Zyklus* als Wechselspiel von Priester- und Gemeinderede, Ich und Wir angelegt. Das dialogische Prinzip wird im gleichen Maße zum integralen Bestandteil der späteren Gedichtbände Georges, als diese die Ausbildung eines geistigen Bundes und das Verhältnis von Führer und Gefolgschaft zu ihrem Thema machen. Aus dem *Siebenten Ring* sind hier mehrere als Wechselrede angelegte Gedichte des Zyklus *Gestalten* zu nennen. Inhaltlich einschlägig sind aber ebenso die Darstellungen eines kampfbereiten Kollektivs in den aufeinanderfolgenden Gedichten *Templer* und *Die Hüter des Vorhofs* sowie die emotional-intensive Vergegenwärtigung des Werdegangs zweier Freundschaften im Zyklus *Gezeiten*. Die ersten zwölf Gedichte beziehen sich offenbar auf Georges Freundschaft mit Friedrich Gundolf; die anschließenden sechs Gedichte sind dem ersten Jahr seiner Freundschaft mit Robert Boehringer gewidmet. Hier wie dort entfaltet sich die Sprache homoerotischer Zärtlichkeit in einer kaum durch die Wirklichkeit gedeckten Kühnheit.

Wie schon im *Jahr der Seele* ist eine eigene Abteilung des *Siebenten Rings* für Anreden an Jünger und sonstige Vertraute vorgesehen. Eine dieser *Tafeln* ist gleichfalls an Gundolf adressiert: Sie bewertet die Hinwendung des Literaturwissenschaftlers zu Geschichte und Philologie als Entfremdung von der Dichtung. Neu ist der Versuch einer Kulturgeographie des eigenen Reichs durch Beziehung auf verschiedene Orte von Georges Wirken, nicht zuletzt den Rhein, an dessen Ufern der Autor aufgewachsen ist, dem er auch eins der *Lieder* des *Siebenten Rings* widmet und den er bald darauf im programmatischen Gedicht *Goethes lezte Nacht in Italien* (entst. 1908) wiederum verherrlichen wird. Als Mittler zwischen deutscher und französischer Kultur und Hort dionysischer Sinnlichkeit ist die Rheinlandschaft für George die idealtypische Gegenbastion zum Kulturprotestantismus des wilhelminischen Reichs. Indem er sich gerade bei den *Rhein*-Tafeln, aber auch bei anderen Gedichten dieses Zyklus an den dunklen Sprüchen des französischen Propheten Nostradamus orientiert, sichert George auch diesem letzten und äußersten Ring seiner Sammlung das Gepräge einer hermetischen Botschaft – freilich um den Preis der Zugänglichkeit.

Die widerspruchsvolle Spannung zwischen esoterischem Anstrich und – faktischer wie intendierter – Wirkung nach außen charakterisiert in besonderer Weise den nächsten Gedichtband Georges. *Der Stern des Bundes* erschien im Februar 1914 und mußte sofort nachgedruckt werden; der Ausbruch des Weltkriegs tat ein übriges dazu, daß das «geheimbuch» (wie Georges spätere Vorrede sich ausdrückt) in Teilen der Jugendbewegung zum Kultbuch wurde. Einhundert titellose Gedichte, überwiegend im fünfhebigen Jambus, vereinigen sich zu einer monumentalen Gesamtwirkung, heben sich gewissermaßen als Individuen auf zugunsten einer höheren Einheit. Die Ästhetik des Bandes korrespondiert somit demonstrativ der thematischen Ausrichtung, die nun erstmals in der Entwicklung Georges die von diesem initiierte Kreisbildung direkt kommentiert. Freilich nicht im Sinne einer konkreten Bezugnahme auf den historischen George-Kreis, sondern als visionäre Setzung einer männerbündischen Gemeinschaft. «Dies ist reich des Geistes», beginnt das zweite Gedicht des Dritten Buchs; es endet mit den Versen:

> Durch die sendung durch den segen
> Tauscht ihr sippe stand und namen
> Väter mütter sind nicht mehr ...
> Aus der sohnschaft · der erlosten ·
> Kür ich meine herrn der welt.

Griffige Parolen schließen sich an, um deren Mißdeutbarkeit sich der Dichter offenbar wenig Gedanken gemacht hat. «Wer je die flamme umschritt / Bleibe der flamme trabant!» – Das stereotype Symbol geistiger Erhebung in Georges Lyrik läßt sich hier leicht mit jugendbewegter Lagerfeuerromantik verwechseln. «Mit den frauen fremder ordnung / Sollt ihr nicht den leib beflecken» – Ethnische Vorurteile klingen an und mit ihnen der Grundtenor der Frauenverachtung, der zum männerbündischen Diskurs des frühen 20. Jahrhunderts gehört. Ein späteres Gedicht desselben Buchs bestätigt diesen Eindruck, ganz im Geiste Weiningers beginnend: «Die weltzeit die wir kennen schuf der geist / Der immer mann ist: [...]»

Daneben stehen andere Töne, nur für den Eingeweihten vernehmbar. Die Gedichte des *Eingang*-Teils schließen offenkundig an den im *Siebenten Ring* begründeten Maximin-Kult an; es ist dieselbe Figur, die im ersten Gedicht als «Herr der Wende» apostrophiert wird. Die im *Siebenten Ring* erprobte Transformation liturgischer Modelle wird in den anaphorisch strukturierten Gedichten *Ich bin der Eine und bin Beide* sowie *Schlusschor* aufgenommen, zum Teil (auch darin an die letzte Sammlung anschließend) mit unverhüllter sexueller Symbolik:

> Ich bin der Eine und bin Beide
> Ich bin der zeuger bin der schooss
> Ich bin der degen und die scheide
> Ich bin das opfer bin der stoss

Man kann vergleichsweise an Rilkes Rückgriff auf die Sprache der Mystik in einzelnen Gedichten des *Stunden-Buchs* denken, etwa in *Lösch mir die Augen aus: ich kann dich sehn*. Zugleich springt als Unterschied der autoritäre Gestus der Georgeschen Lyrik ins Auge, deren Selbstermächtigung mit den zitierten Versen die Grenzen des Vorstellbaren erreicht.

Die Signatur des rational Unauflösbaren gehört andererseits zum typischen Erscheinungsbild von Geheimlehren, und als «geheime kunde» stellen sich die Texte des *Sterns des Bundes* ausdrücklich dar. Ein neunzeiliges Gedicht des Dritten Buchs setzt ein mit den Versen:

> Hier schliesst das tor : schickt unbereite fort.
> Tödlich kann lehre sein dem der nicht fasset.

Nur ein wahrhaft «bereiter» Philologe und George-Vertrauter wird hier darauf achten, daß der Anfangsbuchstabe des ersten Verses zusammen mit dem zweiten Buchstaben des zweiten Verses den Anfang des Namens «Hölderlin» ergibt, dessen Fortsetzung tatsächlich in den folgenden sieben Versen nach dem gleichen Prinzip enthalten oder vielmehr versteckt ist – bis hin zur halbverräterischen letzten Zeile: «Den hehren Ahnen soll noch scheu nicht nennen.»

Die Hölderlin-Rezeption Georges, die in der George-Verehrung des Hölderlin-Herausgebers Hellingrath ihr Gegenstück findet, erreicht ihren Höhepunkt im lyrischen Triptychon *Hyperion*, das im Herbst 1914 in der X. Folge der *Blätter für die Kunst* erscheint und später – zusammen mit dem bereits genannten Gedicht *Goethes letzte Nacht in Italien* – den letzten Gedichtband Georges (*Das neue Reich*, 1928) eröffnet. Der Hölderlinsche Romanheld als Sprecher der drei Teile des Gedichts verschmilzt mit der Persönlichkeit seines Schöpfers wie der des selbsternannten Hölderlin-Erben George: Wie jene beiden wird dieser vom Unbehagen an deutschen Zuständen zur Entdeckung der griechischen Kultur getrieben und gelangt von hier aus zur Utopie eines im Geiste der Antike erneuerten Deutschland. Im *Neuen Reich* folgt den beiden Gedichten auf Dichter, die sich um eine Synthese von «Heimat» und Hellenentum verdient gemacht haben, die vierteilige Dichtung *An die Kinder des Meeres* (1914, schon in den *Blättern für die Kunst* mit *Hyperion* verknüpft). Der George-Schüler Ernst Morwitz, von dem der vierte Teil (*Nachklang*) stammt, hat in seinem Kommentar nähere Auskünfte über die drei jungen Männer und ihre Bekanntschaft mit George gegeben, die hier Modell gestanden haben. Offenbar wiederholte sich in der Wirkung ihrer jugendlichen Erscheinungen auf den Autor in abgeschwächter Form – wie in einem Nachklang – das Grundmuster des Maximin-Erlebnisses: Das homoerotische Angezogensein durch eine idealische Jünglingsschönheit sublimiert sich in einer Dichtung, die nicht umsonst das «gesegnete gestade» des Mittelmeers, die Heimat der hellenischen Päderastie und der mit ihr verbundenen ganzheitlichen Körper-Kultur, beschwört.

Weitere Teile des *Neuen Reichs* sind in der Zeit bis 1914 entstanden und in den *Blättern für die Kunst* veröffentlicht worden. Die balladeske Märchendichtung *Das Lied* erschien dort 1910 anonym unter den Beiträgen «jüngerer Dichter»; das Experiment im Volkston verknüpft das stimmungshafte Element, durch das sich auch die Lied-Dichtungen des *Siebenten Rings* auszeichnen, mit einer selbstreflexiv-tautologischen Volte. Denn es ist offenbar das Lied selbst, von dem im Text die Rede ist (das der Knecht den Kindern singt, der aus dem Feenreich zurückgekehrt ist).

Ein anderes Bindeglied zwischen der Ästhetik des *Siebenten Rings* und dem *Neuen Reich* bilden die szenischen Gedichte *Der Mensch und der Drud* und *Gespräch des Herrn mit dem römischen Hauptmann* (1914). Sie verfolgen offenbar das dialogische Prinzip weiter, das schon im *Gestalten*-Zyklus des früheren

Gedichtbands erkennbar war. Die gemeinsame Tendenz beider Versdialoge ist die relativierende Infragestellung, ja Düpierung menschlicher Rationalität in der Konfrontation mit dem Tierhaften (der Drud als Naturwesen mit Ziegenfuß und Horn) wie dem Göttlichen (Jesus).

Der Ausbruch des Ersten Weltkriegs setzte Georges dichterisches Weltbild und die Strukturen des George-Kreises einer besonderen Belastungsprobe aus. Das umfängliche – wiederum dialogisch angelegte – Gedicht *Der Krieg*, 1914–1916 entstanden, im Juli 1917 als Sonderdruck veröffentlicht, nimmt die Fragen seiner Kritiker auf und positioniert den Verfasser als «Siedler auf dem berg», der sich in langer Rede mit den Argumenten der Kriegsbefürworter und -rechtfertiger auseinandersetzt (s. u. S. 805 f.).

«Euch dank ich mein WISSEN: Mir dankt ihr den WEG!» So die Schlußzeile des Gedichts *Der Meister* (1903), mit dem Karl Wolfskehl seine unerschütterliche Ergebenheit gegenüber Stefan George bekundet und zugleich den Punkt andeutet, in dem ihm selbst eine gewisse Überlegenheit zukam. Seine polyhistorische Belesenheit machte den Mythenkenner Wolfskehl zu einem der wichtigsten Mitglieder der Münchner Kosmiker-Runde. Die Überführung dieses Wissens in eine eigenwertige lyrische Form gelang dem regelmäßigen Mitarbeiter der *Blätter für die Kunst* allerdings nur begrenzt, wie nicht zuletzt die *Hymnen und Gesichte* seiner *Gesammelten Dichtungen* (1903) zeigen.

Interesse erregt sein lyrischer Beitrag – mit den Anfangsworten «Seht ihr mich nicht?» – zum *Maximin*-Gedenkbuch (1906) durch die eigenartige Vermischung christlicher (Tränenkrug) und heidnischer (Blut-/Weinopfer) Symbolik. Das Ritual des Blutopfers begegnet schon in Wolfskehls Gedicht *Das Fest* (1903); seine Faszination für dionysische Traditionen, der sich übrigens auch die Mitherausgeberschaft einer Sammlung deutscher Trinklieder verdankt (*Die trunkene Mette*, 1909), erreicht ihren dichterisch stärksten Ausdruck in *Die Kelter* (1914). Durch die Gewaltsamkeit seiner Metaphorik und den messianisch-apokalyptischen Erwartungsdruck, der hier Gestalt annimmt, tritt das Gedicht in eine gewisse Nähe zum Expressionismus.

Messianische Züge sind ja auch Georges mittlerem und spätem Werk nicht fremd. In Wolfskehls Schaffen verbinden sie sich vor allem mit der Problematik der jüdischen Identität. Sein zionistisches Engagement spricht sich schon in dem Gedicht *Vom Nebo* aus (s. o. S. 47). Auf das Schicksal des jüdischen Volks – hier: die babylonische Verbannung – verweist auch der Gedichtzyklus *An den alten Wassern* (1903). An der Grenze zwischen zionistischer Programmatik und generationstypischem – man denke an Stadlers Lyrik – Aufbruchspathos verharrt Wolfskehls Gedicht *Aufbruch* (1901).

Der junge Rudolf Borchardt war von der Begegnung mit dem Werk Georges und Hofmannsthals so stark beeindruckt, daß er seine eigenen dichterischen Versuche zwei Jahre lang einstellte. Das erste Gedicht, das ihm danach gelang (*Heroische Elegie*, 1900), schickte er sogleich an George. Trotzdem ist es nie zu einem engeren Verhältnis Borchardts zu

George und seinem Kreis gekommen; vielmehr beobachtete jener die Entwicklung der George-Schule aus kritischer Distanz, um sie noch in einem Manuskript von 1935 (*Aufzeichnung Stefan George betreffend*) als päderastische Diktatur zu denunzieren. Die Titel von Borchardts ersten größeren Gedichten erinnern wohl nicht zufällig an Sinfonien und Sonaten Beethovens: Auf die ‹Heroica› folgen die *Pastorale* (später *Idyllische Elegie*, eine Übertragung von Henri de Régniers *Élégie*) und die *Pathetische Elegie* (1900); die 1901 entstandene *Elegie quasi una fantasia* (auch: *Zweite Elegie an Vivian*) erhält beim Erstdruck 1909 den Titel *Melodische Elegie*.

Offenbar entspricht das Elegische einem Grundbedürfnis des Lyrikers Borchardt. Die Klage um verlorenes Glück erweist sich bei näherem Hinsehen als Klage um ein Glück, das so nie bestanden hat, als melancholische Betrachtung eines Weltzustandes, der vollständige Erfüllung allenfalls in der Kunst gewährt. Das gilt noch für das große Gedicht *Wannsee* (1912), das 1911 nach einem Besuch des längst verkauften elterlichen Hauses entstand, aber schon weit früher als Elegie geplant war: Das Wiedersehen der großbürgerlichen Villa am Rande Berlins drei Jahre nach dem Tod des Vaters bringt dem Sohn eines jüdischen Bankiers vor allem die emotionalen Defizite seiner Kindheit in Erinnerung. Um ein utopisches Glück handelt es sich auch in der *Saturnischen Elegie*, die in der Zeit von Borchardts stürmischer Werbung um Margarete Ruer entstand und im Erstdruck (1901) dieser – alias «Vivian» – gewidmet ist: In enger Anlehnung an Edward Burne-Jones' Gemälde «Die Bezauberung Merlins» (1872–1876) wird ein Liebesglück in einem Dornenhag imaginiert, das sich demonstrativ von der Außenwelt abgrenzt:

> Was war, ist irgendwo tot, und es blühen
> Hinter dem Vorhang mir die dunklen Blumen
> Der Kindheit, grauenhaft, im Land der Mühen,
>
> Im Eisen-Lande, fern von Heiligtumen.

Das Symbol des Gartens bzw. Parks, ein Lieblingssymbol des Ästhetizismus, wird schon im Märchengedicht *Pargoletta* mit dem Motiv einer magischen Bezauberung verbunden, das wohl von Hofmannsthal übernommen ist. In der ästhetischen Stilisierung seiner Liebe zu Margarete Ruer geht Borchardt über sein Vorbild hinaus: Er benennt die – eher einseitig – Geliebte nach einer Fee der keltischen Sage und richtet seine Verehrung für sie nach dem Muster des mittelalterlichen Minnesangs und der *Vita nova* Dantes aus. So erklärt sich bei diesem äußerst traditionsbewußten Dichter der Rückgriff auf die Sonettform in *Abschied*; das Gedicht leiht der Liebe der beiden Kaufmannskinder geradezu aristokratische Würde und öffentliche Verantwortung. (Das «schwarze Eingeweide», von dem das erste Terzett in einem erschreckenden Gleichnis spricht, ist ein unmißverständlicher Hinweis auf die Melancholie, die im Doppelgedicht *Nebelhaus* allegorische Gestalt gewinnt.)

Die elitäre Attitüde des – seinem Selbstbewußtsein nach – geborenen
«Herrn» artikuliert sich noch schärfer im Widmungsgedicht *Mit Erdbeeren und
einer Schale* (1905), dem Borchardt bei der Drucklegung der *Jugendgedichte* (Privatdruck 1913) die Zeilen anfügte:

> Gott sei gelobt, daß wir nicht Gleiche sind:
> Der Mensch ist überm Menschen; sei gelobt,
> Daß du ein Höheres bist, als mir geziemte!

Wie im Minnesang erhöht sich der Dienende durch den Rang seiner Herrin.
Der Anschluß an das mittelalterliche Modell ist besonders deutlich beim *Tagelied*
(entst. 1902), das einem alten Wächter in den Mund gelegt ist, der die Liebenden
in eigenartiger Verfremdung des Körperlichen zur Trennung aufruft: «Brecht
Hand aus Hand, ringt auf, was ihr verschlanget, / Sitzt auf, kehrt in euch selber,
laßt euch fahren.» Hohe Minne in Borchardts Verständnis ist nicht abhängig
von sinnlicher Entsagung, sondern definiert sich durch die Erweiterung und
Übersteigung des persönlichen Glücks in Richtung auf religiöse und soziale
Normen. So heißt es noch in einem *Nachklang*-Gedicht von 1917: «O Herz der
Ordnungen! laß mich nicht frei sein, / Frei sein ist nichts: ich wollt, ich wäre
dein!»

Als Distanzierung vom Ästhetizismus seiner Anfänge läßt sich das
Aufbruchsethos in Borchardts Gedicht *Kürzester Tag* lesen, das im
Dezember 1901 entworfen wurde. Schon die Sonette des von Hofmannsthal hochgeschätzten *Autumnus*-Zyklus (entst. 1901–1904) führen mit
der mythischen Gestalt des Herbstgotts eine neue dionysische Dimension ein. Sie findet im Langzeitprojekt der *Bacchischen Epiphanie* (1924)
ihre volle Entfaltung, die vom ersten Entwurf in zehn Strophen (entst.
1901) bis zur letzten Fassung in siebenunddreißig Strophen unterschied-
lichste Ausformungen durchläuft. Dabei verdient vor allem der Gegensatz zwischen der unsinnlich-apollinischen ersten Version und dem Neuansatz von 1904/05 Beachtung, der die destruktiv-chaotische Aggressivität des Dionysischen in krassen Bildern heraufbeschwört. Der spätere
Schlußteil wird solche rauschhafte Entgrenzung als Täuschung relativieren. Offenkundig ist dem jüngeren Borchardt an einer vitalistischen Auffassung des schöpferischen Prozesses gelegen, dem er die gesamte Kultur
wie das individuelle künstlerische Schaffen unterworfen sieht.

In scharfem Kontrast dazu liefern die Gedichte *Eine Sestine von der
Magnolie im Herbst* (später: *Magnolie des Herbstes*; 1908, entst. 1905)
und *Verse bei Betrachtung von Landschaftszeichnungen geschrieben*
(1909, entst. 1904) Schreckbilder versagender Lebenskraft als Gleichnisse künstlerischer Sterilität. Der «leidenschaftliche Gärtner» Borchardt
(unter diesem Titel erscheint posthum ein ganzes Gartenbuch aus seiner
Feder) entwickelt ein sehr persönliches Verfahren, konkrete Naturphä-
nomene deutend auf geistige Zustände zu beziehen. So beschreibt sein
Gedicht *Nigella hispanica atropurpurea* – als Teilstück des Zyklus *Der*

Mann und die Liebe – im allegorischen Bild einer Gartenpflanze die «unglückliche», nämlich ausschließlich triebhafte Liebe. «Du hast nur Bilder, Mensch, deiner Gottheit!», heißt es in der dem Freund und künstlerischen Weggefährten Rudolf Alexander Schröder gewidmeten *Ode mit dem Granatapfel* (1909). Die der Persephone geheiligte Frucht wird zum mythischen Gleichnis der durch die Dichtkunst zu leistenden Versöhnung von Tod und Leben.

In der *Klage der Daphne*, mit der sich Borchardt erneut dem Muster der Elegie (diesmal auch ihrer traditionellen metrischen Ausprägung in Distichen) zuwendet, verkörpert das sich in einen Ölbaum wandelnde Mädchen der griechischen Sage die weibliche Angst vor einer aggressiven männlichen Sexualität. In Daphnes Anrede an die Grille, die sie zur Zeugin und Teilnehmerin ihrer Not aufruft, kommt eine alternative Form des Weltverhaltens zum Ausdruck, die auf Wahrnehmung und Respektierung des Anderen beruht. Eine solche Anrede praktiziert auch die Figur des Dichters im programmatischen Gedicht *Auf eine angeschossene Schwalbe, die der Dichter fand* (1912). Freilich ohne falsche Bescheidenheit: Gott selbst, so die These des Textes, bedarf des Dichters, der die Schöpfung zeigend zur Anschauung bringt. Zusammen mit dem Leser bilden Gott und der Dichter eine heilige «Trinität» (*An Hofmannsthal*); noch im Zustand der Lähmung seiner Kreativität dient der Künstler Gott. Das ist die starke Behauptung, die Borchardts Gedicht *They also serve* schon im titelgebenden Milton-Zitat ausspricht, das sich ursprünglich auf die erblindeten Augen des englischen Epikers bezieht.

Ungeachtet seiner Verwurzelung im Formkult der Jahrhundertwende scheut der Lyriker Borchardt nicht die Berührung mit dem Zeitgeschehen. In der *Täglichen Rundschau* erscheint im November 1916 sein Gedicht *In das Stammbuch meines Kommandeurs im Felde* – ein kaum geglückter Versuch, das (ungeleugnete) Grauen des Kriegs im Zeichen der «Geburt der Seele» zu verklären. Das bisweilen maßlose polemische Temperament Borchardts äußert sich in der *Ballade von Tripolis*, einem seinerzeit ungedruckt gebliebenen Seitenstück des publizistischen Feldzugs, den er als selbsternannter Spectator Germanicus in den *Süddeutschen Monatsheften* gegen die Kolonialpolitik Italiens und die Rolle des mit ihm verbündeten Deutschen Reichs im türkischen Krieg 1911/12 führte. Das George an Aggressivität der Schmähung womöglich noch übertreffende Zeitgedicht läßt vergessen, daß sein Verfasser seit 1906 in der Toscana eine neue Heimat gefunden hatte, der ihn erst 1944 ein deutsches Militärkommando gewaltsam entreißen sollte.

Vertreter der Odendichtung neben Borchardt sind der 1904 aus dem Leben geschiedene Walter Calé und vor allem Rudolf Alexander Schröder. Dessen *Ode an Borchardt* verhält sich zu Borchardts *Ode mit dem Granatapfel* wie Frage zur Antwort. Durch die Beschäftigung mit Horaz angeregt, aus dessen *Carmina* beide Freunde im Wettstreit übersetzten, verfaßte Schröder zwei Folgen *Deutscher Oden* (1910–1913), die sich als Appell an das Nationalbewußtsein verstehen und zu einer Rückbesinnung auf konservative Werte wie «Gedenken» oder «Treue» und zum Widerstand gegen modernistische Tendenzen des Liberalismus und Kosmopolitismus aufrufen. Wie andere antikisierende Dichtungen Schröders (zum Beispiel die Elegie *Tivoli*, entst. 1910) stellen die Oden, die inhaltlich als Pendant zu Georges kulturkritischen Zeitgedichten aufgefaßt werden können, einen Versuch der Rückkehr zur strengen Form in der Lyrik dar. Einen Versuch allerdings, der – im Gegensatz zu Borchardts dichterischen Experimenten – Georges Weg einer vom Symbolismus inspirierten Erneuerung der poetischen Sprache gerade ignoriert.

2. Von Stadler zu Loerke

Stadlers wohl bekanntestes Gedicht *Fahrt über die Kölner Rheinbrücke bei Nacht* (gedruckt in der *Aktion*, 1913) beschreibt zunächst in fast impressionistischer Manier die Annäherung an die Stadt durch unregelmäßig erhellte Industriegebiete und Vorstädte und baut so eine Erwartung auf, die mit dem Dröhnen der Eisenbahnbrücke und dem Blick auf den nächtlichen Strom unversehens übertroffen und umgeleitet wird. Denn das Gedicht endet nicht mit der Ankunft in der Großstadt, sondern mit der imaginären Flucht aus ihr: Das Auge des Reisenden folgt den beleuchteten Flußufern bis zur Grenze des städtischen Weichbilds, ja über sie hinaus. Die beiden letzten Zeilen – typisch Stadlersche Langverse – des Gedichts lauten:

> Und dann die langen Einsamkeiten. Nackte Ufer. Stille. Nacht.
> Besinnung. Einkehr. Kommunion. Und Glut und Drang
> Zum Letzten, Segnenden. Zum Zeugungsfest. Zur Wollust.
> Zum Gebet. Zum Meer. Zum Untergang.

Eine wahrhaft dionysische Perspektive! Sie findet in der Lyrik des jungen Benn manche Parallele, bisweilen – so in den Gedichten *Ikarus* und *Rückfall (O Geist)* – auch im hymnischen Ausdruck. Man beachte zugleich die für Stadler charakteristische Amalgamierung christlich-religiöser Frömmigkeit mit vitalistischen Verheißungen. Die Hingabe des Individuums vollendet sich in seiner poetischen Phantasie ebenda, wo auch der Fluß sich aufgibt und «untergeht»: im Meer. Es kann daher nicht überraschen, in Stadlers etwa zeitgleichem hymnisch getönten Gedicht *Meer* auf ganz ähnliche Vorstellungen von einer umfassenden Synthese, von einer durch das Meer verkörperten Vereinigung der Gegensätze zu stoßen, in der sich das Ich auch mit seinen persönlichsten Erinnerungen und Träumen wiederfinden und der es sich hingebungsvoll anvertrauen kann.

Wohl aber muß es überraschen, bei einem Blick auf das Frühwerk Stadlers fast identische Konfigurationen anzutreffen. Genau elf Jahre zuvor veröffentlicht der Neunzehnjährige in der Münchner Zeitschrift *Die Gesellschaft* zwei größere Gedichte (*Eine Nacht, Traum*), die in freien Rhythmen – nach dem Muster von Arno Holz mittelachsensymmetrisch angeordnet – die Vereinigung des Ich mit einem mythisch überhöhten Lebensprinzip feiern. Wie bei vielen Anfänger-Werken schimmern die Vorbilder deutlich hindurch: Goethe (mit seinen Sturm-und-Drang-Hymnen), Novalis (*Hymnen an die Nacht*), Nietzsche (*Also sprach Zarathustra*) und nicht zuletzt Friedrich Lienhard, dessen *Nordlandslieder* (1898) den Germanistikstudenten und Wagner-Verehrer für die Welt der Edda begeistert haben. Sie stehen auch im Hintergrund der Mythen-Synthese, die Stadlers *Baldur*-Zyklus (*Der Stürmer*, 1902) zwischen dem germanischen Lichtgott, Christus und Prometheus vollzieht. Baldurs Tod (im gleichnamigen Gedicht) wird zur Ankündigung eines «neuen Morgenrots»: «Und alles Leben ist / Ein einzig hehres Opferfest von Licht und Liebe.» Schon hier werden Untergang und Zeugung ineins gesetzt.

Stadlers Weg führte jedoch nicht so umstandlos vom «Jüngsten Elsaß» (wie sich der Dichterkreis um den jungen René Schickele und seine Zeitschrift *Der Stürmer* nannte) zum Expressionismus, wie unser Vergleich nahelegen könnte. Schon sein erster Gedichtband *Praeludien* (1905) zeigt ihn auf ganz anderen Spuren, nämlich als Schüler Hofmannsthals und Georges, den er bis in die Interpunktion hinein nachahmt. Selbst dort, wo eine Distanzierung vom Ästhetizismus zu erfolgen scheint – wie im Gedicht *Incipit vita nova* –, ist das Vorbild des *Algabal*-Dichters übermächtig. Und noch ein so nachdrückliches Bekenntnis zum Vitalismus wie das dem Dichter-Freund Hans Koch gewidmete Gedicht *Der Zug ins Leben* ist ganz im Schönheitskult der Jahrhundertwende und der Bildwelt der Fidus-Plakate befangen: «Altäre wachsen blendend aus Girlanden · / Festglocken dröhnen · Farben schießen auf · / und trunken · betend sinken wir ins Licht.»

Die Unterbrechung der dichterischen Betätigung Stadlers in den Folgejahren ist nicht nur der Konzentration des angehenden Hochschullehrers auf seine literaturwissenschaftlichen Studien, sondern sicher auch der Erkenntnis geschuldet, daß er sich als Lyriker in eine unfruchtbare, ja epigonale Abhängigkeit von den Hauptvertretern des Symbolismus und Ästhetizismus begeben hatte. Nicht umsonst eröffnet er seinen nächsten Gedichtband *Der Aufbruch* (1914) mit einer melancholischen, autobiographisch getönten Absage an das literarische Ideal «nackter Schönheit» (*Worte*). Auch das Titelgedicht kann in seinem dreistufigen Aufbau als Rekapitulation der eigenen Entwicklung gelesen werden: «Einmal schon haben Fanfaren mein ungeduldiges Herz blutig gerissen» – das wäre die Erinnerung an die hymnischen Anfänge im Umkreis des *Stürmer.* «Dann, plötzlich, stand Leben stille» – bezieht sich Stadler hier auf seine Hinwendung zum Ästhetizismus? «Aber eines Morgens rollte durch Nebelluft das Echo von Signalen» – dürfen wir hier an seine Hinwendung zum Expressionismus denken, ausgelöst durch die Wahrnehmung geistesverwandter Bestrebungen im Bereich der

Avantgarde? Wenn eine solche Lektüre berechtigt ist, dann wäre sich Stadler selbst der inneren Nähe seiner reifen Lyrik zu zentralen Vorstellungen seines Frühwerks bewußt gewesen.

Der Neuansatz in Stadlers Schaffen ab etwa 1911 ist außer durch Whitman, den Vater des Langverses, wesentlich durch seine Beschäftigung mit Francis Jammes bestimmt, von dem er zahlreiche Gedichte übersetzt hat (*Die Gebete der Demut*, 1913). Die fromm-sentimentale Verklärung der Alltagswelt, auch und gerade des erotischen Erlebens, im Werk des auch von Rilke geschätzten französischen Lyrikers ermutigt Stadler zu einer Neuformulierung seines vitalistischen Engagements im Zeichen religiöser Erhebung und christlicher Nächstenliebe. «Doch mich treibt es zu den Dumpfen, zu den Armen», heißt es im antithetisch gefügten Programmgedicht *Form ist Wollust*. Am Schluß des *Aufbruch*-Bandes steht – unter dem lateinischen Titel *Gratia divinae pietatis ...* – ein künstlerisches Selbstbekenntnis, das einem Bildhauer des Straßburger Münsters in den Mund gelegt ist. Der Figur der Siegerin (Ekklesia) habe er allen Glanz der Form gegeben, seine eigentliche Liebe und den Reiz einer naturhaften Erotik hingegen ihrer verstoßenen Schwester (Synagoge): «Daß wunderbar in Gottes Brudernähe / Von Niedrigkeit umglänzt ihr reines Bildnis stehe.»

Entsprechend wendet sich in den Gedichten des *Aufbruchs* die Dirne, eine der Ikonen des zeittypischen Lebenskults und auch von Stadler gelegentlich als Inbegriff tierhafter Wildheit verherrlicht (*Leoncita*), ohne Aufgabe ihrer Identität der christlichen Madonna zu, die Preisgabe ihres Körpers als fromme Kasteiung begreifend (*Tage IV*). Umgekehrt kann der junge Mönch im gleichnamigen Gedicht seine Hingabe an den Glauben als Prozeß körperlicher Befruchtung schildern:

> Ich bin ein durstig aufgerissen Ackerland.
> In meiner nackten Scholle kreist die Frucht. Der Regen
> Geht drüber hin, Schauer des Frühlings, Sturm und Sonnenbrand,
> Und unaufhaltsam reift ihr Schoß dem Licht entgegen.

Vor diesem Hintergrund ist die Natursymbolik eines Gedichts wie *Vorfrühling* zu verstehen. Das «junge Werden» und «Stürmen wie von aufgerollten Fahnen», das sich dem lyrischen Ich in der lauen Märznacht mitteilt, ist spiritueller Natur und keineswegs auf einen sexuellen oder politischen Vorgang zu beschränken. Der spezifische Beitrag, den Stadler zur ‹geistigen Erhebung› des Expressionismus leistete, liegt gerade in der wechselseitigen Durchdringung vitaler, sozialer und religiöser Momente.

Stadler fiel im Oktober 1914 in Frankreich. Einen Monat zuvor traf dasselbe Schicksal Ernst Wilhelm Lotz. Das schmale Werk dieses Lyrikers, eines ehemaligen Offiziers, zeigt deutliche Parallelen zu demjenigen Stadlers auf, dem Lotz auch ein begeistertes Gedicht, übrigens in Langversen, gewidmet hat (*An Ernst Stadler*). Allerdings sind die Akzente hier deutlich in Richtung Vitalismus verschoben. Das gilt für das Gedicht *Und schöne Raubtierflecken* ..., nach dem Lotz' erste Lyriksammlung (1913) benannt ist, und ähnliche Beschwörungen eines erotischen «Südens». Das trifft aber auch auf das 1913 entstandene Gedicht *Aufbruch der Jugend* zu, dem wohl die Begegnung mit Kurt Hiller vorausging.

Wie Stadlers *Aufbruch*-Gedicht, an das ja schon der Titel anklingt, setzt das traditionell gebaute Gedicht mit einem Rückblick auf vergangene «Müdigkeiten» ein, um dann wesentlich energischer das Pathos einer revolutionären Befreiung zu verkünden: «Wir fegen die Macht und stürzen die Throne der Alten, / [...] / Und stoßen die Tore verruchter Gefängnisse auf.» Ähnlich wie in Hasenclevers Drama *Der Sohn* (1913) klingt hier die Erinnerung an die Französische Revolution an. Daß wir es – trotz der «roten Tribünen» der vorletzten Strophe – nicht mit einer unmittelbaren Revolutionsabsicht zu tun haben, machen auch die «Messiaskronen» deutlich, mit denen sich die Vertreter der Jugend am Schluß des Gedichts schmücken: «Aus unsern Stirnen springen leuchtende, neue Welten, / Erfüllung und Künftiges, Tage, sturmüberflaggt!» Mit dieser abschließenden Naturmetapher wird ein Motivzusammenhang mit Lotz' selbstironischem Sonett *Wolkenüberflaggt* hergestellt, das seiner zweiten – noch im Sommer 1914 für den Druck vorbereiteten – Gedichtsammlung (1916) den Namen gab.

Mit einer gewissen Vorsicht kann auch die frühe Lyrik Oskar Loerkes in die Nähe von Stadler gerückt werden. Sein erster Gedichtband *Wanderschaft* (1911) schließt mit dem Gedicht *Das Du*; darin wird die Fülle der Lebenserscheinungen zu einem großen «Du» zusammengefaßt, dem das lyrische Ich als Betrachter gegenübersteht. Aus der kühlen Distanz der Betrachtung wird jedoch in der Schlußstrophe eine emphatische Bejahung: «Mein Leben ist: ich schaue zu / Einem guten großen Du. / Ich muß es immer begehrlicher sehn / [...].» *Pansmusik*, die Ouvertüre von Loerkes nächstem – übrigens auch zwei Jammes-Übersetzungen enthaltenden – Lyrikband (*Gedichte*, 1916) und ab der zweiten Auflage (1929) sein Titelgedicht, nimmt die Vorstellung der Totalität des Lebens auf und erhebt sie mythisierend zum eigentlichen Subjekt der Poesie:

Heut fährt der Gott der Welt auf einem Floße,
Er sitzt auf Schilf und Rohr,
Und spielt die sanfte, abendliche, große,
Und spielt die Welt sich vor.

Die Hymne des Lebens verbindet sich bei Loerke, nicht anders als bei Stadler, mit der Symbolik von Strom und Meer. Was dem Elsässer der Rhein, ist dem gebürtigen Westpreußen die Weichsel; die Erinnerung an polnische Holzflößer auf seinem Heimatfluß soll nach Loerkes Selbstaussage den Anlaß für *Pansmusik* gegeben haben. Die Gedichte *Strom* und *Litanei vom Meere* nehmen die Lebenssymbolik auf und verbinden sie mit dem Motiv der Spiegelung, das für Loerkes dichterisches Selbst-

verständnis zentrale Bedeutung gewinnt. Die Seele des Dichters spiegelt
demnach die Welt, umgekehrt gewinnt diese durch das Moment der
Spiegelung poetische Qualität. Das ist die Leitidee des Berlin-Gedichts
Die gespiegelte Stadt; Oben und Unten verschmelzen im Blick auf den
regennassen Asphalt: «Die Menschen wollen in den Himmel schwin-
den, / [...] / Doch ihre Sohlen haften an den Steinen.» Ein anderes
Großstadtgedicht (*Fahrt zur Höhe und Tiefe*) nimmt die Ambivalenz der
vertikalen Bezüge auf; die magisch veränderte Perspektive auf die Stadt
mündet in die Anrufung der «Einsamkeitsmusik».

Wahrscheinlich kommt Loerke, der ein begnadeter Musiker war und
dem Komponisten Bruckner 1938 einen seiner bedeutendsten Essays
widmen wird, der hymnischen Diktion nirgends näher als in seinen
lyrischen Vergegenwärtigungen Bachscher Orgelmusik (*J. S. Bach spielt
Orgel bei Nacht*; *Nach einer Orgelmusik von J. S. Bach*). Es ist die Totalität der Schöpfung, die hier in freien Rhythmen und unter ausdrückli-
chem Bezug auf Gott und Ewigkeit beschworen wird.

3. Heym und Benn

Als Georg Heym im Januar 1912, vierundzwanzig Jahre alt, zusammen
mit seinem Freund Ernst Balcke beim Schlittschuhlaufen in der Havel
ertrank, gehörte er gerade anderthalb Jahre dem literarischen Leben Berlins an. Von Wilhelm Simon Ghuttmann in den Kreis des Neuen Clubs
eingeführt, gab ihm dessen Neopathetisches Cabaret ab Juli 1910 die
Möglichkeit zum Vortrag eigener Gedichte. Die ersten Veröffentlichungen reifer Gedichte Heyms erfolgten im Oktober 1910 in einem Charlot-
tenburger Wochenblättchen; die Publikation des Sonetts *Berlin II* Ende
November 1910 in Pfemferts *Demokrat* sollte dann auch schon die Kontaktaufnahme des Rowohlt Verlags bewirken, wo im Frühjahr 1911 die
einzige vom Dichter selbst vorbereitete Auswahl seiner Gedichte (*Der
ewige Tag*) und 1912 die philologisch recht unzuverlässige Nachlaß-Aus-
lese *Umbra vitae* erschienen.

Es waren Institutionen des Expressionismus, die Heyms frühen Ruhm
bewirkten. Wenn man jedoch bedenkt, daß er sich schon seit 1899 dichterisch betätigte, wird man seine Zugehörigkeit zur neuen Richtung mit
einer gewissen Vorsicht betrachten. Das gilt trotz der zeitlichen Zäsur,
der Heym selbst sein lyrisches Schaffen unterwarf. Als er das unerwartete Angebot des Rowohlt Verlags erhielt, wählte er nur solche Gedichte
für den geplanten Lyrikband aus, die seit dem März 1910 entstanden
waren. Eine scheinbare Ausnahme ist die nachträgliche Einfügung des
1904 entstandenen epigonalen Gedichts *Sonnwendtag* – wohl eine
bewußte Provokation oder Desorientierung des Lesers, dem hier gleich-

sam vorgeführt wird, daß der Verfasser auch die Register konventioneller Sehnsuchtslyrik beherrscht. Heym-Interpreten und -Herausgeber haben sich der Auffassung angeschlossen, daß das ‹eigentliche› dichterische Werk des Autors nicht vor dem Jahr 1910 beginnt, obwohl natürlich nicht zu übersehen ist, daß es manche Verbindungslinien und auch innerhalb des früheren Schaffens eine Entwicklung gibt. So wird die um 1905 dominierende Hölderlin-Verehrung ab 1906 von der Rezeption Nietzsches und einer Orientierung am Vorbild Stefan Georges abgelöst, die noch in manchen Zügen der reifen Lyrik weiterlebt: dem favorisierten fünfhebigen Jambus, der vierzeiligen Strophenform (und der Vorliebe für Gedichte aus vier Strophen), der nicht selten preziösen Wortwahl und verschiedenen Bereichen der Bildlichkeit − vom Herbst als der favorisierten Jahreszeit der Naturlyrik bis hin zu den dekadenten Orgien, die Heyms Gedichte *Styx* und *Rom* beschwören.

Heym selbst wollte von einer Einflußnahme Georges nichts wissen; er distanzierte sich durch verschiedene Schmähungen von der «Binger tönenden Pagode» und dichtete ihr im satirischen Sonett *November* eine triefende Nase an. Eine solche Beeinflussung ist im Bereich der Motivwahl auch um so schwieriger nachzuweisen, als beide Autoren auf das gemeinsame Vorbild des französischen Symbolismus rekurrieren. Heym setzt sich vor allem 1909/10 mit Rimbaud (den er zunächst in der Übersetzung K. L. Ammers liest) und mit Baudelaire auseinander. In seinem Gedicht *Der Schläfer im Walde* verbinden sich beide Rezeptionsprozesse. Die Beschreibung der Leiche im Grünen orientiert sich an Rimbauds Gedicht *Le dormeur du val*; die Einleitungsstrophen des ursprünglichen Entwurfs mit dem Streitgespräch darüber, ob man sich dem furchtbaren Anblick aussetzen soll, verweisen jedoch auf Baudelaires auch von Rilke und Werfel aufgegriffenes Gedicht *Une charogne*.

Freilich schließt sich Heym nicht der Maßgabe Baudelaires an, nach der die Kunst gerade in der aneignenden Überwindung des Häßlichen ihren höchsten Triumph feiert. Seine Darstellung insistiert auf dem Ekelhaften und bringt es gegebenenfalls noch gegen die Vorlage zur Geltung. Sein zweiteiliges Gedicht *Ophelia* verleugnet zwar nicht die Anregung durch die gleichnamige Dichtung Rimbauds. Im Unterschied zu dessen Ästhetisierung des weiblichen Selbstmords im Wasser erzeugt Heym jedoch − wie übrigens auch Benn in dem *Morgue*-Gedicht *Schöne Jugend* − mit dem Hinweis auf die «jungen Wasserratten» im Haar der Leiche und den Aal an ihrer Brust zunächst einen Schock-Effekt. Erst der zweite längere Teil des Gedichts bewirkt mit der Erzählung vom langsamen Zug der Leiche den Fluß und «die Zeit hinab» im Ansatz eine ästhetische Versöhnung. Im früheren Gedicht *Die Tote im Wasser* sind beide Motive (die Zersetzung der Leiche durch Ratten und ihre Fahrt ins Meer) noch direkt miteinander verbunden.

Das in vielen Tagebuchnotizen Heyms sowie in einem Gedicht vom März 1909 ausgedrückte Ungenügen an den «faulen Zeiten, wo der bleirne Frieden / Alles Schöne schon mit Staub umzogen,» und seine alternative Sehnsucht nach vitaler Erfüllung in einem Abenteuer-Leben zwischen Afrika-Expedition und Terrorismus, Krieg und Revolution liegen auch den wichtigsten Themenkomplexen und Bildstrukturen seiner reifen Lyrik zugrunde. Da ist zunächst die Welt des antiken Mythos, die ganz im Sinne Nietzsches gegen das schwächliche Christentum ausgespielt wird. «Kehr wieder, Gott», heißt es mehrfach im *Dionysos*-Gedicht vom Februar 1910. Zu bestimmten Zeiten treten die Faune aus den Wäldern hervor oder sterben einsam unter Thrakiens Himmel (*Herbst*, *Frühling*). Nur um den Preis des Lebens, nur im Untergehen können die Schwimmer den Linosgesang aus dem Aphrodite-Heiligtum hören (*Kypris*). Auch der Odysseus des gleichnamigen Gedichts ist ein Schwimmer, der sich auf seinem endlosen Zug durchs Meer der Sphäre der Götter annähert (wie die tote Ophelia?) und sein letztliches Überleben mit Kälte und Erstarrung erkauft.

Reminiszenzen an antike Kulte und Geschichte sind auch in dem Triumphgesang enthalten, mit dem Heym den Aufgang des Tags über der Levante imaginiert. Entsprechend der Vorliebe dieses Dichters für allegorische Personifikationen eilt der Tag hier mit blauem Helmbusch und einem auf Marathon herabstreifenden Mantel von Asien nach Europa – «dem Feuer nach, / Das einst gen Argos flog» (eine Anspielung auf den Beginn der aischyleischen *Orestie*). Heym hat die Reinschrift von *Der Tag* mit Briefmarkenbögen versiegelt und darauf geschrieben: «Hierin ist das beste Gedicht der Dt. Litteratur eingesperrt.» Über dem Gedicht steht die Bemerkung: «Das müsste mir Beethoven komponieren, ‹Die Himmel rühmen›.»

Himmelserscheinungen bilden einen wichtigen Ansatzpunkt für die Bildphantasie Heyms. So hat er zwei Gegenbilder zu seiner Hymne des Tagesbeginns geschaffen: *Der Tag liegt schon auf seinem Totenbette* (eine allegorische Gestaltung des Sonnenuntergangs) und *Luna I* (*Luna II* dagegen gehört in den Kontext der dämonisierenden Gestaltungen – s. u.). Vor allem aber erfahren alle möglichen Phänomene der Wolkenbildung die denkbar größte Aufmerksamkeit seitens dieses Lyrikers, der schon 1906 ein Gedicht wie *Die Stadt in den Wolken* geschrieben hat und für seinen ersten Gedichtband vorübergehend den Titel *Die Wolken* erwog. Verschiedentlich ist zu beobachten, daß die Wolken bzw. die durch ihre Formationen ausgelösten Phantasien die poetisch-heroische Sphäre verkörpern, für die es auf der Erde keinen Platz mehr gibt – u. a. in den Gedichten *Der Traum des ersten Zwielichts auf dem Tale*, *Der Weststurm* und *Abend* (entst. April/Mai 1910 und Juli 1911).

Der Schlacht von Marathon, in der die Griechen im Jahr 480 v. Chr. den Angriff des zahlenmäßig weit überlegenen persischen Heers abwehrten, widmet Heym im März 1910 einen Zyklus von zweiundzwanzig Sonetten (eine Teilveröffentlichung erfolgte 1914). Auch die Schlachten seines Idols Napoleon Bonaparte thematisiert er in mehreren

Gedichten, die allerdings düster und resignativ ausfallen: *Marengo* vergegenwärtigt die bedrohliche Spannung in der Natur vor der gleichnamigen Schlacht, in der Napoleon 1800 die österreichischen Truppen vernichtend besiegte; die sechs Sonette *Mont St. Jean* behandeln seine Niederlage bei Waterloo. Selbst die Französische Revolution, in Heyms Geschichtsdenken die herausragende heroische Alternative zur banalen Gegenwart, zeigt als Thema seiner Lyrik eher zwiespältige Züge. So dominiert die Guillotine oder die drohende Exekution in den Sonetten *Louis Capet*, *Danton*, *Robespierre* und *Le tiers état*. Geschichte erscheint vorrangig als Blutbad; das «flüchtige» Morgenrot, das sich in der letzten Zeile des Gedichts *Nach der Schlacht* über dem Gewimmer der Sterbenden erhebt, bietet nur einen unsicheren Trost.

Trostlos, nämlich letztlich leblos erscheint Heym in einem umfassenden Sinn der herrschende Weltzustand, und er thematisiert dieses Grundgefühl in einer Fülle von Gedichten, die in nahezu penetranter Weise identische Bildmuster der Stagnation, Erstarrung, Fesselung, Unfruchtbarkeit, Krankhaftigkeit, Kälte und Düsternis beschwören. Einschlägige Gedichttitel wie *Die Irren* oder *Die Gefangenen* begegnen daher gleich mehrfach. Sachlich verwandt sind die Gedichte *Der Garten der Irren*, *Die gefangenen Tiere*, *Das Fieberspital*, *Das Krankenhaus*, *Die Blinden*, *Die blinden Frauen*, *Die Tauben*, *Die Greise* und letztlich auch *Die Selbstmörder*, aber ebenso das auf russische Bergleute bezogene titellose Gedicht mit der bezeichnenden Eingangszeile *Mit weißem Haar, in den verrufnen Orten*. Alle diese Texte sind völlig frei von der Geste des Mitleids und der sentimentalen Verklärung, die die naturalistische Elendspoesie charakterisierte. Vielmehr zeigen sie die beschädigten Existenzen in grotesker Zuspitzung, ja bösartiger Konfrontation. Am Ende von *Das Fieberspital II* erschlägt der Kranke den Priester, der ihm die Sakramente bringt; im ältesten der *Irren*-Gedichte geschieht das gleiche dem Arzt. So macht sich noch in der Monotonie der stationären Kasernierung in explosiver Weise ein Impuls vitaler Gewalt geltend.

Wie schon an zahlreichen der genannten Titel ablesbar, ist der Blick des Lyrikers Heym weniger auf den einzelnen als das Kollektiv gerichtet. Das Bild des Menschen, das er zeichnet, ist nicht durch eine individuelle Mischung verschiedener Eigenschaften, sondern durch ein einziges Merkmal gekennzeichnet, das verabsolutierend in den Plural gesetzt wird. Man mag in solchen Kollektivbildungen ein Echo gesellschaftlicher Verhältnisse sehen, in denen der Einzelne zunehmend entwertet ist. Für Heym ist ein solcher mimetischer Bezug auf die Wirklichkeit kaum entscheidend, wie schon ein Plural wie «Die Selbstmörder» zeigt. Jeder stirbt für sich allein, heißt es. Nicht so bei Heym: Kein Kollektiv ist so häufig in seinen Gedichten, und oft als bestimmendes Motiv, präsent wie eines, das in unserem modernen Realitätsbegriff gar nicht vorgesehen ist: die Toten.
Die Toten auf dem Berge heißt ein Gedicht vom Juli 1910, das in Anlehnung an eine Vorlage Rimbauds (*Bal des pendus*) den Tanz der Gehenkten am Galgen

beschreibt. Heyms Tote zeichnen sich auch sonst durch ein hohes Maß an Aktivität und Mobilität aus. In der Gestalt windgetriebener Wolken nähert sich ihr «ungeheurer Zug» dem Fluß der Unterwelt (*Wolken*). Nach dem Kommando des Tods ziehen sie durch den Wintermorgen, um schließlich gemeinsam in eine leere Grube zu stürzen (*Die Heimat der Toten*). Oder sie fliegen durch die Lüfte auf der Suche nach den «Städten, da sie wohnen sollen» (*Schwarze Visionen*). Auf den Katafalken im Leichenschauhaus wachsen sie über die Lebenden hinaus, «wie Berge weit / In schwarze Todes-Nacht, wie Götter groß» (*Die Morgue*). In von Würmern verdauter Form kriechen sie nachts aus den Gräbern und gehen unsichtbar in den Paraden mit (*Gleich großen Broten*). Sie klopfen die Gottsucher des gleichnamigen Gedichts «sanft am Popo» und klettern blaß auf ihren Rücken. Die Liste ließe sich lange fortsetzen, und der Vorrat grotesk-absurder Einfälle wäre nicht so bald erschöpft.

Innerhalb der vitalistischen Spannung, die Heyms Lyrik aufbaut – mit den gegensätzlichen Polen vitaler Erfüllung hier, totaler Erstarrung dort –, bilden die Toten, die keine Ruhe finden oder geben, eine überraschende Irritation. Man könnte sie als Bild fehlgeleiteten, pervertierten Lebens deuten, wäre nicht zugleich der poetische Mehrwert spürbar, den Heyms Gedichte der Einführung dieses imaginären Kollektivs auch jenseits solcher semantischen Auflösung verdanken. Die scheinlebendigen Toten bilden so etwas wie einen stabilen Unwirklichkeitskoeffizienten und tragen entscheidend zur umfassenden Dämonisierung der (heutigen) Welt in Heyms Gedichten bei. Diese erreicht ihren Höhepunkt in *Luna II* und dem Jakob van Hoddis gewidmeten motivverwandten Gedicht *Die Schläfer* sowie in den Gedichten *Die Dämonen* und *Die Dämonen der Städte*. Der letztgenannte Text vom Dezember 1910 ist einer der horribelsten Erfindungen der Heymschen Phantasie, gipfelnd in der Vorstellung der Geburt eines Kindes ohne Kopf in der Anwesenheit (und unter dem ursächlichen Einfluß?) teuflischer Dämonen:

> Der Teufel Hälse wachsen wie Giraffen.
> Das Kind hat keinen Kopf. Die Mutter hält
> Es vor sich hin. In ihrem Rücken klaffen
> Des Schrecks Froschfinger, wenn sie rückwärts fällt.
>
> Doch die Dämonen wachsen riesengroß.
> Ihr Schläfenhorn zerreißt den Himmel rot.
> Erdbeben donnert durch der Städte Schoß
> Um ihren Huf, den Feuer überloht.

Die Großstadtgedichte, mit denen Heym bekannt wurde, bilden quantitativ nur einen Bruchteil und chronologisch nur ein Durchgangsstadium seines lyrischen Schaffens. Im Unterschied zu anderen Expressionisten, deren Berlin-Dichtung vom Potsdamer Platz oder der Friedrichstraße ausgeht, nähert sich Heym, der in Schlesien aufwuchs und auch nach der Versetzung seines Vaters nach Berlin zwei Jahre in der märkischen Provinz verbrachte, der Metropole von außen. Indem seine ersten Berlin-Gedichte den Blick von der Peripherie aufs Zentrum richten, die Idylle mit der Silhouette der Industrie konfrontieren, gewinnen sie einerseits Anschluß an das vitalistische Strukturmodell der Heymschen

Lyrik (die Spannung zwischen Stagnation und Bewegung) und behaupten andererseits jene Distanz zum Gegenstand, die für eine generalisierende oder mythisierende Perspektive notwendig ist.

Im ersten der acht Berlin-Sonette Heyms (entst. April 1910) wird das abendliche Zurückfluten der Sonntagsausflügler in die Stadt von einem «hohen Straßenrand» aus beobachtet; die Bezeichnung der Stadt als «Riesensteinmeer» und die pathetische Vergegenwärtigung des Sonnenuntergangs in der Schlußstrophe tragen bereits zu einer heroischen Stilisierung bei. Ganz analog funktioniert der Schluß des zweiten (für Heyms Entdeckung entscheidenden) Berlin-Gedichts; im Anschluß an die Beschreibung des Schiffstreibens auf einem von Vorstadtgärten begrenzten Kanal heißt es: «In dem Idylle / Sahn wir der Riesenschlote Nachtfanale.» Andere Berlin-Sonette konfrontieren die beschauliche Hinterhofszene, die sich während eines Zwischenhalts der Stadtbahn beobachten läßt, mit dem «Menschenschwalle» des «Weltstadtabends» bei der Ankunft im Bahnhof (*Berlin III*) oder das Gedränge der ein- und aussteigenden Menschenmassen mit der Ruhe und dem kleinbürgerlichen Balkonglück an der Bahntrasse (*Berlin V*).

In dem Gedicht *Die Vorstadt*, entstanden im September 1910, ist die Idylle als Bezugspunkt der Großstadtgestaltung aufgegeben zugunsten eines radikal-pessimistischen Katalogs von Lebensverkümmerungen: Auf den Krüppel folgt der Irre, auf den Greis die Kinder an Krücken, der Bettler, die Blinden etc. Die einzelnen Erscheinungen werden am Schluß mit der Nennung der Meteore, die lautlos vorbeiziehen, einer astronomischen Perspektive unterstellt, die Weltuntergangserwartungen wecken könnte, wie sie im späteren Gedicht *Die Menschen stehen vorwärts in den Straßen* tatsächlich abgerufen werden. Zugleich wird ein mythisierender Akzent gesetzt mit dem Totenkopfzeichen auf der Wirtshausfahne, das wie eine symbolische Überschrift noch über dem Zyklus *Die Verfluchung der Städte* (entst. Februar 1911) steht.

Gegen die Jahreswende 1910/11 erreicht die mythisierende Großstadtdarstellung Heyms ihren Höhepunkt mit den Gedichten *Die Dämonen der Städte* (s.o.) und *Der Gott der Stadt*. Die Baalsgestalt des auf einem Häuserblock sitzenden, von der «Musik / der Millionen» wie mit einem «Korybanten-Tanz» gefeierten Gottes ist als Inkarnation der Energien zu verstehen, von denen die Großstadt erfüllt ist. Die Feuersbrunst, mit der dieser Gewittergott einen ganzen Straßenzug vernichtet, ist nur ein Beispiel des in ihm versammelten Kraftpotentials. Sie entzieht sich einer moralischen Wertung, wie ein vergleichender Blick auf das spätere Gedicht *Der Krieg I* zeigt, obwohl dort sogar die Parallele zur biblischen Erzählung vom Gottesgericht über Sodom und Gomorrha gezogen wird. Ein angemessenes Verständnis des einen wie des anderen Gedichts ist nur über die Bildlichkeit möglich, die hier wie dort die Überlegenheit vitaler Gewalt unterstreicht. Leben und Lebensvernichtung werden ineinsgedacht: Das Erbleichen der Bürger und das Erstarren ihrer Märkte sind in ihrer eigenen Schwäche begründet, wogegen die Sphäre des personifizierten Kriegs mit den Vitalsymbolen des Tanzes, des Feuers und der Blutfarbe Rot ausgezeichnet ist.

Wenn Heym seine Dichtung – in einem Tagebucheintrag vom September 1911 – als den «besten Beweis eines metaphysischen Landes» ansah, «das seine schwarzen Halbinseln weit herein in unsere flüchtigen Tage streckt», so zeigt uns ein mythisierender Text wie *Der Krieg I*, was das bedeuten kann. Das Gedicht ist etwa eine Woche vorher niedergeschrieben worden, ausgelöst durch die Marokko-Krise, die in großen Teilen der deutschen Bevölkerung Kriegsängste oder -hoffnungen erregte. Im gleichen Monat entsteht Heyms *Gebet* – ein Gebet um Krieg – mit den Schlußversen: «Öde Zeit ist, wie ein Kranker das Jahr, / Herr gib uns Feuer. Und reiche uns Prüfungen dar.» Die Metapher der Krankheit der Zeit, die übrigens auch für das Selbstverständnis Sternheims von größter Bedeutung war, verbindet *Gebet* mit seiner Vorfassung *Alle Alchimisten brennen voll Rauch* und den beiden etwa zeitgleich entstandenen Gedichten *Unserer Zeit* und *Hundert alte Ärzte stehen um dein Bette*.

Die Lyrik des folgenden Vierteljahrs – des letzten, das Heym erleben sollte – steht thematisch womöglich noch eindeutiger im Zeichen der Resignation und der Wahrnehmung einer umfassenden Stagnation, als das bislang bei diesem Autor der Fall war. Im Gedicht *Die Gefangenen* vom Oktober 1911 heißt es: «Und wieder ziehn den Faden ihre Hände / [...] / Und leer die Spulen laufen noch am Ende.» Es ist der Faden der Langeweile und Melancholie, der hier gesponnen wird; der Heym-Leser kennt ihn auch aus den Gedichten *Der Seiler*, *Der Winter*, *Umbra vitae* und *Die Abgeschiedenen*. Die leeren Spindeln andererseits werden zum Eingangsgleichnis des Gedichts *Die Gottsucher*: «Über tausend Spindeln trübseliger Tage gereist, / Sitzen manche, zu riesigen Fäden zerzerrt.»

Vom allgemeinen Lebensverlust wird in Heyms Phantasie selbst Simson erfaßt, der Kraftprotz des Alten Testaments. Im gleichnamigen Gedicht vom Oktober 1911 fliehen die (der Sage nach von ihm auseinandergedrückten) Säulen vor Simson, und dieser kann sich in seiner Schwäche nirgends festhalten. Eine fast kafkaeske Umdeutung des Mythos! Sie findet in den eigenwilligen Gedichten über Pilatus und Judas aus dem Dezember 1911 ihre Fortsetzung; dem Verräter und Selbstmörder widmet Heym allein vier Poeme.

In künstlerischer Hinsicht läßt sich in der Entwicklung von Heyms Lyrik um diese Zeit keine Stagnation feststellen. Vielmehr gibt es deutliche Anzeichen für die Ausbildung eines neuen spielerisch-experimentellen, unpathetisch-ironischen Stils, faßbar u. a. in den Gedichtentwürfen, die zum Jahresbeginn 1912 auf der Reise nach Metz entstanden, wo Heym sich um die Aufnahme als Fahnenjunker in das lothringische Infanterieregiment bewarb. «Die Höfe luden uns ein, mit den Armen schmächtig, / Faßten unserer Seelchen zipfeliges Kleid», so beginnt ein wahrscheinlich wiederum von den Toten gesprochenes vierstrophiges Gedicht, das – in der vorletzten Strophe – mit eigentümlich vagen – von fern an Motive aus E. T. A. Hoffmanns *Goldnem Topf* erinnernden – Phantasien endet:

Und wir gingen auf herbstlichen Pfaden, geringern,
Gläserne Kugeln zerrissen unser Gesicht,
Jemand hielt sie uns vor auf den spitzigen Fingern.
Unsere Qualen machten uns Feuer-licht.

Die Verehrung des ‹Visionärs› Heym hat lange genug den Blick auf die satirischen und humoristischen Potentiale seiner Lyrik verstellt. Sie finden sich in geballter Form im Sonett-Zyklus *Das Grundbuchamt*, mit dem Heym – ebenso wie mit dem Sonett *Die Professoren* – die in der Referendarsausbildung erlittenen Frustrationen abreagierte. Der onanierende Justizanwärter Kummer, mit dem der *Grundbuchamt*-Zyklus endet, findet sein Gegenstück im *Gesang eines kalten Bauern*, gesprochen von einer Spermazelle, die als Fleck auf der Hose verendet. Kostproben seines sprachspielerischen Witzes liefern Heyms *Nachtgesang* und sein Auftritt als moderner Troubadour in *Das Lettehaus, ein stolzer Sandsteinbau*.

Als Gottfried Benns erste Gedichtauswahl erschien, die den bis dahin Unbekannten mit einem Schlag berühmt machen sollte, war Georg Heym schon tot. *Morgue und andere Gedichte*, im Frühjahr 1912 bei Alfred Richard Meyer in der Reihe der Lyrischen Flugblätter erschienen, übertraf noch das Provokationspotential des *Ewigen Tags*. Die unverhüllte Darstellung des Häßlichen und der Tabuzonen der Krankheit und des Todes war beiden Autoren gemeinsam; auch Heym beispielsweise hat ein *Morgue*-Gedicht verfaßt und sich mehrfach in der Beschreibung verwesender Leichen geübt. Die besondere Sensation von Benns Debüt bestand in der Durchbrechung des poetischen Rahmens, in den bei Heym auch noch die gräßlichste Vorstellung eingebettet war, und seiner Öffnung zum medizinischen Diskurs. Die Optik des Anatomen, aus der die fünf *Morgue*-Gedichte Benns verfaßt sind, gelang ihm um so überzeugender, als er selbst 1910 ein Studium der Medizin abgeschlossen hatte und im Rahmen seiner militärärztlichen Tätigkeit 1911 (zur Zeit der Entstehung des Zyklus) einen Sektionskurs im Krankenhaus von Berlin-Moabit absolvierte.

Dennoch dürfen weder Benns erster Zyklus aus dem Leichenschauhaus noch seine Fortführungen (*Morgue II*, 1913; *Fleisch*, 1917 im gleichnamigen Gedichtband) mit einem realistischen Bericht über Befunde oder Arbeitsabläufe der Anatomie verwechselt werden. Hier ist eine poetische Phantasie am Werk, die auch vor krassen symbolischen Erfindungen nicht zurückschreckt. Die Männer- und Frauenleichen liegen «kreuzweis» (in *Requiem*) als Erinnerung an die Passion Christi. Die «kleine Aster», die im gleichnamigen ersten *Morgue*-Gedicht einem «ersoffenen Bierfahrer» zwischen den Zähnen steckt, ist eine Lieblingsblume des Autors noch zur Zeit der *Statischen Gedichte* (*Astern*, 1936); Herbstblumen haben ihn schon in seinem weitgehend verlorenen vorexpressionistischen Frühwerk fasziniert. Und die Ratten, die sich im Zwerchfell der Mädchenleiche des zweiten Gedichts *Schöne Jugend* eingenistet haben, sind ein unverhohlenes Zitat aus Heyms *Ophelia*. Gerade im Vergleich mit dessen visionärer Ausge-

staltung des Zugs der Wasserleiche durch Raum und Zeit fällt die zynische Attitüde ins Auge, mit der sich der lyrische Sprecher bei Benn vom Menschen als
Gegenstand der Trauer abwendet, um die «schöne Jugend» der Ratten zu kom-
mentieren oder der Aster, die er in die Brusthöhle des Toten packt, eine sanfte
Ruhe zu wünschen.

Benns Morgue-, Krankenhaus- und Arzt-Gedichte nehmen bewußt
biblische Wendungen auf – Beispiele aus *Morgue* wären «Erde [...] zur
Erde», «Himmelfahrten», «Gottes Tempel und des Teufels Stall» –, um
die christliche Unsterblichkeitshoffnung und mit ihr jede Form von jen-
seitsbezogener Metaphysik zu brüskieren. «Die Krone der Schöpfung,
das Schwein, der Mensch», heißt es ultimativ abschlägig im Gedicht *Der
Arzt* (1917). Ein an Nietzsche geschulter Nihilismus sieht in allen geistigen Ambitionen nur eine Maskierung der Triebnatur, in jedem seelischen Aufschwung – wie dem der jungen Mutter im *Saal der kreißen-
den Frauen* – bestenfalls eine «Glücks-Lügenstunde» (so der Ausdruck
des Gedichts *Karyatide*). Der Pessimismus erreicht seinen Höhepunkt,
aber auch schon den Ansatz eines Umschlags im Gedicht *Mann und Frau
gehn durch die Krebsbaracke*. Mit deiktischem Gestus führt der männliche Sprecher seiner – auf die Funktion der Hörerin reduzierten, offenbar die Leser-Instanz repräsentierenden – Begleitung die hoffnungslosen Krebsfälle der Frauenabteilung vor: in einer Sprache, die die Patien-
tinnen ganz auf die zerfallende Körperlichkeit reduziert, fast einer Sache
gleichstellt («Manchmal / wäscht sie die Schwester. Wie man Bänke
wäscht»). Ganz anders ist der Hinweis auf den Tod in der letzten Strophe
formuliert – in einer organologisch-vitalistischen Bildlichkeit, die die
Perspektive auf ein überindividuelles Lebensprinzip eröffnet: «Hier
schwillt der Acker schon um jedes Bett. / [...] Erde ruft.»
Im *Nachtcafé* des *Morgue*-Bandes und den gleichnamigen Nachfolge-
Gedichten, die 1912/13 im *Pan* und in der *Aktion* erscheinen, systematisiert Benn die Reduktion des Menschen auf einzelne Körperteile, indem
er die einzelnen Besucher nur noch in Form von Synekdochen aufruft:
«Junger Kropf ist Sattelnase gut. / Er bezahlt für sie drei Biere. // Bart-
flechte kauft Nelken. / Doppelkinn zu erweichen.» Die Satire gilt der
Käuflichkeit menschlicher Beziehungen, kleinbürgerlichem Bildungsge-
habe und dem Unverständnis für wahre Kunst. Der Mensch verschwindet hinter körperlichen Merkmalen oder sozialen Attributen («Ein
Medaillon des Mittelstandes träumt») – als Subjekt ist er eigentlich nicht
mehr existent. Und doch eröffnet sich für Benn gerade von diesem Nullpunkt der Subjektivität aus eine neue Möglichkeit des lyrischen Sprechens, in der assoziativen Vergegenwärtigung nämlich der Sehnsucht
nach dem Ganz-Anderen, einer mythischen Welt sinnlicher Erfüllung
und vollkommener Hingabe. Es bedarf nur der erotischen Erregung
durch das Erscheinen einer unbekannten oder ersehnten Frau, um im

lyrischen Ich, das sich hier mit demonstrativer Deutlichkeit als Mann zu erkennen gibt, den Traum eines – Nietzsche frei nachempfundenen – dionysischen Südens zu evozieren: so die identische Motivation in *Nachtcafé* (*Morgue und andere Gedichte*, 1912), *Englisches Café*, *Untergrundbahn* und *Kurkonzert* (1913). Im Gedicht *D-Zug* (1912) sind diese Wunschphantasien ins Kollektive und Wechselseitige erweitert.

«Ich bin der Stirn so satt», heißt es im Gedicht *Untergrundbahn*, das alle durch den Titel aufgerufenen Erwartungen an einen Beitrag zur Großstadtlyrik gründlich enttäuscht. In Wahrheit signalisiert er eine Bewußtseinsreise, ein Abtauchen in die Tiefe des Vorrationalen. Im Zyklus *Alaska*, der im Januar- und Juni-Heft der *Aktion* 1913 erschien, hat Benn solchen Regressionsphantasien freien Lauf gelassen. «Europa, dieser Nasenpopel / aus einer Konfirmandennase» – die provokative Infragestellung von Zivilisation und Kultur in den Eingangszeilen des Eröffnungsgedichts wird in *Gesängen*, *Drohungen* und *Das Affenlied* noch deutlich überboten, nämlich zum Traum von einer Umkehr oder Aufhebung der evolutionären Logik erweitert. «O daß wir unsere Ururahnen wären. / Ein Klümpchen Schleim in einem warmen Moor», beginnt der erste der *Gesänge*. «Ich treibe Tierliebe», lautet eine der «Drohungen» des Mannes an seine Geliebte im gleichnamigen Gedicht: «Ich bin Affen-Adam. Rosen blühn in mein Haar. / Meine Vorderflossen sind schon lang und haarig.»

Ungeachtet der Kritik, die Benn damals wie später an der positivistischen Naturwissenschaft des 19. Jahrhunderts geübt hat, ist seine Anthropologie offenbar von den monistischen Erweiterungen der darwinistischen Lehre beeinflußt. In Benns frühem Dialogessay *Gespräch* (1910) wird die Wahrheit des Darwinismus jenseits der «albernen Affenabstammungsgeschichte» gesehen – nämlich darin, «daß alles, was ist, dem Gesetz der Entwicklung unterstellt ist; daß unser Leben verknüpft ist mit vielen anderen Leben, ja daß wir verwandt sind mit allem, das überhaupt Leben heißt.»

In Gedichten wie *Kretische Vase* und *Karyatide* (beide 1916) wird die in den *Alaska*-Gedichten formulierte Sehnsucht nach «Heimkehr», nach Hingabe an eine archaische Triebhaftigkeit in die Symbolsprache der bildenden Kunst übersetzt. Die Aufforderung an die Karyatide (des Erechtheions auf der Athener Akropolis?), sich dem dionysischen Tanz hinzugeben und damit die apollinische Haltung der klassischen Tempelarchitektur zum Einsturz zu bringen, läßt sich gleicherweise als erotische Werbung wie als künstlerisches Programm lesen, als Bekenntnis zu den formsprengenden Tendenzen des Expressionismus etwa. Der Generationsproblematik der expressionistischen Bewegung hat Benn mit dem Gedicht *Schnellzug* aus seinem zweiten Gedichtband *Söhne* (1913) wie überhaupt mit dem Konzept dieses Zyklus seinen Tribut entrichtet, in den er 1917 – beim Wiederabdruck in *Fleisch* – zunächst auch das auto-

biographische, vom Haß auf den Vater erfüllte Gedicht *Pastorensohn* aufnehmen wollte.

Das Eröffnungsgedicht *Der junge Hebbel* schlägt gleichwohl Töne an,
in denen sich eine Gegenbewegung im dichterischen Weltbild Benns
andeutet: «Ich will Ich werden!» Das mag expressionistisch sein im
Sinne des Individualismus, des Generationenprotests und eines künstlerischen Autonomiebegehrens – der Widerspruch zu den dionysischen
Auflösungstendenzen des *Alaska*-Zyklus ist jedoch nicht zu überhören.
Ein Gedicht wie *Pappel* (1917) führt diese zunächst noch in der Minderheit bleibende Gegenstimme im Chor der Bennschen Lyrik fort: Die
«Geschlossenheit» der nach oben strebenden Form behauptet sich gegen
die «enteinheitende» Wirkung des Blitzschlags. Dem steht wiederum
die Feier des «Ich-Zerfalls» in *Kokain* (1917) gegenüber: «Zersprengtes
Ich [...] / verströme, o verströme du [...].»

Auch das hymnische Gedicht *O Geist*, im Erstdruck (1917) *Rückfall* betitelt,
zeigt den Lyriker Benn auf der Wegscheide. Einerseits muß allein schon die
Anrede an den Geist überraschen bei einem Autor, der andernorts – nämlich
im Gedicht *Fleisch* – das «Gehirn» für einen «Irrweg» erklärte. Andererseits
erweist sich innerhalb des Gedichts der Ruf des Geschlechts als übermächtig.
Die Lockungen der Prostitution werden in einer verklausulierten Bildungsspra-
che angedeutet, in der sich schon der gelehrt-hermetische Duktus späterer Benn-
Gedichte ankündigt: «Gemüsefrauen, Psychophysenfosen, / verpantarheierten
Kohlrabistauden –!» Beachtung verdient der abfällige Ton, mit dem hier auf das
heraklitisch-dionysische Prinzip des «panta rhei» (griech.: alles fließt) angespielt
wird. Er nimmt die Polemik aus Benns *Rede auf Heinrich Mann* (1931) vorweg:
«Hier [sc. in Deutschland] ist man ja nicht für Formen, für Konturen, für Plastizität, hier muß ja alles fließen: πάντα ῥεῖ, die Philosophie der Flußpferde,
Heraklit der erste Deutsche [...].»

4. Blass, van Hoddis, Lichtenstein – mit einem Exkurs: Annäherungen an die expressionistische Großstadtlyrik

Die Großstadtlyrik, in historischer Sicht ein Produkt des Naturalismus,
erreicht im Expressionismus ihren zweiten Höhepunkt und zugleich
eine radikale Veränderung der dichterischen Mittel. Aus einem Medium
der sozialen Anklage oder der sentimentalen Identifikation wird ein
autonomes Genre, innerhalb dessen sich um oder kurz nach 1910 zwei
Haupttendenzen herausbilden: einerseits die mythisierende Beschwörung der großen Stadt als eines dämonischen Wesens, wie sie vor allem
von Georg Heym vollzogen wurde, andererseits die satirisch-zynische
Auflistung heterogener Elemente in einem – das Klappern der Verse
bewußt in Kauf nehmenden – Reihungsstil, wie er etwa gleichzeitig von
Ernst Blass, Jakob van Hoddis und Alfred Lichtenstein entwickelt wird.

Das dichterische Verfahren, das als Versuch gewertet werden kann, die Gleichzeitigkeit unterschiedlicher urbaner Ereignisse bzw. Wahrnehmungen in ein sprachliches Nacheinander umzusetzen – daher auch die mißverständliche Bezeichnung ‹Simultangedicht› –, erreichte in kurzer Zeit schulbildende Wirkung.

Die Standardisierung des Reihungsstils läßt sich u. a. an Max Herrmann-Neisses Gedicht *Nacht im Stadtpark* studieren, dessen zahlreiche Strophen exakt nach dem gleichen Schema gebaut sind:

> Zwei Männer flüstern einen finstern Plan,
> Ein welkes Wesen wehrt sich hoffnungslos,
> Ein Schüler hat ein Bahnerweib im Schoß,
> Im Teich zieht schwer ein ruheloser Schwan.

Das Gedicht gehört Hermann-Neisses Lyrikband *Sie und die Stadt* (1914) an, und bereits diese Formulierung verweist auf eine aktuelle Konjunktur. «Stadt» ist ein Lieblingswort angehender Expressionisten bei der Wahl eines Titels für einen lyrischen Zyklus oder einen Gedichtband; ein klares Bewußtsein für die Besonderheit der Großstadt oder ein Bekenntnis zur Großstadtlyrik ist daraus nicht in jedem Fall abzuleiten. Walter Hasenclever beispielsweise nennt seinen ersten Gedichtband (1910) *Städte, Nächte und Menschen*. Allerdings dienen Brüssel und Frankfurt darin nur als geographischer Aufhänger für die Prostitutionsproblematik; in der Abteilung «Städte» finden sich auch Gedichte auf Oxford und Knocke sur Mer.

Ähnliches gilt für Armin T. Wegner, der 1909 eine Summe seiner Jugendlyrik unter dem Titel *Zwischen zwei Städten* herausgibt. Als erste Stadt dient die «Weltstadt» Berlin, wo Wegner als Kind den Unterschied von Arm und Reich kennengelernt hat; die zweite Stadt, für die sich der Achtzehnjährige nach einer halbjährigen Episode als Landarbeiter bewußt entscheidet, ist die schlesische Kleinstadt Striegau, der Ort seines verspäteten Schulabschlusses. Eine doch wohl überraschende Zusammenstellung, die wenig Gespür für die qualitative Differenz der Lebensformen verrät!

Auch der Zyklus *Die Stadt* in Hans Ehrenbaum-Degeles posthum erschienenen *Gedichten* (1917) trägt alle Zeichen eines Werks im Übergang. Das Eingangsgedicht vollzieht die Annäherung an die Großstadt anhand der Bahnfahrt nach und gibt sich damit als schwaches Echo von Julius Harts bekanntem Gedicht *Auf der Fahrt nach Berlin* (1882) zu erkennen (vgl. Band IX, 1, S. 26). Auch die Vorliebe für das Meeresgleichnis – «Und ein Brausen asphaltierter Fernen / Ruft mich wie ein überstürztes Meer», «Auf den Plätzen liegt das Volk wie Tang / Schwarz und dürr in ausgespienen Mengen» – bleibt Mustern der naturalistischen Lyrik wie Harts Gedicht *Berlin* (vgl. ebd., S. 562) verpflichtet. Ansatzweise erklingt ein neuer Ton, wenn Ehrenbaum-Degele eine lange Reihe von Bildern städtischer Verelendung mit der grotesken Pointe beschließt: «Ganz gelassen falln zuletzt die Leichen / In den schwarzlackierten Kasten Holz.»

Einen weiteren Schritt in Richtung Expressionismus unternimmt Armin T. Wegner mit seinem nächsten Gedichtband *Das Antlitz der Städte*. Die darin versammelten Gedichte aus den Jahren 1909–1913 sind einem doppelten Motto unterstellt. Über Jesajas Worten von der Hure Babylon stehen Verse Walt Whitmans: «Nicht durch die mächtigen Wälder ziehen wir, sondern durch die mächtigeren Städte.» Von den fünf Kapiteln des Bandes beziehen sich drei schon im Titel auf die Stadtthematik, der sich vor allem das erste mit einer gewissen Systematik zuwendet: Nach dem Eröffnungsgedicht *Die Weltstadt* werden repräsentative städtische Gebäude abgehandelt (*Das Warenhaus, Die Kirchen, Die Schlachthallen, Das Irrenhaus*). Das Schlußgedicht *Der Zug der Häuser* verlängert die Bedingungen der Urbanität perspektivisch über die Stadtgrenzen hinaus, indem es den Vormarsch der Mietskasernen in die Landschaft imaginiert. Derlei allegorische Elemente sind typisch für den Lyriker Wegner, der gelegentlich auch nicht vor direkten Anleihen bei Georg Heym zurückschreckt; so kopiert das visionäre Ende von *Die Weltstadt* eindeutig Heyms Gedicht *Der Gott der Stadt*. In jedem Fall tragen Wegners Stadtgedichte eine Botschaft mit sich, die als Anklage gegen soziale Ungerechtigkeit und Unterdrückung durch die Stadt und in der Stadt zu übersetzen wäre. Diesem kritischen Ansatz widerspricht die – Whitman nachempfundene – Neigung zur Glorifizierung der modernen Welt. Schon in der Ouvertüre *Die Weltstadt* prallen beide Tendenzen aufeinander: «Sinnlose Lust, / In deiner Tage überstürzte Flut / Hinabzutauchen. Zitternd fühlt die Brust / Das namenlose Weh.»

Johannes R. Bechers hymnische Großstadtdichtung ist – auch in der Anlehnung an das Vorbild Whitman – ähnlich orientiert (s. o. S. 62). Ihr steht in Alfred Wolfensteins Stadtgedichten mit ihrer Betonung der subjektiven Verunsicherung und Vereinsamung gewissermaßen die larmoyante Variante gegenüber. «In der Gewalt der Häuser bin ich zu Haus», endet das Gedicht *Leidendes Wohnen* aus Wolfensteins Gedichtband *Die gottlosen Jahre* (1914). Wiederholt fokussiert dieser Lyriker die löcherartigen Fenster in den Häusern. Mit einem Sieb vergleicht sie das Sonett *Städter*. Das balladenartige Gedicht *Solitudo* endet mit der Heimkehr des Großstadt-Flaneurs, der die «einsamen Löcher» seiner Wohnungsfenster mit Bettdecken verhängt.

In der durch Becher und Wolfenstein bezeichneten Spannung zwischen hymnischer Verklärung der Großstadt und innerlicher Irritation sind auch die Großstadtgedichte Paul Boldts und Ernst Wilhelm Lotzes einzuordnen. Boldts Sonett *Auf der Terrasse des Café Josty* (1912) endet mit den Worten «Eiter einer Pest» und ist doch erfüllt von der Faszination für die einem Naturwunder gleichkommende Bewegungsenergie des Potsdamer Platzes und das Schillern der künstlichen Beleuchtung. Lotz eröffnet ein vierstrophiges titelloses Gedicht, dessen zweite Hälfte sich in eher konventioneller Weise dem schwebenden Selbstgefühl der Jugend zuwendet, mit einem wuchtigen metaphorischen Brückenschlag von der äußeren Wirklichkeit zur nervösen Selbsterfahrung der expressionistischen als einer von der Großstadt traumatisierten Generation:

> Die Nächte explodieren in den Städten,
> Wir sind zerfetzt vom wilden, heißen Licht,
> Und unsre Nerven flattern, irre Fäden,
> Im Pflasterwind, der aus den Rädern bricht.

Ernst Blass, der sich als Herausgeber der Zeitschrift *Argonauten* (1914–1921) und als Verfasser kultivierter Lyrikbände bald in ruhigere Gewässer zurückziehen sollte, nahm an der Entwicklung des Berliner Expressionismus nur für eine kurze Zeitspanne teil. 1910/11 erschienen, angefangen mit *Berliner Abendstimmung* (später: *Abendstimmung)* und *Kreuz-*

berg (II), seine ersten Berlin-Gedichte im *Sturm*, im *Demokrat* und der
Aktion. Sie finden ihren ersten Nachdruck in der Anthologie *Der Kondor* (1912), wo sie — in der Wirkung begünstigt durch ihre Anfangsstel-
lung gemäß dem Autorenalphabet — die wohl gültigste Einlösung der
Forderungen des Herausgebers Kurt Hiller nach einer neuen urban-
intellektuellen, «radikalen» Poesie darstellen. Mit der Publikation seines
ersten Gedichtbandes *Die Straßen komme ich entlang geweht* im Herbst
desselben Jahres zieht Blass denn auch schon so etwas wie eine Bilanz
seiner frühexpressionistischen Aktivitäten.

Der Titel ist weniger programmatisch aufzufassen, als gemeinhin
geschieht. Denn es handelt sich um ein Selbstzitat aus dem Sonett *An
Gladys*, in dem sich das lyrische Ich als altmodischer Dichterling verkleidet, der in Gedanken an die unerreichbare Geliebte verzückt durch die
Straßen schwebt, jeden unmittelbaren Kontakt mit der gemeinen Realität
ängstlich vermeidend: «Ach, wenn jetzt nur kein Weib an mich gerät /
Mit Worten, schnöde, roh und unerlaubt.» Hier spricht offenbar nicht
der unerschrockene moderne Asphaltliterat, sondern — das Motto von
Richard Wagner deutet es an — ein letzter Vertreter der Romantik und
gutbürgerlicher Manieren (mit Hut!). Blass hat die karikierende Gestaltung einer bestimmten — eher auf Distanz zur Großstadt bedachten —
Mentalität unter Verwendung derselben Technik eines inneren Monologs
schon in dem Gedicht *Der Nervenschwache* (1911) erprobt, das im Eingangsteil dieses Bandes (S. 34 f.) als Beleg für den Nervositätsdiskurs der
Epoche auszugsweise zitiert wurde.

Wieviel von Blass selbst in beiden so ironisch exponierten Figuren
enthalten ist, läßt sich schwer ausmessen. Immerhin spricht auch das
Sonett *Viktoriapark* (1911, später: *Kreuzberg [I]*) von «Nerventräumen,
blaß und heiß», und es ist vielleicht erlaubt, dieses Attribut «blaß»
ebenso wie das Eingangswort desselben Gedichts («Blaßmond») auf den
Namen des Autors zu beziehen. Andernorts gibt sich der Großstadtfla-
neur eher lebemännisch, schnoddrig-weltkundig und so respektlos, daß
ihm auch die deutsche Grammatik nicht imponieren kann — wie in der
zweiten Strophe von *Kreuzberg (II)*:

> Im Trüben hat ein träger Hund gebollen.
> Auf Bänken übertastet man die Leiber
> Zum Teile gar nicht unsympathscher Weiber.
> Die schaukeln noch — wir wissen, was wir wollen.

Sprachspielerische Wortverrenkungen zugunsten des Reims sind keine
Seltenheit bei Blass, der «Kachten» (für «Karten») mit «Achten» und
«Fauteuilche» auf «welche» reimt. Noch ganz korrekt, aber immerhin
überraschend erscheinen dagegen Reime wie «chiken»/«dicken» und
«Tip»/«Cherry-Brandy-Flip»; letztgenanntes Reimwort hat sich Jakob

van Hoddis so stark eingeprägt, daß er die letzten beiden Zeilen aus Blass' *Berliner Abendstimmung* fast wörtlich in das nachgelassene Gedicht *He!* übernimmt. Im übrigen gilt es dieser Großstadtlyrik, die im wesentlichen Berlin-Lyrik ist, offenbar als ausgemacht, daß sie sich auch des Berliner Idioms bedienen darf. So liest man bei Blass «Musike» (*Sonnenuntergang*, 1911), «schmeißen», «meckern» und «Zulukaffrigkeiten» (*Jungfrau*, 1912). Den Höhepunkt der Berolinismen bildet Blass' satirisch-parodistischer Angriff auf Lichtenstein mit dem Titel *Nehmen Se jrotesk – det hebt Ihnen* (1912).

Jakob van Hoddis (mit dem bürgerlichen Namen Hans Davidsohn) verkörpert mit seiner persönlichen Existenz die zeittypische Verbindung von Großstadterfahrung und Nervenschwäche. Bereits 1915, im Alter von achtundzwanzig Jahren, kam er in psychiatrische Pflege; aus der letzten jüdischen Heil- und Pflegeanstalt wurde er 1942 deportiert. Sein schmales lyrisches Werk wurde 1918 von Franz Pfemfert in einem Band gesammelt, der den Titel seines bekanntesten Gedichts erhielt: *Weltende*. Das im Eingangsteil dieses Bandes bereits zitierte und kommentierte Gedicht bietet eines der ersten Beispiele für einen konsequent durchgeführten Reihungsstil. Es wird darin, auch in chronologischer Hinsicht, allenfalls durch ein Gedicht aus seinem im Sommer 1910 entstandenen Zyklus *Varieté* (1911) übertroffen. Dessen zehntes Stück *Schluß: Kinematograph* montiert den Inhalt mehrerer Kurzfilme in lapidarer Folge, gleichsam Schnitt an Schnitt. Offenbar ist es dieselbe Wahrnehmungsstruktur, die dem neuen Medium des Films und dem großstädtischen Alltag zugrunde liegt, wie sie von anderen Gedichten im Reihungsstil kopiert wird.

Der *Varieté*-Zyklus stellt die umfangreichste und direkteste Auseinandersetzung mit einer großstädtischen Teilwirklichkeit dar, die es in der schütteren lyrischen Hinterlassenschaft des Jakob van Hoddis gibt. Mit sichtlicher Freude an der Zurschaustellung des Körperlichen und an der erotischen Pointe, nicht ohne berlinischen («kannste», «siehste») und antisemitischen Einschlag («Zwei Skribenten mit zu großer Neese») wird hier ein Gegenpol jener bürgerlichen Welt vermessen, deren Untergang in *Weltende* verkündet wird («Dem Bürger fliegt vom spitzen Kopf der Hut») und deren Bildungsideale und Traditionen in mehreren Gedichten van Hoddis' – freilich nur in der Negation – erstaunlich präsent sind.

Da gibt es den Oberlehrer (des gleichnamigen Gedichts), der die geistig abwesenden Schüler mit altgriechischer Geschichte und Literatur langweilt, und die Kunstwelt Italiens, von der sich van Hoddis – im Anschluß an eine eigene Italienreise (April 1910) – im fünfteiligen Zyklus *Italien* erstaunlich ausführlich verabschiedet. Verabschiedet wird zugleich die entscheidende Instanz, die im deutschen Bürgertum die Wertschätzung

Italiens und seiner Kunstschätze begründet: Goethe, und mit ihm das Schönheitsideal der klassi(zisti)schen Kunstlehre. «Entdecke dir die Häßlichkeit der Welt», lautet die Quintessenz des zweiten − im maschinenschriftlichen Entwurf *Pisa* betitelten − *Italien*-Gedichts.

Eine Annäherung an die «Häßlichkeit der Welt» bedeutet sicher der Zyklus *Nacht* (1913). Sein letzter Teil beginnt: «Man fühlt sich dreckig und verlaust / Und träumt verwegen in den Morgenradau.» Im Zentrum stehen jedoch halluzinatorische Erscheinungen und Träume. Damit wiederholt sich die Struktur des gleichfalls vierteiligen Zyklus *Der Tag der Stadt* (1911), der vom Abend zum Morgen führt und die Schwierigkeiten eines Denkers, sich auf die Realität einzulassen, in den Vordergrund stellt: von der unheroischen Denkerpose des ersten Gedichts *Am Abend* bis zum pathetischen Entschluß des letzten Gedichts *Am Morgen*: «Ich werde frei vom Frohn der Zeiten / Zum kosmisch-schöpferischen schreiten.»

Man glaubt sich an die Ideale Momberts oder Däublers erinnert; der Sprecher des Gedichts distanziert sich durch in Klammern gesetzte A-parte-Bemerkungen von seiner namenlosen Figur: «(Kosmisch, sagt er.)», «(So ein Kerl!)». Angesichts dieser Ironisierung, die zu Vergleichen mit Blass einlädt − nämlich seinem Umgang mit der Gestalt des Nervenschwachen und des Dichters −, stellt sich die Frage, wer eigentlich die Sprecherinstanz der mittleren Zyklusteile darstellt, in denen in der ersten Person Singular bzw. Plural von ästhetizistischen Traumvorstellungen die Rede ist. Sie erhalten in der Schlußstrophe jeweils eine Absage, besonders markant im Gedicht *Der Traum* mit dem Stil- und Tabubruch «Die Bestien coitieren».

Und doch ist der «tausendfache Pomp» des «ägäischen Meeres», wie er im zweiten Gedicht (*Die Stadt*) des Zyklus beschworen wird, offenbar eine für die poetische Phantasie des Autors van Hoddis grundlegende Vorstellung. Sie korreliert mit der Imagination einer antikisch anmutenden Phantasiewelt in den für die nicht zustande gekommene Zeitschrift *Neopathos* 1912/13 bereitgestellten Gedichten. Dort begegnen Formulierungen wie «Hurenpracht», «müde Pracht», «Schmach und Prunk der wilden Heere». Ähnliche Ausdrücke sind schon in der ersten Gedichtveröffentlichung van Hoddis' enthalten: *Tristitia ante* (1911). In paradoxer Verkehrung der Weisheit des Aristoteles, daß jedes Lebewesen *nach* dem Coitus traurig sei, wird dort eine Art Melancholie a priori statuiert, die sich als radikale Ablehnung des großstädtischen Lusttreibens äußert: «Ich hasse fast die helle Brunst der Städte.» Die Erinnerung an frühere Nächte, mit der die zweite Hälfte des Gedichts aufwartet, rekurriert gleich zweifach auf das Schlüsselwort «Prunk»: «Wenn ich den Prunk der weißen Huren nahm, / Ob magrer Prunk mir endlich Lösung brächte, // War diese Grelle nie und dieser Gram.»

Alfred Lichtenstein, der Vollender und Popularisator des Reihungsstil-Gedichts, stellt eine tragikomische Figur innerhalb des expressionistischen Literaturbetriebs dar, insofern ihn die wichtigsten Vertreter der Bewegung nicht ernst nahmen, als Plagiator verachteten oder befehdeten. Noch die Selbstdarstellung seines lyrisches Schaffens, die Lichtenstein im Oktober 1913 in der *Aktion* publizierte, erhielt durch eine Anmerkung des Herausgebers an entscheidender Stelle eine empfindliche Schwächung. Zur Nennung des Gedichts *Die Dämmerung* als frühester Verwirklichung seines wichtigsten Gedichttyps macht Pfemfert die Anmerkung: «Man erinnere sich des schönen: Weltende ... des Jacob van Hoddis [...] Tatsache ist, daß A.Li. (Wi.) dies Gedicht gelesen hatte, bevor er selbst ‹Derartiges› schrieb. Ich glaube also, daß van Hoddis das Verdienst hat, diesen ‹Stil› gefunden zu haben, Li. das geringere, ihn ausgebildet, bereichert, zur Geltung gebracht zu haben.» (Aliwi, das heißt Alfred Lichtenstein Wilmersdorf, ist ein Namenskürzel, dessen sich Lichtenstein gelegentlich bediente.)

Die Dämmerung, am 5. März 1911 entstanden und schon am 18. März im *Sturm* veröffentlicht, gibt ein Kaleidoskop unterschiedlicher Einzelereignisse oder -eindrücke, die sich unter einem «verbummelten» und «bleichen» Himmel abspielen. Die letzte der drei vierzeiligen Strophen lautet:

> An einem Fenster klebt ein fetter Mann.
> Ein Jüngling will ein weiches Weib besuchen.
> Ein grauer Clown zieht sich die Stiefel an.
> Ein Kinderwagen schreit und Hunde fluchen.

Für verschiedene Abweichungen von der üblichen Aussageform hat Lichtenstein eine wahrnehmungslogische Begründung gegeben: Man sieht nur den Kinderwagen, aus dem es schreit, und nicht das Kind; auch der am Fenster klebende Mann entspricht dem optischen Eindruck. Dennoch erklärt sich das Gedicht nicht als Summe beliebiger Wahrnehmungsfragmente, sondern als «ideeliches Bild» (wie gleichfalls Lichtenstein sagt), als verfremdetes Panorama abendlichen Menschenlebens im Zeichen einer umfassenden Melancholie: Grau ist der Himmel wie der Clown, und clownesk oder – wie bald vielleicht auch der blonde Dichter, von dem die zweite Strophe spricht – «verrückt» ist die Zusammenschau, die Lichtenstein hier liefert, sowohl in der Eigenwilligkeit der Kombination als auch hinsichtlich der (gegenüber den ursächlichen Gegebenheiten) ‹verkehrten› Darbietungsform. Lichtensteins eigenes Wort dafür – und damit sei zum letzten Mal aus seiner Selbstinterpretation *Die Verse des Alfred Lichtenstein* zitiert – ist: «grotesk».

«Nehmen Se jrotesk – det hebt Ihnen»: Unter dieser Überschrift hat Ernst Blass, wie schon angedeutet, in einem parodistischen Gedichtbeitrag zur *Aktion* vom Juli 1912 Lichtensteins Weiterentwicklung des Simultangedichts verulkt; dieser sollte es ihm zwei Jahre später an gleicher Stelle mit dem Gedicht *Etwa an einen blassen Neuklassiker* heimzahlen. Als Verfasser von Dörmann-, Rilke- und Hofmannsthal-Parodien (*Komisches Lied*, *Der Türke*, *Der Barbier des Hugo von Hofmannsthal*) besaß der Angegriffene einige Fertigkeit im Metier der polemischen Persiflage. Die Problematik Lichtensteins, der im Gedicht *Die Plagiatoren* sehr grundsätzlich und besonnen zur Frage des geistigen Eigentums Stellung nimmt (erstveröffentlicht 1912 im *Berliner Tageblatt* unter dem irreführenden

Titel *Begegnungen*), liegt wohl überhaupt darin begründet, daß bei der hier geübten Dichtungspraxis die Grenze zwischen Parodie und produktiver Überbietung
verfließt.

Lichtenstein bringt die groteske Komponente, die in der frühexpressionistischen Lyrik von Blass und van Hoddis angelegt ist, zur Entfaltung, indem er die Struktur des Reihungsstils bis an die Grenze des
Schematismus vorantreibt und die Disparatheit der Elemente zur komischen Verfremdung steigert. Damit erfüllt er formal die Bedingungen der
Parodie, die ja grundsätzlich als übersteigernde Kopie einer vorgefundenen Form mit komischer Wirkung verstanden werden kann. Nur versagt
natürlich das Differenzkriterium der Komisierung im Rahmen einer
Ästhetik des Grotesken. Wenn Lichtenstein wenige Wochen nach der
Publikation von Benns *Morgue*-Zyklus mit einem eigenen Gedicht *Die
Operation* (1912) aufwartet, das ganz im Stile Benns mit brutaler Sachlichkeit auf den medizinischen Vorgang eingeht, um mit dem Satz zu
enden: «Eine Pflegerin / Genießt sehr innig sehr viel Wurst im Hintergrund», so wiederholt dieser banale Schlußeffekt − freilich vergröbernd
− im Grunde nur ein Muster, das schon in der (selbst grotesk verfaßten)
Vorlage wirksam ist. Deutlicher wird die parodistische Intention in
Lichtensteins *Gesängen an Berlin* (entst. Mai 1914), die die pathetische
Apostrophierung der hymnischen Großstadtdichtung aufnehmen («O
du Berlin»), um sie mit herabsetzenden Prädikatierungen zu kontrastieren («du Biest», «du Luder»). Mit dem Zitat aus Goethes Lied *Nur wer
die Sehnsucht kennt* im Schlußvers wird die Intertextualität als Grundzug
dieser kleinen lyrischen Trilogie noch zusätzlich unterstrichen.

In verschiedenen Großstadtgedichten, die im Sommer 1911 entstehen
und 1912 in der *Aktion* und dem *Simplicissimus* erscheinen, variiert Lichtenstein das Grundmuster der *Dämmerung*. Die Titel lauten u. a.: *Die
Nacht*, *Das Vorstadt-Kabarett*, *Die Fahrt nach der Irrenanstalt I* und *Der
Morgen*. An Wirkung jedenfalls auf den heutigen Leser werden sie überboten durch einen Text wie *Nebel* (1913), der zwar gleichfalls Wahrnehmungen aus dem städtischen Treiben sammelt, aber zum Gesamtbild des
nächtlichen Nebels bündelt, das auch eine übergreifende Metaphorik
ermöglicht (der Mond als Nebelspinne, die Gaslaternen als gefangene
Fliegen). Die Schlußstrophe eröffnet eine neue Perspektive durch den
Auftritt einer kollektiven Sprecherinstanz, die «knirschend diese wüste
Pracht» «zerschreitet». Die Erscheinung dieses «Wir» − also eigentlich
auch die des lyrischen Ichs − wird zum eigentlichen Schrecken der
Großstadterfahrung: «Und stechen stumm die weißen Elendsaugen /
Wie Spieße in die aufgeschwollne Nacht.»

Die Augen gewinnen eine eigentümliche Bedeutung in der Großstadtlyrik Lichtensteins. Als Werkzeug und Ort der Wahrnehmung werden
sie zum eigentlichen Zentrum des Leidens. «Die Augen stürzen ein»,

heißt es am Schluß des Gedichts *Punkt*, das mit der Feststellung beginnt: «Die wüsten Straßen fließen lichterloh / Durch den erloschnen Kopf.» Das Gedicht *Nachmittag, Felder und Fabrik* — gleichfalls im September 1913 entstanden und 1914 veröffentlicht — verbindet die Wahrnehmungs- mit der Identitäts- und Sprachproblematik. «Ich kann die Augen nicht mehr unterbringen», lautet die erste Zeile. Der Ton verschärft sich im Fortgang des Gedichts: «Kopf muß zerspringen» — «Die Zunge bricht mir.» Das Ich zerfällt infolge scheiternder Weltwahrnehmung.

Das Leiden des lyrischen Ichs an der Welt ist bei Lichtenstein keines- wegs auf die Großstadt beschränkt. In *Sommerfrische*, entstanden im Juni 1913 im idyllischen Erlangen, wird die «friedliche Welt» (der Provinz? der Vorkriegszeit?) als «große Mausefalle» erlebt und ihre katastrophische Zerstörung herbeigesehnt: «Wär doch ein Wind ... zerriß mit Eisenklauen / Die sanfte Welt.» Die definitive Zerstörung der Friedenswelt durch den Ausbruch des Ersten Weltkriegs 1914 hat Lichtenstein nur um wenige Wochen überlebt. Die sieben Gedichte, für die ihm der Einsatz an der Westfront noch Zeit ließ, erproben unterschiedliche, insgesamt jedoch eher konventionelle Ausdrucksformen. Der schlichte Ton, der an den authentischsten Stellen dieser qualitativ sehr ungleichen Texte erklingt — faßbar etwa in *Die Schlacht bei Saarburg*: «Ich liege gottverlassen / In der knatternden Schützenfront» —, führt die unironische und vielfach senti- mentale Diktion der Gedichte des Kuno Kohn fort, die Lichtenstein 1911–1914 neben seiner grotesken Großstadtpoesie verfaßt hat. Nur in der Maskierung dieser grotesken Figur, des Protagonisten mehrerer auto- biographisch gefärbter satirischer Erzählungen (erstmals auftretend in der Skizze *Kuno Kohn* vom Oktober 1910), war diesem Expressionisten eine im herkömmlichen Sinn ‹lyrische› Aussprache möglich.

Das Nebeneinander verschiedener Schreibweisen und die Rückkehr zum Ich-Gedicht in der Kriegslyrik nährt freilich wiederum den Ver- dacht, daß das groteske Simultangedicht für Lichtenstein eine eher äußerliche — zwar mit Bravour gehandhabte, aber letztlich adoptierte — Technik darstellt.

5. *Else Lasker-Schüler und August Stramm*

Else Lasker-Schüler und August Stramm galten der expressionistischen Zeitschrift *Der Sturm*, die von beiden zahlreiche Gedichte druckte, jeweils als höchster Maßstab der modernen Lyrik. Freilich nacheinan- der: Lasker-Schüler im wesentlichen bis zu ihrer Scheidung vom Heraus- geber Herwarth Walden im November 1912; August Stramm schon bald nach seiner Kontaktaufnahme mit Walden im Frühjahr 1914. So groß der persönliche Gegensatz zwischen der legendären Bohemienne und dem promovierten Postbeamten und Reserveleutnant erscheinen mag und so deutlich der musikalische Klang Lasker-Schülerscher Verse vom konstruktivistischen Grundzug Strammscher Gedichte absticht –, ihre Lyrik weist doch manche Gemeinsamkeiten auf, die sie nicht nur aus Waldens Sicht vergleichbar machen. Lasker-Schülers Gedichte haben sich bis zum Beginn des expressionistischen Jahrzehnts in hohem Maße von einem festen Vers-, Strophen- und Reimschema emanzipiert; Stramm setzt hier an und erhebt den kreativen Umgang mit der Sprache, der sich bei Lasker-Schüler eher gelegentlich in Wortspielen und Neologismen manifestiert, zum Grundprinzip seiner «Wortkunst». Beide Autoren treffen sich überdies in der Tendenz zur Abstraktion von einer rational faß- und mitteilbaren Botschaft und ihrer Einbindung in die kosmisch-mystischen Strömungen des frühen 20. Jahrhunderts.

Das hängt mit einer weiteren Parallele biographischer Natur zusammen: Beide Lyriker sind deutlich älter als die expressionistische Generation, der sie doch den Höhepunkt ihrer Wirkung verdanken und der sie aufgrund ihres eigenen Œuvres vielfach zugerechnet werden. Lasker-Schüler, deren fünfzigster Geburtstag von der literarischen Welt 1926 begangen wurde, war in Wahrheit schon 1869 geboren und damit ähnlich wie Stramm (geb. 1874) um ein bis zwei Lebensjahrzehnte der jungen Garde eines Benn (geb. 1886) oder Becher (geb. 1891) voraus. Die Anfänge ihres literarischen Wegs sind denn auch eng mit kulturellen Konstellationen der Jahrhundertwende verknüpft.

Else Lasker-Schüler wurde vom frühverstorbenen Ludwig Jakobowsky entdeckt, dem Gründer und – neben Rudolf Steiner – Mittelpunkt des Kreises der Kommenden in Berlin; in der kurzfristig von ihm herausgegebenen Zeitschrift *Die Gesellschaft* erschienen 1899/1900 ihre ersten Gedichte. Den Vorstellungen seines Kreises, in dem die dekadent-erotische Frauenlyrik einer Dolorosa (das ist Marie Eichhorn) und Marie Madeleine (das ist Gertrud von Puttkamer) besondere Wertschätzung genoß, entsprach auch der thematische Schwerpunkt von Lasker-Schülers erstem Gedichtband: Im Zentrum von *Styx* (ausgeliefert Ende 1901) steht die leidenschaftliche Aussprache sinnlichen Begehrens, gestaltet konsequent aus weiblicher Perspektive.

Die älteren Gedichte *Kismet* (1900) und *Brautwerbung* (1900), in denen ein männliches Begehren gestaltet ist, hat Lasker-Schüler wohl bewußt aus der Konzeption von *Styx* ausgeschlossen, ebenso wie die allzu durchsichtige Gestaltung ihrer unglücklichen Ehe mit dem Arzt Berthold Lasker in *Verwelkte Myrten* (1899).

Seine künstlerische Einheit findet der Gedichtband in einer exuberierenden vitalistischen Metaphorik. Neben den Bildzentren der Feuersglut und des strömenden Bluts dominieren vor allem pflanzliche Metaphern. Zusammen mit den allgegenwärtigen Rosen ließe sich aus den hier vorfindlichen Blüten – Herbst-

zeitlosen, Gladiolen, Tuberosen, Feuer- und anderen Lilien, Orchideen, Hyazin-
then, Anemonen, Malven, Pfingst- und Wasserrosen – leicht ein ganzer Blu-
menladen zusammenstellen. Daneben finden sich diverse Anspielungen auf die
Welt der Antike, angefangen schon mit dem Bandtitel *Styx*, der gemäß dem
Gedicht *Müde* (später: *Styx*) offenbar als Fluß des Lebens – wie auch des Todes
– aufgefaßt werden soll. Auf derlei Anleihen beim abendländischen Erbe wird
Lasker-Schüler später zugunsten einer geschlosseneren orientalischen oder
‹hebräischen› Identität verzichten.

Als Tribut an den Geist des Fin de siècle ist wahrscheinlich auch der in *Styx*
vielfach zu beobachtende Umschlag von Lebenswillen in Todessehnsucht zu
bewerten. Typisch für diese frühe Phase ihres Werks ist ebenso die massive Betonung der ‹Sündhaftigkeit› sinnlicher Liebe, greifbar u. a. in dem Peter Hille
gewidmeten Gedicht *Der gefallene Engel*, in dem eine Frau, die sich verkauft
hat, einer jesusgleichen Figur (Hille selbst?) ihre Sünden beichtet. Wer um die
Bedeutung weiß, die der alte Hille für Lasker-Schülers Weg in die Literatur-
Boheme besessen hat, ahnt die autobiographische Dimension dieses und anderer
Gedichte, die die Herauslösung der Dichterin aus ihrer bürgerlichen Stellung –
spätestens mit der Geburt ihres nach eigener Darstellung unehelich empfange-
nen Sohnes 1899 – und die dabei erlittenen Normkonflikte spiegeln.

Die Lyrikerin Lasker-Schüler hat den ihr eigenen liedhaften, romantisch anmutenden Ton schon früh gefunden. Dabei lehnt sie sich an das
Volkslied – so schon in den allerersten Gedichtveröffentlichungen *Vorahnung / Ahnung* (1899, später vereinigt zu *Volkslied*) – und an das
Hohelied an. Letzterem verdankt sich ein frühes Meisterwerk wie *Sulamith*. Das Übermaß der Liebe führt in diesem der Geliebten Salomos in
den Mund gelegten Gedicht zur Aufgabe des Lebens als der Hingabe an
das All. In melancholischer Tönung kommt es darin also zu einem ähnlichen Verströmen der Individualität, wie es im «Weltenliebeslied» *Viva!*
pathetisch gefordert wird. Indem die Liebenden «ineinanderrauschen»,
finden sie Zugang zur Ewigkeit.

Das ist auch der gemeinsame Grundgedanke der Gedichte *Orgie*
und *Fortissimo*. Durch Einwirkung der Natur (Nachthimmel, Mondschein) gewinnt das Liebesspiel eine eigentümliche Zeitlosigkeit, die die
Rückkehr ins Paradies bzw. den Rückgang auf eine reflexionslose Ur-Exi-
stenz (Urwaldvogel, Urwild) ermöglicht. Andeutungsweise kündigt sich
hier schon die Idee von Lasker-Schülers berühmtestem Liebesgedicht
Ein alter Tibetteppich an; in *Fortissimo* ist es allerdings noch ein Smyrna-
Teppich, auf den sich die «Blutsturmwellen» der Liebenden ergießen –
das wilhelminische Interieur muß dafür herhalten, seine eigene Überwindung zu feiern. Dabei ist der Verdacht nicht von der Hand zu weisen, daß die Befreiungsphantasien dieser Lyrik objektiv einer ähnlichen
exotistisch-kolonialistischen, letztlich kompensatorischen Logik folgen
wie die Requisiten, derer sie sich bedienen.

Liebe verspricht Heimat, sie stillt die umfassende Nostalgie, von der
Lasker-Schülers Gedichte zeugen. Das Gedicht *Weltflucht* endet mit der

Parole: «Um zu entfliehn / Meinwärts!» Die signifikante Wortschöpfung ist offenbar in Analogie zu «Heimwärts» gebildet. Das Gedicht *Chaos* weitet das Gefühl der Vereinsamung ins Kosmische aus und malt das schauerliche Bild eines schwarzen Himmels gleichsam vor Beginn des Schöpfungsgeschehens, um zwei Wünsche zu formulieren, die unvermittelt nebeneinanderstehen und doch für Lasker-Schüler letztlich das gleiche bedeuten: eine neue «Schöpferlust» möge das lyrische Ich wieder in die «Heimat / Unter der Mutterbrust» zurückführen und/oder es möge einen Herzallerliebsten haben, «um mich in seinem Fleisch zu vergraben».

Die sexuelle Erfüllung ist mit der Wiedergeburt bzw. der Regression in die – auch in anderen Gedichten Lasker-Schülers beschworene, nach ihrem frühen Tod lebenslang verehrte – Mutter um so eher vergleichbar, als auch sie «Schöpferlust» bedeutet. Das Vertrauen auf die eigene schöpferische Begabung steht ebenso hinter dem Anspruch auf Gotteskindschaft, den die Ouvertüre und das Finale des *Styx*-Bandes formulieren: hier das Eröffnungsgedicht *Chronica* unter Bezug auf die Familiengeschichte der Autorin, dort das «Weltscherzo» *Im Anfang*, das noch 1914 die zweite Fassung der *Hebräischen Balladen* beschließen wird. «Gottgeboren» und «gottgeborgen» fühlt sich der Sprecher des Scherzos in Erinnerung an die Kindheit der Welt – «als ich noch Gottes Schlingel war!»

Lasker-Schüler vertieft den Gedanken eines uranfänglichen Einsseins mit Gott in dem Gedicht *Erkenntnis*. Die erste Fassung (*Erkenntniß*), die sie den Brüdern Heinrich und Julius Hart sowie Gustav Landauer widmet und die wahrscheinlich 1902 auf dem Höhepunkt ihrer Beteiligung an der von den Harts geleiteten Neuen Gemeinschaft entstanden ist, gibt die Schuld an der Vertreibung des Menschen aus dem Paradies den Fortschritten seines Erkenntnisvermögens, wogegen in der nackten Liebe Adams und Evas und dem ihr entsprungenen Kind «Gott-Seele» von Anfang an die Möglichkeit zur Rückkehr angelegt ist. Mit einer überarbeiteten – ganz auf die Position Evas zugeschnittenen – Fassung des Gedichts, das unter dem Titel *Die Stimme Edens* noch 1910 im *Sturm* erscheinen wird, eröffnet Lasker-Schüler 1905 ihren zweiten Lyrikband, der schon im Titel auf die Schöpfungsthematik verweist: *Der siebente Tag* (1905).

Dessen künstlerischer Ertrag wird vor allem durch das abschließende – dem zweiten Ehemann Herwarth Walden gewidmete und von ihm vertonte – *Weltende* (1903) und die Gedichte *Mein Volk* sowie *Mein stilles Lied* bestimmt. *Weltende* und *Mein Volk* knüpfen in unterschiedlicher Weise an die vitalistischen Strukturen des Frühwerks an. Das ältere Gedicht leitet die Aufforderung zur Liebe aus der todesartigen Erstarrung der Welt ab («Du! wir wollen uns tief küssen ....») – zu einer Liebe, die durch ihre Tiefe und die Grenzenlosigkeit ihrer Sehnsucht allerdings auch wieder aus dieser Welt hinausweist.

Ähnlich ambivalent verläuft die Auseinandersetzung mit der jüdischen Herkunft der Autorin in *Mein Volk*. «Der Fels wird morsch, / Dem ich entspringe» – schon die Eingangszeilen reflektieren den Verlust einer kollektiven Identität im deutschjüdischen Bürgertum der Jahrhundertwende. Mit dem Ausdruck «meines Blutes / Mostvergorenheit» wird nochmals ein, gemessen an den Maßstäben vitalistischen Bilddenkens, stark negativer bzw. skeptischer Akzent gesetzt. Nicht umsonst wird Lasker-Schüler «Mostvergorenheit» zu «Mostgegorenheit» korrigieren, als sie in den dreißiger Jahren eine neue Abschrift der (in den Ausgaben von 1913/14 mit diesem Gedicht eröffneten) *Hebräischen Balladen* herstellt. Auf der anderen Seite macht auch schon die erste Fassung deutlich, daß das lyrische Subjekt trotz seiner Vereinzelung, die es dazu zwingt, wie ein kleines Rinnsal seinen eigenen Weg zum Meer zu suchen, den Widerhall der Klagen nicht aus dem Ohr verliert, die das «morsche Felsgebein» seines Volkes an Gott richtet.

Mein Volk ist das bis dahin eindeutigste und nachdrücklichste lyrische Bekenntnis der Autorin zu ihrer jüdischen Identität. Ihm gehen die beiden Gedichte *Das Lied des Gesalbten* und *Sulamith* voraus, die 1901 in der kulturzionistischen Zeitschrift *Ost und West* erschienen, sowie die entschiedene Positionsbestimmung in Peter Hilles Essay *Else Lasker-Schüler* (aus: *Der Kampf*, 1904), dem diese durch die Aufnahme in ihre *Gesammelten Gedichte* (1917) autoritative Geltung verlieh. Er beginnt mit dem Satz: «Else Lasker-Schüler ist die jüdische Dichterin.» Ein Echo auf die Botschaft von *Mein Volk* innerhalb der Gedichtsammlung *Der siebente Tag* findet sich in *Unser stolzes Lied*. Bevor sich Lasker-Schüler mit den *Hebräischen Balladen* (1913) – einem für historische Rekurse und Herkunfts-Bekenntnisse spezifisch geeigneten Genre (s. o. S. 598–602) – die Welt des Alten Testaments als Spielraum ihrer poetischen Phantasie erschließt, artikuliert sie ihr «Heimweh» nach den morgenländischen Palästen und Kronen ihrer Väter im gleichnamigen Gedicht von 1909, das 1910 in der *Fackel* veröffentlicht wurde.

In *Mein stilles Lied* führt Lasker-Schüler erstmals das Formprinzip einheitlich durch, das großen Teilen ihrer künftigen Lyrik das Gepräge geben wird: die Reihung zweizeiliger reimloser Strophen, die in sich oft durch eine innere Dialektik zusammengehalten sind. Beispiele aus diesem Gedicht wären u. a.: «Verhöhnt habt ihr mir meine Lippe / Und redet mit ihr», «Arm bin ich geworden / Von eurer bettelnden Wohltat», «Bist Du der Jüngste von euch, / So sollst Du mein Ältestes wissen.» Der Armut, Verachtung und Einflußlosigkeit des Dichters in der Gesellschaft steht sein prophetischer Anspruch als der eines Abgesandten aus einer übermenschlichen Sphäre gegenüber: «Ich bin der Hieroglyph / Der unter der Schöpfung steht.»

Die Metapher des Hieroglyphs oder der Hieroglyphe verweist zugleich auf die dunkle Diktion, die von dieser Stufe ihres Schaffens an weite Strecken der Lyrik Lasker-Schülers charakterisiert. In einem Brief an Walden vom Mai 1910 wird Karl Kraus im Tone der Anerkennung von den «hohen ‹Unverständlichkeiten› einer Else Lasker-Schüler» sprechen. Diese zeichnen auch das melancholische Liebesgedicht *Leise sagen* – aus, das in der *Rheinisch-Westfälischen Zeitung* als Nachdruck aus dem *Sturm* vom 7. Juli 1910 wiedergegeben wird, und zwar mit der redaktionellen Nachbemerkung: «– Vollständige Gehirnerweichung, hören wir den Leser – leise sagen.» Walden strengt daraufhin einen erfolgreichen Musterprozeß wegen Verletzung des Urheberrechts an, den er in seiner Zeitschrift fortschreitend dokumentiert. Denn der eigentliche Punkt, um den es dem *Sturm*-Herausgeber geht, ist natürlich nicht die Honorarfrage, sondern die Anerkennung autonomer Ausdrucksformen der modernen Lyrik in der gesamten Breite der literarischen Öffentlichkeit.

Nachdrückliche Anerkennung erfuhr Lasker-Schüler, nicht zuletzt von Kraus, für die «neunzeilige Kostbarkeit» *Ein alter Tibetteppich* (1910). Das Gewebe des Teppichs wird zum Gleichnis für das Ineinander-Verwebtsein der Liebenden, die in ihrer Liebe die Verbundenheit mit dem Kosmos und eine mythische Ausdehnung von Raum und Zeit erfahren: «Maschentausendabertausendweit», «buntgeknüpfte Zeiten schon». Der harmonische Einklang der Sprecherin mit sich selbst, dem Geliebten und der Welt spiegelt sich in einem engen Netz sprachlich-lautlicher Korrespondenzen. So ist zum Beispiel die erste Strophe ausschließlich aus e- und i-Vokalen sowie dem aus beiden zusammengesetzen Diphthong «ei» gebildet: «Deine Seele, die die meine liebet / Ist verwirkt mit ihr im Teppichtibet.» Die neologistische Umkehrung des Titelworts bewirkt eine Spiegelung der Lautfolge und transformiert das konkrete Requisit zu einem Teil jenes inneren Morgenlands, das Lasker-Schüler auch in ihren orientalischen Erzählungen beschwor.

Die Tendenz zu spielerischen Veränderungen des sprachlichen Materials tritt in der Lyrik Lasker-Schülers schon früh hervor – in *Styx* vor allem in *Meinlingchen*, einem Gedicht an den Sohn Paul, und *Elegie*. Diese überrascht u. a. durch folgende Verse: «Du warst mein Hyazinthentraum», «Und meine Hoffnung klagt vom Trauereschenbaum», «Ein Venussehnen lag vor Deinen Knieen», «Und Neide schlichen heimlich, ihre Geil zu rächen». Im *Siebenten Tag* fallen die Strophen *Als ich noch im Flügelkleide …* (der Titel zitiert das populäre Gedicht *Lina* eines unbekannten Verfassers) und die Morgenstern nachempfundene *Groteske* einschlägig auf – mit spielerischen Gebilden wie «Ringelrangelhaaren» (hier möchte man noch an Bierbaums *Ehetanzlied* denken), «frischfreifrohfrohlokken», «strickpicknadelspitz», «blühheilala» und «Schmackeduzie». Von größerer Ernsthaftigkeit ist die Richtungsbestimmung «gotthin» in *Liebesflug*.

Liebeslyrik wird in den folgenden Jahren mehr denn je zum Schwerpunkt von Lasker-Schülers Dichtung. Im Unterschied zu den frühen Gedichten, die das sinnliche Begehren in den Vordergrund stellen, durchmessen ihre Lieder nunmehr das ganze Spektrum der Stimmungen und seelischen Grenzlagen, die eine leidenschaftliche Liebe mit sich bringt – bis hin zu Trauer und melancholischer Resignation. Fast tragisch mutet es an, daß das letzte Gedicht Lasker-Schülers, das 1912 – schon zur Zeit des Auseinanderbrechens ihrer Ehe mit Walden – im *Sturm* gedruckt wurde, den Titel *Versöhnung* trägt. Es erschien zusammen mit einem illustrierenden Holzschnitt Franz Marcs.

Entsprechend der systematischen Grenzüberschreitung von Literatur und Leben, die Lasker-Schüler schon im Briefroman *Mein Herz* praktiziert hat, begleitet sie ihre Freundschaften oder Liebesbeziehungen zu den jüngeren Expressionisten Benn («Giselheer») und Ehrenbaum-Degele («Tristan») mit mehreren Gedichten, die zum Teil zeitgleich in den Journalen erscheinen und 1917 in den *Gesammelten Gedichten* zu eigenen Zyklen mit namentlicher Nennung der Adressaten zusammengefaßt werden. Dazu gehören auch die Gedichte an den anarchistischen Publizisten Johannes Holzmann («Senna Hoy»), den Herausgeber der Zeitschrift *Kampf*, der Deutschland 1905 verließ und in Rußland zu fünfzehn Jahren Gefängnis verurteilt wurde. Wie Lasker-Schüler dem Abwesenden *Ein Liebeslied* (1909) widmete, so huldigte sie dem Toten nach der Heimführung 1914 mit den Gedichten *Senna Hoy* und *Ballade*.

Die Beziehung zwischen Else Lasker-Schüler und Gottfried Benn ist trotz einer gegenteiligen Aussage der Dichterin oft als Liebesroman gedeutet worden – mit dem öffentlichen Dialog in der *Aktion* vom 25. Juni 1913 als Höhepunkt. Dort erschien das Gedicht *Drohungen* aus Benns *Alaska*-Zyklus («Ich treibe Tierliebe. / In der ersten Nacht ist alles entschieden») parallel zu Lasker-Schülers Prosaskizze *Doktor Benn* und ihrer Profilzeichnung des Lyrikers. Das Ende der Affäre glaubte man aus Benns Gedichtband *Söhne* (1913) zu erfahren, der zwar eine Widmung an Else Lasker-Schüler trug, ihrem Liebeswerben mit dem Gedicht *Hier ist kein Trost* aber eine unmißverständliche Absage zu erteilen scheint: «Niemand kann mein Wegrand sein». Lasker-Schülers Gedicht *Höre*, das hier zitiert wird, erschien erst im April 1914 in den *Weißen Blättern*. Es endet mit den Strophen: «Ich bin dein Wegrand. / Die dich streift, / Stürzt ab. // Fühlst du mein Lebtum / Überall / Wie ferner Saum?» Die Metapher des Saums, ein Lieblingswort der Dichterin, verweist auf den Saum des Gewands Christi, das von den Gläubigen geküßt wurde; in diesem Sinne heißt es in *Mein stilles Lied*: «Sein [sc. meines Auges] Leuchten küßt / Gottes Saum.» Wahrscheinlich sind die Gedichte auch als poetischer Dialog zu lesen, in dem sich zwei unterschiedliche Auffassungen der Dichtung und ihres Verhältnisses zum Leben artikulieren.

Die Spiritualisierung des Liebesgedichts bei Else Lasker-Schüler steht in deutlichem Kontrast zur hymnischen, frivolen oder zynischen Thematisierung des Fleischlichen in der erotischen Lyrik männlicher Expressionisten. Sie findet jedoch manche Parallele in der Liebesdichtung weniger bekannter Autorinnen der expressionistischen Generation. «Mir wuchsen Schwingen bis zur Himmelsgrenze», heißt es in Maria Benemanns Liebesgedicht *O kämst du jetzt so wild durch Tod und Leben* (in: *Wandlungen*, 1915). «Meine Hände wühlen in deinen Sternen», sagt Sophie van Leer in *Meiner Liebe I* (*Der Sturm*, 1915). Martina Wieds Sonett *Die Getrennten* (in: *Bewegung*, 1919) endet mit den Versen: «Es sternen erdenschmerzverklärte Seelen, / Wo zwillingsnahe Ewigkeit sie trennt.» Auch Bess Brenck-Kalischer bezieht das Geistigkeit versprechende Symbol des Sterns in ihre lyrische Selbstaussage ein, doch dominiert in ihrem Gedicht *Sternzacken* (in: *Dichtung*, 1917) die Verzweiflung des Opfertiers: «Sternzacken schlugen in mein Hirn.» Noch schärfer formuliert Henriette Hardenberg, die spätere Frau Alfred Wolfensteins und neben Emmy Hennings sicher die begabteste Lyrikerin der eigentlichen expressionistischen Generation, die Zweischneidigkeit des Glücks. In ihrem Gedicht *Verse* (1913, später: *Liebe*) entwickelt sich die paradiesische Zweisamkeit («Zwei gehen nackt durch einen Wald») zu einem recht bedrohlichen Geschehen: «Arme und Beine sind Stricke. / Sie meistern krachende Leiber.» Ihr Wolfenstein gewidmetes Gedicht *Dichter* (1920, entst. 1915) kommt dagegen wieder zu einer positiven Synthese von Erotik und Spiritualität, feiert den Geliebten als befruchtende Himmelserscheinung: «Blitzend fliegen deine Kerne auf die Erde.»

Auch der einzige Gedichtband August Stramms, der zu seinen Lebzeiten erschien, enthält Liebeslyrik: *Du. Liebesgedichte* (1915). Freilich ist es ein höchst abstraktes Du, das hier angeredet wird; jede namentliche Widmung oder biographische Identifizierung verbietet sich. In vielen Gedichten ist gerade noch der Gegensatz von männlicher Werbung und weiblicher Verweigerung oder Hingabe erkennbar, in anderen nicht einmal die geschlechtliche Zuordnung gesichert. Ein Gedicht wie *Allmacht* scheint sich geradezu auf Gott zu beziehen; die Abfolge der Verben – u. a. «Du breitst», «lachst», «schmiegst», «wärmst» – legt jedoch die Vermutung nahe, daß auch hier an eine erotische Begegnung gedacht werden darf: Gottes «Allmacht» ließe sich demnach gerade im sexuellen Erleben erfahren. Ähnliche Vorstellungen sind von Lasker-Schüler vertraut; der kosmische Mystizismus, in dem Stramm durch die Lektüre von Ralph Waldo Trines Schrift *In Tune with the Infinite* (1897, deutsch 1904: *In Harmonie mit dem Unendlichen*) bestärkt wurde, führt offenbar Leitmotive aus deren früher Lyrik weiter.

Wahrscheinlich sind sämtliche Texte in *Du* nach der Begegnung mit Walden (im März 1914) entstanden; sie führen in unterschiedlichem Maße die Verfahren einer konstruktivistischen Verdichtung fort, zu der Stramm durch die Bekanntschaft mit der Kunst des Kubismus und Futurismus, nicht zuletzt wohl durch die Lektüre von Marinettis *Technischem Manifest des Futurismus* ermutigt wurde. Ähnliche Techniken hat Stramm allerdings schon unabhängig vom *Sturm* entwickelt, wie seine ersten dort im April 1914 erschienenen – nicht in *Du* aufgenommenen – Gedichte (u. a. *Tanz*) belegen.

Zur älteren Schicht des Bandes gehören Gedichte wie *Abendgang*, das in –
wie immer bei Stramm ungereimten – Versen höchst unterschiedlicher Länge
(zwischen ein und acht Worten) zunächst eine anschaulich nachvollziehbare
Situation entwirft, bevor es sich zur kosmisch-mystischen Schlußpointe «Uns
gebärt der Kuß» aufwirft. Die hier eher beiläufig vorkommenden Abweichungen
von der sprachlichen Norm («schmiege Nacht», «Die schlafe Erde armt den
nackten Himmel») erhalten in der nächsten Schaffensphase größeres Gewicht.
Beispielhaft dafür sind die Gedichte *Untreu* und *Freudenhaus*. Beide gehen
von einer allegorischen Leitvorstellung aus: der Gleichsetzung der Untreue mit
dem Begräbnis der Liebe bzw. der Vorstellung einer obszönen Feilbietung
ansteckender Geschlechtskrankheiten. Die in *Untreu* benutzte Formulierung
«Im Atem wittert Laubwelk!» (statt «... welkes Laub») verteidigt Stramm in
einem Brief an Walden vom Mai 1914 u. a. mit dem Argument, daß «die Häufung
des ‹T› mit nachfolgendem ‹L›» bei ihm eine Vorstellung des Gleitens und Vorbei-
wehens von Atem erwecke. Wie subjektiv letzten Endes der von ihm unternommene Versuch einer Intensivierung des sprachlichen Ausdrucks jenseits der
Regeln von Lexik und Grammatik ausfällt, unterstreicht ein weiterer Brief vom
Juni 1914 mit ausführlichen Begründungen für die Wiederherstellung der Lesart
«schamzerpört» statt «schamzerstört» in *Freudenhaus*:

> «Scham und Empörung ringen miteinander und die Scham zerdrückt sich.
> Auch ‹schamempört› sagt das lange nicht; außerdem liegt das Wesen des
> Wortes ‹empören› meinem Gefühl nach nicht in dem ‹em›, das höchstens
> für die Wortlehre als Erklärung Bedeutung hat, für das Gefühl liegt der
> Begriff des Empörens aber lediglich in dem ‹pören› oder vielmehr einfach
> vollständig in der einen Lautverbindung ‹pö›.»

Im Bemühen um den intensivstmöglichen Ausdruck verzichtet Stramm
zunehmend auf Präfixe, Artikel und Präpositionen, ja die Kennzeich-
nung syntaktischer Strukturen überhaupt: Verben werden vielfach nur
im Infinitiv wiedergegeben, oft auch noch durch Versgrenzen isoliert.
Einwortverse wie «Bären» (für Gebären?) und «Wegen» (für Bewegen?)
sind bei Stramm keine Seltenheit; sie zeigen zugleich die prekäre Natur
dieser sprachexperimentellen Methode, die sinnverwirrende oder -ent-
leerende Mehrdeutigkeiten erzeugt und bisweilen der unfreiwilligen
Komik nicht entbehrt. «Ich / Bär mich selber!» heißt es befremdlich
genug in *Wunder*; damit ist zugleich die Problematik dieser ihre eigene
Sprache generierenden Wortkunst umrissen.
    Den Gipfel der Abstraktion und der höchsten – intendierten –
Bedeutungsfülle betritt Stramm mit den philosophischen Großgedichten
Die Menschheit (1914; Buchausgabe 1917) und *Weltwehe* (1915) sowie
dem Gedicht *Urtod* (1915). Darin wendet Stramm den Kreisgedanken,
der schon die Gedichte *Tanz* und *Wunder* bestimmt und in einem seiner
ersten Briefe an Walden anklingt, auf die Geschichte der Menschheit, ja
den Kosmos bzw. die Kategorie des Seins überhaupt an. «Tränen kreist
der Raum!» heißt es im ersten und letzten Satz der *Menschheit*. In *Weltwehe* führt der Weg aus dem «Nichts» in das «Nichts». Derselben Logik

folgt *Urtod*, in seiner Abstraktion und formalen Geschlossenheit wohl das konsequenteste Gedicht Stramms. Die 47 Zeilen des Gedichts bestehen aus jeweils nur einem Wort und kennen, bis auf den Schlußpunkt, auch kein Satzzeichen. Ebenso fehlt jedes finite Verb. Das ganze Gedicht stellt sich als eine rhythmische Folge von Nomina und Verben dar, wobei die Gruppe der ersteren nur aus den Kantischen Kategorien «Raum» und «Zeit» (den ersten beiden Worten des Textes, die im folgenden stets wiederkehren) sowie dem Schlußwort «Nichts» besteht. Die dazwischengeschalteten Infinitive deuten einen Umschlag von Bewegung, Ordnung und Wachstum in Untergang und Chaos an.

Allerdings läßt sich angesichts dieser lyrischen Versuche ebensowenig wie angesichts der kosmischen Dramatik Stramms (s. o. S. 567–569) verhehlen, daß die Möglichkeiten einer solchen abstrakt-metaphysischen Kunst begrenzt sind. Die ihr innewohnende Tendenz zur Gestaltung existentieller Ur-Erlebnisse erhielt eine neue Grundlage durch den militärischen Einsatz Stramms in Frankreich und Rußland bis zu seinem Kriegstod im August 1915. Die rund dreißig Gedichte, die Stramm an der Front verfaßte und die er zu einem Zyklus *Tropfblut* zusammenstellen wollte, der wohl eine etwas andere Zusammensetzung gehabt hätte als die unter diesem Titel posthum von Walden arrangierte Sammlung (1919), geben ein uneinheitliches Bild. Nicht wenige von ihnen führen Motive und Techniken der Liebesgedichte unter veränderten Vorzeichen fort. *Angriff* etwa, *Triebkrieg* oder *Abend* könnten ebensogut in der Sammlung *Du* stehen, die ja bereits durch ein Gedicht mit dem Titel *Liebeskampf* eröffnet wurde. Andere Gedichte (wie ja auch der damals entstandene *Urtod*) verstärken die Tendenz zur Formalisierung. *Vernichtung* etwa variiert einen festen rhythmischen Block, dessen meiste Bestandteile konstant bleiben. Man vergleiche zum Beispiel die erste mit der vierten Strophe:

> (1) Die Himmel wehen
> Blut marschiert
> Marschiert
> Auf
> Tausend Füßen

> (4) Die Himmel wehen
> Blut zersiegt
> Zersiegt
> In
> Tausend Scharten

Der Neologismus «zersiegt» steht in einem raffinierten Spannungsverhältnis zwischen den semantisch und etymologisch grundverschiedenen

Verben «siegen» und «versiegen». In anderen Gedichten von der Front
erprobt Stramm möglicherweise typographische Effekte. Liest man
Sturmangriff oder *Haidekampf* als visuelle Gedichte, so erhält der Wechsel zwischen Lang- und Kurzzeilen überraschende Bedeutung: als ikoni-
scher Verweis auf die Truppenlinien (in *Sturmangriff*) oder auf die fallen-
den Blutstropfen in *Haidekampf*:

> Blut
> Und
> Bluten
> Blut
> Und
> Bluten Bluten
> Dumpfen tropft

Ihre größte Wirkung erreicht Stramms Kriegslyrik aber wohl in Gedichten geringeren Abstraktionsgrads wie *Patrouille*. Die Verfremdung der
wahrgenommenen Wirklichkeit durch die Angst des patrouillierenden
Soldaten erhält in den ersten Versen («Die Steine feinden / Fenster
grinst Verrat») einen ebenso überzeugenden Ausdruck wie in der Verkürzung der Schlußverse – das dreiecksförmige Druckbild entspricht dem
Muster vieler anderer Gedichte Stramms – sein gefürchteter und vielleicht sogar eingetretener Tod durch einen Schuß aus dem Hinterhalt.

In seiner Abhandlung *Expressionistische Dichtung*, die 1918/19 im
Sturm erscheint, leitet Lothar Schreyer aus den Verfahren der Lyrik
August Stramms ein regelrechtes Dichtungskonzept ab, in dessen Zen-
trum das Wechselspiel von Konzentration und Dezentration steht. Der
erstere Begriff bedarf nach den oben gegebenen Beispielen für Stramms
Verkürzungs- und Auslassungstechnik kaum einer weiteren Erläuterung;
Schreyer rechnet auch Stramms Eingriffe in das Wortmaterial und die
Grammatik, insbesondere den transitiven Gebrauch intransitiver Verben
dazu. «Dichtung ist Verdichtung», soll Walden in diesem Sinn manchem
Nachwuchslyriker seiner Zeitschrift gepredigt haben. Unter «Dezentration» versteht Schreyer hingegen in erster Linie Wortfiguren wie die
Wiederholung (unmittelbar oder in Zwischenräumen), den Parallelismus
oder die Umkehrung sowie die assoziative Verknüpfung von Wortfor-
men. Auch dafür haben uns Stramms Gedichte *Urtod*, *Vernichtung* und
Haidekampf hinlängliche Proben gegeben.

Schon vor der Verfestigung der Wortkunst-Lehre durch Schreyers
theoretische Arbeiten hat die Lyrik Stramms im *Sturm* kanonische Geltung erlangt. Durch konsequente Selektion und redaktionelle Eingriffe
trug Walden als Herausgeber dafür Sorge, daß sein in Stramm verwirk-
lichtes Dichtungsideal über den frühen Tod des Freundes hinaus Nachfolge fand. Man kann daher ohne Übertreibung von einer Sturm-Schule

in der Lyrik sprechen, obwohl sich die bis 1918 im *Sturm* erschienenen Arbeiten von Franz Richard Behrens, Kurt Heynicke, Adolf Knoblauch, Sophie van Leer, Kurt Liebmann, Günther Mürr, Thomas Ring und Wilhelm Runge keineswegs in der Stramm-Nachahmung erschöpfen und manche dieser Autoren (so Mürr und Runge) schon in der Ära vor Stramm mit Gedichten in der Zeitschrift vertreten sind. Hinter dem Pseudonym Günther Mürr verbarg sich übrigens ein künftiger Ordinarius der Germanistik: Günther Müller, der führende Vertreter der «morphologischen Poetik». Seine produktivste Fortführung fand Stramms eigenwilliger Umgang mit der Sprache allerdings erst da, wo er entschieden verändert und mit Ansätzen des Dadaismus und einer politischen Sprachkritik gekreuzt wurde: bei Kurt Schwitters, Franz Richard Behrens und Otto Nebel (*Zuginsfeld*, 1920/21).

NICHTFIKTIONALE PROSA

I. AUTOBIOGRAPHISCHES

1. Brief

Rosa Luxemburg war eine begeisterte Briefschreiberin. Und sie kam mehrfach in die Lage, die originärste Funktion des Briefs – die einer Verständigung mit Abwesenden – unter Umständen zu erproben, die jede andere Form der Kommunikation ausschlossen. In ihren Gefängnisbriefen erreicht die revolutionäre Sozialistin literarisches Format. Ihr Brief aus der Festung Wronke an die Sozialdemokratin Mathilde Wurm vom Februar 1917 mündet in das Zitat eines Mörike-Gedichts, das Rosa Luxemburg am Vortag beim Anblick der Abendwolken durch das vergitterte Fenster ihrer Zelle rezitiert hat. Schon die politische «Debatte» im Eingangsteil des Briefs arbeitet mit historisch-literarischen Modellen: Die Schreiberin vergleicht sich mit einem Ritter, den «noch keiner in den Sand gestreckt» hat, ja mit Luther selbst: «Hier steh' ich – ich kann nicht anders.» Wieweit solche Entschlossenheits-Bekundungen auch an die Adresse des mitlesenden Gefängnis-Zensors gerichtet sind, mag dahingestellt bleiben. Jedenfalls gipfelt die politische Belehrung der kompromißlerischen Adressatin in einem markigen Bekenntnis zu den «ehernen Gesetzen der Entwicklung», von denen sich der politische Führer nicht durch Seitenblicke auf die wankelmütige Stimmung der Massen ablenken lassen dürfe, und einem sorgfältig durchgeführten Vergleich zwischen dieser Massenpsyche und dem «ewigen Meer» Thalatta.

Im Mittelteil desselben Briefs treten derlei parteipolitische Fragen zurück, der Blick auf das große Ganze bleibt jedoch gewahrt, ja er steigert sich zur kosmischen Perspektive. Rosa Luxemburg erinnert sich daran, wie sie im Oktober 1910 zusammen mit dem Maler Hans Kautsky die Erscheinung des Halleyschen Kometen erwartet hat, auf den sich ja schon Georg Heyms Gedicht *Die Menschen stehen vorwärts in den Straßen* bezieht. Eine ähnlich unheimliche Verfremdung ist auch ihrer Erinnerung eigen, denn Rosa Luxemburg muß sich durch den Niedergang eines Meteors im Rücken ihres Begleiters für diesen «leichenblaß» verfärbt haben.

Im nachfolgenden Abschnitt weist Rosa Luxemburg aus Anlaß der Lektüre, die ihr die Adressatin übersandt hat (wahrscheinlich Kolbenheyers Spinoza-Roman *Amor Dei*), die Beschäftigung mit «den speziellen Judenschmerzen» zurück. Die Briefschreiberin bekennt sich zu einer globalen Perspektive, wie sie auch Iwan Golls Gedicht *Der Panama-Kanal* – und Bechers Hymne auf ihren eigenen Tod – zugrunde liegt: «Mir sind die armen Opfer der Gummiplantagen in Putumayo, die Neger in Afrika, mit deren Körper die Europäer Fangball spielen, ebenso nahe.»

Wesentlich nüchterner äußert sich Gustav Landauer in seinen Briefen an Fritz Mauthner aus der Haftanstalt Tegel, die den ersten Schwerpunkt dieses fast dreißig Jahre während Briefwechsels bilden. In einem Brief vom September 1899 schreibt er: «Wollen Sie mir möglichst umgehend 150 Zigarren zusenden lassen? Da ich täglich eine rauchen darf, werden sie gerade ungefähr reichen und ich werde sie als eine Art Kalender benutzen können.»

Auch außerhalb von Gefängnismauern stand um die Wende zum 20. Jahrhundert und in den Jahren danach die Briefkultur in Blüte. Das Aufkommen von Telegramm und Telefon führte zunächst noch nicht zu einer grundlegenden medialen Wende, da die neuen Techniken erst partiell in Anspruch genommen wurden. So berichtet Hofmannsthals Tochter über den Telefonanschluß im elterlichen Haus: «In der Anrichte war auch das fast nie von meinem Vater benützte Telephon, das übrigens nach 5 Uhr nachmittags sowieso nicht mehr zu brauchen war, weil das Postfräulein dann nicht mehr Dienst tat.» Quantität und Qualität, mit der sich zumal Wiener Autoren als Briefschreiber hervortaten – allein von Hofmannsthal sollen elftausend Briefe existieren –, können vor diesem Hintergrund als Versuch gewertet werden, gerade angesichts der bevorstehenden Ablösung des Briefs durch neue technische Alternativen dessen traditionelle literarische Funktion zu erneuern und zu perfektionieren.

Eine typische Form dieser Briefkultur ist der Briefwechsel des Dichters mit seinen Verehrern oder Verehrerinnen. Gertrud Eysoldt, die in der Berliner Uraufführung von Hofmannsthals *Elektra* so überzeugend die Titelrolle verkörpern sollte, stellt sich schon in ihrem ersten Brief an den Dramatiker als vollendete Elektra vor: «Sie haben aus meinem Blut alle Möglichkeiten wilder Träume geformt», schreibt sie unmittelbar nach der in der S-Bahn begonnenen identifikatorischen Lektüre im September 1903: «Warum rufen Sie mich da in meinen bängsten Tiefen! Wie ein Feind.»

Auch Hofmannsthals intensiver Briefwechsel mit Ottonie Gräfin Degenfeld ist über das Werk vermittelt, hat deren Verehrung für seine Dichtung und ihren gottgleichen Schöpfer zur Voraussetzung. Die hingebungsvolle Leserin wird für den Autor zur Muse, mit der er in den Grenzen seiner literarischen Rolle auch erotisch kokettiert, die jedoch streng in die Schranken gewiesen und an ihre eigentliche Bestimmung erinnert wird, wenn sie ihm menschlich zu nahe kommt – durch einen unangekündigten Besuch etwa oder durch unvorsichtige Grußformeln (wie «ganz die Ihre»): «Lege ein Brieferl bei, darin ist ein gewisser Satz unterstrichen. Sie werden es gleich verstehen, Ottonie, nicht wahr? Nicht dieses Directe, nie bitte [...]» (August 1913).

Man hat (eine Formulierung des Lyrikers aufgreifend) vom «unendlichen Gespräch» gesprochen, das der Briefschreiber Hofmannsthal mit den verschiedensten Partnern geführt hat, und des öfteren die chamäleonhafte Anpassungsfähigkeit hervorgehoben, mit der sich gerade dieser Autor seinen jeweiligen Adressaten anverwandelt. Das trifft hinsichtlich des Stils und der Themenwahl, zum Teil auch des eingenommenen Standpunkts zu. Dennoch weiß gerade Hofmannsthal seine Freiheit als Autor zu wahren, indem er sich an bestimmten für ihn sensiblen Punkten radikal ablehnend verhält – mit einer Schärfe, die ihm die Briefpartner nie zugetraut hätten und für die er sich dann meist mit der Übereiltheit seiner unüberlegten Sendung entschuldigt. Die eigentliche Verletzung des anderen, und das ist wohl beiden Seiten bewußt, ist dadurch jedoch in keinem Fall wiedergutzumachen.

Den alten Freund Schnitzler brüskiert Hofmannsthal dadurch, daß er dessen Roman «halb absichtlich» im Eisenbahnabteil liegen läßt (s. o. S. 243); den anderen engen Dichterfreund Beer-Hofmann schockiert er, indem er dessen Drama *Jaákobs Traum* in einem (wie er später sagt) «unglückseligen Brief» vom April 1919 als chauvinistisch bezeichnet. Harry Graf Kessler, der Reisegefährte und enge Mitarbeiter an *Cristinas Heimreise* und dem *Rosenkavalier*, konnte es Hofmannsthal nie verzeihen, daß dieser seinen dringenden Wunsch nach einer Beteiligung des Bühnenbildners Edward Gordon Craig an Reinhardts Inszenierung des *König Ödipus* nicht nur unzureichend unterstützte, sondern Kesslers einschlägigen Brief vom Mai 1910 nicht einmal selber zu lesen für notwendig hielt (er teilt vielmehr ausdrücklich mit, daß er sich den Inhalt von seiner Frau Gerty referieren ließ).

Das berühmteste und literaturgeschichtlich folgenreichste Beispiel für die punktuelle Rücksichtslosigkeit, mit der sich Hofmannsthal seine Unabhängigkeit als Dichter sicherte, ist fraglos seine Beziehung zu Stefan George. Der Briefwechsel dokumentiert die Diskrepanz zwischen dem paramilitärischen Tonfall des Kreis-Gründers, der vom anderen Unterordnung oder die Disziplin eines verläßlichen Bundesgenossen erwartet, und der diplomatischen Glätte, mit der Hofmannsthal jeder Festlegung erfolgreich zu entgehen sucht. Hinter der harmlosen Maske verbirgt sich jedoch eine erstaunliche Konfliktbereitschaft. So kann das Lob für Dehmel gleich im ersten Brief (Juni 1897) nach Georges emphatischer Begrüßung des neuen Bündnispartners aus Wien («Heut lass uns frieden schliessen») nicht anders als ein wohlgezielter Giftpfeil bewertet werden, da Hofmannsthal die Abneigung Georges gegen Dehmels Lyrik nachweislich bekannt war.

In dem Literarhistoriker Friedrich Gundolf fand George dann einen Schüler, der scheinbar zu bedingungsloser Unterordnung bereit war. «Mein teuerster Meister» ist die typische Anrede in Gundolfs Briefen an George; ein Brief vom Mai 1907 (nach einem Besuch bei George) fährt folgendermaßen fort:

«Ich muss Dir noch danken für die Binger Stunden und Dir sagen, wie sehr die Nachklänge der neuen Lieder und Träume noch in mir schwingen! Ich bin wieder sehr erfüllt von Dir und im sicheren

Gefühl Deiner wundersamen und unbegreiflichen Gegenwart, die durch immer neue Vertrautheit und Güte nicht an Distanz und Grösse abnimmt.»

Der Lakonismus, mit dem sich dagegen George vernehmen läßt, wird durch den Schlußsatz einer Postkarte vom Mai 1905 illustriert: «ich gebe dann wegen Basel dir schriftliche anweisungen.» Gundolf hat die sich hier abzeichnende Asymmetrie der Beziehung, wie zahlreiche Hinweise im Briefwechsel verraten, zunehmend schmerzlich empfunden. Seine Heirat mit Elisabeth Salomon 1926 bedeutete dann den endgültigen Bruch – trotz des Treueschwurs im Abschiedsbrief des Jüngers: «Von dir falle ich nicht ab, auch wenn du mich verwirfst.»

Von ähnlicher Tragik überschattet ist die Beziehung Rudolf Borchardts zu Hofmannsthal. Auch hier fehlt es, nämlich in den ersten Freundschaftsbekundungen Borchardts, nicht an homoerotischen Zwischentönen; auch hier kommt es im Februar 1907 zu einem Kniefall in fast feudalrechtlicher Manier: «Und so wurde ich wieder was ich war, seit ich mich im Stillen Ihnen angelobt hatte; Ihr Lehensmann und weiter nichts; ich folgte Ihnen nun wieder for right or wrong, for better for worse.» Hofmannsthal nimmt diese Unterwerfung ebensowenig explizit an, wie er auf das beigefügte Gedicht *An Hofmannsthal* (entst. 1903) reagiert. Zwischen ihm und dem leidenschaftlichen Verehrer steht dessen *Rede über Hofmannsthal*, deren verzögerte Druckgeschichte, ja deren Eigenart überhaupt den darin Gelobten irritiert. Insofern nehmen die Auseinandersetzungen von 1907 schon das Ende der Beziehung vorweg: den Konflikt um Borchardts *Eranos-Brief* zu Hofmannsthals fünfzigstem Geburtstag 1924.

Das Muster, das sich hier abzeichnet, ist auch für andere literarische Briefwechsel der Zeit von Belang. Die zentralen Botschaften, Höhe oder Wendepunkte verlagern sich bisweilen aus der eigentlichen Korrespondenz hinaus, finden ihren Platz in öffentlich publizierten Werken, deren Entstehungs- und Wirkungsgeschichte wiederum auf die Korrespondenz der Partner einwirkt. Das markanteste Beispiel dafür ist die Beziehung zwischen den Brüdern Heinrich und Thomas Mann. Letzterer hat den *Zola*-Essay Heinrichs als direkten Angriff auf sich selbst verstanden, ebenso wie dieser Thomas Manns Artikel *Weltfrieden?* (*Berliner Tageblatt*, Dezember 1917) als «in einzelnen Abschnitten an mich gerichtet, fast wie ein Brief,» verstand. Der «Versuch einer Versöhnung», den er daraufhin in einem nur im Entwurf erhaltenen Brief an den Bruder richtet, stößt bei Thomas Mann auf taube Ohren. Solange dieser an den *Betrachtungen eines Unpolitischen* arbeitet, die ja in wesentlichen Teilen eine öffentliche Entgegnung auf Heinrichs *Zola* darstellen (s. u. S. 757-759), ist er nicht frei für eine menschliche Annäherung.

Wenn Briefe, wie oben gesagt, der Kommunikation mit Abwesenden dienen, so liegt es in ihrer Natur, die unmittelbare menschliche Begegnung zu ersetzen. In der Briefkultur des frühen 20. Jahrhunderts gewinnt diese Selbstverständlichkeit nicht selten eine zugespitzte Bedeutung in dem Sinn, daß Briefe die reale Begegnung aufschieben oder verhindern und allgemein eine Hinwendung zum Imaginären begünstigen, die letzten Endes auf Kosten eigentlicher sozialer Kontakte geht.

Als der Briefwechsel zwischen Hofmannsthal und Rudolf Pannwitz im Sommer 1917 durch die Übersendung von dessen Buch *Die Krisis der europäischen Kultur* (1917) in seine entscheidende Phase tritt, taucht relativ bald der naheliegende Gedanke eines persönlichen Zusammentreffens auf (Pannwitz befindet sich damals nur wenige Stunden von Hofmannsthals Sommersitz entfernt im Salzkammergut). Hofmannsthal reagiert in einem Brief von Anfang August eher zurückhaltend-dilatorisch:

> «Ich bin außerordentlich froh, daß Sie noch längere Zeit bleiben – daß wir Zeit vor uns haben, es hätte mich beängstet, wenn Sie mich vor die Wahl gestellt hätten, Sie jetzt gleich sehen oder auf diese Begegnung verzichten zu müssen.»

Bis man sich vier Wochen später sieht, werden Briefe ausgetauscht, die mehr als fünfzig enggefüllte Druckseiten ausmachen. Hofmannsthal, der mit Beginn der Aufzeichnungen *Ad me ipsum* (s. u. S. 715 f.) in eine Phase der autobiographischen Reflexion eingetreten ist, vermutet im unbekannten Korrespondenten einen Wahlverwandten, dem er zunächst Rechenschaft über seine geistige und künstlerische Entwicklung ablegen möchte. Der Briefwechsel tendiert hier – in einem Maß, das nur von Kafkas *Brief an den Vater* überboten wird – zum biographischen Bekenntnis.

Rilke ist neben Hofmannsthal sicher derjenige Autor der Zeit, der die Intensität der damaligen Briefkultur am eindrucksvollsten verkörpert – allerdings in einer eher monologischen Variante, in der die Beziehung zu seinem dichterischen Werk und dessen absoluter Vorrang von vornherein hervortritt. Auch bei ihm besteht eine enge Symbiose von persönlicher Briefkultur und fiktiven Verwendungsformen; Rilkes *Brief eines schreibenden Arbeiters* (entst. 1922) läßt sich in dieser Beziehung neben Hofmannsthals sogenannten Chandos-Brief (*Ein Brief*) stellen. Schließlich kommt es auch bei Rilke zumindest in einem denkwürdigen Fall zu einer Verlagerung vom Leben auf das Schreiben im Medium des Briefs.

Lou Andreas-Salomé, Geliebte und Mentorin des jungen Rilke, hatte sich vor seiner Eheschließung mit einem «letzten Zuruf» vom Februar 1901 zurückgezogen. Als sich Rilke, schon nach dem Ende der Lebensgemeinschaft mit Clara, im Juni 1903 von Paris aus mit der Bitte um «Zuflucht für einen einzigen Tag» bei ihr wieder meldet, antwortet sie umgehend:

«Lieber Rainer,
    jederzeit kannst Du bei uns sein, in schweren wie in guten Stunden. Und doch schlage ich vor: laß uns in diesem Fall zunächst schriftlich uns wiedersehn. Für zwei alte Schreiberiche wie wir bedeutet das ja nichts Künstliches; und wovon Du mir auch sagen willst, es wird gerade so kommen wie einst zu

Lou.»

Rilke reagiert mit einer Folge von Briefen, deren dritter bereits Lou aus der Reserve lockt und von ihr als Zeugnis künstlerischer Gesundung, ungeteilten Bei-sich-selbst-Seins gefeiert wird. Es ist der Brief vom 18. Juli 1903, in dem Rilke eine Schilderung seiner Pariser Ängste und Erlebnisse gibt, die bis in Einzelheiten hinein die entsprechenden Passagen des *Malte*-Romans vorwegnimmt. In seinem nächsten Brief, der schon für Lous Anerkennung dankt, relativiert er die Leistung: «Dir konnte ich schreiben davon weil ich voller Sehnsucht bin, mich vor Dir auszubreiten, damit Du mich überschauest; aber es war nur ein Brief.» Der Brief ist der Einstieg ins Werk und wird vielleicht auch nur geschrieben, weil dieses sich vorbereitet.

Es hängt mit der ungesicherten sozialen Stellung Rilkes zusammen, daß in seiner Korrespondenz der Verkehr mit mäzenatischen Persönlichkeiten besonderen Stellenwert gewinnt, und es versteht sich aus der Natur solcher Beziehungen, daß in diesen Briefwechseln der Klage des Dichters über seine Lage, seine bedrohte Schaffenskraft etc. fast zum Topos wird. In einem Brief an Marie von Thurn und Taxis vom August 1912 kommt Rilke geradezu selbstironisch darauf zurück:

«Aber – – Ach, Ach mehr als je: – ach, ich versuche, ich setze immer wieder einen unschuldigen Konsonanten, ahnungslos, wie er ist, vor diese allzu offene Silbe, ich bilde: Bach, Dach …. das sind Worte, das Ach kommt immer wieder heraus und ist das einzige ganz glaubwürdige.»

In den Briefen des jungen Johannes R. Becher an Katharina Kippenberg, die Frau des Insel-Verlegers, wiederholt sich die Dichterklage in expressionistischer Umformung, so auch im Mai 1917: .

«Aber auf ein Mal bricht der Schrei durch, unendlich hallend: ein Signal, eine Parole! gellend alle Not der Erde:
    Freunde!
    Wo sind Sie?!»

Die Ersatzfunktion des Briefs gegenüber dem Leben gewinnt nirgends eine eindrucksvollere Gestalt, aber auch nirgends eine bedrohlichere Dimension als in den Briefen, die Franz Kafka ab September 1912 aus Prag nach Berlin richtet: an Felice Bauer, die er im Juni 1913 um ihre Hand bittet und mit der er im Frühjahr 1914 eine bald darauf gelöste Verlobung eingeht, obwohl er sie vor seinem ersten Heiratsantrag nur dreimal gesehen hat: im August 1912 in abendlicher Gesellschaft bei Max Brod und zu Ostern und Pfingsten 1913 in Berlin für wenige Stunden oder Tage. Die Briefe, die Kafka bis zu seinem Antrag an Felice richtet – und es sind nur seine Briefe erhalten, was den monologischen Eindruck der Lektüre verstärkt –, füllen bei engem Druck zwischen drei- und vierhundert Seiten; bis zum Ende der Beziehung 1917 wird ein ähnliches Konvolut entstehen.

Im Zentrum von Kafkas bald täglich oder zweimal täglich abgesandten Briefen steht der Gedanke, daß das Schreiben sein eigentliches oder, wie er sich ausdrückt, «gutes» Wesen ist: «Hätte ich dies nicht, diese Welt im Kopf, die befreit sein will, ich hätte mich nie an den Gedanken gewagt, Dich bekommen zu wollen.» Eine paradoxe Erklärung! Einerseits befreit die Korrespondenz mit der fernen Geliebten den Autor Kafka: Zwei Tage nach dem ersten Brief entsteht die von ihm selbst als dichterischer Durchbruch bewertete Erzählung *Das Urteil*. Andererseits würde eine Realisierung der Heirats- und Familiengründungspläne natürlich die Freiräume des Schriftstellers gefährden, so daß ein wesentliches Argumentationsziel dieses scheinbar heiratswilligen Briefschreibers im Aufweis seiner Nichteignung für eine Ehe besteht, und zwar schon auf körperlicher Ebene: aufgrund seiner extremen Magerkeit zum Beispiel («Mit einem solchen Körper läßt sich nichts erreichen», November 1911) und der «leerstehenden» «Freuden des Geschlechts» (Januar 1912).

Die Litanei der Selbstherabsetzung erinnert an den Topos der Dichterklage bei Rilke und Becher. Hier spricht jedoch ein Subjekt, das sich gar nicht helfen lassen will oder vielmehr: das sich durch diese seine Klage selber hilft, nämlich in Beziehung zur Welt tritt. Die Briefe selbst sind die Therapie des in ihnen formulierten Leidens, ihr Schreiben ist die Botschaft für den Absender. Daher die auffällige Betonung der performativen Elemente: Immer wieder geht es um die Umstände der Abfassung, Transport und Aushändigung, das Warten auf die Gegenbriefe, ja schon die Schreibmaschine und das Schreibpapier. Hellsichtig in diesem Sinn erscheint die Bemerkung in einem Brief von Mitte Dezember 1913:

> «Es hat mit einem Klecks begonnen, ich habe das Papier nicht gewechselt, vielleicht kommt selbst dadurch ein wenig Wirklichkeit in mein immer unwirklicher werdendes (merkst Du es denn nicht, Liebste?), aus den Lüften herbeigezogenes Schreiben.»

Kafka, der 1920 eine ähnliche Schreib-Liebesbeziehung zu Milena Jesenská begründet, wird im März 1922 in einem Nachtragsbrief zu diesem von ihm selbst abgebrochenen Briefwechsel das Briefschreiben als einen «Verkehr mit Gespenstern» bezeichnen, die sich an die Stelle der Menschen drängen und «geschriebene Küsse» unterwegs austrinken:

> «Alles Unglück meines Lebens […] kommt, wenn man will, von Briefen oder von der Möglichkeit des Briefeschreibens her. Menschen haben mich kaum jemals betrogen, aber Briefe immer undzwar auch hier nicht fremde, sondern meine eigenen.»

Vielleicht hat Kafka dabei auch an seinen *Brief an den Vater* (s. o. S. 12 f.) gedacht. Er dürfte bei der Abfassung dieses Riesenbriefs im November 1919 selbst gespürt haben, daß sich ihm unter der Hand ein Stück Literatur entwickelte.

Bei keinem Briefschreiber der Zeit ist der Übergang vom Brief zur Dichtung so evident und produktiv wie bei Else Lasker-Schüler. Es entspricht ihrer schon im *Peter Hille-Buch* manifestierten Strategie der poetischen und mythisierenden Überhöhung des eigenen Lebens, daß sie ihre dichterischen Fiktionen ansatzweise auch im Leben realisierte, und der Brief als Übergangsbereich zwischen ‹eigentlicher› Literatur und Alltag ist dafür ein privilegiertes Medium. Entsprechend verwendet sie die poetischen Decknamen, die sie in ihren zum Druck bestimmten Personenporträts und den Briefromanen *Mein Herz* und *Der Malik* einsetzt, auch in der Anrede ihrer Briefpartner, ja darüber hinaus.

Ein Brief Else Lasker-Schülers an den Architekten Adolf Loos vom Dezember 1910 beginnt folgendermaßen:

> «Verehrter Gorilla.
>
> Schon zweimal saßen wir nebeneinander und ich hatte immer Angst mit Ihnen zu sprechen, weil Sie mich beißen könnten oder mir den Scalb vom Kopf reißen könnten wie es in meiner Heimat mal einem Mädchen geschehen ist, die sich mit einem Pavian unterhalten wollte. Sehen Sie! Aber so kann mir ja nichts passieren als daß Sie den Bogen zerreißen werden mit den Zähnen [...].»

Und der Anfang ihres Briefs an Richard Dehmel vom Januar 1910 lautet:

> «O, du dunkler Kiefernfürst.
>
> Ich bin Tino von Bagdad und liege meist auf dem Dach und denke an deine Gedichte. Du bist der einzige, der außer mir dichten kann, der Blut zaubern, – der Tag und Nacht bereiten kann, der überhaupt ein Dichter ist. Nun steht jeden Abend der Pabst der Sterne am Himmel, der Comet mit seiner funkelnden Schleppe.»

Mit dem Kometen ist natürlich der Halleysche Komet gemeint, den wir schon aus Heyms Gedicht und Rosa Luxemburgs Brief kennen. Nicht genug der Sterne: Über dem Anfangsbuchstaben von «Dichter» hat Else Lasker-Schüler einen Stern gezeichnet, wohl um die göttliche Inspiration anzudeuten. Sie hat vielfach bildliche Elemente in ihre Briefe integriert und ihrer Handschrift dadurch die ikonische Qualität von Hieroglyphen verliehen.

Dehmel scheint übrigens auch andere Briefpartner zu extravaganten Anreden angeregt zu haben. Paul Scheerbart, der seine Briefe vielfach mit «70 Trillionen Weltgrüßen» und anderen phantastischen Schnörkeln unterschreibt, den eigentlichen Brieftext sonst aber sehr prosaisch – für einen Verfasser phantastischer Erzählungen geradezu ernüchternd – gestaltet, läßt in einem Brief vom September 1910 alle Zügel schießen und redet den «Herrn Weltbackmeister Richard Dehmel» (so die Adresse) äußerst kryptisch an: «Fluß Perpeh, Rad Perpeh – Menschenblut ditto – Mensch ebenso ditto [–] Erde, Sterne, Meteore ebenso ditto.» Der Zusammenhang mit Scheerbarts Plänen eines Perpetuum mobile ist bestenfalls ahnbar. Spricht hier die Stimme des Rausches?

August Stramms Briefbekenntnisse an Herwarth Walden legen bisweilen ähnliche Vermutungen nahe. «Ich fühle All», heißt es in einem Feldpostbrief vom Februar 1915, und weiter: «Ich fühle mich! Ich fühle Meuch! Sprache zum Teufel Sprache ist Ich. [...] Ich bin trunken. Ich habe keine Worte nur Lallen. Lallen! Ich lalle das Weltall an und das Weltall lallt.» Expressionismus oder Alkoholismus? Es gehört zur Besonderheit des kosmischen Diskurses um 1900, daß sich der Adressat wahrscheinlich diese Frage nicht gestellt hat.

Die Verwebung von Realität und Phantasie erreicht ihren Höhepunkt in den privaten Briefen, die Else Lasker-Schüler an den befreundeten Maler Franz Marc richtet, während sie gleichzeitig die öffentlichen Briefe an Ruben alias Marc verfaßt, aus denen später *Der Malik* hervorgeht (1919). Der Ausbruch des Weltkriegs liefert der Dichterin zusätzliche Anlässe zu phantastischen Grenzüberschreitungen, denn um Krieg im Sinne einer kämpferischen Selbstbehauptung gegenüber der Philisterwelt geht es ihrem Prinzen von Theben schon längst. In einem Brief vom November 1914 redet Else Lasker-Schüler den Soldaten Marc als «teuren Halbbruder» und «lieben Fürsten von Cana» an:

«Wie gern zög ich dir nach in den Krieg. Ich kann nicht. [...] Und Hirte bin ich geworden und ließ mich stricken lehren von den ärmsten Hirten. Und ich stricke dir, ich der Kaiser von Theben, dir meinem viel wertvollerer [sic] Bruderfürst ein Tuch, feldgrau mit den Farben deines zweiten Landes Bayern (zur Verzierung am Rand) – ein Tuch, das ist schon so lang und schleift, es gleitet hinter mir her wie ein Bach um die Wiesen und Rosenstöcke meines Gartens.»

Der Ausbruch des Weltkriegs machte die großen europäischen Nationen zu einem Volk der Briefschreiber. Dabei ging es den Beteiligten nicht um eine Restauration der Briefkultur. Wichtiger als der Inhalt der Feldpostbriefe war die Tatsache, daß sie noch geschrieben oder (bei den Briefen an die Front) noch zugestellt werden konnten. Mindestens diejenigen, die bis vor kurzem noch die Literatur ihres Landes repräsentierten, nehmen dennoch auf die Frage der Kultur Bezug – zumeist ex negativo. Gundolf bedankt sich im Dezember 1916 bei seiner Freundin Gertrude von Eckardt für ein ‹Freßpaket› mit den Worten: «ich bin ein gefrässiges, dreckiges, nur durch Gedanken, Stimmungen und Dankbarkeit vom Wildschwein unterschiedenes Waldvieh geworden, unter der nur allzurauhen Kruste des Landsturmmanns.» Und Stramm schreibt im Mai 1915 von der Ostfront an Walden:

«Ich sitze in einem Erdloch, genannt Unterstand! famos! Eine Kerze, Ofen, Sessel, Tisch. Alles Komfort der Neuzeit. Die Kultur des 20. Jahrhunderts. Und oben drauf klatscht es ununterbrochen.! Klack! Klack! Scht. summ! Das ist die Ethik des 20. Jahrhunderts.»

2. Tagebuch

«Tagebücher? Ein Zeichen der Zeit», bemerkt Robert Musil 1901 oder 1902 in seinem Tagebuch: «So viele Tagebücher werden veröffentlicht.» Tatsächlich verzeichnen das späte 19. und das frühe 20. Jahrhundert die Edition bedeutender Tagebuch-Werke: von Hebbel (1885–1887), Platen (1896–1900) und Kierkegaard (deutsch 1905). Der junge Hofmannsthal beschäftigt sich in Rezensionsessays von 1891 und 1893 mit den *Fragments d'un journal intime* (1884) von Henri-Frédéric Amiel und dem auf Französisch verfaßten *Journal* der Russin Marie Bashkirtseff (1890). Mit dem Abdruck von Flauberts frühen Reisetagebüchern in seiner Zeitschrift *Pan* provoziert Alfred Kerr noch 1911 einen handfesten Zensurskandal.

Zur Präsenz des Tagebuchs in der literarischen Öffentlichkeit gehört auch der Rückgriff auf die Tagebuchform in Erzählung und Roman. Eine Technik, die häufig auch in trivialer oder halbtrivialer Literatur begegnet und sicher keine sonderliche Originalität beansprucht; wir finden sie bei Margarete Böhme (*Tagebuch einer Verlorenen*), Hedwig Courths-Mahler (*Lebensrätsel*) und Hanns Heinz Ewers (u. a. *Die Spinne*). Wenn sich um 1910 auch jenseits der Unterhaltungsliteratur der Rückgriff auf die Tagebuchform häuft – und zwar gerade in Romanen, die eine Identitäts- und Lebenskrise thematisieren bzw. mit dem Selbstmord des Helden enden –, so kann darin gleichwohl eine epochale Signifikanz vermutet werden. Beispiele bieten Robert Walsers *Jakob von Gunten* (1909), Rilkes *Aufzeichnungen des Malte Laurids Brigge* (1911), Gustav Sacks *Ein Namenloser* (entst. 1912/13), Franziska zu Reventlows *Herrn Dames Aufzeichnungen* (1913) und Reinhard Goerings *Jung Schuk* (1913).

Auch von Autoren der Jahrhundertwende erschienen damals schon Tagebücher, und nicht nur, wie bei Emil Gött (1914), wenige Jahre nach einem frühen Tod. Carl Hauptmann gab 1900 (und in erweiterter Form 1910) eine nach Themen geordnete Auswahl von Prosa und Lyrik unter dem Titel *Aus meinem Tagebuch* heraus. Der letzte Satz des Abschnitts «Weltanschauung» rechtfertigt diese Mischung, ja das Hervorkehren der Subjektivität überhaupt: «Singe das Lied von deinem Leben!»

Hermann Bahr führte geradezu doppelt Tagebuch. Neben den privaten Tagebuchaufzeichnungen, die sich seit 1888 erhalten haben, publizierte er 1905/06 im *Neuen Weg* und 1915–1932 im *Neuen Wiener Journal* kontinuierlich Tagebuchaufzeichnungen, die er auch zu mehreren Büchern zusammenfaßt (u. a. *Tagebuch*, 1909, mit Aufzeichnungen

1905–1908). Das diaristische Prinzip dient hier einer feuilletonistischen Glossierung des allgemeinen kulturellen Lebens; von einer persönlichen Nähe, wie sie Bahr immer wieder suggeriert, kann nicht die Rede sein – trotz des Whitman entliehenen Mottos seines Tagebuch-Bandes *1919* (1920): «Camerado, dies ist kein Buch: wer dies berührt, berührt einen Menschen.» Noch weiter in den Bereich des Literarischen führt Otto Flakes *Logbuch* (1917), das Reisetagebücher der Jahre 1912–1916, aber auch zwei Erzählungen enthält; der Titel antizipiert übrigens eine gern zitierte Tagebuch-Definition Ernst Jüngers («Logbuch auf der Fahrt durch Meere, in denen der Sog des Malstroms fühlbar wird und Ungeheuer auftauchen»).

Auch in den ungleich persönlicheren Tagebüchern der Jahre 1898–1901, die Rilke seiner Geliebten Lou Andreas-Salomé schenkte, ja die er eigentlich schon für sie verfaßt hat, ist der Seitenblick auf die Adressatin, die Tendenz zur Selbstinszenierung und -stilisierung zu spüren. Als symptomatisch hierfür und für die narzißtische Funktionalisierung des Tagebuchs überhaupt kann ein Satz des Worpsweder Tagebuchs gelten: «Ich erfand mir eine neue Zärtlichkeit: eine Rose leise auf das geschlossene Auge zu legen, bis sie mit ihrer Kühle kaum mehr fühlbar ist und nur die Sanftmut ihres Blattes noch über dem Lid ruht wie Schlaf vor Sonnenaufgang.» Die Bezeichnung der drei 1942 veröffentlichten Geschenktagebücher als Florenzer, Schmargendorfer und Worpsweder Tagebuch ist übrigens irreführend, da nur ein Teil der Aufzeichnungen an dem betreffenden Ort entstanden ist. Die Edition der tagebuchartigen Aufzeichnungen für den Selbstgebrauch, die Rilke in der Folgezeit anfertigte, hat 2000 mit dem Tagebuch *Westerwede, Paris* von 1902 begonnen.

Auf der anderen Seite wird das Tagebuch zum unmittelbaren Ausdruck einer persönlichen Krise, als Form der Buße oder Beschwörung, wie man es von den «Geheimen Tagebüchern» sagen kann, die Franz Werfel «mit dem in meinem Leben wichtigen 28. Juli 1918» beginnt, aber nur über den Zeitraum der verfrühten Geburt seines Sohnes und über die letzten Wochen vor dessen Tod im Mai 1919 fortführt. Offen spricht Werfel darin über seine Beziehung zur Mutter des Kindes, seiner späteren Frau Alma, die damals noch mit Walter Gropius verheiratet war, und seine vermeintliche Schuld am vorzeitigen Ende der Schwangerschaft. Erotische Erfahrungen und Konflikte werden in verschiedenen Tagebüchern der Jahrhundertwende mit großer Deutlichkeit behandelt; oft dienen sie als eigentlicher Motor der Energie und literarischen Intensität, mit der das Tagebuch überhaupt geführt wird.

In Bahrs Aufzeichnungen vom Paris-Aufenthalt 1889/90, bei Wedekind (hier wiederum besonders in den Pariser Tagebüchern 1892–94), bei Franziska von Reventlow und Erich Mühsam wird das Tagebuch zum Dokument eines Boheme-Lebens, dessen Attraktivität und Literaturwürdigkeit sich offenbar vor allem in seinen sexuellen Lizenzen erweist. So schwärmt der Münchner Bohemien Mühsam – seinem Selbstverständnis nach «ein Erotiker, wie nicht viele herumlaufen» – von der Promiskuitivität seines Begehrens und beklagt einen «elenden Tripper» als zeitweiliges Hindernis der praktischen Erfüllung, auch in seinem Verhältnis mit Emmy Hennings (Tagebuch vom Mai und Juli 1911).

Unerfüllte, unglückliche und allemal außereheliche Liebesbeziehungen führen zu Höhepunkten der Tagebuchproduktion: so bei Gerhart Hauptmann (in der Affäre mit Ida Orloff 1905/06) und Rosa Mayreder (in der Beziehung zum Prager Ministerialrat Paul Kubin, vor allem in den Jahren 1905–09). «Was mich zu diesen Aufzeichnungen treibt, ist nicht zuletzt die Vorstellung, daß ich eines Tages, wenn die Verblendung gewichen ist, [...] ein Wissen von den geheimnisvollen Gesetzen der Anziehung gewinnen werde, denen ich jetzt so unheilbar blind erliege», heißt es in Mayreders Tagebuch vom Mai 1905. Andererseits läßt sich bei Hauptmann zeigen, daß die Macht des Sexus als Thema im Tagebuch schon vor der Begegnung mit der jungen Schauspielerin präsent ist, das persönliche Erlebnis also nur dazu dient, ein Szenario auszuagieren, das im literarischen Diskurs der Zeit vorgezeichnet war.

Die außerordentlich dichten Tagebuchaufzeichnungen, die Arthur Schnitzler von seinem achtzehnten bis zu seinem siebzigsten Lebensjahr geführt hat, enttäuschten bei ihrer Veröffentlichung 1981–2000 manche Erwartungen, die sich an die Rolle des Erotischen in seinem literarischen Werk knüpften. Der Diarist Schnitzler erweist sich als außerordentlich penibler Protokollant seiner Träume, seiner vielfach stockenden literarischen Produktion – allein einhundertzwanzig Einträge beziehen sich auf die Arbeit an der Novelle *Frau Beate und ihr Sohn*! – und seiner vielfältigen sozialen Kontakte; den intimen Bereich läßt er demgegenüber weitgehend zurücktreten. Die hohe Bedeutung, die Schnitzler selbst, ablesbar an den Vorsichtsmaßnahmen zu ihrer Aufbewahrung und den Bestimmungen zur späteren Veröffentlichung, dem Corpus seiner Tagebücher zusprach, wird kaum durch ihre literarische Gestalt, eher durch den Gebrauchswert für den Philologen und Kulturhistoriker bestätigt.

Ein bemerkenswertes Beispiel für die Rolle des Tagebuchs als Dokument des historisch-politischen Geschehens liefert das *Zionistische Tagebuch*, das Theodor Herzl von 1895 bis zu seinem Tod 1904 geführt hat. Das wahrscheinlich anschaulichste Epochenpanorama vermitteln hingegen die überaus sorgfältig stilisierten Tagebücher des Kulturmäzens und Diplomaten Harry Graf Kessler. Sie profitieren von den engen Kontakten des Autors zu den wichtigsten Repräsentanten des künstlerischen und literarischen Lebens ebenso wie von der Genauigkeit seines physiognomischen Blicks.

So berichtet Kessler von einer Begegnung mit Hofmannsthal im September 1903 in Weimar, bei der ihm dieser zunächst aus der *Elektra* vorlas und auf einer anschließenden Spazierfahrt von den Plänen zum Trauerspiel *König Kandaules* erzählte. Der Verlust seines Mantels bringt den Dichter jedoch ganz aus der Stimmung: «Hofmannsthal meinte, die Kleinigkeiten des Lebens ärgerten ihn so, dass er nie zum Gleichgewicht zwischen Genuss und Ärger komme.» Erst am späten Abend löst sich die Verspannung:

> «Und dann giengen wir im Mondlicht spät noch fast bis Gelmerode, wobei mir Hofmannsthal (er unterhält sich gern, über sich,), wohl im Hinblick auf seinen Mantel, von einer eigentümlichen, fast maniakalischen Liebe zu seinen Sachen, seinem Heim erzählte. Er habe das wohl von seinem französischen Blut. Es sei ihm manchmal eine ganz eigene und unbeschreibliche Freude, an einem seiner Stühle, an einem Tisch in seinem Heim mit der Hand entlangzustreichen und zu fühlen, es sei sein.»

Auch Walther Rathenau, dem derselbe Autor später eine verehrungsvolle, die Tragik seines Schicksals betonende Biographie widmen sollte, wird vom physiognomischen Scharfblick Kesslers erfaßt. Dessen skeptische Aufzeichnungen berühren sich mit den Stichworten, die Musil nach der ersten Begegnung mit dem literarisch ambitionierten Großindustriellen im Januar 1914 notiert. Grundsätzlich sind Musils Tagebuchhefte keineswegs als Porträtgalerie angelegt oder überhaupt auf Dokumentation äußerer Erlebnisse eingerichtet. Von der ersten Eintragung «Blätter aus dem Nachtbuche des monsieur le vivisecteur» an stellt Musil das Tagebuch vielmehr in den Dienst einer Analyse («Es ist die Analyse selbst; – nicht mehr u. nicht weniger»), die wesentlich Seelen- und Selbstanalyse bedeutet: «Mein Leben: – Die Abenteuer und Irrfahrten eines seelischen Vivisectors zu Beginn des zwanzigsten Jahrhunderts!» Stärker noch als bei anderen Autoren wird das Tagebuch zur literarischen Werkstatt, zum Labor, und in diesem Zusammenhang versteht sich auch das Porträt Rathenaus, der Musil sofort als «Vorbild» zur Gestalt Arnheims im *Mann ohne Eigenschaften* «erleuchtete».

Um Selbstanalyse geht es in erster Linie auch in den Tagebüchern von Autoren der expressionistischen Generation: bei Paul Kornfeld, Georg Heym und Franz Kafka. Kornfelds frühe Tagebücher belegen auf weite Strecken dasselbe unglückliche Bewußtsein, das in seinem Drama *Die Verführung* die Figur Bitterlichs verkörpert; in einer Eintragung vom Februar 1913 verdichtet es sich zu einem wütenden Ausfall auf Prag: «Nur weg von hier, wo mich alles anstinkt!» Ähnlich aggressiv äußert sich in Heyms Tagebüchern das Leiden an «dieser trüben und vor Wahnsinn knallenden Zeit» (Dezember 1911). Am 6. Juli 1910 notiert er: «Ach, es ist furchtbar. Schlimmer kann es auch 1820 nicht gewesen sein. Es ist immer das gleiche, so langweilig, langweilig, langweilig. Es geschieht nichts, nichts, nichts.» Nach dem Abklingen der Marokko-Krise seufzt Heym unter dem Datum des 15. September 1911:

> «Mein Gott – ich ersticke noch mit meinem brachliegenden Enthousiasmus in dieser banalen Zeit. Denn ich bedarf gewaltiger äußerer Emotionen, um glücklich zu sein. Ich sehe mich in meinen

wachen Phantasieen, immer als einen Danton, oder einen Mann auf der Barrikade, ohne meine Jacobinermütze kann ich mich eigentlich gar nicht denken. Ich hoffte jetzt wenigstens auf einen Krieg. Auch das ist nichts.»

Entsprechend sieht sich Heym in den Träumen, die er in einem separaten Heft notiert, wiederholt an der Seite oder in der Grande Armée Napoleons.

In direktem Gegensatz zu derartigen Gewalt-Phantasien zielt Kafkas Schreiben, wie es das Tagebuch vom Januar 1922 formuliert, gerade auf ein «Hinausspringen aus der Totschlägerreihe». Leben wird in Literatur übersetzt, auf Literatur reduziert, wenn Kafka am Ende des ersten Jahrgangs seiner Tagebücher im Dezember 1910 erklärt: «Ich werde das Tagebuch nicht mehr verlassen. Hier muß ich mich festhalten, denn nur hier kann ich es.»

Kafka, der 1910 Goethes und Hebbels Tagebücher liest und sich im Jahr darauf Goethes *Dichtung und Wahrheit* vornimmt, trägt sich mit dem Projekt einer umfassenden «Selbstbiographie», für die ersatzweise jedenfalls das Tagebuch eintritt. Vom klassischen Vorbild unterscheidet sich diese Form der Autobiographie allerdings durch die Rigorosität, mit der die Vermittlung zwischen Ich und Welt von vornherein verworfen wird.

Das Tagebuch-Ich Kafkas ist ein negatives Ich, das jede Teilnahme am Treiben der Majorität verweigert. Im Tagebuch vom 6. August 1914 wird ein patriotischer Umzug beschrieben: «Ich stehe dabei mit meinem bösen Blick». Dieser böse Blick formt schon die mit sexuellen Anspielungen überladene Geschichte von jener häßlichen Zimmervermieterin, der nur ein «Schmutzian» von Mann bzw. Mieter gewachsen ist; im Tagebuch vom Mai 1914 schließt sich abrupt der Ausruf an: «Tanzt ihr Schweine weiter; was habe ich damit zu tun?» Die Einsamkeit des Ich, das solchermaßen die üblichen gesellschaftlichen Verhaltensweisen verweigert, wird in eindrucksvollen poetischen Bildern vergegenwärtigt, die den einschlägigen Metaphern des erzählerischen Werks unmittelbar korrespondieren. So heißt es mit Bezug auf die Folgen der aufgelösten Verlobung mit Felice Bauer in einem Tagebucheintrag vom Dezember 1914:

> «Ein Bild meiner Existenz in dieser Hinsicht gibt eine nutzlose, mit Schnee und Reif überdeckte, schief in den Erdboden leicht eingebohrte Stange auf einem bis in die Tiefe aufgewühlten Feld am Rande einer großen Ebene in einer dunklen Winternacht.»

Schon in dieser Passage zeigt sich etwas von jener Omnipotenz in der Beschreibung der eigenen Ohnmacht, die Kafkas Tagebücher in weiten Teilen zu einer faszinierenden Lese-Erfahrung macht. Dabei verbinden sich Seelisches und Körperliches, Gefühl und Gebärde zu einer für diesen Autor charakteristischen Einheit: «Man steht an der Wand schmerzhaft festgedrückt, senkt furchtsam den Blick, um die Hand zu sehn, die drückt und erkennt mit einem neuen Schmerz der den alten vergessen macht, die eigene verkrümmte Hand, die mit einer Kraft, die sie für gute Arbeit niemals hatte, dich hält» – gleichfalls notiert im Zusammenhang der Verlobungs-Auflösung (August 1914).

Soweit die Außenwelt in den Blick kommt, wird sie – oft auf dem Wege physiognomischer Charakterisierung – massiv verfremdet. Indem Kafka noch bei geliebten Frauen die «Vorsprünge auf den Wangen» (wie bei der Schauspielerin Chaje Tschissik) oder das «knochige leere Gesicht» (wie bei Felice Bauer) notiert, macht er sich gleichsam von ihrer Anziehungskraft frei. Erst recht greift dasselbe Verfahren bei negativ besetzten Personen, so bei einer Heiratsvermittlerin (!), die wegen einer Schwester Kafkas ins Haus kommt: «Im Gesicht hatte sie, wie ich zuerst nur partienweise sah so tiefe Falten, daß ich an das verständnislose Staunen dachte, mit welchem Tiere solche Menschengesichter anschauen müßten» (Oktober 1911).

Von diesem Fremd-Machen der Dinge durchs Beschreiben führt ein direkter Weg zur Fiktionalisierung des eigenen Lebens – sei es in der eigentlichen poetischen Produktion, sei es in den Erzählansätzen, die aus dem Tagebuch hervorgehen. Darin unternimmt Kafka im Sommer 1910 mehrere Anläufe, das Scheitern seiner eigenen Erziehung zu analysieren und im Bild des «kleinen Ruinenbewohners» eine rousseauistische Alternative zu entwerfen. Durch gezielte Abweichungen von der Realität (das Kind ist dick, der Erzähler über vierzig Jahre alt) wird die Rückbeziehung auf das eigene Leben unterbunden, das Tagebuch zur fiktionalen Literatur geöffnet.

3. Reisebericht

Als Kafka und Max Brod im August 1911 eine Reise nach Lugano, Mailand und Paris antreten, beschließen sie, parallele Reisetagebücher zu führen und auf deren Grundlage später einen gemeinsamen Roman zu verfassen, der als Doppel-Tagebuch zweier Reisender die unterschiedlichen Perspektiven, auch anhand der zwischen beiden Figuren sich aufbauenden Spannungen, vorführen sollte. *Richard und Samuel – eine kleine Reise durch mitteleuropäische Gegenden* lautete der Arbeitstitel des Romans, von dem – nach langen, auch kontrovers verlaufenden Arbeitssitzungen – nur das erste Kapitel fertig geworden ist, das 1912 in den Prager *Herder-Blättern* erschien. Als Vorbild diente die von Flaubert zusammen mit Maxime Du Camp verfaßte Reisebeschreibung *Par les champs et par les grèves* (1847).

Noch in Lugano entwerfen Brod und Kafka auf dem Briefpapier ihres Hotels ein gemeinsames Memorandum zu einem Reiseführer neuen Stils namens «Billig». Der Name war Programm, denn es ging darum, in «unserem demokratischen Zeitalter» klare Vorgaben für Reiselustige zu entwickeln, die vorher wissen wollten (oder wissen mußten), wieviel sie eine Reise kostet. So sollte die «Einkalkulierung billiger Tage (Gemäldegallerie) nach teuren Fahrten» vorgeschlagen, vor Ansichtskarten gewarnt und an praktischen Tips nicht gespart werden, selbst beim Besuch von Bordellen. Nicht gespart werden sollte auch an den Honoraren für die Verfasser bzw. Initiatoren der Reihe. Nach Brods Erinnerung verlangten sie von den Verlegern einen «Riesenvorschuß»; die Über-

schrift des Memorandums lautete dementsprechend *Unser Millionenplan*
‹*Billig*›.

Reiseliteratur stand zu Beginn des 20. Jahrhunderts hoch im Kurs
und wurde gut bezahlt. Dazu gehörte oft schon die Reise selbst: Bierbaum, Ewers, Hesse, Kellermann, aber auch der Illustrator Karl Walser
reisten auf Verlagskosten ins Ausland und nach Übersee. Freilich zeigen
schon die skurrilen Pläne des Freundespaars aus Prag, daß man im Zeitalter nach dem Baedeker keine Reisebücher mehr verfassen konnte,
deren Botschaft sich in der Information über das fremde Land erschöpfte. Es ging darum, die Subjektivität des Reisenden verstärkt ins
Spiel zu bringen, die Begegnung mit der Fremde in einer Weise zu inszenieren, die vielleicht auch das Eigene im Fremden und die Fremdheit
des Eigenen sichtbar machen könnte.

Meister dieser Selbstinszenierung ist der Reiseschriftsteller Alfred
Kerr. In seiner Zeitschrift *Pan* veröffentlichte er mehrere Reisebilder,
deren Charakter zwischen einem novellistischen Porträt (zum Beispiel
Rakéel, 1912) und impressionistischen Stimmungsskizzen schwankt. *Bre-
tonenland* (1913) beispielsweise beginnt mit einem schier endlos anmutenden Katalog einzelner Sinneswahrnehmungen, der plötzlich abgebrochen wird: «Wenn der Leser diese hier in eine Seele gepreßten Eindrücke
mit einem Ruck nochmals durchlebt: so hat er die Stadt, die große breto-
nische …» Das Verfahren der Synthetisierung eines Gesamtbilds aus Ein-
zelaufnahmen mutet geradezu filmisch an; andere Reiseberichte im *Pan*
beschwören damals den Vergleich mit der handlichen Kodak-Kamera.

Dagegen schreibt W. Fred in der Vorrede seiner *Indischen Reise* (1906), wahrscheinlich um Ansprüche auf Vollständigkeit und Objektivität abzuwehren: «Ich
bin weder Ethnologe noch Photograph.» Sein Buch mit dem bezeichnenden Titel
Impressionen. Aus den Notizen eines Wanderjournalisten (1912) enthält einen
Essay von 1907, in dem der aus Österreich stammende Journalist mit dem bürgerlichen Namen Alfred Wechsler darüber reflektiert, daß man «auf so einer
Reise […] zu allen Dingen eine ganz verwurstelte Beziehung hat». Er erinnert
sich daran, unter den buddhistischen Mönchen von Rangoon einen Europäer
entdeckt zu haben; eine ähnliche Überschneidung des Fremden und des Eigenen
erkennt er darin, daß die Buddhist Society «unter ihren Propagandaschriften»
auch Machs *Analyse der Empfindungen* in englischer Übersetzung verbreitet.
Fährt man von Wien nach Indien, um dort die eigene impressionistische Philosophie bestätigt zu finden? Fred war Beiträger und zeitweilig Herausgeber des
Pan und dürfte Kerrs Reise-Essayistik mit beeinflußt haben.

Der feuilletonistische Charakter der im Umkreis dieser Zeitschrift gepflegten Reiseliteratur tritt besonders bei jenen Artikeln hervor, die eine Pilgerfahrt
zur Geburtsstätte, zum Wohnsitz oder Grab eines verehrten Schriftstellers
schildern. Brod schildert im *Pan* gleich zwei derartige Reisen zu Flaubert (*Bei
Flaubert*, 1910; *Wieder bei Flaubert*, 1913), Kerr eine (*Besuch bei Flaubert*,
1912) sowie – in einem dem Thema Homosexualität gewidmeten Heft – seinen Besuch an Platens Grab bei Syrakus (*Platens Grab*, 1913). Insofern diese

Form des Reise-Essays von der Spannung zwischen geistiger Erwartung und heutiger Realität sowie landschaftlicher Umgebung lebt, verweist sie bereits auf die unten am Beispiel der Griechenlandreisen aufgezeigte Problematik des Bildungsreiseberichts.

Wenn der Anspruch einer Reisebeschreibung an der Zahl der bereisten bzw. beschriebenen Länder oder Erdteile zu messen ist, dann ragen aus der deutschen Reiseliteratur des frühen 20. Jahrhunderts zwei Werke mit Abstand heraus: Max Dauthendeys Versepos *Die geflügelte Erde* (s. o. S. 609 f.) und Hermann Graf Keyserlings voluminöses, schon 1914 im Manuskript beendetes *Reisetagebuch eines Philosophen* (1919). Beiden Texten liegt eine Reise um die ganze Welt zugrunde. Keyserlings Motto lautet nicht umsonst: «Der kürzeste Weg zu sich selbst führt um die Welt herum.» Denn entsprechend der Eigenart seiner unsystematischen, auf lebensnahe ‹Weisheit› ausgerichteten Philosophie geht es dem baltischen Grafen, einem Neffen des gleichnamigen Romanciers, auf seiner Reise und bei ihrer Beschreibung nicht um äußere Sensationen, sondern um ein besseres Verständnis der menschlichen Natur und des menschlichen Geistes allgemein. Nicht umsonst nimmt die Beschreibung des Aufenthalts in Ceylon und Indien mehr als ein Drittel des ganzen Bandes ein. Keyserling erkennt in der meditativen Religiosität des Hinduismus ein notwendiges Komplement zum Rationalismus der abendländischen Geisteshaltung; in diesem Sinn wird er den indischen Dichter Rabindranath Tagore, dem er 1911 auf seiner Reise begegnet, noch 1921 in seiner Darmstädter «Schule der Weisheit» empfangen.

Indien, das auch bei Dauthendey einen Schwerpunkt bildet, ist ein favorisiertes Reiseziel deutschsprachiger Autoren: Bonsels, Ewers und Hesse treten mit eigenen Reisebüchern hervor; Rudolf Kassner und Stefan Zweig, die gleichfalls damals Indien bereist haben, äußern sich literarisch wesentlich später oder nur spärlich. Der Titel von Hesses Band *Aus Indien* (1913) führt allerdings in die Irre, da der Verfasser das indische Festland gar nicht erreicht hat. Der Band versammelt einige Reise-Feuilletons und Gedichte, in denen mehrfach Kritik an der Verdrängung oder Zerstörung der originären asiatischen Kultur durch die westliche Zivilisation geübt wird; von der Faszination durch die indische Geisteswelt, die spätere Werke Hesses bezeugen, ist kaum etwas zu spüren.

Ewers' auflagenstarker Band mit dem forciert subjektivistischen Titel *Indien und ich* (1911) ergeht sich in aufschneiderischen Anekdoten und rassistischen Spekulationen, zum Beispiel über die Parsen als «Juden des Ostens». Er wird an Breitenwirkung noch übertroffen durch Bonsels' romanhaft ausgestaltete *Indienfahrt* (1916), deren intensive Naturschilderungen, gepaart mit satirischen Ausfällen auf die Aktivitäten des Basler Missionswerks (in dessen Auftrag Bonsels 1903 nach Indien gekommen war), wohl am ehesten dem abenteuerlichen Erwartungshorizont des damaligen Exotismus und dem Stereotyp vom kindhaft-unschuldigen Charakter der indischen Kultur entsprachen.

Einen Schritt weiter nach Osten begibt sich Bernhard Kellermann mit seinem *Spaziergang nach Japan* (1911), dem er ein Jahr darauf den von Karl Walser illustrierten Band *Sassa yo Yassa. Japanische Tänze* folgen läßt. Der Reisende Kellermann gibt sich als charmanter Müßiggänger, der den Geist des fremden Landes statt in sogenannten Sehenswürdigkeiten im Teehaus und im Theater sucht. Bei aller Sympathie, die seine Bücher insbesondere den Geishas entgegenbringen, ist eine gewisse Arroganz doch nicht zu übersehen. Sie liegt in der Optik der Verniedlichung, der sich die japanische Welt als ein exotisches Miniaturen-Kabinett darstellt, das dem Europäer zwar nie recht verständlich wird, aber eigentlich auch nicht ganz ernstgenommen werden muß.

Neben Asien bildet das nördliche Afrika den zweiten Schwerpunkt der exotistischen Reisekultur der Zeit. Der Anschluß an Flaubert und den französischen Orient-Kult des 19. Jahrhunderts wird vor allem in Oskar Loerkes *Algerischer Reise* (*Neue Rundschau*, 1916) deutlich, so in der Tanzszene des Constantine-Kapitels und in der Beschreibung des Viertels der «freundlichen Frauen» von Blida. Loerke hatte sein Afrika-Erlebnis dem Kleistpreis von 1913 zu verdanken, zu dem auch eine HAPAG-Schiffsreise gehörte; fast gleichzeitig mit ihm hielten sich im Frühjahr 1914 die Maler Paul Klee und August Macke in Tunesien auf. Mechtilde Lichnowsky, die Frau des deutschen Botschafters in London, gab 1913 als erstes Buch unter eigenem Namen einen Bericht über ihre Ägyptenreise von 1911 heraus (*Götter, Könige und Tiere in Ägypten*). Die im Kurt Wolff Verlag erschienene Reisebeschreibung wurde von Rilke, der ebenfalls 1911 Ägypten besucht hatte, lobend aufgenommen. Doch wird man der Art und Weise kaum froh, in der sich hier eine oberflächliche Subjektivität zur Welt der Pharaonen äußert und beispielsweise den Silberschmuck einer Nubierin aus dem Blickwinkel der wohlhabenden Hausfrau würdigt: «Mir kommt die Farbe des Silbers so bekannt, so heimlich, so richtig vor auf dieser kaffeefarbenen Haut. Ich weiß auch warum, Mokka fließt aus Silberkannen [...].»

Wenn die Asien- und Afrika-Reisenden des Jahrhundertbeginns gerade die Distanz zur europäischen Zivilisation suchten, ja vor den Bedrohungen der Moderne in die Geborgenheit traditioneller Kulturen oder die vermeintlich unverfälschte Natur flohen (wobei sie freilich die Segnungen der modernen Dampfschiffahrt und die Vorteile des Suez-Kanals gern in Anspruch nahmen), so stellt sich der Schwerpunkt der damaligen Nordamerikareisen diametral entgegengesetzt dar. Unter den Wolkenkratzern Manhattans und in den Fleischfabriken Chicagos ließ sich ein Teil der europäischen Zukunft besichtigen; der Reiseschriftsteller hatte zu fortgeschrittenen Stadien der technischen, wirtschaftlichen und gesellschaftlichen Modernisierung Stellung zu nehmen. *Das Land der Zukunft* (1903) nennt sich denn auch der enzyklopädisch angelegte Reisebericht, den Wilhelm von Polenz kurz vor seinem Tod fertigstellte. Offensiver, aber auch kritischer als Johannes Trojan (*Auf der anderen Seite*, 1902) oder Ludwig Fulda (*Amerikanische Eindrücke*, 1906) setzt sich der konservative Autor mit dem eigentümlichen Charakter der amerikanischen «Nation» auseinander.

Aus sozialistischer Perspektive dagegen ist der bedeutendste Amerika-Reisebericht jener Zeit geschrieben: Arthur Holitschers *Amerika heute und morgen. Reiseerlebnisse* (1912). Ungeachtet des Untertitels liegt der Schwerpunkt dieses Buchs nicht auf dem subjektiven Erlebnis, sondern der zielgeleiteten Ermittlung, der Reportage. «Ich will drüben sehen, wie Amerika mit den armen Leuten umgeht», heißt es programmatisch bei der Abfahrt aus Europa. Entsprechend groß ist die Aufmerksamkeit, die Holitscher der Situation der Einwanderer, der Indianer und der Lage der schwarzen Bevölkerung schenkt. Mit einer sprachlichen Eindringlichkeit, die an die gleichzeitigen Stilexperimente der Expressionisten erinnert, wird die bedrohliche Szenerie Manhattans (Holitscher ist ein entschiedener Gegner der ‹Wolkenkratzer›) vergegenwärtigt. Wesentlich toleranter verhält sich der Verfasser gegenüber der Filmindustrie; er beschreibt Dreharbeiten zu einem Western in Colorado und legt im zeitgenössischen Streit um das Kino (s. o. S. 32 f.) ein gutes Wort zugunsten der neuen Reproduktionstechniken ein.

Aufgeschlossenheit für moderne Kommunikationstechnik bezeugt schon eine Episode aus dem Anfangsteil dieses Amerika-Buchs. Der Empfang eines Telegramms auf seinem von atlantischen Nebeln eingeschlossenen Schiff führt dem Berichterstatter die Bedeutung der Erfindung von Hertz und Marconi vor Augen. Der Funker an Bord wird zum Gleichnis für die Chancen des Schriftstellers, seine Isolation zu überwinden und ein anonymes Publikum zu erreichen: indem er nämlich ohne Richtungsangabe in die Runde sendet − in der begründeten Hoffnung, daß diejenigen, die es angeht, den Funkspruch auffangen werden.

Diesem neuen Technik-Bewußtsein Holitschers entspricht auch der kreative Einsatz photographischer Abbildungen in seinem Reisebericht. Ob in dokumentierender, karikierender oder allegorischer Funktion − die Aufnahmen dienen als rhetorisches Mittel zur Unterstützung der Argumentation. Dabei nutzt Holitscher signifikante Bild-Kombinationen und beredte Kontraste: Nebeneinander sehen wir menschenunwürdige Wohnverhältnisse in Chicago und «Die Abhilfe» einer modernen Turnhalle oder zweimal den «amerikanischen Arbeiter» − links: «Arbeitswillig», rechts: «Verbraucht».

Besondere Probleme für die literarische Gestaltung werfen solche Reisen auf, die weniger dem heutigen Zustand eines Landes als seiner früheren Bedeutung gelten. Der Inbegriff einer solchen historisch orientierten Bildungsreise ist in der Zeit um 1900 − trotz oder aufgrund des neuen von Nietzsche geprägten Antikebildes − die Griechenlandreise. «Noch sehe ich nichts, das meiner erhabeneren Vorstellung von griechischer Landschaft entspräche.» So heißt es zu Beginn von Isolde Kurz' *Wandertage in Hellas* (1913), einem eigentümlichen Dokument des Scheiterns: Bis zum Schluß gelingt es der humanistisch gebildeten Autorin nicht, ihre überhöhten Erwartungen in Einklang mit der Realität zu bringen. Die griechischen Reiseberichte oder -essays Gerhart Hauptmanns, Josef Pontens und Hugo von Hofmannsthals reflektieren dieselbe Problematik und erproben unterschiedliche Strategien zu ihrer Lösung.

Hauptmanns Reisebericht *Griechischer Frühling* (1908) verzeichnet gleich zu Anfang das Elend der Bettler auf Korfu mit naturalistischer Genauigkeit. Durch Betonung der chthonisch-rustikalen Züge der griechischen Antike gelingt es diesem Reisenden jedoch bald, die von ihm vorgefundenen bäuerlichen Lebensformen in Beziehung zur mythischen Überlieferung zu setzen. Der Götterolymp der Griechen ist in Hauptmanns Auffassung letzten Endes eine Hirten-Phantasie; daher muß es durch meditative Hingabe an die mediterrane Landschaft und die in ihr wirksamen Zeugungskräfte grundsätzlich auch dem modernen Menschen möglich sein, unmittelbaren Anschluß an die produktive Imaginationskraft der alten Hellenen zu finden. Die Schwächen des *Griechischen Frühlings* liegen in der plakativen Direktheit, mit der etwa der Anblick einer Ziegenherde zu einer authentischen Begegnung mit der Dämonie des Dionysischen stilisiert wird; auch hat Hauptmann natürlich größere Schwierigkeiten, den «freien attischen Geistesflug» aus den Gegebenheiten der griechischen Natur oder Landwirtschaft abzuleiten. Daß er trotzdem mit einer Huldigung an das «attische Wunder» schließt (und nicht wie im originalen Reisetagebuch von 1907 die Weiterfahrt nach Kleinasien und Konstantinopel schildert), ist ein Zugeständnis an klassizistische Traditionsvorgaben.

Josef Pontens zweibändiges Werk *Griechische Landschaften. Ein Versuch künstlerischen Erdbeschreibens* (1914) – der dem Text beigefügte Bildband enthält Karten und Photos seiner Frau Julia von Broich-Ponten – klammert etwaige Irritationen durch die heutige griechische Gesellschaft von vornherein aus, indem er sich auf Geologie und die Schilderung von Landschaften konzentriert, aus denen die heutigen Bewohner weitgehend wegretuschiert sind. Der Taygetos beispielsweise symbolisiert für Ponten die Größe und Strenge des alten Sparta, die Bucht von Missolungi läßt den Reisenden in einer kühnen Vision eine jahrtausendealte Brücke griechischer Siege sehen – in der Tat, hier wird «Ordnung geschaffen», und wir glauben dem Autor die Anstrengung seiner Arbeit:

> «Warum soll ich es nicht gestehen, daß es eine Arbeit ist, die Aussicht auf ein Gebirge zu genießen? Etwas Feindliches, Aufreizendes haben die vielen wirren Linien an sich, und der Genuß tritt erst ein, wenn der Blick sich Ordnung geschafft. [...] Das Ausblicken auf ein Gebirge ist zuerst immer eine künstlerische Arbeit.»

Noch stärker ist der Aufwand an «künstlerischer Arbeit» in Hofmannsthals *Augenblicken in Griechenland* (1917). Zunächst war die zugrundeliegende Reise vom Mai 1908 ein Fehlschlag: Hofmannsthal fuhr schon nach elf Tagen wieder ab, nachdem es in der Reisegesellschaft mit Harry Graf Kessler und dem französischen Bildhauer Aristide Maillol zu Verstimmungen gekommen war. Er versucht denn auch gar nicht erst, die fragmentarische Reise chronologisch zu erzählen, sondern begnügt sich mit drei symbolischen Situationen, die zugleich mehr sind als Reisestationen, nämlich grundsätzliche Aspekte der Kunst oder des Geistigen beleuchten.

Der erste Teil *Das Kloster des heiligen Lukas* wurde unmittelbar nach der Reise niedergeschrieben und noch im Sommer 1908 unter dem Titel *Der Ritt durch Phokis* in der Zeitschrift *Morgen* gedruckt. Verschiedene Anklänge an Euripides' *Ion* erlauben es, die Schilderung der klösterlichen Sphäre als – geographisch leicht verschobene, aus dem Antik-Heidnischen ins Heutig-Christliche übersetzte – Darstellung des in Delphi beheimateten Apollon-Kults zu verstehen. Wenn dem so ist, muß die folgende Episode *Der Wanderer* (entst. 1912) als schroffe Antithese aufgefaßt werden. Leiden und Leidenschaft des Fremden, dessen Auftritt durch die Erinnerung an das Schicksal Rimbauds eingeleitet wird und in dem sich dessen Typus auf eigenartige Weise wiederholt, lassen sich vielleicht im Begriff des Dionysischen fassen.

Der dritte Teil *Die Statuen* (1914) bringt den Höhepunkt in Form des – nach Nietzsche aus der Spannung zwischen Apollinischem und Dionysischem resultierenden – Kunsterlebens. Im mystischen Einswerden mit den sogenannten Korai (frühklassischen Mädchenstatuen des Akropolis-Museums in Athen) erfüllt sich dem Berichterstatter der Sinn seiner Reise. Auch hier ist ein negativer Kontrast eingezogen: die vorausgehende Verzweiflung des Antike-Suchers im Trümmerfeld der Akropolis, die nur durch die gespenstische Erscheinung Platons gemildert wird, und die aufdringliche Erscheinung des geschwätzigen Museumswärters. Weder Philologie noch Archäologie können jenen Zugang zur Ewigkeit vermitteln, den der «Blitz» des schockartigen Kunsterlebnisses ermöglicht.

Hofmannsthal hat schon 1903 die Überschreitung des Genres Reiseliteratur in Richtung auf eine symbolistische Prosadichtung erprobt. In *Sommerreise* verdichtet sich die Erfahrung eines dreitägigen Ausflugs von Südtirol ins Veneto und Vicentino zu einer Lebens- und Kunstphantasie, bei der die Werke der bildenden Kunst – insonderheit Giorgiones Gemälde «Concerto campestre» und Palladios Villa rotonda – gleichsam lebendig werden. Denn was sich hier als Beschreibung gibt, ist umformende Nachdichtung, traumhafte Metamorphose. So erscheint in Hofmannsthals Evokation des Giorgione-Bildes ein Mann mit einem smaragdgrünen Barett, der «unverwandt nach jener blauen türmenden Ferne» blickt – ist es das Ich des dichterischen Betrachters, des Reisenden selbst, das sich hier in eine Renaissance-Szene einbringt?

Von der Spannung zwischen geschichtlichem und kunstgeschichtlichem Bewußtsein einerseits, nüchterner Bestandsaufnahme einer banausischen Gegenwart andererseits lebt Rudolf Borchardts Tagebuchblatt *Worms* (1908), ein Bildungsreisebericht in nuce, zugleich ein vehementer Protest gegen den Pseudo-Historismus wilhelminischer Denkmalspflege. Wie George im kritischen Zeitgedicht *Die Gräber in Speier* (auf seinen Anlaß wird explizit angespielt) beklagt Borchardt die Pietätlosigkeit und Geschichtsvergessenheit einer scheinbar auf Restauration der Vergangenheit bedachten Bautätigkeit. Nur in einem vernachlässigten Viertel der Wormser Altstadt weht den Besucher noch ein Hauch der großen Vergangenheit an.

Die wiederholten Vergleiche mit italienischen Verhältnissen zeigen es schon: Borchardt, seit 1906 in der Toscana ansässig, betrachtet Deutschland bereits halb aus der Außenperspektive. Sein großer Essay *Villa* (1907) dagegen enthüllt als Kern und Basis der italienischen Kultur eine fortdauernde aristokratische Lebensform, von der die modernen Reisenden, halb Täter, halb Opfer des anbrechenden Massentourismus, sich nicht die geringste Vorstellung machen. Gegen Brods und Kafkas Hoffnungen auf ein «demokratisches» Reise-Zeitalter setzt Borchardts Eingangssatz die resignierte Feststellung: «Das Italien unserer Ahnen ist, wie man weiß, seit die Eisenbahnen es für den Verkehr erschlossen haben, eines der unbekanntesten Länder Europas geworden.»

4. Autobiographie

Als Kurt Pinthus von den Beiträgern seiner epochalen Lyrik-Sammlung *Menschheitsdämmerung* (1920) Kurzbiographien erbittet, erhält er mehrfach ironische, den Wert der (Auto-)Biographie in Frage stellende oder ihre Tradition parodierende Antworten. «Was geht Dich im Grunde die Form meines Schädels an?», fragt Paul Zech den künftigen Leser. Gottfried Benn speist diesen mit Leerformeln ab: «Belangloser Entwicklungsgang, belangloses Dasein als Arzt in Berlin.» Walter Hasenclever ironisiert das Modell des Bildungsromans, wenn er eine ganze Liste von Entwicklungsstationen aufbietet und über die Leipziger Begegnung mit Pinthus berichtet: «Eingeführt von ihm in die Bezirke der Liebe und Wissenschaft, überflügelte ich bald den Meister.» Am grundsätzlichsten, aber auch scharf ablehnend äußert sich Ludwig Rubiner:

> «Ludwig Rubiner wünscht keine Biographie von sich. Er glaubt, daß nicht nur die Aufzählung von Taten, sondern auch die von Werken und von Daten aus einem hochmütigen Vergangenheits-Irrtum des individualistischen Schlafrock-Künstlertums stammt. Er ist der Überzeugung, daß von Belang für die Gegenwart und die Zukunft nur die anonyme, schöpferische Zugehörigkeit zur Gemeinschaft ist.»

Die Distanzierung der Expressionisten von allem Biographischen, die übrigens nicht ihr letztes Wort in dieser Sache bleiben wird (außer Rubiner treten alle Genannten später selbst mit autobiographischen Schriften hervor), steht im Gegensatz zur damaligen Popularität der Gattung. Im Stuttgarter Lutz Verlag beispielsweise erschien von 1899 bis 1938 in sieben Serien eine *Memoiren-Bibliothek* von insgesamt 100 Bänden.

Auch erscheint eine ganze Reihe von Lebenserinnerungen älterer oder sich dem Alter nähernder Autoren. Einer verbreiteten Tradition folgend, beschränken sie sich meist auf den Zeitraum von Kindheit und Jugend – so Adolf Bartels' *Kinderland* (1914), Marie von Ebner-Eschenbachs *Kindheitsjahre* (1906), Meinrad Lienerts *Das war eine goldene Zeit!* (1906) und Fritz Mauthners *Prager Jugendjahre* (1918). Auch die Jugendliteratur entdeckte damals das Genre; eine Verlagsanthologie von 1912 vereinigte «selbsterzählte Jugenderinnerungen» von Hedwig Dohm, Clara Viebig u. a. unter der Überschrift *Als unsere großen Dichterinnen noch kleine Mädchen waren*. Selten ist der Versuch einer Gesamtdarstellung, wie ihn der als Hochstapler angegriffene Karl May mit seiner Rechtfertigungsschrift *Mein Leben und Streben* (1910) unternimmt. Abweichend erscheint erst recht Peter Altenbergs Akzentsetzung: *Mein Lebensabend* (1919).

Andererseits ist darin eine gewisse Logik erkennbar. Da Altenberg immer schon über sich und seine Erlebnisse geschrieben hat, war seine bisherige Vita als literarisches Thema gewissermaßen verbraucht. Von diesem Aperçu öffnet sich eine grundsätzliche Perspektive auf die eher randständige Bedeutung der Autobiographie im Bereich der Hochliteratur zu Beginn des 20. Jahrhunderts. Der enorme Stellenwert der dichterischen Subjektivität, der alle nachnaturalistischen Literaturströmungen um 1900 bis zum Expressionismus eint, macht die autobiographische Selbstaussage als separate Gattung tendenziell überflüssig.

Wer sie dennoch wählt, läuft überdies Gefahr, hinter theoretische Prämissen zurückzufallen, die zu den Basis-Annahmen der literarischen Moderne gehören, insbesondere derjenigen eines diskontinuierlichen, dissoziierten, ja «unrettbaren» Ich (Mach/Bahr). Insofern darf man es wohl als ernsthaftes Symptom der Überholtheit und eines Sich-selbst-historisch-Werdens der ersten Phase der literarischen Moderne ansehen, wenn gerade Arthur Schnitzler, der Meister der Kleinform und der ironischen Pointe, 1915–1920 zu einer epischen Gesamtdarstellung seiner ersten Jahrzehnte ausholt. Die unter dem Titel *Leben und Nachklang. Werk und Widerhall* begonnene Autobiographie ist erst 1968 unter dem Titel *Jugend in Wien* erschienen.

Hofmannsthal als das andere Haupt der Wiener Moderne hat bezeichnenderweise keine Autobiographie hinterlassen, wohl aber Notizen zur Deutung seines Gesamtwerks, die zugleich eine grundlegende geistige Entwicklung – von der Präexistenz zur Existenz, aus der Wortmagie in die soziale Verantwortung –

unterstellen. Die unter dem Titel *Ad me ipsum* ab 1916 entstandenen Aufzeichnungen waren ursprünglich für den befreundeten Schriftsteller Max Mell
bestimmt, von dem sich Hofmannsthal einen Aufsatz über seine Oper *Die Frau
ohne Schatten* versprach, und wurden 1930 vom Germanisten Walther Brecht
nach einer ihm 1926 geschenkten Abschrift veröffentlicht. Als Leitfaden der
Hofmannsthal-Interpretation lassen sie sich allenfalls bei gründlichster Reflexion auf Kontext und Funktion der Notate verwenden.

Ein Versuch dichterischer Selbstdeutung ist auch Gerhart Hauptmanns
Erzählfragment *Der Venezianer* (1903). Ganz und gar im Bereich der Pläne blieb
dagegen Rudolf Borchardts Vorsatz, das von ihm für seine Entwicklung als entscheidend angesehene Jahr der Begegnung mit Margarete Ruer und der Selbstfindung als Lyriker (April 1901 bis April 1902) bereits wenige Jahre später nach
dem Muster von Dantes *Vita nova* in einer Mischung aus «Prosa und Vers, Min-
netheorie und verschleierter Autobiographie, Seelenanalyse und Literaturgeschichte» künstlerisch zu dokumentieren. Unter dem Doppeltitel *Dankwardt
(Annus Mirabilis)* wird darauf schon im *Insel-Almanach* auf das Jahr 1908 verwiesen.

Wenn somit die traditionelle Großform der Autobiographie jedenfalls
für avanciertere Vertreter der modernen Literatur peripher oder problematisch wurde, gewann sie doch gleichzeitig für solche Gruppen neue
Bedeutung, die bisher vom literarischen Diskurs ausgeschlossen oder
mit ihrer Eigensicht in ihm unterrepräsentiert waren: die Arbeiter, die
Frauen und die Geisteskranken. Deren Lebensbeschreibungen hätten
jedoch kaum die Resonanz gefunden, die ihnen tatsächlich zugekommen
ist, wenn nicht innerhalb der bürgerlichen Öffentlichkeit ein gerade
auf diese ‹unbekannten› Gebiete zielendes Erkenntnis- und Handlungs-
interesse entstanden wäre.

Arbeiter-Lebenserinnerungen wurden zu Beginn des 20. Jahrhunderts
fast zu einem Modeartikel auf dem Buchmarkt. Im bürgerlich-konservati-
ven Eugen Diederichs Verlag erschienen, herausgegeben vom ehemaligen
Theologen Paul Göhre, gleich mehrere Beispiele des neuen Autobiogra-
phie-Typs. Während diese Bücher schon aus Gründen der Preisgestaltung
kaum die Schicht, der die Verfasser entstammten, erreicht haben dürften,
wandten sich die sozialistische Redakteurin Adelheid Popp mit ihrer von
August Bebel herausgegebenen, erst ab der dritten Auflage mit ihrem
Namen versehenen *Jugendgeschichte einer Arbeiterin* (1908) sowie der
Parteiführer Bebel selbst (*Aus meinem Leben*, 1910–13) primär an ein
proletarisches Publikum. Bebel hatte schon 1896 den Erinnerungen eines
ungenannten «Berliner Arbeitslosen» zum Druck verholfen (*Hofgängerle-
ben in Mecklenburg. Selbsterlebtes und Selbsterschautes*); Leonhard Frank
leistete dasselbe 1914 für die Lebensgeschichte seiner Mutter (Marie Weg-
rainer: *Der Lebensroman einer Arbeiterfrau, von ihr selbst geschrieben*).
Das Pseudonym löste Frank erst siebenunddreißig Jahre später in seiner
eigenen Autobiographie *Links wo das Herz ist* (1951) auf.

Wie man sieht, bedarf die Lebenserinnerung des Arbeiters damals stets eines Vormunds oder Lotsen aus dem Bürgertum bzw. der Schriftstellerschaft, um in die Öffentlichkeit zu gelangen. Nicht selten ist dieser Herausgeber auch der eigentliche Initiator der Niederschrift – so bei der Enquête des eigenbrötlerischen Sozialpsychologen Adolf Levenstein, mit deren Ergebnissen er 1909 gleich drei populäre Anthologien bestückt (u. a. *Proletariers Jugendjahre*). Besonders auffällig ist die mäeutische, aber auch korrigierend-verfälschende Funktion des Herausgebers bei Göhre. Als der eigentliche Entdecker und Propagator des Genres hat der einstige Gründer des Nationalsozialen Vereins das bürgerliche Publikum in den Jahren 1903–1911 nicht nur mit vier bemerkenswerten Arbeiterautobiographien bekannt gemacht (von Carl Fischer, Moritz Th. W. Bromme, Wenzel Holek und Franz Rehbein); durch die eigene Industriereportage *Drei Monate Fabrikarbeiter und Handwerksbursche* (1891) hat Göhre offenbar auch den literarisch produktivsten seiner Autoren, das Erzählgenie Carl Fischer, überhaupt erst zur Niederschrift seines Lebens angeregt.

Fischers *Denkwürdigkeiten und Erinnerungen eines Arbeiters* erschienen 1903 in einer ersten Auswahl, die sichtlich von Göhres Interesse an der naiven Darstellungsgabe dieses «Dichters ohne Kunst» geleitet ist. Die Prinzipien seiner Redaktion lassen sich anhand der beiden durch den Verkaufserfolg ermöglichten Nachfolgebände (1904/05) rekonstruieren, die den Großteil des von Göhre zunächst zurückgehaltenen Materials enthalten, darunter auch die auf seinen Wunsch entstandene, dann aber nicht verwendete Vorrede für den ersten Band. Darin geriert sich Fischer als souveränes Erzählsubjekt, indem er sich den Lesern aus allen Teilen Deutschlands in ihrer jeweiligen Mundart als deutscher Michel vorstellt und den verschiedenen Schichten und Berufsständen eine auf sie gemünzte Sensation verspricht: für die Juristen ist er «die letzte Instanz und der letzte Richter», für den Adel «ein neuer Luther», für Juden und Antisemiten (im Kapitel «Levi und Ahlwardt» in ähnlicher Weise zusammengefaßt) «ein neuer Moses», für die Tagelöhner «der neue Volkshauptmann».

Religiöse und politische, apokalyptische und revolutionäre Töne verbinden sich dabei in einer für Fischer charakteristischen Weise. So gehört zu den Schlüsselerlebnissen dieses Bäckers, Erd-, Fabrik- und zuletzt Hilfsarbeiters die Kündigung im Stahlwerk, bei der er eine ihm von Gott erteilte Weisung wörtlich an seinen vorgesetzten Meister weitergibt: «Hier Schwert des Herrn und Gideon! Ich will monatlich über hundert Mark verdienen! Hier ist keine Ordnung! Hier muß man ja bei der Arbeit verrecken!» In der Sache ist hier, trotz fehlender literarischer Kenntnisse des Autors, der Anschluß an das Modell der pietistischen Autobiographie des 18. Jahrhunderts (zum Beispiel Jung-Stilling) gegeben.

Auch wenn die Lebenserinnerungen der damaligen Arbeitergeneration im Unterschied zur bürgerlichen Autobiographie nicht so sehr den Bildungs- und Entwicklungsgang des Subjekts als den Zwang äußerer Verhältnisse oder die Auswirkung von Schicksalsschlägen thematisieren, teilen viele von ihnen mit Augustins *Confessiones* doch die grundlegende

Struktur einer inneren Wende, die zu einer Neuorientierung des künftigen und einer Neubewertung des früheren Lebens führt. Die Mehrzahl
der Arbeiterautobiographien des frühen 20. Jahrhunderts ist von überzeugten Sozialdemokraten geschrieben, denen der Anschluß an die Partie
jenen entscheidenden Rückhalt bot, sich nicht nur als Opfer der Gesellschaft, sondern als aktiver Teilhaber ihrer projektierten Umgestaltung zu
verstehen. «Beinah religiöse Gefühle trug ich von jenem Feste heim»,
heißt es in der Autobiographie des Arbeiterdichters Otto Krille über die
Teilnahme am Stiftungsfest eines sozialdemokratischen Vereins und die
Wirkung der dort gehörten Reden: «Da war doch ein Ausblick aus der
Trostlosigkeit» (*Unter dem Joch. Die Geschichte einer Jugend*, 1914).

In Popps *Jugendgeschichte einer Arbeiterin* legt sich das entwickelte
politische Bewußtsein der österreichischen Sozialdemokratin wie ein Filter über die Darstellung der erlittenen Armut, Kinderarbeit und Drang-
salierung durch die eigene Mutter. Die analphabetische Arbeiterfrau, die
ihre Tochter als fünfzehntes Kind im Alter von siebenundvierzig Jahren
geboren hatte, konnte – so wird uns vermittelt – nicht anders. Das gilt
auch noch für die humoristische Szene, in der die Erzählerin der Mutter
die Parteigrößen Bebel und Liebknecht vorstellt und diese enttäuscht
(weil nur auf attraktive Heiratskandidaten hoffend) bemerkt: «So Alte
bringst du ins Haus.»

Zu den emotionalen Beschädigungen, die Popps Autobiographie auflistet,
gehört der Verlust der Kindheit, aber in einem anderen Sinn, als ihn die bürgerliche Literatur wehmütig begeht; für das Arbeiterkind Adelheid Popp gab es erst
gar nicht jenen Freiraum spielerischer Entfaltung, der in anderen Lebensbeschreibungen als Goldenes Zeitalter am Anfang der Erinnerung steht. Ferner die
negative Erfahrung der Sexualität: Die nächtliche Attacke eines Schlafburschen
bringt das junge Mädchen an den Rand des Selbstmords.

Auch an anderen Arbeiterautobiographien läßt sich ablesen, wie stark der
Bereich der Sexualität von materiellen Bedrängnissen überformt wird. An seine
Sublimierung zu jener erotischen Selbsterfahrung, die in der (bürgerlichen)
Dichtung der Jahrhundertwende zentrale Bedeutung besitzt, ist beispielsweise
auch bei Bromme nicht zu denken, der seine Frau heiraten muß, weil ein Kind
unterwegs ist, und das betreffende Kapitel seiner *Lebensgeschichte eines modernen Fabrikarbeiters* (1904) mit den Sätzen einleitet: «Den ganzen Winter hindurch war mir meine Braut sehr verdächtig vorgekommen. Im Frühjahr schien
es mir Gewißheit zu sein, daß ich ein Unglück angerichtet hatte.»

Die Frauenautobiographie, zu der natürlich auch Popps Buch zu rechnen ist, hat in der Auseinandersetzung mit einer selbst- oder fremdbe-
stimmten Sexualität einen ihrer charakteristischen Schwerpunkte. Die
bayerische Volkserzählerin Lena Christ schildert in den *Erinnerungen
einer Überflüssigen* (1914) völlig ungeschminkt die Vergewaltigungen
durch ihren ersten Ehemann. Als das eigentliche Verhängnis ihres
Lebens erscheint dagegen die brutal-egoistische Mutter, die ihre unehe-

liche Tochter noch am Hochzeitstag verflucht: «Du sollst koa glückliche Stund haben, so lang'st dem Menschn g'hörst, und jede guate Stund sollst mit zehn bittere büaßn müaßn. Und froh sollst sei, wannst wieder hoam kannst; aber rei kimmst mir nimma. Jatz woaßt es!»

Auch die *Memoiren einer Sozialistin* (1909–1911) von der Frauenrechtlerin und Sozialdemokratin (adliger Herkunft) Lily Braun sind durch ein negatives Mutterbild bestimmt. Die zweibändige Autobiographie, deren Titel an Malwida von Meysenbugs *Memoiren einer Idealistin* (vgl. Band IX, 1, S. 677) erinnert, ist in «Lehrjahre» und «Kampfjahre» unterteilt, womit als weiteres Modell der Goethesche Bildungsroman ins Spiel kommt. Tatsächlich nimmt sich Lily Braun romanspezifische Freiheiten, indem sie zum Beispiel die Namen ändert (die Ich-Erzählerin heißt Alix von Kleve), dabei aber in den meisten Fällen leichte Dechiffrierbarkeit sicherstellt. So sind die beiden Ehemänner nicht zu verkennen: Hinter Georg von Glyzinski verbirgt sich der für die Ethische Gesellschaft engagierte körperlich behinderte Kathedersozialist Georg von Gizycki, hinter Heinrich Brandt der Sozialdemokrat und Reichstagsabgeordnete Heinrich Braun. Wanda Orbin ist ein karikaturhaft verzerrtes Porträt Clara Zetkins, der Gegnerin Lily Brauns innerhalb der Partei nach der Veröffentlichung ihres Buchs *Die Frauenfrage* (1900). Indem sie ihre Subjektivität als liebende und um politische Anerkennung ringende Frau autobiographisch gestaltet, distanziert sich die Autorin gleichsam a priori von einer Frauenpolitik, die sich im Sinne Zetkins konsequent der Parteiräson unterordnet.

Die bei Braun erkennbare Tendenz zur Literarisierung kennzeichnet in noch höherem Maß die autobiographischen Darstellungen von Franziska zu Reventlow, Emmy Hennings und Lu Märten. Mit *Ellen Olestjerne* (1903) schreibt die Erstgenannte einen weiblichen Entwicklungsroman, der in der Hinwendung zur Boheme gipfelt und übrigens wiederum die Mutter als den eigentlichen Antipol der Emanzipation des Mädchens zeigt. Emmy Hennings dagegen gibt in ihrem Roman *Das Brandmal* (1920) die ungeschminkte Darstellung einer halbproletarischen Boheme-Karriere, zu der auch die Stigmatisierung durch das «Brandmal» sexueller Prostituierung gehört.

Noch direkter führt Lu Märtens *Torso. Die Geschichte eines Kindes* (1909) in den Stoffkreis der Arbeiterautobiographie zurück. Indem die (später mit Entwürfen einer materialistischen Kunsttheorie hervorgetretene) Autorin die im ersten Teil geschilderten Krankheiten und Todesfälle der Arbeiterfamilie, der sie entstammt, im Sinne der Dekadenz ästhetisiert und im zweiten Teil die Kontinuität des Erzählvorgangs gänzlich preisgibt, signalisiert sie deutlich den Kunst-Anspruch ihres Textes. Der vielleicht durch die gleichnamige Erzählung Annette Kolbs (in: *Neue Rundschau*, 1905) angeregte Titel ist aus der Todeserwartung der jungen Lu Märten zu verstehen.

Eine ganz andere Funktion der Autobiographie zeigen die Berichte von Geisteskranken, die um 1900 an die Öffentlichkeit gelangen. Hein-

rich Hansjakobs «Erinnerungen» *Aus kranken Tagen* (1895) wenden sich
aus der Perspektive des Genesenen der Erfahrung des Wahns zu, während Daniel Paul Schreber, ehemaliger Senatspräsident des Dresdner
Oberlandesgerichts, in den *Denkwürdigkeiten eines Nervenkranken*
(1903) – Grundlage für Freuds *Bemerkungen über einen autobiographisch beschriebenen Fall von Paranoia* (1911) – an seiner persönlichen
Gewißheit eines «fortdauernden Zuströmens von Gottesnerven» ungebrochen, und zwar in durchaus rationaler Form der Argumentation, festhält. Das Manuskript von Adolf Wölflis phantastischer Autobiographie
Von der Wiege bis zum Graab (posthum 1985, entst. 1908–1912) sprengt
die Bahnen der Vernunft ebenso wie – schon äußerlich durch die inte-
grierten Zeichnungen, Mundartstücke und Verse – die der Gattung. Seit
1895 in der Irrenanstalt Waldau bei Bern interniert, kreiert der als
gemeingefährlich eingestufte Schizophrene sein eigenes Weltreich, das
von «Newyork» bis zur «australischen Gletscherregion» reicht, und ein
Ersatzleben der Superlative, das allerdings nicht über das achte Lebensjahr und die Abfassung eines Testament mit imponierender «Total-
Summe» hinausführt.

II. ESSAYISTIK

1. Formtypen

Essay und Feuilleton

Hugo von Hofmannsthal, der in den neunziger Jahren entscheidend zur Erneuerung des Essays im Zeichen der Moderne beitrug (vgl. Band IX, 1, S. 719–721) und diesen Versuch einer produktiven Erweiterung und Poetisierung der Gattung in den Jahren 1902–1906 mit verschiedenen Dialog-Essays fortsetzt, sieht 1907 einen Einschnitt in der Entwicklung des Kulturjournalismus erreicht. Die Fixierung des Feuilletons auf die unverbindliche Plauderei in der Nachfolge Heines erklärt er für beendet – in dieser Abkehr vom konventionellen Feuilleton und seinem Ahnherrn berührt sich Hofmannsthal erstaunlich eng mit Karl Kraus, der erst drei Jahre später die einschlägige Kampfschrift *Heine und die Folgen* herausbringen wird. An die Stelle des leichtfertigen Plauderers trete – so die Prognose – der Typ eines verantwortungsbewußten, umfassend gebildeten «kulturellen Journalisten», wie Hofmannsthal ihn in Oscar Adolf Hermann Schmitz vorgebildet sieht, dessen Buch *Französische Gesellschaftsprobleme* (1907) Anlaß und Gegenstand des Rezensionsessays *Umrisse eines neuen Journalismus* abgibt.

Hofmannsthal attestiert Schmitz – und fordert von seinen Nachfolgern – ein gleichsam physiognomisches Vorgehen, nämlich die engstmögliche Verbindung von äußeren und inneren Verhältnissen, im Beispiel etwa die Vermittlung zwischen den Verhaltensweisen des heutigen Pariser Publikums mit den Thesen französischer Moralisten des 17. und 18. Jahrhunderts:

> «Schmitz kommt von einer Beschreibung irgendwelcher Lebensgewohnheiten [...] zu einem Aperçu über die Moral; von der Sprache kommt er zum Innern, von einer Gebärde zu einem Seelenzustand, vom Straßenbild zu einem unlöslichen Geheimnis, einem intimsten Kern der Lebensauffassung; von der Art, wie sich die Leute im Omnibus, im Theater betragen, zu Rivarol und Chamfort.»

Im Bereich des zeitgenössischen Essays vertreten vor allem Rudolf Borchardt und Georg Simmel das von Hofmannsthal postulierte morphologische Verfahren, für das Rudolf Kassner mit seinem späteren Werk (u. a. *Das physiognomische Weltbild*, 1930) gewissermaßen Theorie und

Systematik nachreichen wird. Borchardts großer Essay *Villa* (1908), in Kurzfassung 1907 in der *Frankfurter Zeitung* erschienen, dürfte Hofmannsthals Hoffnungen auf das Niveau der künftigen Publizistik mit veranlaßt haben. Mit äußerster Konsequenz wird darin die typische Form des italienischen Landhauses aus der Wirtschafts- und Gesellschaftsordnung des Landes von der Antike her abgeleitet; der ästhetische Traum des Klassizismus und der Baedeker-Touristen erweist sich als harte soziale Realität und unverwechselbare – daher auch nicht imitierbare – geschichtliche Prägung.

Georg Simmels Essay *Brücke und Tür*, 1909 in der Berliner Zeitung *Tag* veröffentlicht, geht von der inneren Einheit des Trennens und Verbindens aus, die er in zwei genuin menschlichen Erzeugnissen in unterschiedlicher Weise verkörpert findet: Die Brücke überwindet einen naturgegebenen Abstand durch menschliche Kunstfertigkeit und stellt so etwas wie die ästhetische Signatur des Verbindens dar; die Tür markiert dagegen eher das Moment der Trennung, obwohl ihre praktische Funktion ebenso sehr dem Durchschreiten der Wand in beide Richtungen dient. Zusammenfassend und mit deutlicher Tendenz zur Überwindung einer rein relativistischen Perspektive erklärt Simmel:

> «Die Formen, die die Dynamik unseres Lebens beherrschen, werden so durch Brücke und Tür in die feste Dauer anschaulicher Gestaltung überführt. Das bloß Funktionelle und Teleologische unserer Bewegungen wird von ihnen nicht nur als von Werkzeugen getragen, sondern es gerinnt sozusagen in ihrer Form zu unmittelbar überzeugender Plastik.»

Der 1905 in derselben Zeitung erschienene «ästhetische Versuch» *Der Henkel* interpretiert den Handgriff antiker Vasen in ähnlicher Optik als Sinnbild der Vermittlung zwischen Innen und Außen, Schönheit und Nutzen, ja als deutlichstes «Zeichen der großen Synthese und Antithese: daß ein Wesen ganz und gar der Einheit eines umfassenden Gebietes angehört und zugleich von einer ganz andern Ordnung der Dinge beansprucht wird.» Der Vergleich mit dem Verhältnis zwischen Individuum und Staat schließt sich fast zwangsläufig an.

Als Selbstreflexion seines essayistischen Verfahrens läßt sich die *Philosophie des Abenteuers* lesen, die Simmel 1910 wiederum im *Tag* publizierte und ein Jahr später (zusammen mit *Der Henkel*) in den Essayband *Philosophische Kultur* aufnahm. Das Abenteuer, dem Simmel schon zwei Jahre zuvor eine soziologische Betrachtung gewidmet hatte (in Kapitel IX der *Soziologie*, 1908), wird zunächst als Ausnahme, letztlich aber als innerste Bestätigung des Lebens beschrieben, nachdem seine Sonderstellung zunächst durch Vergleiche mit dem Traum, der Kunst und dem Spiel beleuchtet wurde. Die Analogien zu Kunst und Spiel sind als Hinweise auf die implizite Poetik dieser philosophischen Essayistik zu verstehen.

In gewissem Abstand läßt sich auch die Essayistik Moritz Heimanns dem bei Borchardt und Simmel vorgefundenen morphologisch-physiognomischen Ansatz zuordnen. Der langjährige Lektor des S. Fischer Verlags geht in verschiedenen Aufsätzen (gesammelt in: *Prosaische Schriften*, 1918) ebenfalls von baulichen Befunden oder Gestaltungsformen aus. Der Hermann Stehr gewidmete Essay *Das Haus* (1901) beginnt mit der Vorliebe des Verfassers für den klassizistischen Säulengang um die Berliner Nationalgalerie und endet mit Betrachtungen über das anheimelnde warme Zimmer in seinem (nicht genannten) märkischen Heimatdorf Kagel. Dazwischen liegen bedrängende Bilder von der späten Fahrt mit der Bahn aus der Stadt hinaus und einem Fußweg durch Dunkelheit und Herbstwind sowie der Begegnung mit einem gescheiterten, schon vom Tod gezeichneten Menschen. Vor diesem Hintergrund gewinnt das Prinzip des rechten Winkels, das die eigene Häuslichkeit mit der klassizistischen Architektur verbindet, als Gefahrenabwehr und Lebensschutz fast die Bedeutung einer anthropologischen Konstante.

Heimanns Betrachtung *Die Kastanie* (1913) geht von der weltweit verbreiteten Eisenkonstruktion für Überlandleitungen aus und leitet zum weniger technisch profilierten Erscheinungsbild hölzerner Strommasten über. Für die Installation einer neuen Stromleitung muß ein Schmied empfindliche Einschnitte an dem prächtigen Baum vor seiner Tür in Kauf nehmen, da die Machtverhältnisse auf dem Dorf keinen Widerstand zulassen. Die beschaulich erzählte Episode bestätigt somit das irritierende Symbol des Eingangsabsatzes: die Beschreibung eines Photos von einem Überlandmast in China, an dem ein abgehauener Mandschukopf hängt.

Derlei gedankliche Verbindungen, die der Leser erst selbst herstellen muß, verweisen auf die Logik des Assoziierens, Erinnerns und Erfindens, die ein kurzer Text Heimanns direkt thematisiert: *Was ist das: ein Gedanke?* (1909). Ihm läßt sich Arthur Eloessers Prosaskizze *Trüber Nachmittag* (1912) an die Seite stellen. Der Feuilletonredakteur der *Vossischen Zeitung* (Berlin) schildert darin die Eindrücke, mit denen ein kleiner Spaziergang in seiner großstädtischen Wohngegend das Erzähl-Ich bereichert, so daß sich schon auf dem Heimweg die Kräfte zu produktiver Arbeit regen; man darf annehmen, daß die Skizze selbst im Anschluß an die darin geschilderten Begegnungen entstanden ist, also ihre eigene Genese referiert: «Wer wird nicht zum Dichter, wenn er zwecklos auf der Straße treibt [...]?»

Eloessers Großstadtfeuilletons, von ihm selbst 1919 unter dem Titel *Die Straße meiner Jugend. Berliner Skizzen* gesammelt, sind gewissermaßen mit doppeltem Boden gearbeitet. Hinter und neben der äußeren Bewegung des weltmännischen Flaneurs durch die Straßen der Metropole spielt sich ein inneres Geschehen ab: einerseits, wie wir gesehen haben, auf der literarischen oder poetologischen Ebene. In diesen Rah-

men gehören auch diverse literarische Anspielungen, im gegebenen Fall
auf Strindberg, Balzac und natürlich schon im Titel – durch den
Anklang an die Szenenüberschrift «Trüber Tag» im *Faust* – auf Goethe.
Andererseits läßt sich, als zweite Schicht dieses inneren Prozesses, vielfach ein enges Netz psychologischer bzw. psychoanalytischer Anspielungen ausmachen. Im Feuilleton *Unter den Linden* (1911) schildert Eloesser
einen scheinbar ziellosen Bummel durch das historische Zentrum Berlins, um schließlich das eigene Unterbewußtsein als geheimen Kompaß
zu verdächtigen:

> «Wie von selbst bringt mich mein Schritt, der sich auf eine alte
> aus dem Bewußtsein geschiedene Gewohnheit besinnt – ich muß
> doch mal den Dr. Freud konsultieren –, in die Ahornallee, wo wir,
> Berlinisch gesprochen, das Poussieren lernten. Die jungen Sträu-
> cher haben sich von der starken Frühlingssonne ihre ersten drallen
> Knospen herausschmeicheln lassen. Die großen starken Bäume
> machen das nicht mit; sie wissen aus alter Erfahrung, daß gleich
> wieder ein Frost kommt, daß man sich auf diese erste Buhlschaft
> mit der Sonne noch nicht einlassen darf.»

Die Anspielung auf Sigmund Freud, dessen Lehre man in Berlin damals
gerade zu rezipieren begann, beschränkt sich nicht auf die unbewußte
Steuerung der Schritte des Spaziergängers zur Stätte pubertärer erotischer Erfahrungen. Sie setzt sich offenkundig in der Symbolik der
Naturbeschreibung fort. Eine stark sexualisierende Optik zeichnet auch
Robert Walsers Feuilleton *Tiergarten* aus, das im selben Jahr in der
Neuen Rundschau erschien. Interpreten haben die Allgegenwart des
Weiblichen in dieser Parkbeschreibung herausgestellt und als selbstrefle-
xives Element gedeutet: Durch die auffällige weibliche Kodierung profi-
liere sich Walsers Text als feminines Feuilleton («Unnennbar zart ist
solch ein allgemeines Spazieren») im Gegensatz zu harter männlicher
Reportage oder anderen sachlichen Diskursen.

Zugleich lassen sich Walsers frühe Berlin-Essays (enthalten in: *Aufsätze*, 1913) auch als Bestätigung der These einer symbolischen Identität
von Weiblichkeit und Metropole lesen. *Guten Tag, Riesin!* ist das früheste
und wohl auch bekannteste Stück überschrieben, das im Mai 1907 in
der *Neuen Rundschau* erschien und das Lever der Großstadt nicht ohne
Sinn für erotische Zwischentöne beschreibt. Denn es ist ein umgekehrter Striptease, zu dessen heimlichen Zeugen Walsers Text uns macht:
«Die Brust dehnt sich, die Riesin Weltstadt hat jetzt in aller üppigen
Gemächlichkeit ihr schimmernd-durchsonntes Hemd angezogen. So
eine Riesin kleidet sich eben ein bißchen langsam an; dafür aber duftet
und dampft und pocht und läutet jede ihrer schönen, großen Bewegungen.»

Im übrigen fällt auf, in welchem Maße Walsers Berlin-Texte neben ihrer durchgängigen Fixierung auf Weibliches und der entsprechenden Sexualsymbolik von Fragen des Anstands und des guten Benehmens durchzogen sind – Erörterungen, die weithin ironisches Gepräge tragen, aber doch den inneren Bezug auf Fragen der Triebregulierung bzw. -unterdrückung nicht verleugnen können. Allein zwei Berlin-Essays sind dem Essen bzw. den Eßsitten gewidmet (*Aschinger*, 1907; *Dinerabend*, 1908). Die Ironie erreicht ihren Gipfel im Feuilleton *Friedrichstraße* (1909), das das Menschengedränge in dieser damaligen Berliner Hauptverkehrsader und Hauptstraße der Prostitution in paradoxer Verkehrung als Nonplusultra der Selbstbeherrschung und Rücksichtnahme schildert: «herrlich ist, wie hier die Qualen gemeistert, die Wunden verschwiegen, die Träume gefesselt, die Brünste gebändigt, die Freuden unterdrückt und die Begierden gemäßigt werden, weil alles Rücksicht, Rücksicht und nochmals liebende und achtende Rücksicht nehmen muß.»

An die sich bei Eloesser und Walser abzeichnende Entwicklung des Stadtfeuilletons zum Denkbild im Sinne Benjamins und Kracauers findet schließlich auch jene Wiener Schule des Feuilletons Anschluß, die im Rufe des fragwürdigen Subjektivismus, der unverbindlichen Plauderei steht. Richard A. Bermann, der 1908 von Wien nach Berlin kam und dort unter dem Pseudonym Arnold Höllriegel bekannt wurde, kultiviert einen lockeren, pointierenden Stil, der die subjektive Perspektive ohne schlechtes Gewissen zur Geltung bringt. Seine Feuilletons im *Berliner Tageblatt* erhalten Bedeutung durch die Genauigkeit, mit der sie das Alltägliche auf zentrale Gedanken beziehen.

So bildet die Sehnsucht nach einem einsamen «Fleckchen» den heimlichen roten Faden, der die drei verschiedenen Schauplätze von Höllriegels Feuilletons *Berliner Abende* (1911) verbindet: von der sogenannten Völkerschau im Luna-Park über Kleists demnächst von den Jubiläumsfeierlichkeiten gleichsam überflutetes Grab am Wannsee bis hin zum Potsdamer Platz, wo nicht einmal der Zeppelin mehr Eindruck macht. Der Artikel *Röntgen im Langenbeckhaus* (1912) berichtet so genau über die Nebenumstände der Fortschritte der Wissenschaft, daß dabei fast schon eine Absage an letztere herauskommt. Unter der Überschrift *Die Mehlspeiskrise* informiert Höllriegel 1915 über die Folgen der kriegsbedingten Verknappung hochwertiger Mehlsorten in Wien in ständiger Rückkoppelung auf die ortsübliche – von der reichsdeutschen ja bekanntlich so grundverschiedene – Mentalität. Der Brückenschlag «von einer Beschreibung irgendwelcher Lebensgewohnheiten» zum «intimsten Kern der Lebensauffassung», wie ihn Hofmannsthal 1907 proklamierte, ist kaum überzeugender zu leisten.

Dialog-Essay

Rudolf Borchardts *Gespräch über Formen* (1905, entst. 1900/01) ist als Zwiegespräch angelegt. Arnold, hinter dem sich offensichtlich Borchardt selbst verbirgt, unterhält sich mit einem jüngeren Besucher über seine Übersetzung von Platons *Lysis*; als Zugabe zu dieser Übersetzung ist der Dialog dann auch – mit der für Borchardt typischen mehrjährigen Verspätung – erschienen. Arnold rechtfertigt sein Vorhaben zunächst in Abgrenzung von der wilhelminischen Altertumswissenschaft, die er in einem «grauenhaften» Verfallsprozeß sieht, und ihrer banalisierenden, in einem demagogischen Sinn gleichmacherischen Übersetzungspraxis (diese Angriffe richten sich vor allem gegen Wilamowitz als Übersetzer griechischer Tragödien). Dagegen setzt Arnold seine Überzeugung von der «Inkommensurabilität» des Kunstwerks und einem Begriff der Form, der zugleich dessen Inhalt bedeutet. Hier erfährt er erstmals die volle Zustimmung seines Gesprächspartners, und gestützt auf diesen Einklang entwirft er den Prospekt einer neuen Form- oder Stilkunst, deren Blüte er für die Zeit um 1910 erwartet. Wenn ihn Harry, wie der Besucher heißt, daraufhin als «Kunstpolitiker» tituliert, ist die Rolle, die Borchardt in den folgenden Jahrzehnten spielen wird, erstaunlich präzis vorweggenommen. Auch der religiöse Auftrag, auf den sein Gedicht *An Hofmannsthal* rekurriert, und Kernthesen seiner *Rede über Hofmannsthal* klingen bereits an.

Schon bei Kerzenschein, stellt Arnold nun den Inhalt des platonischen Dialogs vor, der ihn beschäftigt. Im Zentrum steht für ihn die Bewunderung einer Schönheit, die um ihrer selbst willen da ist; damit verbinden sich die Vorstellungen einer Adelswelt und einer homoerotisch getönten Erziehung der Jüngeren durch die Älteren, wie sie sich andeutungsweise ja auch in Borchardts *Gespräch* vollzieht, sowie eine neuplatonische Aufwertung der sichtbaren Welt, für die sich Arnold auf Walter Pater beruft. Noch im abschließenden Gang durch die Dunkelheit der kleinen Stadt wird die Schönheit und «adlige Wehmut» einer Birke im gleichen Sinn gewürdigt. Harry zieht einen Vergleich zwischen der Nacht, die «allen Zufall von ihr fortgehaucht» hat, und der vielleicht trügerischen Formung durch einen Bildhauer oder Dichter. Arnold ermutigt ihn zum Glauben an das Schöne, zur Annahme der Gegenwart in der Seele: «Das Bild der Welt ist so wahr wie die Welt selber.»

Die Anregung zu dem programmatischen Dialog hat Borchardt offensichtlich von Rudolf Kassner empfangen, der sein erstes Buch *Die Mystik, die Künstler und das Leben* (1900) mit dem sehr ähnlich strukturierten Zwiegespräch *Stil* beschließt. Als Ouvertüre des ganz der englischen Kultur und Ästhetik des 19. Jahrhunderts gewidmeten Buchs dient ein fiktives Redefragment über den Kritiker als «Platoniker»; Kassner war einer der wichtigsten Vermittler Walter

Paters im deutschen Sprachraum und dabei nicht zuletzt durch dessen Buch *Plato and Platonism* (1893) geprägt, das den platonischen Dialog geradezu zum Vorläufer des modernen Essays erklärte. Der Wiener Essayist hielt sich selbst daran, indem er sein umfängliches Werk *Melancholia. Trilogie des Geistes* (1908) ausschließlich aus Dialogen aufbaute und außerdem eine Reihe von Platon-Übersetzungen vorlegte, die freilich den maßlos übersteigerten Konkurrenz-Neid Borchardts erregten. (Hinter dessen Wut auf den «gemeinen Dieb» verbirgt sich wohl das Gefühl der eigenen Abhängigkeit von Kassner.)

Sowohl in *Stil* als auch in den *Melancholia*-Dialogen praktiziert Kassner eine außerordentlich wechselvolle, paradoxe und verschränkte Strategie der Gesprächsführung. Die Partner vertauschen beim Ringen nach der Wahrheit scheinbar mehrfach die Positionen, so daß ein dialektischer, aus der Vielheit auf die Einheit verweisender Gesamteindruck entsteht, dem freilich auch etwas Verwirrendes anhaftet. Überdies greift Kassner schon in den Titeln und Leitsymbolen seiner Dialoge zentrale Stichworte aus dem damaligen Diskurs um Identität oder Diskontinuität des Ich auf. Der Doppelgänger-Thematik des ersten Dialogs «Der Doppelgänger» steht die Schauspieler-Problematik im letzten Dialog «Er» gegenüber. Das gesamte Werk gipfelt im zentralen «Gespräch über die Einbildungskraft» zwischen einem Menschen und einem Gliedermann, dessen allgemeiner Skeptizismus eine große Ausnahme kennt: den Glauben an die Persönlichkeit.

Die intensivste Nachfolge hat Paters Auffassung des platonischen Dialogs als Grundtyp des Essays außer bei Oscar Wilde (*Intentions*, 1904) wohl bei Hofmannsthal erfahren, der schon in einer Rezension von 1894 – dem Jahr seiner Pater-Entdeckung – mit dem Gedanken einer platonischen Unterredung junger Leute im gegenwärtigen Wiener Milieu spielt und den Plan einer Sammlung «Erfundener Gespräche und Briefe» unbeirrt bis zu seiner Verwirklichung im Rahmen der Werkausgabe 1924 verfolgt.

Dem fiktiven Brief des Lord Chandos an Bacon (*Ein Brief*, s.o. S. 82 f.) als dem bekanntesten seiner «erfundenen Briefe» ist unter den darin versammelten Texten vor allem das *Gespräch zwischen Balzac und Hammer-Purgstall in einem Döblinger Garten* vergleichbar, das in der Weihnachtsausgabe der *Neuen Freien Presse* 1902 erschien und später den Obertitel *Über Charaktere im Roman und im Drama* erhielt. Denn auch hier handelt es sich um historische Personen; in der Ausgestaltung der Begegnung zwischen dem französischen Romancier und dem Wiener Orientalisten, die von 1835 auf 1842 verlegt wird, erlaubt sich Hofmannsthal aber alle dichterischen Freiheiten. Sein Balzac ist ein Napoleon der Dichtung, besessen von einem unendlichen Schöpfungsdrang; der vielgestaltige Personenkosmos seiner Romanwelt (zwischen literarischen Figuren und realen Menschen wird bewußt nicht unterschieden) läßt sich nicht in das Korsett eines theatergerechten Dramas pressen.

Mit dem Rückgriff auf bekannte Personen der Vergangenheit als Gesprächspartner begibt sich Hofmannsthal in die Nähe der von Lukian bis Arno Schmidt

reichenden Tradition der Totengespräche. Während Fritz Mauthner 1906 direkt
auf die überlieferte Gattung zurückgreift, also Verstorbene im Jenseits miteinander kommunizieren läßt, legt Paul Ernst seine *Erdachten Gespräche* (1931, entst.
1912–1922) ähnlich wie Hofmannsthal an, das heißt er exponiert eine oder zwei
historische Figuren in ihrem authentischen Ambiente. So läßt er Kant angesichts
einer ihren Säugling stillenden unehelichen Mutter am Sinn des Kategorischen
Imperativs zweifeln und Flaubert am Fenster seines Arbeitszimmers mit Mau-
passant über das Verhältnis von Kunst und Leben diskutieren.

Mehrere solcher pseudohistorischen Gespräche finden sich schon in Josef
Popper-Lynkeus' *Phantasieen eines Realisten* (s. u. S. 734 f.), so «Ein Tischgespräch
bei Luther» oder «Des Erasmus von Rotterdam Besuch bei Sir Thomas Morus».
Das umfängliche Kapitel «Nach der Predigt» enthält die Unterhaltung zwischen
Machiavelli, Botticelli, Leonardo und Michelangelo nach Savonarolas Karfrei-
tagspredigt 1493 und mutet wie ein Vorgriff auf Thomas Manns *Fiorenza* an.

Hofmannsthals übrige «Unterhaltungen über literarische Gegenstände» (so sein Buchtitel von 1904) haben ein zeitgenössisches Personal,
in dem man nicht selten auch den Verfasser selbst ausmachen zu können
glaubt. So vertritt Gabriel im Dialog *Über Gedichte* (1904, später: *Das
Gespräch über Gedichte*) offenkundig Hofmannsthals eigene Auffassungen
zu Genese und Funktion des Symbols und zum Nähe-Verhältnis der
Lyrik zum Leben. Die Asymmetrie der Gesprächskonstellation, die auch
den frühen Dialogen Platons sowie dem Borchardtschen *Gespräch über
Formen* anhaftet, ist in der *Unterhaltung über den «Tasso» von Goethe*
(1906) überwunden. In der Kommunikation der beiden Ehepaare, die
sich im Anschluß an eine Theateraufführung in der Villa des Dichters
austauschen, wiederholt sich die Gesprächskultur des Dramas, die ja
ihrerseits die höfische Kultur Weimars und Ferraras im 18. bzw. 16. Jahrhundert spiegelt. In Weimar war eben auch das Ehepaar von Nostitz
beheimatet, das man in den Figuren Helenes und des Majors wiedererkennen kann, wobei das Rätselspiel der Identifizierung schon innerhalb
des Textes beginnt – wenn nämlich der Dichter und seine Frau überlegen, wer von den beiden Gästen den Brief über die Prinzessin verfaßt
haben mag, der das eigentliche Gespräch fortführt und ergänzt.

Hofmannsthal hat 1906 noch zwei weitere literarische Dialoge in Zeitungen veröffentlicht. Die *Unterhaltung über die Schriften von Gottfried
Keller* wird von drei jüngeren Männern bestritten, deren individuelles
Profil auf Hofmannsthals Freunde Leopold von Andrian (der Legations-
sekretär) und Clemens von Franckenstein (der Musiker) sowie seinen
Schwager Hans Schlesinger (der Maler) verweist. Das Gespräch findet in
einer Laube über weinberankten Gartenmauern statt; noch stärkere
Bedeutung gewinnt der Natur-Rahmen in den *Unterhaltungen über ein
neues Buch*. Sie spielen in einem zwitterhaften Landhaus in bergiger
Umgebung, dessen Besitzer Ferdinand einige Mühe hat, seinen starken
Eindruck von Wassermanns Novellenband *Die Schwestern* gegen die kri-

tischen Vorbehalte seines Freundes Gottfried und seines weltmännischen Onkels zu verteidigen. Ein magisches Erlebnis zu mitternächtlicher Stunde bestätigt ihn jedoch abschließend in dem «Genuß des
Unfaßlichen», «das in glücklichen Augenblicken von der eigentlichen
Dichterkraft ausgeht.»

Keiner hat den Facettenreichtum und die Balance (aber auch den Ausdruck
einer inneren Reserve gegenüber dem besprochenen Autor), wie sie Hofmannsthal mit diesem fast novellistisch ausgeformten Dialog erreichte, so dankbar
anerkannt wie Arthur Schnitzler in einem Brief vom November 1906:

> «Wunderbar ist es Ihnen gelungen den Widerstreit der Empfindungen aus-
> zudrücken, mit dem man dem ganzen Problem Wassermann gegenüber-
> steht, indem Sie, wohl auch zu eigner Beruhigung, Ihre Seele dialogisch
> aufgelöst und sich dazu bekannt haben, daß wir nicht nur der Welt, den
> Erlebnissen, den Menschen, sondern auch jener einzigen Einheitlichkeit,
> die wir Kunstwerk nennen, durchaus nicht einheitlich, sondern zugleich
> onkel- majors- mädchen- gutsbesitzer- träumerhaft ins Auge schauen.
> Gewöhnlich schreibt über die Dinge Einer, der nur ein Onkel, ein Träu-
> mer, ein Mädchen ist.»

Im Wien des frühen 20. Jahrhunderts ist die Form des Dialogs fast omni-
präsent. Wassermann selbst bedient sich ihrer in *Faustina. Ein Gespräch
über die Liebe* (1912) und schon acht Jahre zuvor in der *Kunst der Erzählung*; das schmale Bändchen besteht aus zwei Gesprächen zwischen
einem alten und einem jungen Schriftsteller, die durch einen Abstand
von fünf Jahren und den Aufstieg des Jüngeren, eines Vertreters der
«Stimmungs-» oder, wie er selbst sagt, «Herzenskunst», zum Ruhm
getrennt sind. Gleichzeitig erschien der *Dialog vom Tragischen* (1904)
aus der Feder Hermann Bahrs, der ein Jahr darauf den − der modernen
Dramatik gewidmeten − *Dialog vom Marsyas* folgen ließ und sich außerdem mit Plänen zu einem *Dialog vom Laster* trug.

Zur Wiener Dialog-Kultur gehören auch Emil Lucka (*Das Unwiderrufliche.
Vier Zwiegespräche*, 1909) und Richard von Schaukal. Letzterer publizierte
1906/07 «Gespräche über die Kunst» unter dem Titel *Giorgione* und 1907 «Drei
Gespräche» mit dem lapidar-programmatischen Titel *Literatur*. Die Paradoxie
der hier geübten Kritik am Literaten faßt Wilhelm Herzogs Rezension (*Neue
Revue*, 1908) in die Worte: «Es gibt keinen typischeren Literaten als Schaukal.
Im schlechtesten Sinne dieses arg mißbrauchten Worts. [...] In genau derselben
Weise haßt Schaukal die Literaten, die Blut von seinem Blut und Fleisch von seinem Fleisch sind.»
Wenn man Budapest in eine Reihe mit Wien stellen darf (und politisch war
das damals ja durchaus korrekt), so lassen sich auch die Dialog-Essays des jungen Georg Lukács hier einordnen. Dessen Essayband *Die Seele und die Formen*
(1911) enthält einen Dialog über Lawrence Sterne unter dem Titel *Reichtum,
Chaos und Form*; aufgrund der Placierung (an vorletzter Stelle) läßt sich eine
spiegelsymmetrische Korrespondenz zum zweiten Beitrag vermuten, der sich

unter der Überschrift *Platonismus, Poesie und die Formen* mit Kassner beschäftigt – als dem «am stärksten platonistischen Schriftsteller der Weltliteratur». Ein · sehr persönliches Bekenntnis zur Kunstreligion der Jahrhundertwende legt Lukács im Dialog- und Briefessay *Von der Armut am Geiste* (1912) ab. Darin heißt es mit Bezug auf den Freitod seiner Jugendliebe Irma Seidler: «Sie mußte sterben, damit mein Werk vollendet werde [...] Der Kitt, der das Werk mit dem gebärenden Leben verbindet, trennt es für alle Ewigkeit von ihm: er ist aus Menschenblut.»

Auch angehende Expressionisten schreiben platonisierende Dialoge. Besonders deutlich ist der Anschluß an das antike Modell bei Döblin, der 1906/07 elf *Gespräche mit Kalypso* verfaßt, für die er nie einen Verleger fand. Mit Ausnahme des Neunten Gesprächs erscheinen sie 1910 im *Sturm*. Der wichtigste Gesprächspartner der aus Homers *Odyssee* bekannten Nymphe Kalypso ist der gewissermaßen an die Stelle des Odysseus tretende Musiker. Dennoch geht es weniger um eine Musiktheorie als um eine – allerdings sehr vage und spekulative – Umschreibung des Verhältnisses von Kunst und Natur, Welt und Mythos, in der andeutungsweise schon Grundpositionen des späteren Döblin deutlich werden. So erklärt Kalypso im (erstmals 1920 gedruckten) Neunten Gespräch:

> «Den Bau der Welt [...] vollzieht kein Ich, das über der Welt thront. Wir sind mit ihr, können sie nur finden, wiederfinden, anerkennen. Was will der Mensch mit der Kunst, der Musik? Eine Schutzmauer zieh’ ich um die Welt, damit keine Künstler und neuen Götter in sie eindringen: das Ich ist tot und die Welt wieder erlöst.»

Die Wahrheit dieser Aussage wird durch das kosmische Geschehen des Letzten Gesangs bestätigt: Der Junge Gott, der als Verkörperung des Ichs aufgefaßt werden kann, stirbt im Zweikampf mit dem Olympier; Kalypso, die diese ‹Götterdämmerung› ausgelöst hat, wächst dabei zusehends in die Höhe und geht lachend über das tanzende Meer davon.

Noch in Gottfried Benns frühem *Gespräch* (1910) ist der Wille zur weltanschaulichen Klärung, das Bedürfnis nach einer naturphilosophischen Verankerung der Dichtung spürbar. Andere Dialogtexte des entwickelteren Expressionismus tendieren zum Einakter (so Ferdinand Hardekopfs *Der Abend*, 1913) und/oder zur religiösen Überhöhung, machen also aus der «Unterhaltung» eine «Versuchung», wie man es sowohl bei Franz Werfels *Die Versuchung* (s. o. S. 483) als auch bei Fritz von Unruhs nachgelassenem Kriegsdokument *Eine Unterhaltung* (s. u. S. 782) beobachten kann.

Inhaltliches Interesse im Vorfeld der *Kunstwart*-Debatte (s. o. S. 49) verdient der Dialog *Kultur und Rasse* (1908), in dem Richard Dehmel einen deutschen Dichter mit einem (nach Max Liebermanns Vorbild gezeichneten) jüdischen Maler über die Relativität rassischer Einflüsse und die positive Wirkung von Rassenmischung sowie kulturellen Grenzüberschreitungen diskutieren läßt. – Einen karnevalistischen Abgesang auf die Konjunktur des Dialog-Essays liefert Kerrs gleichfalls im *Tag* veröffentlichter Essay *Shaws Anfang und Ende* (1910), eine imaginäre Unterhaltung des Kritikers mit britischen Bekannten, die er kraft seiner Phantasie in seinem Zimmer versammelt und dort gegen ihren Willen festhält, bis er sie am nächsten Morgen zum Fenster hinausläßt.

Aphorismus und Parabel

Bei manchem Autor der Jahrhundertwende erklärt sich die Vorliebe für den Aphorismus schon aus seiner Nähe zu Nietzsche. Gesellschaftliche Aussteiger wie Emil Gött oder Peter Hille demonstrieren durch die Pflege der scharfsinnig-scharfzüngigen Kurzform ihre Zugehörigkeit zum Bund der ‹freien Geister›, formal wie inhaltlich. «Besser ein freier Teufel als ein gebundener Engel», heißt es bei Hille, und Gött erklärt: «Die gottlose Welt ist noch lange nicht des Teufels.» Christian Morgenstern bezieht sich in seinem umfänglichen aphoristischen Werk (*Stufen*, posthum 1918) mehrfach auf Nietzsche als Vorbild, so in der Notiz von 1907: «Beim Vorlesen einiger Nietzschescher Aphorismen: – Geistige Austern.» Carl Dallago schließlich gibt sich in den *Sämereien vom Gebirge her*, die er ab 1910 im *Brenner* veröffentlicht und 1911 zum *Buch der Unsicherheiten* zusammenfaßt, als Bergwanderer ganz im Sinne Zarathustras, der eine im Materialismus erstarrte Menschheit zur Spiritualität führen möchte.

Noch im Widerspruch, etwa gegen Nietzsches Verachtung der Frau, zeigt sich Isolde Kurz demselben Vorbild verpflichtet. Sie veröffentlicht ihre Aphorismen 1905 unter dem Titel *Im Zeichen des Steinbocks* (ihrem eigenen Sternzeichen). Neben Marie von Ebner-Eschenbach (vgl. Band IX, 1, S. 688 f.) und Phia Rilke (*Ephemeriden*, 1900) ist sie eine der wenigen weiblichen Vertreterinnen des Genres um die Jahrhundertwende. Auch Phia Rilke, die Mutter des Dichters, nimmt sich der weiblichen Sache an: «Das ganze Mineralreich genügt oft den Menschen nicht, um eine unglückliche Frau zu steinigen.»

Das Zentrum der damaligen Hochkultur des Aphorismus ist zweifellos Wien. Dabei spielt die Tendenz der Wiener Moderne zur Klein- und Kurzform eine wichtige Rolle, ebenso wie das Bewußtsein der Sprachkrise und die daraus erwachsende Sprachkritik. Arthur Schnitzler hat sich nach Ausweis seiner Tagebücher seit 1880 mit aphoristischen Aufzeichnungen befaßt und einzelne Stücke daraus ab 1886 in Zeitschriften veröffentlicht; den Großteil enthält sein *Buch der Sprüche und Bedenken* (1927). Wie die meisten Vertreter der Gattung pflegt Schnitzler den autoreflexiven Aphorismus: «Das wäre ein schlechtes Aperçu, bei dem ein

kluger Mensch nicht denken müßte: gerade das oder das Gegenteil ist
mir auch schon eingefallen.» Erwartungsgemäß besitzen die Betrachtungen zu Psychologie und Sexus größeres Gewicht: «Im Verlauf erotischer
Beziehungen steigt der eine Teil für den anderen seelisch immer entschiedener zum Individuum empor und sinkt körperlich immer unrett-
barer zum Prinzip herab.»

Bei Altenberg geht die Hinwendung zum Aphorismus so konsequent
aus der übergreifenden Tendenz seines Schreibens zur Verdichtung bzw.
zum «Extrakt» hervor, daß eine klare Abgrenzung aphoristischer Anteile
auf Schwierigkeiten stößt. Wenn man nicht schon Werke wie die diäteti-
sche Programmschrift *Prodromos* als ganze der Aphoristik zuschlagen
will, so ist das doch wenigstens bei jenen Texten geboten, die Altenberg
in seinen späteren Büchern als «Splitter» auszeichnet. Oft sind diese
ihrerseits dialogisch angelegt – einer der kürzesten aus dem «Nachtrag
zu Prodromos» in *Fechsung* (1915) lautet: «‹Ich hab noch an guten
Magen!› [Absatz] Noch!»

Karl Kraus ist der unbestrittene Meister des Aphorismus in seiner
Zeit. Aphorismen bilden einen tragenden Bestandteil seiner *Fackel*-Publi-
zistik, und zwar sowohl in satirischer wie in programmatischer Hinsicht; ihre Bündelung zu den drei Sammlungen *Sprüche und Widersprüche* (1909), *Pro domo et mundo* (1912) und *Nachts* (1918) hat dagegen
eher sekundären Charakter. Eine Besonderheit dieses Autors ist auch die
nachträgliche Integration ursprünglich separat erschienener Aphorismen
in einen Essay – so mindestens siebenfach im Falle von *Heine und die
Folgen* (1910).

Die herausragende Eigenart der Krausschen Aphoristik bildet ein virtuos
geübter Sprachwitz, der sich unterschiedlichster Techniken bedient, so der
Umformung von Redensarten («Die Deutschen – das Volk der Richter und
Henker»), der Doppeldeutigkeit oder Amphibolie («Das Wort ‹Familienbande›
hat einen Beigeschmack von Wahrheit») oder des Klang-Wortspiels, etwa in dem
Aphorismus: «Im Sagenkreis des Deutschtums wird einst ein großes Durchein-
ander entstehen zwischen Kyffhäuser und Kaufhäuser.» Auf die hier anklingende
Kritik an der Kommerzialisierung der wilhelminischen Kultur ist gleich noch
zurückzukommen. Ein herausragendes Beispiel für die sprachgeleitete Moralkri-
tik von Kraus bietet die Verschränkung zweier unabhängiger Wörter zu einem
verräterischen Portmanteau im Auftakt eines seiner *Sprüche und Widersprüche*:
«Hättet ihr die Rechte des Frauenkörpers anerkannt, hättet ihr die Unterleib-
eigenschaft aufgehoben [...].»

Die Künstler-Aphorismen in *Pro domo et mundo* – allein dieser Titel verleiht
Kraus eine fast päpstliche Würde als Statthalter des Geistes auf Erden – machen
denn auch die Sprache als «Mutter des Gedankens» aus, was den ihr dienenden
Autor freilich nicht der schöpferischen, wahrhaft spracherotischen Anstrengung
enthebt: «Die Sprache Mutter des Gedankens? Dieser kein Verdienst des Denkenden? O doch, er muß jene schwängern.» Der Wahrheitsanspruch offenbart
sich in der Sprache, die Wahrheit braucht die wenigsten Worte: «Schein hat mehr

Buchstaben als Sein.» Dennoch ist der Aphorismus als die höchstmögliche Erfüllung der Krausschen lex minimi nicht mit einer simplen außersprachlichen Wahrheit gleichzusetzen: «Ein Aphorismus braucht nicht wahr zu sein, aber er soll die Wahrheit überflügeln. Er muß mit einem Satz über sie hinauskommen.» Wobei «Satz» wieder doppeldeutig ist, grammatische Einheit und Gedankensprung meint.

Das Kapitel «Zwei Städte» in *Pro domo et mundo* macht deutlich, in welchem Grade auch die aphoristische Publizistik am kulturphysiognomischen Profil der zeitgenössischen Essayistik teilhat. Im Vergleich zwischen den unterschiedlichen Gesichtern Berlins und Wiens tut sich für den komparatistischen Stadtporträtisten der Gegensatz zweier Welten auf. Die folgenden Aphorismen aus *Fackel*-Heften der Jahre 1910/11 bezeugen eine bemerkenswerte Faszination des Wieners für die technische Nüchternheit der sonst von ihm wegen der Kommerzialisierung des Kulturbetriebs geschmähten deutschen Hauptstadt:

«In Berlin gehen so viele Leute, daß man keinen trifft. In Wien trifft man so viele Leute, daß keiner geht.

Ich verlange von einer Stadt, in der ich leben soll, Asphalt, Straßenspülung, Haustorschlüssel, Luftheizung und Warmwasserleitung. Gemütlich bin ich selbst.

Es gibt nur eine Möglichkeit, sich vor der Maschine zu retten. Das ist, sie zu benützen. Nur mit dem Auto kommt man zu sich.

Ich kenne ein Land, wo die Automaten Sonntagsruhe haben und unter der Woche nicht funktionieren.»

Kraus' Wirkung reicht, auch als Aphoristiker, weit in den Expressionismus hinein. Die aphoristischen *Ergebnisse* Alfred Grünewalds (1921) lassen sich fast Stück für Stück auf den Krausschen Grundtext beziehen. Auch Paul Hatvani wandelt mit seinem Sammelband *Salto mortale* (1913), der Aphorismen mit Skizzen und Essays verbindet, sichtbar in Kraus' Spuren. Eine ähnliche Mischform praktiziert Kurt Hiller mit seiner im gleichen Jahr erschienenen *Weisheit der Langenweile*. Unter den hier enthaltenen Aphorismen, auf die im Inhaltsverzeichnis eigens verwiesen wird, ragen die «Aphorismen zur Denkkultur» heraus. «Nicht neue Antworten – neue Fragen machen den neuen Denker aus.»

Das Beispiel zeigt das Zurücktreten der sprachlichen Kunstmittel in der expressionistischen Aphoristik zugunsten der inhaltlichen Botschaft, des Programms. In Rudolf Leonhards Aphorismensammlung *Aeonen des Fegefeuers* (1917, beendet 1915) heißt es geradezu restriktiv: «Der Dichtung darf genau so viel Rhetorik verstattet werden, wie sie der Sprache kraft ihrer suggestiven Zwänge und Tendenzen ohne weiteres eignet.» Das grenzt schon an eine Absage an Kraus. Die Reflexion auf die Gesetze der Gattung und der dialektische Zug eines zwischen Glück und Unglück, Stärke und Schwäche interpolierenden Denkens machen die mit dem Band *Alles und Nichts!* (1920) fortgesetzte Aphoristik Leonhards – neben den vielgelesenen Kriegsaphorismen Franz Marcs (posthum 1920, vollständig 1978) – zu einem Höhepunkt der Gattung im Expressionismus.

734   Nichtfiktionale Prosa

Eine Sonderstellung nehmen die Zürauer Aphorismen Kafkas ein, so benannt nach dem Dorf in Nordwestböhmen, in das sich Kafka nach Ausbruch seiner Lungenkrankheit im Herbst 1917 zurückzog. Von den dort bis Februar 1918 entstandenen Aphorismen fertigte Kafka 1920 eine numerierte Abschrift an, die als Grundlage für Max Brods Publikation (1931) diente. Deren nicht von Kafka stammender Titel *Betrachtungen über Sünde, Leid, Hoffnung und den wahren Weg* deutet den religiösen Fokus dieser Aufzeichnungen an, in denen sich Kafka – unter dem Eindruck der Beschäftigung mit Kierkegaard, aber auch im Anschluß an jüdische Überlieferungen – mit Grundfragen seines Lebens und Schreibens auseinandersetzt. Mehrere Eintragungen beziehen sich auf die Vertreibung aus dem Paradies, der Kafka eine neue aporetische Deutung gibt: «Wir sind nicht nur deshalb sündig, weil wir vom Baum der Erkenntnis gegessen haben, sondern auch deshalb, weil wir vom Baum des Lebens noch nicht gegessen haben.» Logische Aporien und Paradoxien charakterisieren die Zürauer Aphorismen in einer gleicherweise für diesen Autor wie für den Formtypus typischen Manier: «Das Gute ist in gewissem Sinne trostlos.» – «Es gibt ein Ziel, aber keinen Weg; was wir Weg nennen, ist Zögern.» – «Ein Käfig ging einen Vogel suchen.» Der letzte Aphorismus spielt vielleicht auf die tschechische Bedeutung von Kafkas Namen (Dohle) an.

Die moralische Didaxe, die im Hintergrund der Aphoristik steht, äußert sich um 1900 noch in einer anderen, kaum weniger traditionsreichen Form: der Parabel. Autoren wie Kafka, deren Aphorismen ins Aporetische abdriften, können freilich das didaktische Potential nur begrenzt nutzen. Um so auffälliger der hohe Anteil von Parabeln und parabolischen Texten in Kafkas Erzählwerk; der Bedarf an gleichnishafter Bedeutung wächst offenbar mit dem Bewußtsein des Verlusts einer Lehre.

In klarem Gegensatz dazu steht der aufklärerische Anspruch der *Phantasieen eines Realisten* (1899), der einzigen literarischen Buchveröffentlichung des Erfinders und Sozialreformers Josef Popper, nach dem Pseudonym, das er für diese Publikation wählte, auch Popper-Lynkeus genannt. Seine Vorsicht erwies sich insofern als berechtigt, als das Buch, das in Deutschland 23 Auflagen erreichte, in Österreich wegen seiner antiklerikalen, pazifistischen und sexualemanzipatorischen Elemente alsbald verboten wurde. Wer demnach ein Werk der fortgeschrittenen Moderne erwarten wollte, würde glatt enttäuscht. Poppers Vorbilder heißen Voltaire und Konfuzius, die im Umfang stark schwankenden rund achtzig Erzählungen, aus denen sein Buch besteht, haben durchweg eine klar entzifferbare ‹Moral› oder philosophische Lehre.

Schopenhauers Einfluß ist in der Geschichte *Der Weltangstschrei* zu spüren. Die zwei Wanderer, die auf ihrem nächtlichen Weg durch die Ebene den titelgebenden Ruf der Natur vernehmen, lernen bei ihrer Einkehr im Gasthof den «Mann mit den zwei Flaschen» kennen, der ihnen zeigt, wie man mit den Schrecknissen dieser Welt umgeht – nämlich epikuräisch und stoisch zugleich. Ein Gleichgewichtsmodell steht auch im Hintergrund der Erzählung *Träumen wie Wachen*, die Freud als Bestätigung seiner Traumtheorie gewürdigt hat. Sie erzählt von einem Mann, der nie etwas Unsinniges träumt, weil er offenbar nichts zu verdrängen hat, und daher auch sein Traum-Erleben als sinnvollen Teil seiner Existenz akzeptieren kann. Wo es zu einer solchen Harmonie zwischen Innen und Außen nicht kommt, ist bei Popper-Lynkeus meist die Kirche und/ oder die Gesellschaft schuld. Ein krasses Beispiel bietet die Erzählung von jener «Dame», die ein glückliches inzestuöses Verhältnis mit ihrem Sohn unterhält und dafür mit ihm auf dem Scheiterhaufen landet; der Beichtvater fühlt sich nicht an seine Schweigepflicht gebunden, weil die Frau keine Reue zeigt (*Gärende Kraft eines Geheimnisses*).

Die *Phantasieen eines Realisten* enthalten auch eine Geschichte mit dem umständlichen Titel *Das erhabene Mädchen unterwarf den Dichter einer strengen Probe, aber er bestand sie nicht*. Sie ist gut dafür geeignet, das Verhältnis zwischen Popper-Lynkeus und anderen Vertretern des Genres um 1900 zu kontrollieren, denn auch die beiden wichtigsten Parabel-Sammlungen der nächsten Jahre enthalten fast themengleiche Stücke. Aus Rudolf Kassners kunstvoll aufgebautem zweiten Buch *Der Tod und die Maske. Gleichnisse* (1902) ließe sich das «Dritte Gleichnis vom Todlügner» heranziehen, das den Titel *Das Ärgernis* trägt. Aus Victor Auburtins Feuilleton-Sammlung *Die Onyxschale* (1911) kommt am ehesten das Prosastück *Die Brüder in Apoll* für einen Vergleich in Betracht, das im Juli 1911 in der *Schaubühne* vorabgedruckt wurde.

In allen drei Texten geht es um die Selbstbezogenheit bzw. Eitelkeit von Dichtern oder geistigen, sich scheinbar in der Hingabe an ein Ideal verzehrenden Menschen. Popper-Lynkeus erzählt eine Brautwerber-Probe nach dem Muster der Turandot-Sage. Die Aufgabe, die das «erhabene Mädchen» dem Dichter stellt, lautet: «Bist du imstande, über Welt und Leben, über die Menschheit zu denken und zu sprechen, ohne ins Persönliche herabzusinken?» Wie sich herausstellt, scheitert der Dichter an dieser Aufgabe, weil er auf dem Höhepunkt eines enthusiastischen Gesprächs an die Verwertbarkeit seiner Eindrücke für die Dichtung denkt.

Kassner erzählt von der tödlichen Krise, in die ein asketischer Mönch namens Ruffino unter dem Einfluß eines Engels, der sich im Rückblick als Teufel herausstellt, durch die Konkurrenz mit seinem Klosterbruder Francesco gerät; diesem ist die ‹Moral› als Schlußwort in den Mund gelegt: «Und versuche mich nicht mit eitlem Ruhme!» Auburtins Version des Themas – im Unterschied zu den beiden anderen von vornherein von Ironie durchtränkt – handelt von einem dichtenden Herzog zur Zeit des Sonnenkönigs, der seinen «schwarzen Tag» und selbst auf eine goldbraun gebratene Poularde keinen Appetit hat. Unter dem besorgten Hofstaat weiß allein der psychologisch versierte Schloßkaplan Rat; er führt eine sofortige Stimmungswende herbei, indem er vom Mißerfolg erzählt, den das Theaterstück eines dem Herzog befreundeten (!) Dichters oder «Bruders in Apoll» soeben in Paris erlitten hat.

Schon der Titel von Auburtins *Onyxschale* verweist auf die Schönheitssehnsucht, von der viele der hier gesammelten – oft in Italien oder an anderen Reiseorten beheimateten – Skizzen sprechen. Sie ist mit

einer tiefen Melancholie verbunden, die sich angesichts der karikaturhaft gezeichneten Vertreter der wilhelminischen Gesellschaft zu offener
Misanthropie steigern kann. Charakteristisch hierfür, auch im resignativen Unterton, ist das kurze, an der Grenze zwischen Aphorismus und
Parabel angesiedelte Prosastück *Canes familiares*, dessen defätistische
Moral Tucholsky in seiner Rezension des Bandes 1914 kritisch hervorhob (im Exil wird er selbst auf diese Einschätzung Auburtins zurückkommen):

> «Habt ihr schon je den Blick beachtet, mit dem der deutsche Bür
> gersmann einen Offizier ansieht? Diesen scheuen und treuen Blick,
> so von unten herauf, als ob ein geduckter Pudel zu seinem Herrn
> aufsieht!
> Wenn du diesen Blick kennst, so weißt du, daß es in Deutsch
> land nie etwas Rechtes werden wird. Und dann läßt du die Dinge
> laufen wie sie wollen, und holst dir vom Regale den alten Leder
> band her und liest die Strophen des Horatius Flaccus, der in Venu
> sia geboren wurde.»

Porträt und Biographie

Die sonntäglichen «Morgenfeiern» am neugegründeten Düsseldorfer
Schauspielhaus wurden erst ein Erfolg, als Herbert Eulenberg ihre Leitung übernahm. Er entwickelte aus ihnen die Technik der «Schattenbilder»: Zu einem biographischen Vortrag wurde von den Schauspielern
hinten auf der Bühne der erzählte Vorgang stumm markiert. Schon daher
versteht es sich, daß die *Schattenbilder*, die Eulenberg 1911 als Buch bei
Bruno Cassirer herausbrachte (mit dem Untertitel «Eine Fibel für Kulturbedürftige in Deutschland») stark anekdotisch geprägt waren: Eine
originelle Episode sollte den Charakter oder das geistige Wesen einer
bedeutenden Persönlichkeit demonstrieren. So wird der Theatermensch
Nestroy dabei gezeigt, wie er unmittelbar vor seinem Auftritt einer
Debütantin beim Schminken hilft und sich mit einem Kuß belohnen
läßt, oder die Schauspielerin Charlotte Wolter in einer sicher gleichfalls
frei erfundenen Episode ihrer Kindheit, bei der sie zum ersten Mal ihren
berühmten Schrei ausstieß.

Der große Erfolg der *Schattenbilder*, denen Eulenberg und Cassirer
alsbald die ähnlich angelegten *Neuen Bilder* (1912) folgen ließen, macht
die publizistische Relevanz des biographischen Porträts deutlich. Reiz
und Vielfalt des Genres ergeben sich aus der doppelten Spannung zwischen diskursiver Darlegung und narrativer Ausgestaltung einerseits,
historischer Vertiefung und aktuellem Bezug andererseits. Narrativ und
historisch verfährt Ricarda Huch in ihrer Porträtgalerie führender Ver

treter der italienischen Freiheitsbewegung (*Das Risorgimento*, s. o.
S. 151) und der «Charakterstudie» *Wallenstein* (1915), die als Nebenprodukt ihrer epischen Gesamtdarstellung des Dreißigjährigen Kriegs entstand, als Biographie einer Einzelpersönlichkeit aber naturgemäß gerade
jene panoramatisch-entindividualisierende Qualität verfehlt, der das
Hauptwerk seine Bedeutung verdankt.

Entschlossen aktualisierend dagegen ist der Zugriff in Heinrich
Manns biographischen Essays *Eine Freundschaft. Gustave Flaubert und
George Sand* (1905) und *Zola* (1915). Das historische Porträt wird zum
Selbstporträt und zum aktuellen Zeitbild, wenn Heinrich Mann ein Jahr
nach Ausbruch des Ersten Weltkriegs Zolas «J'accuse» als engagierten
Bruch mit einer repressiven Bürger-Gesellschaft und als Distanzierung
von einem narzißtisch-egoistischen Literatentyp feiert, in dessen
Beschreibung sich der Kriegsbefürworter Thomas Mann sogleich wie-
dererkannte. Der frühere Essay verdankt seine intellektuelle Spannkraft
nicht zuletzt der Tatsache, daß hier gleichsam eine doppelte Identifizierung vorliegt: In der Schilderung des müden Ästhetentums Flauberts
rechnet Heinrich Mann mit seinem eigenen stark durch Flaubert beeinflußten Frühwerk ab; George Sand dagegen verkörpert die Hinwendung
zum Leben, die er sich nunmehr als neue Orientierung verordnet. Der
Essay ist zu großen Teilen als Collage aus Zitaten des 1904 veröffentlichten Briefwechsels Flaubert-Sand angelegt und nicht nur in dieser formalen Technik, sondern auch im Ansatz der Spiegelung im Porträt einer
historischen Dichterpersönlichkeit mit Thomas Manns novellistischer
Schiller-Studie *Schwere Stunde* vergleichbar.

Eine ganze Galerie biographischer Essays, die mehrfach verlängert wurde
(bis zum 4. Band von 1924) legte Maximilian Harden 1910 mit seinem Buch
Köpfe vor. Harden charakterisierte prominente Gestalten des 19. Jahrhunderts
wie Bismarck und die Kaiserin Friedrich (das ist Viktoria), Ibsen sowie die
Maler Menzel und Lenbach in einer empathischen, oft sogar zur Glorifizierung
neigenden Manier. Der Impuls persönlicher Verehrung – jedenfalls einer früher
empfundenen – ist auch in Siegfried Jacobsohns *Max Reinhardt* (1910) zu
spüren.

Dagegen wendet sich Borchardts Essay *Veltheim* (1908) der Person und dem
Leben des 1908 in London zu langjähriger Zuchthausstrafe verurteilten Verbre-
chers aus größtmöglicher Distanz zu. Gleichwohl wird im Fabuliertalent des
Hochstaplers Ludwig Kurtze alias von Veltheim, dem Borchardt einmal persönlich begegnet ist, eine Kraft wirksam und erlebbar, die ihn in verblüffende Nähe
zur Kunst wie zur Sagenwelt rückt: «Wir wunderten uns überhaupt nicht mehr:
der Mythus saß leibhaft mit uns zu Tisch.»

Nach der Übersättigung durch die Detailflut der positivistischen Biographik setzt spätestens mit dem zweiten Jahrzehnt des 20. Jahrhunderts
eine Gegenbewegung ein, die auf die Konturierung eines geistigen oder
seelischen Profils zielt, unter Verzicht auf Vollständigkeit in der Präsen-

tation lebensgeschichtlicher Daten, oft auch bei weitgehendem Zurücktreten der Chronologie. Die bedeutendsten Beispiele dieser letztlich antibiographisch orientierten Form der Personendarstellung wurden zwischen 1914 und 1931 von Schülern oder Sympathisanten Stefan Georges geschrieben und verweisen in der Herausarbeitung einer überzeitlichen heroischen (ausnahmslos männlichen) «Gestalt» latent stets auf die Figur des Meisters und Kreis-Gründers.

Deutlich wird dies schon im ersten Werk dieser Art, mit dessen Neuauflage 1931 nach dem Willen Georges die Reihe der «Werke der Wissenschaft aus dem Kreise der Blätter für die Kunst» ihren Abschluß fand: Heinrich Friedemanns *Platon. Seine Gestalt* (1914). Indem Friedemann Platons Aufstieg zum «gottkünder» aus dem von ihm begründeten Sokrates-Kult ableitet («Sein tod ist seine lehre»), installiert er eine präzise Parallele zur Einsetzung des Maximin-Kultes (s. o. S. 123, 648) als Grundlage des Kreis-«Staates» durch George.

Friedrich Gundolf, dem der schon im ersten Kriegsjahr gefallene Friedemann sein schmales Buch gewidmet hatte, führte das Modell der «Gestalt»-Biographie überbietend und überschreitend fort. Sein monumentaler *Goethe* (1916) bezeichnet den Höhepunkt des wilhelminischen Goethe-Kults und bemüht sich zugleich um eine wissenschaftlich seriöse Zusammenschau von Werk und Leben. Gundolfs Versuch einer «Darstellung von Goethes gesamter Gestalt» als «der größten Einheit worin deutscher Geist sich verkörpert hat» basiert auf dem Antagonismus von «Urerlebnis» und «Bildungserlebnissen». In letzteren realisiert sich die Berührung Goethes mit Gesellschaft und Kultur seiner Zeit, der deutschen Welt insgesamt, von der es in Georges Gedicht *Goethes lezte Nacht in Italien* abschätzig heißt:

> Euch betraf nicht beglückterer stämme geschick
> Denen ein Seher erstand am beginn ihrer zeiten
> Der noch ein sohn war und nicht ein enkel der Gäa.

Gundolfs Vorrede zitiert den letzten Vers und rückt Goethe doch durch die ihm zugeordneten «Urerlebnisse» in die Nähe Dantes und Shakespeares, läßt ihn vom «enkel» zum «sohn» der Erdgottheit avancieren. Das betrifft vor allem Goethes Lyrik, in der Gundolf, darin wieder ganz George-Schüler, die innerste Zone seines Werks erkennt.

Einen zweiten Gipfelpunkt der Heroisierung, ja Mythisierung erreicht die Biographik der Epoche in Ernst Bertrams *Nietzsche. Versuch einer Mythologie* (1918). Bertrams Buch, das sich einleitend auf das Modell der «Legende» beruft, nähert sich seinem Gegenstand auf dem Umweg über mythische und historische Chiffren. Das Kapitel «Arion» beispielsweise behandelt Nietzsches Verhältnis zur Musik, «Philoktet» sein Leiden an der Krankheit, «Judas» die spannungsvolle Beziehung zu Richard Wagner und «Napoleon» die Idee heroischer Größe.

Insgesamt handelt es sich um ein eher fragmentarisierendes, vom Ganzheitsbegriff Goethes wie Gundolfs deutlich verschiedenes – gerade darin aber dem Geist des Porträtierten nahekommendes – Vorgehen. Indem Bertram Nietzsches Leben und Wirken als Martyrium eines tragisch Vereinsamten beschreibt, schafft er ein Identifikationsmodell auch für seine eigene Problematik als – unter der individuellen Disposition leidender – Homosexueller. Thomas Manns Begeisterung für das Buch des Freundes und die Bedeutung, die es für ihn noch bei der Abfassung des *Doktor Faustus* gewann, sind wesentlich in seiner Empfänglichkeit für diese Dimension von Bertrams Nietzsche-Darstellung begründet.

Die germanistische Zunft wurde durch Gundolfs halbdichterische Goethe-Monographie in ähnlicher Weise irritiert wie die akademische Geschichtswissenschaft der zwanziger Jahre durch den Erfolg der (pseudo-)historischen Biographik Emil Ludwigs und Stefan Zweigs. Ersterer begann seine Karriere als Verfasser von Bestseller-Biographien mit dem «psychologischen Versuch» *Bismarck* (1912). Das durchaus noch in konservativer Gesinnung entworfene Porträt vermenschlicht den großen Mann durch Hervorhebung vermeintlich symbolischer Szenen, die letztlich auf eine Rehabilitation der biographischen Anekdote hinauslaufen. Zu den demokratischen Tendenzen solcher Biographik, die in frappierendem Gegensatz zu den Intentionen der George-Schule stehen, hat sich Ludwig im Rückblick offen bekannt. Er bezeichnet es als sein Ziel, «Streben und Ehrgeiz Bismarcks» und überhaupt «alle starren Formeln der Geschichtswissenschaft» «in menschliche Elemente so aufzulösen», daß sich «der Lehrer, der Schankwirt, die Näherin getroffen» fühlen könnten: «[...] und die Näherin denkt vielleicht, daß ihr Chef manchmal auch Launen hat und unausstehlich ist, wie König Wilhelm in diesem Kapitel.»

2. Themenkreise

Kulturkrise, Seele, Dichtertum

Der Neoidealist Rudolf Eucken, der 1908 als zweiter Deutscher (nach Theodor Mommsen und vor Paul Heyse) den Nobelpreis für Literatur erhielt – «in Anerkennung seines ernsten Suchens nach Wahrheit, [...] der Wärme und Kraft der Darstellung, womit er in zahlreichen Werken eine ideale Weltanschauung vertreten und weiterentwickelt hat» –, konstatiert in der dritten Auflage seiner *Grundbegriffe der Gegenwart* (nunmehr neubetitelt als: *Geistige Strömungen der Gegenwart*) 1904 eine tiefgreifende Bedrohung der Kultur:

«Die Abgrenzung von Kultur und Zivilisation ist neuerdings sehr ins Unsichere geraten, und zwar insofern nicht ohne einen sachlichen Grund, als jene innere Kultur, die unseren großen Dichtern und Denkern vorschwebte und die sich deutlich von aller bloßen Zivilisation abheben wollte, in unserer Zeit keinen festen Boden mehr hat.»

Kultur wird zum Modebegriff der Zeit gerade vor dem Hintergrund und im Bewußtsein ihrer zunehmenden Gefährdung, einer umfassenden Kulturkrise. Der Ausbruch des Ersten Weltkriegs, der auf deutscher Seite ja weithin als ‹Kulturkrieg› definiert und legitimiert wurde (s. u. S. 798–802), stiftete eine heillose Verwirrung der sich widerstreitenden und überlagernden Begriffe Kultur, Zivilisation und Barbarei.

In seiner Wiener Rede *Die Krisis der Kultur* (1916) weitet Georg Simmel den Krisenbefund ins Allgemeine und Überzeitliche aus: Es sei «die eigentliche und durchgehende Tragödie der Kultur», daß die Formen der historischen Entäußerung des Lebens in Konflikt mit den dynamischen Ausdehnungs- und Entwicklungstendenzen desselben Lebensprinzips treten; zwischen den Mächten der Erstarrung und den Kräften der Veränderung finde ein unentwegter Kampf statt. Unter diesem Gesichtspunkt erkennt Simmel in der expressionistischen (er sagt übrigens: futuristischen) Verneinung der Form zwar einen «Widerspruch gegen das Wesen des Schöpfertums», andererseits aber eine tiefere Berechtigung: «Nirgends vielleicht zeigt sich stärker als in manchen Erscheinungen des Futurismus, daß dem Leben wieder einmal die Formen, die es sich zu Wohnstätten gebaut hatte, zum Gefängnis geworden sind.» Die Kultur muß um ihrer selbst willen geopfert werden.

Nach Auffassung der Mehrheit der Kulturkritiker muß sie vor allem gegen die Zivilisation verteidigt werden. Hermann Bahrs Essay *Betrieb* (im Essayband *Inventur*, 1912) nutzt die Titelmetapher zu einer schillernden Synthese von Großstadtkritik und volkswirtschaftlicher Diagnose. Die Großstadt wird als Schwamm, Krake oder Qualle beschrieben, die «geheimnisvoll alles anziehend und aufsaugend, riesengroß wächst und schwillt». Über den in ihr herrschenden anonymisierenden «Betrieb» spricht Bahr das Todesurteil mit einem knappen Satz: «Die Seele hat dort keinen Platz.»

Die «Seele» wird in den Jahren nach 1910 zum zugkräftigsten Schlachtruf, unter dem sich die Kritiker der Modernisierung zusammenfinden, und eine wesentliche Rolle bei der Bündelung der einschlägigen Diskurse spielte Walther Rathenau – schon deshalb, weil dieser schriftstellernde Sohn des Firmengründers und Vorstandsvorsitzende der AEG in eigener Person die Möglichkeit der Grenzüberschreitung zwischen Literatur und Industrie bzw. Wirtschaft oder zwischen Kultur und Zivilisation verkörperte. Rathenau erwarb sich erstmals größere Aufmerksamkeit als Kulturkritiker mit dem Essayband *Reflexionen* (1908), der verschiedene in Maximilian Hardens *Zukunft* unter wechselnden Pseudonymen erschienene Artikel sammelte und gewissermaßen nachträglich autorisierte, darunter die Essays *Zur Physiologie der Moral* (1903) und *Von Schwachheit, Furcht und Zweck* (1904).

In ihnen formuliert Rathenau erstmals sein von Nietzsche und Gobineau beeinflußtes dualistisches Modell vom Gegensatz zwischen (semitischer) Furcht- und (arischer) Mutrasse. Der wachsende Einfluß ersterer auf die Gesellschaft der Gegenwart wird für deren kulturelle Krise verantwortlich gemacht; er geht einher mit der Erbsünde des Zweckdenkens. Rathenaus Essays empfangen ihre innere Spannung von der doppelten Loyalität des Verfassers, der den Seelenadel der Aristokratie verehrt, aber seinen Anteil am Zweckmenschentum weder von seiner beruflichen Stellung noch von seiner familiären Herkunft her verleugnen kann. In einer pathetischen Geste der Identifikation beginnt der Essay *Von Schwachheit, Furcht und Zweck* mit dem fast expressionistischen Ausruf: «Kennt Ihr die Schmerzen der Furcht? Habt Ihr die Ketten um Eure Brust und die Faust in Euren Eingeweiden gespürt? Fühltet Ihr Euer gequältes Herz in seinem Käfig flattern und Eure Seele an ihren Pforten rütteln?»

Seinen größten Erfolg als Kulturkritiker erreicht Rathenau mit dem bei S. Fischer erschienenen auflagenstarken Großessay *Zur Kritik der Zeit* (1912). Darin wird zunächst eine Analyse des Modernisierungsprozesses gegeben, die auf den zentralen Befund der (durch die Bevölkerungsexplosion provozierten, sie andererseits auch erst ermöglichenden) «Mechanisierung» abhebt. Von Mechanisierung ist damals allenthalben die Rede. Der oben erwähnte Eucken spricht schon vor 1900 von «Mechanisierung der Wirklichkeit» und «Mechanisierung des Daseins». Der dem George-Kreis nahestehende Geschichtsphilosoph Kurt Breysig publiziert im Berliner *Tag* 1911 einen Aufsatz mit dem bezeichnenden Titel *Die Mechanisierung der Seele in unserer Zeit*. Während Breysig unter Mechanisierung den Massencharakter der modernen Gesellschaft versteht, die er von seinem geistesaristokratischen Standpunkt aus ablehnt, erhält der Begriff bei Rathenau eine wesentlich komplexere Bedeutung und den Status einer geschichtlichen Notwendigkeit.

Dennoch begnügt sich auch Rathenau nicht mit der Beschreibung oder gar Akzeptanz eines mechanistischen Status quo. Unter der Hand schleichen sich schon in seine Analyse der modernen Metropole und anderer technisch-wirtschaftlicher Komplexe organologische Modelle ein, nicht zuletzt durch seine Lieblingsmetapher des «Netzes», die oft Vergleiche mit dem Stoffwechsel und Blutkreislauf von Lebewesen nach sich zieht. Die Mechanisierung läßt gleichsam auch ihre Gegenkräfte erstarken. Tatsächlich läuft Rathenaus Argumentation auf die Prognose eines zwangsläufigen Umschlags hinaus: «Denn im Urgrund ihres

Bewußtseins graut dieser Welt vor ihr selbst; ihre innersten Regungen klagen sie an und ringen nach Befreiung aus den Ketten unablässiger Zweckgedanken.»

Die Erlösung, die Rathenau dem gläubigen Leser anbietet, lautet: «Das Reich der Seele». Unter diesem Titel sollte auch sein nächstes – ungleich resonanzärmeres – Buch stehen, dem Rathenau zunächst jedoch den zurückhaltenderen (und mißverständlichen) Titel *Zur Mechanik des Geistes* (1913) gab; die Gesamtausgabe von 1918 wird dann beide Titel zusammenfügen (*Zur Mechanik des Geistes oder Das Reich der Seele*). In der Tat geht es hier von der ersten bis zu letzten Seite um das «wundervolle Wort Seele»; allerdings hat Rathenau erhebliche Schwierigkeiten – und genau auf diesen Punkt hat Robert Musils Rezension *Anmerkung zu einer Metapsychik* (*Neue Rundschau*, 1914) unbarmherzig den Finger gelegt –, der mystischen Qualität dieses Gegenstandes mit seiner rationalistischen Argumentation gerecht zu werden.

Stärkerer Erfolg war dem dritten Großessay Rathenaus beschieden, wobei freilich auch die veränderten Zeitläufte eine Rolle spielten. *Von kommenden Dingen* (1917) nahm schon im Titel auf die Zukunftsängste der im dritten Kriegsjahr stehenden Nation Bezug; mit der Kompetenz des Wirtschaftsfachmanns konnte Rathenau diese bis zur Revolutionsfurcht reichende Skepsis aufgreifen und in der Beschwörung einer «Volksgemeinschaft» entschärfen. So erklärt sich wohl die Anerkennung Hofmannsthals für den ab Sommer 1916 entstandenen letzten Teil «Der Weg des Willens». Die philosophische Kernaussage ist unverändert. Die Seele avanciert gleichsam zum Kreuzeszeichen, mit dem die satanische Versuchung des mechanistischen Zeitalters abgewehrt oder vielmehr bezwungen wird, wie noch der vorletzte Absatz bezeugt:

«Indem wir der Mechanisierung das Zeichen entgegenhalten, vor dem sie erblaßt, [...] die Andacht zur Seele, den Glauben zum Absoluten; indem wir ihr Wesen durchleuchten und zum verheimlichten Kern des Einheitswillens hinandringen, ist sie entthront von der Herrschaft und zum Dienst gezwungen.»

Noch schroffer dualistisch argumentiert Paul Kornfeld in dem manifestartigen Essay *Der beseelte und der psychologische Mensch. Kunst, Theater und Anderes*, mit dem er 1918 das erste Heft der Zeitschrift *Das junge Deutschland* einleitete, die vom gleichnamigen Theaterverein in Berlin herausgegeben wurde. Seele steht hier im Gegensatz zum Charakter – eine Antithese, die Friedrich Burschell in einem Beitrag zu den *Weißen Blättern* vorgegeben hatte (*Charakter und Seele*, 1915) – und damit auch zur Psychologie als der für Charaktereigenschaften zuständigen Wissenschaft; die Abneigung der Expressionisten gegenüber der Psychologie ist uns schon aus Döblins *Berliner Programm* bekannt (s. o. S. 91). «Überlassen wir's dem Alltag, Charakter zu haben», erklärt Kornfeld, «und seien wir in größeren Stunden nichts, als Seele. Denn es ist die Seele des Himmels, der Charakter aber allzuirdisch. Die Psychologie sagt vom Wesen des Menschen ebenso wenig aus, wie die Anatomie.»

Dabei geht es Kornfeld nicht so sehr um eine Differenzierung der menschlichen Innerlichkeit als vielmehr um das Verhältnis des Menschen zur Welt. Diese sei vor 1914 im europäischen Maßstab zum Warenhaus entartet; aus dem Konkurrenzprinzip der plutokratischen Gesellschaft sei auch der Krieg geboren, der sich nur überwinden lasse durch Kräfte jenseits der materialistischen Sphäre, zu der hier auch die Politik gerechnet wird: «Überwindung des Krieges durch Kunst bedeutet nichts anderes, als Überwindung durch Geistigkeit und Beseeltheit.» Damit gewinnt Kornfeld auch eine Grundlage für konkrete Forderungen an die Kunst im allgemeinen, Literatur und Theater im besonderen: Sie muß unpolitisch und ‹geistig› sein, das heißt sich von einer mimetischen Reproduktion der materiellen Welt ab- und dem ‹Reich der Seele› zuwenden. Gefordert ist (ein unpolitischer) Expressionismus statt Naturalismus, und dieser Expressionismus selbst trägt als Aufruf zur seelischen Umkehr oder Buße wesentlich religiöse Züge.

Musils *Skizze der Erkenntnis des Dichters*, im selben Jahr in Franz Bleis Zeitschrift *Summa* erschienen, geht von ähnlichen Antithesen im geistig-seelischen Bereich aus und schließt von ihnen auf das «Verhältnis des Dichters zur Welt». Allerdings wird hier nicht mehr zwischen Charakter und Seele, sondern zwischen «Ratioïdem» und «Nicht-Ratioïdem» unterschieden. Das ratioïde Gebiet umfaßt «alles wissenschaftlich Systematisierbare, in Gesetze und Regeln zusammenfaßbare, vor allem also die physische Natur.» Demgemäß wird das nicht-ratioïde Gebiet als das der «Herrschaft der Ausnahmen über die Regel» und zugleich als die eigentliche Domäne des Dichters definiert. Dieser ist gleichsam der Forscher für das wissenschaftlich Nichterforschbare; am grundsätzlichen Erkenntnisanspruch der Dichtung wird von Musil offenkundig festgehalten.

Auch in der Idee der Einsamkeit des Dichters oder genauer: der Auffassung des Dichters als desjenigen, dem «die rettungslose Einsamkeit des Ich in der Welt und zwischen den Menschen am stärksten zu Bewußtsein kommt», zeigt sich Musils *Skizze* der Traditionslinie der Romantik verpflichtet, die schon die wichtigsten Aussagen zur Stellung des Dichters in der Vorkriegszeit beeinflußt hat. Hofmannsthals Vortrag *Der Dichter und diese Zeit* (1906) beruft sich ausdrücklich auf die Romantik und Novalis und versucht doch zugleich, die Rolle des Dichters ihres olympischen Nimbus zu entkleiden, um seine engstmögliche Verwicklung in die existentiellen Nöte und atmosphärischen Schwingungen seiner Zeit zu postulieren. Den Kern dieser Standortbestimmung enthalten die Sätze: «So ist der Dichter da, wo er nicht da zu sein scheint, und ist immer an einer anderen Stelle als er vermeint wird. Seltsam wohnt er im Haus der Zeit, unter der Stiege, wo alle an ihm vorüber müssen und keiner ihn achtet.»

Hofmannsthal zitiert zur Ausschmückung dieses Gleichnisses eine alte Legende – dabei ist es möglicherweise eine Reminiszenz an die Biographie Hebbels, die hier seine Phantasie leitet. Kafka notiert im Tagebuch vom 7. November 1910 Eindrücke von einem Vortrag seines Prager Bekannten Paul Wiegler über Hebbel; darunter heißt es: «Hunger Hebbels. [...] Ist zuerst Diener bei einem Kirchspielvogt, schläft in einem Bett mit dem Kutscher unter der Treppe.»

Wesentlich großartiger entwirft Rudolf Borchardt die Stellung des Dichters in seiner Zeit. Gerade von Hofmannsthal erwartet er – in seiner 1902 gehaltenen, 1905 als Fragment gedruckten *Rede über Hofmannsthal* – regelrechte Führerqualitäten. Aus der Anarchie der Zeit, die Georges herrischer Anspruch, eine qualmende Flamme, nicht zu klären vermochte, soll Hofmannsthals Formkunst hinausführen. In seiner zehn Jahre später vor Heidelberger Studenten gehaltenen Rede *Die Neue Poesie und die alte Menschheit* erneuert Borchardt diese Perspektive, wiederum vor dem Hintergrund einer umfassenden Zeitkritik. Er deutet hier auch an, warum seine frühere Rede Fragment blieb; offenbar konnte er selbst eine Zeitlang (gemeint ist die Phase der Antike-Dramen Hofmannsthals) dem Weg dieses Dichters nicht mehr folgen. Nachdem diese Schwierigkeiten dank der Neuorientierung des Dramatikers überwunden sind, kann Borchardt sein Publikum zu gemeinsamer Nachfolge aufrufen. Der Dichter bleibt Führer und seinen Zeitgenossen hoch überlegen, auch wenn er selbst seinen Weg erst suchen muß, ja er beweist seine Führerqualität gerade durch die Fähigkeit zur Umkehr:

> «Kehren Sie so mutig und so einfältig wie er auf dem für unrecht erkannten Wege um. Blicken Sie zu ihm auf, er steht hoch über Ihnen; baden Sie das Auge an seinem reinen Blicke; gehen Sie ihm nach den Weg, der langsam steigend zum Gipfel führt, zur Klassizität.»

Wenn das Pathos dieser Stilisierung der Dichterrolle noch überboten werden kann, dann geschah dies bereits ein Jahr zuvor mit Borchardts einer Münchner Lesung von 1911 vorgeschalteten Ansprache *Erbrechte der Dichtung*. Dem Dichter als Bewahrer des Menschheits-Gedächtnisses wird dort die Sphäre der Unsterblichkeit zugewiesen. Im Akt der Rezeption seiner Werke berührt sie sich mit der «dumpfen Unsterblichkeit» der Hörer oder Leser und wird deren «Transmissionsriemen zu Gott.»

Literatur und Theater

Die prägnanteste Erscheinung der Literatur- und Theaterkritik zu Beginn des 20. Jahrhunderts war der Berliner Kritiker Alfred Kerr. Es heißt, er habe vor Beginn einer von ihm zu besprechenden Premiere mit dem Gesicht zum Publikum gestanden, seine eigene Person als Teil des theatralischen Gesamtereignisses ausstellend und zugleich die Autorität des Kritikers als öffentliche Institution demonstrierend. Auch Kerrs Schreiben trägt vielfach Züge der Selbstinszenierung. Das beginnt mit der eigenwilligen Untergliederung seiner Artikel in isolierte, oft sehr kurze, römisch durchnumerierte Absätze, von der eine plakatartige Wirkung ausging – Kerrs Kritiken waren optisch schon aus der Entfernung zu erkennen, hoben sich aus dem Druckbild des Scherlschen *Tag*, für den er seit der Gründung 1901 tätig war, wie ein Markenzeichen heraus (Kerr selbst sprach von «Zusammenballungen» und Blitzlicht-Aufnahmen). Es setzt sich fort im auffälligen Individualstil: in den abgehackten Hauptsätzen, in der Vorliebe für – stilistisch meist verunglückte – Neologismen, Slang oder Dialekt und in signalartigen Erkennungsworten wie dem berühmten «Ecco!». Und es vollendet sich in der provozierenden Art, mit der dieser Kritiker sein eigenes Ich und seine Lebensumstände, seine jeweilige Stimmung und Schreibsituation in den Vordergrund rückt.

Was seinen Gegnern als Ausdruck unerträglicher Eitelkeit galt, ist doch in der Ästhetik Kerrs und den geistigen Strömungen, an die er sich anschließt, gut begründet. Im Zeichen des Vitalismus besitzt die Verbindung der Literatur zum Leben für Kerr oberste Priorität. Von daher ist es nur konsequent, wenn er ihre Einwirkung auf sein eigenes Leben mitteilt, das Erlebnis der Literatur in den Vordergrund rückt und im übrigen alle Texte und Autoren mit Verachtung straft, in denen er ein geschwächtes Verhältnis zum Leben zu erkennen glaubt (wie bei Hofmannsthal) oder die sich gar auf die Distanz zum Leben etwas zugute halten (wie im Falle Thomas Manns). Im übrigen ist Kerrs Auffassung vom Rang der Kritik als vierter Gattung der Dichtung und ebenbürtiger Zweig der Kunst sichtlich von der Romantik geprägt, auf die er sich schon mit Titel und Vorwort seines Essaybandes *Davidsbündler! Das neue Drama* (1904) bezieht.

Als Davidsbündler bezeichneten sich Mitglieder des Freundeskreises um Robert Schumann, die eine musikkritische Zeitschrift gründeten. Zugleich sieht sich Kerr – unter Anspielung wohl auf sein Judentum – in der Nachfolge des biblischen Königs David, der seine entscheidenden Erfolge der Harfe und der Schleuder verdankte. Seine eigene Kritik versteht er als «das Singen einer Harfe, die eine Schleuder ist; das Klingen einer Schleuder, die zur Harfe wird.»

Kerrs Kritik ist eine kämpferische Kritik, die auf die literarische Produktion und das kulturelle Leben insgesamt einwirken will. Sie ergreift anfangs klar Partei im Sinne des Naturalismus – also zunächst für Gerhart Hauptmann, dem Kerr bis 1933 freundschaftlich verbunden blieb, dessen Schaffen er gleichwohl streng an dem durch sein eigenes Frühwerk gesetzten Maßstab maß. Daneben setzte sich Kerr engagiert für Schnitzler und Wedekind ein, die er sich und dem Berliner Publikum in eindrücklichen Autorenporträts erschloß. Schriftsteller, in denen er eine Gefahr für die literarische Entwicklung sah, verfolgte er dagegen gnadenlos: so Hermann Sudermann und später Brecht. Kerrs Besprechung von Sudermanns Versdrama *Die drei Reiherfedern* (1899) endet – in bewußt unliterarischer Diktion – mit einem Vergleich zwischen dem Stück und der Fehlgeburt der Kameliendame: «Ein Kind gab der mißbrauchte Leib nicht her. Bloß einen Abortus. Er starb plutze, wie eine Lichtputze. Soll man über die Grube dieses Wurms einen Spottgesang rülpsen? Man soll es nicht.»

Kann es da wundern, daß der geschmähte Erfolgsdramatiker 1902 mit einer Broschüre *Verrohung in der Theaterkritik* hervortrat? Durch Kerrs polemische Gegenschrift *Herr Sudermann, der D... Di... Dichter* (1903) zutiefst verletzt, setzte Sudermann nur um so hartnäckiger seine Kampagne fort. So nutzte er noch Jahre später einen Verstoß der *Schaubühne* gegen das Urheberrecht – eine Woche vor der Uraufführung seines Stücks *Der gute Ruf* (1913) war in der Zeitschrift ein Verriß des Dramas erschienen – zu einem gerichtlichen Vorgehen gegen den Herausgeber Siegfried Jacobsohn und den Rezensenten Theodor Lessing. Letzterer, der im Zuge der Affäre seine Stellung als Dramaturg in Hannover verlor und vergeblich um eine friedliche Beilegung warb, war von der mangelnden Kompromißbereitschaft Jacobsohns, der sich gegenüber Sudermann gleichsam als zweiter Kerr profilierte, so enttäuscht, daß er darüber in der *Aktion* eine fünfteilige Abrechnung veröffentlichte, die auch als Buch erschienen ist (*Repräsentanten der Menschheit*, 1913).

Im Unterschied zum forcierten – allerdings einäugigen – Modernismus Kerrs zeigen sich andere Literatur- und Theaterkritiker der Zeit in ihrer ästhetischen Orientierung mehr oder weniger traditionsgebunden. Das gilt in besonderer Weise für Samuel Lublinski, einen frühen Historiker, aber auch Kritiker der literarischen Moderne. In seinen Hauptschriften *Die Bilanz der Moderne* (1904) und *Der Ausgang der Moderne* (1909) verbindet sich ein literatursoziologischer Ansatz marxistischer Provenienz mit einem zunehmenden Klassizismus, der u. a. in der Ablehnung der «neuromantischen» Entwicklung der Wiener Moderne im allgemeinen und Hofmannthals insbesondere zutage tritt. Dieser klassizistische Standpunkt macht Lublinski damals übrigens für Thomas Mann interessant, der ihm verschiedene Anregungen für *Tod in Venedig* verdankt und ihm im Streit gegen Theodor Lessing (s. o. S. 49) Schützenhilfe gewährt.

Jacobsohns Gründung der *Schaubühne* 1905 konnte dagegen als Parteinahme für die Wiener Moderne in der vom Naturalismus geprägten Theaterhauptstadt Berlin verstanden werden. So sah es jedenfalls Gerhart Hauptmann, der umgehend mit einer erst aus dem Nachlaß bekannt gewordenen dramatischen Satire reagiert (*Jacobsohn-Komödie*, entst. 1905). Tatsächlich hatte sich der Herausgeber im Vorfeld der Unterstützung der wichtigsten Wiener Autoren versichert; das erste Heft wurde mit einem Ausschnitt aus Hofmannsthal *Ödipus* eröffnet und enthielt den Anfang einer Artikel-Serie *Dramatischer Nachwuchs* von Julius Bab, die für ein nachnaturalistisches Stildrama in den Spuren Hebbels eintrat. Die sich hier andeutende Abkehr vom Naturalismus wurde vom Theaterkritiker Jacobsohn allerdings zweifach korrigiert: auf der Ebene der Theaterregie, indem er angesichts der Massentheater-Experimente von seiner anfänglichen Begeisterung für Max Reinhardt abrückte und statt dessen die Verdienste von Otto Brahms realistisch-psychologischem Inszenierungsstil hervorhob, dann aber auch auf der Ebene der Dramatik, indem er seine ursprüngliche Kritik an Hauptmanns Berliner Tragikomödie *Die Ratten* 1916 zurücknahm: «Weswegen bin ich 1911 vor diesen ‹Ratten› durchgefallen?» Angesichts der heraufziehenden expressionistischen Dramatik, die Jacobsohn aufgrund ihres lyrischen Charakters ablehnte, schwanden seine Vorbehalte gegenüber den episierenden Tendenzen der naturalistischen Dramatik.

Stilistisch gewannen Jacobsohns Kritiken wenig Profil; nicht umsonst ging ihm seit einer Plagiataffäre von 1904 der Ruf nach, ein allzu gutes Gedächtnis für die Formulierungen seiner Kollegen zu besitzen. Um so auffälliger entwickelten sich der individuelle Stil und das literarische Talent zweier Mitarbeiter. Alfred Polgar, der für die *Schaubühne* zunächst neben Willi Handl über Wiener Aufführungen berichtete, gibt sich jenseits aller Richtungskämpfe, denen er anscheinend gleichgültig gegenübersteht, als sensibler Beobachter künstlerischer Besonderheiten und Schwachpunkte zu erkennen, die er oft nur durch eine ironische Wendung oder einen verräterischen bildlichen Ausdruck sichtbar macht. So konstatiert seine Kritik von Schnitzlers Tragikomödie *Das weite Land* (1911) «ein echt Schnitzlersches Sterben»: «Ohne ein paar Tropfen Verwesungsparfum im Taschentuch geht die Schnitzlersche Muse niemals in Gesellschaft.» Sudermanns Dramen werden in Polgars Besprechung des Einakter-Zyklus *Rosen* (1907) mit Wildwestgeschichten im Stile Karl Mays verglichen und damit eigentlich schon, um im Bilde zu bleiben, skalpiert: «Schreckliche Abenteuer eines jungen Mädchens auf der Prärie der guten Gesellschaft. Kämpfe eines edlen Bleichgesichts gegen grausame Konventions-Indianer. An Marterpfählen wird psychologisch gewimmert, und wie wilde Tiere heulen die schlimmen Instinkte und Triebe durch die Schicksalsnacht.»

Die andere Entdeckung Jacobsohns hieß Kurt Tucholsky. Mit seinem Einstieg in die *Schaubühne* 1913 beginnt sich deren Horizont um wirtschaftliche und politische Aspekte zu erweitern. Der erste Artikel, den Tucholsky der Zeitschrift anbietet – und der sogleich eine Einladung des Herausgebers nach sich zieht –, ist ein Bericht über das von der offiziellen Theaterkritik ignorierte «Jargontheater» der Brüder Herrnfeld. Auch sonst überschreitet Tucholsky Grenzen: Mit seiner Besprechung von *Betrachtung* (*Prager Tagblatt*, 1913) ist er der erste Kafka-Rezensent außerhalb Prags.

Bildende Kunst

In Rilkes Rodin-Buch (*Auguste Rodin*, 1903) stehen der Künstler und sein Arbeitsethos im Vordergrund, und nicht die Werke. Wo von Rodins Skulpturen die Rede ist, den «Dingen», wie es im Vortrag von 1905 heißt, den Rilke der dritten Auflage seiner Künstler-Monographie 1907 als Zweiten Teil anfügte, steigert sich der poetisierende Duktus und wird die Bezugsebene eigentümlich unscharf. Das Kunstwerk verschwindet gleichsam hinter der menschlichen Gebärde, die es darstellt, das dargestellte Organ – etwa die isolierten Hände, für die Rodin eine auffällige Vorliebe besitzt – gewinnt sein eigenes Leben, und die Berührungspunkte der Figuren untereinander werden zu Kraftzentren einer neuen Physik, so bei der populären Gruppe «Der Kuß»:

> «man hat das Gefühl, als gingen hier von allen Berührungsflächen Wellen in die Körper hinein, Schauer von Schönheit, Ahnung und Kraft. Daher kommt es, daß man die Seligkeit dieses Kusses überall auf diesen Leibern zu schauen glaubt; er ist wie eine Sonne, die aufgeht, und sein Licht liegt überall.»

Eine neue Qualität erhält Rilkes Schreiben über bildende Kunst in den Briefen an seine Frau, in denen er 1907 über seine Eindrücke vom Pariser Herbstsalon berichtet; unter dem Titel *Briefe über Cézanne* hat Clara Rilke die schon in der Briefwechselausgabe von 1930 enthaltenen Texte 1952 gesammelt herausgegeben. Rilke, der fast täglich die Ausstellung besuchte und oft lange im Cézanne-Saal verweilte, macht sich erst nach der Schließung des Salons an die Aufgabe einer detaillierteren Beschreibung einiger Bilder. Die Ekphrasis (Beschreibung) wird somit zum Ausdruck einer subjektiven Rekonstruktion, der Beschwörung eines abwesenden Kunstgebildes. Und sie steht unter dem Anspruch, jenen Prozeß der «réalisation», auf den sich Cézanne berief – Rilke sagt dafür «Bewältigung», «Dingwerdung» und spricht einmal von einer «bis ins Unzerstörbare hinein gesteigerten Wirklichkeit» –, im Akt der sprachlichen Vergegenwärtigung nachzuvollziehen. Dazu gehört vor allem die Aufmerksamkeit für Farbsysteme und Gleichgewichte. Die Farben werden für den um «Sachlichkeit» bemühten, diese «Sachlichkeit» als das entscheidende künstlerische Ethos Cézannes verstehenden Betrachter Rilke zum eigentlichen Thema seiner Malerei – am deutlichsten vielleicht in der Beschreibung des «Stillebens mit Kaminuhr» im Brief an Clara Rilke vom 24. Oktober 1907. Schwarz und Weiß, so heißt es darin, «benehmen» sich hier ganz «gleichberechtigt» neben den anderen Farben; auch fordert das «ins Helle herausgewölbte Karmin» einer Tritonsmuschel «die Wand dahinter zu einem gewitterigen Blau heraus.»

Die Rede von der Farbe als einem autonomen Zeichen gewinnt einen neuen Stellenwert mit dem Aufkommen der abstrakten Malerei um 1910. Wie sollte man von Bildern sprechen, die sich auf keinen konkret zu benennenden Gegenstand mehr bezogen? Durfte man von ihnen überhaupt sprechen, ohne der spezifischen Offenheit dieser neuartigen Kunst zu nahe zu treten? Man durfte, ja sollte es offenbar; denn gerade Wassily Kandinsky und Franz Marc als die führenden Exponenten der abstrakten oder sich der Abstraktion nähernden Malerei im deutschsprachigen Bereich gingen mit einer wahren Publikationsoffensive voran. Bei Reinhard Piper erschienen 1911/12 gleich drei Bücher zur künstlerischen Moderne, an denen die Maler als Beiträger, Autoren oder Herausgeber beteiligt waren: zunächst die von Wilhelm Worringer angeregte Gegenschrift zu Carl Vinnens Pamphlet über die Münchner Wanderausstellung von 1910, betitelt *Im Kampf um die Kunst. Eine Antwort auf den ‹Protest deutscher Künstler›*, dann Ende 1911 mit der Jahresangabe 1912 Kandinskys 1910 entworfene Schrift *Über das Geistige in der Kunst* und schließlich 1912 der reich bebilderte Almanach *Der Blaue Reiter*, die vielleicht wirkungsreichste künstlerische Programmschrift des ganzen Jahrhunderts.

Damit nicht genug; Auszüge aus diesen Büchern und weitere Stellungnahmen beider Maler erscheinen damals in den wichtigsten expressionistischen Zeitschriften. Insbesondere Waldens *Sturm* setzt sich für Kandinsky ein und druckt kunsttheoretische Beiträge aus seiner Feder ab; im März 1912 ließ sich Franz Marc im *Pan* in eine Kontroverse mit Max Beckmann um Abstraktion versus Realismus (oder wie Beckmann sagt: «Sachlichkeit») verwickeln. Die Argumente, auf die sich Kandinsky und Marc stützen, sind stets die gleichen: Sie begründen die Reduktion der mimetischen Dimension der Kunst mit der Notwendigkeit einer Hinwendung zur Innerlichkeit oder zum Geistigen – «geistige Wendung» ist in diesem Sinn ein Kapitel in Kandinskys Programmschrift betitelt. Der Maler spricht vom «Prinzip der inneren Notwendigkeit» und sieht Form und Farbe in unmittelbarem Kontakt zur «Seele» des Künstlers wie des Beschauers. In seiner Rede *Über Expressionismus in der Malerei* (1918) hat Wilhelm Hausenstein für diese Wendung nach innen ein sinnfälliges Bild gefunden: «Es hat eine sonderbare Drehung stattgefunden. Maler und Objekt stehen einander gegenüber: gleichzeitig öffnen sich beide, drehen ihr Äußeres wie Flügel zurück und verschmelzen ihre bloßgestellte Innerlichkeit.»

Indem somit das Programm des «Blauen Reiters» in letzter Konsequenz auf Mystik hinauslief, war die Angemessenheit eines sprachlichen Zugangs zur modernen Kunst – trotz aller Redseligkeit der schreibenden Maler – grundsätzlich in Frage gestellt. Wer hier nicht mitfühlen konnte oder wollte, war durch Worte nicht zu belehren. Viele der Verlautbarungen des *Sturm*-Herausgebers Walden (gesammelt in: *Einblick in Kunst*, 1917) haben denn auch etwas ausgesprochen Apodiktisches, provozieren durch Kompromißlosigkeit und Verhöhnung Andersdenkender. «Kunst ist Gabe und nicht Wiedergabe», lautet sein wohl prägnantestes Argument zugunsten einer Kunst der Abstraktion. Polemischer schon: «Der Künstler hat ein Bild zu malen und nicht einen Wald. Es ist ferner Angelegenheit des Ochsen, einen Ochsen zu schaffen, und nicht Angelegenheit des Malers.» Wohl dem, der sich hier nicht angesprochen fühlen muß! Ebenso gnadenlos heißt es an die Adresse der Kunsthistoriker: «Kunstwissenschaft ist die Aufzählung der Eindrücke von Bildern auf Menschen, die keine Bilder sehen und sie darum besprechen müssen.»

Wenn Walden im gleichen Kontext erklärt: «erst das Schreiben der Bilder wäre wieder Kunst», liefert er fast eine Würdigung des originellsten Kunstpublizisten des Expressionismus: Theodor Däubler. Dessen Bericht über die Dresdner Sammlung Bienert im *Kunstblatt* 1919 beschreibt ein Chagall-Gemälde ganz im Stil von Rilkes Cézanne-Deutung als autonomes Fest der Farbe: «Gelber Hintergrund, nicht heftig, aber voll von Entschiedenheit. Absolute Farbe blutet aus ihm auf: wundervoll rot. Dunkellila Antworten (oder sind es bereits Ergänzungen dazu?) werden schon zu Formen [...].» Däublers Artikelfolge über die Privatsammlung Walden (*Der Sturm*, 1917) holt, wenn sie auf Kandinskys Farb-Metaphysik zu sprechen kommt, zu einem kunstgeschichtlichen Exkurs aus, der die Entwicklung der Farb-Ästhetik durch die ganze abendländische Malerei verfolgt. Sein Eigenstes aber gibt Däubler, wenn er selbst metaphysisch wird, wenn er sich durch die Ästhetik der Bilder zu eigenartigen poetisch überhöhten Beschreibungen inspirieren läßt, die letztlich mehr über den Dichter des *Nordlicht* verraten als über ihren Gegenstand und Anlaß.

«Zuerst war die Güte: wir schleierten, kaum roterknospt, veilchenzart und blausicher in morgenrosa Verliebtheit zueinander.» So beginnt der Passus über Kandinskys «Farbenharmonien» im *Expressionismus*-Essay der *Neuen Rundschau* (1916). Die Anspielung auf die Genesis und den Anfang des Johannes-Evangeliums sind unüberhörbar. Was hier noch kongenial wirkt, weil es der mystisch-religiösen Komponente im Konzept dieses Malers gerecht wird, grenzt angesichts von Delaunays Eiffelturm-Serie an Vergewaltigung. Der spielerische Optimismus des französischen Malers wird einer rigiden Umdeutung unterzogen, wenn derselbe Essay ihn als «ersten bewußten Expressionisten» eingemeindet und das technische Motiv zur Ausgeburt einer siderischen Kosmogonie stilisiert, deren Weiterungen in Däublers *Nordlicht* nachzulesen wären: «Bereits das Gesicht des Eisenturms. Das Gegitter ist Geknitter. Der Recke fällt ebensogut von den Sternen herab, als er von der Erde aufragt. [...] Er ist eine Ziehharmonika, von oben ebensogut festgehalten wie von unten. Gestirne spielen darauf.»

Als analytisch dagegen erweist sich der Ansatz, von dem aus Carl Einstein im gleichnamigen Bildband (1915) die «Negerplastik» thematisiert. Indem er das «kubische Schauen» als inneres Zentrum der afrikanischen Masken-Ästhetik herausarbeitet, zeigt er sich dem Kubismus des – ebenfalls an afrikanischer Kunst interessierten – frühen Picasso verpflichtet. Schon Einsteins Essay über den Maler Arnold Waldschmidt (*Der Demokrat*, 1910) betont das Gewicht von Linie, Geometrie und Räumlichkeit: «Ich möchte sagen, jeder kleinste Linienkomplex hat Fernwirkung; er gibt Licht über eine Fläche und zugleich Volumen.» In seiner Hauptschrift *Die Kunst des 20. Jahrhunderts* (1926) plädiert Einstein für den Anschluß an das tektonische Prinzip Cézannes und der Kubisten; die «dekorativen» Ausschweifungen des Expressionismus werden von diesem Kritiker ebenso der Sache wie dem Stil nach verschmäht.

Moral und Politik

Hedwig Mauthner, die sich als Schriftstellerin Harriet Straub nannte, hatte als Ärztin ab 1895 an Gesundheitsprogrammen der französischen Regierung in Westafrika teilgenommen. In ihren an verschiedene fiktive Korrespondenzpartner gerichteten *Zerrissenen Briefen* (1914) läßt die längst nach Deutschland zurückgekehrte, inzwischen in dritter Ehe mit dem Philosophen Fritz Mauthner verheiratete Autorin den Gegensatz zwischen der vermeintlichen «Unkultur» der Wüste und dem «alten Europa» aufleben. Sie versetzt sich im Geiste noch einmal nach Timbuktu und blickt von dort auf die Heimat: «Ich wäre gern dabei, wenn die alten Götzen zusammenpurzeln. [...] Dafür, aber nur dafür tauschte ich gern mein Leben hier ein, mein Leben in Licht, Schönheit und Freiheit.»

Auch Hofmannsthals *Briefe des Zurückgekehrten* (1907/08) betrachten den moralischen Zustand Deutschlands aus überseeischer Perspektive; sie vermissen bei den Menschen auf dem alten Kontinent jene Einheit der Existenz, die sich für den Schreiber mit einem abgewandelten Zitat Richard Steeles verbindet: «The whole man must move at once.» Seine wirkungsvollste Inszenierung im Bereich der Kulturkritik aber fand der Gegensatz zwischen Europa und der Andersartigkeit ferner Länder in Karl Kraus' Essay *Die Chinesische Mauer* (1909).

Kraus greift in dem mehrfach auf Lesungen vorgetragenen Text, der seinem zweiten Essayband (1910) den Titel gab, einen realen Kriminalfall auf. Die Ermordung der Amerikanerin Elsie Siegl durch einen chinesischen Kellner, in dessen Nachlaß sich zweitausend Liebesbriefe von Frauen der obersten Gesellschaftsschicht fanden, dient Kraus zum Anlaß einer radikalen Infragestellung herkömmlicher Moral- und Wertbegriffe und zugleich zur Distanzierung von der Boulevardpresse, die in derartigen Vorgängen skandalträchtiges Anschauungsmaterial für den «Sumpf der Großstadt» zu finden glaubt: «Kein ‹Sumpf der Großstadt› ist aufgedeckt worden; nicht die Fäulnis jener, die Moral verletzen ist entdeckt worden, sondern die Fäulnis der Moral.»

Für das sexuelle Begehren gelten andere Maßstäbe als die des sozialen Status und der moralischen Reputation. Indem Kraus landläufige Klischees von der Asexualität der Frau und der Minderwertigkeit der gelben Rasse zerstört, leistet er zugleich neuen Mythen Vorschub: der These Weiningers von der Frau als purem Geschlechtswesen ebenso wie einem neuen Rassismus, der den Vertretern der anderen Rasse bzw. Kultur eine überlegene Sexualität unterstellt. Dabei greift Kraus in überraschender Weise auf eine seiner Lieblingsideen, die Toleranz der Päderastie, zurück.

Die Fäulnis der abendländischen Moral ist für Kraus eindeutig durch die Tabuisierung und Kriminalisierung der Sexualität bedingt. Der Titelaufsatz seines ersten Essaybandes (1908), der 1902 in der *Fackel* und gleichzeitig separat als Broschüre publizierte Essay *Sittlichkeit und Kriminalität*, bezieht sich auf einen Ehebruchsprozeß, der in Form zweier von den Ehepartnern wechselseitig gegeneinander angestrengter Strafverfahren (!) ausgetragen wurde. Kraus' Empörung richtet sich gegen die öffentliche Verhandlung intimer Details ohne sachliche Rechtfertigung (nämlich nach dem Geständnis der Frau) und gegen die Strafandrohung gegen außereheliche Sexualität überhaupt – also gegen den Ehebruchsparagraphen im Strafgesetzbuch ebenso wie gegen die Bestimmungen über Unzucht und Kuppelei und insbesondere das Verbot homosexueller Handlungen. Kraus sieht in derlei gesetzlichen Sanktionen nur den Nährboden weiterer und im eigentlichsten Sinne verbrecherischer Tatbestände wie Erpressung, was schon hier am Beispiel der Homosexualität ausgeführt wird.

«Shakespeare hat alles vorausgewußt.» Die überlegene Sicht des Dramatikers, dem keine menschliche Regung fremd ist, dient Kraus als Vorbild für seine Berichterstattung über Sexualprozesse, bei denen oft in quasi dramatischer Manier Aussage gegen Aussage steht, neben die scheinheiligen Fragen der bestellten Juristen die erfahrungsgesättigten Auskünfte aus dem Milieu treten. Eine Woche nach der Urteilsverkündung im Strafprozeß gegen die Wiener Bordellwirtin Regine Riehl erscheint die *Fackel* im November 1906 mit einem einzigen Artikel: *Der Prozeß Riehl* (später: *Der Fall Riehl*). Die Angeklagte hatte jahrelang zwanzig Prostituierte hinter verschlossenen Türen gefangengehalten und für sich arbeiten lassen; sie profitierte dabei von den Bestimmungen über das «unlautere Gewerbe» wie von der Toleranz, ja Komplizenschaft korrupter Staatsorgane. Der Kommentar von Kraus, der in der Prostitution eine legitime Form der Sexualität, ja ein Grundbedürfnis des Weibs erblickte, zeigt wenig Mitleid mit den ausgebeuteten Frauen und um so mehr Verachtung für die Verlogenheit einer juristischen Verhandlung, die die faktische Verstrickung der besseren Gesellschaft in das Gewerbe der Prostitution und die Dialektik von ‹Moral› und ‹Unmoral› zu leugnen sucht:

> «Wer den Mut hat, sich einmal tüchtig die Augen zu reiben und dann nachzusehen, wie alle Unsittlichkeit in diese Welt gekommen ist, den wird die Entdeckung blenden, daß alle Sittlichkeit dieser Welt das Übel verschuldet hat. Und mehr als das. Sie hat auch Not und Tod verschuldet. Denn die Moral ist eine venerische Krankheit. Primär heißt sie Tugend, sekundär heißt sie Langeweile, und tertiär heißt sie Syphilis.»

Der Kampf gegen die Diskriminierung der Homosexualität eint Kraus mit Kurt Hiller und Erich Mühsam. Ersterer nimmt in seine *Weisheit der Langenweile* (1913) zwei Beiträge zum Thema auf, die das Schicksal Oscar Wildes und die widersprüchliche, ja verschärfte Neufassung des Paragraphen 175 im «Vorentwurf zu einem Deutschen Strafgesetzbuch» von 1909 beleuchten. Mühsam tritt in seiner ersten Buchveröffentlichung überhaupt *Die Homosexualität. Ein Beitrag zur Sittengeschichte unserer Zeit* (1903) für die Straffreiheit der gleichgeschlechtlichen Liebe ein. Die entschieden libertären Auffassungen Mühsams, der in seiner satirischen *Psychologie der Erbtante* (1905) die Perversionen des bürgerlichen Familienlebens karikierte und in einem Artikel des *Sozialist* für promiskuitive Liebesverhältnisse eintrat (*Frauenrecht*, 1910), stießen allerdings selbst im anarchistischen Lager auf Widerspruch. In seiner Gegenschrift *Von der Ehe* (1910) verteidigt Gustav Landauer die matrimoniale Gemeinschaft als kleinste Einheit des für seinen Anarchismus charakteristischen Systems gesellschaftlicher Bünde und wendet sich gegen die Zumutung einer «staatlichen Mutterschaftsversicherung» oder der Männer-Rolle des «namenlosen Beleghengstes»: «Ich mag nichts von einem Sozialismus wissen, in dem das Elternhaus abgeschafft und der reale Vater ersetzt ist durch einen ideellen Vater im Himmel oder im Gemeindevorstand.»

Für weitere Verwerfungen zwischen den Kritikern der bürgerlichen Moral sorgte die Instrumentalisierung des Homosexualitätsvorwurfs in der hochpolitischen Kampagne, die Maximilian Harden ab 1907 in verschiedenen Artikeln seiner Zeitschrift *Zukunft* und anschließend in mehreren Gerichtsverfahren gegen zwei nahe Berater Kaiser Wilhelms II.

(Fürst Philipp zu Eulenburg-Hertefeld und Graf Helmuth von Moltke) führte. Kraus nahm Hardens Vorgehen zum Anlaß, um öffentlich mit seinem früheren Mentor zu brechen, von dem er zuvor schon diskret abgerückt war: Mit der journalistischen Enthüllung sexueller Dispositionen machte sich Harden in seinen Augen der gleichen Verfehlung schuldig wie das «Kriminalität» produzierende Sexualstrafrecht. Andere Autoren sprachen sich öffentlich für Harden aus, darunter die Brüder Mann, Schnitzler und Hofmannsthal, aber auch die Vorkämpfer für sexuelle Freiheit und *Fackel*-Mitarbeiter Wedekind und Mühsam. Letzterer veröffentlichte eine eigene Broschüre zum Thema *Die Jagd auf Harden* (1908), in der er den Publizisten gegen den Vorwurf der Indiskretion in Schutz nahm (die eigentlichen Indiskretionen hätten erst in den Prozessen stattgefunden, die von den Betroffenen angestrengt wurden) und übrigens auch die allgemein behauptete Homosexualität relativierte: Eine erotisch gefärbte Freundschaft sei noch kein Beweis für eine homosexuelle Veranlagung.

Der wagemutige, auch vor persönlichen Beschuldigungen nicht zurückschreckende Kampf des *Zukunft*-Herausgebers in Berlin gegen die Hofkamarilla um Kaiser Wilhelm II. findet sein bajuwarisches Miniatur-Pendant in der ebenso unermüdlichen Fehde des Münchner *Simplicissimus* und seines Mitarbeiters Ludwig Thoma gegen die Zentrumspartei und den katholischen Klerus. Die Entsprechungen reichen bis in die publizistische Form: Harden setzte den erstmals 1897 in der *Zukunft* auftauchenden fiktiven Briefwechsel eines junkerlichen Geschwisterpaars ab 1900 (bis 1913) unter dem Titel *Moritz und Rina* fort. Spätere Nachträge eingerechnet, umfaßt die ganze Serie vierzig Artikel aus einem Zeitraum von zweiundzwanzig Jahren. In ihnen entwickelt sich ein novellistisch vertieftes Bild des preußischen Junkertums als einer zerfallenden Klasse: Während Moritz aus dem Denken seiner Kaste heraus und zu neuen demokratischen Ufern strebt, versteift sich seine Schwester nur um so eigensinniger auf die angestammten Traditionen. Harden kann daher beide Seiten nutzen, um einerseits seine sozialistischen Ideen zu artikulieren, andererseits die von ihm bekämpfte (heimlich verehrte?) Reaktion satirisch vorzuführen.

Mit doppeltem Boden sind auch die Briefe von und an Josef Filser gearbeitet, die Ludwig Thoma 1907–1913 im *Simplicissimus* veröffentlichte und im nachhinein zu zwei Büchern zusammenstellte: *Briefwechsel eines bayrischen Landtagsabgeordneten* (1909) und *Jozef Filsers Briefwexel* (1912). In der Tradition der *Dunkelmännerbriefe* karikiert Thoma seinen fiktiven Briefschreiber schon durch Mundart und Orthographie als ungebildeten Bauern, als (jedenfalls anfangs) willfähriges Werkzeug der klerikalen Kräfte, die seine Wahl in den Landtag organisieren und ihn dort als verläßliches Stimmvieh manipulieren. Im Laufe des Briefwechsels entwickelt sich jedoch der Bauer in der Stadt von der aus zahlreichen Possen bekannten komischen Figur zu einem scharfen Beobachter der Partei-Oberen, insbesondere der Zentrumsführer Orterer, Pichler und Schädler, deren – nach Thomas Meinung – intrigante Politik in Filsers Briefen, ungeachtet aller Rechtschreibfehler auch in der Wiedergabe der Namen, unmißverständlich dekuvriert wird. Nach der Auflösung des Landtags, zu der ein gesondertes

Filser-Flugblatt erschien (*Das aufgläste Barlahmend, fon Jozef Filser, emals kenigl. Abgeordneter*, 1911) bleibt der wiedergewählte Volksvertreter «bloß aus bolidiek» bei der reduzierten Zentrumsfraktion; mit seinem Bauernherzen ist er «bei den anschtendigen mentschen.»

Angesichts der Schärfe, die die politische Satire eines Thoma oder Harden erreichte, wird man landläufige Vorurteile von der unpolitischen Kultur des Kaiserreichs oder der Allmacht der wilhelminischen Zensur in Frage stellen müssen. Richtig ist allerdings, und das unterscheidet die damalige publizistische Szene von der Situation der Weimarer Republik, daß es sich um das Engagement einzelner Intellektueller handelte, hinter denen keine feste politische Gruppierung oder Partei stand. Gerade die Verlautbarungen der Aktivisten um Kurt Hiller, Ludwig Rubiner und – als Vorbild wie Vorläufer – Heinrich Mann reflektieren durchgängig den Mangel einer solchen Basis. Nicht anders ist der wehmütige Vergleich mit Frankreich zu verstehen, den Heinrich Manns Essay *Geist und Tat* (1911) vollzieht – nicht anders aber auch das utopisch-rhetorische «Wir» in Ludwig Rubiners Proklamationen wie *Die Änderung der Welt* (*Das Ziel*, 1916).

Symptomatisch für die Isolation, aus der heraus im Kaiserreich expressionistische und anarchistische Politik entworfen wurde, ist die hämische Abgrenzung gegenüber den realexistierenden Politikern, Parteien und Funktionären. «Wir verwehren dem deutschen Politiker den Zutritt zu unserer Gesellschaft. Er schreibt zu schlecht», heißt es in Rubiners programmatischem Essay *Der Dichter greift in die Politik* (*Die Aktion*, 1912). Daß diese Abgrenzung vor allem die Sozialdemokratie betrifft, wird auch aus den einschlägigen Beiträgen des Herausgebers der *Aktion* deutlich, die sich noch in der Vorkriegszeit ebenso enttäuscht über den organisierten Sozialismus wie über den organisierten Pazifismus äußern. Anläßlich der Tripolis-Affäre erscheint im Februar 1912 Franz Pfemferts Artikel *Europas Wahnsinn*:

> «Er scheint unheilbar, Europas Wahnsinn. Was gibt uns das Recht, von dem ‹Fortschritt› einer Menschheit zu faseln, die ihre erbärmlichsten Instinkte mit Enthusiasmus zur Schau trägt? Die so verbrecherisch ist, das Morden auf Kommando als Pflicht der ‹nationalen Ehre› auszuschreien.»

Die Erfolglosigkeit aller gegen diesen «Wahnsinn» unternommenen Anstrengungen, insbesondere diverser Friedenskonferenzen und -preise, sieht Pfemfert in der «Ängstlichkeit» sowohl der «bürgerlichen Friedensfreunde» als auch der «gewerbsmäßigen Sozialisten» begründet: «Sie wollen nicht ‹ehrlos› sein, als wie der Wahnsinn den vernünftigen Antipatriotismus nennt. Deshalb ist der Zustand Europas so hoffnungslos ...»

Kritik der Kritik, deutsch-französisch

Renegatenstreiche heißt ein hochpolemischer Beitrag zu den *Süddeutschen Monatsheften*, in dem sich Rudolf Borchardt 1908 mit der Kritik solidarisiert, die deren Herausgeber Josef Hofmiller an den Publikationen des Albert Langen Verlags geübt hat. In Borchardts Sicht ist Langens neue Zeitschrift *März* – mit dem «Renommierdeutschen» Hesse als Mitherausgeber bzw. Aushängeschild – nur ein Alibi für die unpatriotische Tendenz der politischen Kritik und Satire, die im Stammblatt des Hauses betrieben würden: dem *Simplicissimus*, aus dessen «édition française» (einer Teilauflage mit französischen Aufklebern unter den Karikaturen) Borchardt im Brustton der Empörung zitiert. In der Konsolidierungsphase der deutschen Öffentlichkeit in den neunziger Jahren möge ein derartiges satirisches Organ eine gewisse Berechtigung gehabt haben; in der gegenwärtigen Situation hätte es seine Berechtigung verloren – wenn der Spott dann noch nach außen getragen werde, gerate er vollends zur «Felonie».

Mit seiner Kritik an den Formen, in denen sich die veröffentlichte Meinung äußerte, stand Borchardt – sieht man einmal vom politischen Ort und Objekt seiner Kritik ab – in jenen Jahren nicht allein. Von Sudermanns Protest gegen die «Verrohung» der deutschen Theaterkritik und von Kraus' Kritik an Hardens Enthüllungsjournalismus war oben (S. 746, 754) ja schon die Rede. Hier soll zum Abschluß des Überblicks über die damalige Essayistik nur auf zwei besonders gewichtige Schriften hingewiesen werden, die an diese Kritik anknüpfen und sie in unterschiedlicher Richtung weiterentwickeln, dabei aber untereinander und mit Borchardt in einem wesentlichen Punkt übereinstimmen: nämlich der nationalistischen Ausrichtung dieser Kritik der Kritik, also der Denunziation der abgelehnten Tendenzen als ‹undeutsch› und Verrat oder «Felonie» gegenüber der Kultur des eigenen Volks.

Im Dezember 1910 veröffentlichte Karl Kraus ausgerechnet beim eben erwähnten Münchner Langen Verlag die Broschüre *Heine und die Folgen*, deren Text er – eine für Kraus ungewöhnliche Reihenfolge – neun Monate später mit einem zusätzlichen Vorwort in die *Fackel* aufnahm. Dabei kann gerade dieser Essay als konsequente Verlängerung von Positionen beschrieben werden, die sich seine Zeitschrift von Anfang an auf die Fahne geschrieben hatte: der Kritik an der Presse im allgemeinen und der Wiener *Neuen Freien Presse* im besonderen sowie am Heine-Kult des liberalen jüdischen Bürgertums, der seine besondere Nuancierung und Triebkraft nicht zuletzt aus den gleichzeitigen Angriffen völkischer Kreise auf die Juden und ‹Französling› Heine und jeden Versuch seiner öffentlichen Ehrung gewann. In einem Artikel der *Neuen Freien Presse* zum 50. Todestag des Dichters im Februar 1906 hatte Ludwig Hirschfeld

Heine ausdrücklich als «ersten Feuilletonisten» gefeiert. Kraus, der Hirschfelds Aufwertung des publizistischen Œuvres schon Wochen später in der *Fackel* mit der Polemik *Um Heine* beantwortete, nimmt auch in *Heine und die Folgen* dessen These zur Grundlage, freilich mit umgekehrter Wertung.

Heine gilt auch Kraus als Vater des deutschen Feuilletons – aber eben darin liegt für ihn das Verhängnis, das jener über die heimische Kultur gebracht habe: «Ohne Heine kein Feuilleton. Das ist die Franzosenkrankheit, die er uns eingeschleppt hat.» Dabei geht Kraus von einem erweiterten Verständnis von Feuilleton oder Feuilletonismus aus: Er faßt darunter die generelle Tendenz zu einer ungenauen, empfindelnden und pseudopoetischen Diktion und Darstellungsweise, die er im Lager der Wiener Modernen ebenso wie in der Berichterstattung der Wiener Presse vorfand und hier wie dort seit jeher kritisiert hat. Diese Tendenz zur sprachlichen Verwilderung und Verwahrlosung aber macht Kraus bei Heine gar nicht primär an den publizistischen Schriften, sondern am lyrischen Werk fest, auf dem damals noch weit stärker als heute die Anerkennung dieses Autors, ja sein internationaler Ruhm beruhte. Durch den versuchten Nachweis, daß in seinen Gedichten mit Ausnahme des *Romanzero* die einzelnen Verse im hohen Grade austauschbar seien, demontiert Kraus Heine im innersten Bezirk seiner dichterischen Geltung. Indem er Heine als Träger der «Franzosenkrankheit» (das heißt eigentlich Syphilis) bezeichnet und der Lockerung des deutschen Sprachmieders bezichtigt, aktiviert Kraus alte nationalistische und antijüdische Vorurteile. Das fällt um so mehr auf, als er selbst mit Heine ja die jüdische Herkunft und das publizistische Metier teilte. Gerade daher rührt aber ein Teil seiner Empfindlichkeit: Heines spielerischer Umgang mit der jüdischen Identität machte ihn zu einem strikten Gegenbild des *Fackel*-Herausgebers, der auf rigorose Assimilation, auch im sprachlichen Detail, setzte und kaum eine Gelegenheit versäumte, seinen deutsch-jüdischen Kollegen gelegentliche Rückfälle in den ‹Jargon› anzukreiden. Aufgrund der Bedenkenlosigkeit, mit der Heine Platens Homosexualität für die Zwecke seiner Satire genutzt hatte, mochte er Kraus überdies als Vorläufer Maximilian Hardens erscheinen, der sich in der Eulenburg-Affäre ja ähnlich verhielt und dem die *Fackel* gleichfalls sprachliche Schlampereien in großem Maßstab nachwies; einzelne Proben aus seinem «Desperanto» wurden einer ironischen Übersetzung gewürdigt, die stets wesentlich kürzer ausfiel.

Auch Thomas Manns *Betrachtungen eines Unpolitischen* (1918), dieser Riesen-Essay der Kriegszeit, sind gegen eine «Franzosenkrankheit» angeschrieben. Leitendes Motiv ihrer Entstehung ist zunächst die Rechtfertigung gegenüber den Vorwürfen Romain Rollands und der Kritik des eigenen Bruders Heinrich. Dieser hatte in seinem Essay *Zola* (*Die weißen Blätter*, 1915) das politische Wirken des naturalistischen Romanciers als Vorbild aufgestellt, wie es so nach Heinrich Manns eigener Auffassung nur in Frankreich möglich war, und seinen Bruder zwischen den Zeilen als Opportunisten und Mitläufer gegeißelt. Thomas Mann begnügt sich aber nicht damit, unter der Kapitelüberschrift «Gegen Recht und Wahrheit» seine öffentliche Haltung zum Weltkrieg in seitenlangen Erwiderungen auf Rolland und Heinrich Mann zu verteidigen. Mit dem nach dem Bild des Bruders entworfenen «Zivilisationsliteraten» entwickelt er einen negativen Leitbegriff, der wesentlich dazu bestimmt war, die geistige Abhängigkeit Heinrich Manns und seiner anderen Kritiker (zu denen sich bald auch Kurt Hiller gesellte) vom Ausland anzuprangern.

Die Dominanz der Zivilisation, so eine der Hauptthesen der *Betrachtungen eines Unpolitischen* wie schon der *Gedanken im Kriege* (1914), ist ein Spezifikum Frankreichs und Englands; im Gegenzug fällt Deutschland der Primat der Kultur zu. Als Repräsentant einer internationalistischen radikaldemokratischen Intelligenz ist der «Zivilisationsliterat» vom positiven Verständnis des «Literaten» abzusetzen, für das Thomas Mann selbst erst 1913 in der Zeitschrift *März* eingetreten war. Unter dem Titel *Der Künstler und der Literat* hatte er, gestützt auf Notizen für den geplanten Essay *Geist und Kunst*, für eine Aufwertung des reflexiv-erkenntnisgeleiteten (in Schillers Sinn sentimentalischen) «Literaten» plädiert und ihn zu seinem Vorteil vom Klischee des naiv-rauschhaft produzierenden «Dichters» abgesetzt.

An dieser Abgrenzung hält Thomas Mann letzten Endes auch in den *Betrachtungen* fest, nur daß die negative Variante des «Zivilisationsliteraten» aus dem positiven Autor-Bild ausgeschieden wird. Wie ein 1996 veröffentlichter Aufsatz-Entwurf Thomas Manns (*Harden – der europäische Publizist*) zeigt, deckt jene dabei auch die Person des *Zukunft*-Herausgebers – zumindest nach Hardens Ausscheren aus dem Lager der Kriegsbefürworter – ab. Übrig bleibt der «Ästhet», wohlgemerkt eine positive Größe, die nicht mit dem hier geschmähten «Ästhetizismus» der Politik des Zivilisationsliteraten verwechselt werden darf.

Sein Bild ist in den wichtigsten Zügen ein Selbstporträt Thomas Manns, der sich schon in der Vorrede sehr persönlich ins Spiel bringt und im Kapitel «Einkehr» das «Dreigestirn» seiner Eideshelfer Wagner, Nietzsche und Schopenhauer beschwört. Das vorangegangene Kapitel «Bürgerlichkeit» entwickelt am Beispiel Storms und anderer deutscher Realisten die individuelle Moral und ethische Solidität des bürgerlichen (nicht bourgeoisen) Künstlers. Das letzte Kapitel «Ironie und Radikalismus» schließlich setzt Thomas Manns künstlerisches Leitprinzip gegen den Verbalradikalismus der expressionistischen Geistpolitiker ab und findet dabei hellsichtige Formulierungen, zum Beispiel in der Definition des Konservativismus als «erotischer Ironie des Geistes.»

Als Dokument des Konservativismus geben sich Manns *Betrachtungen eines Unpolitischen* schon in der Formulierung des Titels zu erkennen. Obwohl sie, wie die Vorrede sagt, zum großen Teil «Zeitdienst», ja «Gedankendienst mit der Waffe» sind, sieht der Autor seine eigene Position außerhalb der Politik. Er folgt dabei einem alten Grundgedanken des philosophischen Konservativismus und der konservativen Romantik: Politik ist grundsätzlich das Geschäft der anderen, der Ideologen des Fortschritts und der Revolution. Sie und die ihr dienende publizistische Kritik sind damit insgesamt, um noch einmal Kraus' Ausdruck aufzugreifen, eine Art «Franzosenkrankheit.» Oder mit Thomas Manns

Worten: «Der politische Geist, widerdeutsch als Geist, ist mit logischer Notwendigkeit deutschfeindlich als Politik.»

Doch was ist dann deutsch? So etwas wie der Protest per se, wie Thomas Mann in Anlehnung an das propagandistische Arsenal des Kulturkampfs spekuliert, ferner das Wissen um die großen Gegensätze der europäischen Philosophie und ein Wille zum Trotzdem, zum Leben jenseits der Erkenntnis. Die Vagheit dieser Behauptungen ist durchaus typisch für den gedanklichen Gehalt des an Selbstwidersprüchen reichen, aus unterschiedlichsten und zumeist sekundären Quellen zusammengestückelten Werks, gleichzeitig Produkt und Dokument einer tiefen Schaffenskrise des Autors.

In Dürers Kupferstich «Ritter, Tod und Teufel» und seiner Aneignung durch Nietzsche, die ihm wohl durch Ernst Bertram vermittelt wurde, findet Thomas Mann ein Gleichnis für die apokalyptische Trotzhaltung, die ihn am ‹deutschen› Wesen fasziniert. Eine Formulierung Nietzsches aufgreifend (aus dessen Brief an Erwin Rohde vom Oktober 1868), die ihn schon früher beeindruckt hat, beschwört Thomas Mann «die ethische Luft, den faustischen Duft, Kreuz, Tod und Gruft». Es war die Antwort auf eine Zeitungsumfrage von 1904, in der er diese Formel zum ersten Mal bemühte; bezeichnenderweise ging es darin um den französischen Einfluß in seinem Werk.

LITERATUR IM WELTKRIEG

Im Großen Krieg, wie man damals sagte, starben fast neun Millionen Soldaten und etwa sechs Millionen Menschen aus der Zivilbevölkerung. Historiker bezeichnen ihn mit zunehmender Einigkeit als die «Urkatastrophe» des 20. Jahrhunderts, die wesentlich mitverantwortlich ist für die nachfolgenden humanitären Desaster der deutschen und internationalen Politik.

Die historische Zäsur, die der Ausbruch des Weltkriegs in den ersten Augusttagen 1914 bedeutet, ist weniger unumstritten. Allein schon die – Plötzlichkeit und Unvorhersehbarkeit signalisierende – Metapher des «Ausbruchs» erscheint problematisch angesichts der massiven Kriegsvorbereitungen der europäischen Mächte und der hohen Wahrscheinlichkeit, die bereits in den vorhergehenden Krisenszenarien (Balkankriege, Marokko-Krisen) für eine militärische Konfrontation bestand. Kulturhistoriker erkennen die zunehmende Verbreitung einer Kriegsmentalität schon vor dem Sommer 1914, und Literaturwissenschaftler verweisen auf die Beliebtheit der Motivfelder Krieg und Untergang in den letzten Friedensjahren. Daher resultiert der scheinbar prophetische Charakter solcher Gedichte wie Georg Heyms *Der Krieg I* (ausgelöst durch die Zweite Marokko-Krise 1911) und Ernst Stadlers *Der Aufbruch*: «Aber eines Morgens rollte durch die Nebelluft das Echo von Signalen.» In Alfred Heymels Sonett *Eine Sehnsucht aus der Zeit*, das im November 1911 im *Sturm* erschien, heißt es sogar: «Im Friedensreichtum wird uns tödlich bang. / Wir kennen Müssen nicht noch Können oder Sollen / Und sehnen uns und schreien nach dem Kriege.»

Dennoch gibt es gute Gründe, auch in einer literaturgeschichtlichen Darstellung den Einschnitt zu betonen, der mit dem Ersten Weltkrieg im Leben der beteiligten Nationen und zumal der Mittelmächte gegeben war. Zunächst griff der Krieg, mindestens potentiell, direkt in die Existenz aller männlichen Autoren (wie Leser) im wehrpflichtigen Alter ein, riß sie vom Schreibtisch in fremde militärische Zusammenhänge hinein und zerstörte viele Leben. Zu den Opfern dieses Weltkriegs zählen unter den deutschsprachigen Schriftstellern Hermann Löns sowie die Expressionisten Alfred Lichtenstein, Ernst Wilhelm Lotz, Ernst Stadler und Georg Trakl (1914), weiterhin Hans Ehrenbaum-Degele, Walther Heymann und August Stramm (1915), Peter Baum, Gustav Sack und Reinhard Johannes Sorge (1916), Walter Flex und Franz Janowitz (1917), Gerrit Engelke und Wilhelm Runge (1918).

Vor der Gewalt des Ereignisses verblaßten hergebrachte literatur- und kunstpolitische Frontstellungen. Der berüchtigte Ausspruch des deutschen Kaisers: «Ich kenne keine Parteien mehr» fand unvermutete Erfül-

lung, als Gerhart Hauptmann, dessen *Festspiel* von 1913 gerade erst das
Mißtrauen des konservativen Lagers in die politische Loyalität des
Weber-Dichters bestätigt hatte, umgehend mit chauvinistischen Kriegsgedichten hervortrat und Max Liebermann, der vom Kaiser mehrfach bei
Preisverleihungen übergangene Präsident der Berliner Sezession, ein
Künstler-Flugblatt mit der kaiserlichen Parole «Jetzt wollen wir sie dre-
schen!» illustrierte. Die Moderne, die sich um 1890 im Widerspruch
zum Geist der Gründerzeit und des Wilhelminismus konstituiert hatte,
scheint sich hier in ihrem ureigensten Selbstverständnis zurückzuneh-
men. Einen nicht weniger grundsätzlichen Wandel indiziert das Heraustreten Hugo von Hofmannsthals und Thomas Manns aus der «machtge-
schützten Innerlichkeit» ihrer bisherigen Künstler-Existenz zugunsten
einer unermüdlichen Propagandatätigkeit während der Kriegsjahre,
allenfalls noch übertroffen von der Verwandlung Richard Dehmels, des
populären Sängers erotischer Selbstverwirklichung, in einen Kriegsfrei-
willigen und vaterländischen Barden.

Mit Kriegsbeginn verschiebt sich auch das Gefüge der deutschsprachigen Länder. Während das Deutsche Reich und Österreich-Ungarn im
Zeichen der damals gern beschworenen Nibelungentreue den außenpolitischen und militärischen Schulterschluß üben, bleibt die Schweiz neu-
tral. Sie mobilisiert zwar ihre Wehrpflichtigen zur Verteidigung der
Grenzen, tritt aber – entgegen den anfänglichen Hoffnungen mancher
Deutschschweizer, wie sie auch dem Frühwerk Meinrad Inglins eingeschrieben sind (s.o. S. 226 f.) – nicht in den Krieg ein. Inselgleich ragt
das Land «aus der Brandung», wie Robert Faesi sehr bewußt seine «Zeitgedichte eines Schweizers» 1917 titulierte. Daher scheint es nur konsequent, bei der nachfolgenden Darstellung der Verwicklung der Literatur
in den Ersten Weltkrieg von Schweizer Autoren und Texten – mit Ausnahme der vielbeachteten Erklärung Carl Spittelers (*Unser Schweizer
Standpunkt*, 1914) – abzusehen. Auf der anderen Seite wird die Schweiz
darin immer wieder Erwähnung finden: als Zufluchtsort für Kriegskritiker aus Deutschland und Österreich und als Forum einer der Militärzensur beider Staaten entzogenen Publizistik.

Bei allem Bemühen um Synthetisierung, das unseren Überblick
bestimmt und von den bisher vorliegenden Untersuchungen abhebt –
eine natürliche Grenze ist durch den Rahmen dieses Bandes gegeben.
Die Beschränkung auf die im wesentlichen bis 1918 entstandene Literatur ermöglicht zwar noch die Einbeziehung literarischer Kriegstagebücher aus der ersten Hälfte der zwanziger Jahre (u.a. von Jünger und
Carossa). Die inflationäre Wiederkehr des Weltkriegs in der Literatur,
die in der Spätphase der Weimarer Republik mit dem Erscheinen von
Remarques *Im Westen nichts Neues* (1928) eingeleitet wird, kann hier
aber selbstverständlich nicht dokumentiert werden. Die abschließenden

Bemerkungen zur traumatischen Natur der Kriegserfahrung sollen nur einen Hinweis auf die bevorstehende Wiederkehr des Verdrängten geben.

I. KRIEG UND LITERARISCHES LEBEN

1. Medien im Krieg – Krieg der Medien

Ein Artikel Theodor Wolffs im *Berliner Tageblatt* vom Juli 1916 löste die schärfsten Maßregelungen durch die Zensur aus, die diese Zeitung während des ganzen Krieges zu erdulden hatte. In den beanstandeten Passagen hatte der Chefredakteur mit Blick auf die Erklärung des Kriegszustands zwei Jahre zuvor erklärt:

> «Wir wissen, eine wie vollendete Unwahrheit es ist, wenn der ‹Temps› und ähnliche Blätter unablässig versichern, das deutsche Volk habe den Krieg wie ein frohes Ereignis begrüßt. Das Volk empfing ihn mit gepreßtem Herzen, empfand ihn in schlaflosen Nächten wie ein umklammerndes Riesengespenst, und die Entschlossenheit, mit der es dann hinaustrat, entsprang nicht der Freude, sondern dem tiefen Pflichtgefühl. Es waren doch nur wenige, die vom ‹frisch fröhlichen Krieg› geredet hatten, es waren auch, in einer großen Volksmasse, nur wenige, die sofort nach dem österreichischen Ultimatum mit plötzlich hervorgeholten Fahnen durch die Straßen marschierten und vor den Fenstern der befreundeten Botschaften – auch der italienischen – und vor dem Reichskanzlerpalais sich heiser schrien.»

Die vielberufene Kriegsbegeisterung vom Juli/August 1914 wird hier zum Gegenstand eines Streits mit der ausländischen Presse. Solcher Streitigkeiten gab es viele im Verlauf des Ersten Weltkriegs, und sie entwickelten oftmals eine Eigendynamik, die es letztlich weder Freund noch Feind (und ebenso wenig dem späteren Historiker) möglich machte, den eigentlichen Sachverhalt zu rekonstruieren. So verhielt es sich bei den Völkerrechtsverletzungen deutscher Truppen in Belgien und ihren Anlässen, die als sogenannte «belgische Kriegsgreuel» in der beiderseitigen Propaganda ein gespenstisches Eigenleben führten, oder auch bei der Beschießung der Kathedrale von Reims durch deutsche Artillerie im September 1914 und der Frage ihrer militärischen Notwendigkeit bzw. völkerrechtlichen Legitimierbarkeit.

Im Falle von Wolffs Artikel liegen die Dinge insofern besonders kompliziert, als die französische Presse genau das schreibt, was der preußische Zensor lesen oder jedenfalls nicht in Frage gestellt sehen will: die Legende (?) von der einhelligen deutschen Kriegsbegeisterung 1914. Als

Augusterlebnis oder «Ideen von 1914» ist sie, wie wir noch sehen werden, in zahllosen Gedichten, Reden und Essays verklärt und zum eigentlichen Sinn oder zur metaphysischen Legitimation des Kriegs stilisiert
worden. Daher wohl auch die Empfindlichkeit der Zensurbehörde, die
hier ein sakrosanktes Gut, einen zentralen Bestandteil des nationalen
Selbstverständnisses im Krieg in Zweifel gezogen sieht.

Neuere historische Studien haben sich diesem Zweifel angeschlossen
und dabei in doppelter Weise die Bedeutung der Medien herausgestellt.
Offenbar war die Kriegsbefürwortung in verschiedenen Regionen und
Milieus unterschiedlich stark ausgeprägt: Indem die Zeitungen von den
kriegsbegeisterten Aufzügen in der Hauptstadt berichteten, suggerierten
sie eine allgemeine Verbreitung der Stimmung, wie sie so eigentlich oder
ursprünglich nicht zutraf. Die vielerorts bestätigte Ansammlung größerer Menschengruppen vor Zeitungsbüros oder Rathäusern darf dabei
kaum schon als politisches Votum erklärt werden; sie versteht sich aus
den medialen Bedingungen einer Zeit, in der aktuellste Nachrichten nur
über Extraausgaben von Zeitungen oder öffentliche Verkündigungen
erfahrbar waren. Die Zeitungen, die nachher die Kunde von den erregten Menschenmassen in die Lande hinaustragen werden, hätten insofern
selbst zu ihrer Entstehung beigetragen.

Hat Karl Kraus demnach Recht, der sein Weltkriegsdrama *Die letzten
Tage der Menschheit* (s. o. S. 515–520) Akt für Akt mit dem Verkauf von
Extrablättern an der Wiener Sirkecke einsetzen läßt? Auch Schnitzlers
in Kriegszeiten entstandenes Drama *Fink und Fliederbusch* (s. o. S. 504)
ist von abgrundtiefem Mißtrauen gegenüber dem ‹satanischen› Journalismus erfüllt. So wenig es letzten Endes angeht, mit Kraus die Entwicklung der Medien primär für die Genese des Weltkriegs verantwortlich zu
machen, so deutlich ist doch die sprunghaft gestiegene Bedeutung der
gedruckten Massenmedien in diesem – auch darin für die Zukunft der
Moderne paradigmatischen – Krieg. Sie läßt sich in bedrängender Weise
an zwei Kriegstagebüchern deutscher Schriftsteller und Künstler nachvollziehen.

Ernst Barlach beginnt sein *Güstrower Tagebuch* mit Kriegsbeginn am
3. August 1914. Das einsame Leben des alleinstehenden Vaters bekommt
einen neuen Rhythmus: Mehrfach am Tag geht der Bildhauer und Dramatiker zum Bahnhof der Provinzstadt, um die neuesten Zeitungen zu studieren. Aus ihnen stammen die Siegesmeldungen, mit denen er in den
nächsten Wochen seine Tagebucheintragungen einleitet und sein halbländ-
liches Leben überblendet: «Nach Tisch gingen wir noch eine Weile auf
das erste Stoppelfeld draußen, Klaus mit der roten Laterne. Draußen auf
den Feldern bei Metz liegen Tausende von Toten und Blutenden.»

In womöglich noch gesteigerter Form zeigt sich Gerhart Hauptmann
in seinen Tagebüchern der Kriegszeit zeitungsabhängig, ja -süchtig. «Die

Zeitungen, wie nasser Lappen einem Verdurstenden, rein aus und leer
gesogen», notiert er am 26. August 1914. Der Nobelpreisträger, in dem
das Ausland zunächst so etwas wie das moralische Gewissen der deutschen Nation vermutete und an den Romain Rolland in diesem Sinne
einen öffentlichen Brief richtete, schloß sich in mehreren Kriegsgedichten und Presseerklärungen vorbehaltlos der offiziösen Darstellung der
Kriegsschuld und des Kriegsverlaufs an, wie sie in der bürgerlichen
Presse zu lesen war, und erkannte erst mit tragischer Verspätung «die
schreckliche Rolle des Journalismus in diesem Krieg». Selbst dieses Zitat
noch (aus dem Tagebuch vom 22. November 1914) könnte primär oder
ausschließlich auf die Presse der Alliierten bezogen sein.

Das legt ein Dramenentwurf mit dem eigenartigen Titel *Der Granatsplitter*
nahe, mit dem sich Hauptmann im März 1915 beschäftigt. Er handelt von einem
amerikanischen Kriegsreporter, dessen Meldungen über deutsche Erfolge von
seinem Verlagshaus regelmäßig verfälscht werden, so daß er schließlich zu einem
so schlichten wie verzweifelten Mittel greift. Er trägt den Granatsplitter, an
dem ein Offizier gestorben ist, eigenhändig zur Familie des Toten und legt ihn
als factum brutum auf den Tisch des Hauses. Nur der Sprache der Dinge ist noch
zu trauen; so hielten es nach dem Bericht von Swifts Gulliver ja schon die
Gelehrten der Akademie von Lagado, die die Dinge selbst statt ihrer Bezeich-
nungen gebrauchten, um Mißverständnisse zu vermeiden.

2. Militarisierung der Literatur

Bombengeschäft

In Hanns Johsts «Rüpelspiel» *Morgenröte*, das 1917 in Pfemferts *Aktions-
buch* erschien, tritt ein Professor Klügster vor vollen Regalwänden auf,
der «dem Kultusministerium gegenüber die wissenschaftliche Systematisierung sämtlicher im Druck vorliegender vaterländischer Gefühle»
übernommen hat, und verkündet: «Sieg auf ganzer Linie. Wir haben um
zirka 26 % die Gesamtproduktivität der geistigen Welt geschlagen.» Der
mit zwei mächtigen Packen Makulatur auftretende Institutsdiener dagegen stöhnt: «Hier geht nichts mehr rein, Herr Professor! Wir sind erst
am D.» Johsts Satire hat sehr reale Grundlagen.

Die Königliche Bibliothek in Berlin (heute: Staatsbibliothek Preußi-
scher Kulturbesitz), die ihre Bestände nach einer komplizierten sachlichen Systematik aufzustellen pflegte, durchbrach kurz nach Kriegsbeginn diese ehrwürdige Ordnung, indem sie für alle Erwerbungen mit
Bezug auf den aktuellen Krieg die neue Signatur «Krieg 1914» ein-
führte, die es bis Anfang 1916 auf mehr als 17 000 Titel brachte. In der
bibliothekarischen Maßnahme spiegelt sich das Bewußtsein von der
Außerordentlichkeit des historischen Ereignisses, aber auch ein Gespür

für die enge Verflechtung des militärischen Geschehens mit der Bücher-Welt.

Für den Buchhandel Deutschlands und Österreich-Ungarn erwies sich der Krieg, zumindest in seiner ersten Hälfte, als ein wahres ‹Bombengeschäft›. Im Deutschen Bücherverzeichnis der Jahre 1915–1920 füllt die Abteilung «Kriegsliteratur» 229 engbeschriebene Seiten. Schon in den ersten fünf Kriegsmonaten hat sich die Zahl der thematisch auf den Krieg bezogenen Neuerscheinungen mit 1416 mehr als verdoppelt; bis zum November stieg sie auf fast 7000. Ein knappes Viertel (24 Prozent) davon entfiel auf sogenannte schöne Literatur, allen voran Hunderte von Gedichtbänden und Anthologien, aber auch Einzelpublikationen von Kriegsgedichten. So erschienen die martialischen Poeme eines Anton Wildgans 1914 bei Hugo Heller in Wien als Flugblätter und Mirko Jelusichs vorab in der *Muskete* publiziertes Gedicht *Vaterunser 1914* als Gedenkblatt in vier verschiedenen Ausfertigungen: unaufgezogen als Ständer unter Glas, in Goldrahmen mit Holzrückwand sowie in Lederrahmen mit Glas zum Stützen und Hängen; der Postkartendruck desselben Gedichts fand laut Verlagswerbung «großen Beifall».

Ein typisches Medium der Kriegsliteratur stellten Almanache dar, die neben zahlreichen Gedichten vorrangig Aphorismen oder Kurzprosa enthielten. Die meist von offiziellen Stellen zu karitativen Zwecken herausgegebenen Sammelbände vermitteln ein symbolisches Bild der Gesellschaft und ihrer Haltung zum Krieg – der Almanach als die Paradeform einer zum Krieg einberufenen Nationalkultur.

Der vom Kriegshilfsbüro des k. u. k. Ministeriums des Innern zugunsten der Kriegsfürsorge herausgegebene *Kriegs-Almanach 1914–1916* (1916) ist mit Goldschnitt und zahlreichen Emblemen geschmückt, die das Selbstverständnis der Doppelmonarchie spiegeln; er wird mit einem Brief des Kaisers Franz Josef I. sowie seinem Farbporträt eingeleitet. Gleichfalls in Farbe ist «St. Barbara, Schirmherrin der Kanoniere» vor der deutschen und der österreichischen Flagge sowie neben zwei Riesengeschossen abgebildet, von denen ihr das eine bis zum Gürtel reicht. Die Texte stammen von prominenten und/oder für ihren Patriotismus bekannten österreichischen Autorinnen und Autoren, darunter mehrere Mitarbeiter des Kriegsarchivs (Rilke, Stefan Zweig, Ginzkey; s. u. S. 784), und befassen sich wiederholt mit Fragen der Kriegerehrung und der Gestaltung von Gefallenendenkmälern. – Im Kontext solcher Gedächtniskultur-Bestrebungen ist auch der Titel *Monumentum aere perennius* für ein ähnlich gelagertes Projekt zu sehen, das vor Kriegsende jedoch nicht mehr zustande kam; Kraus' *Fackel* dokumentiert im August 1916 ironisch die Einladungsschreiben.

Als reichsdeutsches Pendant kann der Prachtband *Das Land Goethes 1914/ 1916. Ein vaterländisches Gedenkbuch* (1916) gelten. Sein Reinerlös war für die Errichtung von Volksbüchereien in dem von der russischen Invasion befreiten Ostpreußen bestimmt – ein Anliegen, das sich nahtlos in das Kulturkriegs-Konzept der deutschen Propaganda einfügt. Selbst diejenigen Beiträger also, die wie Albert Einstein oder Hedwig Dohm aus ihrer pazifistischen Einstellung keinen Hehl machten, sind objektiv eingebunden in eine Gesamtdarstellung der Kulturnation, zu der hier ebenso Wissenschaftler wie Schriftsteller und Musiker, Deutsche und Österreicher zählen. An ihrer Spitze steht Kaiser Wilhelm II., dessen Beitrag (nebst einem Geleitwort des Generalgouverneurs von Polen) den alphabetisch geordneten Reigen der Intellektuellen einleitet.

Die *Kriegsmappe des Schutzverbandes deutscher Schriftsteller* (1915), deren Verkaufsertrag die «große Not der geistigen Arbeiter» lindern sollte, sortiert dagegen nach Dichtern und Gelehrten und ordnet nach Bekanntheitsgrad: Auf Dehmel folgen Gerhart Hauptmann und Peter Rosegger (!) mit Faksimiles der Handschrift. Dem markigen Kernspruch Roseggers steht die ominöse Formel Alfred Kerrs gegenüber: «Der Wahn ist lang.» (Wessen Wahn?) — Einem eher historischen Konzept folgt der *Österreichische Almanach auf das Jahr 1916*, den Hofmannsthal 1915 im Insel Verlag herausgab. An ältere Texte, die von den Heldentaten Prinz Eugens und Andreas Hofers zeugen, schließen sich zeitgenössische Gedichte an, bei deren Auswahl offenbar die nationale Gesinnung und nicht die poetische Qualität den Ausschlag gab. Hofmannsthal druckte Wildgans und nicht Trakl. Sein eigener Beitrag *Die Taten und der Ruhm* betont die Unentbehrlichkeit der Literatur für die moderne Kriegspropaganda: «Die heutige Schlacht aber bedarf der geistigen Schöpfung, um für die Phantasie des Mitlebenden erst zu entstehen, ja am meisten für die Mitkämpfer selber.»

Bedarf an Lyrik

In den Untersuchungen zur Literatur des Ersten Weltkriegs wird regelmäßig eine Zahl zitiert und selten der Kontext der Argumentation referiert oder reflektiert, von dem sie abhängt. Es handelt sich um die Schätzung Julius Babs, daß im August 1914 in Deutschland täglich etwa 50 000 Gedichte mit Bezug auf den Krieg entstanden seien — im Laufe des ganzen Monats also nicht weniger als anderthalb Millionen.

Babs Schätzung ist Zielscheibe eines anonymen satirischen Gedichts, das am 15. Oktober 1914 in der *Stettiner Abendpost* erscheint:

> 1 500 000
>
> Anderthalb Millionen Kriegsgedichte,
> Also rechnet aus Herr Julius Bab
> (Nachzuprüfen solches ich verzichte)
> Es seit Kriegsbeginn in Deutschland gab.
>
> Hundert wurden im August tagtäglich
> Durch Zeitungsdruck bekannt gemacht.
> Ja! Der Krieg hat wirklich ganz unsäglich
> Viele Leiden unserm Volk gebracht!
>
> Ach! Ich kann nicht dichten, welcher Kummer!
> Denn Talent zum Dichten hab' ich keins;
> Könnt' ich's aber, würd' ich dichten Nummer
> Einmillionfünfhunderttausendeins.

Bab verdient diesen Spott, wenn man bedenkt, welche Folgerungen er an «diese rein quantitative Erscheinung» knüpft:

> «sie beweist einmal etwas für die Tiefe, in der zumeist ein letzter Abglanz künstlerischer Kultur (als Bedürfnis, als primitivste Handwerkskenntnis) unser ‹Barbaren›-Volk erhellt. Und sie beweist zweitens etwas für die seelische Verfassung dieses Volkes im Augenblick des Kriegsausbruches: ‹böse Menschen haben keine Lieder› – aber verängstigte, verzweifelte auch nicht und auch tückisch zum Raub entschlossene kaum.»

Bab instrumentalisiert seine Schätzung also für eine propagandistische Rhetorik, die einerseits auf die offizielle Version des Defensivkriegs Bezug nimmt, andererseits ironisch auf die Verunglimpfung der deutschen Soldaten als «Barbaren» in der alliierten Kriegspresse rekurriert. Die antithetische Einheit von Kultur und Barbarei entwickelt sich zu einem typischen Topos der damaligen deutschen Kriegspublizistik. So waren Plakate verbreitet, auf denen die Höhe der deutschen Buchproduktion mit der (wesentlich niedrigeren) englischen verglichen oder – unter einer Goethe-Vignette und der Überschrift «Sind wir die Barbaren?» – die Zahl der Nobelpreisträger (14:3:3) und die der Analphabeten auf 10 000 Rekruten (2:100:320) in Deutschland, England und Frankreich einander gegenübergestellt wurden. Babs Rechnung folgt offenkundig der gleichen Logik: Ein Volk, das so massenhaft dichtet, legitimiert sich als friedliebendes Kulturvolk.

Fast so fragwürdig wie die Konsequenzen, die Bab aus seiner Hochrechnung zieht, sind ihre Voraussetzungen. Sie beruht auf der Angabe einer Zeitungsredaktion, daß dort täglich 500 Kriegsgedicht-Manuskripte eingingen. Nachprüfbar ist eher die Zahl der in Zeitungen veröffentlichten Gedichte bzw. (wie der Satiriker es sieht) Leserleiden; demnach wäre für den Monat August 1914 mit dreitausend in Zeitungen erschienenen Kriegsgedichten zu rechnen. Diese Zahl ließe sich wahrscheinlich anhand der Zeitungsausschnittsammlung der Städtischen Sammlungen Wien (heute: Wiener Stadt- und Landesbibliothek) überprüfen: In 24 voluminösen Bänden sind dort ab Ende Juli 1914 bis 1919 alle den Beamten erreichbaren Kriegsgedichte aus Zeitungen eingeklebt.

Im Grunde veranstaltete auch Julius Bab eine solche Sammlung. Als Fortsetzungswerk gab er zwischen September 1914 und Frühjahr 1919 in zwölf Heften im Norddeutschen Verlag, Stettin, auf fast 600 Seiten eine Auswahl aus der Massenproduktion an Kriegslyrik heraus, die wenigstens Mindeststandards des literarischen Niveaus zu halten versuchte. Zusätzlich übernahm er in der Zeitschrift *Das literarische Echo* die regelmäßige Berichterstattung über die aktuelle Kriegspoesie. Um sieben Einzelwürdigungen erweitert, die zuvor an anderer Stelle publiziert wurden, erschienen seine acht Sammelrezensionen noch 1920 als Buch; im beigefügten Katalog weist Bab über vierhundert einschlägige Gedichtbände und Anthologien nach.

Der jüdische Publizist, der im Herbst 1914 ja kaum wissen konnte, auf welch dauerhafte Aufgabe er sich einließ, hat sich ihr mit großer Gewissenhaftigkeit unterzogen und das Bild der damaligen Lyrikszene in der Germanistik über die Zwischenkriegszeit hinaus bestimmt. Zu den Einschränkungen, unter denen seine Auswahl und seine Wertungen aufzunehmen sind, gehören die weitgehende Blindheit Babs gegenüber der Bedeutung der expressionistischen Dichtung und sein oben erörterter Nationalismus. Dieser erlitt allerdings, wie die Motivation zur Fortsetzung des Unternehmens überhaupt, zeitweilige Einbrüche; in einem Brief an Dehmel vom September 1915 schreibt Bab:

> «Am liebsten hätte ich den Leuten gesagt: Kinder, macht doch nicht gar soviel Wesens von diesem sogenannten Weltkrieg! Stattdessen muß man das hohe Pferd des – nationalen Kulturtrompeters besteigen, ohne sich auf das höhere des humanen Moralpaukers schwingen zu dürfen und kommt sich schließlich doch blos als Maulheld vor.»

Mobilmachung auf der Bühne

Die Theatersaison 1914/15 begann mit Verspätung. Konnte und durfte man überhaupt die von der großen Politik und persönlichen Sorgen beanspruchte Aufmerksamkeit des Publikums für die Scheinwelt der Bühne gewinnen? In der Not erinnerte sich mancher Theaterdirektor der Gattung des Militärstücks heiterer Prägung; mit heißer Nadel wurden einschlägige Schwänke und «vaterländische Zeitbilder» gefertigt, die freilich bald wieder von der Bühne verschwanden. Was Herbert Jhering in der *Schaubühne* vom Oktober 1914 über eines dieser Stücke (Hans Gaus' *Es braust ein Ruf!*) schreibt, gilt für alle: «Der Kriegsanfang vom Kleinbürger aus gesehen. Tränen fließen, Herzen schmelzen, Begeisterung schwillt. Kriegsfreiwillige und Kriegsbräute, Gutsbesitzer und Sozialdemokraten, Pfarrer und Krämer, Dienstmädchen und Kutscher: alle reden sie das, was wir vor einigen Wochen als Geschehen, als Rede, als Witz und als Anekdote in der Zeitung gelesen haben.»

Nach dem gleichen Muster ist Anton Ohorns Einakter *Vorwärts mit Gott!* gestrickt, der 1914 bei Reclam erschien, und die patriotische «Episode» *Er kommt wieder*, mit der die Brüder Herrnfeld in Berlin ihr gleichnamiges Theater 1914 wiedereröffneten. Die leitende Idee des Burgfriedens ist bei Ohorn zum komödientypischen Happy-End einer Hochzeit zwischen Kindern verfeindeter Väter verkommen; im Jargontheater der Herrnfelds dient die Nottrauung des zu den Fahnen einberufenen jüdischen Moses mit Rosl, der Tochter des christlichen Gemeindevorstehers, als Anlaß, die Versöhnung zwischen den Konfessionen und Volksgruppen in Böhmen bzw. Österreich zu feiern.

Eine leichte Steigerung des Niveaus ist in Hermann Bahrs «Schwank aus der deutschen Mobilmachung» *Der muntere Seifensieder* (1915) zu erkennen, insofern es dem routinierten Dramatiker gelingt, zentrale Motive seiner Zivilisationskritik aus den Vorkriegsjahren mit der Kriegsthematik zu verknüpfen. So wird die Entartung Deutschlands zum «Betrieb» oder einer «Handelsfirma mit Kanonendonner», auf die der Publizist Bahr mit dem Ruf nach der Seele reagierte (s. o. S. 740), durch die Figur des Kunsthändlers Lavin verkörpert, und die überreizte Intellektualität der Moderne in seiner nervösen Frau Ilse. Als positive Alternative stehen diesen und anderen Negativfiguren neben dem im Titel gemeinten Kommerzienrat, zu dessen Geburtstag die zerstrittene (vom Krieg jetzt wieder geeinte) Familie zusammenkommt, sein Enkel Klaus Naeseke und dessen Lehrer-Führer, der Privatdozent Hans Bämel, als Personifikationen der deutschen Jugendbewegung gegenüber. Die Parallelen zu Carl Sternheims Schauspiel *1913* sind, auch in der unterschiedlichen Gewichtung der drei Generationen, nicht zu übersehen.

Im Oktober und November 1914 kamen in Leipzig und Dresden zwei Episoden aus Carl Hauptmanns Zyklus *Aus dem großen Kriege* (Buchausgabe 1915) zur Aufführung. Beide enden mit kollektivem Absingen des Deutschlandliedes und dürften sich schon dadurch für den Theaterwinter 1914/15 empfohlen haben. Im übrigen übersteigt Carl Hauptmanns an unterschiedlichen Schauplätzen des Weltkriegs (von Ostpreußen und Galizien bis zur Kanalküste) angesiedeltes dramatisches Kriegspanorama die Banalität der patriotischen Mobilmachungs-Schwänke; der Autor knüpft vielmehr an die visionär-dämonische Perspektive an, die er bereits zu Friedenszeiten im dramatischen «Tedeum» *Krieg* (s. o. S. 571 f.) erprobt hatte.

Die Gestalt des Erzengels im Eröffnungsbild *Der Wächter auf den Bergen* ist ein direktes Zitat aus dem früheren Stück. Zusammen mit der Titelfigur, einem Goethe-Verse rezitierenden mythischen Reiter, dominiert sie die zweite Hälfte der am Dresdner Schauspielhaus (als erster Teil eines Programms «Der deutsche Krieg 1914») aufgeführten Szene: Beide zusammen verkünden den Kriegsausbruch und leihen ihm eine metaphysische Würde, die in der vorangehenden Schilderung des arglosen touristischen Treibens auf einem Riesengebirgsgipfel nur momentweise anklingt. – Die in Leipzig am Vorabend des 1. November uraufgeführte *Allerseelennacht* zeigt verwundete und sterbende deutsche Soldaten auf einem Schlachtfeld vor Lüttich; im Unterschied zu Hanns Johsts themenverwandtem Einakter *Die Stunde der Sterbenden* (s. u. S. 811 f.) ertrinkt sie zunehmend in nationaler Sentimentalität.

Eine andere Szene desselben Zyklus wurde von der *Frankfurter Zeitung* im November 1914 aus künstlerischen Gründen, aber auch mit dem Argument abgelehnt, daß sie «ein höchst ungünstiges Licht auf die deutschen Soldaten» werfe. Tatsächlich endet *Die Kathedrale* mit der Erschießung des Meßners einer von deutschen Truppen besetzten belgischen Kirche. In nationalem oder religiösem Fanatismus hat dieser zuvor den wachhabenden deutschen (im Dialog mit der Gottesmutter eingenickten) Landwehrmann erstochen. Carl Hauptmanns dramatische Phantasie begibt sich damit sehr direkt an den Streit um belgische Franctireurs bzw. deutsche Menschenrechtsverletzungen heran, der von beiden Seiten mit propagandistischen Mitteln geführt wurde. Noch deutlicher dem Geiste der Propaganda entsprungen erscheint die im September 1914 verfaßte Szene *Kosaken*; das Bild der russischen Invasion in Ostpreußen, das sie entwirft, ist beherrscht von Mord und Vergewaltigung.

Erzählprosa von der Heimatfront

In der Titelnovelle von Arnold Zweigs noch 1914 – als dritte Nummer von «Langen's Kriegsbüchern» – erschienenem Novellenband *Die Bestie* schlachtet ein einfältiger und offenbar psychisch gestörter belgischer Bauer drei nichtsahnende deutsche Soldaten, weidet sie fachmännisch aus und füttert mit ihren Eingeweiden seine Schweine. Er wird dafür von einer deutschen Einheit erschossen. Die mit Kleistscher Präzision durchgeführte Erzählung setzt einen grellen Gipfelakzent in der Propagandaschlacht um die sogenannten «belgischen Kriegsgreuel». Arnold Zweig hat sie Jahrzehnte später einer durchgreifenden Überarbeitung unterzogen und als Mittelteil seiner Novelle *Westlandsaga* (1952) integriert; in dieser Fassung bringen sich die deutschen Soldaten gegenseitig um – der belgische Bauer wird gleichwohl aus Gründen deutscher Kriegsräson hingerichtet.

Arnold Zweig, der erst 1915 einberufen wurde und sich durch seine Erfahrungen vor Verdun und an der Ostfront zu einem entschiedenen Kriegskritiker entwickelte, hat auch andere Novellen aus *Die Bestie* später, zum Teil mehrfach, überarbeitet, allerdings ohne durchgreifenden Erfolg. Beim Wiederabdruck (1926) von *Die Quittung* wird beispielsweise aus dem «brüllenden» Hurra der deutschen Soldaten beim Sturmangriff ein «angstvolles Hurra»; der todesmutige Einsatz eines schlichten Soldaten, der erst die dringend erforderliche Munition in die vorderste Schützengrabenreihe trägt und dann – einen Scherz seines Majors wörtlich nehmend – auch noch die Quittung dafür zurückbringt, bleibt als groteskes, aber letztlich kriegsaffirmatives Grundmotiv unverändert erhalten.

Die pazifistische Grundhaltung, die Arnold Zweigs Roman *Der Streit um den Sergeanten Grischa* (1927) und den weiteren Teilen seines Zyklus *Der große Krieg der weißen Männer* zugrunde liegt, kündet sich am ehesten in der Novelle *Der Feind* (1914) an. Durch einen Lazarettaufenthalt, der ihn mit einem sterbenden Russen zusammenbringt, kommt im schlesischen Tischler Paul Paschke ein Reflexionsprozeß in Gang, der auf frühe kindliche Erinnerungen zurückgreift – erstes Beispiel des entscheidenden Einflusses von Freuds Psychoanalyse auf den Denker und Erzähler Arnold Zweig. Paschke erkennt: «Wie der Körper in der Uniform, dann in Wollwäsche, endlich im Hemd steckt und dahinter erst die Haut beginnt, genauso lag gewickelt in den Feind etwas anderes, ein Nicht-Feind, ein Leib, Handwerker, Bauer oder Vagabund – ein Mann, ein Mensch ...» Die Erweiterungen und politisch-didaktischen Zusätze, die auch diese Erzählung Zweigs bei späteren Drucken 1933 und 1952 erfuhr, wurden in der Werkausgabe (1961) weitgehend zurückgenommen.

Auch Eduard von Keyserling reagiert prompt auf die Mobilmachung. Mit der im Süddeutschland des Sommers 1914 angesiedelten Novelle *Nicky* (*Neue Rundschau*, 1915) begibt sich der baltische Erzähler aus der hermetischen Welt seiner Schloßgeschichten heraus, deren Strukturen er freilich in mancher Hinsicht fortschreibt. Denn wie so manche andere weibliche Figur dieses Autors wartet auch Nicky, die Frau eines höheren Ministerialbeamten, in einem Landhaus auf «das Leben»; der dekadente Musiker Fanoni, ein enragierter Kriegsgegner, kann es ihr sicher nicht bieten. Auch der biedere Patriotismus ihres Ehemanns, der sich sogleich zur Fahne meldet, bringt Nicky keine vollständige Erfüllung; beim Abschied am Bahnhof sucht sie befangen «nach einem feierlichen Ausdruck, um ihr ganzes Fühlen hineinzulegen». Erst der Anblick der vorbeiziehenden Soldaten, denen sie einen Strauß Rosen zuwirft (ein blonder Bursche fängt sie auf), erzeugt in Keyserlings Heldin das ersehnte umfassende – erotisch grundierte – Einheitserlebnis: «Solche seltene Augenblicke aber ergreifen nicht nur unsere Seele, sie brennen uns körperlich in unserem Herzen und unserem Blut.»

Die mit einem Motto aus Gerhart Hauptmanns Gedicht *O mein Vaterland* versehene Erzählung nimmt damit Motive aus Keyserlings Zeitungsartikel *Über die Vaterlandsliebe* (*Der Tag*, Oktober 1914) auf. Ebenso lassen sich in *Verwundet* – einer von mehreren Kurzgeschichten mit Kriegsthematik, die Keyserling 1916/17 in der *Neuen Freien Presse* (Wien) veröffentlichte – enge Parallelen zu seinem Artikel *Geistiger Sanitätsdienst* (*Der Tag*, August 1915) feststellen. Darüber hinaus erinnert die als innerer Monolog angelegte Erzählung an bekannte Oppositionen aus der Welt der Schloßgeschichten: Die Französin, die auf dem Schlachtfeld ihren Liebsten betrauert (und dem schwerverwundeten Deutschen lebensrettende Hilfe spendet), kontrastiert den weißgekleideten Krankenschwestern des Rahmens und den «weißen Frauen» in den «weißen Häusern», für die die deutschen Soldaten kämpfen.

Im Frauenroman der Kriegszeit geht es gleichfalls um Abschied und Verzicht, geht die Liebe der Heldin durch alle Stadien zwischen Erfüllung und Trauer. Helene Mühlaus Roman *Der Kriegsfreiwillige* (1915) rückt die Sorge einer verwitweten Mutter um ihr einziges Kind ins Zentrum; die Anpassungsprobleme des zum Kriegsdienst einberufenen «Muttersöhnchens» werden teilweise aus dessen eigener Perspektive geschildert. Margarete Böhmes im gleichen Jahr erschienene *Kriegsbriefe der Familie Wimmel* umspannen den Zeitraum vom August 1914 bis zum

April 1915. Auch hier wechseln männliche und weibliche Perspektive, Pathos und Banalität. So klagt Susanne (eine der beiden Frauen unter insgesamt vier Personen, deren Briefe ‹dokumentiert› werden) über die Alliierten als «Anstifter dieses furchtbaren Kriegs», um anzufügen: «Hier muß ich abbrechen, denn ich werde eben gerufen, weil der Eiermann da ist [...].» Tragischer geht es in Ida Boy-Eds Roman *Die Opferschale* (1917) zu. Katharina von Leuckmer, die Heldin der zweiten Romanhälfte, verliert nacheinander den Ehemann und den Geliebten sowie zwei Brüder durch den Krieg; sie findet Trost in der Mutter-Rolle, die ihr jetzt auch gegenüber dem Kind ihres gefallenen Freundes zuwächst.

Führende Vertreterinnen der deutschen Frauenbewegung haben sich hinter den Krieg gestellt. Gertrud Bäumer beispielsweise, die Vorsitzende des Bundes deutscher Frauenvereine (1910–1919), vertrat in ihrer Flugschrift *Der Krieg und die Frau* (1914) die Akzeptanz des Soldatentodes gerade für die Frau als berufene «Hüterin und Pflegerin des Lebens»: «Es ist ein mütterliches Grunderlebnis, daß Leben und Kraft hingeopfert werden muß, damit neues Leben um so schöner erblühen kann.» Die österreichische Katholikin Enrica Handel-Mazzetti, die selbst im Lazarettdienst tätig war, stellt wiederholt die Rolle der Frau als Krankenschwester und Pflegerin verwundeter Soldaten dar, u. a. in den als Feldpostausgabe erschienenen «Bildern aus dem Reservespital» *Der Blumenteufel* (1916). Dasselbe Motiv begegnet übrigens auch in expressionistischen Novellen Kasimir Edschmids (*Der tödliche Mai*, 1915) und – hier in kraß desillusionierender Perspektive – Sternheims (*Ulrike*, 1918).

Die Kriegsromane der steirischen Gräfin Edith von Salburg thematisieren vor allem den Konflikt mit dem vermeintlichen Bundesgenossen und tatsächlichen Kriegsgegner Italien. *Das Haus an der Grenze* (1915) zeigt die Spaltung einer Familie, deren Kinder sich teils nach der österreichischen Mutter, teils nach dem italienischen Vater orientieren. Im Schwiegersohn Nardo, einem italienischen Offizier, der sich der deutschen Seite zuwendet und für den Kriegseintritt Italiens auf Seiten der Mittelmächte arbeiten will, klingt bereits die Thematik des späteren Romans *Student Leoni* (1917) an. Sein Held ist ein italienischer Adliger, der zum Studium nach Graz geht, wo er sich in die moralisch hochstehende, leider aber bereits vergebene Regine verliebt. Vor seinem ersten Einsatz im Krieg gegen Österreich begeht er Selbstmord.

Lisbeth Dills Roman *Die Spionin* (1917) spielt auf den Fall der Engländerin Edith Cavell an, die 1915 in Brüssel erschossen wurde. Die aus dem Saarland stammende Autorin legt ihre Titelfigur als Lothringerin an, der die doppelte Loyalität zu zwei zerstrittenen Nationen zum Schicksal wird. Zusammen mit ihrem Onkel arbeitet sie in Brüssel bei einer Untergrundzeitung, indem sie sich vor den Besatzungssoldaten als Deutsche ausgibt und sie aushorcht; dabei zeigt sie sich von den Deutschen, die sie kennenlernt, partiell fasziniert. Die Autorin gibt dem

Leser die Möglichkeit, den Deutschenhaß der Franzosen als Minderwertigkeitskomplex zu deuten, und beruft sich im Vorwort von 1916 auf ihre langjährigen Erfahrungen mit der spannungsgeladenen Atmosphäre an der deutsch-französischen «Doppelkulturstraß».

3. Literaturlandschaft Schützengraben

Der Leser von Ernst Jüngers Kriegstagebuch *In Stahlgewittern* (1920) gewinnt bisweilen – allerdings nur bisweilen – den Eindruck, der Schützengraben sei so etwas wie eine behagliche Lese-Ecke gewesen. Tatsächlich war es wohl gerade die Erstarrung des Kriegs zum demoralisierenden Stellungs- und Materialkrieg, die das Bedürfnis nach Lektüre in der Truppe und die öffentliche Anerkennung dieses Bedürfnisses, ja seine Verwaltung wachsen ließ. «Sendet Bücher ins Feld!» hieß eine populäre Parole. An der Technischen Hochschule Wien wurde eine «Sammelstelle für Soldatenlektüre» eingerichtet, die Buchpakete im Gewicht von zehn Kilogramm und Zeitungsrollen über zweihundert Unterabteilungen in das Kampfgebiet verschickte. Die Mitglieder des Börsenvereins des deutschen Buchhandels spendeten bis Oktober 1914 nicht weniger als eine Viertelmillion Bücher; bis 1917 wurden auf deutscher Seite zehn Millionen Buchspenden für im Feld stehende Soldaten gezählt. Die aus diesen Spenden aufgebauten Regimentsbibliotheken waren ein Novum in der Geschichte der Armeen, die entsprechende Einrichtungen zuvor nur für militärische Handbücher, Offizierszeitschriften und ähnliches kannten.

Was aber lasen die deutschen Soldaten des Ersten Weltkriegs? In seinem Artikel *Gegen Unwahrheit* (*Berliner Tageblatt*, August 1914) versichert Hauptmann, daß viele von ihnen «neben dem Gewehr in der Faust ihren Goetheschen *Faust*, ihren *Zarathustra*, ein Schopenhauersches Werk, die Bibel oder Homer im Tornister haben». Angeblich war nach der Mobilmachung in Metz nicht eine Taschenbuchausgabe von Goethes *Faust* mehr zu erhalten. Soweit die Legenden, die sich auch gern mit dem Langemarck-Mythos verbinden, jenem Kult um die jungen Freiwilligen-Regimenter, die im November 1914 in Flandern «singend» in den Tod gegangen sein sollen. Der Wirklichkeit näher dürfte die Bilanz kommen, die der Leiter der Wiener Sammelstelle aufgrund von mehr als fünfzigtausend Feldpostkarten 1918 gezogen hat. Danach liest «der Feldgraue» am liebsten spannende Erzählungen und – vor allem – Humoristisches. Er zitiert einen Feldkurat, der nach der elften Isonzoschlacht dringend um humoristische Lektüre bat: «Denn wir haben zu viel Ernstes gesehen.»

Dem entspricht die Statistik, die auf reichsdeutscher Seite Friedrich Schilling über die Buchausleihen in vier Regimentsbibliotheken erstellt hat. Fast gleichauf führen Wilhelm Busch und Rosegger die Ausleihstatistik, vor Hauff, Fontane und den etwa ebenso oft verlangten zeitgenössischen Unterhaltungsschriftstellern Kurt Aram und Walter Bloem – weit vor Goethe, der nur gut ein Viertel der Spitzenquote erreicht. Auch eine Berechnung nach Gattungen bestätigt den Befund, daß humoristische Werke, Romane und einfache Unterhaltungsliteratur am häufigsten gelesen wurden. In einem darauf gegründeten Memorandum fordert Schilling 1917, daß beim Aufbau von Regimentsbibliotheken entspannende Lektüre bevorzugt, «Tendenz- und Problemschöpfungen» dagegen vermieden werden sollten. Die Spitze gegen die sozialistische und moderne Literatur ist unüberhörbar. Tatsächlich war in den ausgewerteten Regimentsbibliotheken kein Titel des Kurt Wolff Verlags anzutreffen, dagegen um so mehr von Ullstein.

Der Buchhandel stellte sich schnell auf den Lesehunger der Soldaten ein – zunächst durch die Produktion preisgünstiger Taschenausgaben, sogenannter Feldpostausgaben. Insbesondere der Reclam Verlag profitierte davon, daß ein wesentlicher Teil der an der Front gelesenen Literatur in der Heimat von Angehörigen oder Freunden erworben wurde. Die Auswahl wurde also eher von den verbreiteten Vorstellungen über den Krieg als Bildungserlebnis und die im Krieg zu verteidigende Nationalkultur als durch die reale Gemütsverfassung der Kämpfenden bestimmt. Hier empfahl sich selbstverständlich Reclams Universal-Bibliothek mit Einzelpreisen von zwanzig Pfennig pro Band oder die vom Verlag angebotene «Tragbare Feldbücherei» mit gleich hundert Reclamheften in einem Holzkasten, auf den auf Wunsch der Name des Stifters kostenlos aufgedruckt wurde. Diese «Feldbücherei» gab es zum Preis von zwanzig Mark in unterschiedlichen Zusammenstellungen, darunter die «Novellen-Bibliothek fürs Feld» und die «Offiziers-Bücherei».

Um den Soldaten auch selbst die Möglichkeit zum Bucherwerb zu bieten, wurden an den meisten Frontabschnitten diverse, zum Teil mobile, Feldbuchhandlungen eingerichtet, oft in Kooperation mit oder Abhängigkeit von führenden Verlagshäusern und Großbuchhändlern wie Ullstein, Stilke und Hilber. Die damit, jedenfalls der Tendenz nach, verbundene Monopolisierung des Feldbuchhandels führte schon bald zu einer lebhaften Diskussion über Standards und Ausgewogenheit des Angebots und zu behördlichen Auflagen. So mußten nach einer Anordnung Ludendorffs vom November 1916 der prozentuale Anteil der einzelnen Verlage vom Buchabsatz und die Qualität des Angebots kontrolliert werden.

Damit war vor allem die Bekämpfung des sogenannten «Kriegsschunds» gemeint, gegen den Dutzende von Volkserziehungsvereinen zu Felde zogen. Die im Reichstag unter dem Gelächter der Abgeordneten verlesenen Buchtitel *Kriegsbräute* (von Josephine Schade-Hädicke), *Die Schwester des Franktireurs* (von O. Haunstein) und *Deutsche Hiebe, deutsche Liebe* (von Arnold Nestor) sprechen für sich. Im XIII. Württembergischen Armeekorps drohte jedem Buchhändler ein Jahr Gefängnis, der reißerische Schriften der Vorkriegszeit wie *Der rote Napoleon. Eine Erzählung aus dem Aufstande der Sioux-Indianer* (von Walter Müller, 1906) oder *Zehn Jahre in der Fremdenlegion in Nord-Afrika* (anonym, 1910) verkaufte. Mit spürbarer Enttäuschung berichtet Dehmel in seinem Kriegstagebuch *Zwischen Volk und Menschheit* (1919) von seiner Tätigkeit als Buch-Prüfer oder Zensor an der Front: Es ging nicht um die Förderung guter Bücher, sondern um die Verhinderung schlechter, und was als schlecht galt, bestimmte die Militärbürokratie.

Daß an der Front nicht nur gelesen, sondern – von den eigentlichen militärischen Aktivitäten ganz abgesehen – auch geschrieben wurde, zeigen die hundertzehn Feldzeitungen an allen Fronten des Deutschen Heers 1914–1918. Einen charakteristischen Typ bilden die oft spontan und individuell, sozusagen ‹von unten› entstandenen Schützengrabenzeitungen wie zum Beispiel *Der bayerische Landwehrmann*, erstmals erschienen Mitte September 1914 – unmittelbar nach der Erstarrung der Fronten – als hektographiertes Doppelblatt mit einer Auflage von achtzig Stück. Ein anderes derartiges Blatt (*Der Drahtverhau*) definiert sich als «Schützengrabenzeitung d. h. eine Zeitung vom Schützengraben für den Schützengraben» und beteuert die Nähe zu den Frontereignissen in einer fast schon Verdacht erweckenden Weise: «Die Schriftleitung schreibt die Zeitung in den freien Stunden, die ihr der Schützengrabendienst läßt, eigenhändig mit Autographentinte auf weißem Kanzleipapier ins Reine, reitet selbst den Verse-Schimmel, teilt die Zeichnungen ein, betextet sie u.s.w. u.s.w. ... Daß unser Kerzenlicht jedesmal auslischt, so oft eine Mine in unserer Nähe einschlägt [...] das macht gar nichts!»

Auf der anderen Seite stehen die professionell erstellten und mit hoher Auflage vertriebenen Armeezeitungen, die von hauptamtlichen Mitarbeitern mit oft einschlägiger Berufserfahrung redigiert wurden, so die vom Bestsellerautor Paul Oskar Höcker geleitete *Liller Kriegszeitung*, der von Ludwig Munzinger verantwortete *Champagne-Kamerad*, die von Anton Kippenberg, dem Inhaber des Insel Verlags, herausgegebene *Kriegszeitung der 4. Armee* und die vom Freiburger Germanisten Philipp Witkop redigierte *Kriegszeitung der 7. Armee*. Auf österreichischer Seite wird Oberleutnant Robert Musil 1916 mit der Redaktion der *Tiroler Soldatenzeitung* beauftragt, die vor allem zur Bekämpfung der italienischen Irredenta in Südtirol bestimmt war; unter Musil soll die Zeitung eine wesentliche Straffung und Neuorientierung im Sinne einer großdeutschen Politik erfahren haben.

Wie das Beispiel zeigt, ist der schreibende Soldat aus der Sicht der Heeresleitung vor allem ein propagandistischer Faktor, und das Bedürfnis nach propagandistischer Steuerung, das heißt aber auch Kontrolle und Zensur der Kommunikationsprozesse wuchs im Laufe des Kriegs und im Zuge der nachlassenden Kriegsbereitschaft sowohl der Soldaten

als auch der zivilen Bevölkerung beträchtlich. Noch aus der Anfangsphase des Kriegs, nämlich vom Dezember 1914, stammt dagegen der
öffentliche Aufruf des IX. deutschen Armeekorps an alle Kriegsteilneh-
mer, durch schriftliche Einsendungen eine Grundlage für die künftige
Geschichtsschreibung des Weltkriegs zu schaffen: «Wer besondere Erlebnisse hat, wird hierdurch aufgefordert, seine Erinnerungen niederzu-
schreiben, damit sie im Generalstabswerk aufbewahrt bleiben. Es ist
alles wahrheitsgetreu zu berichten und nichts braucht, wie in den Zeitungen [!], verheimlicht zu werden.»

Der Soldat als Historiker seines eigenen Kriegs! Doch bedurfte es
einer solchen Aufforderung eigentlich noch? Die Soldaten schrieben ja
ohnehin in vorher nicht gekanntem Ausmaß. Die Kaiserliche Post
beförderte im Ersten Weltkrieg insgesamt 11 Milliarden Sendungen von
der Front in die deutsche Heimat (täglich etwa 6,8 Millionen), und
diese Briefe und Karten wurden ebenda als Botschaften aus einer fremden Welt, als – wie es Walther von Hollander 1916 in der *Neuen Rundschau* formulierte – Wörterbücher für die Fremdsprache des Kriegs
entziffert und in Ehren gehalten. Und veröffentlicht! Ein Medium, das
in besonderem Maße auf Feldpostbriefe oder andere Berichte von der
Front angewiesen war, stellten die Werkzeitungen dar, wie sie von größeren Firmen, zum Beispiel Continental (Hannover) und Kaffee Haag
(Bremen), als Verbindung zwischen einberufenen Mitarbeitern und hei-
mischer Kollegenschaft in Kriegszeiten eingerichtet wurden.

Aber auch reguläre Zeitungen nutzten das Interesse an Feldpostbriefen, die man sogleich als literarische Form entdeckte. So bestand Paul
Oskar Höckers als Nummer Eins von Ullsteins «Kriegsbüchern»
erschienener Bestseller *An der Spitze meiner Kompagnie* (1914) aus einer
Reihe von Feldpostbriefen, die zuvor im *Berliner Lokal-Anzeiger* abgedruckt wurden. Schon zum Jahresende 1914 kamen die ersten Sammelbände heraus, in denen Feldpostbriefe neben Erzählungen und anderen
Kriegstexten rangierten, und kaum war das erste Kriegsjahr ins Land
gegangen, so erschienen zahlreiche Bücher, die ausschließlich Feldpostbriefe versammelten – von einzelnen Soldaten verfaßt (*Feldpostbriefe
meines Sohnes Otto Kerler*, 1915) oder von bestimmten Zeitungen veröffentlicht (*Von Flandern bis Polen. Feldpostbriefe der Täglichen Rundschau
aus dem Weltkriege*, 1915), aber auch nach Kampfgebiet oder Religionszu-
gehörigkeit sortiert: Der erste Band (1915) der offiziösen Edition *Der
deutsche Krieg in Feldpostbriefen* ist lapidar *Lüttich, Namur, Antwerpen*
benannt, und auf die *Jüdischen Feldpostbriefe* sowie die *Kriegsbriefe deutscher und österreichischer Juden* (beides 1915) folgten die *Feldbriefe katho-
lischer Soldaten* (1918).

Herausragende Bedeutung über die Kriegszeit hinaus sollten die Feldpost-
sammlungen des Freiburger Ordinarius und Thomas-Mann-Freundes Philipp

Witkop erhalten, weil sie in spezifischer Weise die ästhetischen, emotionalen und ideologischen Bedürfnisse der Zeitgenossen und der nachfolgenden Generation erfüllten. Die *Kriegsbriefe deutscher Studenten* (1916) wurden im Auftrag des Auswärtigen Amts in verschiedene Sprachen übersetzt und über die deutschen Botschaften verteilt, da sie geeignet schienen, den Barbarismus-Vorwurf der alliierten Propaganda wirkungsvoll zu widerlegen. Hier sprachen im Originalton deutsche Soldaten mit hohem Bildungsstand und aufopferungsvollem Idealismus. Mehrere von ihnen waren Witkops eigene Schüler; zwei darunter (Walther Harich und Wilhelm Spengler) sollten selbst eine literarische Karriere einschlagen. Durch das Geschick seiner Auswahl und Bearbeitung hatte der Herausgeber dafür Sorge getragen, daß die Texte wie ein einheitliches Epos des Weltkriegs wirkten – entsprechend seiner von Hegel inspirierten ästhetischen Überzeugung, daß der Krieg eine epische Darstellungsweise begünstige und später auch eine gültige epische Bearbeitung (vielleicht durch Thomas Mann?) erfahren werde.

Auf ganz anderer Grundlage entstand Witkops zweite Sammlung *Kriegsbriefe gefallener Studenten* (1918). Witkop ließ sich von den deutschen Universitäten die Adressen gefallener Studenten geben und bat die Eltern in einem Formbrief um Unterstützung. Zusätzlich warb er im August 1917 in der von ihm geleiteten *Kriegszeitung der 7. Armee* um Briefe gefallener Kameraden mit dem Argument, daß die beabsichtigte Sammlung ihnen ein Ehrenmal errichten und der Trauer der Hinterbliebenen lebendigeren Ausdruck verleihen solle, als irgendein Denkmal aus Stein oder Erz es vermöchte. Witkop nimmt dabei ausdrücklich auf die Direktiven des Kaisers zur Gestaltung von Soldatenfriedhöfen von Anfang 1917 Bezug. Danach sollten die Friedhöfe in «soldatischer Einfachheit» gehalten sein, die Rangunterschiede der Toten nicht herausstellen und sich harmonisch der Natur anpassen – das Vorspiel zu Ernst Tollers Drama *Die Wandlung* wird die Perpetuierung des Disziplin-Gedankens in der Anordnung militärischer Reihengräber durch die Konfrontation von Kriegs- und Friedenstod satirisieren.

Wie intensiv schon während des Kriegs über das Gedenken der Gefallenen nachgedacht wurde und wie stark dabei das Bedürfnis nach ästhetisch-weltanschaulicher Verklärung war, zeigt auch die Heldenhain-Initiative Willy Langes, der bereits 1914 den Vorschlag machte, für jeden gefallenen Soldaten in der Heimat eine Eiche, und zwar in regelmäßiger Reihenstellung (!), zu pflanzen – er ahnte damals ja nicht, wie viele Bäume dafür noch nötig werden würden! Oder auch die Bitte des Freiherrn Heinrich von Werthern an Gerhart Hauptmann 1917, einen Grabspruch für den seinem Kommando unterstehenden Kriegerfriedhof an der Westfront zu verfassen – die Entwürfe dazu sind in der Werkausgabe als *Grabschriften* enthalten. Aus demselben Jahr stammt Rudolf Borchardts gleichnamiger Beitrag zur halbamtlichen Zeitschrift *Krieger-Ehrungen*; er ist die verweigernde Antwort auf den Auftrag, standardisierte Muster für Grabschriften zu entwickeln. Indem Witkop die schmale Auswahl aus den zwanzigtausend ihm zur Verfügung gestellten Dokumenten, die er 1918 bei Teubner publiziert, nach den Todesdaten der Briefschreiber anordnet, unterstützt er die Lektüre seiner Sammlung als eines Helden- oder Heiligenkalenders.

Dieser Gesichtspunkt wird den einzigartigen Publikumserfolg der um zweihundert Seiten erweiterten Neuausgabe des Georg Müller Verlags ermöglichen, die im Herbst 1928 genau einen Monat vor Remarques *Im Westen nichts Neues* erschien. Den Lesern ihrer späteren Auflagen und erst recht denjenigen der um

vermeintlich ‹unheroische› Passagen gekürzten Volksausgabe (1933) erschienen
die schreibenden Studentensoldaten immer eindeutiger als ‹Blutzeugen› eines
neuen Deutschland.

Durch die kultische Rezeption von Witkops Briefsammlung wurde
die ursprüngliche Intention ihrer Schreiber auf den Kopf gestellt. Denn
in den Feldpostbriefen der Studenten kann man immer wieder Kritik an
einer verklärenden Kriegsdarstellung vernehmen. «Ich kann jetzt nur
mit Abscheu an die Schlachtbilder denken, die man so in Büchern sieht.
Es spricht daraus ein widerwärtiger Leichtsinn», heißt es in einem Brief
vom Oktober 1914. Ein anderer Briefschreiber, gleichfalls Student der
Theologie, nimmt im August 1917 sehr realistisch auf die Grabkreuze
Bezug, die sich rings um seine Stellung befinden:

> «Und in der Zeitung kann man lesen: ‹Friedlich ruhen sie an der
> Stätte, wo sie geblutet und gelitten, an der Stätte ihres Wirkens,
> unter den Augen ihrer lieben Kameraden [...].› Und keiner denkt
> daran, daß auch der Feind noch schießt und dann die Granaten ein-
> schlagen ins Heldengrab, die Knochen mit dem Dreck in alle
> Winde verspritzen und sich der schlammige Grund nach Wochen
> über der Stätte schließt, die eines Gefallenen letzte Ruhestätte war
> [...].»

Das in vielen Aufzeichnungen von Frontsoldaten wiederkehrende Unbehagen über die bestenfalls auf Ahnungslosigkeit beruhenden Klischees,
mit denen sich die Zuhausegebliebenen über die Wirklichkeit des Kriegsgeschehens trösten oder täuschen ließen, findet prägnanten Ausdruck
in einem 1995 aus dem Nachlaß veröffentlichten Dialog Fritz von
Unruhs vom September 1915. *Eine Unterhaltung* ist ein zunehmend kon-
frontatives Gespräch zwischen einem Soldaten und einem Schriftsteller,
das man auch als halbes Selbstgespräch Unruhs deuten kann, der ja beides zugleich war. Der Schriftsteller, der hier als Front-Tourist auftritt
und immer deutlicher die Züge des biblischen Versuchers annimmt, ist
freilich ein eitler Ästhet, der die Tuchfühlung mit der blutigen Realität
scheut, um nicht den «grossen Zusammenhang» seiner patriotischen
Dichtung aus dem Auge zu verlieren. Der Soldat dagegen als ideales
Alter ego des Autors beruft sich auf das preußische Pflichtgefühl, mit
dem er am Schluß wieder in die Schlacht zieht.

4. Propaganda von Amts wegen

Österreich

Daß es unter den oben (S. 763) aufgelisteten im Krieg gefallenen oder in direktem Zusammenhang mit ihm gestorbenen Schriftstellern mit Trakl und Janowitz nur zwei Österreicher gibt, hängt auch mit dem ungleich größeren Angebot an Rückzugsmöglichkeiten zusammen, das die österreichisch-ungarische Militärbürokratie den Angehörigen der literarischen Intelligenz bot. Es sind vor allem drei Institutionen, in denen die Schriftsteller Unterschlupf fanden: das Kriegspressearchiv, das Kriegsarchiv und das Kriegsfürsorgeamt. Der nachfolgende Überblick soll die Verflechtungen von Literatur und Bürokratie erläutern und damit auch deutlich machen, daß der Rückzug von der militärischen Front für die Betroffenen keine Entlassung aus der Mitverantwortung für den laufenden Krieg bedeutete.

Das Kriegspressequartier hatte die Journalisten des In- und Auslands zu betreuen und die Verbindung zur Operations- und Nachrichtenabteilung des Armeeoberkommandos zu halten. Von den zwölf Abteilungen mit insgesamt 880 Beschäftigten, auf die es im Laufe des Kriegs anwuchs, existierte zunächst nur die Gruppe der Kriegsberichterstatter. Zu ihnen gehörten Roda Roda und die heute vor allem durch Kraus' Polemik bekannte Journalistin Alice Schalek, aber auch Paul Busson, Felix Salten, Karl Hans Strobl und – als ausländischer Korrespondent – der Deutsche Ludwig Ganghofer. Als Gruppenleiter und Zensor im Kriegspressequartier war 1914–1917 der zuvor dem Kriegsarchiv zugeordnete Schriftsteller und Major Robert Michel tätig; als Mitarbeiter der von Auer-Waldborn (das ist Oberstleutnant Arthur Zoglauer) herausgegebenen *Österreichisch-ungarischen Kriegskorrespondenz* wirkten hier 1917/18 Egon Erwin Kisch und Franz Blei. Franz Werfel wurde 1917, Robert Musil 1918 zum Kriegspressequartier abkommandiert.

Den Geist, in dem damals in Österreich Kriegsberichterstattung betrieben wurde – und für den das Kriegspressequartier zuständig war –, mag ein Feuilleton Roda Rodas veranschaulichen, das im September 1915 in der *Neuen Freien Presse* (Wien) erschien. Unter dem Titel *Der Landwehrhauptmann aus Brünn* gibt der akkreditierte Kriegsberichterstatter nach einer einleitenden Betrachtung über die Gerechtigkeit des Kriegs («er kürzt Millionen Menschenleben gewaltsam ab, um Millionen andere aufs Vielfache zu verlängern» [!?]) die Erzählung eines Offiziers namens Kellner wieder, für den das Abschießen russischer Soldaten («die Russen sind gelaufen wie die Hasen») nur ein verlagertes Garnisonspreisschießen darstellt: «So hab ich mein Preisschießen bei Komarow gefeiert: die Scheibe, ein Offizier und 32 Mann, liegen da – alle tot. Eine Tabatiere kriegte ich diesmal nicht; aber der Zugführer sagte: ‹Sakra, sakra, dees war aber fei' gschossen!› Das hat mich sehr gefreut.»

Daß andererseits eine erhebliche Freiheit der Meinungsäußerung bestand, zeigt das Beispiel Werfels. Dieser war der Propagandagruppe des Kriegspressequartiers zugeteilt worden aufgrund eines Antrags, in dem deren Leiter erklärt hatte, daß die «gesundheitliche und militärische Eignung Werfels in gar keinem Verhältnis zu seinem Wert für den Propagandadienst» stehe. Diesen Wert sollte Werfel auf einer Vortragsreise in die Schweiz im Januar/Februar 1918 unter Beweis stellen. Als in Wien bekannt wurde, daß er sich dort zu pazifistischen und sozialistischen Bekenntnissen habe hinreißen lassen, wurde der Dichter flugs nach Haus beordert – er kam allerdings mit einer Verwarnung davon.

Die zweite Säule der österreichischen Kriegspropaganda war das Kriegsarchiv, dessen Stellvertretender Leiter, der Militärhistoriker Alois Veltzé, eine Reihe ehrgeiziger publizistischer Projekte verfolgte. Unter dem ehemaligen Offizier Rudolf Hans Bartsch und dem Militärbeamten Franz Karl Ginzkey, die beide auch schriftstellerisch tätig waren, wurde eine Literarische Gruppe eingerichtet, zu der ab Dezember 1914 Stefan Zweig, ab 1915 auch Franz Theodor Csokor, Albert Ehrenstein (für wenige Monate), Paul Stefan Grünfeld (Pseudonym Paul Stefan), Hans Müller, Alfred Polgar und Géza Silberer (Pseudonym Sil-Vara) sowie ab 1916 Rainer Maria Rilke (gleichfalls nur für wenige Monate) und Felix Salten gehörten. Der Dramatiker Hans Müller, heute nur noch durch Kraus' Satire bekannt, wurde später auf besonderen Wunsch des deutschen Kaisers beurlaubt.

Wenn der Literarischen Gruppe ursprünglich die Aufgabe zugedacht war, als österreichisches Team zusammen mit Vertretern der deutschen Seite eine gemeinsame Geschichte des Weltkriegs zu erarbeiten, so beschränkte sich ihre faktische Tätigkeit weithin auf das sogenannte ‹Heldenfrisieren›, das heißt die Erstellung vorbildlicher soldatischer Lebensbilder aufgrund der im Archiv eingehenden Akten. Aus diesen Pseudodokumenten rekrutierten sich die populären Veröffentlichungen des Kriegsarchivs wie *Unsere Soldaten*, *Unsere Heerführer*, *Unsere Armee im Felde* oder – zum Andenken an Gefallene – *Auf dem Felde der Ehre*. Höhere Ansprüche verfolgten der Sammelband *Aus der Werkstatt des Krieges* (1915) und die ab März 1917 erscheinende, von Veltzé und Zweig herausgegebene halbamtliche Monatsschrift *Donauland*.

Die Tätigkeit des «Titularfeldwebels» Stefan Zweig im Kriegsarchiv, um die er sich heftig bemüht hat, ist um so bemerkenswerter, als die Autobiographie *Die Welt von Gestern. Erinnerungen eines Europäers* (1942) den Anschein einer pazifistischen Haltung Zweigs schon bei Kriegsausbruch erweckt. Dem stehen mehrere Zeitungsartikel aus seiner Feder vom August/September 1914 und verschiedene Eintragungen im Tagebuch entgegen, das allerdings eine erstaunliche Bandbreite der Stimmungen und Einschätzungen aufweist. Die politische Labilität Zweigs und seine Bedenkenlosigkeit gegenüber dem Propaganda-Apparat, von dessen Meldungen er sich beeindrucken läßt und in dessen Dienst er sich stellt, weichen erst um 1917 einem konsequenteren Pazifismus.

Schließlich ist das kurz nach Kriegsbeginn gegründete Fürsorgeamt des Kriegsministeriums zu nennen, in dessen unmittelbare Zuständigkeit die Versorgung der Invaliden sowie der Soldatenwitwen und -waisen fiel. Da für diese Aufgaben nur unzureichende öffentliche Gelder zur Verfügung standen, mußten zusätzliche Mittel eingeworben werden, so daß sich auch hier die Notwendigkeit propagandistischer Aktivitäten ergab. Eine in der Öffentlichkeit mit besonderer Aufmerksamkeit bedachte Aktion war die Aufstellung des sogenannten «Wehrmanns im Eisen»: einer Holzfigur (in Deutschland, wo ähnliche Sammlungen stattfanden, sprach man vom «hölzernen Hindenburg»), in die Spendenwillige gegen Gebühr einen Nagel einschlagen durften; die *Neue Freie Presse* berichtete Tag für Tag über die Zahl der in Wien neu eingeschlagenen Nägel.

Leiter des Pressebüros des Kriegsfürsorgeamts war von Mitte August 1914 bis Mitte Mai 1915 kein geringerer als Hugo von Hofmannsthal. Der Dichter hatte sich dank hochmögender Verbindungen mittels «Superarbitrierung» auf die neueingerichtete Stelle versetzen lassen, nachdem er genau zwei Tage bei der ihm zugewiesenen Kompanie des 5. Landsturm-Infanterie-Regiments – mit «viel Freude», wie er am 30. Juli 1914 an Richard Beer-Hofmann schreibt – Garnisonsdienst geleistet hat. Ein Vorgang, dem vor dem Hintergrund des politisch-ideologischen Anspruchs, den Hofmannsthal während der Kriegszeit nach außen vertrat, doch wohl etwas Fragwürdiges anhaftet, und das nicht nur in den Augen des unentwegten Hofmannsthal-Kritikers Kraus, der eine ganze Szene seiner Tragödie *Die letzten Tage der Menschheit* (Aktausgabe IV,16) dem Widerspruch zwischen dem militärischen Schein und Sein des Kollegen widmet. Während Bahr in seinem offenen *Gruß an Hofmannsthal* (*Neues Wiener Journal*, 26. August 1914) den alten Freund an einem Wachtfeuer draußen im Feindesland wähnte oder solches zu wähnen vorgab, brannte für diesen das wärmende Feuer nur ein paar Straßenecken weiter – im Kriegsfürsorgeamt.

Hofmannsthal hat in dem guten halben Jahr seiner Tätigkeit als Pressechef des Kriegsfürsorgeamts eine Reihe von politischen Betrachtungen in der *Neuen Freien Presse* veröffentlicht, die offensichtlich den Auftrag seines Amtes umzusetzen versuchen: Im *Appell an die oberen Stände* (September 1914) beschwört er die Solidarität der Daheimgebliebenen und leiht der Gemeinschaftsidee, die sich ja auch in seinem dichterischen Werk der vorhergehenden Jahre ausgebildet hat, eine fast schon bedrohliche Verbindlichkeit («[...] und den Bösen wird eine unerwartete Strafe ereilen»). Auch die heroische Verklärung der winterlichen Karpatenkämpfe in *Geist der Karpathen* (Mai 1915) erzeugt einen Überschuß in der Inszenierung des Kollektivgeistes: «Hier wurde aus einer bloßen Masse von Soldaten ein Heer [...] Hier geschah diese Auslese [...] Welche Schule, die sie durchgemacht haben [...].» Hofmannsthal selbst spricht vom «Überschuß», der bleiben werde, wenn die «Arbeiter des Krieges» wieder zu Maschine und Pflug

zurückkehren, und erreicht gerade durch diese Betonung des Kriegs-Arbeitsall-
tags eine gewisse Modernität.

Mit seiner Beurlaubung aus dem Kriegsfürsorgeamt fühlt sich Hofmannsthal
keineswegs aus der patriotischen Pflicht entlassen. In einer freiwilligen Ersatz-
oder Überbietungsleistung vertritt er in den Folgejahren mit großer Energie weiterhin die «österreichische» oder – das ist für ihn bald weitgehend dasselbe –
die «europäische Idee» (s. u. S. 804, 822). Er unternimmt mehrere Reisen in besetzte Gebiete, nach Deutschland, Skandinavien und in die Schweiz, für die er
um amtliche Unterstützung, ja eine direkte Legitimation beim Außenministe-
rium nachsucht. Die Reisen, die mit Vorträgen Hofmannsthals verbunden sind
oder anderweitig publizistisch ausgewertet werden, entspringen letztlich einer
Selbstüberschätzung des Dichters hinsichtlich der politischen Funktion, die er
als inoffizieller Delegierter etwa in der Vermittlung deutscher und österreichischer Interessen auf höchster Ebene übernehmen könnte. Sein Freund Eberhard
von Bodenhausen, ein einflußreicher deutscher Industrieller, hat wohl recht,
wenn er schon im November 1914 warnt: «Bei unseren Zuständen aber mußt
Du für die ausreichende Etikettierung sorgen; sonst bist Du nobody.»

Deutschland

Über die Verwicklung deutscher Schriftsteller in die Militärbürokratie
des Ersten Weltkriegs ist bislang vergleichsweise wenig bekannt; es
besteht Grund zur Annahme, daß ihre propagandistische Funktionalisierung aufgrund der Wehrpflicht eine relativ geringere Rolle spielte.
Dennoch gab es auch hier vergleichbare Institutionen und Vorgänge.

An erster Stelle zu nennen ist die im besetzten Belgien angesiedelte
Kriegspressestelle, deren Leitung im März 1916 dem nach kurzem
Fronteinsatz verwundeten populären Schriftsteller Walter Bloem übertragen wurde. Bloem, der im letzten Teil (*Die Schmiede der Zukunft*,
1913) seiner Romantrilogie über die Reichsgründung bereits die Problematik einer Auseinanderentwicklung von kämpfender Truppe und heimatlicher Öffentlichkeit angedeutet hatte, betrieb die Effektivierung der
militärischen Öffentlichkeitsarbeit und die manipulative Beeinflussung
der Presse in einer letztlich schon auf die propagandistischen Methoden
des nächsten Weltkriegs vorausweisenden Manier. Da nicht nur in Kreisen des Heers über die bisherige Kriegsberichterstattung durch zivile
Journalisten oder Schriftsteller wie Ludwig Ganghofer, Bernhard Kellermann und Karl Rosner geklagt wurde, führte Bloem die neue Funktion
des Offizier-Kriegsberichterstatters ein, der mit der nötigen Sachkennt-
nis, aber natürlich auch in strikter Abhängigkeit von seinen Vorgesetzten das Kriegsgeschehen für die Öffentlichkeit aufbereiten sollte. In dieser Funktion waren ihm zugeordnet: Fritz Bubendey, Joachim Freiherr
von der Goltz, der Dramatiker Hans Fritz von Zwehl, Walther von Hollander und Friedrich Loofs (Pseudonym Armin Steinart), dessen Kriegserzählung *Der Hauptmann* später zu behandeln ist.

In einer speziellen Initiative beauftragte die Oberste Heeresleitung unter Generalstabschef von Falkenhayn darüber hinaus Fritz von Unruh mit einer positiven Darstellung der Kämpfe vor Verdun. Der durch seine Freundschaft mit den Kaisersöhnen hierfür wohl besonders empfohlene Dichter-Offizier, der noch kurz vorher selbst im Feuer dieser größten und verlustreichsten Materialschlacht des Krieges gestanden hatte, wurde dafür von seiner bisherigen Einheit freigestellt, erfüllte aber mit der Erzählung *Verdun* (später: *Opfergang*) die Anforderungen seiner Auftraggeber nicht vollständig oder nicht rechtzeitig (s. u. S. 815 f.).

Auch auf deutscher Seite existierte ein Kriegsarchiv, das noch während des Weltkriegs die publizistische Aufbereitung seiner Geschichte betrieb. Der einzige namhafte Schriftsteller, der hier bis 1918 zum Einsatz kam, ist jedoch Walter Flex. Der damals schon als Kriegsschriftsteller hervorgetretene Flex wurde im Sommer 1917 für knapp zwei Monate nach Berlin abkommandiert, um die Beschreibung der *Russischen Frühjahrsoffensive* 1916 zu verfassen, die posthum 1919 als Heft 31 der Reihe «Der Große Krieg in Einzeldarstellungen auf der Grundlage amtlicher Quellen» erschien. Ein Beispiel für den hier angeschlagenen Ton gibt die Beschreibung einer Episode vom 2. April 1916, die Flex als Augenzeuge miterlebt haben könnte:

> «Generalfeldmarschall v. Hindenburg [fuhr] an die Front, um seinen siegreichen Regimentern zu danken. [...] Hand in Hand standen da für einen Augenblick Feldherr und Handgranatenwerfer, einer den anderen mit langem, vertrauensvollem Blicke ermessend.
>
> Die Frühlingssonne leuchtete als Siegessonne über der Hindenburg-Front. Düna und Wilia trieben im Eisgang. Landauf, landab auf den Litauischen Seen sanken die Zentnerlasten der Stacheldrahthindernisse langsam in die Tiefe.»

Als sogenanntes Reichsarchiv wird dieselbe Institution in der Weimarer Republik die Literarisierung der Kriegsdokumentation weiterbetreiben, insbesondere mit der Beauftragung des Romanschriftstellers Werner Beumelburg für mehrere Bände der Reihe «Schlachten des Weltkrieges» (1921–1930).

Mit der deutschen Kriegsfürsorge während des Ersten Weltkriegs verbindet sich in literarischer Beziehung vor allem der Name Hermann Hesses. Dieser war als ihr Mitarbeiter vom Wehrdienst beurlaubt, um von der neutralen Schweiz aus die Versorgung deutscher Kriegsgefangener mit Literatur zu betreiben. Ab Mai 1917 dem Kriegsministerium unterstellt, nahm Hesse die literarische Leitung der Bücherzentrale für deutsche Kriegsgefangene in Bern wahr. Er befand sich damit in unmittelbarer Nachbarschaft Harry Graf Kesslers, der als Repräsentant der

deutschen Kulturpropaganda im Auftrag des Auswärtigen Amts in der
Schweiz weilte und sich dabei hauptsächlich mit der Förderung des
künstlerisch wertvollen Films befaßte.

Ein Überblick über die Indienstnahme der literarischen Intelligenz durch
den staatlichen Militär- und Propaganda-Apparat wäre unvollständig ohne die
Erwähnung zweier eigentümlicher Phänomene. Das eine ist eher ein Kuriosum,
in seiner Symbolik aber doch bezeichnend für die Engführung der zivilen und
der militärischen Sphäre: die Verleihung des Roten Adler-Ordens durch den
deutschen Kaiser an mehrere mit Kriegsdichtungen von «besonderem Wert» hervorgetretene Autoren, nämlich Ferdinand Avenarius, Richard Dehmel, Gustav
Falke, Cäsar Flaischlen, Walter Flex, Gerhart Hauptmann, Ernst Lissauer,
Richard Nordhausen, Rudolf Presber, Rudolf Alexander Schröder, Hermann
Sudermann, Will Vesper und Paul Warncke. Hauptmann notiert im Tagebuch
vom 27. Januar 1915: «Durch Verleihung des roten Adlerorden IV tiefst und wahrhaft gedemütigt.»

Die zweite notwendige Ergänzung betrifft die «Deutsche Gesellschaft 1914»,
die im Herbst 1915 in Berlin gegründet wurde – als Medium zur Koordinierung
der deutschen Intelligenz im Hinblick auf die Kriegsführung sowie zur Vermittlung zwischen geistiger, wirtschaftlicher und politischer Elite. Sie zählte zeitweilig 1855 Mitglieder, darunter 272 Vertreter von Kunst und Literatur und 141
Militärs. Über dem Vorstand, dem u. a. Max Reinhardt angehörte, war ein Präsi-
dium angesiedelt, das gleichfalls aus einem größeren Personenkreis bestand;
dazu gehörten Gerhart Hauptmann und Rathenau, Richard Strauss, der
HAPAG-Direktor Albert Ballin, Mitglieder der Familien Siemens und Thyssen
und zahlreiche hohe Beamte.

Äußerlich gab sich die Gesellschaft wie ein aristokratischer Club. Die dazu
passenden Räumlichkeiten stellte der Vorsitzende – der Staatssekretär im Kolo-
nialministerium Wilhelm Solf – mietfrei in dem von ihm erworbenen Prings-
heimschen Palais in der Wilhelmstraße zur Verfügung. Man traf sich zumeist montags zu einem Vortrag, dessen Thema in der Anfangsphase obligatorisch auf den
Krieg bezogen war. Höhepunkte des Jahresprogramms 1916 waren die Reden
Rudolf Borchardts (*Der Krieg und die deutsche Verantwortung*) und Ernst
Troeltschs (*Die Ideen von 1914*).

5. Zeitschriften im Krieg

«Ich wollte, ich hätte inmitten dieses Krieges die Kraft des Friedens.»
Mit diesem Stoßseufzer schließt Moritz Heimann, Autor und Lektor
des S. Fischer Verlags, am 31. August 1914 einen Brief an seinen Verleger
und Chef. Sein nächster Brief an Samuel Fischer enthält bereits eine
Bilanz des ersten eigentlichen Kriegshefts der *Neuen Rundschau*. Die
Septembernummer 1914 dieser immer noch führenden literarischen
Zeitschrift ist, von drei Texten abgesehen, schon ganz dem Weltkrieg
gewidmet: mit Gedichten von Dehmel, Gerhart Hauptmann und Hermann Stehr sowie Essays von Oscar Bie (dem Herausgeber), Robert

Musil (dem neuen Redakteur), Samuel Saenger (dem Kolumnisten für
politisch-soziale Fragen), Heimann selbst und den Hausautoren Emil
Ludwig und Johannes V. Jensen; letzterer schreibt als Däne über das
deutsche «Reich der Mitte».

Die *Neue Rundschau* bleibt auch in den folgenden Monaten und
Wochen die wichtigste Plattform für Kriegsschuld- und Kriegszieldis-
kussionen, Kriegsdichtung und -deutung. Die einschlägigen Beiträge
von Thomas Mann, Alfred Döblin, Max Scheler und Ernst Troeltsch
sind demnächst im Zusammenhang mit den «Ideen von 1914» zu erör-
tern. Im Rahmen dieses knappen Überblicks über die Haltung einiger
ausgewählter literarischer Zeitschriften zum Krieg mag die Feststellung
genügen, daß sich die langsame Erweiterung und Verschiebung des
S. Fischer-Spektrums in Richtung auf Politik und Philosophie auch an
der von Anfang an so eng mit dem Geschick des Verlags verbundenen
Zeitschrift ablesen lassen. Die unzweideutig kriegsunterstützende Haltung der *Rundschau* bis mindestens 1917 ist einerseits damit zu erklären, daß die hier vorrangig vertretene erste Generation der literarischen
Moderne mit großer Mehrheit und besonderer Entschiedenheit den
Krieg bejahte. Andererseits macht sich hier auch der Einfluß des Nau-
mann-Schülers Saenger bemerkbar, der unter eigenem Namen sowie
unter dem Pseudonym Junius eine scharf antienglische, rechtskonserva-
tive Linie verfolgte. Gegen Ende des Kriegs setzte sich Saenger für eine
Stärkung des Parlamentarismus ein, um angesichts der Novemberrevo-
lution vollends umzuschwenken: «Sie ist da, die große deutsche Umwäl-
zung, und sie hält ihren Einzug im Gefolge eines verlornen Krieges.
[...] Das deutsche Volk, das Bismarck in den Sattel gesetzt, konnte
nicht reiten.»

Carl Muths *Hochland*, die wichtigste Kulturzeitschrift des deutschen
Katholizismus, schwenkte mit dem Oktoberheft 1914 auf den Krieg ein.
Das mit einem Farbdruck von Dürers «Gewappnetem» eröffnete Heft
enthält die Rede, die der Münsteraner Moraltheologe Joseph Mausbach
am 9. August 1914 in Münster hielt: *Vom gerechten Kriege und seinen
Wirkungen*. Der Augustin-Kenner Mausbach rechtfertigt den Krieg einschließlich des deutschen Einmarschs in Belgien mit denselben Argumenten, mit denen sich der Kirchenvater für die bewaffnete Ketzerbe-
kämpfung aussprach. Der Straßburger Historiker Martin Spahn, Sohn
des bekannten Zentrumspolitikers Peter Spahn, legt im gleichen Heft
nach, indem er offen das imperialistische Kriegsziel formuliert, «an Englands Stelle die Führung Europas in der Weltpolitik [zu] übernehmen».
Carl Spittelers Bekenntnis zur Schweizer Neutralität wird von Muth im
Februar 1915 als Beleidigung Deutschlands zurückgewiesen. Nimmt
man den ersten Kriegsjahrgang des *Hochland* zum Maßstab, so läßt sich
mitnichten die Annahme bestätigen, daß die deutschen Katholiken an

Kriegsentschlossenheit hinter dem protestantischen Bevölkerungsteil zurückgestanden hätten.

Dagegen wurde eine andere Münchner Zeitschrift durch den Kriegsausbruch zunächst in eine Existenzkrise gestürzt. Als liberales Satireorgan, das die bajuwarische Eigenart im Geiste eines aufgeklärten Internationalismus pflegte und sich dabei bevorzugt am preußischen Dominanzanspruch (wie übrigens auch am katholischen Klerus) rieb, hatte der *Simplicissimus* des Langen Verlags im August 1914 offensichtlich ausgedient. Gegen Ludwig Thomas Vorschlag, das Blatt zu schließen, soll sich jedoch der Zeichner Thomas Theodor Heine mit dem Argument durchgesetzt haben, daß für den *Simplicissimus* und seine Mitarbeiter erst recht eine «große Zeit» gekommen sei, wenn man sich auf die Realität des Krieges einstelle und die nationale Politik unterstütze. Aus der Bank der Spötter wurde gleichsam über Nacht – ohne wesentliche Änderungen in der Mitarbeiterschaft oder den künstlerischen Mitteln – ein strammes Propagandablatt, das sich durch die zusätzliche Ausgabe von «Kriegsflugblättern» erfolgreich um höhere Aktualität bemühte. Die schwarz-weiß gehaltenen Extraausgaben, von denen bis zum September 1915 achtundzwanzig Nummern erschienen, trugen anstelle des *Simplicissimus*-Logos (der Bulldogge) ein Emblem mit wechselnden Symbolen oder Porträtzeichnungen erfolgreicher deutscher Feldherrn. Der *Simplicissimus* war gleichsam auf dem Niveau der *Muskete* angekommen, des Wiener humoristischen Soldatenblatts, dem Karl Kraus – gerade wegen der abstoßenden Wirkung und des dadurch ausgelösten Zwangs zur Widerrede – wichtige Anregungen für sein Weltkriegsdrama *Die letzten Tage der Menschheit* verdankte.

«Wer etwas zu sagen hat, trete vor und schweige!» So Karl Kraus in seiner Rede *In dieser großen Zeit*, mit deren Publikation er im Dezember 1914 vorübergehend das Schweigen seiner Zeitschrift *Die Fackel* seit Kriegsbeginn brach. Erst ab Oktober 1915 wird diese wieder halbwegs regelmäßig erscheinen und die Auseinandersetzung mit dem Krieg anhand der Kriegspresse und Kriegsliteratur aufnehmen. Franz Pfemfert dagegen, in der grundsätzlichen Ablehnung des Kriegs mit Kraus einig, läßt die von ihm herausgegebene *Aktion* kontinuierlich erscheinen, allerdings monatelang unter Verzicht auf politische Beiträge; erst mit der Einrichtung der pressekritischen Sparte «Ich schneide die Zeit aus» im April 1915 geht er zu einer vorsichtigen Form der Kriegskritik über. Dank dieser – jedenfalls bis 1916 beobachteten – Indirektheit in Sachen Politik und Krieg kann sich die expressionistische Zeitschrift unter den Bedingungen der deutschen Militärzensur behaupten. Kraus dagegen, der sich während des Ersten Weltkriegs vom konservativen Monarchisten und Gegner des Parlamentarismus zu einem Sympathisanten der österreichischen Sozialdemokratie entwickelte, scheute sich nicht, nach Einschränkung der Pressefreiheit und Verschärfung der Zensur zu rufen und gleichzeitig die Schwierigkeiten, die seinem eigenen Blatt drohten, durch persönliche Kontakte zum Zensor abzuwenden oder zu mildern.

Wenn es zu den diskreten Mitteln seiner Distanzierung vom Weltkrieg gehörte, daß Pfemfert jegliche Heroisierung militärischer Vorgänge vermied, so ist der Gegensatz zur anderen großen Zeitschrift des Expressionismus (der einzigen neben der *Aktion* und den *Weißen Blättern*, die den Krieg überlebte) unübersehbar. Denn in Herwarth Waldens *Der Sturm* war 1915 zu lesen:

«Der Hauptmann August Stramm, Ritter des Eisernen Kreuzes, eingegeben zum Eisernen Kreuz erster Klasse, Inhaber des österreichischen Militärverdienstkreuzes mit der Kriegsdekoration für hervorragende Leistungen als Bataillonsführer in Galizien, Kaiserlicher Postinspektor im bürgerlichen Beruf, Doktor der Philosophie, ist am ersten September als Kompagnieführer und als letzter seiner Kompagnie beim Sturmangriff in Rußland gefallen, nachdem er siebzig Gefechte und Stürme überlebt hatte. [...]

Und während er in Rußland sich zu Tode kämpfte, beschäftigte sich die deutsche Presse [...] mit einem Dichter August Stramm [...] während die Herren den Krieg redigierten, hatte er sie mit all den Andern seit dem zweiten August verteidigt.»

Grundsätzlich eher unpolitisch angelegt, begibt sich *Der Sturm* in erstaunliche Nähe zu preußischen Traditionen und Denkmustern, wenn es um das Gedenken an die gefallenen Mitglieder des Sturm-Kreises, allen voran Stramm und Franz Marc geht. Walden komponiert (und inseriert im *Sturm*) einen Stramm gewidmeten «Heeresmarsch» und veröffentlicht 1917 unter der Überschrift *Im Fegefeuer des Kriegs* nachgelassene Aufzeichnungen Marcs, in denen es heißt: «Das deutsche Volk ahnte, daß es erst durch den großen Krieg gehen mußte, um sich ein neues Leben und neue Ideale zu formen.» Ungeachtet der Bedeutung, die der italienische Futurismus für die Entwicklung des Sturm-Kreises hatte, ist es wohl weniger Marinettis Bejahung des Krieges, die sich hier auswirkt, als der – mit der Wende zur Abstraktion einhergehende – mystisch-idealistische Grundzug, der Waldens Zeitschrift jedenfalls im Ansatz für den Versuch einer metaphysischen Sinngebung des Kriegs empfänglich machte.

Zu einer eindeutigen Absage an den Krieg ringen sich in einem kürzeren oder längeren Umorientierungsprozeß drei literarische Zeitschriften durch, die hier abschließend vorgestellt werden sollen: *Das Forum* (1914/15), *Die weißen Blätter* (1913–1920) und *Das Zeit-Echo* (1914–1917). Das von Wilhelm Herzog im April 1914 begründete, im September 1915 von der bayrischen Zensur verbotene *Forum* profilierte sich im ersten Heft mit einer eindeutigen Absage an die imperialistische Kriegspolitik und der Forderung nach Vereinigung der Intellektuellen aller Länder. Unter dem Eindruck des Kriegsausbruchs beginnt jedoch die Position des Herausgebers zu schwanken; mit Nietzsche feiert er den Krieg als «großen Umwerter»: «Wir, Freunde des Friedens und Künder einer neuen Ethik, melden uns als Kriegsfreiwillige. Wir wollen töten wie die anderen.» Bald danach richtet Herzog die Rubrik «Dokumente der Liebe» ein, in der Stimmen der Versöhnung zu Wort kommen, darunter auch der damals in einen heftigen «Krieg der Geister» mit deutschen Schriftstellern verwickelte Romain Rolland. Das Juliheft 1915 enthält eine Vorstudie zu Heinrich Manns kriegskritischem *Zola*-Essay, der im November 1915 ungekürzt in den *Weißen Blättern* erscheint.

Auch die *Weißen Blätter*, deren ersten Jahrgang (1913/14) Franz Blei redigierte, verstummten zunächst nach Kriegsausbruch. René Schickele, der neue Herausgeber ab Wiedererscheinen im Januar 1915, verlegte seinen Wohnsitz schon im Oktober desselben Jahres von Leipzig nach Zürich und zog die Zeitschrift im April 1916 dorthin nach, um den Einschränkungen durch die Zensur zu entgehen. War die Wiederaufnahme Anfang 1915 recht martialisch begründet worden (als Vorbereitung des «geistigen Siegs»), so läßt auch Schickeles Grundsatzartikel im ersten von der Schweiz aus erscheinenden Heft eine eigentlich pazifistische Position vermissen. Unter dem Titel *Der Mensch im Kampf* entfaltet Schickele vielmehr ein «Mysterium des Opfers» als gemeinsames Ideal der in den Krieg verwickelten europäischen Völker und belegt es mit eigenen vitalistisch inspirierten Gedichten aus der Anfangsphase des Kriegs. Eine zukunftsfähigere Form des Internationalismus scheint der Münchner Pädagoge Friedrich Wilhelm Foerster zu vertreten, der von Rechtskonservativen angegriffen wurde und seine gegen den «neueren Nationalkrampf» gerichtete Vision eines «weltorganisatorischen, wahrhaft sozialen Geistes» im Oktober 1916 in den *Weißen Blättern* vorstellen darf.

Das *Zeit-Echo* – im ersten Jahrgang mit dem Untertitel «Ein Kriegs-Tagebuch der Künstler» – stellt den Sonderfall einer Zeitschrift dar, die eigens aus Anlaß des Kriegs gegründet wurde. Die bis 1916 von Otto Haas-Heye in München herausgegebene Zeitschrift, die programmatisch sowohl Graphik als auch Dichtung aufnahm und in Beziehung zueinander setzte, geht einerseits auf die in der Weltkriegsrhetorik verbreitete Vorstellung von einem Nahverhältnis zwischen Kunst und Krieg zurück, reagiert andererseits aber auch schon auf die Problematik einer journalistischen Funktionalisierung künstlerischer Äußerungen in den ersten Wochen des Kriegs. Den Künstlern soll, so heißt es im Gründungsprospekt, eine «stillere Stätte» eröffnet werden, «wo keine Scheu sie zurückhalten soll, ihre Person an die Erregung Aller hinzugeben und diese Erregung als ein beseeltes Echo an Mit- und Nachwelt weiterklingen zu lassen.» Rilkes ambivalenter Prosatext *Wir haben eine Erscheinung*, im Eröffnungsheft des *Zeit-Echo* vom Oktober 1914 publiziert, gibt vielleicht den besten Eindruck von jener Erregung, die sich in der neuen Zeitschrift äußern und durch sie mitteilen soll. Erregung heißt ja nicht unbedingt Begeisterung, und tatsächlich ist festzustellen, daß die von

Friedrich Markus Huebner und O. Th. W. Stein, ab 1915 dann von Hans Siemsen redigierte Zeitschrift von Anfang an auch kriegskritische Beiträge veröffentlichte. Diese sind zunächst zwar deutlich in der Minderheit; im Laufe der Jahre kehrt sich das Verhältnis jedoch um und wandelt sich radikal mit dem neuen Verlagsort Zürich und dem neuen Herausgeber Ludwig Rubiner 1917. In seinem dritten und letzten Jahrgang ist das *Zeit-Echo* ein Sprachrohr des pazifistischen Aktivismus.

II. BEGEISTERUNG UND BETROFFENHEIT

1. Lyrische Bekenntnisse zum Krieg

> Sei gesegnet, ernste Stunde,
> die uns endlich stählern eint;
> Frieden war in aller Munde,
> Argwohn lähmte Freund wie Feind –
> jetzt kommt der Krieg,
> der ehrliche Krieg!

Dehmels *Lied an alle*, von dem hier die erste Strophe zitiert wurde, erschien am 4. August 1914, einen Tag nach dem deutschen Einmarsch in Belgien, in der *Frankfurter Zeitung*. Es zeigt in besonderer Deutlichkeit das Motiv, aus dem heraus die große Mehrheit der deutschsprachigen Schriftsteller den Kriegsbeginn begrüßte, ja sich an ihm berauschte: das Unbehagen an einer als konfliktträchtig, entfremdet und unauthentisch empfundenen Vorkriegskultur. Der Krieg soll Erlösung von diesem Unbehagen bringen, und in diese Vorstellung einer utopischen Aufhebung der Gegensätze fließt viel von den vitalistischen Sehnsüchten der Zeit ein.

Wie aber sollte man den Krieg besingen? Die affirmative deutsche und österreichische Kriegslyrik von 1914 geht keine neuen Wege, sondern hält sich an bewährte Vorbilder. Mit Ausnahme Rilkes, der sich an Hölderlin orientiert, stützt man sich primär auf die Traditionen der patriotischen Lyrik seit 1813, also auf Theodor Körner und die Vormärzdichter. Am auffälligsten zeigt sich der Anschluß an Körner bei Autoren, die sich mit der militärischen Tradition Preußens identifizieren, also bei Fritz von Unruh und Walter Flex. Unruh veröffentlicht im *Berliner Tageblatt* am 9. August 1914 sein vielfach nachgedrucktes *Reiterlied*, auch *Kriegslied der 6. Ulanen* genannt. Es beginnt mit der Strophe:

> Ulanen stolz von Lützow her
> Mit Reitermut durchflogen.
> Beleidigt ist die deutsche Ehr' –
> Auf, in die Schlacht gezogen!

Gerhart Hauptmann wird darauf nur wenige Tage später mit seinem eigenen, «Fritz von Unruh, dem Dichter und Ulanen» gewidmeten *Reiterlied* antworten, das das Motiv der bedrohten «Ehre» Deutschlands fast wörtlich aufnimmt.

Walter Flex, ein begeisterter Burschenschaftler und leidenschaftlicher Nationalist, verstand sich als zweiter Körner. Das Gedicht *Das Volk in Eisen*, das seinen ersten «Kriegsgesängen» (1914) den Titel gab, entstand im August 1914, angeblich während der Musterung. «Wir trinken Schmerz und Seligkeit / Aus einem Erzpokale» – die für Flex typische Verbindung von religiösem und nationalem Pathos kehrt in den Betrachtungen *Vom großen Abendmahl* (1915, darin auch: *Das Weihnachtsmärchen des fünfzigsten Regiments*) und im Titel seiner erweiterten Gedichtsammlung wieder: *Sonne und Schild* (1915). Das dem 84. Psalm entnommene Begriffspaar erinnert an Körners «Leier und Schwert».

Viele lyrische Äußerungen vom August 1914 sind in erster Linie Ausdruck eines überwältigenden nationalen Empfindens. Das Vaterland ist der immer wiederkehrende Gegenstand dieser Gedichte, ja recht eigentlich ihr Adressat oder das Produkt der in ihnen vollzogenen Beschwörung. Der deutsche Jude Julius Bab fragt in der *Schaubühne* vom 27. August 1914 in seinem Gedicht *Deutschland!*: «Und liebst [du] Deutschland?», um selbst zu antworten: «Frage ohne Sinn! / [...] / So bin ich Deutschland, daß ich tief mich schäme, / zu prahlen selbstgerecht von seinem Wert.» Fünf Jahre später und nach einem verlorenen Krieg wird er an derselben Stelle das identifikatorische Bekenntnis erneuern: mit dem Gedicht *Deutschland –! Nach fünf Jahren abermals*.

Gerhart Hauptmann lehnt sich mit seinem Gedicht *O mein Vaterland* (gleichfalls im August 1914 entstanden und gedruckt) an Gottfried Kellers Gedicht *An mein Vaterland* (1843) an. Ein ganzes Bändchen von Kriegsgedichten, das Rudolf Alexander Schröder noch 1914 veröffentlicht, trägt den Titel *Heilig Vaterland*. Ein darin enthaltenes Gedicht beginnt mit der auf die Einkreisungstheorie der Berliner Regierung anspielenden Strophe:

> Herz der Völker, Vaterland,
> Wenn die Feinde dich umringen,
> Bleibe mutig, halte stand;
> Denn, bei Gott, es muß gelingen!

Mit ähnlichem Gottvertrauen endet das Gedicht Schröders, das die *Neue Freie Presse* (Wien) am 24. September als *Deutschen Feldpostgruß* zusammen mit Hofmannsthals *Österreichischer Antwort* abdruckt. Hofmannsthals lyrische Replik ist Grillparzers Gedicht *Als ich noch ein Knabe war* nachempfunden und scheut sich nicht, die österreichische Kaiserhymne mit einem dreifachen «Gott erhalte!» zu zitieren.

Aber auch prominente Lyriker der Arbeiterbewegung überbieten sich in patriotischen Bekenntnissen. Karl Brögers *Bekenntnis. Von einem Arbeiter* wurde von Reichskanzler Bethmann Hollweg im Reichstag zitiert und soll 1916 in nicht weniger als vierzig Millionen Exemplaren verbreitet gewesen sein. Darin

wird eine immer schon vorhandene Liebe zum Vaterland behauptet; in dessen
«größter Gefahr» erweist sich sein «ärmster Sohn» als der treuste – und in Hoffnung auf Anerkennung dieser Loyalität durch die herrschenden Klassen jetzt
und in Zukunft schließt das Gedicht: «Denk es, o Deutschland!» Wie der fränkische Redakteur, so der rheinische Arbeiterdichter – Heinrich Lerschs *Soldaten-
abschied* (1914) geht mit seinem an ein Postulat Fichtes erinnernden Refrain
sogar noch einen Schritt weiter: «Deutschland muß leben, auch wenn wir sterben müssen!»

Der Wiener Arbeiterdichter Alfons Petzold hatte noch 1912/13 kriegskritische
Gedichte verfaßt. Als sie 1914 in seinem Gedichtband *Der heilige Ring* erschienen, waren sie für ihn schon überholt. Denn im Tagebuch vom 11. August 1914
notiert Petzold: «Habe in den letzten Tagen in die lyrische Kriegsposaune gebla-
sen und bis heute 11 feine Kriegslieder und Gedichte geschrieben. Auch wir
Roten haben nicht vergessen mit Tat und Wort das Vaterland zu schützen.» Die
Gedichte des schmalen Heftes *Krieg* (1914), die Petzold von sozialdemokratischer Seite manche Kritik einbrachten und auch von ihm selbst bald als problematisch angesehen wurden, fallen außer durch ihre patriotische Gesinnung
durch eine offensichtliche Lust an der Gewalt auf: «O, daß ich könnte jetzt in
jeder Kugel sein, / die fröhlich zischend ein rotes Menschenherz grüßt!»

Neben dem sentimental-pietistisch intonierten Nationalismus ist die
Neigung zum wütenden Haßgesang, zur Ausmalung von Straf- und
Gewaltphantasien die zweite übergreifende – und zweifellos bedenkli-
chere – Tendenz der deutschen Kriegslyrik des Jahres 1914. *Vae Victis!*,
Anton Wildgans' im August 1914 als Flugblatt gedrucktes «Weihelied
den verbündeten Heeren», findet markige Töne für das Schicksal der zu
besiegenden Gegner:

> Weh den Besiegten! Härtester der Sprüche,
> An ihren Nacken wird er kalt vollstreckt,
> Mit Schlächterruhe ohne Haß und Flüche
> Zermalmt die Brust und was sie ausgeheckt.
> Der Sieger wird die Großmut unterdrücken
> Und über schmählich hingekrümmte Rücken
> Hinstampfen wie ein häßliches Insekt.

Richard Schaukals *Eherne Sonette* (1914) schwelgen gleichfalls in der
Vorstellung von Strafaktionen, die zudem mit sexuellen Motiven unter-
legt sind: Da wird die «falsche Zarendirne» Serbien in den Nacken getreten (*Der 23. Juli 1914*) oder die gleichfalls als «Dirne» vorgestellte englische Flotte im gleichnamigen Gedicht mit phallischen «Feuerschlünden»
hingerichtet: «färbt ihr die schmacherbleichten Wangen rot!»

Verglichen mit dem antiquierten rhetorischen Bombast dieser Sonette, kann
Hanns Heinz Ewers eine gewisse Aktualität beanspruchen, wenn er seine Hoffnung auf entscheidende Erfolge deutscher Zeppeline und U-Boote in seinem
Gedicht *U 16 und Z 3* in eine fast schon neu-sachlich anmutende Abkürzungs-
sprache kleidet:

Es schlagen die englische Krone entzwei
Z 19, Z 2! – Z 8 und Z 3!
U 16, U 9 und U 2!

Kurzen Prozeß macht auf seine Weise auch Alfred Kerr, wenn er in seinem Gedicht *Ostpreußen* (*Pan*, 31. August 1914) mit Bezug auf die eingedrungenen russischen Truppen den menschenverachtenden Reim findet: «Zarendreck, Barbarendreck / Peitscht sie weg! Peitscht sie weg!» Ebenso gnadenlos und zynisch verfahren die themenverwandten Kriegsballaden aus Paul Zechs Sammlung *Helden und Heilige* (s. o. S. 601).

Auch in Rudolf Walter Leonhards Gedicht *Franctireurs 2* verknüpfen sich Gewaltphantasien mit einem aktuellen militärischen Szenario, nämlich den Ereignissen im umkämpften Belgien. Das Oberkommando in den Marken reagierte mit den Verboten seines lyrischen Flugblatts *Über den Schlachten* (1914) und der gleichfalls bei A. R. Meyer gedruckten Anthologie *Der Krieg.*

Soviel ist deutlich: Von «Schlächterruhe» im Sinne von Wildgans kann im August 1914 weder bei diesem noch seinen dichtenden Kollegen die Rede sein. Ernst Lissauers *Haßgesang gegen England* (1914) benennt offen den Affekt, der die damalige Kriegslyrik auf weite Strecken beherrscht und letztlich disqualifiziert. Das hat auch die englische Presse erkannt, die Lissauers Gedicht ebenso wie Hauptmanns aggressives *Reiterlied* vielfach nachdruckte und den ‹barbarischen› Text in einem Karl Kraus nachempfundenen Verfahren gleichsam gegen sich selbst zeugen ließ. Gleichwohl bekennen sich auch andere Kriegslyriker der ersten Stunde programmatisch und in vollem Bewußtsein anderslautender christlicher Gebote zu einem emotionalen Berserkertum. *Wir sind das Volk des Zorns geworden* heißt das Titelgedicht eines Kriegslieder-Bandes (1915) des Wiesbadener Pfarrers und Landeskirchenrats Fritz Philippi, der fast den gesamten Weltkrieg hindurch seinen Dienst als freiwilliger Feldgeistlicher versah. Will Vespers Gedicht *Liebe oder Haß?* beginnt mit der Vision Jesu am Kreuz, um sich bewußt – angeblich im Dienste der Liebe – für die zweite Option zu entscheiden: «Haß allen Feinden bis in den Tod.»

Es kann nicht wundern, daß schon bald Kritik am «Kriegshymnen-Blech» und seiner inflationären Produktion einsetzte. So bei Peter Altenberg, dessen Gedicht *Kriegshymnen* (1915) mit dieser Wortprägung endet, oder bei August Stramm, der an Herwarth und Nell Walden aus dem Feld schreibt: «Dehmel kam mir zu Gesicht neulich. Sein Kriegsgedicht Quatsch. Schleim Jauche.» Übereinstimmend heißt es in einem Brief des Arbeiterdichters Gerrit Engelke vom November 1914: «Die ganze augenblickliche Kriegspoesie ist matt.» Engelke, der zu dieser damals übrigens auch sein eigenes Scherflein beitrug, unterscheidet zwischen «gewöhnlichen» und «bedeutenden» Dichtern (denen er allerdings Dehmel zurechnet!): «Die ersteren setzen die alten Phrasen, mit denen schon die Körner usw. gewirtschaftet haben, neu zusammen und ‹errin-

gen› den Beifall der begeisterten deutschen kompakten Majorität; die
anderen bemühen sich, den großen Ton zu finden, der eben nur diesem
Kriege, dieser Zeit gerecht wird [...].»

Ein derart «großer Ton» findet sich unter den Beiträgen zur deutschen
Kriegslyrik vom August 1914 am ehesten in Rilkes *Fünf Gesängen*:

> Endlich ein Gott. Da wir den friedlichen oft
> nicht mehr ergriffen, ergreift uns plötzlich der Schlacht-Gott,
> schleudert den Brand: und über dem Herzen voll Heimat
> schreit, den er donnernd bewohnt, sein rötlicher Himmel.

Die im Insel-Almanach 1915 gedruckten Gedichte verknüpfen den hym-
nischen Ton Hölderlins mit der mythischen Motivik Georg Heyms (*Der
Gott der Stadt, Der Krieg I*), um zugleich die Abhängigkeit des Fühlens
– und Sprechens? – von überlieferten Vorbildern in Frage zu stellen:
«Ahmt nicht / Früherem nach, Einstigem. Prüfet, / ob ihr nicht
Schmerz seid. Handelnder Schmerz.» Das Gemeinschaftsgefühl der
Kriegseuphorie wird beschworen, jedoch als eine Form der Überwälti-
gung und Enteignung des Individuums artikuliert: «der gemeinsame
Mund / bricht den meinigen auf», «jedem / sprang in die plötzlich /
nicht mehr seinige Brust / meteorisch ein Herz.»

2. Affirmative Kriegspublizistik

Krieg der Geister lautet der Titel einer 1915 von Bernhard Kellermann
herausgegebenen Sammlung. Sie dokumentiert das singuläre publizistische Engagement zahlreicher deutscher Schriftsteller und Gelehrter in
den ersten Kriegsmonaten. Herausgefordert durch Appelle und Angriffe
angesehener belgischer und französischer Dichter und Denker wie Ver-
haeren und Maeterlinck, Rolland und Bergson, stellte sich die deutsche
Intelligenz geschlossen hinter die Kriegsführung ihrer Regierung – auch
in den heiklen, in der internationalen Öffentlichkeit besonders umstrittenen Punkten wie der Verletzung der belgischen Neutralität, dem Vorgehen gegen die belgische Zivilbevölkerung, der Zerstörung der Bibliothek von Löwen und der Beschießung der Kathedrale von Reims. Auf
den von Ludwig Fulda formulierten *Aufruf an die Kulturwelt* – unterzeichnet von dreiundneunzig prominenten Vertretern des deutschen
Geisteslebens, darunter Richard Dehmel, Herbert Eulenberg, Carl und
Gerhart Hauptmann, Engelbert Humperdinck, Max Liebermann, Max
Planck, Hermann Sudermann, Richard Voß, Felix von Weingartner und
Ulrich von Wilamowitz-Moellendorff – folgte im Oktober 1914 eine
vom letztgenannten im gleichen Sinn verfaßte *Erklärung der Hochschul-
lehrer des Deutschen Reiches*.

Neben solchen kollektiven Loyalitätsbekundungen meldeten sich vor allem die Schriftsteller und Philosophen in Form von Reden, Offenen Briefen, Essays und Büchern derart zahlreich und engagiert zum Krieg zu Wort, daß sich geradezu die Frage nach den Gründen aufdrängt. Anscheinend nutzten die Autoren die besondere Aufmerksamkeit, die ihnen die nationale Öffentlichkeit in der Ausnahmesituation des Kriegsbeginns schenkte, als Chance zur Aufwertung ihres gesellschaftlichen Status. Der Dichter ist plötzlich gefragt, und er legitimiert sich als Seher und Führer. Warum aber überhaupt diese Aufmerksamkeit, das Interesse an der Literatur zu einem Zeitpunkt, in dem die Waffen entscheiden? Abgesehen von der oben beschriebenen Funktionalisierung der Medien im Ersten Weltkrieg, ist hier das Fehlen eines anschaulichen Kriegsziels auf deutscher Seite zu bedenken. Daß man für Marktanteile und strategische Vorteile in den Krieg zog, war ebenso wenig zu vermitteln wie ein Waffengang bloß aus Verpflichtung gegenüber dem österreichischen Bundesgenossen. Man brauchte tatsächlich die Gelehrten und Künstler, um dem Krieg eine metapolitische Deutung zu geben: als Verteidigung des Wesens der deutschen Kultur.

Niemand hat das schneller begriffen und klarer realisiert als Thomas Mann, dessen *Gedanken im Kriege*, im November 1914 in der *Neuen Rundschau* gedruckt, die konzentrierteste Zusammenfassung der deutschen Kriegsrhetorik der ersten Stunde bieten. Sie können uns als Leitfaden durch die zugegebenermaßen stark vernebelten Gefilde der damaligen Kriegsideologie dienen. «Krieg! Es war Reinigung, Befreiung, was wir empfanden, und eine ungeheure Hoffnung.» Thomas Mann benennt hier, wohlgemerkt schon im Rückblick, entscheidende Motive des Augusterlebnisses, für das sich bald der Begriff «Geist von 1914» einbürgerte. Die allgemein postulierte «Reinigung», Läuterung oder Katharsis bezieht sich negativ auf die innere Zwietracht der Friedenszeit, von der ja auch Dehmels *Lied an alle* sprach. Die «ungeheure Hoffnung» gilt dem Erlebnis einer utopischen Einheit der ganzen Nation. Der Jenenser Philosoph Rudolf Eucken, der bis Ende 1914 nicht weniger als sechsunddreißig Kriegsreden hielt, feierte diese Wendung als Rückkehr zu idealer Gesinnung. Georg Simmel sprach im November 1914 in Straßburg von «Deutschlands innerer Wandlung.» Friedrich Meinecke, der Historiker der preußischen Reformen und der Befreiungskriege, sah in der «deutschen Erhebung von 1914» (so auch sein Buchtitel von 1914) eine modellhafte innere Einigung. Der protestantische Theologe Ernst Troeltsch zog in seiner Rede *Die Ideen von 1914* (1916) gleichfalls die Parallele zu 1813 und zur Geschichte des Idealismus.

Wer von den «Ideen von 1914» sprach, gab dem Einheitsgefühl des Kriegsbeginns eine geistesgeschichtliche und nationalpolitische Dimension: das Augusterlebnis avancierte zum deutschen Gegenentwurf zu

den ‹Ideen von 1789› und der auf ihnen beruhenden französischen Republik. In diesem Sinne betitelt Johann Plenge 1916 sein einflußreiches
Buch *1789 und 1914. Die symbolischen Jahre in der Geschichte des politischen Geistes.* Dagegen ist ein anderer Schlüsselbegriff der damaligen
Kriegsrhetorik – in Thomas Manns *Gedanken im Kriege* als «jenes sie-
gende, kriegerische Prinzip von heute» beschworen – eher gegen das
englische Modell gerichtet: «Organisation». Sein Kronzeuge ist wiederum der Nationalökonom Plenge, der im Zeichen wirtschaftlicher
«Organisation» einen nationalen Sozialismus als Alternative zum (britischen, auf die ganze Welt gerichteten) Kapitalismus vertrat.

Mit seinem Buch *Händler und Helden* (1915) gab der Soziologe und Nationalökonom Werner Sombart der antienglischen Stimmung in der deutschen Öffentlichkeit eine pseudowissenschaftliche Grundlage. Die sich bisweilen in regelrechten Haßtiraden entladende Erregung über das «perfide Albion», von der wir
Beispiele schon bei der Betrachtung der Kriegslyrik kennengelernt haben, läßt
sich zum guten Teil als Selbsthaß deuten: Im englischen Wirtschaftsliberalismus
kristallisierte sich gleichsam die Bedrohung der Kultur, die viele Intellektuelle
Deutschlands und Österreichs von der Entwicklung des Kapitalismus im eigenen Land ausgehen sahen. Max Scheler, der Plenge rezensierte, gibt seinem Buch
Der Genius des Krieges und der deutsche Krieg (1915) eine «Kategorientafel des
englischen Denkens» bei; danach verwechselt der Engländer «Kultur» mit «Komfort», «Denken» mit «Rechnen» und «Vernunft» mit «Ökonomie». Schelers Werk
stellt übrigens ein Hauptdokument der geistigen und vitalistischen Aufwertung
des Kriegs seitens der deutschen Philosophie dar.

Organisation impliziert die Vorstellung einer Einheit, bei der weniger
die Freiheit des einzelnen Teils oder Glieds im Vordergrund steht als
seine Ein- und Unterordnung in ein höheres Ganzes. Wenn das ein
Wesensmerkmal der «deutschen Kultur» ist, wie der Philosoph Alois
Riehl behauptet (*Die geistige Kultur und der Krieg*, 1915), dann wäre
deren Sache beim deutschen Heer bestens aufgehoben und von einem
Gegensatz zwischen Weimar und Potsdam, Geist und Militarismus –
wie ihn die alliierte Propaganda unterstellte – könnte nicht die Rede
sein. Thomas Mann kontert dasselbe Argument der Auslandspresse mit
der Antithese von Zivilisation und Kultur, deren weitere Vertiefung und
Verfestigung er sich in den *Betrachtungen eines Unpolitischen* (s. o.
S. 757–759) zur Aufgabe macht. Im Unterschied zur flach-rationalisti-
schen Zivilisation des westlichen Auslands sei Kultur – als genuin deutsches Erbteil, aber keineswegs nur in ihrer deutschen Ausprägung –
immer schon durch ein quasi dionysisches Nahverhältnis zu Gewalt,
Grausamkeit und blutigen Ritualen bestimmt gewesen.

Damit hat sich Thomas Mann eine komfortable argumentative Ausgangsbasis
verschafft, um etwa die Beschießung der Kathedrale von Reims zu rechtfertigen.
Alfred Döblin unterzieht sich in seinem Essay *Reims*, der einen Monat später

gleichfalls in der *Neuen Rundschau* erschien, derselben Aufgabe – und über-rascht dabei durch heftige antibritische Ausfälle. Mit seinem Artikel *Tat und Wort im Krieg* (*Frankfurter Zeitung*, Oktober 1914) hat Friedrich Gundolf beiden vorgearbeitet, indem er dem «deutschen Geist» die Aufgabe zuweist, die «künf-tige Kulturwelt» bzw. «ein neues Reich der europäischen Werte» zu bestimmen. Auch für Gundolf hat Attila «mehr mit Kultur zu tun als alle Shaw, Maeterlinck, d'Annunzio und dergleichen zusammen». Der Barbarismus-Vorwurf der auslän-dischen Presse war damit gewissermaßen gegenstandslos.

Wenn Kultur und Gewalt keine Gegensätze bilden, erscheint die Annahme einer produktiven Beziehung zwischen Kunst und Krieg nur konsequent. Manns *Gedanken im Kriege* sprechen von den «gleichnis-haften Beziehungen», die beide verbinden, und setzen den Dienst des Künstlers in Parallele zu dem des Soldaten. Weiter geht Julius Hart, der in seinem gleichnamigen Artikel vom Oktober 1914 den «Krieg als Umgestalter unserer Literatur» begrüßt, wobei ihm ein großes Aufräu-men mit den modernistischen und internationalistischen Tendenzen der letzten Jahre vorschwebt. Ähnlichem Konservativismus verdankt sich Hans Müllers einschlägiger Beitrag *Kunst im Felde* (1915). Daß sich jedoch gerade auch die künstlerische Avantgarde auf die produktive Funktion des Kriegs berufen konnte, zeigt Friedrich Markus Huebners *Schaubühnen*-Essay *Krieg und Expressionismus* vom Dezember 1914. Demnach ist der Krieg nicht der «Verneiner der sogenannten Neuen Kunst», sondern ihr «ungeahnter, sieghafter Zu-Ende-Bilder». In frag-würdigem Rekurs auf die «Rassenentwicklung» und die «deutschen Gemütskräfte» erklärt Huebner: «dieser Krieg hat mit dem ‹Expressio-nismus› nicht nur nicht aufgeräumt, sondern seine Richtigkeit schlecht-hin und mit ungemeiner Schlagkraft [!] gezeigt.» Einspruch dagegen legt Wilhelm Hausenstein ein, der im Januar 1915 in den *Weißen Blättern* repliziert: «Kein Krieg bringt Kunst hervor.»

Rudolf Borchardt hat bis Ende 1916 sieben Kriegsreden gehalten, von denen einige allerdings unvollständig oder nur dem Inhalt nach überliefert sind. Besondere Bedeutung kommt der Heidelberger Rede *Der Krieg und die deutsche Selbsteinkehr* (Dezember 1914) und der ersten Berliner Rede *Der Krieg und die deutsche Verantwortung* (Februar 1916) zu; über die äußeren Umstände dieser vor der «Deutschen Gesellschaft 1914» gehaltenen Rede äußert sich Borchardt später ausführlich unter der Überschrift *Frühstück zu acht Gedecken* (entst. 1938). Beide Reden übernehmen die geläufige Opposition zwischen der deutschen (als der eigentlich überlegenen) und der westeuropäischen Kultur, eröffnen aber gleichsam eine zweite Front, indem Borchardt die kulturkritische Aus-einandersetzung mit dem wilhelminischen Deutschland, die schon seine frühere Publizistik bestimmt, fortschreibt und zu einer hochrhetori-schen Bußpredigt verdichtet, die letztlich auf den Wiedergewinn der –

im Augusterlebnis ansatzweise sichtbar gewordenen – deutschen Seele zielt. Es ist ein innerliches Feuer, dessen Heilkraft das (auf Schillers *Räuber* zurückverweisende) Hippokrates-Motto der Heidelberger Rede beschwört; gerade deshalb aber bleibt es problematisch, inwiefern Borchardt, der deutliche Worte für die Katastrophe des Weltkriegs findet, zu Recht den Topos von dessen läuternder Wirkung, und sei es nur als Hoffnung, aufgreifen kann. Es ist denn auch zu beweifeln, ob das illustre Publikum der Deutschen Gesellschaft den Redner Borchardt wirklich so mißverstanden hat, als es ihm applaudierte, statt ihn zu steinigen – wie es das seiner autobiographischen Darstellung zufolge bei besserem Verständnis hätte tun müssen.

Kriegspublizistik mit doppeltem Boden? Die Frage stellt sich verschärft bei einem so zensurgeplagten und -erfahrenen Autor wie Frank Wedekind. Auf einem «vaterländischen Abend» der Münchner Kammerspiele hält Wedekind am 18. September einen (drei Tage später im *Berliner Börsen-Courier* gedruckten) Vortrag zu den Themen *Vom deutschen Vaterlandsstolz* und *Deutschland bringt die Freiheit*, der den ungeteilten Beifall des Publikums und der bürgerlichen Presse findet. Auch Lion Feuchtwanger hat Wedekinds Auftritt in «feldgrauer» Erinnerung. Spätere Äußerungen aus dessen Freundeskreis unterstellen freilich eine Art von Camouflage und ironischer Übererfüllung der Publikumserwartung. Ähnliche Fragen stellen sich angesichts der Zuwendung dieses Dramatikers zu Figuren wie Bismarck und Herakles während der Kriegszeit (s. o. S. 545 f.): Drahtseilakt oder politischer Wankelmut?

Der öffentliche Erwartungs- und Anpassungsdruck traf Dramatiker stärker als andere Autoren, und die erfolgreichen unter ihnen in besonderer Form. Gerhart Hauptmanns anhaltende Verstrickung in die Kriegspropaganda wurde im Ausland mit offener Enttäuschung aufgenommen. Aber auch Carl Sternheim, der oft als eindeutiger Kritiker des Kriegs angeführt wird, verlor früh seine Unschuld: mit seinem hetzerischen Zeitungsartikel *Wie Belgien verletzt wurde* vom 12. August 1914. Dabei ist zu berücksichtigen, daß Sternheim schon vor dem Krieg seinen Wohnsitz nach Belgien verlegt hatte.

Unter den österreichischen Kriegspublizisten ist zunächst der konservative Katholik Richard von Kralik hervorzuheben, der sich mit dem Weltkrieg auf radikale Weise identifizierte. In seiner Schrift *Vom Weltkrieg zum Weltenbund* (1916) nennt er ihn geradezu «meinen Krieg», weil er «mir, wenn irgend etwas, die Verwirklichung meines Kulturideals verheißt». Das militärisch-politische Geschehen wird in solcher Perspektive zu einem inneren, moralisch-ethischen Kampf umgedeutet, und von daher scheint es nur konsequent, wenn Kralik in einem Artikel der Wiener *Reichspost* vom September 1914 die Leser aufruft, «nicht nur die Länder [zu] bekämpfen, sondern auch den Franzosen, den Engländer, den Russen in uns».

Eine erhebliche Rolle spielt in der österreichischen Kriegspublizistik das durch den Krieg veränderte Verhältnis zum Deutschen Reich. Frühe Zeitungsartikel von Felix Salten und Stefan Zweig feiern gleichsam einen vorgezogenen ‹Anschluß›, begrüßen den Kriegseintritt Deutschlands auf Österreichs Seite als Aufhebung des österreichischen Sonderstatus, als Rückkehr zu einer großdeutschen Politik: ‹1914› als Revision von ‹1866›. Auch der Österreicher in Berlin Robert Musil beschreibt in seinem *Rundschau*-Essay *Europäertum, Krieg, Deutschtum* vom September 1914 die öffentliche Erregung zu Kriegsbeginn als emphatische Erfahrung der eigenen Zugehörigkeit zu Deutschland. Ähnlich äußert sich zunächst Hermann Bahr, der den Kriegsausbruch in Bayreuth erlebt und in seinem Büchlein mit dem provozierenden Titel *Kriegssegen* (1915) in religiösem Pathos raunt: «Uns ist das deutsche Wesen erschienen.» Vor dem Hintergrund seiner Kulturkritik in den Vorkriegsjahren (s. o. S. 740) heißt das wohl auch: Der Krieg hat die deutsche «Seele» aus dem «Betrieb» befreit.

Mit dem Fortgang des Kriegs jedoch betont Bahr, wie schon am Titel seiner Essaysammlung *Schwarzgelb* (1917) abzulesen ist, wieder zunehmend die Bedeutung der österreichischen Eigenart als einer multiethnischen und multikulturellen Vielfalt, die freilich von der deutschen Kultur dominiert werde. Dabei spielt auch der Gedanke an die katholische und barocke Tradition des Landes eine Rolle, der sich Bahr in jenen Jahren betont zuwendet. Er trifft sich in all diesen Punkten mit Hofmannsthal, der sich seit Kriegsbeginn lebhaft bemühte, das Bewußtsein der staatlichen und kulturellen Identität des Vielvölkerstaates in der Öffentlichkeit zu stärken. Das ist das gemeinsame und letztlich aktuell-politische Ziel vielfältiger historisch weit ausholender Herausgeber-Aktivitäten Hofmannsthals. Sie reichen vom oben (S. 770) beschriebenen *Österreichischen Almanach auf das Jahr 1916* über die in 26 Bänden gleichfalls bei Insel erschienene *Österreichische Bibliothek* (1915–1917) bis zu dem unausgeführten, wahrscheinlich an inneren Widersprüchen der Konzeption gescheiterten Projekt eines Bild-Text-Bandes *Ehrenstätten Österreichs*. Auch das Jugendbuch *Prinz Eugen der edle Ritter* (s. o. S. 207) gehört in diesen Zusammenhang.

Hofmannsthals Rückgriff auf die Heldenfigur des Türkenbezwingers, dem er im September 1914 ein umfangreiches Zeitungsfeuilleton (*Worte zum Gedächtnis des Prinzen Eugen*) widmet, bietet eine frappierende Parallele zu Thomas Manns gleichzeitiger Hinwendung zu Friedrich dem Großen. Dem Essay *Friedrich und die große Koalition* (1915), zu dem Mann seine langjährigen Pläne zu einem historischen Roman über den preußischen König kurzerhand umschmilzt, liegt die Gleichsetzung von Friedrichs persönlichem und politischem Schicksal mit der historischen Situation Deutschlands 1914 zugrunde, wie sie schon in den *Gedanken*

im Kriege explizit ausgesprochen wird. Während Manns historisches Porträt auch und gerade die problematischen Züge des einsamen und kranken Königs betont und die Bezüge zur Gegenwart eher indirekt hervortreten läßt, bedient sich Hofmannsthal seines Helden in einer akklamati-
ven, unmittelbar didaktischen Funktion. Prinz Eugen dient ihm als sinnfällige Verkörperung der «österreichischen Idee», wie sie noch 1917 ein
gleichnamiger Zeitungsartikel Hofmannsthals verkündet: Österreich als
jahrtausendalter «Grenzwall» des «lateinisch-germanischen» Westens
gegenüber einem «polymorphen» Osten, dessen Kolonisation von hier
ihren Ausgang nimmt.

3. *Abweichende Stellungnahmen*

Unser Schweizer Standpunkt, die Absage, die Carl Spitteler im Dezember
1914 einer weiteren Annäherung der Schweiz an die deutsche Politik
erteilt, hängt eng mit den Gegebenheiten seines Landes zusammen, das
mit dem Habsburgerreich ja die multiethnische und mehrsprachige
Zusammensetzung teilte. Wenn schon die österreichisch-ungarische
Doppelmonarchie durch innere Nationalitätenkonflikte belastet war, so
hätte im Falle der Schweiz, deren größte Landesteile durch den deutsch-
französischen Gegensatz auseinandergetrieben wurden, jede Infragestellung der Neutralität zu einer Spaltung oder einer unheilbaren Beschädigung der inneren Einheit führen müssen. Die vor der Züricher Gruppe
der Neuen Helvetischen Gesellschaft gehaltene Rede Spittelers vermied
nationalistische Argumente und beschränkte sich auf den Gesichtspunkt
der Schweizer Staatsräson – in Deutschland wurde sie gerade deshalb
mit Verbitterung aufgenommen. So ist Borchardts Kommentar in seinem
Brief an Spitteler vom Dezember 1914 zu verstehen: «Es ist kein Schweizer Geist. […] es ist deutscher Geist, und vom allerschlechtesten.»
    In Gustav Sacks nachgelassenem einzigen Drama *Der Refraktär* (entst.
1914–1916) dient die Schweiz als Hintergrund für eine Tragikomödie
der Kriegsverweigerung. Sack selbst hielt sich zur Zeit des Kriegsausbruchs in der Schweiz auf, wollte dort auch – in bewußter Verweigerung
von «Hurradusel» und Wehrpflicht (also als «Refraktär») – verbleiben
und wurde doch binnen Monatsfrist aus materiellen Gründen nach
Deutschland zurück und in den Krieg getrieben. In der Gestalt des
Schriftstellers Egon gestaltet er seine eigene Problematik, allerdings mit
abweichendem Ausgang.

Empedoklesgleich stürzt sich Egon, ein gescheiterter Zarathustra, in der letzten Szene von einem Alpengipfel in die Tiefe, nachdem er zuvor den Kampf
gegen die Phrase an zwei Fronten verloren hat. Er verliert seine Frau an den
Journalisten Vogel, der als «unbekümmertes Kanonenfutter» in den Krieg zieht,

nachdem er zunächst die Teilnahme verweigern wollte. Egon, der eigentliche
«Refraktär», war schon entschlossen, nun seinerseits in den Krieg zu ziehen (da
er jede Gemeinsamkeit mit dem Phrasenmenschen Vogel als Bedrohung seiner
Identität empfindet) – da tritt ihm von der anderen Seite sein Schwiegervater
mit einer Breitseite patriotischer Phrasen entgegen. Da auch die Schweizer
Gesellschaft gegen den «lästigen Ausländer» im wahrsten Sinne mobilmacht,
bleibt dem Individualanarchisten Egon nur der Gang in das Hochgebirge.

«29. 8. 14 (Geschrieben in Faaborg, Dänemark)» – so steht es unter
dem Manuskript von Gerrit Engelkes Erzählung *Die Festung*. Auch
Engelke, der ebenso wie Sack im Krieg fallen wird, hat dessen Ausbruch
im neutralen Ausland erlebt und zunächst die Absicht gehabt, die Teilnahme zu verweigern: dem Dienst an der Literatur Vorrang vor der
Wehrpflicht zu geben. Die kurze Erzählung inszeniert den Gegensatz
der Weltanschauungen, in den sich Engelke selbst gestellt sah: Der vitalistischen Bejahung des Kriegs, wie sie der Student Marks vor seinem
ersten Sturmangriff gegenüber dem «pessimistischen jungen Lehrer» vertritt, steht dessen gefestigter Pazifismus und die Einsicht in die «maschinenmäßige Schlächterei» des modernen Kriegs gegenüber. Der siegreiche nächtliche Angriff auf die französische Festung (im Entwurf:
Belfort) bestätigt für wenige Augenblicke die dionysischen Erwartungen
des Studenten, der jedoch beim Anblick der Leiche des Lehrers am nächsten Morgen aus dem Rausch des Militarismus erwacht.

«Am streit wie ihr ihn fühlt nehm ich nicht teil.» Stefan Georges
Gedicht *Der Krieg* (1917), die späte erste öffentliche Stellungnahme des
‹Meisters› zum Weltkrieg, fällt anders aus, als seine Jünger sie sich im
Rausch der ersten Kriegsbegeisterung erhofft haben. Der «Siedler auf
dem berg», dessen Stellungnahme zum Zeitgeschehen elf der zwölf Strophen (zu je zwölf Zeilen) des Gedichts ausfüllt, erkennt im aktuellen
Geschehen, das mit für George ungewohnter Deutlichkeit bezeichnet
wird, nicht ‹seinen› Krieg wieder: weder in den unheroisch-unästheti-
schen Formen der Materialschlacht und des Stellungskriegs noch in den
chauvinistischen Motiven der einen wie der anderen Seite. Das eigentliche Übel ist für ihn auch nicht der Krieg, sondern der sittliche Verfall,
der ihm vorausging. Dabei klingen auch rassistische Motive an, deren
genaue Bedeutung aber im unklaren bleibt. So zitiert der Seher seine
Bitte an die Walküren der Schlachtfelder: «Wollt uns bewahren vor zu
leichtem schlusse / Und vor dem ärgsten · vor der Blut-schmach!» Offenbar wird der Krieg doch nicht vollends verworfen; der Seher spricht die
«säfte» heilig, die «noch makelfrei versprizt» werden, und nähert sich im
abschließenden Lob Deutschlands und der ihm vorausgehenden Kritik
an der westlichen Zivilisation bis auf Hautnähe dem Mainstream der
affirmativen Kriegspublizistik. Das gilt besonders für die ironische Aufnahme des Barbarismusvorwurfs der alliierten Propaganda (gekleidet in

ein auf die Juden gemünztes Tacitus-Zitat), dem der Seher – und das heißt doch wohl George? – die Perspektive auf das deutsche Volk als Messias der Menschheit entgegensetzt: «dass vielleicht / Ein ‹Hass und Abscheu menschlichen geschlechtes› / Zum weitren male die erlösung bringt.»

Als Hermann Hesse zusammen mit seinem Sohn Bruno im September 1914 im Garten jätet, spornt er den Neunjährigen zu größerem Eifer an, indem er die Unkräuter als Russen, Serben oder Belgier bezeichnet. In den ersten Wochen des Kriegs ist der seit 1912 bei Bern ansässige Hesse von einem naiven Nationalgefühl beherrscht, und er hat sich dazu auch öffentlich bekannt. Schon mit dem im Oktober 1914 verfaßten Zeitungsartikel *O Freunde, nicht diese Töne!* deutet sich jedoch ein Umorientierungsprozeß an, in dem vor allem die kulturellen Folgeschäden des Kriegs bedacht werden. Trotzdem kann Hesse im Dezember 1914 das Gedicht *Der Künstler an die Krieger* verfassen, das im Januar 1915 in der Berliner Zeitung *Tag* erscheint, in den Gedichtsammlungen seines Verfassers freilich bis heute fehlt. Darin tritt der Künstler bzw. Autor zunächst in Opposition zu den Soldaten und der von ihnen ausgeübten direkten Gewalt; er verspürt jedoch eine neue Nähe zu seinem Publikum, insofern dieses durch die Schule des Kriegs gegangen ist:

> Die in finstrer Fron den Karren zogen,
> Denen trüb ein feiges Wohlsein rann,
> Alle sind dem Alltag jetzt entflogen,
> Jeder ward ein Künstler, Held und Mann.

Solche romantisierenden Illusionen verflogen spätestens im nächsten Herbst, als Hesses Artikel *Wieder in Deutschland* (*Neue Zürcher Zeitung*, 10. Oktober 1915) einen wahren Sturm der Entrüstung in der deutschen Presse auslöste. Man verzieh es dem vermeintlichen ‹Drückeberger› nicht, daß er sich mit Freude zu seiner «friedlicheren» Arbeit für die Kriegsgefangenen-Betreuung in der Schweiz (s. o. S. 787) bekannte, die ihm eine «kriegerische» Tätigkeit ersparte. Die hieraus erwachsende Belastung dürfte mitverantwortlich für die schwere persönliche Krise sein, die Hesse 1916 in eine psychoanalytische Behandlung und letztlich auch zu neuen literarischen Ufern führte; noch in seinem *Demian* (entst. 1917) wiederholt sich die Konstellation von psychischer Krise, Krieg und Wiedergeburt.

Eine psychoanalytische Deutung des Kriegs gibt Sigmund Freud in den beiden Betrachtungen *Die Enttäuschung des Krieges* und *Unser Verhältnis zum Tod*, die in der von ihm herausgegebenen Zeitschrift *Imago* 1915 unter der gemeinsamen Überschrift *Zeitgemäßes über Krieg und Tode* erschienen. Danach stellt der Krieg eine Phase der Desublimierung dar, in welcher der in der Kultur unterdrückte Urmensch zum Vorschein kommt. Die mordenden Soldaten sind demnach gar nicht «so tief gesunken, wie wir fürchten, weil sie gar nicht so hoch gestiegen waren, wie wir's von ihnen glaubten.» – Freuds vielberufener ‹Doppelgänger› Arthur Schnitzler dagegen enthält sich jeder öffentlichen Äußerung zum Krieg und vermeidet peinlich auch nur den Anschein seiner Unterstützung; in Tagebüchern und Aphorismen spricht er sich damals um so deutlicher – kompromißlos kritisch – aus.

In einem vielleicht noch größeren Abstand zum Krieg scheint Franz Kafka zu stehen, der am Mobilmachungstag im Tagebuch lapidar vermerkt: «Ich habe keine Zeit.» Doch geht auch an Kafka die Faszination des Kriegs nicht spurlos vorüber, wie ein Brief an Felice Bauer vom August 1915 bezeugt, in dem er den Militärdienst als potentielles «Heilmittel» für sich bezeichnet. Das eigenartige «Theater von Oklahama», in dem sich der Held seines Romanfragments *Der Verschollene* in einem im Oktober 1914 entstandenen Kapitel um Anstellung bewirbt, ist vielleicht eine Anspielung auf den Gesamtkomplex von Mobilmachung, Musterung, Gestellungsbefehlen, Kriegsfreiwilligenmeldungen und Solidaritätsappellen. «Wir können alle brauchen», heißt die Parole der hier tätigen «Werbetruppe».

III. KRIEGSDARSTELLUNG ZWISCHEN ABSTRAKTION UND REALISMUS

1. Kriegsgedichte

«Hatte man nicht bei Kriegsende bemerkt, daß die Leute verstummt aus dem Felde kamen? nicht reicher – ärmer an mitteilbarer Erfahrung.» So Walter Benjamin in seinem Aufsatz *Der Erzähler* (1936). Die Erfahrungen, die die Soldaten im Artilleriehagel und in den Giftgasschwaden, in den Sturmangriffen und U-Boot-Einsätzen des Ersten Weltkriegs machten, entzogen sich weitgehend der Mitteilung. Nicht nur weil es sich in der Regel als unmöglich erwies, den Zuhausegebliebenen eine annähernde Vorstellung des Frontgeschehens zu vermitteln, sondern auch weil die Erlebnisse so weit außerhalb des bisherigen Erfahrungshorizonts der Beteiligten lagen, daß sie von ihnen selbst kaum angemessen emotional, verstandesmäßig und sprachlich verarbeitet werden konnten. Die Herausforderung für eine Literatur, die sich dennoch gerade dieser Aufgabe einer Gestaltung des Kriegsgeschehens aus eigenem Erleben stellt – und solchen Texten ist der folgende Überblick gewidmet –, war um so größer, als sie sich zunächst auseinanderzusetzen hatte mit den in der Tradition und in der Dichtung der Vorkriegszeit bereitgestellten Mustern, aber auch den propagandistischen Klischees der Kriegsberichterstattung und einer in der Heimat produzierten patriotischen Literatur (s. o. S. 768–776, 794–803), die – jedenfalls soweit sie militärische Szenarien entwarf – als Kriegsliteratur aus zweiter Hand bezeichnet werden muß.

«Daß ich nicht wie 'n Hund verrecke / Für das teure Vaterland» – Alfred Lichtensteins *Gebet vor der Schlacht* (entst. August 1914) zitiert schon im Titel die Tradition einer vaterländischen Kriegslyrik (etwa Körners *Bundeslied vor der Schlacht* oder sein *Gebet während der Schlacht*), um sie durch Inhalt und Form massiv zu destruieren. Auch in *Die Schlacht bei Saarburg* konfrontiert Lichtenstein Versatzstücke der lyrischen Tradition – etwa die an Goethe gemahnenden «Vögelein» als Metapher für Gewehrkugeln – mit der «gottverlassenen» Realität des «knatternden Schützengrabens.» In anderen Kriegsgedichten gibt Lichtenstein die ironische Distanz ganz oder weitgehend auf, die für seine Großstadtlyrik bezeichnend ist. Eine neue Direktheit der lyrischen Aussage kündigt sich an, deren weitere Entwicklung freilich durch Lichtensteins frühen Tod abgeschnitten wurde.

Georg Trakl und August Stramm stellen sicher die prominentesten
Beispiele für eine gelingende Übertragung expressionistischer Ästhetik
auf das Kriegserlebnis oder – weniger vom Text als vom Autor her gesehen – für den Versuch dar, die irritierende Wirklichkeit des Kriegs mit
den Mitteln eines genuin modernen Stils zu erfassen, der vom Lyriker
selbst im wesentlichen schon vor dem Krieg entwickelt wurde. Trakls
letztes Gedicht *Grodek* trägt den Namen einer verlustreichen Schlacht
im Titel und läßt sich als Spiegel einer fundamentalen Ausdrucks- und
Sinnkrise lesen: «Alle Straßen münden in schwarze Verwesung.»
Stramms Kriegsgedichte (posthum gesammelt in *Tropfblut*, 1919) führen
auf weite Strecken die Dialektik des Kampfs und die mystische Auflösung des Einzelnen in einer kosmischen Ganzheit fort, die schon seine
Liebeslyrik (*Du*, 1914) charakterisieren. Wie bei Trakl ist es primär die
Überschrift, die das zur Abstraktion drängende Gedicht auf eine identi-
fizierbare Kriegsrealität bezieht.

Die Wahl des Titels ist gleichwohl von einem Willen zur Genauigkeit diktiert.
Das zeigt die Korrektur, die Stramm in einem Brief an Walden vom Mai 1915
anbringt. Sein bisher *Granatfeuer* benanntes Gedicht soll fortan *Schrapnell* heißen: «Die erste obige Bezeichnung war ein Irrtum oder vielmehr eine Unge-
nauigkeit. [...] Schrapnells entbehren nicht einer gewissen Lustigkeit, so etwas
Prickelndes. Aber bei Granaten ist jeder Spaß zu Ende.» Das in Frage stehende
Gedicht lautet:

> Der Himmel wirft Wolken
> Und knattert zu Rauch.
> Spitzen blitzen.
> Füße wippen stiebig Kiesel.
> Augen kichern in die Wirre
> Und
> Zergehren.

Das letzte Wort, eine Zusammenziehung von «zergehen» und «begehren», verweist auf die vitalistische Dimension von Stramms Kriegserlebnis. Seine Briefe
von der Front, zwischen Siegeszuversicht und blankem Entsetzen schwankend,
finden in der Erfahrung des durch den Krieg intensivierten Lebens einen
gemeinsamen Nenner: «Eine riesige Kampfeslust ist in uns. [...] Das Leben hat
herrliche Momente hier. Vielleicht weil es so nahe am Tode liegt» (an Herwarth
und Nell Walden, April 1915).

Franz Richard Behrens und Otto Nebel gehen konsequent den von
Stramm eröffneten Weg weiter. Behrens, 1914–1918 Soldat, schickt an
die Zeitschrift *Flugsport* als *Feldpostbriefe* bezeichnete Kriegsreportagen
und parallel dazu an den *Sturm* Kriegsgedichte, von denen als erstes
Expressionist Artillerist angenommen wird (s.o. S. 31f.); 1917 erscheint
im Sturm Verlag schon eine ganze Sammlung: *Blutblüte.* Deren rhythmi-
sches Grundgesetz (das im wesentlichen mit Stramms Technik überein-

stimmt) hat sich für Behrens gleichsam aus dem Kriegseinsatz ergeben,
wie das Feldtagebuch vom August 1915 bezeugt: «Entdecke auf Nachtwa-
che meine Einwortlyrik. Konzentrierte Kürze. Telegramm. Dichten ist
kürzen.»

Otto Nebel, gleichfalls seit 1914 Soldat, wird im Kriegsgefangenenlager Colsterdale zum Dichter. Über die Jahreswende 1918/19 entsteht in
drei Wochen die Erstfassung von *Zuginsfeld*. Das ab 1920 im *Sturm*
erscheinende Großgedicht ist eine sprachspielerische Abrechnung mit
dem Ungeist des Militarismus; Technik und Tendenz treten schon in
den ersten Zeilen hervor:

> Wehrkraft im Geist
> Wer
> Der Mann
> Pflicht gibt ihm Zwang und nimmt ihm Kraft
> Zwang gibt ihm Waffen und nimmt ihm Wehr

Als der Herausgeber der *Aktion* im Oktober 1914 mit drei Gedichten
Wilhelm Klemms die Rubrik «Verse vom Schlachtfeld» eröffnet, die für
die nächste Zeit zur wichtigsten Plattform seiner Opposition gegen den
Kriegsgeist werden sollte, stellt er diese Gedichte seinen Lesern als «die
ersten wertvollen Verse» vor, «die der Weltkrieg 1914 hervorgebracht
hat.» In den Gedichten, die der Militärarzt Klemm für Pfemfert schrieb
(denn er schrieb auch ganz andere: s. o. S. 585), wird ein melancholisch-
unheroisches Bild des Krieges gezeichnet, in dem Zerstörung und Tod
vorherrschen und die Attribute leise Klage führen. Klemms Gedicht *An
der Front* (aus dem Gedichtband *Gloria. Kriegsgedichte aus dem Feld*,
1915) beginnt mit der Strophe:

> Das Land ist öde. Die Felder sind wie verweint.
> Auf böser Straße fährt ein grauer Wagen.
> Von einem Haus ist das Dach herabgerutscht.
> Tote Pferde verfaulen in Lachen.

«Das Land ist für uns geschichtslos», heißt es mit ähnlicher Melancholie
im unveröffentlichten Feldtagebuch (Oktober 1914) von Alfred Vagts,
der in den «Versen vom Schlachtfeld» nächst Klemm am stärksten vertreten ist. Sein Gedicht *Marsch im verlassenen Land* (1915) faßt dieses
Gefühl einer inneren Leere in das Bild der «leeren Stunde» des Herzschlags. Auch Ludwig Bäumer und Wilhelm Stolzenburg formulieren in
ihren in der *Aktion* gedruckten Kriegsgedichten die Gefahr einer Leere,
die sich aus dem Verlust jeder Utopie ergibt. Stolzenburgs Gedicht *Gefallene* (1915) reiht kommentarlos Bilder von Stellungen auf, in denen sich
die Leiber toter Soldaten auf dem Schlachtfeld krümmen. «Oft liegt
Hand auf Hand auf einem Herzen» – erst im letzten Vers klingt diskret

das Ideal der Menschheitsversöhnung an, von dem aus auch die vorangehenden scheinbar nüchternen Beschreibungen als Anklage zu verstehen sind.

Ernst Tollers Gedicht *Leichen im Priesterwald* präsentiert dasselbe Motiv in hochexpressionistisch-pazifistischer Pathetik; ein «Düngerhaufen faulender Menschenleiber» offenbart die Wahrheit der Humanität: «Ja, sie umarmen sich. / O schauerlich Umarmen!» Mit ähnlichem Entsetzen imaginiert Anton Schnacks Gedicht *Ein bäuerischer Soldat spricht*, wie der Stahl des Bajonetts in das Herz des Soldaten und die Herzen seiner Angehörigen dringt. Gewaltsamer Tod und Sterben als Basiserfahrung des Krieges werden auch in den Lazarettgedichten Walter Hasenclevers und Armin T. Wegners thematisiert. Beide Autoren greifen dabei auf vitalistische Motive wie die Nähe von Eros und Thanatos zurück: Der «sterbende Unteroffizier im galizischen Lazarett» in Hasenclevers gleichnamigem Gedicht von 1916 vermengt in seiner Phantasie Fragmente von Kriegstod und Lebensglück; in Wegners Gedicht *Grab der Gliedmaßen* tanzen die Toten in ihren weißen Binden einen Lebensreigen (*Das Lazarett. Ein Kreis vom Tode und vom Leben*, entst. 1914). Wiederum bietet sich der Vergleich zu Toller an, in dessen Drama *Die Wandlung* der Tanz der Kriegstoten allerdings nur noch satirisch-grotesken Charakter besitzt.

Die emotionale und eigentlich ganz unheroische Befindlichkeit des Soldaten im Kriegsalltag kommt in den *Liedern im Kampf* (1916) des Österreichers Karl von Eisenstein eindringlich zum Ausdruck. Auch Oskar Kanehls Gedicht *Auf dem Marsch* (1915) macht die Abstumpfung und Erschöpfung des nur noch mechanisch reagierenden Kriegsteilnehmers unmittelbar gegenwärtig. Indem Kanehl seine in der Mehrzahl *1914–1916* in der *Aktion* erschienenen Kriegsgedichte 1922 unter dem Titel *Die Schande. Gedichte eines dienstpflichtigen Soldaten aus der Mordsaison 1914–1918* als Buch herausbringt, setzt er sie einer neuen Betrachtung aus. Im Klima der Weimarer Republik werden die eher unpolitisch-realistischen Texte zu Dokumenten einer umfassenden Anklage.

2. Kriegsdramen

Die Kriegsdramen Hanns Johsts und Reinhard Goerings entziehen sich einer eindeutigen Stellungnahme für oder gegen den Krieg schon dadurch, daß sie sich eines gemeinsamen formalen Modells bedienen: der statischen Dramatik Maurice Maeterlincks, mustergültig entwickelt in *Les aveugles*. Ebenso wie bei Maeterlinck wartet in Johsts Einakter *Die Stunde der Sterbenden* (1914) und in Goerings Tragödie *Seeschlacht* (1917) eine Gruppe namenloser, nur durch Nummern voneinander unterschiedener und sich zum Teil nicht einmal gegenseitig wahrnehmender Men-

schen auf den Tod. Er tritt am Ende von Johsts Stück in der Allegorie
des Morgens auf, den Menschen zur nietzscheanischen Selbstkrönung
aufrufend («Nenn es nicht Gott und Glauben nicht! – / – Kröne dich
selbst, Mensch! Nenn es Wille!») und damit die durchgehende christliche Symbolik des Stücks ins Lebensphilosophische umbiegend.

Johst, der 1914–1918 Soldat war, hat sich auch als Lyriker, Novellist und
Publizist der Kriegsthematik zugewendet; so verfaßte er 1915 einen Offenen
Brief an Maeterlinck, in dem er sein verehrtes Vorbild zum Einlenken auffordert. Demungeachtet übte er 1917 selbst Kritik an der inflationären Kriegsliteratur (s. o. S. 768). In der Weimarer Republik sollte er sich zunehmend völkisch
orientieren und zur Zeit der Herrschaft des Nationalsozialismus hohe kulturpo-
litische Ämter übernehmen.

Goering war dagegen nur 1914 als Feldarzt an der Front; nach einer Tuberku-
lose-Erkrankung hielt er sich mehrere Jahre zur Kur in Davos auf. Dort entstand
1916 die Tragödie *Seeschlacht*, in der Goering – wie etwa zeitgleich die Lyriker
Heinrich Lersch (*Deutschland!*, 1918) und Josef Winckler (*Ozean*, 1917) sowie
der Erzähler Gustav Frenssen (*Die Brüder*, 1917) – die Seeschlacht vor dem Skagerrak am 31. Mai und 1. Juni 1915 verarbeitet. Das Gefecht zwischen deutschen
und britischen Kriegsschiffen, das noch heute als größte Seeschlacht der Kriegsgeschichte gilt, wurde auf deutscher Seite als Sieg gewertet, obwohl die deutsche
Flotte ihr eigentliches Ziel einer Dominanz in der Nordsee damit nicht durchsetzen konnte und selbst empfindliche Verluste erlitt.

Am Ende von Goerings *Seeschlacht* steht die Detonation im Panzerturm des Schlachtschiffs, der alle Personen des Dramas zum Opfer fallen. Die letzten Worte gehören dem fünften Matrosen, der am Schluß
das Kommando übernommen hat, nachdem er in der Mitte des Dramas
noch der Meuterei bezichtigt wurde:

> Ich habe gut geschossen, wie?
> Ich hätt auch gut gemeutert, wie?
> Aber schießen lag uns wohl näher? Wie? –
> Muß uns wohl näher gelegen haben?

Der Ausbruch der Schlacht, von den Matrosen sehnsüchtig erwartet
und als heißer Tanz begrüßt, läßt jedes Nachdenken über den Sinn des
Handelns zurücktreten. Die utopische Andeutung wahrer menschlicher
Gemeinschaft, die im Bericht des Fünften Matrosen über ein von ihm
belauschtes Abschiedsgespräch anklingt – die Formulierung: «was sein
kann zwischen Mensch und Mensch» –, wird im nachhinein auf das
gemeinsame Kämpfen und Sterben übertragen.

Mit welchem Recht man in diesen indirekt zitierten Worten, mit denen ein
älterer Mann einen jüngeren Freund in den Tod entläßt, einen Hinweis auf die
Haltung Stefan Georges sehen kann, zu dem Goering persönlichen Kontakt aufnahm und mit dessen Schüler Gundolf er befreundet war, mag dahingestellt bleiben – unbestreitbar ist, daß die formale Disziplin seines Dramas (mit starken

Anklängen an die stichomythischen und Chorpartien der griechischen Tragödie)
und die Vermeidung einer klaren politischen Stellungnahme eine gewisse Nähe
zu den Grundpositionen des George-Kreises signalisieren.

Durch den Erfolg der *Seeschlacht* ermutigt, sollte sich Goering über
den Ersten Weltkrieg hinaus als Spezialist für Kriegsdramen profilieren.
Scapa Flow, veröffentlicht im Septemberheft der *Neuen Rundschau* 1919,
nimmt Bezug auf die Selbstzerstörung der deutschen Kriegsflotte im
Juni desselben Jahres. Das «tragische Spiel» *Die Retter*, zwei Monate vorher in derselben Zeitschrift gedruckt, bietet ein Äußerstes an Abstraktion und Pessimismus: Vergeblich suchen sich zwei Greise der Logik des
Kriegsgeschehens zu entziehen; indem sie zu retten versuchen, werden
sie Mörder. Im Tanz eines jungen Paares leuchtet visionär ein utopisches
Gegenbild auf. Der Unabwendbarkeit des Todes können sich allerdings
auch die Liebenden nicht entziehen; sie tanzen auf den Betten der toten
Greise in den eigenen/gemeinsamen Tod. Die Abstraktheit der Darstellung erfährt in der Buchausgabe eine leichte Einschränkung durch Hinweise auf den belgischen Kriegsschauplatz.

In den Spuren Johsts und Goerings bewegen sich die *Fünf Mysterien* Alfred
Richard Meyers (Privatdruck 1918). Der expressionistische Verleger, der 1916–
1918 als Kriegsberichterstatter tätig war, siedelt vier seiner fünf auf das Verhältnis Krieg/Liebe bezogenen Szenen an belgischen und französischen Kriegs-
schauplätzen an. Die in der Nachbemerkung vom Frühjahr 1918 angekündigte
Veröffentlichung weiterer «Mysterien» wie *Die Verdammten* und *Der Gasmas-
kenball* unterblieb.

Für den Dramatiker Fritz von Unruh wurde der Krieg zum Schicksal.
Die aus der Auseinandersetzung mit dem Weltkrieg hervorgehende Trilogie *Ein Geschlecht* (s. o. S. 572–574) hat ihn bis in sein hohes Alter
beschäftigt. Das pazifistische Engagement, das sein öffentliches Auftreten seit Ende des Krieges bestimmt, geht auf die Eindrücke zurück, die
der einstige Berufsoffizier aus altem preußischen Adel an der Westfront
empfing. Allerdings liegt der Zeitpunkt dieser Umorientierung deutlich
später (nämlich frühestens 1916), als Unruh selbst und die von seinen
Auskünften abhängigen Interpreten es späterhin dargestellt haben.

Das bezeugt der aufgrund eines Zensurverbots nicht in den Handel
gelangte Erstdruck (1915) seines Dramas *Vor der Entscheidung*. Die «Entscheidung» (ein Lieblingswort der Kriegsberichterstattung aus der
Anfangsphase des Kriegs), um die es darin ursprünglich geht, ist diejenige für die Fortführung des Kriegs und seine Bejahung bis in die letzten Konsequenzen – trotz der entsetzlichen Opfer an menschlichen
und kulturellen Werten, die dieser Krieg fordert und die Unruh mit
einer ans Makabre grenzenden Direktheit zur Anschauung bringt. In
der Reims-Szene des Manuskripts von 1914 etwa wird nach schweren

Bedenken ausdrücklich der Befehl zum «Bombardement» der Kathedrale
gegeben. Und in einer Teilpublikation der ersten Druckfassung vom
März 1915 war im *Zeitgeist*, einer Beilage des *Berliner Tageblatts*, zu
lesen:

> ULAN *(vor dem Massengrab)*:
> Die ihr gestürmt für Treu und Ehr', –
> Liegt hier getürmt, von Fäulnis schwer.
> VIERZIGJÄHRIGER *(zum Ulan)*:
> Was schauderst du davor zurück?
> Erst vierzig modern drin. Wir legen nochmals vierzig Stück
> Bequem darüber hin.
> Und ragen Arm und Bein heraus,
> So pressen wir sie ein.
> Das Grab ist ja kein Freudenhaus,
> Wo jeder schläft zu zwein. (*Trinkt.*)

Unruh, der sich 1914 als Freiwilliger bei den Hanauer Ulanen gemeldet
hatte, stellt im jungen Ulan gewissermaßen seine eigenen Gefühle und
Bedenken dar, die durch die überlegene Einsicht des Älteren relativiert
werden. Das Drama wird somit in der Fassung von 1914/15 zum Protokoll eines Lernprozesses, zur Einübung in eine Kriegsideologie, die der
paradoxen Logik des Trotzdem und einer metaphysischen ‹Erlösung›
folgt. Da die Greuel des Kriegs im Text bereits massiv präsent waren,
mußte Unruh gar nicht viel streichen oder hinzufügen, um sein dramatisches Gedicht in der ersten öffentlichen Buchausgabe (1919) auf eine
pazifistische Botschaft auszurichten. Dennoch handelte es sich um eine
Wendung um hundertachtzig Grad.

Tollers Drama *Die Wandlung* (s. o. S. 576 f.) zeigt ebenfalls einen Lernprozeß, in dem der Krieg die entscheidende Station darstellt. Auch hier
erfolgt die eigentliche Einsicht erst im nachhinein: Friedrich, der sich
durch seinen tapferen Fronteinsatz das Eiserne Kreuz erworben (und als
Jude damit die äußerliche Integration in die christliche Gesellschaft vollendet) hat, gelangt zur Absage an den Nationalismus erst bei der Arbeit
an einem vaterländischen Denkmal und in Konfrontation mit den
Opfern des Kriegs. Die eigentlichen Kriegsszenen in Tollers Schauspiel
sind übrigens dem Herero-Krieg in Südwestafrika (1904–07) nachgestellt. Dabei läßt der gesamte Kontext einschließlich der Hintergrunds-
bilder (mit Transportzügen voller Soldaten und der Vorführung modern-
ster Prothesen für Kriegskrüppel) keinen Zweifel daran, daß sich der
Protest dieses Dramas gegen den Ersten Weltkrieg richtet.

3. Kriegsprosa

Der Wiener Schriftstellerverein Concordia setzte 1917 zwei Preise zu je zehntausend Kronen für den österreichischen Kriegsroman aus, der nach Einschätzung des Vereins offenbar noch nicht geschrieben war. Sieht man einmal davon ab, daß den Herren von der Concordia wahrscheinlich ein höchst affirmatives volkstümliches Erzählwerk vorschwebte, so läßt sich die Aussage durchaus erweitern: Ein bedeutender deutschsprachiger Roman über den Weltkrieg, der etwa dem Vergleich mit Henri Barbusse' kriegskritischer Abrechnung *Le feu* (1916; dt. Das Feuer, 1918) standhielte, ist vor 1928 nicht geschrieben worden.

Zu eng waren offenbar die Grenzen, die die Maßstäbe patriotischer Loyalität bzw. die Zensur der epischen Phantasie der Autoren setzten. Zwei Beispiele mögen das verdeutlichen. Als Fritz von Unruh von der Obersten Heeresleitung den Auftrag für ein Buch erhält, das «die Leistung der Truppen vor Verdun» behandeln soll, hat er seiner eigenen Aussage nach (im Brief an die Mutter vom März 1916) gegenüber dem Kriegsminister und dem Generalstabschef seinen eigenen «Standpunkt» artikuliert. Demnach schwebte ihm – im Gegensatz zum patriotischen Kitsch eines Rudolf Herzog – eine «ernste und würdige» Darstellung vor, die «der Wirklichkeit und ihrer Grösse gemäss» sei.

Wenn sich Unruh im selben Brief als Rhapsoden bezeichnet, kündigt sich schon die Strategie an, die er mit der zunächst *Verdun* betitelten Erzählung verfolgen wird: Durch die Stilisierung seiner Hauptfiguren zu homerischen Helden und die vitalistische Aufladung der Kampfhandlungen schafft er einen Ausgleich für die düstere Perspektive des Handlungsverlaufs, in dem die einzelnen Soldaten der vom Erzähler ausgewählten Sturmtruppe nacheinander in den Tod gehen, der ihnen mehr oder minder als vorbestimmtes Ziel bewußt ist und dem Leser durch zahlreiche Vorandeutungen als solches klargemacht wird. Es ist die Idee des freiwilligen Opfers, die hinter dieser Konzeption steht; der für die Veröffentlichung der überarbeiteten Fassung nach dem Krieg gewählte Titel *Opfergang* stellt insofern keine Revision des ursprünglichen Sinnkonzepts dar, auch wenn man annehmen kann, daß Unruh nach seiner Abwendung von der heroischen Kriegsideologie diesem Titel eine kritische Intention unterlegte.

Das Gutachten der Oberzensurstelle vom August 1916 äußert sich erstaunlich positiv über das von Unruh eingereichte *Verdun*-Manuskript und vermutet eine «erhebende» Wirkung «auf den Gebildeten, vor allem auf jeden, der selbst die Schrecken des Krieges erlebt hat.» Dennoch wird von einer offiziösen Veröffentlichung während des Kriegs mit Blick auf die «sehr ernste Stimmung im Vaterland» nach den schweren Verlusten bei Verdun abgeraten. Tatsächlich mußte angesichts der Bilanz von mehr als einer halben Million Toten und Verwundeten auf beiden Seiten das Interesse der Heeresleitung an einer Thematisierung dieser letztlich erfolglosen Kampagne mittlerweile erloschen sein. Immerhin stellte man Unruh eine Veröffentlichung im eigenen Namen frei, die dieser aber anscheinend zu Kriegszeiten nicht mit vollem Nachdruck verfolgte, denn die dem Reiss Verlag hierfür von der zuständigen Zensurbehörde auferlegten Streichungen waren dem Urteil des Verlegers nach eher äußerlicher Natur.

Ein anderes Beispiel für den knapp bemessenen Spielraum fiktionaler Kriegsprosa während der Dauer des Kriegs bietet die von Friedrich Otto Armin Loofs unter dem Pseudonym Armin Steinart veröffentlichte Erzählung *Der Hauptmann* (1916). Auch hier liegt ein vollkommen affirmatives Grundkonzept vor: Die Feinde sind grausam, die deutschen Soldaten aufopferungsvoll, und der Protagonist akzeptiert nach einer Anwandlung von Furcht letztlich seinen Tod auf dem Schlachtfeld. Schwierigkeiten machte aus der Sicht des Cotta Verlags, bei dem der Debütant Loofs 1916 sein Manuskript einreichte, jedoch der Realismus der Schlachtbeschreibungen. Hier leistete dieser Verehrer Fontanes offenbar mehr, als sein Vorbild selbst je gebilligt hätte: Da kommen zerschmetterte Schädel zum Vorschein, werden Soldaten von Mörsern zerfetzt und das Blut der Getöteten spritzt auf den Bajonettkämpfer. Erst nach zahlreichen Streichungen, die Loofs selbst vornimmt, erscheint *Der Hauptmann. Eine Erzählung aus dem Weltkriege* – und erlangt großen Beifall: Der *Literarische Jahresbericht des Dürerbundes* erklärt das Buch für die kraftvollste aller bisherigen Kriegserzählungen und für wahrhaft realistisch, und das Auswärtige Amt plant Übersetzungen in mehrere Sprachen zum Zwecke der Auslandspropaganda.

Wo Realismus auf Widerstand stößt, führt Neuromantik zum Ziel. Walter Flex' Roman *Der Wanderer zwischen beiden Welten. Ein Kriegserlebnis* (1917) verdankt seinen legendären Erfolg nicht zuletzt der Verknüpfung der Kriegsdarstellung mit romantisierenden Naturschilderungen. «Aber neben dem Wandervogel her, der in Helm und Degen und Ledergamaschen den ausgefahrenen Sandweg hinzog, schritt leicht auf reinlichen Füßen durch feuchtes Wiesengras der Mai und lachte immer heller herüber» – so lautet ein Beispiel von vielen. Der Wandervogel ist Ernst Wurche; auf die Nähe zur Jugendbewegung, die Flex mit seinem dichterischen Denkmal für den gefallenen Freund bekundet, wurde schon hingewiesen (s. o. S. 42).

Für die verklärende Darstellung des Kriegs, die Flex hier betreibt und die in auffälligem Gegensatz zum Schreckenspotential von Krieg und Gewalt in seinen historischen Erzählungen der Vorkriegszeit steht, ist nicht zuletzt der Umgang mit dem Tod symptomatisch. Nach einem langen Zitat aus Kellers Novelle *Das Fähnlein der sieben Aufrechten* läßt der Erzähler Wurche sagen:

> «Der Gedanke an den Heldentod eines Volkes ist nicht schrecklicher als der an den Schwerttod eines Menschen. Nur das Sterben ist häßlich bei Menschen und bei Völkern. Aber wenn ein Mann

den tödlichen Schuß, der ihm das Eingeweide zerreißt, empfangen hat, dann soll keiner mehr nach ihm hinsehen. Denn was dann kommt, ist häßlich und gehört nicht mehr zu ihm. Das Große und Schöne, das heldische Leben ist vorüber.»

Flex' Roman hält sich konsequent an diesen Grundsatz. Mit unverhohlen homoerotischer Anteilnahme wird immer wieder die schlanke Lichtgestalt Wurches beschworen – etwa wie er nackt in der Maisonne steht und Goethes *Ganymed* rezitiert. Selbst der Tod kann dieser Jünglingsschönheit kaum etwas anhaben; eine russische Kugel verletzt innere Blutgefäße und läßt die (auch darin vorbildliche) Führerfigur still und klaglos sterben. Das mit Grün und Blumen ausgekleidete Heldengrab, das ihm der Erzähler unter zwei Linden einrichtet – «das nahe Rauschen der Wälder und das ferne Gleißen des Sees sollten ihn behüten» – entspricht den Idealvorstellungen für Kriegerehrungen und Soldatenfriedhöfe, die gerade im Erscheinungsjahr 1917 die deutsche Öffentlichkeit beschäftigten (s. o. S. 781). Flex betätigt sich als einer der ersten Mystiker des von den Nationalsozialisten ausgebeuteten Kriegstotenkults; mit seinem Kriegstod noch im selben Jahr, der dem Roman in den Augen der Zeitgenossen das Siegel persönlicher Authentizität verlieh, wird er selbst zu einem seiner bevorzugten Objekte.

Die Kriegsprosa des Expressionismus ist – sehr im Unterschied zu den Verhältnissen in der Lyrik – eher schwach ausgeprägt. Alfred Döblins *Wallenstein* (s. o. S. 153–155) spiegelt das Kriegsgeschehen ins Historische zurück. Eine direkte Zuwendung zur Realität des Weltkriegs findet sich innerhalb des fiktionalen Œuvres Döblins nur in *Die Schlacht, die Schlacht!* (1915), einer tragischen Verarbeitung des Don-Quijote-Motivs, das auch seinem gleich nach Kriegsbeginn entstandenen, zahlreiche Kriegsmetaphern aufweisenden *Wadzek*-Roman zugrunde liegt (s. o. S. 415). Armand Mercier aus dem französischen Hinterland ist ein Don Quijote des Kriegs: Er geht an die Front, um seinen Freund Louis Poinsignon zu suchen, denn er kann nicht glauben, daß er gefallen ist. Dabei kommt er, wie vorauszusehen, selbst ums Leben, und zwar sehr unheroisch: erstochen vom Bajonett eines stolpernden oder bewußt zustoßenden Hintermannes. Der Modernismus der Erzählung liegt in der völligen Zurückhaltung des Erzählers und in den vom Futurismus, auf den schon der Titel verweist (Anspielung auf Marinettis *La bataille*), beeinflußten Sprachspielen. Merciers Entschluß zum Aufbruch wird mit folgenden Sätzen mitgeteilt: «Pfeifen, Trompeten, Trommeln, dann sollen sie mal trommeln, bumberum bumm bumm titiliti. Mütze in die Ecke, Rock in die Ecke, ein Bad genommen.»

Auffällig immerhin, daß Döblin überhaupt einen Vertreter der Gegenseite zum ‹Helden› kürt; man kann darin ein Zeichen seines Bemühens um äußerste – ästhetische und politische – Distanzierung erkennen. Auch Ernst Weiß' bedeutende Erzählung *Franta Zlin* (1919) enthält sich jeder lautstarken Parteinahme. Und doch ist die Darstellung des Leidenswegs, den der von Natur sanftmütige Zlin in den Wirren des Weltkriegs zu absolvieren hat, und seiner fortschreitenden Verhärtung und Entmenschlichung von einem tiefen Pathos der

Anklage gegen eine Gesellschaft getragen, die eine solche Verstümmelung der
Natur zuläßt. Dem Protagonisten wird das Geschlecht weggeschossen bei einem
Patrouillengang, zu dem er nur deshalb abkommandiert wurde, weil er einer kal-
benden Kuh beigestanden hat (statt das Schlachtvieh für die Truppe pünktlich
abzuliefern). Die Scham des Invaliden vor seiner Frau ist danach so groß, daß er
nicht nur ihren Tod als Erlösung empfindet, sondern gezielt anstrebt, indem er
die Ahnungslose mit äußerster seelischer Härte in den Selbstmord treibt. Auch
in der abschließenden Ermordung Zlins durch einen russischen Kriegsgefange-
nen setzt sich die Logik einer vom Krieg in Gang gesetzten Gewalt-Dynamik
fort. Die «Erschütterung» der Menschlichkeit durch den Krieg hat Weiß schon
im Roman *Mensch gegen Mensch* (s. o. S. 324 f.) thematisiert.

Zahlreiche Kurzgeschichten aus Klabunds «Kriegsbuch» *Der Marketenderwa-
gen* (1916) haben Ereignisse oder Auswirkungen des Krieges zum Inhalt. Sie verstehen sich als «Arabesken» zum «erhabenen Ereignis» des Weltkriegs und stellen den Versuch dar, eine humoristische Perspektive auf das militärische Geschehen zu entwickeln, ohne dessen ideologische Voraussetzungen in Frage zu stellen. Damit entsprechen sie einem akuten Bedarf des Buchhandels zu Kriegszeiten, der Feldbuchhandlungen insbesondere (s. o. S. 777 f.).

Auf dem Buchmarkt der Kriegsjahre standen soldatische Memoiren
hoch im Kurs. Sie verkauften sich am besten, wenn sie das Modell des
Abenteuerromans erneuerten und ein Bild des Kriegs vermittelten, in
dem der Held als Einzelkämpfer gegen eine Welt von Feinden bestehen
konnte. Im technisierten Krieg des frühen 20. Jahrhunderts gab es eine
Enklave, in der letztmals kämpferische Qualitäten, wie man sie vom
Modell des ritterlichen Zweikampfs kannte, gefragt waren: im Luftkrieg
nämlich, jedenfalls seinem Anfangsstadium. Entsprechend groß war das
Interesse, auf das die Memoiren des erfolgreichsten Kampfpiloten des
Ersten Weltkriegs stießen. In den ein Jahr vor seinem Tod erschienenen
Lebenserinnerungen *Der rote Kampfflieger* (1917; spätere Auflagen trugen den Untertitel «Ein Heldenleben» oder ein Vorwort von Hermann
Göring) stellt Manfred Freiherr von Richthofen sein Geschäft als Jagd
auf «Apparate» (statt Menschen) dar, vor deren abgetrennten Hoheitszei-
chen und Nummern er sich posierend photographieren läßt wie nur je
ein Weidmann mit seiner Jagdtrophäe – die avancierteste Technik und
die urtümlichste menschliche Lebensform koinzidieren.

Ähnlich erfolgreich war – mit 410 000 gedruckten Exemplaren im Erscheinungsjahr – ein anderes gleichfalls bei Ullstein verlegtes Fliegerbuch: Gunther
Plüschows *Die Abenteuer des Fliegers von Tsingtau. Erlebnisse in drei Erdteilen*
(1916). Der Marineflieger Plüschow berichtet darin von seinem Ausbruch aus
der belagerten Feste Tsingtau und der abenteuerlichen Flucht über die Vereinigten Staaten, Gibraltar und England nach Deutschland. Die Listen und Finten,
zu denen der Verfasser dabei greifen muß (so verkleidet er sich in England als
Vagabund und läßt sich auch so photographieren), machen das Vorbild des pikaresken Romans unmittelbar lebendig. In enger inhaltlicher Parallele dazu steht
der Bestseller *Ayesha* (1915), in dem Hellmuth von Mücke, der Kapitän des Hilfs-

kreuzers Emden, über die verschlungenen Wege berichtet, auf denen er und die anderen überlebenden Besatzungsmitglieder seines in der Südsee versenkten Schiffes in die Heimat zurückgelangt sind.

Nach dem Krieg schlug die Stunde der – mehr oder weniger überarbeiteten – Kriegstagebücher. Mit *Zwischen Volk und Menschheit* (1919) macht der bejahrte Kriegsfreiwillige Richard Dehmel den Anfang. Es folgen Ernst Jünger (*In Stahlgewittern*, 1920), Hans Carossa (*Rumänisches Tagebuch*, 1924) und Rudolf Binding (*Aus dem Kriege*, 1925). Sowohl Carossa, der Feldarzt in Rumänien, als auch Binding, der Kompanieführer in Flandern, suggerieren durch Form und Inhalt ihrer Aufzeichnungen eine innere Distanz und Superiorität gegenüber dem Geschehen. Carossa zitiert aus Briefen und Aufzeichnungen zweier Gefallener, darunter eines gewissen Glavina, den Carossa selbst gelegentlich als Mischung aus «Hölderlin und Ossian», also wohl aus *Hyperion* und den Ossian-Partien des Goetheschen *Werther*, bezeichnet hat; ihm verdankt sich das Motto des Buchs, das vielfach als Leitsatz Carossas schlechthin gedeutet wurde: «Raube das Licht aus dem Rachen der Schlange!» Binding schaltet eigene Briefe ein, die sein Ringen um eine Deutung des Kriegs und eine klare Haltung zu ihm dokumentieren, wie den Osterbrief von 1915, in dem er eine «Religion der Wehrhaftigkeit» fordert, und distanziert sich noch im selben Monat von den grauenhaften Folgen eines geglückten Gasangriffs – als unvereinbar mit seinem Ideal der Ritterlichkeit.

Ernst Jünger dagegen, der mehrfach verwundete und hochdekorierte Frontkämpfer, stellt mit seinem – bei späteren Neuauflagen immer wieder veränderten – Tagebuch *In Stahlgewittern* ein neues folgenreiches Paradigma bereit: das der ästhetischen Rehabilitation des Kriegs auf der Grundlage seiner Umdeutung zu einem zugleich naturhaften und mythischen Ereignis. Auf den Höhepunkten des Geschehens gibt das hier entworfene Tagebuch-Ich seine reflexive Distanz auf, um mit derselben Härte in die Kampfmaschinerie einzugreifen, die diese ihm gegenüber ausübt. Dabei läßt es sich durch keinerlei moralische Bedenken verunsichern; der Krieg wird wertneutral als Kampfsport aufgefaßt, der seine eigenen Regeln kennt und seine eigene Elite hervorbringt. Das originale Tagebuch Jüngers war in seiner Haltung zum Krieg noch nicht so eindeutig; es kennt auch Ausrufe wie: «Wann hat dieser Scheißkrieg ein Ende?»

IV. ÜBER DEN KRIEG HINAUS

1. Europa-Entwürfe

Als René Schickele im Mai 1916 Annette Kolb ein Porträtphoto widmet, gibt er als Datum an: «im 3. Jahr des Teufels». Als Kinder einer französischen Mutter und eines deutschen Vaters litten Schickele und Kolb in besonderer Weise unter dem Weltkrieg; angesichts der Selbstzerfleischung der Nationen appellierten beide an eine höhere Instanz: Europa. «Es ist noch verfrüht (obwohl es weiß Gott nicht unpatriotisch ist), europäische Worte in unseren plombierten Ländern auszusprechen.» So schreibt Annette Kolb im ersten ihrer *Briefe an einen Toten* im *Zeit-Echo* (Oktober 1914). Europa ist für sie recht eigentlich das karolingische Reich (mit Deutschland und Frankreich als zwei einander ergänzenden Hälften) oder das mittelalterliche, noch nicht durch die Reformation gespaltene Europa; in dieser Rückwendung zu einer katholischen Glaubenseinheit berührt sie sich mit Vorstellungen der deutschen Romantik, wie sie u. a. von Novalis in *Die Christenheit oder Europa* formuliert wurden.

Schickeles Perspektive auf Europa war wesentlich durch seine elsässische Herkunft geprägt. Sein im Oktober 1914 entstandenes, Ende 1916 in Frankfurt a. M. uraufgeführtes Drama *Hans im Schnakenloch* thematisiert den Zwiespalt des Elsässers aus eigener Erfahrung des Autors, aber mit einer kühn abweichenden Schlußlösung. Im Gegensatz zu seinem Bruder Balthasar, der auf deutscher Seite in den Krieg zieht, geht der idealistische Träumer Hans Boulanger über die Grenze zur französischen Armee: weil er glaubt, sie werde überrollt von der deutschen «Dampfwalze» – und weil er sich auf diese Weise zugleich aus seiner quälenden Ehe mit der deutschnational empfindenden Kläre befreien kann. Die Szenen des letzten Akts, in dem die Kampfhandlungen direkt auf den elsässischen Gutshof der Familie Boulanger übergreifen, gleichen dem allegorischen *Gastmahl der guten Europäer*, mit dem Schickele im Januar 1915 die *Weißen Blätter* wiedereröffnet: Die Trennung der eben noch Verbundenen und die Verwirrung der Gefühle sind die gleichen, ebenso aber auch das Bewußtsein der brüderlichen Verbundenheit noch jenseits der Verfeindung.

Der Begriff des «guten Europäers» geht auf Nietzsche zurück. Dieser bezeichnet damit ein ‹geheimes Europa› der intellektuellen Verständigung über die Grenzen der Nationalkulturen hinweg. Franz Marc beruft sich auf dasselbe Schlagwort: in einem Beitrag zu Wilhelm Herzogs *Forum* vom März 1915, der unter der Überschrift *Unser Glaube an Europa* eine Rechtfertigung des Krieges unternimmt. Marc bemüht das beliebteste metapolitische Sinngebungsmodell der Katharsis, wenn er das «völkergemeinschaftliche Blutopfer» als «Reinigung» Europas von alten «Erbübeln» deutet.

Als Vertreter einer abstrakten, dem Futurismus und Kubismus nahestehenden Malerei war der Künstler Marc in besonderem Maße durch die Internationalität der kulturellen Entwicklung vor 1914 geprägt. Im Bereich der Literatur gilt ähnliches für die Ästhetik des George-Kreises, und doch bereitete es dessen führenden Vertretern ebensowenig Schwierigkeiten, das Bewußtsein einer europäischen Identität mit der Legitimation eines kriegerischen Konflikts im Herzen Europas argumentativ zu vereinbaren. In seinem *Offenen Brief an Romain Rolland* erklärt Karl Wolfskehl im September 1914, der Krieg habe «für Deutschland und für die Welt der europäischen Menschheit, um dieser Menschheit willen» ausbrechen müssen. Friedrich Gundolfs schon oben (S. 801) erwähntem Zeitungsartikel *Tat und Wort im Krieg* zufolge geht es in diesem Krieg um die «Wiedergeburt Europas», genauer um das vom deutschen Geist zu bestimmende «neue Reich europäischer Werte». Ernst Bertram bringt den Widerspruch zwischen dem Zusammenbruch Europas und der gesamteuropäischen Mission Deutschlands auf die pointierte Formel: «‹Europa› ist zerbrochen. Nun, so sind wir Europa.» (*Wie deuten wir uns?*, 1915)

Ihren Gipfel erreicht die Vereinnahmung Europas durch den deutschen Geist in Borchardts Rede *Der Krieg und die deutsche Selbsteinkehr* vom Dezember 1914 (s. o. S. 801f.). Indem er zugleich mit der Antithese von europäischer Zivilisation und wahrer (das ist: alter deutscher) Kultur operiert, kann Borchardt erklären:

> «Das Europa, gegen das ich Ihnen die Verpflichtung der bewahrenden Kultur auf die Seele lege, ist bis auf geringe Reste kein aktueller Begriff mehr, sondern ein historischer. Und ich darf das stolze und abschneidende Wort hinzufügen, nur der Deutsche besitzt ihn, ja es ist deutsch ihn zu besitzen, und nur wer ihn besitzt, ist wahrhaft deutsch.»

Obwohl sich Borchardt und die zitierten Vertreter des George-Kreises vorrangig auf die Ebene des geistigen Lebens beziehen, setzen sie den militärischen Sieg Deutschlands und dessen dauerhafte staatlich-wirtschaftliche Hegemonie als selbstverständlich voraus. Sie befinden sich damit in Einklang mit politisch-ökonomischen Planungen für eine deutsche Interessensphäre in Europa, die schon auf die Vorkriegszeit zurückgehen, nach 1914 aber eine neue Qualität annehmen, wie im Vergleich

von Rathenaus Aufsatz *Deutsche Gefahren und neue Ziele* (1913) mit
Friedrich Naumanns wirkungsreichem Buch *Mitteleuropa* (1915) festzustellen ist. Die Analogien zur politischen Sphäre verdichten sich in der
Europa-Publizistik von Rudolf Pannwitz, der schon in seinem Buch *Die
Krisis der europäischen Kultur* (1917) den Verlust eines «europa unter der
hegemonie des kulturvolkes» bedauert, in seiner Broschüre *Deutschland
und Europa. Grundriß einer deutsch-europäischen Politik* (1918) aber noch
konkreter wird. Das darin proklamierte «Imperium Europaeum» soll
organisch aus zellenhaften Bestandteilen zusammenwachsen; der Idee
eines europäischen Staatenbundes wie allen demokratisch-westlichen
Politik-Konzepten wird ausdrücklich eine Absage erteilt. Für die Superiorität, die der deutschen Leitkultur in diesem nichtimperialistischen
«Imperium» zukommen soll, findet Pannwitz ein überraschendes Beispiel: Österreich als ein «Europa im Kleinen.»

Damit zitiert Pannwitz wörtlich Hofmannsthal, der den gleichen Ausdruck in seiner Antwort auf eine Umfrage des *Svenska Dagbladet* vom
Mai 1915 gebraucht hat (*Krieg und Kultur*). Wie oben (S. 803 f.) schon
dargestellt, geht Hofmannsthals Entwurf einer «österreichischen Idee»
einerseits von der paradoxen Struktur der multiethnisch zusammengesetzten, gleichwohl von deutschen Kulturträgern dominierten Donaumonarchie, andererseits von der geopolitischen Lage Österreichs als
Grenzwall und Kolonisationsbasis gegenüber dem Osten (früher dem
Osmanischen Reich, jetzt Rußland und seiner Einflußsphäre) aus. «Wer
sagt ‹Österreich›, der sagt ja: tausendjähriges Ringen um Europa» – so
formuliert es noch der Schlußteil seiner Berner Rede *Die Idee Europa*
vom März 1917, der erweiterten Neuaufnahme eines zuvor schon in
Oslo gehaltenen Vortrags, für deren geschichtsphilosophische Exkurse
Borchardt Hofmannsthal während dessen Berliner Krankenlagers reiches Material lieferte. Wer in Hofmannsthals Rede ein heute noch wie-
derholbares Votum für Europa oder ein Dokument interkultureller Toleranz erblickt, gerät in die Gefahr, die spezifische Vorbildfunktion zu
verkennen, die eben Österreich-Ungarn – weder in politischer noch in
kultureller Hinsicht ein Beispiel für hochentwickelte Toleranz oder
Gleichberechtigung – für Hofmannsthals Vorstellung von Europa besaß.
Die Leitfunktion der deutschen Kultur war in seiner «europäischen
Idee» ebenso wie in ihrem österreichischen Urbild stillschweigend mit-
gedacht.

Den austriazentrischen Blickpunkt und die (damit nicht immer leicht
vereinbare) Parteinahme für das Deutschtum teilt Hofmannsthal mit
einem jüngeren Landsmann, der 1916/17 bei S. Fischer Bücher veröffentlichte mit so angreifbaren Titeln wie *Österreich und der Mensch. Eine
Mythik des Donau-Alpen-Menschen* und *Europäische Wege. Im Kampf um
den Typus*. Ihr Verfasser Robert Müller, einer der Hauptvertreter des

Wiener Expressionismus, bewegt sich auf nicht immer geradlinigen Pfaden im Grenzbereich von Rassismus und Aktivismus. Der Begriff von Europa, auf den er sich in der Einleitung seiner *Europäischen Wege* beruft, ist eine – gemäß den veränderten politisch-militärischen Kräfteverhältnissen geschrumpfte – Reduktionsform der großartigen Vision, mit der sein vorangehendes Büchlein *Macht. Psychopolitische Grundlagen des gegenwärtigen Atlantischen Krieges* (1915) schloß. Unter der Überschrift «Atlantis, ein deutscher Kontinent» beschwor Müller dort ein Geistes-Imperium, das ebenso über das Mittelmeer wie über das Schwarze Meer hinwegreicht und sich von Kiel bis Katanga, von den Vogesen bis zum Kaukasus erstreckt: mit Brückenschlägen wie Berlin-Bagdad, Warschau-Kamerun, Hamburg-Tiflis.

2. Literatur gegen den Krieg

In den *Briefen einer Deutsch-Französin* (1916) berichtet Annette Kolb, die dafür noch im gleichen Jahr mit einer Brief- und Reisesperre belegt werden sollte, über ihren Anteil an der Gründung einer *Internationalen Rundschau* und den Vortrag, den sie darüber im Januar 1915 in Dresden hielt. Die im Buch wie schon zuvor in den *Weißen Blättern* abgedruckte Rede *Die Internationale Rundschau und der Krieg* löste lautstarke Proteste aus allein aufgrund eines Vergleichs, den Kolb zwischen der deutschen Presse und ausländischen Hetzblättern zu ziehen wagte – ein weiterer Beleg für den Zusammenhang zwischen Kriegsmentalität und Medienlandschaft (s. o. S. 766–768). Die darüber hinausgehende Auseinandersetzung Kolbs mit der affirmativen Kriegspublizistik Borchardts und Schelers fand dagegen kaum Beachtung.

Die kritische Analyse und polemische Verurteilung der Kriegspropaganda bilden einen wichtigen Schwerpunkt der sich im Ersten Weltkrieg formierenden Antikriegsliteratur. Franz Werfels Gedicht *Die Wortemacher des Krieges* stammt noch aus dem August 1914. Ihm schließt sich ein halbes Jahr später Theodor Haecker mit seinem umfangreichen Essay *Der Krieg und die Führer des Geistes* an, gedruckt im *Jahrbuch 1915* des *Brenner*, der einzigen Folge dieser Zeitschrift, die während des Kriegs erschien. Etwa zeitgleich nehmen *Die Fackel* und *Die Aktion* ihre kritische Rubrizierung und Kommentierung kriegsaffirmativer Texte auf (s. o. S. 790). Aus dem gleichen Jahr stammt Heinrich Manns meisterlicher Essay *Zola* (1915), der am historischen Modell der konformistischen Zeitgenossen des großen Gesellschaftskritikers den Pro-Kriegs-Opportunismus der deutschen Schriftsteller – allen voran des brüderlichen Antipoden Thomas Mann – geißelt und zugleich im Leben und Streben Zolas das positive Gegenbild eines aktiven Eintretens für die Menschlichkeit konturiert, wie es mit der gleichen öffentlichen Wirkung unter deutschen Verhältnissen nach Heinrich Manns eigener Einschätzung freilich undenkbar war. Wie ein Abgesang schließt sich im Januar 1919 Hugo Balls *Kritik der deutschen Intelligenz* an, eine Absage an Preußentum und Protestantismus zugleich.

Eine Zwischen- und Sonderstellung nimmt die im Juni 1917 geschriebene *Bußpredigt* Klabunds ein, erschienen im Spätsommer 1918 in den *Weißen Blättern*. Die Mitschuld am Krieg, die das Sprecher-Ich hier im Namen aller «Geistigen» bekennt, hat freilich im Falle des Verfassers ihre eigene Geschichte, insofern sich nämlich Klabund selbst zu Anfang des Krieges besonders heftig und geschmacklos propagandistisch betätigt hatte. Auch späterhin läßt sich bei ihm keine klare Kriegsablehnung feststellen; so setzte er zum Beispiel noch im Februar 1917 Hoffnungen auf den Erfolg des U-Boot-Kriegs. Von daher ist die Kritik eines überzeugten Pazifisten wie Rubiner zu verstehen, der sich auch durch den Friedensappell in Klabunds *Offenem Brief an Kaiser Wilhelm II.* (*Neue Züricher Zeitung*, Juni 1917) nicht beeindrucken läßt und im *Zeit-Echo* mit dem gegen Klabund gerichteten Artikel *Konjunkturbube* kontert.

In der literarischen Umsetzung der Kriegsgegnerschaft lassen sich grundsätzlich zwei verschiedene Strategien unterscheiden: eine identifikatorische Schreibweise, die auf den Appell an das Mitleid setzt, und die satirisch-groteske Attacke. Werfels allegorische Anekdote *Der Ulan* (*Zeit-Echo*, Oktober 1918) geht den ersteren Weg. Sie läßt einen polnisch-jüdischen Soldaten wahnsinnig werden, weil er im Kampf einen Glaubensbruder getötet hat. Die Moral der Geschichte lautet: «Und ich sage, dieser Wahnsinnige, der arme polnische Jude, ist ein vollendeterer Mensch als alle Krieger, die sich an die Schrecken der Schlacht gewöhnen. Er ist das Idealbild einer späteren besseren Menschheit, die sich nicht mehr wird töten können, weil ihr Schlaf nicht mehr so tief sein wird.»

Die ersten Erzählungen in Leonhard Franks herausragendem Antikriegsbuch *Der Mensch ist gut* (s. o. S. 396–398) sind ähnlich angelegt: Sie zeigen die Umkehr von Menschen, die sich zunächst auf das Normensystem einer kriegerischen Gesellschaft eingelassen haben, dann aber die Kraft zu einer radikalen Distanzierung finden. Der entscheidende emotionale Schub resultiert aus der Trauer um den gefallenen Sohn in *Der Vater* (1916, ursprünglich: *Der Kellner*) bzw. um den gefallenen Mann in *Die Kriegswitwe* (1917). Beide Formen der Trauer erhalten zentrales Gewicht in Clara Viebigs «Roman aus unserer Zeit» *Töchter der Hekuba* (1917). Viebig, die ihre Kritik des Kriegs in der Nachkriegszeit fortsetzen wird – mit dem Roman *Das rote Meer* (1920) und der schon im Titel auf das Symbol der internationalen Friedensbewegung bezogenen Erzählung *Roter Mohn* (1919) –, entwickelt eine genuin weibliche Perspektive, indem sie eine ihrer «Töchter der Hekuba», eine Soldatenmutter nämlich, gleich zu Beginn des Romans die folgende Betrachtung über den Kriegsausbruch anstellen läßt: «Sie waren eben alle nicht bei Sinnen gewesen, die Söhne nicht, die Lehrer nicht, die Väter nicht – alle nicht. Nur die Mütter sahen, wie es wirklich war; die ahnten, wie es kommen würde. Gekommen war.» Ähnliches meinte wohl Annette Kolb, wenn sie späterhin von «jener Meisterprobe männlicher Stupidität» spricht, «als die wir den Weltkrieg bezeichnen müssen.»

Trauer um die Opfer und das Angedenken der Toten sind beherrschende Motive in zwei Werken, mit denen der pazifistische Expressionismus an klassische Traditionen anschließt und selbst nahezu klassische Form erhält: in Iwan Golls *Requiem. Für die Gefallenen von Europa* (1917), das ein Jahr zuvor auf französisch erschienen war, und in Hasenclevers Sophokles-Bearbeitung *Antigone* (s.o. S. 575). Beide Werke fallen in eine Zeit, in der auch die Organisatoren des Kriegs und die kriegsbejahende Literatur symbolische Formen des Totengedenkens entwickeln. Sie unterscheiden sich von den damals kursierenden Plänen für Soldatenfriedhöfe oder einem Gesinnungsroman wie Walter Flex' *Der Wanderer zwischen beiden Welten* (s.o. S. 816 f.) aber durch die konsequente Mißachtung, die sie den Ansprüchen staatlicher Macht und Ideologien entgegensetzen: Goll schon durch die Überwindung der nationalen Perspektive, Hasenclever durch die Abwertung des tyrannischen Machthabers Kreon. Auch bei ihm wird die Frau (Antigone, die den im Kampf gegen Theben gefallenen Bruder bestattet) zur Repräsentantin der wahren Menschlichkeit.

Ein weiteres Beispiel für die Aktualisierung eines historisch-mythologischen Sujets bietet Stefan Zweigs Drama *Jeremias*, das sich schon durch seine Uraufführung in der Pazifismus-Hochburg Zürich (1917) für eine Rezeption als Kriegs- oder Antikriegsstück empfahl. Obwohl das eigentliche Zentrum dieser «dramatischen Dichtung» eher in der Problematik des jüdischen – ins kollektive Exil getriebenen – Volks und der Rolle des auserwählten Propheten zu sehen ist (s.o. S. 478), setzt Zweig vor allem mit dem nächtlichen Dialog der beiden Krieger auf dem Verteidigungswall Jerusalems im Vierten Bild unmißverständliche kriegskritische Akzente:

> DER ZWEITE KRIEGER: Warum wirft Gott die Völker gegeneinander? Es ist doch so viel Raum unter dem Himmel, daß einer nicht störte den andern. Viel Land noch harrt der Pflugschar, viele Wälder des Beiles, und doch schärfen sie Schwerter aus den Pflügen und schlagen in lebendiges Fleisch mit den Äxten. Ich verstehe es nicht, ich verstehe es nicht!
> DER ERSTE KRIEGER: Von jeher war es so.
> DER ZWEITE KRIEGER: Aber muß es so sein? Warum will Gott den Krieg zwischen den Völkern?
> DER ERSTE KRIEGER: Die Völker begehren seiner um seinetwillen.
> DER ZWEITE KRIEGER: Wer sind die Völker? Bist du nicht unsres Volkes einer, bin ich es nicht, und unsere Frauen, die meine und die deine, sind die nicht Volkes Teil, und haben wir dieses Krieges begehrt?

Die zweite der beiden Strategien, von denen oben die Rede war, besteht
in der Demontage einer heroisierenden und verklärenden Kriegsideologie mit den Mitteln der Satire und Groteske. Ihr folgt Johannes R.
Bechers von der Zensur unterdrückte Anti-Hymne *An Deutschland*
(entst. 1915) ebenso wie Hugo Balls kabarettistischer *Totentanz* (1916),
der im August 1918 von britischen und französischen Flugzeugen über
deutschen Stellungen abgeworfen wurde: «So sterben wir, so sterben
wir, / Wir sterben alle Tage, / Weil es sich so gemütlich sterben läßt.»
Sie liegt ebenso den allegorischen (Anti-)Kriegsgedichten Albert Ehrensteins zugrunde wie *Der Kriegsgott* (1914) und *Das sterbende Europa*
(1917), die sich in der allegorischen Tendenz und der Dämonisierung des
Krieges an Heym anschließen, aber dessen vitalistische Perspektive
durch die Härte der Stilbrüche und die parodistische Umfunktionalisierung patriotischer Phrasen aufbrechen. Wenn es bei Ehrenstein heißt:
«Blut gebt ihr für Kot», klang den Zeitgenossen die Kriegsanleiheparole
«Gold gab ich für Eisen» im Ohr.

Ehrenstein war kein Kriegsgegner der ersten Stunde, wie seine Sammelrezension *Neueste Kriegslyrik* in der Wochenschrift *März* von Ende
1914 bezeugt. Noch länger bleibt ein Augsburger Gymnasiast der
Kriegsideologie verhaftet, die er in den *Augsburger Neuesten Nachrichten*
bis 1916 unter dem Pseudonym Eugen Berthold mit patriotischen
«Kriegsbriefen» und Gedichten bediente. Er wird 1918 oder 1919 zum
Verfasser des wahrscheinlich wirkungsträchtigsten Antikriegsgedichts
jener Zeit: der *Legende vom toten Soldaten*. Ihr bildliches Gegenstück
(Vorlage oder Echo?) liefert George Grosz mit einer 1919 publizierten
Zeichnung; sie zeigt eine Kommission von Militärärzten, die angesichts
eines verdreckten Gerippes die Diagnose «KV» (kriegsverwendungsfä-
hig) abgibt.

Nicht weniger makaber ist der Humor, mit dem Franks Erzählung
Das Brautpaar (1917) aufwartet, die er unter dem Titel *Das Liebespaar* in
seine Sammlung *Der Mensch ist gut* aufnahm. Der Zusammenhang von
Krieg und gesteigerter Selbstmordrate wird darin in eine groteske Story
von Selbstmörder-Leichen – echten und vermeintlichen – im Berliner
Leichenschauhaus übersetzt. Auch die letzte Erzählung desselben Bandes, betitelt *Die Kriegskrüppel*, setzt auf die Schocktherapie des Lesers
und wartet mit einem wahren Horrorkatalog körperlicher Deformationen
und Verstümmelungen auf. Sie handelt von einem Stabsarzt, der in einer
zum Feldlazarett umfunktionierten Metzgerküche (!) ununterbrochen
Amputationen vornehmen muß. Von Liebe zu seinen Patienten ergriffen
(darunter ein Mensch ohne Gliedmaßen), führt er sie in einem langen
Lazarettzug nach Berlin und stellt sie dort an die Spitze einer Demonstration, der sich Zehntausende von Krüppeln anschließen und die sich alsbald in ein Revolutionsheer mit der Parole «Liebknecht!» verwandelt.

Im pazifistischen Züricher Verlag Rascher, der Franks Buch veröffentlichte, erschienen im gleichen Jahr 1917 als Band Eins der Reihe «Europäische Bücher» Andreas Latzkos Erzählungen *Menschen im Krieg*. Latzko, der selbst 1914–1916 in der österreichischen Armee gedient hatte und nach seiner Veröffentlichung wieder an die Front kommandiert wurde, gibt ein drastisches Bild vom ‹Wahnsinn› des Kriegs, das auch vor absurden Erfindungen nicht zurückschreckt. So wird in der erzählerischen Ouvertüre *Der Abmarsch* der Wahnsinn eines Landsturmleutnants und Opernkomponisten damit erklärt, daß einer seiner Kameraden, während er gerade dem Musiker das neueste Bild seiner Frau zeigte, von einem abgetrennten gestiefelten Bein getroffen und getötet wurde. Eine ‹unerhörte Begebenheit›, würdig einer Novelle? Latzko entzieht sich ehrwürdigen Gattungstraditionen, wenn er im weiteren Verlauf seinen Protagonisten den Frauen die eigentliche Schuld am Krieg geben läßt. In überraschender Anverwandlung des aus Aristophanes' Komödie *Lysistrate* bekannten Liebesstreik-Motivs heißt es: «Nicht Einer wär hinaus, wenn sie geschworen hätten, daß keine von ihnen ins Bett steigt mit einem Mann, der Schädel gespalten, Menschen erschossen, Menschen erstochen hätte.»

Wer ist hier wahnsinnig? Der so argumentierende Protagonist oder die Gesellschaft, von der er spricht? Die Frage stellt sich gleichfalls in der letzten der insgesamt sechs Erzählungen in Latzkos Band: *Der Kamerad*. Sie gibt den erfundenen Bericht eines kranken Soldaten an die Ärzte wieder, die in ihrer Einfallslosigkeit glauben, traumatische Erinnerungen ließen sich wie eine Krankheit wegkurieren. Das Trauma aber ist der Tod eines Kameraden, den der Kranke vor einem Jahr mit ansehen mußte. Der Kommentar des Ich-Erzählers (und Latzkos) nähert sich der oben zitierten ‹Moral› Werfels:

> «Krank sind die anderen. Krank sind jene, die mit strahlenden Augen Siegesnachrichten lesen und eroberte Quadratkilometer leuchtend über Leichenberge aufsteigen sehen [...] Krank sind alle, die das Stöhnen, Knirschen, Heulen, Krachen, Bersten, – das Jammern, Fluchen und Verrecken überhören können [...].
> Krank sind die Tauben und Blinden, nicht ich!»

Zu gleicher Zeit erschien im Ausland der kriegskritische Roman eines anderen österreichischen Kriegsteilnehmers, um dessen Glaubwürdigkeit es allerdings nicht besser bestellt ist als um diejenige Klabunds. Rudolf Jeremias Kreutz, als Berufssoldat seit 1911 in der Präsidialkanzlei des Wiener Kriegsministeriums tätig, erhielt 1913 den Auftrag, eine Gegendarstellung in Romanform zu einem anonymen Roman zu verfassen, der Kritik am österreichischen Militär übte (*Quo vadis Austria*, 1913). Während sein Gegenroman über Entwürfe nicht hinausgedieh, erhielt Kreutz in dem mit seiner Verwundung endenden Kriegseinsatz 1914 und in der anschließenden russischen Gefangenschaft hinreichend

Gelegenheit, den einst befehdeten Standpunkt selbst einzunehmen. Sein in Sibirien geschriebener Roman *Die große Phrase* (1919; dän. 1917, schwed. 1918) liefert die späte Bestätigung der vom Anonymus geübten Gesellschafts- und Militärkritik.

3. Trauma Krieg

«Der Weltkrieg, der alles menschliche Elend gehäuft in sich enthält, ist auch ein Krieg der Nerven, mehr Krieg der Nerven als je ein früherer Krieg. In diesem Nervenkrieg erliegen nur allzu viele. [...] Der nervöse Zitterer und Springer in den Straßen unserer Städte ist nur ein harmloser Abgesandter der ungeheuren Leidensschar.» Das Zitat entstammt einer amtlichen Schrift Kafkas von 1916, die sich mit einer «Krieger- und Volksnervenheilanstalt» im deutschen Teil Böhmens beschäftigt, und gibt sehr genau den Diskussions- und Erkenntnisstand der damaligen Medizin und Psychiatrie wieder. Tatsächlich sahen sich die Militärärzte des Ersten Weltkriegs in einem ungeahnten Ausmaß mit psychischen Störungen konfrontiert, die durch die besonderen Bedingungen der technischen Kriegsführung bedingt waren. Der Schriftsteller Ernst Toller, der nach monatelangem Einsatz bei Verdun 1916 mit Herz- und Nervenleiden ins Lazarett und in ein Sanatorium eingeliefert werden mußte, bietet ein Beispiel für die akute Symptomatik.

Welche Folgen die psychischen Belastungen des Kriegserlebens langfristig nach sich zogen, war eine andere Frage, die in hohem Maß die Phantasie der zeitgenössischen Autoren beschäftigte. Hier ist zunächst Hofmannsthal zu nennen, der bei der Wiederaufnahme der Arbeit an seiner Komödie *Der Schwierige* 1917 sehr direkte Verknüpfungen mit der Kriegswirklichkeit herstellte: Mehrere männliche Figuren werden nunmehr als Kriegsheimkehrer definiert, die sich von der Front her kennen; ihre Erfahrungen im Krieg geben reichhaltigen – in der Endfassung gegenüber den Entwürfen wieder stark reduzierten – Gesprächsstoff. Dabei orientierte sich Hofmannsthal teils an den Feldpostbriefen eines jungen deutschen Leutnants, auf die ihn Gerhart Hauptmann hingewiesen hatte, teils an den (anonym veröffentlichten) *Lettres d'un soldat* (1916) des später gefallenen Eugène Emmanuel Lemercier. Entscheidendes Gewicht bis in die letzte Textstufe hinein erhält die Verschüttung des männlichen Protagonisten als Kompaniechef im Schützengraben; der dabei erlittene Schock wird in Hofmannsthals Darstellung zu einer tranceartigen Verdichtung der Existenz mit weitreichenden Folgen für Hans Karls weiteres Leben. So wurde die Entscheidung für die Ehe mit Helene Altenwyl wohl damals von seinem Unbewußten gegen seine rationalen Vorsätze getroffen – «es sind die Nerven seit der Geschichte», sagt er entschuldigend mit Tränen in den Augen.

Ähnliche Bedeutung gewinnt die Fliegerpfeil-Episode für einen der beiden Erzähler in Robert Musils Geschichte *Die Amsel* (1928): Der singende Klang der von einem feindlichen Flugzeug abgeworfene Waffe wird zu einer momentanen Begegnung mit dem Tode, die auch in den zugrundeliegenden Tagebuchaufzeichnungen Musils stark mit erotischen Vorstellungen angereichert ist und eigentlich zu einer Initiation, zu einer beinahe religiösen Weihe wird. Analog dazu versteht sich die Verknüpfung des utopisch-mystischen «anderen Zustands» in Musils Roman *Der Mann ohne Eigenschaften* mit dem als Zielpunkt der Handlung aussersehenen historischen Ereignis der allgemeinen Mobilmachung.

Gegen diese Versuche einer sinnhaften Aufwertung des Kriegs-Traumas setzt sich in der Literatur der Weimarer Republik seine negative Wertung als Hemmnis und Entstellung des künftigen Lebens durch. Man mag an Franz Biberkopf (in Döblins Roman *Berlin Alexanderplatz*, 1929) denken, in dessen Phantasien immer wieder die Erinnerung an die zermalmende Wirkung der gegnerischen Panzer auftaucht, oder an den einstigen Kampfflieger und jetzigen Vagabunden und Suizid-Kandidaten Till Eulenspiegel in Gerhart Hauptmanns gleichnamigem Versepos (1928). Die bekannteste Formulierung dieses Syndroms stammt von Erich Maria Remarque, der im Vorspruch zu seinem Kriegs- und Antikriegsroman *Im Westen nichts Neues* 1928 von einer (seiner) Generation spricht, «die im Kriege zerstört wurde – auch wenn sie seinen Granaten entkam.»

ANHANG

BIBLIOGRAPHIE

Die Bibliographie ist die Fortführung und Ergänzung des Literaturverzeichnisses, das in Band IX, 1 der Geschichte der deutschen Literatur enthalten ist. Sie verzeichnet selbständige Veröffentlichungen aus den letzten beiden Jahrzehnten. Zeitschriftenaufsätze konnten nicht berücksichtigt werden; Sammelbände sind grundsätzlich nur unter dem Gesamttitel aufgenommen. Auf die Wiedergabe des (vollständigen) Untertitels und anderer Zusätze wurde gelegentlich verzichtet. Außer bei Textsammlungen erhält der Gattungsgesichtspunkt gegenüber anderen Zugehörigkeiten Priorität; Monographien zum Drama des Expressionismus etwa finden sich unter «Drama», eine Anthologie expressionistischer Lyrik dagegen unter «Textsammlungen». Die Reihenfolge innerhalb der einzelnen Abschnitte folgt dem Alphabet der Verfasser bzw. Herausgeber.

Die Bibliographie gliedert sich nach folgendem Schema:

Gesonderte Literaturangaben zu neunzig hier behandelten Autorinnen und Autoren sind in einem weiteren Teil der Bibliographie enthalten, dessen Aufnahme den Rahmen dieses Bandes gesprengt hätte. Das umfangreiche Verzeichnis der Werk- und Briefausgaben, Personalbibliographien und der seit 1980 erschienenen monographischen Untersuchungen zu einzelnen oder mehreren Autoren reicht von Altenberg bis Stefan Zweig und berücksichtigt besonders den Zeitraum 1900–1918. Es ist im Internet einsehbar unter der Adresse *www.sprengel.beck.de.*

1. Nachschlagewerke (vgl. Band IX, 1, S. 726f.)

Bark, Karlheinz (Hrsg.): Ästhetische Grundbegriffe. Historisches Wörterbuch in sieben Bänden. Stuttgart, Weimar 2000 ff. [Bd. 5, 2003]

Born, Jürgen / Diether Krywalski (Hrsg.): Deutschsprachige Literatur aus Prag und den böhmischen Ländern 1900–1939. Chronologische Übersicht und Bibliographie. München u. a. ³2000 [vollst. überarb. u. erw. Aufl.; ¹1988]

Fricke, Harald (Hrsg.): Reallexikon der deutschen Literaturwissenschaft. Neubearbeitung des Reallexikons der deutschen Literaturgeschichte. Bd. 1–3. Berlin, New York 1997–2003

Handbuch österreichischer Autorinnen und Autoren jüdischer Herkunft. 18. bis 20. Jahrhundert. Hrsg. von der Österreichischen Nationalbibliothek. Bd. 1–3. München 2002

Hechtfischer, Ute / Renate Hof / Inge Stephan / Flora Veit-Wild (Hrsg.): Metzler Autorinnen Lexikon. Stuttgart, Weimar 1998

Kilcher, Andreas B. (Hrsg.): Metzler Lexikon der deutsch-jüdischen Literatur. Jüdische Autorinnen und Autoren deutscher Sprache von der Aufklärung bis zur Gegenwart. Stuttgart, Weimar 2000

Lutz, Bernd (Hrsg.): Metzler Autoren Lexikon. Stuttgart, Weimar ²1994 [überarb. u. erw. Aufl.; ¹1986]

Raabe, Paul (Hrsg.): Die Autoren und Bücher des literarischen Expressionismus. Ein bibliographisches Handbuch. Stuttgart ²1992 [verb. u. erw. Aufl.; ¹1985]

Ritter, Joachim / Karlfried Gründer / Gottfried Gabriel (Hrsg.): Historisches Wörterbuch der Philosophie. Bd. 1 ff. Basel u. a. 1971 ff. [Bd. 11, 2001]

Segebrecht, Wulf (Hrsg.): Fundbuch der Gedichtinterpretationen. Paderborn u. a. 1997

Wallas, Armin A. (Hrsg.): Zeitschriften und Anthologien des Expressionismus in Österreich. Bd. 1.2. München u. a. 1995

2. Literaturgeschichte (vgl. Band IX, 1, S. 727ff.)

Ahn, Bang-Soon: Dekadenz in der Dichtung des Fin de siècle. Göttingen 1996

Bauer, Roger: Die schöne Décadence. Geschichte eines literarischen Paradoxons. Frankfurt a. M. 2001

Bobinac, Marijan (Hrsg.): Literatur im Wandel. Zagreb 1999

Fialová-Fürstova, Ingeborg (Hrsg.): Deutschböhmische Literatur. Beiträge der internationalen Konferenzen Olmütz, 2000 und 2001. Olomouc 2001

Fludernik, Monika / Ariane Huml (Hrsg.): Fin de siècle. Trier 2002

Daviau, Donald G. / Herbert Arlt (Hrsg.): Geschichte der österreichischen Literatur. Bd. 1.2. St. Ingbert 1996

Dittrich, Rainer: Die literarische Moderne der Jahrhundertwende im Urteil der österreichischen Kritik. Frankfurt a. M. u. a. 1988

Graevenitz, Gerhart v. (Hrsg.): Konzepte der Moderne. Stuttgart, Weimar 1999

Günther, Werner: Dichter der neueren Schweiz. Bd. 1–3. Bern, München [Bd. 3: Bern] 1968–1986

Jost, Roland / Hansgeorg Schmidt-Bergmann (Hrsg.): Im Dialog mit der Moderne. Zur deutschsprachigen Literatur von der Gründerzeit bis zur Gegenwart. Frankfurt a. M. 1986

Kiesel, Helmuth: Geschichte der literarischen Moderne. Sprache, Ästhetik, Dichtung im zwanzigsten Jahrhundert. München 2004

Knobloch, Hans-Jörg / Helmut Koopmann (Hrsg.): Fin de siècle – Fin de millénaire. Endzeitstimmungen in der deutschen Literatur. Tübingen 2001

Kolinsky, Eva / Wilfried van der Will (Hrsg.): The Cambridge companion to modern German culture. Cambridge 1998

Leisten, Georg: Wiederbelebung und Mortifikation. Bildnisbegegnung und Schriftreflexion als Signaturen neoromantischer Dichtung zwischen Realismus und Fin de siècle. Bielefeld 2000

Lubkoll, Christine (Hrsg.): Das Imaginäre des Fin des siècle. Freiburg i. Br. 2002

Martens, Lorna: Shadow lines. Austrian Literature from Freud to Kafka. Lincoln u. a. 1996

Mennemeier, Franz Norbert: Literatur der Jahrhundertwende. Europäisch-deutsche Literaturtendenzen 1870–1910. Berlin ²2001 [verb. u. erw. Aufl.; ¹1988]

Mix, York-Gothart (Hrsg.): Naturalismus, Fin de Siècle, Expressionismus 1890–1918. München, Wien 2000

Mölk, Ulrich: Europäische Jahrhundertwende. Wissenschaften, Literatur und Kunst um 1900. Göttingen 1999

Oellers, Norbert / Hartmut Steinecke (Hrsg.): Zur deutschen Literatur im ersten Drittel des 20. Jahrhunderts. Berlin 1999

Pezold, Klaus (Hrsg.): Geschichte der deutschsprachigen Schweizer Literatur im 20. Jahrhundert. Berlin 1991

Piechotta, Hans Joachim / Ralph-Rainer Wuthenow / Sabine Rothemann (Hrsg.): Die literarische Moderne in Europa. Bd. 1–3. Opladen 1994

Rössner, Michael (Hrsg.): Literarische Kaffeehäuser, Kaffeehausliteraten. Wien, Köln, Weimar 1999

Rovagnati, Gabriella: Spleen e artificio. Poeti minori della Vienna di fine secolo. Neapel 1994

Sendlinger, Angela: Lebenspathos und Décadence um 1900. Frankfurt a. M. u. a. 1994

Stadler, Wolfgang / Ingo Leiß: Wege in die Moderne 1890–1918. Deutsche Literaturgeschichte Bd. 8. München 1997

Warning, Rainer / Winfried Wehle (Hrsg.): Fin de siècle. München 2002

Wischer, Erika (Red.): Propyläen Geschichte der Literatur. Bd. 5: Das bürgerliche Zeitalter 1830–1914. Bd. 6: Die moderne Welt 1914 bis heute. Berlin 1982/84

Witte, Bernd (Hrsg.): Oberschlesische Literatur 1900–1925. Historischer Umbruch und literarische Reflexion. Frankfurt a. M. u. a. 2000

3. Historischer Hintergrund

3.1. Allgemein (vgl. Band IX, 1, S. 729)

Becker, Peter-Emil: Wege ins Dritte Reich. Bd. 1.2. Stuttgart, New York 1988–1990

Beßlich, Barbara: Wege in die «Kulturkritik». Zivilisationskritik in Deutschland 1890–1914. Darmstadt 2000

Gay, Peter: Die zarte Leidenschaft. Liebe im bürgerlichen Zeitalter. München 1987 [engl. 1986]

Goodrick-Clarke, Nicholas: The occult roots of Nazism. The Ariosophists of Austria and Germany 1890–1935. Wellingborough 1985

Hertz-Eichenrode, Dieter: Deutsche Geschichte 1890–1918. Das Kaiserreich in der Wilhelminischen Zeit. Stuttgart u. a. 1996

Kerbs, Dieter / Jürgen Reulecke (Hrsg.): Handbuch der deutschen Reformbewegungen 1880–1933. Wuppertal 1998

Meyer, Michael A. (Hrsg.): Deutsch-jüdische Geschichte in der Neuzeit. Bd. 3: Umstrittene Integration 1871–1918. München 1997

Mommsen, Wolfgang J.: Bürgerliche Kultur und künstlerische Avantgarde 1870–1918. Kultur und Politik im deutschen Kaiserreich. Berlin 1994

Ders.: Bürgerliche Kultur und politische Ordnung. Künstler, Schriftsteller und Intellektuelle in der deutschen Geschichte 1830–1933. Frankfurt a. M. 2000

Puschner, Uwe: Die völkische Bewegung im wilhelminischen Kaiserreich. Sprache, Rasse, Religion. Darmstadt 2001

Ders. / Walter Schmitz / Justus H. Ulbricht (Hrsg.): Handbuch zur ‹Völkischen Bewegung› 1871–1918. München u. a. 1996

Radkau, Joachim: Das Zeitalter der Nervosität. Deutschland zwischen Bismarck und Hitler. München, Wien 1998

Scheuer, Helmut / Michael Grisko (Hrsg.): Liebe, Lust und Leid. Zur Gefühlskultur um 1900. Kassel 1999

Ullrich, Volker: Die nervöse Großmacht. Aufstieg und Untergang des deutschen Kaiserreichs 1871–1918. Frankfurt a. M. 1997

Wehler, Hans-Ulrich: Deutsche Gesellschaftsgeschichte. Bd. 4: 1914–1949. München 2003

Winkler, Heinrich August: Der lange Weg nach Westen. Bd. 1: Deutsche Geschichte vom Ende des Alten Reiches bis zum Untergang der Weimarer Republik. München ⁴2001 [durchges. Aufl.; ¹2000]

3.2. *Erster Weltkrieg*

Amann, Klaus / Hubert Lengauer (Hrsg.): Österreich und der Große Krieg 1914–1918. Wien 1989

Bridgwater, Patrick: The German Poets of the First World War. London, Sydney 1985

Cobley, Evelyn: Representing the war. Form and ideology in First World War narratives. Toronto 1993

Denham, Scott D.: Visions of war. Ideologies and images of war in German literature before and after the Great War. Frankfurt a. M. u. a. 1992

Dithmar, Reinhard (Hrsg.): Langemarck. Ein Kriegsmythos in Dichtung und Unterricht. Ludwigsfelde 2002 [erw. Aufl.; ¹1992]

Dülffer, Jost / Karl Holl (Hrsg.): Bereit zum Krieg. Kriegsmentalität im wilhelminischen Deutschland 1890–1914. Göttingen 1986

Eksteins, Modris: Tanz über Gräben. Die Geburt der Moderne und der Erste Weltkrieg. Reinbek 1990 [engl. 1989]

Ernst, Petra / Sabine A. Haring / Werner Suppanz (Hrsg.): Aggression und Katharsis. Der Erste Weltkrieg im Diskurs der Moderne. Wien 2003

Ferguson, Niall: Der falsche Krieg. Der Erste Weltkrieg und das 20. Jahrhundert. München 2001 [engl. 1998]

Flasch, Kurt: Die geistige Mobilmachung. Die deutschen Intellektuellen und der Erste Weltkrieg. Berlin 2000

Fries, Helmut: Die große Katharsis. Der erste Weltkrieg in der Sicht deutscher Dichter und Gelehrter. Bd. 1.2. Konstanz 1994/95

Grötzinger, Vera: Der Erste Weltkrieg im Widerhall des «Zeit-Echo» (1914–1917). Frankfurt a. M. u. a. 1994

Hirschfeld, Gerhard / Gerd Krumeich (Hrsg.): «Keiner fühlt sich hier mehr als Mensch ...» Erlebnis und Wirkung des Ersten Weltkrieges. Essen 1993

Ders. / Irina Renz / Markus Pöhlmann (Hrsg.): Enzyklopädie Erster Weltkrieg. Paderborn u. a. 2003

Howard, Kirstin M.: «Blüh' im Glanze dieses Glückes, blühe deutsches Vaterland.» The concept of honour in the context of the World War One. Accounts of Walter Flex, Rudolf G. Binding and Ernst Jünger. Dunedin 1996

Hüppauf, Bernd (Hrsg.): Ansichten vom Krieg. Vergleichende Studien zum Ersten Weltkrieg in Literatur und Gesellschaft. Königstein/Ts. 1984

Ders. (Hrsg.): War, violence and the modern condition. Berlin, New York 1997

Konrad, Helmut (Hrsg.): Krieg, Medizin und Politik. Der Erste Weltkrieg und die österreichische Moderne. Wien 2000

Linden, Marcel van der / Gottfried Mergner / Herman de Lange (Hrsg.): Kriegsbegeisterung und mentale Kriegsvorbereitung. Interdisziplinäre Studien. Berlin 1991

Linder, Almut-Wirsching: Französische Schriftsteller und ihre Nation im Ersten Weltkrieg. Tübingen 2004

Lipp, Annette: Meinungslenkung im Krieg. Kriegserfahrungen deutscher Soldaten und ihre Deutung 1914–1918. Göttingen 2003

Löschnigg, Martin: Der Erste Weltkrieg in deutscher und englischer Dichtung. Heidelberg 1994

Marsland, Elizabeth A.: The Nation's Cause. French, English and German Poetry of the First World War. London, New York 1991

Michalka, Wolfgang (Hrsg.): Der Erste Weltkrieg. Wirkung, Wahrnehmung, Analyse. München, Zürich 1994

Mommsen, Wolfgang J.: Die Urkatastrophe Deutschlands. Der Erste Weltkrieg 1914–1918. Stuttgart 2002

Ders. (Hrsg.): Kultur und Krieg. Die Rolle der Intellektuellen, Künstler und Schriftsteller im Ersten Weltkrieg. München 1996

Mülder-Bach, Inka (Hrsg.): Modernität und Trauma. Beiträge zum Zeitenbruch des Ersten Weltkriegs. Wien 2000

Müller, Hans-Harald: Der Krieg und die Schriftsteller. Der Kriegsroman der Weimarer Republik. Stuttgart 1986

Natter, Wolfgang G.: Literature at War 1914–1940. Representing the «Time of Greatness» in Germany. New Haven u. a. 1999

Noe, Helga: Die literarische Kritik am 1. Weltkrieg in der Zeitschrift «Die weißen Blätter». Zürich 1986

O'Brien, Catherine: Women's fictional responses to the First World War. A comparative study of selected texts by French and German writers. New York, Frankfurt a. M. u. a. 1997

Pöhlmann, Markus: Der Erste Weltkrieg. Kriegsgeschichte und Geschichtspolitik. Die amtliche Militärgeschichtsschreibung 1914–1956. Paderborn 2001

Pollet, Jean-Jacques / Saint-Gille, Anne-Marie (Hrsg.): Ecritures franco-allemandes de la Grande Guerre. Arras 1996

Prior, Robin / Trevor Wilson (Hrsg.): The First World War. London 1999

Rother, Rainer (Hrsg.): Die letzten Tage der Menschheit. Bilder des Ersten Weltkrieges. Berlin 1994

Salewski, Michael: Der Erste Weltkrieg. Paderborn u. a. 2003

Sauermann, Eberhard: Literarische Kriegsfürsorge. Österreichische Dichter und Publizisten im Ersten Weltkrieg. Wien, Köln 2000

Schneider, Thomas (Hrsg.): Kriegserlebnis und Legendenbildung. Das Bild des «modernen» Krieges in Literatur, Theater, Photographie und Film. Osnabrück 1999

Ders. / Hans Wagener (Hrsg.): Von Richthofen bis Remarque: Deutschsprachige Prosa zum I. Weltkrieg. Amsterdam, New York 2003

Schneider, Uwe / Andreas Schumann (Hrsg.): Krieg der Geister. Erster Weltkrieg und literarische Moderne. Würzburg 2000

Schumacher, Christoph: «Das Echo von Signalen …» Der literarische und politische «Aufbruch» Deutschlands in den Weltkrieg 1914/18. Aachen 1997

Segal, Joes: Krieg als Erlösung. Die deutschen Kunstdebatten 1910–1918. München 1997

Spilker, Rolf / Bernd Ulrich (Hrsg.): Der Tod als Maschinist. Der industrialisierte Krieg 1914–1918. Bramsche 1998

Stanzel, Franz K. / Martin Löschnigg (Hrsg.): Intimate enemies. English and German literary reactions to the great war 1914–1918. Heidelberg 1993

Ulrich, Bernd / Benjamin Ziemann (Hrsg.): Frontalltag im Ersten Weltkrieg. Wahn und Wirklichkeit. Frankfurt a. M. 1994

Dies. (Hrsg.): Krieg im Frieden. Die umkämpfte Erinnerung an den Ersten Weltkrieg. Quellen und Dokumente. Frankfurt a. M. 1997

Verhey, Jeffrey: «Der Geist von 1914» und die Erfindung der Volksgemeinschaft. Hamburg 2000 [engl. 2000]

Vondung, Klaus (Hrsg.): Kriegserlebnis. Der Erste Weltkrieg in der literarischen Gestaltung und symbolischen Deutung der Nationen. Göttingen 1980

Weigel, Hans / Walter Lukan / Max D. Peyfuß: Jeder Schuß ein Ruß, jeder Stoß ein Franzos … Literarische und graphische Kriegspropaganda in Deutschland und Österreich 1914–1918. Wien 1983

4. *Textsammlungen (vgl. Band IX, 1, S. 730 f.)*

Anz, Thomas (Hrsg.): Phantasien über den Wahnsinn. Expressionistische Texte. München, Wien 1980

Ders. / Michael Stark (Hrsg.): Expressionismus. Manifeste und Dokumente zur deutschen Literatur 1910–1920. Stuttgart 1982

Ders. / Joseph Vogl (Hrsg.): Die Dichter und der Krieg. Deutsche Lyrik 1914–1918. München, Wien 1982

Asholt, Wolfgang / Walter Fähnders (Hrsg.): Manifeste und Proklamationen der europäischen Avantgarde (1909–1938). Stuttgart, Weimar 1995

Best, Otto F. (Hrsg.): Theorie des Expressionismus. Stuttgart ²1982 [durchges. u. erw. Aufl.; ¹1976]

Ders. / Hans-Jürgen Schmitt (Hrsg.): Die deutsche Literatur. Ein Abriß in Text und Darstellung. Bd. 14: Expressionismus und Dadaismus, hrsg. v. Otto F. Best. Stuttgart ²2000 [erg. Aufl.; ¹1981]

Brauneck, Manfred (Hrsg.): Theater im 20. Jahrhundert. Programmschriften, Stilperioden, Reformmodelle. Reinbek ⁹2001 [aktual. Aufl.; ¹1982]

Bürgel, Tanja (Hrsg.): Tendenzkunst-Debatte 1910–1912. Berlin 1987

Clemens, Gabriele (Hrsg.): «Erziehung zu anständiger Unterhaltung.» Das Theaterspiel in den katholischen Arbeiter- und Gesellenvereinen im deutschen Kaiserreich. Paderborn u. a. 2000

Cross, Tim (Hrsg.): The lost voices of World War I. An international anthology of writers, poets and playwrights. London ²1989 [erg. Aufl; ¹1988]

Denkler, Horst (Hrsg.): Einakter und kleine Dramen des Expressionismus. Stuttgart 1968

Fischer, Ernst / Wilhelm Haefs (Hrsg.): Hirnwelten funkeln. Literatur des Expressionismus in Wien. Salzburg 1988

Haasis, Hellmut G. (Hrsg.): Die unheimliche Stadt. Ein Prag-Lesebuch. München, Zürich 1992

Hartung, Harald (Hrsg.): Jahrhundertgedächtnis. Deutsche Lyrik im 20. Jahrhundert. Stuttgart 1998

Hereth, Hans-Jürgen (Hrsg.): Dada-Parodien. Siegen 1998

Kaes, Anton (Hrsg.): Kino-Debatte. Texte zum Verhältnis von Literatur und Film 1909–1929. München, Tübingen 1978

Linsmayer, Andrea u. Charles (Hrsg.): Schweizer Erzählungen 1890–1950. Bd. 1–3. Frankfurt a. M. 1990 [Neuausg.; ¹1982]

Ludewig, Peter (Hrsg.): Schrei in die Welt. Expressionismus in Dresden. Berlin 1988 (Lizenzausg. Zürich 1990)

Martini, Fritz (Hrsg.): Prosa des Expressionismus. Stuttgart 1970

Mathes, Jürg (Hrsg.): Theorie des Jugendstils. Stuttgart 1984

Otten, Karl (Hrsg.): Ahnung und Aufbruch. Expressionistische Prosa. Darmstadt, Neuwied 1984 [Nachdr. der Originalausg. 1957]

Ders. (Hrsg.): Schrei und Bekenntnis. Expressionistisches Theater. Darmstadt, Berlin, Neuwied 1959

Pinthus, Kurt (Hrsg.): Menschheitsdämmerung. Ein Dokument des Expressionismus. 162.–164. Tsd. Reinbek 1999 [veränd. u. erw. Aufl.; ¹1920]

Profitlich, Ulrich (Hrsg.): Komödientheorie. Texte und Kommentare vom Barock bis zur Gegenwart. Reinbek 1998

Ders. (Hrsg.): Tragödientheorie. Texte und Kommentare vom Barock bis zur Gegenwart. Reinbek 1999

Rietzschel, Thomas (Hrsg.): Einundzwanzig expressionistische Erzähler. Leipzig 1982

Ders. (Hrsg.): Zwischen Trauer und Ekstase. Einundzwanzig expressionistische Liebesgeschichten. Berlin 1985 (Gekürzte Lizenzausg. Zürich 1988)

Riha, Karl (Hrsg.): Dada total. Manifeste, Aktionen, Texte, Bilder. Stuttgart 1994

Salfellner, Harald (Hrsg.): Deutsche Erzählungen aus Prag. Prag 1997

Schöfler, Heinz (Hrsg.): Der Jüngste Tag. Bd. 1.2. Frankfurt a. M. 1970

Schweinitz, Jörg (Hrsg.): Prolog vor dem Film. Nachdenken über ein neues Medium 1909–1914. Leipzig 1992

Sheppard, Richard (Hrsg.): Die Schriften des Neuen Clubs. Bd. 1.2. Hildesheim 1980–1983
Sprengel, Peter (Hrsg.): Schall und Rauch: Erlaubtes und Verbotenes. Spieltexte des ersten Max-Reinhardt-Kabaretts (Berlin 1901/02). Berlin 1991
Stern, Martin (Hrsg.): Expressionismus in der Schweiz. Bd. 1.2. Bern, Stuttgart 1981
Sudhoff, Dieter / Michael M. Schardt (Hrsg.): Prager deutsche Erzählungen. Stuttgart 1992
Vietta, Silvio (Hrsg.): Lyrik des Expressionismus. Tübingen 1990
Wallas, Armin A. (Hrsg.): Texte des Expressionismus. Der Beitrag jüdischer Autoren zur österreichischen Avantgarde. Wien 1989
Winkler, Michael (Hrsg.): Phantastische Erzählungen der Jahrhundertwende. Stuttgart 1982
Wunberg, Gotthart / Stephan Dietrich (Hrsg.): Die literarische Moderne. Freiburg i. Br. ²1998 [verb. u. komm. Aufl.; ¹1971]

5. Literarisches Leben (vgl. Band IX, 1, S. 731 ff.)

Amann, Klaus (Hrsg.): Literarisches Leben in Österreich 1848–1890. Wien, Köln u. a. 2000
Bauer, Helmut / Elisabeth Tworek (Hrsg.): Schwabing – Kunst und Leben um 1900. München 1998
Beekman, Klaus (Hrsg.): Institution & Innovation. Amsterdam u. a. 1994
Berger, Elfriede (Hrsg.): Carl Hauptmann und seine Worpsweder Künstlerfreunde. Briefe und Tagebuchblätter. Bd. 1.2. Berlin 2003
Brinks, John Dieter: Vom Ornament zur Linie. Der frühe Insel-Verlag 1899–1924. Niddatal 2000
Feilchenfeldt, Rahel E. / Markus Brandis: Paul Cassirer Verlag. Berlin 1893–1933. Eine kommentierte Bibliographie. München 2002
Fischer, Marianne: Erotische Literatur vor Gericht. Der Schmutzliteraturkampf im Wien des beginnenden 20. Jahrhunderts. Wien 2003
Germanese, Donatella: Pan (1910–1915). Schriftsteller im Kontext einer Zeitschrift. Würzburg 2000
Gilman, Sander (Hrsg.): Zettelwirtschaft. Briefe an Gertrude von Eckardt-Lederer. Berlin 1992
Groppe, Carola: Die Macht der Bildung. Das deutsche Bürgertum und der George-Kreis 1890–1933. Köln u. a. 1997
Heidler, Irmgard: Der Verleger Eugen Diederichs und seine Welt (1896–1930). Wiesbaden 1998
Horn, Beate: Prosa im «Simplicissimus». Frankfurt a. M. u. a. 2000
Hübinger, Gangolf (Hrsg.): Versammlungsort moderner Geister. Der Eugen Diederichs Verlag – Aufbruch ins Jahrhundert der Extreme. München 1996
Kambas, Chryssoula: Die Werkstatt als Utopie. Lu Märtens literarische Arbeit und Formästhetik seit 1900. Tübingen 1988
Kolk, Rainer: Literarische Gruppenbildung. Am Beispiel des George-Kreises 1890–1945. Tübingen 1998
Krobb, Florian / Sabine Strümper-Krobb (Hrsg.): Literaturvermittlung um 1900. Amsterdam, New York 2001

Lehmstedt, Mark / Andreas Herzog: Das bewegte Buch. Buchwesen und soziale, nationale und kulturelle Bewegungen um 1900. Wiesbaden 1999

Levie, Sophie (Hrsg.): Reviews, Zeitschriften, Revues. Amsterdam u. a. 1994

Merlio, Gilbert / Nicole Pelletier (Hrsg.): München 1900 als Ort der Moderne / Munich 1900 site de la modernité. Bern u. a. 1998

Meyer, Michael: Theaterzensur in München 1900–1918. München 1982

Müller-Feyen, Carla: Engagierter Journalismus: Wilhelm Herzog und ‹Das Forum› (1914–1929). Frankfurt a. M. u. a. 1996

Müller-Stratmann, Claudia: Wilhelm Herzog und das ‹Forum›. ‹Literatur-Politik› zwischen 1910 und 1915. Frankfurt a. M. u. a. 1997

Nickel, Gunter: Die Schaubühne – Die Weltbühne. Opladen 1996

Oswalt, Stefanie: Siegfried Jacobsohn. Gerlingen 2000

Parr, Rolf: Interdiskursive As-Sociation. Studien zu literarisch-kulturellen Gruppierungen zwischen Vormärz und Weimarer Republik. Tübingen 2000

Reich-Ranicki, Marcel: Die Anwälte der Literatur. Stuttgart 1994

Roland, Hubert: Die deutsche literarische «Kriegskolonie» in Belgien 1914–1918. Bern u. a. 1999

Ross, Werner: Bohemiens und Belle Epoque. Als München leuchtete. Berlin 1997

Sarkowski, Heinz (Hrsg.): Der Insel-Verlag. Eine Bibliographie 1899–1969. Frankfurt a. M. ²1999 [überarb. u. erg. Aufl.; ¹1970]

Ders.: Der Insel-Verlag 1899–1999. Die Geschichte des Verlages 1899–1964. Chronik 1965–1999 v. Wolfgang Jeske. Frankfurt a. M. 1999

Schlieben, Barbara / Olaf Schneider / Kerstin Schulmeyer (Hrsg.): Geschichtsbilder im George-Kreis. Wege zur Wissenschaft. Göttingen 2004

Schuhmann, Klaus: Walter Hasenclever, Kurt Pinthus und Franz Werfel im Leipziger Kurt Wolff Verlag (1913–1919). Leipzig 2000

Schutte, Jürgen (Hrsg.): Erfahrung und Ideologie. Studien zur massenhaft verbreiteten Literatur. Berlin 1983

Stephan, Inge u. Hans-Gerd Winter (Hrsg.): «Liebe, die im Abgrund Anker wirft.» Autoren und literarisches Feld im Hamburg des 20. Jahrhunderts. Berlin, Hamburg 1990

Ulbricht, Justus H. / Meike G. Werner (Hrsg.): Romantik, Revolution und Reform. Der Eugen Diederichs Verlag im Epochenkontext. Göttingen 1999

Weil, Marianne (Hrsg.): Wehrwolf und Biene Maja. Der deutsche Bücherschrank zwischen den Kriegen. Berlin 1986

Wolff, Kurt: Briefwechsel eines Verlegers 1911–1963. Hrsg. v. Bernhard Zeller u. Ellen Otten. Frankfurt a. M. 1980 [erg. Aufl.; ¹1966]

6. Kultur und Literatur der Epoche

6.1. Technik, Urbanisierung, Wissenschaft (vgl. Band IX, 1, S. 733)

Eggert, Hartmut/Erhard R. Schütz/Peter Sprengel (Hrsg.): Faszination des Organischen. Konjunkturen einer Kategorie der Moderne. München 1995

Haring, Sabine A. / Katharina Scherke (Hrsg.): Analyse und Kritik der Modernisierung um 1900 und um 2000. Wien 2000

Korber, Tessy: Technik in der Literatur der frühen Moderne. Wiesbaden 1998
Krause, Markus (Hrsg.): Poesie und Maschine. Die Technik in der deutschsprachigen Literatur. Köln 1989
Landy, Leigh (Hrsg.): Technology. Amsterdam u. a. 1992
Möser, Kurt: Zwischen Begeisterung und Verweigerung. Zur Verarbeitung von Technik und Industrie in der deutschen Literatur. Mannheim 1994
Salewski, Michael / Ilona Stölken-Fitschen (Hrsg.): Moderne Zeiten. Technik und Zeitgeist im 19. und 20. Jahrhundert. Stuttgart 1994
Schütz, Erhard (Hrsg.): Willkommen und Abschied der Maschinen. Literatur und Technik, Bestandsaufnahme eines Themas. Essen 1988
Segeberg, Harro: Literatur im technischen Zeitalter. Darmstadt 1997
Ders. (Hrsg.): Technik in der Literatur. Frankfurt a. M. 1987
Siefert, Christa: Die Industrialisierung in der deutschen Literatur der Jahrhundertwende. Bochum 1995
Uhl, Heidemarie (Hrsg.): Kultur – Urbanität – Moderne. Wien 1999
Weiller, Edith: Max Weber und die literarische Moderne. Stuttgart, Weimar 1994

6.2. Alternative Lebensformen, soziale Bewegungen

Andresen, Sabine: Mädchen und Frauen in der bürgerlichen Jugendbewegung. Soziale Konstruktion von Mädchenjugend. Neuwied u. a. 1997
Barlösius, Eva: Naturgemäße Lebensführung. Zur Geschichte der Lebensreform um die Jahrhundertwende. Frankfurt a. M. 1997
Berkowitz, Michael: Zionist culture and West European Jewry before the First World War. Cambridge u. a. 1993
Bias-Engels, Sigrid: Zwischen Wandervogel und Wissenschaft. Zur Geschichte von Jugendbewegung und Studentenschaft 1896–1920. Köln 1988
Buchholz, Kai u. a. (Hrsg.): Die Lebensreform. Entwürfe zur Neugestaltung von Leben und Kunst um 1900. Bd. 1.2. Darmstadt 2001
Diefenbacher, Hans (Hrsg.): Anarchismus. Darmstadt 1996
Eloni, Yehuda: Zionismus in Deutschland. Gerlingen 1987
Erbe, Gunter: Dandys – Virtuosen der Lebenskunst. Köln u. a. 2002
Fähnders, Walter: Anarchismus und Literatur. Stuttgart u. a. 1987
Garelick, Rhonda K.: Rising star. Dandyism, gender, and performance in the fin de siècle. Princeton 1998
Gelber, Mark H.: Melancholy pride. Nation, race, and gender in the German literature of cultural zionism. Tübingen 2000
Geuter, Ulfried: Homosexualität in der deutschen Jugendbewegung. Frankfurt a. M. 1994
Gnüg, Hiltrud: Kult der Kälte. Der klassische Dandy im Spiegel der Weltliteratur. Stuttgart 1988
Haumann, Heiko (Hrsg.): Der Traum von Israel. Die Ursprünge des modernen Zionismus. Weinheim 1998
Heuer, Renate / Ralph-Rainer Wuthenow (Hrsg.): Antisemitismus – Zionismus – Antizionismus 1850–1940. Frankfurt a. M. 1997
Kleemann, Elisabeth: Zwischen symbolischer Rebellion und politischer Revolution. Studien zur deutschen Bohème. Frankfurt a. M. 1985
König, Hans-Jügen: «Herr Jud» sollen Sie sagen! Körperertüchtigung am Anfang des Zionismus. St. Augustin 1999

Lavsky, Hagit: Before catastrophe. The distinctive path of German zionism. Detroit 1996

Meusel, Egon: Der Anarchismus. Bd. 1.2. Rheinfelden 1997

Meuter, Günter / Henrique Ricardo Otten (Hrsg.): Der Aufstand gegen den Bürger. Antibürgerliches Denken im 20. Jahrhundert. Würzburg 1999

Meyer-Anne-Rose: Jenseits der Norm. Aspekte der Bohème-Darstellung in der französischen und deutschen Literatur 1830–1910. Bielefeld 2001

Morris-Keitel, Peter: Literatur der deutschen Jugendbewegung. Bürgerliche Ökologiekonzepte zwischen 1900 und 1918. Frankfurt a. M. u. a. 1994

Musall, Friedhelm F.: Frühe Jugendbewegung, Sexualität und adoleszente Politisierung. Frankfurt a. M. 1987

Reinharz, Jehuda (Hrsg.): Dokumente zur Geschichte des deutschen Zionismus 1882–1933. Tübingen 1981

Schickedanz, Hans-Joachim: Ästhetische Rebellion und rebellische Ästheten. Eine kulturgeschichtliche Studie über den europäischen Dandyismus. Frankfurt a. M. 2000

Stanislawski, Michael: Zionism and the Fin de Siècle. Cosmopolitanism and nationalism from Nordau to Jabotinsky. Berkeley u. a. 2001

Stein, Gerd (Hrsg.): Dandy – Snob – Flaneur. Frankfurt a. M. 1985

Trefz, Bernhard: Jugendbewegung und Juden in Deutschland. Frankfurt a. M. 1999

Weißler, Sabine (Hrsg.): Fokus Wandervogel. Marburg 2001

Winnecken, Andreas: Ein Fall von Antisemitismus. Zur Geschichte und Pathogenese der deutschen Jugendbewegung. Köln 1991

Zudrell, Petra: Der Kulturkritiker und Schriftsteller Max Nordau. Zwischen Zionismus, Deutschtum und Judentum. Würzburg 2003

6.3. Jüdische Identität (vgl. Band IX, 1, S. 734)

Albanis, Elisabeth: German-Jewish cultural identity from 1900 to the aftermath of the First World War. Tübingen 2002

Barner, Wilfried / Christoph König (Hrsg.): Jüdische Intellektuelle und die Philologie in Deutschland 1871–1933. Göttingen 2001

Bilski, Emily D. (Hrsg.): Berlin metropolis. Jews and the new culture 1890–1918. Berkeley u. a. 1999 [Ausstellungskatalog]

Botstein, Leon: Judentum und Modernität. Wien, Köln, Weimar 1991

Braun, Michael (Hrsg.): «Hinauf und Zurück in die herzhelle Zukunft.» Deutsch-jüdische Literatur im 20. Jahrhundert. Bonn 2000

Carmely, Klara Pomeranz: Das Identitätsproblem jüdischer Autoren im deutschen Sprachraum. Königstein/Ts. 1981

Glau, Angelika: Jüdisches Selbstverständnis im Wandel. Jiddische Literatur zu Beginn des zwanzigsten Jahrhunderts. Wiesbaden 1999

Glenz, Stefan: Judenbilder in der deutschen Literatur. Eine Inhaltsanalyse völkisch-national-konservativer und nationalsozialistischer Romane 1890–1945. Konstanz 1999

Hahn, Hans Henning / Jens Stüben (Hrsg.): Jüdische Autoren Ostmitteleuropas im 20. Jahrhundert. Frankfurt a. M. 2000

Hoffmann, Daniel (Hrsg.): Handbuch zur deutsch-jüdischen Literatur des 20. Jahrhunderts. Paderborn u. a. 2002

Horch, Hans Otto / Charlotte Wardi (Hrsg.): Jüdische Selbstwahrnehmung. Tübingen 1997

Kernmayer, Hildegard: Judentum im Wiener Feuilleton (1848–1903). Tübingen 1998

Meyer, Michael A.: Jüdische Identität in der Moderne. Frankfurt a.M. 1992 [engl. 1990]

Pazi, Margarita: Staub und Sterne. Aufsätze zur deutsch-jüdischen Literatur. Hrsg. v. Sigrid Bauschinger u. Paul Michael Lützeler. Göttingen 2001

Richter, Matthias: Die Sprache jüdischer Figuren in der deutschen Literatur (1750–1933). Studien zu Form und Funktion. Göttingen 1995

Robertson, Ritchie: The «Jewish Question» in German literature 1749–1939. Emancipation and its discontents. Oxford u. a. 1999

Schütz, Hans J.: «Eure Sprache ist auch meine.» Eine deutsch-jüdische Literaturgeschichte. Zürich u. a. 2000

Sieg, Ulrich: Jüdische Intellektuelle im Ersten Weltkrieg. Berlin 2001

Wang, Pao-Hsiang: Crisis of identity of German Jews in fin-de-siècle Vienna. Ann Arbor 2000

Žmegač, Viktor: Der historische und der typologische Jude. Studien zu jüdischen Gestalten in der Literatur der Jahrhundertwende. Tübingen 1996

6.4. *Nationale Identität(en) (vgl. Band IX, 1, S. 734 f.)*

Ameri, Sussan M.: Die deutschnationale Sprachbewegung im wilhelminischen Reich. New York, Frankfurt a. M. u. a. 1991

Dyserinck, Hugo / Karl Ulrich Syndram (Hrsg.): Europa und das nationale Selbstverständnis. Bonn 1988

Florack, Ruth (Hrsg.): Nation als Stereotyp. Fremdwahrnehmung und Identität in der deutschen und französischen Literatur. Tübingen 2000

Jablkowska, Joanna / Malgorzata Pólrola (Hrsg.): Nationale Identität. Aspekte, Probleme und Kontroversen in der deutschsprachigen Literatur. Lodz 1998

Thirouin-Déverchère, Marie-Odile: L'idée d'Europe de Rudolf Pannwitz. Grenoble 1997

Wahl, Hans Rudolf: Die Religion des deutschen Nationalismus. Eine mentalitätsgeschichtliche Studie zur Literatur des Kaiserreichs. Heidelberg 2002

6.5. *Frauenbild und Frauenliteratur (vgl. Band IX, 1, S. 735)*

Fischer, Lisa / Emil Brix (Hrsg.): Die Frauen der Wiener Moderne. Wien u. a. 1997

Good, David F. (Hrsg.): Austrian women in the 19. and 20. centuries. Cross-disciplinary perspectives. Providence u. a. 1996

Grenz, Dagmar / Gisela Wilkending (Hrsg.): Geschichte der Mädchenlektüre. Weinheim u. a. 1997

Jost, Vera: Fliegen oder Fallen. Prostitution als Thema in Literatur von Frauen im 20. Jahrhundert. Königstein/Ts. 2002

Lehnert, Gertrud (Hrsg.): Inszenierung von Weiblichkeit. Weibliche Kindheit und Adoleszenz in der Literatur des 20. Jahrhunderts. Opladen u. a. 1996

Müller, Heidy Margrit: Töchter und Mütter in deutschsprachiger Erzählprosa 1885–1935. München 1991

Rohde, Birgit: Von Müttern und Dirnen. Ursprünge und literarische Inszenierungsformen eines dualistischen Weiblichkeitskonzepts von der Jahrhundertwende bis 1938. Ann Arbor, Toronto 1998

Siemens, Isabelle: Die Prostituierte in der literarischen Moderne 1890–1933. Düsseldorf 2000

Tebben, Karin (Hrsg.): Deutschsprachige Schriftstellerinnen des Fin de siècle. Darmstadt 1999

Dies. (Hrsg.): Frauen – Körper – Kunst. Literarische Inszenierungen weiblicher Sexualität. Göttingen 2000

6.6. Prager Kreis

Binder, Harmut (Hrsg.): Prager Profile. Vergessene Autoren im Schatten Kafkas. Berlin 1991

Ders. (Hrsg.): Brennpunkt Berlin. Prager Schriftsteller in der deutschen Metropole. Bonn 1995

The City of K. Franz Kafka and Prague. Barcelona 2002 [Ausstellungskatalog]

Fiala-Fürst, Ingeborg: Der Beitrag der Prager deutschen Literatur zum deutschen literarischen Expressionismus. St. Ingbert 1996

Gassmann, Arno A.: Lieber Vater, lieber Gott? Der Vater-Sohn-Konflikt bei den Autoren des engeren Prager Kreises. Oldenburg 2002

Godé, Maurice / Jacques Le Rider / Françoise Mayer (Hrsg.): Allemands, juifs et Tchèques à Prague. Deutsche, Juden und Tschechen in Prag. Montpellier 1996

Hoffmann, Dirk O.: Paul Leppin. Eine Skizze und eine erste Bibliographie der Werke und Briefe. Bonn 1982

Pazi, Margarita / Hans Dieter Zimmermann (Hrsg.): Berlin und der Prager Kreis. Würzburg 1991

Prager deutschsprachige Literatur zur Zeit Kafkas. Bd. 1.2. Wien 1989–91

Schenk, Klaus (Hrsg.): Moderne in der deutschen und tschechischen Literatur. Tübingen 2000

Serke, Jürgen: Böhmische Dörfer. Wanderungen durch eine verlassene literarische Landschaft. Wien, Hamburg 1987

Wichner, Ernest / Herbert Wiesner (Hrsg.): Prager deutsche Literatur. Vom Expressionismus bis zu Exil und Verfolgung. Berlin 1995

6.7. Nietzsche-Rezeption (vgl. Band IX, 1, S. 768–771)

Aschheim, Steven E.: Nietzsche und die Deutschen. Karriere eines Kults. Stuttgart, Weimar 1996 [engl. 1992]

Ester, Hans / Meindert Evers (Hrsg.): Zur Wirkung Nietzsches. Würzburg 2001

Furness, Raymond: Zarathustra's children. A study of a lost generation of German writers. Rochester 2000

Häußling, Roger: Nietzsche und die Soziologie. Würzburg 2000

Hawes, James: Nietzsche and the end of freedom. The neo-romantic dilemma in Kafka, the brothers Mann, Rilke and Musil. Frankfurt a. M. 1993

Heftrich, Eckhard: Nietzsches tragische Größe. Frankfurt a. M. 2000

Heller, Erich: The importance of Nietzsche. 10 essays. Chicago u. a. 1988
Jung, Susanne u. a. (Bearb.): Weimarer Nietzsche-Bibliographie (WNB). Bd. 5:
    Sekundärliteratur 1867–1998. Stuttgart, Weimar 2002
Krause, Jürgen: «Märtyrer» und «Prophet». Studien zum Nietzsche-Kult in der
    bildenden Kunst der Jahrhundertwende. Berlin, New York 1984
Krummel, Richard Frank: Nietzsche und der deutsche Geist. Bd. 1: 1867–
    1900. Bd. 2: 1901–1918. Berlin, New York ²1998 [verb. u. erg. Aufl.; ¹1975]
Ottmann, Henning (Hrsg.): Nietzsche-Handbuch. Leben – Werk – Wirkung.
    Stuttgart, Weimar 2000
Raschel, Heinz: Das Nietzsche-Bild im George-Kreis. Ein Beitrag zur
    Geschichte der deutschen Mythologeme. Berlin, New York 1984
Safranski, Rüdiger: Nietzsche. Biographie seines Denkens. München, Wien 2000
Schaberg, William H.: The Nietzsche Canon. A Publication History and Biblio-
    graphy. Chicago, London 1995
Schirmer, Andreas / Rüdiger Schmidt (Hrsg.): Widersprüche. Zur frühen Nietz-
    sche-Rezeption. Weimar 2000
Steinhaußen, Jan: «Aristokraten aus Not» und ihre «Philosophie der zu hoch
    hängenden Trauben». Nietzsche-Rezeption und literarische Produktion von
    Homosexuellen. Würzburg 2001
Stücheli, Peter: Poetisches Pathos. Eine Idee bei Friedrich Nietzsche und im
    deutschen Expressionismus. Frankfurt a. M. u. a. 1999
Taylor, Seth: Left-wing Nietzscheans. The politics of German Expressionism
    1910–1920. Berlin u. a. 1990
Thalken, Michael: Ein bewegliches Heer von Metaphern. Sprachkritisches Spre-
    chen bei Friedrich Nietzsche, Gustav Gerber, Fritz Mauthner und Karl
    Kraus. Frankfurt a. M. 1999
Weber, Frank: Die Bedeutung Nietzsches für Stefan George und seinen Kreis.
    Frankfurt a. M. u. a. 1989

6.8. Phantastik

Brittnacher, Hans Richard: Ästhetik des Horrors. Gespenster, Vampire, Mon-
    ster, Teufel und künstliche Menschen in der phantastischen Literatur. Frank-
    furt a. M. 1994
Ders. (Hrsg.): Vom Zauber des Schreckens. Wetzlar 1999
Csersowsky, Peter: Phantastische Literatur im ersten Viertel des 20. Jahrhun-
    derts. München ²1989 [¹1983]
Durst, Uwe: Theorie der phantastischen Literatur. Tübingen u. a. 2001
Fischer, Jens Malte: Literatur zwischen Traum und Wirklichkeit. Studien zur
    Phantastik. Wetzlar 1998
Freund, Winfried: Deutsche Phantastik. Tübingen 1999
Hauser, Erik: Der Traum in der phantastischen Literatur. Heidelberg 1997
Hennlein, Elmar: Erotik in der phantastischen Literatur. Essen 1985
Ivanovic, Christine / Jürgen Lehmann / Markus May (Hrsg.): Phantastik –
    Kult oder Kultur? Stuttgart, Weimar 2003
Lachmann, Renate: Erzählte Phantastik. Zu Phantasiegeschichte und Semantik
    phantastischer Texte. Frankfurt a. M. 2002
Schumacher, Hans (Hrsg.): Phantasie und Phantastik. Neuere Studien zum
    Kunstmärchen und zur phantastischen Erzählung. Frankfurt a. M. u. a. 1993

Schenkel, Elmar (Hrsg.): Die magische Schreibmaschine. Aufsätze zur Tradition des Phantastischen in der Literatur. Frankfurt a. M. 1998

Wünsch, Marianne: Die Fantastische Literatur der Frühen Moderne (1890–1930). Definition, denkgeschichtlicher Kontext, Strukturen. München 1991

6.9. Weitere Aspekte (vgl. Band IX, 1, S. 736ff.)

Adami, Martina: Der große Pan ist tot!? Studien zur Pan-Rezeption in der deutschen Literatur des 19. und 20. Jahrhunderts. Innsbruck 2000

Amthor, Wiebke / Hans R. Brittnacher / Anja Hallacher (Hrsg.): Profane Mystik? Andacht und Ekstase in Literatur und Philosophie des 20. Jahrhunderts. Berlin 2002

Anz, Thomas (Hrsg.): Psychoanalyse in der modernen Literatur. Kooperation und Konkurrenz. Würzburg 1999

Arnold, Heinz Ludwig (Hrsg.): Aufbruch ins 20. Jahrhundert. Über Avantgarden. München 2001

Asholt, Wolfgang / Walter Fähnders: «Die ganze Welt ist eine Manifestation.» Die europäische Avantgarde und ihre Manifeste. Darmstadt 1997

Dies. (Hrsg.): Der Blick vom Wolkenkratzer. Avantgarde, Avantgardekritik, Avantgardeforschung. Amsterdam u. a. 2000

Aspetsberger, Friedbert: Der Historismus und die Folgen. Studien zur Literatur in unserem Jahrhundert. Frankfurt a. M. 1987

Auckenthaler, Karlheinz F. (Hrsg.): Numinoses und Heiliges in der österreichischen Literatur. Bern u. a. 1995

Aurnhammer, Achim: Androgynie. Studien zu einem Motiv der europäischen Literatur. Köln, Wien 1986

Ders. / Thomas Pittrof (Hrsg.): «Mehr Dionysos als Apoll.» Antiklassizistische Antike-Rezeption um 1900. Frankfurt a. M. 2002

Bachmaier, Helmut: Paradigmen der Moderne. Amsterdam u. a. 1990

Baßler, Moritz / Hildegard Châtellier (Hrsg.): Mystique, mysticisme et modernité en Allemagne autour de 1900 / Mystik, Mystizismus und Moderne in Deutschland um 1900. Strasbourg 1998

Becker, Sabine: Urbanität und Moderne. Studien zur Großstadtwahrnehmung in der deutschen Literatur 1900–1930. St. Ingbert 1993

Berg, Christian (Hrsg.): The turn of the century. Modernism and modernity in literature and the arts. Berlin u. a. 1995

Braungart, Wolfgang / Gotthard Fuchs / Manfred Koch (Hrsg.): Ästhetische und religiöse Erfahrungen der Jahrhundertwenden. Bd. 2: Um 1900. Paderborn u. a. 1998

Brittnacher, Hans Richard: Erschöpfung und Gewalt. Opferphantasien in der Literatur des Fin de siècle. Köln, Weimar 2001

Doering, Sabine: Die Schwestern des Doktor Faust. Eine Geschichte der weiblichen Faustgestalten. Göttingen 2001

Ehrlicher, Hanno: Die Kunst der Zerstörung. Gewaltphantasien und Manifestationspraktiken europäischer Avantgarden. Berlin 2001

Eicher, Thomas (Hrsg.): Grenzüberschreitungen um 1900. Österreichische Literatur im Übergang. Oberhausen 2001

Eilert, Heide: Das Kunstzitat in der erzählenden Dichtung. Studien zur Literatur um 1900. Stuttgart 1991

Fähnders, Walter: Avantgarde und Moderne 1890–1933. Stuttgart, Weimar 1998

Fischer, Markus: Augenblicke um 1900. Literatur, Philosophie, Psychoanalyse und Lebenswelt zur Zeit der Jahrhundertwende. Frankfurt a. M. u. a. 1986

Goette, Jürgen-Wolfgang (Red.): Anarchismus und Psychoanalyse zu Beginn des 20. Jahrhunderts. Lübeck 2000

Göktürk, Deniz: Künstler, Cowboys, Ingenieure ... Kultur- und mediengeschichtliche Studien zu deutschen Amerika-Texten 1912–1920. München 1998

Großheim, Michael (Hrsg.): Perspektiven der Lebensphilosophie. Zum 125. Geburtstag von Ludwig Klages. Bonn 1999

Grote, Katja: Der Tod in der Literatur der Jahrhundertwende. Frankfurt a. M. u. a. 1996

Gruber, Bettina (Hrsg.): Erfahrung und System. Mystik und Esoterik in der Literatur der Moderne. Opladen 1997

Günther, Christiane C.: Aufbruch nach Asien. Kulturelle Fremde in der deutschen Literatur um 1900. München 1988

Hardt, Manfred (Hrsg.): Literarische Avantgarden. Darmstadt 1989

Imai, Atsushi: Das Bild des ästhetisch-empfindsamen Jugendlichen. Deutsche Schul- und Adoleszenzromane zu Beginn des 20. Jahrhunderts. Wiesbaden 2001

Ingold, Felix Philipp: Literatur und Aviatik. Europäische Flugdichtung 1909–1927. Frankfurt a. M. 1980 [Neuausg.; [1]1978]

Jablkowska, Joanna (Hrsg.): Apokalyptische Visionen in der deutschen Literatur. Lódź 1996

Kieruj, Mariusz: Zeitbewußtsein, Erinnern und die Wiederkehr des Kultischen. Kontinuität und Bruch in der deutschen Avantgarde 1910–1930. Frankfurt a. M. u. a. 1995

Kircher, Hartmut / Maria Klanska / Erich Kleinschmidt (Hrsg.): Avantgarde in Ost und West. Literatur, Musik und Bildende Kunst um 1900. Köln, Weimar, Wien 2002

Konitzer, Werner: Sprachkrise und Verbildlichung. Würzburg 1995

Lämmert, Eberhard / Giorgio Cusatelli (Hrsg.): Avantgarde, Modernität, Katastrophe. Florenz 1995

Li, Wenchao: Das Motiv der Kindheit und die Gestalt des Kindes in der deutschen Literatur der Jahrhundertwende. Berlin 1990

Lindner, Martin: Leben in der Krise. Zeitromane der neuen Sachlichkeit und die intellektuelle Mentalität der klassischen Moderne. Stuttgart 1994

Magris, Claudio: Der habsburgische Mythos in der modernen österreichischen Literatur. Wien 2000 [ital. 1963; erw. Neuausg. 1996; dt. [1]1966]

Michler, Werner: Darwinismus und Literatur. Naturwissenschaft und literarische Intelligenz in Österreich 1859–1914. Wien u. a. 1999

Möbius, Hanno: Montage und Collage. Literatur, bildende Künste, Film, Fotografie, Musik, Theater bis 1933. München 2000

Murti, Kamakshi P.: Die Reinkarnation des Lesers als Autor. Ein rezeptionsgeschichtlicher Versuch über den Einfluß der altindischen Literatur auf deutsche Schriftsteller um 1900. Berlin, New York 1990

Noob, Joachim: Der Schülerselbstmord in der deutschen Literatur um die Jahrhundertwende. Heidelberg 1998

Pegatzky, Stefan: Das poröse Ich. Leiblichkeit und Ästhetik von Arthur Schopenhauer bis Thomas Mann. Würzburg 2002

Pfeiffer, Joachim: Tod und Erzählen. Wege der literarischen Moderne um 1900. Tübingen 1997

Rattner, Josef / Gerhard Danzer (Hrsg.): Österreichische Literatur und Psychoanalyse. Würzburg 1997

Reichmann, Eva (Hrsg.): Habsburger Aporien? Bielefeld 1998

Reinecke, Siegfried: Mobile Zeiten. Eine Geschichte der Auto-Dichtung. Bochum 1986

Rohkrämer, Thomas: Eine andere Moderne? Zivilisationskritik, Natur und Technik in Deutschland 1880–1933. Paderborn 1999

Sauerland, Karol (Hrsg.): Melancholie und Enthusiasmus. Studien zur Literatur- und Geistesgeschichte der Jahrhundertwende. Bern, Frankfurt a.M. 1988

Scheunemann, Dietrich (Hrsg.): European avant-garde. Amsterdam u.a. 2000

Schiewe, Jürgen: Die Macht der Sprache. Eine Geschichte der Sprachkritik von der Antike bis zur Gegenwart. München 1998

Schnädelbach, Herbert: Philosophie in Deutschland 1831–1933. Frankfurt a.M. 1983

Schneider, Rosa B.: «Um Scholle und Leben.» Zur Konstruktion von «Rasse» und Geschlecht in der deutschen kolonialen Afrikaliteratur um 1900. Frankfurt a.M. 2003

Schwarz, Olaf: Das Wirkliche und das Wahre. Probleme der Wahrnehmung in Literatur und Psychologie um 1900. Kiel 2001

Schwob, Anton (Hrsg.): Methodologische und literaturhistorische Studien zur deutschen Literatur Ostmittel- und Südosteuropas. München 1994

Ders. / Zoltán Szendi: Aufbruch in die Moderne. Wechselbeziehungen und Kontroversen in der deutschsprachigen Literatur um die Jahrhundertwende im Donauraum. München 2000

Seidensticker, Bernd / Martin Vöhler (Hrsg.): Urgeschichte der Moderne. Die Antike im 20. Jahrhundert. Stuttgart u.a. 2001

Senarclens de Grancy, Antje / Heidemarie Uhl (Hrsg.): Moderne als Konstruktion. Debatten, Diskurse, Positionen um 1900. Wien 2001

Simonek, Stefan: Distanzierte Nähe. Die slawische Moderne der Donaumonarchie und die Wiener Moderne. Bern, Berlin u.a. 2000

Simonis, Annette: Literarischer Ästhetizismus. Theorie der arabesken und hermeneutischen Kommunikation der Moderne. Tübingen 2000

Spörl, Uwe: Gottlose Mystik in der deutschen Literatur um die Jahrhundertwende. Paderborn u.a. 1997

Stahl, Enno: Anti-Kunst und Abstraktion in der literarischen Moderne (1909–1933). Frankfurt a.M. u.a. 1997

Storim, Mirjam: Ästhetik im Umbruch. Zur Funktion der «Rede über Kunst» um 1900 am Beispiel der Debatte um Schmutz und Schund. Tübingen 2002

Stoupy, Joëlle: Maître de l'heure. Die Rezeption Paul Bourgets in der deutschsprachigen Literatur um 1890. Frankfurt a.M. u.a. 1996

Struve, Ulrich (Hrsg.): Der imaginierte Findling. Studien zur Kaspar-Hauser-Rezeption. Heidelberg 1995

Vietta, Silvio: Neuzeitliche Rationalität und moderne literarische Sprachkritik. Descartes, Georg Büchner, Arno Holz, Karl Kraus. München 1981

Vondung, Klaus: Die Apokalypse in Deutschland. München 1988

Wagner-Egelhaaf, Martina: Mystik der Moderne. Die visionäre Ästhetik der deutschen Literatur im 20. Jahrhundert. Stuttgart 1989

Weisgeber, Jean (Hrsg.): Les Avant-Gardes littéraires au XXe siècle. Bd. 1.2. Budapest 1986

Wunberg, Gotthart: Jahrhundertwende. Studien zur Literatur der Moderne. Hrsg. v. Stephan Dietrich. Tübingen 2001

Wunderlich, Uli: Der Tanz und der Tod. Totentänze vom Mittelalter bis zur Gegenwart. Freiburg i. Br. 2001

Zenk, Volker: Innere Forschungsreise. Literarischer Exotismus in Deutschland zu Beginn des 20. Jahrhunderts. Oldenburg 2003

7. Richtungen

7.1. Jugendstil

Beyer, Andreas / Dieter Burdorf (Hrsg.): Jugendstil und Kulturkritik. Zur Literatur und Kunst um 1900. Heidelberg 1999

Pantus, Willem-Jan: Jugendstil in Wort und Bild. Illustrierte Dichtkunst um 1900. Köln 2000 [Ausstellungskatalog]

Pfabigan, Alfred (Hrsg.): Ornament und Askese im Zeitgeist des Wien der Jahrhundertwende. Wien 1985

7.2. Heimatkunst

Berger, Katarina: Erzählungen und Erzählstoffe in Pommern. 1840 bis 1938. Münster u. a. 2001

Boa, Elisabeth / Rachel Palfreyman (Hrsg.): Heimat – A German dream. Regional loyalities and national identity in German culture 1890–1990. Oxford u. a. 2000

Ebert, Walter: Zum Weltbild konservativer und völkisch-nationaler Autoren um 1900/1910. Leipzig 1990

Feindt, Hendrik (Hrsg.): Studien zur Kulturgeschichte des deutschen Polenbildes 1848–1939. Wiesbaden 1995

Fuller, Steve Nyole: The Nazi's literary grandfather. Adolf Bartels and cultural extremism 1871–1945. Frankfurt a. M. 1996

Stoppel, Manfred: Adolf Bartels' Weg zur Heimatkunst. Innsbruck 1989

Wojtczak, Maria: Literatur der Ostmark. Posener Heimatliteratur (1890–1918). Poznan 1998

7.3. Expressionismus, Futurismus, Aktivismus

Amann, Klaus / Armin A. Wallas (Hrsg.): Expressionismus in Österreich. Die Literatur und die Künste. Wien, Köln, Weimar 1994

Anz, Thomas: Literatur des Expressionismus. Stuttgart, Weimar 2002

Ders. / Michael Stark (Hrsg.): Die Modernität des Expressionismus. Stuttgart u. a. 1994

Arnold, Sven: Das Spektrum des literarischen Expressionismus in den Zeitschriften «Der Sturm» und «Die Weißen Blätter». Frankfurt a. M. u. a. 1998

Baumeister, Ursula Walburga: Die Aktion 1911–1932. Erlangen, Jena 1996

Behr, Shulamith (Hrsg.): Expressionism reassessed. Manchester u. a. 1993

Berghaus, Gunter (Hrsg.): International futurism in arts and literature. Berlin, New York 2000

Bergner, Klaus-Dieter: Natur und Technik in der Literatur des frühen Expressionismus. Frankfurt a. M. u. a. 1998

Brinkmann, Richard: Expressionismus. Internationale Forschung zu einem internationalen Problem. Stuttgart 1980

Bronner, Stephen Eric / Douglas Keller (Hrsg.): Passion and rebellion. The expressionist heritage. New York 1988

Chiarini, Paolo (Hrsg.): Expressionismus. Una enciclopedia interdisciplinare. Rom 1986

Ders.: L'espressionismo tedesco. Storia e struttura. Bari 1985

Demetz, Peter: Worte in Freiheit. Der italienische Futurismus und die deutsche literarische Avantgarde (1912–1934). München, Zürich 1990

Dering, Peter (Hrsg.): Avanti! Avanti! Futurismus im deutschen Expressionismus. Bonn 1998 [Ausstellungskatalog]

Eltz, Johanna: Der italienische Futurismus in Deutschland 1912–1922. Ein Beitrag zur Analyse seiner Rezeptionsgeschichte. Bamberg 1986

Fauchereau, Serge: Expressionisme, dada, surréalisme et autres ismes. Paris 2001

Gehrke, Manfred: Probleme der Epochenkonstituierung des Expressionismus. Frankfurt a. M. u. a. 1990

Godé, Maurice: L'expressionisme. Paris 1999

Golec, Janusz: Zivilisationsbegeisterung und Zivilisationskritik im deutschen Expressionismus. Lublin 1993

Haberland, Detlef (Hrsg.): «Die Großstadt rauscht gespenstisch fern und nah.» Literarischer Expressionismus zwischen Neisse und Berlin. Berlin 1995

Hinz, Manfred: Die Zukunft der Katastrophe. Mythologie und rationalistische Geschichtstheorie im italienischen Futurismus. Berlin, New York 1985

Jens, Inge: Die expressionistische Novelle. Studien zu ihrer Entwicklung. Tübingen 1997 [Diss. 1953]

Jian, Ming: Expressionistische Nachdichtung chinesischer Lyrik. Frankfurt a. M. u. a. 1990

Jones, M. S.: Der Sturm. A Focus of Expressionism. Columbia 1984

Jürgs, Britta (Hrsg.): «Wie eine Nilbraut, die man in die Wellen wirft.» Portraits expressionistischer Künstlerinnen und Schriftstellerinnen. Grambin 1998

Krause, Frank: Sakralisierung unerlöster Subjektivität. Zur Problemgeschichte des zivilisations- und kulturkritischen Expressionismus. Frankfurt a. M. u. a. 2000

Kunstwende. Der Kieler Impuls des Expressionismus 1915–1922. Neumünster 1992

Lloyd, Jill: German Expressionism. Primitivism and modernity. New Haven u. a. 1991

Möser, Kurt: Literatur und die «Große Abstraktion». Kunsttheorien, Poetik und «abstrakte Dichtung» im «Sturm» 1910–1930. Erlangen 1983

Murphy, Richard John: The decentered reader. The dramatization of subjectivity and German expressionism. Berkeley 1987

Oehm, Heidemarie: Subjektivität und Gattungsform im Expressionismus. München 1993

Pan, David: Primitive renaissance. Rethinking German expressionism. Lincoln u. a. 2001

Paulsen, Wolfgang: Deutsche Literatur des Expressionismus. Berlin ²1998 [überarb. Aufl.; ¹1983]

Pirsich, Volker: Der Sturm. Eine Monographie. Herzberg 1985
Raabe, Paul (Hrsg.): Expressionismus. Der Kampf um eine literarische Bewegung. Zürich u. a. 1987
Reichmann, Eva (Hrsg.): Avantgardistische Literatur aus dem Raum der (ehemaligen) Donaumonarchie. St. Ingbert 1997
Requardt, Paul: Unbürgerliche Dichterporträts des Expressionismus. Würzburg 1985
Schmidt-Bergmann, Hansgeorg: Die Anfänge der literarischen Avantgarde in Deutschland. Über Anverwandlung und Abwehr des italienischen Futurismus. Stuttgart 1991
Ders.: Futurismus. Geschichte, Ästhetik, Dokumente. Reinbek 1993
Schönfeld, Christiane: Dialektik und Utopie. Die Prostituierte im deutschen Expressionismus. Würzburg 1996
Sheppard, Richard (Hrsg.): Expressionism in focus. Proceedings of the first UEA symposium on German studies. Blairgowrie 1987
Smuda, Manfred (Hrsg.): Die Großstadt als «Text». München 1992
Vietta, Silvio / Hans-Georg Kemper: Expressionismus. München ⁵1994 [verb. Aufl.; ¹1975]
Wambach, Lovis Maxim: Die Dichterjuristen des Expressionismus. Baden-Baden 2002
Washton Long, Rose-Carol (Hrsg.): German Expressionism. Berkeley 1993
Weinstein, Joan: The end of Expressionism. Art and the November Revolution in Germany 1918/19. Chicago u. a. 1990
White, John J.: Literary futurism. Oxford 1990

7.4. *Dadaismus*

Backes-Haase, Alfons: Kunst und Wirklichkeit. Zur Typologie des Dada-Manifests. Frankfurt a. M. 1992
Berg, Hubert van den: Avantgarde und Anarchismus. Dada in Zürich und Berlin. Heidelberg 1999
Bergius, Hanne: Das Lachen Dadas. Die Berliner Dadaisten und ihre Aktionen. Gießen 1989
Dies.: Montage und Metamechanik. Dada Berlin − Artistik und Polarität. Berlin 2000
Dankl, Günther / Raoul Schrott (Hrsg.): DADAutriche 1907−1970. Hundert Jahre Dada in Österreich. Innsbruck 1993
Foster, Stephen C. (Hrsg.): Crisis and the arts. The history of dada. Bd. 1 ff. New York u. a. 1996 ff. [Bd. 8, 2003]
Korte, Hermann: Die Dadaisten. Mit Selbstzeugnissen und Bilddokumenten. Reinbek ⁴2003 [bibliogr. erg. Aufl., ¹1994]
Lehner, Dieter: Individualanarchismus und Dadaismus. Stirnerrezeption und Dichterexistenz. Frankfurt a. M. u. a. 1988
Philipp, Eckhard: Dadaismus. München 1980
Pichon, Brigitte / Karl Riha (Hrsg.): Dada Zurich. A clown's game from nothing. Hall 1996
Schings, Hubert: Narrenspiele oder die Erschaffung einer verkehrten Welt. Studien zu Mythos und Mythopoiese im Dadaismus. Frankfurt a. M. 1996
Sheppard, Richard: Modernism, Dada, Postmodernism. Evanston 2000

8. Gattungen

8.1. Erzählprosa (vgl. Band IX, 1, S. 740ff.)

Baßler, Moritz: Die Entdeckung der Textur. Unverständlichkeit in der Kurzprosa der emphatischen Moderne 1910–1916. Tübingen 1994

Brockington, Joseph L.: Vier Pole expressionistischer Prosa. Frankfurt a.M. u.a. 1987

Claßen, Ludger: Satirisches Erzählen im 20. Jahrhundert. München 1985

Csúri, Károly / Géza Horváth (Hrsg.): Erzählstrukturen. Studien zur Literatur der Jahrhundertwende. Bd. 1.2. Szeged 1998/99

Dehning, Sonja: Tanz der Feder. Künstlerische Produktivität in Romanen von Autorinnen um 1900. Würzburg 2000

Dierick, Augustinus P.: German Expressionist prose. Toronto u.a. 1987

Dowden, Stephen D.: Sympathy for the abyss. A study in the novel of German modernism. Tübingen 1986

Fähnders, Walter (Hrsg.): Expressionistische Prosa. Bielefeld 2001

Freund, Winfried: Novelle. Stuttgart 1998

Klotz, Volker: Das europäische Kunstmärchen. 25 Kapitel seiner Geschichte von der Renaissance bis zur Moderne. München ³2002 [überarb. u. erw. Aufl.; ¹1985]

Koc, Richard A.: The German Gesellschaftsroman at the turn of the century. Frankfurt a.M. u.a. 1982

Krull, Wilhelm: Politische Prosa des Expressionismus. Rekonstruktion und Kritik. Frankfurt a.M. u.a. 1982

Ders.: Prosa des Expressionismus. Stuttgart u.a. 1984

Lindemann, Klaus / Norbert Micke: Eros und Thanatos. Erzählungen zwischen Jahrhundertwende und Erstem Weltkrieg. Paderborn u.a. 1996

Manko, Mandane: Figuren- und Konfliktdarstellung bei Spielhagen, Fontane, Saar, Keyserling. Egelsbach u.a. 1996

Marx, Leonie: Die deutsche Kurzgeschichte. Stuttgart u.a. ²1997 [erw. Aufl.; ¹1985]

Reclams Romanlexikon. Bd. 3: 20. Jahrhundert I. Stuttgart 1999

Reich-Ranicki, Marcel (Hrsg.): Romane von gestern – heute gelesen. Bd. 1: 1900–1918. Frankfurt a.M. 1989

Romane des 20. Jahrhunderts. Interpretationen. Bd. 1. Stuttgart 1993

Salyámosi, Miklós: Der Weltanschauungsroman. Budapest 1998

Schumacher, Hans (Hrsg.): Spiegel im dunklen Wort. Analysen zur Prosa des frühen 20. Jahrhunderts. Bd. 1.2. Frankfurt a.M. 1983–1986

Slavova, Ludmila Kaloyanova: «Übergangsgeschöpfe». Zum Bild der Frau in ausgewählten Romanen. Ann Arbor, Pittsburgh 1996

Sprengel, Peter (Hrsg.): Berlin-Flaneure. Stadt-Lektüren in Roman und Feuilleton 1910–1930. Berlin 1998

Weindl, Marion: Funktion und Konstruktion des Erzählkunstwerkes. Würzburg 1995

Zobel, Klaus: Textanalysen. Eine Einführung in die Interpretation moderner Kurzprosa. München u.a. 1985

8.2. Drama und Theater (vgl. Band IX, 1, S. 743f.)

Allkemper, Alo / Norbert Otto Eke (Hrsg.): Deutsche Dramatiker des 20. Jahrhunderts. Berlin 2000

Appel, Sibylle: Die Funktion der Gesellschaftskomödie von 1910–1933 im europäischen Vergleich. Frankfurt a. M. u. a. 1985

Bauschinger, Sigrid (Hrsg.): Literarisches und politisches Kabarett von 1901 bis 1999. Tübingen, Basel 2000

Brandt, Sylvia: Bravo & Bum Bum! Neue Produktions- und Rezeptionsformen im Theater der historischen Avantgarde. Frankfurt a. M. u. a. 1995

Brauneck, Manfred: Die Welt als Bühne. Geschichte des europäischen Theaters. Bd. 3. Stuttgart, Weimar 1999

Csobádi, Peter u. a. (Hrsg.): Welttheater, Mysterienspiel, rituelles Theater. «Vom Himmel durch die Welt zur Hölle». Salzburg u. a. 1992

Dalinger, Brigitte: Verloschene Sterne. Geschichte des jüdischen Theaters in Wien. Wien 1998

Dramen des 20. Jahrhunderts. Interpretationen. Bd. 1. Stuttgart 1996

Fischer-Lichte, Erika: Kurze Geschichte des deutschen Theaters. Tübingen, Basel 1993

Freydank, Ruth (Hrsg.): Theater als Geschäft. Berlin und seine Privattheater um die Jahrhundertwende. Berlin 1995

Frick, Werner: ‹Die mythische Methode›. Komparatistische Studien zur Transformation der griechischen Tragödie im Drama der klassischen Moderne. Tübingen 1998

Graver, David Arthur: Avant-garde aesthetics and early 20th-century drama. Ithaca 1987

Herget, Winfried (Hrsg.): Kurzformen des Dramas. Gattungspoetische, epochenspezifische und funktionale Horizonte. Tübingen u. a. 1996

Hörr, Beate: Tragödie und Ideologie. Tragödienkonzepte in Spanien und Deutschland in der ersten Hälfte des 20. Jahrhunderts. Würzburg 1997

Jakubcová, Alena (Hrsg.): Deutschsprachiges Theater in Prag. Begegnungen der Sprachen und Kulturen. Prag 2001

Kühn, Volker: Das Kabarett der frühen Jahre. Berlin 1984

Kuhns, David F.: German expressionist theatre. The actor and the stage. Cambridge 1997

Mayer, Anton: Theater in Wien um 1900. Der Dichterkreis Jung-Wien. Wien u. a. 1997

McNally, Joanne / Peter Sprengel (Hrsg.): Hundert Jahre Kabarett. Würzburg 2003

Mennemeier, Franz Norbert / Erika Fischer-Lichte (Hrsg.): Drama und Theater der europäischen Avantgarde. Tübingen, Basel 1994

Murmann, Geerte: Komödianten für den Krieg. Deutsches und alliiertes Fronttheater. Düsseldorf 1992

Pieper, Irene: Modernes Welttheater. Berlin 2000

Schober, Thomas: Das Theater der Maler. Studien zur Theatermoderne anhand dramatischer Werke. Stuttgart 1994

Sprengel, Peter: Scheunenviertel-Theater. Jüdische Schauspieltruppen und jiddische Dramatik in Berlin (1900–1918). Berlin 1995

Ders.: Populäres jüdisches Theater in Berlin von 1877 bis 1933. Berlin 1997

Streisand, Marianne: Intimität. Begriffsgeschichte und Entdeckung der «Intimität» auf dem Theater um 1900. München 2001

Wiethegl, Katrin: Jede Metapher ein kleiner Mythos. Studien zum Verhältnis von Mythos und moderner Metaphorik in frühexpressionistischer Lyrik. München 1992

Wolgast, Karin: Die Commedia dell'arte im Wiener Drama um 1900. Frankfurt a. M. u. a. 1993

Wotschke, Jean: From the home fires to the battlefield. Mothers in German expressionist drama. New York u. a. 1998

8.3. Lyrik (vgl. Band IX, 1, S. 744f.)

Bach, Inka / Helmut Galle: Deutsche Psalmendichtung vom 16. bis zum 20. Jahrhundert. Berlin, New York 1989

Edlinger, Carola von: Kosmogonische und mythische Weltentwürfe aus interdiskursiver Sicht. Frankfurt a. M. u. a. 2002

Froehlich, Jürgen: Liebe im Expressionismus. Eine Untersuchung der Lyrik in den Zeitschriften ‹Die Aktion› und ‹Der Sturm.› New York u. a. 1990

Gabriel, Norbert: Studien zur Geschichte der deutschen Hymne. München 1992

Hinderer, Walter: Geschichte der deutschen Lyrik. Vom Mittelalter bis zur Gegenwart. Würzburg ²2001 [erw. Aufl.; ¹1983]

Hoffmann, Dieter: Arbeitsbuch deutschsprachige Lyrik 1880–1916. Vom Naturalismus bis zum Expressionismus. Tübingen u. a. 2001

Ders.: Arbeitsbuch deutschsprachige Lyrik 1916–1945. Vom Dadaismus bis zum Ende des Zweiten Weltkriegs. Tübingen u. a. 2001

Jantz, Antje: Zur Semantik der modernen Melancholie in der Lyrik des Expressionismus. Heidelberg 1998

Kemp, Friedhelm: Das europäische Sonett. Bd. 1.2. Göttingen 2002

Konda, Jutta: Das Christus-Bild in der deutschen Hymnendichtung vom 18. bis zum 20. Jahrhundert. Köln u. a. 1998

Korte, Hermann: Der Krieg in der Lyrik des Expressionismus. Bonn 1981

Por, Peter: Das Bild in der Lyrik des Jugendstils. Bern 1985

Schindelbeck, Dirk: Die Veränderung der Sonettstruktur von der deutschen Lyrik der Jahrhundertwende bis in die Gegenwart. Frankfurt a. M. u. a. 1988

Schneider, Thomas: Gesetz der Gesetzlosigkeit. Das Emjambement im Sonett. Frankfurt a. M. u. a. 1992

Sengle, Friedrich: Moderne deutsche Lyrik. Von Nietzsche bis Enzensberger (1875–1975). Hrsg. von Gabriele Schneider. Heidelberg 2001

Waller, Christopher: Expressionist poetry and its critics. London 1986

8.4. Nichtfiktionale Prosa (vgl. Band IX, 1, S. 745f.)

Berg, Hubert van den / Ralf Grüttemeier (Hrsg.): Manifeste. Intentionalität. Amsterdam u. a. 1998

Bhatti, Anil / Horst Turk (Hrsg.): Reisen, Entdecken, Utopien. Untersuchungen zum Alteritätsdiskurs. Frankfurt a. M. u. a. 1998

Boehm, Gottfried / Helmut Pfotenhauer (Hrsg.): Beschreibungskunst – Kunstbeschreibung. Ekphrasis von der Antike bis zur Gegenwart. München 1995

Brenner, Peter J. (Hrsg.): Der Reisebericht. Frankfurt a. M. 1980

Ders.: Der Reisebericht in der deutschen Literatur. Tübingen 1990

Fuchs, Anne (Hrsg.): Reisen im Diskurs. Modelle der literarischen Fremderfahrung von den Pilgerberichten bis zur Postmoderne. Heidelberg 1995

Harth, Dietrich (Hrsg.): Fiktion des Fremden. Erkundung kultureller Grenzen in Literatur und Publizistik. Frankfurt a. M. 1994

Holdenried, Michaela: Autobiographie. Stuttgart 2000

Dies. (Hrsg.): Geschriebenes Leben. Autobiographik von Frauen. Berlin 1995

Jaeger, Michael: Autobiographie und Geschichte. Stuttgart, Weimar 1995

Kaszynski, Stefan H.: Kleine Geschichte des österreichischen Aphorismus. Tübingen, Basel 1999

Kaufmann, Kai / Erhard Schütz (Hrsg.): Die lange Geschichte der kleinen Form. Berlin 2000

Le Rider, Jacques: Kein Tag ohne Schreiben. Tagebuchliteratur der Wiener Moderne. Wien 2002 [frz. 2000]

Mieder, Wolfgang: Sprichwörtliche Aphorismen. Von Georg Christoph Lichtenberg bis Elazar Benyoëtz. Wien 1999

Nickisch, Reinhard M. G.: Brief. Stuttgart 1991

Ott, Ulrich: Amerika ist anders. Studien zum Amerika-Bild in deutschen Reiseberichten des 20. Jahrhunderts. Frankfurt a. M. u. a. 1991

Overlack, Anne: Was geschieht im Brief? Strukturen der Brief-Kommunikation bei Else Lasker-Schüler und Hugo von Hofmannsthal. Tübingen 1993

Schärf, Christian: Geschichte des Essays. Von Montaigne bis Adorno. Göttingen 1999

Schmidt, Alexander: Reisen in die Moderne. Der Amerika-Diskurs des deutschen Bürgertums vor dem Ersten Weltkrieg. Berlin 1997

Schneider, Manfred: Die erkaltete Herzensschrift. Der autobiographische Text im 20. Jahrhundert. München 1986

Siebert, Ulla: Selbstrepräsentationen von Frauen in Reisetexten 1871–1914. Münster u. a. 1997

Speck, Ute: Ein mögliches Ich. Zur Autobiographik der Politikerinnen Lily Braun, Hedwig Dohm und Rosa Luxemburg. Frankfurt a. M. u. a. 1997

Spicker, Friedemann: Der Aphorismus. Begriff und Gattung von der Mitte des 18. Jahrhunderts bis 1912. Berlin 1997

Ders.: Studien zum deutschen Aphorismus im 20. Jahrhundert. Tübingen 2000

Stölzel, Thomas: Rohe und polierte Gedanken. Studien zur Wirkungsweise aphoristischer Texte. Freiburg i. Br. 1998

Tebben, Karin: Literarische Intimität. Subjektkonstitution und Erzählstruktur in autobiographischen Texten von Frauen. Tübingen u. a. 1997

Vogtmeier, Michael: Die proletarische Autobiographie 1903–1914. Frankfurt u. a. 1984

Wagner-Egelhaaf, Martina: Autobiographie. Stuttgart, Weimar 2000

Weissenberger, Klaus (Hrsg.): Prosakunst ohne Erzählen. Die Gattungen der nicht-fiktionalen Kunstprosa. Tübingen 1985

Woesthoff, Frank: Prolet, Pietist, Prophet. Die «Denkwürdigkeiten und Erinnerungen eines Arbeiters» von Carl Fischer. Göttingen 1995

Wuthenow, Ralph-Rainer: Europäische Tagebücher. Eigenart, Form, Entwicklung. Darmstadt 1990

REGISTER

AUS DEM VERLAGSPROGRAMM

BIOGRAPHIEN BEI C. H. BECK

Peter-André Alt
SCHILLER
Leben – Werk – Zeit. Eine Biographie
2004. 2 Bände, 737 und 681 Seiten mit 49 Abbildungen. Leinen

Hermann Kurzke
THOMAS MANN
Das Leben als Kunstwerk. Eine Biographie
2000. 671 Seiten mit 40 Abbildungen. Leinen

Giuseppe Farese
ARTHUR SCHNITZLER
Ein Leben in Wien 1862–1931
Aus dem Italienischen von Karin Krieger
1999. 360 Seiten mit 37 Abbildungen. Leinen

Nicholas Boyle
GOETHE
Der Dichter in seiner Zeit
2 Bände, ³2000 und 1999, 885 und 1114 Seiten. Leinen

Günther Schiwy
EICHENDORFF
Der Dichter in seiner Zeit. Eine Biographie
2000. 734 Seiten mit 54 Abbildungen. Leinen

Manfred Kühn
KANT
Eine Biographie
5. Auflage. 2004. 639 Seiten mit 27 Abbildungen. Leinen

Mathias Mayer
MÖRIKE UND PEREGRINA
Geheimnis einer Liebe
2004. 254 Seiten mit 19 Abbildungen. Leinen

VERLAG C. H. BECK MÜNCHEN

LITERATURGESCHICHTE BEI C.H.BECK

Peter-André Alt
DER SCHLAF DER VERNUNFT
Literatur und Traum in der Kulturgeschichte der Neuzeit
2002. 464 Seiten. Gebunden

Hans Joachim Kreutzer
FAUST. MYTHOS UND MUSIK
2003. 187 Seiten. Leinen

Helmut Koopmann
GOETHE UND FRAU VON STEIN
Geschichte einer Liebe
2. Auflage. 2002. 282 Seiten mit 21 Abbildungen. Leinen

Helmuth Kiesel
GESCHICHTE DER LITERARISCHEN MODERNE
Sprache, Ästhetik, Dichtung im zwanzigsten Jahrhundert
2004. 640 Seiten. Leinen

Roberto Zapperi
DAS INKOGNITO
Goethes ganz andere Existenz in Rom
Aus dem Italienischen von Ingeborg Walter
4. Auflage. 2002. 303 Seiten mit 17 Abbildungen. Leinen

Jürgen Trabant
MITHRIDATES IM PARADIES
Kleine Geschichte des Sprachdenkens
2003. 356 Seiten. Leinen

Harald Weinrich
LETHE
Kunst und Kritik des Vergessens
3., überarbeitete Auflage. 2000. 316 Seiten. Broschiert

VERLAG C.H.BECK MÜNCHEN

GESCHICHTE DER DEUTSCHEN LITERATUR
Von den Anfängen bis zur Gegenwart
Begründet von
Helmut de Boor/Richard Newald

Band 1
**Die deutsche Literatur von Karl dem Großen bis zum
Beginn der höfischen Dichtung (770–1170)**
Von Helmut de Boor
9. Auflage. 1979. VIII, 342 Seiten. Leinen
Bearbeitet von Herbert Kolb.
Mit einem bibliographischen Anhang von Dr. Dieter Haacke

Band 2
**Die höfische Literatur
Vorbereitung, Blüte, Ausklang (1170–1250)**
Von Helmut de Boor
11. Auflage. 1991. 494 Seiten. Leinen
Bearbeitet von Ursula Hennig

Band 3
Die deutsche Literatur im späten Mittelalter (1250–1370)
Von Helmut de Boor
1. Teil: Epik, Lyrik, Didaktik, geistliche und historische Dichtung (1250 –1350)
5. neubearbeitete Auflage von Johannes Janota.
1997. 568 Seiten. Leinen

2. Teil: Reimpaargedichte, Drama, Prosa (1350 –1370)
Hrsg. von Ingeborg Glier
1987. XIII, 533 Seiten. Leinen

Band 4
**Die deutsche Literatur vom späten Mittelalter
bis zum Barock (1370–1570)**
Von Hans Rupprich
1. Teil: Das ausgehende Mittelalter, Humanismus und Renaissance (1370–1520)
2., neubearbeitete Auflage von Hedwig Heger.
1994. XII, 927 Seiten. Leinen

2. Teil: Das Zeitalter der Reformation (1520 – 1570)
1973. XII, 554 Seiten. Leinen

VERLAG C.H.BECK MÜNCHEN

GESCHICHTE DER DEUTSCHEN LITERATUR
Von den Anfängen bis zur Gegenwart
Begründet von
Helmut de Boor/Richard Newald

Band 6
Aufklärung, Sturm und Drang, Frühe Klassik (1740–1789)
Von Sven Aage Jorgensen, Klaus Bohnen
und Per Ohrgaard
1990. XIII. 665 Seiten. Leinen

Band 7
Die deutsche Literatur zwischen Französischer Revolution und Restauration (1789–1830)
Von Gerhard Schulz
1 Teil: Das Zeitalter der Französischen Revolution (1789–1806)
2., neubearbeitete Auflage. 2000. XIV, 768 Seiten. Leinen

2. Teil: Das Zeitalter der napoleonischen Kriege und
der Restauration (1806–1830)
1989. XIV, 912 Seiten. Leinen

Band 9.1
Geschichte der deutschsprachigen Literatur 1870–1900
Von der Reichsgründung bis zur Jahrhundertwende
Von Peter Sprengel.
1998. XIX, 825 Seiten. Leinen

Band 12
Geschichte der deutschen Literatur
von 1945 bis zur Gegenwart
Hrsg. von Wilfried Barner.
1994. XXIV, 1116 Seiten. Leinen

VERLAG C.H.BECK MÜNCHEN